GLAUBE UND WISSEN IM MITTELALTER

Der Erzbischof von Köln
seine Eminenz
Joachim Kardinal Meisner
gewährte der Ausstellung
sein hohes Patronat

DIE KÖLNER DOMBIBLIOTHEK

Hirmer Verlag München

Autoren

M.v.A.	Manfred von Arnim
A.A.	Alexander Arweiler
B.B.-N.	Beate Braun-Niehr
C.B.	Carolyn A.L. Bunten
I.D.	Ines Dickmann
A.v.E.	Anton von Euw
J.C.G.	Johanna C. Gummlich
I.J.	Irmgard Jeffré
K.M.	Klaus Militzer
M.M.	Markus Müller
A.O.	Andreas Odenthal
J.Oe.	Joachim Oepen
J.Ol.	Judith Oliver
J.M.P.	Joachim M. Plotzek
H.-W.S.	Hans-Walter Stork
U.S.	Ulrike Surmann

9 Grußwort
Bernard Henrichs

10 Vorwort
Juan Antonio Cervelló-Margalef

11 Zur Ausstellung
Joachim M. Plotzek/Ulrike Surmann

15 Zur Geschichte der Kölner Dombibliothek
Joachim M. Plotzek

Eine Bibliothek zur Zeit Hildebalds

68 **1** Altes Testament (Dom Hs. 43) U.S.
70 **2** Hiltfred-Evangeliar (Dom Hs. 13) U.S.
75 **3** Augustinus: Psalmenkommentar (Dom Hss. 63, 65, 67) A.A.
80 **4** Augustinus: De civitate Dei (Dom Hs. 75) A.v.E.
83 **5** Hieronymus: Kommentar zum Buch des Propheten Ezechiel (Dom Hs. 51) A.v.E.
86 **6** Hieronymus: Kommentare zu den Büchern der Kleinen Propheten (Dom Hs. 54) A.v.E.
87 **7** Hieronymus: Kommentare zu den Büchern der Kleinen Propheten (Dom Hs. 55) A.v.E.
89 **8** Isidor von Sevilla: Kommentar zum Alten Testament (Dom Hs. 98) U.S.
91 **9** Pseudo-Johannes Chrysostomus: Kommentar zum Matthäusevangelium (Dom Hs. 40) A.A.
92 **10** Hieronymus: Briefe (Dom Hs. 35) A.A.
94 **11** Gregor der Große: Briefe (Dom Hs. 92) A.v.E.
96 **12** Johannes Chrysostomus: 34 Predigten zum Hebräerbrief (Dom Hs. 41) A.v.E.
98 **13** Predigtsammlung Erzbischof Hildebalds (Dom Hs. 171) A.v.E.
100 **14** Homiliar (Dom Hs. 172) A.A.
101 **15** Ermahnungen der Mönchsväter (Dom Hs. 165) A.v.E.
103 **16** Augustinus: Kleinere Werke (Dom Hs. 76) A.v.E.
105 **17** Kirchenrechtliche Sammelhandschrift (Dom Hs. 212) A.v.E.
110 **18** Collectio canonum Sanblasiana (Dom Hs. 213) A.v.E.
116 **19** Kirchenrechtliche Sammelhandschrift (Dom Hs. 210) A.v.E.
119 **20** Kirchenrechtliche Sammelhandschrift (Dom Hs. 91) A.v.E.
121 **21** Collectio canonum Dionysio-Hadriana (Dom Hs. 115) A.v.E.
125 **22** Lehrtexte zur Grammatik, Rhetorik und Dialektik (Dom Hs. 166) A.v.E.
129 **23** Beda Venerabilis: Naturlehre, historiographische und zeitrechnerische Werke (Dom Hs. 103) A.v.E.
136 **24** Kompendium der Zeitrechnung, Naturlehre und Himmelskunde (Dom Hs. 83^{II}) A.v.E.

Biblische Bücher

158 **25** Bibel (Dom Hs. 1) U.S.
168 **26** Bibel (Dom Hs. 2) C.B.

Kirchenväter und Kirchenlehrer

180 **27** Augustinus: Kommentar zur Genesis/ Von der Übereinstimmung der Evangelisten (Dom Hs. 61) H.-W.S.
183 **28** Hieronymus: Kommentare zu den Paulusbriefen (Dom Hs. 58) A.v.E.
185 **29** Hieronymus: Kommentar zum Buch des Propheten Isaias (Dom Hs. 47) J.M.P.
187 **30** Friedrich-Lektionar (Dom Hs. 59) J.M.P.
192 **31** Ambrosius: Hexaemeron; Hieronymus: Adversus Iovinianum (Dom Hs. 31) H.-W.S.
194 **32** Ambrosiaster: Kommentar zu den Paulusbriefen (Dom Hs. 34) A.A.
196 **33** Gregor der Große: Moralia in Iob (Dom Hs. 84) H.-W.S.
202 **34** Gregor der Große: Briefe (Dom Hs. 93) A.v.E.
205 **35** Gregor der Große: Briefe (Dom Hs. 95) H.-W.S.
207 **36** Johannes Diaconus: Vita Gregors des Großen; Paterius: Aus den Schriften Gregors (Dom Hs. 96) H.-W.S.
210 **37** Pseudo-Dionysius Areopagita: Corpus Dionysiacum (Dom Hs. 30) U.S.
213 **38** Beda Venerabilis: Kommentar zu den Büchern Esra und Nehemia (Dom Hs. 11) H.-W.S.
215 **39** Alkuin: Kommentar zum Johannesevangelium (Dom Hs. 107) A.v.E.
219 **40** Psalter mit Glossen (Dom Hs. 45) J.M.P.
225 **41** Smaragd von Saint-Mihiel: Psalmenkommentar (Dom Hs. 5) U.S.
227 **42** Lukasevangelium mit Glossen (Dom Hs. 22) B.B.-N.
230 **43** Exodus mit Glossen (Dom Hs. 4) B.B.-N.
232 **44** Paulusbriefe mit Glossen (Dom Hs. 26) B.B.-N.
234 **45** Paulusbriefe mit Glossen (Dom Hs. 25) B.B.-N.
237 **46** Petrus Lombardus: Psalmenkommentar (Dom Hs. 62) B.B.-N.
241 **47** Petrus Lombardus: Liber sententiarum (Dom Hs. 181) B.B.-N.
243 **48** Rupert von Deutz: De glorificatione Trinitatis et processione Spiritus Sancti (Dom Hs. 112) J.M.P.
245 **49** Guilelmus Peraldus: Summa de vitiis et virtutibus (Dom Hs. 183) J.Ol.
247 **50** Guilelmus Duranti: Rationale divinorum officiorum (Inc.d 204) M.v.A./ I.D.

Lebensregeln und Kirchenrecht

253 **51** Kirchenrechtliche Sammelhandschrift (Dom Hs. 117) A.v.E.
256 **52** Burchard von Worms: Decretum (Dom Hs. 119) A.v.E.
258 **53** Ambrosius: De officiis (Dom Hs. 37) B.B.-N.
260 **54** Isidor von Sevilla: De ecclesiasticis officiis (Dom Hs. 101) A.v.E.
262 **55** Decretum Gratiani (Dom Hs. 127) B.B.-N.
267 **56** Decretum Gratiani (Dom Hs. 128) B.B.-N.
270 **57** Gregor IX.: Decretales (Dom Hs. 130) B.B.-N.
274 **58** Gregor IX.: Decretales (Inc.d 205) M.v.A./ I.D.
278 **59** Goffredus de Trano: Summa super titulis decretalium (Dom Hs. 135) B.B.-N.

Bücher für den Unterricht

282 **60** Psalterium quadruplex (Dom Hs. 8) U.S.
285 **61** Martianus Capella: De nuptiis Philologiae et Mercurii (Dom Hs. 193) I.J.
288 **62** Isidor von Sevilla: Kleinere Werke (Dom Hs. 99) U.S.
291 **63** Priscian: Institutiones artis grammaticae (Dom Hs. 200) A.A.
296 **64** Priscian: Schriften zur Grammatik (Dom Hs. 203) A.A.
299 **65** Boethius: Arithmetik; Cicero: Somnium Scipionis; Macrobius: Kommentar (Dom Hs. 186) I.J.
302 **66** Boethius: Arithmetik; Cassiodor und Isidor: Orthographie; Servius: Metrik (Dom Hs. 83) A.v.E.
305 **67** Boethius: Arithmetik (Dom Hs. 185) I.J.
309 **68** Calcidius: Übersetzung und Kommentar zu Platons Dialog Timaios (Dom Hs. 192) A.v.E.
313 **69** Kalendar, Osterzyklus mit Annalen und Werke des Beda Venerabilis (Dom Hs. 102) A.v.E.
317 **70** Prudentius: Carmina (Dom Hs. 81) A.A.
321 **71** Egbert von Lüttich: Fecunda ratis (Dom Hs. 196) A.A.
323 **72** Flavius Josephus: Antiquitates Iudaicae/ Bellum Iudaicum (Dom Hss. 162, 163) J.M.P.

Liturgische Handschriften

330 **73** Ordo Romanus (Dom Hs. 138) A.O./ U.S.
332 **74** Evangeliar (Dom Hs. 14) U.S.
343 **75** Evangeliar (Dom Hs. 56) U.S.
349 **76** Hillinus-Codex (Dom Hs. 12) U.S.
357 **77** Limburger Evangeliar (Dom Hs. 218) U.S.
369 **78** Evangeliar aus St. Maria ad Gradus (Diözesan Hs. 1a) U.S.
383 **79** Evangelistar (Dom Hs. 144) U.S.
385 **80** Everger-Lektionar (Dom Hs. 143) U.S.
392 **81** Pamelius-Sakramentar (Dom Hs. 137) A.O./ U.S.
394 **82** Sakramentar (Dom Hs. 88) A.O./ U.S.

400 **83** Missale (Dom Hs. 157) A.O./ J.M.P.
405 **84** Pontificale Cameracense (Dom Hs. 141) A.O./ J.M.P.
412 **85** Pontifikale (Dom Hs. 139/ 140) A.O./ J.M.P.
414 **86** Breviarium Franconicum (Dom Hs. 215) J.M.P.
419 **87** Psalter (Dom Hs. 260) J.Ol.
423 **88** Graduale des Johannes von Valkenburg (Diözesan Hs. 1b) M.M.
433 **89** Graduale (Diözesan Hs. 173) M.M.
443 **90** Graduale (Diözesan Hs. 150) M.M.
455 **91** Antiphonar (Dom Hs. 263) J.C.G.
455 **92** Antiphonar (Diözesan Hs. 149) J.C.G.
464 **93** Rennenberg-Codex (Dom Hs. 149) A.O./J.C.G.
469 **94** Totenoffizium (Dom Hs. 244) I.D./ H.-W.S.
470 **95** Missale (Dom Hs. 151) J.C.G.
475 **96** Graduale (Diözesan Hs. 519) J.C.G.
481 **97** Antiphonare aus der Stiftung des Brictius Eberauer (Dom Hss. 221-225) J.C.G.
499 **98** Missale Coloniense (Dom Frühdruck 217) J.C.G.
504 **99** Graduale (Dom Hs. 229) J.C.G.
509 **100** Antiphonar (Diözesan Hs. 521) J.C.G.
515 **101** Missale (Dom Hs. 257) J.C.G.
519 **102** Graduale (Dom Hs. 274) J.C.G.

Frömmigkeit des Spätmittelalters

526 **103** Liber ordinarius von St. Gereon (Dom Hs. 241) J.Oe.
529 **104** Statuten der Maria-Magdalena-Bruderschaft an St. Laurenz (Dom Hs. 243) K.M.
530 **105** Statuten der Bruderschaft von St. Ursula (Diözesan Hs. 364) K.M.
531 **106** Johannes von Hildesheim: Historia Trium Regum (Dom Hs. 169) U.S.
534 **107** Makkabäer-Handschrift des Helias Mertz (Dom Hs. 271) J.C.G.

542 Literaturverzeichnis
547 Text- und Personenregister
553 Vergleichsobjekte
556 Ikonographisches Register
558 Konkordanz
560 Impressum

76 Dom Hs. 12, 22v

Seit über tausend Jahren weiß sich die Kölner Kathedrale im Besitz eines Bücherschatzes, der unter den Gelehrten in aller Welt mit Hochachtung genannt wird: die Dombibliothek. Glaube und Wissen im Mittelalter spiegeln sich in ihrem Bestand. Glaube wird sichtbar in Anbetung und Verehrung, zumal im religiösen Kult. Daher wurden kostbar ausgestattete liturgische Bücher (Evangeliare, Missalien, Gradualien) meist in Klöstern hergestellt. So wächst ein Schatz religiöser und wissenschaftlicher Literatur heran, die ein tiefes Verständnis von Glaube und Welt aus der Zeit des Mittelalters aufzeigt. Vor allem die zahlreich überlieferten handschriftlichen Bibeln und die mit ihr verbundenen exegetischen und erbaulichen Werke (z.B. die Kommentare zu den Psalmen des hl. Augustinus) geben davon ein eindrucksvolles Bild. Auch auf das antike Wissen konnte die Kirche nicht verzichten. Sie gab es weiter in Codices, die sie in ihren Skriptorien abschreiben und herstellen ließ, und trug so wesentlich dazu bei, die Grundlagen der abendländischen Kultur zu schaffen und ihre Quellen zu erhalten. Die Schätze der Dombibliothek, die im Laufe der Jahrhunderte auch viel gelitten haben, wurden seit 1930 der Diözesanbibliothek anvertraut, damit sie mit hohem fachlichen Sachverstand gepflegt und erhalten werden können. Diese Präsentation der wertvollen Stücke der Dombibliothek anläßlich der 750-Jahr-Feier des Kölner Domes gibt Anlaß, allen denen dankbar zu sein, die bis heute dieses wertvolle Gut bewahrt und gepflegt haben.

Bernard Henrichs
Dompropst

Das Jubiläum der Grundsteinlegung der gotischen Kathedrale im Jahre 1248 ist der Anlaß, erstmals die tausendjährige Geschichte und den Reichtum der Dombibliothek in einer Ausstellung zu würdigen. Bücher werden seit der Antike als kostbares Gut geschätzt. Bereits in karolingischer Zeit wurde der Dom wegen seiner einzigartigen Bibliothek gerühmt. Die Ausbildung der Geistlichen an der Kölner Domschule war der Grund für die stetige Erweiterung der Bibliothek, deren größter Förderer Erzbischof Hildebald (vor 787-818) war. Dieser Tradition des Sammelns und der Lehre weiß sich die Erzbischöfliche Diözesan- und Dombibliothek verpflichtet. Sie bereichert das ihr anvertraute Kulturgut durch neue Erwerbungen und trägt für dessen Erhalt in der hauseigenen Restaurierungswerkstatt Sorge. Durch das Bereitstellen von Geschichtsquellen und neuer wissenschaftlicher Literatur, durch die Dokumentation des mittelalterlichen Bestandes auf Mikrofilm und Photographie leistet sie zudem einen wesentlichen Beitrag für die aktuelle Forschung. Das Katalogbuch zur Ausstellung "Glaube und Wissen im Mittelalter" des Kölner Diözesanmuseums erfaßt erstmals in einer repräsentativen Auswahl die mittelalterlichen Bestände der Dombibliothek und stellt sie in sorgfältiger Beschreibung und reicher Bebilderung vor. Der Besucher wird sich an der Schönheit der Texte und Miniaturen erfreuen. Er ist auch herzlich eingeladen, sich über das ästhetische Erleben hinaus auf eine Welt einzulassen, die Grundlage der Gegenwart ist.

Juan Antonio Cervelló-Margalef
Erzbischöfliche Diözesan- und Dombibliothek

Zur Ausstellung

Joachim M. Plotzek/
Ulrike Surmann

Unter den erhaltenen Kathedralbibliotheken ist die des Kölner Domes sicher die bedeutendste. Wenn sie nun zum ersten Mal in einer Auswahl von gut einhundert mittelalterlichen Codices vorgestellt wird, so vermittelt der für diese Präsentation gewählte Titel 'Glaube und Wissen im Mittelalter' jenes Anliegen, das zu ihrer Entstehung und ihrer über viele Jahrhunderte andauernden Bereicherung geführt hat, in treffender Weise. Denn Glaube und Frömmigkeit manifestieren sich auf vielfältige Weise in den biblischen Büchern, in den Schriften der frühen Kirchenväter und mittelalterlichen Kirchenlehrer, in den juristischen Textsammlungen, den Abhandlungen zu den Sieben Freien Künsten und nicht zuletzt in den liturgischen Handschriften, seit mit Erzbischof Hildebald (vor 787-818) ein systematischer Aufbau der Dombibliothek begann. Glaube und Wissen im Mittelalter bedeutet ein Miteinander und gegenseitiges Durchdringen in der Vorstellung von Welt sowie im Verständnis der menschlichen Existenz. Sind die frühen Enzyklopädien als Summen des Wissens ihrer Epochen zugleich als Beweise für die Offenbarung des Glaubens im heilsgeschichtlich definierten Lauf der Zeit angelegt, so setzt mit dem Hochmittelalter – etwa im scholastischen Denken – aufgrund eines neu entstehenden Wissenschaftsverständnisses eine differenzierende Separierung ein, die lediglich in den Grundzügen zur Bibelexegese sowie zum kanonischen Recht in der Dombibliothek belegt ist. Der Frömmigkeit der Zeit entsprechend dominiert hingegen eine Fülle von Stiftungen liturgischer Codices zur Sicherung des Seelenheils den spätmittelalterlichen Bestand. So überliefern die in ganz unterschiedlicher Funktion gebrauchten Handschriften ein charakteristisches Panorama der geistigen und geistlichen Belange eines metropolitanen Zentrums und spiegeln sie im Wandel eines ganzen Jahrtausends mit Beispielen vom 6. bis 16. Jahrhundert. Im Zenit dieses Zeitbogens entstand in Köln, als Rupert von Deutz hier wirkte, das sog. Lektionar für Erzbischof Friedrich I. (1100-1131) mit den Briefen und Streitschriften des hl. Hieronymus und einer vorgehefteten Miniatur, mit der nun für die Ausstellung geworben wird: auf ihr versichert der in seiner Kathedralbibliothek sitzende Kölner Metropolit dem über ihm thronenden Christus seine Liebe zum "Neuen Gesetz", d. h. zu der in den Hll. Schriften verkündeten Botschaft, die er in den Büchern und in seinem Herzen birgt (Dom Hs. 59, Kat. Nr. 30). Glaube und Wissen verbinden sich hier, als Summe von Erfahrung und Erkenntnis einander zugeordnet, zu einer komplexen und zugleich auf das Individuum bezogenen Bildformel mit dem Anspruch unverrückbarer Gültigkeit. Es ist die Zeit eines Wandels, in der einerseits die Personifikation der Philosophie zu Beginn der allegorischen Dichtung 'Die Hochzeit Merkurs mit der Philologie' des Martianus Capella im Latinus 3110 der Bibliothèque Nationale in Paris den unerschütterlichen Satz aus dem Buch der Sprüche (1,7) trägt "Furcht Gottes ist Anfang des Wissens", und in der andererseits der 1142 gestorbene Pariser Scholast Petrus Abaelardus im Vorwort zu seinem 'Sic et non' sagen konnte "Über den Zweifel gelangen wir zum Fragen, durch das Fragen zur Wahrheit".

Die Auswahl der Handschriften bezieht sich auf die Charakteristika und Schwerpunkte der Dombibliothek. In einigen wenigen Fällen sind aus text- und frömmigkeitsgeschichtlichen oder künstlerischen Gründen Inkunabeln sowie ergänzende Manuskripte der Diözesanbibliothek hinzugefügt, die selbst wieder aus der Bibliothek des 1615 gegründeten Priesterseminars erwachsen und seit etwa siebzig Jahren mit der Dombibliothek vereint ist. Es war also nicht Anliegen, die Büchersammlung des Domes unter Einbeziehung einiger bereits vor mehreren hundert Jahren erfolgter Verluste zu rekonstruieren – diese werden im Beitrag zur Bibliotheksgeschichte erwähnt –, sondern den heute erhaltenen, teilweise noch im 19. Jahrhundert mit Stiftungen erweiterten Bestand in einer repräsentativen Auswahl vor Augen zu führen. Die Gliederung von Ausstellung und Katalogbuch folgt den Gewohnheiten mittelalterlicher Bibliothekskataloge, beginnt also mit den biblischen Büchern und führt über die patristischen Schriften bis zu den literarischen Werken der Schullektüre. Aufgrund des einzigartigen Bestandes an karolingischen und älteren Codices bildet jedoch eine Auswahl von Manuskripten verschiedenen Inhalts den Anfang, die sich zur Zeit Erzbischof Hildebalds nachweislich oder möglicherweise in der sich formenden Bibliothek befunden haben. Die Fülle an liturgischen Handschriften des 9. bis 16. Jahrhunderts führte dazu, mit dieser in ihrer künstlerischen Ausstattung bemerkenswertesten Gruppe zu schließen.

Dem Betrachter wird es leicht fallen, sich an den Miniaturen und Zierseiten, Initialen und Drôlerien dieser Cimelien zu erfreuen; schwieriger schon wird es sein, die auf das geschriebene Wort reduzierten Manuskripte mit ähnlicher Anteilnahme wahrzunehmen. Denn sie erschließen sich erst im differenzierenden Betrachten der ganz unterschiedlich gestalteten Seiten, der kalligraphischen Gewohnheiten der Schreiber, der mannigfaltigen Textplazierungen, der sie begleitenden Kommentare und Glossierungen, Korrekturen und Erweiterungen, bis auch diese für heutige Augenmenschen trockene Wüste der bilderlosen Textüberlieferung in den leuchtenden Farben eines bunten Florilegiums erblüht. Das Entscheidende aber bleibt der jeweilige, ausschließlich lateinische Text selbst, sein Erfassen, über das die Autoren im Katalog berichten und damit eine erste Brücke zum Verständnis schlagen. Noch leichter aber mag manchem der Zugang über die marginal zu jeder Katalognummer gesammelten Zitate aus den Handschriften gelingen, ins Deutsche übersetzte Leseproben, mit denen sich die Objekte selbst authentisch Gehör verschaffen und ihr unverwechselbares Aroma in das nachdenkliche Erleben des lesenden Betrachters einfließen lassen.

Vielen gilt es für ihre ganz unterschiedliche Hilfe und Unterstützung zu danken. Den Rang des Projektes würdigt das hohe Patronat des Erzbischofs von Köln, Joachim Kardinal Meisner, dessen Vorgänger vor vielen Jahrhunderten den Grundstein zur Dombibliothek legten. Der Dank gilt besonders auch dem Kölner Domkapitel und Dompropst Bernard Henrichs für das Vertrauen, mit dem sie den Bücherschatz für die Ausstellung im Diözesanmuseum als Beitrag zur 750-Jahr-Feier des gotischen Domes zur Verfügung stellen. Generalvikar Norbert Feldhoff und den Mitgliedern des Diözesanverwaltungsrates sei für die Bereitstellung von Sondermitteln anläßlich des Domjubiläums gedankt. Erst die kollegiale und seit langem freundschaftliche Verbindung mit der Erzbischöflichen Diözesan- und Dombibliothek, der Hüterin dieses Schatzes, ermöglichte die Realisierung von Ausstellung und Katalog. Ihr Direktor, Juan Antonio Cervelló-Margalef, unterstützte das Projekt in allen Belangen mit Erfindungsgeist und Sachkenntnis, wie andererseits Rudolf Ferdinand Lenz uns als permanenter Ansprechpartner ein unermüdlicher Helfer war. Sein fachliches Wissen verbunden mit großer Hilfsbereitschaft beflügelte die gesamten Arbeiten, von denen er auch – zusammen mit Ines Bachem und Claudia Hermes – die Erstellung der Register übernahm. Die Geduld der freundlichen Mitarbeiter der Bibliothek, Karl Heinz Dreesbach, Friedrich Keppler, Michael Schiffer und Hans-Willi Felder sowie der Mitarbeiterinnen Cordula Cibis-Spicale und Margot Lang ermöglichte stets ertragreiche Aufenthalte bei der Beschäftigung mit den Handschriften. Hierbei halfen, meist im Rahmen eines Praktikums, Eva Bauer, Uta Bendix, Oliver Breuer, Angelika Fischer, Anorte Ingenfeld, Petra Postaremczak, Bernhard Rösch und Hanna Vorholt. Sodann gilt unser großer Dank den Autoren des Kataloges, ohne die es nichts zu lesen gäbe. Ihre Zuverlässigkeit war uns eine große Beruhigung, die mit ihnen geführten Gespräche eine Bereicherung, so wie die Begegnungen mit Kurt Flasch uns vielerlei Anregungen schenkten. Die Autorenschaft von Anton von Euw sei besonders hervorgehoben, da er nicht nur die meisten, sondern zu Dom Hs. 83^{II} auch eine der komplexesten Bearbeitungen erstellte. Dankbar sind wir auch denen, die uns Übersetzungen lieferten, allen voran Alexander Arweiler, der sich mit großem Einsatz der von Katharina Winnekes ausgesuchten Zitate annahm. Bei der bisweilen unübersehbar erscheinenden Arbeit von Redaktion und Lektorat halfen Rudolf Ferdinand Lenz, Katharina Winnekes und Susanne Heydasch-Lehmann sowie mit großem Einsatz Claudia Hermes. Barbara Lutterbeck lieferte weit über eintausend Farblichtbilder von hervorragender Qualität, die uns die Auswahl für den Katalog nicht eben leicht machte, aber zugleich Voraussetzung war, das Können der Lithographen Jan Schwitter und Fredy Felder in Erfüllung der hohen Erwartung optimal einzusetzen. Stefan Kraus veränderte dieses Mal sein Tätigkeitsfeld und gab mit viel künstlerischem Gespür dem Katalogbuch – wie auch der Eintrittskarte zur Ausstellung in Form eines 48seitigen Kurzführers – eine ungewöhnliche und schöne Gestalt, die auch den Zuspruch des Verlegers Albert Hirmer fand. Die phantasiereiche Zusammenarbeit mit ihm und dem gesamten Hirmer Verlag in München, wo Ulrike Bauer-Eberhardt das Lektorat betreute, hat uns allen Freude bereitet. Der technische Datenaustausch zwischen Köln und München gelang mit Hilfe von Georgios Michaloudis aufs Beste. Die finanzielle Unterstützung der Ausstellung durch die Stiftung Kunst und Kultur des Landes NRW und die guten Gespräche mit ihrem Sekretär Fritz-Theo Mennicken waren uns eine beruhigende Hilfe. Die Verbundenheit mit dem Kölner Schnütgen-Museum dokumentiert die spontane Zustimmung von Hiltrud Westermann-Angerhausen zur Ausleihe jener Buchvitrinen, die schon 1987 für eine Handschriftenausstellung gedient haben. Schließlich ist den beiden Restauratoren Bernd Schäfers und Bernhard Matthäi die fachliche Betreuung in verantwortlicher Vorbereitung und Präsentation der Ausstellungsstücke zu danken, Johannes Hogenschurz und Heinz Schmitz in ebenso bewährter Weise die Unterstützung durch das Erzbischöfliche Bauamt, Klaus Mogge die Hilfe durch die Verwaltung des Erzbischöflichen Generalvikariates sowie Hans-Jürgen Hall und Cornelia Godde die organisatorische Verbindung zum Büro des Domjubiläums. Den Kontakt des Diözesanmuseums mit der Außenwelt hielt – auch in stürmischen Zeiten – Barbara Wontorra, unterstützt von Irmgard Weigmann, die auch bei der Texterfassung hilfreich war, mit bewundernswerter Geduld. So mußte gelingen, was nun allen, denen mittelalterliche Kunst und Buchkultur als Mittler von Glaube und Wissen eine wichtige Voraussetzung der Gegenwart bedeutet, zum vielfachen Erlebnis werden kann.

30 Dom Hs. 59, 1r (Abb. 1)

Zur Geschichte der Kölner Dombibliothek

Joachim M. Plotzek

Soweit man sehen kann, ist das Bildmotiv der Titelminiatur (Abb. 1) im sog. Friedrich-Lektionar, Folio 1r der Dom Hs. 59 (Kat. Nr. 30) einzigartig innerhalb der mittelalterlichen Kunst. Seine Aussage läßt sich im wörtlichen sowie im übertragenen Sinne verstehen. Nach der ersten Sichtweise thront hier der Kölner Erzbischof Friedrich I. von Schwarzenburg (1100-1131) in feierlicher Frontalität innerhalb der Stadt, im Innern eines Raumes, von Kisten umgeben, die mit Büchern gefüllt sind. Der im Bild imaginierte Ort könnte demnach das Armarium, den Bibliotheksraum, meinen, der in den Kirchen und Klöstern des Mittelalters gewöhnlich in der Nähe der Sakristei oder des Skriptoriums untergebracht war. Der St. Galler Idealplan eines Klosters von ca. 820 sieht für ihn einen Raum im Obergeschoß eines quadratischen Gebäudes im Winkel von Chor und nördlichem Querhaus vor. Miniaturen des frühen Mittelalters reduzieren den Topos "Bibliothek" auf die Wiedergabe eines Bücherschrankes mit darin liegend aufbewahrten Handschriften oder von Truhen und Kisten, in denen Pergamentrollen und Codices eingestellt sind: etwa in jenem Bild, auf dem Esdra an der Erneuerung der Bibel arbeitet, Folio 5A im 'Codex Amiatinus' der Biblioteca Laurenziana in Florenz (Amiatinus 1) vom Anfang des 8. Jahrhunderts, das selbst wieder auf den weit älteren 'Codex grandior' Cassiodors (um 485 - um 580) aus dessen berühmter Bibliothek im Kloster Vivarium zurückgeht; oder auch in den Hieronymusbildern karolingischer Zeit in der Bibel des Laienabtes Graf Vivian von Saint-Martin in Tours (Paris, Bibl. Nat., Lat. 1, fol. 3v) oder auf Folio 3v der Bibel von San Paolo fuori le mura in Rom. Als älteste Nachricht über die Unterbringung der Kölner Dombibliothek nennt eine von Theodor J. Lacomblet veröffentlichte Urkunde vom 25. Juni 1261 den alten, von der römischen Stadtbefestigung übriggebliebenen Turm, gegenüber dem Haus Wolkenburg in der Trankgasse, an der Nordseite des neuen (gotischen) Doms gelegen; das ist etwa an der Stelle, wo in unserer Zeit die fast vollendete neue Domschatzkammer eingerichtet wird.

Christus, der du deinen Anhängern beständig wohlgesonnen bist, in dir liebt der Geistliche, was die vertraute Trompete verkündet, was das neue Gesetz hervorbringt, birgt er in Büchern und im Herzen. Was er murmelnd wiederholt, in süßem Geschmack führt er es im Handeln aus.
Tapferkeit: Beständig und tapfer zerreißt du die Fesseln des Todes
Klugheit: Klug überwindest du, was du geduldig erträgst
Gerechtigkeit: Die Frömmigkeit verläßt niemals die Vorschrift der Gerechtigkeit; Mäßigkeit: Die Unterscheidung mäßigt in dir die Leidenschaft des Lebens.
Wenn einer mich liebt, wird er mein Wort bewahren, und mein Vater wird ihn lieben, und wir werden zu ihm kommen und Wohnung bei ihm nehmen
Auf solche Weise habe ich Dein Gesetz geliebt, Gott, daß ich den ganzen Tag nachgesonnen habe
1r (Bildinschriften; Spruchband Christi, Jo 14,23; Spruchband Erzbischof Friedrichs I., Ps 118,97) A.A.

Man würde die Miniatur mit Erzbischof Friedrich I. wohl mißverstehen, würde man sie vorrangig im Hinblick auf ihren topographischen Realitätsgehalt betrachten, wie er in gelegentlich affirmativer Bildwirklichkeit beispielsweise das Dedikationsbild (Abb. S. 8) im Hillinus-Codex (Kat. Nr. 76) bestimmt. Dennoch kann die Präsenz der Kölner Dombibliothek mittels andeutender Umschreibung aus der Bildaussage erschlossen werden. Natürlich ist hier der Metropolit auch nicht in der Verantwortung des Bibliothekars gemeint. Hundert Jahre zuvor hatte Papst Benedikt VIII. (1012-1024) an Erzbischof Pilgrim von Köln (1021-1036) die Würde eines päpstlichen 'bibliothecarius' verliehen und ihn damit, wenn auch nur nominell, zum Vorsteher der Kanzlei des Laterans ernannt. Vielmehr folgt die Miniatur der Bildautorität der schon erwähnten und in Köln seit dem 11. Jahrhundert nachweisbar bekannten Hieronymus-Darstellungen, auf denen der Kirchenvater als Schöpfer des ins Lateinische übersetzten biblischen Einheitstextes, der Vulgata, überliefert ist. Indem sich Erzbischof Friedrich I. in einer von ihm in Auftrag gegebenen Handschrift mit Texten des Hieronymus anstelle des Autors ins Bild setzen läßt, versteht er sich in der bewußten, gleichsam identifizierenden Nachfolge des lateinischen Kirchenvaters als jemand, der wie dieser den ganzen Tag – so sagt es die Inschrift – über Gottes Gesetz meditiert, das sich in den biblischen Büchern manifestiert. Eine solche Bildaussage porträtiert den Dargestellten als

Garant der Wissensüberlieferung und der tatkräftigen Sorge um Kenntnis, Wahrung und Weitergabe des Wortes Gottes. Der Inhalt des sog. Friedrich-Lektionars – Briefe des Hieronymus an verschiedene Adressaten sowie Streitschriften gegen diverse Irrlehren – vermittelt in den gewählten literarischen Formen ein sehr persönliches Engagement des Autors für die Erhaltung der wahren Lehre Gottes in seiner Zeit. Die Wahl von Text und Bild dokumentiert somit im übertragenen Sinn, sie reflektiert gleichsam auf umschreibende Weise das Wirken des Kölner Erzbischofs vor dem historisch-politischen Hintergrund der Gregorianischen Kirchenreform, der Auseinandersetzungen des Investiturstreites bis hin zum formellen Abschluß der Streitigkeiten zwischen Papsttum und salischem Kaisertum im Wormser Konkordat von 1122. Während die Wormser Urkunde Friedrich I. noch als Ratgeber Heinrichs V. und als Erzkanzler von Italien nennt, kommt der Erzbischof nach dem Tod des Saliers am 23. Mai 1125 mit dem Mainzer Erzbischof Adalbert I. (1109-1137) überein, nicht den vom Kaiser bestimmten Nachfolger, nämlich dessen Neffen Herzog Friedrich V. von Schwaben, zu wählen, sondern die Wahl auf Herzog Lothar III. von Süpplingenburg (1075-1137, seit 1106 Herzog von Sachsen) zu lenken. Etwa zu dieser Zeit entstand die Handschrift, die uns heute wie ein sich in Bild und Text rechtfertigendes Dokument des Auftraggebers erscheint und diesen zugleich als jemanden in der Reihe derjenigen belegt, welche die Dombibliothek mit Stiftungen bereicherten.

Von hier aus geht der Blick etwa gleich weit zum einen in die Zukunft bis zum Ende des Mittelalters – in der Ausstellung belegt durch die dem Dom gestifteten liturgischen Codices und Zeugnisse privater Frömmigkeit –, zum anderen zurück bis in karolingische Zeit, aus der die ersten Hinweise und Belege für eine sich formende Bibliothek überliefert sind. Die zum quadratischen Format neigende und im monumentalen Schriftbild so beeindruckende Dom Hs. 212 (Kat. Nr. 17) mit einer Sammlung kirchenrechtlicher Texte ragt wie ein erinnernder Gruß aus der Spätantike in die neuen kulturellen Bestrebungen des Frühmittelalters hinein. Wohl noch am Ende des 6. Jahrhunderts in Südfrankreich entstanden ist sie als ältester Codex der Kölner Dombibliothek überkommen. Auf dem ersten Blatt (Iv) notierte ein karolingischer Schreiber (Abb. 2) *In Dei nomen Hildibaldus* (?) *memor* (?) *esto* (?) *fili quoniam pauperes vitam gerimus* – Im Namen Gottes denke daran, Hildebald, daß wir als arme Kinder Gottes unser Leben führen. Der Eintrag diente dem Schreiber vermutlich, wie der mit wenigen Strichen gezeichnete Vogel daneben, als Federprobe, mit der er einen Sinnspruch der Vanitas an Hildebald adressiert. Die Mahnung richtet sich an den Kölner Metropoliten Hildebald (vor 787-818), einen der bedeutendsten Berater und Tischgenossen Karls des Großen (768-814), Freund seiner Freunde in Alkuins Hofgesellschaft, wo er den Namen Aaron nach dem ersten Hohenpriester des Alten Bundes erhielt. Seit 791 war er Leiter der Hofschule und somit als 'archicapellanus' erster Geistlicher des Fränkischen Reiches, zudem erster Erzbischof von Köln mit einer erstmaligen Nennung des Titels 'archiepiscopus' im Jahr 794/795. Die "literarische Gattung" solcher Schreibernotate bot oftmals Witz, Fantasie, Ansporn zum Lernen, Erkenntnis von Lebensweisheiten und die Möglichkeit, bisweilen Ungewöhnliches in der Form des Nebensächlichen zu verbergen. Oder darf man in Erwägung ziehen, daß dieser Eintrag vom Erzbischof selbst stammen könnte, als Eingeständnis auf der Höhe seiner Macht, den Canones der Konzilien und den Dekreten der Päpste vorangestellt? Wie dem auch sei, die Handschrift überliefert damit ein Indiz, daß sie sich zur Zeit Hildebalds bereits

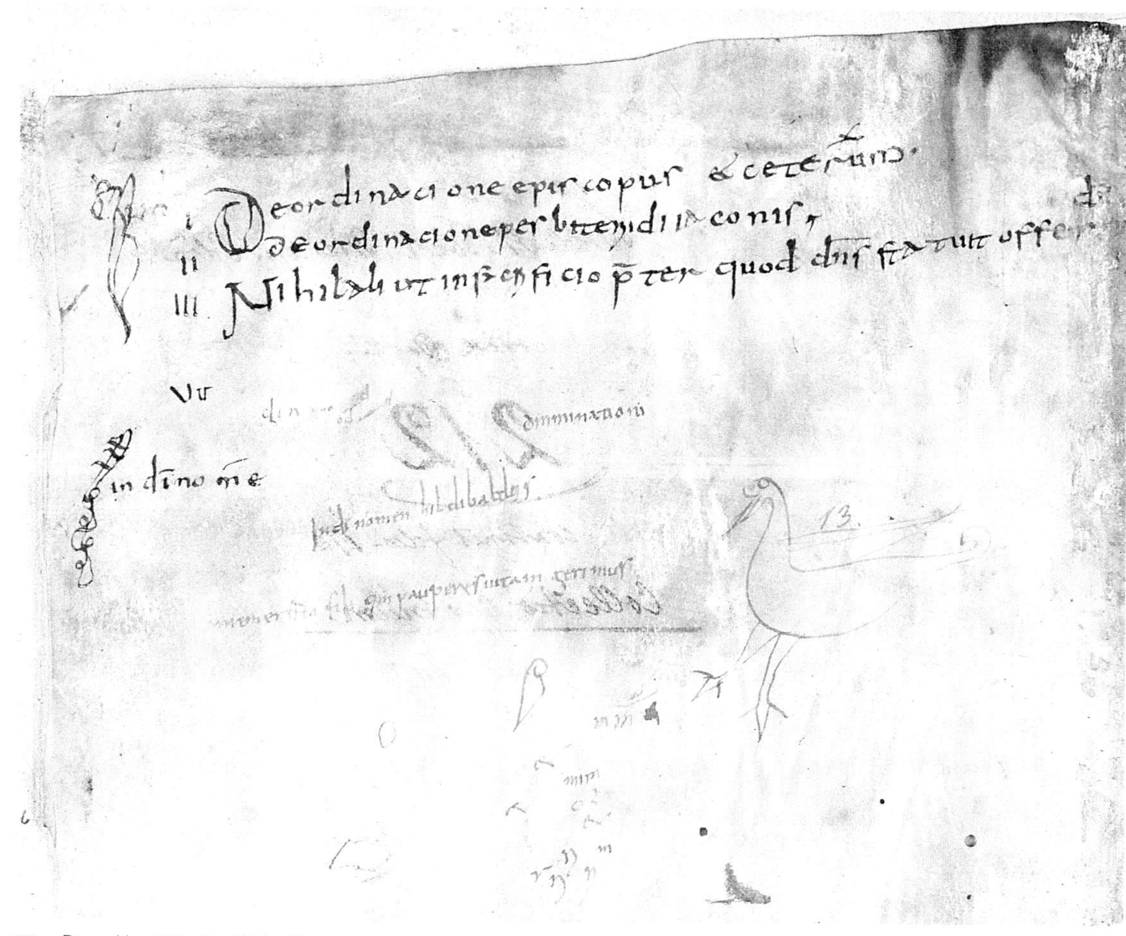

17 Dom Hs. 212, 1v (Abb. 2)

in der Dombibliothek befand. Freilich läßt sich, wie auch bei anderen vorkarolingischen Manuskripten, nicht mehr eruieren, ob die in Italien (Dom Hs. 212, Kat. Nr. 17), im insularen Bereich (Dom Hs. 213, Kat. Nr. 18) bzw. in einem insular beeinflußten kontinentalen Skriptorium (Dom Hs.165, Kat. Nr. 15) oder im westfränkischen Gebiet (Dom Hs. 98, Kat. Nr. 8; Dom Hs. 210, Kat. Nr. 19) im 7. und 8. Jahrhundert entstandenen Handschriften schon vor Hildebalds Zeit für Köln erworben oder doch erst mit dem intensiven Bestreben dieses Metropoliten, eine Bibliothek aufzubauen, an den Rhein gelangt sind.

Sicheren Boden betreten wir wieder bei jenen zwölf Codices, deren Schriftbild und Ausstattung eine Entstehung in den Jahren um 800 erschließen lassen und die zugleich Besitzeinträge Hildebalds enthalten und damit den Nachweis einer Dombibliothek in seiner Zeit erbringen. Es sind die Dom Hss. 41, 54, 55, 63, 67, 83^{II}, 92, 103, 115 und 171 (Kat. Nrn. 12, 6, 7, 3, 24, 11, 23, 21, 13) sowie die Dom Hss. 51 (Kat. Nr. 5) und 74, deren heute herausgeschnittener bzw. ausradierter Eintrag im Katalog von Philipp Jaffé und Wilhelm Wattenbach aus dem Jahr 1874 noch mitgeteilt wird. Der Wortlaut *Codex sancti Petri sub pio patre Hildebaldo archiepiscopo scriptus* – Das Buch ist Eigentum des hl. Petrus und wurde unter dem frommen Vater Erzbischof Hildebald geschrieben –, der den Apostelfürsten und Patron des Kölner Doms als Eigentümer der Handschrift benennt, entspricht den Dedikationsbildern, in denen z. B. der Domherr Hillinus sein kostbares Evangeliar (Dom Hs. 12, Kat. Nr. 76) dem hl. Petrus überreicht. Wie im Bild und in den Inschriften der Siegel verkörpert auch hier der Heilige die ihm gewidmete Kirche, ist gleichsam juristische

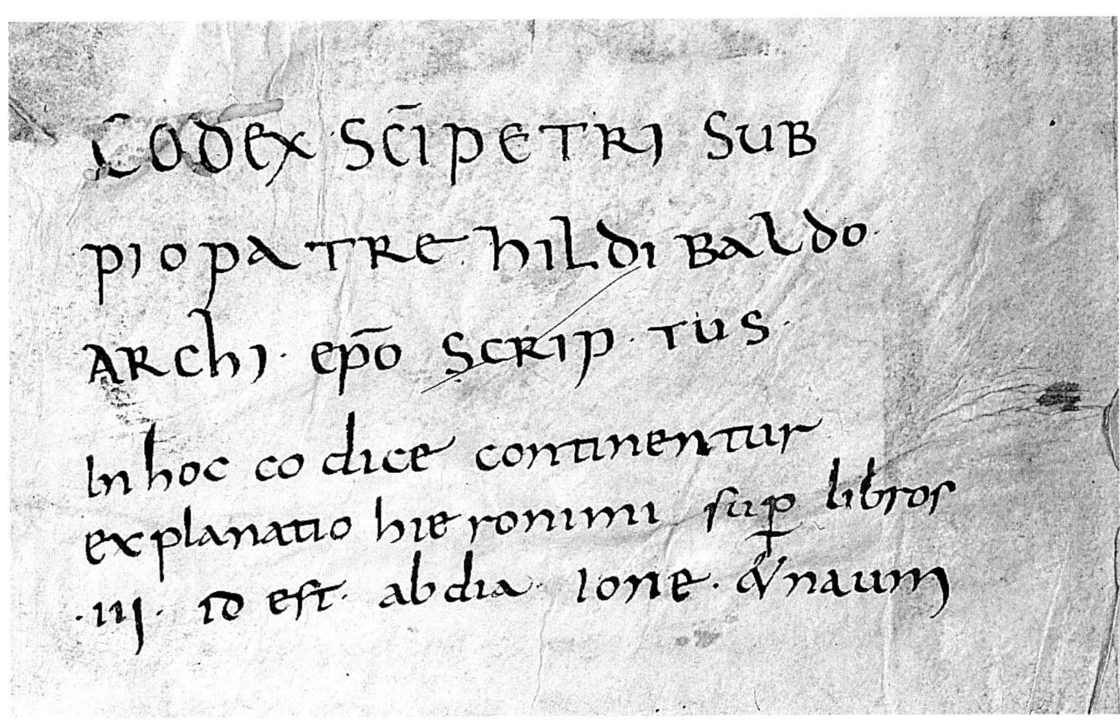

6 Dom Hs. 54, 1r (Abb. 3)

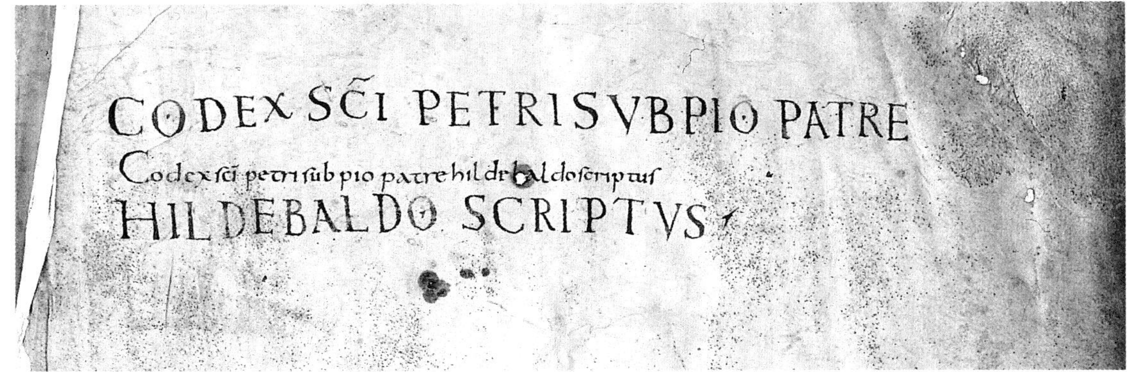

3 Dom Hs. 63, 1r (Abb. 4)

Person der Domkirche und erscheint mit seiner Namensnennung oder im Bild stellvertretend für die Institution.

Die meisten der Hildebald-Einträge (Abb. 3-7) sind in einer monumentalen Capitalis karolingischer Prägung ausgeführt, die in ihrer Größe und Wirkung – freistehend auf der ersten Seite – beinahe den Anspruch eines Titels erreichen; doch variiert ihr Schriftduktus, so daß die Besitznachweise nicht in einem Vorgang, sondern sukzessiv, möglicherweise von verschiedenen Händen, eingefügt worden sein dürften. Bisweilen fehlt der Titel *archiepiscopus*, auch variiert die Stellung des Wortes *scriptus*; zudem ist der Name des Erzbischofs viermal als *Hildibaldus* geschrieben, und bei Dom Hs. 54 (Abb. 3) scheint der Hauptschreiber auch den *Hildibaldus*-Eintrag zu Beginn des Textes – und nicht auf dem sonst üblichen Vorsatzblatt – selbst besorgt zu haben. Merkwürdig ist der zweifache, in Capitalis und Minuskel ausgeführte gleichlautende Eintrag im ersten Band des dreibändigen Psalmenkommentars des Augustinus (Dom Hs. 63, Kat. Nr. 3; Abb. 4), wobei die kleinere Wiederholung eher mit Federproben vergleichbar ist. Im letzten Band (Dom Hs. 67) erscheint der Eintrag nur einfach und in der monumentalen Capitalis,

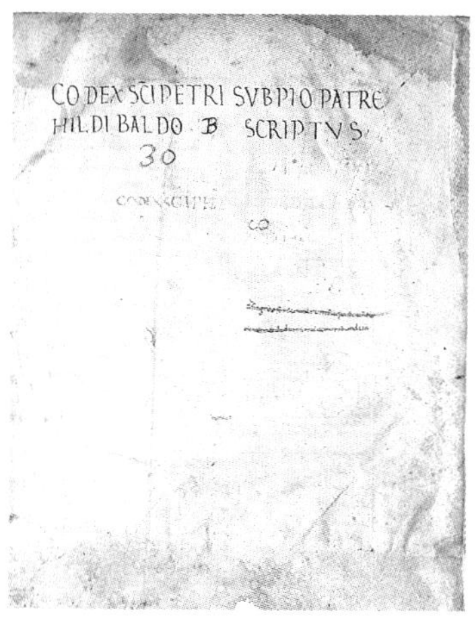

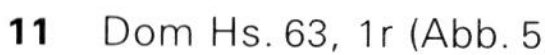

11 Dom Hs. 63, 1r (Abb. 5)

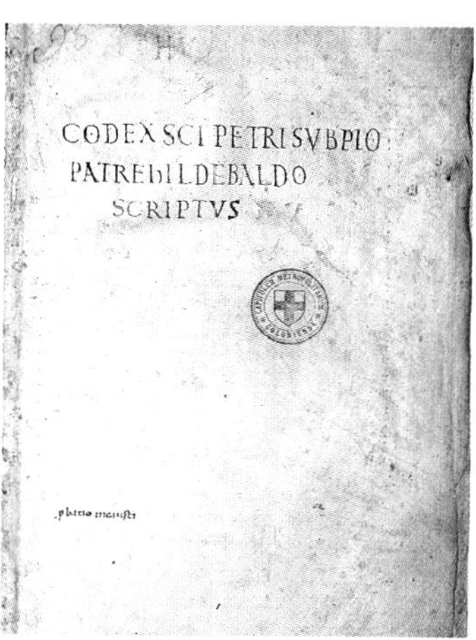

23 Dom Hs. 103, 1r (Abb. 6)

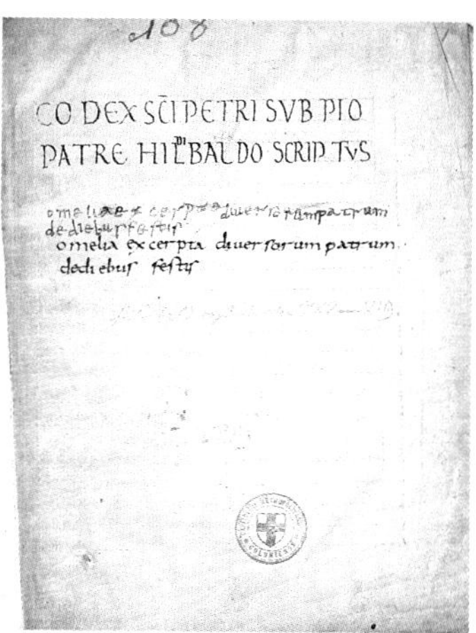

13 Dom Hs. 171, 1r (Abb. 7)

im mittleren (Dom Hs. 65) ist er auf *Codex sancti Petri* reduziert. Das in einer auffallend gleichmäßigen Kalligraphie, "wie sie nur die Zucht eines streng disziplinierten Skriptoriums hervorbringen kann" (B. Bischoff), geschriebene umfangreiche Werk des hl. Augustinus (354 - 430) wurde von zehn Schreiberinnen ausgeführt, die ihren Anteil mit Nennung ihrer Namen (Abb. 8) belegen. Bernhard Bischoff konnte als Entstehungsort das Kloster Chelles, zwischen Paris und Meaux gelegen, wahrscheinlich machen, in dem zu jener Zeit Gisela, die Schwester Karls des Großen, Äbtissin und dessen Tochter Rotrud Nonne waren. Beide Prinzessinnen standen, sich der Korrespondenz der adligen römischen Damen mit dem hl. Hieronymus als Vorbild bewußt, mit Alkuin (um 730 - 804) im Briefwechsel, dem großen angelsächsischen Gelehrten am Hofe Karls, der ihnen als Abt des Klosters Saint-Martin in Tours (794 - 804) seinen Johanneskommentar mit der Bitte schickte, diesen abschreiben zu lassen und das Original zurückzusenden (vgl. Briefe und Text in der Dom Hs. 107, Kat. Nr. 39, in einer wenig späteren touronischen Abschrift). Aufgrund seines Wirkens am Hof Karls des Großen mag auch Erzbischof Hildebald vom leistungsstarken Skriptorium im Kloster Chelles gewußt und seinen Buchwunsch dort in Auftrag gegeben haben.

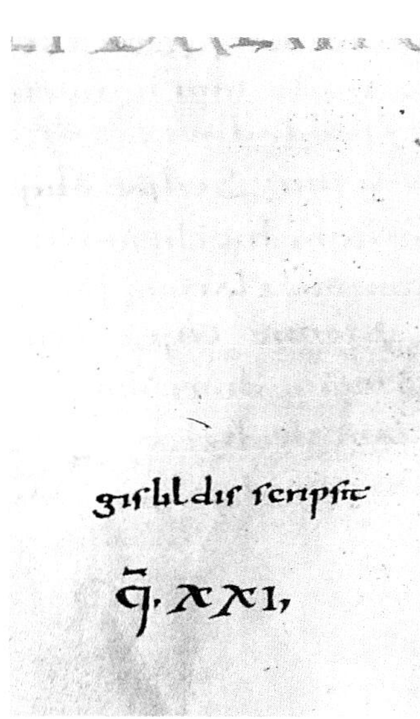

3 Dom Hs. 63, 174 (Abb. 8)

Ähnlich verhält es sich wohl mit Dom Hs. 75 (Kat. Nr. 4), die im ersten Viertel des 9. Jahrhunderts in der Diözese Salzburg entstand. Denn auch der aus Freising stammende Arn gehörte zum Freundes- und Gelehrtenkreis am Aachener Hof, wo er mit Aquila (Adler) angesprochen wurde. Nach einigen Jahren zogen die Mitglieder dieses Kreises in ihre Heimat zurück, nachdem sie am Hof Karls des Großen mit bewundernswert schöpferischer Intensität ein an der Antike orientiertes Bildungsprogramm erarbeitet und dieses als Aaron und Samuel, Homer und Horaz – der König bzw. der Kaiser selbst trug den Namen des königlichen Psalmensängers David und wurde von Alkuin bisweilen mit Vergil angesprochen – mitgestaltet hatten. Sie trugen die Hofkultur an die Orte, an denen sie oftmals – für ihre Verdienste von Karl belohnt – als Äbte oder Bischöfe wirkten. Arn wurde Erzbischof von Salzburg (785 - 821) und behielt zugleich die wenige Jahre zuvor erhaltene Abtswürde des Klosters Saint-Amand. So erklärt sich der nordfranzösische Buchstil in den Salzburger Handschriften dieser Zeit und damit auch in unserer Dom Hs. 75 mit dem 'Gottesstaat' des hl. Augustinus, dem Lieblingsbuch Karls des Großen. Auch die Hieronymusbriefe der Dom Hs. 35 (Kat. Nr. 10) sind um 800 in Salzburg geschrieben und mögen wie das im nicht weit entfernten Kloster Mondsee zur gleichen Zeit entstandene Homiliar Dom Hs. 172 (Kat. Nr. 14) aufgrund der Tatsache, daß Hildebald seit 802 auch Abt dieses Klosters war, nach Köln gekommen

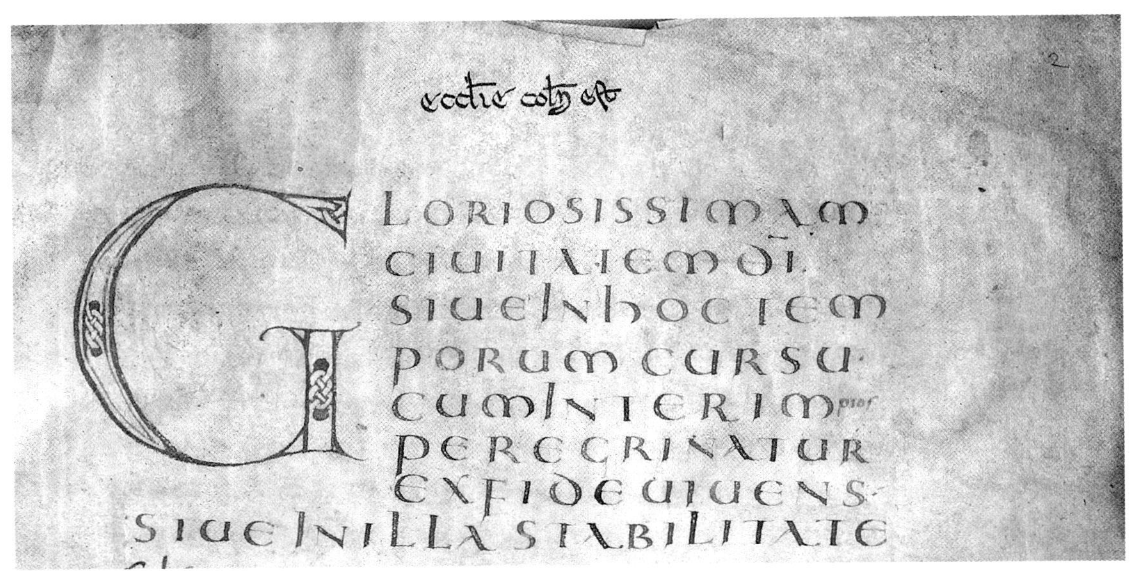

4 Dom Hs. 75, 2r (Abb. 9)

sein. Freilich fehlen in beiden Manuskripten Kölner Bibliotheksnachweise, während ein solcher in Dom Hs. 75, wenn auch wohl erst im 14. Jahrhundert, eingetragen wurde (Abb. 9).

Neben diesen in auswärtigen Skriptorien entstandenen Manuskripten bilden die mit dem Besitzvermerk versehenen zwölf Codices den gesicherten Kern der Hildebald-Bibliothek, der zum größten Teil in Köln geschrieben wurde. Leslie Webber-Jones hat in ihrer Studie aus dem Jahre 1932 minuziöse Händescheidungen vorgenommen, dieselben Schreiber in verschiedenen Handschriften identifiziert und damit ein Dom-Skriptorium in karolingischer Zeit vor Augen geführt. Darüber hinausgehende Zuschreibungen nach Köln sind später unter anderem von Bernhard Bischoff zugunsten anderer Provenienzen berichtigt worden, wobei die merkwürdige, später noch zu erwähnende Dom Hs. 106 (Abb. 19 - 25) wohl ebenfalls nicht in einem Kölner Skriptorium entstanden sein wird. Ihre, nach Jones, einundzwanzig beteiligten Schreiber, von denen keiner in Handschriften des Dom-Skriptoriums nachzuweisen ist, setzten eine enorme Leistungsfähigkeit in einer anderen Schreibstube der karolingischen Stadt voraus, so daß eher eine aus speziellen Voraussetzungen resultierende Entstehung im Kloster Werden anzunehmen ist.

Die gesicherten Hildebald-Handschriften enthalten vorrangig Texte der Kirchenväter, Bibelkommentare und Briefe, dann auch eine Sammlung des Kirchenrechts vom Typus der Dionysio-Hadriana in der Dom Hs. 115 (Kat. Nr. 21). Neben einer Predigtsammlung des Johannes Chrysostomus in der Dom Hs. 41 (Kat. Nr. 12) fällt eine weitere Homilien-Sammlung in der Dom Hs. 171 (Kat. Nr. 13) auf, die man als 'Predigtbuch Hildebalds von Köln' bezeichnet hat, enthält sie doch eine weniger liturgisch, als vielmehr auf die seelsorgerische Tätigkeit des Oberhirten ausgerichtete Zusammenstellung. Zudem hatte Hildebald – dies als weiterer Beleg seines offenkundigen besonderen Interesses an dieser Textgattung – bei Abt Lambert von Mondsee die Abschrift einer Homilien-Sammlung in Auftrag gegeben, die sich heute als Cod. 1014 in der Österreichischen Nationalbibliothek in Wien befindet, wohin sie mit weiteren Manuskripten der Kölner Dombibliothek schon im 16. Jahrhundert gelangte. Schließlich bereicherte Hildebald seine Bibliothek mit herausragenden Kompendien der Zeitrechnung, Naturlehre und Himmelskunde, die in der Dom Hs. 103 (Kat. Nr. 23) und der so bedeutenden Dom Hs. 83^{II} (Kat. Nr. 24) überkommen sind. Dabei wird ihm die Bibliothek Karls des Großen ein Vorbild gewesen sein, darf man sich diese doch als die größte ihrer Zeit vorstellen.

Alkuin, der an der Kathedralschule in York erzogen worden war, wirkte dort später als Lehrer und seit 766 – er war gerade etwa 35 Jahre alt – als Leiter dieser damals berühmtesten Bildungsstätte des christlichen Europa mit der wohl bedeutendsten Bibliothek. Seit seiner Berufung durch Karl den Großen an den königlichen Hof im Jahre 781 widmete er sich der Leitung der Hofschule, die nach dem Willen des Königs Mittelpunkt einer geistigen, alle Lebensbereiche einbeziehenden Erneuerung des Frankenreiches sein sollte. Mit diesem Ziel wurde zugleich die Hofbibliothek, die den vielfältigen Bestrebungen Rechnung tragen mußte, durch zahlreiche Bücherkäufe, Geschenke und Abschriften aufgebaut. Zu den ersten Erwerbungen gehörte die 'Collectio canonum Dionysio-Hadriana', eine der Kirchenreform zugrundegelegte rechtsgültige Sammlung der Konzilsbeschlüsse, die Papst Hadrian I. (772-795) dem König 774 in Rom überreichen ließ (vgl. Dom Hs. 213, Kat. Nr. 18). Sie gehörte ebenso zu den verbindlichen 'codices authentici', die von den Schreibern am Hofe für die beabsichtigte Verbreitung im Reich kopiert wurden, wie jenes 'Sacramentarium Gregorianum', das der Papst auf Bitten Karls zur Vereinheitlichung der Liturgie nach römischem Vorbild zwischen 784 und 791 übersandt hatte und das zur Verwendung in der fränkischen Kirche von Alkuin und Benedikt von Aniane (um 750-821) mit Ergänzungen versehen werden mußte. Diesem Meßbuchtypus folgt noch das Pamelius-Sakramentar vom Ende des 9. Jahrhunderts (Dom Hs. 137, Kat. Nr. 81).

Neben die karolingischen Reformen innerhalb der kirchlichen Ordnung und Liturgie treten weitere, das gesamte übrige Bildungswesen betreffende Bestrebungen. In deren Mittelpunkt steht wiederum Alkuin als führender Lehrer der Hofschule, dessen Unterricht auch der König mit seiner Familie beiwohnte. In seiner Schrift 'De orthographia' werden die Bemühungen Alkuins um ein genaues und sorgfältiges Schreiben in einer klaren Schrift deutlich, die wesentlich für die Ausbildung der karolingischen Minuskel waren. In Verbindung mit der Sorge um ein reines, an den Kirchenvätern sich orientierendes Latein wurden sie Grundlage für die Bibelrevision in Form der sog. Alkuin-Bibel. Darüber hinaus förderte er mit seinen Werken über die Grammatik, Dialektik und mit dem 'Dialogus de rhetorica et virtutibus' sowie mit seinen Überlegungen zur Astronomie, Musik und Zahlensymbolik das Wissen im Bereich der Freien Künste als Grundlage des Schulunterrichts im ganzen Frankenreich.

Karl der Große war ein Freund der Bücher. Auch seltene Werke der Prosa und Poesie müssen sich in seiner Bibliothek befunden haben, wie man aus den Dichtungen und Schriften der am Aachener Hof wirkenden Schriftsteller und Gelehrten, die sie benutzt haben, erschließen kann. Einhard (um 770-840), der verantwortlich für die Bauten am Aachener Königshof war und dort ob seiner Gelehrsamkeit und Kunstfertigkeit den Namen des Werkmeisters der Stiftshütte im Alten Testament Beseleel trug, berichtet in seiner 'Vita Karoli Magni', daß Karl auch jene Stammesrechte, die zuvor nur mündlich überliefert waren, sowie die alten deutschen Heldenlieder aufzeichnen ließ, und spricht von einer großen Menge Bücher, die der Herrscher zusammengebracht hatte. Das Testament Karls, das Einhard in die Vita aufgenommen hat, verfügte den Verkauf der Bibliothek zum Wohl der Armen, womit in alle Winde zerstreut wurde, was zuvor als geistiges Fundament einer abendländischen kulturellen Erneuerung gedient hatte.

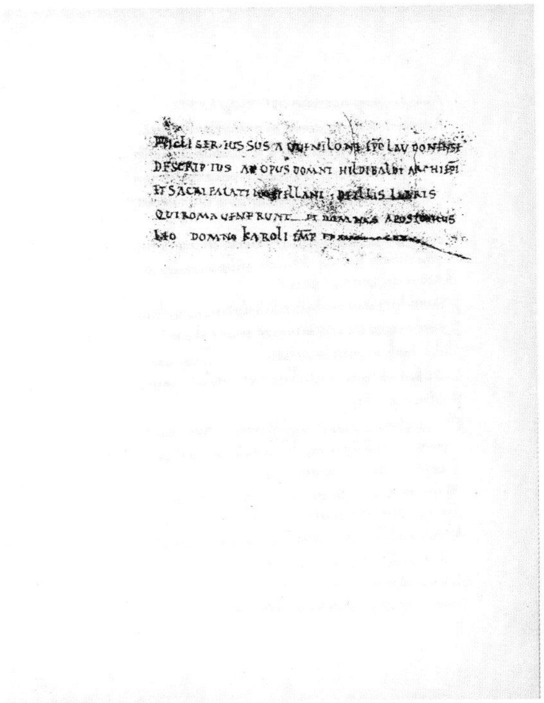

HIC LIBER IUSSUS A WENILONE EPO LAVDONENSI
DESCRIPTUS AD OPUS DOMNI HILDIBALDI ARCHIEPI
ET SACRI PALATII CAPELLANI [illegible] LIBRIS
QUI ROMA VENERUNT [illegible] APOSTOLICUS
LEO DOMNO KAROLI IMP [illegible]

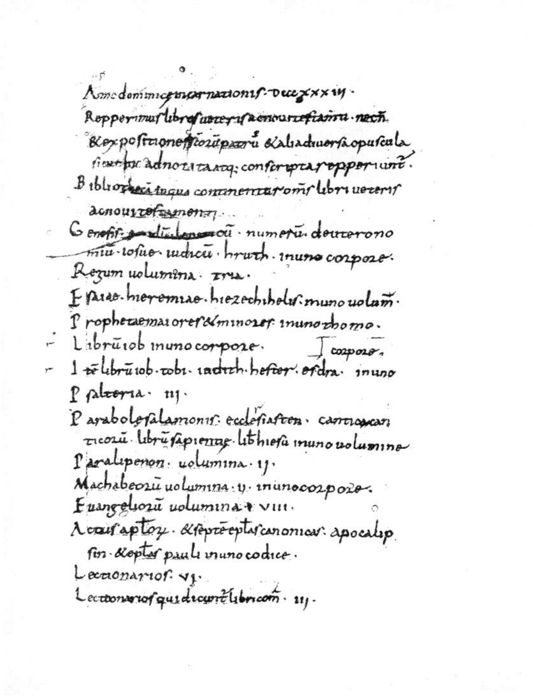

Anno dominicae incarnationis · DCCCXXXIII ·
Repperimus libros ueteris ac noui testamenti · nec non
& expositiones eorum patrum & alia diuersa opuscula
sicut hic adnotata atq; conscripta repperiuntur ·
Bibliothecā [illegible] continentur omnes libri ueteris
ac noui testamenti ·
Genesis · [illegible] · numerū · deuterono
miū · iosue · iudicū · hruth · in uno corpore ·
Regum uolumina · tria ·
Esaiae · hieremiae · hiezechihelis · in uno uolum̄ ·
Prophetae maiores & minores · in uno tomo ·
Librū iob in uno corpore · corpore ·
Itē librū iob · tobi · iudith · hester · esdra · in uno
Psalteria · III ·
Parabole salamonis · ecclesiasten · cantica can
ticorū · librū sapientiae · lib hiesu in uno uolumine
Paralipenon · uolumina · II ·
Machabeorū uolumina · II · in uno corpore ·
Euangeliorū uolumina · VIII ·
Actus aptor · & septē eplas canonicas · apocalip
sin · & eplas pauli in uno codice ·
Lectionarios · VI ·
Lectionarios qui dicuntur libri com · III ·

Verschollener
Ferrandus-Codex
(Abb. 10 und 11)

Ein weiterer und innerhalb unserer Überlegungen letzter Hinweis auf die zielstrebige Bibliothekserweiterung durch Hildebald leitet über zu einem der interessantesten Kapitel der Kölner Dombibliothek. Es handelt sich um den Eintrag *Hic liber iussus a Wenilone episcopo Laudonense descriptus ad opus domni Hildibaldi archiepiscopi et sacri palatii capellani de illis libris que Roma venerunt et domnus apostolicus Leo domno Karoli* (!) *imperatore transmisit* – Dieses Buch wurde im Auftrag des Bischofs Wenilo von Laon für den Erzbischof und Hofkaplan Hildebald von einem jener Bücher abgeschrieben, die Papst Leo Kaiser Karl aus Rom übersandt hat – in einer heute verschollenen Handschrift der Dombibliothek. Der Eintrag (Abb. 10) findet sich – zusammen mit einem späteren Besitzvermerk des Kölner Doms aus dem 14. Jahrhundert – auf dem Recto des ersten von vier Blättern, die eine Auflistung der Kölner Dombibliothek aus dem Jahre 833 enthalten und einer Handschrift mit dem Text 'Ad Reginum comitem' des Fulgentius Ferrandus vorgeheftet sind. Auf zwei diesem Text nachgehefteten Blättern ist ergänzend eine Liste mit den in jenem Jahr ausgeliehenen Büchern mit Namensangaben der Entleiher verzeichnet (Abb. 11). Die von Bischof Wenilo von Laon (um 799-814) vermutlich in seiner Residenzstadt in Auftrag gegebene Kopie kann nicht der Ferrandus-Codex selbst sein, da dieser, wie der Publikation durch Anton Decker vor gut hundert Jahren zu entnehmen ist, aus vorkarolingischer Zeit stammt. Die Notiz bezieht sich also auf ein anderes Buch, von dem Bernhard Bischoff vermutete, es könnte sich um die Dom Hs. 64 handeln, einen 'Liber pontificalis' mit einer von erster Hand geschriebenen, bis zu Leo III. (795-816) reichenden Papstliste. Die Situation erschwerend kommt hinzu, daß der Ferrandus-Codex mit dem Kölner Ausleihverzeichnis und dem Bibliothekskatalog von 833 verschollen ist, nachdem er von Ägidius Gelenius noch benutzt worden war. Er hatte den Katalog, als Auflistung der von Papst Leo III. an Kaiser Karl geschickten Bücher mißverstanden, im Jahre 1633 publiziert. Daraus ergab sich die falsche Folgerung, daß dieses päpstliche Geschenk an Karl den Großen nach dessen Tod nach Köln gelangt und dort Bestandteil bzw. Grundlage der

Dombibliothek geworden sei. Den im 18. und 19. Jahrhundert nachfolgenden Bearbeitern der Dombibliothek war der Ferrandus-Codex nicht mehr zugänglich. Erst Anton Decker fand ihn in der Registratur des Generalvikariates wieder auf und versuchte 1895, die mit Autor, Werktitel und Bandzahl aufgelisteten Handschriften mit den erhaltenen Manuskripten der Dombibliothek zu identifizieren. Seitdem ist der Ferrandus-Codex wieder unauffindbar, möglicherweise noch in Privatbesitz, wie Decker an anderer Stelle (S. 248) seiner Abhandlung angibt. Vor allem Paul Lehmann (1908) und Goswin Frenken (1923) haben Korrekturen an den Zuweisungen durch Decker vorgenommen. Sie kamen zu dem Ergebnis, daß von den im Katalog von 833 aufgeführten 115 Werktiteln in etwa 175 Bänden heute lediglich noch etwa 35 Codices erhalten sind. Die Klosterbibliothek der Reichenau zählte über 400 im Katalog von 821/822 verzeichnete Bände, der um 800 entstandene Katalog der Würzburger Dombibliothek überliefert nur 35 Titel. So führt der hier ablesbare Umfang der karolingischen Kölner Dombibliothek im Vergleich zu den Bibliotheken jener Zeit eine mittelgroße Institution vor Augen.

Der Katalog von 833 trägt den Titel *Anno dominicae incarnationis DCCCXXXIII. Repperimus libros veteris ac novi testamenti, nec non et expositiones sanctorum patrum et alia ac diversa, opuscula sicut hic adnotata atque conscripta repperiuntur* – Im Jahre 833 der Menschwerdung des Herrn. Wir haben Bücher des Alten und Neuen Testamentes und auch Darlegungen der heiligen Väter sowie andersartige und unterschiedliche Werke, wie sie aufgefunden worden sind, hier angemerkt und in Form einer Liste eingetragen. Die Auflistung beginnt mit der *Bibliotheca in qua continentur omnes libri veteris ac novi testamenti*, also mit einer Vollbibel, die seit früher Zeit gerne als 'Bibliotheca' bezeichnet wurde. Die Reihenfolge entspricht der im Mittelalter üblichen inhaltlichen Ordnung, die vermutlich auch mit der Aufstellung der Codices im Armarium übereinging. Den biblischen Büchern (in der Auflistung von A. Decker: Nr. 1-12) folgen diejenigen für die Liturgie (Nr. 13-19), sodann wird eine ausgemalte Apokalypse (Apocalipsis pincta, Nr. 20) genannt, es schließen sich die Kirchenväter (Nr. 21-76), das Kirchenrecht (Nr. 77-81), die Heiligenleben (Nr. 82-90), komputistische Werke (Nr. 91-92), Dogmatik und Moral (Nr. 93-98), ein medizinisches Werk (Nr. 99), ein Codex zum Zivilrecht (Nr. 100) und schließlich die antiken Schriftsteller (Nr. 101-103) sowie die Lehrbücher für den Schulunterricht (Nr. 104-108) an.

Demnach besaß die Bibliothek damals, was nicht ungewöhnlich ist, eine einzige Vollbibel, die freilich nicht mit dem touronischen Pandekten Dom Hs. 1 (Kat. Nr. 25) aus dem späteren 9. Jahrhundert identifiziert werden kann. Ansonsten sind alle biblischen Bücher mit Ausnahme der Apokalypse noch einmal in Teilausgaben, bisweilen mehrfach, belegt. So gab es acht Evangeliare und innerhalb der liturgischen Bücher ähnlich viele Lektionare und Antiphonare, wobei sich die Auflistung verschiedener Bezeichnungen – codex, thomus, volumen und corpus, später auch quaternio und plenarius – für den Umfang und die Anzahl der Bände bedient. Eine "gemalte Apokalypse", nach den Liturgica aufgeführt, im Besitz der karolingischen Kölner Dombibliothek zu wissen, reizt zu Überlegungen über ihr Aussehen, sind doch überhaupt nur zwei illuminierte Handschriften vom Anfang des 9. Jahrhunderts mit Bilderzyklen zur Geheimen Offenbarung überkommen (Trier, Stadtbibl., Cod. 31; Cambrai, Bibl. Municipale, Ms. 386). Der reiche Bestand an Väter-Literatur nennt viele der wichtigsten Werke der vier Kirchenlehrer; von Ambrosius (vermutl. 339-397) unter anderem 'De symbolo' und 'De fide catholica', von Hieronymus (347/348-419/420) exegetische Schriften zum Alten und Neuen Testament (Dom Hss. 46, 51 [Kat. Nr. 5], 52, 54 und 55 [Kat. Nrn. 6 und 7]), von Augustinus (354 - 430) der in Dom Hs. 69 überlieferte Kommentar zum Johannesevangelium und sein erst 426 vorgelegtes, in vier Büchern die Grundsätze literarischer Hermeneutik erörterndes Werk 'De doctrina christiana' (Dom Hs. 74). In ihm befaßt er sich mit der wissenschaftlichen Propädeutik zum Bibelstudium, den Regeln der Textauslegung sowie mit einer homiletischen Systematik, die sich gerade im Mittelalter besonderer Beliebtheit erfreute. Denn in diesem Werk verband Augustinus durch Vermittlung lateinisch schreibender vorchristlicher Schriftsteller wie Cicero, Vergil, Ovid die heidnische Schulrhetorik mit der christlichen Botschaft und legitimierte damit das Lesen sowohl heidnischer wie christlicher Dichter an den Dom- und Klosterschulen, wenngleich im Kölner Bibliothekskatalog von 833 – wie in anderen Bibliothekskatalogen auch – nur noch Vergil als paganer Dichter aufgeführt ist. Darin zeigt sich zum einen die Allgegenwärtigkeit dieses Autors, dessen Werke bereits kurz nach seinem Tod (19 v. Chr.) für den antiken Schulunterricht empfohlen wurden, im gesamten Mittelalter und zum anderen die Dominanz der christlichen Literatur.

Der Katalog enthält weiterhin das große Kommentarwerk des Augustinus, die bereits genannten, wohl im Kloster Chelles geschriebenen Dom Hss. 63, 65, 67 (Kat. Nr. 3) mit den 'Enarrationes in Psalmos', wohingegen seine beiden Hauptwerke, die 'Bekenntnisse' und sein 'Gottesstaat' nicht aufgeführt sind, wohl aber das im Mittelalter viel gelesene Trostbuch von Gregor dem Großen (um 540 - 604), die in der Dombibliothek nicht mehr erhaltenen 'Moralia in Job', während seine aufgeführten Briefe in Dom Hs. 92 (Kat. Nr. 11) und seine 'Regula pastoralis' in Dom Hs. 89 identifizierbar sind. Von Autoren der Ostkirche sind Athanasios (um 295 - 373), Basileios (um 330 - 379) und Johannes Chrysostomus (um 350 - 407) aufgeführt, dessen exegetische Homilien zum Matthäusevangelium und zum Hebräerbrief sich in Dom Hs. 40 noch aus dem 8. Jahrhundert sowie in Dom Hs. 41 (Kat. Nr. 12) erhalten haben. Letztere ist sicher um 800 in Köln entstanden. Am Schluß dieser Handschrift überliefert ein in roter und brauner Tinte geschriebenes Kolophon, daß der Scholasticus Mutianus die Übersetzung aus dem Griechischen ins Lateinische besorgt habe, von dem man weiß, daß er dies im Auftrag Cassiodors (um 485 - um 580) für dessen eingangs genannte Bibliothek in Vivarium tat. Auch die 'Etymologiae' des Isidor von Sevilla (um 560 - 636) finden sich im Katalog, ebenso die 'Sententiae', sein theologisches Hauptwerk, dann auch die über Liturgie, kirchliche Hierarchie und den Taufritus handelnde Schrift 'De officiis ecclesiasticis'; doch sind sie im Bestand der Dombibliothek nicht mehr nachweisbar. Hingegen gehört die um 750 in Tours geschriebene Dom Hs. 98 (Kat. Nr. 8) mit Isidors 'Quaestiones in Vetus et Novum Testamentum' zu jenen vor 833 datierbaren Handschriften, die der Katalog nicht aufführt und die daher, so ist zu vermuten, erst später in den Besitz der Dombibliothek gelangt sind. Deshalb ist die Vorstellung Bernhard Bischoffs, eine solche Handschrift könne aufgrund der am Hofe Karls des Großen entstandenen Beziehungen Erzbischof Hildebalds zu Alkuin, als dieser Abt von Saint-Martin in Tours geworden war (796), von dort nach Köln gekommen sein, zwar verlockend, aber nicht weiter zu erhärten. Ähnlich verhält es sich auch mit der im 8. Jahrhundert entstandenen, im Katalog jedoch nicht aufgeführten Dom Hs. 75, die den 'Gottesstaat' des Augustinus enthält. Sie gelangte entsprechend einem Besitzvermerk aus dem 14. Jahrhundert wohl auch erst später nach Köln. Von den aufgezählten Schriften des Beda Venerabilis

(673/674-735) haben sich vor allem Bibelkommentare erhalten (Dom Hss. 20, 104 und 105). Die zeitgenössische karolingische Literatur ist vorrangig mit Texten des Alkuin (um 730-804) belegt, unter anderem mit seinem dogmatischen Hauptwerk 'De fide sanctae et individue trinitatis' mit einer Auslegung der Trinität; seine 'Orationes' über die Sieben Bußpsalmen sind in Dom Hs. 106 überliefert, einem Sammelband mit weiteren auf den Psalter bezogenen Gebeten und Hymnen vom beginnenden 9. Jahrhundert, auf den noch zurückzukommen sein wird. Unter den Einträgen *Collectaria alia super evangelium Smaragdi. vol. II* und *Item ipsius super epistolas. vol. II* (Decker, Nr. 60-61) verbergen sich jeweils zweibändige Schriften des Benediktinermönchs Smaragdus, der spätestens seit 809 Abt des lothringischen Klosters Saint-Mihiel war.

Von den im Katalog genannten kirchenrechtlichen Codices haben sich zwei Bände mit Konzilsbeschlüssen in den Dom Hss. 115 und 117 (Kat. Nrn. 21 und 51) erhalten, wohingegen die anschließenden Viten der Heiligen Martin, Goar, Amandus, Mauritius, Gertrudis, Remigius, Medardus, Chutbert, Viktor von Marseille und der Siebenschläfer verloren sind. Für die Identifizierung der beiden komputistischen Werke (Decker Nr. 91 *Compotum diversorum compotistarum* und Nr. 92 *Compotum Baede*) bieten sich zwei kölnische Codices mit Hildebald-Nachweisen an, nämlich das Kompendium der Zeitrechnung, Naturlehre und Himmelskunde Dom Hs. 83^{II} (Kat. Nr. 24) sowie Bedas Naturlehre, historiographische und zeitrechnerische Schriften in Dom Hs. 103 (Kat. Nr. 23). Unter Nr. 93 verbirgt sich ein *Liber Ferrandi diaconi ad Reginum comitem*, mit dem Anton Decker auf naheliegende Weise eben jene Handschrift aus dem 7./8. Jahrhundert identifizierte, in welcher sich der von ihm veröffentlichte Bibliothekskatalog von 833 eingeheftet befand und die nun verschollen ist. Der als Diakon der karthagischen Kirche überlieferte Fulgentius Ferrandus (gest. 546/547) war Schüler und Biograph des Bischofs Fulgentius von Ruspe und verfaßte mit 'Ad Reginum comitem' ein Werk über Ziele und Mittel des weltlichen und geistlichen Kriegsdienstes. Unter Nr. 96 des Katalogs sind verschiedene Texte *De resurrectione mortuorum. lib. I et de fide lib. II, De praescriptionibus hereticorum lib. I, De ieiuneis adversum phisicos lib. I, De monogamia lib. I, De pudicitia lib. I. in uno corpore* mit dem Hinweis *sed auctorem ignoramus*, also ohne Autorenangabe, verzeichnet; es handelt sich um eine als 'Corpus Corbeiense' nur noch im Druck überlieferte Sammlung von Traktaten des christlichen, dem Mittelalter namentlich aufgrund seiner Nennung in 'De viris illustribus' des Hieronymus bekannten Tertullian (nach 150 bis nach 220), die in Abgrenzung zu anderen Ausgaben allein in (verlorenen) Handschriften in Corbie und hier in Köln bekannt geworden ist.

Die zuletzt genannten Bücher der Katalogliste dokumentieren den Bestand für den Schulunterricht, der sich nach antikem Vorbild dem Studium der Sieben Freien Künste widmete; für die "redenden" Künste des Triviums (Grammatik, Dialektik, Rhetorik) standen Vergil (70-19 v. Chr.) sowie die christlichen Dichter Prosper Tiro von Aquitanien (um 390-vermutl. 463), Sedulius (1. Hälfte 5. Jh.) und Iuvencus (4. Jh.) zur Verfügung, zudem ein Glossar und ein Band für Orthographie, Dialektik und Rhetorik, ein anderer mit der 'Grammatik' des Donatus (um 310-um 380), der als 'grammaticus urbis Romae' schon Hieronymus unterrichtet hatte; das hier mit einem Kommentar versehene Werk war seit altersher ein beliebtes Lehrbuch für die grammatikalische Grundausbildung im Übergang von Elementarunterricht zum Studium der Freien Künste. Für die höheren Disziplinen, die "rechnenden" Künste des Quadriviums (Arithmetik, Geometrie, Musik,

Astronomie) griff man offenbar auf mathematische Werke wie die beiden komputistischen Kompendien zurück, oder auch auf die schon erwähnten 'Etymologiae' Isidors, das enzyklopädisch umfangreiche Reallexikon des frühen Mittelalters. In dessen zwanzig Büchern war das Wissen der Zeit im Bereich der Freien Künste, der Medizin, des Rechts, der geistlichen Literatur, der Sprachen mit hinzugefügtem Lexikon, der Naturkunde mit Anthropologie, Zoologie, Kosmologie und Geographie sowie der Technik und materiellen Kultur gesammelt und durch ein von grammatikalischen Grundeinheiten gebildetes Erklärungs- und Ordnungssystem erschlossen. Vergleicht man diesen Bestand der karolingischen Kölner Dombibliothek mit anderen Bibliotheken, so fällt eine ähnliche Gewichtung der einzelnen Gebiete auf, wenn beispielsweise die bereits genannte Würzburger Dombibliothek eine Generation zuvor bei einem Gesamtbestand von 35 Werken vier biblische Titel, drei liturgische Bände, 21 patristische Schriften sowie neben einem kanonistischen Band und Bedas 'Kirchenlehre' fünf in den Bereich der Schullektüre fallende Titel enthält. Er dokumentiert, wie Goswin Frenken, Friedrich Wilhelm Oediger und schließlich Wolfgang Schmitz resümiert haben, ein geistiges Panorama, das vorrangig durch das Studium der Hl. Schrift bestimmt ist, wohingegen Werke für die Unterrichtung in den Sieben Freien Künsten in eher bescheidenem Maße, wenngleich für einen Grundbestand ausreichend, vorhanden waren.

Das im Ferrandus-Codex überlieferte Ausleihverzeichnis erweitert das geistige Spektrum der damaligen Dombibliothek z. B. um das 'Appologeticum' des Gregor von Nazianz (um 326 - um 390), von einem Wadolf entliehen, oder um den von einem Ratleih ausgeborgten *Liber Pompeii*, hinter dem sich möglicherweise der in Dom Hs. 57 erhaltene Kommentar des afrikanischen Grammatikers Pompeius zu Donatus verbirgt. Ansonsten überliefert es uns eine Reihe von Namen, deren Träger wir als historische Personen nicht ausmachen können. Da entlieh z. B. ein Ermbaldus neben einem Evangelienbuch und einem Lektionar auch ein mit Silbertinte geschriebenes Evangeliar, das mit einem edelsteinbesetzten goldenen Einband geschmückt war; von einem zweiten Evangeliar ist die Rede, das ähnlich kostbar eingebunden war; ein mit Goldtinte geschriebenes Sakramentar wird erwähnt sowie weitere liturgische Handschriften, von denen man annehmen darf, daß sie entweder abgeschrieben oder in der Liturgie an einem anderen Ort benutzt wurden. Auch andere Entleiher wie Langolfus, Engilolfus, ein Bischof Baldericus, Hildiswint, Baldrih, Osman, Folcar, Radolf, Engilhelm, Gundolf oder Hartker lassen sich bisher nicht näher identifizieren. Andererseits werden historische Zusammenhänge deutlich, wenn z. B. Erzbischof Hadebald von Köln (819 - 841), der Nachfolger Hildebalds, ein Evangeliar, ein Lektionar, auch die Sprüche Salomonis zum eigenen Gebrauch, für seine Schwester ein Sakramentar mit Lektionar sowie ein einbändiges Antiphonar und für deren Sohn einen Band mit Psalmen entlieh. Daraus resultiert unser Wissen, daß Mitglieder der Familie Hadebalds schon 833 im Bischofshaus weilten. Von ihnen ist bekannt, daß sie auch nach dem Tod des Erzbischofs versuchten, dort ihre Stellung zu behalten. Zudem wird unter den Entleihern Helmbald, ein Bruder des Erzbischofs, genannt, der ein Lektionar und ein Antiphonar erhielt. Zu überlegen bleibt auch, ob der so reich entleihende Ermbald oder die ein Lektionar borgende Gattin des Werinbald Mitglieder der Familie Hadebalds gewesen sein könnten. Liutbert, Sohn von Hadebalds zweitem Bruder Asbald (Hasbald), bezeichnete sich schon kurz nach dem Tod seines Onkels im Januar 842 als erwählter Bischof von Köln. Wenig später aber nennen Bonner Urkunden den Erzkanzler Kaiser Lothars I.

(840-855) und Abt von Saint-Denis, Hilduin, als "berufenen" Bischof von Köln (vocatus episcopus). Dieser hielt sich bereits Weihnachten des Jahres 833 im Haus des Kölner Erzbischofs auf, um hier mit Bischof Baturich von Regensburg (gest. 848), dem Vertrauten König Ludwigs des Deutschen (833-876), möglicherweise über die mit der 833 erfolgten Festnahme Kaiser Ludwigs des Frommen (814-840) durch seinen Sohn Kaiser Lothar I. in Aachen entstandene Situation zu verhandeln (F.W. Oediger). Der in unserer Entleihungsliste von 833 aufgeführte *Hilduin abba. Lectionarium I* mag mit dem gewandten und regen Abt von Saint-Denis zu identifizieren sein, dessen Neffe Gunthar schließlich im Jahre 850 Metropolit von Köln wurde.

Über die Erweiterung der Dombibliothek im 9. und 10. Jahrhundert gibt es nur wenig sichere Nachrichten, obwohl, wie der heutige Bestand noch zeigt, eine größere Anzahl von Manuskripten in jener Zeit entstanden, möglicherweise aber erst später nach Köln gelangt ist. Mit Dom Hs. 93 (Kat. Nr. 34), den Briefen Gregors des Großen, ist wohl die einzige zur Zeit Erzbischof Hadebalds im Skriptorium der Domschule geschriebene Handschrift erhalten, die mit einem fehlerhaften Schreiberkolophon (177v) endet ... *sub pio patre Hadebaldo sriptus* (!) *atque beati* (!) *Victori traditus* (Abb. 12). Mit dem Empfänger, dem 'glücklichen Victor', ist das Stift St. Victor in Xanten identifiziert worden, wohin die Handschrift allerdings nie gelangte, sondern offenbar in der Dombibliothek verblieb. Mit dem einzigen im Katalog von 833 aufgeführten 'Registrum Gregorii' ist jedoch wohl die mit einem Hildebald-Eintrag versehene Dom Hs. 92 (Kat. Nr. 11) gemeint. Aus dem Besitz des Erzbischofs Gunthar (850-870) stammt Dom Hs. 39 mit dem Kommentar zum Römer-Brief des Ambrosiaster; mit ihm ist auch die interessante Dom Hs. 117 (Kat. Nr. 51) zu verbinden, die unter anderem das Poenitentiale (Bußbuch) Bischof Halitgars von Cambrai (817-831)

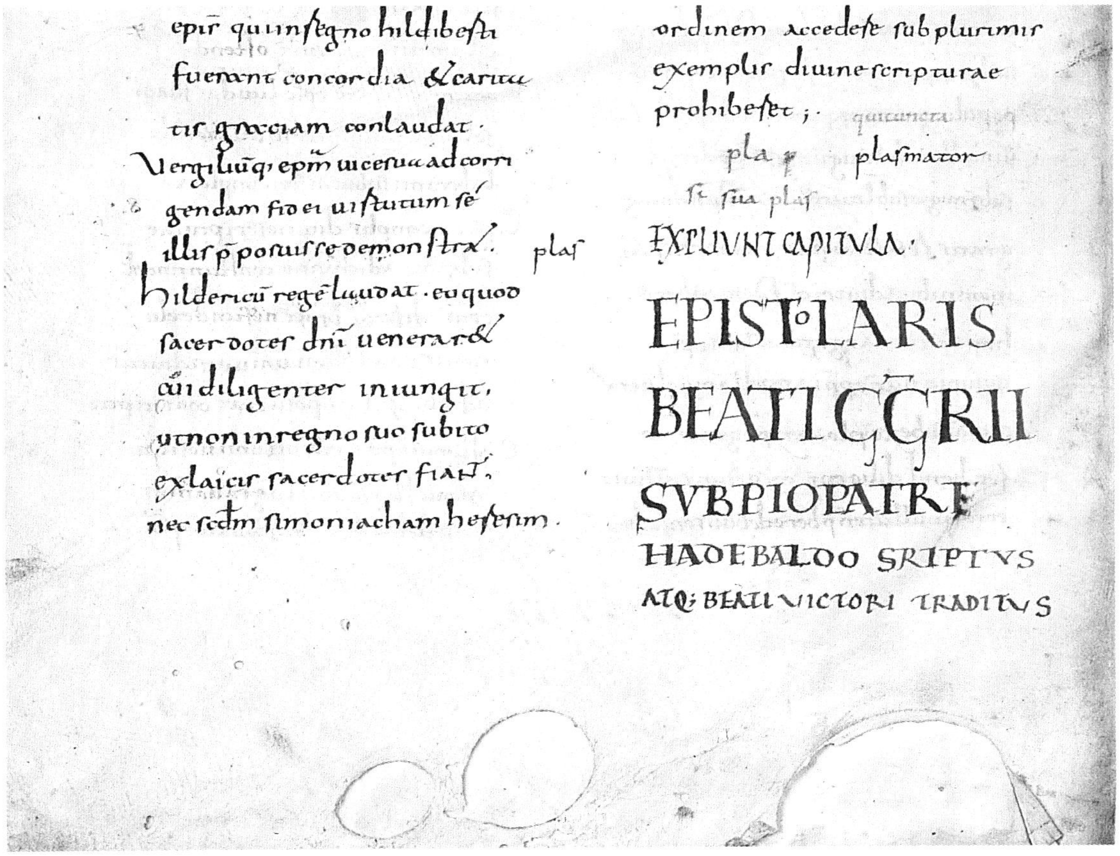

34 Dom Hs. 93, 117v (Abb. 12)

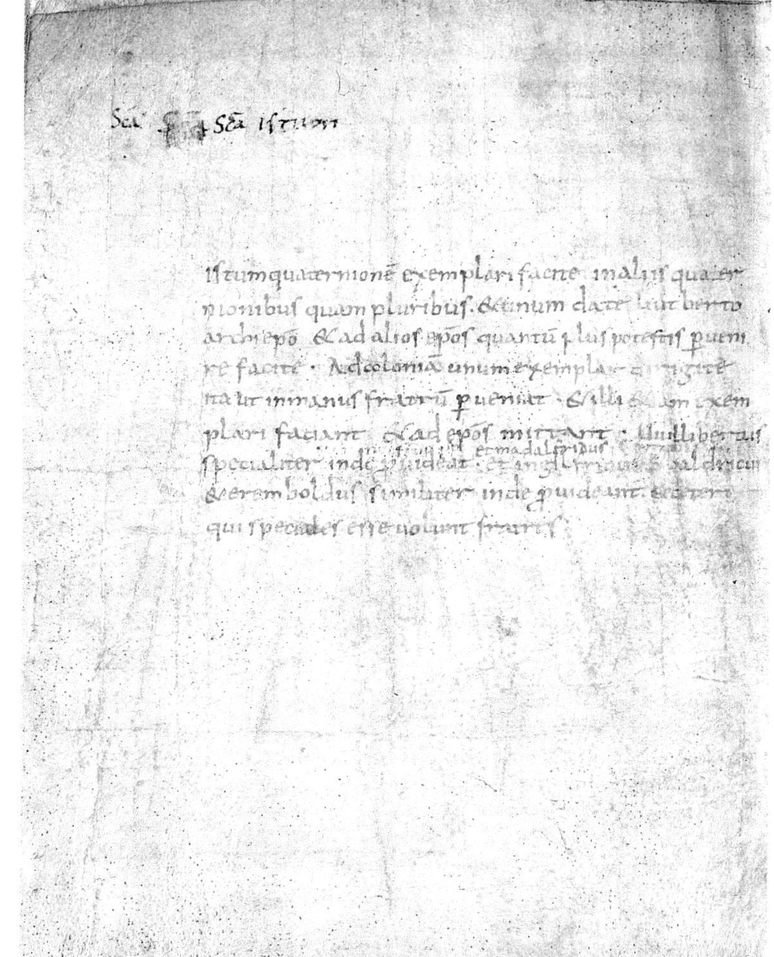

51 Dom Hs. 117, 97r/97v (Abb. 13/14)

sowie auf Folio 97r die sog. Propagandaschrift Gunthars von 865 enthält (Abb. 13), mit der dieser sich um seine Rekonziliation bemühte, nachdem er auf dem Laterankonzil zwei Jahre zuvor von Papst Nikolaus I. (847-863/868) seines Amtes enthoben und exkommuniziert worden war. Die nachfolgende letzte Seite der Handschrift (97v) überliefert die Anweisung über die von der Propagandaschrift herzustellenden Kopien und die Adressaten, an die sie geschickt werden sollten (Abb. 14). Von dem um die Mitte des 9. Jahrhunderts in Lüttich wirkenden Sedulius Scottus, dem Verfasser von Kommentaren zu den Grammatikern Donatus und Priscian sowie eines Fürstenspiegels für den fränkischen König Lothar II. (855-869) und zahlreicher, hohen Persönlichkeiten gewidmeter Verse, ist ein Lobgedicht tradiert, in dem er den Erzbischof als seinen Gönner rühmt. Aus der Zeit Gunthars wissen wir auch ausdrücklich von der Existenz der Kölner Domschule, denn Radbod, der Neffe des Erzbischofs und spätere Bischof von Lüttich (901-918), wurde seiner Vita zufolge dort ausgebildet. Von Gunthars Nachfolger Willibert (870-889) findet sich ein Stiftungsvermerk in Dom Hs. 29 mit dem Traktat des Hilarius von Poitiers (Bischof von Poitiers seit etwa 350-367/368) über den 118. Psalm. Über Erzbischof Willibert gelangten auch der 'Codex Carolinus' mit Briefen der Päpste an die Franken-Herrscher sowie eine Sammlung von Briefen des hl. Bonifatius in die Dombibliothek (Wien, Österr. Nationalbibl., Cod. 449 und Cod. 751). Klemens Löffler erwähnt ebenso aus dem Besitz Williberts eine Handschrift mit dem Brevier Karls des Großen, mit dem einzig überlieferten 'Capitulare de villis' und mit Briefen Leos III., die wie die Wiener Codices ebenfalls im 16. Jahrhundert aus der Dombibliothek in

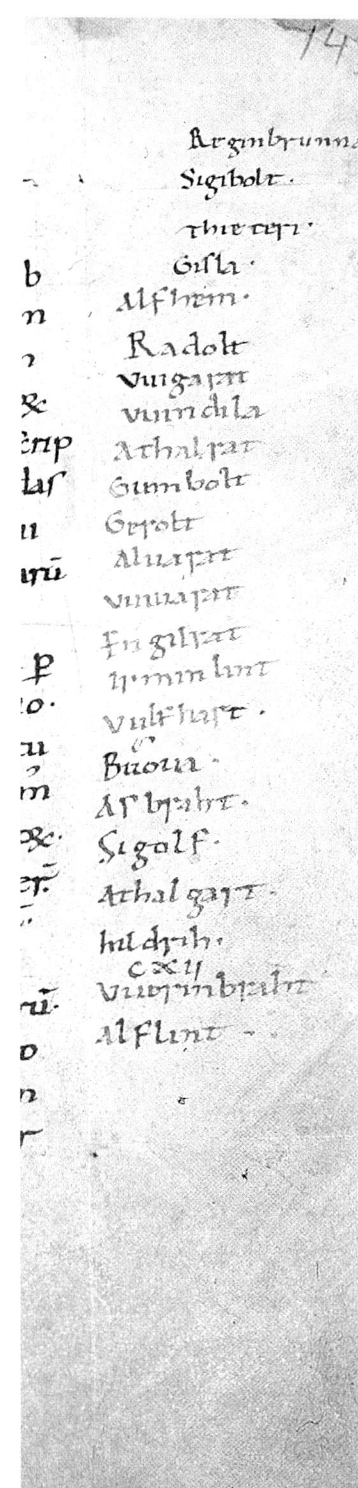

81 Dom Hs. 137, 143r (Abb. 15)

privaten Besitz gelangte und heute als Cod. Helmst. 254 in der Herzog August Bibliothek in Wolfenbüttel aufbewahrt wird. Die Stiftung der touronischen Bibel Dom Hs. 1 (Kat. Nr. 25) durch Erzbischof Hermann I. (890 - 925) wurde bereits erwähnt. Das Pamelius-Sakramentar Dom Hs. 137 (Kat. Nr. 81), benannt nach seinem späteren Herausgeber Jakob Pamelius, enthält in der Litanei Bittgebete für Klerus und Volk von St. Peter mit Nennung des Erzbischofs Hermann I. sowie mit seitlich der Totenmessen verzeichneten Namen von Personen seines Umkreises (Abb. 15).

Aus den darauffolgenden Jahrzehnten sind keine mit Namen verbundene Zustiftungen der Dombibliothek überliefert. Dies ist gerade für die Amtszeit Erzbischof Bruns (953 - 965) erstaunlich, wird doch in dessen Vita, mit der sein Nachfolger, Erzbischof Folkmar (965 - 969), Ruotger beauftragt hatte, seine hervorragende Ausbildung und seine Liebe zum Studium gerühmt, wenn er seine Bücherkiste selbst ins Heerlager mitnahm "wie die Israeliten die Bundeslade". Als jüngster Sohn König Heinrichs (919 - 936) und der Mathilde (um 896 - 968) wurde Brun anfangs unter Bischof Balderich in Utrecht erzogen, wo er in Grammatik unterrichtet wurde und das Studium der Klassiker mit Prudentius begann, später am Königshof selbst, wo er auch Griechisch lernte und von Rather von Verona (um 887 - 974) in die Philosophie eingeführt wurde. Unter seinem Bruder Otto dem Großen (König 936, Kaiser 962 - 973) war Brun Kanzler und 'archicapellanus' des Reiches geworden und hatte, wie in der von Sigebert von Gembloux (um 1028/29 - 1112) verfaßten Lebensbeschreibung des Bischofs Dietrich von Metz überliefert wird, mit dem Amt des Metropoliten – in jener Zeit ohne Parallele – auch die Leitung der Domschule in Köln, des 'gimnasium sanctae Coloniensis ecclesiae', übernommen. Aus ihr gingen zu Bruns Zeit – sicher auch ein Beleg der Leistungsfähigkeit der Schule – unter anderem die sein Vertrauen genießenden Bischöfe Wichfried von Verdun, Gerhard von Toul, Dietrich von Metz, auch der zuvor als 'decanus' in Bonn wirkende Ebrachar von Lüttich hervor sowie sein eigener Nachfolger Erzbischof Folkmar von Köln.

Mit Erzbischof Gero von Köln (970 - 976) verbindet man das kostbar ausgestattete Evangelistar Hs 1948 der Hessischen Landes- und Hochschulbibliothek in Darmstadt, auf dessen zweitem Dedikationsbild (6v) ein ohne erzbischöfliches Pallium gekleideter Gero dem hl. Petrus ein Buch überreicht. Mit großer Wahrscheinlichkeit ist dieser Gero, der in der Inschrift auch als Custos der Basilica des hl. Petrus benannt wird, mit dem seit 966 am Kölner Dom nachweisbaren Presbyter Gero identisch, der 970 Erzbischof von Köln wurde. Als die Kölner Dombibliothek am Ende des 18. Jahrhunderts in das sauerländische Kloster Wedinghausen geflüchtet wurde, gehörte der Gero-Codex schon nicht mehr zu ihrem Bestand. Von Erzbischof Everger (985 - 999) sind zwei Schenkungen erhalten. In der großen und eindrucksvollen Dom Hs. 53 mit dem Hieronymuskommentar zu den Kleinen Propheten findet sich zweimal der zeitgenössische Eintrag *Liber sancti Petri scriptus sub tempore domni Evergeri archiepiscopi* (Abb. 16). Ebenso deutlich bezeugt das Lektionar Dom Hs. 143 (Kat. Nr. 80) auf Folio 2r den Stifter *Liber sancti Petri ecclesiae maioris Coloniensis quem Evergerus archiepiscopus dedit* (Abb. 17). Den Eintrag *Liber Heriberti archiepiscopi* findet man in Dom Hs. 113 mit Pseudo-Isidorischen Decretales, die nach dem Schriftbild in der Tat zur Zeit Heriberts (999 - 1021) entstand. Ebenfalls einen Besitzvermerk Erzbischof Heriberts aus dem 11. Jahrhundert weist die aus der Dombibliothek in die Österreichische Nationalbibliothek (Cod. 131) gelangte Handschrift mit den Satiren des Persius und Juvenal auf.

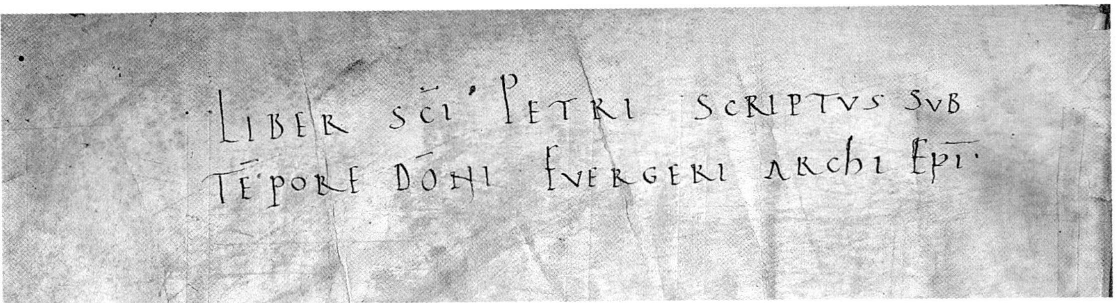

Dom Hs. 53, 1v (Abb. 16)

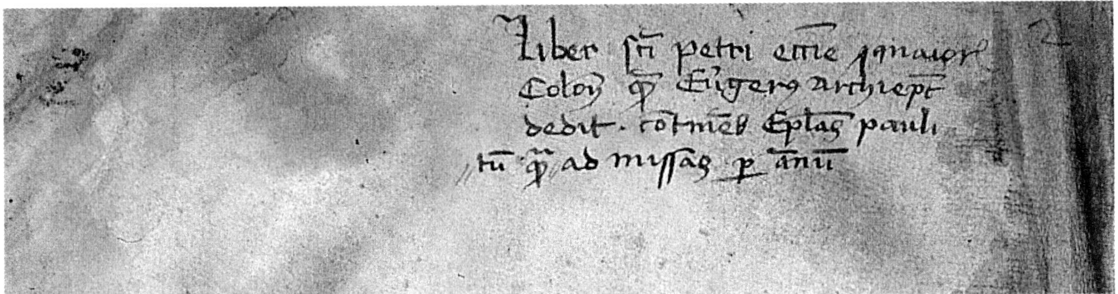

80 Dom Hs. 143, 2r (Abb. 17)

Mit der reizvollen Vorstellung, das wohl in Kloster Seeon entstandene Evangelistar Dom Hs. 144 (Kat. Nr. 79) könnte von Erzbischof Pilgrim (1021-1036), dessen Familie dieses Inselkloster kurz zuvor gegründet hatte, seiner Kölner Domkirche geschenkt worden sein, verlassen wir wieder die gesicherte Überlieferung. Sie wird zu dieser Zeit noch einmal greifbar im kostbaren Evangeliar Dom Hs. 12 (Kat. Nr. 76), das der sonst nicht bekannte Kölner Domherr Hillinus von den beiden Brüdern Purchardus und Chuonradus hat anfertigen lassen. Ist es Zufall, daß aufgrund des Schriftbildes einer der Schreiber in der nach Kloster Seeon lokalisierten Schreibschule zumindest ausgebildet wurde?

Aus der hier behandelten Zeit hat sich wiederum ein Verzeichnis von entliehenen Handschriften der Kölner Dombibliothek auf Folio 117v im Cod. CA 2° 64 der Wissenschaftlichen Allgemeinbibliothek, Bibliotheca Amploniana, in Erfurt erhalten (Abb. 18). Die aus der Dombibliothek stammende Handschrift gehörte zu Beginn des 15. Jahrhunderts Amplonius Ratinck de Berka (gest. 1435), der an der Kölner Universität studiert hatte, zweimal ihr Rektor und zudem Leibarzt Erzbischof Friedrichs III. von Köln war; 1412 schenkte er seine umfangreiche Bibliothek dem von ihm gestifteten Collegium Amplonianum in Erfurt, nachdem er zuvor einen Katalog seiner Bücher angelegt hatte, in dem die Handschrift mit dem Kölner Bücherverzeichnis bereits aufgeführt ist. Dieser Codex aus der ersten Hälfte des 10. Jahrhunderts ist ein liturgisches Handbuch und enthält neben einem Horologium und Kalendar mit Ostertafeln Texte des Amalar von Metz (um 775/780-um 850), des Beda Venerabilis sowie des Hrabanus Maurus (um 780-856) und war schon zu jener Zeit mit einem Glossar zu Büchern des Alten Testaments aus dem frühen 15. Jahrhundert verbunden. Das von Ernst Dümmler 1876 edierte Verzeichnis mit der Überschrift *Hi sunt libri praestiti de armario sancti Petri* – Dies sind die aus der Bibliothek von St. Peter verliehenen Bücher – nennt als ersten Entleiher einen *Abbas Elias*, mit dem vermutlich Helias Scottus, der 1042 gestorbene Abt der Klöster St. Pantaleon und Groß St. Martin gemeint sein wird; er entlieh einen Augustinuskommentar zum Johannesevangelium *novo ex toto bene scriptum*, der also offenbar gerade erst geschrieben worden war. Der nachfolgend verzeichnete Evezo, Schulmeister von St. Kunibert, entlieh einen Teil des Hieronymuskommentars zu Isaias; die *Abbatissa de sanctis virginibus*, die namentlich nicht überlieferte Äbtissin von St. Ursula, entlieh einen 'Terenz mit Servius'. Der Eintrag *Adelboldus episcopus. Librum super psalterium optime scriptum ad manum Wanizonis de sancto Gereone scriptoris* besagt, daß der mit Bischof Adalbold von Utrecht Identifizierte einen hervorragend geschriebenen Psalmenkommentar – man denkt an die Bände der Hildebald-Bibliothek aus Kloster Chelles (Dom Hss. 63, 65, 67; Kat. Nr. 3) oder den später in der Liste genannten Psalmenkommentar des Augustinus – ausgeliehen hat, um ihn Wanizo, einem Schreiber am Kollegiatsstift St. Gereon wohl zur Abschrift zur Verfügung zu stellen. Dort ist für jene Zeit längst schon eine Schule erwähnt; zudem läßt dieser Vorgang auf ein dort tätiges Skriptorium schließen. Die Amtszeit Bischof Adalbolds (1010-1026) gibt zugleich die Zeitspanne an, innerhalb derer das Verzeichnis erstellt worden ist. Sodann hat ein Frater Alvoldus Gregors des Großen Ezechielkommentar entliehen und ein Reginhardus den Traktat zu den Paulusbriefen des um die Mitte des 9. Jahrhunderts lehrenden Haimo von Auxerre.

Im Anschluß daran läßt die Radierung einer halben Textzeile den Zweck der nachfolgenden Bücherliste nicht mehr erkennen. Diese beginnt mit den Kommentaren des hl. Augustinus zu den Psalmen und des hl. Hieronymus zu Jeremias; dann folgen vier Homiliare, drei Passionale und zwei Vollbibeln. Aufgrund der anschließenden Titel hat zuletzt Irmgard Jeffré (1991) die Vermutung geäußert, daß die Liste Neuanschaffungen der Dombibliothek verzeichnen könnte; denn bei einer Reihe der aufgeführten Bücher handelt es sich um Texte, die erst seit Ende des 10. Jahrhunderts an den Domschulen für den Unterricht herangezogen worden sind. Im einzelnen sind es drei Bände Vergil, zwei Bände Lukan, ein Servius und ein Horaz, die Enzyklopädie über die Sieben Freien Künste 'De nuptiis Mercurii et Philologiae' des Martianus Capella, die in Dom Hs. 193 (Kat. Nr. 61) aus dem 10. Jahrhundert vorliegt und in Dom Hs. 194 durch ein Glossar ergänzt wird, sowie drei Bände Priscian, das heißt also wiederum Bücher zur Grammatik, und ein Band mit der größeren 'Ars grammatica' des Donatus, sodann das sonst nicht bekannte Werk 'De generibus metrorum' des Smaragd von Saint-Mihiel. Es folgen die hier dem hl. Augustinus zugeschriebenen Bücher 'Isagoge' (des Porphyrios) und 'Kategoriai' (des Aristoteles) sowie von Boethius (um 475/480-524) 'De sancta trinitate' und seine beiden Kommentare zu der 'Isagoge', der Einführung des Porphyrios in die logischen Schriften des Aristoteles (*Commentum minus isagogarum. Maius etiam in easdem in duobus voluminibus*). Bei den anschließend genannten Büchern *Victorinum / Consultum. Genethliaca* handelt es sich um Lehrtexte zur Grammatik, Rhetorik und Dialektik der spätantiken Autoren Fortunatianus, Victorinianus und Censorinus, die in der Dom Hs. 166 (Kat. Nr. 22) erhalten sein könnten; denn die umschreibende Bezeichnung *Genethliaca* trifft die Censorinus-Sammlung von zahlreichen, auf das Thema Geburtstag bezugnehmenden Fakten und Nachrichten recht gut. Der Codex, der noch aus dem 8. Jahrhundert stammt, ist im Bibliothekskatalog von 833 nicht erwähnt, doch erhielt er im späteren 9. Jahrhundert den Besitzvermerk der Kölner Dombibliothek. Die anschließend aufgeführten *Periiermeniae* des Platonikers Apuleius spielten nicht zuletzt auch über ihre Vermittlung durch Cassiodor "über die Jahrtausendwende hinweg bis in die scholastisch werdende Wissenschaft des 12. Jahrhunderts hinein" (F. Brunhölzl) eine nicht unbedeutende Rolle innerhalb des mittelalterlichen Lehrstoffs zur

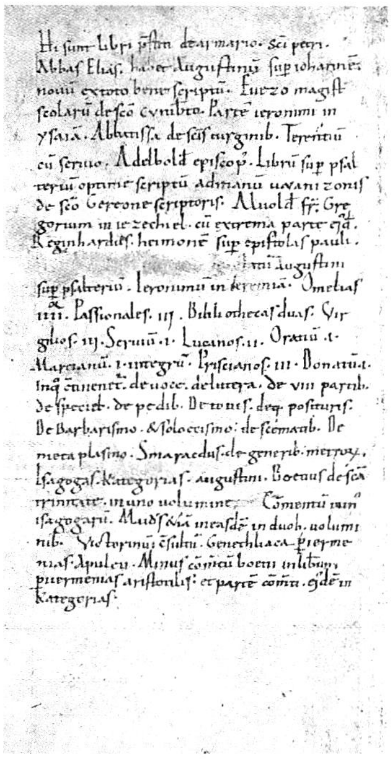

Erfurt, Wissenschaftliche Allgemeinbibliothek, Cod. CA 2°64, 117v (Abb. 18)

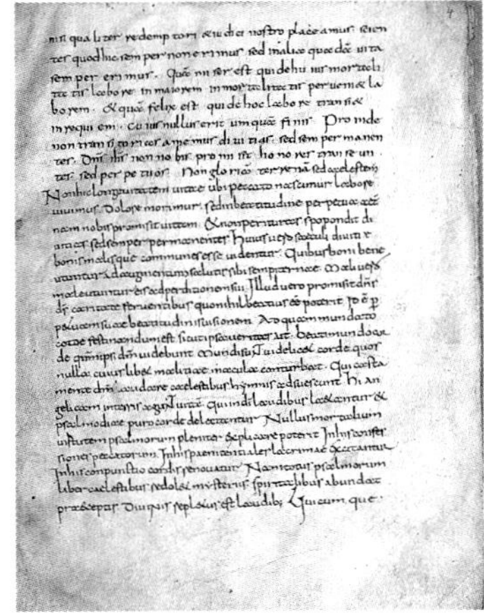
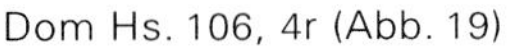
Dom Hs. 106, 4r (Abb. 19)

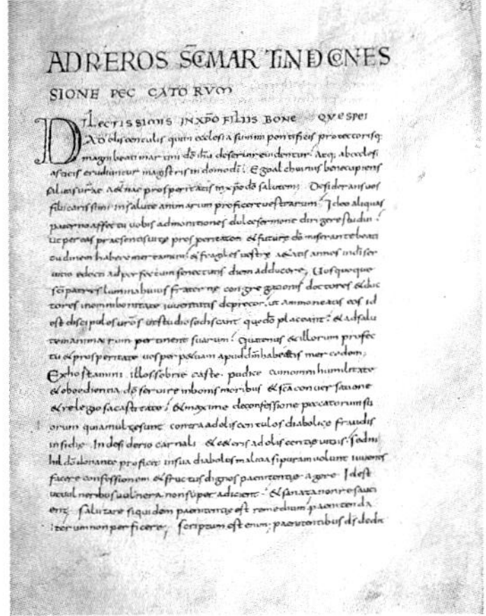
23r (Abb. 20)

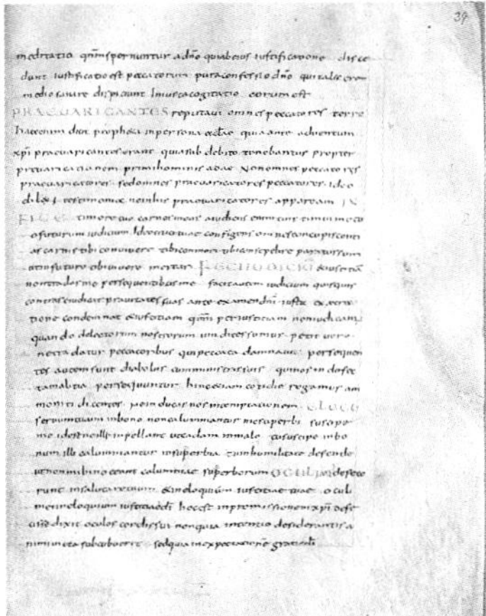
39r (Abb. 21)

Dialektik. Die Bücherliste endet mit *Minus commentum Boetii in librum periiermenias Aristotilis. et partem commenti eiusdem in kategorias*, also mit dem kleinen Kommentar des Boethius zur Hermeneutik und seinem anderen zur Kategorienlehre des Aristoteles.

Zusammen mit den erhaltenen, in den Verzeichnissen jedoch nicht erwähnten Handschriften der Dombibliothek aus dem 6. bis 11. Jahrhundert läßt sich ein Panorama des geistigen Lebens an der Kölner Domschule im hohen Mittelalter rekonstruieren – unter dem Vorbehalt der nicht immer gesicherten Kenntnis, ab wann sich die einzelnen Handschriften, die in der Mehrzahl keinen mittelalterlichen Bibliothekseintrag überliefern, im Besitz der Dombibliothek befanden. Viele der Codices sind mit verschiedenartigen Glossen und Scholien versehen und tragen intensive Gebrauchsspuren, wie sie in Schulhandschriften zu erwarten sind. Vorab sei an die schon kurz erwähnte Dom Hs. 106 (Abb. 19-25) erinnert, die aufgrund ihrer Sammlung von Gebeten und Erbauungstexten einen ausgefallenen Buchtyp im Bereich des Schulbetriebs zu repräsentieren scheint. Denn dieses bereits um 810 entstandene Konvolut von 74 Blättern enthält kurze Texte von 21 verschiedenen Schreibern (Jones), von denen nach Bernhard Bischoff neunzehn karolingisch und unterschiedlichen Schriftschulen zuzuweisen sind. Zwei zeichnen sich durch einen deutsch-angelsächsischen Duktus aus, was neben anderen Gründen für eine Entstehung nicht in Köln, sondern in der Benediktinerabtei St. Ludgerus in Werden sprechen könnte. Bernhard Bischoff fand in der Annahme, "daß die Handschrift von einer Gemeinschaft von Schülern hergestellt wurde, die von verschiedenen Stätten zur höheren Ausbildung an ein Zentrum (Werden?) geschickt worden waren", eine ansprechende Erklärung.

Im Bestand der Handschriften, die bis zum 11. Jahrhundert geschaffen wurden, findet sich eine reiche Lektüre für den Unterricht in den Freien Künsten. So ist Priscians Grammatik in den Dom Hss. 200 (Kat. Nr. 63) aus dem 9. Jahrhundert, 202 vom Ende des 10. Jahrhunderts und 201 aus der zweiten Hälfte des 11. Jahrhunderts überkommen, darüber hinaus enthält Dom Hs. 204 aus dem frühen 10. Jahrhundert eine umfangreiche 'Ars grammatica', die mit einem Zitat aus Isidors 'Etymologien' beginnt *Grammatica est scientia recte loquendi et origo et fundamentum liberarum litterarum vocata a litteris quas graeci gramma vocent. Potest et ita diffiniri* – Grammatik ist das rechte Wissen vom Reden und Ursprung und Grundlage des ungebundenen Alphabets, benannt nach den Buchstaben, die bei den Griechen 'gramma' heißen. Auf diese Weise läßt sie sich erklären. Dom Hs. 191 überliefert die 'Topica', Ciceros Werk zur Rhetorik, Dom Hs. 198 den

46r (Abb. 22)

48r (Abb. 23)

58v (Abb. 24)

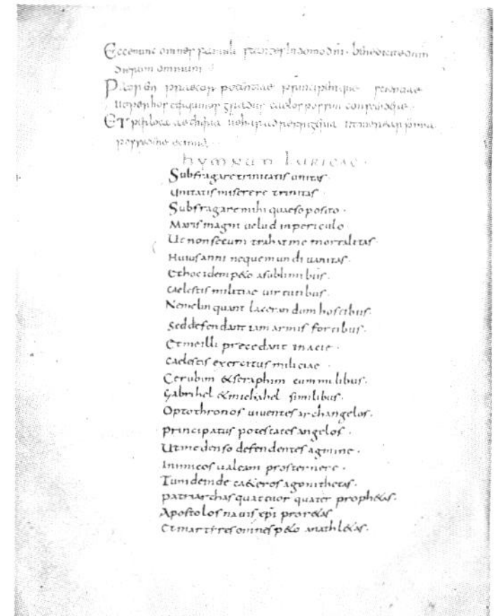

60v (Abb. 25)

Kommentar des Boethius dazu; aus dem späten 11. Jahrhundert sind in Dom Hs. 190 mit 'De differentiis topicis' eine weitgehend auf Cicero beruhende Schrift des Boethius zur Rhetorik überliefert, mit 'De syllogismo categorico' sein Kompendium der Lehre vom Urteil sowie eine Zusammenfassung der aristotelischen Syllogismus-Formen. Die Dom Hss. 83, 185 und 186 (Kat. Nrn. 66, 67, 65) aus dem 9./10. Jahrhundert enthalten die 'Arithmetik' des Boethius gleich dreimal, dann den Kommentar des Macrobius zum 'Somnium Scipionis' mit einem Exzerpt aus Ciceros Text, sodann Cassiodors 'Orthographia' und den gleichnamigen Abschnitt aus den 'Etymologiae' des Isidor von Sevilla (um 560-636) sowie das Werk 'De centimetris' des Grammatikers Servius Maurus. Die Dom Hss. 187, 188 und 191 umfassen Übersetzung und Kommentar des Boethius zu der genannten 'Isagoge' des Porphyrios, ebenso die Einführung in die Musiktheorie 'De institutione musica' des Boethius sowie seine Übersetzungen der beiden logischen Schriften des Aristoteles, den 'Kategoriai' und der 'Peri hermeneias'. Die große Anzahl von Übersetzungen, Kommentaren und eigenen Schriften des Boethius belegt auch im Fall der Kölner Dombibliothek die außerordentliche Bedeutung, die dieser römische Gelehrte, von Dante (1265-1321) als hl. Theologe im Paradiso der 'Göttlichen Kommödie' besonders gewürdigt, als Vermittler der griechischen Philosophie, insbesondere der aristotelischen Logik, aber auch aufgrund seiner Schriften zu den Wissensgebieten der Sieben Freien Künste im lateinischen Mittelalter eingenommen hat. Er wurde daher sicher zurecht als "Erzieher des Abendlandes" bezeichnet. Hier wie auch bei den frühen Kirchenvätern und den späteren geistlichen Autoren wird bewußt, daß die antiken Schriftsteller und Philosophen weniger durch ihre eigenen Schriften als vielmehr durch die Vermittlung ihrer Lehren in patristischen bis hin zu scholastischen Lehrbüchern und Kommentaren dem Mittelalter präsent waren und das Denken bestimmten. Dies gilt in besonderem Maße auch bei Schriften zum Trivium, in denen die aus den Texten antiker Autoren exzerpierten Stellen als belegende Beispiele für die grammatikalischen, rhetorischen und dialektischen Überlegungen dienten und auf diese pädagogische Weise auch literarisches Wissen vermittelten.

In unserer Aufzählung ist weiterhin Dom Hs. 192 (Kat. Nr. 68) aus dem frühen 11. Jahrhundert mit dem Kommentar des um 400 in Italien wirkenden Calcidius zu Platons 'Timaios' zu nennen, mit dem dieser das Verständnis der platonischen Naturphilosophie sowie der kosmologischen Probleme mit Erläuterungen durch die Artes des Quadriviums förderte. Zu nennen ist auch Dom Hs. 81 (Kat. Nr. 70) mit den 'Carmina' des christlichen Dichters Prudentius, die dieser im Jahre 405 als Sammlung von Gedichten zu verschiedenen Anlässen herausgegeben hatte. Der Codex enthält zudem sein großes allegorisches Gedicht, die 'Psychomachia', sowie 'Contra orationem Symmachi', worin er mit traditioneller christlicher Argumentation gegen das Heidentum, verkörpert in der Person des Quaestors und Praetors Quintus Fabius Memmius Symmachus, vorging, und schließlich auch seine vierzehn Hymnen zu Ehren vorrangig spanischer und römischer Märtyrer, das 'Peristephanon'. Die im 9. Jahrhundert vielleicht in Köln entstandene Dom Hs. 99 (Kat. Nr. 62) beinhaltet kleinere Werke Isidors mit ganz unterschiedlicher Thematik, denen ein gewisser Egilbertus in karolingischer oder ottonischer Zeit eine poetische Inhaltsangabe in acht elegischen Distichen vorangestellt hat. Das Spektrum wird erweitert durch die wohl noch im 11. Jahrhundert von verschiedenen Schreibern ausgeführte Sammlung von Kommentaren zu antiken Schriftstellern in Dom Hs. 199, die wahrscheinlich für den Gebrauch an der bedeutenden Domschule von Lüttich bestimmt war und vermutlich über die immer wieder nachweisbaren Beziehungen bald schon von dort nach Köln gekommen ist. Sie enthält Glossen zu Lukans 'Bellum civile' sowie eine unvollständige Abhandlung über den Kommentar des Macrobius zu Ciceros 'Somnium Scipionis'. Das Werk des hohen römischen Staatsbeamten und Philologen Macrobius (frühes 5. Jh.) zu jenem gesondert vom Hauptwerk überlieferten Teil aus Ciceros 'De re publica' gehört zu jenen Texten, die das antike Geistesgut mit großer Wirkung ins abendländische Mittelalter getragen haben. Wie man an der Dom Hs. 199 sieht, erfuhr es innerhalb der späteren Verwendung im Schulgebrauch eine erneute Kommentierung. Die Handschrift enthält des weiteren Kommentare zu den Satiren Juvenals mit Glossen sowie zu den Satiren des Persius. Der bereits zur Zeit Erzbischof Heriberts (999-1021) entstandene Codex 131 in Wien mit den Satiren des Juvenal und des Persius wurde schon erwähnt. Darüber hinaus enthalten die aus der Kölner Dombibliothek stammenden Handschriften in der British Library in London die 'Institutio oratoria' des Quintillian (Harley Ms. 2664), Ciceros 'Epistolae ad familiares' (Harley Ms. 2682) und den 'Trost der Philosophie' des Boethius (Harley Ms. 2685). Innerhalb des mehrteiligen Harley Ms. 2688 gehörte vermutlich der Faszikel mit der griechisch-lateinischen Grammatik ehedem der Dombibliothek.

Um die Jahrtausendwende sind auch in Köln Studien des Griechischen zu belegen, die mit dem Besuch Froumunds von Tegernsee (um 960-1006/1012) und der von ihm in St. Pantaleon für den Unterricht in der Klosterschule erstellten griechischen Grammatik präziser faßbar werden. Ob die Vorlage für diese Arbeit, die sich zusammen mit Glossen zu Priscian, den 'Carmina' des Venantius Fortunatus und anderen Texten im Codex 114 der Österreichischen Nationalbibliothek erhalten hat, in St. Pantaleon lag oder aus der Dombibliothek – man erinnert sich an Abt Helias im Ausleihverzeichnis des frühen 11. Jahrhunderts – dorthin ausgeliehen worden ist, läßt sich nur spekulativ beantworten. In einer Reihe von Handschriften aus dieser Zeit läßt sich eine unterschiedliche Kenntnis der griechischen Sprache in Köln belegen. Häufig finden sich Graecismen in Form von griechisch transkribierten lateinischen Worten und Namen in den Bildtituli verschiedener Prachthandschriften der ottonischen Buchmalerei, wie in dem für die Äbtissin Hitda von Meschede geschaffenen Evangeliar (Darmstadt, Hess. Landes- und Hochschulbibl., Hs 1640) oder im Gundold-Evangeliar (Stuttgart, Württ. Landesbibl., Bibl. 4° 2), schließlich auch im Everger-Lektionar Dom Hs. 143 (Kat. Nr. 80). In der ebenfalls mit Erzbischof Everger verbundenen Dom Hs. 53

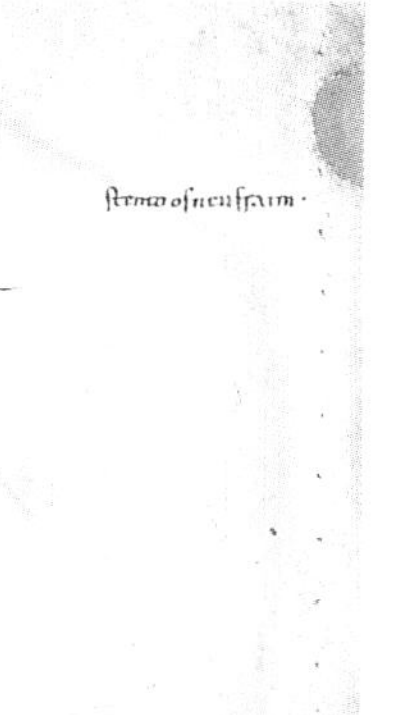

Dom Hs. 53, 4r (Abb. 26)

hat der Schreiber des lateinischen Hieronymuskommentars wohl auch die griechischen Einschlüsse selbst geschrieben (Abb. 26), wohingegen der Schreiber der Glossen zu Priscians 'Institutio de arte grammatica' in Dom Hs. 201 aus der 2. Hälfte des 11. Jahrhunderts entsprechende Lücken gelassen hat, die später nicht mit den griechischen Worten gefüllt wurden. Im Psalterium quadruplex Dom Hs. 8 (Kat. Nr. 60) bemerkt man unterschiedliche Hände für den griechischen und den lateinischen Text in der Litanei (Abb. 27). Die Handschrift enthält die drei lateinischen Psalter-Redaktionen, ergänzt um die griechische Fassung in lateinischer Transkription. Sie gehört zu jener Gattung der bilinguischen Bibelbücher, über die ein umfangreicheres Wortmaterial des Griechischen in Verbindung mit dem vertrauten Lateinischen bekannt wurde.

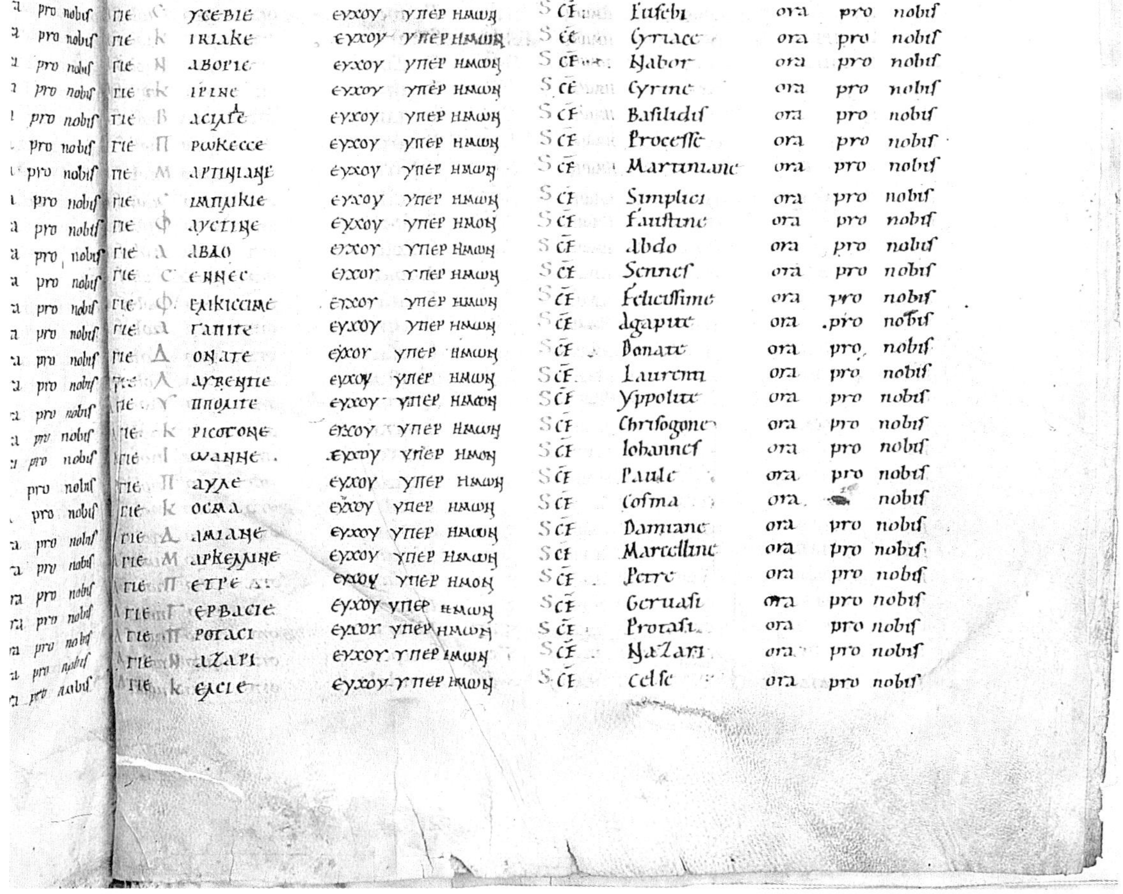

60 Dom Hs. 8, 161r (Abb. 27)

Ist es Zufall, daß sich zur Entstehungszeit des Kölner Bücherverzeichnisses vom Anfang des 11. Jahrhunderts mit Ragimbold zum ersten Mal in der Domschule ein Scholaster namentlich nachweisen läßt? Dieser stand mit seinem Lütticher Kollegen Radulf im Briefwechsel über den sog. Winkelstreit, der ein sehr hohes Niveau mathematisch-geometrischen Denkens belegt. Radulf wiederum war wahrscheinlich Schüler Fulberts (um 960 - 1028) an der Kathedralschule in Chartres gewesen. In einem Brief teilt Ragimbold mit, er habe Fulbert, als dieser schon Bischof von Chartres (ab 1006) war, seine Dreiecksberechnung gezeigt und dessen Zustimmung dazu erhalten. Es ging dabei um die Begriffe Außenwinkel, Innenwinkel und die eventuelle Summe der drei Innenwinkel als zwei rechte Winkel auf der Grundlage von teilweise mißverstandenen Boethius-Schriften, da die Elemente des Euklid mit der dort gefundenen Lösung der Winkelprobleme nicht mehr bzw. noch nicht wieder als Grundlage der Geometrielehre bewußt waren. Fulbert wiederum hatte die Lehren des Gerbert von Aurillac (um 950 - 1003; seit 999 Papst Silvester II.) in Reims kennengelernt, über dessen Schulunterricht und die dazu benutzten Texte wir sehr gut informiert sind. Ein Vergleich mit dem oben aufgeführten Bestand der Dombibliothek zeigt, daß der Kölner Domschule im 10./11. Jahrhundert für den Unterricht in den Fächern des Triviums und Quadriviums ein Lehrstoff zur Verfügung stand, der "den berühmten Kathedralschulen in Reims und Chartres nicht nachstand" (Jeffré 1984).

Daß die Codices benutzt wurden, sieht man nicht nur den bisweilen hinterlassenen Gebrauchsspuren an, sondern vor allem den wie immer auch schriftlich fixierten Notaten – Anmerkungen, Hinweisen, Erklärungen, Verweisen, Ergänzungen und Verbesserungen. So enthält die wohl aus der 2. Hälfte des 8. Jahrhunderts stammende Dom Hs. 166 (Kat. Nr. 22) mit Lehrtexten zum Trivium einerseits Marginalglossen unterschiedlicher Zeiten, darunter auch griechische, andererseits aber auch Ergänzungen eines zeitgenössischen Korrektors, der die Auflösungen von im Text benutzten Kürzungen besorgte und beispielsweise am Rand von Folio 14v die paläographische Erklärung notierte *CD id est contradicit* – die Abkürzung CD meint 'contradicit' (er widerspricht) (Abb. 28). Zahlreiche Verbesserungen in Orthographie, Grammatik und auch im Inhalt wurden im Hieronymustext der Dom Hs. 46 von einer mit dem Schreiber zeitgleichen Hand mit dunkler Tinte nachgetragen (Abb. 29). In vielen frühen Handschriften finden sich neben den lateinischen auch althochdeutsche Glossen des 9. bis 11. Jahrhunderts, so in der Dom Hs. 57 mit der auf Folio 34r wiedergegebenen Glosse *plica velda* (Abb. 30), womit neben der lateinischen Bezeichnung das althochdeutsche Wort für "die Falte" verzeichnet wurde, oder auch in der kanonistischen Sammelhandschrift Dom Hs. 117 (Kat. Nr. 51). Dom Hs. 107 (Kat. Nr. 39) enthält mehrere, offenbar einmalig nur hier innerhalb des althochdeutschen Sprachschatzes zu belegende Worte wie *bellicine* (aus Pappelholz) oder das Wort *gerevo*, welches das lateinische 'uterinus' (von einer Mutter) glossiert; auch das seltene *marrunga* (Hindernis) wird hier überliefert. In der 'Grammatik' des Priscian Dom Hs. 200 (Kat. Nr. 63) glossierte unter anderem eine Hand (vgl. Abb. 53, 54), die auch in den Dom Hss. 185 (Kat. Nr. 67), 189, 191 und 193 (Kat. Nr. 61) arbeitete. In der etwas jüngeren, um die Jahrtausendwende geschriebenen Priscian-Grammatik Dom Hs. 202 finden sich die althochdeutschen Glossen teilweise innerhalb längerer lateinischer Erläuterungen und bisweilen durch eine vorangestellte Bezeichnung der Volkssprache – *vulgo*, aber auch *thetisce, theodisce* und *theutisce* – eingeführt. Zu den öfters zitierten Beispielen gehört *Tipsana-*

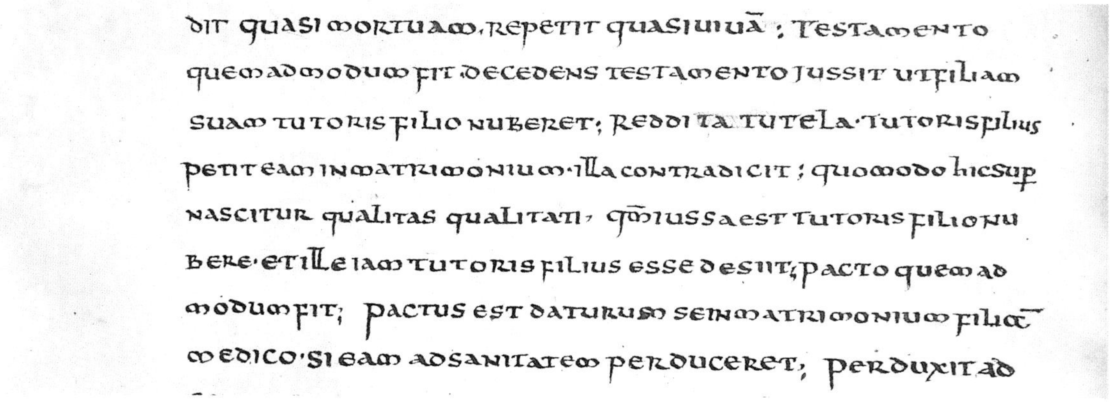
dit quasi mortuam. repetit quasi uiuā ; Testamento
quemadmodum fit decedens testamento iussit ut filiam
suam tutoris filio nuberet; Reddita tutela tutoris filius
petit eam in matrimonium illa contradicit ; quomodo hic sup
nascitur qualitas qualitati; q̄m iussa est tutoris filio nu
bere et ille iam tutoris filius esse desiit; pacto quem ad
modum fit; pactus est daturum se in matrimonium filiā
medico si eam ad sanitatem perduceret; perduxit ad

22 Dom Hs. 166, 14v (Abb. 28)

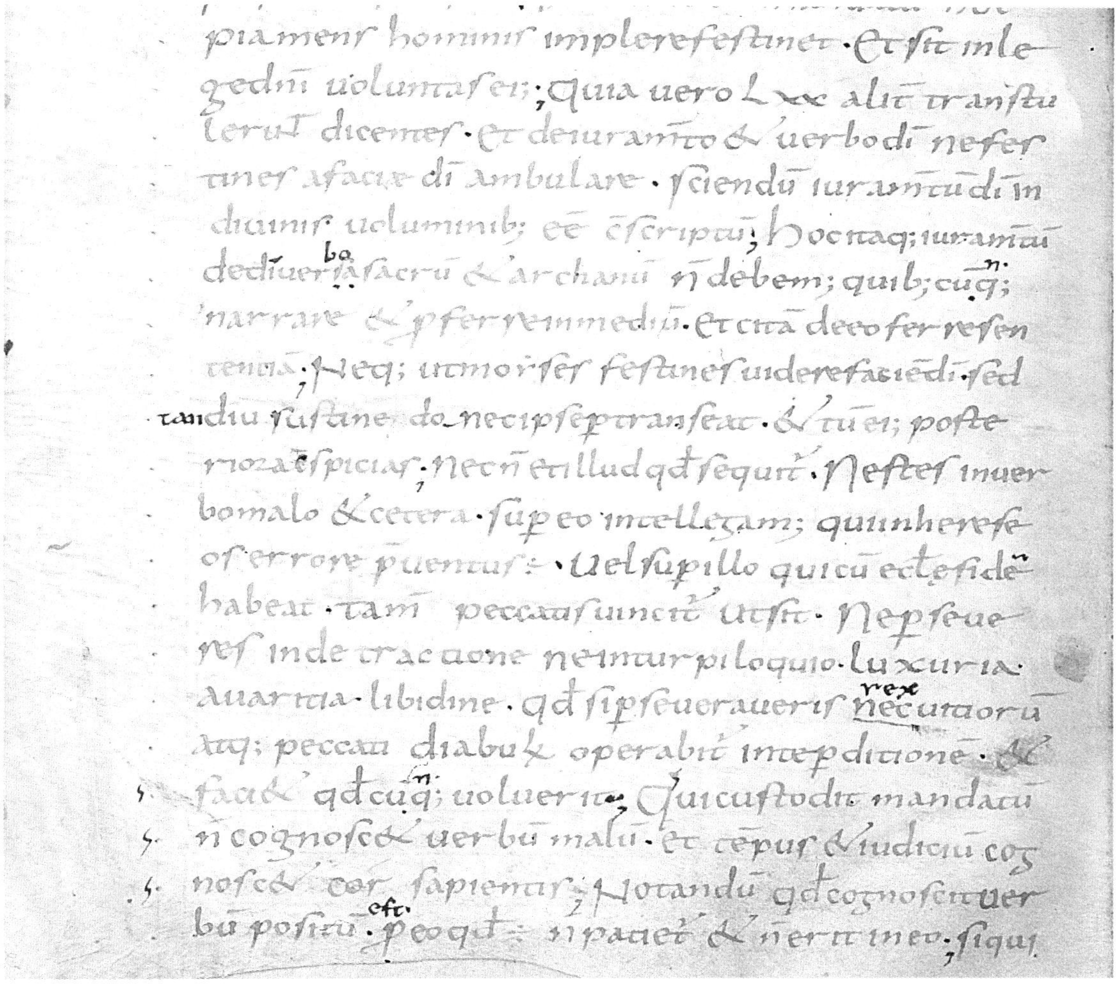

Dom Hs. 46, 45v (Abb. 29)

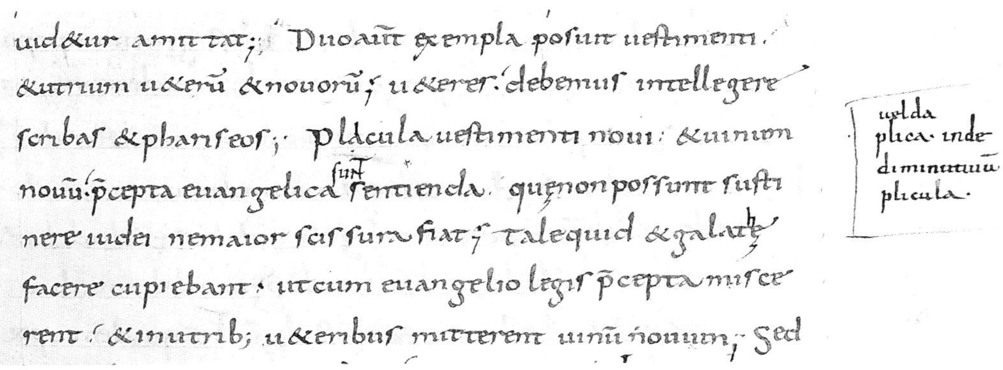

Dom Hs. 57, 34r (Abb. 30)

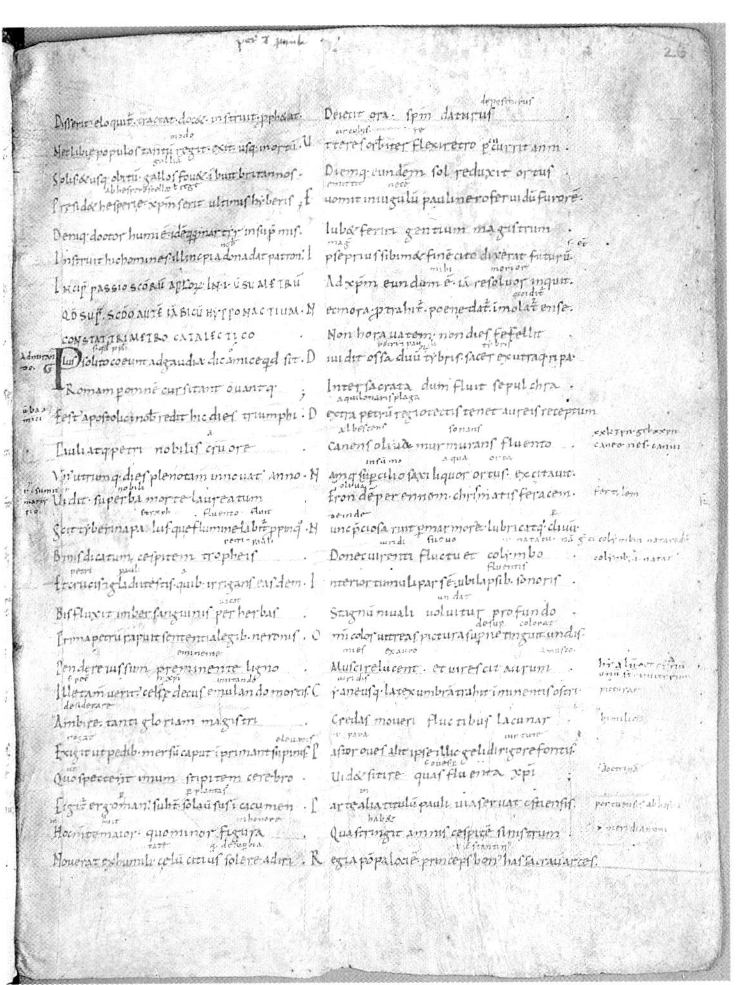

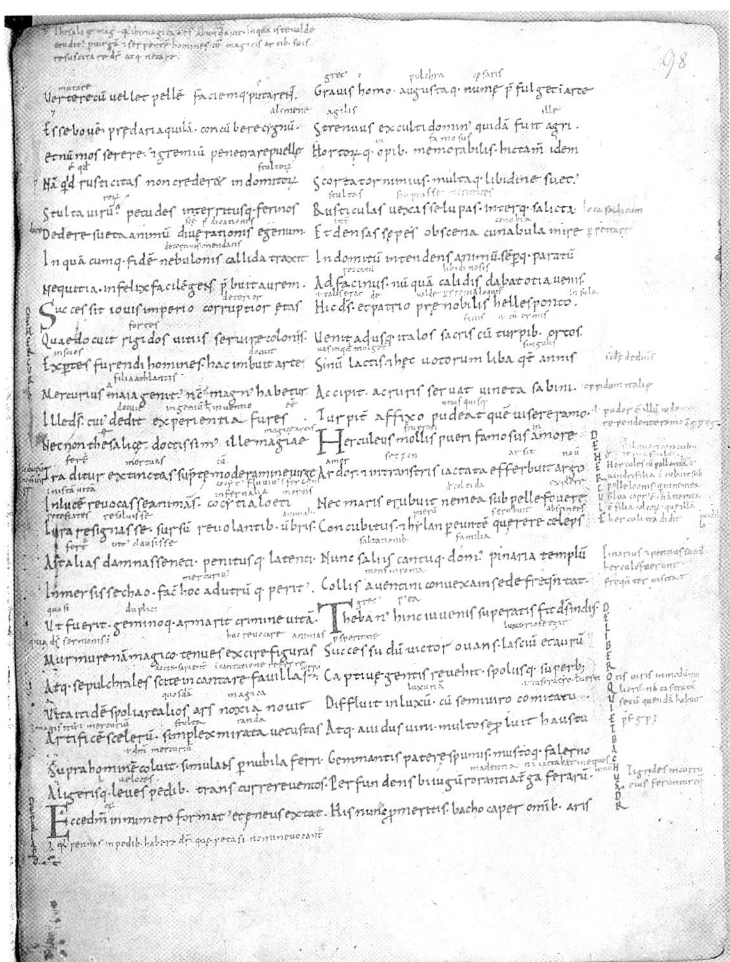

70 Dom Hs. 81, 26r/98r (Abb. 31/32)

rium Vas in quo lagana fiunt id est stamph. vel domus ubi ptisana id est frumenta reconduntur quam theodisce dicimus spicare – Mörser, ein Gefäß, in dem Ölkuchen gemacht werden, ist ein *stamph* (Mörser). Oder ein Haus, in dem Gerste, also Getreide aufbewahrt wird, welches wir auf Deutsch *spicare* (Speicher) nennen. Gerade in Köln sollte die hier verzeichnete Glosse *Femen isben* – Hüftbein – erwähnt werden, mit der "ein wortgeschichtlich wichtiger Beleg für die frühere Bedeutung des Wortes 'Eisbein'" (R. Bergmann) vorliegt, wenn auch auf der "Kölschen Fooderkaat" (Speisekarte) unserer Tage sich die dem Angelsächsischen entlehnte Bezeichnung "Hämmche" durchgesetzt hat. In Dom Hs. 81 (Kat. Nr. 70) hat der Schreiber der 'Carmina' des Prudentius die Interlinear- und Randglossierung größtenteils selbst besorgt (Abb. 31, 32). Von den etwa 445 Prudentius-Glossen dieses Manuskripts sind eine ganze Reihe in der für Glossen oft

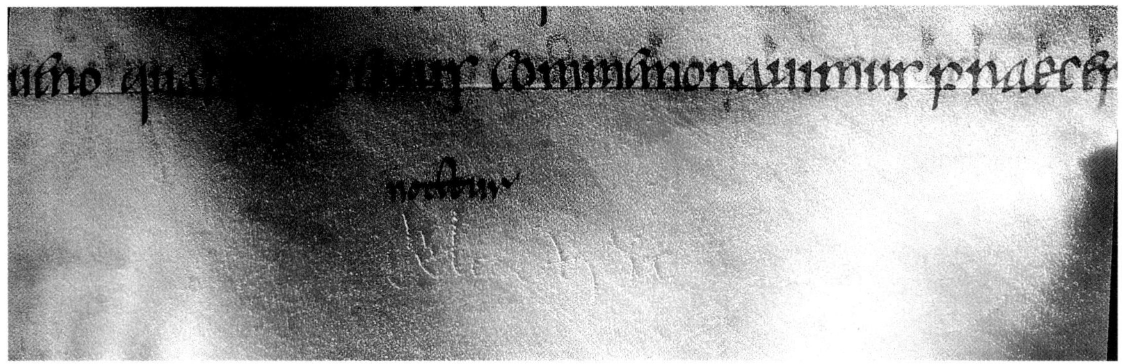

18 Dom Hs. 213, 65r (Abb. 33)

benutzten Geheimschrift ausgeführt, in der anstelle der Vokale die ihnen jeweils folgenden Buchstaben eingesetzt wurden. Des öfteren findet man Griffelglossen, das heißt lediglich mit dem Griffel fast unsichtbar eingeritzte Anmerkungen in unterschiedlichen Formen; sie reichen von kleinen, der Erinnerung dienenden Zeichen zum Wiederfinden von Textstellen über Runenritzungen, z. B. auf Folio 70r in der Dom Hs. 43 (Kat. Nr. 1), bis hin zu Wortnotaten wie der von Bernhard Bischoff in Dom Hs. 213 (Kat. Nr. 18) gefundenen althochdeutschen Glosse *chelactrot* – getadelt – für das lateinische 'notetur' (Abb. 33).

Wilhelm Schmitz veröffentlichte 1886 [1983] die bereits zuvor von Jaffé/Wattenbach in den Kölner Domhandschriften angemerkten frühen Glossen in Form tironischer Noten, einer römischen Kurzschrift, deren Grundbestand an Zeichen wohl Ciceros Sekretär M. Tullius Tiro geschaffen hat. Die ehedem bei Senatsverhandlungen und Prozessen oder für Reden benutzten

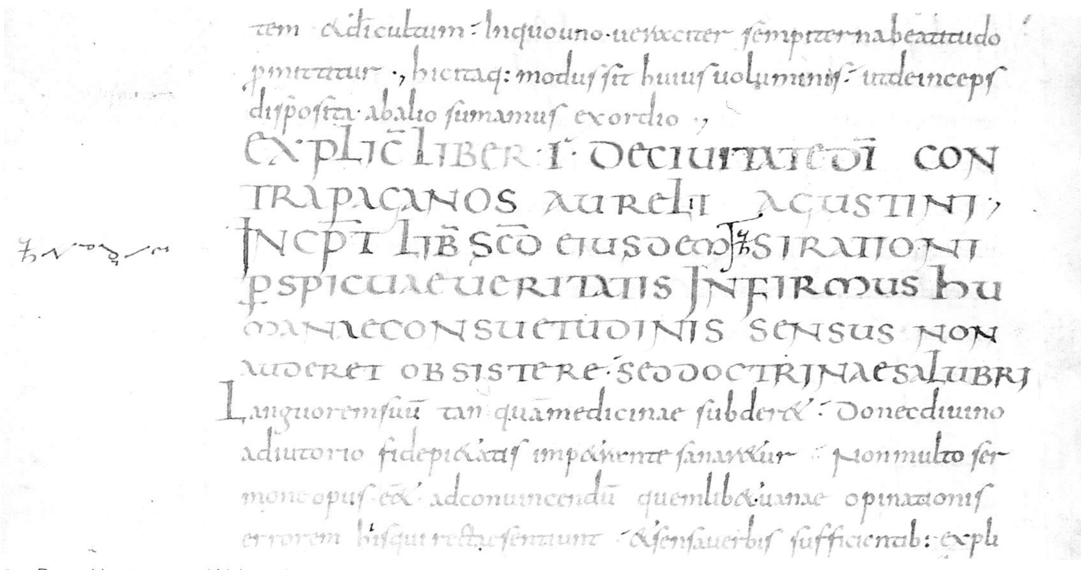

4 Dom Hs. 75, 24v (Abb. 34)

Noten, denen auch im Unterricht der römischen Antike eine gewisse Bedeutung zukam, wurden im Mittelalter vorrangig in den Klosterschulen nach den aus karolingischer Zeit überlieferten, jedoch auf einen älteren Archetyp zurückgehenden 'Commentarii Notarum Tironianarum' mit rund 13000 Zeichen auswendig gelernt und häufig in Verbindung mit dem Psalter geübt. Eines der wenigen Zentren ihrer Nutzung in Deutschland war neben Fulda, Regensburg und Salzburg vor allem Köln, wo sie besonders im 9. und 10. Jahrhundert Verwendung fanden, so in dem wohl noch unter Erzbischof Hildebald im frühen 9. Jahrhundert aus Salzburg erworbenen Augustinus-Codex Dom Hs. 75 (Kat. Nr. 4) mit der 'Civitas Dei' (Abb. 34). Beachtlich ist, daß z. B. in den beiden Briefbänden Gregors des Großen Dom Hs. 92 und 93 (Kat. Nrn. 11 und 34) aus der gleichen Zeit ein späterer Korrektor falsche tironische Noten verbesserte. – Der Gebrauch der liturgischen Handschriften bedarf nicht der ausdrücklichen Erwähnung, doch fällt auf, daß unter dem erhaltenen Bestand beispielsweise im Gegensatz zum Pamelius-Sakramentar Dom Hs. 137 (Kat. Nr. 81) das von ihm abhängige Gregorianische Sakramentar Dom Hs. 88 (Kat. Nr. 82) zahlreiche Gebrauchsspuren aufgrund intensiver Nutzung überliefert.

Schließen wir das Panorama des im 11. Jahrhundert erreichten Bestandes der Kölner Dombibliothek ab, so bleibt noch eine heute als Ms. 5253 in der Bibliothèque Royale in Brüssel aufbewahrte Vitruv-Handschrift 'De architectura' nachzutragen. Darüber hinaus ist erwähnenswert, daß bisweilen dadurch, daß Autoren gerade auch in dieser Zeit ihre Schriften bestimmten Persönlichkeiten, so auch den Kölner Erzbischöfen, gewidmet haben, gewisse Interessen dieser Adressaten indirekt überliefert werden. Dom Hs. 196 (Kat. Nr. 71) enthält in einer wohl Lütticher Kopie aus der Mitte des 11. Jahrhunderts die 'Fecunda ratis', das mit der Weisheit der Sprichwörter 'Vollbeladene Schiff' des Egbert von Lüttich. Das in seiner Zeit berühmte Unterrichtswerk widmete der Autor jenem Bischof Adalbold von Utrecht (1010-1026), der im Ausleihverzeichnis der Kölner Dombibliothek genannt wird. Egberts so kurzweilige Schrift ist eines jener Werke, die sich dem Verständnis von Natur und Geschichte metaphorisch oder allegorisch nähern und darin menschliche Handlungsweisen wie auch göttliche Vorsehung aufdecken und verständlich machen. Die Kölner Dombibliothek besaß in jener Zeit auch ein Exemplar der bedeutendsten allegorischen Dichtung aus spätantiker Zeit, der 'Psychomachie' des 349 in Spanien geborenen christlichen Dichters Prudentius (Dom Hs. 81, Kat. Nr. 70). Der in Versen geschilderte Kampf der personifizierten christlichen Tugenden (Glaube, Keuschheit, Geduld, Demut, Mäßigkeit, Nächstenliebe und Eintracht) und heidnischen Laster (Götzendienst, Unzucht, Zorn, Hochmut, Schwelgerei, Geiz und Zwietracht) um die Herrschaft über die Seele begründete diese Literaturgattung. Auch bei der Schrift 'De nuptiis Philologiae et Mercurii' – Die Hochzeit Merkurs und der Philologie – des Martianus Capella, einer Abhandlung über die Sieben Freien Künste in Dom Hs. 192 (Kat. Nr. 68), handelt es sich um eine Personifikationsallegorie. Sie schildert die Begegnung Merkurs, des Gottes der Beredsamkeit, mit dem ihm von Apollon zur Braut empfohlenen irdischen Mädchen Philologia. Schließlich gehört auch die im Mittelalter so beliebte Schrift des Boethius 'De consolatione philosophiae' – Vom Trost der Philosophie – (Harley Ms. 2685) dieser Literaturgattung an. Gegenstand der Dichtung ist das (Selbst-) Gespräch mit der personifizierten Philosophie, die dem Autor Tröstung in dunkler Zeit spendet. Abt Berno von Reichenau (1008-1048) widmete sein musiktheoretisches Werk, den 'Tonarius', Erzbischof Pilgrim von Köln (1021-1036), Franco von Lüttich seinen gegen 1047 in Zusammenhang mit dem sog. Winkelstreit entstandenen Traktat 'De quadratura circuli' – Die Quadratur des Kreises – dem Kölner Erzbischof Hermann II. (1036-1056). Von beiden Schriften gibt es keine Belege in der Dombibliothek. Abt Rupert von Deutz (1075/80-1129/30) widmete seinen Kommentar zur Geheimen Offenbarung Erzbischof Friedrich I. (1100-1131), während andererseits der Kölner Metropolit zwei Kommentare zu den Büchern der Könige und zu den Kleinen Propheten bei Rupert in Auftrag gab.

Zum Ausgangspunkt der Überlegungen zurückgekehrt lenken wir nun den Blick auf die nachfolgenden Jahrhunderte. Das weitere Anwachsen der Dombibliothek läßt sich im einzelnen nur ungenau belegen, da für die nachfolgend entstandenen Handschriften zeitgenössische Besitzvermerke äußerst selten sind und Nachweise erst wieder im 14. und ausführlicher im 15. und 16. Jahrhundert anzutreffen sind. So findet sich im ungewöhnlichen 'Brevarium Franconicum' (Dom Hs. 215, Kat. Nr. 86), das unter Verwendung älterer Miniaturen wohl im 2. Viertel des 12. Jahrhunderts in der Würzburger Diözese entstand, unvermittelt im Text eine spätere Namensnennung Wilhelms von Gennep, so daß die Annahme naheliegt, der Codex habe sich spätestens seit der Amtszeit dieses Kölner Erzbischofs (1349-1362) in der Dombibliothek befunden. Auch die Wege des ebenso kostbar ausgestatteten, um 1050 entstandenen Pontifikales aus Saint-Vaast in

Arras (Dom Hs. 141, Kat. Nr. 84) nach Köln, wo es einen Besitzeintrag im 15. Jahrhundert erhielt, bleiben im Dunkeln. Eine der schönsten Miniaturenhandschriften der Bibliothek, das reichenauische Evangeliar vom Anfang des 11. Jahrhunderts Dom Hs. 218 (Kat. Nr. 77), das sich nach einem Eintrag des 12. Jahrhunderts im Besitz einer Klosterkirche Limburg, wahrscheinlich des Benediktinerklosters Limburg an der Haardt, befand, gelangte erst über das Vermächtnis des 1872 verstorbenen Johann Wilhelm Knott, Pfarrer in Heimerzheim, an den Dom. Wohl etwa um dieselbe Zeit kam mit dem 'Liber ordinarius' aus St. Gereon, Dom Hs. 241 (Kat. Nr. 103), das für die Historie dieses Stiftes so aufschlußreiche Memorienbuch mit Eintragungen des 12. und 13. Jahrhunderts zum liturgischen Totengedenken seiner Gönner, in die Dombibliothek. Nachdenklich stimmt auch die einzige Handschrift mit einem Text des Rupert von Deutz (Dom Hs. 112, Kat. Nr. 48), die vielleicht noch zu Lebzeiten Ruperts entstand und an dessen auf der anderen Rheinseite residierenden erzbischöflichen Gönner gelangte. Der so unscheinbare kleine Band bleibt in der Dombibliothek der einzige Hinweis auf einen Autor, der in seinem Kommentar zum Matthäusevangelium Vergil den größten Dichter, Sallust den größten Historiker und Cicero den größten Redner nannte. Damit erfüllte er als später Nachfahre jenes weit vorausentworfene Bildungsprogramm, das in der 'Admonitio generalis' Karls des Großen im Geiste des an ihm beteiligten Verfassers Alkuin die unbefangene Nutzung der profan-antiken Bildung propagiert hatte. Ruperts Schriften lieferten das Gedankengut zu komplexen Bildprogrammen in der rheinischen Kunst des 12. Jahrhunderts und bestimmten vielleicht auch den Geist und die Konzeption der Miniatur mit Erzbischof Friedrich I. und den Bildtituli in der Dom Hs. 59 (Kat. Nr. 30).

Die etwa ab dieser Zeit entstandenen Codices der Kölner Dombibliothek lassen im Überblick drei umfangreichere Gruppen erkennen, die den Sammlungsschwerpunkten im älteren Bestand entsprechen. Es sind zum ersten die der Exegese dienenden glossierten biblischen Bücher vorrangig des 12. und 13. Jahrhunderts, sodann die kanonistischen Sammlungen des 12. bis 14. Jahrhunderts und schließlich die späten großen liturgischen Handschriften aus dem 14. bis zum frühen 16. Jahrhundert. Außerhalb dieser Gattungen finden sich weitere im 12. Jahrhundert entstandene Abschriften patristischer Texte – wahrscheinlich um aus Bedarfsgründen mit bisher fehlenden Büchern gezielt Lücken zu füllen, vielleicht aber auch gelegentlich aufgrund zufälliger, später erfolgter Übernahmen. Zu nennen sind hier etwa die Augustinus-Schriften in den Dom Hss. 61 (Kat. Nr. 27), 71 und 72 sowie in Dom Hs. 77, die aus dem Besitz des Symon de Outdorp, eines Mitgliedes der Artistenfakultät in Köln, sicher erst später in die Dombibliothek gelangte. Erwähnt seien auch die Bücher 1-9 aus dem Isaiaskommentar des Hieronymus (Dom Hs. 48), die im 12. Jahrhundert die schon im 11. Jahrhundert geschriebene Dom Hs. 47 (Kat. Nr. 29) mit den Büchern 10-18 ergänzten; dann die Homilien zu Büchern des Alten Testaments von Origenes (Dom Hs. 28) oder auch eine weitere Abschrift der Briefsammlung Gregors des Großen (Dom Hs. 95, Kat. Nr. 35). Dom Hs. 11 (Kat. Nr. 38) mit Bedas Kommentar zu den Büchern Esra und Nehemia, wahrscheinlich nach der Mitte des 12. Jahrhunderts in Köln entstanden, gehörte zuvor Andreas de Werden, einem Kanoniker am Stift St. Kunibert in Köln. Spätmittelalterliche Besitzeinträge des Kölner Domes finden sich in der schon zu Anfang des 11. Jahrhunderts in Amorbach geschriebenen Dom Hs. 30 (Kat. Nr. 37) mit Texten des Pseudo-Dionysius Areopagita, in Dom Hs. 31 (Kat. Nr. 31) mit dem 'Hexaemeron' des Ambrosius und 'Adversus Iovinianum' des Hieronymus und auch in Dom Hs. 173 mit Texten von Augustinus, Caesarius von Arles (um 470-542) und Alkuin. Ausgefallener ist der Kommentar zu Ciceros 'De inventione' des von Otto von Freising (um 1112-1158) ob seiner Gelehrsamkeit gerühmten Manegold von Lautenbach in Dom Hs. 197, die möglicherweise noch zu Lebzeiten des bis zu Anfang des 12. Jahrhunderts wirkenden Propstes des Augustiner-Chorherren-Stiftes Marbach im Elsaß geschrieben worden ist, oder auch der Kommentar des um 860 gestorbenen Florus Diaconus zum Römerbrief. Der Autor ist in seiner Heimatstadt Lyon als Gegner der allegorischen und symbolischen Liturgie-Auffassung des für wenige Jahre dort als Erzbischof eingesetzten Amalarius von Metz (um 775/780-um 850) aufgetreten und dadurch bekannt geworden. In einer Dombibliothek zu erwarten sind die stattlichen Bände mit den 'Moralia in Iob' Gregors des Großen (Dom Hs. 84, Kat. Nr. 33) und die aus historischem Interesse so beliebten Schriften 'Die Jüdischen Altertümer' und 'Der Jüdische Krieg' des im ersten nachchristlichen Jahrhundert schreibenden Flavius Josephus (Dom Hss. 162 und 163, Kat. Nr. 72). Dom Hs. 111 enthält eine Apokalypse mit dem Kommentar des im 9. Jahrhundert wirkenden Haimo von Auxerre, Dom Hs. 269 ein Evangelistar des 12. Jahrhunderts mit im 15. Jahrhundert nachgetragenen Eidesformeln, darunter der Eid der deutschen Könige und Kaiser als Domkapitulare von Köln. Mit den Dom Hss. 139 und 140 (Kat. Nr. 85) sind zwei Bände eines kölnischen Pontifikales dieser Zeit überkommen.

Mit der optisch beeindruckenden Textverteilung, der hohen kalligraphischen Qualität und planvollen Seitengestaltung signalisieren die glossierten biblischen Bücher (Dom Hss. 4, 22, 25, 26; Kat. Nrn. 43, 42, 45, 44) und weitere Manuskripte des 12. und 13. Jahrhunderts ein neues Verständnis im Umgang mit dem Bibeltext und seiner Exegese. In ausgewogener Dreispaltigkeit wird der größer geschriebene biblische Text von den seitlich mitlaufenden Glossen gerahmt (Abb. 35) und verdeutlicht darin den neuen Stellenwert des Kommentars gegenüber der altertümlichen Kommentierung, wie sie Dom Hs. 30 (Kat. Nr. 37) überliefert (Abb. 36). Die vor allem an den Pariser Schulen in ihrem Erscheinungsbild ausgeprägten Bibelglossen-Handschriften fanden bald schon andernorts, wie Dom Hs. 25 (Kat. Nr. 45) belegt, Nachahmung und daher eine große Verbreitung. Wesentlich ist, daß Text und Kommentar in diesem Handschriftentyp sozusagen in eine simultan erfaßbare Form gebracht worden sind, die dem Studium von Hl. Schrift und Kommentierung gleichermaßen gerecht wird und die darüber hinaus zu weiteren Glossierungen geführt hat. Die sich aus der Vielzahl unterschiedlicher Kommentar-Überlieferungen ergebenden Fragen hatte bereits Petrus Lombardus (um 1095/1100-1160) in seinen vier Sentenzen-Büchern gesammelt. In den Jahren 1150 bis 1158 stellte er sie als einer der bedeutendsten Magister an der Kathedralschule von Notre-Dame in Paris zur Diskussion. Die Dombibliothek verfügt mit Dom Hs. 179 sowie mit Dom Hs. 180 aus dem Besitz eines Pfarrers Johannes aus Elsig bei Köln – beide mit einem Eigentumsvermerk des Kölner Doms aus dem 15. Jahrhundert – über zwei Abschriften aus dem frühen 13. Jahrhundert. Dom Hs. 181 (Kat. Nr. 47) ist ein eindrucksvolles, wohl aus der Pfarrkirche St. Pankratius in Oberpleis stammendes Beispiel, das bereits im späteren 12. Jahrhundert in einem bisher nicht näher bestimmbaren, zwischen Rheinland, Mittelrhein und Maasland zu vermutenden Skriptorium entstand. Im scholastischen Sinne schuf Petrus Lombardus mit seinem 'Liber sententiarum' eine Summe von Aussagen zum biblischen Text im Für und Wider überlieferter Interpretationen, die sich der wissenschaftlichen Methode des 'Sic et non' des kurz

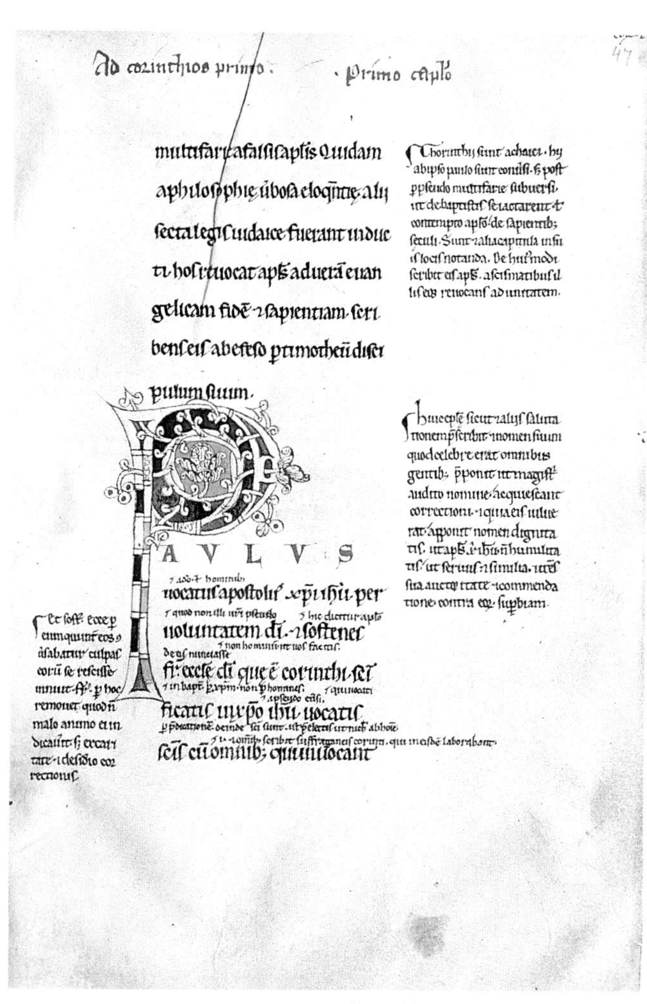

44 Dom Hs. 26, 47r (Abb. 35)

37 Dom Hs. 30, 76v (Abb. 36)

zuvor gestorbenen Petrus Abaelardus (1079 - 1042) bedient. Seine Schüler folgen diesem Weg der Wahrheitsfindung, wie etwa Petrus Comestor (um 1100 - 1187), sein Nachfolger an der Kathedralschule in Paris, in seinem Sentenzenkommentar. In einer solchen Tradition summierender Methodik steht noch der 1306 vollendete 'Manipulus florum' des Thomas de Hibernia (vor 1265/1275 - wahrsch. 1329), des mit der Sorbonne so eng verbundenen, in Paris wirkenden Gelehrten. Die Dombibliothek besitzt mit der 1347 datierten Dom Hs. 182 ein Exemplar dieser alphabetisch nach Schlagwörtern geordneten und vorrangig auf Exzerpt-Kompendien des 12. und 13. Jahrhunderts gründenden Auctoritates-Sammlung mit listenmäßig nachgewiesenen patristischen, auch profan-römischen Autoren, das Wilhelmus de Duren, Rektor der Kapelle St. Margarethen in Köln, als vormaligen Eigentümer nennt.

Im Mittelpunkt des hochmittelalterlichen Kirchenrechts steht die 'Concordia discordantium canonum' des Gratian, jener noch vor der Mitte des 12. Jahrhunderts vollendete kompendiumähnliche Leitfaden, der, obwohl nie als offizielles Gesetzbuch bestätigt, dennoch zur Grundlage der mittelalterlichen kanonistischen Wissenschaft wurde. Über den Autor ist kaum etwas Biographisches bekannt; man vermutet, daß er Magister in Bologna, dem damaligen Zentrum der Rechtswissenschaft, gewesen ist. Er schuf mit dieser nahezu alle damals bekannten Rechtsquellen erfassenden Sammlung eine Erklärung und Harmonisierung sich zum Teil widersprechender Rechtsvorschriften im scholastischen Prinzip von These, Antithese und Synthese, d. h. von Behauptung, gegensätzlicher Aussage und deren Bezug zueinander mit der Klärung des Widerspruchs. Zu seinen Quellen gehört auch das rechtsgeschichtlich bedeutende 'Decretum' des im Jahre 1000 zum Bischof von Worms geweihten Burchard (um 965-1025), von dem in der Dom Hs. 119 (Kat. Nr. 52) eine frühe, wohl noch zu Lebzeiten des Autors entstandene Abschrift überliefert ist. Die beiden Dom Hss. 127 und 128 (Kat. Nrn. 55, 56) mit dem 'Decretum Gratiani' enthalten zahlreiche nur hier vorkommende Glossen, die zu der begründeten Vermutung einer von Paris abhängigen 'Kölner Schule' geführt haben. Dom Hs. 127 trägt einen etwa zeitgenössischen Besitzvermerk der Dombibliothek, belegt also die frühe Präsenz aktuellen Kirchenrechts in Köln. An ihrem Anfang erscheint eine Miniatur zu Beginn eines Textes, dessen Ziel die Behebung der aus der Rechtsvielfalt resultierenden Rechtsunsicherheit durch Aufzeichnung von kirchlichem und Gewohnheitsrecht ist. Einem Rechtszeichen für Anspruch und Legitimation gleich zeigt sie einen bärtigen König und einen jugendlichen Erzbischof, die gemeinsam ein Lilienszepter halten. Eingebunden in die Worte *Humanum genus duobus regitur* – Das Menschengeschlecht wird von Zweierlei regiert – dokumentiert das Bild die schon in der 'Admonitio generalis' beschworene geistlich-weltliche Partnerschaft in einer kölnischen Variation der sonst üblichen Papst-Kaiser-Darstellungen. Der überaus reiche Bestand der Dombibliothek an Canones- und Decretales-Sammlungen schon aus frühester Zeit (Dom Hss. 210, 212, 213; Kat. Nrn. 19, 17, 18) sowie an karolingischen und späteren Beispielen (Dom Hss. 114-120; Kat. Nrn. 21, 51, 52), den Sammlungen im Typ der 'Collectio canonum Dacheriana' (Dom Hss. 121-123) sowie der sog. Vier-Bücher-Sammlung (Dom Hs. 124) aus frühromanischer Zeit bis hin zur Canones-Sammlung 'Polycarpus' des 1113 gestorbenen Gregor von San Grisogono (Dom Hs. 126) des 12. Jahrhunderts belegen ein grundsätzliches Interesse an kirchlicher Verwaltung und Rechtsprechung, das den prinzipiellen Belangen episkopaler Aufgabenstellungen entspricht. So bestätigt der Bestand indirekt, was beispielsweise Raymund Kottje in seinen Überlegungen zum Anteil Kölns an den geistigen Auseinandersetzungen des Investiturstreites resümiert: man nahm hier offensichtlich weniger aktiv an solchen Prozessen teil, als es andernorts z. B. in den auf hohem Niveau argumentierenden Streitschriften eines Sigebert von Gembloux (um 1028/29-1112) dokumentiert ist, in denen die kaisertreue Position der Lütticher Kirche gegenüber der Gregorianischen Reform formuliert wird.

Mit den Dom Hss. 130 (Kat. Nr. 57) und 131 besitzt die Bibliothek auch jenes zweite Dekretalenwerk, das Papst Gregor IX. (1227-1241) von seinem Poenitentiar, Raymund de Peñafort, unter dem Titel 'Liber decretalium extra decretum vagantium' (Liber Extra) hat kompilieren lassen und das ebenso wie das 'Decretum Gratiani' Teil des 'Corpus Iuris Canonici' mit langer Geltungsdauer wurde. Es enthält vorrangig die zeitlich nach dem 'Decretum Gratiani' aus der päpstlichen Rechtsprechung hervorgegangenen Rechtstexte, begleitet von dem sich bald als 'glossa ordinaria' durchsetzenden Glossenapparat des seit etwa 1232 in Bologna lehrenden Bernardus de Botone. Aus diesem Zentrum für die Lehre des Kirchenrechts ist in der Dombibliothek die Dom Hs. 130 mit den Decretales Gregors IX. überliefert (Kat. Nr. 57). Sie ist in der für Rechtshandschriften der in der Universitätsstadt angesiedelten Werkstätten typischen 'littera Bononiensis' geschrieben. Aus der Bologneser Rechtsschule stammt auch die 'Summa super titulis decretalium' des Goffredus de Trano (Dom Hs. 135, Kat. Nr. 59), mit der dieser ein 1241-1243 entstandenes, bald schon weit verbreitetes Lehrbuch zu den Decretales Gregors IX. schuf. Von speziellem Interesse für

Köln sind die Dom Hss. 132 - 134 mit den 'Statuta provincialia et synodalia' der Kölner Erzbischöfe, die, im 14. und 15. Jahrhundert angelegt, mit Konrad von Hochstaden (1238 - 1261) beginnen und unterschiedlich weit bis zu Wilhelm von Gennep (1349 - 1362), Friedrich von Saarwerden (1370 - 1414) und Ruprecht von der Pfalz (1463 - 1480) bzw. bis zu Hermann IV. von Hessen (1480 - 1508) reichen.

Die speziell mit Köln verbundene Inhaltlichkeit, die mit den letztgenannten Rechtshandschriften anklingt, dominiert bei den liturgischen Cimelien des späten Mittelalters beinahe ausschließlich. Zudem lassen sich viele dieser Codices, deren künstlerische Ausstattung ein mitunter dichtes Panorama der Kölner Buchmalerei vom späten 13. bis zum frühen 16. Jahrhundert vor Augen führt, als zeitgenössische Stiftungen an den Dom belegen. Einige wenige gelangten aus den Kirchen Kölns im Zuge der Säkularisation in die Bibliothek des Priesterseminars, vereinzelt auch in die des Domes, und von dort in die Diözesanbibliothek. Die meisten Handschriftenschenkungen dienten der Sicherung des Seelenheils und wurden speziell zu diesem Zweck angefertigt, doch kamen zahlreiche Codices auch als Vermächtnis in die Dombibliothek. Der Kölner Domkapitular Moritz Graf von Spiegelbergh (1406/1407 - 1483) z. B. hinterließ die frühe Priscian-Grammatik (Dom Hs. 200, Kat. Nr. 63), dann auch die unter anderem von dem Kalligraphen Burchardus de Hoya um 1399 in Italien geschriebene Dom Hs. 168 mit Werken Boccaccios und schließlich die gegen Ende des 13. Jahrhunderts vielleicht in Köln geschriebene Bibel Dom Hs. 2 (Kat. Nr. 26), die der Stifter zuvor dem Kölner Bürger Johannes Gurdelmecher abgekauft hatte.

Zentren der spätmittelalterlichen Kölner Handschriftenproduktion waren anfangs die Niederlassungen der Bettelorden, im 15. Jahrhundert dann die der 'devotio moderna' verpflichteten Häuser z. B. der Kreuz- und Fraterherren. Einen ersten Höhepunkt stellt das Graduale Diözesan Hs. 1 b aus dem Jahr 1299 dar (Kat. Nr. 88), das aufgrund eines späteren Besitzvermerks vermutlich für den Kölner Minoritenkonvent geschaffen wurde. Auf dem Titelbild weist der Minorit Johannes, der offenbar aus dem unweit von Maastricht gelegenen Valkenburg stammte, nicht ohne Stolz auf die Inschrift, die ihn als Schreiber und Illuminator ausweist. Die in seiner Malerei imaginierte Architektur besitzt ortsspezifische zeitgenössische Bezüge zur gerade im Bau befindlichen Kathedrale wie auch zu den Architekturmotiven der Glasmalereien in der ehemaligen Dominikaner-Kirche Hl. Kreuz, für deren Konvent wahrscheinlich das Graduale Diözesan Hs. 173 (Kat. Nr. 89) um 1320/ 1330 entstand. Wenn auch kein Besitzeintrag auf diese Bestimmung hinweist, so ist doch die zum Patronatsfest erscheinende Bildinitiale mit der Auffindung des Wahren Kreuzes Christi durch Kaiserin Helena, die zudem das in der Symbolik des Lebensbaums grün gefärbte Kreuz trägt, ein eindeutiges Indiz. Spätere Eintragungen in den beiden zusammengehörenden, schon um 1310 hergestellten Antiphonaren (Dom Hs. 263, Diözesan Hs. 149; Kat. Nrn. 91, 92) überliefern deren Verwendung für das Chorgebet im Kölner Dom, wo sie zu Seiten des Propstes und des Dechanten zur Einsicht für die Sänger auf Pulten lagen. Mit Dom Hs. 149 (Kat. Nr. 93) ist ein Meßordo für die festtägliche Liturgie unter Leitung des Domdechanten überkommen, den um die Mitte des 14. Jahrhunderts der damalige Inhaber dieses Amtes, Konrad von Rennenberg, im Kölner Klarissenkloster St. Klara in Auftrag gab und als Memorienstiftung zu seinem ewigen Gedächtnis der Domkirche vermachte. Nur wenige Jahre später entstand in demselben klösterlichen Atelier ein Graduale, Diözesan Hs. 150 (Kat. Nr. 90), das vermutlich der namentlich genannte und im Bild dargestellte Johannes de Bacheym, Mönch und Kantor im Kölner Benediktinerkloster St. Pantaleon, dem Dominikanerinnenkloster St. Gertrud in Köln stiftete. Die Werkstatt im Klarissenkloster arbeitete in jener Zeit, als dort die Franziskanerin Loppa de Speculo als Kalligraphin und Miniaturistin tätig war, nicht nur für den eigenen Bedarf, sondern auch für auswärtige Auftraggeber wie in den beiden aufgeführten Fällen. Gleich einem Erkennungsmotiv knien am Blattrand oftmals kleine betende Gestalten in Nonnentracht, als ob sich der Konvent mit seinen Schreiberinnen und Malerinnen dort verewigen wollte.

Die Aufträge zur Anfertigung von Handschriften kamen nicht nur von der hohen Geistlichkeit, sondern zunehmend auch von den Bruderschaften. Seit dem frühen Mittelalter hatten sich Gebetsverbrüderungen gebildet mit dem Ziel, das Gedächtnis der Toten mit Totenmessen und Gebeten für die Verstorbenen zu garantieren. Im Spätmittelalter widmeten sie sich unterschiedlichen Zielsetzungen und gewannen so eine große Bedeutung im städtisch-bürgerlichen Sozialleben wie auch – bei rein religiös ausgerichteten Vereinigungen – innerhalb der Frömmigkeitsbewegungen. Die Bruderschaft der Kölner Pfarrer, deren Mitglied Domherr Johannes von Deutz das Totenoffizium Dom Hs. 244 (Kat. Nr. 94) stiftete, gehörte zu jenen gerade im Hoch- und Spätmittelalter geförderten Priesterbruderschaften, die sich in regionalen Zusammenschlüssen regelmäßig zu gemeinsamem Gottesdienst und Gebet sowie zum Gedächtnis für die verstorbenen Mitbrüder trafen. So hatten sie über ihre individuellen Aufgaben hinaus an einem Gemeinschaftsleben teil, das ähnlich in den Kanonikerstiften gefordert war. In solchem Selbstverständnis kamen auch Laien z. B. in der Rosenkranz-Bruderschaft am Dominikanerkloster Hl. Kreuz (Dom Hs. 151, Kat. Nr. 95), der Maria-Magdalena-Bruderschaft an Sankt Laurenz (Dom Hs. 257, Kat. Nr. 101) oder der Bruderschaft von St. Ursula in Köln (Diözesan Hs. 364, Kat. Nr. 105) zusammen, um nach einem in Statuten festgelegten Zeremoniell, zu dem auch ein großes Festmahl gehörte, ihrer Toten zu gedenken.

Daß auch in der Dombibliothek illustrierte Handschriften aus der ersten Hälfte des 15. Jahrhunderts selten sind, bestätigt die generelle Situation des nur spärlich erhaltenen Bestandes an Beispielen der Kölner Buchmalerei dieser Jahrzehnte bis zum Wirken Stefan Lochners vor der Jahrhundertmitte. Vor allem in den danach einsetzenden, aufgrund ihrer ökonomisch-professionellen Arbeitsteilung leistungsstarken Werkstätten der Fraterherren und der Kreuzherren entstanden bis etwa ins 3. Viertel des 16. Jahrhunderts hinein zahlreiche großformatige Chor- und Meßbücher, mit denen der hohe Bedarf in jener Zeit gedeckt wurde. In einer bisher innerhalb Kölns nicht genau lokalisierbaren Werkstatt wurde das Missale Dom Hs. 151 (Kat. Nr. 95) nach 1475 vermutlich für die in diesen Jahren gegründete und am Dominikanerkloster Hl. Kreuz beheimatete Rosenkranz-Bruderschaft geschrieben und mit einer Kreuzigungsminiatur jenes Meisters bestückt, der zudem das Kanonbild im Missale aus St. Kolumba (Diözesan Hs. 269) und andere Malereien auf Pergament und Leinwand schuf. Unbekannt bleibt auch das Atelier, dem die beiden Edelkanoniker des Domkapitels Stephan I. von Bayern und Johann II. von Reichenstein den Auftrag für das 1498 fertiggestellte Graduale Dom Hs. 229 (Kat. Nr. 99) erteilt haben, das sie dem Kölner Domstift zu Lob und Ehre Gottes und auch zu ihrem eigenen ewigen Heil stifteten. Wie Johanna Gummlich hier im Katalog ausführt, ist das Graduale Diözesan Hs. 521 (Kat. Nr. 100) aus stilistischen Gründen demselben Skriptorium zuzuweisen; es stammt aus dem Besitz von Groß

St. Martin, woher auch die interessante, um 1500 geschriebene theologische Sammelhandschrift Dom Hs. 247 mit Schriften des Abtes Adam Villicus vulgo Meyer von Groß St. Martin und von Thomas Lyell, dem Rektor der Kölner Universität, aus dem beginnenden 16. Jahrhundert kommen. Nicht nur der Bibliothek, sondern auch dem Skriptorium dieser Benediktinerabtei entstammt jenes Graduale Diözesan Hs. 519 (Kat. Nr. 96), das der Mönch Heinrich von Zonsbeck zur Zeit des Abtes Heinrich von Lippe und wohl auch in seinem Auftrag im Jahre 1500 verfertigt hat. Bereits im folgenden Jahr schrieb dieser Kalligraph das Missale Diözesan Hs. 520. Die Ausstattung des Graduales besorgten zwei Künstler; der eine gehört zu der in Holland beheimateten Gruppe jener in vielen stilistischen Varianten malenden Miniaturisten, die nach einem ausgefallenen malerischen Motiv 'Schwarze-Augen-Meister' genannt worden sind; der andere ist mit dem aus Utrecht stammenden Johannes Ruysch identifiziert worden, der 1492 sein Gelübde im Kloster Groß St. Martin abgelegt hat und dort nach einem bewegten Leben im Jahre 1533 starb.

Von der bereits genannten Kölner Maria-Magdalena-Bruderschaft, deren Statuten in Dom Hs. 243 (Kat. Nr. 104) erhalten sind, wurde zur alleinigen Nutzung für den Offizianten am Altar dieser Bruderschaft in der Pfarrkirche St. Laurenz ein Missale Dom Hs. 257 (Kat. Nr. 101) erworben, das 1473 in der Kölner Werkstatt der Brüder vom gemeinsamen Leben entstanden war, die hier auch Fraterherren genannt wurden und im Fraterhaus St. Michael am Weidenbach beheimatet waren. Entsprechend ihren Statuten verdienten sie mit der Herstellung von Handschriften ihren Unterhalt und kamen zugleich durch das mit dieser Arbeit verbundene Bedenken des geschriebenen Wortes ihren religiösen Pflichten nach. Die Werkstatt des Kölner Fraterhauses entwickelte sich zu einem äußerst produktiven Ort spätmittelalterlicher Kalligraphie und Buchmalerei, den Juliane Kirschbaum genauer untersucht hat. Ein zweites Zentrum der Schreibkunst war die ebenfalls aus der von Geert Groote (1340-1384) und anderen am Ende des 14. Jahrhunderts ins Leben gerufenen religiösen Erneuerungsbewegung, der 'devotio moderna', heraus entstandene Gemeinschaft der Augustiner-Chorherren der Windesheimer Kongregation, die in der Kanonie von Herrenleichnam in Köln angesiedelt war. Die nicht mehr erhaltene, von Paul Heusgen 1933 jedoch noch beschriebene Dom Hs. 272 wurde laut Kolophon dort von dem Regularkanoniker Edmund Huydenroyd zum Gebrauch der Kanoniker des Kölner Doms im Jahre 1478 geschrieben. Bereits 1453 fertigte Johannes Guede von Essen, auch er Regularkanoniker in Corpus Christi zu Köln, für den erwähnten Domkanoniker Moritz Graf von Spiegelbergh ein Brevier (Weimar, Thüring. Landesbibl., Hs. Q 576), dessen Ausstattung mit jener um 1460 entstandenen Arenberg-Bibel (Los Angeles, Getty Museum, Ludwig Ms. I 13) vergleichbar ist, die nach den Überlegungen von Hermann Knaus ebenfalls im Skriptorium von Herrenleichnam entstand. Diese Arenberg-Bibel wird in anderem Zusammenhang später nochmals zu erwähnen sein.

Für den Offizianten des Kreuz-Altares in St. Laurenz schenkte der 1498 gestorbene Goswin von Straelen, der den Altar laut Inschrift 1462 gestiftet hatte, ein weiteres Missale, Dom Hs. 258. Wiederum der Pfarrkirche St. Laurenz stifteten 1467 Nikolaus Verkenesser und seine Frau Greitgin Rodenkirchen zu ihrem Gedenken das Lektionar Dom Hs. 235, das vermutlich ebenfalls im Fraterhaus St. Michael geschrieben wurde. Aus dem Besitz dieser Kirche stammt auch das Kettenbuch Inc.d. 204 der Dombibliothek (Kat. Nr. 50) mit dem 'Rationale divinorum officiorum'[48] des Wilhelm Durandus, 1459 in der Offizin von Johann Fust und Peter Schöffer in Mainz gedruckt, mit dem ein bestimmter Bibliothekstyp des späten Mittelalters belegt wird, bei dem die an Pultstangen mit Ketten befestigten Bücher leicht benutzbar und zugleich gesichert waren. Als Vorbesitzer für Dom Hs. 216 ist noch einmal St. Laurenz gesichert; sie enthält die 'Expositio in Salve Regina' des Franziscus de Retza (um 1343-1427) und gehört somit zu den innerhalb des Bestandes der Dombibliothek ausgefallenen Texten; das gilt auch für die ehemals den 'susteren van Lynnych', also dem Franziskanertertiarinnen-Kloster in Linnich gehörende Dom Hs. 238 mit dem beliebten, wohl 1383 entstandenen Werk 'Die 24 Alten oder der goldene Thron der minnenden Seele' des Otto von Passau. Diese Papierhandschrift vom Ende des 15. Jahrhunderts schließt mit dem Kolophon der aus Lich im Kreis Jülich stammenden Schreiberin *Byddet got vor syster Ayllet van Lych dye dat boych geschreven hayt dat sych got over sy erbarmen wylle.*

102 Dom Hs. 274, 11v (Abb. 37)

Zu den schönsten der späten kölnischen Meßbücher gehört das wahrscheinlich für den Dom bestimmte Graduale Dom Hs. 274 (Kat. Nr. 102), das, in verschiedenen mit der Feder in Tinte gezeichneten Zierbuchstaben (Cadellen) versteckt, Atelier, Entstehungszeit und die abgekürzten Namen der Schreiber mitteilt. Demnach haben der 1563 gestorbene Jakob von Emmerich (Abb. 37-38), der 1555 gestorbene Wolterus Arnem (Abb. 39) und der 1558 gestorbene Johannes Cramp (Abb. 40), deren gemeinsame Namensinitialen noch einmal auf Folio 22*r (Abb. 41) erscheinen, das Graduale im Fraterhaus St. Michael am Weidenbach (Abb. 42) im Jahre 1531 (Abb. 43) geschrieben. Ein solch ausführlicher Nachweis der Entstehung ist bei Fraterherren-Handschriften nicht selbstverständlich. Es gehörte ursprünglich zu den Bestrebungen der Brüder vom gemeinsamen Leben auf dem Weg zu Selbsterkenntnis und Selbstüberwindung nach dem Vorbild der 'Nachfolge Christi' des Thomas von Kempen (1379/80-1471) auch dessen Wahlspruch 'ama nesciri' – den Wunsch, unbekannt zu bleiben – zu beherzigen. Die möglicherweise von einem auswärtigen Illuminator ausgeführte Ausstattung unseres Graduales Dom Hs. 274 ist ein eindrucksvolles Beispiel für die Buchmalerei des endenden Mittelalters, in deren reichen Bordüren die Grotesken der italienischen Renaissance mit der in der flämischen Buchmalerei erreichten Kunstfertigkeit des augentäuschenden Trompe l'œil in der Wiedergabe von Blumen, Insekten und den schönen Dingen dieser Welt verbunden wurden. In ihren Initialminiaturen finden sich die Vorbilder der großen Maler und Stecher wie Roger van der Weyden, Hugo van der Goes, Albrecht Dürer oder Lukas Cranach wie in einem Schmelztiegel am Ende der spätmittelalterlichen Buchkunst zusammen.

88v (Abb. 38)

Ähnliche Bildquellen benutzte eine andere Kölner Werkstatt von hoher Leistungsfähigkeit, die im Kloster der Kreuzherren in der Streitzeuggasse beheimatet war. Diese seit 1307 in Köln niedergelassene Gemeinschaft geht zurück auf die nach der Augustiner-Regel sowie nach eigenen, am Vorbild der Dominikaner ausgerichteten Konstitutionen lebenden 'Fratres Sancti Crucis', deren Kommunität in Clairlieu an der Maas der Bischof-Elekt von Lüttich, Heinrich von Geldern, am 31. Dezember 1248 – im Jahr der Grundsteinlegung des Kölner Doms – die Approbation erteilte. Der im Zuge der 'devotio moderna' aufblühende Orden zeichnete sich durch das Abfassen zahlreicher geistlicher Traktate sowie durch rege Schreibtätigkeit aus. Ihrer bediente man sich in Erfüllung des Vermächtnisses des 1518 gestorbenen Brictius Eberauer, Priesterkanoniker im Kölner Domkapitel, mit dem Auftrag großformatiger Chorbücher, von denen die Offiziums-Antiphonare Dom Hss. 221-225 (Kat. Nr. 97) erhalten sind. In jedem Band überliefert ein ausführlicher

73r (Abb. 39)

36*r (Abb. 40)

22*r (Abb. 41)

37r (Abb. 42)

6v (Abb. 43)

Vermächtnis-Eintrag, daß Brictius Eberauer neben anderen Stiftungen "beide Seiten des Chores mit Büchern und Buchpulten zum Gebrauch durch die Vikare versehen" hat, so daß mit weiteren, nicht mehr erhaltenen Bänden zu rechnen ist. Interessant ist die Beobachtung, daß der Miniaturist von Dom Hs. 225 im Stil der Weidenbacher Fraterherren arbeitete, von wo er möglicherweise ins Skriptorium der Kreuzherren gewechselt war. Das Beispiel bestätigt die Kenntnis vielfältiger Beziehungen sowie des künstlerischen Austauschs innerhalb der Kölner Werkstätten vor allem seit der Mitte des 15. Jahrhunderts. Dem Altar, den Brictius Eberauer zur Ehre des Hl. Kreuzes und der Mutter Anna im Kölner Dom hat weihen lassen, stiftete ein anderer Priesterkanoniker, Degenhard Witte von Coesfeld, zur selben Zeit ein Missale (Dom Frühdruck 217, Kat. Nr. 98); es wurde im Auftrag des Kölner Verlegers Franz Birckmann 1520 bei Wolfgang Hopyl in Paris gedruckt und erhielt seine Kolorierung höchstwahrscheinlich im Skriptorium der Kölner Kreuzherren. Das Titelbild, das schon in der ersten Druckauflage von 1514 aufgenommen wurde, erinnert an die wertvollsten Reliquienschätze der Stadt mit auf sie hinweisenden Darstellungen der Anbetung der Hll. Drei Könige, der hl. Ursula mit ihren Jungfrauen und mit dem Martyrium der Makkabäer.

Das zu Beginn des 19. Jahrhunderts abgerissene Benediktinerinnen-Kloster zu den hll. Makkabäern war nach dem Brand von 1462 bis zum Anfang des 16. Jahrhunderts wieder aufgebaut worden. Der in jener Zeit dort als Rektor wirkende, aus Mertz bei Düren stammende Elias Marcaeus (1491-1527), der sich auch Helias de Luna nannte, setzte sich sehr für die Verbreitung des Makkabäer-Kultes ein und veranlaßte innerhalb dieses Bemühens die Herstellung der Makkabäer-Handschrift Dom Hs. 271 (Kat. Nr. 107) mit einer Sammlung von Texten zur Verehrung der Mutter Salomone und ihrer sieben Söhne. Laut Vermächtnis des Auftraggebers sollte sie an Festtagen wie ein Evangeliar auf dem Hochaltar mit dem Makkabäer-Schrein ausgelegt werden. Sie entstand, wie der Schreiber auf Folio 7v mitteilt, im Jahre 1525 in einem heute nicht mehr bestimmbaren Kölner Atelier und enthält sowohl das sprechende Wappen des Helias Mertz wie auch dasjenige des Werdener Abtes Johannes von Groningen, der zu der Zeit Kommissar des Kölner Makkabäer-Klosters war. Zu den Texten gehören an Helias Mertz adressierte Briefe des Johannes Cincinnius sowie des Erasmus von Rotterdam (1466/1469-1536). Letzterer entwarf jene Anthologie über die Verehrung der Makkabäer, die 1517 bei Eucharius Cervicornus in Köln mit einer 14teiligen Holzschnittfolge erschien. Mit ihr wiederum sind die drei Miniaturen der Makkabäer-Handschrift der Dombibliothek wie auch die Reliefs am 1520-1527 geschaffenen Makkabäer-Schrein zu verbinden. Mit Erasmus setzt übrigens die neuzeitliche Benutzergeschichte der Dombibliothek ein, denn der Humanist aus Rotterdam legte seiner 1528 in Basel erschienenen Faustinus-Ausgabe, auf Vermittlung des Grafen Hermann von Neuenahr, Dom Hs. 33 aus dem 9. Jahrhundert zugrunde, die unter anderem 'De fide adversus Arianos ad Flacillam' des Faustinus Luciferianus enthält. Dom Hs. 271 gelangte erst mit der bedeutenden Bibliothek des Kölner Erzbischofs Ferdinand August Graf von Spiegel (1824-1835) in die Dombibliothek und macht am Schluß der Betrachtungen die im Hinblick auf ihren Bestand zweigeteilte Struktur dieser Sammlung noch einmal bewußt: Zum einen gibt es den gewachsenen Bestand von Manuskripten, die nachweislich seit karolingischer Zeit gezielt für die Bibliothek in Auftrag gegeben wurden oder erworben worden sind, und zum anderen die Bereicherungen durch Handschriften, die lange nach ihrer Entstehungszeit in die Dombibliothek gelangten und – ehedem für einen anderen Gebrauch bestimmt – keinen unmittelbaren Bezug zum Dom und seiner Büchersammlung haben. Doch das ist wohl eines der geschichtlich bedingten Merkmale jeder wachsenden Bibliothek und läßt die Einmaligkeit und Besonderheit ihres jeweiligen charakteristischen Kerns umso deutlicher werden.

Von der frühesten Erwähnung des Aufbewahrungsortes der Dombibliothek 'im alten Turm' aus dem 13. Jahrhundert war schon die Rede. Einen zweiten Hinweis gibt es erst vom Ende des Mittelalters. Der 1347 geschriebenen Dom Hs. 182 mit dem 'Manipulus Florum' des Thomas de Hibernia ist ein halbes Pergamentblatt vorgeheftet mit einem Eintrag aus der zweiten Hälfte des 15. Jahrhunderts *Domnus Wilhelmus de Duren olim Rector Capelle beate Margarete Coloniensis legavit hunc librum ecclesie Coloniensi ut ad novam librariam ipsius ecclesie ponatur et ibidem cathenatus perpetue remaneat. Ora pro eo.* Er besagt, daß Wilhelm von Düren, ehedem Rektor der Kapelle St. Margarethen, die besagte Handschrift der Dombibliothek mit der Verpflichtung vermacht, daß sie in der 'neuen Bibliothek' für immer angekettet bleiben soll. Der hier vorausgesetzte Bibliothekstyp mit Pulten und daran angeketteten Büchern entspricht den in jener Zeit gängigen Einrichtungen, wenn auch Dom Hs. 182 aufgrund ihrer Neubindung im 18. Jahrhundert dies nicht mehr bestätigen kann. Die Untersuchungen von Hermann Knaus an dem aus der Kölner Dombibliothek stammenden Origenes-Codex (Darmstadt, Hess. Landes- und Hochschulbibl., Hs 701) lassen jedoch noch die ungewöhnliche Ankettungsweise erkennen, die in Köln praktiziert wurde: Die Kette war am unteren Rand des Vorderdeckels befestigt und mit einer vor dem Pult aufgebrachten Stange verbunden; vor dem Aufschlagen wurde der Codex auf den Vorderdeckel gelegt und konnte nach Benutzung nach vorn in das unter dem Pult befindliche Regal zurückgestellt werden. Die sonst übliche Ankettung erfolgte am oberen Rand des Rückdeckels mit einer hinter dem Lesepult verlaufenden Stange, so daß ein solcher 'liber catenatus' in die darüber befindlichen Fächer zurückgestellt werden mußte. Die schon erwähnte kölnische Arenberg-Bibel überliefert die Kettenöse ebenfalls am unteren Vorderdeckel als mögliches Indiz ihrer ehemaligen Zugehörigkeit zur Kölner Dombibliothek.

Wo die 'neue Bibliothek' untergebracht war, ist nicht bekannt, doch mag sie sich schon damals in jenem "gewölbten Einbau gegenüber dem von unten gezählten achten Pfeiler des Nordschiffes, da wo später in dem nordöstlichen Kreuzwinkel der neue Einbau eingefügt wurde, im Anschlusse an die nach und nach ebenfalls eingegangenen übrigen Räume des Kapitelhauses" befunden haben, wie Wilhelm Frenken (1868) und Klemens Löffler (1923) mitteilen. Von dort wurde sie 1794 vor den heranrückenden französischen Revolutionstruppen in das Prämonstratenser-Kloster Wedinghausen bei Arnsberg verbracht. Nach dem Frieden von Lunéville (1801) und mit der auf dem Reichsdeputationshauptschluß von 1803 in Regensburg beschlossenen Entschädigung des Landgrafen von Hessen-Darmstadt für an Frankreich verlorene Gebiete mit dem bis dahin zum Kurfürstentum Köln gehörenden Herzogtum Westfalen, in dem Arnsberg lag, gelangte die Dombibliothek nach Darmstadt. Dort verblieb sie auch nach dem Wiener Kongreß, obwohl in der Kongreßakte vom 9. Juni 1815 das frühere Kurfürstentum Köln dem Königreich Preußen zugeteilt wurde und bald schon Rückforderungen durch das wiedererrichtete Domkapitel mit Hilfe Preußens gestellt wurden. Erst nach dem Deutschen Krieg von 1866 konnte offenbar im

Zuge des Friedensvertrages vom 3. September 1866 zwischen dem siegreichen Preußen und dem auf der Seite Österreichs als Verlierer stehenden Großherzogtum Hessen-Darmstadt die Herausgabe der Kölner Handschriftensammlung erreicht werden. Im Mai 1867 kam es zur Rückführung der Dombibliothek, deren geschlossener Bestand in Darmstadt mit den Signaturen Hs. 2003 bis 2191 versehen worden war, über die der als 'Königlich preussischer Commissar' eingesetzte Kölner Domkapitular Wilhelm Frenken im darauffolgenden Jahr einen langen Bericht veröffentlichte. Seitdem war die Dombibliothek im ersten Obergeschoß des Nordturmes aufgestellt. Als Dauerleihgabe wurde sie im Jahre 1930 mit der aus der Bibliothek des Priesterseminars hervorgegangenen Erzbischöflichen Diözesanbibliothek vereint und in das Generalvikariat in der Marzellenstraße 32 überführt, das im Zweiten Weltkrieg stark zerstört wurde. Über die aufgrund wohlbedachter Unterbringung gelungene Rettung der Handschriften hat Wilhelm Schönartz, der ehemalige Direktor der Bibliothek, mehrfach geschrieben. Seit 1958 in einem neuen, aber zu kleinen Bibliotheksgebäude in der Gereonstraße 3 untergebracht, hat sie seit 1983 im Maternushaus eine allen Anforderungen an Aufbewahrung und Benutzbarkeit entsprechende Bleibe gefunden.

Bot die Dombibliothek im frühen und hohen Mittelalter die geistige Grundlage für den Unterricht an der Domschule und einen umfassenden Fundus zu Fragen des Kirchenrechts für die auf diesem Gebiet notwendige Ausbildung der Geistlichen, so setzt mit dem beginnenden 15. Jahrhundert eine "Entdeckung der kölnischen Bücherschätze und ihre Ausnutzung für die neuen humanistischen Studien und Bestrebungen" ein, über die Klemens Löffler in seiner 'Kölnischen Bibliotheksgeschichte im Umriß' ausführlich berichtet. Daran anschließend stellt er eine bis in die Zeit der Französischen Revolution reichende Benutzergeschichte zusammen. Dabei ist in der Frühzeit nicht immer sicher, ob die Studien der oft aus dem Ausland kommenden Gelehrten, die darüber in Briefen oder in Einführungen ihrer veröffentlichten Schriften berichten, in der Bibliothek des Domes oder in der eines Kölner Klosters bzw. Stiftes gemacht worden sind. Zu den frühesten Genannten gehören die beiden italienischen Humanisten Giovanni Aurispa (1376-1459), der offenbar jene 'Ars rhetorica' des Chirius Fortunatianus zu Gesicht bekam, die sich in der aus dem 8. Jahrhundert stammenden Dom Hs. 166 (Kat. Nr. 22) erhalten hat, und Poggio Bracciolini (1380-1459), der sich zusammen mit Nicolò Niccoli (1365-1437) um die Entwicklung der Humanistenschrift so verdient gemacht hat und zahlreiche Handschriftenfunde antiker Autoren auf seinen Reisen durch die Schweiz und durch Deutschland tätigte; er erhielt aus Köln einen satirischen Roman des Petronius zur Abschrift. Ebenso gibt es Hinweise, daß Nikolaus von Kues (1401-1464), der 1425 an der Kölner Universität immatrikuliert wurde, während seiner Studien bei dem Albertisten Haymericus de Campo verschiedene Codices der Dombibliothek einsah. Im 16. Jahrhundert wurde die Bibliothek zur Edierung verschiedener Werke benutzt, die alle in Köln erschienen: von Gerhard Bolsvinge für seine Orosius-Ausgabe von 1526, von Johannes Cochläus für die ab 1526 herausgegebenen Werke des Rupert von Deutz, von dem Franziskaner Peter Crabbe für seine 1538 bis 1551 herausgegebene Sammlung der Konzilsbeschlüsse bis hin zu den von Melchior Hittorp, dem Kanoniker an St. Maria ad gradus und Dechanten von St. Kunibert, 1568 herausgegebenen liturgischen Schriften früher Kirchenlehrer. Zu nennen ist auch Jakob Pamelius aus Brügge, der für seine 1571 in Köln erschienene 'Liturgica Latinorum' unter anderem die Dom Hss. 137 und 88 (Kat. Nrn. 81 und 82) benutzte, oder der ebenfalls aus Belgien stammende Ludovicus Carrio, der mehrmals in der Dombibliothek arbeitete und sich wie sein Landsmann Franziscus Modius im letzten Drittel des 16. Jahrhunderts auch mit dem Censorinus-Text in der Dom Hs. 166 (Kat. Nr. 22) beschäftigte. Dieser bemerkenswerte Codex gehörte im späteren 17. Jahrhundert noch einmal zu den Studienobjekten der Philologen Johann Georg Graevius und Nikolaus Heinsius. Aus der Liste der namentlich überlieferten Bibliotheksbenutzer seien sodann noch die für die Geschichte Kölns so wichtigen Historiker Johannes und Ägidius Gelenius genannt. Letzterer machte das Ausleihverzeichnis im verlorenen Kölner Bibliothekskatalog von 833 als erster im Jahre 1633 bekannt.

Vielleicht stehen einige Bibliotheksbesuche und Forschungsarbeiten auch in Zusammenhang mit Handschriftenverlusten. Klemens Löffler nimmt an, daß über die seit 1545 für mehrere Jahre in Köln arbeitenden Cornelius Wouters (Gualtherus) und Georg Cassander die aus der Dombibliothek stammenden Codices in Wien und Wolfenbüttel, die in anderem Zusammenhang bereits erwähnt wurden, dorthin gelangt sind. Aus dem Nachlaß des 1703 gestorbenen Johann Georg Graevius kamen mehrere Dom-Handschriften in die kurfürstliche Bibliothek in Düsseldorf, dessen Bibliothekar Büchels sie an den Vertreter des Landgrafen von Hessen-Darmstadt am englischen Hof, Johann Jakob Zamboni, verkaufte; der wiederum gab sie 1724 und 1725 an Lord Oxford weiter, mit dessen Sammlung sie sich heute als Fond Harley in der British Library zu London befinden. Sowohl Graevius wie auch andere Büchersammler des ausgehenden 17. Jahrhunderts, so der Frankfurter Zacharias Konrad von Uffenbach, berichten von günstigen Möglichkeiten, in Köln alte Handschriften "pfundweise" kaufen zu können. Einem glücklichen Umstand ist zu verdanken, daß die beiden so bedeutenden Dom Hss. 212 und 213 (Kat. Nrn. 17 und 18) der Bibliothek erhalten blieben: Sie befanden sich – möglicherweise ursprünglich entliehen – in Händen des Herzoglich-Lothringischen Rates Ignaz Roderique, der seit 1734 die 'Gazette de Cologne' herausgab, und gelangten über seinen 1764 gestorbenen Neffen Anton Kaspar Jacqmotte de Roderique an dessen Witwe Maria Theresia von Laid. Diese hatte die beiden Manuskripte für 30 Dukaten in Gold an den in Köln weilenden vatikanischen Archivbeamten Guiseppe Garampi, den späteren Kardinal, verkauft; sie waren schon verpackt, als der Kölner Domherr Franz Karl Joseph von Hillesheim davon erfuhr und der Verkauf zugunsten des sein Eigentum reklamierenden Domkapitels rückgängig gemacht werden konnte. Aufgrund dieses Umstandes aber haben beide Codices ihre älteren Einbände behalten, während der gesamte damalige Handschriftenbestand der Dombibliothek Mitte des 18. Jahrhunderts auf Anraten des Kölner Jesuiten Joseph Hartzheim neu eingebunden wurde. Mit den alten Einbänden ging historisch wertvolles Material verloren. 1752 veröffentlichte Hartzheim einen Katalog der Dom-Handschriften mit 261 Titeln in 203 Bänden und gab ihnen – entsprechend älterer Bibliotheksordnungen mit den biblischen Büchern beginnend, über die Kirchenväter, die Liturgica bis hin zu den Schulhandschriften – eine fortlaufende noch heute geltende Numerierung. Einen wesentlich überarbeiteten und erweiterten Katalog der Handschriften gaben im Anschluß an die Rückführung 1867 die beiden Paläographen Philipp Jaffé und Wilhelm Wattenbach heraus; ihm fügte 1933 Paul Heusgen eine Ergänzung jener 192 Handschriften an, die "aus dem Domturm in die Diözesanbibliothek übertragen worden (sind), die teils 1794 nicht nach Arnsberg in Sicherheit gebracht, sondern in Köln verborgen wurden, teils der Bibliothek des Erzbischofs von Spiegel angehören, teils später erworben wurden". Diesem 'Gesamtkatalog der Handschriften der Kölner Dombibliothek' folgte 1993 eine vor allem inhaltliche Erfassung aller Codices innerhalb des von Günter Gattermann herausgegebenen 'Handschriftencensus Rheinland' sowie seit 1995 eine Mikroverfilmung der Kölner Dombibliothek durch die Benediktiner von Collegeville (Minnesota), die mit einer intensiven, noch nicht veröffentlichten Erforschung des Bestandes einhergeht.

Als Randmarginalien solcher Erforschung werden Beobachtungen von Bedeutung, die über das weit zurückgehende Interesse am Textstudium hinaus zu ganz anderen Entdeckungen im Schatz der Dombibliothek führen können. Als der berühmte schwedische Reisende Jakob Jonas Björnstahl wenige Jahre vor seinem Tod vom 2. bis 14. August 1774 in Köln weilte, fiel ihm in Betrachtung der Dom Hs. 213 (Kat. Nr. 18) mit dem auf der letzten Seite genannten Schreiber Sigibertus auf, "daß auf jeder Seite zweierlei Art Schrift, die römische und merowingische, vorkommt: die letzten Zeilen jeder Seite sind mit merowingischen Buchstaben geschrieben, und der gute Siegbert hat wahrscheinlich zeigen wollen, daß er ein geschickter Schönschreiber und in beiden Gattungen von Schriftzügen gleich geübt war". Für die hier beobachtete, an Gewohnheiten der spätmittelalterlichen Schreibmeister erinnernde Eigentümlichkeit, daß auf jeder der in einer Halbunziale beschriebenen Seiten die drei letzten Zeilen in einer abweichenden insularen Minuskel geschrieben sind (Abb. 44), erwägt über zwei Jahrhunderte später Anton von Euw über

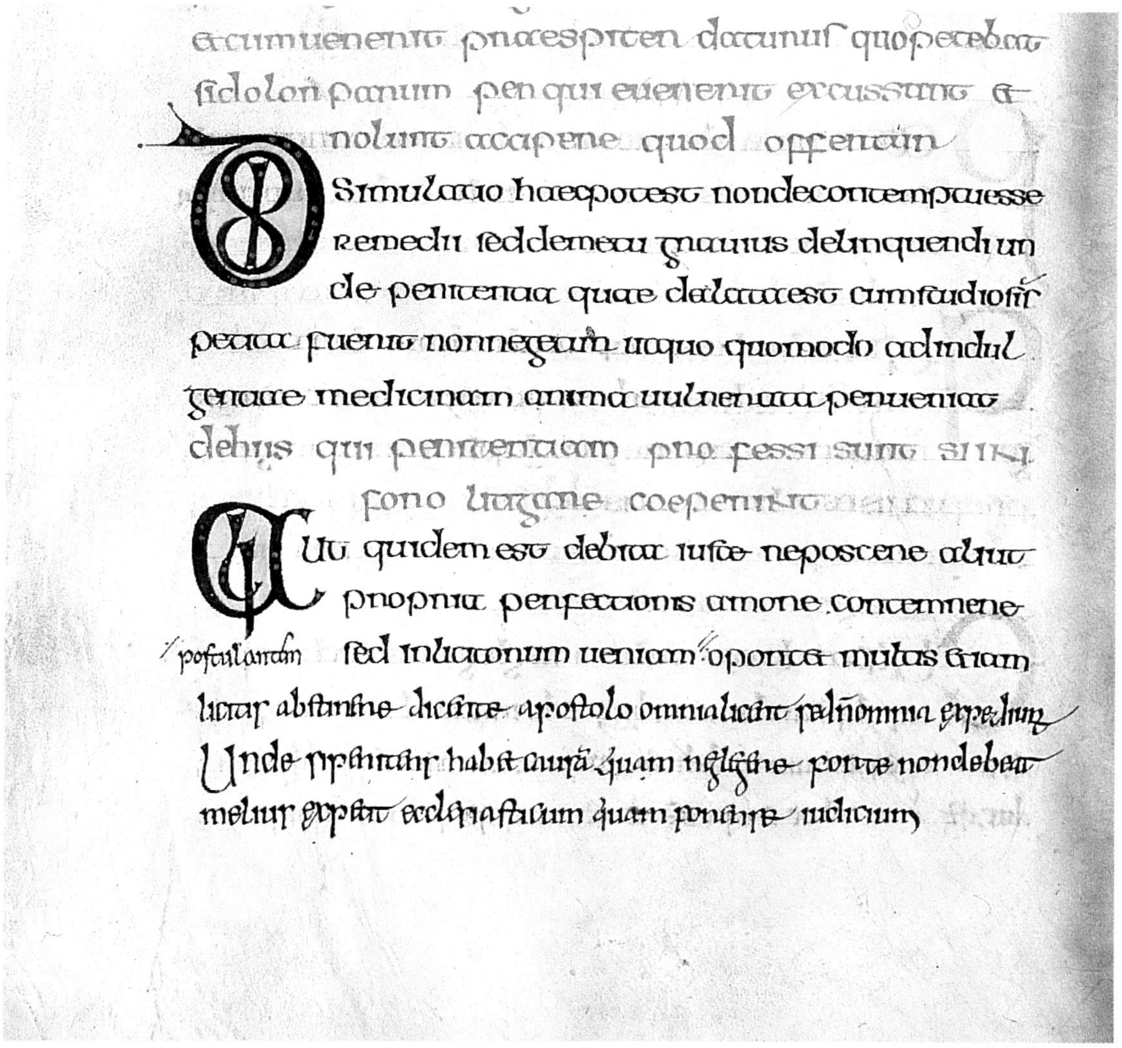

18 Dom Hs. 213, 126v (Abb. 44)

ein künstlerisches Prinzip hinaus auch die Möglichkeit einer versteckten Doxologie des dreifaltigen Gottes. Freilich ist der Codex nicht von dem sich auf Folio 143r nennenden Sigibertus (Abb. 45) geschrieben, der dem Schriftduktus nach erst etwa hundert Jahre nach Entstehung der Handschrift, vielleicht zur Zeit Erzbischof Hildebalds (vor 787-818), diesen Eintrag gemacht haben kann. Eventuell ist er mit jenem Buchbinder identisch, der auf Folio 167v des ältesten, am Ende des 6. Jahrhunderts entstandenen Manuskripts der Dombibliothek Dom Hs. 212 (Kat. Nr. 17) *Sigibertus bindit libellum* eingetragen hat (Abb. 46).

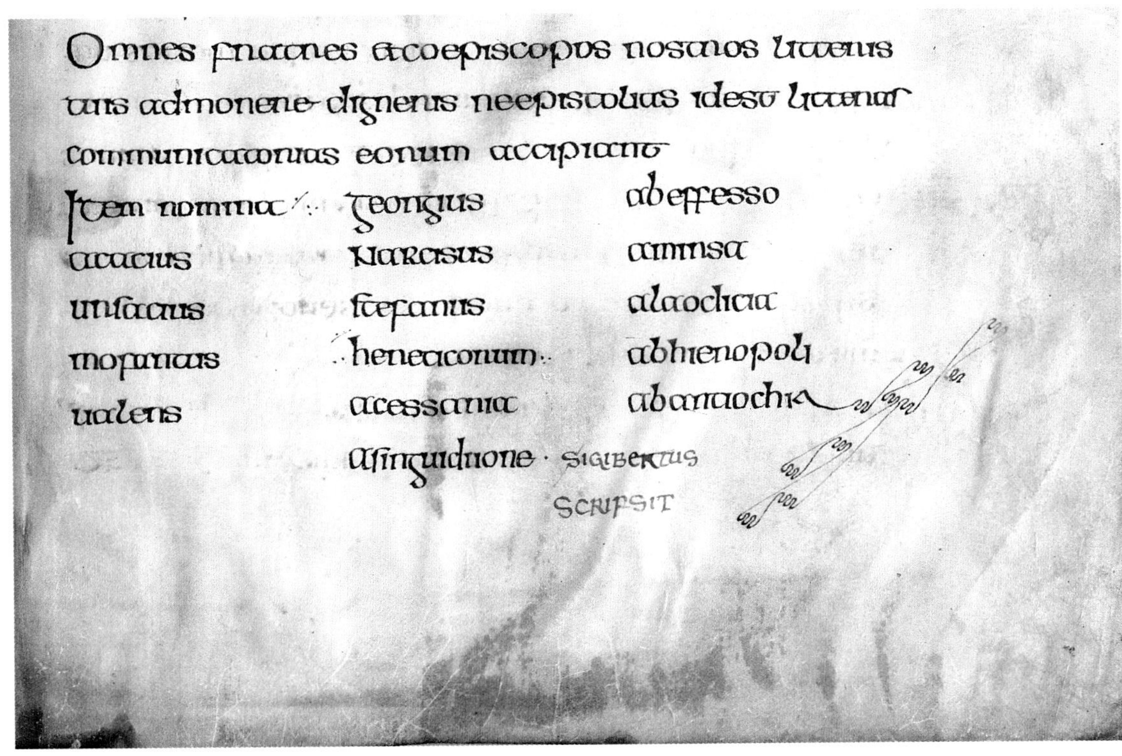

18 Dom Hs. 213, 143r (Abb. 45)

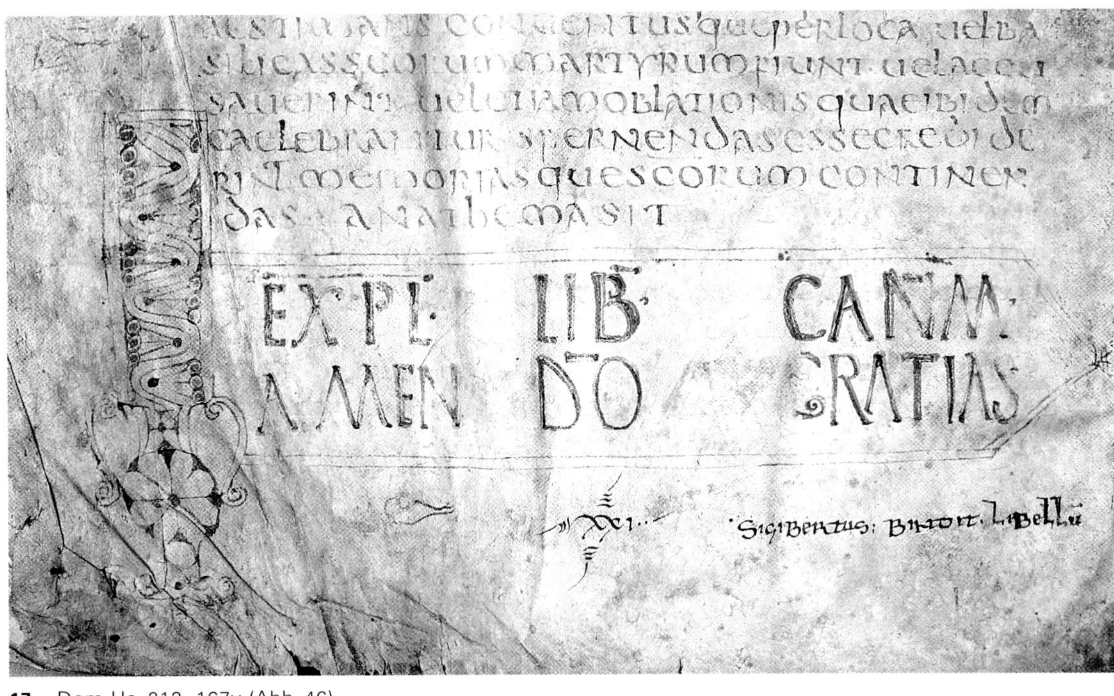

17 Dom Hs. 212, 167v (Abb. 46)

55 **55** Dom Hs. 127, 1r (Abb. 47)

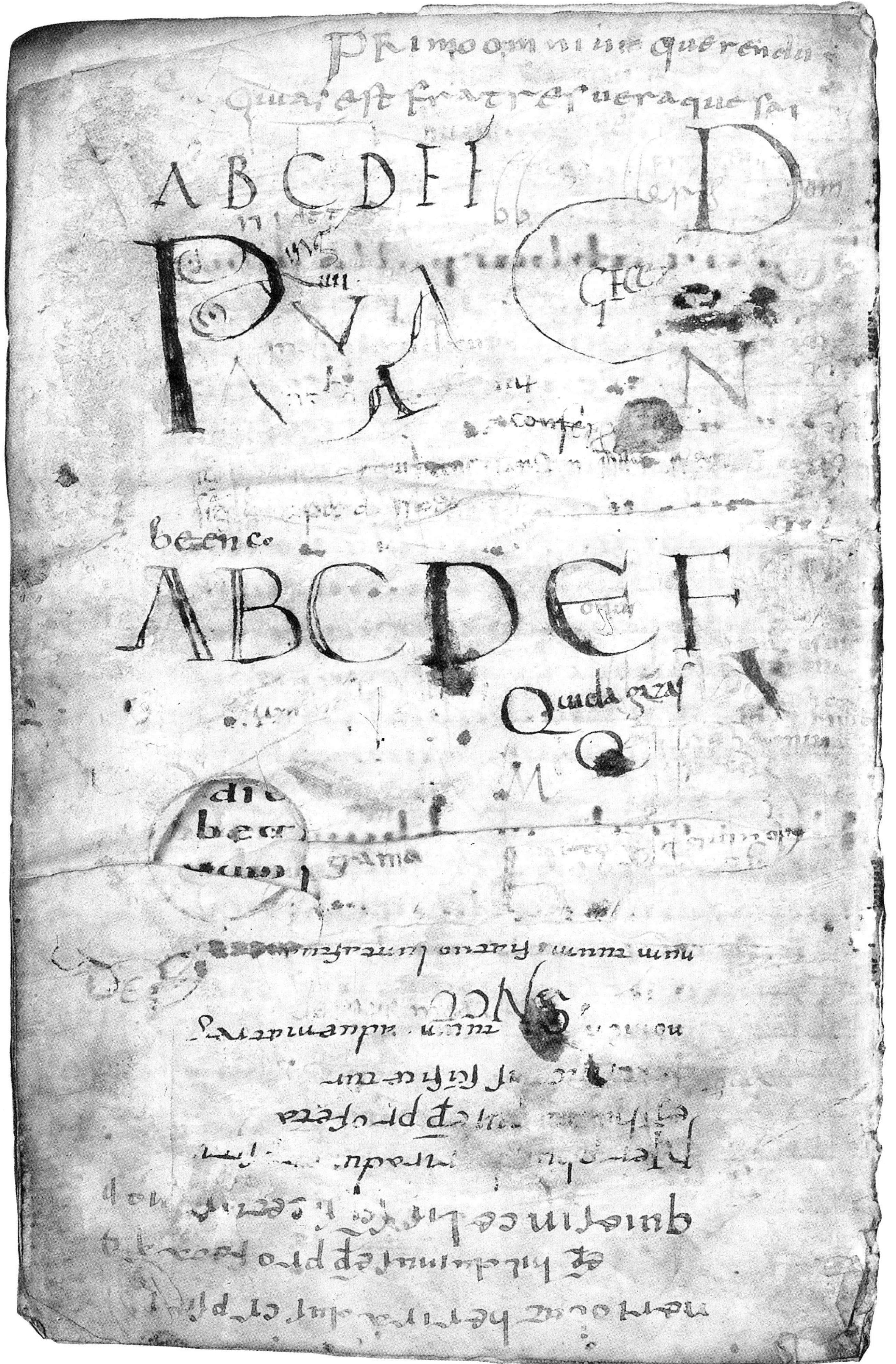

 15 Dom Hs. 165, 118v (Abb. 48)

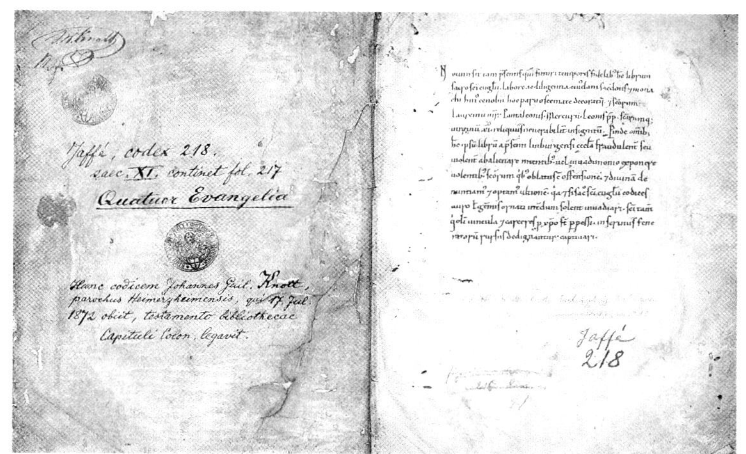

77 Dom Hs. 218, Iv - 1r (Abb. 49)

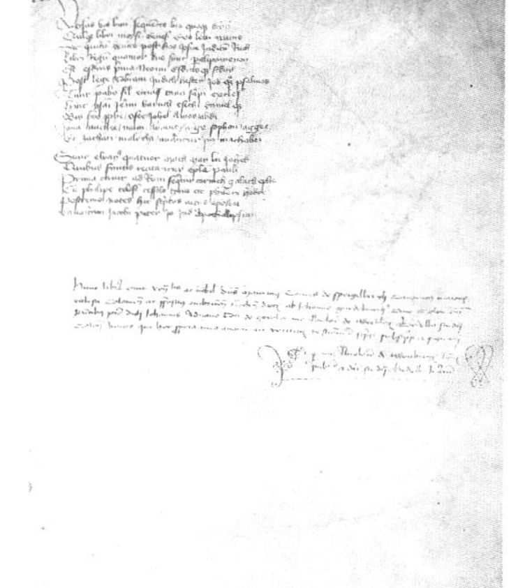

26 Dom Hs. 2, 1r (Abb. 50)

Solche und ähnliche Beobachtungen führen zu einem interessanten und weiten Feld, dem Thema der "letzten Seite", mit dem dasjenige der "ersten Seite" in mancherlei Verbindung steht. Denn am Anfang und Ende der alten Handschriften – und bisweilen auch im versteckten Inneren – entwickeln sich die Manuskripte zu lebenden Archivalien, die mit immer neuen Eintragungen, wichtigen und flüchtigen Notizen, historischen Daten, Vermächtnissen und Verkäufen, künstlerischen Einfällen und regelnden Signaturen die Zeit in sich aufnehmen. Beeindruckend sind die extrem auseinanderliegenden Möglichkeiten der gleichsam labyrinthischen Ordnung der schematisierten Distinktionen mit Angaben der Bezugsstellen im Gratian (Abb. 47), Folio 1r der Dom Hs. 127 (Kat. Nr. 55), und das freie Formenspiel des über viele Jahrhunderte genutzten letzten Blattes (Abb. 48) Folio 118v in Dom Hs. 165 (Kat. Nr. 15). Dem Kalkül, dem die rationale Ordnung des Inhaltsverzeichnisses aus dem 12. Jahrhundert unterliegt, scheint der Anspruch der Besitzeinträge Erzbischof Hildebalds verwandt (Abb. 3 - 7), die wie eine herrscherliche Titulatur aus karolingischer Zeit auf sonst weitgehend frei gebliebenen Seiten ohne Beeinträchtigung – gleichsam in der Akzeptanz der folgenden Jahrhunderte – überdauerten. Hingegen dokumentiert der Beginn etwa des Limburger Evangeliars Dom Hs. 218 (Kat. Nr. 77) ohne eine solche Vorgabe einen wesentlich unbefangeneren Umgang mit den einführenden Seiten Folio Iv - 1r (Abb. 49), der bis in die jüngste Moderne reicht. Die Wertschätzung der Manuskripte spiegelt sich auch darin, daß ihnen mit der Niederschrift von Vermächtnissen (vgl. Dom Hs. 149, Kat. Nr. 93), Besitzerwechseln, Kaufverträgen, wie auf Folio 1r (Abb. 50) in der Bibel Dom Hs. 2 (Kat. Nr. 26), oder mit der Vereinbarung über ihre Entleihung in der Dom Hs. 1 (Kat. Nr. 25) und vielem anderen ihre eigene Biographie einverleibt wird, die auch dann bewußt gehalten werden kann, wenn ein unverändertes Eigentumsverhältnis durch wiederholtes Signieren und späteres Stempeln gesichert wird. Darüber hinaus aber sind Handschriften auch Objekte, in denen Abschriften wichtiger Urkunden, so etwa in Dom Hs. 60, geborgen oder denen persönliche Mitteilungen anvertraut wurden. Am Seitenrand von Folio 143r in Dom Hs. 137 (Kat. Nr. 81) sind die Namen Lebender und Verstorbener aus dem Umkreis des Kölner Erzbischofs Hermann I. (889 - 924) nachgetragen, derer bei den Totenmessen gedacht werden soll (Abb. 15), während sich auf den Vorsatzblättern im Missale des Domdechanten Konrad von Rennenberg Dom Hs. 149 (Kat. Nr. 93) viele Scholaren verewigten, die offenbar zu Zeiten, als dieses Festtags-Missale in Gebrauch war, ihr Dabeisein festhalten wollten. Am häufigsten freilich hinterließen die Schreiber selbst, jenseits des von

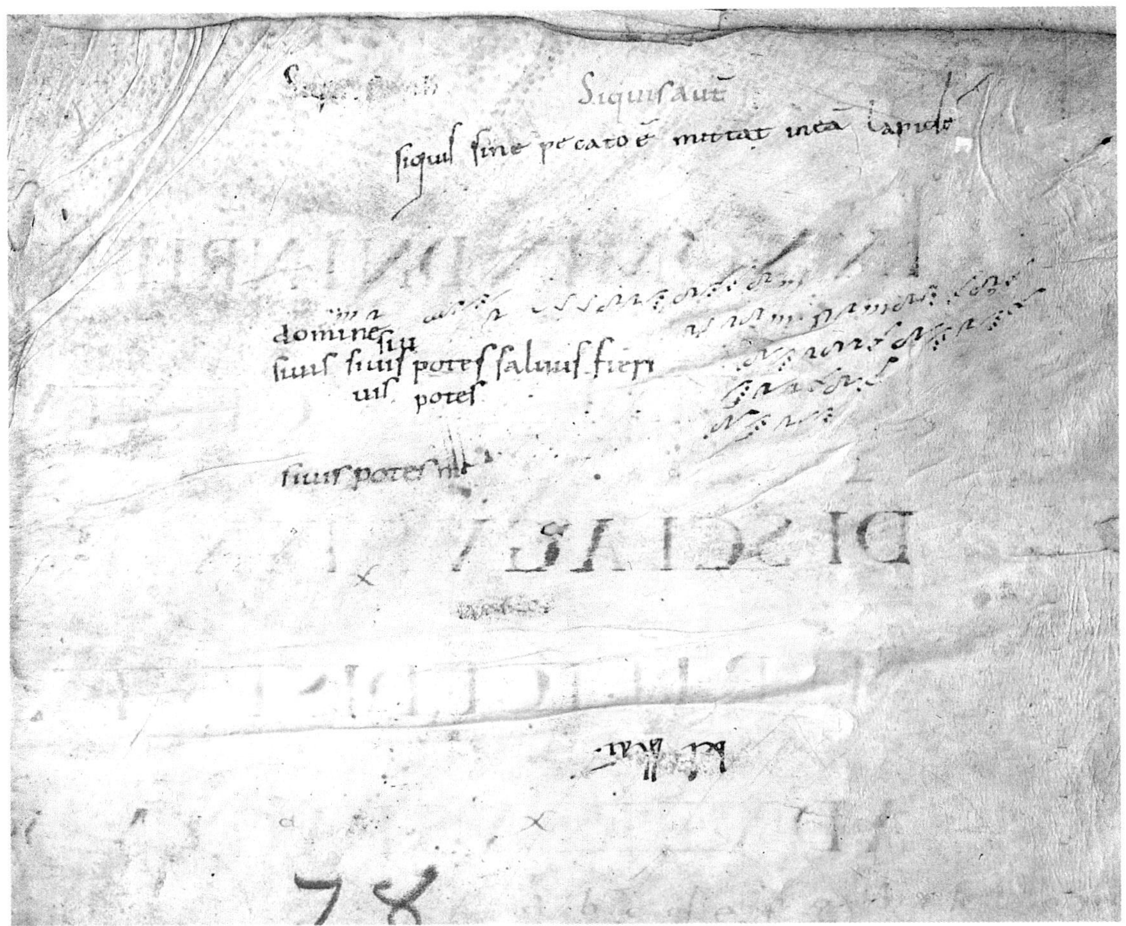

4 Dom Hs. 75, 1r (Abb. 51)

54 Dom Hs. 101, 1r (Abb. 52)

ihnen geforderten Textes, ihre Spuren, reagierten auf die Spuren Vergangener und setzten wieder neues Reagieren in Gang, wie es etwa Folio 1r in Dom Hs. 75 (Kat. Nr. 4) unter anderem mit einem "Schwarm" tironischer Noten überliefert (Abb. 51). In weiter Palette des künstlerischen Anspruchs entstehen autonome Zeichnungen, die zwischen dem Erproben der Feder – wie etwa auf der ersten Seite (Abb. 52) der Dom Hs. 101 (Kat. Nr. 54) oder im Dschungel der Glossen auf Folio 3v der Priscian-Grammatik Dom Hs. 200 (Kat. Nr. 63) – und den virtuos entworfenen figürlichen Motiven angesiedelt sind, wie sie auf Folio 28v und 42r in derselben Handschrift (Abb. 53, 54) oder auch auf der letzten Seite (Abb. 55) von Dom Hs. 58 (Kat. Nr. 28) überkommen sind. Bisweilen scheint es, daß ein Miniaturist durch Konstruktionszeichnungen auf den Folios 39r und 39v oder genau ausgeführte Flechtbandmuster auf der ersten Seite dieser Dom Hs. 58 (Abb. 56) sich der ornamentalen Struktur solcher Motive im Nachvollziehen vergewissert. Ein anderer macht sich mit Hilfe einer schematischen Zeichnung auf Folio 1r der Dom Hs. 193 (Kat. Nr. 61) die Zuordnung der vier irdischen Elemente und ihrer Eigenschaften bewußt (Abb. 57), wie sie in 'De natura rerum' des Isidor von Sevilla überliefert ist.

Vor Beginn des Schreibens steht immer die Federprobe, wie es der Kalligraph auf Folio 1r in der Dom Hs. 99 (Kat. Nr. 62) in gelungener Minuskel schreibt (Abb. 58). In diesem Fall sind die beiden Worte eine Federprobe und benennen sich selbst als solche in der Einheit von Gestalt und Sinn, im Vorgang des Schreibens und seinem Ergebnis. Zum anderen überliefern solche Schreibproben Erinnerungen an die Art und Weise des im mittelalterlichen Elementarunterricht

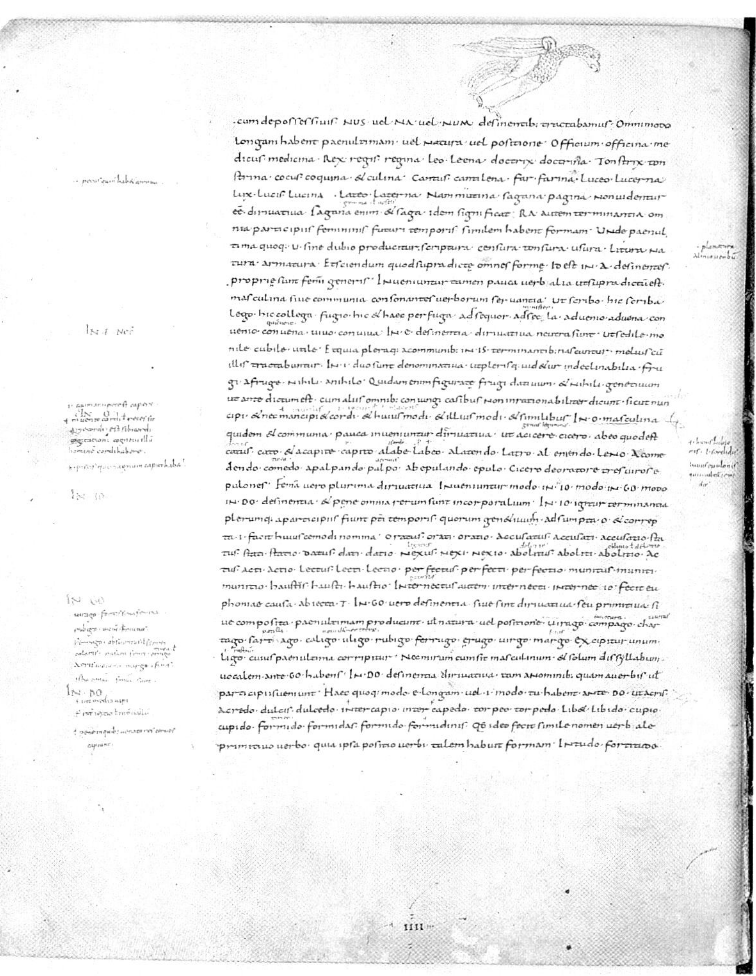

63 Dom Hs. 200, 28v/42r (Abb. 53/54)

28 Dom Hs. 58, 165v/1r (Abb. 55/56)

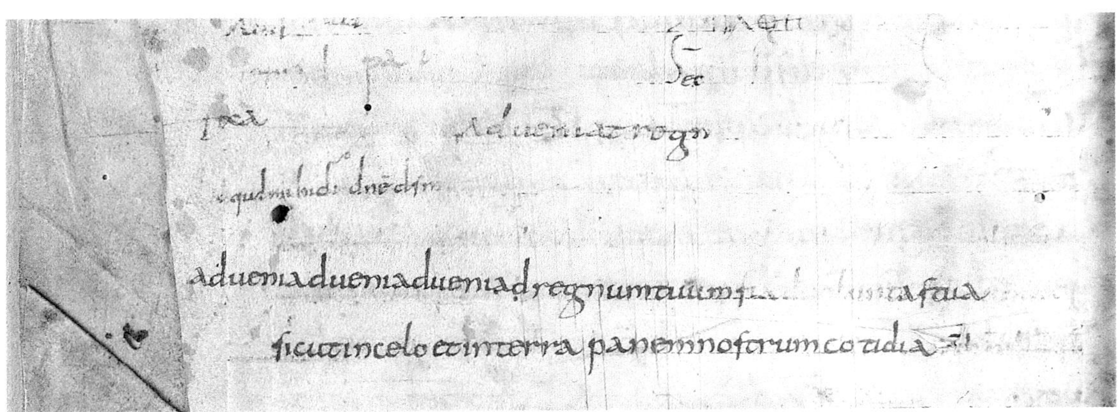

9 Dom Hs. 40, 117v (Abb. 59)

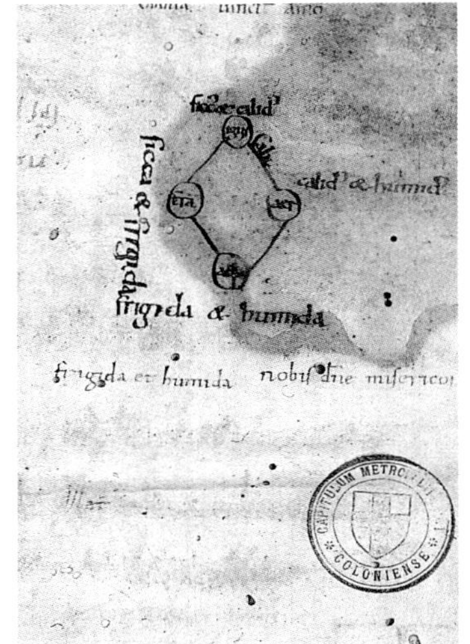

61 Dom Hs. 193, 1r (Abb. 57)

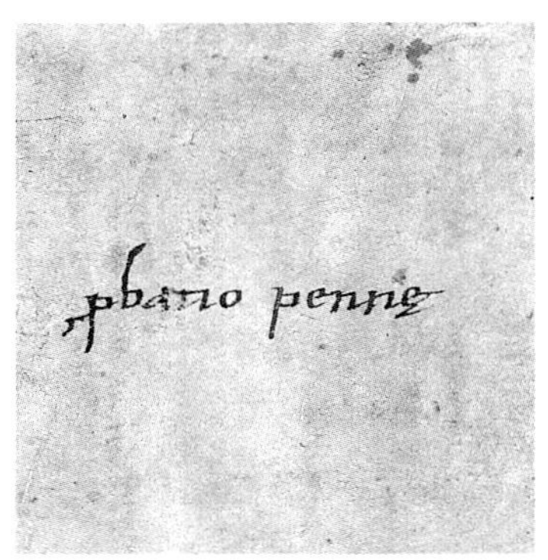

62 Dom Hs. 99, 1r (Abb. 58)

Erlernten, das zusammen mit dem Lesen, Singen und Rechnen zu den Voraussetzungen der nachfolgenden Unterrichtung in den Sieben Freien Künsten gehörte. Das Beispiel auf der sonst leeren letzten Seite 122v in Dom Hs. 107 (Kat. Nr. 39) wiederholt die Worte *graciam tuam* in dreifacher Übung. Ein anderes auf der letzten Seite 117v in der Dom Hs. 40 (Kat. Nr. 9) mit dem *adveniadveniadveniadregnumtuumfiatvoluntastuasicutinceloetinterrapanemnostrumcotidia* (Abb. 59) belegt in der dreifachen Anfangswiederholung eine Schreibübung, die mit aneinandergereihten Silbenreihen aus dem Wortlaut des Vaterunser fortgesetzt wird. Auf dem Recto dieses letzten Blattes findet sich am oberen Rand die Federprobe *fa a am f f fi fixadnexique*, die wie ein Gestammel, wie ein ungelenk sich einübender Schreibvorgang aussieht, den man übergehen könnte, wenn sich nicht auch hier die Beschäftigung mit dem Nebensächlichsten in einem unverhofften Ergebnis bewähren würde (Abb. 60). Denn Bernhard Bischoff hat in seinen Ausführungen zum Thema "Elementarunterricht und Probationes Pennae in der ersten Hälfte des Mittelalters" auch diese unscheinbare Schreibübung trotz der durch Verkürzung weitgehenden Sinnverstümmelung als Teil eines Textes identifizieren können, dessen verbreitetste und wohl ursprüngliche Form lautet "Fixa manent, pectus habent, ymnum kanent, quoniam zelum Domini exercituum timor gehenne castigat". Da hier das Bezugswort zum gesamten Text ausgespart bleibt, lassen sich die – vorausgesetzten – Handelnden nur über den verbleibenden Inhalt des Ganzen mit dem vielleicht richtungsweisenden Anfangswort *Fixa* zu der Assoziationskette Fixsterne – Himmelswesen – Engel rekonstruieren, so daß die Verse nach der Übersetzung von Alexander Arweiler, dem auch die nachfolgenden Übertragungen zu verdanken sind, möglicherweise bedeuten: 'Sie bleiben unverrückbar bestehen, sie sind standhaft, sie singen Hymnen, denn die Furcht vor der Hölle bestimmt ihren Eifer für den Herrn der Heerscharen'. In Erinnerung an die Beliebtheit von Akrostichen in der Antike bis hin zu dem Abecedar des Sedulius im 5. Jahrhundert mit seinen 23 Ambrosianischen Strophen über das Leben Christi gehört unser Text zu der bescheideneren Form jener Merkverse, die das gesamte Alphabet enthalten und wohl deshalb als Schreib- und Gedächtnisübung im mittelalterlichen Schulunterricht kursierten. Aus demselben Grund reichen solche Verse darüber hinaus – entsprechend den magisch-symbolischen Bedeutungen alphabetischer Buchstabenreihen im Altertum – auch in die Sphäre des Aberglaubens hinein und schöpfen die ihnen zuerkannte Zauberkraft aus der Präsenz des Alphabets in seiner wie in einem Zirkel geschlossenen Gesamtheit. Mit den 23 Buchstaben des Alphabets können alle Möglichkeiten menschlichen Denkens,

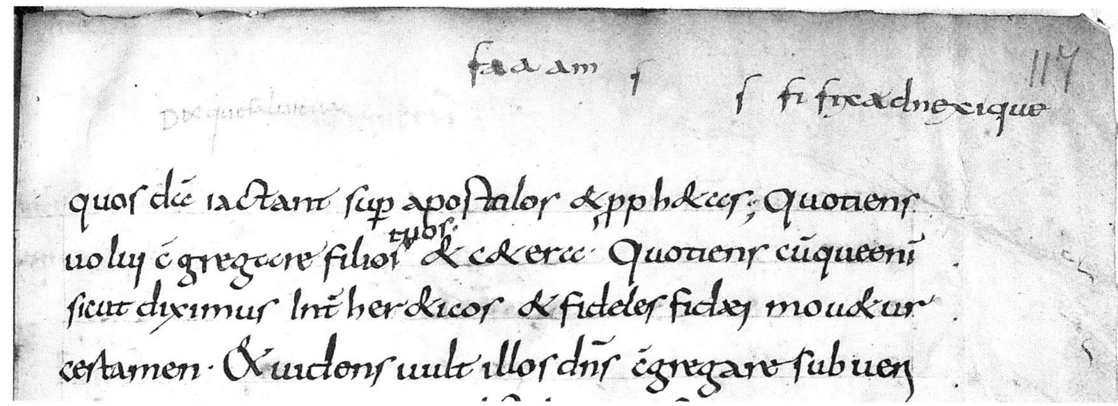

9 Dom Hs. 40, 117r (Abb. 60)

85 Dom Hs. 139, 66v (Abb. 61)

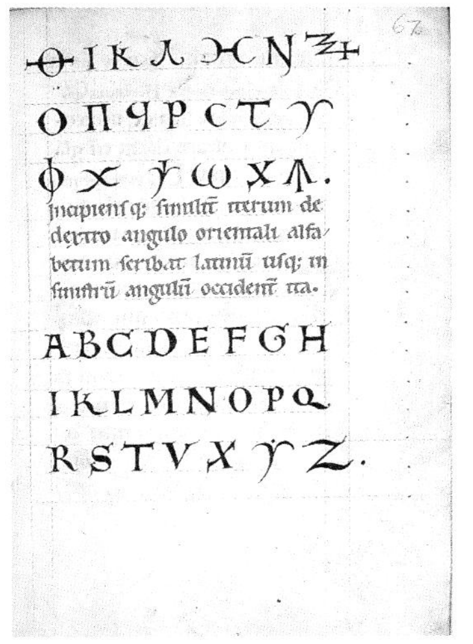

85 Dom Hs. 139, 67v (Abb. 62)

kann jeder vorstellbare Inhalt in eine Verschriftlichung überführt, das heißt auch in eine Form der Mitteilung gebannt werden, über die hinaus es keine weiterführende sprachliche Verständigung gibt. Diese im Alphabet geborgene Form für "das Ganze" ist Grundlage für den Symbolbezug des Alpha und Omega, des ersten und letzten Buchstabens des griechischen Alphabets, des Anfangs und Endes, auf Christus bezogenes Zeichen seiner Allmacht in vielen Bildern der Maiestas Domini. Beides, magische Beschwörung wie Symbolbezug auf Christus, wirkt nach im liturgischen Ritus der Kirchweihe, wenn der Bischof in das diagonal in den Kultraum gestreute Aschenkreuz "von der linken Ecke im Osten bis zur rechten im Westen" das griechische Alphabet und "von der rechten Ecke im Osten bis zur linken im Westen" das lateinische mit seinem Hirtenstab einschreibt, wie es der Kalligraph im kölnischen Pontifikale Dom Hs. 139 (Kat. Nr. 85) aus der Mitte des 12. Jahrhunderts mit groß ausgeführten Abecedarien festhält (Abb. 61, 62).

Hinter der so harmlos und ungelenk erscheinenden Schreibübung auf Folio 117r in Dom Hs. 40 (Abb. 55), die im gerade Begonnenen schon wieder endet, verbirgt sich noch mehr. Denn mit dem einzigen innerhalb der Buchstabenfolge zusammengefügten Wort *fixadnexique* liegt ein schönes Beispiel dafür vor, daß sich das ehedem in unterschiedlichen Versen Erlernte im später probierenden Einschreiben bewußt oder unbewußt miteinander vermischt. Das keinen Sinn ergebende Wort enthält zum einen den Anfang des zitierten Verses "Fixa manent...", zum anderen aber auch das Wort "adnexique", mit dem ein sehr alter, im Schulunterricht viel benutzter Hexameter beginnt: "Adnixique globum Zephyri freta kanna secabant" – Angelehnt an die geballte Kraft des Westwinds pflügen sie das Meer mit ihrem kleinen Kahn aus Schilfrohr. Von dem möglicherweise schon im Unterricht der Antike benutzten Vers, in dem wiederum alle Buchstaben des Alphabets vertreten sind, kennt Bernhard Bischoff über sechzig Beispiele und bemerkt, daß bereits der große westgotische Gelehrte Julian von Toledo (um 642 - 690), der im Jahre 680 Erzbischof dieser Stadt wurde und nach der dort abgehaltenen Synode für seine Diözese den Primat über Spanien erlangte, das "Adnixique" in seiner aus verschiedenen Vorlagen kompilierten 'Grammatica' zitiert. Er bemerkt weiter, daß dieser Alphabetvers vom 9. bis 11. Jahrhundert, allgemein verbreitet, regelmäßig in der Schreibweise "Adnexique" auftritt. So hat ihn auch unser Schreiber erlernt. Ein zweiter, wohl ebenso alter Alphabetvers *Ferunt Ophyr convexa kymbe* (!) *per liquida gazas* - In gewölbtem Kahn bringen sie von Ophyr her Schätze über das Meer – findet sich am Ende der 'Expositio in Proverbia Salomonis' des Beda Venerabilis in Dom Hs. 105 (90r) aus dem 9. Jahrhundert; er war wohl ähnlich beliebt und kommt auch in Vermischung mit dem anderen vor. Einen weiteren Einblick in die Art des Lernens im Mittelalter gibt ein im 11. und 12. Jahrhundert bekannter Pentameter, der sich auf der letzten Seite von Dom Hs. 78 (96v) befindet. Er stammt aus dem Ostergedicht der Carmina-Sammlung des Lyrikers und Biographen Venantius Fortunatus, der um 600 als Bischof von Poitiers starb. Dort wird vom Erblühen der Natur nach dem Winter gesprochen und die Dankbarkeit der wiedergeborenen Welt bezeugt, *omnia cum Domino dona redisse suo* – daß mit ihrem Herrn zusammen alle Gaben der Natur zurückgekehrt sind. Der Vers enthält nur elf verschiedene Buchstaben und vertritt damit einen leichteren Schwierigkeitsgrad des Schreibens, zumal auch die vorkommenden Buchstaben für den Schreibvorgang einfacher zusammengesetzt sind als etwa das kompliziertere, hier aber fehlende 'g'.

Die Erwähnung des Venantius Fortunatus führt zu abschließenden Überlegungen zu den ersten und letzten Seiten in den Handschriften. Die Bedeutung dieses aus der Nähe des oberitalienischen Treviso gebürtigen, im frühen Mittelalter hochgeschätzten Dichters liegt gerade auch darin, daß er neben der Kunst des Akrostichons auch diejenige der Figurengedichte als erster nachantiker Autor aufgegriffen hat und über die merowingische Zeit hinaus in die Kenntnis der Karolinger rettete. Hier erreichte sie mit dem 'Liber de laudibus sanctae crucis' des Hrabanus Maurus, zwischen 806 und 814 im Kloster Fulda entstanden, einen Höhepunkt in der Geschichte der 'carmina figurata'. Dom Hs. 110 aus dem 9. Jahrhundert mit der Schrift 'De institutione clericorum' des Hrabanus enthält auf Vorder- und Rückseite des ersten Blattes je eine mit Text gefüllte Kreuzzeichnung, Folio 1r mit einem fortlaufenden Gedichttext, Folio 1v mit dem sich kunstvoll wiederholenden und erst auf diese Weise die Kreuzform füllenden Distichon *Crux Domini mecum, crux est quam semper adoro, crux pia refugium, crux michi certa salus* – Das Kreuz ist mit mir, das Kreuz ist es, welches ich immer verehre, es ist fromme Zuflucht und mein sicheres Heil (Abb. 63). Bernhard Bischoff hat diesem Kreuzgedicht die Untersuchung 'Ursprung und Geschichte eines Kreuzsegens' gewidmet und beobachtet, daß der auf dem linken Kreuzbalken angeordnete Versteil *crux pia refugium* aus Gründen der Symmetrie gegenüber dem ursprünglichen Wortlaut "crux michi refugium" verändert worden ist. Zusammen mit der frühen Anthologie von Hochzeitsliedern, Rätseln und Epigrammen ist er im Latinus 10318 der Bibliothèque Nationale in Paris mit dortiger Zuweisung an den wohl im 5. Jahrhundert in Afrika lebenden Grammatiker Calbulus überliefert. Die Gestaltung dieses in Kreuzform erfaßten Distichons, bei der als Beispiel einer bis in unsere Zeit weiterentwickelten visuellen bzw. konkreten Poesie der Text zur Figur wird und die Figur zugleich den Inhalt des Textes im Bild wiedergibt, mag weder von Venantius Fortunatus noch von Hrabanus Maurus erfunden worden sein, wie es Wilhelm Wattenbach für die Dom Hs. 110 angenommen hatte. Hingegen meint Bernhard Bischoff: "Irgendein Leser des Gedichts aus vor- oder frühkarolingischer Zeit, dem die vierfache Wiederholung auffiel, kam auf den Gedanken, das Distichon in Kreuzesform umzuschreiben, wobei das 'C' von 'crux' die Mitte einnahm und die Halbverse die Arme des Kreuzes bildeten; diese wurden verbreitert, indem der Wortlaut, von innen nach außen gerade oder in rechten Winkeln fortschreitend, fünfmal nebeneinander herlief, bis er in den Spitzen der Kreuzesarme endete". Die Figur in der Kölner Handschrift erhält noch mit den Worten *adoro amen* am unteren Balkenende den Dorn

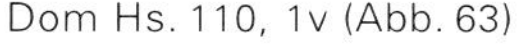

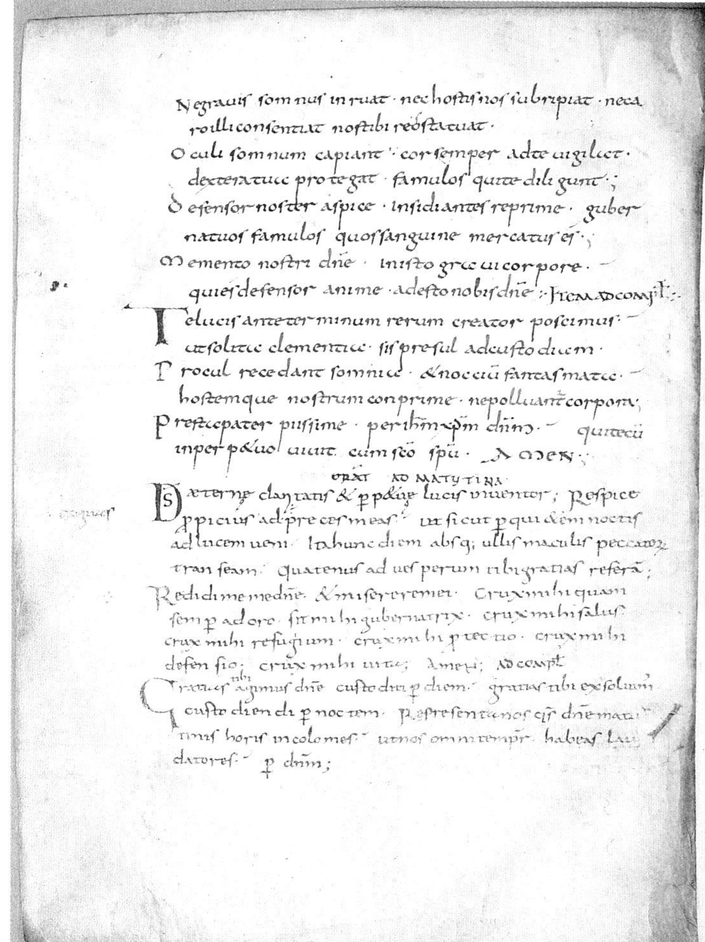

Dom Hs. 110, 1v (Abb. 63)

Dom Hs. 106, 46v (Abb. 64)

eines Standkreuzes. In seiner Form weit weniger spektakulär, aus dem Versmaß gelöst und in die Gebetsmasse der persönlichen Andacht integriert findet sich der Text auf Folio 46r im mehrfach angeführten Erbauungsbuch Dom Hs. 106 aus dem 9. Jahrhundert (Abb. 64) im Anschluß an einen Morgenhymnus *Crux mihi quam semper adoro. Sit mihi gubernatrix. Crux mihi salus. Crux mihi refugium. Crux mihi protectio. Crux mihi defensio. Crux mihi vita. Amen.* Doch sind wir mit solchen Entdeckungen wieder mitten im Inneren der Handschriften, wo mit dem Nachdenken über den Text, mit erklärenden Glossen und kommentierenden Notizen bisweilen auch Profanes, allzu Menschliches eingeflossen ist und dennoch Gott im Spiel bleibt. Es tritt zutage, wenn im Dunkel des Buchblocks, gleichsam im Inneren eines dünnen Pergamentblattes absichtlich versteckt, in Form der kaum wahrnehmbaren Griffelglosse dem Folio 222r in Dom Hs. 60 anvertraut, die aus dem Lateinischen in die 'Geheimschrift' der griechischen Buchstaben transkribierte Fluchformel *Ut te destruat Deus* – Auf daß Gott dich vernichte – den Entdecker in ihren Bann zieht, und erst die Kunst der Fotografin diesen mit dauernder Sichtbarmachung ein wenig löst (Abb. 65).

Dom Hs. 60, 222r (Abb. 65)

Die würdige Kathedralbibliothek in Köln überliefert nur wenige solcher Anathemata, vielmehr sind ihre Schätze weit häufiger von Gedanken umhüllt, die Trost und Hoffnung, Ermunterung und Belehrung, Hilfe und Zuversicht dem Lesenden in Aussicht stellen, so wie sie das wohl im 10. Jahrhundert nachgetragene Gedicht gegen die Schwelgerei auf der letzten Seite 192v in Dom Hs. 103 (Kat. Nr. 23) anbietet und wie sie zum anderen mit dem Wunsch eines Schreibers aus dem 9. Jahrhundert auf der letzten Seite (208v) in Dom Hs. 51 (Kat. Nr. 5) vermittelt werden *Hanc domum intrantes conserva mitissime Christe. Et tuis hic famulis sit tua protectio sancta* – Die in dieses Haus Eintretenden bewahre, gütigster Christus, und deinen Dienern sei hier dein heiliger Schutz gewährt. Wenn mit diesen Worten nicht nur das Haus des Herrn, die Kirche oder ein Kloster, sondern zugleich auch im übertragenen Sinn das Eintreten in den Raum der Bücher, in den Geist eines Textes, der das Leben in diesem Haus bestimmt, gemeint ist, sind wir nach langem Gang zur Bildaussage der am Anfang stehenden Miniatur im sog. Friedrich-Lektionar Dom Hs. 59 (Kat. Nr. 30) zurückgekehrt. So ist die Dombibliothek ein Schatzhaus der Textüberlieferung, deren Spuren vielfältiger Benutzung jenen Zeitstrom bewußt machen, der im Glauben und Wissen des Mittelalters seinen Anfang an einem Ort nahm, von dem der Schreiber in einem weitgehend verblaßten Eintrag auf Folio 1r in Dom Hs. 36 aus dem 12. Jahrhundert wußte *Paradisus est locus in orientalibus partibus constitutus. . .* – Das Paradies ist ein Land in den östlichen Regionen gelegen. . .

LITERATUR: Hartzheim 1752 – Frenken 1868 – Jaffé/Wattenbach 1874 – Dümmler 1876, S. 466f. – Decker 1895, S. 217ff. – Lehmann 1908, S. 153ff. – Löffler 1923 – Frenken 1923, S. 53f. – Frenken 1930, S. 237ff. – Heusgen 1933, S. 1ff. – Kdm Köln 1/III, 1938, S. 389ff. – CLA VIII, 1959 – Knaus 1961/62, S. 127ff. – Bischoff, Studien I 1966/II 1967/III 1981 – B. Bischoff, Über Einritzungen in Handschriften des frühen Mittelalters, in: Bischoff, Studien I 1966, S. 88ff. – B. Bischoff, Elementarunterricht und Probationes Pennae in der ersten Hälfte des Mittelalters, in: Bischoff, Studien I 1966, S. 74ff. – Bischoff 1966, S. 16ff. – B. Bischoff, Ursprung und Geschichte eines Kreuzsegens, in: Bischoff, Studien II 1967, S. 275ff. – Jones 1971 – F.W. Oediger, Niederrheinische Schulen vor dem Aufkommen der Gymnasia, in: Vom Leben am Niederrhein. Aufsätze aus dem Bereich des alten Erzbistums Köln, Düsseldorf 1973, S. 351ff. – Schönartz 1973, S. 144ff. – Knaus 1976, S. 225ff. – R. Kottje, Zum Anteil Kölns an den geistigen Auseinandersetzungen in der Zeit des Investiturstreits und der gregorianischen Kirchenreform, in: RhVjBll 41 (1977), S. 40ff. – B. Bischoff, Die Bibliothek im Dienste der Schule, in: Bischoff, Studien III 1981, S. 213ff. – Bischoff, Hofbibliothek 1981, S. 149ff. – Bischoff, Panorama 1981, S. 5ff. – Schmitz 1983, S. 109ff. – Jeffré 1984 – Schönartz 1985 – Schmitz 1985, S. 137ff. – Kottje 1991, S. 153ff. – Jeffré 1991 – Theophanu 1991 – Mayr-Harting 1992, S. 33ff. – Handschriftencensus 1993 – Schneider 1993, S. 100ff. – Lehmann 1994, S. 153ff. – Collegeville 1995 – Theil 1995, S. 116ff. – IDDK 1997.

EINE BIBLIOTHEK ZUR ZEIT HILDEBALDS

6 Dom Hs. 54, 1r

1 Dom Hs. 43, 12v

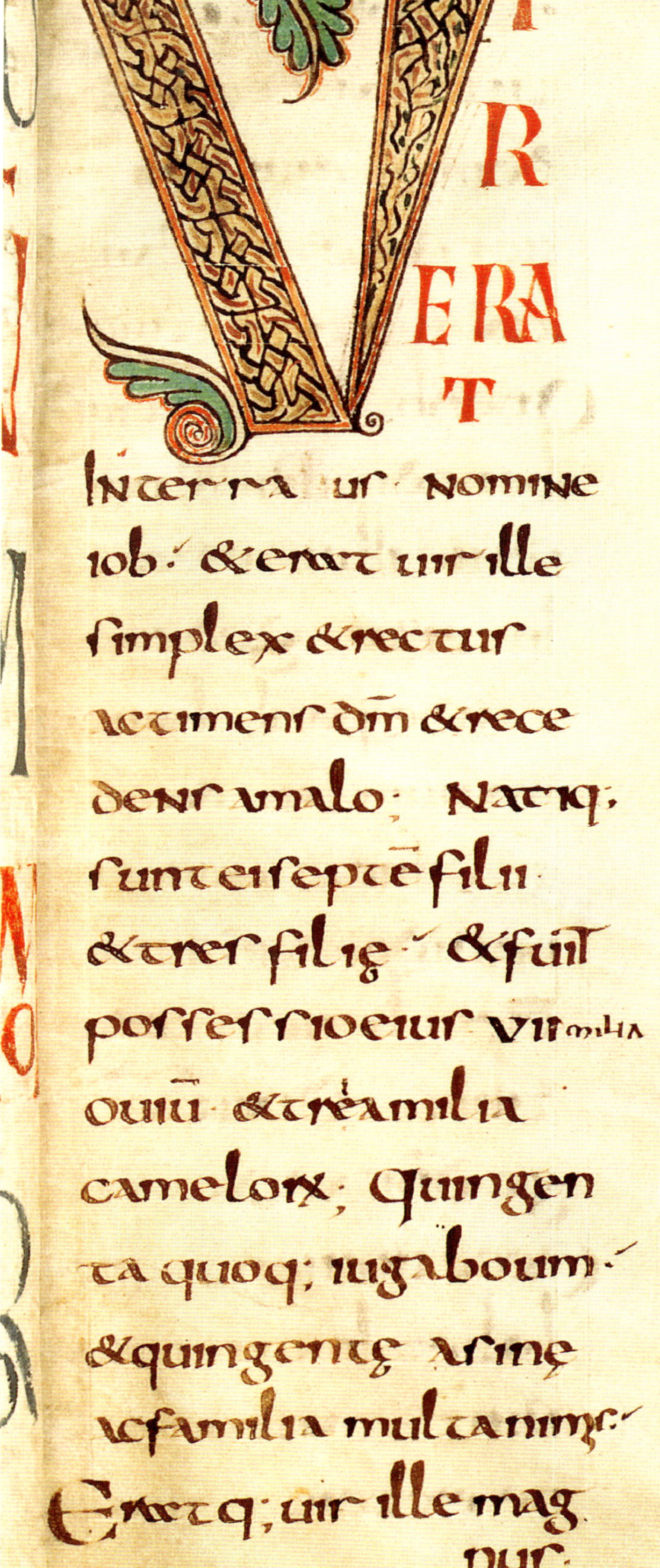

VIR ERAT

In terra us nomine
iob · et erat uir ille
simplex et rectus
ac timens dm̄ et rece
dens a malo · Natiq;
sunt ei septē filii
et tres filię · et fuit
possessio eius VII milia
ouiū et tria milia
camelorū · Quingen
ta quoq; iuga boum ·
et quingentę asinę
ac familia multa nimis ·
Eratq; uir ille mag
nus ·

Inter omnes orien
tales · Et ibant
filii eius et faciebāt
conuiuiū p domos
unusquisq; in die
suo · Et mitten
tes uocabant tres
sorores suas ut
cōmederent et bi
berent cum eis ·
Cūq; in orbem tran
sissent dies con
uiuii · mittebat
ad eos iob et sc̄ifi
cabat illos ·
Consurgensq;
diluculo · offere
bat holocausta per
singulos · dicebāt
enī · Ne forte pec
cauerint filii mei

1 Dom Hs. 43, 13r

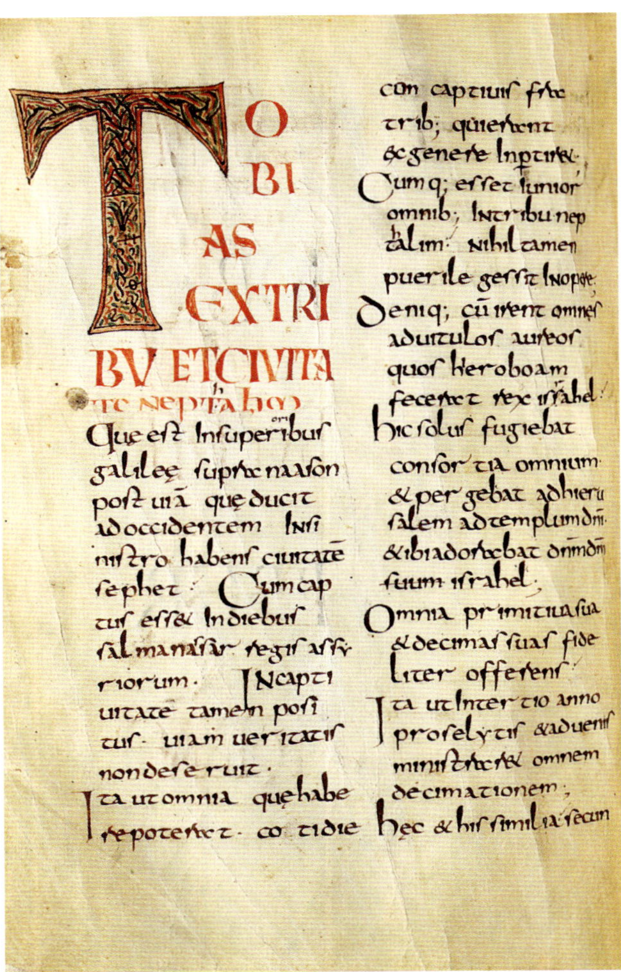

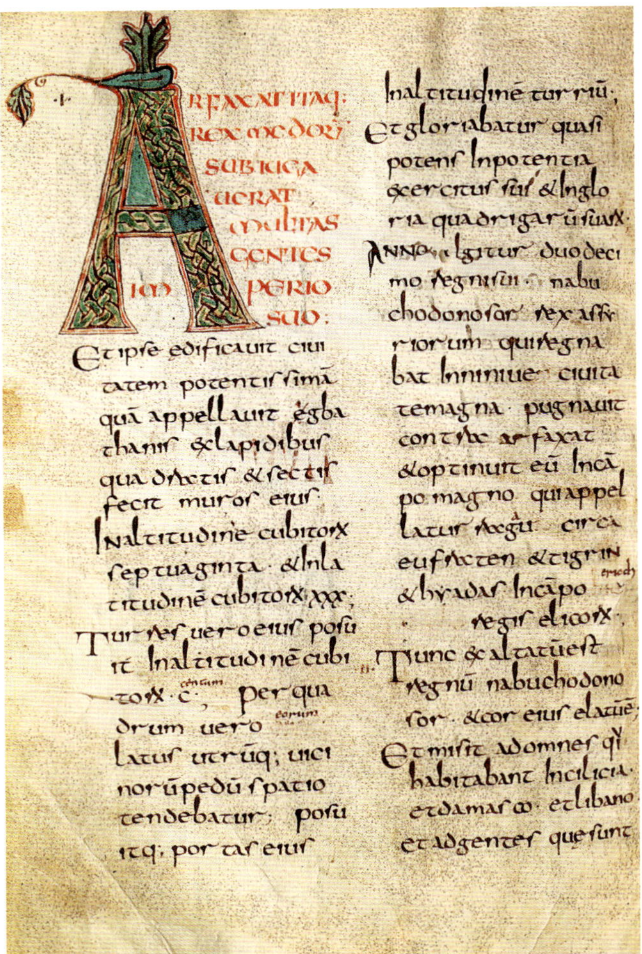

1 Dom Hs. 43, 56v/72v

1 Dom Hs. 43

Altes Testament

Mittelitalien, Ende 8. Jh./um 800

Die Handschrift enthält nicht etwa das gesamte Alte Testament, sondern einen Auszug mit den Büchern Job, Tobias, Judit, Esra und Ester. Ihnen sind die Vorreden des Hieronymus (347/348-419/420) als gesonderte Lagen vorangestellt. Erst die Reform unter Karl dem Großen (768-814) brachte einbändige Bibeln hervor, die sog. Pandekten, denen verschiedene Teilausgaben wie diese als Textvorlage dienten (vgl. Dom Hs. 1, Kat. Nr. 25). Laut Bischoff (1981, S. 35) und Lowe (CLA VIII 1959) wurde Dom Hs. 43 Ende des 8. Jahrhunderts oder um 800 in Mittelitalien geschrieben. Paläographisch verwandt sei z. B. ein Codex in Perugia (Bibl. Capitolare, Ms. 2), der vielleicht auch dort entstanden ist. Kurz nach ihrer Entstehung ist Dom Hs. 43 möglicherweise nach Freising gelangt, wo sie als Vorlage für Clm 6225 (München, Staatsbibl.; zwischen 811 und 836) gedient haben könnte (Fischer 1963), um anschließend – noch in der ersten Hälfte des 9. Jahrhunderts – ihren Weg nach Köln zu finden, wie die Schrift einiger Glossen belegt (CLA VIII 1959).

In ihrer Ausstattung verrät die Handschrift die Wertschätzung des Textes. Schriftzierseiten mit farblich reihenweise wechselnder Capitalis stehen am Beginn der Prologe und der biblischen Bücher. Große Initialen mit dicht verwobenem Flechtwerk und eigenwillig daraus hervorwachsenden Blättern markieren den Anfang der einzelnen Bücher. Ungewöhnlich ist die Doppelung des Buches Ester. Dem Vulgatatext sind die ersten beiden Kapitel der altlateinischen Fassung aus der Zeit vor der Hieronymus-Übersetzung als Prolog vorangestellt. Diese relativ seltene Text-

Mordechai schrieb alles auf, was geschehen war. Er schickte Schreiben an alle Juden in allen Provinzen des Königs Artaxerxes nah und fern und machte ihnen zur Pflicht, den vierzehnten und den fünfzehnten Tag des Monats Adar in jedem Jahr als Festtag zu begehen. Das sind die Tage, an denen die Juden wieder Ruhe hatten vor ihren Feinden; es ist

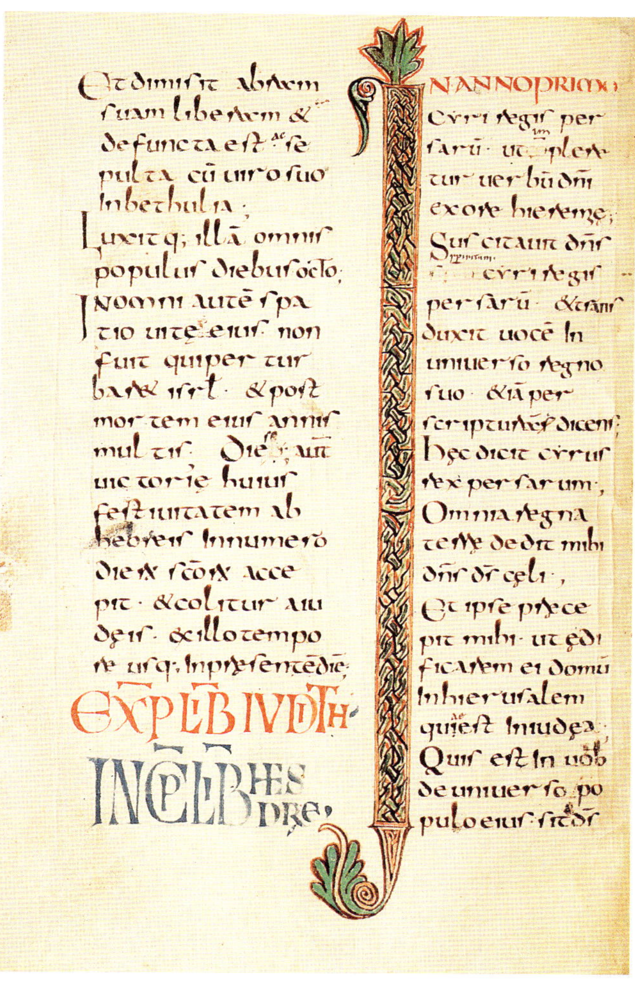

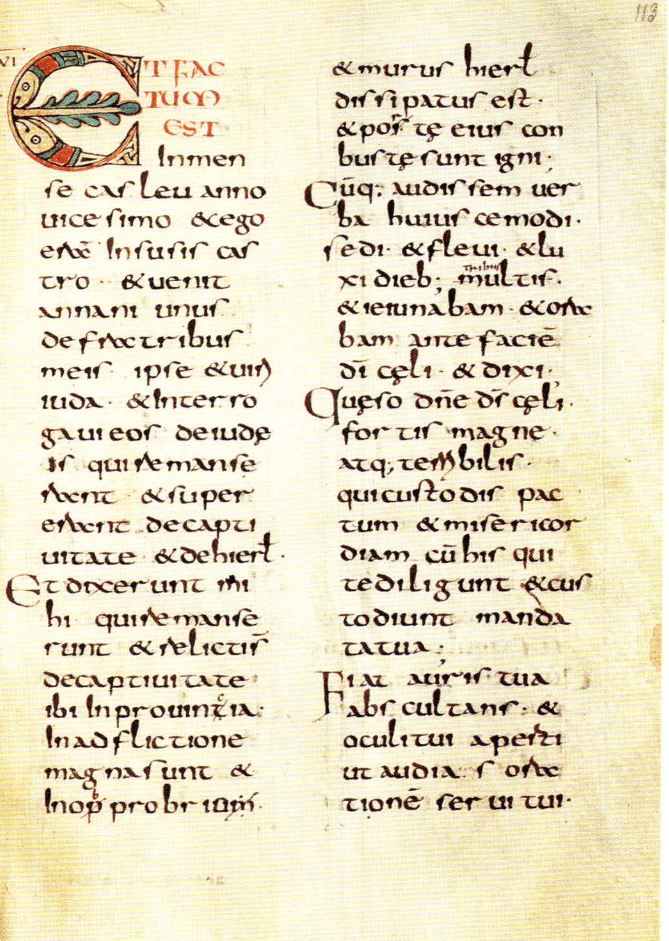

1 Dom Hs. 43, 94v/113r

der Monat, in dem sich ihr Kummer in Freude verwandelte und ihre Trauer in Glück. Sie sollten sie als Festtage mit Essen und Trinken begehen und sich gegenseitig beschenken, und auch den Armen sollten sie Geschenke geben. So wurde bei den Juden das, was sie damals zum erstenmal taten und was Mordechai ihnen vorschrieb, zu einem festen Brauch. Denn der Agagiter Haman, der Sohn Hammedatas, der Feind aller Juden, hatte den Plan gefaßt, die Juden auszurotten, und hatte das Pur, das heißt das Los geworfen, um sie in Schrecken zu versetzen und auszurotten. Als das dem König bekannt wurde, ordnete er in einem Schreiben an: Sein böser Plan gegen die Juden solle auf ihn selbst zurückfallen; man hänge ihn und seine Söhne an den Galgen. Darum nennt man diese Tage das Purimfest, nach dem Wort Pur. Wegen all dem, was in

redaktion – Dom Hs. 43 ist der älteste Zeuge – entstand vielleicht in Mittelitalien, breitete sich von dort nach Monte Cassino und Oberitalien aus und findet sich auch in Clm 6225 (Fischer 1963). In der Kunstgeschichte scheint die Handschrift dagegen keine Spuren hinterlassen zu haben. Ob sie womöglich noch zur Zeit Hildebalds (vor 787-818) nach Köln gelangte, ist nicht sicher zu belegen.

INHALT: **1r** Zeitgenössischer oder wenig späterer Nachtrag in hellbrauner Tinte, mit der auch Korrekturen im Text ausgeführt wurden (z. B. 80r): biblische Exzerpte (Mt 20, Psalmen). **1v-12r** Prologe und Capitula. **1v** Schriftzierseite zu den Prologen *IN XPISTI NOMINE INCIPIUNT PROLOGI HISTORIARUM IN PRIMIS SUPER LIBRUM IOB. BEATI HIERONIMI PRESBITERI.* **2r** Prolog zu Job *C(OGOR)*; auf dem rechten Seitensteg *servite Domino in timore* – dient dem Herrn in Furcht. **4r** Prolog zu Tobias *C(ROMATIO ET ELIODORO).* **4v** Prolog zu Judit *A(PUD HEBREOS).* **5r** Prolog zu Ester *L(ibrum Ester).* **5v** Prolog zu Esra *U(TRUM DIFFICILIUS).* **7v** Capitula zum 1. und 2. Buch der Makkabäer. **12v-167v** Die Bücher Job, Tobias, Judit, Esra und Ester. **12v** Schriftzierseite zu den biblischen Büchern *IN NOMINE DOMINI SUMMI INCIPIT LIBER HESTORIARUM* (!) *AEDITUM A GERONIMO PRESBITERO.* **13r-56r** Job *V(IR ERAT).* **23v** Unbeholfene Federzeichnung eines Fabelwesens. **56r-72r** Tobias. **56v** *T(OBIAS EX TRIBU ET CIVITATE NEPHTALIM).* **70r** Runenritzung *SNINEFI/IFENINS* (Kruse 1976). **72r-94v** Judit. **72v** *A(RFAXAT ITAQUE).* **94v-139v** 1. und 2. Buch Esra. **94v** 1. Buch *I(N ANNO PRIMO).* **113r** 2. Buch *E(T FACTUM EST)*: Fische. **139v-167v** Ester. **139v** Ester (Vetus latina) *A(NNO SECUNDO).* **144r** Ester (Vulgata) *I(N DIEBUS ASVERI).* **166r** Zeichnung einer Ranke zwischen den Textspalten. **167v** Federproben (Fortsetzung von 1r). (Prologe: Stegmüller 344, 332, 335, 341/343, 330; Textanfänge: Stegmüller 20, 17, 18, 15, 16, 19).

PERGAMENT: 167 Blätter; 300 x 203 mm; Lagen 1^{8}, 2^{4}, $3\text{-}6^{6+2}$, $7\text{-}8^{8}$, 9^{6+2}, 10^{8}, 11^{6+2}, 12^{8}, $13\text{-}17^{8}$, 18^{4+2+2}, $19\text{-}21^{8}$, 22^{2+1}; Zahlenreklamanten ab der dritten Lage *(I-XVIIII)* in einem zweifarbig gerahmten Zirkelkreis; Schriftspiegel 227 x 150 mm; Blindliniierung mit Versalienspalten zu je beiden Seiten der Kolumnen (5 mm, nur am Außenrand der äußeren Kolumne 11 mm; in der 1. Lage an der inneren Kolumne zur Seitenmitte hin 2 Versalienspalten von 5 mm); 2 Spalten von je 65 mm Breite und 20 mm Abstand; 21 oder 25 Zeilen (variiert von Lage zu Lage). AUSSTATTUNG: Lateinischer Text in schwarzer und dunkelbrauner karolingischer Minuskel, rubriziert;

diesem Schreiben stand und was sie selbst gesehen und erlebt hatten, machten es sich die Juden zur Pflicht und erklärten es zur unverbrüchlichen Satzung für sich und ihre Nachkommen und für alle, die sich ihnen anschließen würden, diese beiden Tage alljährlich, wie vorgeschrieben, zur festgesetzten Zeit zu begehen. Diese Tage sollten in Erinnerung bleiben und in jeder Generation, in jeder Familie, in jeder Provinz und in jeder Stadt begangen werden.
158v - 159r (Die Einführung des Purimfestes, Est 9,20 - 32)

Auszeichnungsschrift: Uncialis (Rubriken) und Capitalis; z. T. zeitgenössische Korrekturen, vereinzelt in insularer Schrift (vgl. Collegeville 1995); ein- und zweizeilige Anfangsbuchstaben in dunkelbrauner und schwarzer Tinte; zu Beginn einzelner Textabschnitte zwei- und mehrzeilige Initialen mit ockerfarbenem Buchstabenkörper; zu Beginn der Prologe mehrzeilige, zu Beginn der Bücher große mehrfarbige Initialen mit geometrischen, vegetabilen, zoomorphen, Zopf- und Flechtbandmotiven; Incipit und Explicit in zeilenweise abwechselnder blauer und Minium-Capitalis zu Beginn der Prologe und biblischen Bücher als Schriftzierseite. EINBAND: Pergament mit Streicheisenlinien über Pappe (Mitte 18. Jh.). PROVENIENZ: Kurz nach ihrer Entstehung gelangte die Handschrift nach Freising und bald darauf nach Köln (s. Text); Darmstadt 2038. LITERATUR: Hartzheim 1752, S. 26f. – Jaffé/Wattenbach 1874, S. 13f. – Decker 1895, S. 226, 239f., Nr. 52 – Frenken 1923, S. 54 – CLA VIII 1959, 1148 – B. Fischer, Bibelausgaben des frühen Mittelalters, in: Settimane di Studio del centro italiano di studi sull'alto Medioevo X: La Bibbia nell'alto medioevo, Spoleto 1963, S. 541 – Karl der Große 1965, S. 222, Nr. 385 (B. Bischoff) – B. Fischer, Bibeltext und Bibelreform unter Karl dem Großen, in: B. Bischoff (Hg.), Karl der Große. Lebenswerk und Nachleben II: Das geistige Leben, Düsseldorf 1965, S. 215. – CLA Suppl. 1971, S. 62 – P.-M. Bogaert, Recensions de la vieille version latine de Judith II: Le "Monacensis", in: RevBén 85 (1975), S. 241 ff. – N. Kruse, Die Kölner volkssprachige Überlieferung des 9. Jahrhunderts, Bonn 1976, S. 353f. – Bischoff, Studien III 1981, S. 35 Anm. 151, S. 132, Nr. 58 – B. Fischer, Lateinische Bibelhandschriften im frühen Mittelalter, Freiburg 1985 (Vetus Latina 11), S. 53ff., 167, 188, 196, 199, 418 – Schmitz 1985, S. 138 – Handschriftencensus 1993, S. 596f., Nr. 1003 – Collegeville 1995, S. 70f.

U.S.

Hiltfred-Evangeliar

2 Dom Hs. 13

Westfränkisch (?), 1. Viertel 9. Jh.

Das Evangeliar ist nach Hiltfred benannt, der sich im Kolophon am Ende des Matthäusberichtes als Schreiber identifiziert (54r). Die drei weiteren Evangelien wurden dem Schriftbild nach von jeweils einem anderen Schreiber gefertigt. Offensichtlich war es nicht nur ihre Aufgabe, den Text nach einer Vorlage zu kopieren, sondern auch das Geschriebene korrigierend zu überarbeiten (*scripsit et requivisit*). Während im Matthäus-, Lukas- und Johannesevangelium relativ wenige Textänderungen nötig waren, lag dem Markusevangelium offenbar eine veraltete Textversion zugrunde, die der von Hieronymus (347/348 - 419/420) erarbeiteten Bibelübersetzung (Vulgata) angeglichen werden mußte. Diese Vorlage scheint insularen Ursprungs gewesen zu sein, denn dort und in insular beeinflußten Handschriften hat die verworfene Textfassung besonders häufig Spuren hinterlassen (z. B. Stockholm, Kungliga Bibl., A 135; Bibl. Vaticana, Barb. lat. 570; Maaseik, Evangeliar der Katharinenkirche; vgl. Fischer 1988 - 1991).

Die Autorenbilder scheinen dem Typus nach derselben Tradition zu entstammen. Frontal thronend präsentieren sie ihre geschlossenen Bücher und Schriftrollen, Johannes hebt sogar segnend die Hand. Weniger als schreibende Autoren, denn als repräsentierende Autoritäten sind sie ihren Schriften vorangestellt. Relativ selten in dieser Form überliefert, finden sie sich jedoch vergleichbar in der insularen Buchmalerei (z. B. Stockholm, Kungliga Bibl., A 135). Dort sind auch die in den Arkadenbogen versetzten Symboltondi mit und ohne erläuternde Beischrift (z. B. Trier, Domschatz, Hs. 134/61; Maaseik, Evangeliar der Katharinenkirche) bezeugt. Letztlich spiegeln sich darin italo-byzantinische Vorbilder, die im Gefolge der Missionierung von Italien aus nach England gelangt sind (von Euw, Evangelien 1989) und die auch in den Handschriften der Hofschule Karls des Großen (768 - 814) nachwirkten (Boeckler 1952/53). Die Autorenportraits von Dom Hs. 13 folgen alle demselben Typus, unterscheiden sich jedoch in der Ausführung. Sicherlich waren mehrere Buchmaler am Werk, doch scheinen sie auch verschiedene Modelle zu einem

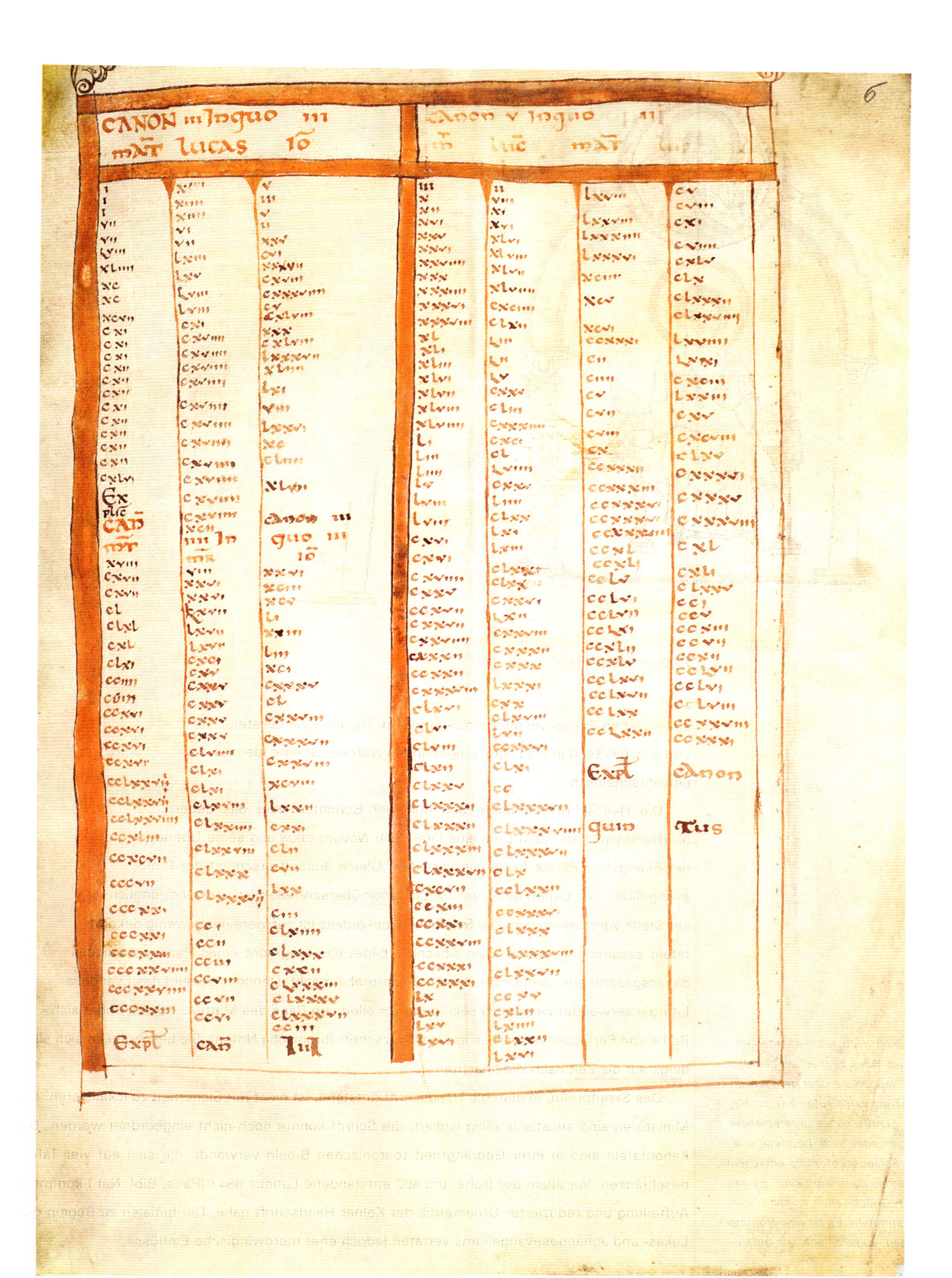

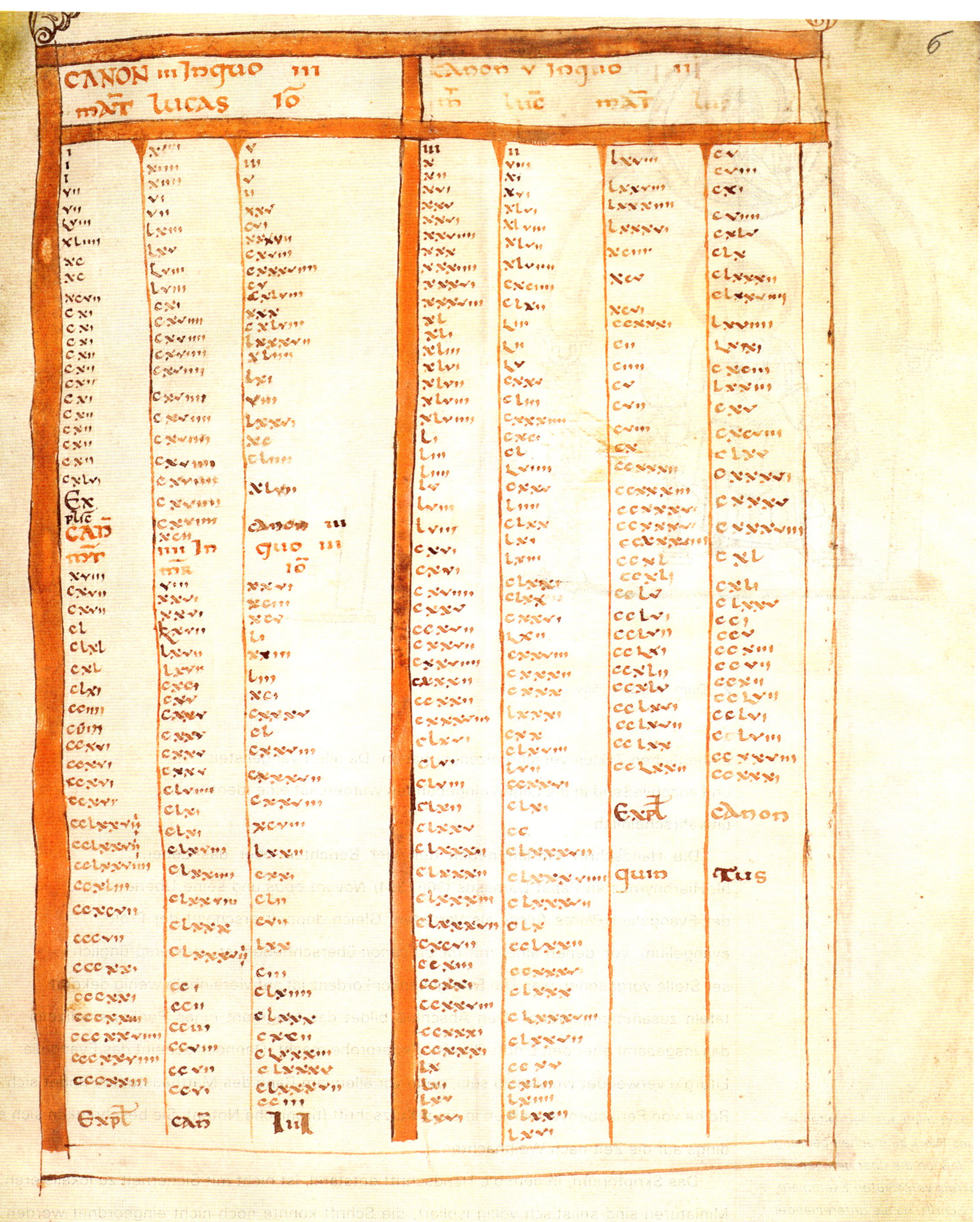

2 Dom Hs. 13, 6r

2 Dom Hs. 13, 1v/55v

einheitlichen Zyklus verschmolzen zu haben. Da alle Evangelistenbilder auf Einzelblätter gemalt und anschließend in die Lagen eingebunden wurden, ist eine Identität von Schreibern und Malern unwahrscheinlich.

Die Handschrift enthält neben den vier Berichten über das Leben Jesu den Brief des hl. Hieronymus an Papst Damasus (366 - 384) *Novum opus* und seine Überlegungen zur Vierzahl der Evangelien *Plures fuisse* als Vorreden. Gleich doppelt erscheint der Prolog zum Matthäusevangelium, von denen einer mit *Incipit canon* überschrieben ist, also ursprünglich nicht an dieser Stelle vorgesehen war. Die Evangelienkonkordanz ist auf viereinhalb wenig dekorative Kanontafeln zusammengedrängt. Den Abschluß bildet das Fragment eines Perikopenverzeichnisses, das insgesamt eher den Eindruck einer Federprobe macht. Dennoch scheint das Evangeliar in der Liturgie verwendet worden zu sein, denn vor allem am Rand des Matthäustextes findet sich eine Reihe von Perikopenvermerken in einer Kurzschrift (tironische Noten). Sie beschränken sich allerdings auf die Zeit nach Weihnachten.

Das Skriptorium, in dem die Handschrift entstand, ist nicht mit Sicherheit zu lokalisieren. Die Miniaturen sind stilistisch völlig isoliert, die Schrift konnte noch nicht eingeordnet werden. Die Kanontafeln sind in ihrer Gedrängtheit touronischen Bibeln verwandt, die sich auf vier Tafeln beschränken. Vor allem der frühe, um 800 entstandene Latinus 8847 (Paris, Bibl. Nat.) kommt in Aufteilung und reduzierter Ornamentik der Kölner Handschrift nahe. Die Initialen zu Beginn des Lukas- und Johannesevangeliums verraten jedoch eher merowingische Einflüsse.

Du hast mich aus dem alten ein neues Werk zu machen gedrängt, auf daß ich die über den ganzen Erdkreis verstreuten Exemplare der Schrift, da sie untereinander verschieden sind, beurteile wie ein Schiedsrichter und entscheide, welches diejenigen sind, die mit dem Griechischen wirklich übereinstimmen. Es ist eine fromme Arbeit, zugleich aber ein gefähr-

2 Dom Hs. 13, 91r/152r

liches Vorhaben, die anderen zu beurteilen, um später selbst von allen beurteilt zu werden, im Alter noch den Sprachgebrauch zu ändern und die nun schon gewordene Welt zu den Anfängen der Jugendzeit zurückzuführen. Denn wer, sei er nun Gelehrter oder Laie, wird, wenn er einen Band in Händen hat und sieht, daß das, was er aufmerksam liest, unstimmig ist, wer wird dann nicht sogleich mich als Fälscher und Schänder beschimpfen, mich, der es wage, in alten Büchern Zusätze zu machen, ja Änderungen und Verbesserungen anzubringen?
2r (aus dem Brief des Hieronymus an Papst Damasus); A.v.E, 1989

INHALT: **1r** Leer. **1v - 7r** Vorreden (Stegmüller 595, 596, 590) und Kanontafeln. **1v** Evangelist Matthäus; in der Beischrift als *MATTHEUS EVANGELISTA* bezeichnet; über dem Symboltondo die Erläuterung des Dargestellten *homo.* **2r** Brief des Hieronymus an Papst Damasus *N(ovum opus).* **3r** Vorrede *P(lures fuisse).* **4r** Vorrede zum Matthäusevangelium *M(attheus sicut in ordine)*; mit *INCIPIT CANON* überschrieben. **4v** *EXPLICIT PROLOGUS.* **5r - 7r** Fünf Kanontafeln (I, II, III - V, VI - $X^{Mt.\ Mk.\ Lk}$, X^{Jo}). **7v** Leer. **8r - 54r** Evangelium nach Matthäus. **8r** Vorrede zum Matthäusevangelium *MATTHEUS SICUT in ordine* (Stegmüller 590). *EXPLICIT PROLOGUS.* **8v** Leer. **9r** Beginn des Evangelienberichtes mit dem Stammbaum Jesu *LIBER GENERATIONIS.* Hervorgehoben sind: **9v** Bericht von der Geburt Christi *XPISTI AUTEM GENERATIO SIC ERAT.* **47v** Beginn der Leidensgeschichte *ET FACTUM EST CUM CONSUMMASSET IHSUS.* **53r** Beginn der Osterberichte *VESPERE AUTEM.* **54r** *EXPLICIT EVANGELIUM SECUNDUM MATTHEUM.* Schreibervermerk *a capite usque hic scripsit et requisivit servus vester Hiltfredus* – Vom Anfang bis hier hat Euer Diener Hiltfred geschrieben und [das Geschriebene] überprüft (von Euw). **54v - 55r** Leer. **55v - 90r** Evangelium nach Markus. **55v** Evangelist Markus; in der Beischrift als *MARCUS* bezeichnet; über dem Symboltondo die Erläuterung des Dargestellten *LEO.* **56r** Vorrede *MARCUS EVANgelista* (Stegmüller 607). **56v** Capitula *E(T erat).* **58r** Beginn des Evangelienberichtes *INITIUM EVANGELII.* **90r** *EXPLICIT EVANGELIUM SECUNDUM MARCUM.* **90v** Leer. **91r - 151r** Evangelium nach Lukas. **91r** Evangelist Lukas; über dem Symboltondo die Erläuterung des Dargestellten *VITULUS.* **91v** Leer. **92r** Beginn des Evangelienberichtes *Q(UONIAM quidem)*: Vogel, der eine Schlange gefangen hat; Fisch. **151v** Leer. **152r - 194r** Evangelium nach Johannes. **152r** Evangelist Johannes mit Beischrift *JOHANNIS*; über dem Symboltondo die Erläuterung des Dargestellten *AQUILA.* **152v** Leer. **153r** Beginn des Evangelienberichtes *I(N PRINCIPIO).* Hervorgehoben sind: **153v** Beginn des öffentlichen Wirkens Jesu *ET HOC EST testimonium*; **162v** Jo 6,1 *POST HAEC ABIIT;* **194r** *EXPLICIT EVANGELIUM SECUNDUM IOHANNEM. AMEN.* **194v** Fragment eines Capitulare evangeliorum (Commune sanctorum und Votivmessen) endend mit *IN TEMPORE BELLI*; einfache Zeichnung einer männlichen Büste mit der Beischrift *cum viderit tuus sit.* **195r** Federproben mit Auszügen aus dem Capitulare. **195v** Federproben; einfache menschliche Köpfe, eine Notiz zur 3. Weihnachtsmesse (Introitus *Puer natus est* und Jo 1,1ff.) und Allelujavers mit Neumen aus dem Commune confessoris non pontificis *Beatus vir, qui suffert tentationem.*

PERGAMENT: 195 Blätter; 356 x 260 mm; Lagen 1^{2} (ursprünglich wahrscheinlich Teil der folgenden Lage mit dem Evangelistenportrait von 1v als letztem Blatt?; vgl. Collegeville 1995), 2^{6}, $3\text{-}7^{8}$, 8^{4+2}, 9^{8+1} (Markusportrait auf

QVONIAM
quidem
multi
conati sunt
ordinare
narrationem
quae in nobis
conplete sunt
rerum
sicut tra diderunt
nobis
Qui ab initio ipsi
uiderunt
et ministri
fuerunt
sermonis
Uisum est
et mihi
Adsecuto a principio
omnibus
Diligenter ex ordine
tibi scribere
optime theofile
Ut cognoscas eorum
uerborum de quib:
eruditus es
ueritatem
Fuit in dieb: herodis
regis iudeae
sacerdos quidam
nomine zacharias
de uice abia.
Et uxor illi de filiab:
aaron et nomen

eius elysabeth
Erant autem iusti
ambo ante dm.
Incedentes in omnib:
mandatis
et iustificationib:
dni
sine querela;
Et non erat illis
filius;
eo quod esset
elysabeth
sterilis.
Et ambo processissent
in diebus suis;
Factum est autem
cum sacerdotio
fungeretur zacharias
in ordine uicis suae
ante dm.
secundum consuetu
dinem sacerdotii.
sorte exiit ut incen
sum poneret.
ingressus
in templum dni;
Et omnis multitudo
erat populi
orans foris
hora incensi;
Apparuit autem illi
angelus dni stans
a dextris altaris
incensi.

2 Dom Hs. 13, 92r

Einzelblatt), 10-12^{8}, 13^{2+2} (Lukasportrait auf Einzelblatt), 14^{6+1}, 15-20^{8}, 21^{4+1}, 22^{6+2} (Johannesportrait auf Einzelblatt), 23-26^{8}, 27^{2+2}; Zahlenreklamanten beginnend mit *II* am Ende der 3. Lage, nach der 13. Lage beginnt mit dem Lukasevangelium eine neue Zählung *I-VIII*, anschließend ohne Zählung; Schriftspiegel 264 x 179 mm; Blindliniierung mit Versalienspalten (9 mm); 2 Kolumnen von innen 77, außen 70 mm Breite und 32 mm Abstand; 32-34 Zeilen. AUSSTATTUNG: Lateinischer Text in brauner karolingischer Minuskel in Zeilen unterschiedlicher Länge, rubriziert; Auszeichnungsschrift und Initialen: Capitalis mit unzialen Elementen (z. T. auch Minuskeln); ein- bis mehrzeilige Initialen in Minium zu Beginn einzelner Verse, Abschnitte, Evangelien und Prologe; Explicits zeilenweise abwechselnd in Minium und Tinte; zu Beginn des Lukasevangeliums große Initiale in Federzeichnung mit vegetabiler, Fisch- und Vogelornametik in Tinte und Minium; zu Beginn des Johannesevangeliums Flechtbandinitiale in Tinte und Minium mit vegetabilen Elementen; Miniaturen in Deckfarben. EINBAND: Kalbleder mit Blindprägung über Holz; Einzelstempel (verschiedene Rosetten) und Streicheisenlinien (Rechteckrahmung mit Rautenfüllung); vermutlich in derselben Werkstatt wie Dom Hs. 212, (213) und 218 gebunden (Mitte 18. Jh.). PROVENIENZ: Möglicherweise schon von Erzbischof Hildebald (vor 787-818) erworben; Darmstadt 2013. LITERATUR: Hartzheim 1752, S. 12 – Jaffé/Wattenbach 1874, Nr. 13 – Decker 1895, S. 238 f., Nr. 47 – Ehl 1922, S. 17 ff. – E.K. Rand, Studies in the script of Tours II: The Earliest Book of Tour, Cambridge (Mass.) 1934, S. 92 ff., Nr. 41 – Kdm Köln 1/III, 1938, S. 390 f., Nr. 2 (Lit.), Abb. 315 f. – A. Boeckler, Die Evangelistenbilder der Adagruppe, in: MüJb 3. F. 3/4 (1952/53), S. 125 f., Anm. 10 – Schnitzler I 1957, S. 25, Nr. 17 – Karl der Große 1965, S. 305, Nr. 494 – Die Bibel von Moutier-Grandval, Brit. Mus. Add. Ms. 10546, Textbd. zum Faksimile, Bern 1971, S. 60 (B. Fischer) – Rhein und Maas I 1972, S. 166, Nr. A7 (A. von Euw) – Schulten 1980, S. 12, Nr. 4 – C. Nordenfalk, Der inspirierte Evangelist, in: WJKu 36 (1983), S. 186 – Schmitz 1983, S. 111 ff. – Ornamenta 1985, II S. 230, Nr. E 24 (A. von Euw) – Fischer 1988-1991 – von Euw, Evangelien 1989, S. 42 ff., Nr. 2 – von Euw, Pfäfers 1989, S. 179 ff., Abb. 133 – Handschriftencensus 1993, S. 581, Nr. 976 – L. Nees, Frankish Manuscripts. 7th to 10th Centuries Manuscripts Illuminated in France, London 1993 – Collegeville 1995, S. 22 ff. – V. de Vry, Liborius. Brückenbauer Europas: die mittelalterlichen Viten und Translationsberichte, Paderborn u. a. 1997, S. 237. U.S.

Augustinus: Psalmenkommentar

3 Dom Hss. 63, 65, 67

Chelles, um 800

Die drei Codices enthalten in derselben Aufteilung wie die mittlerweile gedruckte Edition den Text der umfangreichen Erläuterungen des Augustinus (354-430) zu den Psalmen 1-50, 51-100 und 101-150. Die 'Enarrationes in psalmos' sind entweder in der Form von kurzen, wenig ausformulierten Erklärungen zu Wortlaut und Bedeutung jedes Psalmverses geschrieben oder sie sind Predigten an das Volk, die Augustinus im Anschluß an die Textverlesung gab. Oft beginnen die Darlegungen mit Hinweisen auf Ausführungen des Vortages, so daß man einer Tag für Tag, Psalm für Psalm fortschreitenden Unterrichtsreihe über das bereits in der Alten Kirche so beliebte Psalmenbuch beizuwohnen glaubt.

Das monumentale Werk wurde von insgesamt zehn Frauen abgeschrieben, die jeweils an das Ende des von ihnen bearbeiteten Teiles ihren Namen setzten: in Dom Hs. 63 Girbalda (86v), Gislildis (174v), Agleberta (263v), in Dom Hs. 65 Adruhic (73v), Altildis (151v), Gisledrudis (224v), Eusebia (289v) und ein mit den letzten Blättern verlorener Name, schließlich in Dom Hs. 67 Vera (105v) und Agnes (183v). Sie alle schrieben eine exakte karolingische Minuskel mit charakteristischen Eigenheiten, die Uncialis und gemischten Majuskeln der Titel und Psalmenzitate sind rubriziert und sauber ausgeführt, die seltenen Korrekturen meist ordentlich am unteren Textrand nachgetragen. Rubriziert sind in der Regel auch Incipits und Explicits, allerdings fehlen z. B. im Teil der Altildis (Dom Hs. 65, 74r-151v) häufig die Auszeichnungen der Psalmenzitate oder manchmal sind irrtümlich Textteile rubriziert (z. B. Dom Hs. 67, 75r). In allen drei Codices finden sich, wenn auch nicht zahlreich, mehrfarbige Initialen. Lediglich in Dom Hs. 67 werden die ersten beiden Psalmen durch farbige Hohlkapitalen, zu Beginn sogar mit Flecht- und Schlangenbändern sowie einer exposit̄

BEATUS UIR QUI NON ABIIT IN CONSILIO IMPIORUM.
De d̄no nostro ihu xp̄o. id est homine dominico accipiendum est. Beatus
uir qui non abiit in consilio impiorū. Sicut homo terrenus qui uxori con
sensit decepte a serpente ut d̄i praecepta praeteriret. ET IN UIA PEC
CATORŪ NON STETIT. Quia uenit quidem in uia peccatorū. nascendo sicut
peccatores sed non stetit quia non eum tenuit inlecebra saecularis. ET IN CATHE
DRA PESTILENTIAE NON SEDIT. Noluit regnū terrenū cum superbia quae
cathedra pestilentiae. ideo recte intellegitur. quia non fere quisquā est qui careat
amore dominandi & humanā non ap̄p&at gloriā. Pestilentia est enim morbus late
peruagatus. & omnes aut pene omnes inuoluens quanquā accomodatius accipiatur.
Cathedra pestilentiae perniciosā doctrina cuius sermo ut cancer serpit. Deinde con
siderandus est ordo uerborū abiit. stetit sedit. Abiit enim ille. cū recessit s& a d̄o. stetit
cum delectatus est peccato. sedit cū in sua superbia confirmatur. redire nonpotuit nisi p eū
liberatus. qui neque abiit in consilio impiorū nec in uia peccatorū stetit. nec in cathedra
lenti pestiae sedit. SED IN LEGE DÑI FUIT UOLUNTAS EIUS ET IN LEGE EIUS MEDI
TABITUR DIE AC NOCTE. Iusto lex posita non est. ut dicit apostolus. sed aliud est esse
in lege. aliud sub lege. Qui est in lege secundū legē agit. Qui est sub lege secundū legē agitur.
Ille ergo liber est. iste seruus. Deinde aliud est lex quae scribitur & inponitur seruienti.
Aliud lex quae mente conspicitur ab eo qui non indig& litteris. Meditabitur die ac nocte.
Aut sine intermissione intellegendū est. aut diei in la&itia. nocte in tribulationibus.
Dicitur enim abrahā. diem meū uidit & gauisus est. Et de tribulatione dicitur. Insup&
usque ad noctē increpauerunt me renes mei. ET ERIT TAMQUĀ LIGNŪ QUOD
PLANTATŪ EST SECUNDŪ DECURSUS AQUARŪ. Id est aut secundū ipsam sapientiā
quae dignata est hominē suscipere ad salutē nostrā. ut ipse homo sit lignū plantatū secun
dum decursus aquarū. Potest enim hoc intellectu accipi q̄d in alio psalmo dicitur. Fluuius
d̄i repl&us est aqua. Aut secundū sp̄m sc̄m. secundū quem dicitur. Ipse uos baptizat in sp̄u
sc̄o. Et illud. Qui sitit ueniat & bibat. Et illud. Si scires donū d̄i. & quis est qui a te aquam
p&it. p&isses ab eo & dar& tibi aquā uiuam. Unde qui biberit non siti& in a&ernū. sed
effici&ur in eo fons aque salientis in uitam a&ernā. Aut secundū decursus aquarū. se
cundū populorū peccata. quia & aque populi interpra&antur in apocalipsi. & decursus
non absurde intellegitur lapsus q̄d pertin& ad delictū. Lignū ergo illud. id est d̄ns noster.
De aquis decurrentib;. id est populis peccatoribus trahens eos in radices disciplinae suae.
FRUCTŪ DABIT. hoc est constitu& ecclesias. IN TĒPORE SUO. Id est post quā clari
ficatus est resurrectione & ascensione in caelū. Tunc enim sp̄u sc̄o misso apostolis.

"Wie ein fruchtbarer Weinstock ist deine Frau in den Seiten deines Hauses." Laßt uns nun zu dem Ausdruck "deine Frau" kommen. Christus wird angesprochen, also ist mit seiner Frau seine Kirche gemeint. Seine Kirche, seine Frau, wir selbst. "Wie ein fruchtbarer Weinstock." Aber wo ist der fruchtbare Weinstock zu finden? Wir sehen doch, daß in diese Mauern hier viele eintreten, die unfruchtbar sind; wir sehen, daß viele in diese Mauern eintreten, die Trinker sind, Wucherer, betrügerische Händler, Leute, die die Wahrsager aufsuchen, die zu falschen Zauberern und Zauberinnen laufen, wenn sie Kopfschmerzen haben. Das soll der reiche Ertrag des Weinstocks sein? Das die Fruchtbarkeit der Frau? Das ist sie nicht, das sind Dornen, wenn sie auch nicht überall voller Dornen ist. Sie hat eine gewisse Fruchtbarkeit und sie ist ein fruchtbarer Weinstock. Aber in wem? "In den Seiten deines Hauses." Nicht alle werden die Seiten des Hauses genannt. (...) Also sind diejenigen die Seiten des Hauses, die an Christus hängen. Nicht ohne Grund ist die Frau selbst aus der Seite geschaffen worden. Als der Mann schlief, ist Eva geschaffen worden, als Christus starb, entstand die Kirche; jene stammt aus der Seite des Mannes, weil eine Rippe entnommen wurde, diese stammt aus der Seite des Mannes, als die Seite mit der Lanze durchstoßen wurde und die Sakramente daraus hervorflossen. Daher: "deine Frau ist wie ein fruchtbarer Weinstock." Aber in wem? "In den Seiten deines Hauses." In den anderen, die nicht an Christus hängen, ist sie unfruchtbar. Aber die rechne ich auch gar nicht zum Weinstock.

Dom Hs. 67, 139v-140r (Kommentar zu Ps 127,3); A.A.

Fischinitiale, feierlich hervorgehoben. Zumindest vier der Schreiberinnen wirkten auch an einer zweiten Abschrift desselben Werkes mit, von der Teile in einer Berliner Handschrift erhalten sind (Staatsbibl., Phillipps 1657; vgl. CLA VIII 1959; Bischoff 1966, S. 20). Eine Reihe weiterer Codices derselben Herkunft (etwa zwischen 785 und 810 entstanden) und der Ornamentstil haben Bischoff (1966) vermuten lassen, daß die Dom-Handschriften 63, 65 und 67 aus einem gut ausgestatteten Nonnenkonvent mit diszipliniertem Skriptorium in Nordostfrankreich stammen. Er hat hierfür den Ort Chelles vorgeschlagen, wo die Schwester Karls des Großen, Gisela (757-810), einem Kloster als Äbtissin vorstand. Aus ihrem Briefwechsel mit Alkuin (um 730-804) wissen wir von der Existenz einer dortigen Bibliothek. Die Nachrichten von Nonnen als Schreiberinnen sind zwar zunächst spärlich, ihre diesbezügliche Tätigkeit ist jedoch als gängige Praxis aus englischen Klöstern bekannt und offenbar im 11. Jahrhundert sehr verbreitet gewesen.

Eingebundene Vorsatzblätter in Dom Hss. 63 und 67 tragen den typischen Vermerk der Bibliothek Erzbischof Hildebalds (vor 787-818) *CODEX SANCTI PETRI SUB PIO PATRE HILDEBALDO SCRIPTUS* – Codex des hl. Petrus, unter dem frommen Vater Hildebald geschrieben –, der in Dom Hs. 65 möglicherweise mit dem Vorsatzblatt verloren ging. Die Codices wurden also vermutlich von dem Erzbischof in Chelles in Auftrag gegeben, der engen Kontakt zum Hof Karls des Großen pflegte.

INHALT (Dom Hs. 63): Augustinus, Kommentar zu den Psalmen 1-50 (PL 36, 67-599; CCL 38, 1-616; Stegmüller 1463; CPL 283). **1r** Hildebaldvermerk. **1v** Leer. **2r** Inhaltsangabe *IN HIC CORPORE CONTINETUR TRACTATUS [AUGUSTIN]I SUPER QUINQUAGINTA PSALMOS PRIORES.* **2v** Psalm 1 *B(EATUS VIR).* **3v** Ps 2. **4v** Ps 3. **7v** Ps 4. **9v** Ps 5. **12v** Ps 6. **16r** Ps 7. **22r** Ps 8. **25v** Ps 9. **32v** Ps 10. **35v** Ps 11. **36v** Ps 12. **37r** Ps 13. **38r** Ps 14. **38v** Ps 15. **39v** Ps 16. **40v** Ps 17. **43v** Ps 18. **44v** Ps 19. **45r** Ps 20. **46r** Ps 21. **47r** Als Beginn der Erklärung zu Ps 22 bezeichnet, aber richtig enarratio II zu Ps 21 *Q(UOD TACERI DEUS).* **53r** Ps 22; Federprobe *ABC.* **53v** Ps 23. **54r** Ps 24. **55r** Ps 25. **56r** En. II. **59v** Ps 26. **60v** Ps 26 (en. II). **66v** Ps 27. **67r** Ps 28. **67v** Ps 29. **68v** En. II. **73v** Ps 30 (en. II, es fehlt en. I). **78r** Sermo II. **82v** Sermo III. **86v** Schreibername *Girbalda scripsit.* **87r** Ps 31. **95v** Ps 32 (en. II, sermo I, en. I fehlt). **99v-100v** Kennzeichnung als sermo II zu Ps 32: *Incipit eiusdem secundus sermo de psalmo xxxii Aurelii Augustini episcopi tractatus de psalmo in sanctis in populo huius. Psalmus gratiae Dei et iustificationis nostrae* ... Text nicht in der Edition des CCL. **100v** Ps 32 (sermo II). **107v** Ps 33. **119r** Ps 34. **124v** Sermo II. **126v** Name: *Widekind.* **129v** Ps 35. **135v** Ps 36. **139v** Sermo II. **149r** Sermo III. **155r** Ps 37. **163v** Ps 38. **174v** Schreibernotiz *Gisliidis scripsit.* **175r** Ps 39. **185v** Ps 40. **191v** Ps 41. **198r** Ps 42. **201v** Ps 43. **207v** Ps 44. **218v** Ps 45. **224r** Ps 46. **228r** Ps 47. **233v** Ps 48. **241r** Ps 48. **245v** Ps 49. **257r** Ps 50. **263v** Schreibernotiz *Agleberta scripsit*; Federprobe *Domine salvum me fac et salmos nos.*

INHALT (Dom Hs. 65): Augustinus, Kommentar zu den Psalmen 51-99 (PL 36, 599-37, 1278; CCL 39, 623-1400; Stegmüller 1463; CPL 283). Die Lagen der Handschrift sind heute falsch gebunden. Die Beschreibung setzt die Abfolge der korrekten Bindung voraus. **1r** Besitzvermerk des Kölner Doms (9. Jh.?). **1v** *IN HOC CORPORE CONTINENTUR EXPOSICIONES PSALMORUM SANCTI AUGUSTINI A QUINQUAGESIMO PRIMO USQUE AD CENTESIMO.* **1v** Ps 51 *Psalmus brevis est de quo loquendum.* **8v** Ps 52. **12r** Ps 53. **17v** Ps 54. **27v** Ps 55. **35v** Ps 56. **43r** Ps 57. **54r** Ps 58. **65r** Ps 59. **70v** Ps 60. **73v** Schreibervermerk *Adruhic scripsit.* **74r** Ps 61. **83v** Ps 62. **90v** Ps 63. **97r** Ps 64. **104v** Ps 65. **113r** Ps 66. **118v** Ps 67. **133v** Ps 68 (sermo I). **140v** Sermo II. **146v** Ps 69. **151v** Schreibervermerk *Altildis scripsit.* **152r** Ps 70, 1-16 (mit besonders hervorgehobener Rubrik und Initiale). **160r** Fortsetzung mit V. 16-24. **165v** Ps 71 (ohne hervorgehobenes Incipit). **172r** Ps 72. **179v** Ps 73. **188r** Ps 74. **193v** Ps 75. **200r** Ps 76. **206r** Ps 77. **219v** Ps 78. **224v** Schreibervermerk *Gisledrudis scripsit.* **225r** Ps 79. **228v** Ps 80. **235r** Ps 81. **237r** Ps 82. **239v** Ps 83. **247r** Ps 84. **253r** Ps 85. **262r** Ps 86. **266v** Ps 87. **271v** Ps 88, 1-30. **276v** Fortsetzung mit V. 31-53. **281r** Ps 89. **285r** Ps 90, 1-12. **289v** Schreibervermerk *Eusebia scripsit.* **290r** Fortsetzung mit V. 13-16. **296r** Ps 91. **301r** Ps 92. **305v** Ps 93. **320r** Ps 94. **325v** Ps 95. **330v** Ps 96. **339r** Ps 97. **349r** Ps 99, 1-2a. Der Name der letzten Schreiberin ging mit den letzten Blättern der Handschrift verloren.

INHALT (Dom Hs. 67): Augustinus, Kommentar zu den Psalmen 101-150 (PL 37, 1293-1966; CCL 40, 1425-2196; Stegmüller 1463; CPL 283). **1r** Hildebaldvermerk. **1v** Federprobe *BEATUS VENTUS QUI TE PORTAVIT XPISTE.* **2r** Inhaltsbezeichnung; Besitzvermerk des Kölner Doms; drei Federproben, von denen zwei rasiert sind, u. a.

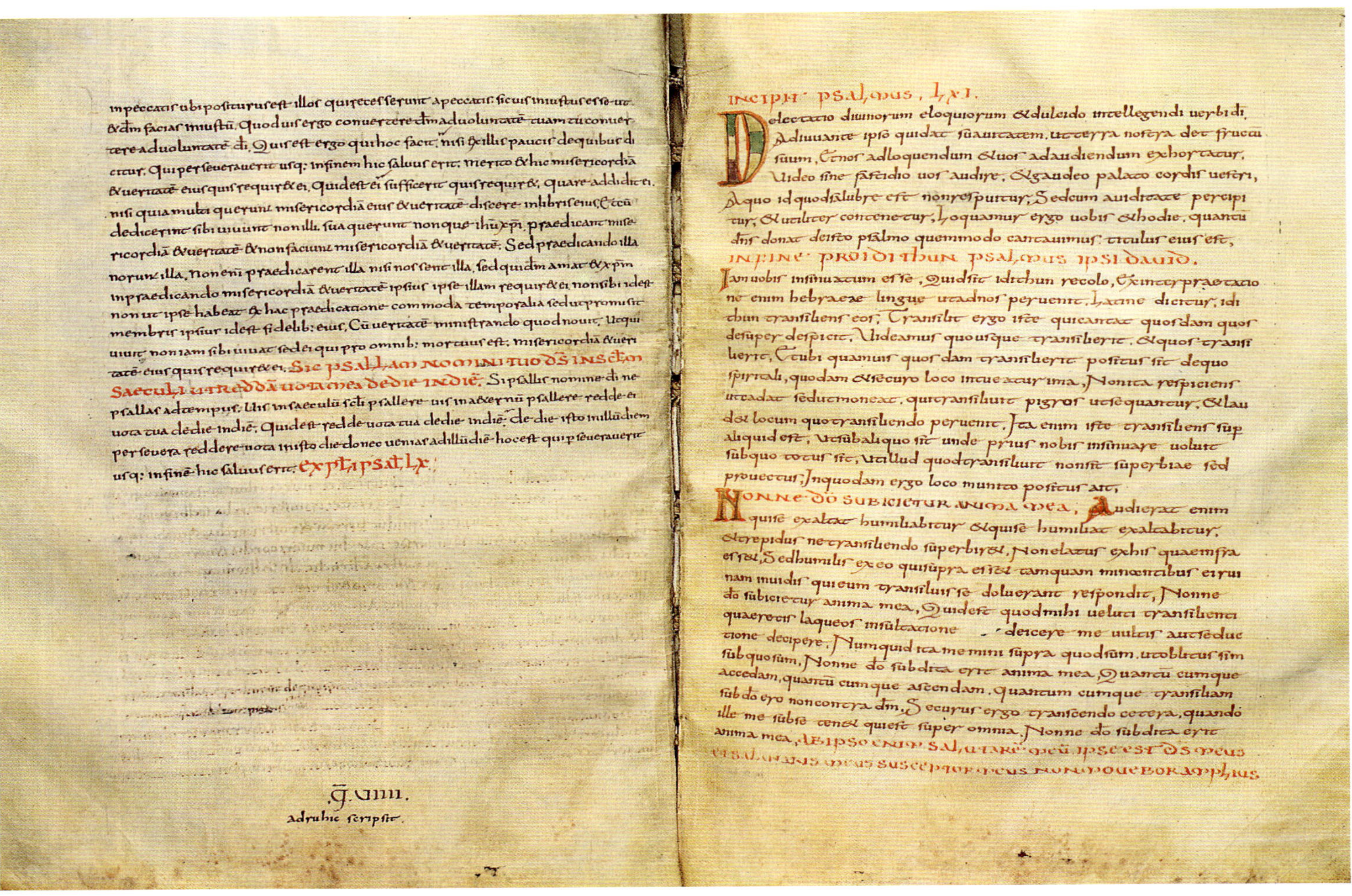

3 Dom Hs. 65, 73v/74r

pastis visceribus ciboque sumto. **2v** Ps 101, en. 1 *IN NOMINE DOMINI NOSTRI IESU CHRISTI INCIPIT EXPOSITIO PSALMI CENTESIMI PRIMI. E(cce unus pauper).* **3v** En. 1,3 *EXAUDI DOMINE ORATIONEM ... H(oc est exaudi).* **8v** *INCIPIT SERMO SECUNDUS de eodem psalmo. h(esterno die).* **14r** Ps 102 *INCIPIT DE PSALMO CII. In omni munere ... I(n omni eius consolatione).* **24r** Ps 103. **36r** Sermo III. **46r** Sermo IV. **52v** Ps 104. **60v** Ps 105. **68r** Ps 106. **74r** Ps 107. **75r** Ps 108. **82v** Ps 109. **91v** Ps 110. **93v** Ps 111. **95v** Ps 112. **97v** Ps 113. **100v** Sermo II. **103v** Ps 114. **105v** Ende der 14. Lage mit Schreibervermerk *Vera scripsit.* **106r** Ps 115. **108r** Ps 116. **108v** Ps 117. **112r** Ps 118. **129v** Ps 119. **130v** Ps 120. **131v** Ps 121. **133r** Ps 122. **134r** Ps 123. **134v** Ps 124. **135v** Ps 125. **137v** Ps 126. **139v** Ps 127. **140v** Ps 128. **141v** Ps 129. **143r** Ps 130. **144v** Ps 131. **146v** Ps 132. **147v** Ps 133. **148r** Ps 134. **150v** Ps 135. **152r** Ps 136. **154r** Ps 137. **156v** Ps 138. **159r** Ps 139. **161v** Ps 140. **163v** Ps 141. **165r** Ps 142. **166r** Ps 143. **169r** Ps 144. **171v** Ps 145. **173v** Ps 146. **175r** Ps 147. **178v** Ps 148. **180v** Ps 149. **181v** Ps 150. **183r** Kolophon *Deo gratias.* **183v** Schreibervermerk *Agnes scripsit.*

PERGAMENT (Dom Hs. 63): 264 Blätter; 365 x 278 mm; Lagen 1^{8+1}, 2-9^{8}, 10^{12+1}, 11-31^{8} (Reklamanten von 29 und 30 vertauscht), 32^{8+2}; römische Zahlenreklamanten; Schriftspiegel 268-275 x 224 mm; Blindliniierung mit Versalienspalten (9 mm); einspaltig; 34 Zeilen. PERGAMENT (Dom Hs. 65): 352 Blätter; 365 x 283 mm; Lagen 1-8^{8}, 9^{6+3}, 10-14^{8}, 15^{6}, 16-27^{8}, 28^{8+1}, 29-35^{8}, 36^{8+1}, 37-43^{8}, 44^{8-1} (die Lagen 2-4, 6, 43-44 sind zur Zeit noch falsch gebunden); römische Zahlenreklamanten; Schriftspiegel 275 x 215 mm; Blindliniierung mit Versalienspalten (9 mm); einspaltig; meist 34 Zeilen. PERGAMENT (Dom Hs. 67): 183 Blätter; 366 x 272 mm; Lagen 1^{2-1}, 2-10^{8}, 11^{6+2}, 12-23^{8}, 24^{6}; römische Zahlenreklamanten; Schriftspiegel 272 x 215 mm; Blindliniierung mit Versalienspalten (10 mm); einspaltig; 34 Zeilen. AUSSTATTUNG: Lateinischer Text in brauner und schwarzer karolingischer Minuskel, rubriziert; Auszeichnungsschrift: Uncialis, Capitalis Quadrata und Rustica; zwei- und mehrzeilige mehrfarbige Initialen in Grün, Dunkelbraun, Gelb, Minium und Violett mit Miniumkontur zu Beginn jeder Predigt, bisweilen auch zu Beginn des Psalmentextes; zu Beginn von Dom Hs. 67 große Hohlkapitalen mit Flecht- und Schlangenband-, vegetabiler sowie Fischornamentik. EINBÄNDE: Pergament mit Streicheisenlinien über Pappe (Mitte 18. Jh.). PROVENIENZ: In Dom Hss. 63 und 67 Hildebaldvermerk auf dem Vorsatzblatt; in Dom Hs. 65 Besitzvermerk des 9. Jhs. (?) (1r); Darmstadt 2056, 2058, 2060. LITERATUR: Hartzheim 1752, S. 34 ff. – Jaffé/Wattenbach 1874, S. 21 ff. – Decker 1895, S. 225, 233, Nr. 28 – Chroust 1909, Ser. 2,1, Liefg. 6, Taf. 10 – Zimmermann 1916, S. 13, 78,

IN NOMINE
DNI NRI IHU XPI INCIP
EXPOSITIO PSALMI CENE PRI

Ecce unus pauper orat & non orat in silentio, licet ergo audire
eum & uidere quisnam sit, ne forte ille sit de quo dicit apostls,
qui propter uos pauper factus est cum diues esset ut illius paup
tate uos ditaremini, Si ergo ipse ē, quomodo pauper, nam quomodo diues
quis non uidet unde enim homines sunt diuites puto auro argento
familia terra sed omnia per ipsum facta sunt, Quid ergo illo diuitius p quē fac
te sunt diuitiae, & ita ille que ñ sunt uere diuitie, p illū enī & ille diuitie, ingeniū mores uita ipsi
corporis sanitas sensus conformatio que membrorū, Etenim cum haec salua sunt
& pauperes diuites sunt per illum & ille maiores diuitiae. fides pietas iustitia ca
ritas castitas mores boni, Nemo enim & hoc habet nisi per eū qui iustificat impiū,
Ecce quā diues; quis enim diues qui habet qd uult alio feciente. An qui fecit
qd uult & alio habente puto quia dicior ille qui fecit qd habes quia qd ille ha
bet tu non habes, Ecce quā diues in hoc tam diuite unde agnituri sumus haec uer
ba. Cinerē sicut panem manducaui & potū meū cum fletu miscebā. huc ne ille
tante diuitiae peruenerunt, multum illud excelsum multum hoc abiectū quid faciem;
quem ammodū ista imalis summis contemperauimus nimis ab inuicem longe sunt,
nondum agnosco istum pauperē alius est fortasse sed adhuc quaeramus unde
enim nobis non uidetur ipse mirum si interrogas & non expauiscis diuitias,
In principio erat uerbū & uerbū erat apud dm & ds erat uerbum, hoc erat in prin
cipio apud dm omnia per ipsum facta sunt & sine ipso factū est nihil, qui ista dixit
cum diceret diues erat quantum magis ille de quo dicebat. In principio erat
uerbū & non qualecumq: uerbum sed uerbū ds, & non ubicumq: sed apud dm,
& non uacans sed omnia p ipsum facta sunt, Cinerem sicut panē manducabit
& potū suum cum fletu commiscuit. Metuendū est ne tantis diuitiis nostra

79 **3** Dom Hs. 67, 2v

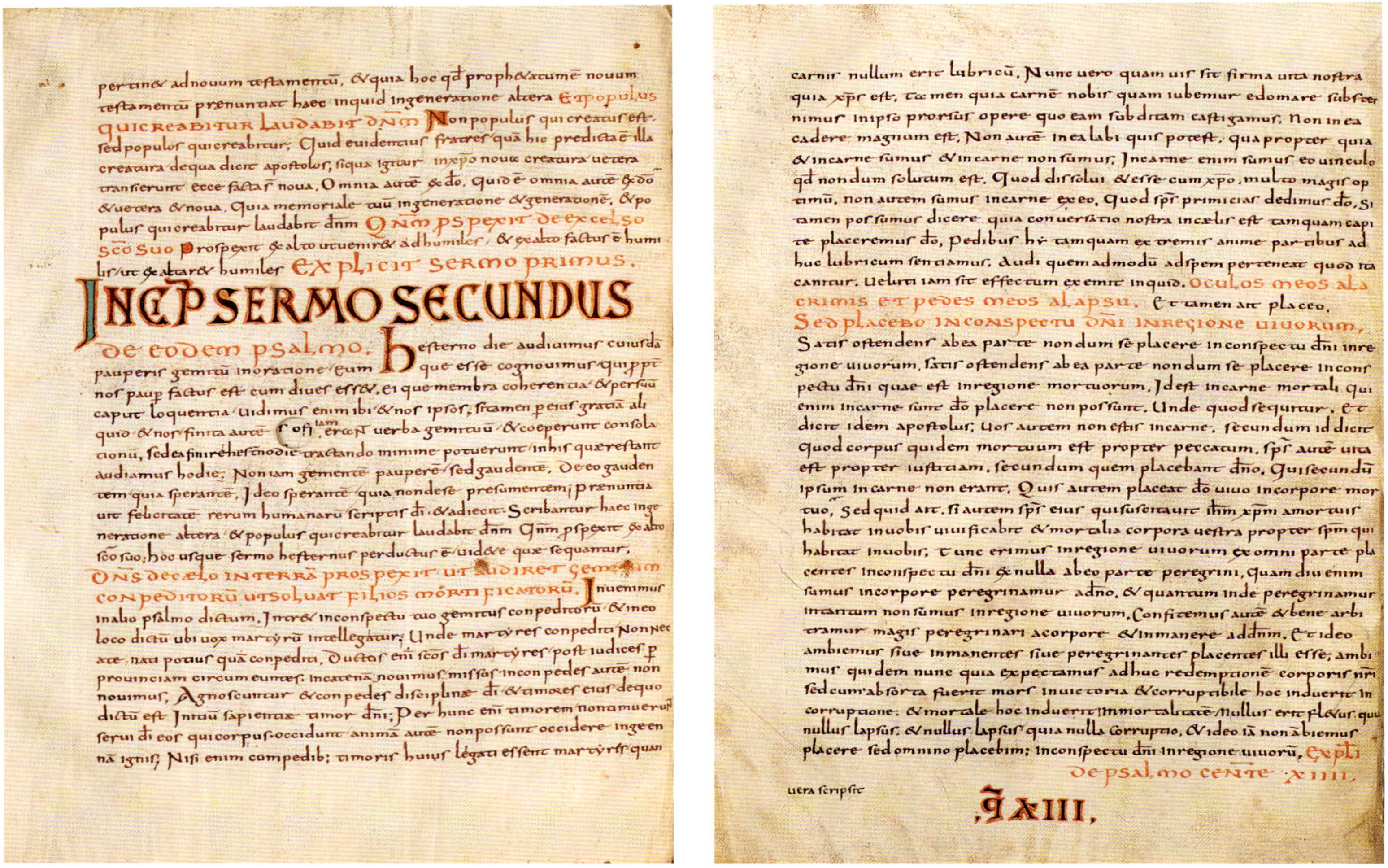

3 Dom Hs. 67, 8v/105v

84, 219f., Taf. 141 – Jones 1929, S. 52ff., 59f. – CLA VIII 1959, Nr. 1152 und VI 1953, S. XXII – Karl der Große 1965, S. 212, Nr. 369 – Bischoff 1966, S. 16ff. – Jones 1971, S. 53ff., Nr. 15-17 – U. Ziegler, Das Sacramentarium Gelasianum Bibl. Vat. Reg. lat. 316 und die Schule von Chelles, in: AGB 16 (1976), Sp. 1ff. – Die Bajuwaren. Von Severin bis Tassilo 488-788, Ausst. Kat. München 1988, S. 451 – F. Mütherich/ A Weiner, Illuminierte Handschriften der Agilolfinger- und frühen Karolingerzeit, München 1989 (Ausst. Kataloge der Prähistorischen Staatssammlung, hg. von H. Dannheimer, 16), S. 60, Nr. 39 – Handschriftencensus 1993, S. 608ff., Nr. 1023, 1025, 1027 – Collegeville 1995, S. 107ff.

A.A.

4 Dom Hs. 75

Augustinus: De civitate Dei

Diözese Salzburg, 1. Viertel 9. Jh.

Den Inhalt bilden die ersten zehn der insgesamt 22 Bücher aus dem Werk 'Vom Gottesstaat' des hl. Kirchenvaters Augustinus (354-430). Dieser erste Teil hat wegen seiner vielen Rückbezüge auf die Antike für das Mittelalter eine besondere Bedeutung. Er bietet in gewisser Weise einen Ersatz für verlorene antike Werke wie beispielsweise die 'Antiquitates' des römischen Universalgelehrten Marcus Terentius Varro (116-27 v. Chr.). Der Inhalt spricht von den Beschuldigungen der Christen bezüglich des Untergangs des Römerreiches (I), von Götterkulten und Schauspielen (II), von den Kriegen der Griechen und Römer (III), von der Theologie der Römer nach der Götterlehre Varros (IV), der göttlichen Vorsehung und der Willensfreiheit des Menschen (V), vom Idealbild des christlichen Herrschers (VI), vom Kult und Gottesdienst (VII), von den griechischen und römischen Philosophenschulen und Philosophen, unter denen Platon dem Christentum am nächsten steht

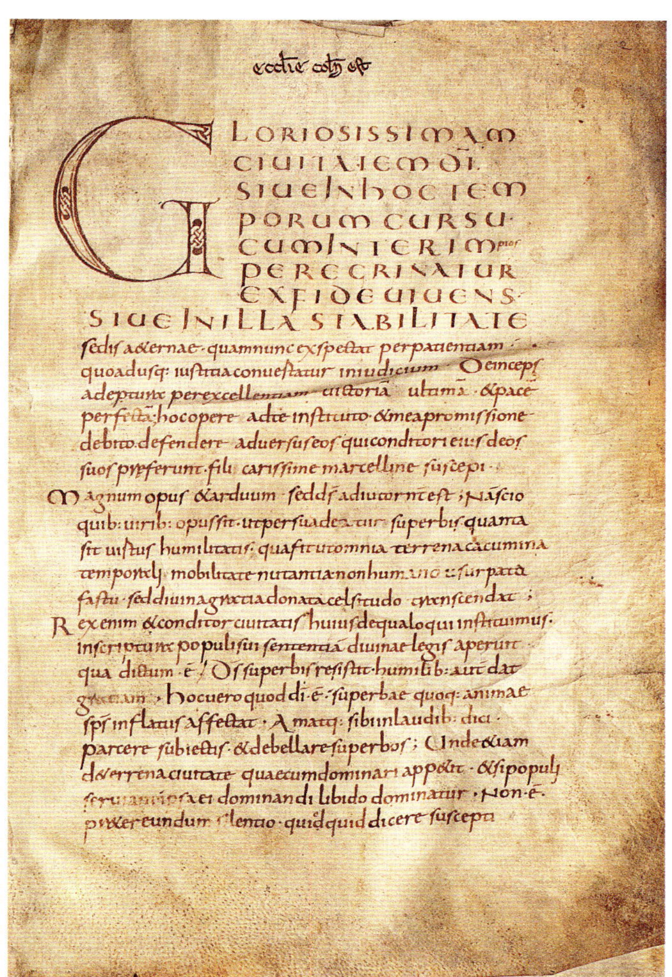

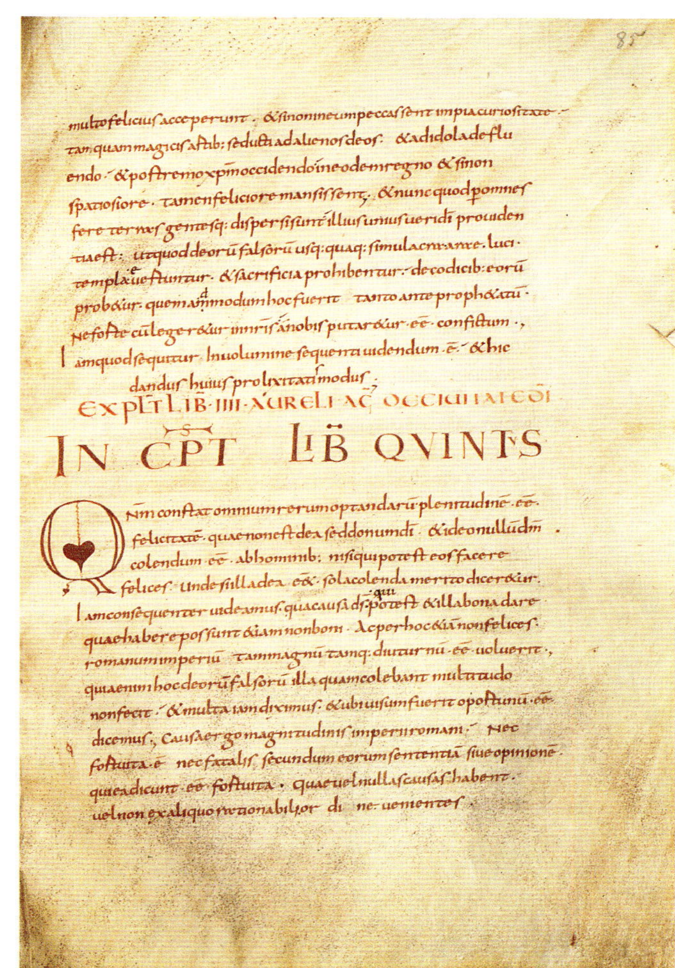

4 Dom Hs. 75, 2r/85r

Nicht die Annahme des Christentums, sondern die Sittenverderbnis hat Rom zu Fall gebracht und der Fall Roms hat eure Sitten doch nicht gebessert, obwohl ihr eure Rettung dem Christengott verdankt, der euch dadurch zur Buße mahnt. Mit solchen Hinweisen mögen die Christen den Vorwürfen der Heiden begegnen, jedoch in Geduld, eingedenk, daß Gottesstaat und Weltstaat hienieden miteinander vermischt sind, daß also unter den Heiden auch künftige Bürger des Gottesstaates sind, wie sich unter den Christen Feinde des Reiches Gottes finden.

4r (aus der Inhaltsangabe zum ersten Buch); A. Schröder, 1991

(VIII - X). Jones (1971, S. 62) sah Dom Hs. 75 von fünf Händen unter Erzbischof Gunthar (850 - 863, gest. nach 871) in Köln geschrieben, was Bischoff (1980, S. 106 f.) zu Gunsten Salzburgs revidierte. Er zählt das Buch zu den im Arn-Stil geschriebenen Werken. Dieser Stil wurde im Kloster Saint-Amand ausgebildet und in der Diözese Salzburg im 1. Viertel des 9. Jahrhunderts gehandhabt. Die historische Erklärung dafür liegt in der Person des aus Freising stammenden Salzburger Erzbischofs Arn (785/798 - 821), der am Hof Karls des Großen (768 - 814) Aquila (Adler) genannt wurde. Auf Vermittlung Karls wurde er 782 Abt von Saint-Amand und 798 unter Beibehaltung der Abtwürde der erste Erzbischof von Salzburg sowie Kanzler Karls für Bayern. Auf einen Weg vom Norden Frankreichs nach Bayern und Salzburg weisen auch die Glossen. Stoclet (1984, S. 191 ff.) nimmt ihre Entstehung im 7./8. Jahrhundert in Clermont-Ferrand an und sieht in Ms. 350 der Bibliothèque Municipale von Cambrai, einer Augustinus-Handschrift aus Saint-Amand, einen Überlieferungsträger für diese Glossen, die alsdann in Clm 6267 der Bayerischen Staatsbibliothek in München und in Dom Hs. 75 auftreten. Clm 6267 zählt nach Bischoff (1974) mit dem darin enthaltenen 'De civitate Dei' zu den im bischöflichen Skriptorium von Freising unter Hitto (811/812 - 835) geschriebenen Büchern. Parallelen für den Buchschmuck fand Bischoff (1980, S. 99, 130) schließlich in Ms. 170 der Bibliothèque Municipale von Valenciennes und in Codex 1080 der Österreichischen Nationalbibliothek in Wien, beides Handschriften aus Saint-Amand. Vielleicht dürfen wir wie im Fall von Dom Hs. 35 (Kat. Nr. 10) auf Erzbischof Hildebald (vor 787 - 818) von Köln als Besteller der Handschrift bei Erzbischof Arn von Salzburg schließen.

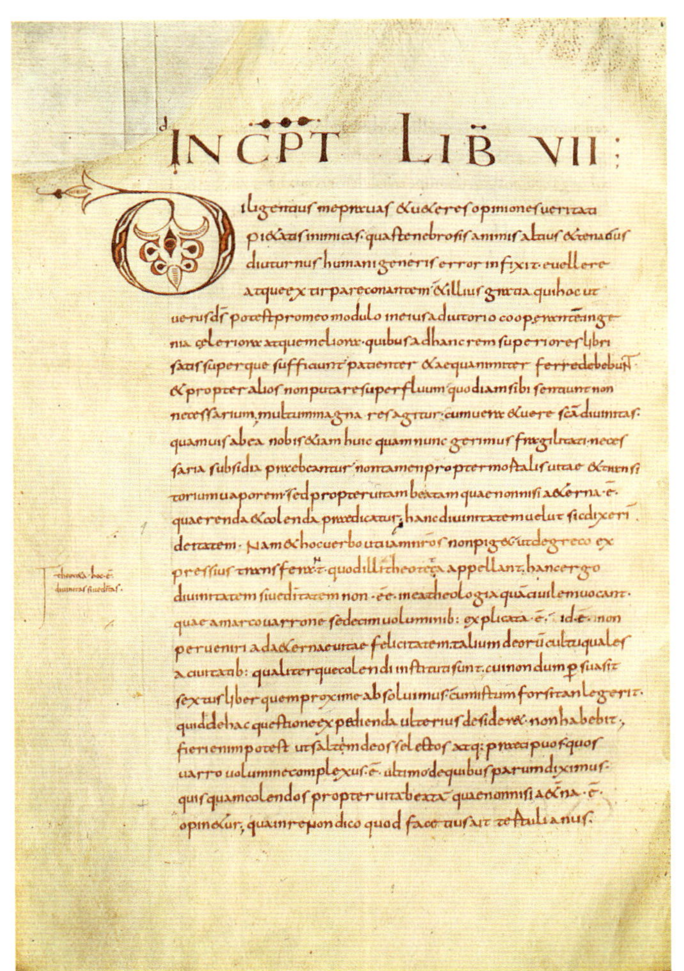

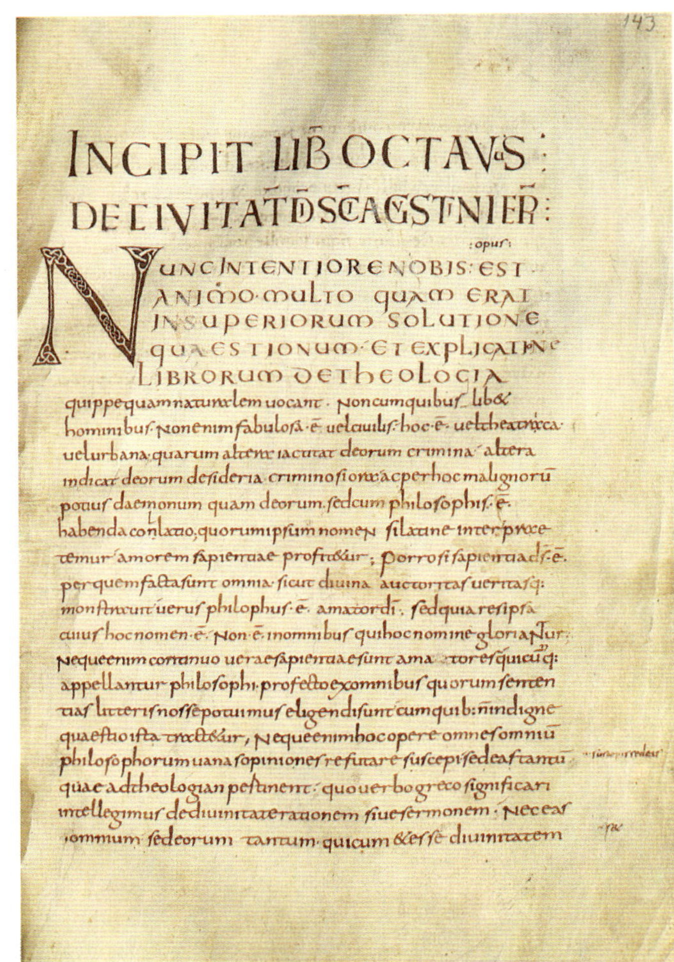

4 Dom Hs. 75, 122v/143r

Also Troja, die Mutter des römischen Volkes, vermochte, wie gesagt, durch die geweihten Stätten seiner Götter seine Bürger nicht zu decken gegen Feuer und Schwert der Griechen, die just dieselben Götter verehrten; im Gegenteil ...
4v (Aurelius Augustinus, Gottesstaat I,4); A. Schröder, 1911

INHALT: **1r** Leer; Federproben: *siquis sine pecato est mittat in eam lapidem* (vgl. Jo 8,7); *Domine si vis, potes salvus fieri* (mit Neumen). **1v - 206v** Augustinus, De civitate Dei (Buch I - X) (CCL 47, 1 - 314). **1v** Am oberen Rand *ecclesie Coloniensis est* (14. Jh.); Titel *IN NOMINE DOMINI NOSTRI IHSU INCIPIT LIBER DE CIVITATE DEI SANCTI AUGUSTINI EPISCOPI MIRIFICE DISPUTA ADVERSUS PAGANOS ET DAEMONES EORUM DEOS AB EXORDIO MUNDI USQUE IN FINEM SAECULI.* **2r - 24v** Buch I *GLORIOSISSIMAM CIVITATEM DEI – ab alio sumamus exordio. Explicit liber I* etc. 2r *G(LORIOSISSIMAM).* **24v - 44r** Buch II *Incipit liber secundus eiusdem. Si rationi perspicuae veritatis – ut hic sit huius voluminis modus. Explicit liber II.* **44r - 65v** Buch III *Incipit liber III. Iam satis dictum arbitror – a quibus antea colebantur. Explicit liber sancti Augustini de civitate Dei contra paganos tertius.* **66r - 85r** Buch IV *INCIPIT LIBER QUARTUS. De civitate dicere exorsus – et hic dandus huius probixitatus modus. Explicit liber III. etc.* 66r *D(e civitate).* **85r - 108v** Buch V mit Vorrede *INCIPIT LIBER QUINTUS. Quoniam constat omnium – quod oportet audire.* 85r *Q(uoniam).* **109r - 122r** Buch VI mit Vorrede *INCIPIT LIBER VI. Quinque superioribus libris – coniugendum est, animum intendat. EXPLICIT LIBER SEXTUS.* 109r *Q(uinque).* **122v - 142v** Buch VII mit Vorrede *INCIPIT LIBER VII. Diligentius me parvas – et vincuntur, agnoscat. EXPLICIT LIBER.* 122v *d(iligentius).* **143r - 162r** Buch VIII *INCIPIT LIBER OCTAVUS DE CIVITATE DEI SANCTI AUGUSTINI EPISCOPI. NUNC INTERIORE NOBIS EST – in volumine sequenti videndum est. Explicit liber VIII.* 143r *N(unc).* **162v - 177r** Buch IX *INCIPIT LIBER VIIII. Et bonos et almos deos esse quidam – in sequenti libro diligentius disseremus. Explicit liber VIIII.* 162v *E(t).* **177v - 206v** Buch X *INCIPIT LIBER X. Omnium certa sententia quantum divinitus adiuvabor expediam. Explicit liber X de civitate Dei.* 177v *O(mnium).* **206v** Nachsatz in kleiner Minuskel *Quorum decem librorum quinque super sunt.*

PERGAMENT: 206 Blätter; 305 x 210 mm; Lagen 1^{1+8}, $2 - 5^{8}$, 6^{1+2}, $7 - 17^{8}$, 18^{8+2}, $19 - 26^{8}$; originale Zahlenreklamanten von *qr I - qr V* und *VI - XXVI*; Schriftspiegel 220 x 137 mm; Blindliniierung mit Versalienspalten (8 mm), ab Lage 2 auch doppelte Liniierung der ersten und letzten Zeile; Zirkelstiche am Rand; einspaltig; 28 Zeilen. AUSSTATTUNG: Lateinischer Text in karolingischer Minuskel mit brauner Tinte; Titel in Capitalis und Uncialis; Incipit und Explicit teilweise rubriziert, in Capitalis oder Uncialis; zu den Buchanfängen oder deren Vorreden Initialen in Federzeichnung mit Tinte, bisweilen von Minium begleitet; Buchstabenkörper mit Flechtbandfüllung oder vegetabilen Elementen wie Herzblättern, am Buchstabenkörper beispielsweise des *Q(uoniam)* auf 85r; Titelseite in Capitalis zeilenweise abwechselnd in Tinte und Minium (1r). GLOSSEN: Die Handschrift enthält zu allen Büchern originale Erweiterungen am Rand (Apostilles), einige davon wurden von Jaffé/Wattenbach (1874, S. 111 f.) transkribiert.

Nach Stoclet (1984, S. 187, 192, 203f.) stammen sie von einem Leser des 7. oder 8. Jahrhunderts, wahrscheinlich aus Clermont-Ferrand und sind teilweise auch in den Handschriften München Clm 6267 sowie Cambrai 350 enthalten. Auf mehreren Seiten der Handschrift (u. a. 11v, 24v, 87r, 150r, 168r, 191v, 192r) finden sich korrigierende Anmerkungen in tironischen Noten, der Kurzschrift des Sekretärs Ciceros, wohl von derselben Hand, die die Glossen schrieb (Schmitz 1983). EINBAND: Pergament mit Streicheisenlinien über Pappe (Mitte 18. Jh.). PROVENIENZ: Wie Frenken (1923) bemerkt, hatte Decker (1895, S. 232f.) Dom Hs. 75 irrtümlich mit Nr. 25 des Kölner Bibliothekskataloges von 833 identifiziert. Die Handschrift ist im Katalog nicht nachweisbar. Dennoch wird sie zur Zeit Erzbischof Hildebalds von Salzburg nach Köln gelangt sein. Darmstadt 2077. LITERATUR: Hartzheim 1752, S. 40 – Jaffé/Wattenbach 1874, S. 24f., 111f. – Decker 1895, S. 225, 232f., Nr. 25 – Frenken 1923, S. 53 – B. Dombart/A. Kalb, Sancti Aurelii Augustini De civitate Dei libri I-X, Turnhout 1955 (CCL 47), S. XXI – Jones 1971, S. 23, 61f., Nr. 21, Taf. LXXXIIff. – Bischoff I 1974, S. 89 Anm. 1 – Bischoff II 1980, S. 70, 99, 106f., 130 – Schmitz 1983, 113ff. – A.J. Stoclet, Le 'De civitate Dei' de Saint Augustin. Sa diffusion avant 900 d'après les caractères externes des manuscrits antérieurs à cette date et les catalogues contemporains, in: RechAug 19 (1984), S. 187, 191f., 203f. – Schmitz 1985, S. 138, 140 – Handschriftencensus 1993, S. 613f., Nr. 1034 – Collegeville 1995, S. 125f.
A.v.E.

Hieronymus: Kommentar zum Buch des Propheten Ezechiel

5 Dom Hs. 51

Köln, um 800

Im Jahr 411 begann der hl. Kirchenvater Hieronymus (347/348-419/420) in Bethlehem seine Auslegung zum Buch des Propheten Ezechiel, das bei allen Kirchenvätern bis zu Gregor I. (590-604) als äußerst schwerverständlich galt. Seine Arbeit daran zog sich bis 414 hin. Dom Hs. 51 beginnt erst mit dem siebten Buch. Die berühmte Interpretation der vier Wesen aus der Gottesvision als Symbole der Evangelisten (Ez 1,4-28 = Buch I, 4-28), die Hieronymus in seiner Vorrede 'Plures fuisse' zur Ausgabe der Vier Evangelien zusammenfaßte (vgl. z. B. Dom Hs. 12, Kat. Nr. 76), fehlt demnach. Aber die Bücher XII-XIV mit den Offenbarungen über den Tempel von Jerusalem usw. bringt der Band in vollem Umfang. Trotz der Lücke hat der Codex im Handschriften-Stemma der Textüberlieferung einen hohen Stellenwert. Lambert (1969) rückte ihn altersmäßig an die dritte Stelle. Jones (1971, S. 17) schied darin drei Haupt- und mehrere untergeordnete Schreiber des Kölner Hildebald-Skriptoriums. Nach Einrichtung und Aufmachung gleicht dieser Codex am meisten Dom Hs. 41 (Kat. Nr. 12), leider sind einige Titelzeilen und Initialen nicht ausgeführt. Doch bestätigen auch die der merowingischen Initialkunst noch nahestehenden Initialen wie das *O(lim)* (1r) oder das *T(repidacionem)* (132r) die Verwandtschaft mit Dom Hs. 41.

Die in dieses Haus Eintretenden, bewahre, gütigster Christus, und deinen Dienern sei hier dein heiliger Schutz gewährt.
208v (Wunsch eines Schreibers aus dem 9. Jh.); A.v.E

INHALT: **1r-208r** Hieronymus, Kommentar zum Buch des Propheten Ezechiel, Bücher VII-XIV (CCL 75, 278-743). **1r** Titelseite mit Vorrede zu Buch VII *INCIPIT PROLOGUS SANCTI IHIERONIMI SUPER HIEZEHIEL PROPHETA. OLIM PUERI LEGIMUS.* 1r *O(LIM).* **2r** Buch VII *E(t factus).* **29r** Buch VIII. Raum für Titel und Initiale *q(uid aliis)* ausgespart, jedoch nicht ausgeführt. **53v** Prolog *C(onsequens)* und Buch IX *E(t factum).* **78v** Buch X mit Vorrede. **84v** Am unteren Rand von derselben Hand wie die Lagensignatur *XI* radiert, aber noch lesbar der Name *Hildoardus.* **92v** Der Text endet mit Lage XII *vel pharao, vel omnis Aegypti* unvollständig, was schon ein zeitgenössischer Leser am unteren Rand vermerkte: *hic deest una quaterna et est disiuncta, require in antea supra tertiam et sic invenies.* Die fehlende Lage mit dem Text *fortitudo quae ad inferna – effundentes eorum sanguinem* (CCL 75, 461-477 = Lin. 850-1364) findet sich als Lage XV auf 109r-116v in Buch XI. **93r-94r** Buch X setzt mit *quos scandalizatis* fort und endet mit *virum ecclesiasticum locutus est* (CCL 75, 477-479). **94r** Buch XI. Raum für Titel leergelassen, nicht ausgeführt. *U(ndecimus)* Majuskel. **132r** Buch XII mit Vorrede *T(repidacionem).* **134r** Textlücke *prophetalem – calamo in longitudine* (CCL 75, 553-556 = Lin. 149-224), die 135v-136v geschlossen wird. **145r** Buch XIII mit Vorrede *T(ercius decimus).* Zu den in diesem Buch entstandenen Textlücken vgl. Lambert II (1969, 124); Collegeville (1995, 81f.). **165v** Leer. **172v** Buch XIV mit Vorrede *Q(uod in principio).* **208r** Ende oben links mit *ad consumationem saeculi.* **208v** Wunsch eines Schreibers aus dem 9. Jh. *Hanc domum intrantes conserva mitissime Christe/ et tuis hic famulis sit tua protectio sancta*; darunter, radierter späterer Zweizeiler.

38

INCIPIT PROLOGUS SCI HIERONIMI SUPER HIEZECHIEL PROPHETA

OLIM PERI
LEGIMUS NI
HIL TAM FA
CILE EST QUIN
DIFFICILE FIAT
quod inuitus facias fateor
me explanationes in hieze
chihel multo ante tempo
re promisisse & occupa
tione de toto huc orbe
uenientium implere non
posse dum nulla hora nul
lumque momentū est in
quo non fratrū occurrimus
turbis & monasterii solitu
dinem fratrū hospitū fre
quentiae cōmutamus ut tan
tū ut de laudendū nobis
sit hostium aut scriptura
rū per quas aperiende sunt
fores studia relinquenda
Ita ut lucrati uis immo fur
tiuis noctium operis quae hie
me propinquante longio
res esse coeperunt haec ad
lucernam ... quaecumq;
sunt dictare conamur
& aestū animi taedi
um interpratatione dige
rere. Nec iactamus ut qui
dam forsitan suspicantur
fratrum susceptione sed
morarum causas simplici
ter confitemur praeser
tim cum occidentalium
fuga & sanctorū locorū
constipatio nuditate ad
que uulneribus indigen
tium rabiem praeferat
barorū quos absque lacri
mis & gemitu uidere non
possumus. Illā neque quondā
potentiam & ignorationē
diuitiarū ad tantā inopiam
peruenisse ut tecto & cibo
& uestimento indigeat.

84 **5** Dom Hs. 51, 1r

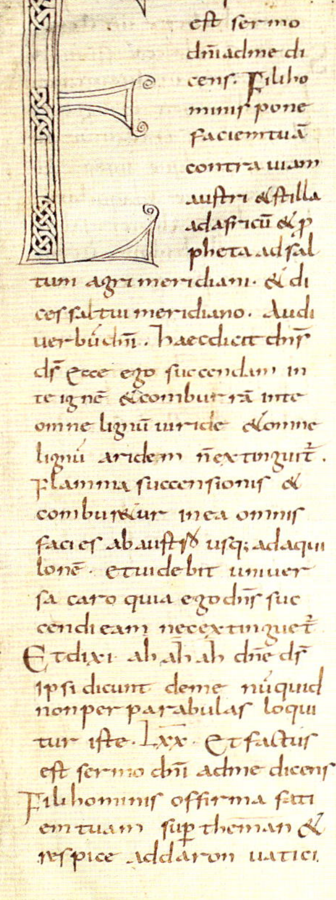

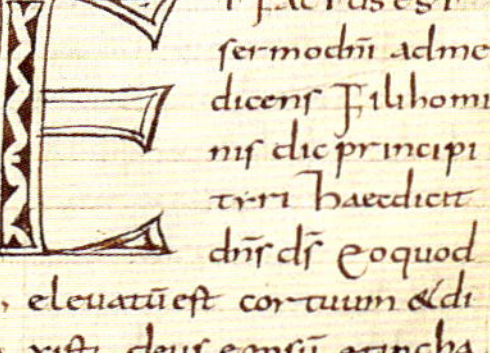

5 Dom Hs. 51, 2r/53v

PERGAMENT: 208 Blätter; 352 x 252 mm; Lagen beginnend mit dem Falz eines herausgeschnittenen Vorsatzblattes, 1-7^{8}, 8^{4}, 9-12^{8} (Lücke: 13=15), 13-14^{8}, 15^{8} (=13), 16^{8}, 17^{1}, 18^{6}, 19-26^{8}, 27^{8+1}, 28^{4}; Zahlenreklamanten von *I-XVI* (XVI ausradiert); Schriftspiegel 270 x 192 mm; Blindliniierung mit Versalienspalten (7 mm); Zirkelstiche auf allen äußeren Seitenlinien; 2 Spalten von 84 mm Breite und 24 mm Abstand; 31 Zeilen. AUSSTATTUNG: Lateinischer Text in brauner bis dunkelbrauner karolingischer Minuskel; Haupttitel in Capitalis abwechselnd mit Minium und Tinte; Buchtitel teilweise nicht ausgeführt (29v); zu Beginn einiger Vorreden und Bücher Initialen unterschiedlicher Art in Federzeichnung mit Tinte: 1. nach innen zu einer 8 zusammengezogener verzierter Buchstabenkörper (1r, 132r, 145r), 2. Flechtbandfüllung (2r), 3. verzierter Buchstabenkörper (53v), 4. einfache Majuskeln (78v, 94r). EINBAND: Pergament mit Streicheisenlinien über Pappe (Mitte 18. Jh.). PROVENIENZ: Nach Hartzheim (1752, S. 29) enthielt, wie schon Jaffé/Wattenbach (1874, S. 16) berichten, das erste herausgeschnittene Blatt den Eintrag *LIBER SUB PIO PATRE HILDEBALDO SCRIPTUS*. Daß die Handschrift wie Dom Hs. 41 (Kat. Nr. 12) zur Hildebald-Bibliothek gehört, darf als gesichert gelten. Darmstadt 2046. LITERATUR: Hartzheim 1752, S. 29 – Jaffé/Wattenbach 1874, S. 16 – Decker 1895, S. 225, 237, Nr. 41 – CLA VIII 1959, 1150 – F. Glorie, S. Hieronymi Presbyteri Commentariorum in Hiezechielem Libri XIV, Turnhout 1964 (CCL 75), S. X, XII, XIX – Bischoff 1966, S. 17 – Lambert II 1969, S. 120, 124 – Jones 1971, S. 17f., 35ff., Taf. XVII-XXI – CLA Suppl. 1971, S. 62, 1150 – Bischoff, Panorama 1981, S. 9, Anm. 15 – Schmitz 1985, S. 140 – Handschriftencensus 1993, S. 600f., Nr. 1011 – Collegeville 1995, S. 80ff.

A.v.E.

6 Dom Hs. 54

Hieronymus: Kommentare zu den Büchern der Kleinen Propheten

Köln, vor 800

Außer den drei Kommentaren zu den sog. Kleinen Propheten Abdias, Jonas und Nahum (I, III, IV), die der hl. Kirchenvater Hieronymus (347/348-419/420) gegen Ende des 4. Jahrhunderts im Hl. Land verfaßte, enthält die Handschrift die beiden letzten der 39 Homilien des Griechen Origenes (um 185-um 254) zum Evangelium nach Lukas in der Übersetzung des Hieronymus (II, VI). Sie bringt zudem als zweitletztes Stück den Brief des Arius (gest. 336) an Bischof Eusebios von Nikomedeia (gest. 341/342) mit der Bitte um dessen Hilfe. Arius, der die wahre göttliche Natur Jesu Christi und das "Eines Wesens mit dem Vater" ablehnte, wurde 333 seitens Kaiser Konstantins (306-337) mit der 'damnatio memoriae' (Tilgung seines Andenkens) belegt. Er starb, bevor die 335 auf Intervention der Bischöfe Eusebios von Kaisareia (260/264-339/340)und Eusebios von Nikomedeia beschlossene Rehabilitation feierlich vollzogen werden konnte.

Jones (1971, S. 17f.) ordnete Dom Hs. 54 als Nr. 2 dem frühen Kölner Hildebald-Skriptorium zu und sah die Handschrift im wesentlichen von einer Hand geschrieben. Gegenüber den ebenso dieser Frühzeit zugezählten Dom Hss. 76, 41 und 51 (Kat. Nrn. 16, 12, 5) nimmt sie sich jedoch eher bescheiden aus. Die Ansätze zur künstlerischen Ausbildung von Initialen am *d(um)* (2r), *T(riennium)* (41r), *I(uxta)* (91r) oder *d(omino)* (158v) lassen sich kaum mit den Initialen der anderen Handschriften vergleichen.

"Die Männer aber ruderten mit aller Kraft, um wieder an Land zu kommen; doch sie richteten nichts aus, denn das Meer stürmte immer heftiger gegen sie an." Der Prophet hatte den Urteilsspruch gegen sich selbst vorgebracht, aber jene wagten es nicht, Hand anzulegen, als sie hörten, daß er ein Anbeter des einen Gottes sei. Deshalb bemühten sie sich, wieder an Land zu kommen und der Gefahr zu entfliehen, damit sie nicht Blut vergössen, umso mehr als sie eher wünschten zugrundezugehen als zugrundezurichten. O, welch Wandel der Dinge! Die Menge, die Gott gedient hatte, rief: Kreuzige ihn, kreuzige ihn. Diesen ist auferlegt unterzugehen, das Meer tobt, der Sturm befiehlt, sie aber lassen die persönliche Gefahr außer Acht und sind um fremdes Wohl besorgt.
58r (Kommentar zu Jon 1,13);
E.W.

INHALT: **1r** Originaler Besitzvermerk *CODEX SANCTI PETRI SUB PIO PATRE HILDIBALDO ARCHIEPISCOPO SCRIPTUS.* Titel *In hoc codice continentur explanatio hieronimi super libros iij, id est Abadia, Ione et Naum.* **1v** Leer. **I. 2r-38v** Hieronymus, Vorrede und Kommentar zum Buch des Propheten Abdias (CCL 76, 349-375). **2r** Prolog *INCIPIT EXPLANATIO IN ABDIAM PROPHETAM. Dum essem parvulus – tanprphnan in kreistu Ihesu. Amen.* 2r *d(um).* **5r** Text *Hunc esse aiunt Hebrei – in illius sententiam transgredere.* **II. 38v-41r** Origenes, Homilie XXXVIII zum Lukasevangelium in der Übersetzung des Hieronymus (PL 26, 327-328; CCL 76, 374-375; Lambert II, 268). **38v** *Qui soluit inimiciciam – cui est gloria et imperium in saecula saeculorum. Explicit explanacio in Abdia propheta.* **III. 41r-91r** Hieronymus, Vorrede und Kommentar zum Buch des Propheten Jonas (CCL 76, 377-419). **41r** Prolog *HAEC IN IONAM PROPHETAM EXPLANACIONIS SANCTI HIERONIMI LIBER I. TRIENNIUM CIRCIter flexit – nobis Christus Dei Filius immolatur.* 41r *T(RIENNIUM).* **44v** Text *Et factum est verbum – insipientibus et adsimulantur eis.* **IV. 91r-158v** Hieronymus, Vorrede und Kommentar zum Buch des Propheten Nahum (CCL 76A, 527-578). **91r** Prolog *INCIPIT EIUSDEM EXPLanacio in Naum propheta gloria Deo semper. Amen. IUXTA SEPTUAGINTA INTERPRETES* – (92v) *ubi ultur adversum viros Assirios futurus* (93r) [. . .]*rum est Dominus.* 91r *I(UXTA).* **93r** Text *Deus emulator et ulciscens Dominus – quidem sed ingredi non potest.* **V. 158v-160r** Arius, Brief an Bischof Eusebios von Nikomedeia (H.G. Opitz, Athanasius, Werke 3, 1, Berlin 1934, 1-3). **158v** *INCIPIT EPISTOLA ARRII HERESI AD EUSEBIUM NICOMEDIENSEM. Domino desiderantissimo – et memorem esse perssurarum nostrarum.* 158v *d(omino).* **VI. 160r-163v** Origenes, Homilie XXXIX zum Lukasevangelium in der Übersetzung des Hieronymus (PL 26, 328-332; Lambert II, 269). **160r** *Item de quaestionem* (!) *Saducaeorum quam proposerunt Domino* etc. . . . *EST HERESIS IN IUDEIS – caelestia largiatur* etc. . . . *Deo gratias amen.*

PERGAMENT: 163 Blätter; 250 x 160 mm; Lagen 1^{1+8}, $2-11^{8}$, $12-13^{6+2}$, $14-19^{8}$, 20^{10}; originale Zahlenreklamanten von *q[uaternio] I-XVIIII*; Schriftspiegel 170 x 107 mm; Blindliniierung mit Versalienspalten (10 mm); Zirkelstiche auf allen äußeren Seitenlinien; einspaltig; 21 Zeilen. AUSSTATTUNG: Lateinischer Text in brauner karolingischer Minuskel; Titel in Capitalis und Uncialis, teilweise in Minium; kleine Initialen in Form von verzierten Majuskeln in Federzeichnung mit Tinte und z. T. Minium (158v). EINBAND: Pergament mit Streicheisenlinien über Pappe (Mitte 18. Jh.). PROVENIENZ: Nach dem Besitzeintrag des 8./9. Jhs. auf 1r gehörte der Band zur Dombibliothek Erzbischof Hildebalds. Darmstadt 2049. LITERATUR: Hartzheim 1752, S. 29 – Jaffé/Wattenbach 1874, S. 17 – Decker 1895, S. 225, 237f., Nr. 44 – CLA VIII 1959, S. 1151 (Lit.) – M. Adriaen, S. Hieronymi Presbyteri Commentarii in Prophetas minores, Turnhout 1969 (CCL 76), S. VIII – Lambert II 1969, S. 167, 261, 269 – Jones 1971, S. 17f., 30ff., Taf. VIf. – CLA Suppl. 1972, S. 62 – Bischoff, Panorama 1981, S. 9, Anm. 15 – Schmitz 1985, S. 140 – Y.-M. Duval, Jérôme, Commentaire sur Jonas, Paris 1985 (SC 323), S. 132 – M.-C. Garand, Besprechung von Y.-M. Duval, Jérôme, in: Scr 41 (1987), S. 55 – Handschriftencensus 1993, S. 602, Nr. 1014 – Collegeville 1995, S. 88ff. A.v.E.

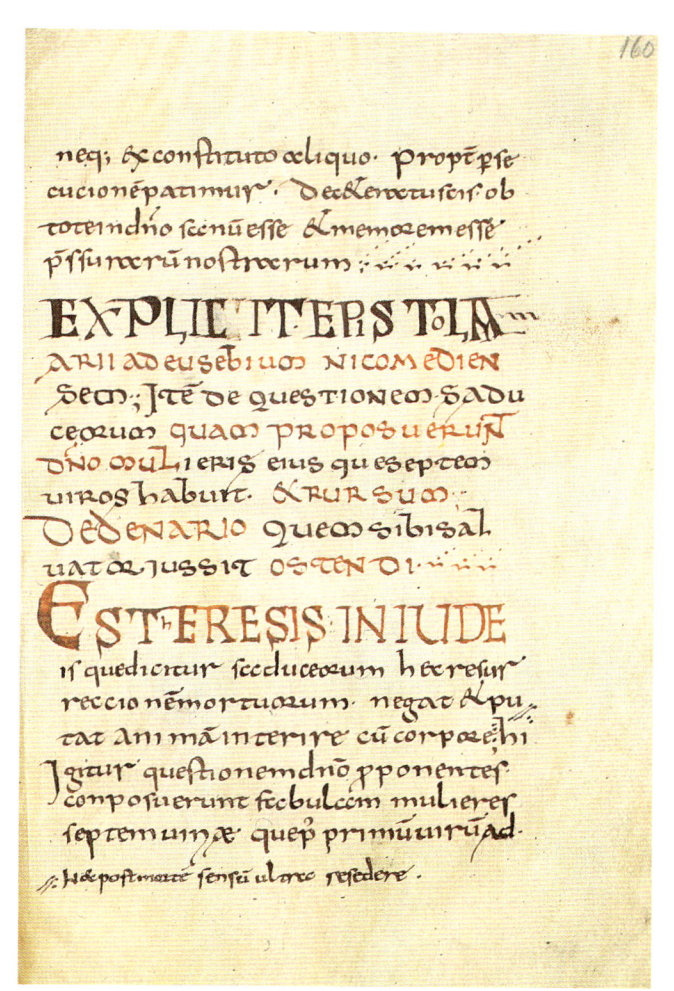

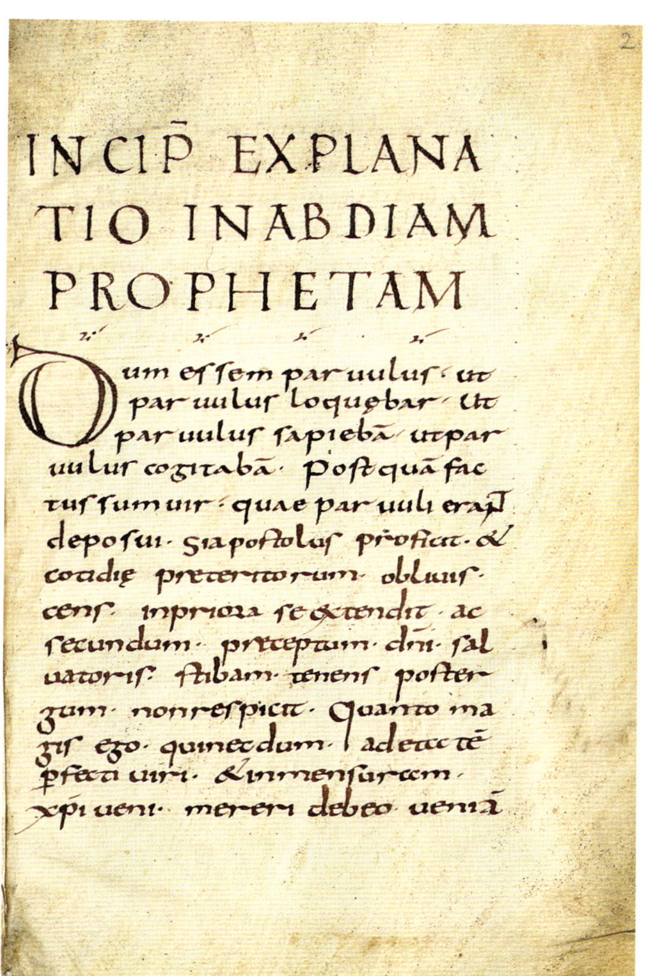

6 Dom Hs. 54, 2r/160r

7 Dom Hs. 55

Hieronymus: Kommentare zu den Büchern der Kleinen Propheten

Köln, Anfang 9. Jh.

Dom Hs. 55 bildet mit den Kommentaren des hl. Kirchenvaters Hieronymus (347/348-419/420) zu den sog. Kleinen Propheten inhaltlich eine Fortsetzung der Dom-Handschriften 52 und 54 (Kat. Nr. 6). Erzbischof Everger (985-999) ließ später alle drei Bücher aus der Zeit seines großen Vorgängers Hildebald (vor 787-818) in ein neues Corpus zusammenschreiben (Dom Hs. 53). Hinsichtlich der Ausstattung paßt Dom Hs. 55 jedoch kaum zu den anderen Kölner Hieronymus-Ausgaben (vgl. auch Dom Hs. 51, Kat. Nr. 5). Außer dem Anfang mit seinem zweizeilig in Minium von der Capitalis zur Uncialis abgestuften Titel und der korrekt eingeplanten Initiale wirken die Titel und Explicits ziemlich willkürlich. Ein Vergleich der Initiale *M(icheas)* (2r) in Dom Hs. 55 mit dem *O(lim)* (1r) in Dom Hs. 51 macht die Verwandtschaft beider Handschriften auf künstlerischer Ebene dennoch deutlich. Lowe zählte Dom Hs. 55 nicht mehr zu den 'Codices Latini Antiquiores' (CLA 1959), Jones (1971, S. 20f.) rechnete sie der mittleren Hildebald-Zeit (801-810) zu.

INHALT: **1r/v** Wurde wahrscheinlich zusammen mit dem jetzt herausgeschnittenen ersten Blatt als Bifolium und Schmutzblatt verwendet. **1r** Am oberen Rand der Bibliothekseintrag des 9. Jhs. *CODEX SANCTI PETRI SCRIPTUS SUB PIO PATRE HILDEBALDO ARCHIEPISCOPO.* **1r/v** Fragment aus dem Kommentar des Hieronymus zum Buch des Propheten Micha *de quo regnorum narrat historia – divites et pauperes* (Lib. II, in Micheam VI, 10-16: CCL 76, 502 [Lin. 334]-503 [Lin. 386]). Das ehemalige Doppelblatt stammt offenbar aus einer anderen zeitgenössischen Handschrift, der Text fehlt in unserer Handschrift nicht. Jones (1971, S. 43) sah dieselbe Hand A als Schreiber von 36r-41v in Dom Hs. 55. **I. 2r-63v** Hieronymus, Vorrede und Kommentar zum Buch des

IN NOM SCE TRINITATIS INC EXPOS

hieronimi · in micheam prophetam · abbacuc · & sophoniā ·

Micheam in quem nunc commentarios dictare cupio
in ordinem · duodecim prophetarum secundum
septuaginta interp̄tes tertius est secundū hebraicū
sextus. & sequitur ionam profetam qui succedit abdiae at
que tamen sit utter cius sit annos & iohel secundus post osee
qui aput omnes primus ē. Ergo quasi in corde uoluminis
positus debet pfunda continere misteria & sermodi qui
sēp discendit ad pfetas discendit ad micheam quoque qui
interpretatur humilitas. Ad micheam de morasthi quiuis
que hodie iuxta eleutheropolim urbē palestine aut gran
dis est uiculus. Morasthi autē in lingua nostra herede(m)
sonat. Pulchre igitur humilitas quae int uirtutes ū prae
cipua est spe hereditatis dominicae nascitur. humilitas
autē non illa qui uenit de cōscientia peccatorū. Sed que in
t uirtutes ponitur. Iuxta quod dicitur humiliamini sub
potenti manu dī ut uos exaltet in tempore & qui se humili
at exaltabit̄ & ante cōtritione eleuat̄ cor uiri & ante glo
riam humiliat̄. Unde & dn̄s dicite inquid a me quia mitis
sū & humilis corde. Quomodo ergo apud nos uictoria & quasi
ob uirtutes auspiciū ponunt̄ uocabula uerbi gratia uictoris
casti pii probi & apud grecos [illegible] uocat̄ [illegible] &
apellatiua nomina uertunt̄ in ppria · sic apud haebreos · &
micheas · & abdias · & zacharias · ceteraque his simili
a ex uirtutū uocabulo liberis parentib; imponunt̄ · Uer
bū igit̄ dn̄i quod factū est ad micheam morasthiten in dieb; io
athae · achaz · ezechie · regū iuda q uidit sup samaria

Propheten Micha (CCL 76, 422-524; Lambert II, 216). **2r** Prolog *IN NOMINE SANCTE TRINITATIS INCIPIT EXPOSITIO HIERONIMI IN MICheam prophetam* (später hinzugefügt: *Abbacuc et Sophoniam*). *Micheas in quem nunc commentarios – a parentibus imponuntur.* 2r *M(icheas).* **2r** Buch I *Verbum quod factum – sed arguet condemnatos.* **31r** Buch II *INCIPIT LIBER SECUNDUS. Semper invidis respondemus – et palleis Aegyptias extruunt civitates.* **II. 63v-111v** Hieronymus, Vorrede und Kommentar zum Buch des Propheten Habakuk (CCL 76A, 579-654; Lambert II, 216). **63v** Prolog *INCIPIT EXPLANATIO IN ABACUC PROPheta. Primum, Cromari* (!), *episcoporum doctissime – quae ventura cognoscit.* **64v** Buch I *USQuequo Domine clamabo et non exaudies* (Rubr.). *Vociferabor – rursum adsumo eam.* **89r** Buch II *INCIPIT LIBER II. Alterum, mi Chromati, papa venerabilis – meo carmine superabo.* **III. 111v-144v** Hieronymus, Vorrede und Kommentar zum Buch des Propheten Zefanja (CCL 76A, 655-711, Lambert II, 216). **111r** Prolog *INCIPIT IN SOFONIAM LIBER PRIMUS* (darüber *unus*). *Antequam Sophoniam adgrediar – fragilior sexus invenerat.* **112r** Text *VERBUM DOMINI QUOD FACTUM EST - indigere expositione non arbitror.*
PERGAMENT: 144 Blätter (Textverlust); 337 x 245 mm; Lagen 1^{2-1}, $2\text{-}18^{8}$, 19^{8-1}; Zahlenreklamanten, am Anfang oder am Ende der Lagen signiert von *I-XVII*; Schriftspiegel 250 x 180 mm; Blindliniierung mit Versalienspalte (8 mm); Zirkelstiche auf allen äußeren Seitenlinien; einspaltig; 29 Zeilen. AUSSTATTUNG: Lateinischer Text in brauner bis schwarzer frühkarolingischer Minuskel; Titel in Capitalis und Uncialis, teilweise in Minium; zu Beginn größerer Textabschnitte Majuskeln in Tinte; Initiale in Federzeichnung (2r). EINBAND: Pergament mit Streicheisenlinien über Pappe (Mitte 18. Jh.). PROVENIENZ: Nach dem Besitzvermerk auf 1r gehörte die Handschrift zur Dombibliothek Erzbischof Hildebalds. Darmstadt 2050. LITERATUR: Hartzheim 1752, S. 29 – Jaffé/Wattenbach 1874, S. 17 – Decker 1895, S. 225, 237, Nr. 43 – Lambert II 1969, S. 157, 167 – Jones 1971, S. 20f., 43f., Taf. XLVIf. – Handschriftencesus 1993, S. 603, Nr. 1015 – Collegeville 1995, S. 91f. A.v.E.

Isidor von Sevilla: Kommentar zum Alten Testament

8 Dom Hs. 98

Tours, um 750

Dom Hs. 98 enthält die 'Quaestiones' von Isidor, dem 636 verstorbenen Bischof von Sevilla, zu den sog. historischen Büchern des Alten Testamentes: den fünf Büchern Mose (Pentateuch), den Büchern Josua, Richter, Ruth, Könige und Esra. Die kurze Abhandlung zum Buch der Makkabäer fehlt in dieser Handschrift. Die 'Quaestiones' sind eine in der christlichen Literatur beliebte Gattung in Form von Fragen und Antworten zu bestimmten Themen. Isidor bedient sich in seinem Kommentar älterer Quellen, z. B. der Schriften des Origenes (um 185 - um 254) und Gregors des Großen (590-604), denen damals eine hohe Autorität zukam. Während er die Genesis ausführlich nach dem Schema des mehrfachen Schriftsinns behandelt, beschränkt er sich bei den übrigen biblischen Büchern auf die typologische Ausdeutung. Möglicherweise hat Isidor diese dem Genesiskommentar zur Komplettierung eines nicht abgeschlossenen Werkes angefügt (R.J.H. Collins, in: TRE 16 [1987], S. 311).

Die Handschrift wird von E. A. Lowe (CLA VIII 1959) und B. Bischoff (Studien I 1966 und II 1967) der Schreibschule von Tours zugeschrieben und um die Mitte des 8. Jahrhunderts datiert. Zu den verwandten Codices zählen die touronischen Hieronymusbriefe Ms. 149 in Épinal (Bibl. Municipale), die im Jahre 744 oder 745 entstanden (CLA VI, 762) und damit eine sichere zeitliche Eingrenzung der ganzen Gruppe erlauben. Verwandt ist nicht nur die Schrift, sondern auch die Angewohnheit, jede Lage nach der Durchsicht des Korrektors mit dem Zusatz 'requisitum est' zu versehen, der in Dom Hs. 98 in tironischen Noten (Kurzschrift) erfolgt ist. Der Eintrag beleuchtet die Praxis eines gut organisierten mittelalterlichen Skriptoriums, in dem jede Handschrift nach der Fertigstellung auf ihre Richtigkeit überprüft wurde.

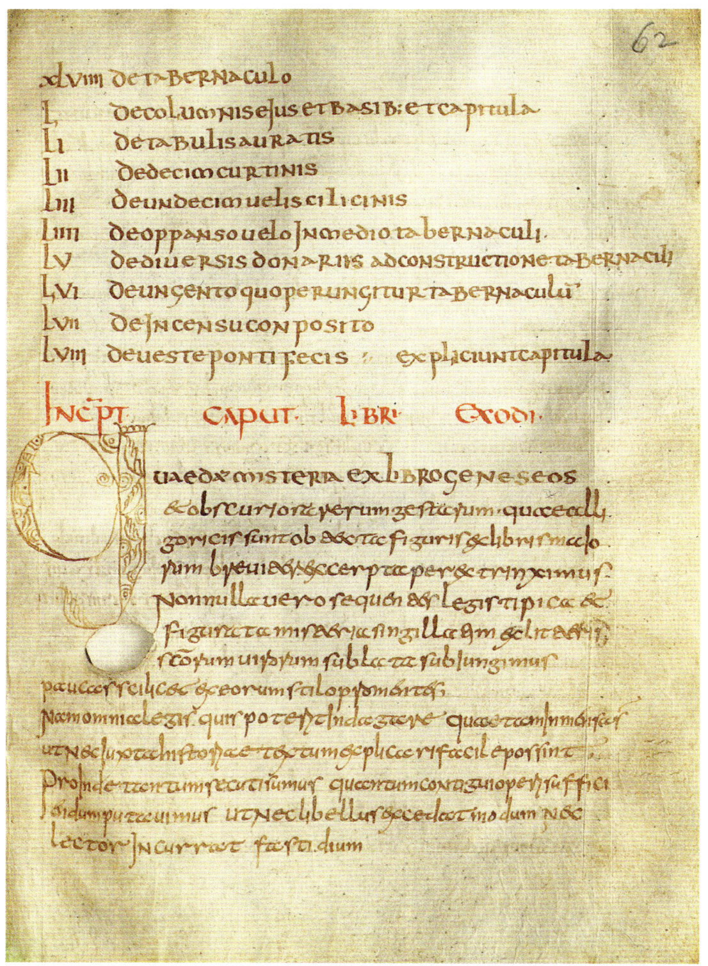
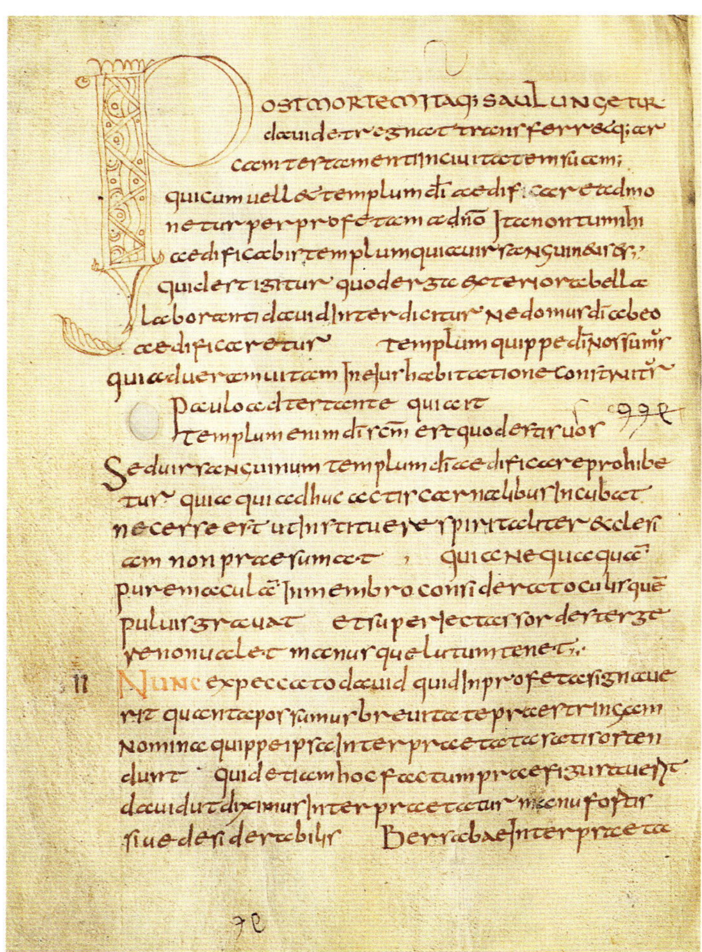

8 Dom Hs. 98, 62r/155v

INHALT: **1r - 166v** Isidor, Quaestiones in Vetus Testamentum (PL 83, 209B - 424B). **1r** Zum Buch Genesis. Kap. 1,2 *I(N PRINCIPIO FECIT DEUS CAELUM ET TERRAM. Principium Xpistus est)*; Kap. 1,4 *D(ixit quoque Deus)*. Wenn nicht anders angegeben, entspricht das Textende der Edition. Alle folgenden Bücher haben Capitula. **62r** Zum Buch Exodus. Prolog *q(uaedam misteria)*. **63v** Kap. 1 *PRIMO OMNIUM*. **86r** Zum Buch Leviticus. Kap. 1 *INCIPIT SEQUENS LEVITICUS LIBER hostarium*. **98r** Ende mit Kap. 17,1 *...ab ecclesia catholica*. **99r** Zum Buch Numeri. Kap. 1 *I(deo hic liber)*. **115r** Zum Buch Deuteronomium. Kap. 1 *L(IBER DEUTERONOMII)*: Fisch. **117v** Tironische Noten. Zwischen fol. 118 und 119 fehlt ein Blatt (Text bricht in Kap. 14,3 ab und setzt in Kap. 16,3 wieder ein). **123r** Zum Buch Josua. Kap. 1 *P(OST MORTEM MOYSI)*. **130v** Zum Buch der Richter. Kap. 1 *h(ISTORIA JUDICUM)*. **139v** Kap. 9. Vom Buch Ruth *V(IDEAMUS NUNC ET RUTH)*. **141r** Zum 1. Buch der Könige. Kap. 1 *P(OST LIBRUM JUDICUM)*. **155v** Zum 2. Buch der Könige. Kap. 1 *P(OST MORTEM ITAQUE SAUL)*. **158v** Zum 3. Buch der Könige. Kap. 1 *S(UCCEDIT DEINDE SALOMON)*. In dunklerer Tinte sind neben den Capitula zwei Namen nachgetragen *VVerinhere, Fredegart*. **162v** Zum 4. Buch der Könige. Kap. 1 *M(ITTIT rex impius)*. **165v** Ende mit Kap. 8,3 *...confitendo* (!) *requiescit*; Zum Buch Esra. Kap.1 *N(AM quod etiam)*. In der Edition folgt ein kurzer Abschnitt zum Buch der Makkabäer, der in der Handschrift fehlt.

PERGAMENT: 166 Blätter; 257 x 186 mm; Lagen 1-3^{8}, 4^{6+2}, 5-7^{8}, 8^{4}, 9-10^{8}, 11^{6+3}, 12-15^{8}, 16$^{8-1}$, 17^{6}, 18-21^{8}, 22$^{6-2}$; Zahlenreklamanten von *q. III-XXII* beginnend mit der 2. Lage; Schriftspiegel 200 x 131-146 mm; Blindliniierung; einspaltig; 26 Zeilen. AUSSTATTUNG: Lateinischer Text in hell- bis dunkelbrauner frühkarolingischer Minuskel, rubriziert; bisweilen Seitentitel; Incipits und Explicits in Minium-Uncialis; ein- und zweizeilige Textmajuskeln und Initialen in Tinte, von fol. 109-123 auch in Minium, z. T. als Hohlkapitalen; große Initialen in Tinte mit Zopf-, Fisch- und reduzierter vegetabiler Ornamentik. EINBAND: Pergament mit Streicheisenlinien über Pappe (18. Jh.). PROVENIENZ: Wohl schon Bestand der Hildebaldbibliothek (Decker 1895; Schmitz 1985); Darmstadt 2098. LITERATUR: Hartzheim 1752, S. 52f. – Jaffé/Wattenbach 1874, S. 37 – Decker 1895, S. 226, 241, Nr. 67 – C.H. Beeson, Isidor-Studien, München 1913, S. 37 – Zimmermann 1916, S. 73, 204, Taf. 116d/e – CLA VIII 1959, 1157 – Bischoff, Studien I 1966, S. 9f., 13f. – Bischoff, Studien II 1967, S. 13 – Schmitz 1983, S. 116 – Schmitz 1985, S. 138 – Handschriftencensus 1993, S. 630f., Nr. 1062 – Collegeville 1995, S. 186f. U.S.

9 Dom Hs. 40

Pseudo-Johannes Chrysostomus: Kommentar zum Matthäusevangelium

Süddeutschland, 1. Drittel 9. Jh.

Wie manch anderer Text verdankt auch das 'Unvollendete Werk zum Evangelium des Matthäus' (Opus imperfectum in Matthaeum) seine Überlieferung in zahlreichen Handschriften der Tatsache, daß es einem großen Kirchenlehrer zugeschrieben wurde, dem Johannes Chrysostomus (um 350-407). Erst Erasmus von Rotterdam (1466/1469-1536) hat dessen Autorschaft eindeutig widerlegt. Stattdessen war der Verfasser vermutlich ein arianischer Theologe, der in einem lateinisch sprechenden Teil des Reiches in der 2. Hälfte des 5. Jahrhunderts diese Erklärungen zum Evangelium des Matthäus niederschrieb (van Banning 1988, S. V). Obwohl Dom Hs. 40 im Titel von Homilien spricht, ist der Text eher ein fortlaufender Kommentar, dessen Einteilung in einzelne Predigten auch der neue Herausgeber lediglich aus pragmatischen Gründen beibehält. Die fortlaufende Numerierung von Textteilen orientiert sich in der Handschrift an jeweils folgenden Bibelzitaten und entspricht zum großen Teil nicht der Einteilung der Predigten, wie sie die Editionen bieten – z. B. befinden sich die Anfänge der Homilien 33, 39, 40, 41 ohne Markierung mitten im Text. Wahrscheinlich wurde der Codex in Süddeutschland im ersten Drittel des 9. Jahrhunderts geschrieben und ist damit das älteste, erhaltene Zeugnis einer zusammengehörigen Gruppe von deutschen Handschriften des 'Opus imperfectum'. Als Vorlage diente dasselbe Exemplar, von dem auch zwei Codices in München und Oxford abstammen (van Banning 1988, S. CCCXXIX). Vom überlieferten Text des unvollendeten Werkes enthält diese Gruppe wiederum nur einen Ausschnitt, nämlich die sog. Homilien 32-46, und bricht mitten im Text ab.

Mindestens neun Schreiber waren an der Herstellung von Dom Hs. 40 beteiligt; ihre zahlreichen, vielleicht zum Teil aus der Vorlage übernommenen Fehler wurden von anderen Händen in den Zeilen und am unteren Seitenrand korrigiert. Darüber hinaus finden sich weder Glossen noch Randbemerkungen und nur wenige andere Gebrauchsspuren. Übungshalber sind zwei Alphabete auf Folio 46v an den Seitenrand geschrieben, auf dem letzten Blatt stehen einige Schreibproben. Der schnörkellose Text beginnt neue Absätze nur selten mit Majuskeln und bietet außer der Numerierung kaum graphische Gliederungshilfen.

Wo bleibt da jetzt Plato? Wo Pythagoras? Wo die Schar der Stoiker? Der erstere hat zwar anfangs große Ehre gefunden, ward aber dann so unwürdig behandelt, daß man ihn sogar verkaufte; und seine Ideen konnte er nicht einmal bei einem einzigen Herrscher verwirklichen. Pythagoras aber kam auf elende Weise um, nachdem er sogar seine eigenen Schüler verraten hatte. Und die Torheiten der Zyniker sind jetzt von allen überwunden, als wären sie Traum und Schatten gewesen. Aber gleichwohl ist jenen nie etwas Ähnliches zugestoßen. Im Gegenteil, sie genossen ob ihrer Weltweisheit Ruhm und Ehre. So haben z. B. die Athener die Briefe Platos öffentlich ausgestellt, die ihnen Dion gesandt hatte. Dazu verbrachten diese Philosophen ihr ganzes Leben mit Nichtstun und sammelten dabei nicht geringe Reichtümer. So hat z. B. Aristipp sich teure Dirnen gemietet; ein anderer hinterließ testamentarisch eine recht hübsche Summe Geldes; ein dritter schritt über seine Schüler hinweg, die sich als Brücke hergeben mußten. Von dem Philosophen aus Sinope (Diogenes) endlich erzählt man, er habe seine Schandtaten auf offenem Markte getrieben. So sehen ihre Großtaten aus. Hier dagegen ist nichts dergleichen zu bemerken; da ist alles beharrliche Keuschheit und peinlichste Reinheit, Kampf gegen die ganze Welt für Wahrheit und Gottes Ehre, und ein tägliches Martyrium, das von herrlichem Lohne gekrönt wird.

(aus der 33. Homilie); J.C. Baur OSB, 1916

INHALT: **1r-117v** Pseudo-Johannes Chrysostomus, Opus imperfectum in Matthaeum (Hom. 32-46) (PG 56, 798-897; CPL 707 [Lit.]; CPG 4569 [Lit.]). **1r** Rubriziert *INCIPIUNT OMELIE JOHANNI CONSTANTINOPOLITANI EPISCOPI IN EVANGELIUM SECUNDUM MATHEUM.* **1r-10v** Homilie 32 (Die Numerierung wird angegeben nach der Edition der PG) *QUANTUM QUAMQUE GRATUM ET UTILE SIT.* **10v-24r** Hom. 33. **24r-30r** Hom. 34. **30r-40r** Hom. 35. **40r-42r** Hom. 36. **42r-47v** Hom. 37. **47v-51r** Hom. 38. **51r-58r** Hom. 39. **58r-73r** Hom. 40. **73r-81r** Hom. 41. **81r-92v** Hom. 42. **93r-98v** Hom. 43. **98v-104r** Hom. 44. **104r-110r** Hom. 45. **110r-117v** Hom. 46; Textende ... *diligenter legere voluerit inveniet* (Hom. 46, 470). **117r** Federproben (Teil eines rhythmischen Spruches?, s. Bischoff 1966). **117v** Schreibproben, u. a. Teile des Vaterunsers.

PERGAMENT: 117 Blätter; 358 x 208 mm; Lagen 1^{4+2}, 2^{6+2}, $3-13^{8}$, 14^{6+2}, 15^{6+1}; Zahlenreklamanten; Schriftspiegel 267 x 150 mm; Blindliniierung mit Versalienspalte (10 mm); einspaltig; 27 Zeilen. AUSSTATTUNG: Lateinischer Text in dunkelbrauner bis schwarzer karolingischer Minuskel, rubriziert; Auszeichnungsschrift: Mischtyp aus Rustica und Uncialis; ein- und zweizeilige Anfangsbuchstaben in Tinte und Minium; zwei- und dreizeilige Initialen in Tinte und Minium mit gespaltenem Buchstabenkörper und Flechtbandornamentik; mehrzeilige Eingangsinitiale mit gespaltenem Buchstabenkörper, in Minium, Schwarz und Grün ausgefüllt. EINBAND: Pergament mit Streicheisenlinien über Pappe (Mitte 18. Jh.). PROVENIENZ: Darmstadt 2036. LITERATUR: Hartzheim 1752, S. 25 – Jaffé/Wattenbach 1874, S. 13 – Decker 1895, S. 226, 241 f., Nr. 69 – Bischoff, Studien I 1966, S. 83 – Schmitz 1985, S. 138, 140 – J. van Banning (Hg.), Opus imperfectum in Matthaeum, Turnhout 1988 (CCL 87b) – Handschriftencensus 1993, S. 595, Nr. 1001 – Collegeville 1995, S. 67 f.

A.A.

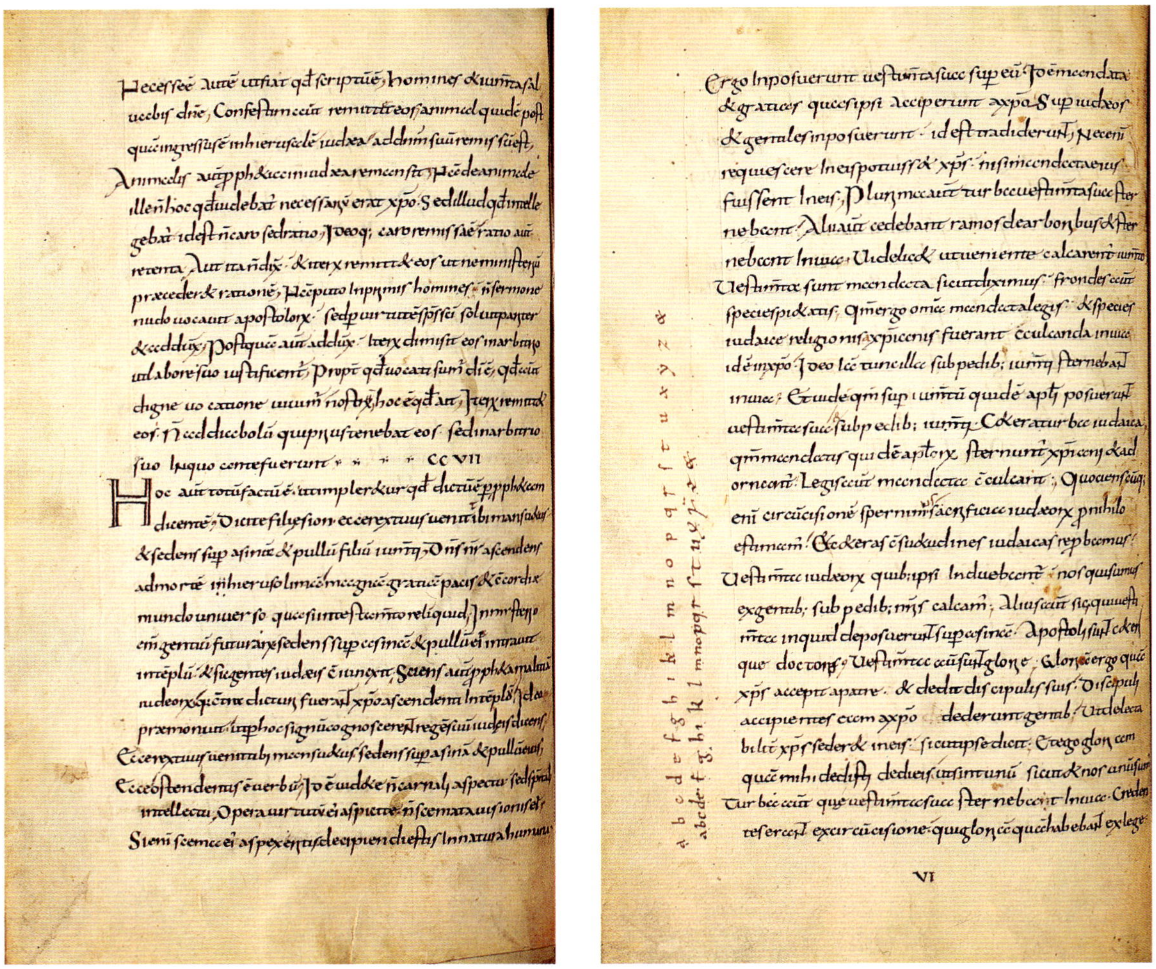

9 Dom Hs. 40, 44v/46v

Hieronymus: Briefe

10 Dom Hs. 35

Salzburg, um 800

Hieronymus (347/348-419/420), dessen Hauptwerke die große Bibelübersetzung und zahlreiche Kommentare zu biblischen Schriften bilden, hat auch eine ganze Anzahl von Briefen verfaßt, die ein vielfältiges Bild nicht nur der Person des großen Gelehrten, sondern auch seiner Umgebung und des gesellschaftlichen Lebens zu Beginn des 5. Jahrhunderts vermitteln. Obwohl Fragen der Exegese auch in den Briefen eine wichtige Rolle spielen, fehlen doch nicht praktische Ratschläge zur Lebensgestaltung an seine adeligen Freundinnen aus der römischen Oberschicht, Überlegungen zur Askese, die berühmte theoretische Abhandlung über die richtige Weise des Übersetzens, Anweisungen zur Erziehung eines jungen Mädchens usw. Das zeitweise äußerst gespannte Verhältnis der beiden ebenso maßgeblichen wie eigensinnigen Theologen ihrer Zeit, Hieronymus und Augustinus (354-430), dokumentiert der besonders von Hieronymus' Seite aus zum Teil sehr scharf formulierte Briefwechsel der beiden. Neben weiteren Texten anderer Autoren – vor allem den Themen Selbsterkenntnis und Ermahnung zu tugendhaftem Leben gewidmet – bietet der Codex auch eine Reihe von Predigten des Caesarius von Arles, der vierzig Jahre lang (502-542) als Bischof nicht zuletzt kirchenpolitisch Bedeutendes geleistet hat und für seine Redekunst von der Nachwelt hochgeschätzt wurde.

Der Codex scheint aus einer umfassenderen Sammlung von Briefen abgeschrieben zu sein, da auf Folio 1r der Text mit einem rubrizierten Titel *ad eundem de syraphim* beginnt, also mit der

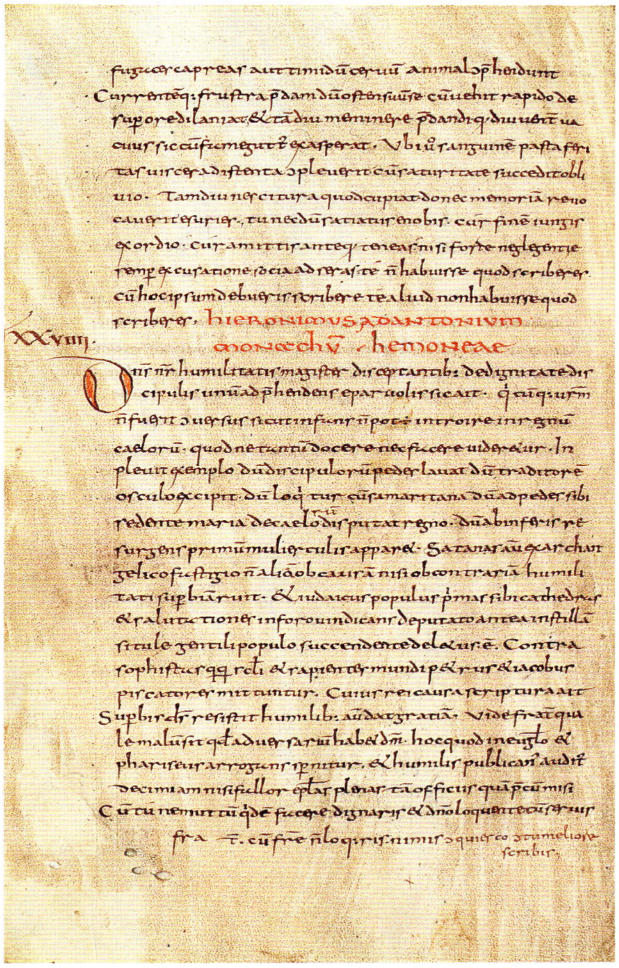

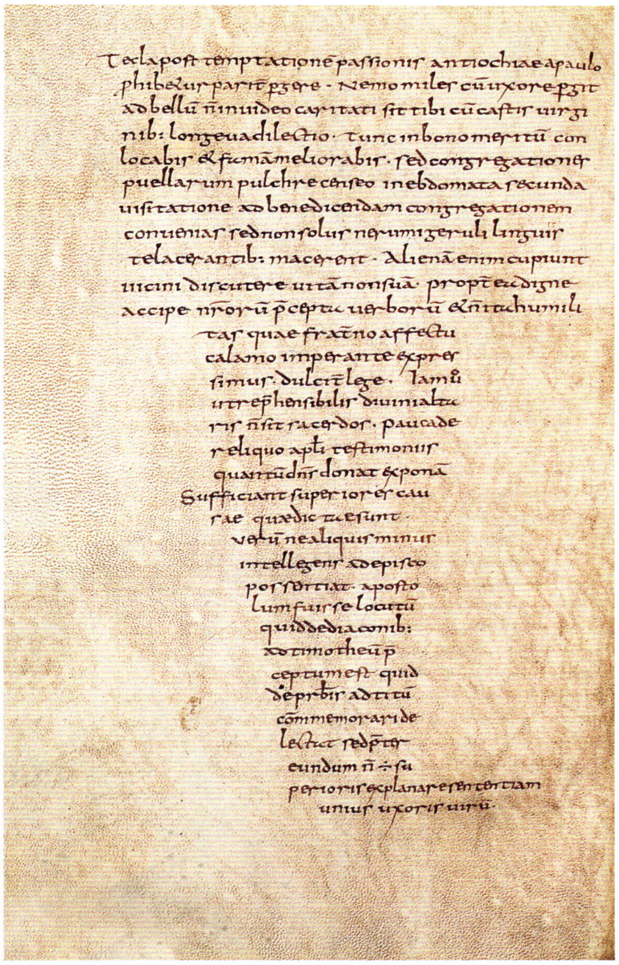

10 Dom Hs. 35, 78v/93v

typischen Formulierung für ein zweites Schreiben an einen bereits genannten Empfänger. Eine ganze Reihe von Schreibern arbeitete hier in verschiedenen Typen einer frühen karolingischen Minuskel nebeneinander. Folio 1 - 224 stammen im wesentlichen von einer Hand und wurden frühzeitig um fünf Lagen (225r - 265v) erweitert; offenbar hatte man eine Fortsetzung von Beginn an geplant. Einiges Interesse verdient der Codex auch wegen der vielen lateinischen Erklärungen, die abweichend von der üblichen Tintenschrift mit einem Griffel in das Pergament eingeritzt worden sind (z. B. fol. 14r, 16v usw.; vgl. Bischoff 1966).

Das sind Kinderspiele und ähnlich dem Spiel der Gaukler: lehren, was du selbst nicht weißt, und sogar, was mich in Wut versetzt, nicht einmal zu wissen, daß du nichts weißt.
(aus Brief 53); A.A.

Der Codex entstammt der Salzburger Schreibschule vom Ende des 8. Jahrhunderts, wahrscheinlich aus jener Zeit, als Arn Erzbischof von Salzburg war (785/798 - 821) (vgl. CLA VIII 1959, Nr. 1146). Wahrscheinlich gelangte er durch Vermittlung von Erzbischof Hildebald (vor 787 - 818) nach Köln, denn das in der Nähe von Salzburg gelegene Kloster Mondsee wurde ihm 803 unterstellt (vgl. Bischoff II 1980, S. 9).

INHALT: **1r - 145v** Briefe des Hieronymus (CSEL 54 - 56) in der Reihenfolge Nr. 18, 20, 15, 16, 18, 21, 14, 52, 53, 58, 55, 60, 101, 102, 103, 111, 110, 56, 105, 67, 104, 112, 70, 6, 8, 9, 12, 73, 125, 118 (PL 30, Epist. suppl. 42), 69, 109, 13, 54, 79, 57, 38, 39, 23, 24, 64, 27, 40, 45, 4, 5, 17, 124, 77 (PL 30, Epist. suppl. 39). **1r** Is 6,2 - 9 *S(ex ale uni et sex ale alteri)*; Brief 18 *E(t factum est in anno)*. **29v** Leer. **108v** Leer. **145v** Vier Zeilen mit rubriziertem Titel *Beatus Hieronimus in sententiis generalibus ait. T(errenae omnia servando)* (Zitate aus Gregor d.Gr., Moralia in Iob, und Hieronymus, In Jonam). **145v - 146v** Predigt des Pseudo-Augustinus (?) zum Paulusbrief an Timotheus *M(odo cum divina)* (vielleicht Bearbeitung von Sermo 177 des Augustinus, vgl. CCL 104, 975f., und Sermo 36, CCL 41, 434 - 443). **147r - 193r** Briefe des Hieronymus Nr. 107, 11, 25, 76, 108, 22, 65. **193r** Paschasius, Brief an den

Abt Martinus *D(omino venerabili)* (Prolog; vgl. PL 73, 1026). **193r - 197v** Briefe des Hieronymus Nr. 117 und 44. **198r - 199r** Anonymer Text (Homilie?) über die Selbsterkenntnis des Menschen *Incipiunt sacre sententie Teudoni. P(erfectus homo est qui se ipsum cognoverit)* (vgl. Collegeville 1995, S. 60). **199r - 201r** Anonymer Text *Item de carnis superbiae. A(d te manum meam extendo quem sentio)* (vgl. PL 99, 274 - 78; PL 40, 1074 - 76). **201r - 203v** Brief über einen Büßer *A(d te surgo hominem)* (Pelagius, Pseudo-Hieronymus; PL 30, 242A - 245A). **203v - 214v** Briefe des Hieronymus Nr. 121, 1, 83, 84, 72. **215r - 224r** Ambrosius Autpertus, Predigt zum Marienfest *S(i subtiliter a fidelibus)* (CCM 27B, 985 - 1002). **224r** Hrabanus Maurus, Hymnus zur Geburt Christi *G(ratuletur omnis caro)* (PL 112, 1658). **225r - 250v** Predigten des Caesarius von Arles und Pseudo-Caesarius (CCL 103 u. 104; s. Collegeville 1995, S. 61 f.) Nr. 4, 6 (PL 67, 1056 C) und (Pseudo?-)Eucherius Lugdunensis (PL 50, 841B), 7 - 10, 233, 235 - 236, 234 Kap. 1 - 3, 155 - 156, Eucherius Lugdunensis, Predigt 3, und Faustus Rhegiensis, Predigt 7 (PL 50, 836C/ PL 58, 883C), homilia ined. (CCL 104, S. 989), 11. **225r** Predigt 4 *I(nter reliquas beatitudines).* **251r - 265v** Briefe des Hieronymus Nr. 14, 52, 58.

PERGAMENT: 265 Blätter; 304 x 192 mm; Lagen 1 - 2^{8}, 3 - 6^{6+2}, 7 - 9^{8}, 10^{6+2}, 11^{8}, 12^{4}, 13^{2}, 14^{8}, 15^{6}, 16^{8}, 17^{6+2}, 18 - 19^{8}, 20^{6}, 21^{6+2}, 22 - 24^{8}, 25^{4}, 26 - 27^{6+2}, 28 - 30^{8}, 31^{4-2}, 32^{8}, 33^{10}, 34 - 35^{8}, 36^{8-1}; römische Zahlenreklamanten *I - XXXIIII*; Schriftspiegel 230 x 140 mm; Blindliniierung mit Versalienspalten innen (6 mm) und außen (8 mm); einspaltig; 31 - 34 Zeilen. AUSSTATTUNG: Lateinischer Text in braun-schwarzer karolingischer Minuskel, rubriziert; Auszeichnungsschrift: Uncialis und Capitalis; zwei- und mehrzeilige Initialen in Tinte und Hohlkapitalen mit Minium-Füllung, beide z. T. mit reduzierter vegetabiler Ornamentik oder Umrandung durch rote Punkte (183r). EINBAND: Pergament mit Streicheisenlinien über Pappe (Mitte 18. Jh.). PROVENIENZ: Möglicherweise von Erzbischof Hildebald, der gleichzeitig Abt in Mondsee war, in Salzburg für Köln bestellt (Bischoff II 1980, S. 9; CLA VIII 1959, 1146); Darmstadt 2031. LITERATUR: Hartzheim 1752, S. 24, 31, 45 – Jaffé/Wattenbach 1874, S. 11 f., 105 f. – Decker 1895, S. 226, 243, Nr. 73 – Frenken 1923, S. 54 – CLA VIII 1959, Nr. 1146 – Bischoff 1966, S. 90 – Bischoff II 1980, S. 93 f., Nr. 22 – G. Morin, Sancti Caesarii Arelatensis Sermones, Turnhout 1953 (CCL 104), S. 975 f. – Handschriftencensus 1993, S. 592 f., Nr. 996 – Collegeville 1995, S. 58 ff. A.A.

Gregor der Große: Briefe

11 Dom Hs. 92

Köln, frühes 9. Jh.

Die Handschrift enthält die sog. Sammlungen C und P der Briefe Gregors des Großen (590 - 604). Sie vereint 253 der insgesamt 854 Briefe des Papstes, die im Lateran zu Rom nach Regierungsjahren geordnet vierzehn Bände füllten. Die Sammlungen C (200 Briefe) und P (51 Briefe) wurden nach Norberg (1982, S. VII) schon im 8. Jahrhundert zu einem Komplex vereint. Neben Codex F.v.I.7 der Öffentlichen Bibliothek von St. Petersburg, der im 8. Jahrhundert in Corbie entstand, zählt die Kölner Dom Hs. 92 zu den frühesten und bedeutendsten Textzeugen der Ausgabe. Jones (1971, S. 20 f.) wies die Handschrift der mittleren Regierungszeit (801 - 810) Erzbischof Hildebalds (vor 787 - 818) zu. Sie sah Hand B (3v - 94v) auch in Dom Hs. 74 tätig (Jones 1971, Nr. 12). Die mit einem Herzblatt am unteren und einem doppelt gelappten Blatt am oberen Schaft geschmückte Initiale *I(ndicante)* (160r) bildet neben den Titeln den einzigen Schmuck des Buches.

INHALT: **1r** Besitzvermerk in Capitalis *CODEX SANCTI PETRI SUB PIO PATRE HILDIBALDO B SCRIPTUS.* Das B in hellerer Tinte, von anderer Hand. Federproben: *CODEX SANCTI PETL CO* (9. Jh.). *Deus ingree fons animarum et aquisociun(-)/ elementa tibi dum simul ac moribundun/ -bundun.* **I. 1v - 4r** Verzeichnis der 253 Briefe Gregors aus den Sammlungen C und P (vgl. CCL 140, VI - IX) *INCIPIUNT CAPITULA EPISTOLARUM BEATI GREGORII URBIS ROMAE PAPAE. I Venantio episcopo Lunensi – CCLIII Gregorius Sereno episcopo Maxiliensi.* **II. 4r - 169r** Die 253 im Verzeichnis angekündigten Briefe der Sammlungen C und P (ed. in der Reihenfolge nach Indiktionen in: CCL 140 und 140A). **4r** *I GREGORIUS VENANTIO EPISCOPO LUNENSI. FRATERNITATIS vestrae adeo nobis – CCLIII GREGORIUS SERENO* etc. ... *societaba filiorum tuorum animis non inducas.* 4r *F(RATERNITATIS).* **134v** Am Ende der 16. Lage am linken

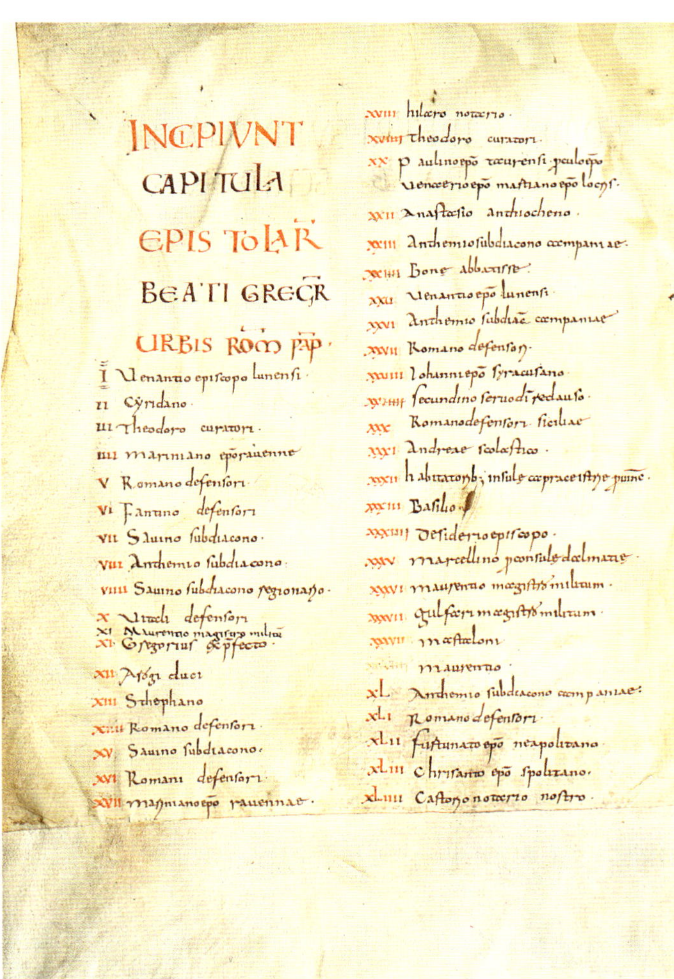

11 Dom Hs. 92, 1v/144r

Rand das Wort *GUNTHEL*, nach Jaffé/Wattenbach (1874, S. 35) vielleicht ein Schreibername (?). **144r** Brief Gregors des Großen an die Königin Brunhilde von Burgund. **160r** *I(Ndicante)*: Blattschmuck. **III. 169v - 180v** Verzeichnis von insgesamt 221 Briefen, 200 aus der Sammlung C und 21 aus der Sammlung P *INCIPIUNT CAPITULA I Venancio Lunensi episcopo – CCXXI Universis episcopis perallam provinciam . . . sub plurimis exemplis divinae scripturae prohibet. EXPLICIUNT CAPITULA.*

PERGAMENT: 180 Blätter; 350 x 248 mm; Lagen 1^{4}, 2^{2}, $3\text{-}23^{8}$, 24^{8-1}; Zahlenreklamanten von *II - XII* und *I - X*; XI und XII fehlen; Schriftspiegel 245 x 170 mm; Blindliniierung mit Versalienspalten (5 - 11 mm); Zirkeleinstiche auf den äußeren Seitenlinien des ersten Bifolium jeder Lage; 2 Spalten von innen 72 und außen 68 mm Breite und 30 mm Abstand; 27 Zeilen. AUSSTATTUNG: Lateinischer Text in dunkelbrauner bis schwarzer karolingischer Minuskel; Titel in Capitalis und Uncialis in Minium und Tinte; Brieftitel unzial in Minium; Briefanfänge mit Majuskeln in Tinte und Minium, kapital und unzial; 160r kleinere Initiale *I(Ndicante)* mit Blattschmuck. EINBAND: Pergament mit Streicheisenlinien über Pappe (Mitte 18. Jh.). PROVENIENZ: Nach dem Besitzvermerk auf 1r gehörte die Handschrift zur Dombibliothek Erzbischof Hildebalds. Darmstadt 2092. LITERATUR: Hartzheim 1752, S. 50 – Jaffé/Wattenbach 1874, S. 35 – P. Ewald, Studien zur Ausgabe des Registers Gregors I., in: NA 3 (1878), S. 466f., 483f. – Decker 1895, S. 226, 240, Nr. 55 – P. Ewald/L.M. Hartmann, Gregorii I Papae Registrum Epistolarum, Bd. II/III, Berlin 1899 (MGH Epp. Greg. II/III), S. XIVf., XVII – Jones 1971, S. 20f., 44f., Taf. XLVIIIf. – A. Tangl, Schrifttafeln zur Erlernung der lateinischen Paläographie, Hildesheim 1976, Taf. 48 – Kottje 1980, S. 32, Anm. 321 – D. Norberg, S. Gregorii Magni Registrum Epistularum, Turnhout 1982 (CCL 140 - 140A), S. VIIf. – Schmitz 1985, S. 140 – Mayr-Harting 1992, S. 47f. – Handschriftencensus 1993, S. 627, Nr. 1055 – Collegeville 1995, S. 177f. A.v.E.

Johannes Chrysostomus: 34 Predigten zum Hebräerbrief

12 Dom Hs. 41

Köln, um 800

Wie Cassiodor (um 485 - um 580) in seinen 'Institutiones' (I, 8: PL 70, 1120) bemerkt, ließ er die 34 Predigten des Johannes Chrysostomus (um 350 - 407) zum Hebräerbrief des Apostels Paulus von einem "sehr wortgewandten" Mann namens Mutianus vom Griechischen in das Lateinische übertragen. Ihn nennt auch das Explicit in Dom Hs. 41 (175r) als Übersetzer. Die Predigten heben jeweils mit Zitaten aus dem Hebräerbrief an, sie erklären die biblischen Verheißungen des Gottessohnes, dessen Priesterschaft im Neuen Bund und den Weg des Glaubens seit den Zeiten der Urväter. In der Textüberlieferung steht die Handschrift möglicherweise mit jenen Büchern in Verbindung, die Papst Leo III. (795 - 816) Karl dem Großen (768 - 814) nach Aachen übersandte. Unter ihnen waren einige Neuübersetzungen aus der Bibliothek Cassiodors wie beispielsweise die Chrysostomus-Predigten des Mutianus (vgl. Bischoff, Hofbibliothek 1981). Dom Hs. 41 wäre dann ein typisches Beispiel für die Beziehungen Kölns zum Aachener Hof Karls zur Zeit Erzbischof Hildebalds (vor 787 - 818).

Nach Jones (1971, S. 17f.) wurde die Handschrift von neun Händen in der Frühzeit des Dom-Skriptoriums (vor 800) geschrieben, was Lowe (CLA VIII 1959, 1147) und Bischoff (Panorama 1981) bestätigen. Der führende Schreiber ist offenbar A (2r - 16v), von dessen Hand der Titel und das *M(ulti)* (2r) stammen. Das *q(ua propter)* (35r, 51r), *T(erra)* (56v), *C(apitulum)* (75v), *S(upradictis)* (92v) usw. zeigen deutlich, daß die Schreiber die Initialen jeweils selbst zeichneten. Ihr Stil ist relativ einheitlich und fußt auf der westfränkisch-merowingischen Kunst, allerdings ohne deren Fisch-Vogel-Motive zu übernehmen. So gesehen ist das Werk ein wichtiges Zeugnis der buchkünstlerischen Entwicklung der Kölner Hildebald-Zeit.

Er sagt: Fremde und Gäste waren die Heiligen. Wie und in welcher Weise? Wo behauptet denn Abraham, daß er Fremder und Gast sei? Vielleicht finden wir auch, daß er selbst dies behauptet hat. Jedenfalls hat David gesagt: Weil ich ein Fremder bin, wie auch alle meine Väter, die in Zelten wohnten, die Grabstätten für Geld erwarben. Sicherlich waren sie Fremde, so daß sie nicht einmal Plätze hatten, wo sie die Ihren begraben konnten. Was also soll das heißen? Sagten sie etwa, daß sie Fremde in jenem Land seien, welches in Palaestina liegt? Keineswegs, sondern auf der ganzen Welt. Und dies zu Recht: denn nichts sahen sie dort als solches an, was sie als ihr Eigentum haben wollten, sondern alles als fremdes und anderen gehöriges. Sie wollten die Rechtschaffenheit pflegen, auf dieser Welt aber gab es Ungerechtigkeit in großer Menge, und deshalb war für sie alles fremd. Bis auf wenige hatten sie keinen Freund, keinen Vertrauten. Wie, fragt er, waren sie Fremde? Sie hegten keinerlei Sorgfalt gegenüber den Dingen dieser Welt. Und dies zeigten sie nicht nur mit Worten, sondern auch durch ihre Taten und Werke.

119r (aus der 24. Homilie); A.A.

INHALT: **1r - 1v** Vorliniert, ursprünglich leer. **1r** Oben: Titel *Johannes Constantinopolitanus Episcopus super epistolam ad hebreos* (14. Jh.); Mitte: Hildebaldvermerk *CODEX SANCTI PETRI SUB PIO PATRE HILDEBALDO ARCHIEPISCOPO SCRIPTUS* (das *SCRIPTUS* 16. Jh.); unten: Titel *Johannes constantinopolitanus episcopus super epistolam in Hebreos* (15. Jh.). **1v** Leer. **2r - 175r** Die vierunddreißig Sermones (Predigten) des hl. Kirchenvaters Johannes Chrysostomus zum Brief des Apostels Paulus an die Hebräer in der Übertragung des Mutianus (PL 63, 257 - 456; Text zeigt gegenüber der Edition Varianten). **2r** *INCIPIT COMMENTARIUM IOHANNIS EPISCOPI CONSTANTINOPOLITANE IN AEPISTOLA BEATI PAULI APOSTOLI AD HEBRAEOS. INCIPIT PRIMUS SERMO.* I *M(ultifariae et multimodis)* (Hebr 1,1). **7r** II *q(ui est splendor gloriae et character substantiae)* (Hebr 1,2). **14r** III *E(t cum iterum introducit)* (Hebr 1,6). **22v** IV *N(on enim angelis subdidit orbem futurum)* (Hebr 2,5). **29v** V *N(on enim quemquam angelorum)* (Hebr 2,16). **35r** VI *q(ua propter sicut dicit spiritus)* (Hebr 3,7). **40r** VII *F(estinemus igitur intrare)* (Hebr 4,11). **45v** VIII *O(mnis quippe pontifex)* (Hebr 5,1). **51r** VIIII *q(ua propter intermittentes)* (Hebr 6,1). **56v** X *T(erra enim venientem)* (Hebr 6,7). **61r** XI *A(brahae namque promittens Deus)* (Hebr 6,13). **65v** XII *h(ic enim Melchisedech rex)* (Hebr 7,1). **69v** XIII *S(i ergo consummatio sacerdotum)* (Hebr 7,11). **75v** XIIII *C(apitulum autem in his quae dicuntur talem habemus pontificem)* (Hebr 8,1). **80r** XV *h(abuit quidem et prius iustificationes culturae)* (Hebr 9,1). **85r** XVI *E(t propterea testamenti novi mediator est)* (Hebr 9,15). **88v** XVII *N(on enim in manufacta sancta intravit Christus)* (Hebr 9,24). **92v** XVIII *S(upradictis quia sacrifitium et oblationem)* (Hebr 10,8). **96r** XVIIII *h(abentes ergo fratres fidutiam)* (Hebr 10,19). **99v** XX *S(ponte namque pecantibus nobis)* (Hebr 10,26). **104r** XXI *R(ememoramini in pristinos dies)* (Hebr 10,32). **108r** XXII *F(ide intellegimus perfecta esse saecula)* (Hebr 11,2). **113r** XXIII *F(ide Noe araculo accepto)* (Hebr 11,7). **118r** XXIIII *I(uxta fidem defuncti sunt)* (Hebr 11,13). **122r** XXV *F(ide obtulit Abraham Isaac cum temptaretur)* (Hebr 11,17). **127r** XXVI *F(ide futuris benedixit Isaac Iacob)* (Hebr 11,20). **132v** XXVII *F(ide celebravit pascha et sanguinis efusionem)* (Hebr 11,28). **138r** XXVIII *C(ircuierunt in melotis, in pellibus caprinis)* (Hebr 11,37). **148r** XXVIIII *N(ondum sanguinem restitistis adversus peccatum)* (Hebr 12,4). **153r** XXX *O(mnis autem disciplina in praesenti videtur)* (Hebr 12,11). **157r** XXXI *P(acem sectamini cum omnibus)* (Hebr 12,14). **161r** XXXII *N(on enim accestis ad tractabilem)* (Hebr 12,18). **166r** XXXIII *P(ropterea regnum inconcussibile suscipientes)* (Hebr 12,28). **170v** XXXIIII *O(baudite*

INCIPIT COMENTARIU(M)
IOHANNIS EPI CONSTANTI
NOPOLITANE IN AEPISTOLA
BEATI PAULI APOS AD HEBRAEOS

INCIPIT PRIMUS SERMO

Multifariae et multis modis olim ds locutus est patribus nris in prophetis in nouissimis aut diebus locutus est nobis in
filio suo. que constituit heredem omniu
per quem et saecula fecit. Uere ubi
habundauit dilectum superhabundauit et gratia. hoc etiam hic in ipso exordio scribens ad haebreos beatus paulus insinuat
Quoniam enim ualde adflicti erant multis malis quae illis acciderunt
et ualde contriti possent ex hoc putare se inferiores ceteris ac
miseriores existere. Ostendit eis per hoc eos magis maiore gratia
infruitu ut ex ipso sermonis initio erigeret auditores. propterea ergo dicit. Multifariae et multis modis olim locutus est ds pa-
trib; nris in prophetis. In nouissimis aut diebus locutus est
nobis in filio suo. Quare in prophetis nominans semet ipsum contra non posuit. Siquidem eis tanto maior
extabat quanto eis fuerat dispensatio commissa
praeclarior. Sed non hoc fecit. Quid ita primu quidem q

12 Dom Hs. 41, 2r

praepositis vestris subditi estote) (Hebr 13,17). **174v/175r** *EXPLICIT CEMMENTARIUM IOHANNIS EPISCOPI CONSTANTINOPOLITANI IN EPISTOLAM PAULI AD EBREOS EX NOTIS AEDITUM POST EIUS OBITUM A CONSTANTINO PRESBITERO ANTIOCHENO ET TRANSLATUM DE GRECUM* (!) *IN LATINUM A MUCIANO SCOLASTICO DEO GRATIAS AMEN.* **175v** Leer. PERGAMENT: 175 Bätter; 338 x 241 mm; Lagen 1-9^{8}, 10^{8-1} (Blatt zwischen 77 und 78 fehlt), 11^{8}, 12^{8-1} (Blatt zwischen 93 und 94 fehlt), 13^{6+2} (98f. Einzelblätter), 14-21^{8}, 22^{4}, 23^{6-1}; Zahlenreklamanten von *I-XII* (XIV-XVI fehlen); Schriftspiegel 254 x 184 mm; Blindliniierung mit Versalienspalten (7 mm); Zirkelstiche auf allen äußeren Seitenlinien; einspaltig; 29 Zeilen. AUSSTATTUNG: Lateinischer Text in brauner karolingischer Minuskel, rubriziert; Haupttitel in Capitalis, abwechselnd mit Minium und Tinte, ebenso Incipit und Explicit einiger Sermones, die meisten jedoch mit Tinte und unzial; zu einigen Anfängen der Sermones größere Majuskeln in Tinte, zu anderen Initialen in Federzeichnung, teilweise mit vegetabilem Blattschmuck. EINBAND: Pergament mit Streicheisenlinien über Pappe (Mitte 18. Jh.). PROVENIENZ: Nach dem Eintrag auf 1r gehörte die Handschrift zur Dombibliothek Erzbischof Hildebalds. Darmstadt 2037. LITERATUR: Hartzheim 1752, S. 25 – Jaffé/Wattenbach 1874, S. 13 – Decker 1895, S. 226, 242, Nr. 70 – CLA VIII 1959, 1147 (Lit.) – Jones 1971, S. 17f., 33ff., Nr. 4, Taf. XIIff. – Bischoff, Hofbibliothek 1981, S. 152, Anm. 17 – Bischoff, Panorama 1981, S. 9, Anm. 15 – Schmitz 1985, S. 140 – Handschriftencensus 1993, S. 596, Nr. 1002 – Collegeville 1995, S. 68f. A.v.E.

13 Dom Hs. 171

Predigtsammlung Erzbischof Hildebalds

Köln, 1. Viertel 9. Jh.

Bereits Morin (1953, S. CIVf.) befaßte sich im Zuge seiner Edition von Predigten des Caesarius, Bischof von Arles (502 - 542), mit Dom Hs. 171. Er hatte den Codex schon 1900 untersucht, als die Dombibliothek in einem der beiden Domtürme (in una turrium ecclesiae maioris) aufbewahrt wurde. Morin fand darin damals dreizehn Predigten, die er Caesarius zuschrieb. Ihm folgte Étaix (1988, S. 125ff.) mit einer Analyse sämtlicher Texte, die er nun 'Le sermonnaire d'Hildebold de Cologne' (Das Predigtbuch des Hildebald von Köln) betitelte. Es handelt sich seiner Meinung nach um eine Sammlung, die weniger zum Gebrauch in der Liturgie des Kirchenjahres, als vielmehr zur Vorbereitung auf die persönliche seelsorgerische Tätigkeit des Oberhirten entstand. Außer den Predigten des Caesarius, der als Galliens großer Volksprediger galt, finden sich in der Sammlung Stücke von Augustinus (354 - 430; bzw. Pseudo-Augustinus), Auszüge aus der von Rufinus von Aquileia (um 345 - 411/412) nach Eusebios von Kaisareia (260/264 - 339/340) ins Lateinische übersetzten Kirchengeschichte, Texte von Sulpicius Severus (gest. nach 406), Gregor dem Großen (590 - 604), Isidor von Sevilla (um 560 - 636) und anderen.

Einrichtung, Schrift und Schmuck waren für Jones (1971, S. 21f.) Kriterien zur Einordnung der Handschrift in die Spätzeit (um 811 - 818) des Kölner Hildebald-Skriptoriums. Daß das Werk tatsächlich als Hildebalds persönliches, außerliturgisches Homiliar betrachtet werden darf und daß der Erzbischof sich mit Predigtsammlungen besonders befaßte, legt das von ihm bei Abt Lambert von Mondsee bestellte Homiliar Codex 1014 der Österreichischen Nationalbibliothek (Wien) nahe (Barré 1961, S. 78ff.). Es enthält die Dedikation *In gloriam et honorem Dei atque Hildebaldi archiepiscopi ego Lantpertus abbas hunc librum rogabo scribere* – Zu Ruhm und Ehre Gottes und Erzbischof Hildebalds bat ich, Abt Lambert, dieses Buch zu schreiben.

Einmal, er besaß schon nichts mehr als seine Waffen und ein einziges Soldatengewand, da begegnete ihm im Winter, der ungewöhnlich rauh war, so daß viele der eisigen Kälte erlagen, am Stadttor von Amiens ein notdürftig bekleideter Armer. Der flehte die Vorübergehenden um Erbarmen an. Aber alle gingen an dem Unglücklichen vorbei. Da erkannte der Mann voll des Geistes Gottes, daß jener für ihn vorbehalten sei, weil die andern kein Erbarmen übten. Doch was tun? Er trug nichts als den Soldatenmantel, den er umgeworfen, alles Übrige hatte er ja für ähnliche Zwecke verwendet. Er zog also das Schwert, mit dem er umgürtet war, schnitt den Mantel mitten durch und gab die Hälfte dem Armen, die andere legte er sich selbst wieder um. Da fingen manche der Umstehenden an zu lachen, weil er im halben Mantel ihnen verunstaltet vorkam. Viele

INHALT: **1r** Besitzvermerk in etwas unsicherer Capitalis des 9. Jhs. und Federproben *CODEX SANCTI PETRI SUB PIO PATRE HILDIBALDO SCRIPTUS*; der Name Hildebald war in *HILBALDO* verschrieben, das fehlende *DI* vom Schreiber alsdann eingefügt; darunter in sicherer karolingischer Minuskel der Titel *omelia excerpta diversorum patrum de diebus festis;* derselbe Titel als Federprobe darübergekritzelt. **1v** Vorliniiert, leer. **2r - 97r** Festtagshomiliar mit 50 Homilien, vorwiegend zum Weihnachts- und Osterfestkreis sowie zu verschiedenen Heiligenfesten (Étaix 1988, 116 - 121): 1. **2r** Vigil zu Weihnachten (Caesarius); 2a. **3v** Weihnachten (Pseudo-Bonifatius); 2b. **4v** Weih-

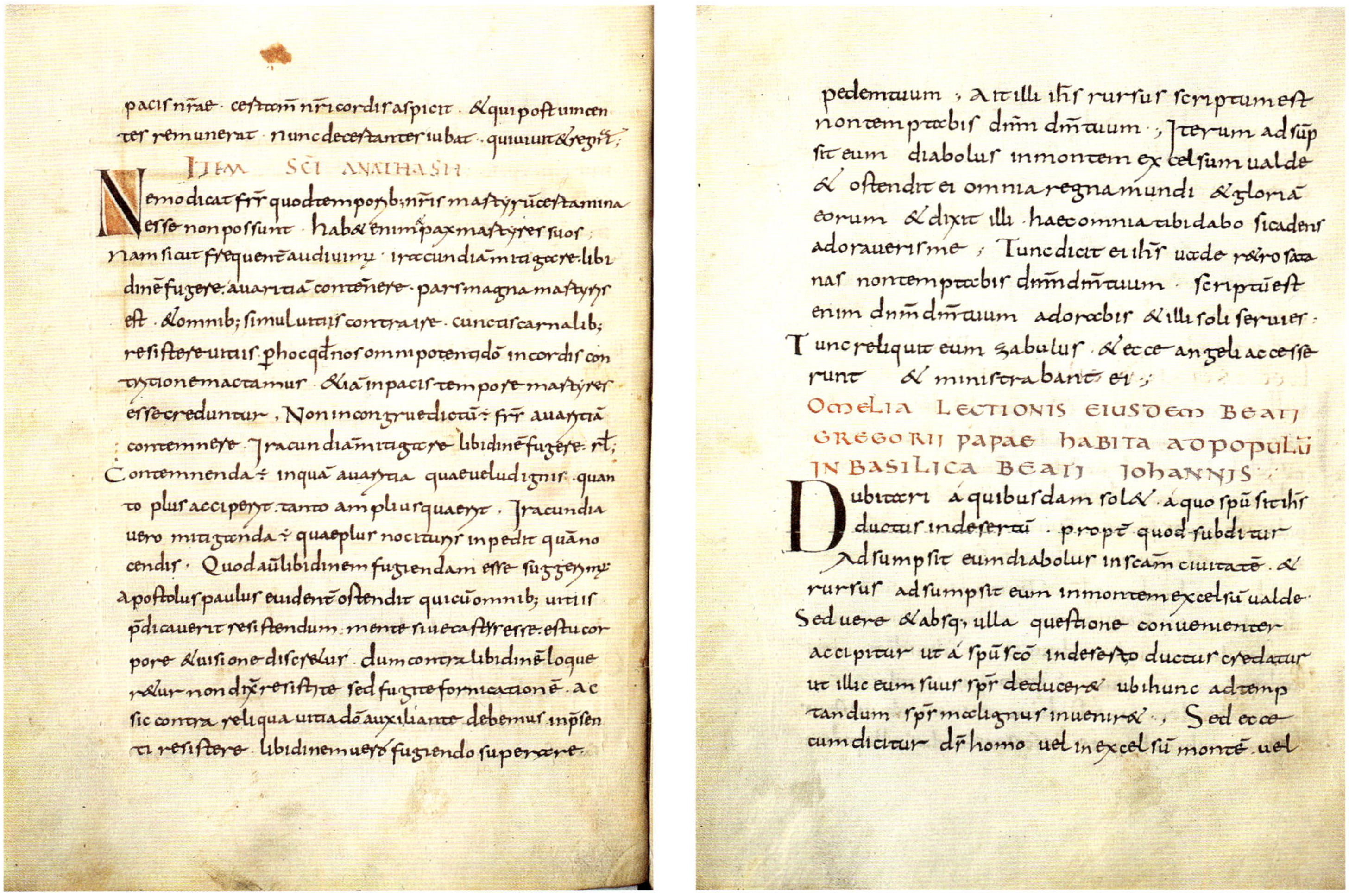

13 Dom Hs. 171, 44v/52v

aber, die mehr Einsicht besaßen, seufzten tief, daß sie es ihm nicht gleich getan und den Armen nicht bekleidet hatten, zumal sie bei ihrem Reichtum keine Blöße befürchten mußten. In der folgenden Nacht nun erschien Christus mit jenem Mantelstück, womit der Heilige den Armen bekleidet hatte, dem Martinus im Schlafe. Er wurde aufgefordert, den Herrn genau zu betrachten und das Gewand, das er verschenkt hatte, wieder zu erkennen. Dann hörte er Jesus laut zu der Engelschar, die ihn umgab, sagen: "Martinus, obwohl erst Katechumen, hat mich mit diesem Mantel bekleidet."

87v - 88r (Sulpicius Severus, Aus dem Leben des hl. Martinus); P. Bihlmeyer OSB, 1914

nachten (Rufinus/ Gregor von Nazianz); 3. **5v** Weihnachten (Gregor d. Gr.); 4a. **7v** Weihnachten (Anonymus); 4b. **11v** Weihnachten (Gregor d. Gr.); 5. **12r** Stephanus (Caesarius); 6. **15r** Johannes Ev. (Isidor); 7. **17v** Unschuldige Kinder (Anonymus); 8. **20v** Silvester (Exzerpt der Vita Silvestri); 9a. **22v** Oktav von Weihnachten (Gregor d. Gr.); 10. **24v** Epiphanie (Gregor d. Gr.); 11. **27v** Epiphanie (Pseudo-Faustinus); 12. **31v** Epiphanie (Isidor/ Caesarius); 13a. **33r** Mariä Verkündigung (Isidor); 13b. **34v** Maria als Stella maris (Walahfried Strabo?); 14. **35r** Cathedra Petri (Isidor-Exzerpt u. a.); 15. **37r** Conversio Pauli (Hieronymus); 16. **39r** Polykarp von Smyrna (Rufinus/ Eusebius); 17. **42r** Anastasius (Caesarius); 18. **44v** Anastasius (Caesarius); 19. **47r** Aschermittwoch (Caesarius); 20. **49r** Fastenzeit (Caesarius); 21. **52r** Fastenzeit (Gregor d. Gr.); 22. **55r** Fastenzeit (Gregor d. Gr.); 23. **56v** Fastenzeit (Pseudo-Augustinus); 24. **57v** Fastenzeit (Isidor); 25. **59v** Gründonnerstag (Caesarius); 26. **60v** Karfreitag (Isidor/ Gregor d. Gr.); 27. **63r** Ostersonntag (Pseudo-Augustinus); 28. **65v** Ostersonntag (Gregor d. Gr.); 29. **67v** Ostersonntag (Gregor d. Gr.); 30. **69r** Oktav von Ostern (Gregor d. Gr.); 31. **74v** Oktav von Ostern (Maximus/ Caesarius); 32. **77v** Sermo sancti Faustini über das Jüngste Gericht und die Ewige Glückseligkeit (Caesarius); 33. **79r** Jakobus d.J. (Rufinus/ Eusebius); 34a. **81r** Jakobus d.Ä. (Rufinus/ Eusebius); 34b. **82r** Enthauptung Johannes d. T., Martyrien Jakobus d. Ä. und des Petrus (mit Zitat der Psalmen 32 und 33); 35. **82v** Die Sieben Makkabäerbrüder (2 Makk 7, 1-42); 36 a. **84v** Enthauptung Johannes d. T. (Hieronymus mit Zusätzen); 36b. **86r** Enthauptung Johannes d. T. (Rufinus/ Eusebius); 37. **86v** Martin (Auszüge aus: Sulpicius Severus, Vita sancti Martini); 38a. **89v** Augustinus über Mt 11,12: "... bis heute wird dem Himmel Gewalt angetan."; 38b. **90v** Über Ps 116,15 "Kostbar ist in den Augen des Herrn das Sterben seiner Frommen." (Eusebius Gallicanus); 39. **91v** Augustinus über Ps 136,1: "Danket dem Herrn, denn er ist gütig." (Pseudo-Augustinus); 40. **94r** Augustinus über den Apostel Paulus (Caesarius); 41a. **95v** Augustinus über den Apostel Paulus, die Vorteile des Lesens der Hl. Schrift; 41b. **95v** Augustinus über das Buch der Psalmen (Pseudo-Augustinus, Vorrede zu den Psalmen); 41c. **96v** Vom Beten und Lesen der Hl. Schrift (Isidor); **97v** Leer.

PERGAMENT: 97 Blätter; 285 x 210 mm; Lagen 1-6^8, 7^6, 8-12^8, 13^{6-3}; mit Zahlenreklamanten von *I-XIII* am Ende, *XIII* am Anfang der Lage; Schriftspiegel 205 x 147 mm; Blindliniierung mit Versalienspalten (9 mm); Zirkelstiche auf allen äußeren Seitenlinien; einspaltig; 22 Zeilen. AUSSTATTUNG: Lateinischer Text in dunkelbrauner karolingischer Minuskel; rubrizierte Titel in Uncialis; zu den Perikopenanfängen und den Anfängen der Predigten Majuskeln in

Tinte, teilweise mit gespaltenen, manchmal minium-gefüllten Buchstabenkörpern, das *P(ropitia)* (2r) ebenso umpunktet. EINBAND: Pergament mit Streicheisenlinien über Pappe (Mitte 18. Jh.). PROVENIENZ: Nach dem wohl originalen Besitzvermerk (1r) gehörte der Band zur Bibliothek Erzbischof Hildebalds (vor 787-818). Darmstadt 2153. LITERATUR: Hartzheim 1752, S. 149 – Jaffé/Wattenbach 1874, S. 71f. – Decker 1895, S. 226f., 241, Nr. 62, 250, Nr. 98 – Frenken 1923, S. 54 – G. Morin, Sancti Caesarii Arelatensis sermones, Turnhout 1953 (CCL 103/I), S. CIVf. – H. Barré, L'Homiliaire carolingien de Mondsee, in: RevBén 71 (1961), S. 79f. – Jones 1971, S. 21f., 57f. – R. Étaix, Le sermonnaire d'Hildebold de Cologne, in: RechAug 23 (1988), S. 115ff. – Handschriftencensus 1993, S. 666, Nr. 1125. A.v.E.

Homiliar

14 Dom Hs. 172

Mondsee, um 800

Die Dombibliothek verdankt den Besitz dieses karolingischen Homiliars mit großer Wahrscheinlichkeit der Doppelfunktion ihres großen Wohltäters Hildebald (vor 787-818), der als Erzbischof von Köln und zugleich Abt des Klosters Mondsee in Österreich Bücher dieses klösterlichen Skriptoriums nach Köln bringen ließ (vgl. Dom Hs. 35, Kat. Nr. 10). Die Gebrauchshandschrift ist von mindestens drei verschiedenen Händen verfertigt, die deutliche Kennzeichen des oberösterreichischen Stils tragen (Bischoff II 1980, S. 34). Als Teil einer verbreiteten Predigtsammlung zu einzelnen Lesungen aus den Paulusbriefen berücksichtigt sie – dem Kirchenjahr folgend – die praktischen Belange der Meßfeier. Von der Geburt Christi bis zum Fest der Himmelfahrt fand der Leser auf der Suche nach Anregungen für seine Predigten in dieser Handschrift den jeweiligen Passus aus den Paulusbriefen; darüber, durch die rote Tinte gut markiert, die Bezeichnung des Tages im Kirchenjahr und darunter schließlich eine selten mehr als zwei bis vier Blätter umfassende Homilie. Jeweils auf dem Rand neben den Homilien sind in roter Tinte Namenskürzel der angeblichen Verfasser vermerkt (Augustinus, Hieronymus, Isidor usw.). Ein Inhaltsverzeichnis listet im Vorspann die von 1 bis 65 durchgezählten Tage auf, zu denen Predigten enthalten sind. In anderen Bibliotheken existieren zwar weitere Abschriften dieser Predigtsammlung (s. Barré 1962, S. 8), die auch die hier fehlenden Texte zum zweiten Teil des Kirchenjahres umfassen, die einzige gedruckte Ausgabe erschien aber in Köln im Jahr 1535, besorgt von J. Gymnicus.

INHALT: **1r-3v** Verzeichnis der Predigten *INCIPIUNT CAPITULA.* **3v** Am Ende der Liste Angabe über den Umfang innerhalb des Kirchenjahrs *IN NOMINE DOMINI NOSTRI Iesu Christi ... ID EST PARS PRIMA.* **4r-132r** Homilien zu den Lesungen bzw. Apostelbriefen der Sonn-, Feier- und Wochentage des Kirchenjahres von Weihnachten bis Christi Himmelfahrt (1-65) (CPPM 3874-3899, 2279, 3899b-3933). **4r** *IN VIGILIA NATALIS DOMINI DE NONA.* Lesung aus dem Römerbrief *F(ratres. Paulus servus Christi Iesu)* und Augustinus zugeschriebene Homilie *G(audeamus fratres et laetemur).* **127v** Vigil von Christi Himmelfahrt. Predigt über die Lesung aus dem Epheserbrief. **130r-132r** Ende mit der Beda Venerabilis zugeschriebenen Homilie zur Lesung aus der Apostelgeschichte zum Fest Christi Himmelfahrt *Lucas evangelista fratres mei qui unum – pervenire mereamur. Per Dominum nostrum ... saecula saeculorum. Amen.* **130r** *L(ucas).* **132v** Federproben, u. a. *ABIRISE.*
PERGAMENT: 132 Blätter; 288 x 176 mm; Lagen 1^{4-1}, 2^{8-2}, $3\text{-}10^{8}$, 11^{4}, $12\text{-}17^{8}$, 18^{8-1}; Schriftspiegel 210 x 113 mm; Blindliniierung mit Versalienspalten (11 mm); einspaltig; 20 Zeilen. AUSSTATTUNG: Lateinischer Text in mittelbrauner karolingischer Minuskel, rubriziert (z. T. fehlende Rubrizierung 88v, 90r, 92r); Auszeichnungsschrift: Capitalis Rustica, Uncialis sowie eine grobe Capitalis; zwei- und mehrzeilige Initialen in Tinte und Minium; große Initialen in Minium, Grün und Ocker mit vegetabiler Ornamentik. EINBAND: Pergament mit Streicheisenlinien über Pappe (Mitte 18. Jh.). PROVENIENZ: Möglicherweise von Erzbischof Hildebald nach Köln gebracht, der seit 803 auch Abt des Klosters Mondsee war; Darmstadt 2154. LITERATUR: Hartzheim 1752, S. 150 – Jaffé/Wattenbach 1874, S. 72 – H. Barré, Les homéliaires carolingiens de l'école d'Auxerre, Vatikanstadt 1962 (Studi e Testi 225), S. 6ff. – Bischoff II 1980, S. 11, 34, 94 – Handschriftencensus 1993, S. 667, Nr. 1126. A.A.

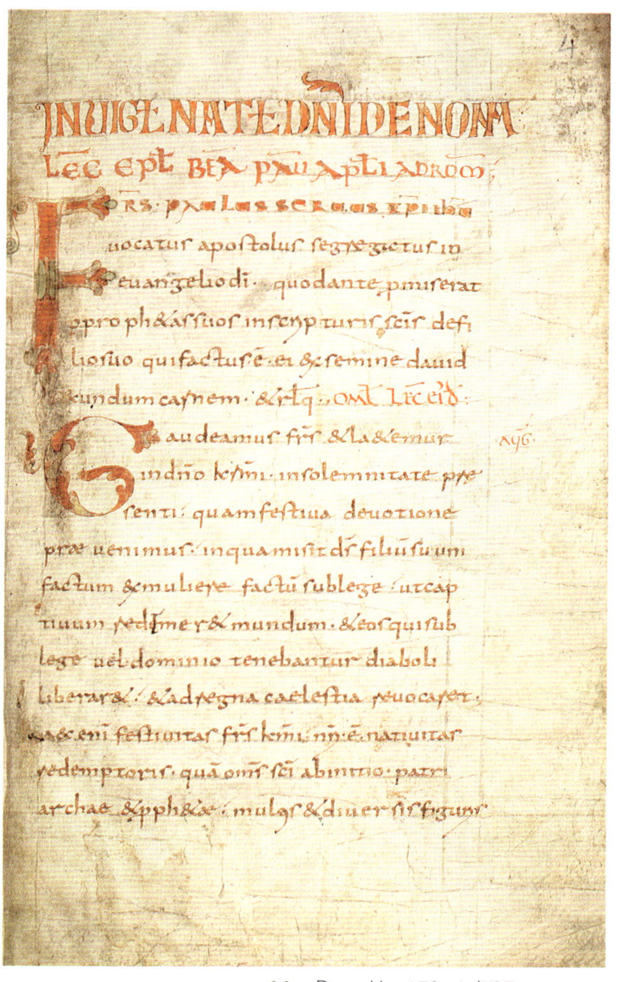

14 Dom Hs. 172, 4r/127v

15 Dom Hs. 165

Ermahnungen der Mönchsväter

Wende des 7. zum 8. Jh.

Die Textsammlung, die 'Vitas (!) patrum' oder 'Adhortationes sanctorum patrum', besteht aus fortlaufenden Kapiteln in Form von Frage und Antwort, Fragen von Mönchen an berühmte abendländische und orientalische Mönchsväter wie den hl. Antonius (251/252-356). Sie wurden in Griechisch verfaßt und vor der Mitte des 6. Jahrhunderts in Rom vom Diakon Pelagius in das Lateinische übersetzt. Dom Hs. 165 nimmt in der Textüberlieferung einen frühen Platz ein. Als Sammlung bringt sie zehn "Büchlein", von denen VI, VII und X nicht alle Kapitel enthalten (BHL 6527). In ihrer Anlage sind sie den 'Collationes' des Johannes Kassian (um 360-430/435) vergleichbar, deren Unterredungen mit den Mönchsvätern Ägyptens seit Benedikt von Nursia (um 480-gegen 560) im ganzen Abendland beliebt waren. Die ersten fünf Bücher handeln vom Aufbruch zum Mönchsleben, von (guten) Werken, vom Gehorsam, von der Selbstbesinnung, daß einer nicht (vorschnell) urteile, widerspreche oder murre (I, 22; 5r), von der Ruhe, der Zerknirschung, der Enthaltsamkeit und der Unkeuschheit. Die Bücher VI-X bringen Beispiele von der Armut, Geduld oder Tapferkeit, von Dingen, die man nicht zur Schau stellen, und von Menschen, die man nicht vorschnell aburteilen soll, und von der Zurückhaltung.

Schon Lowe (CLA VIII 1959, 1151) erkannte, daß die Handschrift während des Übergangs vom 7. zum 8. Jahrhundert in einem kontinentalen Skriptorium entstanden war, das stark unter insularem Einfluß stand. Typisch dafür sei die Textergänzung auf Folio 6v. Die Federproben (128v) stammen

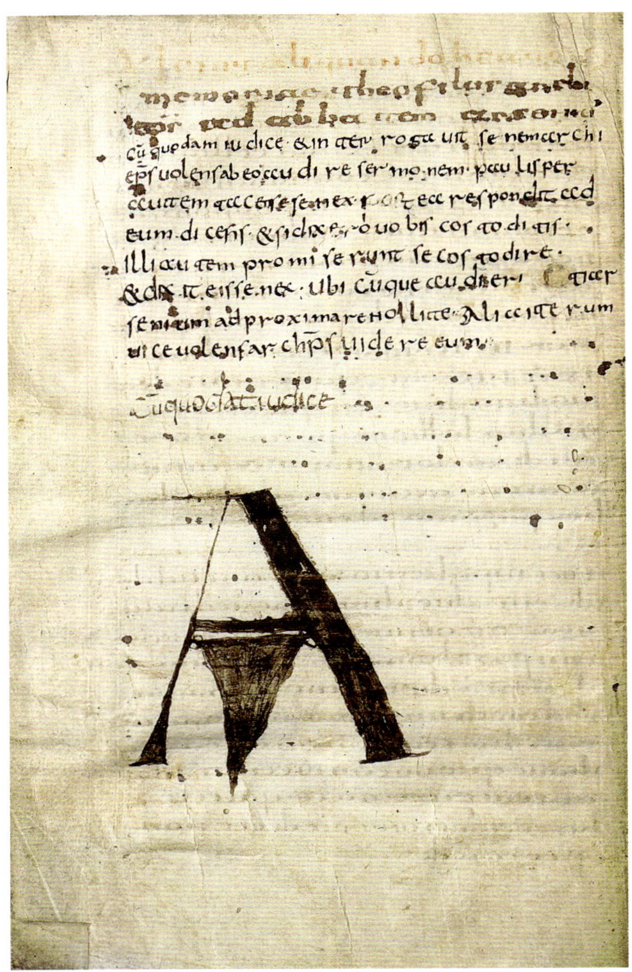

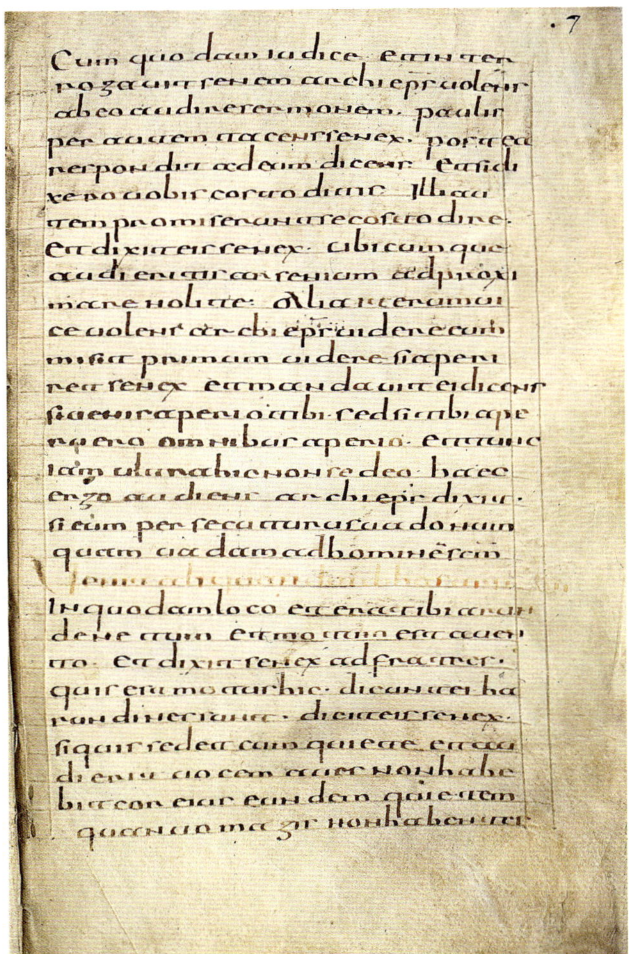

15 Dom Hs. 165, 6v/7r

Der Abt Antonius sprach: Wie Fische sterben, wenn sie sich zu lange auf dem Trockenen aufhalten, so ist es auch mit den Mönchen, die außerhalb ihrer Zellen herumbummeln oder Zeit mit weltlichen Menschen vertrödeln: sie werden von ihrem Ziel der Ruhe abgehalten. Deshalb müssen wir Zuflucht zu unseren Zellen nehmen, wie der Fisch zum Meer, damit wir nicht unsere innere Wachsamkeit vergessen, während wir draußen Zeit vertrödeln.
Weiter sprach er: Wer in der Einsamkeit weilt und ruht, hält sich aus drei Kriegen heraus: dem des Hörens, des Sprechens und des Sehens. Dagegen hat er einen einzigen Kampf zu fechten, nämlich den des Herzens. A.A.

seiner Meinung nach von merowingischen Schreibern. Die älteste erhaltene Handschrift der 'Vitas' oder 'Adhortationes' findet sich nach Batlle (1972, S. 17) in Ms. 9850 - 9852 der Bibl. Royale in Brüssel. Geschrieben wurde sie zwischen 695 und 697 in Saint-Médard (Soissons).

INHALT: **1r** Federproben: *A B P P;* Titel: *Codex 165*; *Patrum veterum verba edita katt.* (?) *Rosweido L.v° inter Vitas Patrum. Mutilus est codex, nam ex libellis vel capp. XVIII continet novem primos et decimi 68 apothegmata* (wohl 18. Jh.); gemeint ist die schon von Hartzheim (1752, S. 136) zitierte Ausgabe von Herbert Rosweyde vom Jahr 1678. **1v - 118r** Vitas (!) patrum oder Adhortationes sanctorum patrum – Ermahnungen der Mönchsväter (PL 73, 855A - 924B; zu den in den Handschriften gegenüber der Edition in PL 73 auftretenden Texterweiterungen vgl. Batlle 1971, S. 36 ff.). **1v - 62r** Buch I - V (De profectu, De quiete, De compunctione, De continentia, De fornicatione). **1v** *VITAS* (!) *PATRUM* (kaum mehr lesbar, wohl von jüngerer Hand am oberen Rand ergänzter Titel). *Incipiunt adhortationes patrum. Interrogavit quidam dicens: placebo Deum et respondens senex dixit – relatum est de transitu suo.* **62r - 66r** Buch VI *De eo, quod monachus nihil debeat possidere* (in Ausschnitten: VI, 1, 5 - 6, 8 - 11, 13 - 16, 20 - 22). *Frater quidam renuntians saeculo – quoniam ipsi cura est de nobis.* **66r - 81v** Buch VII. De patientia seu fortitudine (in Ausschnitten: VII, 1, 3 - 6, 8 - 9, 11 - 23, 25 - 47) *Sanctus abbas Antonius aliquando in heremo – et statim sanatum est cor ipsius.* **81v - 89r** Buch VIII. De eo quod nihil per ostensionem fieri debeat (vollständig VIII, 1 - 24) *Audivit aliquando abbas Antonius – te ipsum in pluribus facito.* **89r - 94r** Buch IX *De eo quod non oporteat iudicare quemquam* (Vollständig: 1 - 12). *Contigit aliquando fratri – gratias referentes.* **94r - 118r** Buch X *De discretione* (unvollständig: X, 1 - 68). *Dixit abbas Antonius: quia sunt quidem – sed da eis pignus suum et discedunt.* **118v** Ursprünglich leer. Verschiedene frühe Federproben *ABCD ... episcopus Hilduinus episcopus*, usw. Bischof Hilduin (842 - 849) von Köln, als Bischof nicht bestätigt, starb nach 871 als Abt von Saint-Denis.
PERGAMENT: 118 Blätter; 270 x 170 mm; Lagen 1^{8-1} (1 herausgeschnitten), $2\text{-}14^{8}$, 15^{1+6}; Schriftspiegel 217 x 124 mm; Blindliniierung mit Versalienspalten in den Lagen 1 - 8 (8 mm); Zirkelstiche gelegentlich zwischen den äußeren Seitenlinien; einspaltig; 29 Zeilen. AUSSTATTUNG: Lateinischer Text in brauner Halbunziale; Titel der

Bücher (selten vorhanden) und der Kapitel in Halbunziale mit Minium; sonst schmucklos. EINBAND: Pergament mit Streicheisenlinien über Pappe (Mitte 18. Jh.). PROVENIENZ: Aufgrund der Federproben (182v), die zweimal den Namen Bischof Hilduins erwähnen, wird die Handschrift schon in der ersten Hälfte des 9. Jahrhunderts zur Kölner Dombibliothek gehört haben. Wahrscheinlich handelt es sich um Nr. 87 (= Vitae patrum vol. II) im Katalog von 833 (Frenken 1923, S. 54). Darmstadt 2149. LITERATUR: Hartzheim 1752, S. 136f. – Jaffé/Wattenbach 1874, S. 65 – A. Wilmart, Le receuil latin des apophtegmes, in: RevBén 34 (1922), S. 1991 – E. Lesne, Histoire de la propriété ecclésiastique en France IV: Les livres, scriptoria et bibliothèques du commencement du VIIIe à la fin du XIe siècle, Lille 1938, S. 697 Anm. 7 – A. Siegmund, Die Überlieferung der griechischen christlichen Literatur in der lateinischen Kirche bis zum zwölften Jahrhundert, München 1949 (Abhandlungen der Bayerischen Benediktiner-Akademie 5), S. 137 – CLA VIII 1959, 1159 – C.M. Batlle, 'Vetera nova'. Vorläufige kritische Ausgabe bei Rosweyde fehlender Vätersprüche, in: J. Autenrieth/F. Brunhölzl (Hgg.), Festschrift Bernhard Bischoff zu seinem 65. Geburtstag, Stuttgart 1971, S. 34 – C.M. Batlle, Die 'Adhortationes Sanctorum Patrum' ('Verba Seniorum') im lateinischen Mittelalter. Überlieferung, Fortleben und Wirkung, Münster 1972, S. 17, 167 – Schmitz 1985, S. 138 – Handschriftencensus 1993, S. 663, Nr. 1119 – H.R. Drobner, Lehrbuch der Patrologie, Freiburg 1994, S. 317 (Lit.).

A.v.E.

Augustinus: Kleinere Werke

16 Dom Hs. 76

Burgund, um 800

Wie schon das Titelblatt (1v) erkennen läßt, handelt es sich um eine Sammlung sog. kleinerer Werke (Opera minora) des hl. Kirchenvaters Augustinus (354-430). Sie mögen zum Teil für kirchenrechtliche Fragen von Bedeutung gewesen sein, was wohl der Grund ihrer Zusammenstellung war: Die christliche Lehre (I), das Prinzip der Barmherzigkeit entsprechend dem Lukasevangelium (17,4) – "Wer vergibt, dem wird vergeben werden" – (II), vom Gut der Geduld (III), vom Glauben an das, was man nicht sieht (IV), vom Eheglück (V), von der Jungfräulichkeit (VI), von Ehe und Begierde (VII).

Jones (1971) sah die Handschrift von drei Haupt- und einigen untergeordneten Händen geschrieben und reihte sie als Nr. 1 in die Frühzeit des Kölner Hildebald-Skriptoriums ein. Dagegen schlug schon Wilmart (1938) das Skriptorium der in Burgund gelegenen Benediktiner-Abtei Flavigny als Ursprungsort vor. Die 719 gegründete Abtei verfügte schon zur Zeit Pippins III. (751/752-768) über ein Skriptorium. Lowe (CLA VIII, 1959, 1153) und Bischoff (Panorama 1981) folgten Wilmart. Bischoff nennt eine ganze Reihe von Werken, die "den für die Ornamentik dieser Handschriften bezeichnenden insularen Einfluß zeigen". Gemeint sind damit die in Vogel- und Hundsköpfen endenden Initialen und deren Umpunktung. Sie sind im Übergang vom 8. zum 9. und fortschreitenden 9. Jahrhundert für viele Skriptorien typisch, die unter insularem Einfluß standen.

Auch in den irdischen Angelegenheiten der Menschen gibt es Dinge, die geglaubt werden, ohne daß man sie mit den Augen wahrnehmen könnte. Der gute Wille eines Freundes wird nicht gesehen, dennoch vertraut man darauf. Das Wohlwollen sogar eines erprobten Freundes kann für uns nicht existieren ohne ein gewisses Maß an Glauben und Vertrauen. Es gibt Leute, die der Meinung sind, man müsse die christliche Religion statt sie anzunehmen dessetwegen auslachen, daß in ihr nicht etwas bewiesen wird, was man sehen kann, sondern vielmehr befohlen wird, an etwas zu glauben, das man nicht sehen kann. Es gilt nun also diese Leute zu widerlegen, die sich selbst für klug und vernünftig halten, wenn sie an unsichtbare Dinge nicht glauben wollen. Wir können zwar den menschlichen Augen nicht den Anblick des Göttlichen zeigen, an das wir glauben,

INHALT: **1r** Ursprünglich leer; Nachtrag (9. Jh.?): Fünfzehn nicht neumierte Antiphonen *Faciem meam non avertis* (Hesbert III, 1968, 1355) – *Allige Domine* (Hesbert III, 1968, 1355). **I. 1v-16r** Titelblatt mit Aufzählung der im Buch enthaltenen Werke und Augustinus, De disciplina christiana. **1v** Titelblatt *In hoc corpore continentur Sancti Augustini de disciplina christianorum sermo I, eiusdem de evangelio dimitte et dimittetur tibi sermo I, eiusdem de bono patientiae liber I, eiusdem de bono coniugali liber I, eiusdem de sancta virginitate liber I, eiusdem de nuptiis et concuscentia libri II.* **2r** *Locutus est ad nos sermo Dei – Conversi ad Dominum. amen* (CCL 46, 207-223). 2r *L(ocutus)*: Vogelkopf und Drachenleib. **II. 16r-22v** Augustinus, Sermo in Lucam 17,4. **16r** *Incipit de evangelio demitte et demittetur tibi – date et dabitur vobis* (PL 46, 997-1000; CPL 287). 16r *P(raeceptum)*: Hundskopf, aus dessen Rachen ein Blatt wächst. **III. 23r-33v** Augustinus, De patientia (Kap. 1-22; unvollständig) *Incipit eiusdem de bono pacienciae. Virtus animi quae patientia dictur – neque scribtura divina fallit aut fallitur, quae non solum* (CSEL 41, 663-674; CPL 308; vgl. Zycha 1900, XXIII f.). **IV. 33v-40v** Augustinus, De fide rerum quae non videntur (Kap. 3,6-10,45) *Cui dicitur. Pro patribus tuis nati sunt – aut mirabili pertinentia durus ac ferus nolit*

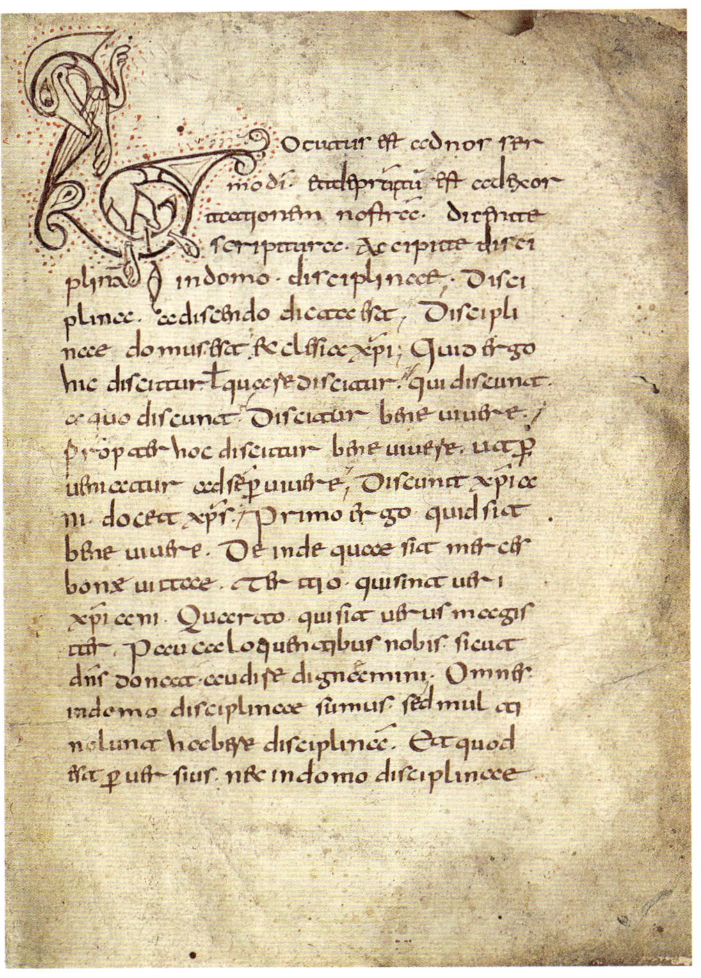
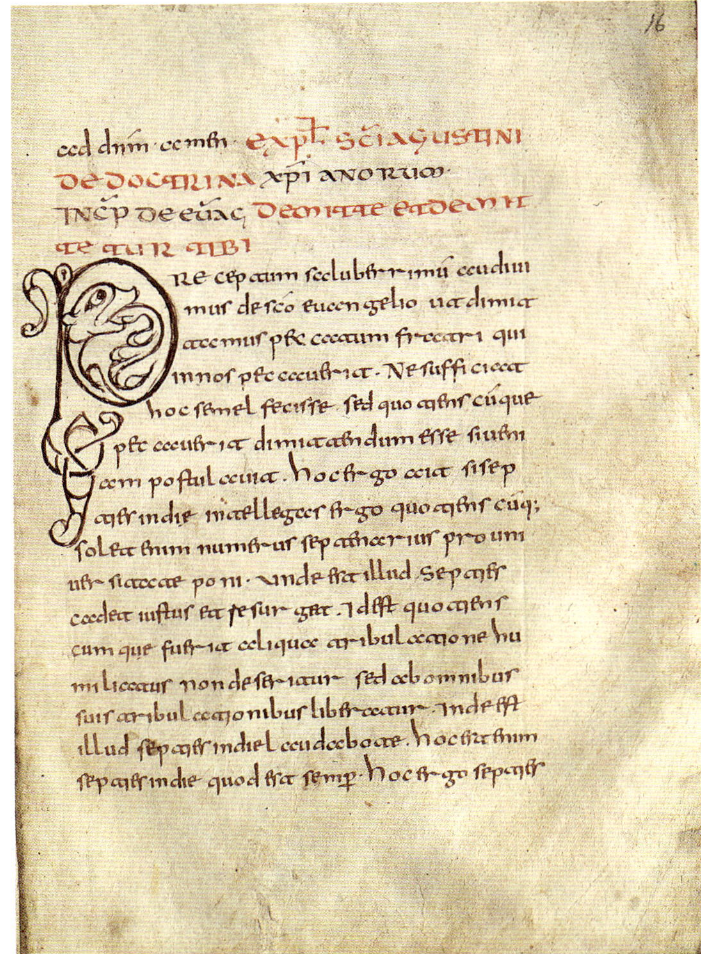

16 Dom Hs. 76, 2r/16r

aber wir können dem menschlichen Verstand beweisen, daß auch unsichtbare Dinge glaubenswert sind. Zunächst zu denen, die die Dummheit so sehr zu Sklaven der Augen ihres Körpers gemacht hat, daß sie meinen, alles, was sie nicht mit diesen wahrnehmen können, als unglaubhaft ablehnen zu müssen. Diese Leute müssen daran erinnert werden, wie viele Dinge, die sie mit diesen Augen nicht sehen, sie nicht nur glauben, sondern sogar tatsächlich wissen.
37r (Über den Glauben an Dinge, die man nicht sehen kann); A.A.

habere (PL 40, 176-180; vgl. CCL 46, 10,32-18,46). **V. 40v-77r** Augustinus, De bono coniugali *Incipit liber eiusdem de bono coniugali. Quoniam unusquisque homo humani generis – sedpropter Christum coniuges, propter Christum patres fuerunt* (CSEL 41, 187-230). 40v *q(uoniam)*: Hundskopf, aus dessen Rachen ein Blatt wächst. **VI. 77r-129v** Augustinus, De sancta virginitate *Incipit de sancta virginitate.* **77v** Am oberen Rand *hoc de libro retractionum XLVIII*; Rubrik: *De sancta virginitate liber unus. Postea quam scribsi de bono coniugali – de bono coniugali nuper edimus* (Retractiones 2,23: CCL 57, 109); Rubrik: *Librum de bono coniugali nuper edidimus. In quo etiam Christi virgines – ymnum dicite et superexaltate eum in saecula. amen* (CSEL 41, 235-302; Textlücken in Kap. 38: CSEL 41, 281-282). **VII. 129v-222r** Augustinus, Epistula ad Valerium comitem mit Einleitung und De nuptiis et concupiscentia. **129v** *Incipit de nuptiis et concupiscencia ad Valerium magistrum;* am oberen Rand Rubrik: *hoc de libro retractionum LXXXI de nuptiis et concupiscentia ad Valerium liber II . . . Scripsi duos libros ad illustrem virum – secundus autem sic inter miliciae tuae curas.* **130v** *Praefatio. Domino inlustri . . . Valerio Augustinus. Cum diu moleste haberem – missus ipse suo principio commodius intimavit* (CSEL 42, 209-210). **132r** *Incipit liber primus. Haeretici novi, dilectissime fili Valeri – aliquas horas lectioni vigilanter impendas* (CSEL 42, 211-252). **168r** Titel nicht ausgeführt. *Inter miliciae tuae curas – Id est salvator possit esse et ipsorum* (CSEL 42, 253-319). **222r/v** Verschiedenes und Antiphonen wie 1r (9. Jh.?). **222r** *Cum audisset populus; Coeperunt omnes turbae; Ante sex dies; Cum venerimus ante conspectu* (Hesbert III, 1968, 1983, 1840, 1437, 2042). Federproben: *godun, ello, theclun, athagar.*

PERGAMENT: 222 Blätter; 250 x 177 mm; Lagen 1-9^{8}, 10^{6}, 11^{6+2}, 12-14^{8}, 15^{8-1} (Textverlust), 16-27^{8}, 28^{8+1}; originale Zahlenreklamanten von *q II - q XVIIII* und *XX-XXVIII*; Schriftspiegel 163 x 114 mm; Blindliniierung; einspaltig; 20-21 bzw. 19 (Lage 19-20) Zeilen. AUSSTATTUNG: Lateinischer Text in dunkelbrauner karolingischer Minuskel, rubriziert; Titel in Uncialis, teilweise mit Minium; zoomorphe Initialen in Federzeichnung, mit Minium umpunktet. EINBAND: Pergament mit Streicheisenlinien über Pappe (Mitte 18. Jh.). PROVENIENZ: Darmstadt 2188. LITERATUR: Hartzheim 1752, S. 41 – Jaffé/Wattenbach 1874, S. 25 – K. Lamprecht, Initialornamentik des VIII. bis XIII. Jahrhunderts, Leipzig 1882, S. 26, Taf. 2a – Decker 1895, S. 225, 227, 232, Nr. 24, S. 249, Nr. 96 – J. Zycha, Sancti Augustini de fide et symbolo (etc.), Wien 1900 (CSEL 41), S. XXIII – C.F. Urba/J. Zycha, Augustinus opera, Wien 1902 (CSEL 42), S. XXIV – A. Goldbacher, Augustinus epistulae, Wien 1911 (CSEL 57), S. 293 – L. Gougaud, in: Rev Celt 38 (1920-1921), S. 2 – Frenken 1923, S. 53 – Jones 1929, S. 53ff., Nr. 1 – A. Wilmart, La tradition du sermon de S. Augustin sur la miséricorde publié par D. Fraia, in: RevBén 30 (1938), S. 300, Anm. 1 – CLA VIII 1959, Nr. 1153 – Bischoff 1966, S. 17 – M.P.J. Van den Hout, Sancti Aurelii Augustini Liber de fide rerum invisibilium, Turnhout 1969 (CCL 46), S. XXXV – R. Vander Plaatse, Sancti Aurelii Augustini Sermo de disciplina christiana, Turnhout 1969 (CCL 46), S. V, 204 – Jones 1971, S. 29 ff., Nr. 1, Taf. I ff. – Bischoff, Panorama 1981, S. 19, Anm. 66 – Schmitz 1983, S. 116 – Schmitz 1985, S. 138 – Handschriftencensus 1993, S. 614, Nr. 1035 – Collegeville 1995, S. 127 ff. A.v.E.

Kirchenrechtliche Sammelhandschrift

17 Dom Hs. 212

Südfrankreich, Ende 6. Jh.

Die Handschrift ist ein bedeutendes Zeugnis des Kirchenrechts und der Kirchenrechtsgeschichte, aber auch der spätantiken Buchkunst in ihrem Übergang zur mittelalterlichen. Die Textfolgen legen eine Entstehung dieser Sammlung von Konzilsbeschlüssen (Canones) und päpstlichen Schreiben zu Rechtsfragen (Dekrete) um die Mitte des 6. Jahrhunderts in Südgallien (Lyon, Marseille) nahe. Sie entstand offenbar im Anschluß an die gallischen Konzilien und darf zu jenen Werken gezählt werden, die der Reform der merowingischen Kirche dienen sollten. Diese Sammlungen mündeten alsdann in die 'Collectio vetus Gallica' ein, zu deren Vorläufern auch die Texte unserer Handschrift gehören (vgl. Mordek 1975, S. 37 ff.). Neben den auf der Ausgabe der Canones des Dionysius Exiguus (gest. vor 556) beruhenden Apostelcanones und den Canones der griechischen Konzilien (I) bringt die Sammlung Canones der Konzile Galliens sowie entsprechende Synodalschreiben und Dekrete (II - IV). Da der jüngste Text (115v ff.) die Canones des 5. Konzils von Orléans (549) enthält, kann die Sammlung nicht vor der Mitte des 6. Jahrhunderts entstanden sein. Zum Schluß bringt sie Akten und Schreiben, in denen der Monophysitismus verurteilt wird, den Eutyches von Konstantinopel (um 378 - nach 454) vertrat. Er gestand Christus nur eine Natur, nämlich die göttliche, zu. Diese Lehre wurde auf dem ökumenischen Konzil von Chalkedon (451) verurteilt, dessen Canones die Handschrift jedoch nicht enthält.

Im Namen Gottes denke daran, (mein) Sohn Hildebald, daß wir ein armes Leben führen.
1v (Federprobe); A.v.E.

An der Entstehung des Buches waren mehrere Schreiber beteiligt, die in der 2. Hälfte des 6. Jahrhunderts in Südgallien (Lérins, Lyon, Marseille) tätig gewesen sein müssen. Offensichtlich besorgten sie auch den Schmuck, der in einzelnen Lagen verschieden ausfällt. Die ersten elf Lagen enthalten keinen farbigen Initialschmuck. Er findet sich vorwiegend in den Canones usw. der gallischen Konzilien (Lagen 12 - 18). Die Initialen sind zumeist Unzialbuchstaben, die bisweilen als Kreuz ausgezeichnet werden (91r, 98r). Das wesentliche Element bei fast allen beteiligten Händen bildet der Fisch als Initialkörper. Er hat zwei Urformen, nämlich den Delphin (113r, 132v, 143r) und den gewöhnlichen Fisch (93v, 129v), dessen Kopf gleichsam zu einem Vogelschnabel zugespitzt ist. Eine besondere Auszeichnung erhält die Initiale *d(ilectissimo)* (123v) durch die Bekrönung mit dem Kreuz sowie einem an der Traube pickenden Vogel. Die in den Farben Minium, Grün, Gelb und Purpur gehaltene Füllung von Buchstabenkörpern der Titel und Initialen findet sich vorwiegend in den Lagen 17 - 20.

Bemerkenswert ist der Schmuck des Textendes in feiner Federzeichnung (167v). Auch hier zeigt sich am Vorkommen des Kantharos (Henkelvase), ähnlich wie am Delphin im Initialschmuck, das unmittelbare Entwachsen dieser Kunst aus der Spätantike. Der Kantharos findet sich zudem als Schmuck der Kapitelle der Doppelarkaden mit dem Papstkatalog (168v - 169r). Sie stammen ohne Zweifel von der Hand des Explicit-Schreibers, wodurch das "Diptychon" mit der Päpsteliste unmittelbar als zur Handschrift gehörig ausgewiesen ist. Daß Schreiber A die Liste mit Agapit I.

Alle auf der heiligen Synode der Kirche von Karthago versammelten Bischöfe ... haben beschlossen: Wer sagt, daß Adam, der erste Mensch, sterblich geschaffen worden sei, so daß er, mochte er sündigen oder nicht sündigen, im Leibe gestorben wäre, das heißt, den Leib verlassen hätte nicht aufgrund der Sünde, sondern aus Naturnotwendigkeit, der sei mit dem Anathema belegt.
19r (Kanon 1); P. Hünermann, 1991

Ebenso haben sie beschlossen: Wer leugnet, daß kleine Kinder gleich vom Mutterleibe weg zu taufen sind, oder sagt, sie würden zwar zur Vergebung der Sünden getauft, aber zögen nichts von einer Ursünde aus Adam auf sich, was durch das Bad der Wiedergeburt gesühnt werde, woraus folgt, daß bei ihnen die Form der Taufe "zur Vergebung der Sünden" nicht als wahr, sondern als falsch verstanden wird, der sei mit dem Anathema belegt. Denn was der Apostel sagt: "Durch einen Menschen ist die Sünde in die Welt gekommen (und durch die Sünde der Tod), und so ging sie auf alle Menschen über; in ihm haben alle gesündigt" (vgl. Röm 5,12), ist nicht anders zu verstehen, als wie es die überall verbreitete katholische Kirche immer verstanden hat. Wegen dieser Glaubensregel nämlich werden auch kleine Kinder, die bis dahin in sich selbst noch keine Sünde begehen konnten, deshalb wahrhaft zur Vergebung der Sünden getauft, damit in ihnen durch Wiedergeburt gereinigt werde, was sie sich durch Geburt zugezogen haben.
19r (Kanon 2); P. Hünermann, 1991

Ebenso haben sie beschlossen: Wer sagt, der Herr habe deswegen gesagt: "Im Hause meines Vaters gibt es viele Wohnungen" (Jo 14,2), damit man ersehe, daß es im Himmelreich irgendeinen mittleren oder einen irgendwo

(535-536) abbricht, muß nicht bedeuten, daß die Handschrift bereits in den dreißiger Jahren des 6. Jahrhunderts entstand. Wahrscheinlich reichte die Vorlage nur bis zu Agapit I. Das fehlende Todesdatum Gregors I. (590-604) dürfte ausschlaggebend für die Datierung der Handschrift gegen Ende des 6. Jahrhunderts sein.

Mit seinen Fisch- und Vogelformen, vor allem den Delphinvarianten, steht das Werk insofern am Beginn der merowingischen Buchmalerei, als es die Fische nicht zu Schematismen prägt, die mit dem Zirkel gezeichnet sind, sondern sie in natürlicher Form beläßt (z. B. 122r). Die Zierschrift des Titels *Z(osimus)* etc. leitet farblich mit dem Minium, Grün und Gelb zur nachfolgenden Initiale über (122r). Im 8. Jahrhundert werden die merowingischen Künstler in den Skriptorien von Chelles und Luxeuil mit diesen Farben und Formen in ihren künstlerisch bedeutendsten Handschriften (Rom, Bibl. Vaticana, Reg. lat. 316 und 317) eine hochstilisierte Buchkunst entwickeln. Unsere Handschrift enthält in Lage 16f. zudem Initialen, die Ansätze zu vegetabilem Schmuck zeigen (109r, 122v). Auch sie werden in merowingischen Handschriften (z. B. Rom, Bibl. Vaticana, Pal. lat. 493) zu vollkommenen Gebilden entwickelt (vgl. Zimmermann 1916, S. 168ff., Taf. 44ff.).

INHALT: **I. Ir-IIv** und **1r-27v** Canones früher griechischer und lateinischer Konzilien, Novelle Valentinians III. (424-455). **Ir** Bibliotheksvermerk und Stempel. **Iv** Federproben: Beginn eines Kapitelverzeichnisses *I De ordinatione episcopus* (!) *et ceterum* (9. Jh.); zudem: *dinminationi, In Dei nomen Hildibaldus memor* (?) *esto* (?) *fili quoniam pauperes vitam gerimus* (9. Jh.); Zeichnung eines Vogels von derselben Hand. **IIr/v** Unter Doppelarkaden Inhaltsverzeichnis des gesamten Buches (unvollständig) endend mit *LXX Can. Grangensis* (!). **1r** Prolog des Dionysius Exiguus *INCIPIT PROLOGUS DE CANONIBUS SANCTORUM APOSTOLORUM. d(omino venerando mihi patri Stephano)* (Maassen 576; Strewe 1; CCL 85, 39-40). **1v** Kapitelverzeichnis und Canones des Apostelkonzils (Maassen 576; Turner I, 9-32; Strewe 2,1-10,23). **7r** Metrische Vorrede, Kapitelverzeichnis, Canones, Glaubensbekenntnis und Unterschriften des ökumenischen Konzils von Nikaia I. (325) (Maassen 8ff., 576; Turner I, 104-143; Strewe 24,14-31,6). **14r** Canones des Konzils von Sardika (343) (Maassen 50ff., 576; Turner I, 452-560; Strewe 61,20-70,8). **14v-16r** Tironische Noten auf den Seitenstegen (Schmitz 1983). **19r** Acht Anathemata des Konzils von Karthago (418) gegen den Pelagianismus und die Disziplinarstatuten (Maassen 169, 577; PL 67, 217-219). **26v** Valentinian III., Novelle 17 *S(upraestio paganis)* (Maassen 326, 577). **27r** Valentinian III., Novelle 16 *De primatibus ecclesiae catholicae* (Maassen 326, 577). **II. 28r-69v** Canones und Synodalschreiben der gallischen Konzilien mit den Unterschriften der Teilnehmer. **28r** Synodalschreiben an Silvester I. (314-335) und Canones des 1. Konzils von Arles (314) (Maassen 188, 577; CCL 148, 9-17). **30v** Canones des Konzils von Nîmes (394) (Maassen 191, 577; CCL 148, 50-51). **31v** Canones des Konzils von Orange (441) (Maassen 193, 577; CCL 148, 78-87). **34v** Canones des Konzils von Vaison (442) (Maassen 193, 577; CCL 148, 96-101). **37r** Canones des Konzils von Orléans (511) (Maassen 204, 578; CCL 148 A, 4-14). **40r** Schreiben und Canones des Konzils von Valence (374) (Maassen 190f., 578; CCL 148, 37-41). **41r** Canones des Konzils von Agde (506) (Maassen 202ff., 578; CCL 148, 192-212; 217). **48v** Schreiben Innozenz I. (402-417) an das Konzil von Toledo (404) *Saepe me et* (Maassen 243, 578; Mansi III, 1066; Wurm 276). **51v** Canones des Konzils von Epaon (517) (Maassen 204f., 578; CCL 148A, 24-37). **55v** Canones des Konzils von Riez (439) (Maassen 192f., 578; CCL 148, 63-72). **57r** Schreiben des 1. Konzils von Valence (374) an Klerus und Volk von Fréjus (Maassen 578; CCL 148, 44-45). **57r** Canones des 2. Konzils von Arles (442-506) (Maassen 194ff., 578f.; CCL 148, 114-125). **59r** Symmachus (498-514) an Bischof Caesarius von Arles *Hortator nos* (Maassen 579; Mansi VIII, 212; Wurm 276). **60r** Canones des 4. Konzils von Arles (524) (Maassen 205, 579; CCL 148A, 43-45). **61r** Canon des Konzils von Carpentras (527) (Maassen 206, 578; CCL 148A, 48-49). **61v** Canones des 2. Konzils von Vaison (529) (Maassen 207, 579; CCL 148A, 78-80). **62v** Gennadius von Marseille (gest. 492/505) *Definitio ecclesiasticis ordinis dogmatum. Credimus unum esse* (Maassen 351, 579; PL 20, 979-1000). **III. 70r-81r** Decretales der Päpste von Siricius (384-398) bis Coelestin I. (422-432). **70r** Innozenz I. an Bischof Exuperius von Toulouse (405) *Consolenti tibi* (Maassen 244, 579; Wurm 65, 277; Jaffé/Wattenbach 1885, 45). **72v** Innozenz I. an Rufus und die makedonischen Bischöfe (414) Kap. I *Magna me gratolatio* (Maassen 245, 579; Wurm 69, 277; Jaffé/Wattenbach 1885, 46). **73r** Kap. 2-6 *Item alia auctoritas Innocentii papae* des Dekrets *Magna me gratulatio* (vgl. Maassen 579). **74r** Zosimus (417-418) an Bishof Hesychius von Salona (418) *Exegit delictio* (!) (Maassen 579; Wurm 70, 138f.; Jaffé/Wattenbach 1885, 50). **75v** Coelestin I. an die Bischöfe von Apulien und Kalabrien (429) *Nulli sacerdotum* (Maassen 579, Wurm 70, 138f., 277; Jaffé/Wattenbach 1885, 55). **76r** Coelestin I. an die Bischöfe der

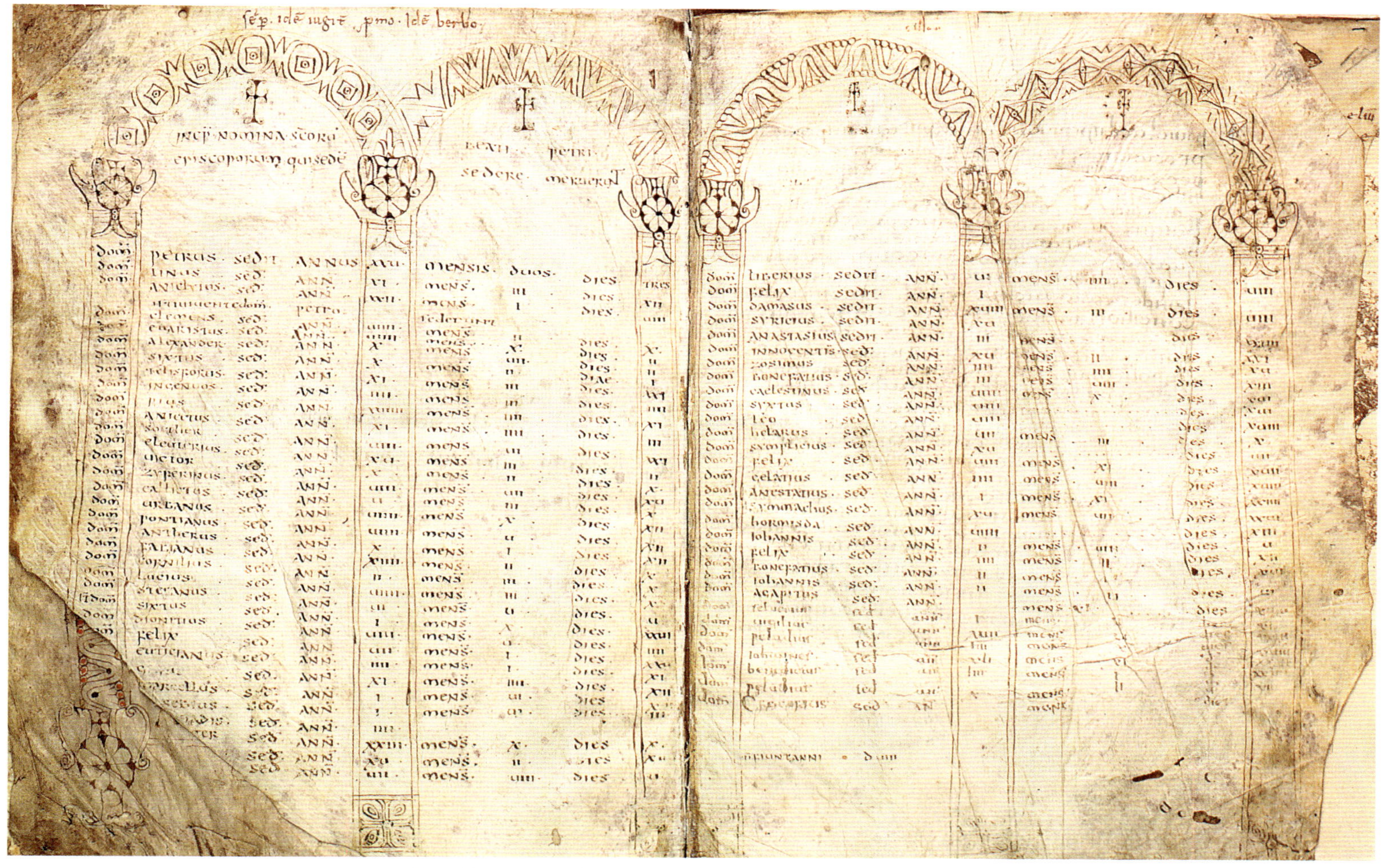

17 Dom Hs. 212, 168v/169r

befindlichen Ort geben wird, wo die kleinen Kinder selig leben, die ohne Taufe aus diesem Leben geschieden sind, ohne die sie nicht in das Himmelreich, welches das ewige Leben ist, eintreten können, der sei mit dem Anathema belegt. Denn da der Herr sagt: "Wer nicht wiedergeboren wurde aus Wasser und Heiligem Geist, wird nicht in das Himmelreich eintreten" (Jo 3,5): welcher Katholik wird da zweifeln, daß derjenige ein Genosse des Teufels sein wird, der nicht verdiente, Miterbe Christi zu sein? Wer nämlich nicht auf der rechten Seite steht, wird ohne Zweifel auf die linke geraten.

19r (Kanon 3); P. Hünermann, 1991

Provinzen Vienne und Narbonne (429) *Ordinatus vero quosdam* (Maassen 580; Wurm 277; Jaffé/Wattenbach 1885, 55). Das Stück ist ein Teil des Dekrets *Cuperemus quidem* (428). **77r** Siricius an Bischof Himerius von Tarragona (385), 2. Teil *De his vero non incongruae* (Maassen 580; Wurm 122f., 277; Jaffé/Wattenbach 1885, 40). **80v** Innozenz I. an Bischof Victricius von Rouen (404) *Etsi tibi* (Maassen 580; Wurm 64, 242f., 277; Jaffé/Wattenbach 1885, 44). 80v *I(NNOCENTIUS)*. **IV. 84r-131v** Canones vorwiegend gallischer Konzilien mit Unterschriften, Decretales und Schreiben an Persönlichkeiten Galliens. **84r** Damasus I. (366-384) an Paulinus von Nola (380) *d(ilectissimo fratri Paulino)* (unvollständig; Maassen 232, 580; Turner I, 294 und 284ff.; Jaffé/Wattenbach 1885, 38). **86r** Synodalschreiben und Canones des Konzils von Turin (401) (unvollständig; Maassen 191f., 580; CCL 148, 54-58). *SANCTA SYNODUS QUAE CONVENIT IN URBE TAURINALTIO. F(ratribus dilectissimis)*. **87r** Canones des 3. Konzils von Orléans (538) (Maassen 208, 580; CCL 148A, 114-128). Initialen: 79v *P(rimum)*, 89v *d(e)*, 90r *d(e)*, 90v *d(e)*, 91r *d(e)*, 91v *d(e)*, 92r *S(i quis)*, 93r *u(t)*, *q(uia)*, 93v *q(uia)*, *q(uodcirca)*: Fisch, *L(upus)*: Fisch. **94r** Canones des 4. Konzils von Orléans (541) (Maassen 209, 580; CCL 148A, 132-145). *IN XPISTI NOMINE INCIPIUNT CANONES AURILIANENSES*. 94r *C(um)*. Alle 38 Canones werden von Initialen eingeleitet. **100v** Canones des Konzils von Lyon (518-523) (Maassen 205, 581; CCL 148A, 39-41). **102r** Canones des 2. Konzils von Orange (529) (Maassen 206, 581; CCL 148A, 55-65). **102r-103v** *INCIPIUNT CANONES ARAUSICORUM*. Zu den Anfängen der Canones Initialen in Tinte, Buchstabenkörper mit Minium gefüllt. **107r** Kurzes Schreiben des 1. Konzils von Arles (314) an Silvester I. mit Canones (Maassen 188f., 581, Ed. 950-951). *d(omino)*: Delphin. **108r** Verzeichnis der Provinzen und Hauptstädte Galliens *NOTISIA PROVINCIA GALLIARUM vel Gallicanis* (Maassen 407f., 581) *d(e)*: zwei Fische. **109r** Kaiser Honorius I. (395-423) Constitutio *Saluberrima* (Maassen 316, 581). *F(actam)*. **110r** Kaiser Anastasius II. (496-498) Schreiben an die Bischöfe Galliens (498) *B(onum atque iucundum)* (Maassen 285, 581; Mansi VIII, 198; Jaffé/Wattenbach 1885, 96). **113r** Bischof Cyprian von Toulon an Bischof Maximus von Genf *Pervenit ad parvitatem* (Maassen 380, 581; MGH Epp. Merowingici et Karolini I/3, 434) *EXEMPLAR EPISTULAE CYPRIANI EPISCOPI ... d(omino)*: Delphin. **115v** Canones des 5. Konzils von Orléans (549) *INCIPIUNT CANONES AURELIENSES. A(d divinam)* (Maassen 209f., 581; CCL 148A, 148-161). **122r** Zosimus an die Bischöfe Galliens (417) (Maassen 248, 581; Mansi IV, 359; Wurm 278; Jaffé/Wattenbach 1885, 48) *Z(OSIMUS UNIVERSIS EPISCOPIS PER GALLIAS) ... P(lacuit)*: zwei Fische. **122v** Leo I. (440-461) an die Bischöfe Constantius, Armentarius etc. (450) *Lectis dilectionis* (Maassen 265, 581; Mansi VI, 76; Wurm 278; Jaffé/Wattenbach 1885, 64). *d(ilectissimis)*. **123v** Sym-

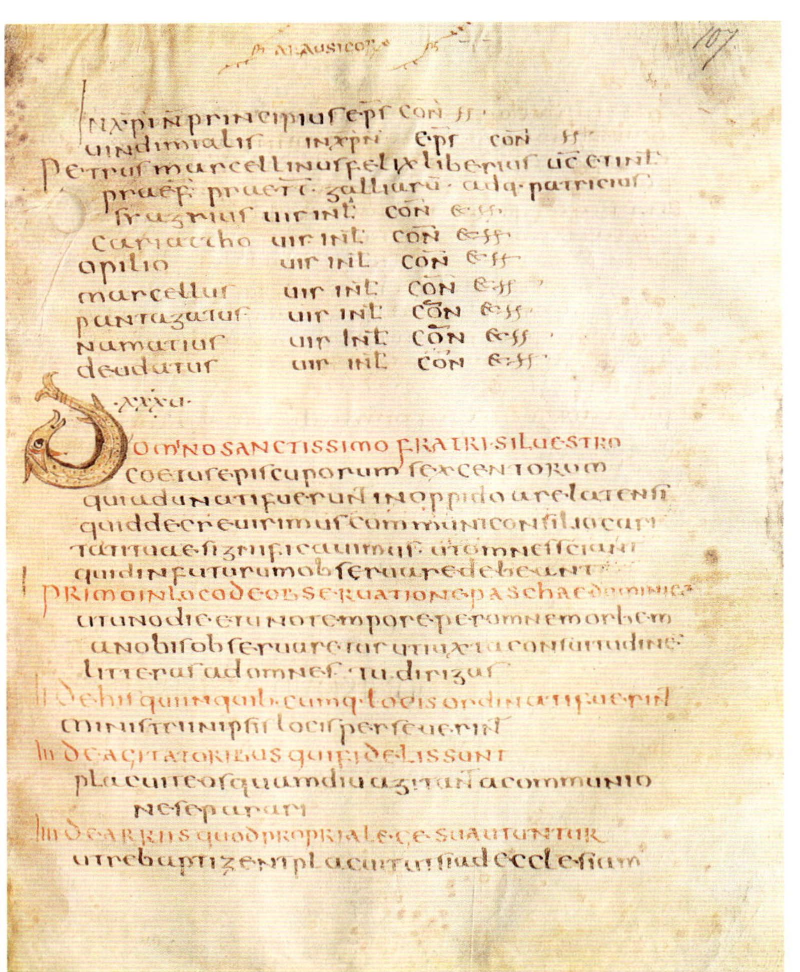

17 Dom Hs. 212, 107r/113r

machus an alle Bischöfe Galliens (513) *Sedis apostolicae* (Maassen 287, 582; Mansi VIII, 226; Wurm 278; Jaffé/Wattenbach 1885, 99). *d(ilectissimis)*: an einer Traube naschender Vogel und Kreuz als Bekrönung. **124v** Symmachus an Caesarius von Arles (514) *Qui veneranda* (Maassen 287, 582; Mansi VIII, 227; Wurm 278; Jaffé/Wattenbach 1885, 99f.). *d(ilectissimo)*. **125r** Canones des ökumenischen Konzils von Nikaia I. (325) in der verkürzten Fassung des Rufinus von Aquileia (um 345-411/412) mit metrischer Vorrede (Maassen 33f., 582; Turner I, 171-241; Wurm 278). **126v** Johannes II. (532-535) an Caesarius von Arles (534) *Caritas tua* (Maassen 297, 582; Mansi VIII, 809; Wurm 278; Jaffé/Wattenbach 1885, 113). *d(ilectissimo)*: Fischform. **127r** Siricius an Himerius von Tarragona (385) *Inter ceteris* (Maassen 582; Wurm 278; Jaffé/Wattenbach 1885, 40). **127r** Anfang des Synodalschreibens des 1. Konzils von Valence (374) (vgl. Maassen 582). **128v** Canones des Konzils von Riez (439) (vgl. 55v-57r; Wiederholung: Maassen 582). **129v** Caesarius von Arles, De monachis *Incipiunt capitula sancti Augustini de monachis et sanctimonialibus. M(emento uxoris Luth)* (Maassen 583; CCL 103, 558-559). **130v** Constitutio *Cum ad civitatem* des Konzils von Marseille (533) (Maassen 207, 583; CCL 148A, 85-86). *C(um)*: Fisch. **131r** Constitutio *Pervenit nos* des Ostgotenkönigs Theoderich (474-526) (Maassen 342, 583; Mansi VIII, 345). *INCIPIT PRAECEPTIO IMOLEX DATA AD GLORIOSISSIMO rege Theudoricho ... d(omituri)*: Fisch. **131v** Auszüge aus den Canones 4, 6, 7 und 8 des römischen Konzils von 502 (Maassen 583). **132r** Zosimus an Bischof Remigius (Maassen 249, 583, Ed. 955; Wurm 278; Jaffé/Wattenbach 1885, 50). **V. 132v-169r** Actio VII des Konzils von Konstantinopel (448); Schreiben gegen die Monophysiten, vor allem gegen Eutyches von Konstantinopel; Liste der Päpste. **132v** Akten der 7. Sitzung des Konzils von Konstantinopel (448) mit der Verurteilung des Monophysiten Eutyches (Maassen 138f., 583; vgl. Mansi VI, 503-504, 650). *INCIPIT DEFINITIO ADVERSUS EUTHYCEM. C(ongregata)*: Fisch. **135v** *FINIT GESTA SYNODI*. **136r** Schreiben des Bischofs Flavianus von Konstantinopel an Leo I. *Nulla res diaboli* (Maassen 368, 583). *INCIPIT EPISTULA FLAVIANI EPISCOPI CONSTANTIPOLITANI* (!) *AD LEONEM ... d(omino)*: Fisch. **137r** Leo I. an Bischof Flavianus (449) *Lecti dilectionis* (Maassen 261f., 583; Mansi V, 1365; Jaffé/Wattenbach 1885, 62). **143r** Leo I. an Rusticus, Ravennius, Venerius und die übrigen Bischöfe Galliens (452) *Impletis per misericordiam* (Maassen 266f., 583; Mansi VI, 185; Jaffé/Wattenbach 1885, 67). *d(ilectissimis)*: Fisch. **144r** Leo I. an Kaiserin Pulcheria (414-453), Zu den Irrtümern des Monophysitisten Eutyches (449) *Quantum praesidii* (Maassen 262, 584; Mansi V, 1401; Jaffé/Wattenbach 1885, 62). **147r** Leo I. (440-461) an Bischof Julianus von Kos (449) über die Irrtümer des Eutyches *Licet per nostros* (Maassen 263, 584; Mansi V, 1415; Jaffé/

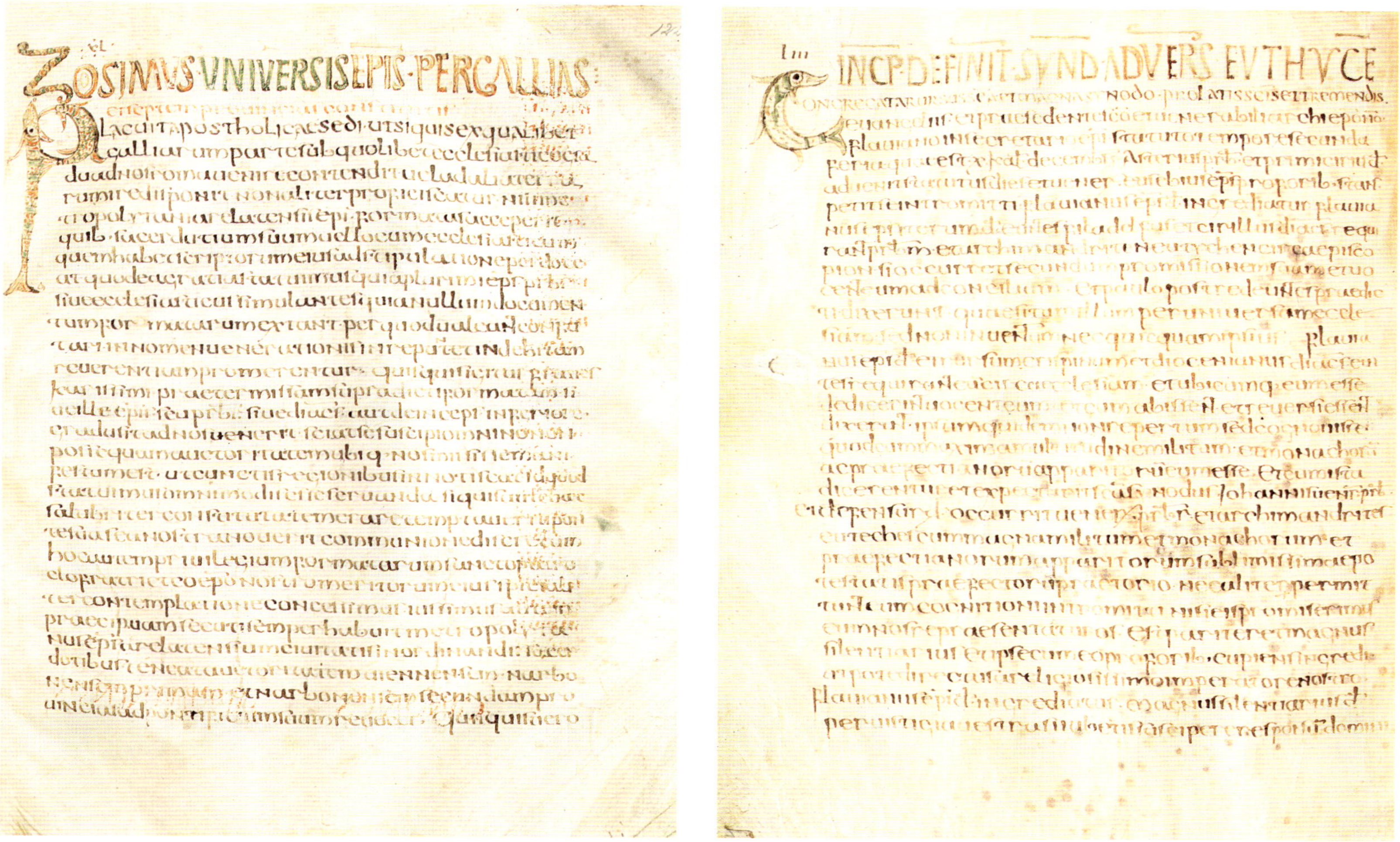

17 Dom Hs. 212, 122r/132v

Wattenbach 1885, 63). *L(icet)*: Kreuz. **149r** Leo I. an Klerus und Volk von Konstantinopel (450) über die Irrtümer der Manichäer *Licet de his* (Maassen 264, 584; Mansi VI, 58; Jaffé/Wattenbach 1885, 64). **152v - 153r** Leo I. an Kaiser Leo I. (457 - 474) (458) über die Inkarnation des Gottessohnes *Promisisse* (Maassen 270f., 584; Mansi VI, 351; Jaffé/Wattenbach 1885, 74). **152v** *INCIPIT EPISTULA LEONIS AD LEONEM IMPERATOREM CONTRA EUTICHEN. LEO LEONI AUGUSTO.* **153r** *P(romisisse)*: zwei Fische. **159r** Canones des ökumenischen Konzils von Konstantinopel (381) in der Version des Pseudo-Isidor (Maassen 96ff., 584; Turner 406 - 420). **160r** Canones der Konzilien von Ankyra (317), Neokaisareia (zwischen 314 und 325) und Gangra (340/341) in der Version des Pseudo-Isidor (Maassen 96ff., 584; Turner II, 54 - 114). **160r** Ankyra (Maassen 71ff., 929ff.; Turner II, 54 - 115). **163v** Neokaisareia (Turner II, 118 - 140). **165r** Gangra (Turner II, 174 - 210). Initialen: 167r *S(i quis)*: Fisch, 167v *q(uemquem)* und *S(i quis)*: Fisch- und Entenform. **167v** *EXPLICIT LIBER CANONUM AMEN DEO GRATIAS.* Am linken Rand von derselben Hand vertikaler Zierbalken zum Schluß des Textes mit Blattranke, einem Kantharos entwachsend, der gleichsam den Fuß bildet. Am unteren Rand von anderer Hand die Lagensignatur *XXI* und von dieser Hand auch *SIGIBERTUS BINDIT LIBELLUM.* **168r** Verzeichnis der in *q(uaternio) I* bis *q(uaternio) XV* enthaltenen Canones (wahrscheinlich 8./9. Jh.). **168v - 169r** Unter zwei Doppelarkaden in Federzeichnung, von der Hand des Explicit-Schmuckes, Liste der Päpste von Petrus bis Gregor d. Gr., dessen Pontifikatsdaten nicht eingetragen sind. Titel *INCIPIUNT NOMINA SANCTORUM EPISCOPORUM QUI SEDEM BEATI PETRI SEDERE MERUERUNT* – Es beginnen die Namen der hll. Bischöfe, die auf dem Stuhl des seligen Petrus zu sitzen verdienten. Daten und Namen sind auf neun Kolumnen verteilt: 1. *dominus*, 2. *Petrus*, 3. *sedit*, 4. *annus*, 5. *XXV*, 6. *mensis*, 7. *duos*, 8. *dies*, 9. *tres* – Herr Petrus, saß Jahre 25, Monate 2, Tage 3. Das Verzeichnis ist von zwei Händen geschrieben: A schreibt von Petrus bis Agapit I., B von Silverius (536 - 537) bis Gregor I. (Jaffé/Wattenbach 1874, 165f.). **168v** Am oberen Rand in karolingischer Minuskel (wohl 9. Jh.) *semper idest iugiter promo idest berbo.* **169v** 2. Hälfte der Vorrede des Dionysius Exiguus zum 'Codex canonum Vetus' *inviolabilis permanem* (PL 67, 141B-142). **170r** Hymnus auf Christus und Maria *Audite cuncti canticum almificum – sacra virgo sum* (Jaffé/Wattenbach 1874, 95). **170v - 171r** Leer, bis auf mehrere Federproben.

PERGAMENT: II + 171 Blätter; 334 x 266 mm; Lagen 1^{2}, 2^{6}, 3^{8-1}, $4\text{-}14^{8}$, 15^{6}, $16\text{-}17^{8}$, $18\text{-}19^{6}$, $20\text{-}23^{8}$, $24\text{-}25^{2}$; zwei Lagenzählungen: Die originale A) setzt Ende der Lage 3 (13v) unten rechts mit $q^{II}q$ (= Quaternio II), B) dort in der Mitte des Blattes mit I ein. Wie sich 167v herausstellt, stammt B) von Sigibertus, dessen Schriftzüge sich auf derselben Seite befinden. Die ursprüngliche Zählung findet wohl je nach Schreiber verschiedene Zierformen, diejenige Sigiberts ist einheitlich; Schriftspiegel 246-254 x 202 mm; Blindliniierung; einspaltig; 29-30 Zeilen. AUSSTATTUNG: Lateinischer Text in hell- bis dunkelbrauner Halbunziale, rubriziert; Auszeichnungsschriften: Capitalis Rustica, Uncialis und Mischtyp aus Uncialis und Minuskel, 169v-171r in frühkarolingischer Minuskel; einige Titel in Capitalis Rustica mit Minium, gelb schattiert (94r), bisweilen von Wort zu Wort farbig wechselnd (131r Minium, Grün, Purpur, Gelb); Anfänge der Canones usw. in Form von Majuskeln in Tinte oder Minium, meist unzial; in einigen Lagen (12f.) kleinere Initialen in Minium und Gelb, in anderen (14ff.) größere in Federzeichnung, mit gelb und grün gefüllten Buchstabenkörpern zumeist in Fischform; an einigen Fischen ist die ursprüngliche Delphinform erkennbar; Doppelarkaden auf fol. II in braun lavierter Federzeichnung, diejenigen auf 168v-169r ohne Lavierung. EINBAND: Kalbleder mit Blindprägung über Holz; Einzelstempel: verschiedene Rosetten; Streicheisenlinien: Rautenmuster; Nagelspuren eines heute verlorenen Metallbeschlages (Mitte 18. Jh.). PROVENIENZ: Der auf Iv als Federprobe geschriebene Satz (übersetzt) "Im Namen Gottes denke daran, (mein) Sohn Hildebald, daß wir ein armes Leben führen" bietet ein Indiz dafür, daß die Handschrift schon zur Zeit Erzbischof Hildebalds (vor 787-818) in die Dombibliothek gelangt war. Wie die zweite Lagensignierung und die Unterschrift *Sigibertus bindit libellum*, die beide von derselben Hand stammen, erkennen lassen, hat Sigibert das Buch, das möglicherweise auf den ersten Seiten beschädigt war, neu gebunden oder binden lassen. Das Wort *bindit* ist demnach mit McKitterick (1985, S. 110) als latinisiertes, altenglisches Wort (bindan) zu deuten, das einbinden heißt. Möglicherweise war Sigibert Angelsachse oder Friese. Doch kann er, wie aus dem technischen und paläographischen Befund hervorgeht, unmöglich auch der Schreiber von Dom Hs. 213 (vgl. Kat. Nr. 18) sein, was McKitterick (1985, S. 111) annahm. Eher wird man dem Gedanken Mordeks (1994) nachgehen und eine Gemeinsamkeit mit Sicipert, dem Schreiber der Canonessammlung Vat. Reg. Lat. 1997 erwägen. Auftraggeber dieser Handschrift war Bischof Angilram von Metz (768-791), Leiter der Hofschule Karls des Großen in den Jahren 784-791. Sicipert könnte später in den Dienst Hildebalds getreten sein, der 791 an die Spitze der Aachener Hofkapelle Karls des Großen (768-814) trat. Darmstadt 2326. LITERATUR: Maassen 1870, S. 574ff. – Jaffé/Wattenbach 1874, S. 93ff., 165 – Decker 1895, S. 227, 246, Nr. 48 – Chroust 1909, Ser. 2.1. Liefg. 6, Taf. 8 – Zimmermann 1916, S. 8, 46, 165f., Taf. 41ff. – Frenken 1923, S. 54 – Kdm Köln 1/III, 1938, S. 390, Nr. 1 (Lit.) – Wurm 1939, S. 94 – CLA VIII 1959, 1162; Suppl. 1971, 62 – C. Munier, Concilia Galliae A.314-A.506, Turnhout 1963 (= CCL 148), S. VIf. – C. De Clercq, Concilia Galliae A.511-A.695, Turnhout 1963 (= CCL 148A), S. VIII – Bischoff, Studien I 1966, S. 128 – Bischoff, Studien II 1967, S. 327 – C. Nordenfalk, Die spätantiken Zierbuchstaben, Stockholm 1970, S. 120 passim, 174f., Taf. 77ff. – Mordek 1975, S. 15, 40, 80f., passim – K. Plevonia, Die collectio canonum des Kardinals Deusdedit, Diss. Tübingen 1982 – Schmitz 1983, S. 118 – Schmitz 1985, S. 138 – R. McKitterick, in: JTS, N. S. 36 (1985), S. 113ff. – L. Nees, The Gundohinus Gospels, Cambridge (Mass.) 1987, S. 27 Anm. 8, S. 32 – R. McKitterick, in: P. Bange/A.G. Weiler (Hgg.), Willibrord. Zijn wereld en zijn werk. Voordrachten gehouden tijdens het Willibrord congres, Nijmegen 1989 (Middeleeuwse Studies 6), S. 374ff. – von Euw, Pfäfers 1989, S. 210, Abb. 153f. – The Making of England 1991, S. 162, Nr. 127 (J. Backhouse) – Zechiel-Eckes 1992, S. 8 Anm. 13, 168 Anm. 19, S. 235, 413 Anm. 11 – Handschriftencensus 1993, S. 684ff., Nr. 1157 – E. Wirbelauer, Zwei Päpste in Rom. Der Konflikt zwischen Laurentius und Symmachus (498-514), Studien und Texte, München 1993 (Quellen und Forschungen zur antiken Welt 16), S. 114f., 132 Anm. 86, S. 180f. – L. Nees, Frankish Manuscripts. 7th to 10th Centuries Manuscripts Illuminated in France, London 1993 – H. Mordek, Kat. Nr. VII/2, in: 794. Karl der Große in Frankfurt. Ein König bei der Arbeit, Ausst. Kat. Frankfurt, Sigmaringen 1994. A.v.E.

Es beginnen die Namen der hll. Bischöfe, die auf dem Stuhl des seligen Petrus zu sitzen verdienten.
168v (Titel); A.v.E.

18 Dom Hs. 213

Collectio canonum Sanblasiana

England, Irland oder Echternach, 1. Drittel 8. Jh.

Die kirchenrechtliche Textsammlung gehört zum Typus der Sanblasiana, deren Haupthandschrift sich heute als Codex 7/1 in der Stiftsbibliothek St. Paul im Lavanttal befindet. Die Handschrift entstand im 8. Jahrhundert in Italien, kam dann in das Schwarzwaldkloster St. Blasien und von dort nach St. Paul. Sie verkörpert demnach einen italischen, vorkarolingischen Typus. Die Texte stimmen teilweise mit denen der Sammlung des Dionysius Exiguus (gest. vor 556) sowie der Dionysio-Hadriana (vgl. Dom Hss. 115, 117, Kat. Nrn. 21, 51) überein (I), bringen aber mit den 'Symmachiana' (II) apokryphe Stücke, zumeist fiktive Prozeßakten aus der Zeit des Papstes Symmachus (498-514). Nach Sticklers 'Historia Juris Canonici Latini' (I: Historia fontium, Rom 1974², S. 51f.) entstand die Sanblasiana wahrscheinlich unter dem Pontifikat des Papstes

18 Dom Hs. 213, 1r

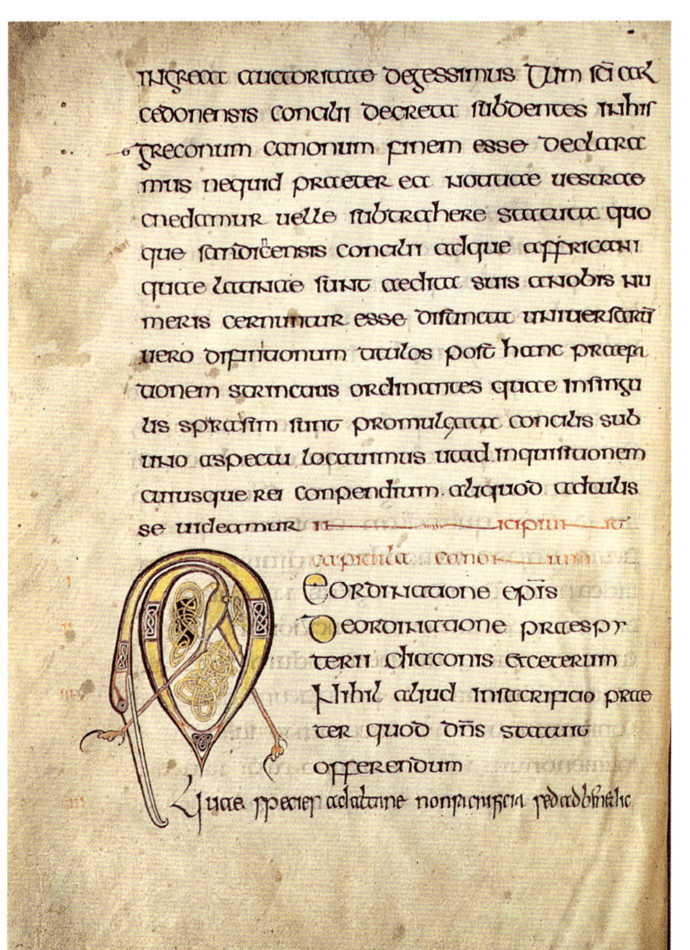

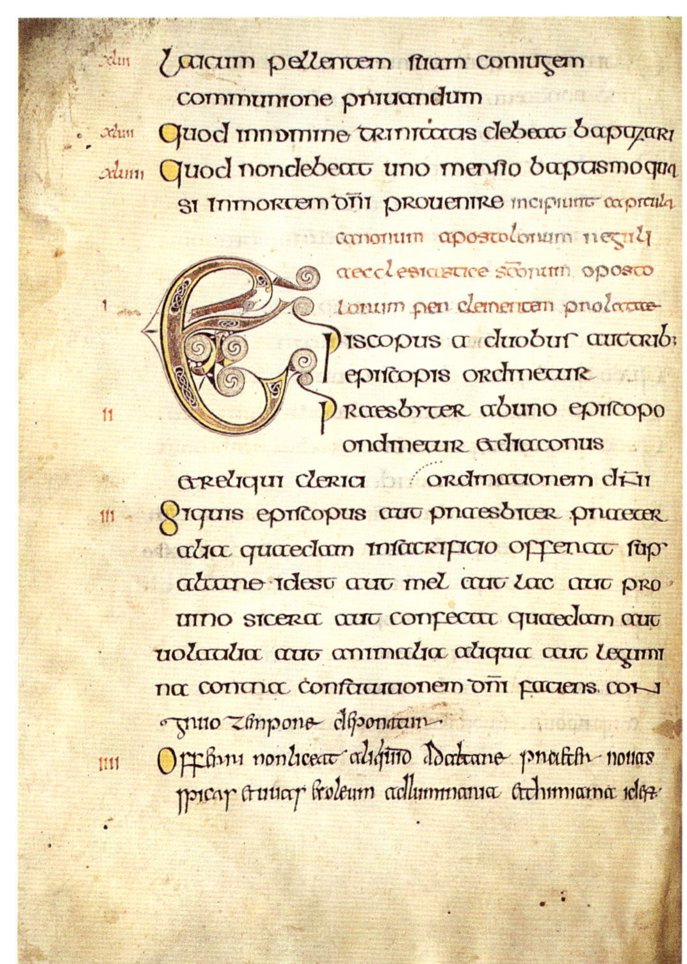

18 Dom Hs. 213, 2v/4v

Häretikertaufe
Was die betrifft, die sich 'Katharer' (Reine) nennen (d. h. die Novatianer), so beschloß das heilige und große Konzil, daß ihnen, wenn sie sich der katholischen und apostolischen Kirche anschließen wollen, die Hände aufgelegt werden und sie so im Klerus verbleiben sollen; vor allem aber sollen sie dies schriftlich bekennen, daß sie den Lehren der katholischen und apostolischen Kirche zustimmen und folgen werden: nämlich sowohl mit denen, die zum zweiten Mal verheiratet sind, als auch mit denen, die in der Verfolgung gefallen waren, Gemeinschaft zu pflegen ...
10r (Kanon 8); P. Hünermann, 1991

Hormisda (514-523) in Italien und enthält das gesamte alte kirchliche Recht, das aus den Beschlüssen der orientalischen, griechischen, afrikanischen und römischen Konzilien sowie den Dekretalen der Päpste besteht.

Möglicherweise gelangte ein Exemplar der Sanblasiana zur Zeit Gregors I. (590-604) nach England und Irland und konnte dort die römischen kirchlichen Rechtsnormen vertreten. Die ältere Forschung hat Dom Hs. 213 als in England (Northumbria) im frühen 8. Jahrhundert entstandene Kopie einer Sanblasiana-Ausgabe betrachtet und die Initialkunst mit Handschriften wie dem Codex Lindisfarnensis (London, British Libr., Cotton Nero D IV; Alexander 1978, Nr. 9) oder dem Book of Durrow (Dublin, Trinity College, A. 4.5 [57]; Alexander 1978, Nr. 6), den Schlüsselhandschriften der anglo-irischen Buchkunst des 7./8. Jahrhunderts, verglichen. Nun plädiert die neuere Forschung (McKitterick 1985, S. 109ff.; Netzer 1989, S. 374ff. und 1994) für eine kontinentale Entstehung der Handschrift, wobei aufgrund der Vergleichbarkeit einiger anderer Echternacher Codices insularen Schrifttyps das Skriptorium des hl. Willibrord in Echternach in Frage käme, dessen beginnende Tätigkeit im 1. Drittel des 8. Jahrhunderts anzusetzen ist.

Die insulare Halbunziale des Textes und die gerade, stumpfe sowie spitze insulare Minuskelschrift, in der nicht nur die Unterschriften der an den Konzilien teilnehmenden Bischöfe, sondern auch auf fast jeder Seite die letzten drei Zeilen geschrieben sind, zeugen eindeutig von der insularen Schulung des Schreibers der Handschrift, der gewiß auch den Initialschmuck ausführte. Nach Bischoff (1979) ist die Existenz der oben genannten drei Schriftarten typisch für den

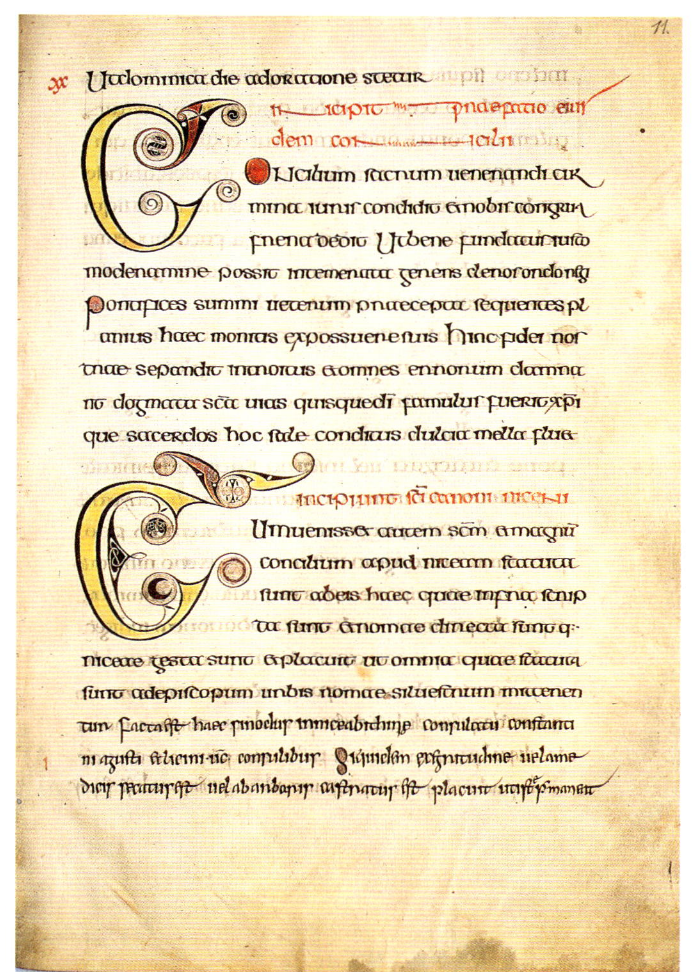

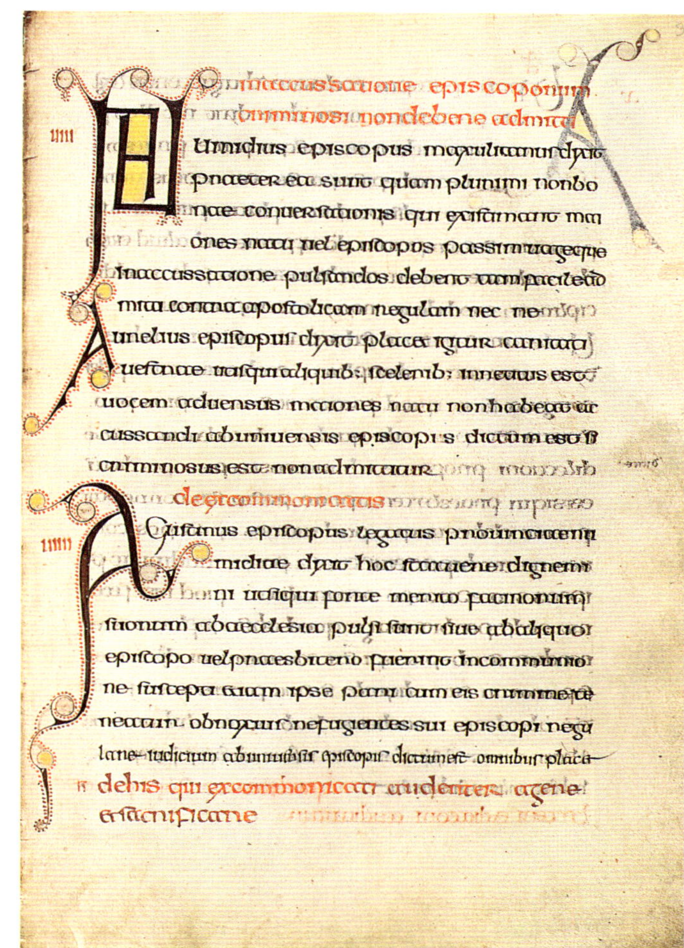

18 Dom Hs. 213, 11r/38r

Wegzehrung für die Sterbenden
Was aber die Sterbenden betrifft, so soll das alte und kanonische Gesetz auch jetzt beachtet werden, daß man dem, der im Sterben liegt, die letzte und notwendigste Wegzehrung nicht vorenthalten darf; wenn er aber nach der Lossprechung und Wiedererlangung der Gemeinschaft wieder unter den Lebenden gefunden wird, so soll er zu denen gehören, die nur am Gebet teilnehmen; generell aber soll der Bischof auch bei jedem, der im Sterben liegt und danach verlangt, die Eucharistie zu empfangen, sie mit der gehörigen Prüfung darreichen.
10r (Kanon 8); P. Hünermann, 1991

insularen Bereich. Nicht anders verhält es sich mit der Initialornamentik, deren Elemente in den schon erwähnten insularen Codices vorgebildet sind. Sie ist in gewissem Sinne ein Zwischenglied zwischen dem um 675 entstandenen Book of Durrow und dem zumeist um 800 angesetzten Book of Kells (Dublin, Trinity College, A. I. 6 [58]; Alexander 1978, Nr. 52). Ihre Hauptkomponenten sind die aus der Capitalis entwickelten, teilweise kreisrunden, viereckigen und rautenförmigen Initialen sowie die der Halbunziale und der insularen Minuskel entwachsenen, stark ausschwingenden, teilweise zu Ligaturen gebundenen, zumeist um- oder bepunkteten Initialen. Zierinitialen höheren Grades wie *d(e ordinatione)* (2v), *E(piscopus)* (4v), *d(e his)* (10r) usw. enthalten die typischen, insular geformten Flechtbandfüllungen oder Buchstabenenden in Form von Vogelköpfen, Spiralen oder Flechtbandkronen. Auch die Tierfriese im Rahmen der Initialzierseite (1r) haben ihre Vorläufer in Zierseiten etwa des Codex Lindisfarnensis.

Ein besonderes, in anderen Handschriften nicht beobachtetes Phänomen sind die drei letzten, in spitzer insularer Minuskel geschriebenen Zeilen fast ausnahmslos jeder Seite. Soll man sie als künstlerisches Prinzip, als versteckte Doxologie ("Ehre sei dem Vater, dem Sohn und dem Hl. Geist ...") oder als insularen Herkunftsnachweis eines Schreibers auf dem Festland (Echternach) deuten? Jedenfalls wurde seitens des Auftraggebers und Schreibers der Inhalt des Buches – die Glaubenssätze und rechtskräftige Ordnung der Kirche – in die Ebene der reichgeschmückten Evangelienbücher und liturgischen Prachthandschriften gerückt und daher so kostbar ausgestattet.

Anlaß zu Überlegungen gab das *Sigibertus scripsit* auf Folio 143r, von dem schon Jaffé/Wattenbach mit Nachdruck sagten, es könne nicht die persönliche Signatur des Schreibers der Handschrift sein. Tatsächlich muß es sich um einen nachträglichen Vermerk wahrscheinlich aus der Zeit Erzbischof Hildebalds (vor 787-818) handeln. Die Schriftzüge scheinen mit jenen Sigiberts identisch zu sein, der auf Folio 167v von Dom Hs. 212 *Sigibertus bindit libellum* schrieb (Sigibert hat das Buch gebunden; vgl. Kat. Nr. 17) und der möglicherweise für Kanzler Hildebald in Aachen tätig war. Dagegen nahm McKitterick (1985, S. 112f.) das *Sigibertus scripsit* wörtlich. Sie hielt Sigibert für den Schreiber von Dom Hs. 213 und sah in ihm einen Gefährten des hl. Willibrord (658-739) aus England oder Irland. Er habe das Buch nach Willibrords Tod geschrieben und danach vielleicht auch die Dom-Handschriften 210 und 212 (Kat. Nrn. 19, 17) nach Köln mitgebracht. Die drei bedeutenden Codices wären in diesem Fall schon vor der Mitte des 8. Jahrhunderts nach Köln gelangt, was hinsichtlich der Entstehungsgeschichte der Kölner Dombibliothek unwahrscheinlich sein dürfte.

INHALT: **I. 1r-75v** Canones conciliorum vom Apostelkonzil bis zum ökumenischen Konzil von Chalkedon (451), mit jeweils vorangehenden Kapitelreihen und nachfolgenden Unterschriften. **1r** Zierseite zur Vorrede des Dionysius Exiguus (gest. vor 556) *dOMINO VENE[rando]*. Der Bildrahmen wird vom unzialen *d(OMINO)* gleichsam gesprengt. Das obere und untere Bildfeld trennen zwei gegenständige Zierbalken mit Tierköpfen an den Enden. Im oberen Balken ein Hund, dessen Leib sich in der Mitte in Flechtband und Mäander auflöst, an das die Hinterläufe des Tieres anschließen. Im unteren Balken gegenständige Verschlingungen von Leibern, die in Vogelköpfen enden. Im äußeren Rahmen Flechtbandmuster und Bandfriese mit laufenden Hunden (unten) sowie Vögeln (oben, rechts und links). **2r** Vorrede des Dionysius *[VENE]rando mihi patri Stefano* zur zweiten Redaktion der Canonessammlung (Maassen 961-962; CCL 85, 39-42). **2v** Canones apostolorum (Turner I, 9-32; Strewe 2,1-10, 22). 2v *d(e)*: laufender Vogel als Initialkörper, 4v *E(piscopus)*: Vogelkopfinitiale. **10r** Metrische Vorrede und Canones des ökumenischen Konzils von Nikaia (325) (Maassen 8ff., 505; Turner I, 104-143; Strewe 24,14-31,6). 11r *C(oncilium)* und *C(um venisset)*, 16r *O(sius)*. **19r** Canones des Konzils von Ankyra (317) ohne Unterschriften (Maassen 71ff., 929ff.; Turner II, 54-115). 19r *d(e)*, 19v *I(sti canones)*, 23r *S(i qua)*. **25r** Canones des Konzils von Neokaisareia (zwischen 314 und 325) ohne Unterschriften (Maassen 83, 505, 934f.; Turner II, 116-141). 25r *d(e)*: rot, 25r *IS(ti)*. **27r** Canones des Konzils von Gangra (340/341) mit Vorrede, ohne Unterschriften (Maassen 82, 505, 935ff.; Turner II, 170-211). 27r *d(e)*, 27v *d(ominis)*. **31r** Verhandlungen und Canones des Konzils von Karthago (419), ohne Unterschriften (Maassen 505; Strewe 70,12-84,9). 31r *d(e)*, 32r *P(ost)*, 36v *C(um)*: Vogelköpfe und Spiralen, 38r H(umidius), A(gustinus). **44v-45r** Brief des Konzils von Karthago (419) an Papst Bonifaz I. (418-422) *Quoniam Domino placuit* (Maassen 181, 505; Strewe 85, 10-88,25). **47v-48r** Brief des Bischofs Attikos (406-425) von Konstantinopel an Papst Bonifaz I. (Maassen 399, 401). 48r *d(ata)*: Hunds- und Entenkopf. **48v** Schreiben des Bischofs Aurelius Augustinus vom Konzil von Karthago (421) an Papst Coelestin I. (422-432) *Optaremus* (Maassen 182f.; Mansi III, 839f.; Strewe 96,6-98,22). **51r** Canones des Konzils von Chalkedon (451) (Maassen 505; vgl. Strewe 98, 23-105, 19; Text enthält Unregelmäßigkeiten). **59r** Canones des ökumenischen Konzils von Konstantinopel (381) mit dem sog. Canon XXVIII (= V) von Chalkedon und nach Provinzen geordneten Unterschriften (Maassen 96ff., 113f.; Turner II, 406-464). 59r *h(i canones)*. **62r** Canones des Konzils von Sardika (343) (Maassen 51f., 63, 506; Turner I, 491-529). 62v *O(sius episcopus)*: gelbes Viereck in der Mitte des Kreuzes vor der Zeile. 64r *O(sius)*: mit dem Zirkel gezogen. **69v** Canones des Konzils von Antiochia (341) (Maassen 98ff., 112f., 506; Turner II, 228-312). **II. 76r-94v** Die Symachiana oder sog. apokryphen Stücke. **76r** Das Constitut Silvesters I. (314-335) mit Unterschriften (Maassen 413, 506). **81r** Gesta des Papstes Liberius (352-366) (Maassen 419, 506). **84r** Gesta des Papstes Sixtus III. (432-440) (Maassen 419, 506). **86r** Gesta des Urteils über Bischof Polychronius von Jerusalem durch Sixtus III. (Maassen 419, 506). **88v-89r** Akten der angeblich 303 abgehaltenen Synode von Sinuessa *Diocletiani et Maximiani augusti tempore. C(um multi in vita)* (Maassen 411, 506). **III. 94v-135r** Decretales der Päpste von Siricius (384-398) bis Leo I. (440-461). **94v** Siricius an Himerius von Tarragona (385) *d(irecta)* (Maassen 240; Wurm 62, 122f., 261; Jaffé/Wattenbach 1885, 41). **101r** Bonifaz I. an Kaiser Honorius (420) *Ecclesiae meae* (Maassen 251, 506; Wurm 70f., 150, 261; Jaffé/Wattenbach 1885, 53). **102r** Reskript Kaiser Honorius (395-423) an Bonifaz I. *UL(ctor Honorius) . . . Scripta beatitudinis* (Maassen 319f.; Wurm 71, 150, 261f.). **102v** Zosimus (417-418) an Hesychius von Salona (418) *e(xigit dilectio)* (Maassen 249, 506; Wurm 70, 138f., 262). **104v** Coelestin I. an alle Bischöfe Apuliens und Kalabriens (429) *N(ulli sacerdotum)* (Maassen 252f.; Wurm 73, 142, 262; Jaffé/Wattenbach 1885, 55). **105r** Coelestin I. an alle Bischöfe der

Provinzen Vienne und Narbonne (428) *CU(peremus quidem)* (Maassen 252; Wurm 72, 140f., 262; Jaffé/Wattenbach 1885, 55). **108v-109r** Innozenz I. (402-417) an Bischof Victricius von Rouen (404) *et(si tibi)* (Maassen 242f.; Wurm 64, 242f., 262; Jaffé/Wattenbach 1885, 44). **113r** Siricius an die Kirche von Mailand gegen Jovinianus (390) *O(ptarem semper)* (Maassen 241; Mansi III, 663; Jaffé/Wattenbach 1885, 41). **114v** Innozenz I. an Bischof Exuperius von Toulouse (405) *IN(nocentius). Consulenti tibi* (Maassen 244; Wurm 65, 263; Jaffé/Wattenbach 1885, 45). **118r** Innozenz I. an Rufus und Eusebius und die übrigen Bischöfe von Makedonien (414) *Magna me gratulatio* (Maassen 245; Wurm 69, 263; Jaffé/Wattenbach 1885, 46). **123v** Leo I. an Bischof Rusticus von Narbonne (458/459) *Epistolas fraternitatis* (Maassen 272; Wurm 74, 177; Jaffé/Wattenbach 1885, 74). **128v** Leo I. an alle Bischöfe von Mauretania Caesariensis (446) *C(Um in ordinationibus)* (Maassen 258; Wurm 75; Jaffé/Wattenbach 1885, 60f.). **132v** Leo I. an den Bischof von Aquileja (442?) *R(elatione sancti fratris)* (Maassen 256; Wurm 263; Jaffé/Wattenbach 1885, 59). **134r-134v** Leo I. an Bischof Septimus von Altinum (447) *L(ectis fraternitatis tuae)* (Maassen 256; Wurm 177, 264; Jaffé/Wattenbach 1885, 61). **IV. 135r-143r** Das ökumenische Konzil von Chalkedon (451) gegen Eutyches, das römische Konzil unter Papst Damasus (366-384) von 378 und das Synodalschreiben von Sardika an Papst Julius I. (337-352). **135r** *Synodus episcopalis Calcidonensis* etc. (451) (Maassen 143, 507). *V(enerabilius totius mundi)*. **137v-138r** *Incipit de synodo Nicaenoscripta papae Damasi ad Paulinum episcopum* etc. *C(Redimus)* (Maassen 232f., 507). **140r** *Incipit expositio fidei*. **140v** *Incipit eiusdem serm.* **141r** *Incipit de fide catholica*. Antiarianische Formel *N(os patrem et filium)* (Maassen 507). **141r** Synodalschreiben *q(uod semper credimus)* des Konzils von Sardika (343) an Papst Julius I. (Maassen 64, 507), endet **143r** mit den Unterschriften der Teilnehmer. Am unteren Rand bei *a siguidone* mit brauner Tinte *SIGIBERtus SCRipsit* (Mischtyp von Uncialis und Minuskelschrift). **143v** Leer. Pergamentnachsatzblatt aus einem Antiphonar des 12. Jhs., querformatig eingebunden.

PERGAMENT: Vorsatzblatt (Pergament), Nachsatzblatt (Pergament, aufgeklebt auf Papier) + 143 Blätter; 327 x 224 mm; Lagen 1^{10-1}, $2-3^{10}$, 4^{8}, $5-12^{10}$, 13^{2+4} (138-141 Einzelblätter); originale Zählung von *a-o*, zumeist am unteren linken Rand; Schriftspiegel 240 x 158 mm; Blindliniierung; einspaltig; 23-25 Zeilen. AUSSTATTUNG: Lateinischer Text in schwarzer insularer Halbunziale, die Unterschriften der Konzilsteilnehmer in stumpfer insularer Minuskel, die letzten drei Zeilen der Seiten jedoch in spitzer insularer Minuskel; rubrizierte Titel in Halbunziale; zu den Anfängen der Textabschnitte Majuskeln in Tinte, Minium, Gelb oder Purpur (Folium) schattiert; größere Majuskeln mit rot umpunktetem oder rot gepunktetem schwarzem Buchstabenkörper; verzierte Buchstabenligaturen (UT, ET) oder monogrammatisch zusammengebundene Wortanfänge (*PLAcuit*, 53r); mit dem Zirkel oder Lineal geometrisch angelegte kleinere Initialen, teilweise mit Minium umpunktet; zu den Anfängen der Kapitelreihen, Vorreden und Canones größere Initialen mit schwarz gebändertem Buchstabenkörper, Flechtbandfüllung, spiraligen Enden oder Enden mit Hunds- und Vogelköpfen, koloriert mit Gelb und Minium; ab Folio 140 gelegentlich Randzier in dünner Feder, die von dem Buchstaben am Anfang oder Ende einer Zeile ausgeht; Initialzierseite mit Zeichnung in schwarzer Feder, Flechtbandreihen mit Hunden und Vögeln im Rahmen, der sich oben links öffnet, zumeist pergamentausgespart, jedoch mit roten Punkten in verschiedenen Formationen vernetzt (1r); Farben: Minium, Gelb und Grün. GLOSSEN: Die Handschrift enthält viele zeitgenössische, in kleiner, spitzer insularer Minuskel geschriebene lateinische Randglossen. Zudem entdeckte Bernhard Bischoff (ZBW 54 [1937], 173ff.) zwei germanische Griffelglossen: 65r zu *notetur chelactrot* (= getadelt) und 122v zu *conpotis votis hroemgu* (= altenglisch) (Hofmann 1963, 42; Bergmann 1966, 189; Bischoff 1981). EINBAND: Rücken und Vorsatzblätter deuten auf dieselbe Werkstatt wie bei den Dom Hss. 13, 212 und 218; hier jedoch Verwendung des früheren gotischen Kalblederbezuges mit Blindprägung über Holz; Einzelstempel: steigender Löwe, ähnlich dem Löwen einer Kölner Werkstatt (Kyriß 98, S. 80f.; Schunke I 1979, S. 188 Nr. 72b; Schunke II 1996, S. 136); Rosetten sechsblättrig, rund umrandet; Rosette rund umrandet, ähnlich einer Rosette des Kölner Meisters des Peter Rinck (Schunke I 1979, S. 263 Nr. 359; Schunke II 1996, S. 134f.); Streicheisenlinien: Streifenrahmung mit Rautenmuster im Binnenfeld; zwei Schließen, nur noch fragmentiert erhalten; auf dem Vorderdeckel eingeschabt *N 61* (Mitte 18. Jh.). Das Pergamentvorsatzblatt stammt aus einem Antiphonar des 12. Jhs. und wurde querformatig eingebunden. Das Papiervorsatzblatt enthält eine Notiz von Jaffé über den Inhalt der Handschrift, der mit der von Ballerini nach dem Codex Colbert edierten, außer am Beginn, übereinstimme. PROVENIENZ: Daß der 143r subskribierende Sigibert nicht der Schreiber sein kann, betonten schon Jaffé/Wattenbach 1874. McKitterick (1985, S. 112f.), die Sigibertus für den Schreiber der Handschrift hält, denkt, dieser sei im Gefolge des hl. Willibrord nach Echternach und nach dessen Tod nach Köln gekommen und habe möglicherweise Dom Hs. 210, 212 und 213 dorthin mitgebracht (vgl. dagegen die Provenienz von Dom Hs. 212, Kat. Nr. 17). Die Griffelglossen könnten dafür sprechen, daß die Handschrift über Echternach nach Köln kam, am ehesten zur Zeit Erzbischof Hildebalds. Darmstadt 2336.

LITERATUR: Maassen 1870, S. 504, 509 – Jaffé/Wattenbach 1874, S. 95 – Decker 1895, S. 227 Nr. 80, 246 Nr. 78 – Chroust 1909, Ser. 2,1, Liefg. 6, Taf. 9 – Zimmermann 1916, S. 121, 273ff., Taf. 252ff. – Frenken 1923, S. 54 – Wurm 1939, S. 89 – G.L. Micheli, L'enluminure du haut Moyen Âge et les influences irlandaises, Brüssel 1939, S. 22, 47, 123, 132, 134, 140, Taf. 51, 59ff. – N. Aberg, The Occident and the Orient in the Art of the Seventh Century I: British Isles, Stockholm 1943, S. 98, 117, Abb. 69, 84 – V.H. Elbern, Die Dreifaltigkeitsminiatur im Book of Durrow, in: WRJb 17 (1955), S. 27, Abb. 21 – Werdendes Abendland 1956, Nr. 282 – N.R. Ker, Catalogue of

Manuscripts Containing Anglo-Saxon, Oxford 1957, S. 139, Nr. 98 – CLA VIII 1959, Nr. 1163, Suppl. (1971), S. 62 – T.D. Kendrick u. a., Evangeliorum Quattuor Codex Lindisfarnensis, Olten/Lausanne 1960, S. 283 – V.H. Elbern, Das Erste Jahrtausend, Tafelbd., Düsseldorf 1962, Taf. 227 – O. Pächt, The Pre-Carolingian Roots of Early Romanesque and Gothic Art. Studies in Western Art (Acts of the 20th International Congress of the History of Art), Bd. I, 1963, S. 73, Taf. XXI – J. Hofmann, Altenglische und althochdeutsche Glossen aus Würzburg und dem weiteren angelsächsischen Missionsgebiet, in: Beiträge zur Geschichte der deutschen Sprache und Literatur 85 (1963), S. 37 – Karl der Große 1965, Nr. 393, Taf. 43 – F. Henry, Irish Art I, London 1965, S. 174, Taf. 63 – R. Bergmann, Mittelfränkische Glossen. Studien zu ihrer Ermittlung und sprachgeographischen Einordnung, in: Rheinisches Archiv 61 (1966), S. 188ff. – Schönartz 1973, S. 145 Anm. 7 – F. Henry, The Book of Kells, London 1974, S. 207, 214, 226, Abb. 13 – Mordek 1975, S. 240, 247, 275 – J.J.G. Alexander, Insular Manuscripts, 6th to the 9th Century, London 1978, Nr. 13, Abb. 60f. – B. Bischoff, Paläographie des römischen Altertums und des abendländischen Mittelalters, Berlin 1979, S. 117 – Ders., Paläographische Fragen deutscher Denkmäler der Karolingerzeit, in: Bischoff, Studien III 1981, S. 75 Anm. 3 – Schmitz 1985, S. 138, 141 – A. von Euw/J.M. Plotzek, Die Handschriften der Sammlung Ludwig, Bd. IV, Köln 1985, S. 39 – Ornamenta 1985, I S. 415ff., Nr. C 3 (A. von Euw) – R. McKitterick, Knowledge of Canon Law in the Frankish Kingdoms before 789: The Manuscript Evidence, in: JTS, N.S. 36 (1985), S. 97, 109ff. – G. Henderson, From Durrow to Kells: the Insular Gospel Books 650-800, Oxford 1987, S. 88ff. – J.T. Brown/T.W. Mackay, Codex Vaticanus Palatinus Latinus 235. An Early Insular Manuscript of Paulinus of Nola, Carmina, Turnhout 1988, S. 18 – R. McKitterick, Frankish Uncial: a new Context for the Echternach Scriptorium, in: P. Bange/A.G. Weiler (Hgg.), Willibrord, zijn wereld en zijn werk, Nijmegen 1989, S. 374ff. – N. Netzer, Willibrord's Scriptorium at Echternach and Its Relationships to Irland and Lindisfarne, in: G. Bonner/D. Rollason/C. Stancliffe (Hgg.), St. Cuthbert, his Cult and his Community, Woobridge 1989, S. 203ff. – Dies., The Early Scriptorium at Echternach, in: G. Kiesel/J. Schroeder (Hgg.), Willibrord, Apostel der Niederlande, Gründer der Abtei Echternach, Luxembourg 1989, S. 127ff. – Making of England 1991, Nr. 126 (J. Backhouse) – Zechiel-Eckes 1992, S. 168 Anm. 19, S. 176 – E. Wirbelauer, Zwei Päpste in Rom. Der Konflikt zwischen Laurentius und Symmachus (498-514), Studien und Texte, München 1993 (Quellen und Forschungen zur antiken Welt 16), S. 122f., 127f., 180f., 186, 244ff., 319, 344 – L. Nees, Frankish Manuscripts, 7th to 10th Centuries Manuscripts Illuminated in France, London 1993 – E. Wirbelauer, Zum Umgang mit kanonistischer Tradition im frühen Mittelalter. Drei Wirkungen der Symmachianischen Documente, in: U. Schaefer (Hg.), Schriftlichkeit im frühen Mittelalter, Tübingen 1993 (Scriptoralia 53), S. 211ff., Abb. 1f. – M.C. Ferrari, Sancti Willibrordi venerantes memoriam. Echternacher Schreiber und Schriftsteller von den Angelsachsen bis Johann Bertels, Luxembourg 1994, S. 81 Anm. 443 – N. Netzer, Cultural Interplay in the Eighth Century. The Trier Gospels and the Making of a Scriptorium at Echternach Cambridge 1994 (Cambridge Studies in Palaeography and Codicology 3), S. 8, 11, 38f., 41, passim.
A.v.E.

Kirchenrechtliche Sammelhandschrift

19 Dom Hs. 210

Nordostfrankreich, 2. Hälfte 8. Jh.

Die kirchenrechtliche Sammelhandschrift besteht aus einer nicht gegliederten Zusammenstellung von Canones (Konzilsbeschlüssen), die nach verschiedenen Quellen exzerpiert wurden. Die erste Sammlung (I) hat viele Gemeinsamkeiten mit der 'Collectio Hibernensis', einer Sammlung irischer Herkunft, und kann als ein Auszug daraus bezeichnet werden (Mordek 1975). Wie schon Finsterwalder (1929) zeigte, kommt als Vorlage das Werk des Discipulus Umbrensium in Frage, das seinerseits mit dem Poenitentiale des (Pseudo-)Theodor von Canterbury (gest. 690) zusammenhängt. Zu dieser "Theodor-Überlieferung" gehört auch Teil II, der vor allem Bestimmungen über die kirchliche Ordination (Ämterbestellung) enthält, die u. a. auf den Konzilien von Orange (441), Karthago (418), Agde (506) und Chalkedon (451) geregelt wurden (Finsterwalder 1929, S. 74). Ähnlich verhält es sich mit Teil III, der unter dem Gesichtspunkt der Bußordnung angelegt ist. Schon Wasserschleben (1885, S. XXV f.) nahm an, daß die Sammlung "nicht in Irland, sondern im fränkischen Reiche verfaßt" sei, was Handschriften dieses Typs in Cambrai und Chartres bekräftigen (Mordek 1975).

Lowe (CLA VIII 1959, 1161) vermutete die Entstehung von Dom Hs. 210 in der 2. Hälfte des 8. Jahrhunderts in einem nordwestfranzösischen Skriptorium (Cambrai?), das in Kontakt mit

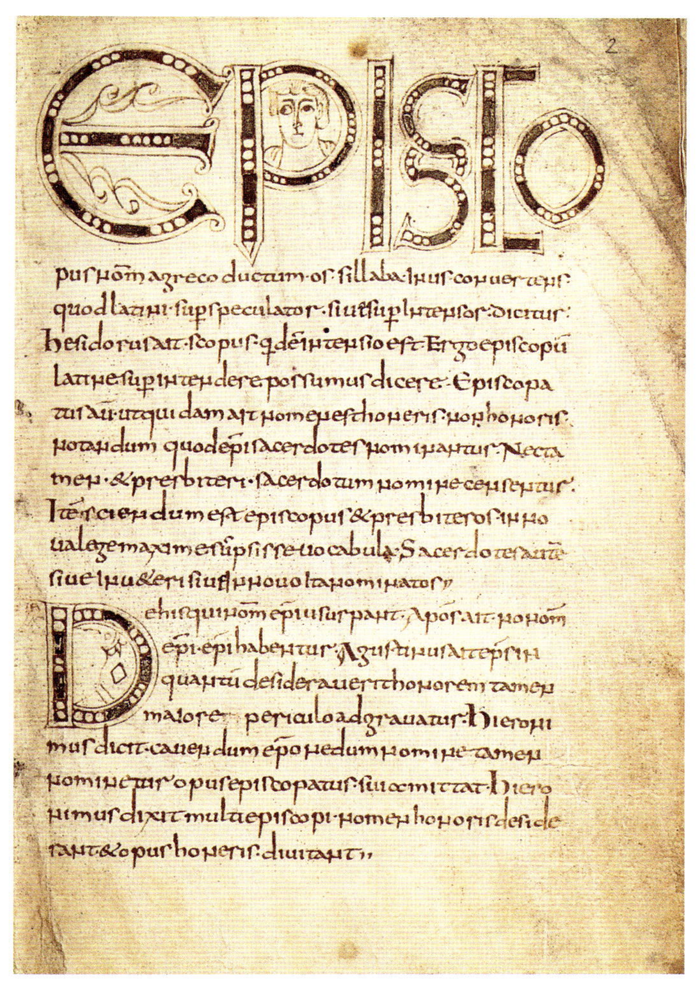

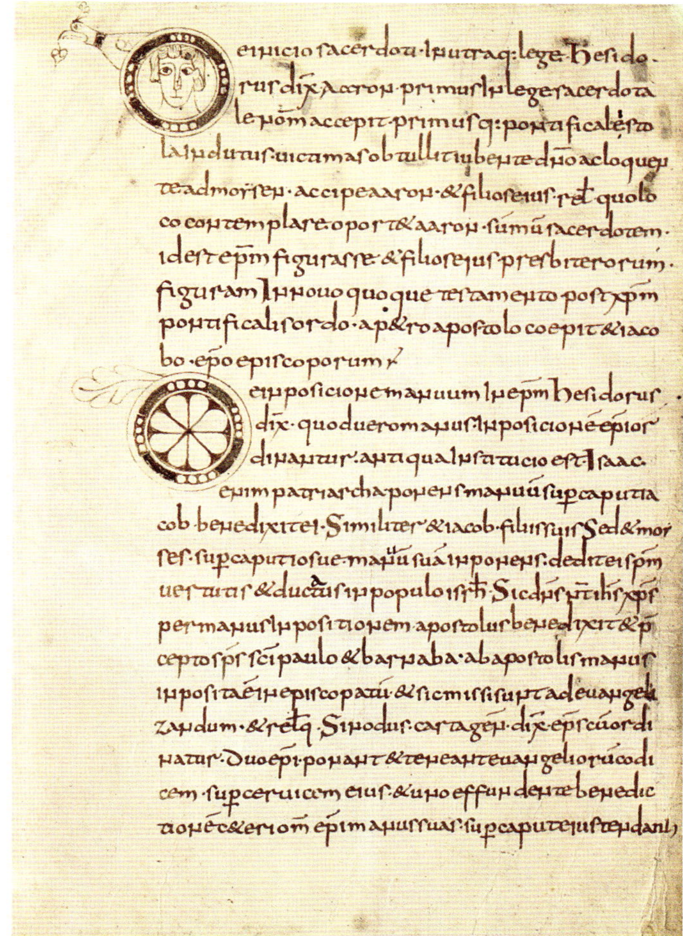

19 Dom Hs. 210, 2r/2v

Wenn ein Feind jemandes Ehefrau entführt hat und er sie nicht zurückerhalten kann, ist es besser, daß er sich eine neue Ehefrau nimmt als daß er Unzucht mit anderen treibt. Wenn später die Ehefrau zurückkehrt, darf er sie nicht wieder zu sich nehmen, wenn er eine neue Ehefrau genommen hat. Die Zurückgekehrte soll sich einen neuen Mann nehmen, wenn sie vorher einen hatte. (...) Männer, die nach langer Gefangenschaft zurückkehren, sollen ihre früheren Ehefrauen wiedererhalten und die anderen Ehemänner vertreiben... 137r (sog. Theodor'sche Satzungen über Taufe, Essensgewohnheiten, Sodomie, Hurerei von männlichen und weiblichen Geistlichen); A.A.

insularen Zentren stand. Auf einen Entstehungsort in Frankreich weist auch die Initialornamentik der Handschrift, mit in den Buchstabenkörper integrierten gegenständigen Fischen (31v) oder Vögeln (97v, 105r). Beide Formen stammen aus dem Repertoire der merowingischen Buchmalerei. Fast gegensätzlich dazu verhalten sich die Zierbuchstaben der ersten Zeile von Folio 2r sowie eine Reihe nachfolgender Initialen, deren einfache Buchstabenkörper mit Folgen von jeweils drei pergamentausgesparten Kreisen und dünnen goldenen Balken gefüllt sind. Sie vertreten in gewisser Weise einen eigenen Stil und sind zumeist mit Büstenbildnissen im Profil oder en face gefüllt. Nordenfalk (Die spätantiken Zierbuchstaben, Stockholm 1970, S. 144f., 220, Abb. 35) fand entsprechende Beispiele in den Paulusbriefen der Codices Clm 6234 der Bayerischen Staatsbibliothek (München), entstanden zu Beginn des 6. Jahrhunderts in Afrika oder Spanien, und Ms. 10 B. 4 im Rijksmuseum Meermanno-Westreenianum (Den Haag), das ebenso Initialen mit stilistisch unserer Handschrift verwandten Brustbildern enthält (CLA X 1963, 1572a; Suppl. 1971, S. 79). Lowe sah auch diese Canonessammlung in Nordfrankreich in der 2. Hälfte des 8. Jahrhunderts entstanden. Bischoff folgte ihm (1981, S. 17f. Anm. 57) und präzisierte auf Nordostfrankreich (Umkreis von Reims).

INHALT: **1r** Ursprünglich leer. Federprobe *CANON DE DIVERSIS CAUSIS* (8./9. Jh.). **1v** Leer. **I. 2r-121v** Collectio canonum Hibernensis in Auszügen (bis Titel 38, Kap. 18). **2r** Der Text beginnt ohne Titel und Kapitelzählung mit *EPISCOpus nomen a greco ductum os sillaba – confundantur statim erubes ceptes qui dicunt mihi euge euge. Explicit Deo GRATIAS. Amen* (vgl. Lib. I, Cap. I – Lib. XXXVIII, Cap. XVIII: Wasserschleben 1885, 3-146; Text weicht

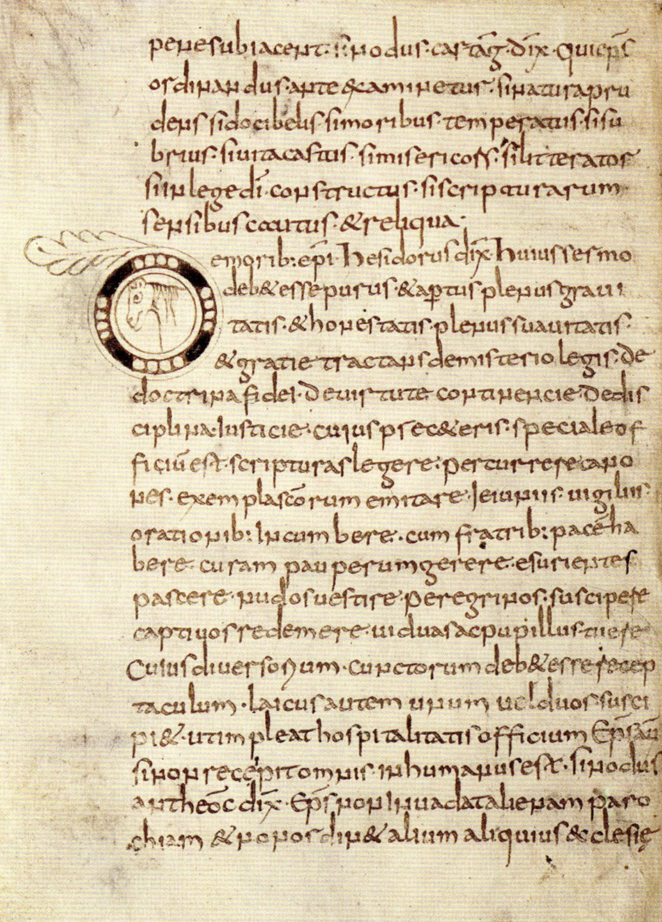

19 Dom Hs. 210, 3r/4v

erheblich von der Edition ab; vgl. Finsterwalder 1929, 75). Der Teil enthält nur in Lage 2 - 5 (15r - 29r; 41r - 45r) eine rubrizierte Kapitelzählung von *I - XC* und *CLIII - CLXVIII*. Folgende Initialen sind besonders erwähnenswert: 2v *D(e inicio)*: Büste eines Mannes und Vogel, 3r *D(e eo)*: Vogel, 3v *d(e eo)*: Büste eines Mannes und ausgestreckte Hand, 4v *d(e moribus)*: Pferdekopf, 5r *D(e)*: Fisch, 7r *D(e)*: schnurrbärtiger Profilkopf und Vogelkopfende, 7v *d(e laico)*: Rosette und Vogel, 17v *P(resbiter)*: Fisch-Vogel, 24r *D(iaconus)*: Vogel, 25v *h(esidorus)*: Hundskopf, 27v *L(ectores)*: Hundskopf, 29r *D(e)*: großer Vogel, 31v *d(eprecantibus)*, 34r *d(e)*: zwei gegenständige Fische, 64v *d(e ordinacione)*: vegetabil, mit Vogelkopfenden, 80v *d(E)*: eingeschriebenes E, 84v *D(e furto)*: gegenständiges Fisch-Vogel-Paar, 92v *D(e eo)* wie 84v, 97v *D(E)*: Vogel, 102r *d(E)* und 105r *D(E)*: gegenständiges Vogelpaar. **II. 122r - 128r** Canonessammlung (Buch I). **122r** Ohne Titel *d(E) homicidiis vel adulteris vel furibus – Non oportet cum Judaes ullana mixtionem habere . . . uter Vernensis synodus. Explicit liber primus.* Nach Finsterwalder (1929, 74 f.) enthält diese Sammlung 56 Kapitel eigenen Charakters. Initialen: 122r *d(E)*: Rosette, 125r/v, 126r *Q(ui)*: blattförmige Cauda. **III. 128r - 151r** Canonessammlung (Buch II). **128r** Titel *IN ORDINATIONE EPISCOPI debet missam caelebrare – Qui palam aliquando arrepti sunt, non solum ad ullum ordinem clericatus adsumentur, sed etiam qui ordinati sunt ab offertio reppellentur ut viscarum finit.* Die Sammlung enthält zu Beginn ein Bruchstück aus der sog. Theodor-Überlieferung der Canones Hibernenses (Finsterwalder 1929, 315 f.) mit Ordinationen. Diese sind hierarchisch gegliedert: Bischöfe, Priester, Äbte, Äbtissinnen, Frauen und Witwen. Ab **132r** folgen sog. Theodor'sche Satzungen über Taufe, Essensgewohnheiten, Sodomie, Hurerei von männlichen und weiblichen Geistlichen (vgl. Finsterwalder 1929, 74 f.). Initiale: 128r *I(N)*: Blattschmuck.

PERGAMENT: 151 Blätter; 215 x 151 mm; Lagen 1 - 5^{8}, 6^{10}, 7^{8-1}, 8^{8}, 9^{4+2}, 10^{8}, 11^{6}, 12^{6+3}, 13^{2+2}, 14^{6}, 15^{4+2}, 16^{4+2}, 17^{2+3}, 18 - 21^{6}; Lage 1 und 3 mit Reklamanten; Schriftspiegel 170 x 105 mm bzw. 165 x 101 mm (ab fol. 128); Blindliniierung, ab fol. 128 mit Versalienspalten (6 mm); einspaltig; 20 - 26 Zeilen. AUSSTATTUNG: Lateinischer Text in brauner bis dunkelbrauner frühkarolingischer Minuskel, teilweise rubriziert; einige Lagen mit unzialen Titeln in Minium; zu Beginn der Canones einfache Majuskeln in Federzeichnung, manchmal mit Minium koloriert oder Zierinitialen in Federzeichnung mit vegetabilem, zoomorphem und anthropomorphem Schmuck; Anfangszeile in Capitalis mit brauner Tinte, stellenweise pergamentausgespart und vergoldet (2r), ebenso die Initialen der ersten Lage. EINBAND: Pergament mit Streicheisenlinien über Pappe (Mitte 18. Jh.). PROVENIENZ: Aufgrund ihres Alters könnte die Handschrift zur Bibliothek Erzbischof Hildebalds (vor 787 - 818) gehört haben. Darmstadt 2178.

LITERATUR: Jaffé/Wattenbach 1874, S. 92 – Wasserschleben 1885, S. XXVf., XXXII – H. Bradshaw, The early Collection of Canons known as the Hibernensis, Cambridge 1893, S. 17f. – P. Fournier, De l'influence de la collection irlandaise sur la formation des collections canoniques, in: NRHDF 23 (1899), S. 41f. – Finsterwalder 1929, S. 74f. – J.T. McNeil/H.M. Gamer, Medieval Handbooks of Penance, New York 1938, S. 433f., 444 – Wasserschleben 1958, S. 35 – CLA VIII 1959, 1161 – Mordek 1975, S. 257 – Bischoff, Panorama 1981, S. 14 Anm. 45 – G. Hägele, Das Paenitentiale Vallicellianum I. Ein oberitalienischer Zweig der frühmittelalterlichen kontinentalen Bußbücher, Sigmaringen 1984, S. 72 Anm. 38 – Schmitz 1985, S. 138 – R. McKitterick, Knowledge of Canon Law in the Frankish Kingdoms before 789: The Manuscript Evidence, in: JTS, N.S. 36 (1985), S. 109, 113 – Dies., Frankish uncial: A new context for the Echternach scriptorium, in: P. Bange/A.G. Weiler (Hgg.), Willibrord. Zijn wereld en zijn werk. Vordrachten gehouden tijdens het Willibrord congres, Nijmegen 1989 (Middeleeuwse Studies 6), S. 374ff. – Handschriftencensus 1993, S. 682f., Nr. 1155. A.v.E.

Kirchenrechtliche Sammelhandschrift

20 Dom Hs. 91

Burgund (?), Ende 8. Jh.

Die Handschrift enthält mehrere kirchenrechtlich bedeutende Texte, von denen die 'Vetus Gallica' mit ihren Zusätzen (I-II) zu den ältesten Zeugen der in Frankreich (Lyon) im 1. Viertel des 7. Jahrhunderts entstandenen Sammlung von Canones und Decretales zählt. Nach den Untersuchungen von Mordek und Reynolds (1992, S. 87ff.) beinhaltet unsere Handschrift Texte aus der sog. Autun-Redaktion der Sammlung (4r, 35v-36r, 48r). Ausschlaggebend für diese Version war das unter Bischof Leodegar (663-680) um 670 abgehaltene Konzil von Autun. Wann die insularen Bußbücher des Theodor von Canterbury (668-690) und Pseudo-Cummean (III-IV), fälschlich benannt nach Bischof Cummean von Clonfert (590-662), in die Sammlung Eingang fanden, ist ungewiß. Jedoch enthält diese Abschnitte auch Latinus 1603 der Bibliothèque Nationale in Paris, der textlich unserer Handschrift nächstverwandt ist und wahrscheinlich im Umkreis der Aachener Hofschule Karls des Großen (768-814) entstand. Die Sammlung wurde von mehreren gleichgeschulten Händen geschrieben, deren Initialornamentik ebenso einheitlich erscheint wie die Schrift. Im formalen Bestand und farblich steht sie der Initialkunst des merowingischen Skriptoriums von Corbie nahe. Die in hauchdünner Feder angelegten Initialen mit ihren Buchstabenkörpern in Minium, Gelb, Grün und Schwarz haben pergamentausgesparte Klammern, die den Buchstabenkörper so gliedern, daß seine Teile sich der Fischform nähern, ohne sie jedoch anzunehmen. Lowe (CLA VIII 1959, 1155) zog hinsichtlich der Schrift offenbar eine Entstehung des Buches in Burgund in Erwägung. Vielleicht spricht dafür auch dessen Textzusammenhang mit der genannten Autun-Redaktion der 'Collectio vetus Gallica' unter Bischof Leodegar von Autun.

INHALT: **1r** Schmutzblatt mit verschiedenen Federproben und Versen (8.-9. Jh.). A) *CANON DE DIVERSIS CAUSIS.* B) *Qui cupis esse bonus et vis dinoscere verum / Ut mortis socium sic mordax effuge [vinum]* (Eugenius von Toledo, gest. 657, Carmen 6: Walther 15441; Schaller/Könsgen 13218). C) *O genitor Deus verbum.* D) *O genitor Deus verbum caro factum, Deus spiritus paraclitus trinus et unus, miserere populo christiano tuo, pro quo fudisti sanctum sanguinem perpetuum noli in aeternum servare nostra crimina sed sicut.* **1v** Leer. **I. 2r-48r** Collectio Canonum Vetus Gallica. Zum Inhalt vgl. Dom Hs. 212 (Kat. Nr. 17). **2r** Titel und Kapitelreihe *INCIPIUNT CAPITULA HUIUS LIBRI. I Ut omnis ministri ecclesiae symbolum – LXV De statuta aeclesiarum antiquarum* (Mordek 1975, 343-349). **4r** *Canon Augustodunensis Ihera prima.* Beginn der Sammlung mit dem Konzil von Autun (um 670) *Si quis presbyter – perpetualiter placuit conservandum* (Mordek 1975, 358-596). **II. 48r-83v** Zusätze und Anhänge zur Vetus Gallica. **48r-51v** 30 Kapitel über die Buße mit Kurzfassungen von Konzilsbeschlüssen und Decretales *De penitentibus in libro canonum* (Mordek 1975, 597-613). **51v-54r** Brief Leos I. (440-461) an Bischof Rusticus von Narbonne. 2. Teil *Epistolae fraternitatis.* **54r-57v** Sog. 2. Synode des hl. Patricius (irische Synode, 7. Jh.). **57v-68r** Gregor I. (590-604), Libellus responsionum an den Missionsbischof Augustinus von Canterbury *Per dilectissimos.* **68r-73r** Gregor I. an Bischof Etherius von Lyon *Caput nostrum.* **73r-74r** Gregor I. an die

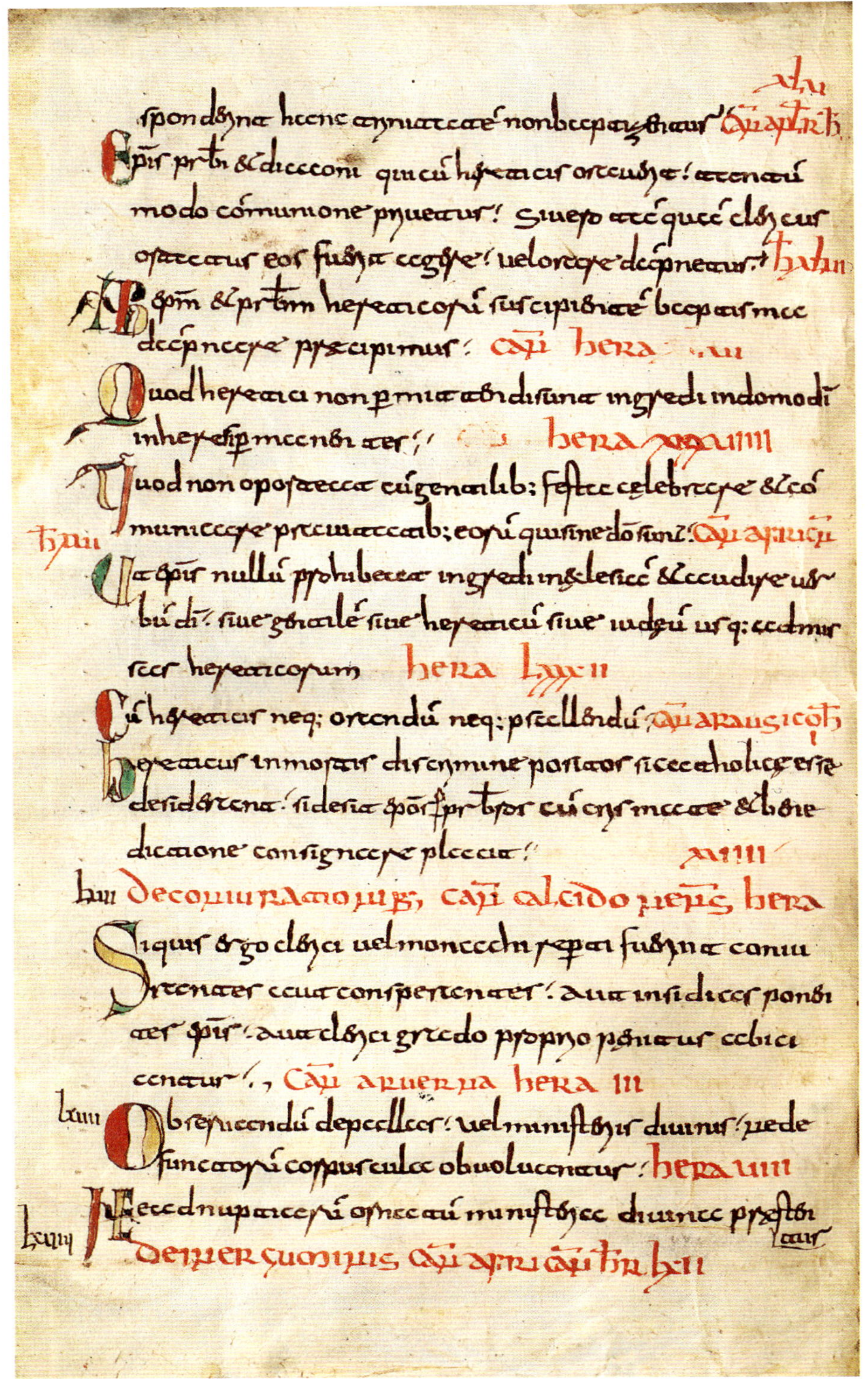

20 Dom Hs. 91, 45v

burgundische Königin Brunhilde. 1. Teil *Postquam excellentiae.* **74r - 77r** Römische Synode unter Papst Gregor I. vom 5. 7. 595 *Regnante in perpetuum.* **77v - 80v** Hormisda (514 - 523), apokrypher Brief *Ecce manifestissime.* **80v - 82v** Isidor von Sevilla (um 560 - 636) an Bischof Massona von Merida *Vieniente ad nos.* **82v - 83r** Gregor I. an Bischof Etherius von Lyon *Caput nostrum.* **83r** Gregor I. an die burgundische Königin Brunhilde *Postquam excellentiae.* **83r/v** *Quattuor sinodus – Pullonius Stephanus; In mense Marcio – viduam tantum* (Die Texte von **51v - 83v** sind alle nachgewiesen bei Mordek 1975, 219 - 229). **III. 84r - 90v** und **112v** Das sog. Poenitentiale Theodors von Canterbury oder die Theodor-Überlieferung des Discipulus Umbrensium (Buch II, Kap. 1,4 - 14,14 und Buch I, Kap. 13). Die Lagen sind teilweise vertauscht. Beginnt **112v** unvollständig mit Buch II, Kap. 1 *Incipit de penitentiali Theodori de aeclesie vel de ordinatione diversorum. In aeclesia qua mortuorum – abbatem cogere ad sinodum ire nisi etiam* (Wasserschleben 1958, 202,1 - 203,3; Finsterwalder 1929, 312,4 - 313,3). **84r** Fortsetzung des Textes mit Buch II, Kap. 2 *benedicere in parasceve* (Wasserschleben 203,10; Finsterwalder 314,7; zur Textlücke zwischen 112v und 84r vgl. zuletzt Mordek 1975, 224 Anm. 46). **90v** Ende mit *si oportune non possunt* (Wasserschleben 219,5; Finsterwalder 333,14). **90v** Buch I, Kap. 13 *De reconciliatione. Romani reconciliant – paenetentia non est* (Wasserschleben 197,3-197,10; Finsterwalder 306,1-306,4). **IV. 90v-112r** Der sog. Excarpsus Cummeani oder das Poenitentiale des Pseudo-Cummean. **90v** *Incipiunt capitula quoadunata de paenitentialis vel canonis* (!). **91v** *Incipiunt de diversis criminibus. Diversitas culparum* – **93v** Leer – *cum pane et aqua expleat* (Schmitz 1883, 611-676; Wasserschleben 460-493). **112v** Siehe unter III.

PERGAMENT: 112 Blätter; 251 x 156 mm; Lagen 1^{8+1}, $2\text{-}10^{8}$, 11^{2+1}, 12^{8+1}, $13\text{-}14^{8}$, 15^{2+1}; Reklamanten von *a-l*; Schriftspiegel 200 x 120 mm; Blindliniierung mit Versalienspalte (8 mm); einspaltig; 26 Zeilen. AUSSTATTUNG: Lateinischer Text in dunkelbrauner frühkarolingischer Minuskel, rubriziert; Titel in Halbunziale; Zahlen der Canones oder Kapitel stellenweise grün schattiert; Initialen in feiner Federzeichnung, kapital oder unzial, Buchstabenkörper gefüllt mit Minium, Gelb, Grün und Schwarz, Klammern pergamentausgespart; 2r Titelseite mit mehrzeiliger Initiale, in deren Körper sich farbige Bänder schlangenartig verflechten; im *LIBRI* werden Fischformen erkennbar; die nachfolgenden Buchstaben der ersten Zeile in Capitalis mit Minium, Gelb, Grün und Schwarz, teilweise in Ligatur. EINBAND: Pergament mit Streicheisenlinien über Pappe (Mitte 18. Jh.). Im inneren Vorderdeckel eingeklebt und teilweise überklebt ein Pergamentblatt mit Text in "Corbie-Schrift" des 8.-9. Jhs. (vgl. CLA VIII, 1156 und VI, XXVf.). PROVENIENZ: Darmstadt 2179. LITERATUR: Hartzheim 1752, S. 50 – Knust 1843, S. 618f. – Maassen 1870, S. 821 – Jaffé/Wattenbach 1874, S. 34f. – H. Schmitz, Die Bußbücher und das kanonische Bußverfahren, Bd. I, Mainz 1883, S. 611 – Decker 1895, S. 227, 249f., Nr. 97 – Frenken 1923, S. 54 – Finsterwalder 1929, S. 127ff. – J.T. McNeill/H.M. Gamer, Medieval Handbooks of Penance, New York 1938, S. 437, 444 – Wasserschleben 1958, S. VIII, 19, 182ff., 460ff. – CLA VIII 1959, 1155 – L. Bieler, The Irish Penitentials, Dublin 1963 (Scriptores Latini Hiberniae V), S. 14, 20 – H. Mordek, Dionysio-Hadriana und Vetus Gallica, in: ZRG KA 55 (1969), S. 59ff. – Ders., Der Codex Andegavensis Jacques Sirmonds, in: Traditio 25 (1969), S. 497 – CLA Suppl. 1972, S. 62 – H. Mordek 1975, S. 67 Anm. 18, S. 99, 219ff., 279f., passim – F.B. Asbach, Das Poenitentiale Remense und der sog. Excarpsus Cummeani: Überlieferung, Quellen und Entwicklung zweier kontinentaler Bußbücher aus der 1. Hälfte des 8. Jahrhunderts, Diss. Regensburg 1975, S. 23 – Schmitz 1985, S. 138 – H. Mordek/R.E. Reynolds, Bischof Leodegar und das Konzil von Autun, in: H. Mordek (Hg.), Aus Archiven und Bibliotheken. Festschrift für Raymund Kottje zum 65. Geburtstag, Frankfurt a. M. u. a. 1992 (Freiburger Beiträge zur mittelalterlichen Geschichte 3), S. 85, 87ff. – Handschriftencensus 1993, S. 626f., Nr. 1054 – Collegeville 1995, S. 173ff. A.v.E.

Collectio canonum Dionysio-Hadriana

21 Dom Hs. 115

Köln, um 800

Die kirchenrechtliche Sammelhandschrift gehört dem Typus nach zu der in Rom unter Papst Hadrian I. (772-795) zusammengestellten, auf der Ausgabe des Dionysius Exiguus (um 470-gest. vor 556) fußenden und im Jahr 774 vom Papst seinem Freund Karl dem Großen (768-814) überreichten, römischen Sammlung von Canones (= Konzilsbeschlüsse) und Decretales (= päpstliche Antwortbriefe auf kirchliche Rechtsfragen). Das Dedikationsexemplar enthielt ein noch in einigen Kopien erhaltenes, feierliches Gedicht, das den König mahnt, den Geist der römischen Kirche auf alle Zeit zu bewahren *Genium servare sanctae ecclesiae in aevo Romanae* (Maassen 1870, S. 965ff.; Schaller/Könsgen 3838). In Dom Hs. 115 wurde das Gedicht nicht übernommen, doch ist es wahrscheinlich, daß sie dem Stammbaum des einst am kaiserlichen Hof in Aachen aufbewahrten Urexemplares angehört und im Auftrag von Karls Kanzler, Erzbischof Hildebald von Köln (vor 787-818), geschrieben wurde, in dessen Bibliothek sie schließlich gelangte. Von allen Canones-Sammlungen ist die Dionysio-Hadriana diejenige mit den meisten überlieferten Handschriften. Maassen (1870, S. 441ff.) konnte schon 71 Codices auflisten, denen Mordek (1975, S. 245f.) noch etwa 20 anfügte.

Jones (1971, S. 20) sah in Dom Hs. 115 das Produkt vorwiegend zweier unter Hildebald im Kölner Dom-Skriptorium arbeitender Hände, von denen A die Canones (2r-121v) und B die Decretales (122v-223v) schrieb; eine Verteilung der Hände, die der Lagensignierung entspricht. Als

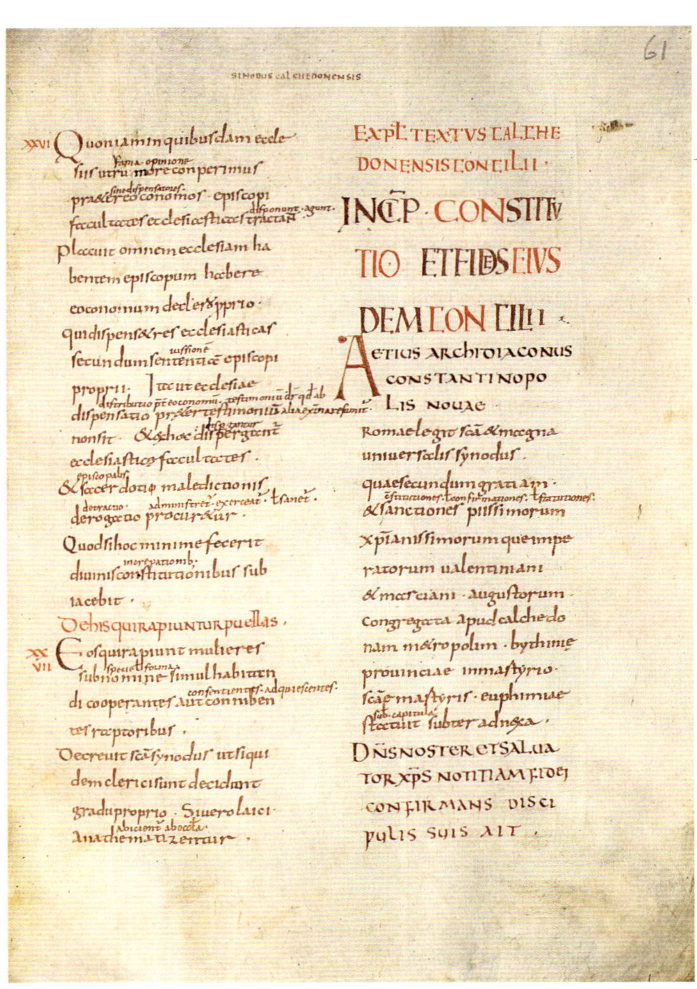

21 Dom Hs. 115, 61r/206v

Entstehungszeit schlug sie die mittlere Hildebald-Periode, das heißt die Zeit von ca. 800 bis 810 vor. Vergleicht man jedoch die einzige Initiale *E(piscopus)* (20r) von Dom Hs. 115 mit Initialen von Dom Hs. 83[II] (Kat. Nr. 24), kommen dort nur Initialen der beiden ersten, 798 datierten Lagen mit Flechtbandfüllung zur Gegenüberstellung in Frage. Einige Initialen wie das *C(aelum)* (152r) im 'Aratus'-Teil von Dom Hs. 83[II] zeigen zwar vergleichbare Tierkopfenden, jedoch ganz andere Binnenformen.

INHALT: **1r** 1/3 eines vorgehefteten Einzelblattes; auf der Vorderseite: *CODEX SANCTI PETRI SCRIPTUS SUB PIO PATRE HILDEBALDO ARCHIEPISCOPO* (9. Jh.); auf der Rückseite Inhaltsangabe und Vermerk über die gedruckte Ausgabe von Johannes Wendelstein, Mainz 1525 (Johannes Cochlaeus – vgl. VD 16, C 4272) (wohl 18. Jh.). **I. 2r - 19r** Kapitelreihen der Canones aller Konzilien und Synoden sowie aller Decretales der Päpste. **2r** *IN NOMINE DOMINI INCIPIUNT TITULI CANONUM APOSTOLORUM.* **11v** *INCIPIUNT TITULI DECRETORUM PAPAE SIRICII NUMERORUM XV* (vgl. Strewe 2 - 24). **II. 19v - 121v** Canones Conciliorum vom Apostelkonzil bis zum Konzil von Karthago (419). **19v** Titelseite *INCIPIUNT ECCLESIASTICE REGULE SANCTORUM APOSTOLORUM PROLATE PER CLEMENTEM ECCLESIE ROMANE PONTIFICEM QUAE EX GRECIS EXEMPLARIBUS IN ORDINE PRIMO PONUNTUR QUIBUSQUAM PLURIMI QUIDEM CONSENSUM NON PREBUERE FACILE ET TAMEN POSTEA QUEDAM CONSTITUTA PONTIFICUM EX IPSIS CANONIBUS ADSUMTA ESSE VIDENTUR. † INCIPIUNT CANONES APOSTOLORUM.* **20r** *EPISCOPUS A DUOBUS AUT TRIBUS EPISCOPIS ORDINETUR* (Turner I, 9 - 32; Strewe 4,14 - 10,23). 20r *E(PISCOPUS)*: Flechtbandfüllung und Tierkopfenden. **25r** Metrische Vorrede, Canones, Glaubensbekenntnis und Unterschriften der Teilnehmer des Konzils von Nikaia (325) (Maassen 46; Turner I, 104 - 143; Strewe 24,14 - 31,6). **32v** Canones des Konzils von Ankyra (317) mit Vorrede und Unterschriften (Maassen 71 ff., 929 ff.; Turner II, 54 - 115; Strewe 31,8 - 38,9). **36v** Canones des Konzils von Neokaisareia (zwischen 314 und 325) mit Unterschriften (Maassen 112, 446; Turner II, 116 - 141; Strewe 38, 15 - 40,30). **38v** Canones des Konzils von Gangra (340/341) mit Vorrede und Unterschriften (Maassen 82, 935 ff.; Turner II, 151 - 214; Strewe 41,1 - 44,2). **41v** Canones des Konzils von Antiochia (341) mit Unterschriften (Maassen 112 f., 446; Turner II, 216 - 315; Strewe 44,4 - 52,9). **47v** Vorrede und Canones des Konzils von Laodikea (zwischen 343 und 381) (Maassen 113; Turner II, 325 - 392; Strewe 52,10 - 60,4). **52v** Vorrede, Canones, Glaubensbekenntnis und Unterschriften des Konzils von Konstantinopel (381) (Maassen 114f., 446; Turner II, 405 - 431, 467 - 472; Strewe 60,5 - 61,18). **55v** Canones, Glaubensbekenntnis und Unterschriften des Konzils von Chalkedon (451) (Maassen 115, 446; Strewe 98,25 - 105,19). **67v** Canones des Konzils von Sardika (343) mit Unterschriften (Maassen 446f.; Turner I, 446 - 560; Strewe 61,20 - 70,11). **74v** Vorrede, Glaubensbekenntnis und Canon I - XXXIII (recte XXXV) der 1. Sitzung des Konzils von Karthago (419) (Maassen 173ff., 447; Turner I, 566 - 590; Strewe 70,12 - 84,9). **85v** 2. Sitzung des Konzils von Karthago (419) mit Einleitung, CV Canones und Briefen. *INCIPIUNT CANONES CONCILIORUM DIVERSORUM AFRICANAE PROVINCIAE NUMERORUM CV. Recitata sunt etiam in ista sinodo* etc. (vgl. Maassen 447). **116v** (CI) Brief des Konzils von Karthago (419) an Papst Bonifaz I. (418 - 422) *quoniam domino placuit* (Maassen 181f.; Turner I, 596 - 608; Strewe 85,10 - 88,25). **119r** (CII) Schreiben der Bischöfe Kyrillos von Alexandria (412 - 444) und Attikos von Konstantinopel (406 - 425) an das Konzil von Karthago (419) *Scripta venerationis* (Turner I, 609 - 613; Strewe 88,26 - 89,18). **119v** (CIII) Brief des Bischofs Attikos von Konstantinopel an das Konzil von Karthago (419) *Scripta vestrae dilectionis* (Turner I, 611 - 613; Strewe 89,19 - 34). **119v** (CIIII) Das Glaubensbekenntnis des Konzils von Nikaia (325) (Strewe 90,1 - 90,16; mit Zusatz). **120r** (CV) Schreiben des Konzils von Karthago (421) an Papst Coelestin I. (422 - 432) *Optaremus* (Maassen 182f.; Turner I, 614 - 622; Strewe 96,6 - 98,22). **III. 122r - 224r** Decretales der Päpste von Siricius (384 - 398) bis Gregor II. (715 - 731). 1. Siricius: **122r** *Directa* (385). *INCIPIT EPISTOLA DECRETALIS PAPAE SIRICII. SIRICIUS HIMERIO EPISCOPO TARRACONENSIS SALUTEM* (Maassen 240; Wurm 62, 120ff., 262; Jaffé/Wattenbach 1885, 40f.). 2. Innozenz I. (402 - 417): **128r** *Si instituta* (416), **131v** *Etsi tibi* (404), **135v** *Consulenti tibi (405),* **138v** *Mirari non possumus* (401 - 417), **139v** *Ecclesiasticorum* (401 - 417), **140r** *Multa in provincia* (401 - 417), **140v** *Mora episcoporum* (414), **141v** *Non semel* (401 - 414), **141v** *Conturbatio* (401 - 417), **141v** *Acceptissimi* (um 406), **142r** *Singulare membrum* (um 413), **142r** *Caritatis nostrae* (412), **142v** *Ecclesia Antiochena* (um 415), **143r** *Quam grata mihi* (um 415), **143v** *Miramur prudentiam* (um 415), **144r** *Apostolici favoris* (um 415), **146r** *Adgaudere litteris* (um 415), **146r** *Diu irati* (statt *mirati*) (401 - 417), **146v** *Superiore tempore* (um 409), **147v** *Magna me gratulatio* (414), (Maassen 242 - 248; Wurm 63 - 69, 124ff.; Jaffé/Wattenbach 1885, 44ff.). 3. Zosimus (417 - 418): **151v** *Exigit dilectio* (418), **153r** *Ex relatione* (418) (Maassen 249f.; Wurm 70, 138ff.; Jaffé/Wattenbach 1885, 50). 4. Bonifaz I. (418 - 422): **153v** *Ecclesiae meae* (420), **154v** Reskript des Kaisers Honorius (395 - 423) *Scripta beatitudinis,* **155r** *Valentinae nos* (419), **156v** *Difficilem quidem* (422) (Maassen 251ff., 319f., 445ff.; Wurm 70f., 140ff., 150ff.; Jaffé/Wattenbach 1885, 53f.). 5. Coelestin I. (422 - 432): **157r** *Apostolici verba* (um 426), **158v** *Quia nonnulli* (Florileg von Prosper, nicht von Coelestin), **162v** *Cuperemus quidem* (429), **165r** *Nulli sacerdoti* (statt sacerdotum; 429) (Maassen 252f., 445ff.; Wurm 72f., 140ff.; Jaffé/Wattenbach 1885, 55). 6. Leo I. (440 - 461): **166r** *Ut nobis gratulationem* (443), **167v** *In consortium vos* (444), **168r** *Divinis praeceptis* (447), **172r** *Lectis fraternitatis tuae* (447), **173r** *Scriptis epistolis fraternitatis* (458/459), **176v** *Quanta fraternitatis tuae* (446), **180v** *Regressus ad nos* (458), **182r** *Cum de ordinationibus* (446) (Maassen 257ff., 445ff.; Wurm 73ff., 166ff.; Jaffé/Wattenbach 1885, 58ff.). 7. Hilarius (461 - 468): **185v** Regeln der römischen Synode vom 19.11.465: *INCIPIUNT REGULAE PAPAE HILARI FLAVIO BASILISCO ET HERMI CONSULIBUS* (Maassen 273f., 447; Mansi VII, 959 - 962; Jaffé/Wattenbach 1885, 76), **187r** Erstes Schreiben der Bischöfe der Provinz Tarragona an Papst Hilarius *Quo nam curam* (Mansi VII, 962 - 963), **187v** Zweites Schreiben derselben Bischöfe *Etiam si nulla* (Mansi VII, 963 - 964), **189r** Synodalschreiben des Papstes an Bischof Ascanius und alle Bischöfe der Provinz Tarragona (465) *Postquam litteras* (Maassen 447f.; Mansi VII, 964 - 965; Jaffé/Wattenbach 1885, 77). 8. Simplicius (468 - 483): **190r** *Si quis esset intuitus* (483), **191r** *Relatio nos vestrae* (475) (Maassen 274, 276, 448; Mansi VII, 972 - 973; Jaffé/Wattenbach 1885, 78f.). 9. Felix III. (483 - 492): **191r** Regeln des römischen Konzils vom 13.3.487 *Communis dolor* (Maassen 278, 448; Mansi VII, 1171; Jaffé/Wattenbach 1885, 82). 10. Gelasius I. (492 - 496): **194r** Decretum generale *Necessaria rerum* (494) (Maassen 281; Wurm 76; Jaffé/Wattenbach 1885, 85f.). 11. Anastasius II. (496 - 498): **201v** Brief *Exordium pontificatus* (496) (Maassen 285, 448; Mansi VIII, 188; Wurm 77; Jaffé/Wattenbach 1885, 95). 12. Symmachus (498 - 514): **204v** Das römische Konzil vom 1.3.499 *Beatitudo vestra* (Maassen 286, 448; Mansi VIII, 229 - 238; Jaffé/Wattenbach 1885, 96), **208r** Das römische Konzil vom 6.11.502 *Bene quidem fraternitas* (Maassen 286, 448; Mansi VIII, 264 - 269; Jaffé/Wattenbach 1885, 98), **212r** Akten der 3. Zusammenkunft des römischen Konzils vom 25.10.501 *Quarta synodus habita romane palmaris sancta synodus* (Maassen 286, 448; Mansi VIII, 247 - 253; Jaffé/Wattenbach 1885, 100). 13. Hormisda (514 - 523): **215v** Schreiben *Quo fuimus semper* des Kaisers Justinus I. (518 - 527) an Papst Hormisda (Maassen 336, 448; Mansi VIII, 509 - 510), **216v** Schreiben *[H]aurite aquam* der Kleriker von Jerusalem, Antiochia usw. an Kaiser Justinus I. (Maassen 448; Mansi VIII, 510 - 512). **218v** Hormisda an Kaiser Justinus I. *Inter ea quae* (521) (Maassen 448; Mansi VIII, 520; Jaffé/Wattenbach 1885, 108), **220v** An die Priester, Diakone und Archimandriten von Syrien (518) *Lectis litteris* (Maassen 290, 448; Mansi VIII, 1024; Jaffé/Wattenbach 1885, 104). 14. Gregor II.: **220v** Das römische Konzil vom 5.4.721 *Cum sumus dominicae plebis* (Maassen 306, 448; Mansi XII, 261 - 266; Jaffé/Wattenbach 1885, 250). **223v** *EXPLICIUNT CONSTITUTA PAPAE GREGORII SUB ANATHEMATE INTERDICTAM.* **IV. 224v - 225v** Anhang. **224v** Brief Alkuins (um 730 - 804) an den Priester Oduin mit der Erklärung des Taufritus *Et quia divina redonante gratia – vos estis genus regale* (unvollständig: MGH Epp. Karol. II, 202 - 203). **225r** (a) Begriffsdefinitionen und

Der Lehrer Alcuinus grüßt seinen ihm lieben Schüler, den Priester Oduinus. Mit dem Beistand der göttlichen Gnade habe ich dich in langer Arbeit dahin geführt, daß du des priesterlichen Ehrenamtes für würdig gehalten wirst. Deshalb und damit du im Hause Gottes deinen Dienst genauso tadellos versehen kannst, wie ich dich sorgfältig durch die Gabe Gottes zur Kenntnis der der Vernunft zugänglichen Ordnung der heiligen Taufe gebracht habe, wollte ich dir nun auch kurz über die Geheimnisse der gesamten Meßhandlung schreiben. So sollst du erkennen, wie notwendig es ist, nichts davon auszulassen, was von den heiligen Vätern für diese Meßhandlung eingerichtet worden ist.
224v (aus dem Brief Alkuins über den Taufritus); A.A.

122

INCP EPL
DECRETA
LIS PAPA
SIRICII
SIRICIVS
HIMERIO
EPISCOPO
TARRACO
NENSI
SALVTEM

DIRECTA AD DE
CESSO RE NOSTRV
scae recordationis
damasum · fraternitatis
tuae relatio ·
m etiam in sedem ipsius con
stitutum quia sic dns or
dinauit inuenit ·
Quam cum in conuentum
fratrum sollicitius legi
tanta inuenimus ·
Quae reprehensione &
correctione sint digna
Quanta optaremus laudanda
cognoscere · & quia ne
cesse nos erat in eius labo
res curasq; succedere ·
Cui p di gratiam successi
mus · in honorem facto
ut oportebat
Primitus meae prouecti
onis indicio · ad singula ·
prout dns aspirare dig
natus e · Consultationi
tuae responsum cōpetens
non negauimus · Quia
officii nostri consideration

 21 Dom Hs. 115, 122r

Federproben *Usura est qui aliquid prestat – cupiditas inappetendis rebus; Avaritia, Justum sensus.* **225r** (b) Fortsetzung des Alkuinbriefes (MGH Epp. Karol. II, 203,2-6) *et sacerdotale offerentes vos – in baptismo per gratiam vitae donatus aeternae.* **225r** (c) *XV IN SYNODO ZACHARIAE PAPAE. De gradibus cognacionum decernimus observare* (vgl. die Regesten des Papstes Zacharias zum römischen Konzil von 744) (Mansi XII, 381-384; Jaffé/Wattenbach 1885, 265). **225v** Rechte Spalte: Eherecht und Verwandtschaftsgrade bei Isidor, Etymologiae (Lib. VII, Cap. XXX) sowie in den Constituta der römischen Konzilien unter den Päpsten Gregor II. und Zacharias (741-752) (vgl. oben, fol. 220ff.) *IN CONSTITUTO GREGORII PAPAE. Siquis de propria cognacione uxorem deduxerit anathema sit. in aethimologiarum sancti Ysidori libro septimo capitulo XXX – Item in synodo Zachariae papae in septimo capitulo – anathema sit.*

PERGAMENT: 225 Blätter; 353 x 248 mm; Lagen 1^{8+1}, $2-28^{8}$; teilweise erhaltene originale Zahlenreklamanten (*I-XV* und *I-XIII*). Schriftspiegel 250 x 170 mm; Blindliniierung mit Versalienspalten (7 mm); 2 Spalten von innen 72, außen 67 mm und 31 mm Abstand; 27 Zeilen. AUSSTATTUNG: Lateinischer Text in hell- bis dunkelbrauner karolingischer Minuskel; Auszeichnungsschrift in Capitalis, teilweise mit unzialen Buchstaben, Rustica sowie Mischtyp aus Unzial- und Minuskelbuchstaben; Kapitelanfänge mit Majuskeln in Tinte und Minium, einige umpunktet; 20r Initiale in brauner Federzeichnung mit Minium und Gelb, Flechtbandfüllung und zoomorphem Ende. EINBAND: Pergament mit Streicheisenlinien über Pappe (Mitte 18. Jh.). PROVENIENZ: Nach Ausweis des Vorsatzblattes sowie der Einrichtung und Schrift lag das Buch schon in der Dombibliothek Erzbischof Hildebalds. Darmstadt 2114. LITERATUR: Hartzheim 1752, S. 63f. – Knust 1843, 620f. – Maassen 1870, S. 441 – Jaffé/Wattenbach 1874, S. 46f. – Decker 1895, S. 227, 245f., Nr. 77 – Jones 1971, S. 20, 46f., Nr. 10, Taf. L-LI – Mordek 1975, S. 243f. – Schmitz 1985, S. 141 – Zechiel-Eckes 1992, S. 15, Anm. 28, S. 152f., passim – Handschriftencensus 1993, S. 640f., Nr. 1080.

A.v.E.

Lehrtexte zur Grammatik, Rhetorik und Dialektik

22 Dom Hs. 166

Kontinentales Skriptorium unter insularem Einfluß, 2. Hälfte 8. Jh. (?)

Die Handschrift ist für ein Schulbuch mit spätantiken Autoren des 'Triviums', der sprachlichen Fächer aus dem Lehrprogramm der 'Sieben Freien Künste', vorzüglich angelegt, ebenso ausgeführt und erhalten. Beim Lesen der Unzialschrift entdeckt man mehrere gleichgeschulte Schreiber, wahrscheinlich insularer Ausbildung, wofür die Einrichtung (vorwiegend Vellum = Kalbpergament, Zirkelstiche auf jeder Seite) und u. a. auch die mit Minium umpunkteten Initial-Majuskeln des Buches sprechen. Titel und Auszeichnungsschriften haben dagegen kontinentalen Charakter, was auf ein Skriptorium des Festlandes schließen läßt (CLA VIII 1959, 1160). Die noch nicht ermittelte frühkarolingische Schreibschule muß in einem Zentrum hohen geistigen Anspruchs gearbeitet haben, denn die Auswahl der Texte spätantiker profaner Autoren, unter die auch der hl. Augustinus (354-430) eingereiht ist, dürfte in der Textüberlieferung außergewöhnlich sein. Hier nimmt Dom Hs. 166 mit ihren in den Text eingefügten Diagrammen die erste Stelle ein. Als deren früheste Kopie konnte die Forschung (zuletzt Bischoff 1989, S. 74f.) den Palatinus latinus 1588 (Rom, Bibl. Vaticana) ermitteln, der im 1. Drittel des 9. Jahrhunderts im karolingischen Reichskloster Lorsch entstand. Wahrscheinlich wurde Dom Hs. 166 zwecks Abschrift dorthin ausgeliehen und im 2. Drittel des 9. Jahrhunderts von der Kölner Dombibliothek erworben, wo sie der Bibliothekar mit dem Vermerk *LIBER SANCTI PETRI* versah.

Unter den spätantiken Autoren ist Gaius Chirius Fortunatianus, ein römischer Grammatiker des 4. Jahrhunderts, mit seiner Kunst der Rhetorik als erster vertreten (I). Die darin enthaltenen, wie Stammbäume angeordneten Diagramme, deren Haupt- und Unterbegriffe alle eingekreist sind, dienen vorzugsweise der Mnemotechnik (Gedächtnisstützung). Wenn in diesem Buch danach die Grundbegriffe der Rhetorik und Dialektik des hl. Augustinus folgen (II), ist daran zu erinnern, daß der Kirchenvater vor seiner Bekehrung zum Christentum im Jahr 383 die Stelle

Da das Leben vom Tage der Geburt seinen Ausgang nimmt, es aber bereits vor diesem Tag vieles gibt, das Einfluß auf den Ursprung der Menschen hat, scheint es nicht unangebracht, zuerst von diesen Dingen zu reden, die ihrem Wesen nach dem Tag der Geburt vorangehen. Kurz will ich also auf einige der Meinungen eingehen, die bei den Alten über die menschliche Herkunft verbreitet waren. Die erste und grundsätzliche Frage, mit der sich die nach Weisheit strebenden Menschen früherer Zeiten beschäftigten, war folgende: Weil es ja feststeht, daß die einzelnen Menschen, die aus den Keimzellen ihrer Eltern gezeugt worden sind, sich in der Folge der Nachkommenschaft über viele Jahrhunderte hin fortpflanzen, gab es einige Leute, deren Meinung nach die Menschen immer existiert haben, daß niemals jemand nicht von Menschen gezeugt worden sei und es deshalb keinen irgendwie gearteten Ursprung oder Urbeginn des Menschengeschlechtes gegeben habe. Andere hingegen waren der Ansicht, es habe eine Zeit gegeben, in der die Menschen nicht existierten, und von der Natur sei ihnen irgendwann die Entstehung und der Anfang ihrer Existenz zugeteilt worden. Die Urheber der ersten Meinung, dergemäß das Menschengeschlecht immer existiert habe, waren Pythagoras von Samos, der Lukaner Ocellus und Archytas von Tarent, deshalb in der Folge dann auch alle Pythagoreer. Aber nichts anderes scheinen auch der Athener Plato, Xenocrates, Dicaerchus aus Messenien und die Philosophen der alten Akademie gedacht zu haben. Auch Aristoteles von Stageiros, Theophrast und besonders viele sehr berühmte Peripatetiker haben dasselbe geschrieben. Als Beispiel führten sie dabei an, daß es ganz unmöglich sei festzustellen, ob zuerst ein Vogel oder das Ei entstanden sei, denn ohne einen Vogel könne kein Ei und ohne ein Ei kein Vogel

eines städtischen Rhetoriklehrers in Mailand antrat. Wie Augustinus stammte Gaius Marius Victorinianus, sein Zeitgenosse, aus Afrika. Er genoß in Rom als Grammatiker, Rhetor und Philosoph so hohen Ruhm, daß seine Ehrenstatue auf dem Trajansforum aufgestellt wurde; nach seinem Übertritt zum Christentum 362 schloß man seine Schule. Er ist in Dom Hs. 166 mit seinem Kommentar zur Rhetorik des Marcus Tullius Cicero (106 - 46 v. Chr.) vertreten (III). Der letzte Text der Handschrift – mit nachhaltiger Wirkung auf die mittelalterlichen Lehrer – stammt von dem römischen Grammatiker Censorinus (3. Jh.). Dieser widmete im Jahre 238 einem Q. Caerellius zum Geburtstag eine Schrift mit dem Titel 'De die natali' (IV), "eine gelehrte Sammlung aller Tatsachen, Nachrichten und Fragen, die sich mit dem Thema Geburtstag nur irgendwie in Beziehung bringen lassen: Ursprung des Menschengeschlechts, Zeugung und Geburt, astrologische Fragen, Zahlenmystik, schließlich Zeit und Zeitrechnung" (Kroh 1972). Von Bedeutung ist zudem das sog. 'Fragmentum Censorini' (IV), das der humanistische Bearbeiter von Dom Hs. 166 Ludovicus Carrio (gest. 1595), im Jahre 1583 erster Herausgeber des Censorinus-Textes, am Rand in fünfzehn Kapitel einteilte. Der Inhalt bietet u. a. die Beschreibung des Himmels, die Carrio mit einer kleinen Zonenkarte (256v) kommentierte, der Fixsterne und Planeten, der Erde, Erdvermessung (Geometrie), Musik und Metrik (Versmaße).

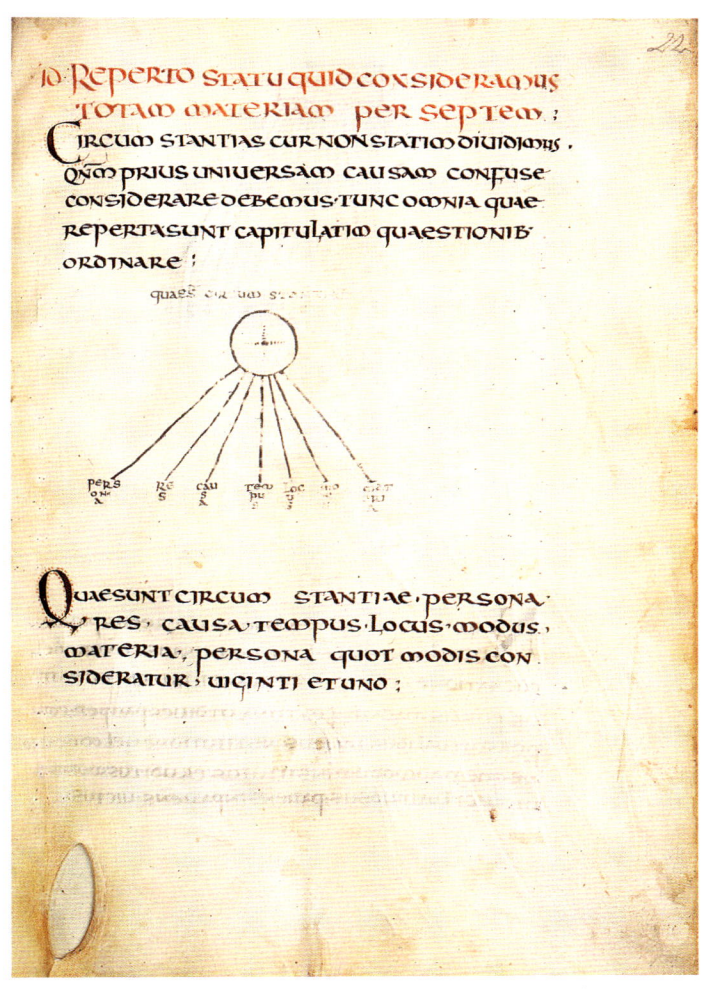

INHALT: **1r** Oben: *LIBER SANCTI PETRI* (9. Jh.); darunter: *GENERA CIVILIUM QUAESTIONUM TRIA* und die Diagramme *DEMONSTRATIVUM, DELIBERATIVUM, IUDICALE. Laus – Vituperatio, Suasio – Dissuasio, Acusatio – Defensio* (vgl. Jaffé/Wattenbach 1874, 66). **I. 1r - 50r** Chirius Fortunatianus, Die Kunst der Rhetorik in drei Büchern (Halm 1863, 79 - 134). **1r - 21v** Buch I *INCIPIT CONSULTI ARS RHETORICA. QUISQUIS RHETORICU (?) FESTINAT TRAMITE DOCTUS AD CAUSAS LEGES QUE TRAI BENE PERLEGAT APTIS HOC OPUS ET NOTUM FACIAT PER CONPETA CALLEM. Quid est rhetorica (?) bene dicendi scientia – aliquando diversus est apud ligantes. SCHOLIA C. CHIRII AD. EXP. LIB. I FORTUNATIANI ARS CONSULTI RHETORICA.* Die ersten beiden Folia von Lage 1 mit Titel und Anfang des Werkes fehlen. Diagramme: **1v** *Partes oratoris.* **7v** *Statuum genera duo; Rationale legale.* **8r** *Coniectura.* **9r** *Finitivus status.* **10r** *De qualitate; De iudicali; De absoluta.* **10v** *De iuris rationicatione.* **11r** *Adsumptiva qualitas.* **11v** *De remotivo; De conpensativo.* **12r** *De venali; Purgativa.* **13r** *De negotiali; Inscripto.* **13v** *Extra scriptum; simplex.* **14r** *Iniectio qualitatum.* **14v** *De particula iuris.* **15r** *Tituli controversarum, qui taciunt necotialem statum.* **15v** *Conparativas species.* **17r** *Translatio; A persona.* **17v** *A tempore; translatio.* **19r** *Collectio.* **21r** *Conparativas materia.* **21v - 40r** Buch II *INCIPIT LIBER II FELICITER. ID REPERTO STATU QUID CONSIDERAMUS TOTAM MATERIAM PER SEPTEM. Circumstantias cur non statim dividimus – dum pro nobis movetur. C. CHIRII FORTUNATIANI ARS RHETORICA SCHOLICA LIBER II EXPLICIT.* Diagramme: **22r** *Quae sunt circumstantiae.* **22v** *Persona.* **23r** *Res.* **23v** *Causa.* **24r** *Tempus.* **24v** *Locus.* **25r** *Modus; Materia.* **26r** *Definitio.* **27v** *Quantitas.* **35v - 37r** Am Rand griechische Glossen von der Hand des Ludovicus Carrio. **40r - 50r** Buch III *INCIPIT LIBER III FELICITER. De dispositione. Quot sunt generales modi dispositionis – et nihil sit nobis notabile. Finit.* **II. 50r - 75r** Augustinus, Grundbegriffe der Rhetorik und Dialektik (PL 32, 1439 - 1448; Halm 1863, 135 - 151). **50r - 62r** (Principia rhetorices) *De officio oratoris. Oratoris officium est, proposita quaestione civili dumtaxat – non aliter exorsus est. ARS RHETORICA LIBER III EXPLICIT.* **62r - 74v** (Principia dialecticae) *INCIPIT DE DIALECTICA LIBER IIII. Dialectica est bene disputandi scientia – una enuntiatio tamen fit aliud ex nominativo, aliud* /(PL 32, 1409 - 1418; unvollständig, da nach fol. 70 und 74 je ein Blatt fehlt). **III. 75r - 231v** Gaius Marius Victorinianus, Explanatio in rhetoricam M. Tullii Ciceronis libri II (Halm 1863, 305 - 310; 155 - 303). Der Anfang ist mit dem nach fol. 74 fehlenden Blatt verloren gegangen. **75r - 184r** Buch I *Magna; benivolo (siquidem) siquidem ostendit – nobis animum praebeat misericordem.* Diagramme: **95r** *Materia, artis – non artis.* **131r** *Quis, quid. cur – ubi, quando* etc. **140r** *Natura – animalis, inanimalis – divina, mortalis.* **143r** *Ars duplex est.* **146v** *Ingestione, negotii, haec quinque quaerenda sunt* (etc.) **149v** *Occasio.* **153r** *Simile.* **159v** *Materia.* **162v** *Probabile.* **184v - 231v** Buch II (mit gegenüber der Edition verschobenem Anfang) **184v - 189r** *INCIPIT LIBER II FELICITER. DE ADTRIBUTIS PERSONAE. Cum sint XI. attributa personis – quadam gestione proveniunt.* **189v - 231v** *Crotoniate quondam cum florent – aut negotiorum eventum aut hominum.* **IV. 232r - 262v** Censorinus, De die natali, mit sog. Fragmentum (Sallmann 1983, 1 - 60; Rapisarda 1991, 5 - 60). **232r - 256r** De die natali *INCIPIT LIBER ALIUD. Munera ex auro vel quae ex argento – dicitur, et sic media nox.* **256r - 262v** Fragmentum Censorini *De naturali institutione. Initia rerum eadem elementa –*

ID REPERTO STATU QUID CONSIDERAMUS TOTAM MATERIAM PER SEPTEM ;
CIRCUMSTANTIAS CUR NON STATIM DIUIDIMUS. QN̄M PRIUS UNIUERSAM CAUSAM CONFUSE CONSIDERARE DEBEMUS. TUNC OMNIA QUAE REPERTA SUNT CAPITULATIM QUAESTIONIB; ORDINARE ;
PERSONA
RES
CAUSA
TEMPUS
LOCUS
MODUS
MATERIA
QUAE SUNT CIRCUMSTANTIAE. PERSONA. RES. CAUSA. TEMPUS. LOCUS. MODUS. MATERIA. PERSONA QUOT MODIS CONSIDERATUR; UIGINTI ET UNO ;

PERSONA

NOMINE UT SAPIENS. NATIONE UT GRECUS. PATRIA UT ATHENIENSIS. LACEDEMONIUS. GENERE UEL COGNATIONE. UT NOBILIS ET IGNOBILIS. DIGNITATE UT ... UT FORTIS MAGNUS. FORTUNA UT DIUES PAUPER. CORPORE UT UALIDUS LONGUS. INSTITUTIONE UEL EDUCATIONE QUEMADMODUM INSTITUTUS ERUDITUS. MORIBUS UT FRUGI LUXURIOSUS. PATIENS INPATIENS. UICTUS.

22 Dom Hs. 166, 22r/22v

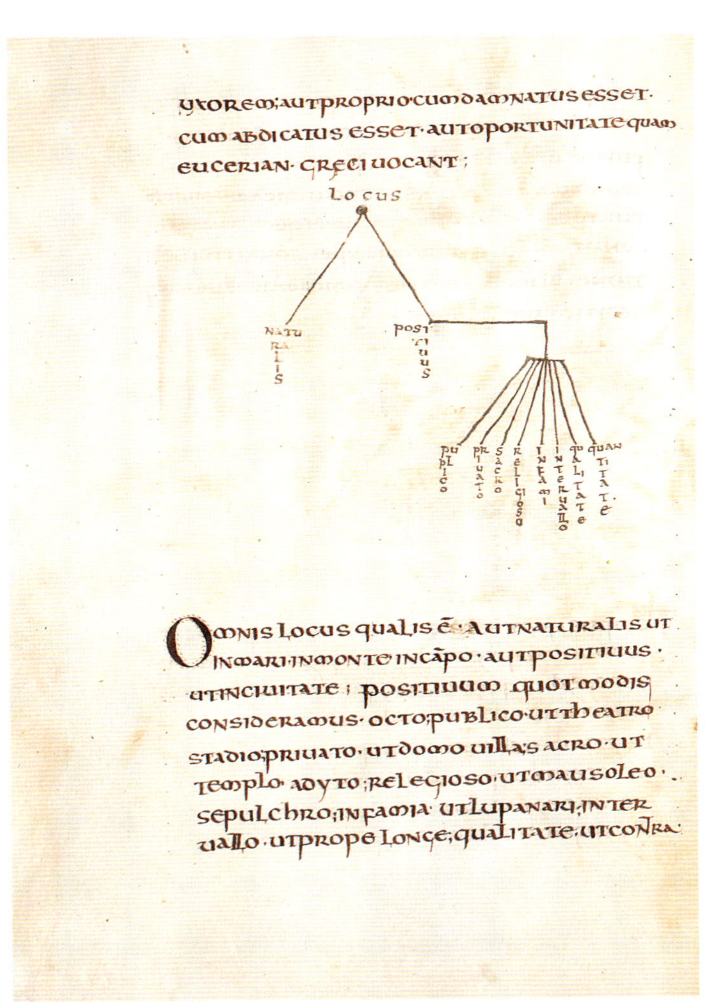

UXOREM; AUT PROPRIO CUM DAMNATUS ESSET. CUM ABDICATUS ESSET. AUT OPORTUNITATE QUAM EUCERIAN GRECI UOCANT;
LOCUS
NATURALIS
POSITIUUS
PUBLICO
PRIUATO
SACRO
RELIGIOSO
INFAMI
INTERUALLO
QUALITATE
QUANTITATE
OMNIS LOCUS QUALIS Ē. AUT NATURALIS UT IN MARI. IN MONTE. IN CAMPO. AUT POSITIUUS. UT IN CIUITATE; POSITIUUM QUOT MODIS CONSIDERAMUS. OCTO PUBLICO UT THEATRO STADIO. PRIUATO. UT DOMO UILLA. SACRO. UT TEMPLO. ADYTO. RELEGIOSO. UT MAUSOLEO. SEPULCHRO. INFAMIA UT LUPANARI. INTERUALLO. UT PROPE LONGE. QUALITATE. UT CONTRA

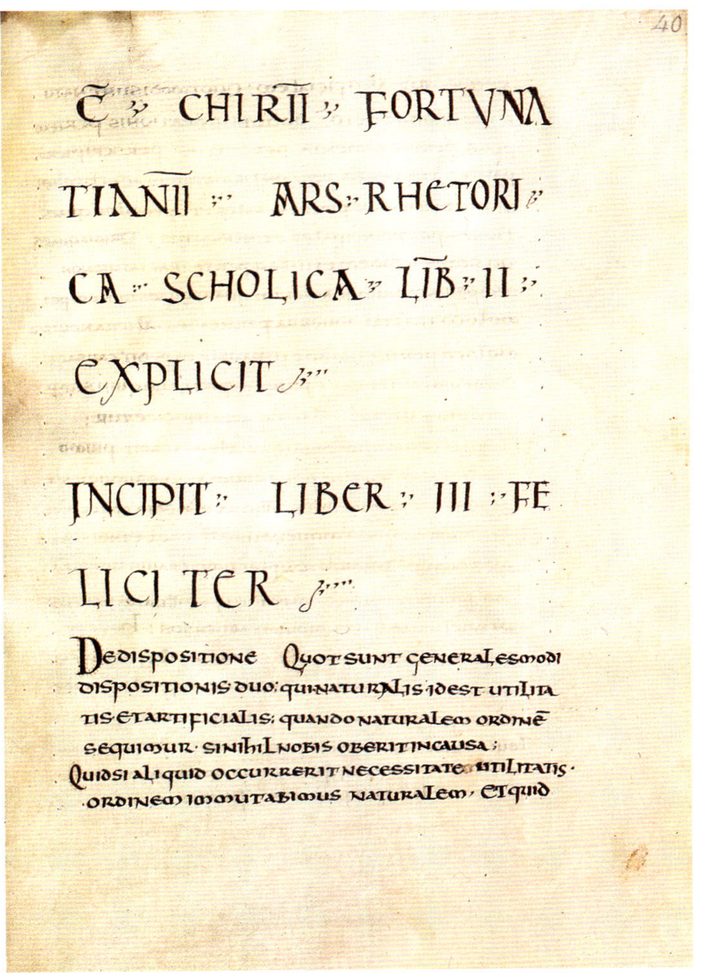

DE DISPOSITIONE QUOT SUNT GENERALES MODI DISPOSITIONIS DUO. QUI NATURALIS IDEST UTILITATIS ET ARTIFICIALIS. QUANDO NATURALEM ORDINĒ SEQUIMUR. SI NIHIL NOBIS OBERIT IN CAUSA; QUID SI ALIQUID OCCURRERIT NECESSITATE UTILITATIS. ORDINEM IMMUTABIMUS NATURALEM. ET QUID

 22 Dom Hs. 166, 24v/40r

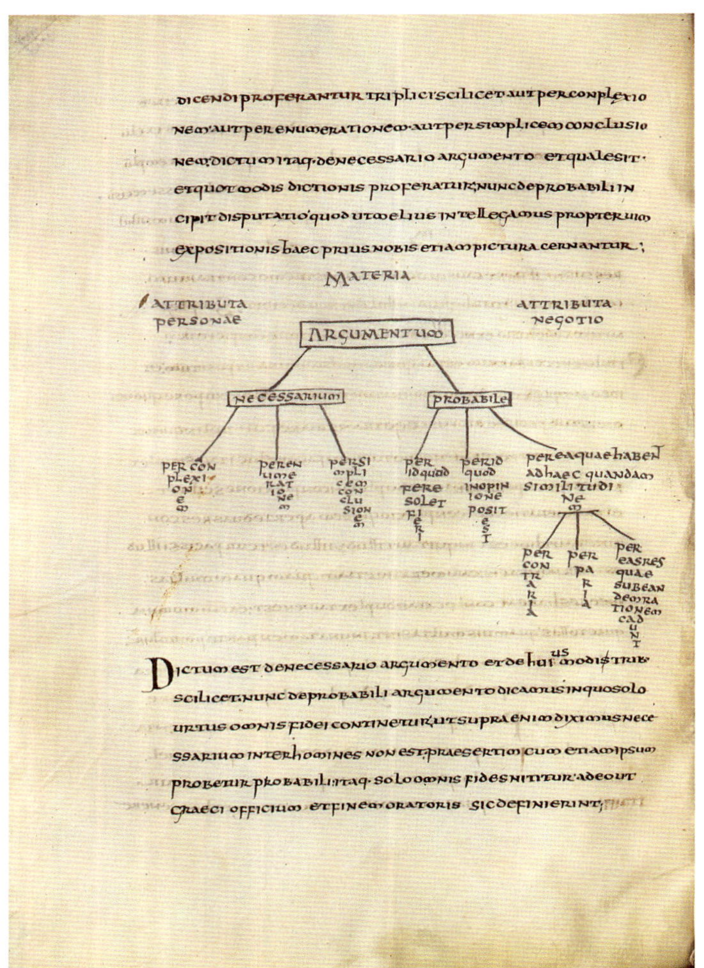

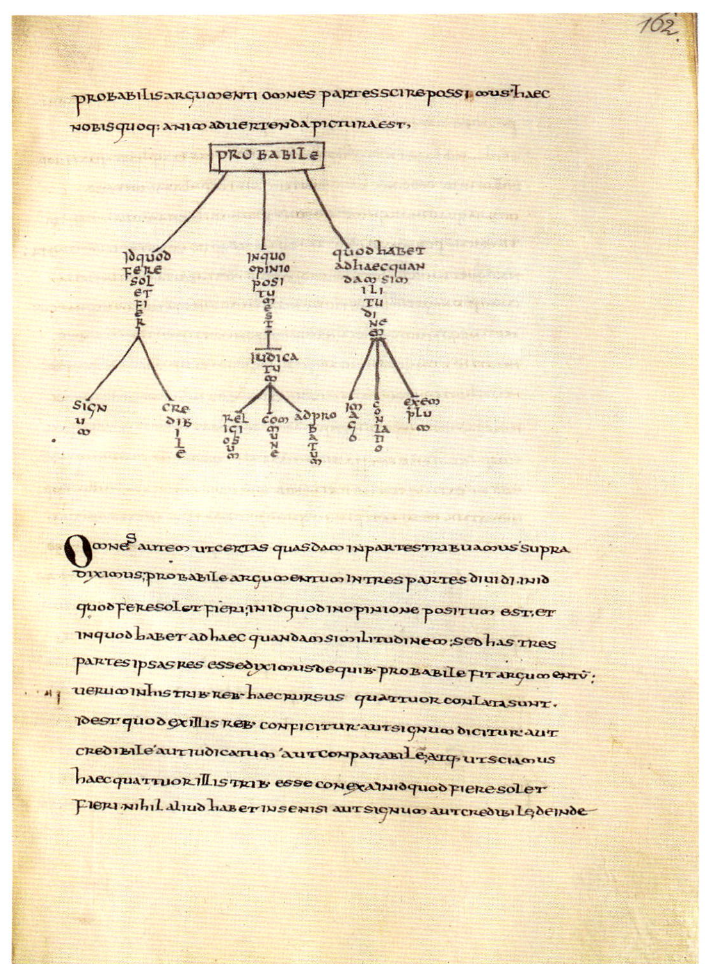

22 Dom Hs. 166, 159v/162r

entstehen. Deshalb sagen sie, daß es von allen Lebewesen, die in dieser immerwährenden Welt immer existierten und existieren werden, keinen Ursprung gebe, sondern daß alles ein Kreislauf von Entstehen und Geborenwerden sei, in dem der Anfang jedes Entstandenen zugleich sein Ende sei.
(Censorinus, Über den Tag der Geburt); A.A.

Ionicus est metuentis patruae nunc verbera linguae adiciam (Sallmann 1983, 61-86,6; 86,7-15 fehlen). Der Censorinus-Text und das sog. Fragment enthalten am Rand Kapiteleinteilungen von *(I)-XVII* (Liber I), *I-VIII* (Liber II) und *I-XV* (Fragmentum) und Glossen in Latein und Griechisch sowie **256v** einen kleinen Himmelsglobus mit Klimazonen von der Hand des Ludovicus Carrio, der den Censorinus-Text 1583 als erster herausgab.

PERGAMENT: 262 Blätter; 287 x 205 mm; Lagen 1^{8-2}, 2^{8}, 3^{8-1}, 4-9^{8}, 10^{8-2}, 11-32^{8}, 33^{4-1} (fol. 260-262 Einzelblätter; 263 fehlt), Zahlenreklamanten von *q(uaternio) I-XXXIII (q XVIIII, XVIII, XVII* liegen in umgekehrter Folge); Schriftspiegel 205 x 127 mm; Blindliniierung mit Versalienspalten (8 mm), Zirkelstiche auf den inneren und äußeren Seitenlinien aller Blätter; einspaltig; 25 Zeilen. AUSSTATTUNG: Lateinischer Text in schwarzer und dunkelbrauner Uncialis; Titel und Explicit in den ersten vier Lagen in Uncialis mit Minium, danach in Capitalis mit Tinte (40r, 62r); Kapitelanfänge bisweilen in Capitalis rustica; Korrekturen des zeitgenössischen Korrektors in Uncialis; mehrere Zusätze am Rand in gepflegter frühkarolingischer Minuskel (93v, 222r, 230v, 231v); im Censorinus-Teil (232r-262v) Randbemerkungen des 16. Jhs.; zu den Anfängen von Kapiteln Majuskeln in Tinte, in den Lagen 1-4 mit Minium umpunktet; zahlreiche Diagramme, zumeist in grauer oder silberner (149v, 153r) Tinte. EINBAND: Pergament mit Streicheisenlinien über Pappe (Mitte 18. Jh.). PROVENIENZ: Die Handschrift findet sich trotz ihres Eintrags *LIBER SANCTI PETRI* nicht im Katalog von 833. Damals lag sie offenbar noch in der Benediktinerabtei Lorsch (Bischoff 1989, S. 74f.) und diente als Vorlage für Cod. Vat. Pal. lat. 1588, Rom, der im ersten Drittel des 9. Jhs. entstand. Wann der Eingang in die Kölner Dombibliothek zu datieren ist, bleibt offen. Der Besitzvermerk scheint aber noch aus dem 9. Jh. zu stammen. Darmstadt 2191. LITERATUR: Hartzheim 1752, S. 137 – O. Jahn, Zu Censorinus, in: Rheinisches Museum 6 (1848), S. 635f. – C. Halm, Rhetores Latini Minores, Leipzig 1863, S. VI – L. Ulrichs, Zu Censorinus, in: Eos. Süddeutsche Zeitschrift für Philologie und Gymnasialwesen 8 (1866), S. 458ff. – F. Hultsch, Censorini De die natali, Leipzig 1867, S. Vff. – W. Crecelius, Spicilegium ex codice Censorini Coloniensi, in: Gymnasial Programm 1871-1872, Elberfeld 1872 – Jaffé/Wattenbach 1874, S. 65ff. – P. Lehmann, Franciscus Modius als Handschriftenforscher, München 1908, S. 93 – CLA VIII 1959, 1160 – P. Kroh, Lexikon der antiken Autoren, Stuttgart 1972, S. 126 – M. Giusta, Osservazioni sul testo del De die natali di Censorino, in: Atti dell' Academia di Scienze di Torino (Classe di scienze mor., stor. et filol.) 110, 1975-1976, S. 181ff. – M. Huglo, Censorinus. Le jour natal. Traduction annotée par Guillaume Rocca-Serra, Paris 1980 (Histoire des doctrines de L'Antiquité classique 5) – B. Munk Olsen, L' Étude des auteurs classiques latins aux XIe et XIIe siècles, Paris 1982-1989; I 1982, S. 96

– N. Sallmann, Censorini De die natali liber ad Q. Caerellium, accedit anonymi cuiusdam epitoma disciplinarum, Leipzig 1983 (Bibliotheca Scriptorum Graecorum et Romanorum Teubneriana), S. VIIIf. – Jeffré 1984, S. 11ff. – Censorinus, De die natali Liber . . . Edidit Nicolaus Sallmann. Leipzig, Teubner 1983 (Rezension), in: Scr 39 (1985), S. 123* (Nr. 428) – C. A. Rapisarda, Fondamenti della tradizione manoscritta di Censorino, in: GIF 41 (1989), S. 5ff. – Bischoff 1989, S. 75 – M. Bernhard, Überlieferung und Fortleben der antiken lateinischen Musiktheorie, Bd. III, Darmstadt 1990, S. 11 – C. A. Rapisarda, Censorini De die natali ad Q. Caerellium, Bologna 1991 (Prefazione, Testo critico, traduzione e commento), S. XIIff., 3 – Handschriftencensus 1993, S. 663f. A.v.E.

Beda Venerabilis: Naturlehre, historiographische und zeitrechnerische Werke

23 Dom Hs. 103

Köln, um 795

Gemäß dem annalistischen Eintrag am Rand des 'Cyclus decemnovennalis', des 19jährigen Mondzyklus (15r), der zum Jahr 768 den Regierungsantritt Karls des Großen (768 - 814) mit dem Namen *Carlus* und dessen Regierungsjahr mit der Zahl *XXVII* (27) vermerkt, ist die Entstehung der Handschrift in das Jahr 795 anzusetzen. Daß sie im Kölner Domskriptorium für Erzbischof Hildebald (vor 787 - 818) entstand, kann einerseits aus dem Besitzvermerk (1r), andererseits aus der Schrift und der Initialornamentik geschlossen werden. Schon Jones (1971, S. 18) erkannte drei Hauptschreiber, die wahrscheinlich auch die Initialornamentik ihrer Passagen besorgten. Von ihnen ist der Schreiber der Folia 1v - 78v erwähnenswert, weil er eine feine, der merowingischen vergleichbare Initialkunst ausübt, welche die unzialen und kapitalen Initialen gefühlvoll in die ausgesparten Räume einfügt. In seiner unmittelbaren Umgebung wird man die Initialenzeichner etwa der Dom Hss. 41 (Kat. Nr. 12) und 83[II] (Kat. Nr. 24; 55rff.) tätig sehen dürfen.

Der Inhalt des Buches hat den Ruhm des Angelsachsen Beda (673/674 - 735) und seinen Beinamen Venerabilis (der Verehrungswürdige) mitbegründet. Es stellt die Summe des Wissens um die Naturgeschichte, Geschichte und Zeitrechnung des 8. Jahrhunderts dar und bildete unmittelbar die Wissensbasis für die karolingischen Gelehrten wie Alkuin von York (um 730 - 804), Gesprächspartner Karls des Großen auch in diesen Dingen. Die Handschrift ist überlieferungsgeschichtlich von hoher Bedeutung. Dem Kölner Humanisten Johannes Bronchorst (Noviomagus, 1494 - 1570) diente sie 1537 zur Edition der Schulwerke Bedas. In Dom Hs. 103 sind zuerst die Tabellen des 19jährigen Mondzyklus in Kombination mit dem 28jährigen Sonnenzyklus zu sehen (I). Diese Kombination des antiken 'Cyclus lunaris' und des sich über 532 (19 x 28) Jahre erstreckenden 28jährigen 'Cyclus solaris' war das Werk Bedas. Nach den Tafeln mit ihren Daten konnte man das Osterfest berechnen, bzw. das Osterdatum auffinden, von dem die beweglichen Feste im Kirchenjahr wie Christi Himmelfahrt und Pfingsten (40 bzw. 50 Tage danach) abhingen. Es folgt darauf das Kalendar (II) mit seinen Heiligenfesten, das keinerlei kölnische Daten verzeichnet; seine Vorlage stammt eindeutig aus einem westfränkischen Kulturzentrum. Der nächste Abschnitt (III) hat zweifache Bedeutung. Erstens enthält er die von Dionysius Exiguus (gest. vor 556) für die Jahre 532 - 626 vorausberechneten und die durch Beda Venerabilis für 627 - 1063 weitergeführten "astronomischen" Tafeln des 'Cyclus decemnovennalis' (Osterzyklus) auf 28 Seiten (III, 1-10). Diese dienten zweitens den Geschichtsschreibern als Leitfaden für die Annalen (III, 11), die in Dom Hs. 103 weltgeschichtliche Dimension haben und bis zum Jahr 795 führen. Der Kölner Annalist beginnt seine Weltgeschichte mit der Geburt Jesu Christi im Jahr 532 n. Chr., der Leser muß daher die Daten auf das Jahr 1 = 532 umrechnen.

Cursus lunae per xii signa

i ii iii iiii u ui uii uiii uiiii x xi xii xiii xiiii xu xui xuii xuiii xuiiii
a n h c k e m g b
taurus k e m g b o i d l f · april
b o i d l f a n h c
geminus l f a n h c k e m g mai
c k e m g b o i d
cancer m g b o i d l f a n h · iun
d l f a n h c k e
n h c k e m g b o i
leo e m g b o i d l f a iul
o i d l f a n h c k
uirgo f a n h c k e m g b aug
k e m g b o i d l
libra g b o i d l f a n h c sept
l f a n h c k e m
scorpius h c k e m g b o i d · oct
m g b o i d l f a n
sagit i d l f a n h c k e noue
tarius n h c k e m g b o
capricornus k e m g b o i d l f a · dec
o i d l f a n h c
aquarius l f a n h c k e m g b · ian
k e m g b o i d
m g b o i d l f a n h c
pisces l f a n h c k e feb
n h c k e m g b o i d
m g b o i d l f a
aries o i d l f a n h c k e · mar

23 Dom Hs. 103, 1v

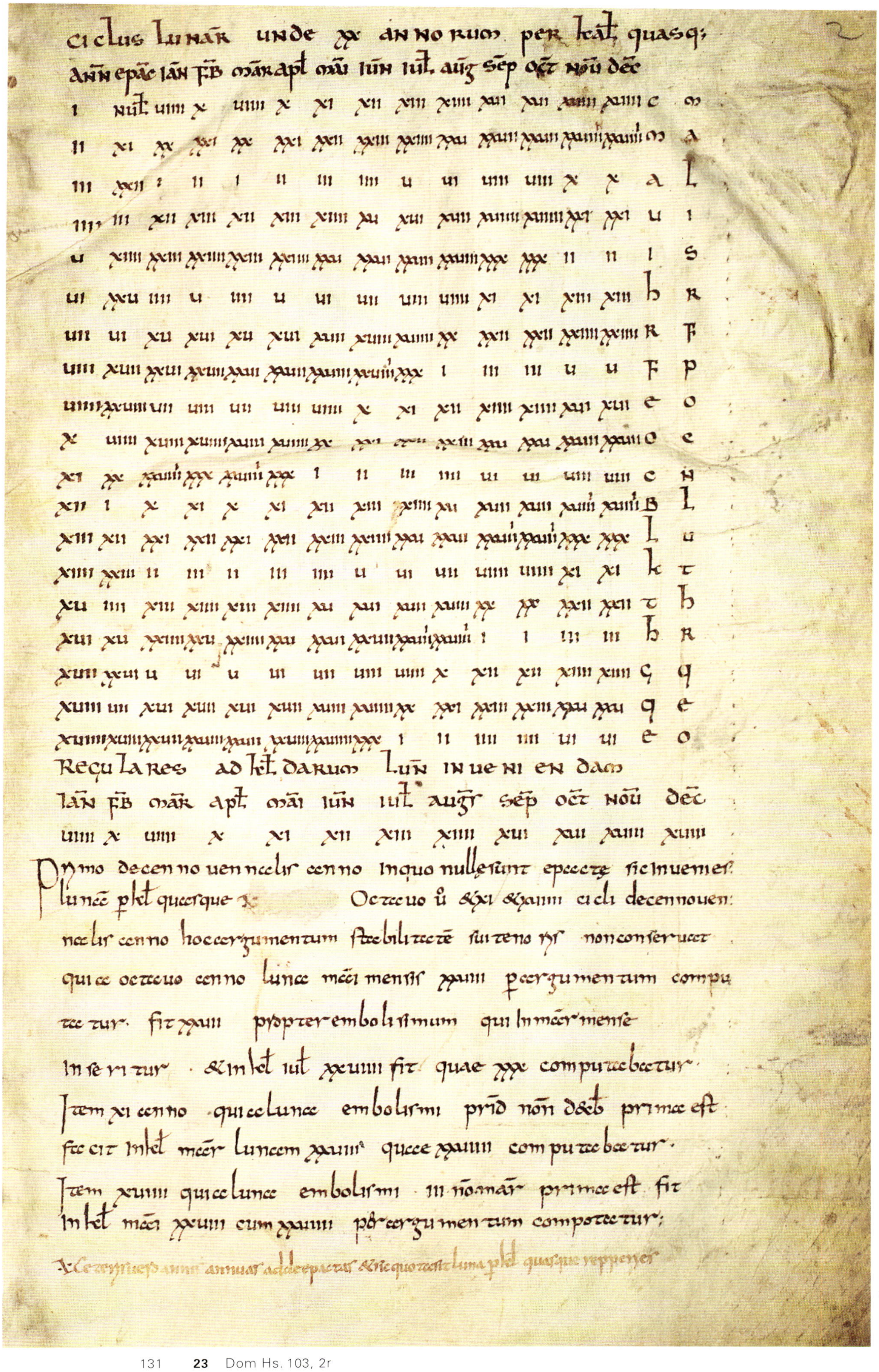

 23 Dom Hs. 103, 2r

Das erste der drei berühmten Schulwerke (Opera didascalica) Bedas ist das 703 im Anschluß an Isidor von Sevilla (um 560-636) geschriebene 'De natura rerum' (IV). Er erweiterte Isidors Kosmologie von 48 auf 51 Kapitel und gab dem Stoff eine neue Ordnung, in der zuerst Gott als Schöpfer der Welt auftritt, der das Universum aufgrund vierfacher Überlegung schuf (Lehre der vier Elemente). Es folgen die Elementenlehre (2-8), die Lehre von den fünf Zonen oder Klimata der Welt (9-10), die Astronomie (11-23), die Meteorologie (24-27), die Gewässerkunde mit der Erklärung von Flut und Ebbe (28-43) und die Erdkunde (44-51). Leider wurde das Werk im Gegensatz zum 'Liber rotarum' Isidors (Dom Hs. 83^{II}, Kat. Nr. 24) nicht illustriert.

Im Jahr 703 entstand auch Bedas 'De temporibus' über Zeit und Zeitrechnung (V). Es enthält 22 Kapitel und läßt sich in einen mathematisch-astronomischen (1-15) und einen historiographischen, 'Chronica minora' genannten Teil (16-22) trennen. Der erste behandelt die Zeiteinheiten (Momente, Stunden, Tage usw.), Solistitien (Sonnenwenden) und Äquinoktien (Tag- und Nachtgleichen), Jahreszeiten, Osterfestberechnung nach dem 'Cyclus decemnovennalis' unter Berücksichtigung des Mondsprungs usw. Der zweite Teil gibt einen Abriß über die sechs Weltalter von Adam bis Noe (1), von Noe bis Abraham (2), von Abraham bis David (3), von David bis zur Babylonischen Gefangenschaft (4), von der Gefangenschaft bis zur Menschwerdung Christi (5) und von der Geburt Jesu bis zum Weltuntergang (6). Die Weltalter werden fortlaufend nach Jahren gezählt, biblische mit außerbiblischen Daten der Babylonier, Assyrer, Ägypter, Griechen und Römer koordiniert. Eine Zusammenfassung zur Osterfestberechnung gab Beda in seinem Brief an den Priester Wictheda (VI), dem in Dom Hs. 103 zwei arithmetische Tafeln mit der Erklärung der Zahlen in lateinischer und griechischer, lateinisch transkribierter Sprache folgen (51v, 52r).

Sein drittes Schulwerk widmete Beda 725 Abt Hwaedberth von Jarrow, den er in der Vorrede als "mein geliebtester Abt" anspricht (VII). Auch hier kann der astronomisch-komputistische Teil (1-65) vom historiographischen (66-71) getrennt betrachtet werden; letzterer wird 'Chronica maiora' genannt. Das Werk erhielt einen didaktisch bewundernswerten Aufbau, der über das Zählen mit den Fingern und Händen (1) zu den Phänomenen am Himmel (16-23) und zur Erklärung der Gezeiten (29), der Äquinoktien und Solistitien (30) sowie der Breitengürtel der Welt (33) führt. Die Anweisungen zur Osterfestberechnung (34-65) schließen diesen Teil ab. Die 'Chronica maiora' (66-71) enthalten wieder die Weltgeschichte, sind jedoch nicht in Verbindung mit dem 'De civitate Dei' (Vom Gottesstaat) des hl. Augustinus zu sehen, dessen letzte Bücher sich mit den zukünftigen Dingen (Auferstehung des Fleisches) befassen. Der Schluß von Dom Hs. 103 (VIII) bietet eine Reihe von Computusregeln zur Berechnung der Zeit, die zumeist mit den Worten *Si nosse vis* (Wenn du wissen willst) beginnen. Hier findet sich schließlich auch noch eine Variante zum Fingerzahlenrechnen im ersten Kapitel des 'De tempore rationum'. Von Bedeutung im Bereich der Überlieferung des Kalenders und der Errechnung des Osterfestes sind schließlich die sog. Akten des Konzils von Kaisareia (2. Jh.) aus der Frühzeit der Kirche (190v-192r).

INHALT: **1r** Hildebaldvermerk *CODEX SANCTI PETRI SUB PIO PATRE HILDEBALDO SCRIPTUS*. Federprobe (9. Jh.) *probatio incausti*. **I. 1v-8v** Tabellen des 19jährigen Mondzyklus und des 28jährigen Sonnenzyklus, Kalendar. **1v** Quadriertes Diagramm ohne Hilfslinien mit den Mondregularen *Cursus Lunae per XII signa* (PL 90, 757A, 758A; Jones 1939, 68; CCL 123B, 345: Beda, De temporum ratione, Cap. XVIIII). Lauf des Mondes durch die 12 Tierkreiszeichen während der 12 Monate und im 19jährigen Zyklus. Vertikal links die Namen der Tierkreiszeichen von *Taurus* bis *Aries*, rechts die Monatsnamen von *Aprilis* bis *Martius*, denen jeweils 2 bzw. 3 horizontale Zeilen zugeordnet sind,

Wenn du gut sein willst, wenn du ein anständiges Leben suchst, schätze die Reinheit des Körpers und die der Seele. Ein reines Haus wird den Herrn der Welt zu halten vermögen, denn mit einem solchen Gast wird es immer wohlbehalten bleiben. Der Allmächtige wird von den Seligen mit reinem Herzen wahrgenommen: die Schmutzigen aber haben es nicht verdient, Gott zu sehen. Wenn du zur Höhe aufsteigen willst, fliehe die Verschwendungssucht, denn der Verschwenderische strebt zur Hölle. Die Verschwendung hat viele Reiche ins Feuer herabgezogen und schmerzlich zerrt sie auch die Geringsten in die Tiefe. Die Verschwendung verstümmelt die Schärfe der Sinne, befällt den Geist, verwundet ihn und macht ihn schwerfällig. Den Reichtum des Geistes entblößt sie genauso wie das Gold, lähmt die Kräfte, beschmutzt und erdrückt sie. Beständig liebt sie es, die Armseligen in schwarze Flammen hinabzutauchen, liebt es beständig, die Freunde den Dämonen zu unterwerfen. Deshalb hüte dich klug vor den schädlichen Waffen der Begierde, nämlich vor der Gefräßigkeit und dem Glanz des Mosts (?). Sobald der Rausch den fetten Bauch des Säufers gefüllt hat, zieht er den Beschmutzten hin zu den Orten der Verschwendung. Der feiste Bauch liebt immer das Lachen, liebt es, Gelächter hervorzustoßen, liebt immer den Überfluß. Du erstrebst die Reiche in steiler Höhe: die Zügel müssen dem Bauch angezogen werden, damit du nicht im Laufe fällst, die Bremsen des Magens gelöst. Wenn du, Bruder, also das Himmelreich ersteigen willst, schätze die Reinheit des Körpers und der Seele.
192v (Cato minor); A.A.

die vertikal in 19 Kolumnen des 19jährigen Mondzyklus geteilt werden. In den so entstandenen kleinen Quadraten sind die Lunarbuchstaben von *A - O* (I - XIIII) für das Mondalter von Luna I (Neumond) bis Luna XIIII (Vollmond) zu finden. **2r** Quadriertes Diagramm zur Errechnung des Mondalters am Monatsersten im 19jährigen Mondzyklus ohne Hilfslinien *Ciclus lunaris unde XX annorum per Kalendas quasque regulares ad Kalendarum lunam inveniendam* (PL 90, 753A - 754A; Jones 1939, 64; CCL 123C, 550: Epactae lunares in Kalendis). Vertikal von links nach rechts die Kolumnen *Anni, Epactae, Ianuarius* bis *December* und Lunarbuchstaben von *A - O* (I - XIIII = Luna I - XIIII). Horizontal in den 19 Zeilen des 19jährigen Cyclus lunaris die Zahlen von *I - XXX* (Tage des vollen Mondmonats = Mondalter am Monatsersten während der 19 Jahre des Zyklus). Text unter dem Diagramm *Primo decennovennalis anno in quo nullae sunt – per argumentum compotatur* (vgl. Beda, De temporum ratione, Cap. XX: CCL 123B, 346 - 349). **2v** Quadriertes Diagramm des 28jährigen Sonnenzyklus ohne Hilfslinien *Ciclus solaris XX octo annorum per kalendas.* Vertikal die Kolumnen der Jahreszahlen des 28jährigen Zyklus *I - XXVIII, B(issextus)* = Schaltjahr, *Concurrentes (I - VII, epactae solis,* Wochentagszahlen: Sonntag = I bis Samstag = VII), Kolumnen der Monate von *Martius* bis *Februarius* mit den Zahlen von *I - VII.* Darunter *Regulares ad ferias kalendarium inveniri, Martius* bis *Februarius V, I, III, VI, I, IIII, VII, II, V, VII, III, VI. Qui videlicet regulares hoc specialiter indicant quota sit feria pro kalendas eo anno quo VII sunt concurrentes. Ceteris vero annis addes concurrentes quotquot in praesenti fuerint adnotati ad regularem mensuum singulorum etc. diem kalendarum sine errore repperies* (vgl. Beda, De temporum ratione, Cap. XXI: CCL 123B, 346 - 350). **II. 3r - 8v** Kalendar mit astronomisch-komputistischen Daten und einigen wahrscheinlich gleichzeitigen Nachträgen. Besondere Feste: **3v** *In Christi nomen incipit liber annalis.* 15.2. *Diabolus superatus, recessit a Domino nostro Iesu Christo* (Fest der Versuchung Christi). **4r** 25.3. *Adnuntiatio archangeli ad sanctam Mariam et Dominus crucifixus est.* **5v** 5.6. *In natale sancti Bonifacii episcopi et martiris,* 12.6. *Natalis sanctorum Basilidis, Primi, Naboris et Nazarii,* 21.6. *Natalis sancti Albani martyris.* **7r** 1.9. *Translatio corporis et dedicatio aeclesiae sancti Nazarii.* **7v** 1.10. *Natalis sanctorum Remigii et Germani episcoporum.* **8v** Am Ende des Kalendars: *Expliciunt iiii tempora anni, menses xii, ebdomadae lii et una dies, ccclxv dies, et vi, horae viiiidcclx momenta cccldclx.* **III. 9r - 22v** Tabellen des 19jährigen Osterzyklus nach Dionysius Exiguus und Beda Venerabilis, beginnend mit dem Jahr 532 n. Chr. und endend 1063, insgesamt 28 Cycli decemnovennales. **9r** *Primus Dionisii circulus indictio III ordine primo.* Die Kolumnen enthalten folgendes: 1. *B* (Bissextiles anni = Schaltjahre), 2. *Anni Domini* (Jahreszahlen, gezählt ab 532 A.D.), 3. *Indictiones* (Zahl im Zyklus von 15 Regierungsjahren), 4. *Epactae* (lunares-Zahlen für das Mondalter), 5. *Concurrentes,* 6. *Circulus* (Zahlen der Jahre im 19jährigen Zyklus), 7. *XIIII luna* (Daten für den Vollmond im März bzw. April der Jahre im Zyklus), 8. *Dies dominica* (Daten für den Ostersonntag im Zyklus), 9. *Luna in pascha* (Zahlen für das Mondalter an Ostern), 10. *OGDOAS, ENDECAS* (Achtjährig, elfjährig im Zyklus), 11. Annales. Annalistische Weltchronik, beginnend beim Jahr 533 mit *Iesus Christus Dei filius natus est anno xlii Octaviani Augusti* und endend mit 1051 (527), dem Regierungsantritt des Kaisers Justinian (527 - 565). Die Regierungsantrittsdaten der nachfolgenden römisch-byzantinischen Kaiser und fränkischen Könige bis zu Karl dem Großen (**15r**) finden sich bei den entsprechenden Jahreszahlen der Zyklen (auf die Jahre A.D. 1 ff. umgerechnet bei: Jaffé/Wattenbach 1874, 131 - 133). **23r** Leer, vielleicht vorgesehen für Titel und Kapitelreihe des folgenden Traktates. **IV. 23v - 35r** Beda, De natura rerum – Naturlehre (CCL 123A, 192 - 234). Ohne Titel, Kapitelreihe und Kapitelzahlen (I - LI). *Operatio divina, quae saecula creavit – usque ad occidentem extenditur.* Alle Anfänge der 51 Kapitel mit Initialen. Hervorzuheben sind: 23v *O(peratio)*, 24v *C(aelum)*, 28r *L(unam)*, 29r *d(efectus)*, 30r *V(entorum)*, 32r *A(estus)*, 32r *Q(uod)*, 32v *A(qua).* **V. 35r - 45v** Beda, De temporibus und Ex Bedae computo. **35r - 43v** Beda, De temporibus – Die Lehre von der Zeitrechnung und der Errechnung des Osterfestes; die sechs Weltalter (CCL 123C, 585 - 611). **35r** Ohne Titel, Kapitelreihe. Die Titel zu den XXII Kapiteln wurden vom Korrektor in hellerer Tinte in die Zwischenräume oder an den Rand geschrieben. *Incipit liber secundus. De temporibus I. Tempora momentis, horis, diebus – reliquum sextae aetatis Deo solo patet. Finit.* Hervorgehobene Initialen: 35v *N(ox)*, 36v *S(olistitia)*, 37r *B(issextus).* **43v - 45r** Ex Bedae computo – Auszüge aus Bedas Lehre von der Zeitrechnung (CCL 123C, 658 - 659). **43v - 44r** Venus und Merkur in ihrer Bewegung *Itaque stella Veneris et Mercurii – aetheris metas peragat.* **44r - 44v** De apsidibus planetarum – Von der Erdnähe und Erdenferne der Planeten *Circulus zodiacus qui XII signis – sed potius lxx dierum numerum reddat.* **44v - 45r** *Argumentum ad inveniendam XIIII lunam* – Hinweis zum Auffinden der Luna XIIII (= Vollmond) *Sume regulares – per septenos multiplicare.* **VI. 45r - 52v** Beda, Brief an Wictheda über die Osterfestberechnung und andere Kurztraktate. **45r - 49v** *Reverentissimo ac sanctissimo fratri VVictaedae – aut ante aequinoctium fuisse confirmet* (CCL 123C, 635 - 642). **49v - 51r** Fortsetzung des Briefes *Primo anno circuli decemnovennali XXX est luna – cotidie tardius veniret tardiusque redderet* (PL 90, 605B - 606D; Jones 1939, 43). **51v** Tafel mit den Ordnungen der Zahlen (vgl. PL 90, 643 - 644; Jones 1939, 43): 1. *Cardinales numeri, unus, duo, tres* (1, 2, 3). 2. *Ordinales, primus, secundus* (der erste, der zweite). 3. *Dispertivi, singuli, bini* (zu einer Person, zu zweit). 4. *Adverbiales, semel, bis* (einmal, zweimal). 5. *Ponderales, simplum, duplum* (einfach, zweifach). **52r** Tafel mit der Benennung und Erklärung der Griechischen Zahlen: 1. Griechische Buchstabenreihe mit den Buchstaben für 1 - 10, 20, 30 usw. bis 900. 2. Die griechischen Wörter für die links danebenstehenden griechischen Buchstaben (Zahlen) und für die 3. rechts danebenstehenden römischen Zahlen. 4. Das griechische Alphabet in Worten ausgeschrieben, lateinisch transkribiert. 5. Die griechischen Tausender in

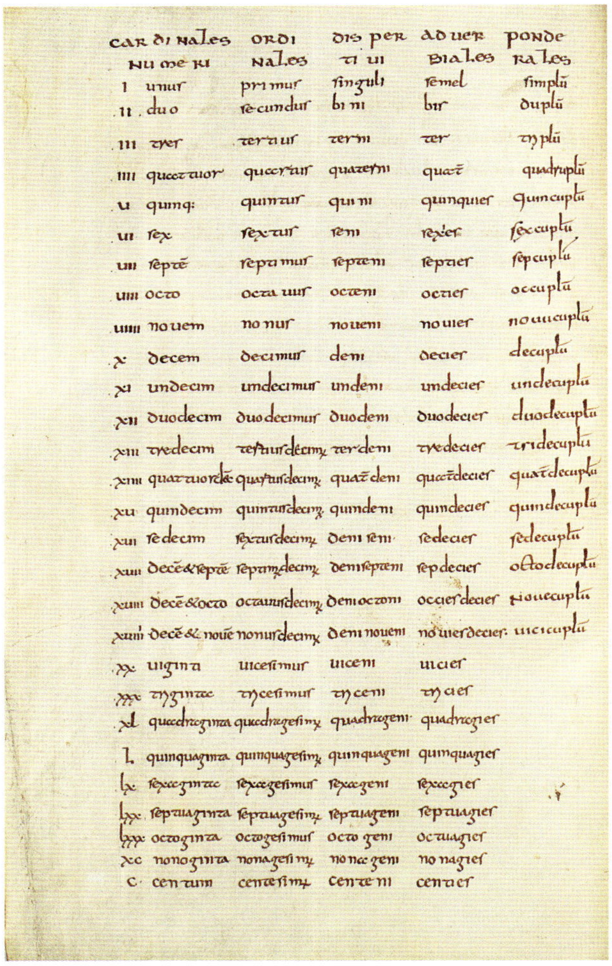

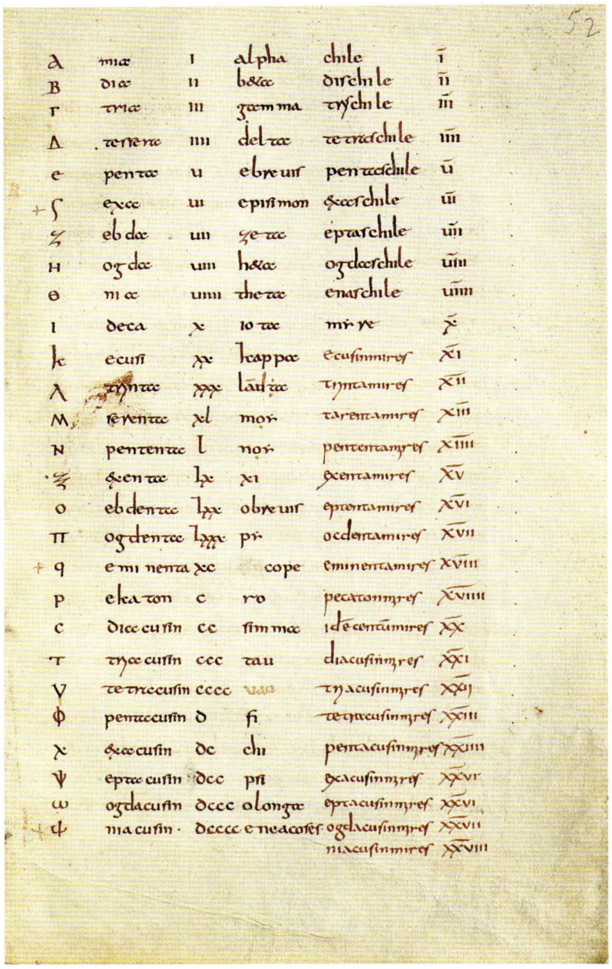

23 Dom Hs. 103, 51v/52r

Worten ausgeschrieben, lateinisch transkribiert. 6. Die Tausender in römischen Zahlen geschrieben. **VII. 52v - 184r** Beda, De temporum ratione; mit Vorrede und Kapitelreihe (CCL 123B, 263 - 544). **52v - 53v** *Incipit praefatio. De natura rerum et ratione temporum.* 52v *d(e).* **54r - 55r** *Incipiunt capitula libri sequentis. I De compoto vel loquella digitorum – LXXII* (statt LXXI) *De septima et octava saeculi futuri.* **55v - 140r** Cap. I - LXV (Der zeitrechnerische Teil des Werkes) *Incipit liber Bedae presbyteri de compoto vel loquella digitorum. De temporum ratione – evidentius agnoscant. Explicit liber de temporibus, quem vir huius temporis eruditissimus Beda Anglorum presbyter famulus Christi rogatus a fratribus ccnposuit. Finis.* Initialen: 55v *d(e),* 57v *T(empora)* usw. bis 75v *Q(uare),* 78r *P(riscis),* 80r *A(ntiqui),* 83v *Q(uod)* usw. bis 129r *P(otest).* **55v - 59r** Interlinear- und Randglossen beispielsweise 57v zu Cap. II aus Isidor, Etymologiae V, xxxiii. **140r - 184r** Cap. LXVI - LXXI (Der geschichtsschreiberische Teil des Werkes mit der Weltalterlehre – Chronica maiora) *De sex huius saeculi aetatibus. De sex huius mundi aetatibus – mereamur accipere palmam. Explicit.* **142v** Oben Ergänzung zur Geschichte des Lamech *E. Beatus Hieronymus in libro Hebraicorum quaestionum ita dicit LXX interpretes ex dictis* etc. (CCL 123B, 467 [127]); zudem partiell Randglossen und Ergänzungen sowie Notazeichen in feiner Feder (9. Jh.). **VIII. 184v - 192v** Computus-Regeln und anderes. **184v - 187v** Computus-Regeln *Si nosse vis quotus annus est ab incarnatione* (PL 69, 1249 - 1250; PL 90, 877D - 881B; Jones 1939, 82f.; Thorndike/ Kibre 1455). **187v - 190v** Zeitrechnung anhand der Fingerzahlen und andere Computus-Regeln *Incipit calculatio quomodo repperiri possit quota feria – Qui a luna novembris mensis per XXX. XX et VIIII cogitur habere dies* (vgl. Beda, De temporum ratione, Cap. I: CCL 123B, 268 - 273; Thorndike/ Kibre 727). **190v - 192r** Unechte Akten einer unter Papst Victor I. (189 - um 199) abgehaltenen Synode (Die sog. Akten des Konzils von Kaisareia) *Post resurrectionem vel ascensionem Domini salvatoris apostoli quomodo pascha debere observari nihil ordinare potuerunt – sanctificata pascha nobis iussum est celebrare* (Mansi I 713 - 716; Jaffé/ Wattenbach 1874, 41; vgl. Krusch 1880, 303ff.; Strobel 1984, 80 - 83 Übersetzung, 84ff. handschriftliche Überlieferung). **192v** Osterregel (Schluß der Rezension B der sog. Akten des Konzils von Kaisareia) (10. Jh.?) *Omnis paschalis luna – est luna die dominico paschae etcetera similiter* (Krusch 1880, 305). **192v** Federprobe *Qui stellas numiras quarumti . . .* **192v** Computus-Regel (10. Jh.?) *Memento quod anno bissextili – ne paschalis lunae ratio vacillet.* **192v** Cato minor, Gedicht gegen die Schwelgerei (10. Jh.?) *VERSUS CATONIS CONTRA LUXURIAM. Qui cupis esse bonus, qui vitam quaeris honestam – dilige munditiam corporis atque animae* (Jaffé/ Wattenbach 1874, 41 - 42; MGH AA XIV, 237; Schaller/ Könsgen 13219).

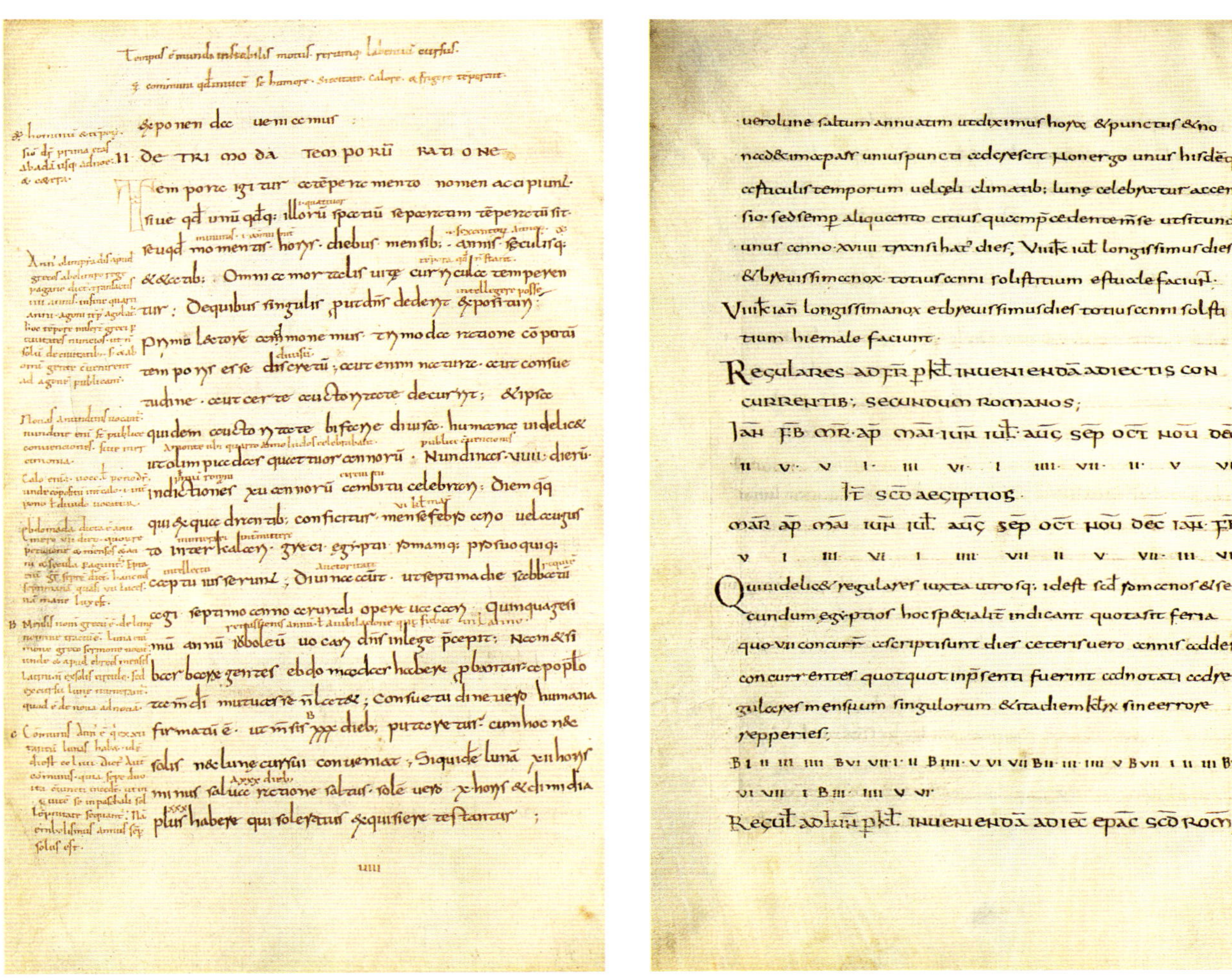

23 Dom Hs. 103, 57v/189v

PERGAMENT: 192 Blätter; 300 x 190 mm; Lagen 1^{2}, 2^{1+8}, 3^{8}, 4^{6}, $5\text{-}10^{8}$, 11^{4}, $12\text{-}23^{8}$, 24^{4}, $25\text{-}26^{8}$, 27^{1} (Einzelblatt); Zahlenreklamanten von *II - XXVI*; Schriftspiegel 215 x 135 mm; Blindliniierung mit Versalienspalten (8 mm); Zirkelstiche auf den äußeren Seitenlinien; einspaltig; 24 Zeilen. AUSSTATTUNG: Lateinischer Text in brauner bis dunkelbrauner und Glossen vorwiegend in hellbrauner, kleiner karolingischer Minuskel, ohne Rubriken; Titel in Tinte, unzial, mit Minuskeln kombiniert; zu den Kapitelanfängen Initialen in feiner Federzeichnung mit hellbrauner Tinte im merowingischen Stil (Lagen IIII - XI); ab 78v (Lage XII) ähnliche, jedoch nicht so zierliche Initialen im "karolingischen" Stil und einfache Majuskeln als Kapitelanfänge. EINBAND: Pergament mit Streicheisenlinien über Pappe (18. Jh.). PROVENIENZ: Nach Ausweis von 1r gehörte die Handschrift zur Dombibliothek Erzbischof Hildebalds. Darmstadt 2103. LITERATUR: Hartzheim 1752, S. 55, 140 – Jaffé/Wattenbach 1874, S. 40ff. – B. Krusch, Studien zur christlich-mittelalterlichen Chronologie. Der 84jährige Ostercyclus und seine Quellen, Bd. I, Leipzig 1880, S. 305 – Decker 1895, S. 227, 247f., Nr. 92 – Förster 1916, S. 5, passim – Frenken 1923, S. 53 – Jones 1929, S. 53ff., Taf. Va, VI – Jones 1939, S. 7, 25f., 42f., 46, 64, 68, 104ff. – C.W. Jones, Bedae Opera de temporibus, Cambridge (Mass.) 1943, S. 145 – Ders., Bedae Venerabilis opera VI: Opera didascalica I - III, Turnhout 1945 - 1980 (CCL 123B), I S. 176, Nr. 28; II S. 245, Nr. 51; III S. 584, 633, Nr. 6 – CLA VIII 1959, 1158 – Jones 1971, S. 18, 32f., Taf. VIIIff. – B. Munk Olsen, L'Étude des auteurs classiques latins aux XIe et XIIe siècles, Paris 1982 - 1989, I S. 65; III/1, S. 82 – Schmitz 1983, S. 116f. – A. Strobel, Texte zur Geschichte des frühchristlichen Osterkalenders, Münster 1984, S. 85 – Jeffré 1984, S. 25 – Schmitz 1985, S. 138, 141 – Mayr-Harting 1992, S. 53, Anm. 83 – Handschriftencensus 1993, S. 633, Nr. 1067.

A.v.E.

Kompendium der Zeitrechnung, Naturlehre und Himmelskunde

24 Dom Hs. 83[II]

Köln, 798 und 805

Dom Hs. 83[II] darf als berühmteste Handschrift der Dombibliothek Erzbischof Hildebalds (vor 787-818) und als Kölner Enzyklopädie des frühmittelalterlichen astronomisch-komputistischen (zeitrechnerischen) Wissens bezeichnet werden. Wie Folio 14v und 55r erweisen, wurde sie 798 und 805 geschrieben. Die beiden ersten Lagen (2r - 14v) bilden formal und inhaltlich eine Einheit. Sie behandeln die christliche Geschichtsschreibung (Chronistik) seit Eusebios von Kaisareia (260/264 - 339/340) und dessen Übersetzer Hieronymus (347/348 - 419/420), seit Orosius (gest. nach 418) und Isidor von Sevilla (um 560 - 636), die die Weltgeschichte von Adam bis Christus in Perioden erfaßten. Isidor zählt im 5. Buch seiner 'Etymologiae' sechs Weltalter auf (5r - 12v). Nach ihnen addiert auch der Kölner Chronist die Jahre seit der Erschaffung der Welt bis auf das Jahr 798, in dem er die Chronik ergänzte.

Nach diesem chronistischen Teil (I) setzen mit Auszügen aus Isidors 'Etymologiae' die mathematisch-komputistischen Teile des Buches ein. In 39 Kapiteln bringt der Kompilator das zur Sprache, was die Zeitrechnung voraussetzt (II), nämlich Mathematik, Astronomie, Zeiteinheiten von Jahren, Monaten, Tagen usw. Wieder holt er sich den Stoff bei Isidor. Die erste bedeutende Größe in der Zeitrechnung ist der Mond, denn nach seiner Umlaufbahn um die Erde wird seit dem Konzil von Nikaia (325) für jedes Jahr das Osterfest berechnet. Es soll am Sonntag nach dem Vollmond stattfinden, der auf das Frühlingsäquinoktium folgt. Noch einmal ist Isidor der Hauptzeuge (III), aber auch ein Dialog zwischen Lehrer und Schüler dient zur Erläuterung der Materie (III). Der folgende Teil (IV) bietet einen Überblick über die Entwicklung der Zeitrechnung – beginnend bei den Griechen, denn schon der Athener Meton hatte 432 v. Chr. herausgefunden, daß die Neumonde nach neunzehn Jahren wieder auf die gleichen Tage des Sonnenjahres treffen. Mondjahr und Sonnenjahr unterscheiden sich in der Länge. Das Mondjahr hat 354 Tage, 6 Stunden, 29 Minuten und 36 Sekunden; das Sonnenjahr 365 Tage, 5 Stunden, 48 Minuten und 48 Sekunden. Das Mondjahr ist demnach fast elf Tage kürzer als das Sonnenjahr. Da nun schon Gaius Julius Caesar (100 - 44 v. Chr.) im Jahr 46 v. Chr. das Sonnenjahr als Grundlage der Zeitrechnung eingeführt hatte, sollte es künftig die Aufgabe der Zeitrechner sein, Sonnen- und Mondjahr zu koordinieren. Die Griechen und Römer hatten dafür Tabellen aufgestellt (V), eine Tabelle für die 28jährigen Sonnenzyklen und eine Tabelle für die 19jährigen Mondzyklen. Im 4. Jahrhundert handhabten die Römer noch einen 84jährigen Mondzyklus, in dem drei 28jährige Sonnenzyklen aufgingen; die Alexandriner rechneten dagegen mit dem 19jährigen Mondzyklus. Nach langem Streit gelang es dem Skyten Dionysius Exiguus (gest. vor 556) in Rom, den 19jährigen Zyklus einzuführen und das julianische Sonnenjahr damit so zu koordinieren, daß die Zeitrechnung nicht mehr mit der diokletianischen Ära (ab 284 n. Chr.), sondern mit der Geburt Christi begann, wobei er die Geburt Christi um sechs Jahre zu spät ansetzte. Aber die Voraussetzungen für den christlichen Kalender, den nun auch Dom Hs. 83[II] bringt (VI), waren geschaffen. Dieser ist keineswegs ein Kölner Kalender, sondern beruht auf einer Vorlage, die wahrscheinlich aus Reims kam. Es ist ein immerwährender Kalender, das heißt, er enthält die Herren- und Heiligenfeste, die wie die Geburt Christi am 25. Dezember in allen kommenden Jahren ihren festen Platz haben. Wie aber fand man die Daten für Ostern und das davon abhängige Fest der Himmelfahrt Christi (vierzig Tage später)

Von der Geburt des Herrn (bis heute sind es) 798 (Jahre). Wem es so nicht gefällt, strenge sich an, lese und zähle besser.
14v; A.v.E.

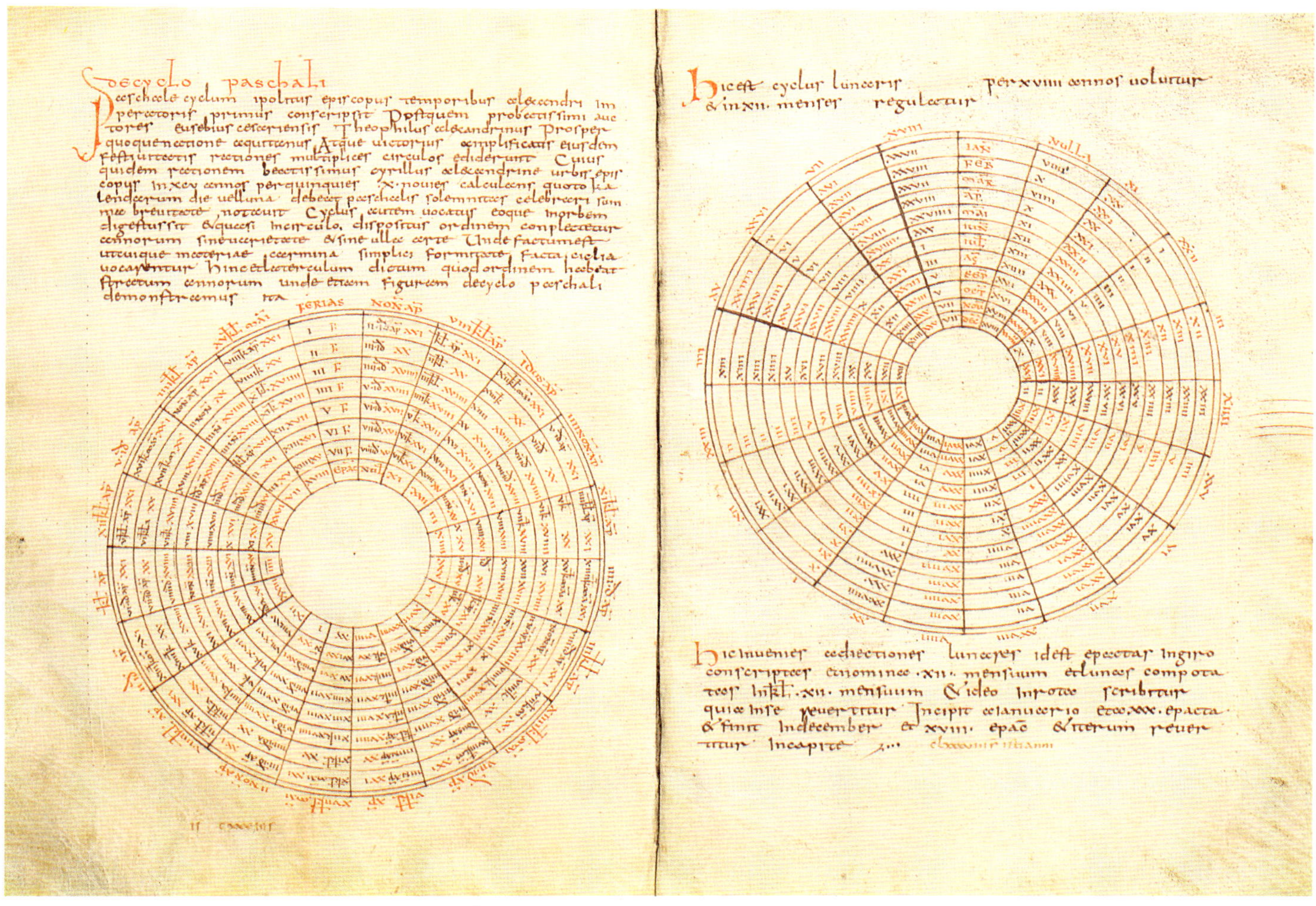

24 Dom Hs. 83[II], 79v/80r

Hier findest du die Epakten (Mondalter an einem bestimmten Tag des Jahres) im Kreis eingeschrieben und gezählt nach den Kalenden der 12 Monate
80r; A.v.E.

und das Pfingstfest (fünfzig Tage nach Ostern)? Zur Lösung der Frage bringt unsere Handschrift im Anschluß an das Kalendar (VI) die Tabellen des Osterzyklus oder Cyclus decemnovennalis (VII), die vom Jahr 798 bis zum Jahr 911 führen und u. a. die Daten für Ostern enthalten. Da diese Tabellen in der 2. Kolumne fortlaufend auch die Jahre seit der Geburt Christi bringen, fand man hier Gelegenheit, an den Seitenrand Annalen zu schreiben. Leider enthalten sie nur Begebenheiten von 810 bis 818, bis zum Jahr, in dem Erzbischof Hildebald verstarb.

Dom Hs. 83[II] erfährt durch die dreizehn autonomen, das heißt kaum von Text begleiteten Diagramme eine besondere Auszeichnung (VIII). Die gesamte Komputistik wird hier an Lehrfiguren gezeigt, die auf den Grundformen des Kreises, Dreiecks und Quadrates beruhen und darin die komputistischen Größen wie die Epakten (Zahlen des Mondalters), Wochentage, Monate, Äquinoktien (Tag- und Nachtgleichen), Solistitien (Sonnenwenden), Planetenläufe usw. enthalten. Manche dieser Diagramme werden zu Gebilden mit eigenem künstlerischen Ausdruck. Sie spiegeln letztlich alle die zur Weltanschauung des klassischen griechischen und späteren römischen Altertums zurückführenden Weltvorstellungen und beweisen, daß die Gelehrten des Mittelalters der Antike folgten – auch in der Auffassung, das Universum und die in seinem Zentrum ruhende Erde seien entgegen den biblischen Vorstellungen kugelförmig. Zu den antiken Weltvorstellungen und der Makrokosmos-Mikrokosmos-Lehre, die den Menschen auch in seiner elementaren Zusammensetzung von Erde, Wasser, Feuer und Luft als Abbild des Universums sah, führt das imposante Diagramm (VIII, 11) auf Folio 84r zurück.

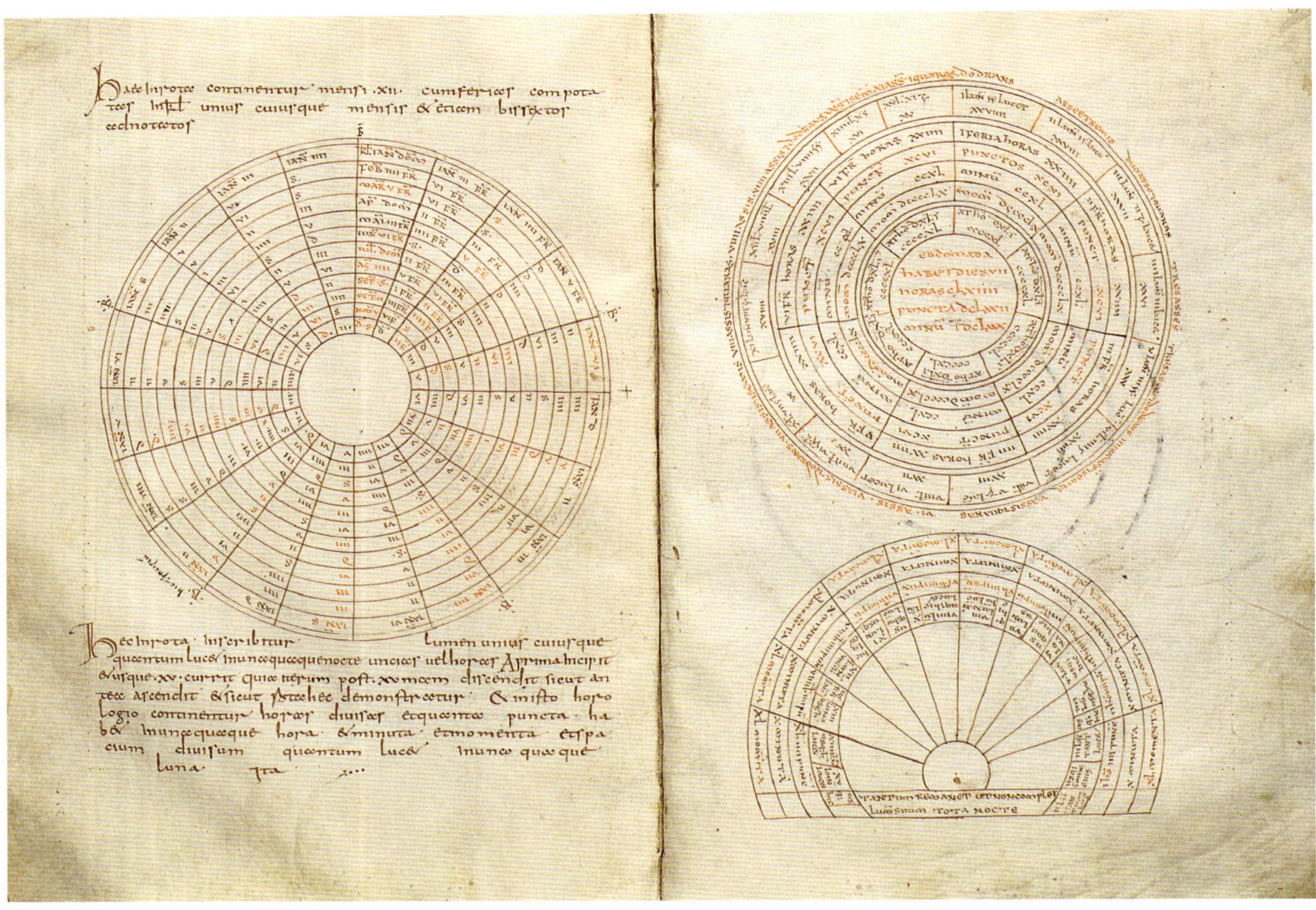

24 Dom Hs. 83II, 80v/81r

Die Größen der einzelnen Tierkreiszeichen sind so, daß sie nicht weniger als 2 Stunden entweder auf- oder untergehen oder sich vom Ort wegbewegen können.
82v; A.v.E.

Der berühmteste frühmittelalterliche Zeitrechner war der englische Benediktinermönch Beda Venerabilis (673/674 - 735). Seine Werke durften in keiner Bibliothek fehlen. Die Kölner Dombibliothek Erzbischof Hildebalds besaß sie vollständig in Dom Hs. 103 (Kat. Nr. 23). Wohl deshalb hat der Kompilator unserer Handschrift aus Bedas 'De temporum ratione' nur eine Auswahl von Texten (IX) zusammengestellt, und zwar in einer ganz anderen Reihenfolge als bei Beda. Hier schreitet sie vom Tag zur Woche, zum Monat, Jahr und Osterzyklus fort. In einer Enzyklopädie des kosmologischen Wissens darf 'De natura rerum' Isidors von Sevilla nicht fehlen (X). Das wegen seiner kreisförmigen Diagramme Buch der Räder (Liber rotarum) genannte Werk wurde von Isidor dem Westgotenkönig Sisebut (612 - 621) gewidmet. Es ist eine großartige Kosmologie (Beschreibung der Welt), in der Isidor das Weltwissen der griechischen und römischen Antike wenigstens teilweise in das frühe Mittelalter hinüberrettete. Die Diagramme "demonstrieren" die Monate, Jahreszeiten, Breitengürtel der Welt, die vier Elemente mit ihren Eigenschaften und Verbindungen, die Temperamente, Planetenbahnen, die Himmelsrichtungen und die aus ihnen wehenden Winde. Alles führt zur großen Einheit im Kosmos, dessen Abbild der Mensch ist (X,7).

Wer die Zeit errechnen wollte, mußte sich in den Erscheinungen des Himmels, der Bewegung seiner Planeten und des Fixsternhimmels auskennen. Eine Grundlage dafür bildeten schon bei den Römern die 'Phainomena' des Griechen Aratos von Soloi (um 310 - um 245 v. Chr.), vor allem in der lateinischen Übersetzung des Caesar Germanicus (15 v. Chr. - 37 n. Chr.). Unsere Handschrift enthält jedoch den sog. revidierten 'Aratus Latinus' (XI). Diese aus einer griechischen

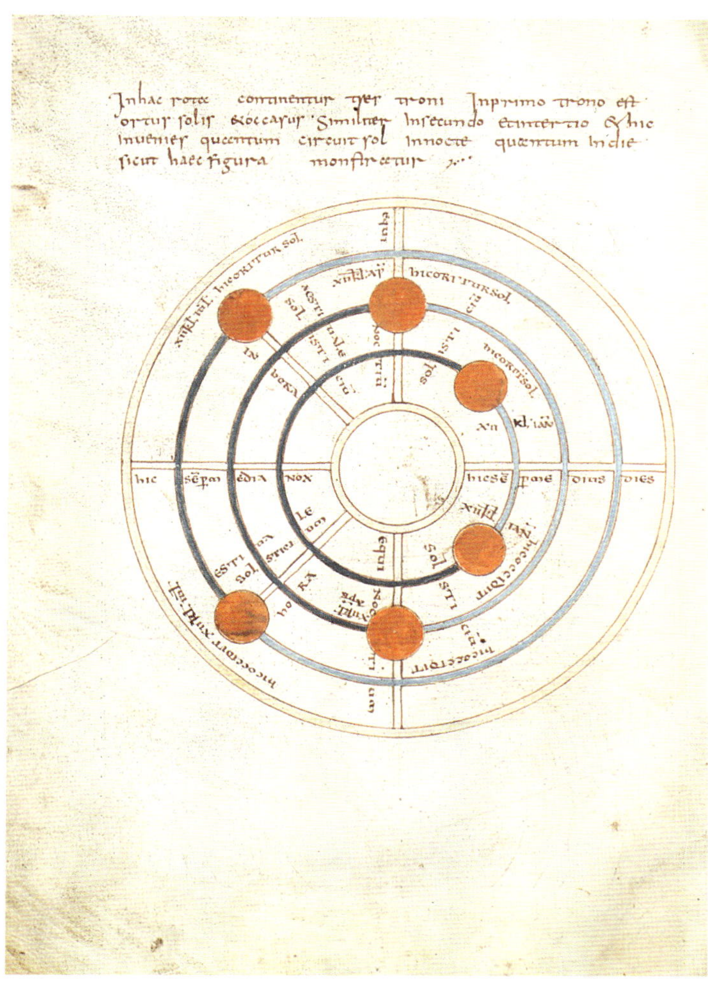

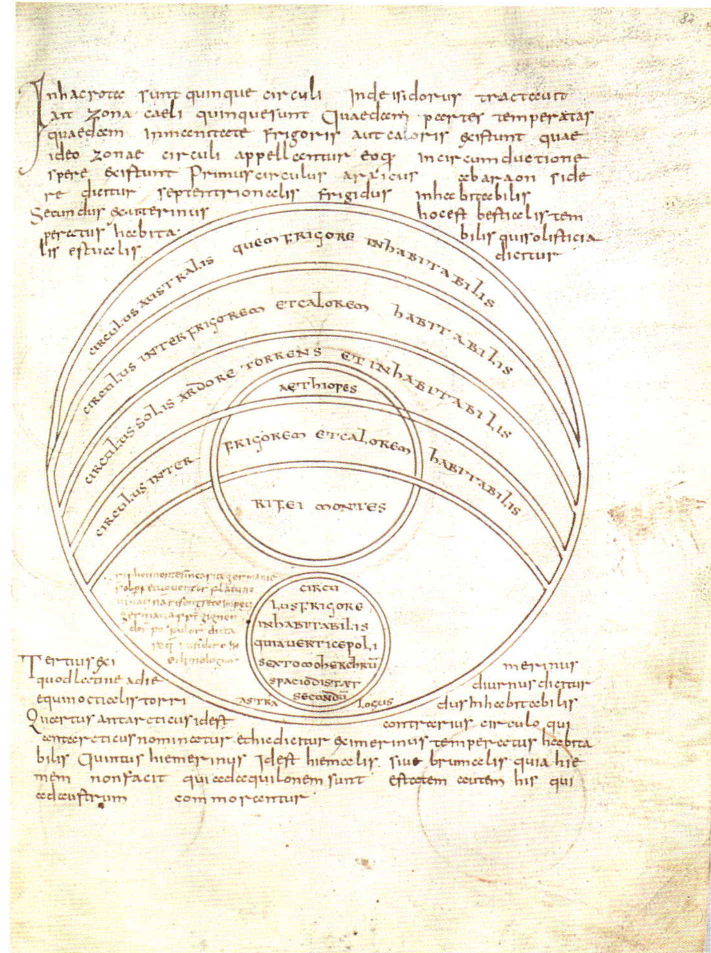

24 Dom Hs. 83^{II}, 81v/82r

Kurzfassung der 'Phainomena' hervorgegangene und mit Fabeln des römischen Dichters Avienus (4. Jh. n. Chr.) erweiterte Ausgabe wurde im 8. Jahrhundert in das Lateinische übertragen. Der revidierte 'Aratus Latinus' enthält neben den astrothetischen Angaben (Positionen der Sternbilder am Himmel) mythologische Erklärungen und die Aufzählung der Sterne, die das Sternbild als solches erscheinen lassen. In den Miniaturen selbst sind jedoch keine Sterne eingetragen. Die antiken Vorbilder dieser Miniaturen entdeckt zu haben, dürfen sich die Karolinger rühmen; Isidor und Beda haben sie nicht gekannt. Leider sind die meisten Sternbilder unseres Zyklus (XI) und auch die Globen und Planisphären nicht nach dem ursprünglichen Plan ausgeführt. Doch haben sich zu einigen Sternbildern noch Vorzeichnungen in Form von Griffelritzungen erhalten, die wahrscheinlich von der Hand des Illuminators stammen, der die ersten Bilder ausgeführt hat. In einigen dieser Vorzeichnungen sieht man Anweisungen zum Kolorieren (vir = viridis = grün). Einige der Sternbilder sind alsdann von einer anderen Hand in flotter brauner Federzeichnung hingeworfen. So können wir schließlich fast den ganzen Bilderzyklus, einschließlich der Globen und Planisphären auch mit Hilfe anderer bebilderter Handschriften der revidierten 'Aratus Latinus'-Gruppe (Paris, Bibl. Nat., nouv. acq. lat. 1614; St. Gallen, Stiftsbibl., Cod. 902, 250) rekonstruieren; aber auch unter Hinzunahme der Bilder in den Kopien der sog. Aachener Enzyklopädie des Jahres 809 (Borst 1993, S. 71 ff.), deren Inhalt sich in sieben Bücher gliedert, geht das entstehungsgeschichtliche Ziel von Dom Hs. 83^{II} deutlich hervor: Sie ist offensichtlich eine von Erzbischof Hildebald in Auftrag gegebene, 805 abgeschlossene Kölner Enzyklopädie der astronomisch-komputistischen Wissenschaften und darf in gewisser Weise als Vorläufer der Aachener Enzyklopädie Karls des Großen (768 - 814) betrachtet werden.

Aber Hildebalds Interessen gingen, wie auch seine kirchenrechtlichen Sammlungen (z. B. Dom Hs. 115, Kat. Nr. 21) zeigen, über die zeitrechnerischen Fragen hinaus. So erhält der folgende Abschnitt (XII) in Dom Hs. 83[II] seine Bedeutung aus dem geschichtlichen Ringen um die Osterfestbestimmung und -berechnung. Der Streit zwischen Römern und Alexandrinern und ihren verschiedenen Ausgangspunkten bei der Osterfestberechnung, der noch zu Zeiten Karls des Großen lebendig war, obwohl er eigentlich von Dionysius Exiguus 525 hätte beigelegt sein können, war unter Papst Leo I. (440 - 461) so aufgeflackert, daß er die östliche und die westliche Kirche zu trennen gedroht hatte. Zwischen Rom, Byzanz und Alexandria hatte sich damals eine Korrespondenz entwickelt, die teilweise auch in Dom Hs. 83[II] enthalten ist. Namen wie Kyrillos von Alexandrien (412 - 444), Pascasinus von Lilybaeum und Proterios von Alexandrien (451 - 457) sind mit Schreiben an Papst Leo I. vertreten (zum Inhalt Strobel 1984). Im Jahr 455 hatte der Papst den Alexandrinern nachgegeben, die Osterfestberechnung nach dem 19jährigen 'Cyclus decemnovennalis' wurde dem 84jährigen römischen vorgezogen.

Der letzte große Abschnitt (XIII) festigt gewissermaßen das Vorangegangene mit einem Zeugnis über Zeit und Zeitrechnung im ersten Buch der 'Saturnalia' des Macrobius (um 430). Es folgt ein langer Dialog zwischen Lehrer und Schüler über Zeit und Zeitrechnung, eine im 9. Jahrhundert noch beliebte antike Form der Mitteilung. Im Anhang (XIV) beschließen ein Horoskop über Erkranken und Gesunden sowie die Abschrift einer Urkunde für das Stift St. Severin zu Köln das Buch.

Kodikologisch hat das Werk, wenngleich Folio 2r - 14v früher entstanden, einen einheitlichen Charakter. Die mit Flechtband verzierten Initialen in diesem Teil (I) haben Ähnlichkeit mit dem *E(piscopus)* (20r) in Dom Hs. 115 (Kat. Nr. 21). Die in feiner Feder gezogenen Initialen (45r, 55r, 55v, 126r und 173v) finden sich im Stil entsprechend beispielsweise in Dom Hs. 41 (Kat. Nr. 12). Von ganz anderer Art und im Kölner Skriptorium singulär sind die Initialen der Einleitung zu den Aratea in Lage 21 (146r - 154r). Das *A(ratea)* (146r) ist eine sonst nirgendwo nachweisbare Symbiose von insularer und kontinentaler Initialkunst, deren Entstehung in Italien oder im westfränkischen Reich näher läge als in Köln. Der Jünglingskopf auf dem *A(ratea)* zeigt überraschend antike Züge. Die Initialen dieser Lage sind auch farblich anders als jene der Lagen 22 - 24 (154v - 171v) im Bereich des Sternbilderkataloges. Letztere sind zwar koloriert, ihre Buchstabenkörper bestehen jedoch aus Federzeichnung, die motivisch und stilistisch der zweiten Gruppe nahe stehen (154v, 156v). Die erhaltenen Bilder wie die Bärinnen (155r - 155v), Herkules (156v) und der Schlangenträger (157r) zeugen von einer ausgezeichneten Vorlage des Buchmalers, deren Quellen – wie bei der Leidener 'Aratea' (Bibl. der Rijksuniversiteit, Voss. Lat. Q.79) oder der Metzer Prachtausgabe der Aachener Enzyklopädie von 809 (Madrid, Bibl. Nacional, Cod. 3307) – in der Spätantike zu suchen sind. Die Initialen (146r - 153v) lassen nicht zuletzt aufgrund des Kopfschmuckes der sie bildenden Tierköpfe eine oberitalienische Vorlage vermuten. Ein vergleichbares Phänomen bieten Isidors 'Etymologiae' Cod. CCII der Biblioteca Capitolare in Vercelli. In gewisser Weise rätselhaft bleibt immer noch die Miniatur mit dem Jüngling in der Biga (154v), von Thiele (1898, S. 159) als Luna interpretiert. Möglicherweise war aber der Freiraum dort für eine Darstellung des Himmelsglobus vorgesehen, der in den anderen Handschriften des revidierten 'Aratus Latinus' den vorangegangenen Text der 'Involutio sphaerae' illustriert (Thiele 1898, S. 43f., Fig. 7). Der geflügelte Jüngling auf der Biga wäre dann eine imposante künstlerische Eigenleistung des Kölner Illuminators und so am ehesten als aufgehender Tag zu deuten.

INHALT: **1r** Hildebaldvermerk *CODEX SANCTI PETRI. SCRIPTUS SUB PIO PATRE HILDEBALDO ARCHIEPISCOPO* (9. Jh.). **1v** Leer. **I. 2r - 28v** Geschichtsschreibung nach Eusebios bzw. Hieronymus, Orosius und Isidor. **2r - 4v** Vorreden des Hieronymus und des Eusebius zur lateinischen Übersetzung und zum Chronikon (PL 27, 33A - 62A; Lambert IV, 203). **2r** *V(etus).* **3r** *M(oysen).* **5r - 12v** Kurze Weltchronik Isidors (PL 83, 1017B - 1058A; Schluß verschieden). **5r** *B(revem).* **12v - 14v** Ergänzungen zur Chronik (vgl. Krusch 1880, 196f.). **14v** Ende mit *Anni ab incarnatione Domini DCCXCVIII. Cui vero sic non placet, sudet et legat et melius numeret* (vgl. Jaffé/Wattenbach 1874, 29; MGH SS XVI, 730; Krusch 1880, 197). **II. 15r - 28v** 39 Kapitel über Mathematik, Astronomie und Zeitrechnung, mit Auszügen aus Isidors 'Etymologiae' und anderen, anonymen Abschnitten. **15r** Prolog. **15v** Verzeichnis von 33 (statt 39) Kapiteln, von denen nur *I-XXVIII (de mensibus)* Titel haben. **16r - 20r** Kap. 1 - 18. Die Disziplinen des Quadriviums, Mathematik usw. Auszüge aus Isidor, Etymologiae (Lib. III) (Lindsay 1971, III, i - xxvi, unvollständig). **20r - 26v** Kap. 18 - 35. Die Einheiten der Zeit (vgl. Isidor, Etymologiae: Lindsay 1971, V, xxix - xxxviii; vgl. Beda, De temporum ratione: Jones 1939, 48 - 51). **26v - 28v** Kap. 36 - 39. Astronomie (vgl. Isidor, Etymologiae: Lindsay 1971, XIII und III). **III. 29r - 44r** Der Mond als Ausgangspunkt der christlichen Zeitrechnung. Texte aus Isidor und Beda, Dialog zwischen Lehrer und Schüler. **29r - 36v** Kapitelreihe von 1 - 66 und Computus lunae nach Isidor. **37r - 44r** Dialog über die Zeitrechnung zwischen Lehrer = M (Mathetes, Magister) und D = (Didaskalos, Discipulus) (vgl. PL 90, 653A - 664D; Jones 1939, 48 - 51, bes. 51; Thorndike/Kibre 443). **37r** *Item de XIIII divisionibus temporis. d(ivisionis).* **44v** Leer. **IV. 45r - 69v** Die Lehre von der Zeitrechnung, ihre Entstehung bei den Griechen, die Fortsetzung bei den Römern bis zu Dionysius Exiguus. **45r - 55v** Die Kunst der Zeitrechnung und wie sie erfunden wurde. **55r** Unten: *Item Giletanus* (Cyrillitanus) *dicit quotus sit annus ab incarnatione Domini nostri Jesu Christi usque praesens pascha DCCCV* (= A.D.805). **55r** *d(e aetate).* **55v - 57r** Die "Cölner Fragmente" zum 84jährigen Osterzyklus mit der Supputatio Romana (Krusch 1880, 241 - 244). **55v** *P(erpetuum).* **57r - 58v** Fortsetzung der Ars computi (vgl. Krusch 1880, 198). **59r - 69r** Lehre und Regeln der Zeitrechnung (Text ähnlich bei PL 90, 701 - 728; vgl. Krusch 1938, 75 - 81). **60r** *S(i vis scire).* **69v** Kurzer Dialog zwischen Lehrer und Schüler über die Frage des Mondalters an den einzelnen Tagen (Krusch 1880, 199, datiert den Abschnitt 9./10. Jh.). **V. 70r - 72r** Tabellen zur Berechnung des 28jährigen Sonnen- und des 19jährigen Mondzyklus. Ohne Titel und Text (vgl. PL 90, 679 - 680: Modus calculi). **VI. 72v - 76r** Der christliche Kalender nach einer wahrscheinlich aus Reims stammenden Vorlage eines römisch-fränkischen Kalenders, mit zahlreichen astronomischen Daten und folgenden typischen Heiligen: 3.1. Genoveva (Paris), 13.1. *Depositio Hilarii episcopi* (Poitiers) *et Remus sancti Remedii episcopi et confessoris* (Remigius, Reims), 6.2. Amandus (Saint-Amand), 28.5. Germanus (Paris), 8.6. Medardus (Soissons), 4.7. *Translatio sancti Martini*, 5.9. Quintinus (Bischof in der Champagne), 9.10. Dionysius und Genossen (Paris, Saint-Denis), 25.10. Crispinus und Crispinianus (Soissons), 11.11. Martinus (Tours), 17.11. Anianus (Orléans), 1.12. Eligius (Noyon). Nachgetragen sind: 12.3. *Obiit Heribertus choriepiscopus* (Heribert, Chorbischof Erzbischof Hildebalds von Köln) und 17.9. *Natalis sancti Lantberti martiris* (Bischof von Maastricht) (vgl. Heusgen 1947, 14f.). **VII. 76r - 79r** Die Tabellen des 19jährigen Mondzyklus vom Jahr 798 bis zum Jahr 911 mit jeweils über zwei Seiten hin verteilten Datenkolumnen folgender Zyklen: 1. Jahre seit der Erschaffung der Welt, 2. Jahre seit der Geburt Christi, 3. Indiktionen, 4. Konkurrenten, 5. Epakten, 6. Datum des 14. Mondes (Vollmond), 7. Datum des Ostersonntags, 8. Mondalter am Ostersonntag, 9. Datum von *Quadragesimos* (Quadragesima = 6. Sonntag vor Ostern, Beginn der Fastenzeit), 10. Mondalter an Quadragesima, 11. Daten des *Rogationes cyclus* (Rogationes = 3 Tage vor Christi Himmelfahrt, an denen Bittprozessionen stattfanden), 12. Zahlen des 1. Cyclus lunaris (Mondzyklus), 13. Zahlen des Cyclus solaris (Sonnenzyklus), 14. Zahlen des 2. Cyclus lunaris, 15. Zahlen des Cyclus decemnovennalis (19jähriger Mondzyklus), 16. Datum der Kalenden des Januars im jeweiligen Jahr, 17. Mondalter an den Kalenden des Januars, 18. *Heras* (= Spanische Aera = gezählt vom Jahr 38 v. Chr.), 19. Datum des Beginns des ersten Monats (Krusch 1938, 68 - 74; vgl. PL 67, 493 - 498; CCL 123C, 556 - 558; vgl. Krusch 1880, 200). **76v** Kölner Annalen, an den Rand geschrieben: 810 Feuersbrunst in Köln, 814 Tod Karls d.Gr., 818 Tod Erzbischof Hildebalds und Ernennung seines Nachfolgers Hadebald (819 - 841) (Jaffé/Wattenbach 1874, 30; MGH SS XVI, 730f.). **VIII. 79v - 85v** Dreizehn autonome Diagramme zur Lehre der Zeitrechnung. 1. **79v** *De cyclo paschali.* Das Diagramm ist kreisförmig und in 20 Sektoren geteilt, von denen 19 die Daten des Mondzyklus enthalten; der 20. Sektor enthält die sieben Wochentage (F = Ferias) und die Epakte, deren Zahlen auf dem innersten der konzentrischen Kreisbahnen stehen. 2. **80r** *Hic est cyclus lunaris, per XVIIII annos volvitur et in XII menses regulatur.* Das kreisförmige Diagramm enthält wieder 20 Sektoren, von denen 19 die Daten des Cyclus decemnovennalis enthalten. Im 20. Sektor stehen, von außen nach innen, 12 Kreisbahnen bildend, die Namen der 12 Monate. Der darunter stehende Text erklärt: "Hier findest du die Epakten im Kreis eingeschrieben und die

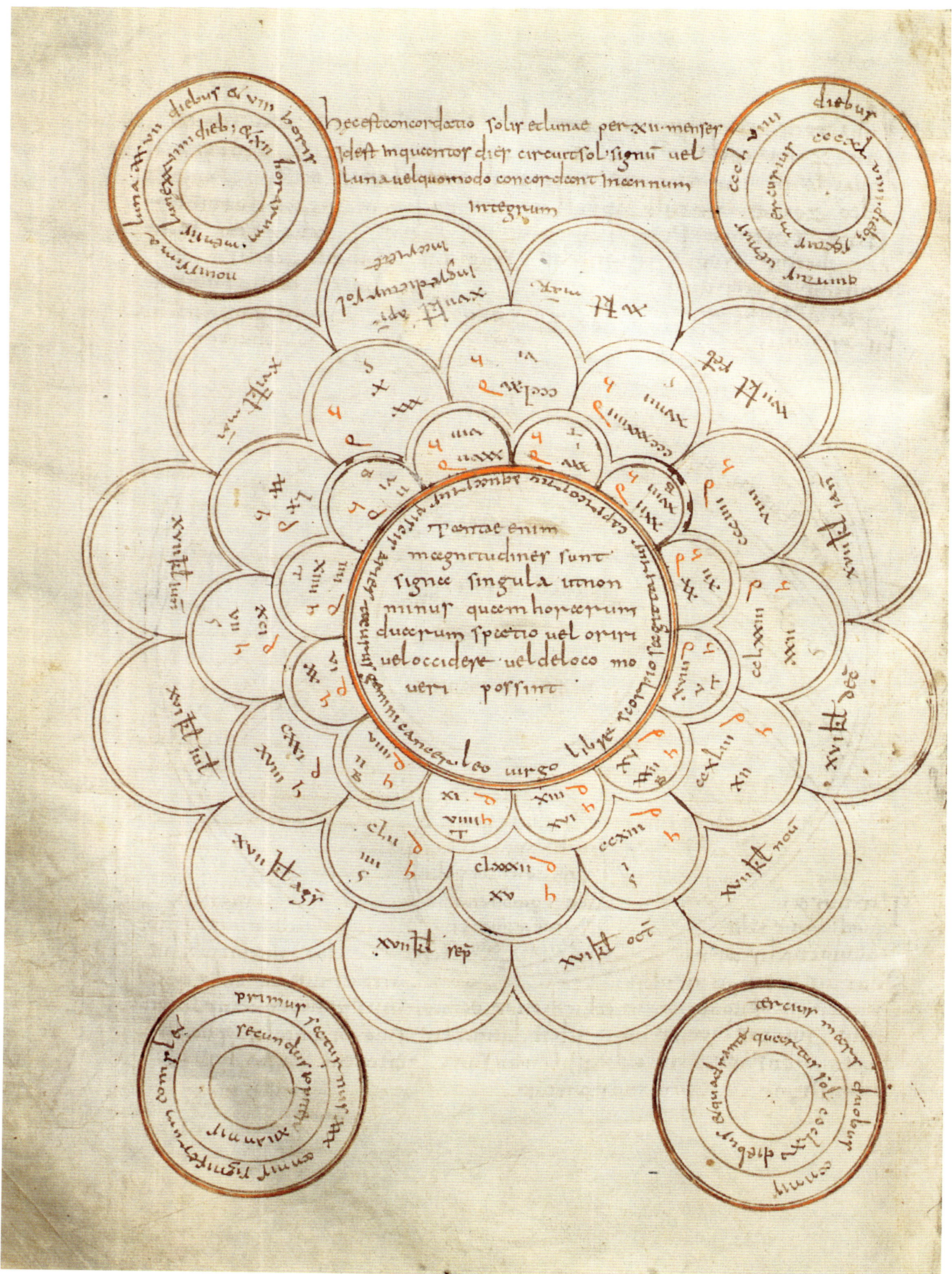

 24 Dom Hs. 83II, 82v

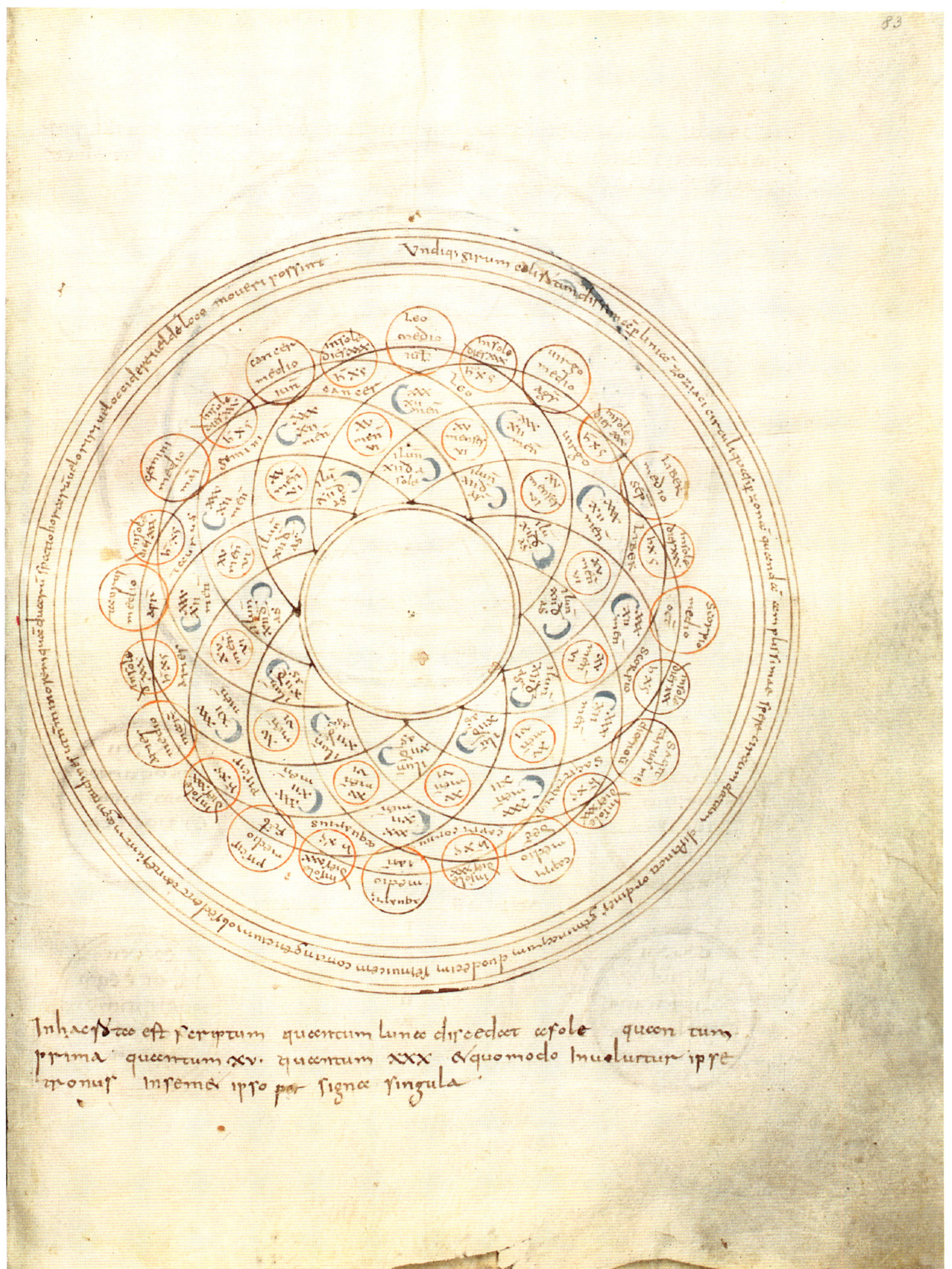

 24 Dom Hs. 83II, 83r

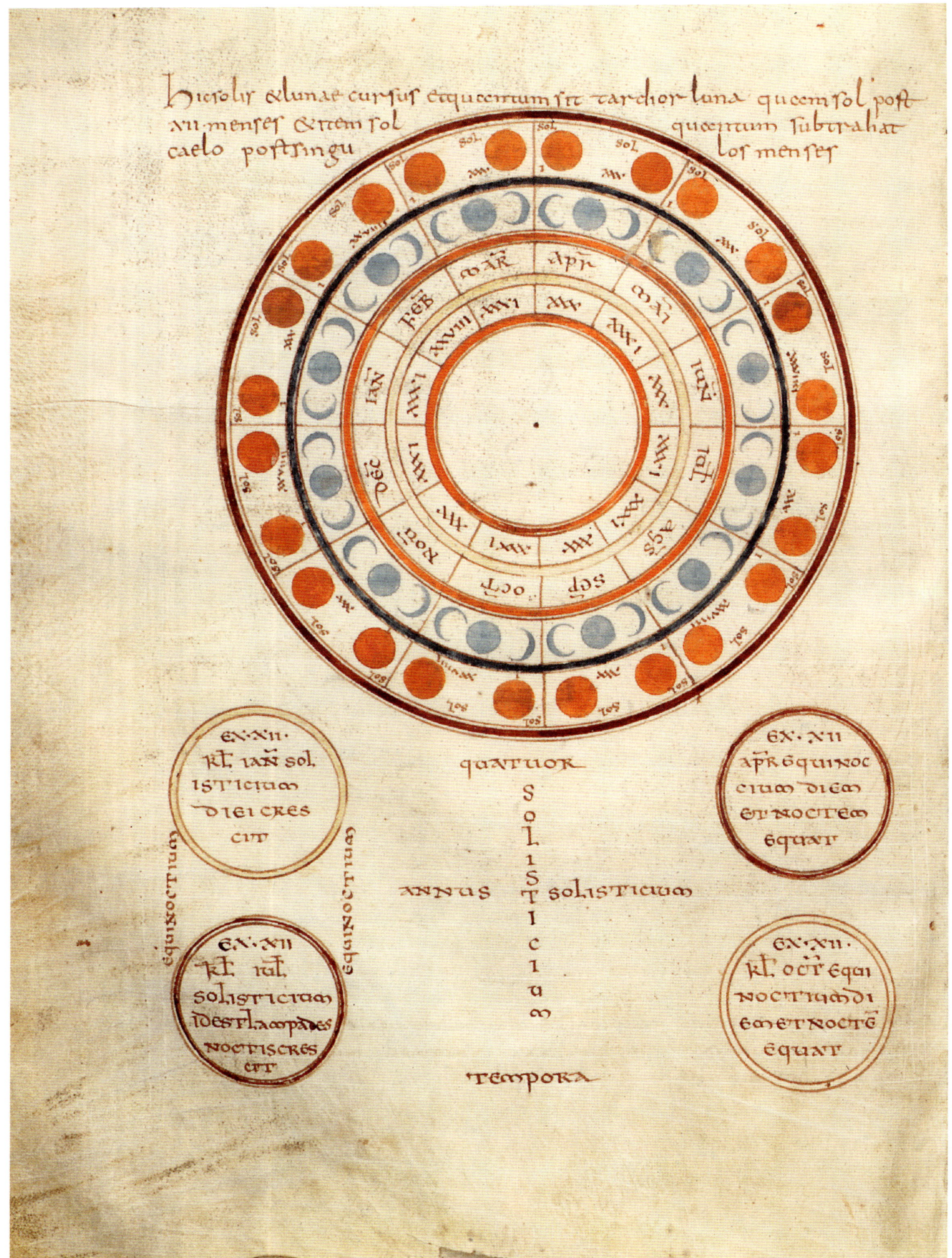

24 Dom Hs. 83II, 83v

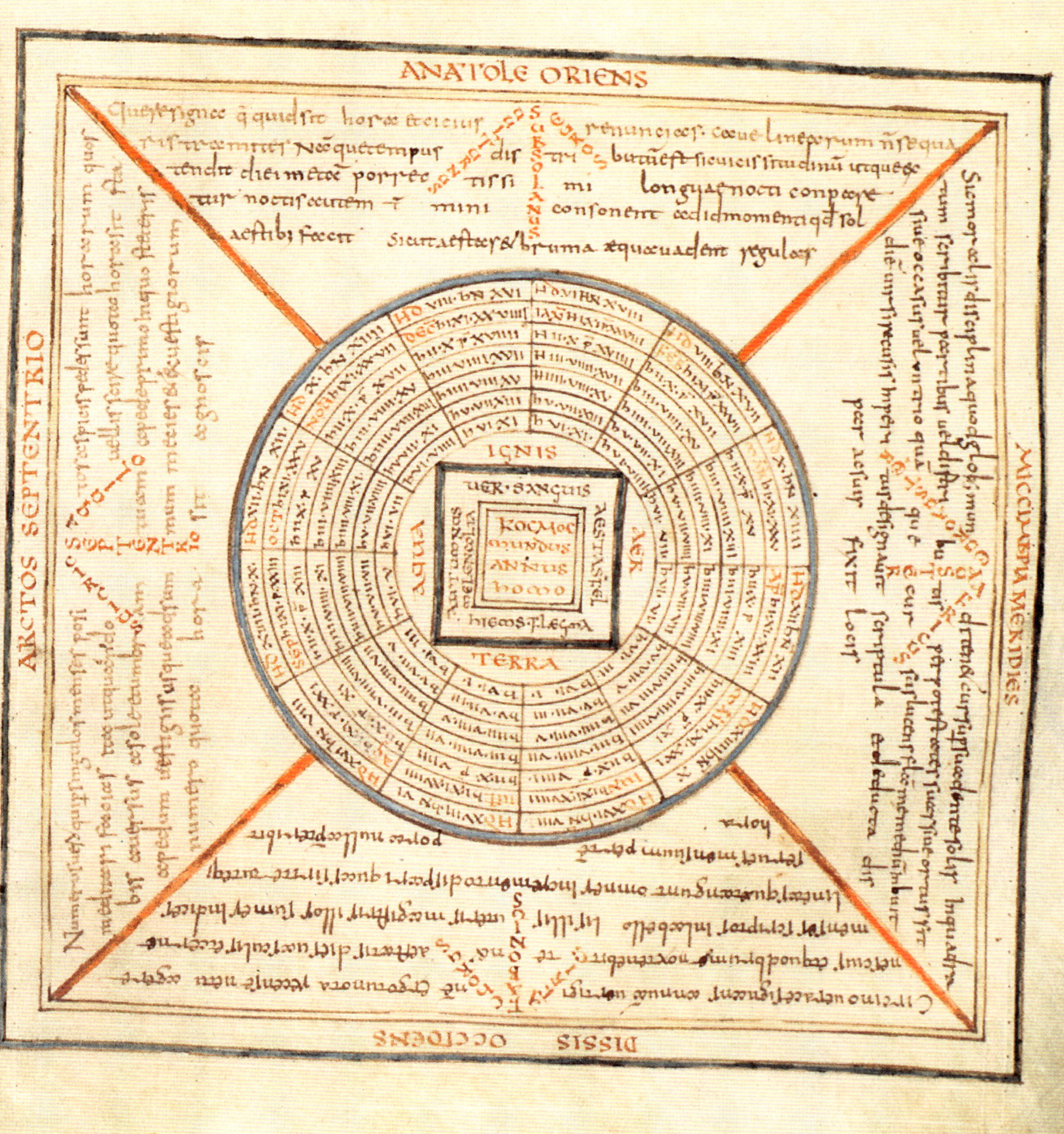

24 Dom Hs. 83II, 84r

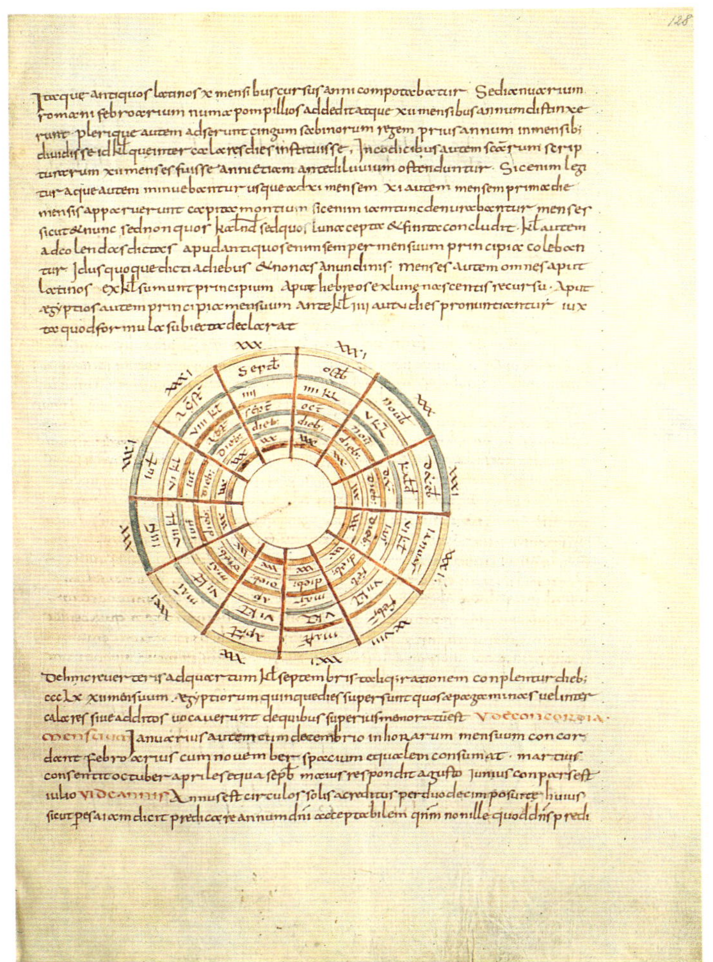

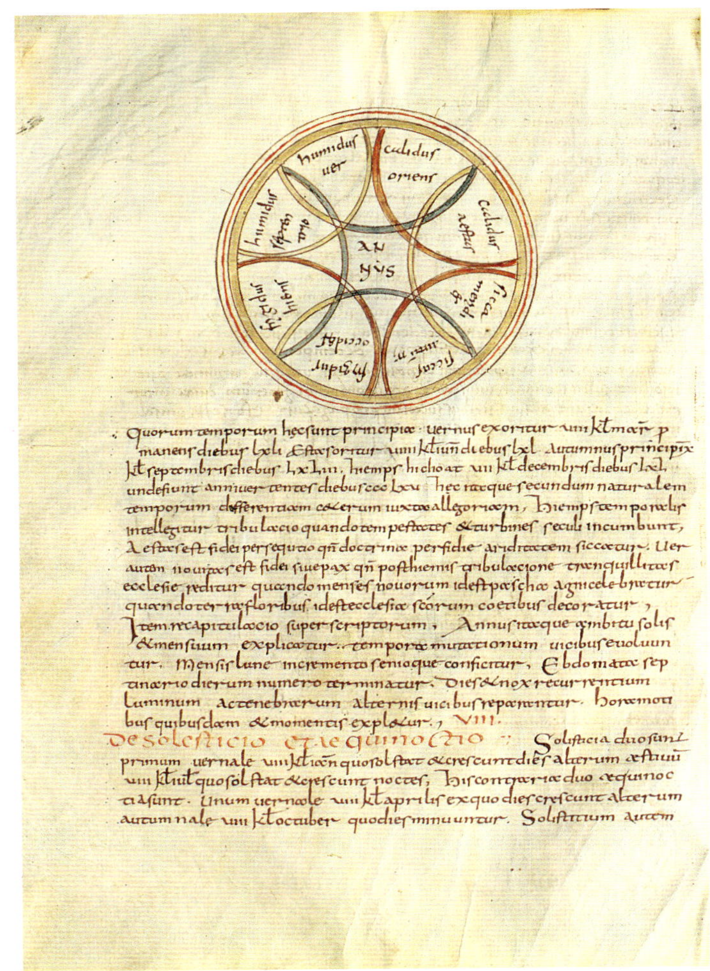

24 Dom Hs. 83[II], 128r/129v

In diesem Kreis (rota = Rad) steht geschrieben, wieviel der Mond von der Sonne abweicht, wieviel am 15., wieviel am 20. und wie sie ihren Höchststand (thronus) erreicht in den einzelnen Tierkreiszeichen.
83r; A.v.E.

Namen der 12 Monate und die Monde, gezählt nach den Kalenden der 12 Monate." 3. **80v** *Haec in rota continentur mensi XII cum ferias compotatas in Kalendas unius cuiusque mensis et etiam bissextos adnotatos.* Der Kreis enthält wieder die 19 Sektoren des Cyclus decemnovennalis, der 20. Sektor bringt die 12 Monate des Jahres, die die Sektoren in 12 konzentrische Bahnen teilen. Der Buchstabe B am äußeren Rand bedeutet Bissextum (= Schalttag, der nach der römischen Kalenderrechnung alle vier Jahre einzuschalten ist). 4.-5. **80v-81r** Text und Diagramme zur Berechnung der Wochenstunden und Horologium (Sonnenuhr). 4. **81r** Oben: Kreisförmiges Diagramm zur Berechnung der Tagesstunden während der Woche; in der Mitte: "Die Woche hat 7 Tage, 59 Stunden, 672 Viertelstunden (*puncta*), 1680 Minuten." Der Kreis enthält 7 Sektoren und 6 konzentrische Bahnen. In den Sektoren sind im Uhrzeigersinn die Wochentage angeordnet, die von außen nach innen in ihre Einheiten geteilt werden: 24 Stunden *(horas),* 96 Viertelstunden *(punctos),* 240 Minuten *(minutos),* 960 Momente *(momenta)* und 541460 Athomi *(atomi).* In der äußersten Bahn stehen 15 Sektoren, die Stundenzahlen des Mondscheins während der Nacht. 5. **81r** Unten: Horologium nocturnale (Monduhr). Das Kreissegment enthält 12 Sektoren für die Stunden der Nächte der Äquinoktialzeit, 4 Kreisbahnen enthalten exzentrisch die Zeiteinheiten mit denen der Mond in diesen Nächten scheint: *hora* (Stunde), *Minuta* (Minute) und *Momenta* (Momente). 6. **81v** Diagramm des Sonnenlaufs während der Solistitien und Äquinoktien. Die Kreise stellen das Universum mit dem äußersten gelben Kreis als dem Fixsternhimmel dar. Es wird durch den Meridian vertikal und den Äquator horizontal gegliedert, der mittlere Kreis kann als die im geozentrischen Universum in der Mitte gelegene Erde gesehen werden. Die Nord-Südachse des Meridians schneidet den "Himmelsglobus" in zwei Teile, rechts in die Hälfte des Tages und links in die Hälfte der Nacht. Der Äquator schneidet diese Hälfte so, daß er rechts stets mitten im Tag und links mitten in der Nacht liegt. Die innere Bahn der Sonne ist vom Aufgang oben bis zum Untergang unten am kürzesten. Dies ist am 21. Dezember beim Wintersolistitium der Fall. Ausgeglichen sind die Tage und Nächte beim Sonnenstand der mittleren Bahn, beim Äquinoktium, oben im Frühling am 21. März und unten am 21. September. Am längsten scheint die Sonne in der dritten Bahn beim Sommersolistitium am 21. Juni. Die Tagesstunden sind durch blaugraue, die Nachtstunden durch dunkelblaue Tönung der Kreissegmente gekennzeichnet. 7. **82r** Diagramm der fünf Breitengürtel oder Klimazonen der Welt *In hac rota sunt quinque circuli, inde Isidorus tractavit, ait zona caeli quinqe sunt – estatem autem his qui ad austrum commorantur* (Definition der Himmelszonen nach Isidor, De natura rerum, Lib. X, 18ff.). Das Diagramm folgt nicht den für die meisten Isidor-Handschriften typischen

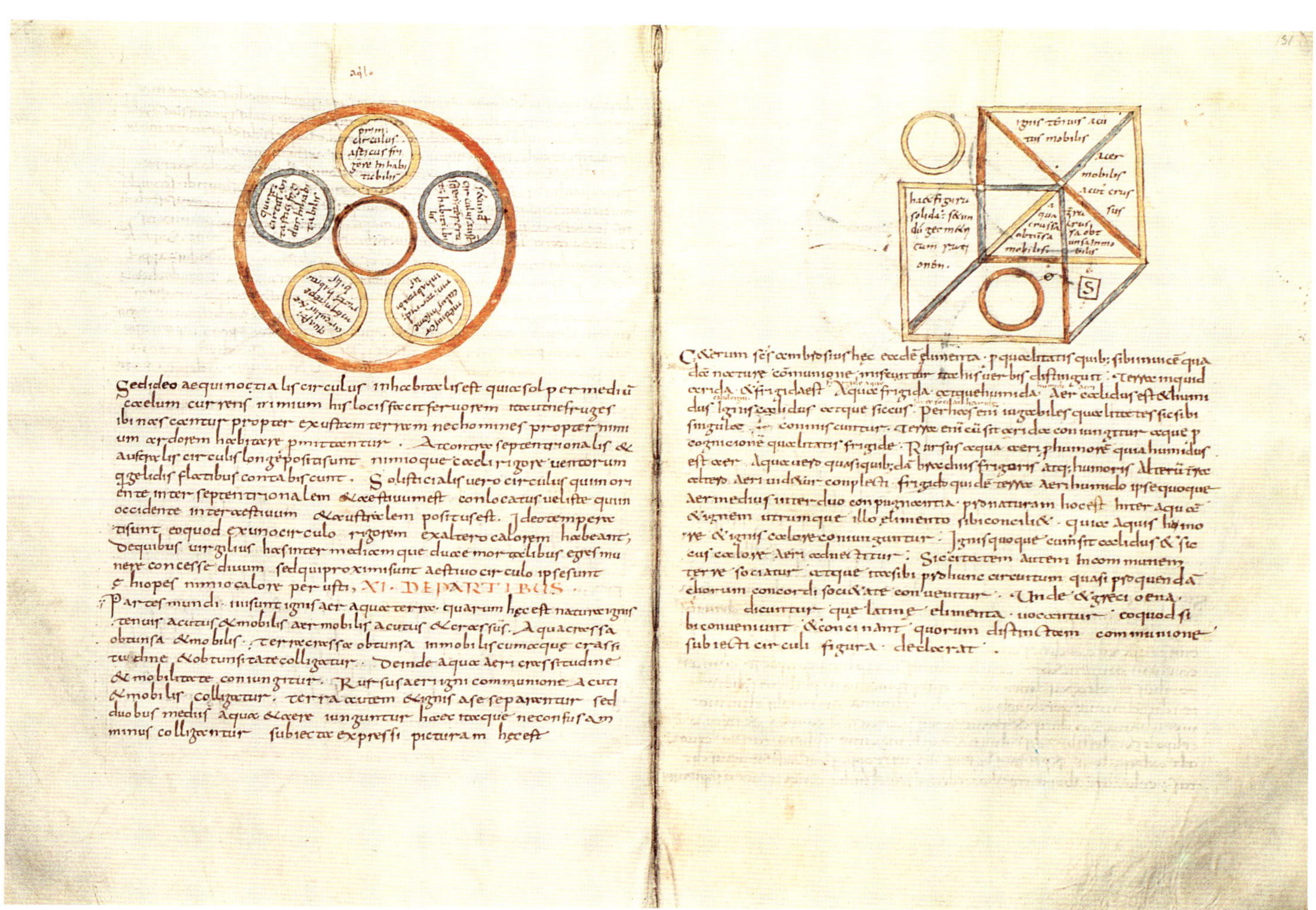

24 Dom Hs. 83II, 130v/131r

Diagrammen, die die fünf Kreise (= Breitengürtel) einfach in einen großen Kreis einschreiben (vgl. 130v), sondern den antiken Himmelsglobus. Nur die fünfte Zone und die in der Mitte des Universums zu denkende Erde sind als planisphäre Kreise wiedergegeben. Die Inschriften von oben nach unten lauten: 1. *Circulus australis quem frigore, inhabitabilis* (nördlicher Kreis, Polarkreis, wegen der Kälte unbewohnbar). 2. *Circulus inter frigorem et calorem, habitabilis* (zwischen Kälte und Hitze gelegener Kreis, bewohnbar). 3. *Circulus solis ardore torrens et inhabitabilis* (von der Hitze der Sonne ausgetrockneter Kreis, unbewohnbar). 4. *Circulus inter frigorem et calorem, habitabilis* (zwischen Kälte und Hitze gelegener Kreis, bewohnbar). 5. *Circulus frigore inhabitabilis quia vertice poli sextomoherchrum spacio distat secundum astralogus* (wegen der Kälte unbewohnbarer Kreis, weil er mit dem Scheitel des [Süd-] Pols nach dem Astrologen ein Sextomoherchrum [sex moerearum spatio; Moiren sind Maßeinheiten der griechischen Astronomie] entfernt ist). (6.) In dem über die bewohnbare Erdzone (4.) gelegten Mittelkreis: *Aethiopes, Riphei montes.* Zu *Riphei montes* links unten der Kommentar: *Riphei montes in capite Germaniae sunt, a perpetuo ventorum flatu nominati; nam Rifei grece impetus; Germania propter gignendorum populorum dicta sequitur in Isidoro in ethimologiarum* (vgl. Isidor, Etymologiae XIV, viii, 8 und IV, iv, 4: von den Brincken 1992, S. 54). 8. **82v** Diagramm des Sonnen- und Mondlaufs während der 12 Monate, scheinbare Umlaufzeit der Planeten. Das Diagramm besteht aus einem Mittelkreis mit drei darum herum gelagerten Bahnen von zentral ausgerichteten Kreissegmenten und aus vier in die Ecken gesetzten Kreisen. Die Deutung des Gebildes wird folgende sein: Im Mittelpunkt des inneren Kreises denke man sich die Erde, von der aus der Betrachter an den Himmel schaut, wo er den Tierkreis sieht, dessen 12 Sternbilder namentlich an den inneren Kreis geschrieben sind. Der sich im Kreismittelpunkt befindende Betrachter sieht den Lauf der Sonne und des Mondes, die in einem Jahr bzw. einem Monat durch den Tierkreis führen. Aus diesem Lauf resultiert zeitrechnerisch das Jahr mit seinen 12 Monaten. Auch die Planeten Venus, Mars, Jupiter und Saturn vollziehen scheinbar diesen Lauf. Sie sind hier aber nicht wie Sonne und Mond kreisförmig um den Mittelpunkt, sondern in kreisförmigen Figuren auf die vier Bildecken verteilt. In diesen Kreisen stehen die scheinbaren Umlaufzeiten der Planeten: 1. Saturn 30 Jahre, 2. Jupiter 12 Jahre, 3. Mars 2 Jahre, 4. Sonne 365 Tage, 5. Venus 359 Tage, 6. Merkur 349 Tage, 7. Mond 27 Tage und 8 Stunden; der Monat hat 29 Tage und 12 Stunden. Die äußerste Kreissegmentbahn des Mittelkreises enthält die Namen der zwölf Monate, die hier nicht ganz mit den innen angegebenen Namen der Tierkreiszeichen übereinstimmen, obwohl sie es sollten. Angegeben sind die XVI. oder XVII. Kalenden, das heißt, die Monatsmitte,

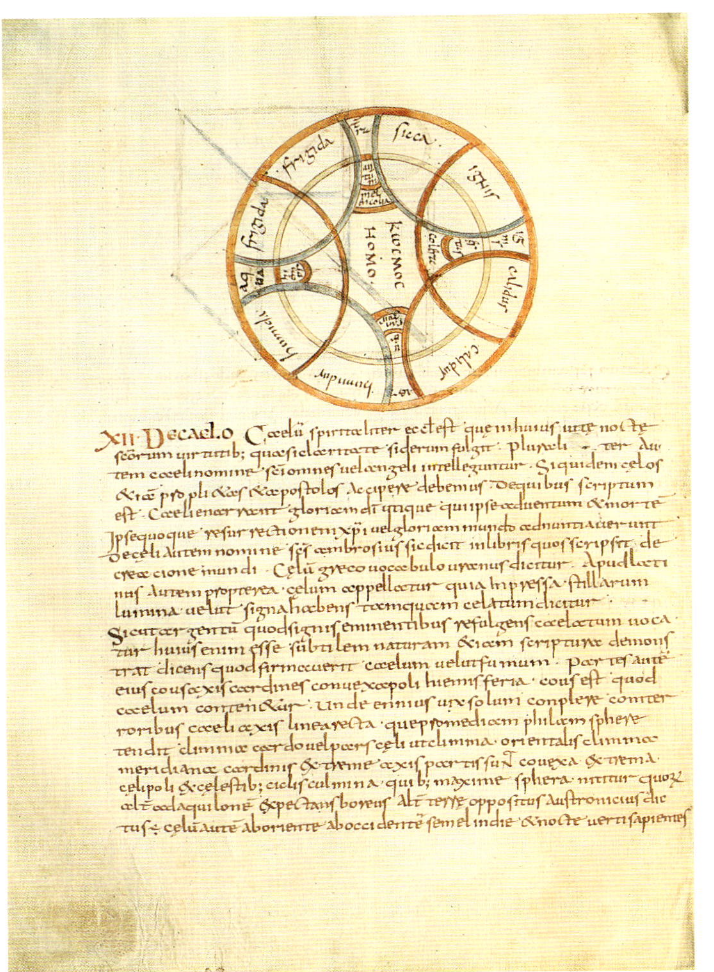

24 Dom Hs. 83[II], 131v/136v

der 16. Tag jedes Monats, die Zeit des Vollmondes. In dieser Zeit korrespondiert der Mond auf der inneren Bahn ganz mit dem Monat. Dagegen verschieben sich die Sonnensegmente in der mittleren Bahn. Das Jahr beginnt oben mit dem Monat April, in dem zu lesen ist: *XVII Kalendas Aprilis sol ingreditur in ariete* – Am 16. März tritt die Sonne in den Widder ein. Sie vollendet dann das (alte) Jahr am 365. Tag zur 6. Stunde und bleibt 30 Tage und 10 Stunden im Zeichen des Widders. Der Mond in der inneren Bahn vollendet zu dieser Zeit seine Bahn am 27. Tag zur 8. Stunde. 9. **83r** Der Mittelpunkt des inneren Kreises ist wieder als die Erde zu denken, von der aus der Betrachter den Fixsternhimmel mit den Tierkreiszeichen sieht, deren Namen in roten Kreisen eingeschrieben sind, die, vom Mittelpunkt aus gesehen, 12 exzentrischen Kreisen aufliegen. Man findet oben den Höchststand des Löwen in der Mitte des Juli. Der daneben liegende, etwas kleinere rote Kreis gibt alsdann an, wie lange die Sonne im Zeichen (des Löwen) steht, nämlich 30 Tage und 10 Stunden. Auch die Positionen des in das Zeichen auf- und absteigenden Mondes in Form einer blauen Mondsichel sind zu sehen. Der alles umfassende Kreis soll den Kreis des Zodiakus darstellen, in dem die 12 Zeichen am Fixsternhimmel stehen. 10. **83v** Auf wieder andere Weise stellt das kreisförmige Diagramm im oberen Teil der Seite die Monate in ihrem Verhältnis zu Sonne und Mond dar. Auf den Kreisbahnen sind innen die Namen der Monate und die Anzahl ihrer Tage angegeben, außen die Bewegung von Sonne und Mond im jeweiligen Sonnen- und Mondsektor in 29-30 Tagen. Während die Sonne in jedem Monat als volle orangefarbige Kugel zu sehen ist, nimmt der blaue Mond zu und ab. Darunter steht ein Viererschema mit Kreisen, in denen die Daten der Solistitien und Äquinoktien zu finden sind. Sie vertreten, wie die in Kreuzform angebrachten Worte *Annus, Solistitium* und *Quattuor tempora* andeuten, die vier Jahreszeiten. 11. **84r** Diagramm zur Gestalt und Zusammensetzung des Universums, Makrokosmos und Mikrokosmos. Das Quadrat enthält außen und innen die Bestandteile der viergeteilten Welt. Außen (rubriziert) die Himmelsrichtungen: *ANATOLE, ORIENS* (Osten), mit den Winden *SUBSOLANUS, VULTURNUS, EUROS* (Ostwinde); *MICCIMBPIA (MESEMBRIA), MERIDIES* (Süden), mit den Winden *AUSTER, EUROAUSTER, AFRICUS* (Südwinde); *DISSIS (DYSIS), OCCIDENS* (Westen), mit den Winden *FABONIUS, AFRICUS, CHORUS* (Westwinde); *ARCTOS, SEPTENTRIO* (Norden), mit den Winden *SEPTENTRIO, CIRCIUS, AQUILO* (Nordwinde). In der Mitte ebenso *IGNIS, AER, TERRA, AQUA* (Die vier Elemente Feuer, Luft, Erde, Wasser). Im Quadrat außen: die Jahreszeiten und Körpersäfte *VER, SANGUIS* (Frühling, Blut); *AESTAS, FEL* (colera) (Sommer, gelbe Galle); *HIEMS, FLEGMA* (Winter, Schleim); *AUTUMNUS, MELENCOLIA* (Herbst, schwarze Galle). Daraus ist zusammengesetzt, was im inneren Quadrat rubriziert steht: *KOCMOC, MUNDUS* (Makrokosmos,

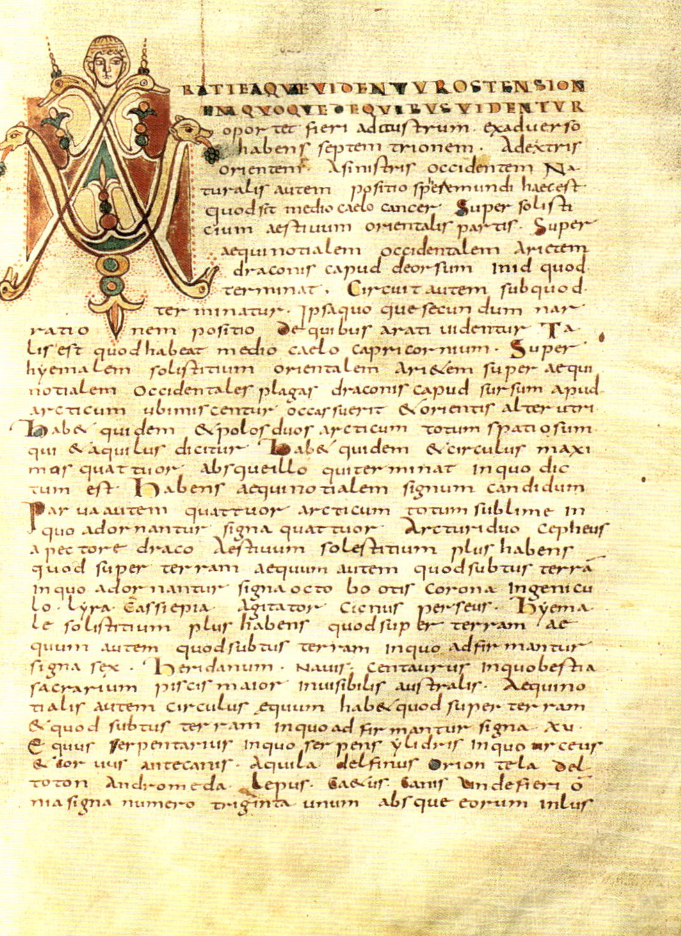

24 Dom Hs. 83II, 141r/146r

Welt, Universum), *ANNUS* (Jahr), *homo* (Mikrokosmos, Mensch). In den äußeren, diagonal geteilten Feldern des großen Vierecks stehen Texte zu den Jahres- und Tageszeiten. In den Kreis eingeschrieben sind sieben konzentrische Bahnen mit zwölf Sektoren für die zwölf Monate, beginnend und endend oben mit dem Januar und Dezember. Die nach innen laufenden Bahnen enthalten in der äußersten Bahn die Tages- und Nachtstunden des jeweiligen Monates. Die Bedeutung der Zahlenfolgen in den konzentrischen Sektoren ist noch nicht ermittelt. Es handelt sich dabei offenbar um ein Diagramm zur Berechnung der Dauer der Tages- und Nachtstunden während eines Jahres. 12. **84v-85r** Tabellen zur Berechnung des 19jährigen Mondzyklus nach dem Jahresbeginn im September. 13. **85v** Diagramm des 19jährigen Mondzyklus in Kreisform mit 19 Sektoren für die 19 Jahre des Zyklus und 6 konzentrischen Bahnen mit der Bezeichnung *Cyclus lunaris,* Zahl, *decemnovennalis,* Zahl, *Luna XIIII* (Ostergrenze) und z. B. *Non. Apr.* (Osterdatum). Der darunter stehende Text erklärt das Auffinden des Osterdatums. Der Ausgangspunkt sind das von Christus mit den Aposteln gefeierte Abendmahl *(VIII Kl. apr., V. feria, luna XIIII* = 25. März) und die Auferstehung des Herrn (*VI Kl. apr. die dominca, luna XVII* = 27. März, Ostersonntag). **IX. 86r-125v** Beda Venerabilis, De temporum ratione (in Auszügen) (CCL 123 B, 263-544). **86r** Prolog *d(E NATURA RERUM ET RATIONE temporum).* **86v** Kapitelreihe von *I-XLII* (statt vollständig I-LIII). **87r** Wir geben die in der Handschrift bezifferten bzw. ab 118r nicht mehr bezifferten Kapitel mit ihren römischen Zahlen an und stellen ihnen, in Klammer und arabisch beziffert, die Kapitel in der Edition gegenüber: Cap. I-III (5-7), IIII (27), V-VIII (30-33), VIIII (4), X (1), XI (3), XII (53), XIII (55), XIIII-XVII (8-12), XVIII-XVIIII (14-15), XX (13), XXI (21), XXII (16), XXIII (2), XXIIII-XXVI (35-37), XXVII-XXVIIII (45-47), XXX (44), XXXI-XXXIII (38-40), XXXIIII (34), XXXV (65), XXXVI (64), XXXVII (63), XXXVIII (59), XXXVIIII-XL (61-62), XLI (51), XLII (60), [XLIII] (25), [XLIIII] (26), [XLV-XLVI] (28-29), [XLVII] (26), [XLVIII] (56), [XLVIIII] (20), [L] (50), [LI] (23), [LII] (43), [LIII] (17). Initialen: 94r *d(e),* 108r *D(ividitur),* 109v *P(rimo).* Die Tafeln für **94r** VIIII (4) (*De ratione uniciarum;* mit Glossen) und **96r-96v** X (1) *De compoto vel loquilla digitorum* sind mit Minium verziert. **X. 126r-145r** Isidor von Sevilla, De natura rerum (PL 83, 963 A-1016 C; Fontaine 1960, 166-325); mit sieben Diagrammen zur Lehre über das Weltall; Anhang mit anonymen Traktaten. **126r** Brief des Westgotenkönigs Sisebut (612-621) an Isidor (um 560-636) (PL 83, 1112 A-1114 A; Fontaine 1960, 328-335). **126v** Brief Isidors an Sisebut. **126v** Kapitelreihe von 1-46. **126v** Text. Kap. 44 und 48 sind in der Kapitelreihe und im Text ausgelassen (Fontaine 1960, 27). Sieben Diagramme (PL 83, 971-972; 975-976; 979-980; 981-982; 995-996; 1007-1008; Fontaine 1960, 190bis, 202bis, 210bis, 212bis, 216bis, 260bis, 296bis): 1. **128r** Kap. 4 (IV,

INVOLVCIO SPHERAE

Hic est stellarum ordo utrorumque quae circulorum septentrionis duplices. Ad austrum uertuntur figura. Auersis caudis inuicem sibi auersantes. Inter quos oblicus dilabitur draco Ad unius namque dextrum pedem est serpentarius. Cuius serpentarii pedes adtingunt frontem scorpiones. Alteri autem retro stat custus pedibus quidem eius uirgo habens igneam in manibus spicam. Habent autem septentrionis a dextris iuxta coronam desuper serpentem In manibus serpentarii retrorsis uero uestigiis. Ad iecit leo. Medius stiuus solistitiis. Cancer et gemini pedes autem agitatoris Tauri cornibus iunguntur Cuius heduli desuper obtinent locum Septentriones namque minores multimum pedem chefeus trianguli ordinem continetur Cycnum manu dextera adprehendens. subtuius ala. equus extendit pedem ad cuius equi medium pescis conlocati sunt constituta ante chepheum. Casiepia. & dorso agitatoris perseipedibus superpositis andromede capud equo conexo ipsi autem. equo canis stella inter cycnum igitur et eum quingemiculos stat libra constituuntur. In quorum medio adorientem delfinus agnuscitur & super equi capud aquarius extollitur iuxta quem. capricornus est cuius caude heret delphinus qui est super tela. aquile in proximo habens serpentarium et corona Iam quia de aquilonio circulo dictum est Nunc ad australem ordinem properemus. sub aculeo scorpionis sacrarium constitutum est sub corpore ei anteriora centauri uidentur in quo est bestia conspicitur & sagittarii persumus sub australi circulo ubi australis piscis & aquaria sub ipsa uirgine leoneque medio apud canchrum obtinetur retro cauda autem taurus est prope centauri membra urna et coruus a sinistris in colo fluuius ∴ Sub pedibus orionis que et in colo dicitur Lepus splendidam in gulam fugiens aspicitur Canis uero retrorsis pedibus fulgida stella resplendet ad tauri pedem protendit manum orion. magnus geminis adpropinquat ante canis arieti & piscibus cetus conexio uero piscium cummunem stellam. porro duodecem signorum ordo hic est primum arietis signum in celi.

484). Von den Monaten. Kreisförmig, mit fünf Bahnen und zwölf Sektoren für die römischen Monate; außen die Anzahl der Tage der römischen Monate; nach innen: Monatsnamen; Anzahl der Tage, mit denen die ägyptischen Monate vor den Kalenden der römischen beginnen (*IIII* = 4 bis *VIII* = 8); römische Monatsnamen; Tage; Anzahl der Tage des Monats mit der sich stets wiederholenden Zahl *XXX* (ägyptische Zählung). 2. **129v** Kap. 7 (VII, 40ff.). Von den Jahreszeiten. Kreisförmig, mit acht sich überschneidenden, konzentrischen Halbkreisen; im Mittelfeld *annus* (Jahr); außen: *humidus, ver* (feucht, Frühling); *calidus, oriens* (warm, Osten); *calidus, aestus* (warm, Sommer); *sicca, meridies* (trocken, Süden); *siccus, autumnus* (trocken, Herbst), *frigidus, occidens* (kalt, Westen), *frigidus, hiems* (kalt, Winter). 3. **130v** Kap. 10 (X, 18ff.). Von den fünf Zonen (oder Breitengürteln) der Welt. Kreisförmig, mit einbeschriebenem Mittelkreis (als Erde) und fünf darum herum angeordneten Kreisen. Im Uhrzeigersinn von oben: *primus circulus asticus* (statt arcticus), *frigore inhabitabilis* (erster Zirkel, arktisch, wegen der Kälte unbewohnbar); *secundus circulus australis, serenus, temperatus, habitabilis* (zweiter, südlicher Zirkel, trocken, temperiert, bewohnbar); *medius circulus hisemerinus, torridus, inhabitabilis* (mittlerer, ausgedörrter, durch Hitze vertrockneter Zirkel, unbewohnbar); *quartus circulus exemerinus* (chimerinus) *temperatus, habitabilis* (vierter, winterlicher Zirkel, gemäßigt, bewohnbar); *quintus circulus antasticus* (antarcticus), *frigidus, inhabitabilis* (fünfter antarktischer Zirkel, kalt, unbewohnbar). 4. **131r** Kap. 11 (XI, 10ff.). Von den Bestandteilen der Welt. Kubus mit eingeschriebenen Quadraten, Dreiecken und Kreisen; oben: *ignis, tenuis, acutus, mobilis* (Feuer, dünn, spitz/scharf, beweglich); Mitte: *aer, mobilis, acutus, crassus* (Luft, beweglich, scharf, dick); unten links: *aqua, crassa, obtunsa, mobilis* (Wasser, dick, stumpf, beweglich); unten rechts: *terra, crassa, obtunsa, inmobilis* (Erde, dick, stumpf, unbeweglich); links: *haec figura solidat secundum geometricam rationem* – Diese Figur festigt (das Gesagte) nach den Vorstellungen der Geometrie. 5. **131v** Kap. 11 (XI, 10ff.). Von den Bestandteilen der Welt. Kreisförmiges Diagramm mit sechs sich teilweise überschneidenden eingeschriebenen Halbkreisen, die horizontal und vertikal vier Zwischenräume bilden, in denen die Namen der Elemente, Jahreszeiten und Temperamente stehen; die Eigenschaften der Elemente begleiten diese rechts und links. Im inneren Kreis steht das griechische Wort *KWCMOC* (Universum) und das lateinische *HOMO* (Mensch). Oben: *terra, frigida, sicca, autumnus, melancholia* (Erde, kalt, trocken, Herbst, schwarze Galle); rechts: *ignis, ignis* (statt siccus), *calidus, aestas, colera* (Feuer [trocken], warm, Sommer, gelbe Galle); unten: *aer, calidus, humidus, ver, sanguis* (Luft, warm, feucht, Frühling, Blut); links: *aqua, humida, frigida, hiemps* [phlegma] (Wasser, feucht, kalt, Winter, Schleim). 6. **136v** Kap. 23 (XXIII, 35ff.). Von der Ordnung und Stellung der sieben Wandelsterne. Kreisförmiges Diagramm mit sieben Bahnen für die Planeten, die Erde ist im Zentrum zu denken. Von innen nach außen: Mond; Merkur läuft durch seinen Zirkel 20 (nicht 40) Jahre; Venus durchläuft die Teile ihres Zirkels in 8 (richtig 9) Jahren; die Sonne erfüllt ihren Kreis in 19 Jahren; Mars durchläuft die Teile seines Zirkels in 15 Jahren; Jupiter durcheilt die Teile seines Zirkels in 12 Jahren; Saturn erfüllt seinen Kreis in 30 Jahren. 7. **141r** Kap. 37 (XXXVII, 1ff.). Von den Namen der Winde. Diagramm mit einem äußeren und einem inneren Kreis, dazwischen zwei Diagonalen, von deren Mitte aus beidseitig Linien zum äußeren Kreis führen. Die so entstandenen Felder enthalten in Griechisch und Lateinisch die Namen der Himmelsrichtungen sowie der Haupt- und Nebenwinde. Oben: *ΑΝΑΤΩΛΕ* (Osten), *SUBSOLANUS, ΑΠΩΛΗΤΕC* (Ostwind), *VULTURNUS, ΚΥΛΗΚΥΑΣ, EORI* (eurus), *ΕΟΡΟΣ* (sorios); rechts: *ΜΗCΥΜΒΡΗΑ* (mesembria, Süden), *AUSTER, ΝΩΤΟC* (Südwind), *ΕΟΡΩΝΩΤΟC, EUROAUSTER, AUSTROAFRICUS, ΛΗΒΩΝΩΤΟC;* unten: *ΛΗCCΗC* (occidens, Westen), *FABONIUS, ΖΥΦΦΕΡΟC* (Zephyrus, Westwind), *ΛΗΠC, AFRICUS, AGRESTIS, ΚΩΡΟC;* links: *ΑΡΚΤΩC* (Norden), *SEPTENTRIO, ΑΠΑΡΚΗΑC* (Nordwind), *IRAKHAC, CIKCIUS* (thrascias, circius), *AQUILO, BOREAC;* Mitte: *ΚΩCΜΟC, MUNDUS* (Universum, Welt). **143v - 145r** Auszüge aus Isidor, Etymologiae (Lib. XV, 14 - 16) und anonyme Kurztraktate. **144v** *De signis et eorum significatione; Incipit computus lunae et maris* (vgl. Beda Venerabilis, De temporum ratione Cap. XXIX: CCL 123B, 366 - 371); *Effectus signorum.* **145r** *De quattuor tempora anni; De numero.* **145v** Leer. **XI. 146r - 171v** Die Phainomena (Himmelserscheinungen, Himmelsbeschreibung) des Aratos in der Fassung des revidierten 'Aratus Latinus' mit einer Einleitung sowie der Beschreibung und teilweise ausgeführten Illustration von 41 Sternbildern, von Sonne, Mond, Planeten und den Himmelssphären. **146r - 150v** Einleitung. **146r** *A(rati)*: bekrönt vom Haupt eines jungen Mannes, Enden des Buchstabenkörpers als Hunds- und Vogelköpfe. **149r** *S(ubtus terram firmantur signa sex)*: Vogelkopfenden (Maass 1898, 103 - 126). **150v** *DESCRIPTIO DUORUM SEMISPHERIORUM. H(abet autem pondus totum medium terrae)*: Blattkapitelle und Löwe als Querverbindung der beiden Hasten (Maass 1898, 145). **151r** Leer, ausgespart für eine Miniatur des Himmelsglobus mit nördlichem und südlichem Himmel, ihrem Tierkreis und ihren Sternbildern (vgl. Paris, Bibl. Nat., nouv. acq. lat. 1614, fol. 81v: McGurk 1981, S. 327, Taf. 8). **151v** *ARATI GENUS. A(ratus patris quidam est Athinodori filius)*: Hunds- und Vogelköpfe (Maass 1898, 146 - 150). **152r** *DE CELI POSITIONE. C(aelum circulis quinque distinguitur)*: Vogelköpfe. **152v** *DE STELLIS FIXIS ET STANTIBUS. S(tellarum aliae circum caelo feruntur)*: Blüten in den Binnenräumen. **153v** *INVOLUCIO SPHERAE. h(ic est stellarum ordo utrorumque circulorum)*: Hunds-, Vogel- und Drachenköpfe (Maass 1898, 155 - 161). **154v - 167r** Sternbilderkatalog (Maass 1898, 180 - 271) mit Beschreibung von 41 Sternbildern und einem Einleitungsbild (Die Namen der nicht ausgeführten Bilder stehen in Klammern). Alle Abschnitte werden von farbigen Initialen eingeleitet. **154v** Bild eines jungen, geflügelten Mannes, dessen Haupt in die mit der grünen Sonne kombinierte rotbraune Mondsichel ragt. Er steigt mit der von einem braunen und einem grünen Pferd gezogenen Biga auf zum höchsten Punkt des nur mit dem Zirkel

Vertices extremos circa quos exphera caeliuoluitur
polos antiqui nuncupauerunt equibus · Unus est
australis qui terre obiectu anobis numquam uidetur
Alter septentrionales qui et boreus uocatur qui num
quam occidit duo habens arcturos quorum maiorem
uocant elicem minorem canis caudam alter utra
quidem horum capita deorsum alter utra sursum aspici

 24 Dom Hs. 83[II], 154v

24 Dom Hs. 83[II], 156v/157r

angedeuteten Himmelskreises, den er mit dem Zeigefinger seiner Rechten berührt. Das Bild ist wahrscheinlich in Analogie zu den Bildern Sols in den Aratos-Handschriften als Genius des Tages zu deuten. **155r** Großer Bär; Kleiner Bär. **156r** Schlange (Drachen). **156v** Herkules – Engonasin ("der auf den Knien") mit dem Fell des nemeischen Löwen und der Keule, im Kampf gegen den Drachen, der die Äpfel am Baum der Hesperiden bewacht. **157r** (Kranz); Schlangenträger. **157v** Skorpion. **158r** Bärenhüter, in Vorzeichnung, nach links ausschreitend; nur das die rechte Schulter freilassende Fell in blau-grauer Farbe ausgeführt; Jungfrau (wahrscheinlich ohne Waage). **158v** Zwillinge, in Vorzeichnung, der rechte mit Lyra (?); (Krebs). **159r** (Löwe); Fuhrmann, Vorzeichnung nicht zu sehen; ausgeführt in Blau-Grau jedoch die Chlamys und die beiden gegenständigen Böckchen auf dem linken Arm. **159v** Stier, in Vorzeichnung, nach links liegend. **160r** (Kepheus); (Kassiopeia). **160v** Andromeda. **161r** Pegasus; Widder, in Vorzeichnung, nach rechts galoppierend, mit zurückgeworfenem Kopf; Kolur nicht zu sehen. **161v** Dreieck, Vorzeichnung eines gleichschenkeligen Dreiecks; Fische, Vorzeichnung, oberer Fisch nach rechts gerichtet, eingeschrieben: *vir* (viridis = grün). **162r** Perseus, Vorzeichnung kaum zu sehen, nach links laufend (?). **162v** (Plejaden); Lyra. **163r** Schwan, Vorzeichnung eines nach links fliegenden Schwans mit langem, geschwungenem Hals (!); Wassermann; Steinbock. **163v** Schütze, Vorzeichnung eines nach rechts galoppierenden Kentauren, den Bogen spannend; auf dem Hinterteil des Pferdeleibes *vlrn* (?); (Adler). **164r** Delphin, Vorzeichnung des nach links schwimmenden Delphins, über der Bauchflosse: *vir* (viridis = grün). **164v** Orion (Sichel angedeutet?). **165r** (Großer Hund); Hase; Argo – Schiff. **165v** Walfisch; Eridanus – Fluß, Vorzeichnung des mit dem rechten Arm auf die Amphore gestützten, sitzenden Flußgottes. **166r** Piscis notius – Südfisch; Sacrarium – Ara – Altar, Vorzeichnung eines übereck gestellten Opferaltars mit züngelnder Flamme. **166v** Kentaur. **167r** Wasserschlange, Mischkrug, Rabe; kleiner Hund, Federzeichnung eines nach rechts jagenden Hundes sowie die Vorzeichnung eines ihm entgegenspringenden Hundes, dessen in Federzeichnung teilweise ausgeführter Kopf zurückgewandt ist; auf dem Leib des ganz in Federzeichnung ausgeführten Hundes die Buchstaben *ocra* (?) = ocker zu lesen. Die übrigen, bei Bischoff (1966, S. 88, Anm. 1) auf 164r, 165r, 165v und 167r genannten Abkürzungen für anzulegende Farben konnten wir nicht sehen. **167r - 168v** Sonne, Mond und die fünf Planeten (Maass 1898, 272 - 275). **168v** Oben Freiraum, wahrscheinlich für ein kreisförmiges Diagramm zur Position und zum Lauf der Planeten um die mittlere Erde (vgl. 136v); der Milchkreis (Milchstraße) (Maass 1898, 276 - 277). **169r - 169v** Der Tierkreis (Maass 1898, 285 - 287). **169v** Freiraum für ein Diagramm des

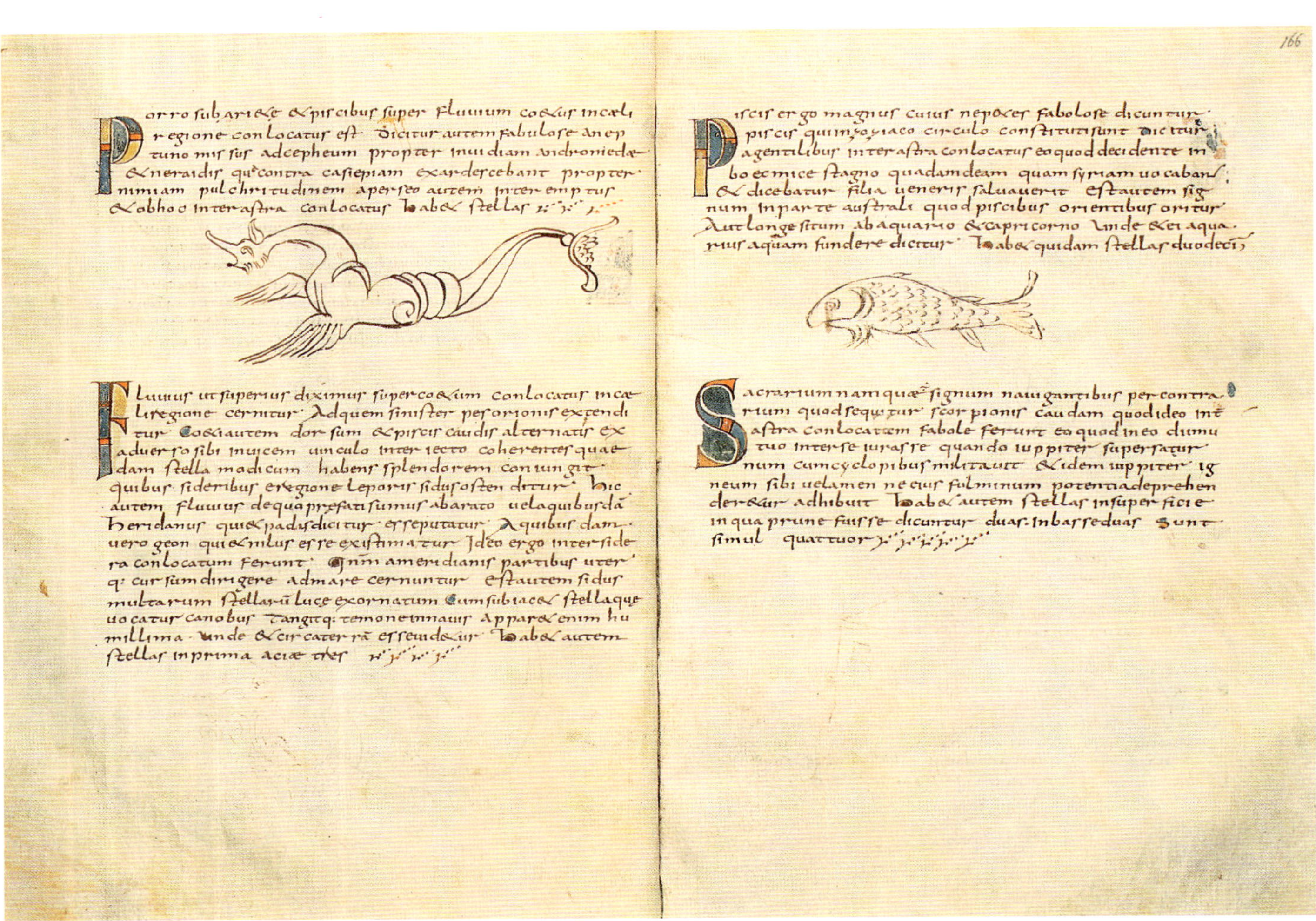

24 Dom Hs. 83[II], 165v/166r

Zodiakalkreises mit den zwölf Bildern außen sowie Sol und Luna innen. **169v - 170v** Der Mond (Maass 1898, 290 - 291). **170v** Freiraum für ein Bild der Mondgöttin. **170v - 171v** Die Sonne (Maass 1898, 292 - 295). **171v** Freiraum für ein Bild des Sonnengottes, Krippe und Esel. **XII. 172r - 203r** Traktate und Briefe von Kirchenvätern und anderen Gelehrten sowie Papstbriefe zur Zeitrechnung mit dem Ziel der Osterfestberechnung. Der Osterstreit des Jahres 444. **172r - 173v** Gemeinjahre und Schaltjahre. Brief des Dionysius Exiguus (526) an Bonifatius und Bonus über die Gemeinjahre und Schaltjahre im 19jährigen Osterzyklus (PL 67, 23 B - 28 A). **173v - 175r** Brief angeblich des Kirchenvaters Kyrillos von Alexandrien (Pseudo-Kyrillos, vielleicht Bonifaz IV.) an die Bischöfe Aurelius und Valentinus des afrikanischen Konzils *d(ominis honorabilibus)* (PL 54, 601 A - 606 A; Krusch 1880, 344 - 349). **175r - 176r** Paschasinus, Brief an Leo d.Gr. wegen des Osterstreites vom Jahr 444 *d(omino vere sancto)* (PL 54, 606 B - 610 A; vgl. Jaffé/Wattenbach 1885, I 59). **176r** Anonymus, Erklärung der Titel Primicerius und Secundicerius (der von Dionysius im Brief 172r mit diesen Titeln angesprochenen Bonifatius und Bonus) *Cyr grece manus latine dicitur – cum proprie ut festur MATARAAM dicitur apium.* **176v - 178r** Anonymus, Über den Osterzyklus (cyclus decemnovennalis) *Princeps Dionysius Alexandrinus* (!) *episcopis grece scripserat – et istum benedicens reliqua.* **176v** Vergleichstabelle der Epakten im 19jährigen Zyklus des Dionysius und des Victorius. Im darauf folgenden Abschnitt wird der Cyclus des Victorius verworfen (Krusch 1880, 203). **178r** Anonymus, *In nomine Dei summi incipit. Quidam quidem secundum Grecos – et quater tricenteni octogeni quaterni ut est CCC.CCC.CCC reliqua. Explicit.* **178r - 181v** Brief des Bischofs Proterius von Alexandria an Papst Leo I. (440 - 461) über die Berechnung des Osterfestes (PL 54, 1084 B - 1094 A; PL 67, 507 B - 514 A; Krusch 1880, 269 - 278). **181v - 184r** Brief des Dionysius Exiguus an Bischof Petronius über den Osterzyklus (PL 67, 19 A - 23 B; Krusch 1938, 63 - 67). **184r - 185v** Brief des Mönches Leo (Hispanus) an den Archidiakon Sesuldus über die Osterfestberechnung (Krusch 1880, 298 - 302). **185v - 187v** Ausschnitt aus dem Brief des Kirchenvaters Ambrosius über die Osterfestberechnung (PL 16, 1029 C - 1035 B; Krusch 1880, 302; Strobel 1984, 96 ff.). **188r - 191v** Der Liber Anatholi de ratione Paschali (Osterfestberechnung) (Krusch 1880, 316 - 327; Strobel 1984, 1 ff.). **191v - 193v** Pseudo-Athanasius (Martin von Bracara, gest. 580 [?]), Über das Osterfest (PL 72, 49 D - 52 B; Krusch 1880, 329 - 335; Strobel 1984, 107 ff.). **193v - 197r** Der "Kölner Prolog" zur römischen Osterfestberechnung (Supputatio Romana) (Krusch 1880, 227 - 235). **197r - 197v** Leo I., Brief an die Bischöfe Galliens und Spaniens über das Feiern des Osterfestes (454) (PL 54, 1101; Mansi VI, 295; Jaffé/Wattenbach 1885, 71).

24 Dom Hs. 83[II], 166v/167r

Wer immer in Krankheit fiel, wenn du wissen möchtest, ob er sterben oder leben wird, stelle es durch folgende Zahl(en) fest: (Nimm die Zahl) vom Tag, an dem er krank wurde, das ist die Zahl, die der Kranke als Buchstaben in seinem Namen führt. (Dazu füge hinzu) die Zahl des (Wochen-) Tages, an dem er krank wurde, und die Zahl des Mondalters (an diesem Tag). Du sollst sie in drei Teile teilen, und ob er es überstehen wird, mögest du am Kreis ablesen. Wenn sie (die Zahl) oberhalb (der Mittellinie) liegt, wird er leben, wenn unterhalb, ist er dem Tod geweiht.
218v; A.v.E.

197v-198r Papst Hilarius (461-468), Brief an Victorius (vgl. Krusch 1938, 16). **198r-201r** Brief des Victorius an Papst Hilarius (Krusch 1938, 17-26). **201r-203r** Pseudo-Hieronymus (Pseudo-Kolumban), Über das Feiern des Osterfestes (PL 22, 1220-1224; Lambert I B, 1068: Ep. 149 = Columbani Ep. 6). **203v** Leer, vorliniert. **XIII. 204r-217v** Verschiedene Traktate in Form von Auszügen aus Macrobius, Isidor u.a. zur Zeitrechnung, zu Maßen und Gewichten. **204r-205v** Auszüge aus dem 1. Buch der 'Saturnalia' des Macrobius (Macrobius Sat.Lib. I, xii, 2-I, xiii, 7: J.Willis, Ambrosius Aurelius Theodosius I, Macrobius Saturnalia, Leipzig 1963, 54 lin. 6-62, lin. 22; Thorndike/Kibre, 727). **205v-211v** Dialog zwischen Lehrer und Schüler über Zeit und Zeitrechnung (vgl. Jones 1939, 48, mit Hinweis auf Dom Hs. 83[II] als Variante von PL 90, 647-664). **205v** *Q(uibus).* **211v-213r** Tabellen zur Berechnung des Mondalters für die Kalenden des 19jährigen Victorianischen Zyklus (PL 90, 753A-754A; vgl. Jones 1939, 64). **213v-215r** Prolog des Kyrillos von Alexandrien zur Osterfestberechnung (vgl. 173v-175r) (Krusch 1880, 338-343; Anfang fehlt). **215v-217v** Auszug aus Isidor, Etymologiae, Lib. XVI, Kap. 25-26 (Über die Gewichte) (Lindsay 1911, Lib. XVI, XXV, 5-XVI, XXVI, 7). **218r** Leer. **XIV. 218v-219v** Anhang. Horoskop und Urkundenabschrift. Von einer Hand des frühen 9. Jhs. Horoskop (Prognosticon) (Krusch 1880, 205; vgl. Jones 1939, S. 90; A. von Euw/J.M. Plotzek, Die Handschriften der Sammlung Ludwig III, Köln 1982, S. 160 [Lit.]). Das Diagramm ist gemäß dem Text in drei Teile gegliedert: Links in die Buchstabenreihe von *A-Z* (23) und eine Zahlenreihe, in der die Buchstaben in Zahlen umgesetzt werden. Die Zahlenwerte der Buchstaben seines Namens soll man addieren. In der Mitte ist ein Kreis mit drei Zahlenkolumnen, die man sich durch einen Durchmesser quergeteilt vorstellen soll. Die oberhalb liegenden Zahlen verheißen Gutes, die unterhalb liegenden Schlechtes. Rechts sind in ein Viereck eingeschrieben die Namen der Wochentage von Samstag, Sonntag usw. bis Freitag, deren Zahlenwerte rechts davon stehen. **219r** Leer. **219v** Ursprünglich leer, in der unteren Hälfte drei Zeilen: Abschrift einer Urkunde vom 17. März 804 *Duodarich presbyter sub Hildebaldo episcopo et rege Karolo pro duodenariis de cera ad sanctum Severinum. Vicedominus Othil, Gunthart, Hunfrid, Berenfrid, Hartfrid praepositus, Ruotbert presbyter, Guntfrid, Theodolt, Radolt, Lingolf.* Die Abschrift der Urkunde darf wohl in Zusammenhang mit der Vollendung der Handschrift gesehen werden. Sie bezieht sich auf eine Schenkung des Priesters Duodarich an das Kölner Stift St. Severin, Zeugen sind u.a. der Vicedomus Othil und Propst Hartfrid von St. Severin (vgl. Heusgen 1947, S. 17f.).

PERGAMENT: 219 Blätter; 365 x 265 mm; Lagen 1^{1+8+1}, 2^{4}, $3-4^{8}$, 5^{6}, $6-7^{8}$, 8^{6}, 9^{8}, 10^{6-3}, $11-19^{8}$, 20^{4}, $21-23^{8}$, 24^{4-2}, $25-27^{8}$, 28^{6+2}, 29^{8}, 30^{6+2}; teilweise noch erhaltene, mit der neuen Zählung übereinstimmende Zahlenreklamanten *(XIII, XVI, XX, XXIII, XXVI)*; Schriftspiegel 273 x 201 mm; Blindliniierung mit Versalienspalten (4 mm); Zirkelstiche auf allen äußeren Seitenlinien; einspaltig; 38 Zeilen. AUSSTATTUNG: Lateinischer Text in brauner karolingischer Minuskel, rubriziert; Haupttitel in Capitalis mit Minium und Tinte; Kapitelüberschriften teilweise in Rustica und Uncialis mit Minium; Initialen in Federzeichnung mit Tinte, manchmal mit Minium umrandet; in Lage 1-2 Initialen in brauner Federzeichnung, mit Flechtbandfüllung in Minium, in Lage 21 Initialen in Deckfarbenmalerei mit Minium, Gelb, Grün und Purpur, teilweise mit Minium umpunktet; hier Titel und Anfangsbuchstaben von Sätzen in diesen Farben schattiert; Lagen 22-23 setzen diese Technik unter Zusatz von Graublau fort; kreisförmige und quadratische Diagramme in Tinte und Minium oder in brauner Federzeichnung mit Minium, Gelb und Blau; Sternbilder in Deckfarbenmalerei mit Ocker, Dunkelbraun, Ziegelrot, Grün und Schwarz; nicht ausgeführte Sternbilder teilweise als Skizzen mit Griffel oder Bleistift (?) erkennbar, teilweise von einem Zeichner in flüchtiger brauner Feder angelegt, ohne Farben, außer 158r und 159r, wo Teile der Skizzen in Blaugrau ausgeführt sind; im Isidor-Teil I (16r, 25v, 26r) und Zeitrechnungs-Teil II (38r-40r, 42v, 43v) vereinzelt Randglossen. EINBAND: Pergament mit Streicheisenlinien über Pappe (18. Jh.). PROVENIENZ: Nach dem Eintrag auf 1r gehörte die Handschrift zur Dombibliothek Erzbischof Hildebalds (vor 787-818). Darmstadt 2084. LITERATUR: Hartzheim 1752, 46f., 53, 55, 139 – Jaffé/Wattenbach 1874, S. 29ff. – B. Krusch, Studien zur christlich-mittelalterlichen Chronologie. Der 84jährige Ostercyclus und seine Quellen, Leipzig 1880, S. 195ff., 205 – Decker 1895, S. 225ff., 235 Nr. 36, 241 Nr. 59, 247 Nr. 91 – T. Mommsen, Chronica minora saec. IV. V. VI. VII., Bd. III, Berlin 1898 (MGH AA XIII), S. 240 – E. Maass, Commentariorum in Aratum reliquiae, Berlin 1898, S. 101ff. – G. Thiele, Antike Himmelsbilder. Mit Forschungen zu Hipparchos, Aratos und seinen Fortsetzern und Beiträgen zur Kunstgeschichte des Sternenhimmels, Berlin 1898, S. 158ff., Fig. 69 – Chroust 1906, Ser. 2/1 Liefg. 6, Taf. 10 – C.H. Beeson, Isidor-Studien, München 1913, S. 70, 77, 90, 95, 102, 128 – Förster 1916, S. 5 – Frenken 1923, S. 53f. – E. Zinner, Verzeichnis der astronomischen Handschriften des deutschen Kulturgebietes, München 1925, Nr. 705 – E.K. Rand, On the Symbols of Abbreviation for tur, in: Speculum 2 (1927), S. 58f., Taf. 2 – Jones 1929, S. 53ff., Taf. Vb – C.W. Jones, The 'Lost' Sirmond Manuscript of Bede's 'Computus', in: EHR 52 (1937), S. 204ff. – B. Krusch, Studien zur christlich-mittelalterlichen Chronologie, Bd. II, Berlin 1938, S. 8 – Jones 1939, S. 48, 56, 61, 64f., 68, 115 – W. Neuss, Ein Meisterwerk der karolingischen Buchkunst aus der Abtei Prüm in der Biblioteca Nacional zu Madrid, in: SFGG, Reihe I B. 8, Münster 1940, S. 52f. – Ders., Eine karolingische Kopie antiker Sternzeichen-Bilder im Codex 3307 der Biblioteca Nacional zu Madrid, in: ZDVKW 8 (1941), S. 113ff. – C.W. Jones, Bedae Opera de temporibus, Cambridge (Mass.) 1943, S. 144, 151 – P. Heusgen, Die komputistische Handschrift der Kölner Dombibliothek, in: E. Hegel (Hg.), Festgabe für Wilhelm Neuss zur Vollendung seines 65. Lebensjahres, Köln 1947, S. 12ff. – A.W. Byvanck, Die Platen in de Aratea van Hugo de Groot, in: MNAW.L, NS 12 (1949), Nr. 68 – CLA VIII 1959, 1154 – K. Weitzmann, Ancient Book Illumination, Cambridge (Mass.) 1959, S. 25f., Abb. 29f. – J. Fontaine, Isidore de Seville. Traité de la nature, Bordeaux 1960, S. 27f., 71 – Karl der Große 1965, Nr. 433 (C. Nordenfalk) – B. Bischoff, Über die Einritzungen in Handschriften des frühen Mittelalters, in: Bischoff, Studien I 1966, S. 88, Anm. 1 – von den Brincken 1968, S. 150 – Jones 1971, Nr. 6, S. 37ff., Taf. XXII-XXX – CLA Suppl. 1971, 1154 – W.M. Lindsay, Isidori Hispalensis episcopi etymologiarum sive originum libri XX, Oxford [1911] 1971, S. viii – Rhein und Maas I 1972, Nr. 83 (A. von Euw) – A. von Euw, Imago mundi, in: Monumenta Annonis 1975, S. 91ff., mit Abb. – W. Hoerner, Zeit und Rhythmus. Die Ordnungsgesetze der Erde und des Menschen, Stuttgart 1978, S. 160ff., mit Abb. – P. McGurk, Carolingian Astrological Manuscripts, in: M. Gibson/J. Nelson (Hgg.), Charles the Bald: Court and Kingdom. Papers based on a Colloquium held in April 1979, Oxford 1981 (BAR International Series 101), S. 319, 328 – A. Strobel, Texte zur Geschichte des frühchristlichen Osterkalenders, Münster 1984, S. 110f. – E. O'Connor, The Star Mantle of Henry II, Ph. D. Columbia University, New York 1980 (University Microfilm, Ann Arbor, Michigan 1984), S. 64ff., 74, 76, Abb. 74, 81, 94, 109 passim – Bischoff, Panorama 1981, S. 9, Anm. 15 – Jeffré 1984, S. 24 – Ornamenta 1985, I S. 92, Nr. C 5 (A. von Euw) – A.D. von den Brincken, Kartographische Quellen. Welt-, See- und Regionalkarten, Turnhout 1988, S. 34, 66, Abb. 2f. – B. Bischoff u. a., Aratea. Kommentar zum Aratus des Germanicus Ms. Voss. Lat. Q 79 Bibliotheek der Rijksuniversiteit Leiden, Luzern 1989, S. 35, 37, 50 – A.D. von den Brincken, Fines Terrae. Die Enden der Erde und der vierte Kontinent auf mittelalterlichen Weltkarten, Hannover 1992 (MGH Schriften 36), S. XVIf., 53f., 200, Abb. 12f. – Dies., Köln, das Reich und die Ökumene, in: H. Vollrath/S. Weinfurter (Hgg.), Köln – Stadt und Bistum in Kirche und Reich des Mittelalters. Festschrift für Odilo Engels zum 65. Geburtstag, Köln u. a. 1993, S. 704ff., Abb. 1 – Handschriftencensus 1993, S. 620f., Nr. 1046 – A. Borst, Alkuin und die Enzyklopädie von 809, in: P.L. Butzer/D. Lohrmann (Hgg.), Science in Western and Eastern Civilization in Carolingian Times, Basel 1993, S. 56, Anm. 6, 68, Anm. 33 – A. von Euw, Die künstlerische Gestaltung der astronomischen und komputistischen Handschriften des Westens, in: Science in Western and Eastern Civilization, op.cit., S. 251ff., Abb. 3-8, 10-13, 17, 20 – Willibrord 1995, Nr. 89 – Collegeville 1995, S. 150ff. – M. Haffner, Ein antiker Sternbilderzyklus und seine Tradierung in Handschriften vom Frühen Mittelalter bis zum Humanismus. Untersuchungen zu den Illustrationen der "Aratea" des Germanicus, Hildesheim u. a. 1997 (Studien zur Kunstgeschichte 114), S. 28, Anm. 77, S. 135, 137.

A.v.E.

BIBLISCHE BÜCHER

25 Dom Hs. 2, 94v

25 Dom Hs. 1, 1v/2r

Bibel

25 Dom Hs. 1

Tours, zwischen 857 und 862 (?)

Um bessere Ausbildung des z. T. analphabetischen Klerus bemüht, forderte Karl der Große (768-814) in einem Rundschreiben aus dem Jahr 789 die Einrichtung von Schulen an Klöstern und Bischofssitzen. Die für die Lehre notwendigen Bücher sollten in einer gut lesbaren Schrift geschrieben und der Text orthographisch und grammatikalisch korrekt wiedergegeben sein. Im Rahmen dieses verordneten geistigen Neubeginns nahm man sich in verschiedenen Skriptorien auch der Bibel an. Zu einem Zentrum der Produktion entwickelte sich das Martinskloster in Tours, in dem unter Abt Alkuin von York (796-804) und seinen Nachfolgern zahlreiche Pandekten hergestellt wurden, in denen die Einheit von Altem und Neuem Testament durch die Beschränkung auf einen Band sinnfällig werden sollte. Noch heute sind ca. fünfzig Exemplare nachweisbar, die sich durch große Einheitlichkeit in Aufbau, Beiwerk (Capitula, Prologe) und Ausstattung auszeichnen. Der Text selber wurde wohl keiner grundlegenden Revision unterzogen. Vielmehr scheint Alkuin sich unterschiedlicher, in der Gegend von Tours gebräuchlicher Textvarianten bedient zu haben, die in voneinander abweichenden Vorlagen den Schreibern zur Verfügung standen. Dabei beschränkte er sich jedoch auf die Vulgata, die lateinische Bibelübersetzung des hl. Hieronymus (347/348-419/420), und schloß altlateinische Fassungen aus, während er für den Psalter die auch in der karolingischen Hofschule gebräuchliche gallikanische Textvariante wählte (Fischer 1971). Unter seinen Nachfolgern wurde die Textredaktion mehrfach überarbeitet und ergänzt,

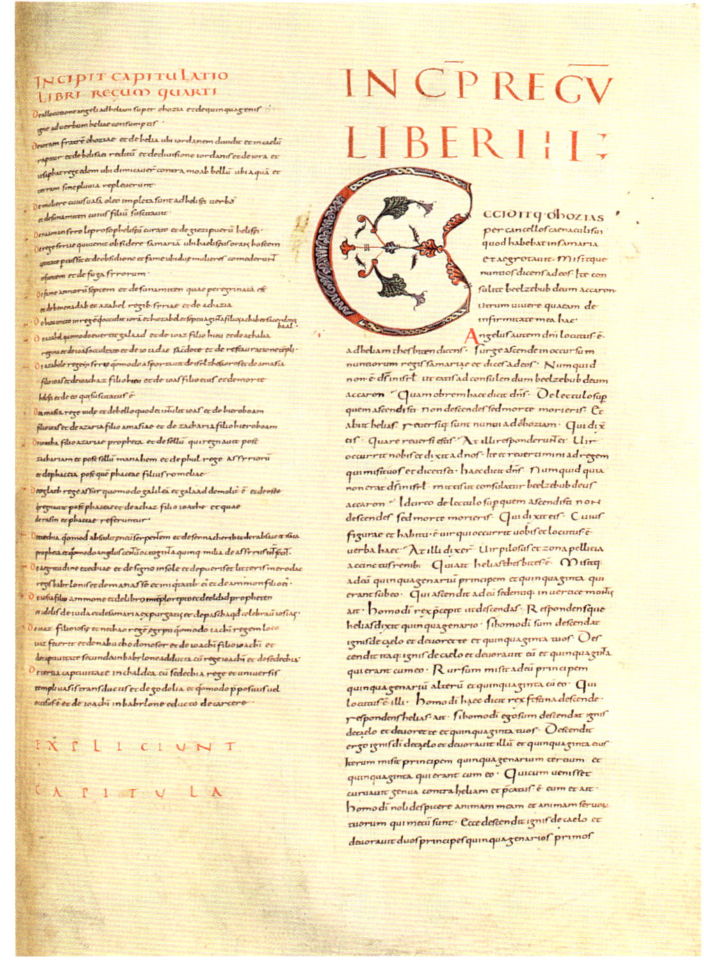

25 Dom Hs. 1, 6v/110r

. . . wenn der Glaube durch die lateinischen Exemplare (der Hl. Schrift) gefestigt werden soll, dann sollen diese auch übereinstimmend sein; jetzt aber gibt es beinahe soviele (Ausgaben) wie Codices. Wenn also die Wahrheit aus mehreren Exemplaren herauszusuchen ist, weshalb soll man sich dann nicht zum griechischen Ursprung zurückwenden und weshalb sollen wir das, was von früheren unerfahrenen Herausgebern verkehrt herausgegeben wurde . . ., nicht korrigieren?
298v (aus dem Brief des Hieronymus an Papst Damasus); A.v.E. 1989

z. B. um den apokryphen Paulusbrief an die Laodizener (369r), der erst seit der Amtszeit von Fridugisus (gest. 834) in den touronischen Bibeln nachzuweisen ist.

Die große Produktivität des touronischen Skriptoriums setzte eine straffe Organisation voraus. Das einheitliche Erscheinungsbild der Bibeln wird durch die annähernd gleiche Größe der Codices, die konstanten Abstände der Liniierung, die fast immer gleichbleibende Zeilenzahl und die Homogenität der Schrift garantiert, die die Unterscheidung von Schreiberhänden selbst innerhalb einer Handschrift erschwert. Die Hierarchie der Schriftarten ist normiert: Capitalis Quadrata für die Titel und Initialen, Rustica für die Explicits, Halbunziale für die auf die Initialen folgenden Zeilen, Minuskel für den Text. Die Initialen folgen zwei verschiedenen Typen: bei den größeren werden die umlaufenden, meist goldenen Randbänder miteinander verflochten, während sich die etwas kleineren durch üppig rankende Ziermotive auszeichnen, die aus dem Buchstaben hervorwachsen (Koehler 1963). In der Kölner Bibel kommt ein weiterer Typus hinzu, bei dem die breiten Buchstabenkörper mit farbigen und goldenen Ranken gefüllt sind (z. B. 327v). Die einzelnen Bücher beginnen meistens auf einer neuen Seite, wenn möglich sogar auf einer neuen Lage, was die Aufteilung unter mehrere, wohl bis zu 24 Schreiber erleichterte. So ist z. B. in Dom Hs. 1 die Zeilenzahl auf Folio 117v erhöht, um den Text noch in dieser Lage abschließen zu können (Collegeville 1995). Die Reihenfolge der Bücher, Prologe und Capitula ist zudem relativ konstant, wenn sie auch in der Kölner Bibel zu späterer Zeit durch eine neue Bindung verändert wurde. Die zu diesem Zweck erstellte Lagenzählung, die dem Buchbinder die Arbeit erleichtern sollte, ist

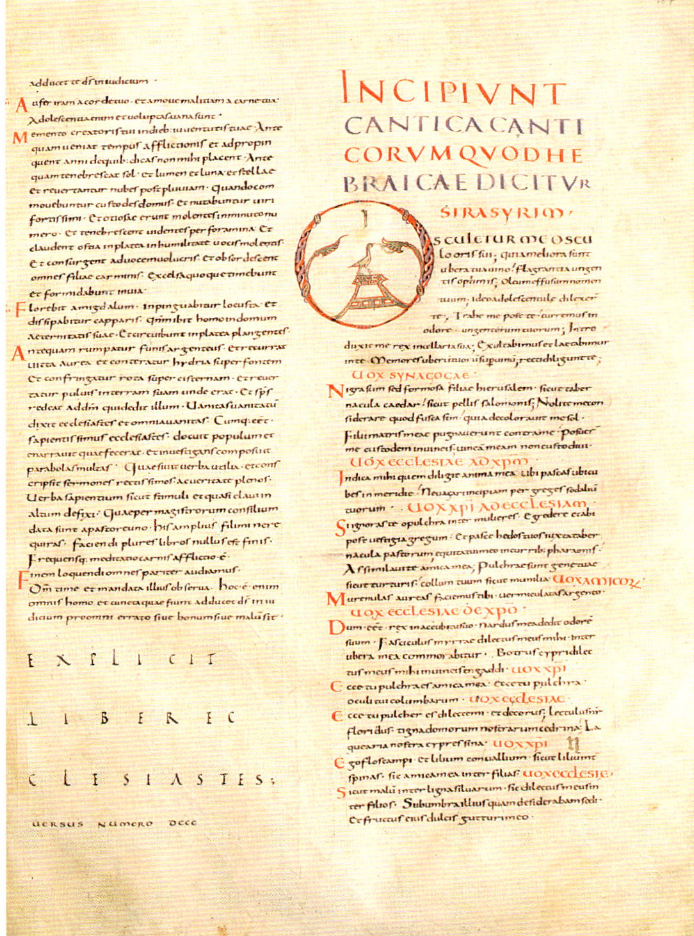

25 Dom Hs. 1, 158v/184r

nicht vollständig. Vermutlich fehlt ein Doppelblatt (nach der späteren Zählung bV/cV), das ursprünglich den Beginn des Codex bildete (Collegeville 1995). Wenn man schließlich bedenkt, daß zur Herstellung einer solchen einbändigen Bibel bis zu 200 Tiere ihr Leben lassen mußten, wird auch der wirtschaftliche Faktor eines derartigen Unternehmens deutlich.

Die Kölner touronische Bibel Dom Hs. 1 wurde dem Dom von Erzbischof Hermann I. (889/890-924) gestiftet (1r), doch wird sie früher entstanden sein. Genaue Anhaltspunkte für die Datierung gibt es nicht. Weder die eng verwandten Evangeliare der Slg. Chester Beatty in Dublin (Cod. 8) und der Nationalbibliothek in Paris (Lat. 267) noch das Fragment in Dijon (Archives de la Côte-d'Or, no. 494) geben Hinweise auf den Zeitpunkt ihrer Entstehung. Die im Vergleich zu den hypothetisch früheren Handschriften kraftloser aus den Initialen hervorwachsenden Ranken und Stauden werden als Zeichen zunehmenden Qualitätsverlustes gedeutet, der als Reaktion auf die seit 853 stattfindenden Normanneneinfälle gilt (Koehler 1963). Die Kölner Bibel wird daher in die erste Ruheperiode zwischen den verschiedenen Zerstörungen dieser Zeit um 857-862 datiert.

INHALT: **1r** Besitzvermerke und verschiedene Notizen: *Ruthgeri* (9./10. Jh.). *In tabula altaris beate Marie accepte sunt, pro XVIIII m. argenti, XIII m. auri et dimidium* (12. Jh.). **1v-297v** Altes Testament. **1v** Titelzierseite *INCIPIT EPISTOLA SANCTI HERONIMI* (!) *AD PAULINUM PRAESBITERUM DE OMNIBUS DIVINIS HISTORIAE LIBRIS.* **2r** Initialzierseite. Brief des Hieronymus an den Priester Paulinus *F(RATER AMBROSIUS TUA MIHI MUNUSCULA PERFERENS DETULIT).* **5r** Vorwort *D(ESIDERII MEI).* Fast alle Bücher der Bibel mit Capitula; sie fehlen bei Ruth, von Esra bis zu den Psalmen, Hoheslied, von Isaias bis Judit. **6v** Genesis *I(N PRINCIPIO creavit Deus caelum et terram).* **20v** Abbruch mit ... *centum quadraginta septem annorum.* **21r** Exodus. Capitula beginnend mit Cap. V (Anfang fehlt). **21v** *H(AEC SUNT NOmina).* **33v** Leviticus *V(OCAVIT autem Moysen).* **42v** Numeri *L(OCUTUS QUE EST*

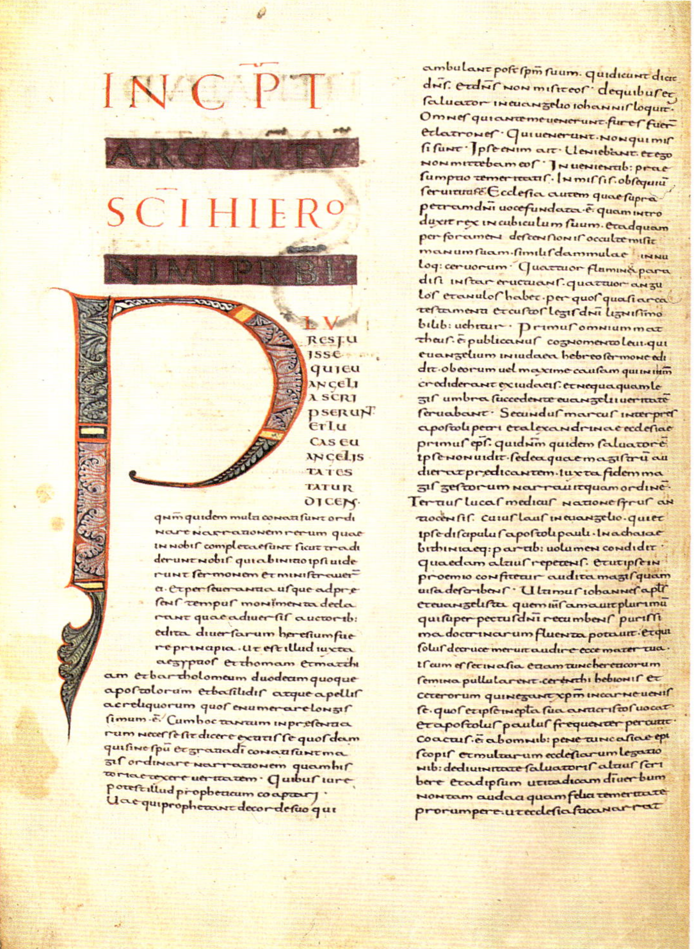

25 Dom Hs. 1, 298v/299v

Weil im zehnten (Kanon) die den einzelnen Evangelisten eigenen Stellen enthalten sind, gibt es gegen diese Ziffern keine Vergleichsmöglichkeiten, denn sie sind einmalig. Ich hoffe, daß es Dir in Christus gut gehe und du meiner gedenkst, ehrwürdiger Vater.
299r (aus dem unechten Brief des Hieronymus an Papst Damasus); A.v.E. 1989

DOMINUS). **55r** Deuteronomium *H(AEC SUNT VERba).* **66r** Josua und Richter. Vorwort *T(ANDEM FINITO).* **66v** Josua *E(T FACTUM EST).* **74r** Richter *P(OST MORTEM Josue).* **81r** Ruth *I(N DIEBUS UNIUS IUDICIS).* **82r** Könige. Vorwort *V(IGINTIDUAS esse litteras).* **83r** 1. Könige *F(UIT VIR UNUS).* **93v** 2. Könige *F(ACTUM EST AUTEM).* **101r** 3. Könige *E(T REX DAVID).* **110r** 4. Könige *C(ECIDITQUE OCHOZIAS).* **118r** Chronik. Vorwort *S(I SEPTUAGINTA INTERPretum).* **119r** 1. Chronik *A(DAM Seth Enos).* **128v** 2. Chronik *C(ONFORTATUS EST ERGO SALOmon).* **139r** Esra und Nehemia. Vorwort *U(TRUM DIFFICILIUS).* **139v** Esra *I(N ANNO PRIMO CYRI REGIS).* **142r** Nehemia (ohne eigenen Titel). **146r** Ester. Vorworte *L(IBRUM HESTER VARIIS)* und *Rursum* bzw. *RUFINI IN LIBRO.* **146v** *I(N DIEBUS ASVERI).* **150r** Job. Vorworte *C(OGOR PER singulos)* und *IN TERRA QUIDEM.* **150v** *V(IR ERAT IN TERRA).* **157v** Nachwort zu Job *Iob quoque exemplar.* **158r** Psalm 1-151. Vorworte *D(AVID FILIUS IESSE)* und *P(SALTERIUM ROMAE).* **158v** Titel- und Initialzierseite *INCIPIT PSALTERIUM SECUNDUM LXX INTERPRAETES TR[A]NSLATUM A BEATO HIERONIMO PRAESBYTERO ET EMENDATUM IN NOVO. B(EATUS VIR).* **174r** Sprüche. Vorwort *I(UNGAT EPISTOLA).* **175r** *P(ARABOLAE SALOMONIS).* **181v** Prediger *V(ERBA ECCLEsiastes).* **184r** Hoheslied *O(SCULETUR ME OSCULO)*: Vogel. **186r** Buch der Weisheit *D(ILIGITE IUSTITIA).* **190v** Jesus Sirach. Vorwort *M(ultorum nobis).* **191v** *O(MNIS SAPIENTIA).* **206r** Isaias. Vorwort *N(EMO CUM PROPHETAS)* und Text *V(ISIO Isaiae).* **221v** Jeremias. Vorwort *H(IEREMIAS propheta)* und Text *V(ERBA Hieremiae).* **238r** Klagelieder, z. T. mit Neumen. **240r** Ezechiel. Vorwort *H(IEZECHIEL propheta)* und Text *E(T FACTUM EST).* **255r** Daniel. Vorwort *D(ANIHELEM PROPHETAM).* **254v** *A(NNO TERTIO).* **262r** Vorwort zu den zwölf kleinen Propheten *N(ON idem).* Osee *V(ERBUM DOMINI).* **264r** Joel *V(ERBUM DOMINI).* **265r** Amos *V(ERBA Amos).* **266v** Abdias *V(ISIO Abdiae).* Jonas *E(T FACTUM EST).* **267r** Michäas *V(ERBUM DOMINI).* **268v** Nahum *O(NUS NINEVE).* **269r** Habakuk *O(NUS QUOD VIDIT).* **270r** Sophonias *V(ERBUM DOMINI).* **270v** Aggäus *I(N ANNO SECUNDO DARII REGIS).* **271r** Zacharias *I(N MENSE OCTAVO IN ANNO SECUNDO).* **273r** Malachias *O(NUS VERBI DOMINI AD ISRAEL).* **274r** Tobias. Vorwort *C(HROMATIO ET HELIODORO)* und Text *T(OBIAS ex tribu et civitate Nepthali).* **277r** Judit. Vorwort *A(PUD HEBREOS)* und Text *A(RFAXAT ITAQUE).* **282r** 1. Makkabäer *E(T FACTUM EST).* **292r** 2. Makkabäer *F(RATRIBUS QUI SUNT).* **298r** Leer. **298v - 382v** Neues Testament. **298v** Prologe *N(OVUM OPUS).* **299r** *S(CIENDUM ETIAM).* **299v** *P(LURES FUISSE).* **300r** *E(USEBIUS CARPIANO).* **300v - 302r** Vier Kanontafeln (I - II, II - V, V - IX, X). **303r - 333v** Evangelien mit Prologen. **303r** Evangelium nach Matthäus. Vorwort *M(ATTHEUS EX IUDEA).* **303v** Titelzierseite *INCIPIT EVANGELIUM SECUNDUM MATTHEUM.* **304r** Initialzierseite *L(IBER GENERATIONIS IHSU XPISTI FILII DAVID FILII ABRAHAM).* **312r** Evangelium

25 Dom Hs. 1, 318v/327v

nach Markus. Vorwort *M(ARCUS EVANGELISTA)*. **313r** *I(NITIUM EVANGELII)*. **317v** Evangelium nach Lukas. Vorwort *L(UCAS SYRUS)*. **318v** *Q(UONIAM QUIDEM)*. **327r** Evangelium nach Johannes. Vorwort *H(IC EST IOHANNES)*. **327v** *I(N PRINCIPIO)*. **334r - 344v** Apostelgeschichte. **334r** Vorwort *LUCAS NATIONE SYRUS*. **334v** *P(RIMUM QUIdem)*. **338v** Auf dem unteren Seitensteg unbeholfene Zeichnung eines bärtigen Männerkopfes. **344v - 349v** Katholische Briefe; Briefe und Vorwort nur in reduzierter Form hervorgehoben. **344v** Vorwort *Non ita ordo est*. **345r** Jakobusbrief *I(ACOBUS DEI ET DOMINI)*. **346r** 1. Petrusbrief *P(ETRUS APOSTOLUS)*. **347v** 2. Petrusbrief *S(YMON PETRUS)*. **348r** 1. Johannesbrief *Q(UOD FUIT AB INITIO)*. **349r** 2. Johannesbrief *S(ENIOR ELECTAE DOMINE)*. **349v** 3. Johannesbrief *S(ENIOR GAIO CARISSIMO)* und Judasbrief *I(UDAS IHESU XPISTI SERVUS FRATER)*. **350r - 377v** Paulusbriefe. **350r** Schriftzierseite. Vorwort *E(PISTOLAE)*; alle Briefe mit Capitula und Prologen. **350v - 351r** Konkordanz der Paulusbriefe. **353r** Römerbrief *P(AULUS SERVUS)*. Die übrigen Briefe sind nur noch in reduzierter Form hervorgehoben. **357r** 1. Brief an die Korinther *P(AULUS VOCATUS)*. **361r** 2. Brief an die Korinther *P(AULUS APOSTOLUS)*. **364r** Brief an die Galater *P(AULUS APOSTOLUS)*. **365v** Brief an die Epheser *P(AULUS APOSTOLUS)*. **367r** Brief an die Philipper *P(AULUS ET TIMOTHEUS)*. **368r** Brief an die Kolosser *P(AULUS APOSTOLUS)*. **369r** Brief an die Laodizener *P(AULUS APOSTOLUS)*. **369v** 1. Brief an die Thessalonicher *P(AULUS ET SILvanus)*. **371v** 2. Brief an die Thessalonicher *P(AULUS ET SILVANUS)*. **371v** 1. Brief an Timotheus *P(AULUS APOSTOLUS)*. **372v** 2. Brief an Timotheus *P(AULUS APOSTOLUS)*. **373v** Brief an Titus *P(AULUS SERVUS)*. **374r** Brief an Philemon *P(aulus vinctus)*. **374v** Brief an die Hebräer *M(ULTIFARIE MULTISQUE)*. **378r - 382v** Apokalypse. **378r** Vorwort *A(POCALYPSIS)*. **382v** Abbruch mit Apok 22,11 . . . *et iustus iustitiam faciat adhuc et sanctus sanctificetur adhuc*. (Vorworte: Stegmüller 284, 285, 311, 323, 328, 330, 341, 342/343, 344, 349, 350, 414, 430, 457, 26, 482, 487, 492, 494, 500, 332, 335, 595, 601, 596, 581, 590, 607, 620, 624, 640, 809, 651, 646, 670, 674, 677, 685, 700, 707, 715, 728, 736, 747, 752, 765, 772, 780, 783, 794, 646, 835).

PERGAMENT: 382 Bätter; 498 x 358 mm; Lagen 1 - 2^{2}, 3 - 4^{8}, 5$^{8-1}$, 6 - 9^{8}, 10^{6}, 11 - 16^{8}, 17^{4}, 18 - 36^{8}, 37^{4}, 38 - 40^{8}, 41^{6}, 42 - 43^{8}, 44^{6}, 45 - 50^{8}, 51$^{10-1}$; Lagenzählung aus dem 14. Jh. (?) mit Buchstaben zu Beginn und zum Ende der Lage (dV/ eV, fV/ gV, a/a, b/c – z4/ aV, hV/ iV – oV; bV/ cV fehlt); Schriftspiegel 370 x 274 mm; Blindliniierung mit Versalienspalten (6 mm) und im NT Marginalspalten (17 mm); 2 Spalten von je 122 mm Breite und 30 mm Abstand; 51 Zeilen. AUSSTATTUNG: Lateinischer Text in schwarzer und brauner karolingischer Minuskel, rubriziert; Psalter und Evangelien in kleinerer Schrift; Auszeichnungsschrift: Capitalis Quadrata (Titel, Initialen) und Rustica (Expli-

25 Dom Hs. 1, 350v/351r

cits), Halbunziale (an die Initiale anschließender Text); Rubriken zu Beginn der biblischen Bücher entweder in Minium oder zeilenweise abwechselnd in Minium-, violetter, blaugrüner, gelber, silberner oder goldener Quadrata, letztere z. T. auf Purpurgrund; zweizeilige Initialen in Minium zu Beginn der einzelnen Verse; zu Beginn einzelner Prologe mehrzeilige Initialen in Minium z. T. mit reduzierter ornamentaler Gestaltung des Buchstabenkörpers (z. B. 146r); zu Beginn einzelner Bücher oder Prologe große Initialen mit Zopfbändern und sich frei entfaltender vegetabiler (und 184r auch zoomorpher) Ornamentik; zu Beginn einzelner Bücher sehr große Initialen mit Verflechtung des goldenen Randbandes und vegetabiler Ornamentik bzw. Rankenfüllung des Buchstabenkörpers (z. B. 327v); Initialzierseiten mit sehr großer Initiale in der beschriebenen Art und nachfolgenden Zeilen in Minium- und goldener Quadrata, letztere auf Purpurgrund; gerahmte Titelzierseiten mit zeilenweise abwechselnder Minium-, silberner und goldener Quadrata, letztere auf Purpurgrund; Kanonbögen mit Realien und Vögeln (Pfauen); Deckfarben mit Silber und Gold. EINBAND: Pergament mit Streicheisenlinien über Pappe (Mitte 18. Jh.). PROVENIENZ: Laut Vermerken auf 1r wurde die Handschrift von Erzbischof Hermann I. dem Dom gestiftet *LIBER [SANCTI] PETRI A PIO PATRE HERIM[ANNO] DATUS* (10. Jh.). Im Jahre 1241 wurde sie an den Zisterzienserinnenkonvent in Benden bei Brühl ausgeliehen *Hic liber est sancti Petri in Colonia concessus [conven]tui de prato sancte Marie per manum domini Alberti subdecani* ... Im 14. Jh. erhielt sie einen Besitzvermerk des Kölner Domes *LIBER SANCTI PETRI IN COLONIA*. Darmstadt 2003. LITERATUR: Hartzheim 1752, S. 2ff. – Jaffé/Wattenbach 1874, S. 1 – P. Corssen, Der Bibeltext, in: K. Menzel u. a. (Hgg.), Die Trierer Ada-Handschrift, Leipzig 1889, S. 36ff. – Förster 1916 – E.K. Rand, Studies in the script of Tours I: A Survey of the Manuscripts of Tours, Cambridge (Mass.) 1929, S. 164f. – Ders. Rand, Studies in the script of Tours II: The Earliest Book of Tours, Cambridge (Mass.) 1934, S. 118ff. – S. Berger, Histoire de la Vulgate pendant les premiers siècles du Moyen Age, [Paris 1893] New York 1958, S. 212f., 379 – W. Koehler, Die Karolingischen Miniaturen I/1: Die Schule von Tours. Die Ornamente, [Berlin 1930] Berlin 1963, S. 290ff., 348ff., 410ff. – B. Fischer, Die Alkuin-Bibeln, in: J. Duft u. a., Die Bibel von Moutier-Grandval. Brit. Mus. Add. Ms. 10546, Bern 1971, S. 64, 66, passim – Fischer 1988-1991 – von Euw, Evangelien 1989, S. 46f. – Bernward 1993, S. 298ff., Nr. V 35 (U. Kuder) – Handschriftencensus 1993, S. 574f., Nr. 964 – D. Ganz, Mass production of early medieval manuscripts: the Carolingian Bibles from Tours, in: R. Gameson (Hg.), The early medieval Bible. Its production, decoration and use, Cambridge 1994, S. 53ff. – Collegeville 1995, S. 1ff.

U.S.

 25 Dom Hs. 1, 301v

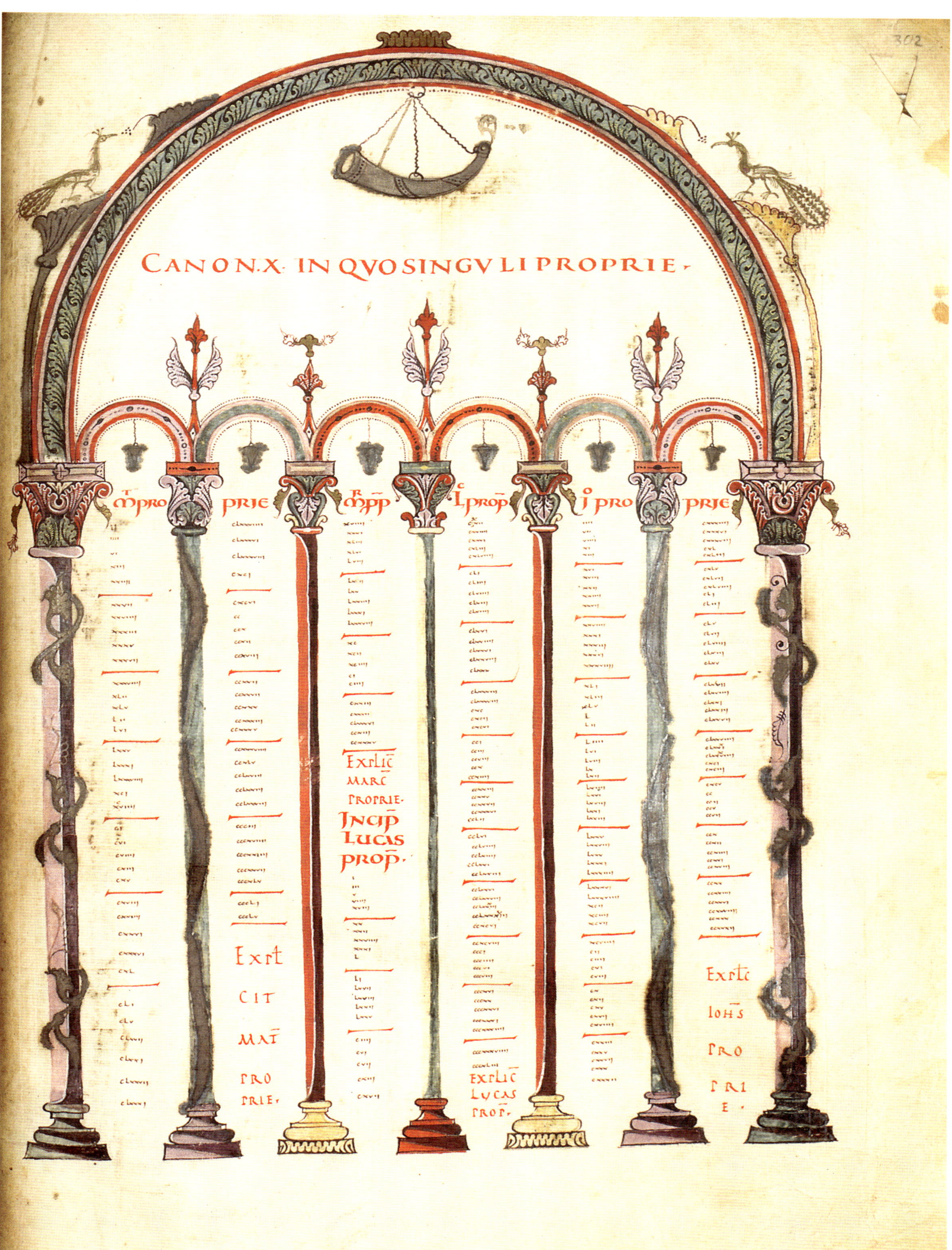

 25 Dom Hs. 1, 302r

 25 Dom Hs. 1, 303v

BERGENE
RATIONIS
IHUXPI
FILII DD
FILII ABRAHĀ

 25 Dom Hs. 1, 304r

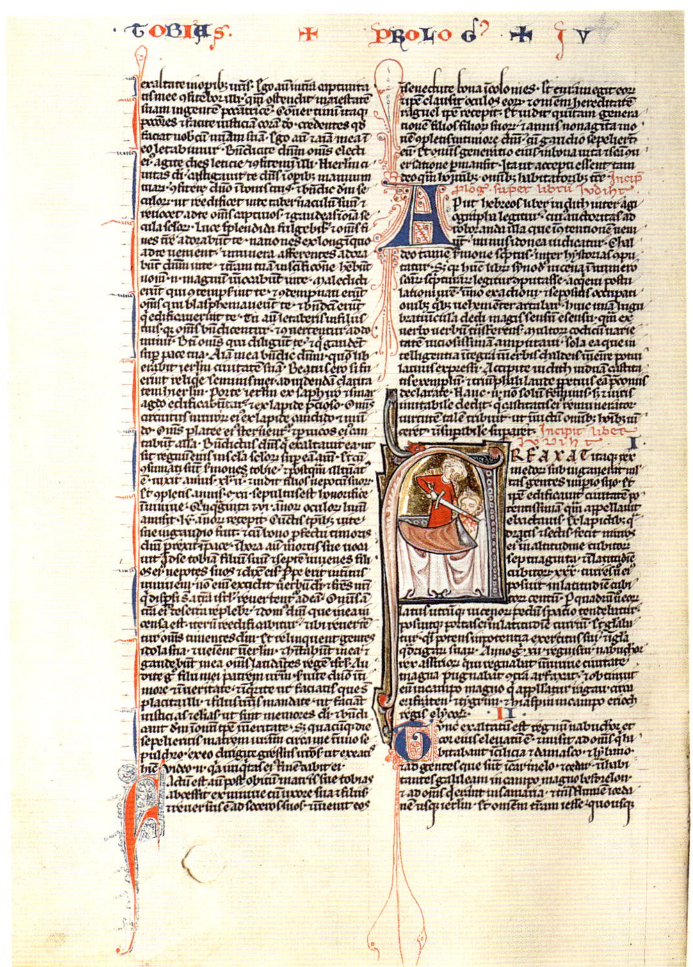

26 Dom Hs. 2, 16v/134v

Bibel

26 Dom Hs. 2

Köln (?), Ende 13. Jh.

Im 13. Jahrhundert ging man gezielt an eine Überarbeitung der lateinischen Vulgata – der Bibelübersetzung des Kirchenvaters Hieronymus (347/348 - 419/420) –, die in häufig mehrbändigen Werken und mit hoher Variationsbreite überliefert war. Begonnen hatten diese Strömungen Ende des 12./Anfang des 13. Jahrhunderts mit der Lehrtätigkeit Pariser Gelehrter wie Petrus Cantor (gest. 1197), Petrus von Poitiers (1130 - 1205) und Stephen Langton (gest. 1228). Mit der Konstituierung der Universität von Paris als Körperschaft um die Jahrhundertmitte wurde es notwendig, für den Lehrbetrieb eine mehr oder weniger verbindliche Bibelfassung anzufertigen. Aus diesen Bemühungen resultiert ein Pariser Bibeltypus, der den Äußerungen Roger Bacons (1267) zufolge in seinen Grundzügen kurz vor 1230 fertiggestellt war und sich schließlich im 'Codex Sorbonicus' von 1270 (Paris, Bibl. Nat., Lat. 16260) manifestierte. Die 'Biblia Parisiensis' des 13. Jahrhunderts und ihre zahlreichen Abschriften weisen folgende Charakteristika auf: Die Bibel wurde in einem Band vereint, und man standardisierte Anordnung und Namen der Bibelbücher sowie die Anzahl und Auswahl der auf 64 "festgelegten" Prologe. Die mit leichten Änderungen versehene Kapiteleinteilung des Stephen Langton und dessen 'interpretationes nominum hebraicorum' – das alphabetische Wortregister biblischer Eigennamen mit ihren Erklärungen – fanden Eingang in den Bibeltext. Dom Hs. 2 folgt sowohl im Layout des Textes (Zweispaltigkeit, regelmäßige Anwendung von Seitentiteln und kapitelkennzeichnende Zierbuchstaben) dem üblichen "Pariser"

26 Dom Hs. 2, 142v/149br

Standard, als auch in der formalen Abfolge der Bücher und größtenteils der Prologe. Bei letzteren bestehen einige Abweichungen, so entfällt z. B. der zweite Prolog (Matthaeus cum primo) vor dem Matthäusevangelium. Andererseits lassen sich auch die zusätzlichen Prologe (Stegmüller 455, 535) wenn nicht direkt in der Pariser Ordnung, so doch in der Mitte des 13. Jahrhunderts kompilierten Bibelausgabe des Hugo von St. Cher 'Postilla super totam Bibliam' finden (gedruckte Ausg. Lyon 1669).

Die Pariser Bibel teilte das Alte Testament in geschichtliche, weisheitliche und prophetische Bücher ein, denen die Bücher des Neuen Testamentes beigeordnet wurden. Obgleich bei der Illustration von Dom Hs. 2 neben exegetischen Darstellungen der Textbezug Priorität besitzt, unterliegen sowohl die Auswahl mancher Szenen als auch die einzelnen Bildtypen zeitgenössischen Tendenzen. Ein schönes Beispiel bilden die Initialen zu den Büchern Josua (54r) und Richter (60r). Während in nordfranzösischen und englischen Handschriften des 13. Jahrhunderts der Schwerpunkt der Darstellungen zu Josua auf der Berufungsszene (Jos 1,1) liegt (resultierend aus der auf Origines zurückgehenden Deutung vom Tod des Moses als Ende des Alten Bundes und der Berufung Josuas als Beginn des Neuen), betont unsere Initiale, in der Josua die Sonne anhält (Jos 12 - 14), mehr den kriegerischen Charakter des Buches und greift damit eher auf romanische Bildkompositionen zurück (z. B. Gumbertsbibel in Erlangen, Universitätsbibl., Ms. perg. 1). Dagegen entspricht die Wappnung der Figuren zeitgenössischen Usancen: Statt der über dem Kettenpanzer getragenen knöchellangen Tunika bevorzugte man seit der Mitte des 13. Jahrhunderts die

26 Dom Hs. 2, 151v/156r

Knielänge. Die Initiale zum Buch Richter illustriert nahezu wortwörtlich die Textstelle 16,19. Hier schneidet ein an seiner Kappe zu identifizierender Diener – ein Bildtopos aus der zeitgenössischen Hofgesellschaft – dem im Schoße der Delila liegenden Samson die Lockenpracht ab. Einige Bildszenen des Codex lassen sich nahezu mühelos in bestehende Darstellungskonventionen des 13. Jahrhunderts einreihen, wie z. B. die Prophetenbilder, der Tod des Amalekiters zu Könige 2 (77v) oder die Entrückung/ Himmelfahrt des Elias (94v), die sich in nahezu jeder illustrierten Bibel vom 11. Jahrhundert an als Illustration zu Könige 4 findet. Diese Beliebtheit basiert auf der typologischen Bedeutung der Entrückungsgeschichte in Bezug auf die Himmelfahrt Christi im Neuen Testament. Eine motivische Besonderheit bilden die das Pferdegespann ersetzenden Engel. Die weitverbreitete Illustration der Krönung Mariens zum 'Canticum canticorum' auf Folio 173v entwickelte sich einerseits aus der Exegese der mittelalterlichen Kirchenväter (Ambrosius, Gregor der Große), andererseits wurde sie von der im 12. Jahrhundert einsetzenden, liturgisch bedingten marianischen Deutung des Hohenliedes (z. B. Rupert von Deutz) stark beeinflußt. Interessant sind hier die gotischer Architektur nachempfundenen spitzbogigen Dreipässe des Rahmenwerks als Symbol des Himmlischen Palastes. Im Gegensatz dazu orientieren sich die zwei vorhergehenden Initialbilder der alttestamentlichen Bücher Leviticus (28r) und Könige 1 (68v) an romanischer Architektur. Solche Stilgegensätze dienen innerhalb der 'Bible moralisée' u. a. zur Differenzierung von Ereignissen, die entweder als dem Alten Bund (byzantinisch-romanische Formen) oder dem Neuen Bund (gotische Stilelemente) zugehörig betrachtet werden (R. Haussherr, in: ZKG 31

26 Dom Hs. 2, 158r/173v

[1968], S. 101 ff.). Ikonographisch und dem Illustrationsprinzip nach weist auch die Bebilderung der Psalmen Besonderheiten auf. Während im frühen Mittelalter die formale Dreiteilung der 150 Psalmen üblich war (Ps 1, 51, 101), maß man im 13. Jahrhundert der Morgengebet und Sonntagsvesper betonenden Achtteilung (Ps 1, 26, 38, 52, 68, 80, 97, 109) bzw. der aus beiden Formen resultierenden Zehnteilung besondere Bedeutung zu. Unsere Bibel folgt dem letztgenannten Gliederungssystem, wobei jedoch Psalm 109 nur durch eine größere Fleuronnée-Initiale hervorgehoben wird. Aber hier ist nicht der Wortsinn illustriert, sondern das Leben des Psalmenautors David. Dabei läßt sich übrigens eine Eigenart deutscher, insbesondere oberrheinischer Psalterien des 13. Jahrhunderts (vgl. z. B. München, Bayer. Staatsbibl., Clm 15909) beobachten: Die Dreiteilung mit ihren bevorzugten Bildthemen 'Taube und David' (Ps 1), 'Michael und der Drache' (Ps 5) und 'stehender Heiliger' (Ps 101) wurde in den 'Kölner' Bildzyklus übernommen, und um dieses "Grundgerüst" gruppierte man die Davidszenen.

Eine solche Verbindung wirft die bisher noch nicht zufriedenstellend beantwortete Frage nach der Herkunft der Handschrift und ihres Stiles auf. Direkte Vergleichsbeispiele sind schwer faßbar. Auch auf dem Wege des Ausschlußverfahrens mit vermutlich aus dem Kölner Raum kommenden zeitgleichen Handschriften (z. B. Berlin, Staatsbibl. PK, Ms. theol. lat. fol. 8) finden sich wenig stilistische Anhaltspunkte für Dom Hs. 2. Nicht auszuschließen sind ikonographische und stilistische Vorbilder der frühen Lütticher Buchmalerei, die einen großen Einfluß auf die Buchmalerei um und nach 1300 in Köln ausübte.

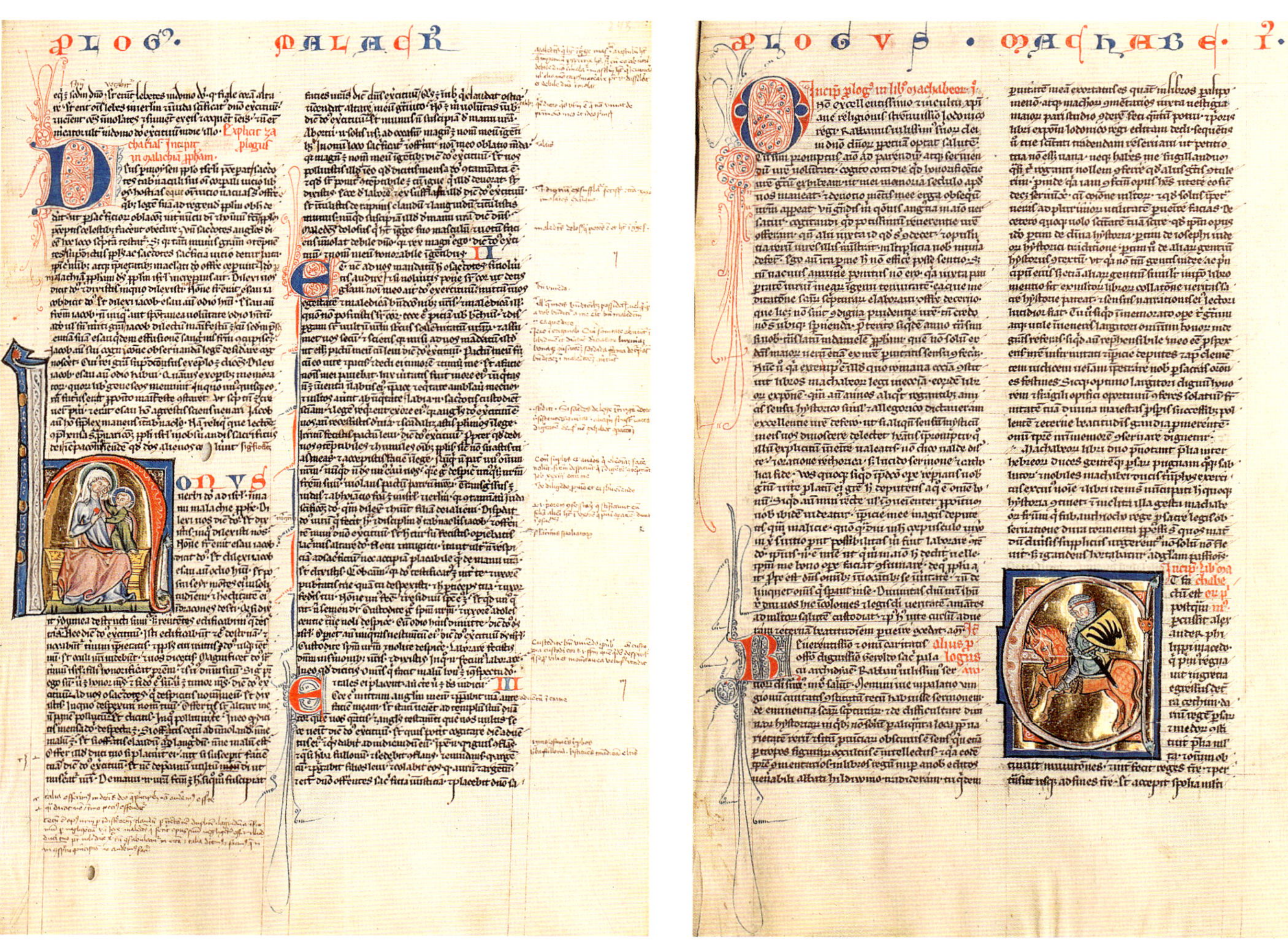

26 Dom Hs. 2, 248r/249r

INHALT: **1r** Merkverse zur Anordnung der biblischen Bücher (15. Jh.). Vermerk über den notariell beglaubigten Verkauf der Handschrift durch den Kölner Johannes Gurdelmecher an Moritz Graf von Spiegelbergh (15. Jh.) *Hunc librum emit venerabilis ac nobilis dominus Mauricius Comes de Speigelbergh canonicus maioris ecclesie Coloniensis ac prepositus Embricensis Traiectensis diocesis ab Johanne Gurdelmecher cive Coloniensi, presentibus patre dicti Iohannis Adriano Coci de Goirl et me Nicolao de Tweenberg, Bedello studii Coloniensis iurato, qui hec propria mea manu in veritatis testimonium scripsi subscripsi et signavi. Per me Nicolaum de Twenberg Notarium publicum et dicti studii Bedellum iuratum* (Jaffé/Wattenbach 1874, S. 2). **1v** Leer. Wenn nicht anders vermerkt, zu Beginn der Bücher mehrzeilige Fleuronnée-Initialen. **2r** Prolog. *F(Rater Ambrosius)*: Hieronymus übergibt einem Boten den Brief an Paulinus in Form eines Schriftbandes. **3v** Prolog *D(Esiderii mei)*. **4r** Genesis *I(N principio)*: sechs Schöpfungsszenen. **16v** Exodus *h(Ic sunt nomina)*: Rückkehr des Moses nach Ägypten. **28r** Leviticus *V(OCAVIT autem)*: Gottvater und Moses vor Arkadenarchitektur. **36r** Numeri *L(OCUTUS EST)*. **45v** Deuteronomium *h(EC sunt VERba)*: Moses spricht zu den Israeliten. **54r** Josua *E(T FACTUM est)*: Josua befiehlt im Beisein von zwei Soldaten der Sonne, still zu stehen. **60r** Richter *P(OST MORTEM Josue)*: Samson schläft im Schoß der Delila, ein Diener schneidet ihm eine Haarlocke ab. **66v** Ruth. **67v** Leer. **68v** Könige 1 *F(UIT VIR UNUS)*: Hanna übergibt den Knaben Samuel dem Priester Eli. **77v** Könige 2 *F(Actum est)*: David läßt den Amalekiter töten, der ihm die Nachricht vom Tode Sauls und Jonathans überbrachte. **85r** Könige 3 *E(T REX David)*: Salbung Salomos durch Zadok und Nathan. **94v** Könige 4 *P(REVARICATUS est)*: Elia wird von zwei Engeln im Feuerwagen entrückt. **103v** Chronik 1 *A(DAM SETH ENOS)*: Saul stürzt vom eigenen Schwert durchbohrt vom Esel. **112r** Chronik 2 *C(ONFORTATUS EST)*. **122r** Esra 1 *I(N anno primo)*: Ornamentinitiale mit Blütenranken und Drachenmotiv. **124v** Buch Nehemia *V(erba Neemie)*. **127v** Esra 2 *E(T fecit)*. **132r** Tobias *T(OBIAS EX TRIbu)*: der blinde Tobit belehrt seinen Sohn Tobias vom Krankenbett aus. **134v** Judit *A(RFAXAT itaque)*: Judith enthauptet Holofernes in seinem Bett. **138v** Ester *I(N DIEBUS Assueri)*: Ornamentinitiale auf blauem Grund mit goldenen Rosetten, Blüten- und Blattranken. **142v** Job *V(IR ERAT IN TERra)*: der von Geschwüren geplagte Job wird von zwei Frauen verspottet. **149br** Psalmen. Ps 1 *B(EATUS VIR)*: David auf der Harfe spielend, von der Taube des Hl. Geistes überfangen. **151v** Ps 26 *D(OMINUS illuminatio mea)*: David mit Steinschleuder im Kampf gegen Goliath. **153r** Ps 38 *D(IXI CUStodiam)*: Salbung und Krönung Davids. **154v** Ps 51 *Q(UID GLOriaris)*: Kampf des Erzengels Michael mit dem Drachen. **154v** Ps 52 *D(IXIT INsipiens)*: Selbstmord König Sauls. **156r** Ps 68 *S(ALVUM me fac)*:

26 Dom Hs. 2, 258r/296v

Initiale mit zwei Drachen. **158r** Ps 80 *E(XULTATE Deo)*: Rückführung der Bundeslade. **159v** Ps 97 *C(antate Domino)*: König David und Abischag. **159v** Ps 101 *D(omine exaudi)*: hl. Bischof. **161r** Ps 109 *D(ixit Dominus)*. **165r** Sprüche *P(ARABOLE Salomonis filii David regis)*: thronender König Salomo übergibt sein Buch an Rehoboam. **171v** Prediger *V(ERBA ECClesiastes filii David)*: Ecclesiastes, der Sohn Davids, belehrt eine Gruppe von Zuhörern. **173v** Hoheslied *O(SCULETUR me osculo oris sui)*: Marienkrönung. **175r** Buch der Weisheit *D(ILIGITE IUSTIciam)*: thronender König Salomo belehrt zwei vor ihm stehende Männer. **179v** Jesus Sirach *O(MNIS sapientia a Domino Deo est)*: König mit gefalteten Händen empfängt von der Hand Gottes aus den Wolken ein Schriftband. **192r** Isaias *V(ISIO YSAIE filii Amos)*: thronender Prophet mit geschwungenem Schriftband. **203v** Jeremias *H(EC SUNT)*: thronender Prophet mit dem rechten Zeigefinger nach oben weisend. **216v** Klagelieder *Q(uomodo sedet)*. **218r** Baruch E(T *haec verba libri)*. **219v** Ezechiel *E(st in tricesimo anno)*: Prophet mit Spruchband und erhobenem rechten Zeigefinger. **232v** Daniel *A(NNO TERCIO regni Ioachim)*: Daniel mit Schriftband vor dem thronenden König Nebukadnezzar. **238r** Osee *V(ERBUM DOMINI quod factum)*: dem Propheten erscheint das Antlitz Gottes in den Wolken. **239v** Joel *V(ERUM* [!] *DOMINI quod factum est ad Ioel)*: dem Propheten erscheint das Antlitz Gottes in den Wolken. **240v** Amos *V(ERBA AMOS QUI FUit)*: junger Mann bearbeitet mit einer Spitzhacke einen Erdhügel. **241v** Abdias *V(ISIO ABDIE Hec dicit Dominus)*: Jonas wird von zwei Männern aus einem Ruderboot ins Wasser geworfen. **242r** Jonas *E(T FACTUM est verbum Domini)*: Blattranke/Jonas wird vom Walfisch ausgespien. **242v** Michäas *V(ERBUM quod factum est)*: Prophet mit Schriftband. **243v** Nahum *h(ONUS Ninive liber visionis)*: Prophet mit Schriftband. **244r** Habakuk *h(ONUS quod vidit Abacuc)*: Prophet mit Schriftband. **244v** Gesang des Propheten Habakuk *D(omine audivi audicionem)*. **245r** Sophonias *V(ERBUM Domini quod factum est)*: Hirte mit Ziegen und Widdern auf hügeligem Gelände. **245v** Aggäus *I(N anno secundo Darii regis Persarum)*: Randleisteninitiale mit Tier. **246r** Zacharias *I(N mense octavo)*: Randleisteninitiale mit Flechtbandfüllung. **248r** Malachias *H(ONUS verbi Domini ad Israel)*: thronende Muttergottes mit Kind. **249r** Makkabäer 1 *E(T factum est)*: reitender Ritter in Rüstung mit Schild und Schwert. **258r** Makkabäer 2 *F(RATRIBUS qui sunt)*: drei stehende Ritter in Rüstung mit Schwert. **264v** Leer. **265r** Matthäusevangelium *L(IBER GENERACIONIS)*: Bündniserneuerung zu Sichem (?). **274r** Markusevangelium *I(hesu Christi filii Dei sicut scriptum est in Esaja propheta)*: Evangelist Markus. **279v** Lukasevangelium *F(UIT IN DIEBUS)*: Evangelist Lukas. **289v** Johannesevangelium *I(N PRINCIPIO)*: schreibender Evangelist Johannes. **296v** Römerbrief *P(AULUS vocatus apostolus segregatus)*: Bekehrung des Saulus. **299v** 1. Korintherbrief *P(AULUS VOCATUS apostolus)*. **302v** 2. Korintherbrief *P(AULUS APOStolus Ihesu Christi)*. **304v** Brief an die Galather *P(AULUS APOStolus non ab hominibus)*. **305v** Epheserbrief *P(AULUS APOSTOLUS Christi)*. **306v** Philipperbrief *P(AULUS ET TYMOtheus)*. **307v** Kolosserbrief *P(AULUS APOStolus Christi)*. **308r** 1. Thessalonicherbrief *P(AULUS ET SILvanus)*. **308v** 2. Thessalonicherbrief *P(AULUS ET Silvanus)*. **309r** 1. Brief an Timotheus *P(AULUS apostolus Christi)*. **310r** 2. Brief an Timotheus *P(AULUS apostolus Christi)*. **310v** Titusbrief *P(AULUS servus Dei)*. **310v** Brief an Philemon *P(AULUS vinctus Christi)*. **311r** Hebräerbrief *M(ULTIPHARiam multisque modis)*: Apostel Paulus mit Schwert und Buch. **313v** Apostelgeschichte *P(RIMUM QUIDEM sermonem)*: nimbierte thronende Gestalt hält mit der Linken ein helles Gefäß empor; neben ihr auf der Thronbank zwei weitere Gefäße (Lukas als Arzt). **321v** Jakobusbrief *I(Acobus Dei et Domini)*. **322r** 1. Petrusbrief *P(Etrus apostolus Ihesu)*. **323r** 2. Petrusbrief *S(ymon Petrus servus)*. **323v** 1. Johannesbrief *Q(Uod fuit ab initio)*. **324v** 2. und 3. Johannesbrief *S(enior Gaio carissimo quem)*; Judasbrief *I(Udas Tadeus)*.**325r** Offenbarung des Johannes *A(Pocalypsis Ihesu Christi)*: Initiale ausgespart. **329v-339v** Alphabetisches Namensregister *Adam-Zeth*. (Prologe: Stegmüller 284, 285, 311, 323, 328, 327, 330, 333, 323 + 1590, 335, 341 + 343, 344, 357, 350, 457, 455, 462, 468, 26, 482, 487, 491, 492, 494, 500 + 499, 507, 511, 510, 515, 512, 513, 519 + 517, 524, 521, 526, 528, 531, 534, 538 + 535, 539, 543, 3715/3716, 547, 553 + 551, 590, 607, 49, 620, 624, 685, 699, 707, 715, 728, 736, 747, 752, 765, 772, 780, 783, 794, 640, 809, 839).

PERGAMENT: 340 Blätter (fol. 149 doppelt vergeben); 346 x 245 mm; Lagen 1^{1}, $2-6^{8}$, 7^{10}, $8-9^{8}$, 10^{10-1}, 11^{12}, 12^{10}, 13^{14}, 14^{10+1}, $15-19^{8}$, 20^{2}, 21^{8}, 22^{12}, 23^{8-1}, 24^{8}, $25-28^{8}$, 29^{8}, 30^{8+1}, 31^{10}, 32^{10-4}, $33-39^{8}$, 40^{10+1} (das letzte Blatt war ursprünglich das erste der folgenden Lage), 41^{10-2}; Wortreklamanten; Schriftspiegel 259 x 175 mm; Liniierung mit brauner Tinte mit Versalienspalten (8 mm); 2 Spalten von innen 81 mm, außen 76 mm Breite und 11 mm Abstand, bzw. dreispaltig (329v-339v); 53 und 57 Zeilen. AUSSTATTUNG: Lateinischer Text in dunkelbrauner bis schwarzer Textura, rubriziert; einzeilige Initialen in Blau oder Rot; Seitenüberschrift über je eine Doppelseite in roter und blauer Lombarde; mehrzeilige Fleuronnée-Initialen, sechs Ornamentinitialen z. T. auf Goldgrund und 51 historisierte Initialen mit Goldgrund und Deckfarben; Korrekturen und Bemerkungen in brauner Tinte auf dem Seiten- und Fußsteg (13.-15. Jh.). EINBAND: Pergament mit Streicheisenlinien über Pappe (Mitte 18. Jh.). PROVENIENZ: Johannes Gurdelmecher aus Köln verkaufte die Handschrift an Domkapitular Moritz Graf von Spiegelbergh (1406/07-1483) (1r). Darmstadt 2012. LITERATUR: Hartzheim 1752, S. 4 – Jaffé/Wattenbach 1874, S. 1f. – Kdm Köln 1/III, 1938, S. 397, Nr. 13 – P. Bloch, Unbekannte mosane Miniaturen im Cod. Metr. 215 des Kölner Domschatzes, in: KDB 18/19 (1960), S. 25ff. – G. Plotzek-Wederhake, Zur Stellung der Bibel aus Groß St. Martin innerhalb der Kölner Buchmalerei um 1300, in: G. Bott (Hg.), Vor Stefan Lochner. Die Kölner Maler von 1300-1430, Ergebnisse der Ausstellung und des Kolloquiums, Köln 1977 (Begleithefte zum WRJb 1), S. 65f. – Schulten 1980, Nr. 157 – G. Hövelmann, Moritz Graf von Spiegelberg (1406/07-1483), Kevelaer 1987 – C. Leckebusch, Die historisierten Initialen der Bibel Codex 2 der Kölner Dombibliothek. Katalogisierung und Untersuchungen zum Text-Bild-Bezug, Mag.Arb. Bonn 1988 (Ms.) – Handschriftencensus 1993, S. 575f., Nr. 965 – Collegeville 1995, S. 3ff. – C. Bunten, Die Bibel Codex 2 der Kölner Dombibliothek und ihre Stellung in der Buchmalerei um 1300, Diss. Bonn (in Vorbereitung). C.B.

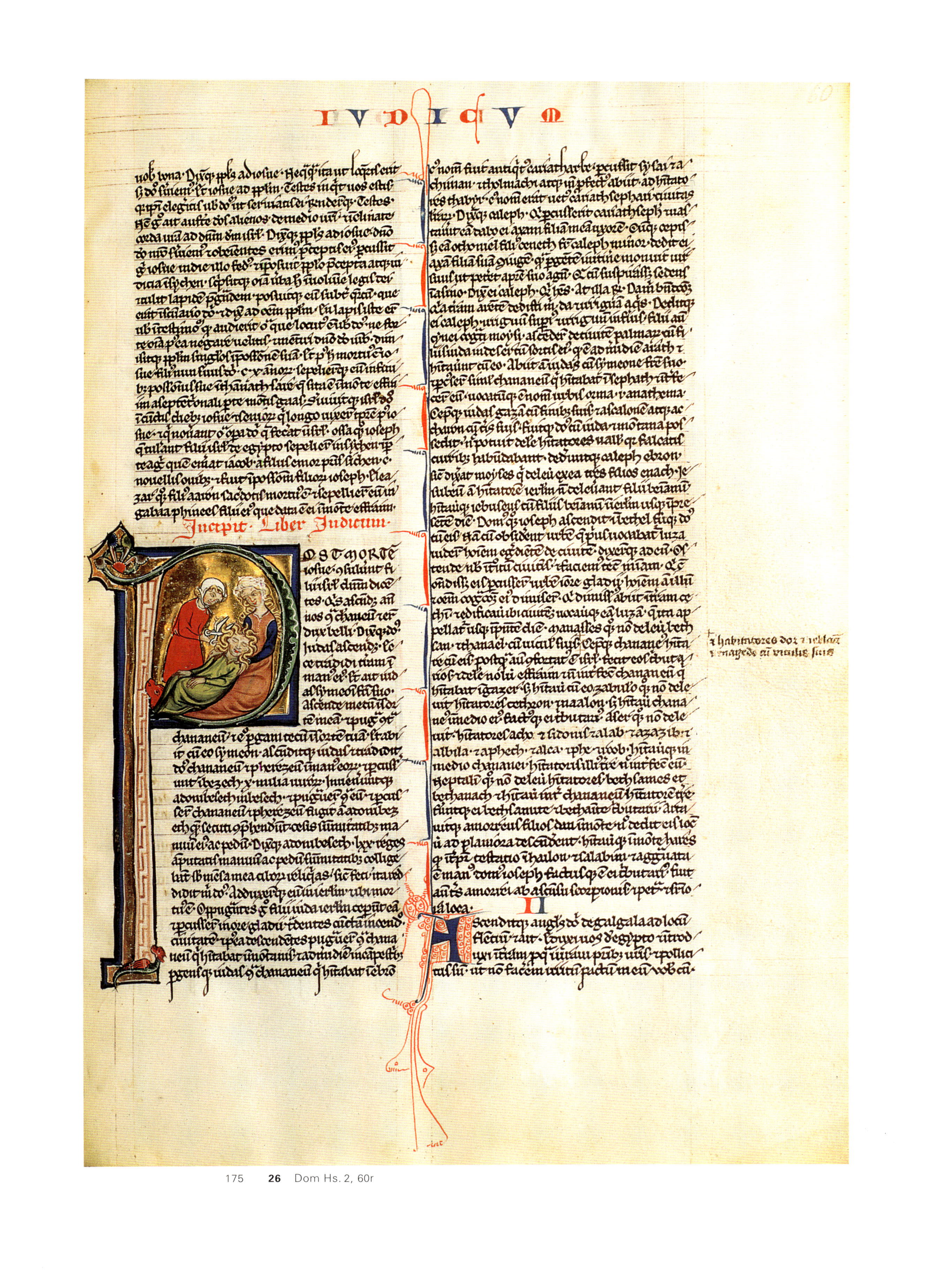

Incipit · Liber · Iudicum ·

26 Dom Hs. 2, 60r

Explicit Liber primus Regum

Incipit Secundus

26 Dom Hs. 2, 77v

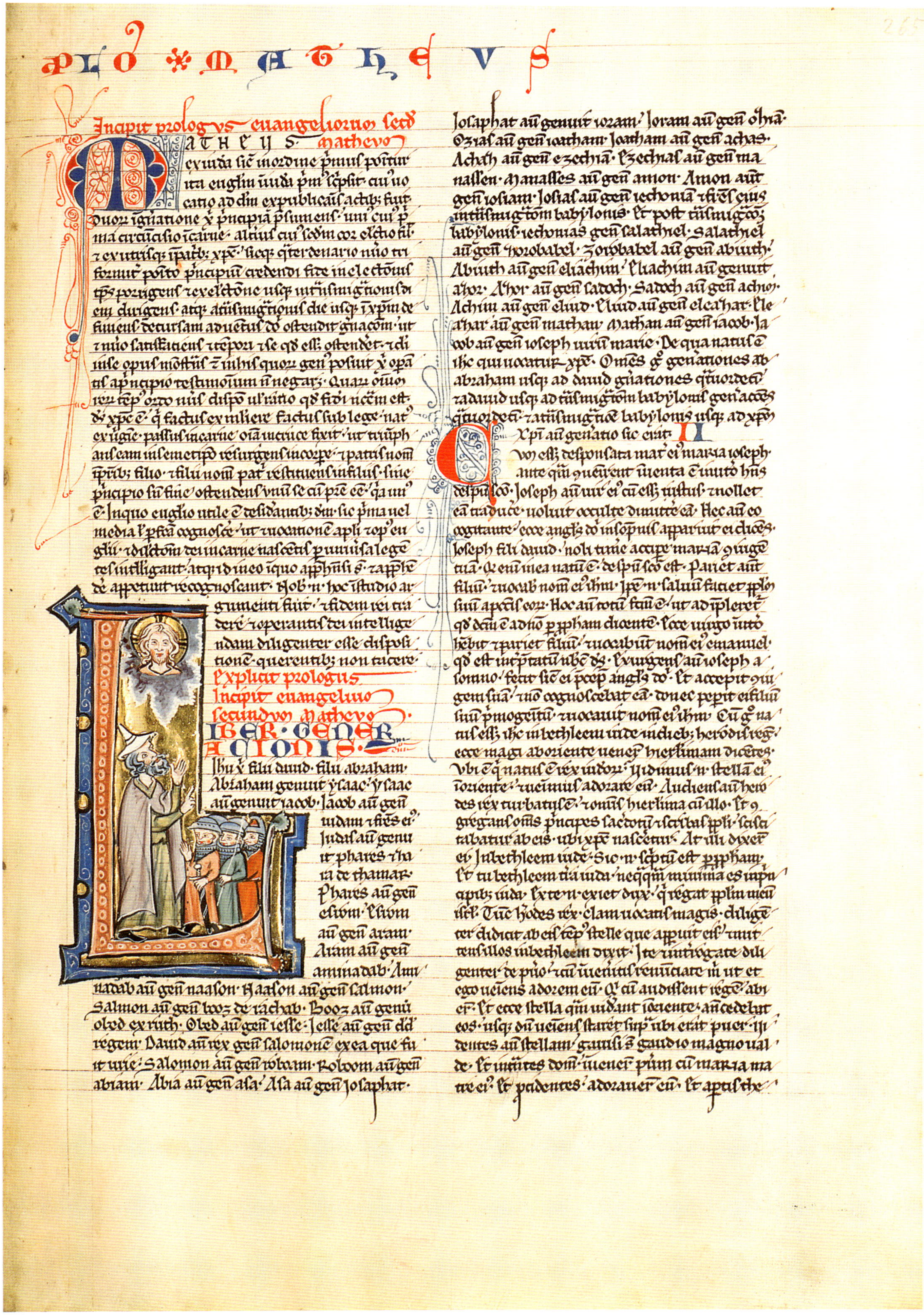

26 Dom Hs. 2, 265r

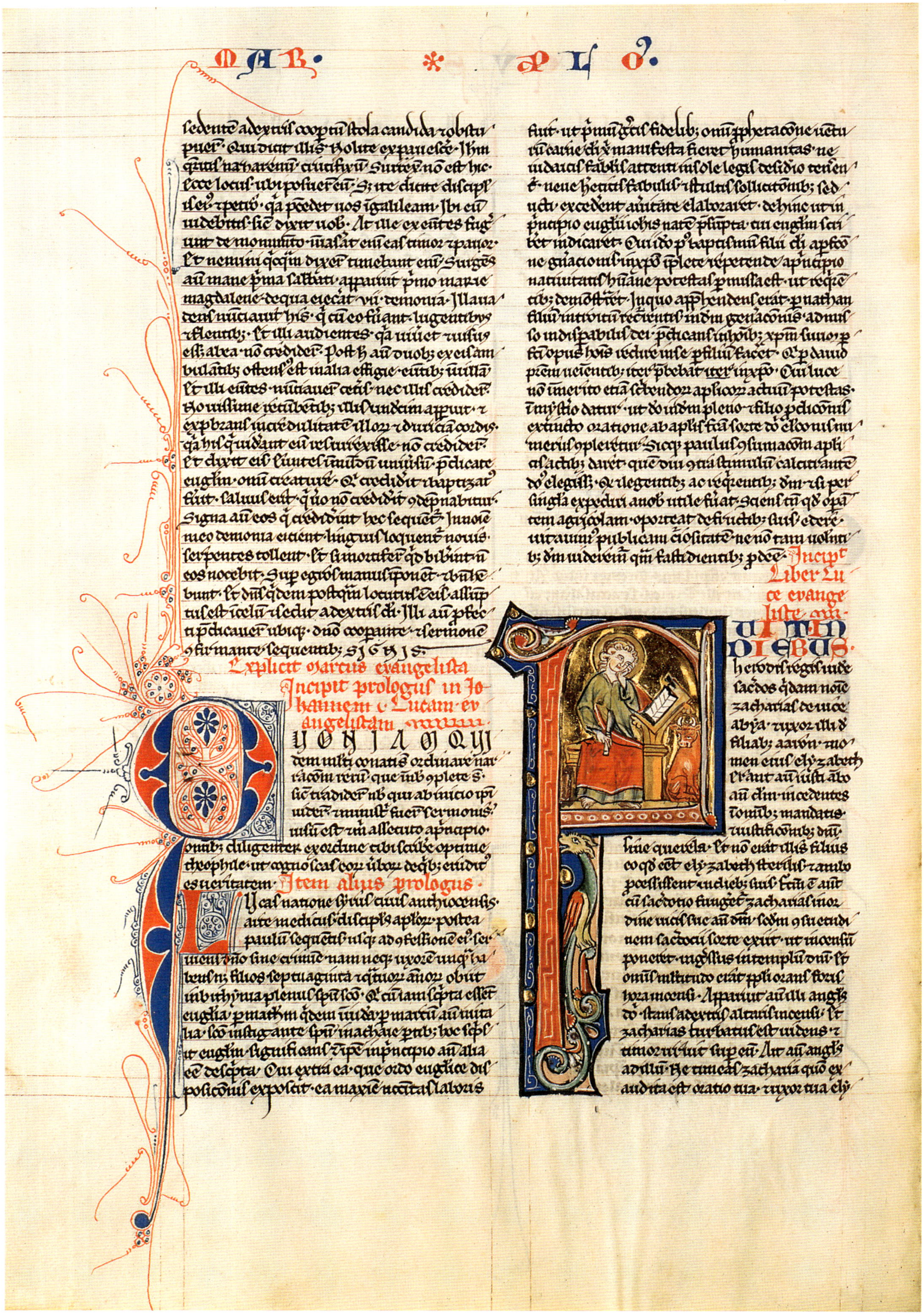

26 Dom Hs. 2, 279v

KIRCHENVÄTER UND KIRCHENLEHRER

46 Dom Hs. 62, 8v

27 Dom Hs. 61

Augustinus: Kommentar zur Genesis/ Von der Übereinstimmung der Evangelisten

Köln oder Niederrhein, 1. Hälfte 12. Jh.

Der Sammelband vereinigt zwei exegetische Schriften des Augustinus (354 - 430): seine zwischen 401 und 415 entstandene, vor allem den Literalsinn erläuternde Auslegung des Buches Genesis, (De genesi ad litteram), und seinen um 400 geschriebenen Überblick über die Parallelstellen der vier Evangelien (De consensu evangelistarum). Beide Texte sind in Klosterbibliotheken Deutschlands relativ häufig vertreten; der Census der Augustinushandschriften weist 19 bzw. 22 Manuskripte für beide Texte nach.

Der Codex kann bislang keinem Skriptorium zugewiesen werden. Auf die Bibliotheksheimat könnte die "bewohnte Initiale" *I(nter)* auf Folio 118v, dem Beginn des zweiten Textes, hindeuten. Dort sieht man im gespaltenen Schaft der Initiale einen Bischof in Pontifikalgewändern mit Bischofsstab und einem Schriftband: *Mercedem laborem ego reddam* – Als Lohn werde ich die Arbeit erstatten (?). Darunter steht, durch seine Tracht als Abt kenntlich und ebenso in der Beischrift benannt, *Wicbertus abbas*. Der bisher noch nicht identifizierte Wicbertus ist also wohl der Stifter der Handschrift. Die Gewänder der Bischofsgestalt sind vielfarbig: Über der Albe trägt er die mit grünem Rankenwerk ornamentierte Tunika, deren Saum mit Stein- und Gemmenbesatz verziert ist, schließlich eine rote Kasel mit weiten Ärmeln und Kaselstab. Abt Wicbert trägt eine Tunika mit Kapuze und mittelweit ausgeschnittenen Ärmeln.

Zu Beginn der einzelnen Bücher und Kapitel steht jeweils eine Zierinitiale. Joachim M. Plotzek (1973) bringt die Ornamentik der Handschrift u. a. mit dem Berliner Codex theol. lat. fol. 273 (Staatsbibl. PK) in Verbindung, der lediglich eine Initiale in roter Federzeichnung enthält (A. Fingernagel, Die illuminierten lateinischen Handschriften deutscher Provenienz der Staatsbibliothek Preussischer Kulturbesitz Berlin, Bd. I/II, Wiesbaden 1991, I Nr. 62, II Nr. 182). Am ehesten ist diese vergleichbar mit dem *N(unc)* auf Folio 204v des Kölner Codex. Auch bei der Berliner Handschrift steht die Provenienz nicht fest; eine Herkunft aus Groß St. Martin in Köln wird vermutet.

Man pflegt oft zu fragen, wie man sich gemäß unserer Heiligen Schrift das Aussehen und die Form des Himmels vorzustellen habe. Viele Leute erörtern nämlich ausgiebig solche Dinge, die unsere Schriftsteller in größerer Weisheit ausgelassen haben, weil sie für die Lernenden nichts zum glückseligen Leben beitragen. Damit aber füllen sie auch, was noch schlimmer ist, die Zeit aus, die so kostbar ist und für heilsame Dinge verwendet werden müßte. Was betrifft es denn mich, ob nun der Himmel wie eine Sphärenkugel die Erde, die in der Mitte des Weltalls ausgeglichen hängt, von allen Seiten umschließt, oder ob der Himmel sie nur von einer Seite her wie eine Diskusscheibe bedeckt? Aber hier steht ja die Zuverlässigkeit der Schriften zur Debatte und, wie ich bereits mehr als einmal angemerkt habe, muß auch deshalb über ein solches Problem gesprochen werden, damit nicht jemand, der die göttlichen Offenbarungen nicht begreift, meint, er brauche den Schriften nicht zu glauben, obwohl sie sonst nützliche Dinge anmahnen, erzählen oder verkünden, nur weil er in ihnen etwas gefunden oder aus Erzählungen gehört hat, was irgendwelchen von ihm erkannten Vernunftgründen zu widersprechen scheint. Deshalb ist kurz festzuhalten, daß die Autoren unserer Schriften zwar über die Gestalt des Himmels das wußten, was der Wahrheit entspricht, daß aber der Heilige Geist, der durch sie sprach, nicht wollte, daß sie die Menschen Dinge lehrten, die nichts zu ihrem Heil beitrügen.
12v; A.A.

INHALT: **1r** Inhaltsangabe des 15. Jhs. *Item in hoc volumine hec continentur/Item Augustinus super genesim ad litteram/Item Augustinus de consensu ewangelistarum.* **1v - 117v** De genesi ad litteram (CSEL 28/1, 3 - 435; PL 34, 245 - 486). **1v** Buch 1 *O(MNIS DIVINA scriptura).* **117v** Ende mit Buch 12 ... *tandem fine concludimus.* **118r** Leer. **118v - 209v** De consensu evangelistarum (CSEL 43; PL 34, 1041 - 1230). **118v** Buch 1 *I(nter omnes divinas auctoritates)*: Bischof mit Spruchband *Mercedem laborum ego reddam* und Abt Wicbertus als Stifter. **133r** Buch 2 *Q(UONIAM sermone)*: Rankeninitiale mit Drache; dieses und die folgenden Bücher mit Capitula. **175v** Buch 3 *I(AM quoniam omnium).* **193v** Autonome Zeichnung: Drache mit Baum. **197r** Autonome Zeichnung: Staude mit Tierkopf. **204v** Buch 4 *N(UNC IAM QUONIam).* **209v** Ende mit ... *discipulis pedes lavat.* PERGAMENT: 209 Blätter; 272 x 162 mm; Lagen 1 - 3^{8}, 4^{8+1} (fol. 31 ist ein eingebundenes kleines Pergament mit einer Textergänzung), 5 - 8^{8}, 9^{8+1}, 10^{6}, 11^{8+1}, 12^{8}, 13 - 14^{10}, 15^{6}, 16 - 19^{8}, 20 - 21^{6+2}, 22 - 25^{8}, 26^{4+2}; Schriftspiegel 211 - 223 x 115 mm; Liniierung mit Metallstift; einspaltig; 38 - 43 Zeilen. AUSSTATTUNG: Lateinischer Text in dunkelbrauner bis schwarzer romanischer Minuskel, rubriziert; Auszeichnungsschrift und Initialen: Ziermajuskeln; Marginalglossen: z. T. zeitgenössisch, zum größten Teil aber in einer Kursive des 15. Jhs.; ein- bis zweizeilige Textmajuskeln und Anfangsbuchstaben in Tinte, rot schattiert, und Rot; mehrzeilige Initialen in Rot; Federzeichnungen in Rot mit vegetabiler und zoomorpher Motivik; große Rankeninitialen in roter Federzeichnung mit gespaltenem, rot gefülltem Buchstabenkörper und Klammern sowie mit grüner, blauer, roter und beigefarbener Füllung des Binnengrundes; große figurierte Initiale in kolorierter Federzeichnung (118v). EINBAND: Pergament mit Streicheisenlinien über Pappe (Mitte 18. Jh.). PROVENIENZ: Darmstadt 2054. LITERATUR: Hartzheim 1752, S. 32 – Jaffé/Wattenbach 1874, S. 21 – Plotzek 1973, S. 332, Anm. 129 – Handschriftencensus 1993, S. 607, Nr. 1021 – Collegeville 1995, S. 105f.

H.-W.S.

133

De pharisęis sedentib; sup cathedra moysi et dicentib; quę n faciunt. cętisq; LXXIIII
in eos de phariseos a dno dictis. utrū sermo mathei ęgruat aliis duob;
et maxime lucę q non hoc ordine s; alibi simile cōmemorat. LXXV.
Cū pnunciauit tēpli euisionē quom aliis duob; narrandi ordine ęgruat.
De sermone qm habuit in monte oliueti ętentib; discipulis quando erit LXXVI.
consummatio. quē admodū tēs isti int se congruant. LXXVII.
Quod cōmemorant matheus et marc ante biduū futurę paschę. et pea
dicunt qd in bethania fuit. qm non repugnet ioh qui cū ipsis
narrat hoc idē qd factū ē in bethania. et dic ante VI dies paschę.
De cena in bethania ubi mulier ungento pcioso dnm pfudit. qm LXXVIII.
int se congruant math marc et iohs. et quom lucę n aduersetur
tale aliqd alio tēpore cōmemoranti.
Ubi mittit discipulos ut pparent ei manducare pascha. qm int se LXXVIIII.
congruant matheus marc et lucas. EXPLICIUNT CAPITULA.

INCIPIT LIBER SECUNDUS DE ĒSENSU ET CONCORDIA EUANGELISTARŪ

QUONIAM sermone non breui ę admodū necessario. QUEM libro uno cōplexi sum. REFUTAUIMUS eorū uanitatē qui discipulos XPI EUANGELIU conscribentes ideo contempnendos putant. q ipsū xpi quē non ut DEUM tamen ut hominē sapientia longe pcētis excellentem honorandū esse non dubitant. nulla scripta pferunt a nobis. et eū talia scripsisse uideri uolunt qualia puersi diligunt. non qualib; lectis et creditis a puersitate corrigi possunt nunc uideamus ea quę IIII. euglistę de xpo scripsert. quę admodū sibi atq; inter se congruant. ne qd ex hoc in fide xpiana offendiculi patiantur. qui curiosiores quā capatiores sunt. qd ē ut cūq; plectis s; quasi dūgentius pscrutatis eugliois libris. inconuenientia quedā et repugnantia se dep hendisse existimantes. magis ea contentiose obiectanda quā prudent consideranda eē arbitrantur.

27 Dom Hs. 61, 133r

INCIPIT LIB SCI AVGVSTINI
DE CSENSV 7 CCORDIA EVANGL

WICBERT ABB

Inter omnes diuinas auctoritates que scis
litteris continentur: euglium merito excellit.
Quod eni lex et pphe futuru pnunciauert.
hoc redditu atq; copletu in euglio demonstrat.
Cui pmi pdicatores apli fuerunt. qui dnm
ipsum et saluatorem nrm ihm xpm etia pre
sentem in carne uidert. cui non solu ea que
ex ore ei audita uel ab illo sub oculis suis opa
ta. dicta et facta meminerant. ueru etiam
que priusqua illi p discipulatu adheserant
in eius natiuitate uel infantia uel pueritia
diuinitus gesta et digna memoria siue ab ipso
siue a parentib; eius. siue quib;libet aliis cer
tissimis indiciis et fidelissimis testimoniis
requirere & cognoscere potuert. imposito s
euuangelizandi munere. generi humano
annuntiare curarunt. Quoru quida hoc est
Matheus et Iohannes. etiam scripta de illo
que scribenda uisa sunt. libris singlis ediderunt.
Ac ne putaret qd attinet adpcipiendu et p
dicandu euuanglm int ee aliquid utru illi
annuncient qui eunde dnm hic in carne ap
parente discipatu famulante secuti sunt. an
hi q ex illis fideliter copta crediderunt. diuina
puidentia pcuratu e p scm scm ut quib;da ex illis qui
primos aplos sequebant. non solu annunciandi uerum
etia scribendi euuanglm tribueret auctoritas. Hii sunt
Marcus et Lucas. ceti aute homines qui de dno ul aploru
actib; aliqua scribere conati ul ausi sunt. non tales suis
tporib; extiterunt. ut eis fide haberet eccla. atq; in aucto
ritate canonica scoru libroru eoru scripta reciperet. Nec solu
qa illi non tales erant quib; narrantib; credi oporteret.
s; etia scriptis suis queda fallaciter indiderunt. que catholica
atq; aplica regla fidei et sana doctrina condepnat. Isti igit
qtuor euuanglste uniuso terraru orbi notissimi. et ob hoc
fortasse. iiii. quo qtuor sunt partes orbis terre p cui uni
uersitate xpi ecclam dilatari. ipso sui muneri sacramto
qdam declararunt. hoc ordine scripsisse phibentur. Primus
Matheus. deinde Marcus. tercio Lucas. ultimo Iohannes.

27 Dom Hs. 61, 118v

Hieronymus: Kommentare zu den Paulusbriefen

28 Dom Hs. 58

Benediktinerabtei Lorsch, 1. Hälfte 9. Jh.

Die Handschrift enthält drei der vier vom hl. Hieronymus (347/348-419/420) zwischen 387 und 389 verfaßten Kommentare zu den Paulusbriefen an die Epheser, an Titus und Philemon (Brief an die Galater fehlt), deren Vorreden sich an die römischen Damen Paula (347-404) und Eustochium (um 368-um 419) richten, die dem gelehrten Presbyter nach Palästina gefolgt waren. Bischoff sieht das Buch von mehreren Schreibern während der 1. Hälfte des 9. Jahrhunderts in Lorsch geschrieben. Er identifiziert es mit Nr. 37 und Nr. 203 der erhaltenen karolingischen Lorscher Bibliothekskataloge und zählt es zu den Werken des Übergangs vom Lorscher frühkarolingischen Stil unter Abt Richbod (784-805) zum jüngeren Lorscher Stil unter Abt Adalung (804-837), unter dem das Lorscher Skriptorium nach 820 seine Höhepunkte erreichte. Als Vergleichshandschrift bietet sich beispielsweise der Palatinus latinus 175 in Rom (Bibl. Vaticana) mit dem Kommentar des hl. Hieronymus zum Buch 'Ecclesiastes' an, dessen Zugehörigkeit zur Bibliothek des Klosters des hl. Nazarius in Lorsch gesichert ist (Bischoff 1989, Taf. 10).

Deshalb flehe ich Euch an, die ihr gegenwärtig seid, und auch die heilige Marcella, das Musterbeispiel tugendhafter Witwenschaft: gebt nicht leichtfertig meine Werke in die Hände von Verleumdern und Neidern; gebt nicht das Heilige den Hunden und werft nicht Perlen den Schweinen vor. Leute, die das Gute nicht nachahmen können, hegen Neid darauf – das einzige, was sie zu tun imstande sind. Und sie halten sich in dem für gelehrt und gebildet, was sie anderen gestohlen haben. Bitte antwortet ihnen doch, daß sie sich selbst einen Griffel nehmen sollen, selbst, wie man sagt, drei Worte zusammenfügen sollen, ein wenig schwitzen und selbst die Erfahrung des Schreibens machen sollen. Aus ihrer eigenen Mühe werden sie lernen, mit anderen, die sich abmühen, nachsichtig zu sein. Ihr selbst wißt ja nur zu gut, daß ihr mich gegen meinen Willen und trotz meines Widerstrebens zur Abfassung dieses Kommentarwerkes gedrängt habt. 1v; A.A.

INHALT: **1r** Titel *Explanatio Iheronimi presbyteri in epistolas Pauli apostoli ad Ephesios, ad Titum et ad Philemonem* (Bastarda des 15./16. Jhs.); Federproben in kleiner karolingischer Minuskel und Zierfelder mit Flechtbandmustern. 39r/v sind die gleichen Zierfelder unvollendet, aber mit Hilfslinien und einer Punktierung zwecks Konstruktion des Flechtbandes belegt. **I. 1v-109v** Hieronymus, Vorrede und Kommentar in Form von drei Büchern zum Epheserbrief des Apostels Paulus (PL 26, 467C-590A; Lambert II, 219). **1v** *INCIPIT EXPLANATIO HIERONIMI PRESBITERI IN EPISTULA PAULI APOSTOLI AD EPHESIOS AD TITUM AD PHILEMONEM PRAEFATIO. SI QUICQUAM EST, O PAULA ET EUSTOCHIUM. Quod in hac vita – vel alienum esse vel nostrum.* 2r *S(I)*: Federzeichnung mit nach links laufendem Löwen oder Hund. **4v-33v** *INCIPIT LIBER PRIMUS. Paulus apostolus Iesu Christi per voluntatem Dei – super quem vero ipse corruerit, comminuet eum.* **34r-69r** *INCIPIT LIBER SECUNDUS. SECUNDUM ORATIONIBUS VESTRIS. O Paula et Eustochium – cum his valeat, qui redempti sunt. Amen.* **69v-109r** *INCIPIT LIBER TERTIUS. SATIS ABUNDEQUE O PAULA ET Eustochium – qui diligunt eum in corruptione. Amen.* **109v-110r** Leer. **II. 110v-150r** Hieronymus, Vorrede und Kommentar zum Brief des Apostels Paulus an Titus (PL 26, 589B-636C; Lambert II, 219). **110v** *INCIPIT IN EPISTULA AD TITUM EXPLANATIO HIERONIMI PRESBITERI.* **111r** *Licet non sunt digni fide – quorum doctrina et solacia confoverentur. Paulus, servus Dei, apostolus autem Iesu Christi – qualem benedicens praebere voluisset. Amen.* **III. 150r-165r** Hieronymus, Vorrede und Kommentar zum Brief des Apostels Paulus an Philemon (PL 26, 635D-656A; Lambert II, 219). **150r** *INCIPIT EXPLANATIO HIERONIMI PRESBITERI IN EPISTULA AD PHILEMONEM. QUI NOLUNT INTER EPISTOLAS PAULI – ponenda sunt, quae ita incipiunt.* 150r *Q(UI).* **150r** *Paulus vinctus Iesu Christi – quoties auditus et lectus aedificat. Amen.* **165r** Nachsatz von anderer Hand *Heu miser, quam gravia et ponderosa sunt peccata mea – confiteor* (Beichtformel). **165v** Leer; Zeichnung eines stehenden Mannes in Tunika und Pallium, mit Buch in der Linken.

PERGAMENT: 165 Blätter; 270 x 205 mm; Lagen 1-13^{8}, 14^{6-1}, 15-21^{8}; verzierte Buchstabenreklamanten von *A-X* (O fehlt); Schriftspiegel 195 x 148 mm; Blindliniierung mit Versalienspalten (8 mm); Zirkelstiche auf den äußeren Seitenlinien; einspaltig; 24 Zeilen. AUSSTATTUNG: Lateinischer Text in dunkelbrauner bis schwarzer karolingischer Minuskel; Titel teilweise rubriziert; Titelseiten in Capitalis; Anfänge der Vorreden und Kommentare in Capitalis Rustica; Zitate der Paulusbriefe in Unziale und Halbunziale; Initialen in Form von großen Majuskeln, nur das *S(I)* auf 2r verziert. GLOSSEN: Den Text begleiten in den ersten zwei Lagen Interlineartranskriptionen zu den griechisch geschriebenen Passagen. Zudem finden sich zu allen drei Kommentaren Randglossen zumeist in Form eines auf der Spitze stehenden Dreiecks, das nach oben und unten hin mit Querstrichen und je einem Längsstrich verziert wird, so daß der Eindruck eines im Wind steigenden Drachen entstehen kann. Bischoff (1989, S. 38) nennt sie "Leseurteile" und datiert sie in das 10. Jahrhundert. Einige davon (6r) deuten auf eine liturgische Verwendung des Buches als Homiliar. EINBAND: Pergament mit Streicheisenlinien über Pappe (Mitte 18. Jh.). PROVENIENZ: Wann die Handschrift in die Kölner Dombibliothek gelangte, ist nicht bekannt. Ob die Glossen des 10. Jhs. in Köln dazukamen, bleibt zu untersuchen. Darmstadt 2052. LITERATUR: Hartzheim 1752, S. 30f. – Jaffé/Wattenbach 1874, S. 18 – Decker 1895, S. 226, 239, Nr. 48 – Frenken 1923, S. 53 – Lambert II 1969, S. 167 – Bischoff 1989, S. 38, 106f. – Handschriftencensus 1993, S. 604, Nr. 1018 – Collegeville 1995, S. 96ff. A.v.E.

SIQUICQUAM EST PAULAE ET EUSTOCHIUM QUOD
in hac uita sapientem uirum teneat & inter pressuras
& turbines mundi aequo animo manere persuadeat.
Id esse uel primum reor meditationem & scientiam
scripturarum; Cum enim ac ceteris animantibus hoc uel max
ime differimus quod rationale animal sumus & loqui pos
sumus, Ratio autem omnis & sermo diuinis libris contine
tur per quos & dm̄ discimus & quare creati simus non igno
ramus. miror quosdam extitisse qui aut ipsi se inertiae
& somno dantes nolunt quae praeclara sunt discere aut
ceteros quid studii habent reprehendendos putent; Quibus
cum possim districtius respondere & breuiter eos uel offen
sos dimittere uel placatos multo esse melius scripturas
legere quam augendis & cumulandis opibus inhiare.
illud dicam quod uel apud iniquissimum iudicem optine
at placere mihi otium meum & solitudinem omni celebri
tate iucundiorem uideri; & quomodo ego non rephen
do non damno quod faciunt ita illos inertias meas mihi
debere concedere; parum eloquens sum qui ad te disser
tiorem lege; non digne graeca in latinum transfero, aut
graecos lege si eiusdem linguae habes scientiam aut si
tantum latinus es noli de gratuito munere iudicare; & ut
uulgare prouerbium est noli equi dentes inspicere donati;

29 Dom Hs. 47

Hieronymus: Kommentar zum Buch des Propheten Isaias

Köln, Groß St. Martin, 3. Viertel 11. Jh.

Aus der Fülle der exegetischen Schriften des hl. Hieronymus (347/348-419/420) enthält Dom Hs. 47 die Bücher 10-18 seines Kommentars zu Isaias, während die ersten neun Bücher dieses Bibelkommentars in Dom Hs. 48 überliefert sind, die erst im 12. Jahrhundert, wohl ebenfalls in Köln, entstand. Der beträchtliche Umfang der insgesamt achtzehn Bücher der Isaias-Auslegung hat mehrfach zu einer zweibändigen Edition geführt, wie sie beispielsweise auch in Codex 31-32 der Stiftsbibliothek zu Klosterneuburg aus dem 12. Jahrhundert überliefert ist (Lambert II 1969, S. 81). Hieronymus gab mit diesem 408/409 geschriebenen Werk eine allegorische Deutung des prophetischen Textes, der bereits um 397 eine rein historische Erklärung vorangegangen war. Noch bevor er für einige Jahre nach Rom zurückging, hatte er außerdem im Jahre 381 in Konstantinopel, wo er die Lehrvorträge des Gregor von Nazianz (um 326-um 390) hörte, den Traktat 'De Seraphim et calculo' über Kapitel 6 des Isaias verfaßt, der seine Begeisterung für die allegorische Exegese des Origenes (um 185-um 254) widerspiegelt; er ist in seinem Œuvre als Brief 18 (an Papst Damasus) überliefert. Schließlich belegt sein um 402 in Bethlehem entstandener 'Tractatus contra Origenem de visione Isaiae' über dieselbe Stelle bei Isaias mit überaus polemischen Formulierungen seine Abkehr von der allegorischen Auslegungsmethode des Origenes, der er selbst doch so viel verdankte. Noch für das Mittelalter bleibt die Divergenz von hoher Wertschätzung und gleichzeitigem Vorbehalt gegenüber den Schriften des Origenes charakteristisch, die unter anderem in der perplexen Auseinandersetzung durch Hieronymus gründet (vgl. auch Y.-M. Duval, Jérome entre l'occident et l'orient. La tradition du commentaire de Jérome sur Isaié, Paris 1988).

Die pergamentausgesparten Rankeninitialen auf vorrangig blau-grünem Grund zu Beginn jedes Buches in Dom Hs. 47 lassen sich in die spätottonische Kölner Buchkunst nach der Mitte des 11. Jahrhunderts integrieren. Nächstvergleichbar ist der Initialschmuck in der 'Vita sancti Goaris' des Wandalbert von Prüm (Wiesbaden, Hess. Landesbibl., Cod. 34) mit einem sehr frühen Besitzvermerk des Heribertklosters in Köln-Deutz sowie mit der Ausstattung des Bibelbandes (1-2 Sam, 1-2 Kg, 1-2 Chr) A1 der Universitätsbibliothek in Düsseldorf (Plotzek, in: AaKbll 44 [1973], S. 315f.), der wie unsere Hieronymus-Handschrift aus Groß St. Martin in Köln stammt (G. Karpp, in: G. Gattermann [Hg.], Kostbarkeiten aus der Universitätsbibliothek Düsseldorf, Wiesbaden 1989, S. 30f., Nr. 8). Vermutlich handelt es sich hier um Arbeiten dieses Benediktinerklosters, in das mit dem Regierungsantritt Erzbischof Annos II. von Köln (1056-1075) Marianus Scotus (1028-1082) eintrat und aus dessen Skriptorium sich auch aus nachfolgender Zeit qualitätvoll ausgestattete Cimelien erhalten haben.

Wie sich der schon von der Mühe ermüdete Seemann freut, wenn er nach langewährender Sehnsucht die bekannten Gestade sieht, so jubelt nicht anders der Schreiber, auch er erschöpft, am ersehnten Ende des Buches.
153v (Kolophon); A.A.

INHALT: **1r/v** Leer. **2r-153v** Hieronymus, Isaias-Kommentar (Buch 10-18) (Lambert II 207; PL 24, 349D-678B; CCL 73, 396-73A, 799; s. auch Stegmüller 3353). **2r** *INCIPIT LIBER DECIMUS IN EXPLANATIONE ESAIE PROPHETAE.* Buch 10 *D(ecimus liber quem nunc habemus in manibus).* **15v** Buch 11 *d(IFFICILE IMMO IMPOSSIBILE EST PLACERE OMNIBUS).* **31r** Buch 12 *N(ULLUS TAM IMPERITUS SCRIPTOR EST).* **47v** Buch 13 *M(ULTI CASUS OPPRIMUNT NAVIGANTES).* **62v** Buch 14 *D(OMINUS QUI RESPICIT TERRAM).* **81r** Buch 15 *C(REBRO EUSTOCHIUM).* **97r** Buch 16 *a(EGREGIA DISERTISSIMI ORATORIS).* **114v** Buch 17 *Q(UANTA MISTERIA).* **133v** Buch 18 *d(UODEVICESIMO IN ESAIAM).* **153v** Kolophon *Ut gaudere solet fessus iam nauta labore/ Desiderata diu littora nota videns,/ Haud aliter scriptor optato fine libelli/ Exultat viso, lassus et ipse quidem* (Walther 19, 805). **154r** Leer.
PERGAMENT: 154 Blätter; 374 x 261 mm; Lagen 1^{2-1}, $2-8^{8}$, 9^{10}, $10-19^{8}$, 20^{8-1}; Buchstabenreklamanten; Schriftspiegel 290 x 182 mm; Blindliniierung mit Versalienspalten (7 mm); einspaltig; 35 Zeilen. AUSSTATTUNG: Lateinischer

& ciuitatem di uiuentis hierusalem celestem. nemore iudaicam auream que
ramus sion. et gemmatam hierusalem. que iuxta pphetiam danihelis in
eternos cineres dissoluta est. eritq; letitia sempiterna laudantium dominu
sup caput eorum. ut post quam sclm uicerint. possint cu aplo et ppheta di
cere. cursum consummaui fidem seruaui. de cetero reposita e mihi corona
iustitie. & dne ut scuto bone uoluntatis tue coronasti nos. Tunc succedente
gaudio atq; letitia. fugiet dolor & gemitus. quando uenerit ex sion qui eruat.
Que omia nos iuxta aplm paulum in primo saluatoris interptamur aduentu.
iudei aut & nri iudaizantes. ad secundum referunt unius occasione
uersiculi. conuertentur & uenient in sion cu laude. hostiarum sanguinem
cunctarumq; gentium seruitutem. et uxoru pulchritudinem desiderantes.

FINIT EXPLANATIO IN ESAIA LIBER DECIMUS. INCIPIT UNDECIMUS

DIFFICILE IMMO IMPOSSIBILE EST PLACERE OMNIBUS. NEC
tanta uultuum, quanta sententiarum diuersitas e. In explanatione
duodecim pphetarum, longior quibusdam uisus sum quam oportuit. & ob
hanc causam in commentariolis danielis breuitati studui pter ultimam
& peneultimam uisiones. in quibus me necesse fuit pro obscuritatis magnitudine
sermonem tendere. precipueq; in expositione septem & sexaginta duarum
et unius ebdomadarum. in quib; disserendis quid africanus temporum scriptor.
quid origenis. cesariensis eusebius. clemens quoq; alexandrine eccle prbr.
& apollinaris laodicenus. hypolitusq; et ebrei. et tertullianus senserunt breuiter
comphendi. lectoris arbitrio derelinquens. quid de plurib; elegerit. Itaq;
quod nos uerecundia fecimus iudicandi. et eorum honore qui lecturi erant.
quibusdam forte n placeat qui non antiquorum opiniones. s; nram sen
tentiam scire desiderant. Quib; facilis responsio est. noluisse me sic unum
recipere. ut uiderer alios condemnare. Et certe si tanti & tam eruditi
uiri fastidiosis lectoribus displicent. quid de me facturi erant. qui
p tenuitate ingenioli. inuidorum morsibus pateo. Sin aut supradictos
uiros magistros ecclesie nominaui. illud intelligant me non omnium
pbare fidem qui certe inter se contrarii sunt. s; ad distinctionem iosephi
porfiriiq; dixisse. qui de hac questione plurima disputarunt. quod
si in expositione statue pedumq; et digitorum discrepantia. ferrum
et testam sup romano regno interptatus sum. quod primum forte. deinde
inbecillum scriptura portendit. n mihi imputent sed prophete.

Text in mittelbrauner bis schwarzer frühromanischer Minuskel von zwei Schreibern (Wechsel 68r), rubriziert; ein- bis zweizeilige Initialen in Tinte, z. T. mit ockerfarbener, violetter, brauner, blauer oder grauer Schattierung; mehrzeilige Initialen in Minium mit pergamentausgesparten, teilweise farbig umpunkteten und schattierten Blattranken mit zoomorphen Motiven auf hell- und dunkelgrünem sowie blauem und violettem Grund. EINBAND: Pergament mit Streicheisenlinien über Pappe (Mitte 18. Jh.). PROVENIENZ: *LIBER SANCTI MARTINI* (154v); der ursprüngliche Name ist ausradiert und durch Martin ersetzt worden (11./12. Jh.); Darmstadt 2042. LITERATUR: Hartzheim 1752, S. 28 – Jaffé/Wattenbach 1874, S. 15 – Lambert II 1969, S. 81 – Handschriftencensus 1993, S. 599, Nr. 1007 – Collegeville 1995, S. 76f. – I. Knoblich, Die Bibliothek des Klosters St. Maximin bei Trier bis zum 12. Jahrhundert, Diss. Trier 1996. J.M.P.

Friedrich-Lektionar

30 Dom Hs. 59

Köln, gegen 1130

Das auf einem vorangestellten Einzelblatt gemalte Titelbild (s. Abb. S. 14) überliefert den Kölner Erzbischof Friedrich I. von Schwarzenburg (1100-1131) als Auftraggeber der fälschlich als Lektionar bezeichneten Handschrift, und der Titel auf der nachfolgenden Zierseite (1v) teilt mit, daß diese Edition der Briefe des hl. Hieronymus (347/348-419/420) wegen ihres großen Gewichts geteilt, also in zwei oder mehrere Bände zerlegt worden sei, von denen weitere jedoch nicht überkommen sind. Die Handschrift enthält in der Tat nur gut ein Viertel der etwa 120 erhaltenen Briefe, die der Kirchenvater bevorzugt an die Damen aristokratischer Familien seines römischen Bekanntenkreises adressierte, die aber auch in Korrespondenz mit Papst Damasus (366-384), mit Augustinus (354-430) und anderen entstanden. Im Sinne einer umfassenden christlichen Erziehungslehre berühren sie alle Bereiche seines Schaffens, nehmen Anteil an persönlich-familiären Ereignissen oder überliefern Nachrufe auf Verstorbene. Als Beispiele seien die in unserer Handschrift aufgenommenen Briefe 64 (81v) und 78 (85r) an Fabiola erwähnt, in denen Hieronymus eine allegorisch-erbauliche Deutung der alttestamentlichen priesterlichen Gewänder gibt bzw. sehr ausführlich über die 42 Lagerstätten der Israeliten in der Wüste handelt. Brief 57 'De optimo genere interpretandi' (121v) von 395/396 stellt eine grundsätzliche Abhandlung seiner Übersetzungsprinzipien dar. Das Briefcorpus zählt insgesamt 154 Nummern, von denen 34 nicht von Hieronymus stammen, sondern an ihn gerichtet, von ihm übersetzt oder aus anderen Gründen aufgenommen worden sind. Hierzu gehört z. B. Brief 51 (119v) von Epiphanius von Constantia bzw. Salamis (310/320-403), den Hieronymus übersetzte, oder Brief 83 (133v) von den Autoren Pammachius und Oceanus. Zudem enthält die Handschrift einige dogmatisch-polemische Werke des Hieronymus, Streitschriften gegen Helvidius (136r) aus dem Jahr 383 und gegen den Irrlehrer Jovinianus (141v) von 393, in denen der Kirchenvater die Jungfräulichkeit Marias und das asketische, ehelose Leben verteidigte. Aufgrund seiner Verurteilung der Lehren des Origenes (um 185-um 254) im Jahr 393 zerbrach seine Freundschaft mit Rufinus von Aquileia (um 345-411/412), gegen den er 'Contra Rufinum' (16v) im Jahre 401/402 verfaßte. Mit seiner Schrift 'Contra vigilantium' (9v) von 406 wird Hieronymus zum Anwalt christlicher Heiligen- und Reliquienverehrung und nimmt gewisse liturgische Gebräuche in Schutz.

Wenn ich auf mein Papier irgendwelche Torheiten schreibe, wenn ich darauf die Hl. Schrift erkläre oder in bissigen Worten solche, die mich angreifen, verletze, wenn ich meinem Ärger Luft mache, mich in Gemeinplätzen bewege und sozusagen die gespitzten Pfeile für den Kampf zurechtlege, solange meine Gedanken nicht in die Öffentlichkeit dringen, sind die schlimmen Worte noch kein Verbrechen, ja nicht einmal schlimme Worte, da die Öffentlichkeit nichts davon weiß. Du darfst die Diener bestechen, die Hausgenossen zum Bösen anstiften und als Goldregen, wie es in der Sage heißt, zur Danae vordringen. Über deine Taten gleitest du mit Stillschweigen hinweg, mich aber nennst du einen Fälscher. Dabei liegt in deiner Anklage das Eingeständnis eines Vergehens, das um vieles schwerer ist als jenes, dessen du mich beschuldigst.

Die Titelminiatur visualisiert in Schrift und Bild komplexe Sinnzusammenhänge, wie sie sich später auch auf den rheinischen Reliquienschreinen, etwa in dem von Rupert von Deutz (1075/80-1129/30) beeinflußten Programm des Heribert-Schreins in St. Heribert zu Köln-Deutz

IN NOMINE
DOMINI
INCIPI
UNT EPISTO
LAE SANC
TI HIERONIM
PRESBITERI
DIVISAE PROP
TER GRAVITA
TEM PONDERIS

30 Dom Hs. 59, 1v

Die einen nennen dich einen Häretiker, andere werfen dir vor, die kirchliche Lehre zu verderben. Dazu schweigst du still, du hast nicht den Mut zu antworten. Aber über einen armen Übersetzer fällst du her, treibst Silbenstecherei und glaubst deine Rechtfertigung völlig gesichert, wenn einer, dem du ans Zeug gehst, still hält. Setzen wir den Fall, ich hätte mich beim Übersetzen geirrt oder etwas ausgelassen – darin gipfelt ja dein ganzer Handel mit mir, damit suchst du dich reinzuwaschen, hast du denn damit aufgehört, ein Irrlehrer zu sein, daß ich ein untauglicher Übersetzer bin? Das sage ich nicht, um dich als Irrlehrer zu brandmarken, das geht den an, der dich angeklagt hat, der mag zusehen, der dir schriftlich diesen Vorwurf gemacht hat. Aber es ist äußerst töricht, wenn man selbst von dritter Seite angegriffen wird, einen anderen zu beschuldigen und aus der Verletzung eines Schlafenden Trost zu schöpfen, nachdem der eigene Körper über und über mit Wunden bedeckt ist.
122v (aus dem Brief des Hieronymus an Pammachius); L. Schade 1937

entfalten. Die Inschriften im äußeren Rahmen sowie auf den Spruchbändern in Händen des Erzbischofs und des über ihm erscheinenden Gottessohnes charakterisieren den Kölner Metropoliten als jemanden, der seine Liebe zu Gottes Wort und Gesetz in täglicher Meditation bewahrt, und dem daraufhin die entgegnende Liebe Gottes verheißt, daß Christus mit dem Vater zu ihm kommen und "bei ihm Wohnung nehmen wird". Gottes Gebote offenbaren sich in der Hl. Schrift, deren Autoren in Auswahl von sieben Propheten des Alten Bundes und sieben Aposteln des Neuen als Büsten mit Spruchbändern in typologisch aufeinander bezogenen Paaren Verheißung und Erfüllung des Heilsplans Gottes dokumentieren. Die in den vier Eckmedaillons eingefügten Kardinaltugenden zeigen mit der Weisheit ihrer Sprüche den Weg zur Erfüllung des Gesetzes.

Zudem nimmt das Titelbild unmittelbar auf den Inhalt der Handschrift Bezug. Erzbischof Friedrich thront auf dem mit Löwenköpfen geschmückten Faldistorium, der Kathedra, innerhalb seiner Residenzstadt, umgeben von Kisten mit Büchern, er sitzt also gleichsam in seiner Bibliothek, in der Bibliothek des Kölner Doms. Die Darstellung folgt darin dem Typus der seit karolingischer Zeit (Vivian-Bibel; Paris, Bibl. Nat., Lat. 1, 3v) bekannten Tradition der Hieronymus-Bilder, die der Kölner Buchmalerei bereits in ottonischer Zeit geläufig waren und auch im Autorenbild (4v) des Hillinus-Codex (Dom Hs. 12; Kat. Nr. 76) aufgegriffen werden (Bloch/Schnitzler II 1970, bes. S. 144ff., Abb. 630ff.). In stellvertretender Auswechslung mit dem Kirchenvater erscheint in unserem Manuskript der Erzbischof also auch als Wahrer der Schriften des hl. Hieronymus, die ihn in den Bücherkisten umgeben und die er mit der vorliegenden Handschrift in einer weiteren Abschrift lebendig hält. Seine tägliche Meditation gilt diesen Schriften, die das Gesetz exegetisch behandeln, d. h. die Revision und Neuübersetzung der Hl. Schrift durch Hieronymus in den für das Mittelalter verbindlichen biblischen Einheitstext der Vulgata begleiten, und die zum anderen das Eingreifen in kirchlich-theologische Fragen jener Zeit belegen: wie es Erzbischof Friedrich als großer Gönner des schon genannten Rupert von Deutz, als Förderer des hl. Norbert von Xanten (1080/85-1134), auch als politisch agierender Zeitgenosse Kaiser Heinrichs IV. (1053-1106) und seines Sohnes Heinrich V. (1099-1125) und als Gründer von Klöstern verschiedener Reformorden (Prämonstratenser, Zisterzienser) in seine Zeit einbringt. Als Förderer der Siegburger Klosterreform sowie, nach anfänglicher Gegnerschaft, der Reformbestrebungen Papst Gregors VII. (1073-1085) erscheint vor dem historischen Hintergrund der Auseinandersetzung des Investiturstreits und dessen Beilegung auf dem Wormser Konkordat von 1122 die Miniatur wie ein anspruchsvolles Legitimationsbild (Stangier 1995) im Selbstverständnis des Kölner Metropoliten.

Stilistisch steht die Miniatur in der Nachfolge des kölnischen Evangeliars von St. Maria Lyskirchen (Leihgabe im Schnütgen-Museum; Bloch/Schnitzler I 1967, S. 113ff., Nr. XX) und wird noch vor Arbeiten wie der Miniatur auf dem Eilbertus-Tragaltar (Berlin, Kunstgewerbemuseum PK; D. Kötzsche, in: Rhein und Maas II 1973, bes. 217ff., Farbtafel 9f.) gegen 1130 in Köln entstanden sein, worauf auch der einheitliche Initialschmuck hinweist.

INHALT: **1r** Stifterbild mit zahlreichen Inschriften (Jaffé/Wattenbach 1874, S. 19f.): Unter dem thronenden Christus sitzt Erzbischof Friedrich I. von Köln auf einem Faldistorium umgeben von 14 Brustbildern (Apostel, Johannes der Täufer, Propheten), 4 Tugendmedaillons und umlaufenden Hexametern *PERPES AMATORUM*

DILECTOR XPISTE TUORUM,/IN TE PRESUL AMAT, TUBA QUOD SYMMISTICA CLAMAT./QUOD NOVA LEX PROMIT, LIBRIS ET CORDE RECONDIT,/HINC DULCI GUSTU, QUOD RUMINAT, EXHIBET ACTU – Christus, der du deinen Anhängern beständig wohlgesonnen bist, in dir liebt der Geistliche, was die vertraute (?) Trompete verkündet; was das neue Gesetz hervorbringt, birgt er in Büchern und im Herzen. In seinem Amt verleiht es ihm süßen Geschmack, wenn er es "wiederkäut". Kardinaltugenden: l.o.: Tapferkeit: *CONSTANS ET FORTIS, DIRUMPES VINCULA MORTIS* – Beständig und tapfer zerreißt du die Fesseln des Todes; r.o.: Klugheit: *VINCES PRUDENTER, QUICQUID TOLERAS PATIENTER* – Klug überwindest du, was du geduldig erträgst; l.u.: Gerechtigkeit: *IUSTICIAE NORMAM PIETAS NON DESERAT UMQUAM* – Die Frömmigkeit verläßt niemals die Vorschrift der Gerechtigkeit; r.u.: Mäßigkeit*: FERVOREM VITE DISCRETIO TEMPERET IN TE* – Die Unterscheidung mäßigt in dir die Leidenschaft des Lebens. Brustbilder alt- und neutestamentlicher Gestalten mit Spruchbändern in paarweiser Zuordnung: Moses (Dt 6,5) und Johannes der Täufer (Jo 1,16), David (Ps 33,9) und Petrus (1 Petr 4,8), Isaias (Is 57,2) und Paulus (Röm 5,5), Jeremias (Jr 17, 21 und 17,10) und Jakobus (Jak 1,17), Ezechiel (Ez 36,23) und Johannes (1 Jo 4,19), Daniel (Dn 2,21-22) und Matthäus (Mt 7, 21), Malachias (Mal 4,2) und Judas (Jud 20-21). Spruchband Christi: *SI QUIS DILIGIT ME, SERMONEM MEUM SERVABIT, ET PATER MEUS DILIGET EUM. ET AD EUM VENIEMUS, ET MANSIONEM APUD EUM FACIEMUS* – Wenn einer mich liebt, wird er mein Wort bewahren, und mein Vater wird ihn lieben, und wir werden zu ihm kommen und Wohnung bei ihm nehmen (Jo 14,23); Spruchband Erzbischof Friedrichs: *Quomodo dilexi legem tuam Deus tota die meditatio mea est* – Auf solche Weise habe ich Dein Gesetz geliebt, Gott, daß ich den ganzen Tag nachgesonnen habe (Ps 118,97); über dem Thronenden: *DOMNUS FRIDERICUS COLONIENSIS ARCHIEPISCOPUS* – Friedrich, Erzbischof von Köln. **1v** Titelzierseite. Hieronymus. Briefe *IN (NOMINE DOMINI INCIPIUNT EPISTOLAE SANCTI IERONIMI PRESBITERI DIVISAE PROPTER GRAVITATEM PONDERIS)* – Im Namen des Herrn beginnen die Briefe des hl. Presbyters Hieronymus, wegen des großen Gewichts geteilt. **2r** Brief 48 *Q(UOD ad te hucusque)*. Es folgen die Briefe 49, 61, 109 (PL 22; Lambert I/1,0). **9v** Hieronymus, Contra vigilantium. Buch II *Multa in orbe monstra* (PL 23, 353A-368B; Lambert II, 253). **12r** Brief 124 (PL 22; Lambert I/1,0). **15v** Rufinus, Praefatio Rufini in Periarchon (ed. als Brief 80) *Scio quam plurimos* (PL 22, 733-735; Lambert I/2, 80). **16r** Apologia Rufini ad Anastasium *Audivi quosdam* (PL 21, 623B-628A). **16v** Hieronymus, Contra Rufinum liber III *Lectis litteris prudentiae tuae* (PL 23, 477C-514B; Lambert II, 256). **25v** Contra Rufinum libri I-II *Ut vestris et multorum litteris* (PL 23, 415A-478B; Lambert II, 255). **41r** Hieronymus, Briefe 133, 22, 31, 11, 130, 54, 79, 123, 107, 117 (in 2 Teilen), 148, 45, 13, 147 (PL 22; Lambert I/1,0). **79r** Anonymus (Hieronymus, Ep. supp. 20), De lapsu Susannae *Puto levius esse crimen ... adherere Domine Deus meus* (Lambert III/1, 320). **81v** Hieronymus, Briefe 64, 78, 120, 121 (zusammen mit Brief 5 in einer eigenen Lage), 5, 47, 106 (PL 22; Lambert I/1,0). **115r** Pseudo-Hieronymus, De cereo Paschali *Ieronimus. Presidio fratri salutem. Nulla res* (PL 30, 182C-188B; Lambert I/2, 155). **117r** Hieronymus, Briefe 129, 51, 57, 7 (PL 22; Lambert I/1,0). **126v** Pseudo-Hieronymus, De honorandis parentibus *Parentum meritis* (PL 30, 145C-147C; Lambert III/1, 311). **127v** Hieronymus, Briefe 69, 53, 83, 84 (PL 22; Lambert I/1,0). **136r** De perpetua virginitate Beatae Mariae adversus Helvidium *Nuper rogatus* (PL 23, 193A-216B; Lambert II, 251). **141v** Adversus Iovinianum libri I-II *P(AUCI AD MODUM DIES sunt)*. **171r** Ende mit ... *luxuriam susceperunt* (PL 23, 221A-352D; Lambert II, 252). **171v** Inhaltsverzeichnis in einer Bastarda des 15. Jhs.

PERGAMENT: 171 Blätter; 345 x 256 mm; Lagen 1^{8+1}, $2-7^{8}$, 8^{8+1}, $9-12^{8}$, 13^{8+1}, $14-21^{8}$; Schriftspiegel 265 x 185 mm; Blindliniierung; 2 Spalten von je 86 mm Breite und 13 mm Abstand; 43 Zeilen. AUSSTATTUNG: Lateinischer Text in dunkelbrauner bis schwarzer romanischer Minuskel von mehreren Schreibern; mehrzeilige Majuskeln in Minium zu Beginn der Kapitel; mehrzeilige Initiale (2r) mit vegetabilen Motiven in Silber- und Goldtinte auf blauem und grünem Grund; mehrzeilige Initiale (141v) in Minium mit pergamentausgesparten Blattranken auf blau-grünem Grund; Schriftzierseite (1v) mit großer Ligatur aus miniumfarbenen Initialen mit Blüten in Goldtinte und pergamentausgesparten Blattranken auf blauem und grünem Grund sowie mit miniumfarbenen und alternierend grünen und blauen Majuskeln; Miniatur (1r) in Rot, Grün, Blau, Rosa, Beige und Braun mit Deckweiß sowie Goldtinte. EINBAND: Pergament mit Streicheisenlinien über Pappe (Mitte 18. Jh.). PROVENIENZ: Von Erzbischof Friedrich I. von Köln in Auftrag gegeben; Besitzvermerk des Kölner Domes aus dem 15. Jh. *Iste liber est maioris ecclesie in Colonia* (2r); Darmstadt 2053a. LITERATUR: Hartzheim 1752, S. 31 – Jaffé/Wattenbach 1874, S. 18ff. – Kdm Köln 1/III, 1938, S. 395f., Nr. 10 (Lit.), Abb. 322 – Schnitzler II 1959, S. 29f., Nr. 23 (Lit.) – J. Hoster, Der Dom zu Köln, Köln 1964, S. 56f., Nr. 73 – Bloch/Schnitzler II 1970, S. 141 – Rhein und Maas I 1972, S. 308, Nr. J41 (J.M. Plotzek) – Plotzek 1973, S. 323 – Schulten 1980, S. 110f., Nr. 56 – Schmitz 1985, S. 142 – Ornamenta 1985, I S. 73, Nr. A20 (A. von Euw) – F.W. Oediger, Das Bistum Köln von den Anfängen bis zum Ende des 12. Jahrhunderts. Geschichte des Erzbistums Köln, Bd. I, Köln [1964] 1991[3], S. 133 – Salier 1992, S. 481f. (S.v. Roesgen) – Handschriftencensus 1993, S. 605f., Nr. 1019 – Collegeville 1995, S. 98ff. – A. von Euw, Figurenstil und Schriftstil in der Steinskulptur, Goldschmiedekunst und Buchmalerei des 12. Jahrhunderts im Rhein-Maas-Gebiet, in: H. Giersiepen/R. Kottje (Hgg.), Inschriften bis 1300. Probleme und Aufgaben ihrer Erforschung, Wiesbaden 1995 (Nordrhein-Westfälische Akademie der Wissenschaften, Abhlg. 94), S. 170 und Abb. 12 – Heinrich der Löwe 1995, I S. 136f., Nr. C9 (T. Stangier).

J.M.P.

"Trinke kein Wasser mehr, sondern wegen deines Magens und deiner dauernd geschwächten Gesundheit nimm etwas Wein zu dir." (Tim 5,23) Daraus ergibt sich, wann der Genuß des Weines erlaubt ist. Er ist gerade noch zugelassen als Heilmittel gegen Magenschmerz und Körperschwäche. Damit wir aber nicht unsere Krankheit als Vorwand nehmen, mahnt der Apostel, den Wein nur in kleinen Mengen zu genießen. Es ist zwar mehr der Rat eines Arztes als der eines Apostels, aber schließlich ist ja auch der Apostel ein Arzt der Seele. Timotheus sollte durch seine Kränklichkeit nicht gehindert werden, sich den mit der Verkündigung des Evangeliums verbundenen Anstrengungen zu unterziehen. Paulus wußte ja, daß er anderwärts geschrieben hatte: "Der Wein, in dem Wollust liegt" oder "Es ist gut für den Menschen, keinen Wein zu trinken und kein Fleisch zu essen."
(aus dem Brief des Hieronymus an Eustochium); Texte der Kirchenväter I, München 1963

31 Dom Hs. 31, 1v/26v

31 Dom Hs. 31, 47v/60r

Ambrosius: Hexaemeron; Hieronymus: Adversus Iovinianum

31 Dom Hs. 31

Köln, St. Pantaleon, um 1160

Der wie Dom Hs. 11 (Kat. Nr. 38) aus dem Skriptorium von St. Pantaleon stammende Codex vereinigt zwei Schriften der lateinischen Kirchenväter Ambrosius (339-397) und Hieronymus (347/348-419/420). Im 'Hexaemeron' interpretiert Ambrosius exegetisch-allegorisch die Schöpfungsgeschichte – eine aus Predigten erwachsene Auslegung des "Sechstagewerkes". Hieronymus widerspricht in seinem Traktat 'Adversus Iovinianum' dem als Häretiker verurteilten Römer Iovinianus und dessen Behauptung, "daß alle Christen kraft der Taufe vor Christus gleich seien und die Keuschheit der Ehe keineswegs überlegen sei" (P. Nautin, in: TRE 15, S. 306). Damit griff Iovinianus in eine damals aktuelle Diskussion ein, die Keuschheit und asketische Übungen über alles stellte. Außerdem behauptete Hieronymus, der Mönchsstand sei selbst jenen überlegen, die keusch lebten. Der gleiche Text ist bereits in Dom Hs. 59 (Kat. Nr. 30), dem sog. Friedrich-Lektionar, enthalten (141v-171r). An der sorgfältigen Niederschrift waren zwei Schreiber beteiligt, wobei der erste das 'Hexaemeron' schrieb und der zweite den unmittelbar auf der Seite des Explicits anschließenden Hieronymustraktat. Anordnung und Zusammenstellung der beiden Texte waren demnach beabsichtigt, auch wenn beide Werke inhaltlich keine Verbindung aufweisen. Der gliedernde Initialschmuck orientiert sich am Formenvorrat des Skriptoriums von St. Pantaleon. Die Initialen stehen zu Beginn der Prologe bzw. im 'Hexaemeron' am Anfang der sechs den sechs Schöpfungstagen gewidmeten Kapitel. Aufschlußreich ist der Vergleich der Initialen von Folio 47v *S(extus)* und Folio 60r *P(auci)*. Eine bis in Einzelheiten dem *S(extus)* vergleichbare Initiale findet sich auf Folio 215r des in Zusammenhang mit Dom Hs. 11 bereits erwähnten Hamburger Augustinusbandes (Staats- und Universitätsbibl., Cod. 5 in scrinio). Ganz anderen Charakter weist die große Initiale *P(auci)* zu Beginn des Iovinianustextes auf. Als rote, rein ornamentale Federzeichnung korrespondiert sie in ihrem klaren Aufbau mit dem nebenstehenden Text, der die Buchstabenform berücksichtigt hat. Sie ähnelt der P-Initiale des aus Kloster Altenberg stammenden Codex B 51 der Düsseldorfer Universitätsbibliothek, an dessen Ausschmückung mehrere Maler beteiligt waren und der zwischen den Skriptorien von St. Pantaleon und Altenberg vermittelt.

"Wo warst du, da ich die Erde grundlegte? Sag es mir, wenn du Einsicht hast! Wer setzte ihr Maß fest?, wenn du es weißt. Oder wer ist's, der die Meßschnur über sie ausspannte?" (Job 34,4f.) Hat Gott damit nicht klar gezeigt, daß alles in seiner Größe gründet, nicht in Zahl, Gewicht und Maß? Denn das Geschöpf gibt kein Gesetz, sondern empfängt es und wahrt nur das empfangene. Nicht wegen ihrer zentralen Lage schwebt also die Erde im Gleichgewicht, sondern weil Gottes Majestät durch das Gesetz seines Willens sie zwingt, über dem unsteten Gewoge im leeren Raume stetig zu beharren. So bezeugt es auch der Prophet David mit den Worten: "Er hat die Erde auf ihre Festigkeit gegründet; sie wird nicht wanken in alle Ewigkeit." (Ps 103,5) Da wird Gott nicht bloß als Künstler, sondern als der Allmächtige gefeiert, der die Erde nicht durch eine gewisse zentrale Kraft, sondern durch sein Gebot in Schwebe hält und nicht ins Wanken geraten läßt. Nicht die zentrale Lage, sondern Gottes Ermessen müssen wir für das Maßgebende halten; nicht Kunst, sondern Macht ist da maßgebend, die Gerechtigkeit ist maßgebend. Das All übersteigt nicht als etwas Unermeßliches sein Wissen, sondern unterliegt als etwas Endliches seinem Erkennen. Wenn wir lesen: "Ich festigte ihre Säulen" (Ps 74,4), so können wir doch nicht glauben, sie ruhe wirklich auf Säulen, sondern auf jener Kraft, welche die Substanz der Erde trägt und hält.
5v (Ambrosius, Sechstagewerk I, 22); Texte der Kirchenväter I, München 1963

INHALT: **1r** Besitzvermerk des Kölner Domes (14. Jh.) *Exameron Ambrosii. Liber maioris ecclesie in Colonia*; Federproben. **1v-59v** Ambrosius, Hexaemeron (CSEL 32, 1-261; PL 14, 123-274). **1v** 1. Tag *T(ANTUMne opinionis)*. **10v** 2. Tag *D(IEM PRImum)*. **15r** 3. Tag *D(IES tercius)*. **18v** 3. Tag (III,6,25) *d(ISCEDENte aqua)*. **26v** 4. Tag *Q(UI VINdemiam)*. **33v** 5. Tag *V(ESTITA diversis)*. **47v** 6. Tag *S(EXTUS iste est dies)*. **59v** Ende mit ... *cui est honor ... et in omnia saecula saeculorum. Amen.* **60r-101v** Hieronymus, Adversus Iovinianum (PL 23, 221-352). **60r** 1. Buch von der Jungfräulichkeit und der Monogamie *P(auci admodum dies sunt)*. **84r** 2. Buch von der Taufe und der Buße *S(ECUNDA PROPOSITIO EST)*. **101v** Ende mit ... *Epicuri luxuriam susceperunt.* **102r-103v** Leer. PERGAMENT: 103 Blätter; 327 x 216 mm; Lagen 1-12^{8}, 13^{6+1}; Schriftspiegel 259 x 171 mm; 2 Spalten zu je 80 mm Breite und 11 mm Abstand; Liniierung mit Metallstift; 39 Zeilen. AUSSTATTUNG: Lateinischer Text in dunkelbrauner bis schwarzer romanischer Minuskel, rubriziert; Auszeichnungsschrift: Capitalis Rustica; einzeilige Textmajuskeln in Tinte, z. T. rot schattiert; zweizeilige Ziermajuskeln in Rot und Grün, letztere rot schattiert; große Rankeninitialen in roter Federzeichnung mit gespaltenem Buchstabenkörper und Klammern (ab fol. 60r); große Rankeninitialen in brauner Federzeichnung mit gespaltenem, braun gefülltem Buchstabenkörper und Klammern, mit Flechtwerk, Fischen, Drachen und Masken sowie Füllung des Binnengrundes und Schattierung in Grün und Rot. EINBAND: Pergament mit Streicheisenlinien über Pappe (Mitte 18. Jh.). PROVENIENZ: Besitzvermerk des Kölner Domes aus dem 14. Jh. (1r); Darmstadt 2027. LITERATUR: Hartzheim 1752, S. 22, 31f. – Jaffé/Wattenbach 1874, S. 10 – Handschriftencensus 1993, S. 590, Nr. 992 – Collegeville 1995, S. 50ff. H.-W.S.

deis supstitionib' posse temperari. Lapsus
sit ille qui se transfigurat in angłm lucis.
& deduct' uoluntate, p p̄a ñ carminū po
testate. Sane & in hoc quasi eccła putaris
posse de loco tuo & statione deduci. mul
ti tēptant ecclam s; magice artis ei car
mina nocere ñ possunt. Nihil incanta
tores ualent. ubi xp̄i canticū cotidie
decantat̄. Habet incantatorē suū dn̄m
ihm xp̄m. p quē magoꝝ i cantantiū caron
na i serpentū uenena uacuauit. et ipse
sic serpens exaltat̄ deuorat colubros egyp
tioꝝ. ferale licet carm̄ inmurmure habi
tatoꝝ i xp̄i nomine. Sic et ymeneū ma
gū paul' ñ solū magice artis infirmita
te s; etiā oculoꝝ amissione cecauit. Sic
petrus symonē alta celi magico uolatu
petentē dissoluta carminū potestate
deiecit et strauit. Pulchre ut arbitroꝝ
cessit dies quart. Quom̄ ḡ pleriq; q̄r
tū consueuerit cauere. et inutile putant
hoc numero aliqd ordiri. q̄ tot noua lu
ce mund' emicuit. An sinistris sol cepit
auspiciis. Et quom̄ alius potest bona
signa dare. q̄s eligere diē sui nesci
uit exortus. Aut quom̄ signa ei pro
bant. cui ortū ñ pbant. Qd etiā de lu
na dicim̄. que et .iiii. die cepit. et .iiii.
decima diem signat salutis. An displicet
numerus q̄ celebrat̄ mysteriū redeptio
nis. Ido demones declinandum esse
psuadent numerū cū q̄ eoꝝ destructa
nequitia ē. ido gentiles nihil adori
endū asserunt. & sciunt tunc p̄mum
artes suas uacare cepisse et pp̄los
gentiles demigrasse ad ecclam. Lu
na certe quarta si pura fuerit. neq;
obtunsis cornib' dare reliqs (i. dies) usq; ad
exactū mensem indiciū serenitatis

existimant. Nolunt ḡ hisdē exordiis
inchoare quib; serenitas inchoat̄. sed
iā cauendū ne nobis in sermone dies
quart̄ occidat. Cadunt enī umbre
maiores. de montib'. Lumen minuit̄.
umbra cumulatur. Explic
de die .iiii. Incipit de die quinto.

VESTITA
diuersis terra
germinib; in
rebat omīs. ce
lum qq; sol et
luna geminis
uultus sui lumi
nib' stellarūq;
in signitū
decore fulgebat. superat elemtū rci
um mare scilicet. ut et ipsi gr̄a uiui
ficationis diuino pueniret munere.
Ethereo enī sp̄u omnes terrarū fetus
aluntur. terra qq; semina resoluens
uniusa uiuificat. et maxime tunc p̄
mū uerbo dī iussa uiridescere uiuifi
cationis sue munere pullulabat. Vaca
bat aqua et a diuine opationis feriata
beneficio uidebat̄. Habet adhuc cre
ator qd illi conferat. q̄ munia terraꝝ
possit equare. reseruabat ei ut et ip
sa ppriū et speciale aliqd progatiue
collati sibi muneris uendicaret. Viui
ficauit p̄us terras. s; ea que spirante
animā non habebant aqua iubetur
ea pducere. que uiuentis anime ui
gorē dignitatēq; pferrent. & sensū tu
ende salutis & fugiende mortis acci
perent. Dixit itaq; ds. Producant
aque reptilia animarū uiuentiū.
sedm genus suū. & uolatilia uolan

Ambrosiaster: Kommentar zu den Paulusbriefen

32 Dom Hs. 34

9./10. Jh.

Seit Erasmus von Rotterdam (1466/69 - 1536) nachgewiesen hat, daß der umfangreiche Kommentar zu den Paulusbriefen fälschlich dem Ambrosius von Mailand (um 339 - 397) zugeschrieben wurde, trägt der anonyme Verfasser die Bezeichnung Ambrosiaster, wobei der etwas verächtliche Klang keineswegs der hohen theologischen Bedeutung des Werkes gerecht wird. Unter Papst Damasus (366 - 384) in Rom entstanden, zeugt dieser Kommentar sowohl von großem Wissen, besonders in historischen und das Judentum betreffenden Fragen, als auch von theologischem Sachverstand des Verfassers, der seine Exegese ohne ausufernde allegorische Deutungen mit großem Gewinn am Text entlang entwickelt. Neben der ungeklärten Verfasserfrage bietet das Werk als weitere Besonderheiten eine Überlieferung in Handschriften mit nicht weniger als drei, zum Teil ganz unterschiedlichen Textfassungen. Der Herausgeber Vogels und eine Reihe weiterer Forscher nehmen an, daß der Autor das Werk selbst überarbeitet hat, indem dieser den ursprünglich weit kürzeren Kommentar zum Teil erheblich veränderte und erweiterte. In der Kölner Dombibliothek lassen sich die Auswirkungen dieser Überlieferungsbedingungen gut nachvollziehen. Dom Hs. 39 enthält ebenfalls eine Abschrift des Ambrosiaster zum Römerbrief, der in unserer Handschrift nur 44 Blätter, dort aber 71 umfaßt. Aufmerksamen Lesern wie den Bibliothekaren konnten die Unterschiede nicht entgehen, besonders wenn wie hier in derselben Bibliothek zwei Fassungen vorhanden waren. So bot bereits die Vorlage von Dom Hs. 34 im Text Teile der längeren Version, weitere hat ein Schreiber aus Dom Hs. 39 auf dem Rand von Dom Hs. 34 nachgetragen. Ansonsten ist der gesamte Codex von einer Hand geschrieben, sorgfältig und gut lesbar, wozu neben der schönen karolingischen Minuskelschrift auch die durchgängige Binnengliederung beiträgt – wie abgesetzte Majuskeln an Satzanfängen. Der Codex wird in das 10. Jahrhundert datiert, doch Vogels (1966) hat auf die Ähnlichkeit der Initialen mit denen eines Salzburger Ambrosiasterexemplars hingewiesen, das im 9. Jahrhundert in Freising entstanden ist.

Damit man eine umfassendere Kenntnis von Dingen erlangt, muß man ihre Ursprünge untersuchen. Danach nämlich, wenn die Herkunft in Erfahrung gebracht worden ist, kann man auch leichter die vernünftige Struktur eines Sachverhaltes erklären. So kann das, was wir sagen, als wahr angesehen werden, wenn wir Art und Methode der Abfassung der Briefe dargelegt haben. A.A.

INHALT: **1r** Leer, oben späterer Nachtrag: *alme confessor Egidii amice Gesuc.* **1v** Besitzervermerk *Liber sancti Petri*; darunter rubriziert *Incipit tractatus sancti Ambrosii episcopi Mediolanensis super epistolas beati Pauli apostoli.* **2r - 44v** Ambrosiaster, Kommentar zum Römerbrief (CSEL 81/1) beginnend mit *U(t rerum notitia plenior habeatur . . .).* **2v** Rubrik *Explicit prologus incipit textus.* **44v - 106v** Kommentar zu den Briefen an die Korinther (CSEL 81/2). **44v** *Incipit ad Corinthios prima.* Zwei Prologe (dazu De Bruyne 235; Collegeville 1995, 57). **82r** Beginn des Kommentars zu 2 Kor (endet zu 2 Kor 13,3). **106v - 114v** Kommentar zum Brief an die Philipper (CSEL 81/3, 127 - 163). **114v - 122v** Kommentar zum Brief an die Thessalonicher (CSEL 81/3, 209 - 248). **122v - 132r** Kommentar zum Brief an die Kolosser (CSEL 81/3, 165 - 207). **132r - 134v** Kommentar zum Brief an Titus (CSEL 81/3, 321 - 334). **134v - 151r** Kommentar zu den Briefen an Timotheus (CSEL 81/3, 249 - 320). **151r - 152v** Kommentar zum Brief an Philemon (CSEL 81/3, 334 - 342).

PERGAMENT: 152 Blätter; 295 x 218 mm; Lagen 1 - 19^8; Schriftspiegel 223 x 159 mm; Blindliniierung mit Versalienspalte (7 mm); einspaltig; 34 Zeilen. AUSSTATTUNG: Lateinischer Text in mittelbrauner karolingischer Minuskel, rubriziert; Auszeichnungsschrift: Capitalis Quadrata und Rustica; Initialen: meist Capitalis Rustica, Uncialis; ein- bis mehrzeilige Initialen in Tinte; große Eingangsinitiale mit gespaltenem Buchstabenkörper in Tinte und Flechtbandornamentik im Binnenfeld. EINBAND: Pergament mit Streicheisenlinien über Pappe (Mitte 18. Jh.). PROVENIENZ: Darmstadt 2030. LITERATUR: Hartzheim 1752, S. 23 – Jaffè/Wattenbach 1874, S. 11 – H.J. Vogels (Hg.), Ambrosiastri qui decitur commentarius in epistulas Paulinas, Bd. I, Wien 1966 (CSEL 81/1), S. XXVIII – Handschriftencensus 1993, S. 592, Nr. 995 – Collegeville 1995, S. 56ff. A.A.

TRERVM
NOTITIA PLENIOR HABE
A TUR PRINCIPIA RERUM
requirenda sunt prius. Tunc enim potest facilius
causae ratio declarari, si eius origo discutiatur. Cum
enim a epistolae datae modum et rationem ostenderim
possit iterum uideri quod dicimus
Quattuor igitur modis scribit romanis, arguens ab ini
tio genus humanum fisica ratione. Hi enim caput sunt omnium gentium ut in his discant ceteri
uniuersique gentiles. Primus modus est quo eos ostendit quid sit et quid fuerit et cuius sit quod e
hereses percutit. Secundus modus est quo arguit, quod naturae ratione non se subiecerint uni
dō, et quae inhonesta et turpia egerint inuicem dispecti ob hoc a dō ut gratulentur credentes.
Tertius modus est quod legem datam spreuerunt, unde anteponit grecis et iudaeos. Quartus
modus est quo docet iudaeos exorbitasse a lege et promissione dī in causa xpi factosque similes gentilib;
ut utrique indigeant misericordia dī. Non per legem sperando salutem sed per fidem xpi ihu.
Nam constat temporibus apostolorum iudaeos propterea quod sub regno romano agerent romae
habitasse. Ex quibus hi qui crediderant tradiderunt romanis ut xpm profitentes legem seruarent.
Romani autem audita fama uirtutum xpi faciles ad credendum fuerunt ut pote
prudentes. Nec inmerito prudentes qui male inducti statim correcti sunt et permanserunt
in eo. Hi ergo ex iudaeis credentes xpm ut datur intellegi, non accipiebant dm esse de dō putan
tes uni dō aduersum. Quam ob rem negat illos spiritalem dī gratiam consecutos. Ac per hoc
confirmationem eis deesse. Hi sunt qui et galatas subuerterant ut a traditione apostolorum re
cederent. Quibus ideo irascitur apostolus quia doctibene facile transducti fuerant. Romanis
autem non debuit irasci sed et laudare fidem illorum, quia nulla insignia uirtutum uidentes
nec ab aliquo apostolorum susceperant fidem xpi ritu licet iudaico, in uerbis potius quam in sensu.
Non enim expositum illis fuerat misterium crucis xpi. Propterea quibusdam aduenientibus
qui recte crediderant de edenda carne et non edenda questiones fiebant. Et utrum nam spes
que in xpō ē sufficeret, aut et lex seruanda esset. Ut in aliis codicibus inuenimus in hoc ordo
habetur praeposterus hic ponendum est. Quattuor igitur modis scribitur romanis. Hinc
est unde omni industria idagit ut a lege eos tollat. Quia lex et prophetae usq; ad iohannem

32 Dom Hs. 34, 2r

33 Dom Hs. 84

Gregor der Große: Moralia in Iob

Westdeutschland, 1. Hälfte 12. Jh.

Der großformatige Codex enthält insgesamt vier verschiedene Texte, von denen die 'Moralia in Iob' Gregors des Großen (590 - 604) den breitesten Raum einnehmen (5r - 197v). Auf den ersten vier Blättern (1r - 4v) steht – ohne daß ein inhaltlicher Zusammenhang zu erkennen wäre – die 'Vita Martini' des Sulpicius Severus (gest. nach 406); auf den letzten drei Blättern (198r - 200v) sind Beda Venerabilis (673/674 - 735) zugeschriebene Homilien angefügt. Ein Blick auf den paläographischen Befund lehrt, daß die Schreiberhand des Haupttextes dieselbe ist wie die der Seiten 1r bis 4v bzw. 198r bis 200v: Der Codex war also von Anfang an in der jetzigen Zusammenstellung konzipiert.

Der aus reicher stadtrömischer Patrizierfamilie stammende Gregor bekleidete zunächst ein staatliches Amt, vermutlich das eines Präfekten – er war somit der höchste Beamte der zivilen Verwaltung Roms. In den Jahren um 575 entsagte er dem weltlichen Leben, wandte sich dem Mönchtum zu und richtete auf seinen Besitzungen auf dem Mons Caelius ein dem hl. Andreas geweihtes Kloster ein. 578 oder 579 veranlaßte ihn der damalige Papst, dem stadtrömischen Klerus beizutreten und weihte ihn zum Diakon. Pelagius II. (579 - 590) sandte Gregor als seinen Vertreter nach Konstantinopel, wo er in päpstlicher Mission bis 585/586 blieb und zahlreiche Verbindungen knüpfte, vor allem zu Bischof Leander von Sevilla (gest. 599/601), dem Bruder des Isidor (vgl. Dom Hss. 98 und 99, Kat. Nrn. 8, 62). Nach Rom und in sein Kloster zurückgekehrt, wählte ihn das Volk im Sommer 590 als Nachfolger des Pelagius zum Bischof von Rom.

"Ihr seid mir leidige Tröster". (Hiob 15,2) Wenn nämlich die irrgläubigen und die schlechten Menschen die Guten in ihrem Unglück leiden sehen, versuchen sie, ihnen zum Trost schlechte Dinge einzureden. Deshalb empfinden die Rechtschaffenen nicht zu Unrecht die Tröstung durch schlechte Menschen als belastend, denn zwischen den süßen Worten versuchen diese, ihnen das Gift des Irrtums einzuflößen. Und während sie mit sanften Worten den Schmerz zu lindern vorgeben, beeilen sie sich, ihnen die Last der Sünde aufzuerlegen. Aber die Auserwählten verlieren auch dann nicht ihre innere Urteilskraft, wenn sie zeitweise ihres Ansehens beraubt werden. Sie verstehen es, das Rechte ohne Angst zu verteidigen, weil sie zwar äußerlich Unglück erleiden müssen, innerlich aber ungebrochen sind. A.A.

Die 'Moralia in Iob' gehen im Kern auf Predigten zurück, die Gregor vor Mönchen seines Konvents gehalten hatte. Mehrfach stilistisch überarbeitet, lagen sie wohl um 591 fertig vor. Die ursprünglich 'Expositio in Iob' genannte Schrift deutet das biblische Buch Job nach der Methodik des dreifachen Schriftsinnes: Job stellt in literaler Deutung eine historische Person dar, deren leidgeprüftes Leben geschildert wird; allegorisch-typologisch verweist er auf Christus und seinen Leib, die Kirche, und moralisch ist er für jeden Menschen ein Vorbild und Beispiel. Die dreifache Deutung wird allerdings nur in den ersten vier der insgesamt 35 Bücher des Kommentares vorgelegt; ab dem fünften Kapitel dominiert die moralische Deutung. Nicht zuletzt aus diesem Grund lautet in mittelalterlichen Bibliothekskatalogen die Bezeichnung für Gregors Schrift meist 'Moralia in Iob'.

Der Codex ist sorgfältig geschrieben und mit zwei ganzseitigen Titeln, deren Form Kanontafeln nachempfunden ist, sowie siebzehn Initialen reich ausgestattet. Großflächiges gestauchtes Rankenwerk mit breiten dreiblättrigen Blütenausläufern überzieht die Buchstaben, deren Endstellen mit Flechtwerk besetzt sind. Der Schreiber hat zudem die Lagenzählung künstlerisch aufgewertet und die Zahlen mit phantasievollen vegetabilen, zoomorphen, ornamentalen oder architektonischen Schmuckelementen umgeben. Auch ist der erste Großbuchstabe eines jeden (!) Satzes in Gelb hervorgehoben. Der Ort der Herstellung ist unsicher, die allgemeinen Schmuckformen verweisen in den deutschen Raum.

INHALT: **1r - 4v** Sulpicius Severus, Vita des hl. Martin (Kap. 2 - 20) *Igitur Martinus Sabariae Panoniarum – Maximum interfecit. Explicit* (PL 20, 161B - 172A; CSEL 1, 111 - 130; SC 133, 254 - 298). **5r - 197v** Gregor d. Gr., Moralia in Iob

INEXPOSI
TIONE BEATI
IOB MORALIA
GREGORII
PARS PRIMA
INCIPIT PROLO
GUS EXPLANA
TIONIS IN SAN
CTO IOB

 33 Dom Hs. 84, 5r

oculis · superficiem uirtutis amouemus. Cuius artus in frusta concidimus · cum distinguentes subtiliter eius intima · membratimque cogitamus · Curandum ergo est · ne cum mala uincimus · bonis lasciuientibus supplantemur · ne fortasse fluxa pereant · ne incircumspecta capiantur · ne per errorem uiam deserant · ne lassitudine fracta ante actae laboris meritum perdant · In cunctis enim uigilanter debet se mens circumspicere · atque in ipsa circumspectionis suae prudentia perseuerare · Unde et recte subiungitur · Sic faciebat iob cunctis diebus · In cassum quippe bonum agitur · si ante terminum uitae deseratur · Quia et frustra uelociter currit · qui priusquam ad metas ueniat deficit · Hinc est enim quod de reprobis dicitur · Ve his qui perdiderunt sustinentiam · Hinc electis suis ueritas dicit · Vos estis qui permansistis mecum in temptationibus meis · Hinc ioseph qui inter fratres usque ad finem iustus perseuerasse describitur · solus talarem tunicam habuisse perhibetur · Nam quid est talaris tunica · nisi actio consummata · Quasi enim protensa tunica talum corporis operit · cum bona actio ante dei oculos · usque ad uitae nos terminum tegit · Hinc est quod per moysen caudam hostiae in altari offerre praecipimur · ut uidelicet omne bonum cum incipimus · etiam perseueranti fine compleamus · Bene igitur coepta cunctis diebus agenda sunt · ut cum malum pugnando repellitur · in ipsa boni uictoria constantiae manus teneat · Haec itaque sub intellectu triplici diximus · ut fastidienti animae uaria alimenta proponentes · aliquid quod eligendo sumat offeramus · Hoc tam magnopere petimus · ut qui ad spiritalem intellegentiam mentem subleuat · a ueneratione historiae non recedat ·

EXPLICIT LIBER PRIMUS · INCIPIT LIBER SECUNDUS ·

CRIPTURA SACRA mentis oculis quasi quoddam speculum opponitur · ut interna nostra facies in ipsa uideatur · Ibi etenim foeda · ibi pulchra nostra cognoscimus · Ibi sentimus quantum proficimus · ibi a prouectu quam longe distamus · Narrat autem gesta fortium · et ad imitationem corda prouocat infirmorum · Dumque illorum uictricia facta commemorat · contra uitiorum proelia debilia nostra confirmat · Fitque uerbis illius ut eo minus mens inter certamina trepidet · quo ante se positos · tot uirorum fortium triumphos uidet · Non numquam uero non solum nobis eorum uirtutes asserit · sed etiam casus innotescit · Ut et in uictoria fortium quod imitando arripere · et rursus uideamus in lapsibus quod timere · Ecce enim iob describitur temptatione auctus · sed dauid temptatione prostratus · Ut et maiorum uirtus spem nostram foueat · et maiorum casus ad cautelam nos humilitatis accingat · Quatenus dum illa gaudentes subleuant · ista metuentes premant · Gaudientis animus illinc spei fiducia · hinc humilitate timoris eruditus · nec temeritate superbiat quia formidine premitur · nec pressus timore desperet · Quia ad spei fiduciam uirtutis exemplo roboratur · Quadam die cum uenissent filii dei ut adsisterent coram domino · adfuit inter eos etiam sathan · Intueri libet quomodo sacra eloquia in exordiis narrationum qualitates exprimunt terminosque causarum · Aliquando namque a positione loci · aliquando a positione corporis · aliquando a qualitate aeris · aliquando a qualitate temporis signant · quid de uentura actione subiciant · Positione quippe locorum diuina scriptura exprimit · subsequentium merita finesque causarum · sicut de israhele dicit · Quia uerba dei in monte audire non potuit · sed praecepta in campestribus accepit · Subsequentem nimirum infirmitatem populi indicans · qui ascendere ad summa non ualuit · sed semet ipsum in infimis neglegenter uiuendo laxauit · A positione corporis futura denuntiat · sicut in apostolorum actibus stephanus illum qui a dextris uirtutis sedet stantem se uidisse manifestat · Stare quippe adiuuantis est · Et recte stare cernitur · qui in bello certaminis opitulatur · A qualitate aeris res subsequens demonstratur · sicut euangelista cum praedicante domino nullus te

33 Dom Hs. 84, 17v

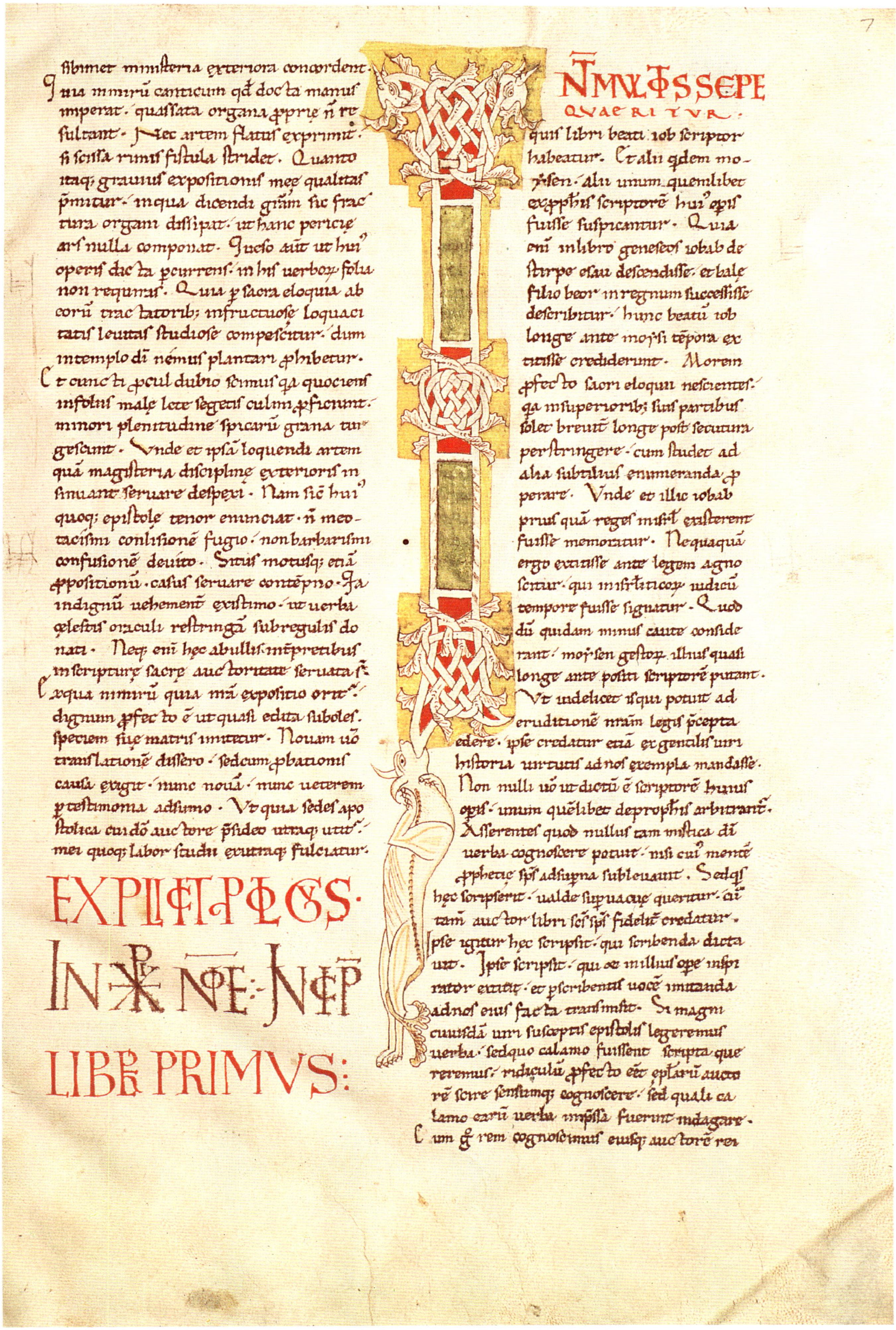

33 Dom Hs. 84, 7r

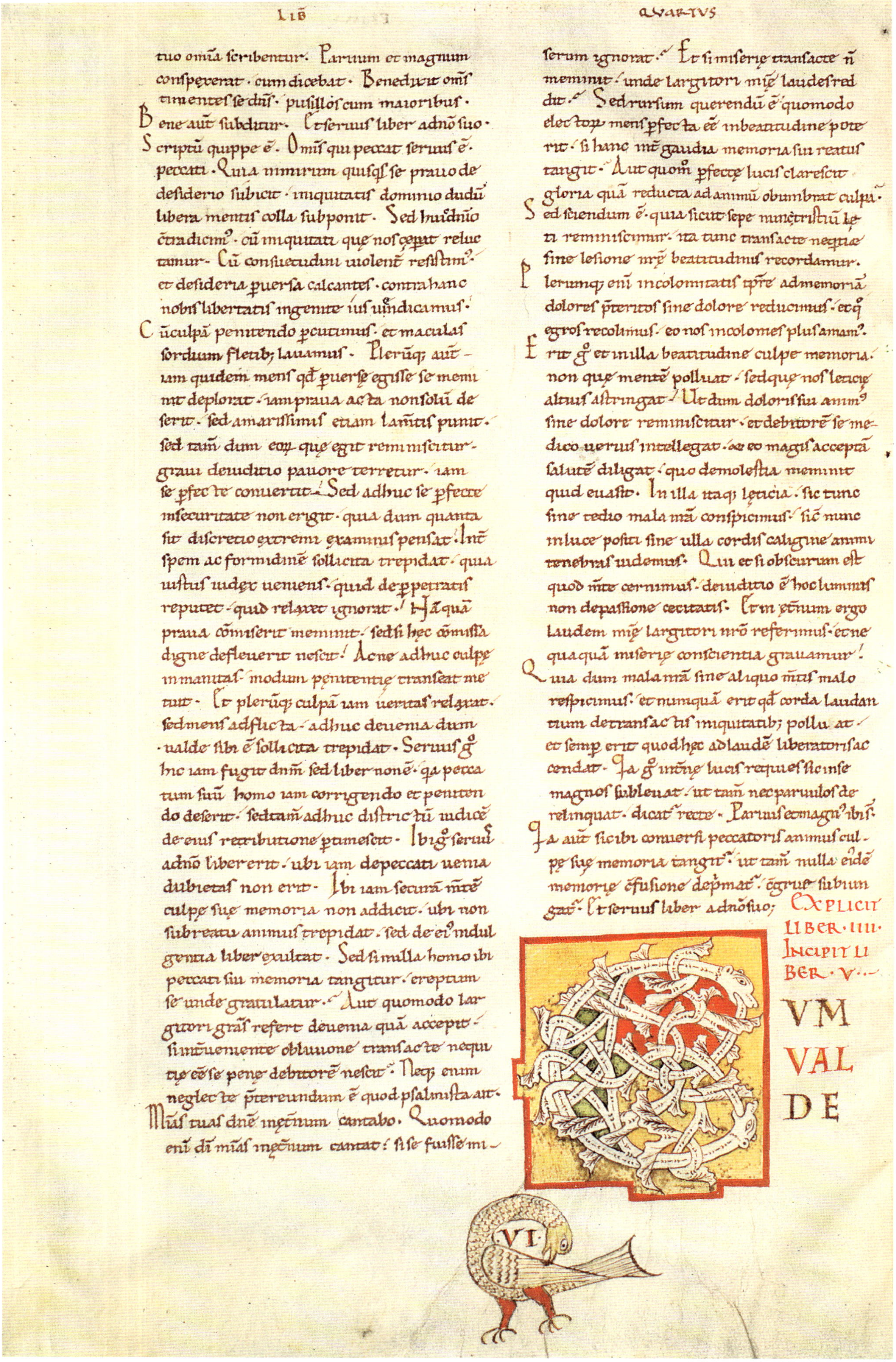

33 Dom Hs. 84, 52v

(Buch 1-16) (PL 75, 509D-1162B; CCL 143 und 143A, 1-849). **5r** Titelzierseite *IN EXPOSITIONE BEATI IOB MORALIA GREGORII PAPAE BEATISSIMI PER CONTEMPLATIONEM SUMPTA LIBRI QUINQUE/PARS PRIMA. INCIPIT PROLOGUS EXPLANATIONIS IN SANCTO IOB.* **5v** Prolog *R(EVERENTISSIMO ET SANCTISSIMO FRATRI ... Dudum te).* **7r** Vorwort *I(NTER MULTOS).* **10v** 1. Teil. Buch 1 *V(IR ERAT).* **17v** Buch 2 *S(CRIPTURA SACRA)*: zwei Löwen. **30r** Buch 3 *B(EATUS IOB).* **39v** Buch 4 *Q(UI TEXTUM)*: Drache. **52v** Buch 5 *C(UM VALDE).* **67v** 2. Teil. Buch 6 *S(ERVATA historiae).* **78r** Buch 7 *Q(UORUNDAM MENTES).* **88v** Buch 8 *P(RECEDENTI IAM LIBELLO).* **104v** Buch 9 *P(ERVERSAE mentes).* **121v** Buch 10 *Q(UOTIENS IN arenae)*: Hund. **132r** 3. Teil. Buch 11 *Q(UAMVIS IN PROLIXO OPERE)*: geflügelter Drache. **141v** Buch 12 *M(OS IUSTORUM).* **150r** Buch 13 *E(SSE HOC perversorum).* **157v** Buch 14 *S(UPERIORI HUIUS OPERIS).* **171r** Buch 15 *Q(UIA AMICI BEATI IOB)*: geflügelter Drache. **184v** Buch 16 *Q(UI CONTRA VERITATIS).* **197v** Ende mit ... *Deo latius disserantur.* **198r-199v** Pseudo-Beda, Homilie zum Fest Allerheiligen (Hom. 71) *Legimus in ecclesiasticis – in saecula saeculorum. Amen* (PL 94, 452C-455C; CCL 122, 383). **200r/v** Pseudo-Beda, Homilie zum Fest Allerheiligen (Hom. 70) *Hodie dilectissimi omnium sanctorum – per omnia saecula saeculorum. Amen* (PL 94, 450B-452C; CCL 383).

PERGAMENT: 200 Blätter; 450 x 305 mm; Lagen 1^4, $2-17^8$, 18^{6+2}, $19-24^8$, 25^{6+2}, 26^4; Zahlenreklamanten; Schriftspiegel 345 x 214 mm; 2 Spalten von je 96 mm Breite und 22 mm Abstand; Blindliniierung mit Versalienspalten (8 mm) und dreifacher Liniierung zwischen den Kolumnen; 49 Zeilen. AUSSTATTUNG: Lateinischer Text in hell- bis dunkelbrauner romanischer Minuskel, rubriziert; Auszeichnungsschrift: Ziermajuskeln; einzeilige Textmajuskeln in Tinte, gelb schattiert, in der ersten und der letzten Lage zweizeilig und rot schattiert oder Rot; Lagenzählung vegetabil, zoomorph, ornamental oder architektonisch gerahmt in Gelb, Grün und Rot; große Rankeninitialen und Eingangsinitiale mit Ranken und Flechtwerk in brauner Federzeichnung, farbigen zoomorphen Motiven und farbiger Füllung des Binnengrundes und z. T. farbigem Außengrund in Gelb, Rot, Grün und Hellgrün; Titelzierseite mit architektonischer Rahmung, Flechtwerkornamentik und anthropomorpher Figur in der genannten Farbigkeit. EINBAND: Pergament mit Streicheisenlinien über Pappe (Mitte 18. Jh.). PROVENIENZ: Darmstadt 2085. LITERATUR: Hartzheim 1752, S. 47f., 137, 149 – Jaffé/Wattenbach 1874, S. 31 – Decker 1895, S. 247 – Handschriftencensus 1993, S. 621f., Nr. 1047 – Collegeville 1995, S. 159ff. H.-W.S.

12v

84v

20v

100v

36v

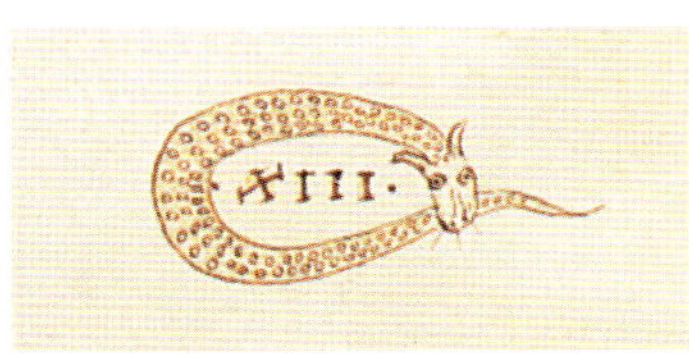

108v

116v

156v

148v

Gregor der Große: Briefe

34 Dom Hs. 93

Köln, 2. Viertel 9. Jh.

Wie schon Jaffé/Wattenbach (1874) und Ewald (1878, S. 467) sahen, ist Dom Hs. 93 eine Kopie von Dom Hs. 92 (Kat. Nr. 11), was nicht nur die gleiche Einrichtung, sondern auch die Verbesserungen einiger Schreibfehler von Dom Hs. 92 erweisen. Jones (1971, S. 22) schrieb die Handschrift als einziges Beispiel dem unter Erzbischof Hadebald (819-841) tätigen Skriptorium der Kölner Domschule zu. Eine besondere Bindung an die Haupthandschriften der Hildebaldzeit (vor 787-818) wie an die Codices 41, 51, 54, 55, 83^{II} und 103 (Kat. Nrn. 12, 5, 6, 7, 24, 23) und auch an die Vorlage, Dom Hs. 92, läßt die künstlerische Ausführung von Dom Hs. 93 nicht erkennen. Die Umpunktung der Initiale *F(raternitatis)* (4r) ist ein in vielen Skriptorien beliebtes insulares Erbe.

INHALT: **1r** Leer. Federproben: *super, texit, et dabo, A, Z.* **I. 1v-4r** Verzeichnis der 253 Briefe Gregors aus den Sammlungen C und P (vgl. CCL 140, VI-IX) *INCIPIUNT CAPITULA EPISTOLARUM BEATI GREGORII URBIS ROMAE PAPA. I Venantio episcopo Lunensi – CCLIII Gregorius Sereno episcopo Maxiliensi.* **II. 4r-167v** Die 253 im Verzeichnis angekündigten Briefe der Sammlungen C und P (Ed. in der Reihenfolge nach Indiktionen: CCL 140 und 140 A). [I] *GREGORIUS VENANTIO EPISCOPO LUNENSI. FRATERnitatis vestrae adeo nobis – CCLIII Gregorius Sereno* etc. ... *de malorum societate filiorum tuorum animis non inducas.* 4r *F(RATERnitatis).* 46v, 49v und 50r Tironische Noten des Korrektors (Schmitz 1983, S. 116). **III. 167v-177v** Verzeichnis von insgesamt 221 Briefen, 200 aus der Sammlung C und 21 aus der Sammlung P. Die Kapitelzahlen springen von 99 auf 200, die Zählung hört 176r mit 180 auf. *INCIPIUNT CAPITULA. I Venancio Lunensi episcopo – Universis episcopis per illam provinciam ... sub plurimus exemplis divine scripturae prohiberet.* Federproben: *plas., plasmator* – Bildner. *EXPLICIUNT CAPITULA EPISTOLARIS BEATI GREGORII SUB PIO PATRE HADEBALDO SRIPTUS* (!) *ATQUE BEATI* (!) *VICTORI TRADITUS* (!).

PERGAMENT: 177 Blätter; 355 x 240 mm; Lagen 1-4^{8}, 5$^{8-1}$, 6-14^{8}, 15^{6}, 16-18^{8}, 19^{6}, 20-23^{8}; Zahlenreklamanten von *I-XI*, danach unregelmäßig; Schriftspiegel 245 x 174 mm; Blindliniierung mit Versalienspalten (7 mm); Zirkelstiche auf den äußeren Seitenlinien aller Bifolia; 2 Spalten von je 71 mm Breite und 32 mm Abstand; 27 Zeilen. AUSSTATTUNG: Lateinischer Text in brauner bis schwarzer karolingischer Minuskel, rubriziert; Brieftitel in Uncialis, gemischt mit Minuskeln, in Minium; zu den Anfängen der Briefe Majuskeln in Tinte, in den Lagen 1-9, 15, 17-18 und 21 schattiert mit Grün und Ockergelb; Titel (1v) in Capitalis zeilenweise abwechselnd mit Tinte und Minium, 4r schattiert mit Minium, Grün und Ockergelb; Initiale ebenso, mit Minium umpunktet. EINBAND: Pergament mit Streicheisenlinien über Pappe (Mitte 18. Jh.). PROVENIENZ: Der nach dem Explicit (Schlußformel 177v) unter Erzbischof Hadebald für das Stift St. Victor in Xanten geschriebene Band erreichte sein Ziel offenbar nicht. Daher wird er seit der Entstehung in der Dombibliothek gelegen haben. Im Katalog von 833 ist unter Nr. 55 nur ein Exemplar der Briefe Gregors vermerkt (vgl. Dom Hs. 92, Kat. Nr. 11). Darmstadt 2093. LITERATUR: Hartzheim 1752, S. 50 – Jaffé/Wattenbach 1874, S. 35 – P. Ewald, Studien zur Ausgabe des Registers Gregors I., in: NA 3 (1878), S. 467f., 484 – Schmitz 1983, S. 116 – Decker 1895, S. 55 – L.M. Hartmann, Gregorii I Papae Registrum Epistularum, Bd. II/III, Berlin 1899 (MGH Epp. Greg. II/III), S. XV, XVII – Chroust 1911, Ser. 2/1, Liefg. 7, Taf. 2 – Jones 1971, S. 22, 58ff., Taf. LXXVI-LXXIX – Schmitz 1983, S. 116 – Mayr-Harting 1992, 48 – Handschriftencensus 1993, S. 628, Nr. 1056 – Collegeville 1995, S. 179f.

A.v.E.

ccxliiii ad mauricium et uitalianum magistrum militum.
ccxlv ad stephanum cartarium sicl.
ccxlvi mauricio et ui(taliano) de monachis restituendis
ccxlvii uniuersis italiano mag(istro) militum
ccxlviii maximi de militib(us) in neapolitano epo de abb(at)e suo refo ferri
ccxlviiii honorato diac. de uenantio honorando
ccl squillatino de ordinibus sacris.
ccli petro sub diac. siciliae de diuersis causis
cclii secundino seruo di inclauso.
ccliii gregorius sereno epo maxiliensi

GREGORIUS VENANTIO EPO LUNENSI

FRATER nitatis urae a deo nobis sollicitudinem placuisse rescribimus ut studium tuum et ea quae uoluistis affectu complere.

Quia ergo scripsistis ut psonam transmittere deberemus. Quae in monasterio quod in ciuitate ura situm e(st) abbatis regere possit officium. Quam diuina misericordia suffragante regimine eiusdem monasterii strenuo posse arbitramur existere. illic pro uidendam dirigendam ut a uobis d(e)o protegente abbatissa debeat ordinari.

34 Dom Hs. 93, 4r

quantulum. et ego de uestri presentia non paruam leticiam adeque gratia. Viro autem reuerentissimo fratri meo Iohanni episcopo. et romano defensori. causam uestras studui commendare. atque credo ut debeant deo auctore proficere. Xenia autem uestra. duo racana que se de labore uestro esse mandastis. libenter accepi. sed tamen cognoscite quia non in mandatum credidi. Nam uos de labore alieno laudem queritis. quia fortasse adhuc adfusum manum misistis. nec tamen me res ista contristat. quia opto ut sacram scripturam legere ametis. ut quando uos omnipotens deus uiris coniunxerit. sciatis qualiter uiuere et domum uestram disponere debeatis.

Expliciunt epistole. Beati Gregorii Pape. De Indictione. IIII.

Incipiunt Capitula Indictionis. Quinte.

.I. Dominico episcopo carthagini. De exhortatione pastorali.
.II. Sauinelle de elemosina sepe facienda. et de dampnato.
.III. Columbo episcopo numidie. de donatteo diacono iniuste.
.IIII. Passiuo episcopo. de abrucio ciuitate. diu pastore uiduata.
V. Oportuno. de abrucio. obtare eum debere de amonitione sua.
VI. Iohanni subdiacono rauenne. de monachis monasterii claudii abbatis. De peculiaritate a monasteriis funditus extirpanda. et de quibusdam scriptis suis non recte a claudio abbate transcriptis.
VII. Bromussio cuidam episcopi heresim suam anathematizantis.
VIII. Columba episcopo numidie. de prauitate paulini tegesis episcopi.
VIIII. Victori episcopo. de paulino. tegesis ciuitatis episcopo et lapso.
X. Iohanni episcopo prime iustiniane de paulo diacono ciuitatis episcopo.
XI. Constanti episcopo Seodritano. de facinore pauli diaconi.
XII. Vniuersis episcopis concilii Bizacenii. de clementino primate eorum. et cum ecclesiam et testamento eius.
XIII. Firmino episcopo istrie. de reuersione eius ad catholicam.
XIIII. Deusdedit episcopo mediolano. De luminosa ancilla dei.
XV. Leuido episcopo aleonensis. De presbitero Iohanni abbati ordinando.
XVI. Eulogio patriarche alexandrino. De diuisione monasteriorum.
XVII. Epistola Iohannis episcopi rauennatis. ad sanctum Gregorium de usu pallii. et diuersis ornatibus.
XVIII. Exemplum precepti Generalis.

Expliciunt capitula Indictionis. V.

Incipit liber eiusdem sancti Gregorii pape urbis rome. Indictione quinta.

Mense septembri. Indictione quinta.

I Gregorius. Dominico episcopo Carthaginensi.

QVAM copiosa cordis uestri sit caritas lingua interprete monstratis. Diu sic eius suauitate epistolarum uestrarum uerba conditis. ut dulce et iocundum sit omne quod scribitis. Vnde fit ut fraternitatem uestram quam corpore non possumus dilectionis brachiis amplectamur. Nam quod aliis ex cordis longitudo negat itineris. prestat officium caritati. Et quamuis sic amantissimorum fratrum sanctitate refi ciamur. ita egritudine contristamur. Omnipotenti deo gratias agimus. que mesticiam uestram nuntio consolatus est prosperorum. quia audientes uos infirmitate incurrisse. postquam scripta uestra suscepissemus maiori tristicia tenebamur. Sed quando de periculo mortis eripuit. ad quod fratris reseruemur incertum est. inducias ad utilitatem animarum conuertamus. et positi uentura iudicii ratione causarum nostrarum apud eum lacrimis et piis operibus muniamus. ut securitate de his que gessimus accipere mereamur. Nam et in causis secularibus adhoc frequenter benignus accedit iudex induciae. ut qui ante paratus non fuerat. post modum paratus ad iudicium ueniat. Et quale est. si quod in terrenis iudiciis custodimus. pro salute anime neglegamus. Et quidem iuxta Iohannis apostoli uocem. nullus sine peccato est. cogitacionum illecebras lingue incontinencia delictorum opera ad memoriam reuocemus. et diu licet magno pulsatu misque tantum miserorum maculas deleamus. ut iustus et pius dominus noster iuxta merita nostra uindictam exerceat. sed secundum misericordiam suam flectatur aduenia. Et quod officium nostrum solum sua non sufficit flere. non et de alienis sollicitudinem gesserit curam in commissi gregis custodia studiosius impendamus. et suadendo. hortando. predicando. terrendo. in quantum superna clementia uires dederit officium implere festinemus. ut desideratum creatorem nostro largiente premium expectemus. Sed quia bonorum aliquid operari sine diuino auxilio non ualemus. unctis omnipotentem dominum frater dilectissime precibus exoremus. ut in mandatorum suorum uia. cum commisso grege. gratia sua duce nos dirigat. atque ipse nobis et intelligere et agere que sibi placita sunt concedat. quia misericordie sue

35 Dom Hs. 95, 13r/98v

Gregor der Große: Briefe

35 Dom Hs. 95

Rheinland (?), 1. Hälfte 12. Jh.

Die vierzehn Jahre des Wirkens als Bischof von Rom brachten für Gregor (590 - 604) eine Vielfalt an Verwaltungsaufgaben. Von den zahlreichen daraus hervorgegangenen Briefen blieben 854 erhalten, die, später zusammengestellt, im 'Registrum epistolarum' chronologisch geordnet vorliegen. Unter Gregor wurden die Stadt Rom in Seelsorgeregionen aufgeteilt und der päpstliche Verwaltungsapparat mit seinem umfangreichen Personal neu organisiert. Zuverlässige Beamte mußten den weit verstreuten Grundbesitz der römischen Kirche verwalten – viele Besitztümer lagen nicht nur in Italien und Sizilien, sondern in Gallien, Dalmatien und Nordafrika – und sämtliche Einnahmen und deren Verwendung für administrative und vor allem karitative Zwecke kontrollieren. Nur einige wenige, inhaltlich jedoch hochinteressante Briefe berichten über die Missionierung Englands durch Mönche des von Gregor gegründeten Andreasklosters.

Die Dombibliothek verwahrt mehrere Handschriften des 'Registrum epistolarum', die früheste ist Dom Hs. 92 (Kat. Nr. 11) vom Anfang des 9. Jahrhunderts. Dom Hs. 95 – in der ersten Hälfte des 12. Jahrhunderts entstanden – besitzt durch ihre sorgfältige Gestaltung besonderen Wert. In ihr sind die Briefe wie üblich nach ihrer Entstehungszeit (Indiktionen = Jahresangabe auf der Grundlage eines 15jährigen Zyklus) geordnet und auf Folio 1r bis 11v durch zwei Register genau erschlossen: Ein Generalregister verzeichnet und numeriert alle Briefe; Teilregister stehen am Beginn jeder Indiktion. Die Nummern werden am Anfang jedes Briefes wiederholt, so daß sie

xcviii Decio epo lilibitano. de (secratione) ostru ecclesie.
xcviiii Iohi epo siracusano. de redditib; eccle suscipiendis.
c Anatholio diacono. marcellinu comdat.
ci. Leoni epo catinensi. seueru comdat.
cii. Salutano. patmoniu eccle comdat.
ciii. Domnello erogatori. de prouisione romane ciuita(tis).
ciiii. Romano defensori. de tecla abba defendenda.
cv. Leontio excslu. De Gregorio expfecto.
cvi. Amandino domestico. Gregoriu expfectu comdat.
cvii. Secundino 7 Iohi epis sicilie. ite Gregoriu comdat.
cviii Crisantio epo spoletano. De seruariis sabini mrs.
cviiii Bonefacio regio epo. de grimonia gregorii aduisu cu.
cx Iohi epo. fortunato epo. Antemio subd. hoes gregorii comdat.
cxi Azimarco scboni. De testamto bonefacii numerarii.
cxii. Maurilioni expfecto. ut sepi septa sua ei dirigat.
cxiii Maurentio magist militu. comitate comdat.
cxiiii Agilulfo regi langobardor. gras agit de pace facta.
cxv. Theodelinde regine lagobardor. uni sup.
cxvi Anthemio subd. De leo innocent aliueri accusato.
cxvii Fortunato epo neap. uni sup.
cxviii Cupatorio duci sardinie. Waldaru comdat.
cxviiii Passiuo epo de firmo. De selectione eccle. antonius comu.
cxx Iohi epo siracusano. de x. aurilibris basilio cap epo transmissis.
cxxi Azimarco scboni. De naufragio eius.
cxxii Fantino defensori. de morte primogeniti notarii.
cxxiii Secundino epo. De mdacio marniani epi nescient dit.
cxxiiii Fortunato epo. De rebus ... iniuste ablatis.
cxxv. Azimarco scboni. De infirmitate gregorii ...
cxxvi Romano defensori. De gentione uiro magnifico.
cxxvii. Iohi epo siracusano. de finib possessionis cuida iniuste.
cxxviii Anthemio subd capanie. De uxore stephi redimenda.
cxxviiii Clementine patricie. de malis hoib discordia seminantib.
cxxx. Romano defensori. anthemio. Sauino subd. hoes romani comdat.
cxxxi Sauino subd. De iusticia ...paulo 7 marcello fa(cienda).
cxxxii Felici epo sicilie. De reuerentia 7 iusticia tobis epi.
cxxxiii Iohi epo siracusano. De possessionib iniuste puasis.
cxxxiiii Teodoro curatori. Petru 7 matre ei comdat ...
cxxxv Fausto. De ministeriis ecclastici asilio consentiendi ...
cxxxvi Anthemio subd. de ministeriis eccle uulturne.
cxxxvii Eide. de malis q patiebat romana ciuitas.
cxxxviii Eugenio notario de seruis di blerane ciuitatis.
cxxxviiii Vito defensori. defensoris iniungit officiu.
cxl Felici epo portuensi. Iohem famulu dat.
cxli Seuero epo ancontano. uisitatioe ausinge cui iung.
cxlii. Clero plebi (ordini) ausimo. de epo eligendo.
cxliii Anthemio subd. de monachis surrentinis.
cxliiii Romano def. de necessitatib apong i urbe roma.

cxlv. Fortunato epo neapolit. de sapunariis ciuitatis sue.
cxlvi Priuilegiu monasterior sub regulari norma degentiu. a Sco Gregorio papa urbis rome i gnali sinodo. cu osen su omiu epor atq; catholicor uiror dictatu. necn sub anathematis ipositioe ppetualit firmatu.
÷ hoc cap. uide i textu libri. IND. xiii. Post acta si
÷ nodi. qcelebrau dom GG. sce memorie aplic(us) ...

De octaua indictione. nulle huc usq; inuenta st eple. sed que secuntur usq; ad fine libri. in alio uolumine sunt repte. sine certis indictionib. quas simul modo. transcripsimus. numero. c. xl v.

Gregorius. Venantio episcopo lunensi.

cap. i.

Paternitatis ure adeo nob sollicitudine placuisse rescribim. ut studiu nri eet ea q uoluistis effectu coplere. Quia g sep sistis ut psona transmittere debem q i monasterio q i ciuitate ura situ e abbis regere possit officiu. qua diuina misedia suffragante regiminis eide monasterii strenua posse existere arbitram. illuc pridim dirigenda. ut a uob do pregente abbatissa debeat ordinari. A ad nos huc tantum causa orois uenit. Quia g memorata ancilla di ad ura uoluntate 7 septa transmisim. hortam ut circa ea monasteriiq; ipsi sollicitudine gerat fr(atern)itas ura. atq; degente illic ogregatioem i ihu xpi di 7 redeptoris nri seruitio. adhortatiois sue bono corroboret. et ita se erga exteriores utilitates ei ubicumq; necesse fuerit 7 causas exhibeat. ut osuantes ibide magni i nob subsidiu sic decet iueniant. 7 nulli rei eos necessitas depmat. qtin du nob puidentib oibs eis fuerit amota necessitas. i oroe 7 di laudib

35 Dom Hs. 95, 161v

rasch aufzufinden sind. Von einigen Umstellungen abgesehen folgt der Kölner Codex der üblichen Textanordnung. Große, mit der Feder gezeichnete und in kräftigen Blau-, Rot- und Grüntönen kolorierte Spaltleisteninitialen auf farbigem Grund über mehrere Zeilen eröffnen jede Indiktion. Das Formenrepertoire verbindet die Initialen mit der rheinisch-maasländischen Buchmalerei.

INHALT: **1r** Besitzvermerke des Kölner Domes *Liber epistolarum beati Gregorii pape. Maioris ecclesie in Colonia* (14. Jh.)/*Pertinet ad ecclesiam maiorem Coloniensem* (15. Jh.). **1v - 178r** Gregor d. Gr., Registrum epistolarum (CCL 140, 140A; MGH Epp. Greg. I - II). **1v** Capitula für die gesamte Handschrift; vor jedem Buch Capitula. **11v** Explicit: Löwe, der sich in den Schwanz beißt. **12r** Leer. **13r** Buch 1. Symbolum Gregorianum (Brief 1 nach der Zählung der Handschrift) *C(REDO IN UNUM DEUM)*; Brief 2 *V(ALDE NEcessarium)*. **27r** Buch 2. Brief 1 *S(ollemnitas annuae)*: Drache (im MGH Epp. Greg. I, Brief II, 2). **35r** Buch 3. Brief 1 *Q(UALE in castello)*: Drache. **46v** Buch 4. Brief 1 *S(CRIPTA fraternitatis)*. **55r** Buch 5. Brief 1 *P(ERvenit ad me)*. **69v** Buch 6. Brief 1 *S(icut iniusta)*: gefügelter Drache. **80r** Buch 7. Brief 1 *C(UIUS rei causa)*. **90r** Buch 8. Brief 1 *D(e causa Maximi)* (Brief V, 6 im CCL). **98v** Buch 9. Brief 1 *Q(UID IN SARDINIA)* (Brief 11 im CCL). **121r** Buch 10. Brief 1 *N(ICHIL proficit)*. **128r** Buch 11. Brief 1 *Q(UI PRAVORUM)*: geflügelter Drache (Brief 7 im CCL). **130r** Brief 15 (im CCL) *P(ROBUS abbas de monasterio)*. **140v** Buch 12. Brief 1 *Q(UAM copiosa)*: jagender Kentaur. **144v** Buch 13. Brief 1 *O(PORTET fratres karissimi)*. **154r** Buch 14. Brief 1 *Q(UIA INCONGRUUM)*: geflügelter Drache (Brief 6 im CCL). **161v** Buch 15. Brief 1 *F(RATERNITAtis vestrae ad eo)*: Hund jagt einen Hasen (Brief 9, 115 im CCL). **178r** Ende mit ... *utilitate cognoscat*; im laufenden Text vergessener Brief *Quod autem scripsi Augustino episcopo.* **178v - 179v** Leer.
PERGAMENT: 179 Blätter; 331 x 214 mm; Lagen 1^{8}, 2^{2+1}, 3^{8}, 4^{8-1}, $5-12^{8}$, 13^{6+1}, $14-22^{8}$, 23^{10}; Schriftspiegel 272 x 157, bzw. in den Capitula 172 mm; 2 Spalten von außen 65 und innen 71, bzw. in den Capitula je 75 mm Breite und 18, bzw. in den Capitula 23 mm Abstand; Blindliniierung; 49, bzw. in den Capitula 50 Zeilen. AUSSTATTUNG: Lateinischer Text in hell- bis dunkelbrauner romanischer Minuskel, rubriziert; Auszeichnungsschrift: stilisierte Rustica; Initialen: Ziermajuskeln; zwei- bis mehrzeilige Anfangsbuchstaben in Rot und Grün, z. T. mit gespaltenem Buchstabenkörper, stilisiertem vegetabilen Ornament; mehrzeilige und große Rankeninitialen mit zoomorphen oder Tierinitialen mit vegetabilen Motiven sowie mit gespaltenem, rot gefülltem Buchstabenkörper und Klammern in dunkelbrauner oder roter Federzeichnung mit grün, blau und rot gefülltem Binnengrund und Schattierung. EINBAND: Pergament mit Streicheisenlinien über Pappe (Mitte 18. Jh.). PROVENIENZ: Zwei Besitzvermerke des Kölner Domes aus dem 14./15. Jh. (1r); Darmstadt 2095. LITERATUR: Hartzheim 1752, S. 51 – Jaffé/Wattenbach 1874, S. 36f. – P. Ewald, Studien zur Ausgabe des Registers Gregors I., in: NA 3 (1878), S. 496 – MGH Epp. Greg. II 1899, S. XXI - XXII – D. Norberg, In Registrum Gregorii Magni studia critica, Bd. II, Uppsala 1939, S. 68f., 114f. – Handschriftencensus 1993, S. 629, Nr. 1059 – Collegeville 1995, S. 182f. H.-W.S.

36 Dom Hs. 96

Johannes Diaconus: Vita Gregors des Großen; Paterius: Aus den Schriften Gregors

Süddeutschland, 11. Jh.

Bereits zu Beginn des 8. Jahrhunderts, in den Jahren 704/714, hatte ein anonym gebliebener Autor für das englische Benediktinerinnenkloster Whitby eine Vita des hl. Papstes Gregor verfaßt, die in ihrem schwerfälligem Latein nur eine geringe Verbreitung erfuhr und lediglich im St. Galler Codex 567 erhalten blieb (W. Berschin, Biographie und Epochenstil im lateinischen Mittelalter II, Stuttgart 1988, S. 261 ff.). Dieser ersten, sehr kurzen und im anekdotenhaften verbliebenen Vita aus der Feder eines Angelsachsen folgte in der 2. Hälfte des 8. Jahrhunderts die 'Vita beatissimi Gregorii papae urbis Romae' des Langobarden Paulus Diaconus (720/730 - um 799), der bei der Schilderung Gregors große Passagen der 'Historia ecclesiastica' von Beda (673/674 - 735) sowie aus dem 10. Kapitel der 'Historiae' Gregors von Tours (538/539 - nach 593) übernahm. Wiederum 100 Jahre später, 873, beauftragte Papst Johannes VIII. (872 - 882) seinen Historiker Johannes Diaconus (825 - 880/882) mit der Abfassung einer repräsentativen Vita des Gregorius. So schreibt Johannes in der Einleitung, er habe diesen Auftrag von Papst Johannes VIII. wenige Tage nach

Vernimm, ehrwürdiger Hirte, die römischen Triumphgesänge, vernimm die Taten deines heiligen Gregor, der in seinem Handeln, in Worten und seligen Schriften glänzte, wie der Schein der goldhaarigen Sonne im Erdenrund gerühmt wird. Er möge für dich Modell, Schmuck, Spiegel sein, der Weg, das Leben durch die Zeitalter, wenn du begehrst, das ewige Priestertum zu tragen. Denn wer als Bischof dessen Spuren nicht folgt, wird vor Gott nicht Bischof sein, sondern Herdenvieh. Und so singt der Psalmist: den dummen Tieren gleich ist der träge Mensch, der in Ehren steht und zugrundegeht. Am Tag und in der Nacht haben wir dem Heiligen den Gesang gewidmet und mit Gedichten besingen wir den berühmten Mann. So gib auch du, Schreiber, deinen Teil dazu, indem du die Versglieder, die Kommata und Punkte beachtest, damit deine Seite nicht ein fehlerhaftes Werk bewahre. Es gefiel mir, in der Ordnung des bunten Feldes zu spielen und nachdem die Prosa geflohen ist, kehrt die scherzhafte Muse zurück. Das gestattest du mir, mein hochgeschätzter Gelehrter Gregor, der du deinen Anhängern Gutes gibst, aber nie Schlechtes. Begonnen habe ich bekleidet, nackt habe ich deine Wohltaten erzählt, bekleide mich mit deinen Taten und Gewändern. Und weil die Gemeinschaft dem sterblichen Fleisch versagt ist, gewähre mir, unter deinen Füßen liegen zu können.

1v (Verse an Papst Johannes VIII); A.A.

der Vigil des Gregorfestes am 11. März 873 erhalten; genau ein Jahr später billigte der Papst – wiederum bei der Vigilfeier – das erste Buch der Vita und drängte auf Fertigstellung der drei weiteren Kapitel. Wann genau die Gregoriusvita des Johannes Diaconus abgeschlossen war, wissen wir nicht – vielleicht 876. "Trotz ihres gewaltigen Umfangs ist die Vita ein Klassiker der Biographie im Mittelalter geworden; die Rezeption hat sofort eingesetzt" (Berschin, Biographie und Epochenstil III, Stuttgart 1991, S. 385). Gleich an den Beginn (1v) ist das 'Carmen ad Johannem VIII. papam' gestellt, das in den meisten anderen Handschriften den Schluß bildet; berühmt sind daraus die mahnenden Verse an den Schreiber *Redde vicem, scriptor, servans cola, commata, puncta/Ne tua mendosum pagina servet opus* – So gib auch du, Schreiber, deinen Teil dazu, indem du die Versglieder, die Kommata und Punkte beachtest,/damit deine Seite nicht ein fehlerhaftes Werk bewahre. Den zweiten Teil des Bandes bildet die "Blütenlese" des Paterius aus den Schriften Gregors zum Alten Testament, und zwar die Kapitel II bis V. Paterius war zunächst Schüler, dann Notar und juristischer Mitarbeiter Gregors. Um 595 - 600 kompilierte er diese in über hundert Handschriften des 8. bis 15. Jahrhunderts erhaltene Auswahl. Die Kölner Dombibliothek besitzt den Text in zwei weiteren Handschriften: Dom Hs. 82 aus dem 8. und Dom Hs. 97 aus dem 9. Jahrhundert. Der Buchschmuck von Dom Hs. 96 beschränkt sich auf fünf kolorierte Initialen, die keine Zuordnung des Codex an ein bestimmtes Skriptorium erlauben. Schrift und Initialstil verweisen allgemein auf eine Entstehung der Handschrift in Süddeutschland im 11. Jahrhundert.

INHALT: **1r** Titel *Vita sancti Gregorii ex toto. Item pars Paterii.* **1v - 63v** Johannes Diaconus, Vita Gregors d. Gr. (PL 75, 59D - 242B). **1v** Carmen ad Johannem VIII. papam *Suscipe Romuleos, pastor venerande* (Walther 18946, Schaller/Könsgen 15933). **1v** Prolog *B(EATISSIMO ac felicissimo domno Iohanni).* **2r** Capitula und Vita. Buch 1 *G(REGORIUS GENERE ROMANUS ARTE PHILOSOPHUS)*; auch die folgenden Bücher mit Capitula. **11r** Buch 2 *A(GE IAM NUNC).* **23v** Buch 3 *T(ALIBUS VENERABILIS).* **39v** Buch 4 *h(EC SUNT GREGORII).* **63v** Ende mit ... *minime denegasse cognoscar.* **63v - 88r** Paterius, Liber testimoniorum Veteris Testamenti ex opusculis S. Gregorii Magni concinnatus (PL 79, 723A - 784C; Stegmüller 6264 - 6277); alle Bücher mit Capitula. **63v** Buch 2 (Exodus) *Dum de cavendo ... SUMMOPERE cavendum est.* **76r** Buch 3 (Leviticus) *Dum de cavendo spiritualibus ... Pellem hostiae.* **80r** Buch 4 (Numeri) *Dum de vitandis ... Quid est quod.* **83v** Text bricht ab mit ... *est in membris meis/*(Kap. 18). **84r** Buch 5 (Deuteronomium) *Dum de modo dilectionis ... Duo sunt praecepta.* **88r** Ende mit ... *longanimiter servat.* **88v** Federprobe *Quam post vesperum die altera.*

PERGAMENT: 88 Blätter; 321 x 237 - 246 mm; Lagen 1 - 5^8, 6^{6+2}, 7 - 9^8, 10^{8+1}, 11^{8-1}; Schriftspiegel 251 x 194 mm; Blindliniierung mit dreifacher Liniierung zwischen den Kolumnen und Versalienspalten (7 mm); 2 Spalten von je 90 mm Breite und 12 mm Abstand; 39 Zeilen. AUSSTATTUNG: Lateinischer Text in hell- bis dunkelbrauner romanischer Minuskel, rubriziert; Auszeichnungsschrift und Initialen: Ziermajuskeln; zweizeilige Initialen in Minium; erste Zeile eines Textes gelb schattiert; mehrzeilige, in Minium gezeichnete Rankeninitialen mit gespaltenem, rot gefülltem Buchstabenkörper und Klammern, z. T. Gelb getönt, und mit Füllung des Binnengrundes in Grün, Blau und Minium. EINBAND: Pergament mit Streicheisenlinien über Pappe (Mitte 18. Jh.). PROVENIENZ: Darmstadt 2096. LITERATUR: Hartzheim 1752, S. 51 – Jaffé/Wattenbach 1874, S. 37 – Handschriftencensus 1993, S. 629f., Nr. 1060 – Collegeville 1995, S. 183ff.

H.-W.S.

11

Ubi augustinus eps consecratus postulat adiutores. vi.
Ubi ei Gregorius palliu & diuersa necessaria vii.
simulq; n nulla responsa transmittit. / ratione.
viii. Ubi consanguinitatib; p contactus exponit pontifici felici
viiii. Quanta & qualia de conuersione saxonu signisq;
discipulorum suorum Gregorius praeconetur.
Ubi augustinu monet ne pro miraculis timeat. xl
Ubi panis frustu in carne. carnis rursus in panis pmordia
Ubi pannu pupugit & sanguis effluxit. ii. / reformat.
Ubi maleficos cecitate multauit. iii.
Qualiter intellegi ualeat Gregorium traiani anima iiii.
de inferni cruciatibus liberasse. / Solut.
Ubi monachu sub excomunicatione defunctu mirabiliter
Ubi paganos pueros coparat ut xpianos efficiat. vi.
Ubi p paganis rusticis epis comminatur. vii.
Ubi iudeos conuertens a pensionibus leuigat. viii.
Ubi baptizandis uestimenta largitur. viiii.
Ubi pueris arrianoru subueniri p dicat. X.
Ubi singulis diaconiis & xenodochiis singlos rectores con
stituit. xi. Ubi hierosolimis xenodochiu estituens
in monte sina monachis annualia stipendia mandat.
Ubi singulis patrimoniis singulos rectores estituit. iii.
iiii Ubi uni psone duo ministeria nullom committenda diffiniu.
Ubi elemosinas localiter a psonaliter ordinauit. v
Quod omipti se uoluntarie tribuit. vi
Quod etia non petenti necessaria ministraret. vii.
Ubi liberalitatis ei innocentia compbatur. viii. / auri.
viiii Ubi pro elemosynis faciendis frumta coparat. l libris
x. Quale de eo somniu heremita cognouerit. Expl capit.

Incipit liber scds uite beati gregorii pape. I.

ACCE IAM NUNC quo athlete xpi Gregorii. uiriliter in gymnasio sce ipsius aecclae desudantis. p lato libello torosa membra descripta sunt quali in palestra quoq; confluxerit aspirante dno pferatur. Siquide mox ut summu pontificiu felicissime romane urbis xpo mortalibus e sublime sortitus e. supstitiosu uniuersalis uocabulu qd iohannes constantinopolitanus eps insolent sibi tunc teporis usurpabat. more ante cessoru suor pontificu sub districtissime interminationis sententia refutauit. Et primus omniu se in pncipio suaru eplaru seruu seruoru di scribens satis humiliter diffiniuit. cunctisq; suis successoribus documentu sue humilitatis ta in hoc qua in mediocrib; pontificalib; indumentis. qd uidelicet hactenus in sca romana aecla conseruat hereditarium dereliquit. II.

Deniq in specula sce uniuersalis eccle uir totius humilitatis auctoritatis. ac orthodoxie. unde uideri & audiri clarius euangelicus preco ualeret consistens sui oris diuinissimo gladio & recta fide muniuit. & cunctas hereses suo symbolo dissipauit. Quod uidelicet sacre confessionis symbolu ita se habet. Credo in unu dm patre omnipotente & filiu & spm scm tres psonas. una substantiam. Patre ingenitu. filiu genitu. Spm u scm nec genitu nec ingenitum sed coeternu de patre & filio pcedente. Confiteor unigenitu filiu consubstantiale & sine tepore natu de patre. omniu uisibiliu & inuisibiliu conditore. lum de lumine. dm ueru de do uero. splendore glie. figura substantie. Qui manens uerbu ante scla. pfectus homo creatus iuxta fine sclor conceptus & natus ex spu sco & MARIA uirgine. qui natura nram suscepit absq; peccato. & sub pontio pilato crucifixus e. & sepultus. tertia die resurrexit a mortuis. Die aute xlmo. ascendit in celu. sedet ad dextera patris. inde uenturus e iudicare uiuos & mortuos. positurus ante oculos omniu occulta singulor. Daturus iustis ppetua pmia regni celestis. iniquis aute supplicia ignis eterni. innouaturus sclm pigne in carnis resurrectione. Confiteor una fide. unu baptisma. una aplica & uniuersale ecclam niq

Pseudo-Dionysius Areopagita: Corpus Dionysiacum

37 Dom Hs. 30

Amorbach, 11. Jh.

Als Autor der in Dom Hs. 30 überlieferten Schriften galt der Paulusjünger und erste Bischof von Athen Dionysius Areopagita, obwohl der Inhalt der nach ihrem Verfasser als 'Corpus Dionysiacum' benannten Textsammlung wohl kaum vor der Mitte des 5. Jahrhunderts denkbar ist. Daher wird der Autor heute als Pseudo-Dionysius bezeichnet, auch wenn man seine Identität im Mittelalter nicht anzweifelte. Schließlich sind laut Zeugnis der Handschriften seine Werke Timotheus zugeeignet, der im Auftrag des Apostels Paulus in Ephesos zurückgeblieben war. Im Jahre 827 übersandte der byzantinische Kaiser Michael II. (820-829) eine Prachtausgabe des Corpus an Ludwig den Frommen (814-840), die möglicherweise mit dem Codex graecus 437 der Pariser Nationalbibliothek identisch ist. Nachdem eine erste lateinische Übersetzung durch Hilduin, den Abt von Saint-Denis (gest. 855/861), sprachlich nicht befriedigend ausgefallen war, beauftragte König Karl der Kahle (840/843-877) den an seinem Hof tätigen irischen Gelehrten und Lehrer der 'artes liberales' Johannes Scotus Eriugena mit einer neuen Übertragung. Auch diese hält sich eng an den griechischen Originaltext und ist daher eine komplizierte Lektüre.

Dom Hs. 30 enthält das gesamte 'Corpus Dionysiacum'. Der Inhalt wird mit Hilfe von Diagrammen verdeutlicht, die z. T. mit Verweiszeichen auf bestimmte Worte des Textes bezogen sind, die sie erläutern sollen. Dem Text vorgeschaltet sind Verse und Brief des Johannes Scotus, in denen er sich an seinen Auftraggeber Karl den Kahlen wendet. Den Anfang bildet Dionysius' Traktat über die Geistwesen, die 'himmlische Hierarchie' (4v-25v). Er teilt darin die Engel in neun Chöre zu je drei Triaden ein: Seraphim, Cherubim und Throne, Herrschaften, Mächte und Gewalten, Fürstentümer, Erzengel und Engel. In der sich anschließenden 'kirchlichen Hierarchie' (25v-52v) setzt sich dasselbe Gliederungssystem für die Ämter und Stände der Kirche sowie die Sakramente fort: Taufe, Eucharistie und Weihe, Bischöfe, Priester und Liturgen, Mönche, Gemeinde und die "Stände der Reinigung" (Katechumenen, Büßer). Danach befaßt sich Dionysius mit den 'Namen Gottes' und der Gotteserkenntnis (52v-89v) sowie in der 'mystischen Theologie' mit der absoluten Transzendenz Gottes (89v-91v), die sich offensichtlich in keinerlei Diagrammen mehr fassen läßt. Den Abschluß des Corpus bilden mehrere Briefe (91v-101r), unter deren Adressaten vor allem Johannes mit der Anschrift *Patmos* auffällt (zum Autor und seinen Schriften s. A. M. Ritter/H. Meinhardt, in: LexMA 3 [1985], Sp. 1079ff.).

Der Codex wurde von verschiedenen Schreibern angefertigt, die sich einer z. T. extrem sorgfältigen Minuskelschrift und einer schön geschriebenen Rustica für die Rubriken bedienten. Wahrscheinlich befand sich das ausführende Skriptorium im Kloster Amorbach im Odenwald (Hoffmann 1995; Hochholzer 1997).

Es ist demgemäß, wie ich glaube, zuerst darzulegen, was wir für das Ziel einer jeden Hierarchie halten und was jede den in ihrem Gefolge Stehenden nützt; darauf sind die himmlischen Hierarchien abzuhandeln, wie sie in den Worten geoffenbart werden. Darauf ist zu sagen, welche geheiligten Gestalten die geheiligten Beschreibungen der Worte den himmlischen Rängen verleihen und bis zu welcher (Fähigkeit zur) Aufhebung der Unterscheidungen man vorangebracht sein muß, damit nicht auch wir wie die Masse profan glauben, die himmlischen und gottgemäßen Gedanken seien irgendwelche Vielfüßler oder Wesen mit vielen Gesichtern und nach Art des Rindviehs oder der Tiergestalt von Löwen gebildet oder nach der krummschnäbligen Art der Adler oder dem flaumigen Federwuchs des Geflügels gestaltet und daß wir uns nicht etwa feurige Räder auf dem Himmelsgewölbe vorstellen und materielle Throne, die dem Gottesprinzip zum Hinsetzen dienen, oder irgendwelche buntscheckigen Pferde und lanzenschwingende Kriegsführer und was sonst noch die Worte uns im bunten Formenreichtum der Offenbarungssymbole in den Formen heiliger Bildersprache überliefert haben.
4v-25v (Pseudo-Dionysius, Von der himmlischen Hierarchie II); G. Heil 1986

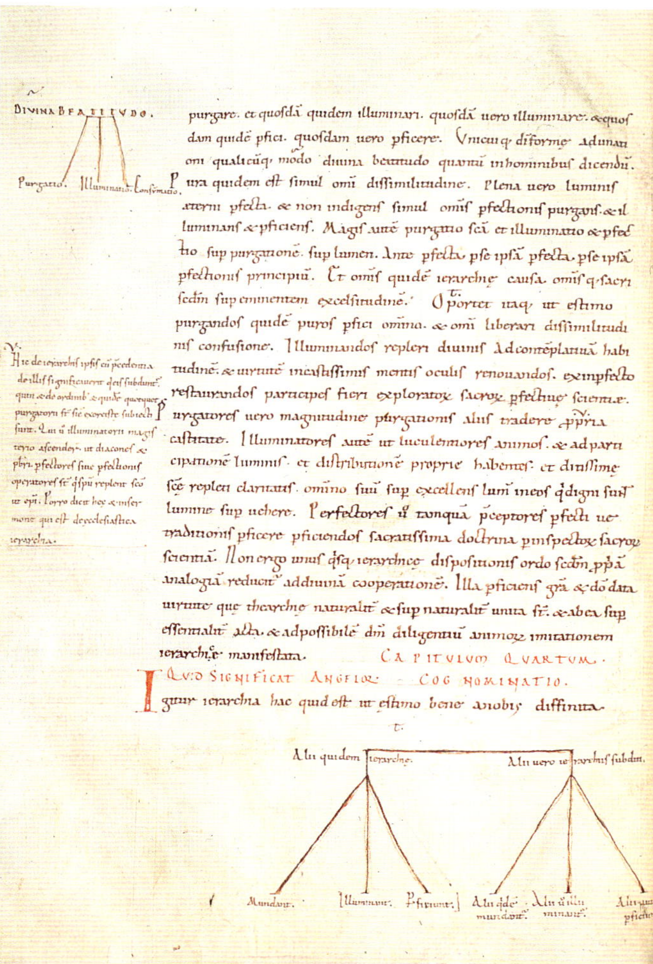

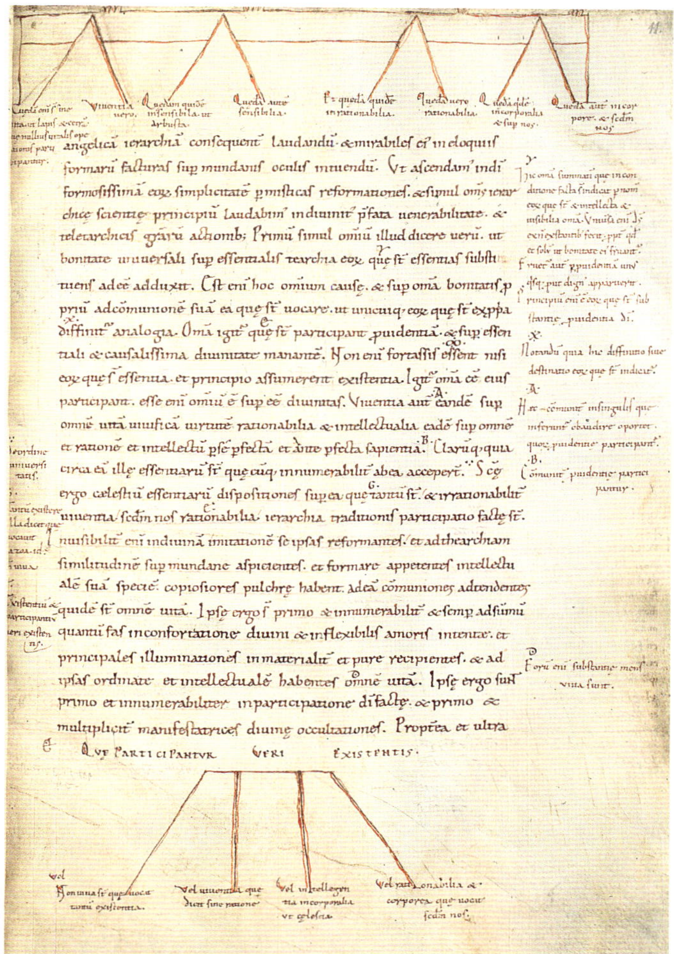

37 Dom Hs. 30, 10v/11r

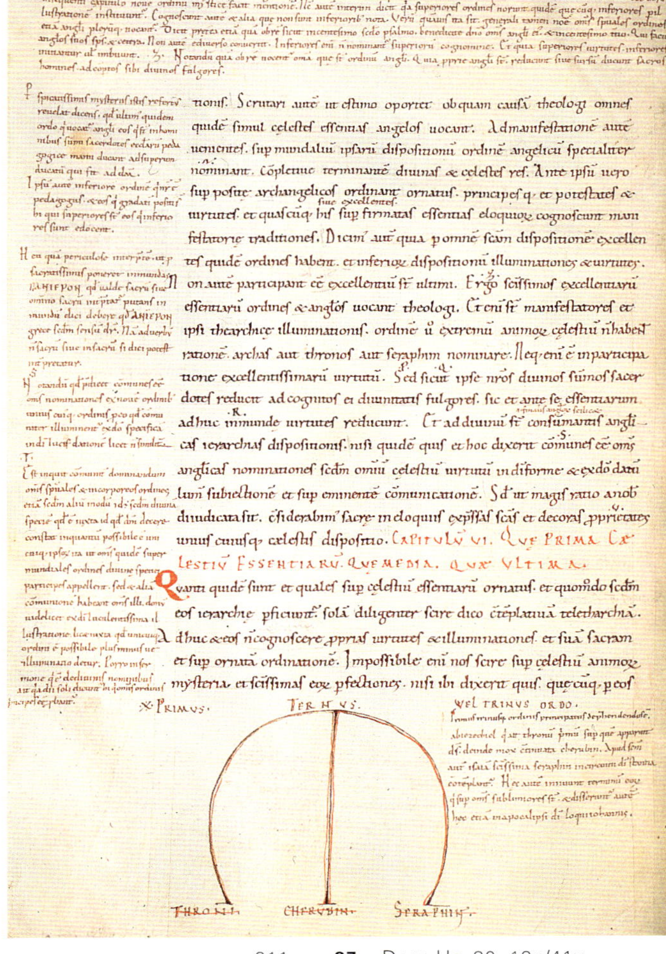

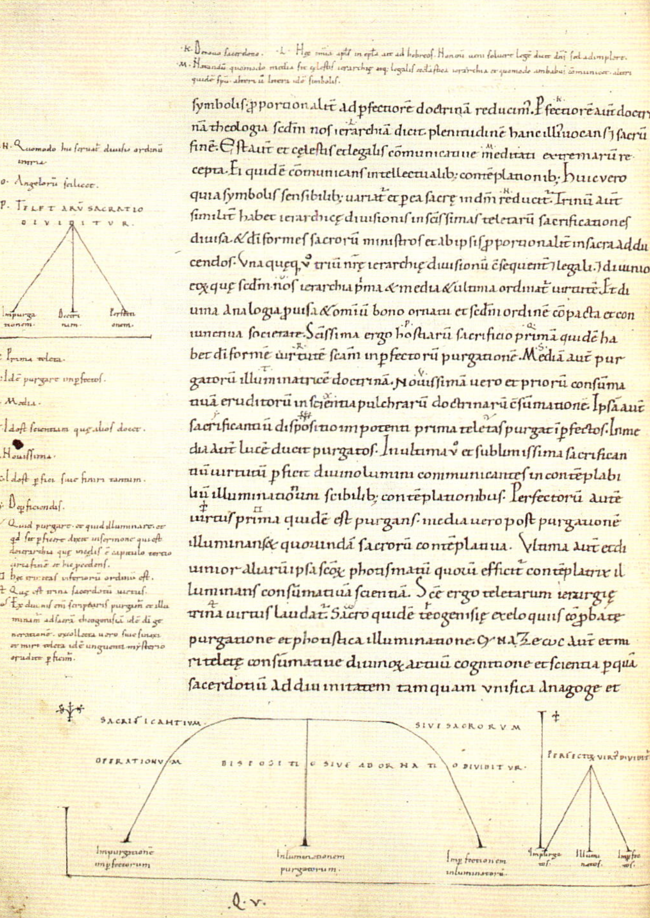

 37 Dom Hs. 30, 12v/41v

INHALT: Titel *Libri beati Dyonisii de celesti iherarchia, de ecclesiastica iherarchia, de divinis nominibus et de mistica theologia* (16. Jh.?). **1v** Leer. **2r** Besitzvermerk des Kölner Domes (14. Jh.); Johannes Scotus Eriugena, Dedikationsverse an Karl den Kahlen (PL 122, 1029f.) *Hanc libam sacro – sumitur uva ferax.* **2r - 4v** Johannes Scotus Eriugena, Brief an Karl den Kahlen (PL 122, 1031A - 1036A) *GLORIOSISSIMO CATHOLICORUM REGUM KAROLO IOHANNES EXTREMUS SOPHYX STUDENTIUM. SALUTEM. Valde quidem admiranda – excellentiam essentiae recurrere.* **4v - 25v** Pseudo-Dionysius, De caelesti ierarchia (Von der himmlischen Hierarchie) (PL 122, 1035B - 1070C). **4v** *IN HOC VOLUMINE CONTINENTUR LIBRI SANCTI DIONISII ARIOPAGITAE, QUOS IOHANNES ERIUGENA TRANSTULIT DE GRECO IN LATINUM, IUBENTE AC POSTULANTE DOMNO GLORIOSISSIMO REGE KAROLO, LUDOVICI IMPERATORIS FILIO. HEC SUNT IN HOC DE IERARCHIA CAELESTI TOTUM* (!) *CAPITULA XV.* **5r** Capitula. **5v** Zueignung an Bischof Timotheus von Ephesus. Epigramm *ANGELICAE SAPIENTIAE FULGORES ... Lumine sidereo – mystica dicta docent*; Glosse *Quia prisci sancti cognominis.* **6r** Kap. 1 *Omne datum optimum.* Diagramme: 10r/v Die göttliche Seligkeit (*PURGATIO, ILLUMINATIO, CONSUMMATIO*), 10v Diejenigen, die rein machen, erleuchten, stärken und diejenigen, die gereinigt, erleuchtet, gestärkt werden, 11r Gegensatzpaare: lebend – unbelebt, wahrnehmbar – nicht wahrnehmbar, vernunftgemäß – nicht vernunftgemäß, körperlich – nicht körperlich, 11r Die Wesen, die an der wahren Existenz teilhaben (vernunftbegabt mit Körper ["die wie wir sind"], die Einsichtigen ohne Körper [himmlische Wesen], die Lebenden ohne Vernunft, die leblosen Existenzen), 12v 1. Engelschor *(THRONI, CHERUBIN, SERAPHIN)*, 15r 2. Engelschor *(DOMINATIONES, VIRTUTES, POTESTATES)*, 17r 3. Engelschor *(PRINCIPATUS, ARCHANGELI, ANGELI)*. **25v - 52v** Pseudo-Dionysius, De ecclesiastica ierarchia (Von der kirchlichen Hierarchie) (PL 122, 1069D - 1112B). **25v** Zueignung und Capitula; Kap. 1 *Quia quidem secundum nos.* Diagramme: 30v Christus ist als Gott unsterblich, als Wissender hat er das Gesetz gegeben, als Schöner die Arme (der Kämpfenden) geschmückt, als Guter sich am Kampf beteiligt, 34r Erläuterung des Begriffes *ENERGUMENI* (die vom Teufel Besessenen), 41r Wie unsere heilige Überlieferung aufgeteilt wird, 41v/42r verschiedene Diagramme, die um die Begriffe Reinigung, Erleuchtung, Vollendung kreisen, 45v Die verschiedenen im Stand der Reinigung befindlichen Gruppen (Katechumenen, das Volk der Gläubigen, Mönche), 47v Die Verstorbenen (Geheiligte und Unheilige), 48r Diagramme, die Ansichten über den Tod verdeutlichen. **52v - 89v** Pseudo-Dionysius, De divinis nominibus (Von den göttlichen Namen) (PL 122, 1111C - 1172B). **52v** Zueignung und Capitula. **53r** Kap. 1 *Nunc autem o beate.* Diagramme: 55v Jene, die die göttliche Vorsehung begehren (Bereich der Geister, belebter und unbelebter Körper), 64r Wahrnehmung des Guten (vernunft- und verstandbegabte Wesen – durch Erkenntnis, sinnbegabte Wesen – durch den Sinn, Empfindungslose – durch Bewegung des Lebenstriebes, Leblose – durch Teilnahme am Sein), 65v Die Bewegung der göttlichen Geister (kreisend, geradlinig, spiralförmig [*oblique*]), 66r Die Bewegung der Seele (kreisend, spiralförmig, geradlinig), 81r Gott als Ratio/Wort (er gewährt Intellekt und Weisheit, er birgt alle Ursachen in sich, er durchdringt alles, er ist über die Schlichtheit hinaus vereinfacht), 87v Gott als Urheber alles Guten und die an ihm teilhabenden Kräfte. **89v - 91v** Pseudo-Dionysius, De mystica theologia (Von der mystischen Theologie) (PL 122, 1171B - 1176C). **89v** Capitula. **90r** Zueignung; Kap. 1 *Trinitas super essentialis.* **91v - 101r** Pseudo-Dionysius, Briefe beginnend mit einer Liste von Adressaten (u. a. Johannes d. T. auf Patmos) (PL 122, 1175D - 1194A). **91v** Brief 1 *Tenebrae quidem.* **101r - 103r** Kurze Texte, u. a. die Legende Johannes' des Evangelisten nach Clemens von Alexandria (vgl. Eusebius, Historia ecclesiastica V, 24, III, 23, II, 17) *POLYCRATI SUCCESSORIS ... Etenim per Asiam – et Eusebius Pamphili in ecclesiastica hystoria.* **103r** Nachtrag: Antiphon und Responsorium mit Neumen zum Tag des hl. Nikolaus *O pastor aeterne*; *Qui cum audissent.* **103v** Federproben.

PERGAMENT: 103 Blätter; 331 x 232 mm; Lagen 1^{8+1}, 2 - 5^{8}, 6^{10}, 7^{8}, 8^{10}, 9 - 11^{8}, 12^{10}; Zahlenreklamanten von *Q I - XII*; Schriftspiegel 198 x 130 mm; Blindliniierung mit Versalienspalte (8 mm) und einer Marginalspalte am Außenrand (55 mm); einspaltig; 26 - 28 Zeilen. AUSSTATTUNG: Lateinischer Text in dunkelbrauner bis schwarzer frühromanischer Minuskel, rubriziert; Auszeichnungsschrift: Capitalis Rustica; Initialen: Mischtyp (Uncialis und Capitalis Quadrata); ein- bis dreizeilige Initialen in Minium und Tinte, z. T. in Tinte mit Minium schattiert (70r - 75v); Diagramme in Tinte und Minium; zahlreiche zeitgleiche und spätere Marginalglossen sowie Nachträge mit Metallstift. EINBAND: Pergament mit Streicheisenlinien über Pappe (Mitte 18. Jh.). PROVENIENZ: *Liber maioris ecclesie in Colonia*; hinzugefügt *concessus fratribus minoribus pro quo habent primum et secundum sententiarum fratrum* (14. Jh.) (2r); Darmstadt 2026. LITERATUR: Hartzheim 1752, S. 20ff. – Jaffé/Wattenbach 1874, S. 10 – Handschriftencensus 1993, S. 589f., Nr. 991 – Collegeville 1995, S. 48ff. – H. Hoffmann, Bamberger Handschriften des 10. und 11. Jahrhunderts, Hannover 1995 (Schriften der MGH 39), S. 39 – E. Hochholzer, Überlegungen zum Amorbacher "Reformkalender" des 11. Jahrhunderts und zum *ordo Amerbacensium* auf dem Michelsberg/ Bamberg, in: SMGB 108 (1997), S. 115. U.S.

Beda Venerabilis: Kommentar zu den Büchern Esra und Nehemia

38 Dom Hs. 11

Köln, St. Pantaleon, um 1160

In den Jahren ab etwa 1150 bis um 1190 entstanden im Skriptorium des St. Pantaleonklosters mehrere ungewöhnlich gut ausgestattete exegetische und historische Handschriften, die durch reiche Verwendung von Zierinitialen und – in zwei Fällen – ganzseitigen Zierseiten auffallen. Den Anfang macht in den Jahren um 1150 ein Band mit 'De Civitate Dei' des Augustinus (Hamburg, Staats- und Universitätsbibl., Cod. 5 in scrinio). Er weist – und das ist auffällig bei theologischen Handschriften – zwei prunkvolle, Purpurgrund imitierende ganzseitige Titelblätter und 22 spaltenbreite Initialen zu jedem Buch des 'Gottesstaates' auf. In chronologischer Folge schließen sich die 'Historia ecclesiastica tripartita' des Cassiodor in Berlin (Staatsbibl. PK, Ms. theol. lat. fol. 901) und vier Codices der Kölner Dombibliothek an: Dom Hss. 11 und 31 (Kat. Nr. 31), dazu vielleicht die zweibändige Ausgabe der 'Antiquitates' des Flavius Josephus, Dom Hss. 162 und 163 (Kat. Nr. 72). Diese Handschriften entstanden um 1160-70. Es folgen zwei Codices in Hamburg: der Sommerband eines Homiliars des Paulus Diaconus (Cod. 1 b in scrinio) und der Miscellaneenband mit Werken des Hieronymus, Augustinus und anderer (Cod. 6 in scrinio). Letzterer ist um 1180-90 zu datieren und beschließt die Reihe. Wiederum besteht der Buchschmuck hier, mit Cod. 5 in scrinio durchaus vergleichbar, aus zwei ganzseitigen Titelblättern. Diese einmal gefundene Gestaltungsform wurde also über vierzig Jahre im Skriptorium von St. Pantaleon beibehalten.

Ein kluger Mensch soll sein Ohr nützlichen Ermahnungen leihen: Vergnügliche Dinge sollen seinen Geist nicht übermütig machen, traurige Dinge ihn nicht zerbrechen. / Die Lebensweise ist unterschiedlich, der Tod aber für alle derselbe. / Niemals werden die Wunden eines schlechten Rufes geheilt. / Eine unredliche Ehefrau bedeutet für den Gatten den Schiffbruch der Welt. / Wenn du von deinem Geist beherrscht wirst, bist du ein König, wenn vom Körper, ein Sklave. / Versuche wenigstens ganz nah bei den Guten zu sein, wenn du der beste zu sein nicht vermagst. / Der, der fortwährend sagt, was er will, wird hören, was er nicht will. / Je bedeutender du bist, desto bescheidener sollst du sein. / Durch Haß fällt das Hocherhabene, in Liebe wird das Niedrige emporgehoben. / Von Traurigem werde ich schlimmer berührt, wenn ich mich der guten Zeiten erinnere.
78r (aus den Monosticha Catonis); A.A.

Dom Hs. 11 enthält zwei der kleineren exegetischen Kommentare des Beda Venerabilis: seine Erläuterungen zu den "Kleinen Propheten" Esra und Nehemia. Der Angelsachse Beda wurde 673/674 in der "Bannmeile" des Klosters Wearmouth in Northumbrien geboren. Nach dem Tod seiner Eltern gaben Verwandte den Siebenjährigen in die Obhut des Abtes Benedict Biscop (ca. 628-690?), der ihn dem Mönch Ceolfried (630-716) im Kloster Jarrow anvertraute. Als Neunzehnjähriger wurde Beda Diakon, mit dreißig Jahren Priester. Er starb im Jahr 735. Fast sein gesamtes Leben verbrachte er im Kloster Jarrow, wo er studierend und lehrend eine umfassende schriftstellerische Tätigkeit entfaltete. Dabei nutzte er die großartige Bibliothek seines Klosters. Als einer der ersten mittelalterlichen Schriftsteller belegte er seine Quellen, benannte frühere Verfasser und kennzeichnete Zitate. Hauptziel war ihm bei aller gelehrten Wissenschaft "Erbauung und sittliche Belehrung durch das Studium der Bibel", der Naturwissenschaften und der Geschichte (W. Becker, in: LexMA 1, Sp. 1775). Von seinen zahlreichen Werken ist heute die 'Historia ecclesiastica gentis Anglorum' am bekanntesten, die in über 160 Handschriften erhalten ist. Im Mittelalter fanden jedoch seine exegetischen und theologischen Werke die weiteste Verbreitung. Die Kölner Dombibliothek verfügt in einem Codex des 9./10. Jahrhunderts noch über seine 'Collectio ex opusculis Sancti Augustini' (Dom Hs. 104). Folgenreich und weit verbreitet sind auch die fälschlich unter seinem Namen kursierenden Schriften, die sich gern mit seiner Autorität schmückten. Beispielsweise überliefert Dom Hs. 84 (Kat. Nr. 33) in einem Band mit den 'Moralia in Iob' Gregors des Großen zwei Predigten eines unbekannten Autors unter Bedas Namen.

Bedas Kommentar zu den Prophetenbüchern Esra und Nehemia gehören mit zwei weiteren Texten in einen größeren Zusammenhang. In seiner Schrift 'Über den Tabernakel' (De taber-

38 Dom Hs. 11, 2v/3r

naculo) erläutert Beda die allegorische Bedeutung des von Moses in der Wüste errichteten Tabernakels. Im Buch 'Über den Tempel' (De templo) handelt er über den ersten salomonischen Tempel, der zur Zeit des babylonischen Exils zerstört wurde. Hier schließt sich die Auslegung der Bücher Esra und Nehemia an, in der Beda den Bau des zweiten, während der Regierung des Perserkönigs Cyrus (558 - 529 v. Chr.) nach dem babylonischen Exil errichteten Tempels allegorisch mit Blick auf das himmlische Jerusalem deutet.

Das Werk Bedas zu Esra und Nehemia kann in insgesamt 32 Manuskripten nachgewiesen werden; der Kölner Codex folgt der üblichen Textredaktion und weist keine auffälligen abweichenden Lesarten auf. Der Band wurde in den beiden Hauptteilen (9v - 51v und 56r - 77v) von zwei geübten Schreiberhänden in karolingischer Minuskel geschrieben, deren Buchstabenform noch auf das beginnende 12. Jahrhundert verweist. Kleinere Eintragungen verteilen sich auf drei weitere Schreiber. Auf Folio 78r hat ein Schreiber 24 Hexameter aus den Monosticha des Pseudo-Cato – die im Mittelalter Beda zugeschrieben wurden und sonst nur noch im Codex Reg. lat. 711 der Vatikanischen Bibliothek vorkommen – und einen Vers Martials eingetragen. Insgesamt bezeugen zahlreiche Marginalien, daß der Codex aufmerksam studiert wurde.

INHALT: **1r** Besitzvermerk *Liber Andree De Werdena Canonici Ecclesie Sancti Cuniberti Coloniensis.* **1r - 77v** Beda, In Ezram et Neemiam (CSEL 119A, 235 - 392). **1r** Prolog *E(XIMIUS SACRAE INTERPRES)*; Capitula. **2v** Buch 1 *C(UNCTIS LEGENTIBUS)*. **25v** Buch 2 *P(ROPHETAVERUNT AUTEM AGGEUS)*. **50v** Buch 3 *V(ERBA NEEMIAE)*. **77v** Ende mit *... memento mei Deus meus IN BONUM.* **78r** Pseudo-Cato, Monosticha (PL 171, 1735 - 1736; Schaller/Könsgen

16936; Walther 19923; Walther, Proverbia: III 17948, I 5978, III 19297, III 15949, V 31744, III 22772, I 1736, II 13237, I 8270, III 20887b, V 30243, II 15258, IV 23592, I 829, I 6116, I 6604, IV 27107, V 31586, I 6199, II 10666, II 8661, V 30628, I 1550; Martialis Epigrammata, Liber X, 79, 3-4; Walther, Proverbia I 7569a) *VERSUS PERFECTARUM SENTENTIARUM BEDE. Utilibus monitis prudens accommodet aurem./Non leta extollant animum nec tristitia frangant./Dispar vivendi ratio est mors omnibus una./Nunquam sanantur de formis vulnera famae./Naufragium rerum est mulier malefida* (!) *marito./Tu si animum regeris, rex es, si corpore, servus./Proximus esto bonis, si non potes optimus esse./Audit quod non vult qui peregit dicere quod vult./Juris servitii* (!) *modo* (!) *fer* (!), *sic liber haberis./Ex igni ut fumus, sic fama ex crimine surgit./Paulisper laxatus amor decidere potest./Splendor opum sordes vite non abluit unquam./Mortis ymago iuvat strennua mors ipsa timetur./Quanto maior eris, tanto moderatior esto./Alta cadunt odiis, parva extollunt* (!) *amore./Divitie trepidant, paupertas lybera res est./Dissimilis cunctis vox, vultus, vita, voluntas./Sepe dolor sicut lacrimas et gaudia fundunt./Tristibus afficiar gravius, si leta recorder./ Doctrina est fructus dulces* (!) *radices* (!) *amare./Haud homo culpandus quando est in crimine casus./Fac quod te par sit, non alter quod mereatur./Suffragium laudis quod fert malus hoc bonus odit./Aspera per pensu fiunt iocunda relatu./Torquatus nitidas vario de marmore thermas* [extruxit; cucumam fecit Otacilius]*./Haec precepta legat devotus, et impleat actu.* **78v** Leer.

PERGAMENT: 78 Blätter; 302 x 219 mm; Lagen 1^{6+1}, $2-9^{8}$, 10^{6+1}; Zahlenreklamanten; Schriftspiegel 225 x 149 mm; Blindliniierung mit Versalienspalte (8 mm); einspaltig; 29 (bis fol. 7 und ab fol. 72), sonst 33 Zeilen. AUSSTATTUNG: Lateinischer Text in hell- bis dunkelbrauner romanischer Minuskel, rubriziert; Auszeichnungsschrift: Capitalis Rustica; zeitgenössische und spätere Marginalnotizen; ein- und zweizeilige Textmajuskeln in Tinte, z. T. rot schattiert, und in Rot; mehrzeilige Ziermajuskeln in Rot, z. T. mit reduzierter vegetabiler Ornamentik; Rankeninitiale zu Beginn des Textes in brauner Federzeichnung mit gespaltenem, rot gefülltem Buchstabenkörper und Klammern sowie blauer, türkis- und beigefarbener Füllung des Binnengrundes. EINBAND: Pergament mit Streicheisenlinien über Pappe (Mitte 18. Jh.); Streifen des Einbandes wurden entfernt und firmieren heute unter Dom Hs. 415 (Jaffé/ Wattenbach 1874, S. 5). PROVENIENZ: Im 14. oder 15. Jh. im Besitz von Andreas *de Werdena*, Kanoniker am Kölner Kunibertstift (1r); Darmstadt 2011. LITERATUR: Hartzheim 1752, S. 11 – Jaffé/Wattenbach 1874, S. 4f. – Tusculum 1982, S. 148 – Schanz/Hosius 1959, 8. Abt., 3. Teil, S. 35, 39 – Plotzek 1973, S. 330 – Handschriftencensus 1993, S. 580, Nr. 974 – Collegeville 1995, S. 19f.

H.-W.S.

Alkuin: Kommentar zum Johannesevangelium

39 Dom Hs. 107

Tours, 2. Viertel 9. Jh.

Der angelsächsische Gelehrte Alkuin von York (um 730-804), von Karl dem Großen (768-814) nach langjähriger Tätigkeit als Leiter der Aachener Hofschule im Jahr 796 zum Abt von St. Martin in Tours bestellt, übersandte seinen Johanneskommentar in den Jahren 800 und 801 an Gisela (757-810) und Rotrud (ca. 775-810), Schwester und Tochter Karls des Großen, Äbtissin und Nonne im Kloster Chelles bei Paris. Das Werk war in zwei Teile geteilt, da Alkuin 800 zuerst die Bücher VI und VII mit der Passion Jesu Christi, 801 die Bücher I-V mit dem Leben Jesu vor der Passion erstellt hatte. Quellen waren Augustinus, Ambrosius, Gregor und Beda Venerabilis. Unsere Ausgabe enthält Buch I bis V und beginnt mit dem Brief der Gisela und Rotrud an Alkuin, in dem sie den Gelehrten zum Verfassen des Kommentars anregen. Es folgt alsdann der Antwortbrief Alkuins mit dem Wunsch, der Hl. Geist möge ihre Herzen mit seinen sieben Gaben erfüllen (*... optam vos, septiformis Spiritus gratia inspirante pectora vestra*). Schon Rand (1929) und Koehler reihten die Handschrift in das Werk der Schule von Tours und zwar in die Spätzeit des Abtes Fridugisus (gest. 834) ein. Koehler (1963, S. 162, Taf. 31g) verglich in Schrift und Initialstil den aus der Bibliothek von St. Martin in Tours stammenden Vergil, Codex 165 der Berner Burgerbibliothek, mit Dom Hs. 107. Ein wichtiges Indiz für den touronischen Herkunftsort beider Codices war die Verwendung von Gold im Initialschmuck. Beim Vergleich mit den Dom Hss. 108 (Buch I-VII) und 109 (Buch I-V), die ebenso Alkuins Johanneskommentar enthalten, fällt die tadellose Ausführung und buchkünstlerische Auszeichnung von Dom Hs. 107 besonders auf.

TRACTATV
ALBINI MA
GYSTRI IN
PRIMA PAR
TE IOHAN
NIS EVAN
GELISTAE
DO GRATIS

 39 Dom Hs. 107, 1v

VENERANDO PATRI NOBISQUE CUM SUM
mo honore amplectando albino magis
tro humillimae xpi famulae gisla et
richtruda perpetuae beatitudinis salutē.
Postquam uenerande magister aliquid
de melliflua scae scripturae cognitione
uestrae sagacitate exponente hausimus.
ardebat nobis ut fatemur de die in diem deside
rium huius sacratissimae lectionis in qua
purificatio ē. animae solacium mortalita
tis nostrae et spes perpetuae beatitudinis.
In qua beatus uir iuxta psalmistam cotidiana
seipsum exercet meditatione intellegens omni
bus saeculi diuitiis huius eē. agnitionem praeferendam.
Neq; aliam eē ueram sapientiam nisi quae humano gene
ri secundum dispensationem diuinae prouidentiae caeles
tis gratia administrauit. haec ē. manna quae sine
fastidio satiat sine defectu pascitur. haec sunt diuinae
segetis grana quae apostolicis fricata manibus atq; per
eos fidelium epulis animarū apposita. sed duo ualde nobis
contraria cotidiana tristitia paruitatis nostrae mentem
faciant. Unum quod tardius huius optimi studii diligen
tiam habuimus aliud quod modo magnā habentib; deuoti
onem. uestra longinquitas desiderio nrō. satis obsistat.
Sed uestram carissime doctor depcamur pietatem ne
nos litterarum tuarū solatio deseras. poteris teipsum
nobis quaerentib; per litterarum officia ostendere. ut
intellegatur uox tua in archano cordis nrī desiderio.
Nam sicut loquentis lingua in aure audientis. ita scri
bentis calamus proficit in oculo legentis. et ad interiora
cordis peruenit sensus dirigentis. sicut uerba instruentis.
Quapropter beatissime pater noli teipsum nob negare.

39 Dom Hs. 107, 3r/7v

Dem ehrwürdigen Vater und von uns in höchster Verehrung zu umarmenden Lehrer Albinus senden Zirla und Richtruda, demütigste Dienerinnen Christi, einen Gruß und wünschen ewige Glückseligkeit. Nachdem wir, verehrter Lehrer, von Eurer honiggleich fließenden Kenntnis der Heiligen Schrift und Eurem Scharfsinn bei der Erklärung gekostet haben, brannte in uns, wie wir offen zugeben, Tag um Tag die Sehnsucht nach dieser allerheiligsten Belehrung, in der die Reinigung der Seele zugleich einen Trost für unsere Sterblichkeit und Hoffnung auf die ewige Glückseligkeit bedeutet. In dieser Unterweisung übt sich gemäß dem Psalmisten ein glückseliger Mann in täglicher Meditation, weil er einsieht, daß die Kenntnis von diesen Dingen allem Reichtum der Welt vorzuziehen ist. Und er weiß, daß es keine andere wahre Weisheit gibt als diejenige, die die himmlische Gnade dem Menschengeschlecht gemäß der genauen Abwägung der göttlichen Vorsehung zugeteilt hat. Dies ist das Manna, das sättigt, ohne Überdruß zu bewirken, das ohne Schaden gegessen werden kann. Dies ist das Korn aus göttlicher Saat, das von den Händen der Apostel gemahlen und von ihnen zum Mahl der Gläubigen gereicht wird. Aber es gibt zwei Dinge, die uns entgegen stehen und in der täglichen Traurigkeit über unsere Beschränktheit unseren Geist bedrängen. Das erste ist, daß wir so spät erst Sorgfalt auf diese über alle Maßen gute Beschäftigung verwendet haben. Das zweite ist, daß, obwohl wir große Ergebenheit besitzen, Euer Verweilen in der Ferne unserem Wunsch doch einiges in den Weg stellt. Aber wir flehen dich an, teuerster Lehrer, bei deiner frommen Gesinnung, enthalte uns nicht den Trost deiner Briefe vor. Durch die Dienste der Briefe wirst du dich selbst uns, die wir danach verlangen, zeigen können. Deine Stimme werden wir hören können in der geheimen Sehnsucht unseres Herzens. Denn wie die Zunge eines Sprechers im Ohr des Zuhörers wirkt, so wirkt auch der Griffel des Schreibenden im Auge des Lesers und bis ins Innere des Herzens dringt die Aussage des Schreibenden wie die Worte des Lehrers. Deshalb, seligster Vater, bitten wir dich: verweigere dich uns nicht!

2r (Brief der Gisela und Rotrud an Alkuin); A.A.

INHALT: **1r** Leer, bis auf Federprobe in kleiner karolingischer Minuskel *mundus Christi sanguine redemptus.* **1v-122r** Alkuin, Kommentar zum Johannesevangelium (Buch I-V) mit Briefen und Glossen auf 3r (PL 100, 738D-924B). **1v** Titelseite *TRACTATUM ALBINI MAGYSTRI IN PRIMA PARTE IOHANNIS EVANGELISTAE DEO GRATIAS.* **2r** Brief der Gisela und Rotrud an Alkuin *Venerandc patri nobisque summo honore amplectando Albino magistro . . . Postquam venerande magister – scientia vestra impleat pectora dulcissime magister.* 2r *V(enerando).* **3r** Brief Alkuins an Gisela und Rotrud *Nobilissimis in christianae religionis sanctitate . . . Quantum in sanctissimo sapientiae – in saeculum saeculi laudabunt te.* **5v** Kapitelreihe von *I-XLVI* für alle sieben Bücher des Werkes (gegenüber der Edition verschiebt sich die Reihe ab III bis XLIV, da IIII *in nuptiis aquam convertit* in der Edition mit Cap. III zusammengezogen ist. Da die Edition XLIV als XLIV und XLV zählt, gleicht sich danach die Reihe wieder aus). **7v** Buch I *INCIPIT TRACTATUS ALBINI MAGISTRI IN PRIMA PARTE IOHANNIS EVANGELISTAE. IN PRINCIPIO ERAT VERBUM . . . Neque enim frustra beatus Iohannes – spiritalis gratiae minere completurus.* 7v *I(N).* (Zu den bedeutenden althochdeutschen Glossen vgl. die bei Kruse 1976, S. 191 angegebene Literatur und die Edition in Jaffé/Wattenbach 1874, S. 137f., App. XVI). **24r** Buch II *INCIPIT LIBER II. Sequitur namque huius praefati signi – et tamen pauci crediderunt ex eis.* **43v** Buch III *INCIPIT LIBER TERTIUS. Delectatio divinorum eloquiorum – iudicantes duodecim, tribus Israhel.* **66r** Buch IV *INCIPIT LIBER QUARTUS. Post haec inquit evangelista – iram superbientium humiliter declinemus.* **90r** Buch V *INCIPIT LIBER QUINTUS. Postquam exisset Dominus de templo – veritas invenientibus vita permanentibus.* **121v** Am unteren Rand in nur noch schwer lesbarer karolingischer Minuskel *In nomine notum sit vobis almitati vestrae quod cantetur in istis diebus XXX ex* (?) *psalterio pro remedi . . . detur vobis vita eterna et . . .* (vgl. Bischoff 1989, S. 94 Anm. 54). **122v** Leer, bis auf Federproben: *graciam tuam, graciam tuam, graciam tuam, graciam.*

PERGAMENT: 122 Blätter; 335 x 235 mm; Lagen 1^{8+1}, $2-15^{8}$; Zahlenreklamanten (erhalten *.q.ii* usw. sowie *viij, viiij, q.x*); Schriftspiegel 245 x 160 mm; Blindliniierung, Lage 1 mit Versalienspalte am Innenrand (8 mm); einspaltig; 32-34 Zeilen. AUSSTATTUNG: Lateinischer Text in brauner bis dunkelbrauner karolingischer Minuskel, rubriziert; Anfänge der Textabschnitte mit Majuskeln in Minium; die sich in vielen Büchern und Kapiteln wiederholenden Worte *SEQUITUR* unzial, in Minium oder Tinte; Buchtitel in Capitalis mit Minium; Titelseite (1v) in Capitalis zeilenweise abwechselnd von Minium zu Schwarz; Initiale *V(enerando)* (2r) mit Flechtbandknoten, in Minium, Violett und Goldtinte (heute zumeist grün oxydiert); Initiale *I(N)* (7r) mit pergament-ausgesparter Flechtbandfüllung. EINBAND: Pergament mit Streicheisenlinien über Pappe (Mitte 18. Jh.). PROVENIENZ: Wann die Handschrift in die Kölner Dombibliothek gelangte, ist nicht bekannt. Im Kölner Katalog von 833 ist sie noch nicht nachweisbar (Kruse 1976, S. 190). Darmstadt 2107. LITERATUR: Hartzheim 1752, S. 57 – Jaffé/Wattenbach 1874, S. 44 – Decker 1895, S. 226, 243f., Nr. 74 – E. Steinmeyer/E. Sievers, Die althochdeutschen Glossen, Bd. IV, 1898, S. 417, Nr. 89 – Löffler 1923, S. 30 – Frenken 1923, S. 54 – E.K. Rand, Studies in the Script of Tours I: A Survey of the Manuscripts of Tours, Cambridge (Mass.) 1929 (The medieval Academy of America 3), S. 118, Nr. 48, S. 210 – W. Koehler, Die karolingischen Miniaturen I/1: Die Schule von Tours. Die Ornamente, Berlin [1930] 1963, S. 162, 380, Nr. 25, Taf. 31f. – Karl der Große 1965, Nr. 360 (B. Bischoff) – R. Bergmann, Mittelfränkische Glossen, Studien zu ihrer Ermittlung und sprachgeographischen Einordnung, Bonn 1966 (Rheinisches Archiv 61), S. 190ff. – N. Kruse, Die Kölner volkssprachliche Überlieferung des 9. Jahrhunderts, Bonn 1976 (Rheinisches Archiv 95), S. 188ff. (mit Lit. zu den Glossen S. 192ff.) – Bischoff 1989 – Handschriftencensus 1993, S. 635f., Nr. 1071. A.v.E.

Psalter mit Glossen

40 Dom Hs. 45

Köln (?), um 993-996

Der stattliche Band enthält in eindrucksvoller Kalligraphie als Hauptteil den lateinischen Psalter (28r-167v), der in großer Minuskel stets die innere Kolumne der Seiten einnimmt, während sich der Kommentar eines bisher nicht identifizierten Autors in kleinerer Schrift auf den Außenspalten sowie auf den oberen und unteren Blatträndern ausdehnt. Dem glossierten Psalter schließen sich die Cantica (168v-182v) an, wobei die beiden Glaubensbekenntnisse, das Symbolum Athanasianum und das Symbolum Nicaenum, ebenfalls glossiert sind. Ihnen folgt die Litanei als Abschluß der Handschrift. Interessant ist der Anfang des Codex mit Offiziumstexten zu den Wochentagen (1r-7v), deren Kompilation auf Alkuin (um 730-804) zurückgeht, dem Kalendar (8r-15v) und Vorreden verschiedener Autoren (16r-27r), so z. B. von Hieronymus (347/348-419/420), Cassiodor (um 485-um 580) und Isidor von Sevilla (um 560-636). Die mit *Hic citharista sedens David rex atque propheta* – Hier sitzt David, der Lautenspieler, König und Prophet – beginnenden Verse (17v - 19r) kopieren wohl die Beischrift zu einer Miniatur mit dem königlichen Psalmisten, die in dieser Handschrift jedoch fehlt.

In der Textzusammenstellung von Dom Hs. 45 spiegelt sich einerseits theologisches Interesse an der Psalmendeutung und andererseits der Wunsch nach einer liturgischen Nutzung, was auch einige wenig spätere Texte mit Neumen nahelegen. Die künstlerische Ausstattung mit großen, in Minium ausgeführten Initialen betont die acht Psalmen des morgendlichen Chorgebetes für die Wochentage und des sonntäglichen Vesperpsalms (1, 26, 38, [52], 68, 80, [97], 109). Diese Ordnung wird erweitert durch die Dreiteilung des Psalters (1, [51], 101). Schließlich setzt sich die Ausstattung der Vesperpsalmen nach Psalm 109 mit einer Initiale zu Psalm 114 für die Vesper am Montag fort, wird aber nicht weitergeführt. So entsteht der Eindruck, daß zwar verschiedene Möglichkeiten der Psaltergliederung beachtet, aber nicht konsequent befolgt worden sind. Die beiden letzten Initialen (137r, 140r) wurden wohl erst im 11./12. Jahrhundert und in geringerer Qualität ausgeführt.

Der Initialstil setzt alemannische Buchkunst voraus, wie sie im St. Galler Lektionar Cod. 433 der dortigen Stiftsbibliothek bzw. in den beiden noch vor der Mitte des 10. Jahrhunderts entstandenen Reichenauer Lektionaren Aug. perg. 16 und 37 der Badischen Landesbibliothek in Karlsruhe überliefert ist. Erwähnenswert ist die vergleichbare Situation in Trier, wo das Evangeliar der Bibliothek des Priesterseminars (Hs. 106) aus dem frühen 10. Jahrhundert eine St. Galler Vorlage in Art des Folchard-Psalters (St. Gallen, Stiftsbibl., Cod. 23) voraussetzt. Auch im Kalendar unseres Psalters ist eine alemannische bzw. süddeutsche Schicht mit den hll. Gallus, Otmar, Magnus, Kilian u. a. zu belegen, darüber hinaus eine kölnische mit den hll. Pantaleon, Gereon, Severin, Kunibert, Ursula sowie den Festen *In Wirduna* (Werden) *s. Liudgeri* (26.3.) bzw. *Adventus s. Liudgeri epi.* (25.4.) und vor allem mit dem Eintrag zum 4. Juli *Translatio et ordinatio et dedicatio basilicis* (!) *magnae s. Martini episcopi*, womit die Kirche Groß St. Martin in Köln gemeint sein muß. Ausschließlich auf Köln bezogene Nachträge, die u. a. den Tod des Erzbischofs Everger (985 - 999) zum 11. Juni vermerken, dürften am Anfang des 11. Jahrhunderts geschrieben worden sein. Auch die Litanei enthält Anrufungen von für Köln charakteristischen Heiligen. In seine Überlegungen zu dem mit Trier zu verbindenden Psalter des 1021 verstorbenen Bischofs Wolbodo von Lüttich (Brüssel, Bibl. Royale, Ms. 9188 - 9189) bezog Konrad Hoffmann (1986) auch den Psalter Dom Hs. 45 als kölnisches Werk ein, eine Lokalisierung, die schon Anton Chroust (1911) im Abwägen mit einer alemannischen Provenienz favorisierte. Raymund Kottje (1991) bestätigte die Beobachtungen Hoffmanns zum Schriftstil und verband diesen mit Kölner Handschriften der Zeit Erzbischof Evergers (Dom Hs. 53 und Dom Hs. 143, Kat. Nr. 80). Bereits Georg Zilliken (1910) hatte auf zwei zur Datierung des Psalters wichtige Einträge aufmerksam gemacht: den im Kalendar ebenfalls am 4. Juli genannten Ulrich (*Odelrici*), der 973 verstorbene und schon 993 heiliggesprochene Bischof von Augsburg, sowie in der Litanei (184r) den Eintrag *Et Oddonem regem perpetua prosperitate conservare digneris*. Damit muß König Otto III. gemeint sein, bevor er im Jahre 996 zum Kaiser gekrönt wurde. Die Handschrift dürfte demnach gegen Ende des 10. Jahrhunderts, möglicherweise innerhalb der Jahre 993 - 996, entstanden sein – und zwar in Köln, wo sie von Anfang an benutzt wurde –, wohl unter Verwendung einer alemannischen Vorlage.

Hier sitzt David, der Lautenspieler, König und Prophet, bringt aus süßklingenden Saiten die mystischen Lieder hervor. Von seinem Munde ertönte in heiligem Hauch die Flöte und schenkte in süßer Melodie den honiggleich fließenden Gesang. In diesen Liedern läßt die Welt überall den Herrn widerhallen, schickt über den Aether hin die abendlichen Stimmen und wenn sie das morgendliche Lob im Lied erweist, so setzt sie auch hierin im Gesang Davids die Melodien. Auch in deiner Kehle, mein Leser, mögen diese süßen Gesänge sein. Wenn du bereit bist, diesen süßen Geschmack beständig zu kosten, wirst du zur lebendigen Quelle gelangen können.
16r; A.A.

Jener, der die Heiligen lehrte, in süßer Melodie (die Psalmen) zu singen, wußte, wer die zehn Worte des Gesetzes gegeben hatte. Soviele Finger es gibt, für soviele Saiten hat er die Leier vorgesehen. Die Namen oder das Zeichen, das Kreuz selbst bestätigt die Anzahl. Was zögerst du zu glauben? Alles regiert die Kraft Christi, der die verschiedenen Sprachen in einem Lied vereinigte, damit Vieh und Vögel ihren Gott erkennen können. So ist der Klang des Glaubens, der die harten Gemüter besänftigt, so freut sich die Kreatur zuerst über ein so großes Geschenk. Die die Gnade der Stimme errettet, weiht sie dem Herrn.
18r; A.A.

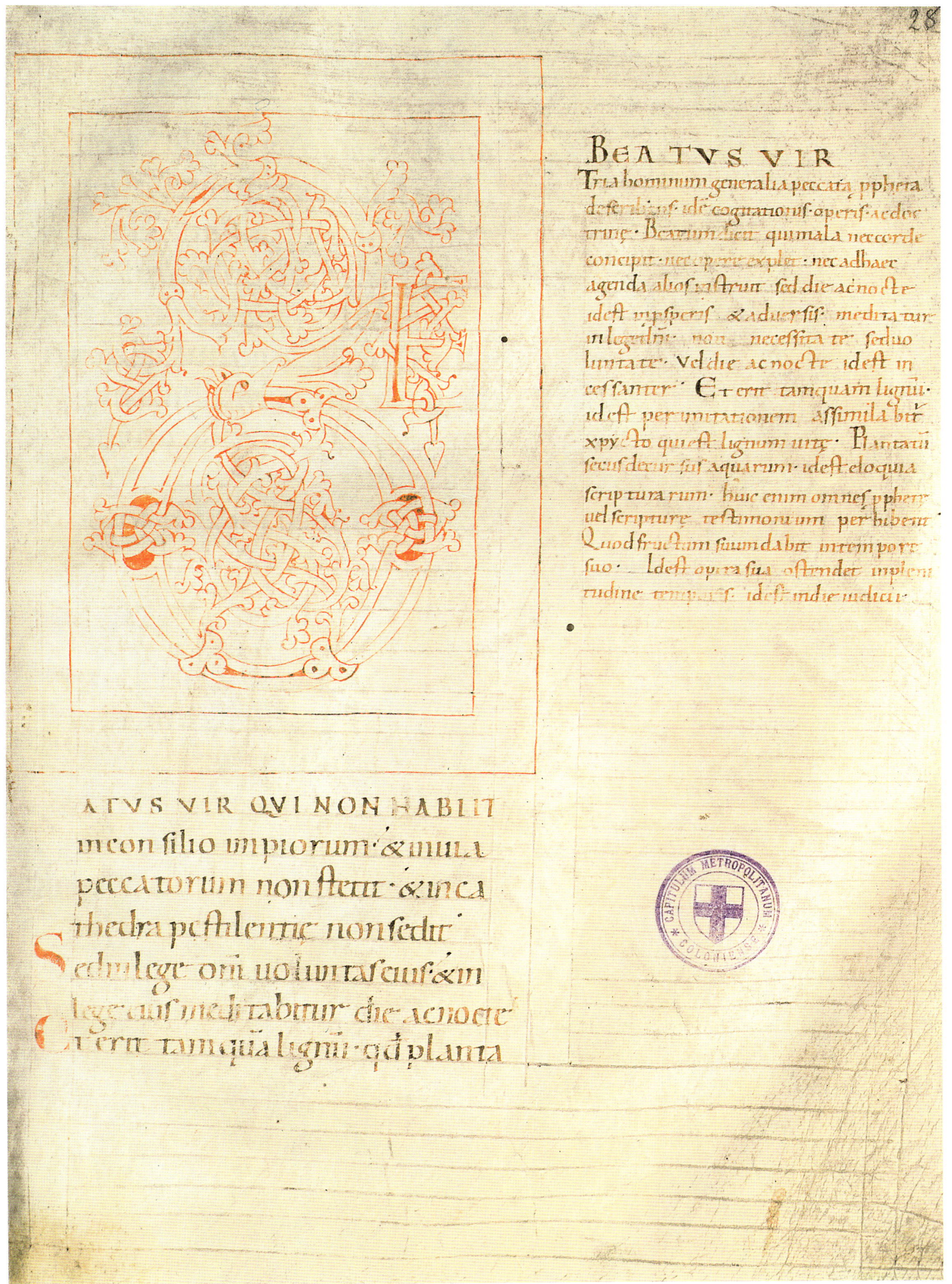

 40 Dom Hs. 45, 28r

Dominus defensor uite mee.

DNS INLUMINATIO MEA ET SALUS mea quem timebo. Propheta in sp(irit)u exultans dicit se quem quia homines non timere: eo quod a d(omi)no inluminatus sit.

D(omi)n(u)s p(ro)tector uitę meę. id d(omi)n(u)s omnis impetus & conatus aduersariorum meorum comprimat. a quo mali aliquid trepidabo. subaudit a nullo.

Dum adppiant me & cet(era). Ordo uerborum talis e(st). Dum nocentes id nocere uolentes inimici mei & qui me tribulant mihi mali uolo corde adpropinquant ut non solum animam meam sed etiam corpus p(er)dant defensoris mei potentia a uirtute sua infirmati sunt & ceciderunt in foueam quam mihi parauerant.

Si consistant aduersum me. id est etiam si aduersus me inimicorum meorum multitudo muniatur. d(omi)ni p(rae)sidio roborat cordis mei stabilitas non mutabit.

Si exurgat aduersum me. in me p(er)secutio scilicet in illo figa sperneam.

Unam petii a d(omi)no. Unam sub petitione petii a d(omi)no hanc requiram. id est p(er) hanc iterum deprecabor ut scilicet quamdiu in hac uita sim nulle aduersitates excludant me de numero & societate fidelium.

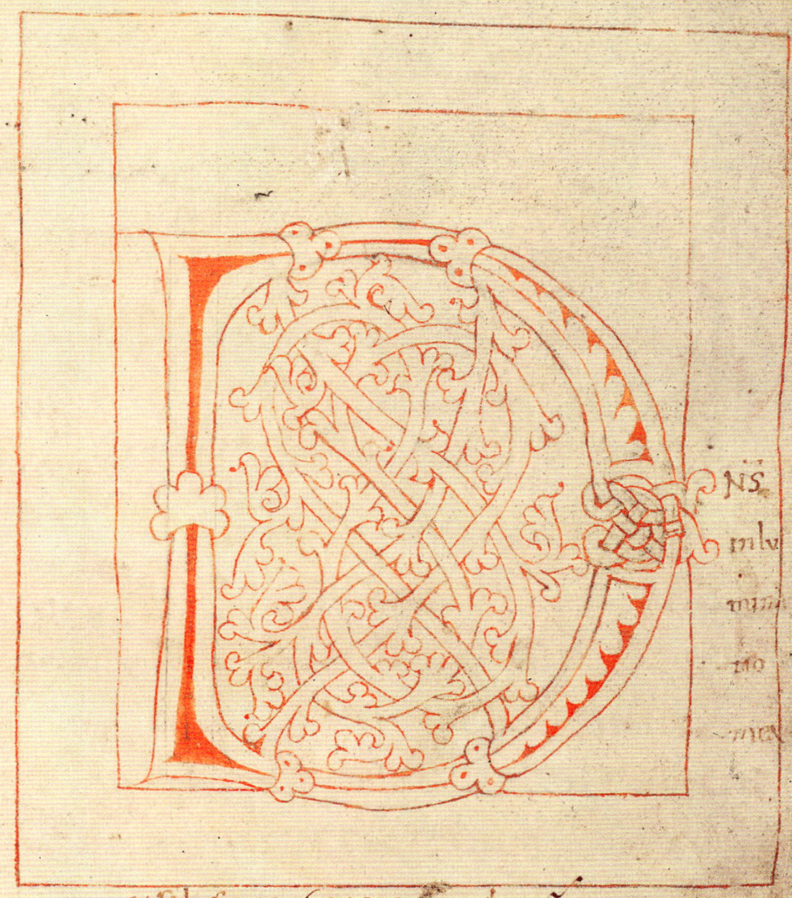

DNS inlu mina tio mea

& salus mea quem timebo.

DNS p(ro)tector uitę meę a quo tre-
pidabo. ut edant carnes meas
Dum adppiant sup(er) me nocentes
Qui tribulant me inimici mei ip-
si infirmati sunt & ceciderunt
Si consistant aduersum me cas-
tra non timebit cor meum
Si exsurgat aduersum proelium
in hoc ego sperabo
Unam petii a d(omi)no hanc requiram

40 Dom Hs. 45, 50v

uire tribuunt mala p bonis & cet' · id est etiam hi qui uidebant' ee amici · uitam meam lacerabant · cum e potius sat tolleranda mala debeREnt amicabiliter roborare · Quo sequebar bonitate · Ideo inquid detrahebant mihi quo medicamenta penitentie requirebam · & ut bonitate dni posse pmereri · lamentis mederam · & afflictionib · N onderelinquas me d · & cet' Penitens iste indulgentia dm de pteritis periculis absolutus · iam letus exclamat · ad dnm ne ab ipso relinquat' quo fuerat pstante liberatus · Grauior est eni bone conscientie meti u serrare post ueniam · ut qui deber gram iterum incurrat offensam · Intende in adiutorium meum · d · d · s · m · Prius petit ne derelinqueret' a dno ne te enixius supplicat ut in adiutorium eius digner' intendere · Quo contra illum se haberet certam nouerat cuius p se uiribus impar erat ·

[illegible]

Quire tribuunt mala p bonis detrahebant mihi · quo sequebar bonitate / cesseris a me ·
Non derelinquas me dne ds ms ne dis
Intende in adiutorium meum · dne ds salutis meę · V · Dne in celo ·

Dixi custodiam uias meas · & cet' · i · statui apud me ac decreui ut sollicite oms lingue lapsus effugere quo facilius custodire ualeam uias meas · i · opera mea recta conuersatione tractare ·

R · Adiutor meus esto deus ne derelinquas me · V · Ne que despicias me deus salutaris meus · Ne de · R · Benedicam dominum in omni tempore semp laus eius in ore meo · V · In domino laudabitur anima mea audiant mansueti & letent · Semp ·
R · Delectare in domino et dabit tibi petitiones cordis tui ·
V · Reuela domino uiam tuam et spera in eum et ipse faciet · Et di
A · Miserere mei deus · A · Intellege clamorem meum domine ·
A · Deus deus meus ad te de luce uigilo · A · Ecce deus saluator meus ·
A · Laudate dominum de celis · V · Repleti sum · A · Erexit dominus nobis cornu salutis in domo dauid pueri sui ·

223 **40** Dom Hs. 45, 63v

INHALT: **1r-7v** Alkuin, Offiziumstexte für die Wochentage. **1r** *I(N NOMINE SANCTAE TRINITATIS INCIPIT PREFATIO ORATIONIS). B(EATUS DAVID)* (PL 101, 509-549, 1399, 1409-1410; der Text weicht von der Reihenfolge der Edition ab und enthält Zusätze). **8r-15v** Kalendar: 26.3. *In Wirduna s. Liudgeri*, 20.4. *Maximini m.*, 25.4. *Adventus s. Liudgeri epi.*, 29.4. *Quirini epi.*, 2.7. *Dedicatio s. Otmari*, 4.7. *Translatio et ordinatio et dedicatio basilicis* (!) *magne S. Martini epi. et s. Odelrici*, 8.7. *Kiliani, Cholonati, Totmani m.*, 28.7. *Pantaleonis m.*, 5.8. *S. Oswaldi regis et m.*, 6.9. *S. Magni conf.*, 17.9. *Landberti epi. et m., Et Huperti*, 15.10. *Vigilia s. Galli*, 16.10. *Deposicio s. Galli*, 17.10. *Dedicatio basilicae s. Galli*, 24.10. *Oct. s. Galli*, 3.11. *Phirmin abb. et Humberti*, 15.11. *Vigilia s. Otmari abb.*, 16.11. *Depositio s. Otmari*, 21.11. *Severini epi. et Mauri m.*, 22.11. *Caecilie virg.*, 29.12. *Liborii epi.* Nachträge des 11. Jahrhunderts: 25.1. *Idit regina*, 3.3. *Et obiit Cunegunde imperatricis*, 11.6. *obiit Evergerus Archiepiscopus*, 13.7. *Heinricus imperator obiit*, 27.9. *Dedicatio ecclesie sci. Petri in Colonia*, 3.10. *In Colonia duorum Ewaldorum*, 10.10. *(S. Gereonis) et aliorum CCCXVIII in Colonia*, 15.10. *Colonie sanctorum aurorum*, 16.10. *et Lulli et Elifii m. in Colonia*, 24.10. *Severini epi. in Colonia*, 12.11. *In Colonia Cuniberti conf.*, 22.12. *In Colonia Gregorii mart.* **16r-27r** Prologe zu den Psalmen. **16r/v** Hieronymus, Praefatio in librum psalmorum (Stegmüller 430; PL 29, 121-124). **16v-17r** *David filius Iesse cum esset* (Stegmüller 414). **17r/v** Pseudo-Augustinus, De virtute psalmorum (Stegmüller 369). **17v** *Hic citharista* (Walther 7866; MGH PP V/3, 673f.). **18r** *Psallere qui docuit* (Stegmüller 419; Hieronymus, Versiculi PL 13, 375; Walther 14885). **18r/v** *Nunc Damasi monitis* (Stegmüller 408; Damasus, Versus PL 13, 375). **18v-19r** *hoc citharista puer* (Stegmüller 386; nur Anfang und Ende von PL 26, 855). **19r/v** *Nempe diappsalma* (!) *est* (Stegmüller 11596). **19v** *Asteriscus apponitur* (Stegmüller 7486). **19v-20r** *Obolus superne.* Fünf Bemerkungen über *obolus, limnicus, psalterus* und *diapsalma* (vgl. Stegmüller 5306, aber mit abweichendem Text). **20r-21r** *Psalterum inquirendum* (Stegmüller 426 mit abweichendem Text). **21v-22v** Pseudo-Hieronymus, Brief 51. Ad Paulam et Eustochium. De virtute psalmorum (Stegmüller 435; PL 30, 305). **22v-23r** Damasus, Brief 5. Ad Hieronymum presbyterum (Stegmüller 384; PL 13, 440). **23r** Pseudo-Hieronymus ad Damasum, Brief 47, Kap. 1 (Stegmüller 398; PL 30, 294). **23v-26r** Cassiodor, Praefatio in psalterium, Kap. 1-4 (Stegmüller 418; PL 70, 12-15). **26r/v** Pseudo-Hieronymus ad Damasum, vgl. Brief 47, Teil von Kap. 3 (Stegmüller 406-407; PL 30, 296). **26v-27r** Isidor von Sevilla, Prooemium de psalterio (Stegmüller 5193; PL 83, 163-164). **27v** Leer. **28r-167v** Psalter mit Kommentar. **28r** Ps 1 *BE(ATUS VIR)*; Kommentar *Tria hominum generalia.* **50v** Ps 26 *D(OMINUS inluminatio* [!] *mea).* **63v** Ps 38 *d(IXI custodiam).* **89r** Ps 68 *S(ALVUM ME FAC).* **105v** Ps 80 *E(XULTATE).* **123r** Ps 101 *d(OMINE EXAUDI).* **137r** Ps 109 *D(IXIT DOMINUS).* **140r** Ps 114 *D(ILEXI QUONIAM EXAUDIET).* **168r-182v** Psalm 151 und Cantica. **179v-181v** Symbolum Athanasianum mit Kommentar. **182r/v** Symbolum Nicaenum mit Kommentar. **182v-184r** Kyrie mit Litanei (Coens 1963, 157-160). **184v** Leer.

PERGAMENT: 184 Blätter; 346 x 258 mm; Lagen 1^{6+1}, 2^{8}, 3^{6+2}, 4^{4}, 5^{6+1}, $6\text{-}11^{8}$, 12^{6}, $13\text{-}18^{8}$, 19^{8-1+1}, $20\text{-}24^{8}$; Schriftspiegel 320 x 218 mm (gesamt); Blindliniierung mit Versalienspalten (11 mm) jeweils zu beiden Seiten der Textspalten; 2 Spalten von 107 mm (Text) und 90 mm (Kommentar) Breite sowie 21 mm Abstand; 23 Zeilen. AUSSTATTUNG: Lateinischer Text in brauner bis schwarzer frühromanischer Minuskel von mehreren Schreibern; rubriziert; nachgetragene Antiphonen, Versikel, Responsorien (50v, 63v, 173r) mit Neumen ohne Linien (11. Jh.); Auszeichnungsschrift: Capitalis Quadrata (1r) und Rustica, Mischtyp aus Capitalis Quadrata und Uncialis; Initialen: Mischtyp aus Capitalis Quadrata und Uncialis; ein- bis mehrzeilige Anfangsbuchstaben in Minium; große Initialen mit gespaltenem Buchstabenkörper und Blattrankenfüllung sowie Tierköpfen in Minium, mit Miniumlinien doppelt gerahmt. EINBAND: Pergament mit Streicheisenlinien über Pappe (Mitte 18. Jh.). PROVENIENZ: Darmstadt 2040. LITERATUR: Hartzheim 1752, S. 27f., 140 – Jaffé/Wattenbach 1874, S. 14f., 106ff. – G. Zilliken, Der Kölner Festkalender. Seine Entwicklung und seine Verwendung zu Urkundendatierungen. Ein Beitrag zur Heortologie und Chronologie des Mittelalters, in: BJ 119 (1910), S. 29, 36ff. – Chroust 1911, Abt. I, Ser. II, Liefg. 7, Taf. 7 – DACL 3/2, 1914, Sp. 2188, 2193 – M. Coens, Recueil d'études Bollandiennes, Brüssel 1963 (Subsidia Hagiographica 37), S. 149ff. – A.-D. v. den Brincken, Die Totenbücher der stadtkölnischen Stifte, Klöster und Pfarreien, in: JbKGV 42 (1968), S. 150 – J. Torsy, Die Bittprozessionen des Kölner Doms um 1300, in: KDB 30 (1969), S. 77ff. – J.M. Plotzek, Zur Initialmalerei des 10. Jahrhunderts in Trier und Köln, in: AaKbll 44 (1973), S. 110ff. – Ornamenta 1985, I S. 434f., Nr. C 14 (A. von Euw) – Hoffmann 1986, I S. 466 – R. Kottje, Schreibstätten und Bibliotheken in Köln Ende des 10. Jahrhunderts, in: Theophanu 1991, I S. 155ff. – Handschriftencensus 1993, S. 597f. – Collegeville 1995, S. 73ff. – H. Hoffmann, Bamberger Handschriften des 10. und 11. Jahrhunderts, Hannover 1995 (Schriften der MGH 39), S. 25 – E. Boewe-Koob, Das Antiphonar der Essener Handschrift D3 in der Universitäts- und Landesbibliothek Düsseldorf, Münster 1997 (Quellen und Studien 7), S. 69 – V. de Vry, Liborius, Brückenbauer Europas. Die mittelalterlichen Viten und Translationsberichte, Paderborn u. a. 1997, S. 301, Nr. 56.

J.M.P.

Nun schenkt wohlwollend Gehör den Mahnungen des Damasus, wer Durst hat, möge kommen mit dem Wunsch, die Ströme zu trinken, er soll Wasser finden, die süßen Honig bewahren. Sie werfen den Schmutz hinaus und reinigen die Tiefen des Herzens. Wenn sie auch das Herz erneuern, bereit, Christus zu dienen, mußt du den heiligen Propheten Christi erkennen. Den Hirtenjungen, einen von vielen Brüdern, entriß der Engel den Schafen und weihte ihn zum König, der als einziger wußte, mit den Händen das Instrument zusammenzubauen, dem Volk mit der Leier die himmlischen Reiche zu besingen. Den Riesen, der vergeblich mit dem Schilde drohte, den Schimpflichen, der gottlose Waffen und Brustwehr trug, der von Sinnen die Tempel tauber Götter verehrte, ihn traf er mit rundem Stein und hinterließ ihn verstümmelt. Und nachdem er auf Geheiß Gottes das ungeheure Blutbad verrichtet hatte, zeigte er ihn den Völkern und trug die Siegeszeichen des Feindes davon.
18r/v; A.A.

Smaragd von Saint-Mihiel: Psalmenkommentar

41 Dom Hs. 5

Köln, Anfang 11. Jh.

Als eine von nur zwei erhaltenen Handschriften, die den Psalmenkommentar des Smaragd überliefern, kommt Dom Hs. 5 eine besondere Bedeutung zu (neben Berlin, Staatsbibl. PK, Ms. lat. fol. 755). Noch bevor er etwa im Jahre 809 Abt der lothringischen Benediktinerabtei Saint-Mihiel wurde, hatte Smaragd (gest. nach 825) die dieser Handschrift zugrunde liegende exegetische Schrift verfaßt, in der er hauptsächlich den Psalmenkommentar des Cassiodor (um 485 - um 580) verkürzend kompilierte (206r als Quelle benannt). Smaragds Auslegung, in deren Mittelpunkt die Trinität steht, neigt zur Betonung des moralischen Schriftsinns unter leichter Vernachlässigung des wörtlichen und historischen Aspektes (Rädle 1974). Die Strukturierung des Textes durch Initialen folgt der für den Psalter üblichen Dreiteilung (Ps 1, 51, 101), die mit der an der Textauswahl des Stundengebetes orientierten Gliederung (Ps 1, 26, 38, [52], 68, 80, [97], 109) kombiniert wird. Das überlieferte Widmungsgedicht besagt, daß ein vielleicht für den karolingischen Hof gedachtes Originalexemplar prachtvoll ausgestattet war (Rädle 1974). Im Initialschmuck von Dom Hs. 5 haben sich keine Spuren davon erhalten, wenn sich auch ein gewisser Anspruch aus der Initialzierseite ableiten läßt, die durch die verwendete Schriftform und die doppelte, nicht ornamentierte Rahmung sehr monumental wirkt. Das nachträglich mit Minium konturierte, von der Oxidation des grünen Bolus bedrohte goldene Rankenflechtwerk mit den züngelnden Blättern und den Minium-Pünktchen dieser und der übrigen Initialen entspricht dem der Kölner Domschul-Handschriften aus der Everger-Zeit (Dom Hs. 143, Kat. Nr. 80 und Dom Hs. 53). Der Schriftduktus und das sich langsam zur rankenden Pflanze entfaltende Flechtwerk (z. B. 28r) legen jedoch eine Datierung zu Beginn des 11. Jahrhunderts nahe, etwa gleichzeitig mit dem vor 1021 wohl in Trier oder Echternach entstandenen Wolbodon-Psalter in Brüssel (Bibl. Royale, Ms. 9188 - 9189).

Wohl dem Mann, der nicht dem Rat der Frevler folgt, nicht auf dem Weg der Sünder geht, nicht im Kreis der Spötter sitzt, sondern Freude hat an der Weisung des Herrn, über seine Weisung nachsinnt bei Tag und bei Nacht. Er ist wie ein Baum, der an Wasserbächen gepflanzt ist, der zur rechten Zeit seine Frucht bringt und dessen Blätter nicht welken. Alles, was er tut, wird ihm gut gelingen. Nicht so die Frevler: Sie sind wie Spreu, die der Wind verweht. Darum werden die Frevler im Gericht nicht bestehen noch die Sünder in der Gemeinde der Gerechten. Denn der Herr kennt den Weg der Gerechten, der Weg der Frevler aber führt in den Abgrund. 1v (Ps 1)

INHALT: **1v - 224r** Smaragd von Saint-Mihiel, Psalmenkommentar (nicht ediert). **1v** Initialzierseite. Psalm 1 *B(EATUS VIR)*. **2r** Kommentar *ille dicitur cui omnia desiderata succedunt. Vir enim vocatur.* **28r** Ps 21 für die Matutin an Christi Himmelfahrt *D(EUS DEUS MEUS)*. **35r** Ps 26 *d(OMINUS ILLUminatio mea)*. **57v** Ps 38 *d(IXI CUSTODIAM)*. **80r** Ps 51 *Q(UID GLORIARIS)*. **103v** Ps 68 *S(ALVUM ME FAC)*. **128v** Ps 80 *E(XULTATE DOMINO)*. **157v** Ps 101 *d(OMINE EXaudi)*. **177v** Ps 109 *D(IXIT DOMINUS)*. **224r** Ende mit ... *spiritaliter debeant cuncta laudare*. **224v - 225v** Leer.

PERGAMENT: 225 Blätter; 322 x 255 mm; Lagen 1^{6+1}, 2 - 28^{8}, 29^{2}; Zahlenreklamanten *I, III - XXIII*; Schriftspiegel 254 x 165 - 181 mm; Blindliniierung mit Versalienspalte (7 mm); einspaltig; 36 Zeilen. AUSSTATTUNG: Lateinischer Text in dunkelbrauner bis schwarzer frühromanischer Minuskel; Auszeichnungsschrift: Capitalis Rustica; Initialen: Capitalis Quadrata und Uncialis; einzeilige Textmajuskeln in Minium; einzeilige Initialen in Minium zu Beginn der einzelnen Kommentare, mehrzeilige Initialen zu Beginn der einzelnen Psalmen, die nachfolgenden Buchstaben häufig in z. T. rot schattierter Capitalis in Tinte in die größere Initiale eingeschrieben; große Initialen aus Flechtwerkranken in grün grundiertem Gold mit Minium umrandet und z. T. mit Minium schattiert zu Beginn der Teilungspsalmen; Initialzierseite mit gerahmter Initiale in der beschriebenen Art zu Beginn des Textes. EINBAND: Pergament mit Streicheisenlinien über Pappe (Mitte 18. Jh.). PROVENIENZ: Darmstadt 2007. LITERATUR: Hartzheim 1752, S. 6 – Jaffé/ Wattenbach 1874, S. 2 f. – C. Nordenfalk, Rez. zu Bloch/ Schnitzler, in: Kunstchronik 10 (1971), S. 303 – J.M. Plotzek, Zur Initialmalerei des 10. Jahrhunderts in Trier und Köln, in: AaKbll 44 (1973), S. 112 f. – F. Rädle, Studien zu Smaragd von Saint-Mihiel, München 1974 (Medium Aevum 29), S. 97 ff. – F. Brunhölzl, Geschichte der lateinischen Literatur des Mittelalters, I: Von Cassiodor bis zum Ausklang der karolingischen Erneuerung, München 1975, S. 446 – Tusculum 1982, S. 734 – Ornamenta 1985, I S. 435, Nr. C 15 (A. von Euw) – Hoffmann 1986, S. 466 – A. von Euw, Vor dem Jahr 1000. Abendländische Buchkunst zur Zeit der Kaiserin Theophanu, Ausst. Kat. Köln 1991, S. 28, Nr. 1 – Handschriftencensus 1993, S. 577, Nr. 968 – LexMA 7 (1995), Sp. 2011 ff. (F. Rädle) (Lit.) – Collegeville 1995, S. 8 f. U.S.

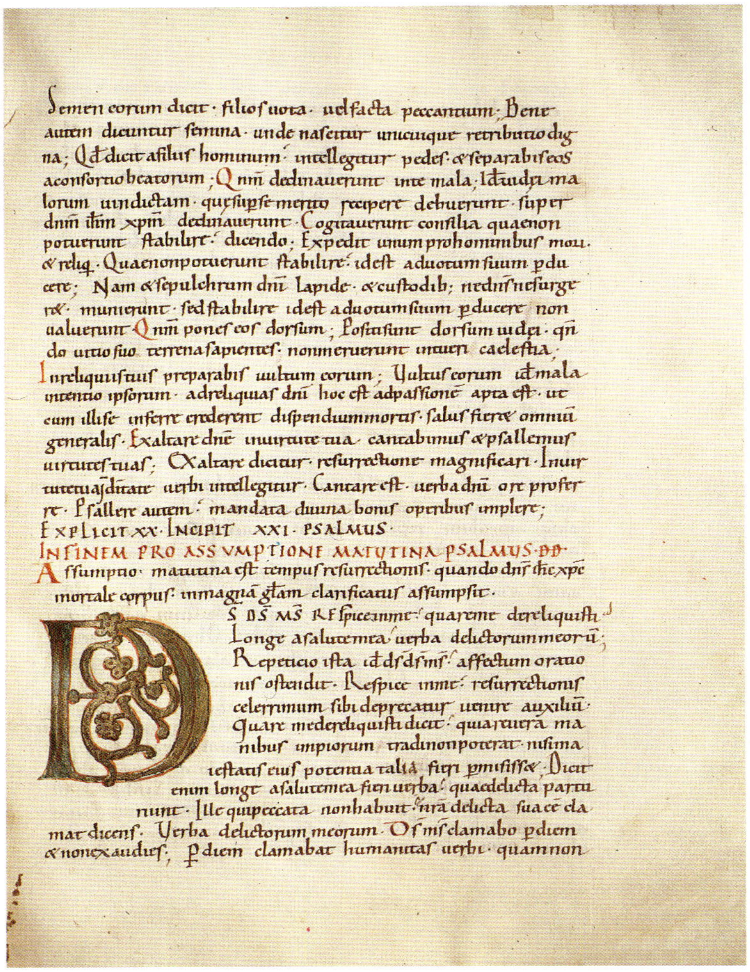

41 Dom Hs. 5, 1v/28r

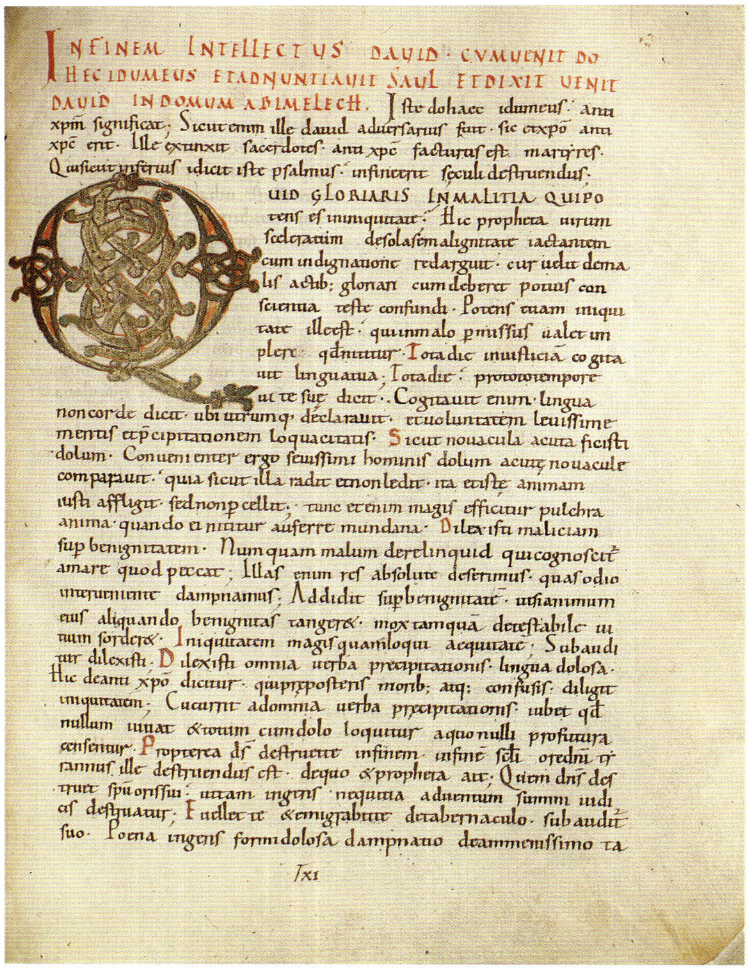

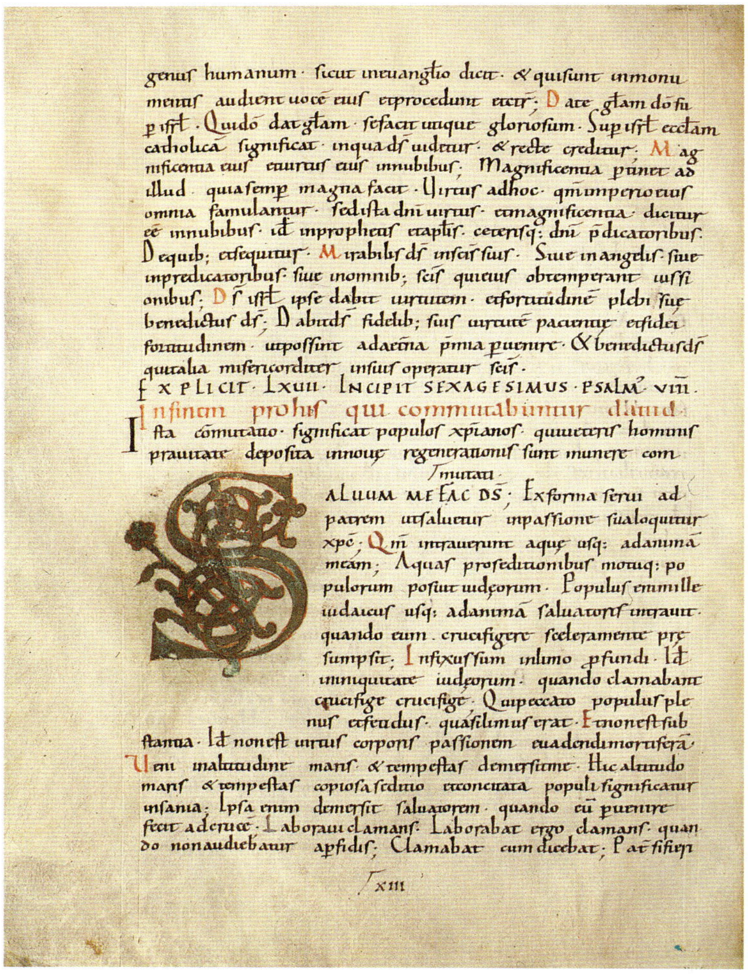

41 Dom Hs. 5, 80r/103v

Lukasevangelium mit Glossen

42 Dom Hs. 22

Südwestfrankreich (?), 2. Viertel 12. Jh.

In Spätantike und frühem Mittelalter war aus der intensiven Beschäftigung mit dem Bibeltext eine Fülle von Werken – Predigtsammlungen, Kommentare und Traktate zu einzelnen biblischen Büchern – entstanden, die sich, wie die Überlieferung auch in der Kölner Dombibliothek belegt, großer Beliebtheit erfreuten. Nach der Mitte des 11. Jahrhunderts suchte man in den intellektuellen Zentren Nordfrankreichs, getragen von einem Bedürfnis nach Reform in Gesellschaft und Kirche, erneut die Auseinandersetzung mit der Heiligen Schrift. Dabei waren es vor allem Theologen der Kathedralschule von Laon, die – etwa seit dem Jahr 1100 – daran gingen, jenes reiche Material patristischer sowie angelsächsischer und karolingischer Autoren für die exegetische Arbeit zu erschließen. Exzerpte aus diesen Quellen, ergänzt um eigene Bemerkungen, wurden mit dem Bibeltext zu einem kompendienartigen neuen Buchtyp verbunden, den die mittelalterlichen Bibliothekskataloge als 'libri glosati' charakterisieren. Zunächst erstellten Anselm von Laon (gest. 1117) und sein Bruder Radulf (gest. 1131/1133) solche glossierten Ausgaben des Psalters, der Paulusbriefe, des Hohenliedes, des Matthäus-, Lukas- und Johannesevangeliums sowie der Apokalypse. Gilbert von Auxerre (gest. 1134), Schüler Anselms, widmete seine Aufmerksamkeit einigen alttestamentlichen Büchern, darunter der Pentateuch und die Propheten. Ungefähr ab der Mitte des 12. Jahrhunderts verfügte man dann über ein annähernd vollständiges Corpus von Glossen für die gesamte Heilige Schrift.

In Paris lehrte damals Petrus Lombardus (1095/1100-1160; s. Dom Hss. 62 und 181; Kat. Nrn. 46, 47) und machte, indem er "die Glosse" in seinen Sentenzen zitierte, diese zum grundlegenden Arbeitsinstrument der scholastischen Exegese. Ein Standardisierungsprozeß führte dazu, daß man für das einzelne biblische Buch jeweils einem bestimmten Glossentext den Vorzug vor anderen gab. Ausgehend von der Verwendung in den Pariser theologischen Schulen erlangte die 'Glossa ordinaria', an der im 13. Jahrhundert nur noch geringe Veränderungen vorgenommen wurden, weite Verbreitung bis ins späte Mittelalter. Schon seit dem Ende des 12. Jahrhunderts kommentierten die Magister der sich entwickelnden Universitäten nicht mehr allein den Bibeltext, sondern – als Basisreferenzwerk – auch die ihn begleitenden Glossen.

"In jenen Tagen erließ Kaiser Augustus den Befehl, alle Bewohner des Reiches in Steuerlisten einzutragen. Dies geschah zum erstenmal; damals war Quirinus Statthalter von Syrien" (Lk 2,1-2). Die meisten Teile der Erde sind schon mehrfach erfaßt worden, aber diese Zählung ist die erste, die den ganzen Erdkreis umfaßte, der öffentlichen Ankündigung entsprechend, daß keiner ausgeschlossen sein solle. Auch hat es erstmals gewiß damals begonnen, als Quirinus von Caesar als zukünftiger Statthalter nach Syrien geschickt wurde.
10v; E.W.

Äußeres Kennzeichen der Bibelglossen-Handschriften ist ein im Laufe der Entwicklung immer mehr verfeinertes Layout, das für ihren Erfolg gewiß von nicht zu unterschätzender Bedeutung war. Von den Schreibern erforderte es eine besonders sorgfältige Gestaltung der Seite. Grundsätzlich wird in die mittlere von drei Spalten einer Buchseite in großem Schriftgrad der biblische Text gesetzt. Den Raum zwischen den Zeilen füllen sog. Interlinearglossen, kurze Erläuterungen schwieriger Begriffe, häufig Synonyme. Ausführlichere Erklärungen bestimmter Passagen finden in kleinerem Schriftgrad in den seitlichen Spalten Platz. Ziel ist die visuelle Einheit der Buchseite.

In einer frühen Phase wurde zunächst fortlaufend der gesamte Bibeltext in einer schmalen mittleren Spalte geschrieben; sodann traten in einem zweiten Arbeitsgang die Glossen über den Worten bzw. auf eigens gezogenen Linien an den Rändern hinzu. Bald half man sich mit einer Unterteilung der Glossenspalten, um die Kommentare korrekt plazieren zu können. Ebenfalls seit etwa 1130 begann die Breite der einzelnen Spalten zu variieren. Damit bahnte sich eine wichtige Veränderung an: Bibeltext und Glosse wurden ab der Jahrhundertmitte jeweils seitenweise

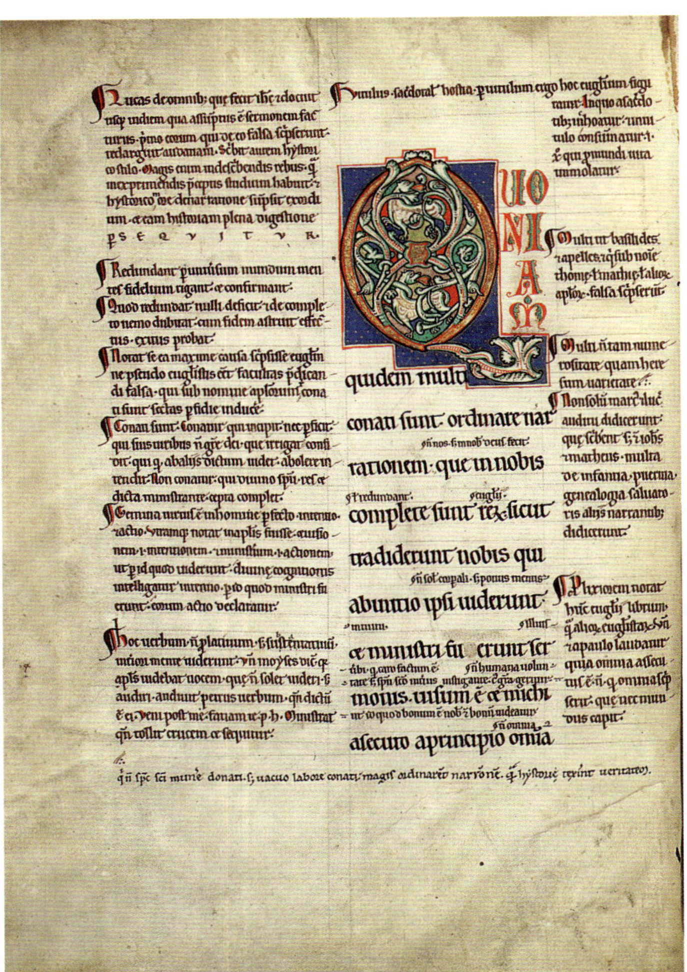
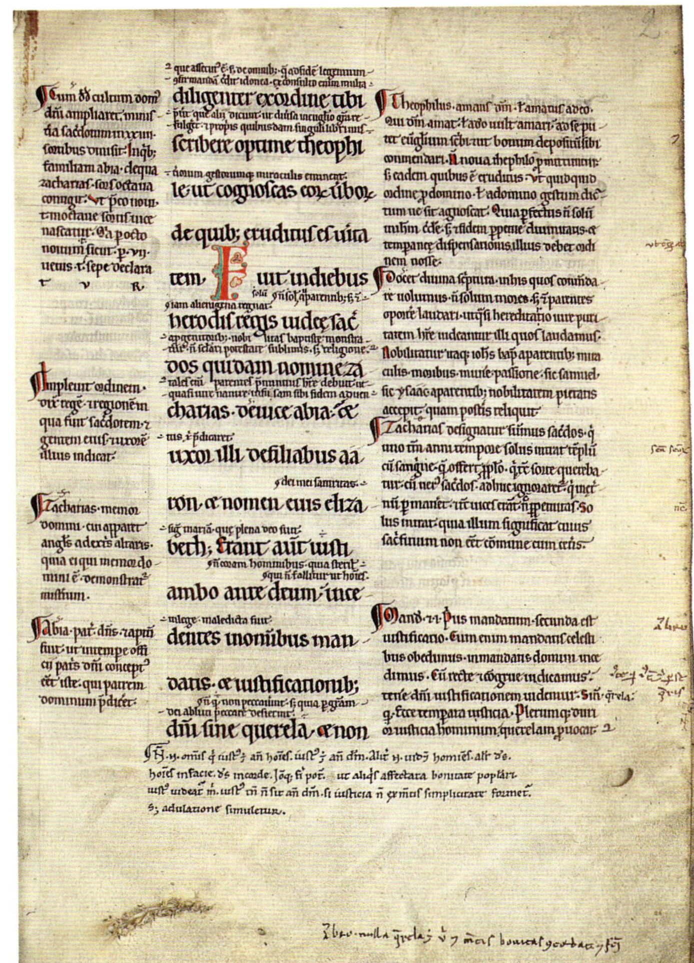

42 Dom Hs. 22, 1v/2r

gemeinsam abgeschrieben, wobei der Umfang der Passagen genau aufeinander abzustimmen war. Stets blieb jedoch der biblische Text gleichsam das Gerüst des Layouts: Die an den Blatträndern mit dem Zirkel eingestochenen Markierungen dienten allein zur Orientierung für die Zeilen der zentralen Kolumne – so auch bei den hier ausgestellten Glossenhandschriften. Eine letzte Stufe läßt sich erstmals in den frühen 1160er Jahren beobachten. Christopher de Hamel, der diese Veränderungen beschrieben hat, spricht vom "alternate-line"-Format: Text- und Glossenspalten sind einheitlich liniiert, der Bibeltext steht in einer größeren Schrifttype auf jeder zweiten oder dritten, der Kommentar in kleinerem Schriftgrad auf jeder Zeile; die Anzahl an Glossenspalten ist nun – ebenso wie die Breite der mittleren Spalte innerhalb der Seite – variabel. "Erfunden" wurde diese ausgesprochen rationelle Methode zunächst in Pariser Skriptorien beim Kopieren der 'magna glossatura' des Petrus Lombardus (s. Dom Hs. 62, Kat. Nr. 46), um dann für alle glossierten Bibeln – mit Ausnahme der alten anselmschen Glossen zu Psalter und Paulusbriefen – übernommen zu werden (C.F.R. de Hamel, Glossed Books of the Bible and the Origins of the Paris Booktrade, Woodbridge/Dover 1984; Ders., A History of Illuminated Manuscripts, London 1994, S. 108ff.; G. Lobrichon, in: P. Riché/G. Lobrichon [Hgg.], Le Moyen Age et la Bible, Paris 1984, S. 95ff.; B. Smalley, in: TRE 13 [1984], S. 452ff.).

Ruft man sich in Erinnerung, welche Veränderungen Christopher de Hamel bei der Entwicklung des Layouts der Bibelglossen-Handschriften beobachten konnte, wird man in Dom Hs. 22 sofort einen frühen Vertreter dieses Buchtyps erkennen. Die Breite der Textspalte bleibt

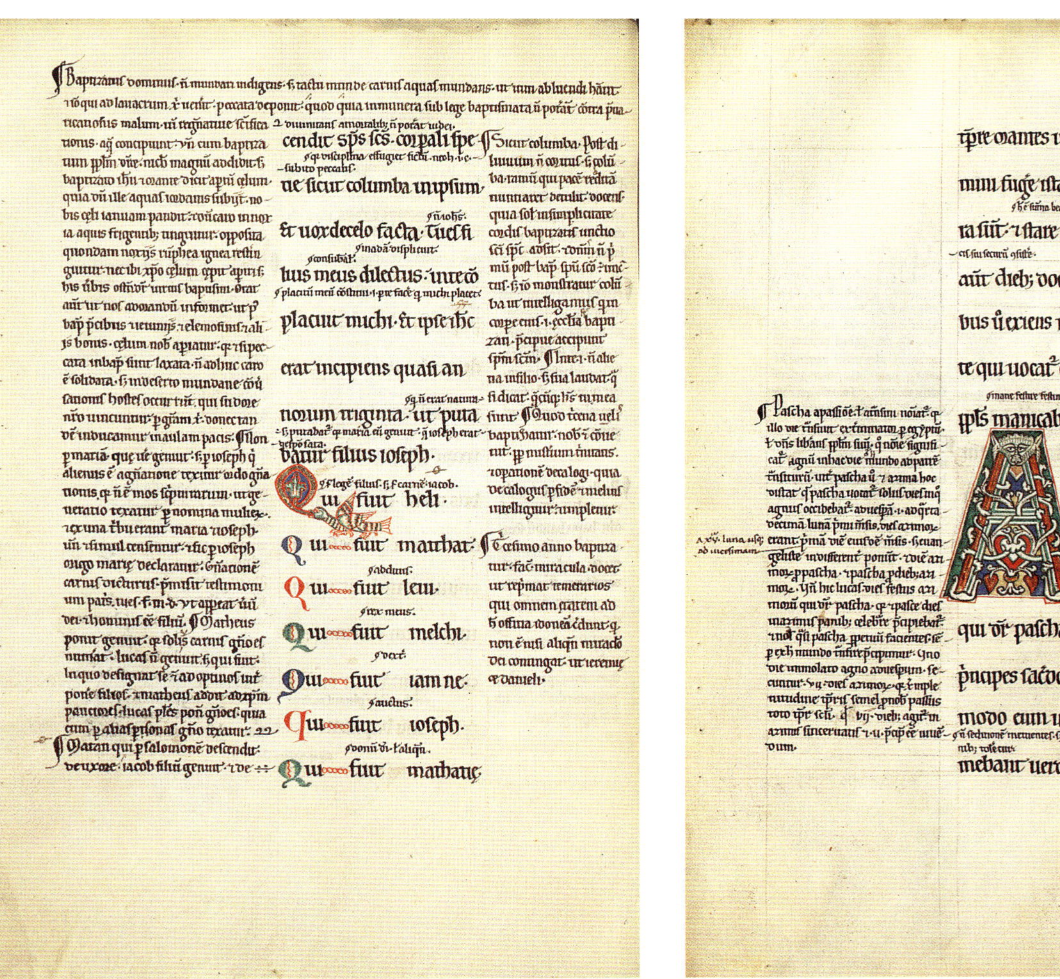

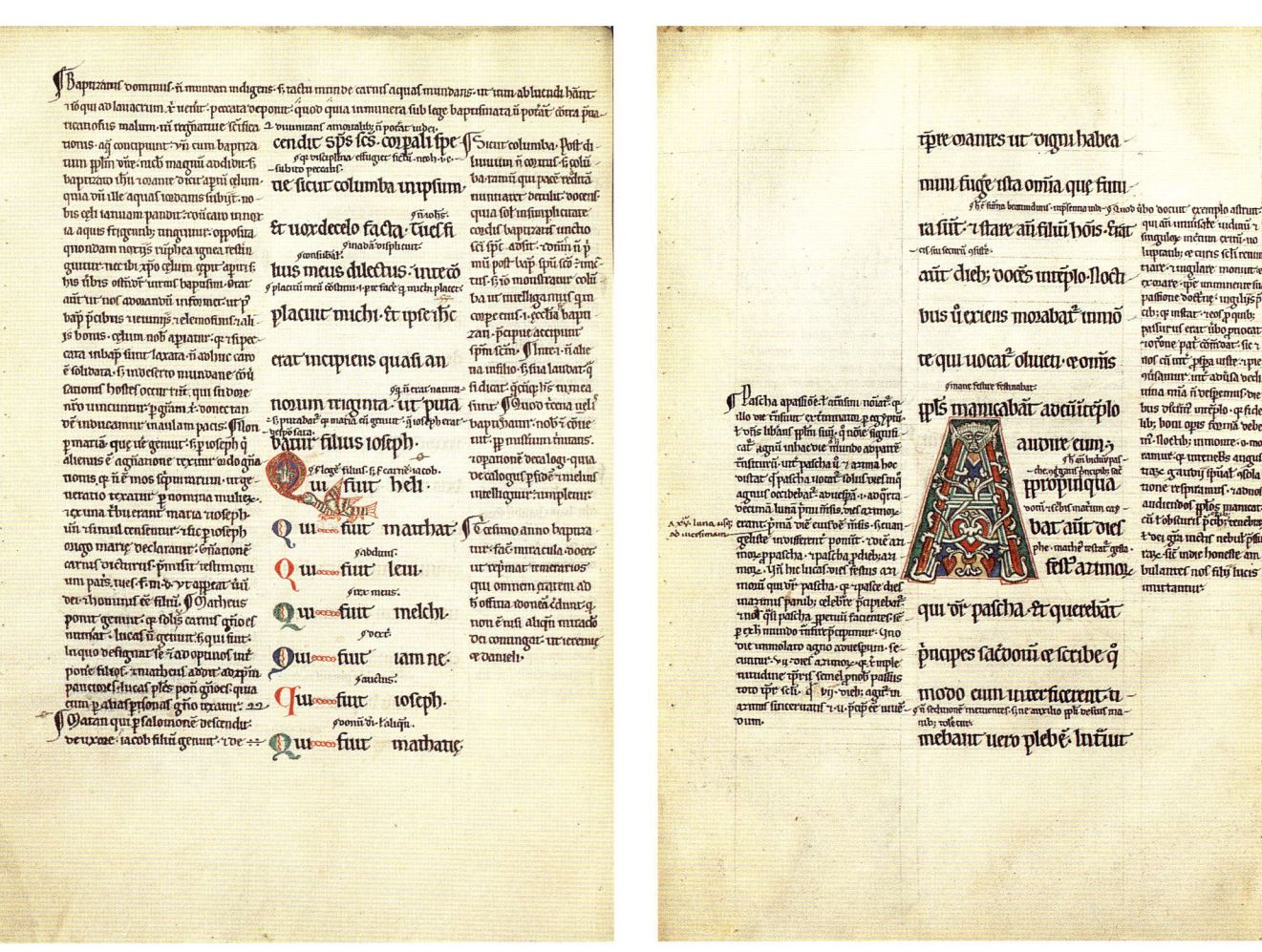

42 Dom Hs. 22, 19v/116v

im gesamten Manuskript konstant und entspricht zudem fast genau jener der äußeren Glossenspalte. Die innere Kolumne ist mit etwa drei Fünfteln dieser Breite deutlich schmaler dimensioniert und folgt so den in jener Zeit üblichen Maßverhältnissen. Wie in das einmal festgelegte Seitenraster die Texte eingepaßt wurden, wird z. B. auf Folio 116v - 117r recht anschaulich: Einstiche am Blattrand markieren nur den Abstand der jeweils fünfzehn Linien der Mittelspalte. Für die Glossen hat der Schreiber entsprechend dem geschätzten Umfang in den seitlichen Spalten engere Zeilen gezogen, manchmal auch einige mehr, als dann wirklich benötigt wurden.

Die einheitliche Ausstattung mit Initialen intensiver Farbigkeit betont nicht – wie man es vielleicht erwarten könnte – die Kapitelanfänge, sondern hebt solche Abschnitte des Lukasevangeliums durch größere Zierbuchstaben hervor, die in besonderer Weise auf Christus bezogen sind: seine Genealogie, den Beginn der Versuchungsperikope und der Seligpreisungen, sodann das Zitat aus Psalm 109,1, das auf die Gottessohnschaft Christi hinweist, schließlich den Anfang der Passionsgeschichte. Auffällig ist auch der Stil dieser Initialen, die gegenüber den in nordfranzösischen Zentren entstandenen Glossenhandschriften merkwürdig fremd anmuten. Zu den schmalen, biegsamen, verschlungenen Ranken, die sich im Ton des Pergamentes hell von den farbigen Polstern abheben, kommen als weitere charakteristische Merkmale kräftige Akanthuspalmetten hinzu, Tier- und Vogelköpfe sowie zwei hundeartige Vierbeiner, die geschickt nach ihrer roten Schwanzquaste haschen. Vergleichbar in Motiven und satter Farbigkeit sind Handschriften des frühen 12. Jahrhunderts aus dem Südwesten Frankreichs, wo sich St. Martial in Limoges zum

Zentrum des "Aquitanischen Stils" entwickelt hatte. Direkte Anknüpfungspunkte bietet ein um 1100 entstandenes Neues Testament (Paris, Bibl. Nat., Lat. 254) mit den Eröffnungsseiten zu den einzelnen Evangelien, das auch "Verwandte" der beiden Vierbeiner enthält (W. Cahn, Romanesque Manuscripts, London 1996, Nr. 31). Der Kölner Lukas-Codex, dessen Schrift und Layout allerdings erst im zweiten Viertel des 12. Jahrhunderts entstanden sein dürften, belegt also das Weiterleben dieses Stils.

INHALT: **1r** Leer. **1v-133r** Lukasevangelium mit Glossen (PL 114, 243-356; Stegmüller 11829). **1v** Vorspann *Q(UONIAM quidem)*; Marginalglosse *Lucas de omnibus quae fecit*; Interlinearglosse *Non nos sed in nobis*; durch Initialen hervorgehoben: **2r** Beginn des Evangelienberichtes *F(uit in diebus)*. **19v** Genealogie Christi. Lk 3,23 *Q(ui fuit Heli)*. **22r** Versuchung Christi. Lk 4,1 *I(hsuc autem)*. **35v** Seligpreisungen. Lk 6,20 *B(eati pauperes)*. **112v** Zitat aus dem messianischen Psalm 109. Lk 20,42 *D(ixit Dominus)*. **116v** Beginn der Leidensgeschichte. Lk 22,1 *A(ppropinquabat autem)*. **133r** Ende mit ... *laudantes et benedicentes Deum*; Marginalglosse ... *et benedictione concludit*; Interlinearglosse ... *et caelos penetrare vident*. **133v** Leer.
PERGAMENT: 133 Blätter; 259 x 178 mm; Lagen 1-16^{8}, 17^{1+4}; Zahlenreklamanten; Schriftspiegel 168 x 143 mm (gesamt); Metallstiftliniierung; 3 Spalten, Haupttext in der Mittelspalte zu 15 Zeilen, mit Interlinearglossen; seitliche Glossenspalten in engerer Schrift. AUSSTATTUNG: Lateinischer Text in dunkelbrauner spätromanischer Minuskel, rubriziert; Initialen in Rot, Blau und Grün; mehrzeilige Initialen und große Eingangsinitiale aus goldenem Buchstabenkörper, mit vegetabilen und zoomorphen Motiven auf farbigen Polstern in Rot, Grün und Blau. EINBAND: Pergament mit Streicheisenlinien über Pappe (Mitte 18. Jh.). PROVENIENZ: Darmstadt 2020.
LITERATUR: Hartzheim 1752, S. 18 – Jaffé/Wattenbach 1874, S. 8 – Handschriftencensus 1993, S. 586f., Nr. 984 – Collegeville 1995, S. 37f.

B.B.-N.

Exodus mit Glossen

43 Dom Hs. 4

Nordfrankreich (Paris?), 3. Viertel 12. Jh.

Blättert man in dem glossierten Exodus, dem zweiten der fünf Bücher Mose, fällt auf, wie variabel der Schreiber das Dreispaltenschema genutzt hat, um den Haupttext mit den Glossen in ein ausgewogenes Verhältnis zu bringen. Entsprechend der zwischen 30 und 135 mm schwankenden Breite der mittleren Kolumne gewann er Raum auch für besonders lange Kommentare. Diese zog er am Ende der Seite zuweilen L-förmig in die mittlere Spalte hinein – ein eher altertümliches Verfahren –, oder er führte sie in der nächsten Kolumne zu Ende. Öfters verwendete er am oberen Rand auch die Hauptspalte zusätzlich für die Marginalglosse, so daß der Bibeltext erst in der Seitenmitte einsetzt. Durch Teilung der Glossenspalten konnte er den stets mit einem Paragraphenzeichen versehenen Beginn möglichst nahe an das Bezugswort setzen. Umfangreichere Interlinearglossen, für die der Platz zwischen den in der Regel auf jeder zweiten Linie stehenden biblischen Worten nicht ausreicht, sind in die seitliche Spalte hinübergezogen.

Die Ausstattung des Codex beschränkt sich auf einzeilige Initialen, abwechselnd in Rot, Blau und Ocker, und die als einzige künstlerisch hervorgehobene Eingangsseite. Derselbe Farbdreiklang bestimmt hier das Zusammenspiel von Ziermajuskeln und Initialbuchstaben. Die Wirkung dieser sogenannten Silhouetteninitiale beruht auf dem Kontrast der Farben und der ganz ins Zweidimensionale aufgelösten Bewegung der Ranken, die ein vom Schriftzeichen weitgehend eigenständiges Leben führen. Während des 12. Jahrhunderts entwickelten einzelne Skriptorien vor allem in England und Frankreich solche letztlich von karolingischen Vorbildern herzuleitenden "Arabeskeninitialen" mit jeweils charakteristischen Varianten (J.J.G. Alexander, in: M.B. Parkes/

HEC SUNT

nomina filiorum israel. qui ingressi sunt egyptum cū iacob. Singuli cum domibus suis introierunt. Ruben. Symeon. Levi. Iudas. Ysachar. Zabulon. et Beniamin. Dan. et Neptalim. Gad. et Aser. Erant igitur omnes anime eorum qui egressi sunt de femore iacob. lxx. Ioseph autem in egypto erat. Quo mortuo et uniu

"Dann verhüllte die Wolke das Offenbarungszelt, und die Herrlichkeit des Herrn erfüllte die Wohnstätte. Mose konnte das Offenbarungszelt nicht betreten, denn die Wolke lag darauf, und die Herrlichkeit des Herrn erfüllte die Wohnstätte." (Ex 40, 34-35). Es muß als erstaunlich bezeichnet werden, daß – während sich die Wolke, welche doch die Herrlichkeit des Herrn genannt wird, herabsenkte und das Zelt erfüllte – Moses das Zelt nicht betreten konnte, obwohl er auf dem Berg Sinai, als er zuerst das Gesetz erhielt, "in die Wolke eintrat, wo Gott war". Ohne Zweifel also verkörperte er damals eine andere Person als jetzt: damals war er einer von denen, die Anteil haben an der innersten Wahrheit Gottes, nun aber ist er einer der Juden, denen die Herrlichkeit des Herrn, die im Zelt gegenwärtig ist – was die Gnade Christi ist – wie eine Wolke gegenübersteht, ohne daß diese verstehen. Und deshalb tritt er nicht in das Offenbarungszelt ein. 104v; E.W.

A.G. Watson [Hgg.], Medieval scribes, manuscripts and libraries, London 1978, S. 87ff.; P. Stirnemann, in: Revue de l'art 90 [1990], S. 58ff.). In Glossenhandschriften begegnen sie als beliebte, wahrscheinlich vom Schreiber selbst ausgeführte Zierbuchstaben. Auch im Kölner Exodus-Manuskript dürften – in einem zweiten Arbeitsgang – die farbigen Majuskeln und mit ihnen die Eingangsinitialgruppe von der Hand des Schreibers oder eines spezialisierten Miniators eingefügt worden sein. Die Verwandtschaft zu gleichzeitigen frühen Fleuronnée-Initialen, als deren Vorläufer die Silhouetteninitialen gelten, kommt durch den blau-rot geteilten Stamm des Buchstabens und den konturbegleitenden Bogendekor recht deutlich zum Ausdruck.

INHALT: **1r** Nachtrag: Inhaltsverzeichnis. **1v** Leer. **2r-104v** Exodus mit Glossen (PL 113, 183-296; Stegmüller 11782). **2r** *H(EC SUNT NOMINA)*; Marginalglosse *RABANUS. In Pentateuco excellit;* Interlinearglosse zu *nomina*: *quae scripta sunt in celo.* **30r** Canticum Moysis (Ex 15) *C(ANTEMUS Domino).* **48v** Blind eingeritzter Name *Filippo.* **104v** Ende mit ... *per cunctas mansiones suas*; Marginalglosse ... *flamma per noctem*; Interlinearglosse ... *profunditate scripturarum; corda iniquorum; bonis.* **105r** Fünfzehn Quaestiones in Exodum *Magna discretione opus est – ad risum sine fletu*; Sentenzen *Ieronimus. Impericia temeritatem – et amore iustitie* (?; vgl. Collegeville 1995). **105v** Leer.
PERGAMENT: 105 Blätter; 292 x 212 mm; Lagen 1^1, $2\text{-}14^8$; Schriftspiegel 189 x 164-170 mm (gesamt); Blindliniierung und Liniierung mit Metallstift; 2-3 Spalten; Haupttext in der Mittelspalte von wechselnder Breite, bis zu 20 Zeilen, mit Interlinearglossen; seitliche Glossenspalten in engerer Schrift. AUSSTATTUNG: Lateinischer Text in mittelbrauner bis schwarzer spätromanischer Minuskel, nicht rubriziert; Auszeichnungsschrift: Ziermajuskeln; einzeilige Initialen in Rot, Blau und Ocker, bei den Quellenangaben in den Glossen auch mehrzeilig; mehrzeilige Initiale in Blau mit stilisierter vegetabiler Füllung des Binnenfeldes in Ocker (30r); große Eingangsinitiale mit gespaltenem Buchstabenkörper und stilisierten Ranken in Rot, Blau und Ocker. EINBAND: Pergament mit Streicheisenlinien über Pappe (Mitte 18. Jh.). PROVENIENZ: Darmstadt 2005. LITERATUR: Hartzheim 1752, S. 6 – Jaffé/Wattenbach 1874, S. 2 – Handschriftencensus 1993, S. 576f., Nr. 967 – Collegeville 1995, S. 7f. B.B.-N.

Paulusbriefe mit Glossen

44 Dom Hs. 26

Nordfrankreich (?) und Köln (?), 3. Viertel 12. Jh.

Für die Verbreitung der Bibelglossen-Handschriften im damaligen Europa sorgten in nicht geringem Maße Studenten der Pariser theologischen Schulen. Bei der Rückkehr an ihre Heimatorte brachten sie Kopien der im Unterricht verwendeten Texte mit. Häufig verzichtete man dabei zunächst auf die künstlerische Ausstattung der Manuskripte, um diese erst "zu Hause" im eigenen Skriptorium nachzutragen. Dementsprechend ist wohl auch Dom Hs. 26 in zwei Phasen entstanden. Die vermutlich in Nordfrankreich geschriebenen, glossierten Paulusbriefe kommen mit ihrem einheitlichen Initialschmuck weder dem Umkreis der französischen Vorbilder nahe noch einem der östlich des Rheins in der zweiten Hälfte des 12. Jahrhunderts üblichen Stile.

Der Beginn der einzelnen Briefe des Apostels Paulus ist – bis auf jenen an die Hebräer – als "Variation" über den Namen ihres Autors mit einem 'P' aus schmalen Leisten und gleichfalls in der Pergamentfarbe belassenen, locker verschlungenen Ranken gestaltet. Diesen entwachsen Endblüten aus fleischigen Palmetten, wie sie in rheinischer Initialornamentik der Zeit nicht ungewöhnlich sind, außerdem Blätter aus drei kleinen Kreisen sowie Pfeilblätter, die ihre Herkunft aus der ottonischen Buchkunst nicht verleugnen können. Vielleicht vermag die merkwürdige farbige Füllung des Binnengrundes mit blauen, türkisgrünen und braunen Polstern einen Fingerzeig hinsichtlich des Entstehungsortes dieser retrospektiven Zierbuchstaben zu geben. Bei der Suche

193

Primo capitulo.

VLTIFARIAM

multisque modis olim deus loquens patribus in prophetis novissime diebus istis locutus est nobis in filio quem constituit heredem universorum per quem fecit et secula. Qui cum sit splendor glorie et figura substantie eius portansque omnia verbo virtutis sue purgationem peccatorum

44 Dom Hs. 26, 193r

nach älteren Vorlagen, die den Miniator zu seinen Pfeilblattranken angeregt haben können, stößt man auf ein Altes Testament, das in Groß St. Martin in Köln zur Spätzeit Erzbischof Annos entstanden ist (Düsseldorf, Universitätsbibl., Ms. A 1) und dessen Flechtband- und Spiralrankeninitialen blau, grün und braun gefüllt sind (Ornamenta 1985, II S. 308, E 85 [G. Karpp]; G. Gattermann [Hg.], Kostbarkeiten aus der Universitätsbibliothek Düsseldorf, Wiesbaden 1989, Nr. 8). Diese Farbtrias bleibt für Handschriften aus dem Martinskloster im 12. Jahrhundert bestimmend, wie etwa der Blick auf die 'Vitae sanctorum' lehrt (Düsseldorf, Universitätsbibl., Ms. C 10a; Ornamenta op. cit. E 87 [G. Karpp]; Gattermann op. cit., Nr. 9). Sollte der Paulus-Codex gleichfalls dort seine nachträgliche Ausstattung erhalten haben, wüßte man gerne, was den Künstler dazu veranlaßt hat, altertümliche Modelle in die Formensprache der eigenen Zeit zu übersetzen.

Die Epheser sind Bewohner der römischen Provinz Kleinasien. Diese blieben, nachdem sie das Wort der Wahrheit aufgenommen hatten, bei ihrem Glauben: Der Apostel lobt sie sehr, als er ihnen durch den Diakon Tychicus aus dem römischen Kerker schreibt. 127r; E.W.

INHALT: **1r/2r** Besitzvermerke Kölner Dom (14. Jh.) *Apostolus. Ecclesie beati Petri* (darübergeschrieben) *in Colonia* (1r), *Iste liber sancto pertinet Petro ecc[lesie . . .]* (2r). **1v** Leer. **2r-223r** Paulusbriefe mit Glossen (vgl. PL 114, 469-670; Stegmüller 11832-11845). **2r** Brief an die Römer *P(AULUS SERVUS IHSU XPISTI vocatus apostolus);* Marginalglosse *Pro altercatione scribit Romanis;* Interlinearglosse *Regis et sacerdotis.* Alle folgenden Briefe werden mit einer großen Rankeninitiale eingeleitet, u. a.: **193r** Brief an die Hebräer *M(ULTIFARIAM).* **223r** Ende mit *. . . Gratia cum omnibus vobis amen;* Marginalglosse *. . . Quibus non scribit, quia boni;* Interlinearglosse *. . . nota a Roma scripsisse.* **223v** Leer. **224r/v** Nachgetragene Glossen (13. Jh.) (Prologe: Stegmüller 685, 7115 mit Zusatz *contristatos quidem eos et emendatos ostendens*, 707, 715, 728, 748, 736, 752, 765, vgl. 772, vgl. 780, vgl. 784, 793).
PERGAMENT: 224 Blätter; 282 x 185 mm; Lagen 1-28^{8}; Zahlenreklamanten; Schriftspiegel 169 x 147 mm (gesamt); Blindliniierung und Liniierung mit Metallstift; 3 Spalten, Haupttext in der Mittelspalte von wechselnder Breite; 16 Zeilen mit Interlinearglossen; seitliche Glossenspalten in engerer Schrift. AUSSTATTUNG: Lateinischer Text in dunkelbrauner bis schwarzer spätromanischer Minuskel; Seitenüberschriften: Textura des 14. Jhs.; Auszeichnungsschrift: Ziermajuskel; ein- bis zweizeilige Initialen in Rot, Blau, Braun und Türkis; große Rankeninitialen mit gespaltenem, farbig gefülltem Buchstabenkörper in grauer, brauner, blauer und roter Federzeichnung, z. T. mit Klammern und zoomorphen Motiven, mit farbiger Füllung des Binnenfeldes in Blau, Türkis und Braun. EINBAND: Pergament mit Streicheisenlinien über Pappe (Mitte 18. Jh.). PROVENIENZ: Besitzvermerke des Kölner Domes aus dem 14. Jh. (1r, 2r); Darmstadt 2023. LITERATUR: Hartzheim 1752, S. 18 – Jaffé/Wattenbach 1874, S. 9 – Handschriftencensus 1993, S. 588, Nr. 988 – Collegeville 1995, S. 42f. B.B.-N.

Paulusbriefe mit Glossen

45 Dom Hs. 25

Mittelrhein (?) oder Trier (?), 3. Viertel 12. Jh.

Der Erfolg der Bibelglossen-Handschriften zeigt sich unter anderem darin, daß es schon bald außerhalb Frankreichs das Bedürfnis gab, sich diese wichtigen Texte zu besorgen. Konnte oder wollte man nicht etwa in Paris ein Exemplar erwerben, wo auch Luxusausgaben für hochgestellte Persönlichkeiten geschaffen wurden, blieb die Möglichkeit, den Text selbst zu kopieren. Dom Hs. 25, die mit einer extrem schmalen inneren Glossenspalte bei kaum veränderter Breite der mittleren Kolumne eine gewisse Eigenständigkeit gegenüber den französischen Vorbildern verrät, ist auch aufgrund ihrer Schrift als Arbeit eines deutschen Skriptoriums zu erkennen. Das Zusammenwirken von Schreiber und Maler in einer solchen Werkstattgemeinschaft läßt sich hier gut studieren. Achtet man auf den jeweils für die Initialen ausgesparten Raum, wird sofort deutlich, daß der Buchmaler diese Vorgaben nicht immer umzusetzen gewillt war. So wirkt auf Folio 52v das nur farbig betonte *P(aulus)* nicht recht am Platze, es stößt an den Glossentext an, füllt andererseits die für die Rundung vorgesehene Fläche nicht aus. Bei der Initiale auf Folio 29r spürt man, daß der Schreiber offensichtlich eine etwas andere Vorstellung von dem hier einzufügenden

PAULUS
SERVUS
XPI IHU VOCAT'
apls segregatus in
euangelium di qd an
te pmiserat p pphas
suos in scripturis scis
de filio suo qui fact' est
ei ex semine dauid scdm
carne qui pdestinatus
e filius di in uirtute
scdm spm scificationis
ex resurrectione mortu
oru ihu xpi dni nri p que acce
pim' gram & aplatum ad obedi
endu fidei in omib gentib pro

45 Dom Hs. 25, 1v

Buchstaben gehabt hat. Umso gelungener hat der Miniator dagegen auf Folio 1v die von Bibeltext und Glossen "umschriebene" Rundung des Buchstabenfußes als Anregung für eine wirklich originelle Lösung genutzt.

Die Federzeichnungsinitialen mit sog. Knollenranken, Ecktüten und biegsamen Drachen an Stelle von Buchstabenteilen erinnern auf den ersten Blick an die in Südwestdeutschland (Zwiefalten, Weingarten, Schaffhausen) ausgebildete und durch die Hirsauer Klosterreform verbreitete Initialornamentik. Das markante, ganz "en face" gezeichnete Gesicht, das auf Folio 1v den Bogenansatz mit dem Schaft verklammert, kann geradezu als ein Merkmal Zwiefaltner Zierbuchstaben gelten (S. von Borries-Schulten, Die romanischen Handschriften der Württembergischen Landesbibliothek Stuttgart, Stuttgart 1987, Nr. 61-63). In den Jahren vor und nach der Mitte des Jahrhunderts entstanden dort Handschriften, bei denen Blau und Grün neben die für die Federzeichnung bisher fast ausschließlich gebräuchlichen Farben Rot und Schwarz treten. Doch wird man zögern, Dom Hs. 25 hier direkt anzuschließen, weil durchaus Unterschiede in Details wie etwa der Gestaltung der Drachenkörper, der Blätter oder der im Paulus-Codex dichteren Rankenspiralen bestehen.

Die Korinther sind Achäer, und diese haben gleichermaßen vom Apostel das Wort der Wahrheit gehört, und sie wurden auf vielerlei Art von falschen Aposteln zu Fall gebracht. Einige wurden von der weitschweifigen Beredsamkeit der Philosophie verleitet, andere durch die Lehre des jüdischen Gesetzes. Diese ruft der Apostel zum wahren Glauben und zur Weisheit der frohen Botschaft des Evangeliums zurück, indem er ihnen von Ephesus durch seinen Schüler Timotheus schreibt.
28v; E.W.

Mit aller Vorsicht sei daher auf die Bibel aus Springiersbach (Bernkastel-Cues, Bibl. des Cusanusstiftes, Hs. 8) verwiesen, die wohl bald nach der Mitte des 12. Jahrhunderts in Trier entstanden sein mag (Schatzkunst Trier, Ausst. Kat. Trier 1984, Nr. 60). Ein an der Ausstattung mit rotgrünen Rankeninitialen beteiligter Künstler verwendete ähnlich gestaltete Blätter. Andererseits sind wohl auch hier bei den Initialen zu den Büchern Josua und 2 Samuel die als Rankenhalter fungierenden menschlichen Figuren und die umeinandergewundenen Leiber von Fabeltieren direkt von Zwiefaltner Handschriften der Zeit um 1140 bis 1160 herzuleiten. Zwar müssen wir einstweilen die Frage nach den konkreten Vorbildern solcher Zierbuchstaben und ihrer Vermittlung – etwa über Zentren am Mittelrhein – offen lassen, doch darf man für Dom Hs. 25 an einen Entstehungsort mit vergleichbarer Vorlagensituation denken. Vielleicht sollte bei der Suche nach einer Lösung auch die Bibel aus dem Trierer Simeonsstift (Trier, Stadtbibl., Hs. 2/1675 und 1676) einbezogen werden, wo die Figureninitialen gleichfalls für die Kenntnis schwäbischer Initialornamentik sprechen (F.J. Ronig, in: Kurtrierisches Jahrbuch 24 [1984], S. 53 ff.).

INHALT: **1r** Leer. **1v-111r** Paulusbriefe mit Glossen (vgl. PL 114, 469-670; Stegmüller 11832-11845). **1v** Brief an die Römer *PAU(LUS SERVUS XPISTI IHSU VOCATUS apostolus)*; Marginalglosse *Pro altercatione Romanis apostolus scribit;* Interlinearglosse *Regis et sacerdotis.* **29r** 1. Brief an die Korinther *P(AULUS VOCATUS apostolus).* Die Vorzeichnung sah eine größere Initiale vor. Alle folgenden Briefe werden mit einer mehrzeiligen roten Initiale eingeleitet, bis auf den Brief an die Hebräer. **99r** Brief an die Hebräer *M(ULTIFARIAM MULTISQUE MODIS).* **111r** Ende mit ... *Gratia cum omnibus vobis. Amen;* Marginalglosse ... *et corpores AFFLIGUNT;* Interlinearglosse ... *nota de Roma scripsisse.* **111v** Leer (Prologe: Stegmüller 685, 8929,3, 707, 715).
PERGAMENT: 112 Blätter (fol. 90 doppelt vergeben); 303 x 198 mm; Lagen 1-14^8; vereinzelt Zahlenreklamanten; Schriftspiegel 195 x 177 mm (gesamt); Metallstiftliniierung; 3 Spalten, Haupttext in der Mittelspalte von wechselnder Breite; 21 und 24 (ab fol. 57) Zeilen mit Interlinearglossen; seitliche Glossenspalten in engerer Schrift. AUSSTATTUNG: Lateinischer Text in dunkelbrauner romanischer Minuskel; Seitenüberschriften: Textura des 14. Jhs.; Auszeichnungsschrift: Ziermajuskeln; zwei- und mehrzeilige Initialen in Rot; mehrzeilige Rankeninitialen mit gespaltenem Buchstabenkörper und Klammern in roter, brauner und schwarzer Federzeichnung; zu Beginn große Rankeninitiale mit gespaltenem Buchstabenkörper, zoomorphen und anthropomorphen Motiven in roter, brauner, blauer und grüner Federzeichnung. EINBAND: Pergament mit Streicheisenlinien über Pappe (Mitte 18. Jh.). PROVENIENZ: Darmstadt 2022. LITERATUR: Hartzheim 1752, S. 18 – Jaffé/Wattenbach 1874, S. 9 – Handschriftencensus 1993, S. 588, Nr. 987 – Collegeville 1995, S. 41 f. B.B.-N.

Petrus Lombardus: Psalmenkommentar

46 Dom Hs. 62

Nordfrankreich (Paris?), 4. Viertel 12. Jh.

Es ist vielleicht kein Zufall, daß es bei der Arbeit an den Glossen zu allen biblischen Büchern (s. Dom Hss. 4, 22, 25, 26, Kat. Nrn. 43, 42, 45, 44) Bemühungen gab, gerade für den Psalter und die Briefe des Apostels Paulus – den beiden in der Liturgie immer wieder verwendeten Texten – umfangreichere neuere Kommentare zu erstellen. Auf die 'media glossatura' des Gilbert von Poitiers (um 1080-1154) folgte die 'magna glossatura' des Petrus Lombardus (1095/1100-1160; s. Dom Hs. 181, Kat. Nr. 47). Den Psalmenkommentar hatte der Magister vor 1148 für den eigenen Gebrauch verfaßt, dann aber – etwa zehn Jahre später – auch zur Grundlage seiner Vorlesungen gemacht. Die von ihm selbst nicht mehr vollendete Überarbeitung schloß Herbert von Bosham, Vertrauter Thomas Beckets (1120-1170), in den 1170er Jahren ab (Magister Petrus Lombardus, Sententiae in IV libris distinctae I/1: Prolegomena, Grottaferrata [Rom] 1971, S. 46*-61*).

"Glückselig der Mann, der nicht abweicht nach dem Rat der Frevler, und auf dem Weg der Sünder nicht steht, und nicht sitzt auf dem Thron des Verderbens" (Ps 1). (. . .) "Und auf dem Weg der Sünder steht er nicht", das heißt: weder in der Welt noch im verkehrten Tun. "Und nicht sitzt auf dem Thron des Verderbens", das heißt: er wollte keine irdische Herrschaft. Das ist ja das Verderben, eine weit verbreitete Krankheit, die alle oder fast alle befällt. (. . .) Dies ist die Liebe zu herrschen, von der kaum einer sich fernhält. 2v; E.W.

Anfänglich wurde der fortlaufende Kommentar in zweispaltigem Format überliefert, doch schon bald wuchs das Bedürfnis nach einem integrierten Bibeltext – wie bei den Glossenhandschriften. In Pariser Skriptorien entwickelte man dafür seit etwa 1160 eine auch ästhetisch befriedigende Methode. Auf einheitlich liniierten Seiten wurde der Text des Psalters bzw. der Apostelbriefe in größerer Schrift auf jede zweite Zeile geschrieben, der Kommentar in kleinerem Schriftgrad nutzte jede Linie ("alternate-line"-System). Schließlich rückten die stets kurzen Bibelpartien innerhalb der Spalte als eigener Block an den Rand, so daß diese an drei Seiten von den Erläuterungen eingefaßt werden. Interlinearglossen kommen nicht vor.

Das Exemplar der Kölner Dombibliothek läßt sofort die Vorzüge des "alternate-line"-Layouts erkennen: Der Bibeltext, der – wie höchstens bis 1200 üblich – noch die gesamte Spaltenbreite ausfüllt, setzt sich klar gegen den enggeschriebenen Kommentar ab, bei dem die erläuterten Begriffe und Passagen rot unterstrichen sind. Marginalspalten auf den breiten Rändern nehmen ergänzende Bemerkungen auf. Zur visuellen Orientierung dienen die unterschiedlichen Initialtypen. Blaue und rote Ziermajuskeln, teilweise mit Fleuronnée verziert, markieren die Verse; goldene Initialen stehen am Anfang der Psalmen. Durch große Deckfarbeninitialen auf goldenem Binnengrund sind außer den Psalmen der Dreiteilung (1, 51, 101) auch die durch ihre Verwendung im Stundengebet liturgisch herausgehobenen Psalmen ausgezeichnet, also die Matutinpsalmen [1], 26, 38, [52], 68, 80, 97 und der erste Vesperpsalm 109.

Die kostbare Ausstattung des großformatigen Codex ist jenem Stilphänomen aus dem letzten Drittel des 12. und dem frühen 13. Jahrhundert zuzurechnen, für das die Kunstgeschichte den

46 Dom Hs. 62, 139v

 46 Dom Hs. 62, 2v

Quid gloriaris in malicia qui potens es in iniquitate.

Tota die iniusticiam cogitavit lingua tua sicut novacula acuta fecisti dolum.

Dilexisti maliciam super benignitatem, iniquitatem magis quam loqui equitatem.

Dilexisti omnia verba precipitationis lingua dolosa.

Propterea deus destruet te in finem evellet te et emigrabit te de tabernaculo tuo et radicem tuam de terra viventium.

46 Dom Hs. 62, 86v

46 Dom Hs. 62, 8v/137v

Begriff "Channel Style" verwendet. Verbreitet in Nordfrankreich und England – eben zu beiden Seiten des Ärmelkanals –, kennzeichnen akkurat mit dem Zirkel konstruierte farbige Ranken um zentrale Palmetten oder sog. Oktopusblätter die Initialornamentik solcher Handschriften. Einzelne Buchstabenteile können durch biegsame Drachenleiber ersetzt werden; hellhäutige Vierbeiner (Hunde oder Löwen) tummeln sich im Geäst. Ein charakteristisches Motiv des Kölner Codex sind die von den Spiralranken umschlungenen nackten Menschen, die in einem Lombardus-Psalmenkommentar der Pariser Nationalbibliothek (Lat. 11565) aus den Jahren 1165 bis 1180 nahe "Verwandte" haben (W. Cahn, in: The Year 1200. A Symposium, New York 1975, S. 187 ff.; C.F.R. de Hamel, Glossed Books of the Bible and the Origins of the Paris Booktrade, Woodbridge/Dover 1984, S. 38 ff., Abb. 15 ff.). Mag hier das Moment der Bedrohung durch böse Mächte, wie wir es von romanischen Zierbuchstaben her kennen, noch nicht vergessen sein, so überwiegt in den Drôlerien zu einzelnen Psalmanfängen doch das Spielerische. Für den neuzeitlichen Betrachter bleibt die Frage nach dem Konnex der kleinen Darstellungen zu den frommen Texten.

INHALT: **1r-240v** Petrus Lombardus, Psalmenkommentar (PL 191, 55A-1296B; Stegmüller, 6637). **1r** Prolog *C(UM OMNES prophetas)*. **2v** Psalm 1 *B(EATUS VIR)*; Kommentar *Beatus vir cui omnia optata succedunt*. **8v** Ps 6 *D(omine ne in furore)*. **41r** Ps 26 *d(OMINUS illuminatio)*. **65v** Ps 38 *D(IXI custodiam)*. **86v** Ps 51 *Q(UId gloriaris)*. **111v** Ps 68 *S(ALVUM me fac Deus)*. **137v** Ps 79 *Q(UI regis)*. **139v** Ps 80 *E(XULTATE Deo)*. **162v** Ps 97 *C(ANTATE Domino)*. **165v** Ps 101 *D(OMINE exaudi)*. **184r** Ps 109 *d(IXIT Dominus)*. **240v** Ende mit dem Kommentar zum Ps 150 . . . *Omnis spiritus laudet Dominum. Finito libro sit laus et gloria Christe. Amen.*

PERGAMENT: 240 Blätter; 379 x 270 mm; Lagen 1^{4+1}, 2 - 30^{8}, 31^{2+1}; Zahlenreklamanten; Schriftspiegel 256 x 170 mm; Metallstiftliniierung mit Versalienspalten zu beiden Seiten der Kolumnen (5 mm); 2 Spalten von je 80 mm Breite und 11 mm Abstand sowie Marginalspalten innen (20 mm) und außen (27 mm); 47 - 48 Zeilen. AUSSTATTUNG: Lateinischer Text in schwarzer spätromanischer Minuskel, rubriziert; ein- bis mehrzeilige Initialen wechselnd in Rot und Blau, z. T. mit Fleuronnée in der Gegenfarbe; mehrzeilige gerahmte Initialen in Gold zu den Psalmanfängen (z. T. nicht ausgeführt) mit vegetabilen, zoomorphen und anthropomorphen Motiven im Binnenfeld in Grün, Blau, Rot, Orange, Weiß, Braun und Violett; große gerahmte Rankeninitialen auf goldenem Binnengrund zu den Teilungspsalmen, mit gespaltenem Buchstabenkörper, Klammern, anthropomorpher und zoomorpher Ornamentik in derselben Farbigkeit. EINBAND: Pergament mit Streicheisenlinien über Pappe (Mitte 18. Jh.). PROVENIENZ: Darmstadt 2055. LITERATUR: Hartzheim 1752, S. 33f., 61 – Jaffé/Wattenbach 1874, S. 21 – Handschriftencensus 1993, S. 608, Nr. 1022 – Collegeville 1995, S. 106f. B.B.-N.

Petrus Lombardus: Liber sententiarum

47 Dom Hs. 181

Westdeutschland, 3. Drittel 12. Jh.

Petrus Lombardus gehört zu den einflußreichsten Theologen des 12. Jahrhunderts. Zwischen 1095 und 1100 wurde er in der Nähe von Novara geboren, in einer Gegend, wo die Menschen dem Langobardischen Recht unterstanden; sein Beiname verweist also auf die Rechtszugehörigkeit. Nach ersten Studien in Italien und Frankreich kam er um 1134/35 mit einem Empfehlungsschreiben des Bernhard von Clairvaux (1090 - 1153) an die Schule der Kanoniker von St. Viktor in Paris. In den Jahren 1147 und 1156 fungierte er als Zeuge in Urkunden von Notre-Dame, wo er zunächst zum Diakon, später zum Priester geweiht und zum Leiter der Kathedralschule berufen worden war. 1159 wurde Petrus zum Bischof von Paris gewählt, doch nach wenig mehr als einem Jahr in diesem Amt starb er am 20. Juli 1160. Auf der skulptierten Platte, die einst sein Grab in der Kirche St. Marcellus schmückte, waren seine Hauptwerke vermerkt: Neben den Kommentaren zum Psalter (s. Dom Hs. 62, Kat. Nr. 46) und zu den Paulusbriefen stand an erster Stelle der 'Liber sententiarum'.

Das groß angelegte, in vier Bücher gegliederte Werk verfaßte Petrus Lombardus zwischen 1150 und 1158 und las es in zwei Zyklen in seinem Unterricht. Entsprechend der scholastischen Methode behandelt er darin theologische Fragen im Für und Wider der unterschiedlichen Aussagen. Er setzt sich dabei ebenso mit den Texten patristischer Autoren wie mit Schriften seiner Zeitgenossen auseinander – etwa Hugo von St. Viktor, Gratian (s. Dom Hss. 127 und 128, Kat. Nr. 55, 56), Abaelard. Thematisch spannt sich der Bogen von den Problemen um Gottes Wesen in der Dreiheit der Personen, über Schöpfungstheologie und Erlösungslehre bis zur Lehre von den Sakramenten und den letzten Dingen. Noch in der zweiten Hälfte des 12. Jahrhunderts begann eine intensive Rezeption des 'Liber sententiarum', der bis ins späte Mittelalter "Schulbuch" der theologischen Fakultäten blieb und den u. a. Alexander von Hales, Albertus Magnus, Bonaventura und Thomas von Aquin kommentierten (Magister Petrus Lombardus, Sententiae in IV libris distinctae I/1: Prolegomena, Grottaferrata [Rom] 1971, S. 117* ff.; L. Hödl, Art. Petrus Lombardus, in: TRE 26 [1996], S. 296 ff.).

Der Lombardus-Codex der Dombibliothek stammt laut zeitgenössischem Besitzvermerk (1r) aus dem ehemaligen Benediktinerkloster Oberpleis, der ältesten Tochtergründung der nahegelegenen Abtei Siegburg. Einfache, meist in den Farben Blau und Rot wechselnde Initialen mit sparsamem Dekor in frühen Fleuronnée-Formen stehen einer erstaunlich altertümlich wirkenden

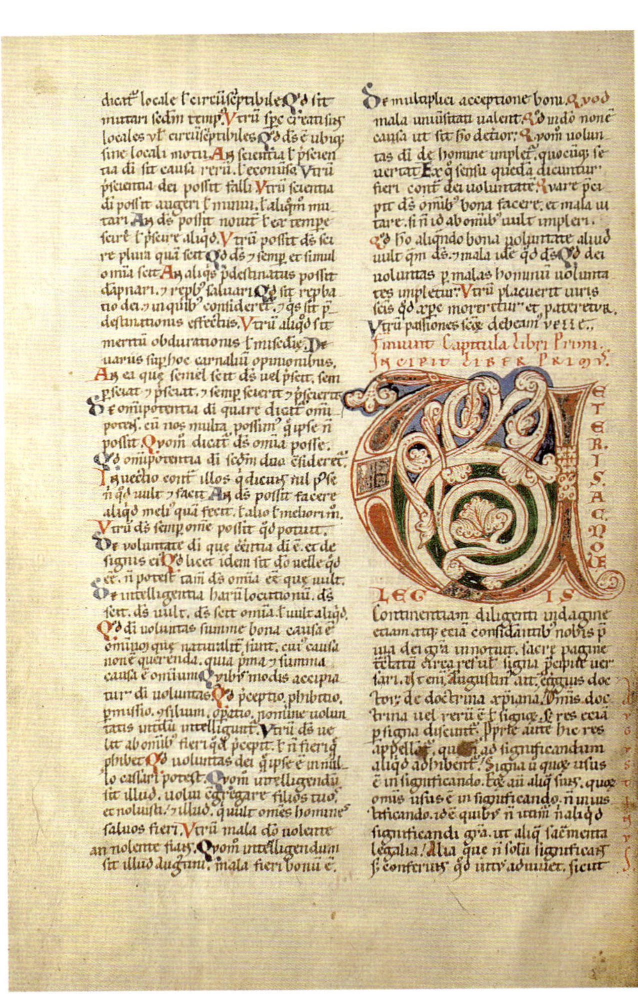

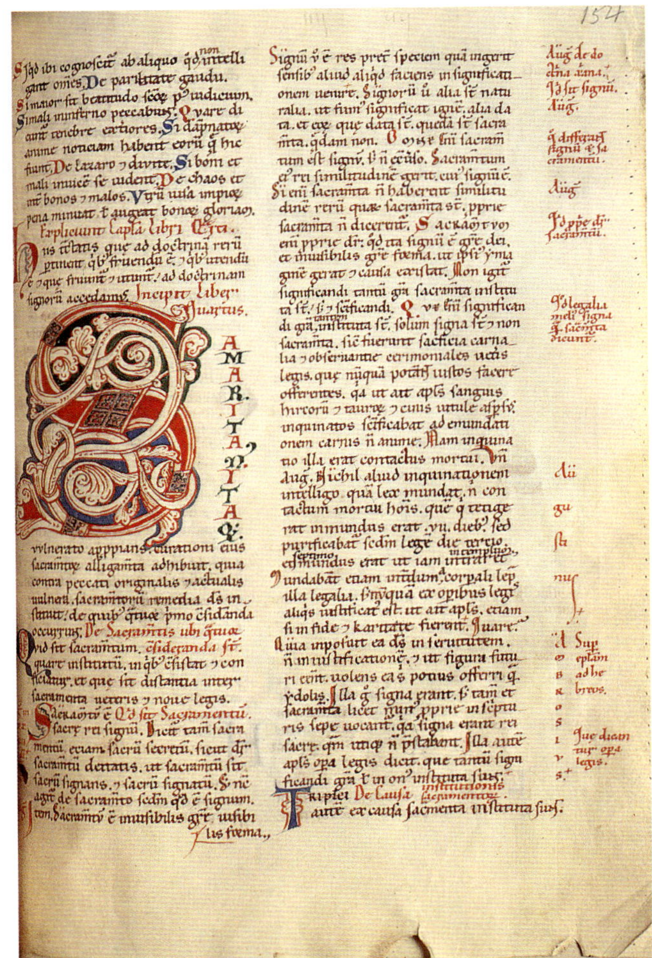

47 Dom Hs. 181, 3v/154r

Schrift mit Majuskeln am Wortende gegenüber. Allein die wenigen großen Zierbuchstaben setzen zu Beginn des Prologs und der vier Bücher künstlerische Akzente. Ihre hell zum grün-blauen Grund kontrastierenden Ranken können das Eingebundensein in die rhein-maasländische Ornamentik der Romanik nicht verleugnen. Dabei scheinen sie in Einzelheiten der Blattbildung Vorlagen in der Art des Rupertus-Codex der Münchner Staatsbibliothek (Clm 14055) aus dem 2. Viertel des 12. Jahrhunderts aufzugreifen und im Wuchs der kräftigen Stengel, die sich der Rationalität des Zirkels immer wieder zu entziehen suchen, die dort bereits spürbare Lebendigkeit der Rankenführung noch zu steigern (E. Klemm, Die romanischen Handschriften der Bayerischen Staatsbibliothek, Teil I, Wiesbaden 1980, Nr. 20; Monumenta Annonis 1975, G4 [J.M. Plotzek], Abb. 232). Bemerkenswert ist weiter, daß gewisse Eigentümlichkeiten der Schrift, so die auffällige NT-Ligatur, beiden Handschriften gemeinsam sind. Wenn auch die Lokalisierung des Münchner Rupertus zwischen Köln, Siegburg und Deutz schwankt, mag ein solcher Vergleich doch ein erster Fingerzeig auf das künstlerische Umfeld sein, dem der Lombardus-Codex entstammt.

INHALT: **1r** Zeitgenössischer Besitzvermerk von St. Pankratius, Oberpleis. **1v-215v** Petrus Lombardus, Liber sententiarum (PL 192, 521-962; Magister Petrus Lombardus, Sententiae in IV libris distinctae, Grottaferrata [Rom] 1971/1981); im ganzen Text sind die zitierten Autoritäten am Rand vermerkt; vor allen Büchern Capitula. **1v** Prolog *C(UPIENTES aliquid).* **3v** 1. Buch. Dist. 1 *V(ETERIS AC NOVAE LEGIS).* **65v** Leer. **67v** 2. Buch. Incipit *Que ad misterium.* **68r** Dist. 1 *C(REATIONEM RERUM).* **113v** 3. Buch. Incipit *Iam nunc his intelligendis ... Sic enim ordo rationis.* **115r** Dist. 1 *C(UM VENIT igitur plentitudo).* **154r** 4. Buch. Incipit *Hiis tractatis que ad doctrinam.* Dist. 1 *S(AMARITANUS ITAQUE).* **215v** Ende mit ... *ad pedes usque via duce pervenit*; Auszüge aus verschiedenen Konzilsbestimmungen *In concilio apud vermeriam. Si quis cum matre et filia fornicatus fuerit./ De peccatis nolentium/ Quae sint criminalia peccata./ Quae sint venialia. . . . ./ De trinubio Annae.* Ende mit . . . *Tres igitur viros habuit Anna. Joachim, Cleopham, Saloman.*

PERGAMENT: 216 Blätter; 324 x 220 mm; Lagen 1-7^{8}, 8^{8+1}, 9-26^{8}, 27^{6+1}; Buchstabenreklamanten; Schriftspiegel 248 x 159 mm; Blindliniierung und Metallstiftliniierung; 2 Spalten von je 73 mm Breite und 12 mm Abstand sowie zwei Marginalspalten am Außenrand (je 14 mm); 46 Zeilen. AUSSTATTUNG: Lateinischer Text in hell- bis mittelbrauner romanischer Minuskel, rubriziert; Auszeichnungsschrift: Ziermajuskeln, für die Autorennamen z. T. sehr stark elongiert; einzeilige Initialen in Rot und in Blau; zwei- bis mehrzeilige Initialen in Rot, Blau und Beige mit konturbegleitenden gebogenen Linien in einer der anderen Farben; große Rankeninitialen in roter Federzeichnung in gespaltenem, rot gefülltem Buchstabenkörper mit silbernen (?) Klammern und Schattierung in Blau und Grün. EINBAND: Pergament mit Streicheisenlinien über Pappe (Mitte 18. Jh.). PROVENIENZ: Zeitgenössischer Besitzvermerk von St. Pankratius, Oberpleis (1r); Darmstadt 2189. LITERATUR: Hartzheim 1752, S. 152f. – Jaffé/Wattenbach 1874, S. 75 – Handschriftencensus 1993, S. 670, Nr. 1131. B.B.-N.

Rupert von Deutz: De glorificatione Trinitatis et processione Spiritus Sancti

48 Dom Hs. 112

Köln, 2. Viertel 12. Jh.

Die Handschrift enthält die neun Bücher zur Verherrlichung der Dreieinigkeit und zum Wirken des Heiligen Geistes des Rupert von Deutz (1075/80-1129/30; R. Haacke/ F. J. Worstbrock, in: VL 8, Sp. 402ff.). Rupert, der im Lütticher Laurentiuskloster aufgewachsen war und nach vorangegangenen Aufenthalten um 1116 endgültige Aufnahme im Siegburger Michaelskloster unter Abt Kuno (1105-1126) gefunden hatte, verfaßte das Werk 1127/28 im Benediktinerkloster St. Marien und St. Heribert in Deutz, als dessen Abt er 1121 von Erzbischof Friedrich I. (1110-1131) eingesetzt worden war. Im Vorwort (10v-12r) wendet sich Rupert an seinen Freund und Förderer Kuno, als dieser schon Bischof von Regensburg (1126-1132) war, und bringt ihm in Erinnerung, daß er bei seiner Abreise nach Regensburg die meisten seiner Werke mitgenommen habe; dies ist für die Verbreitung von Ruperts Schriften im Bayerisch-Österreichischen sowie für den Einfluß der in Köln entstandenen Handschriften auf die Regensburg-Prüfeninger Buchkunst von Bedeutung. Ein Brief an den Papst (1v-3r) belegt, daß Rupert eine weitere Abschrift des in unserer Handschrift überlieferten Werkes Honorius II. (1124-1130) dediziert hatte; in diesem Schreiben bedauert der Autor, daß er ihm andere Schriften noch nicht habe "präsentieren" können, und beginnt die Aufzählung mit seinem 1123/24 geschriebenen Hauptwerk 'De victoria verbi Dei' (Vom Sieg des Wortes Gottes). Solche auch in andere Begleitbriefe eingefügte Aufzählungen der eigenen Arbeiten informieren sehr gut über das umfangreiche Œuvre Ruperts, von dem der Zeitgenosse Reiner von Lüttich (1157-1230), Mönch im dortigen Laurentiuskloster, schreibt: "Durch seinen Fleiß hatte er sich so bereichert, und seine Brust barg einen solchen Schatz, daß zwei oder drei Schreiber kaum das aufnehmen konnten, was er diktierte". Das 12. Buch seines 1125/27 geschriebenen Werks 'De gloria et honore filii hominis super Matthaeum' (Über Ruhm und Ehre des Menschensohns nach Matthäus) überliefert, eingebettet in einen Bibelkommentar, Ruperts Autobiographie. Seine Befürchtung, auch die eigenen Werke, "der größte Trost seines Lebens", beim Brand des Kastells Deutz auf der Köln gegenüberliegenden Rheinseite am 25. August 1128 zu verlieren – der das Kloster jedoch verschonte –, gab ihm Anlaß, über dieses verheerende Ereignis 'De incendio Tuitiensi' (Über den Brand von Deutz) zu schreiben. Ihm folgte nur noch 'De meditatione mortis' (Nachdenken über den Tod), dem der eigene Tod am 4. März (1129/30), wie es im Deutzer Memorialbuch überliefert ist, ein Ende setzte. Der schon zitierte Reiner von

Schließlich ist es auch einer Untersuchung wert, in welchem Sinn und in welcher Absicht der Apostel gesagt hat: "Nun aber bleiben Glaube, Hoffnung und Liebe, diese drei. Die größte unter ihnen ist aber die Liebe." Wir haben schon festgestellt, daß in der Heiligen Dreifaltigkeit deren Abbild in der menschlichen Seele durch diese drei geformt wird, durch Glauben, Hoffnung und Liebe. Wir wissen mit Sicherheit, daß alle drei Personen einander gleichewig und gleichaltrig sind, in nichts größer oder kleiner, früher oder später. In diesem Bild hier aber, bzw. in dieser Beziehung der Ähnlichkeit, gibt es ein "größer" und ein "kleiner" auch ein "früher" und "später" und eine nicht geringe Ungleichheit, weil er auch vorher gesagt hat: "Und wenn ich auch allen Glauben habe, so daß ich Berge versetzen könnte, habe aber die Liebe nicht, so bin ich nichts."

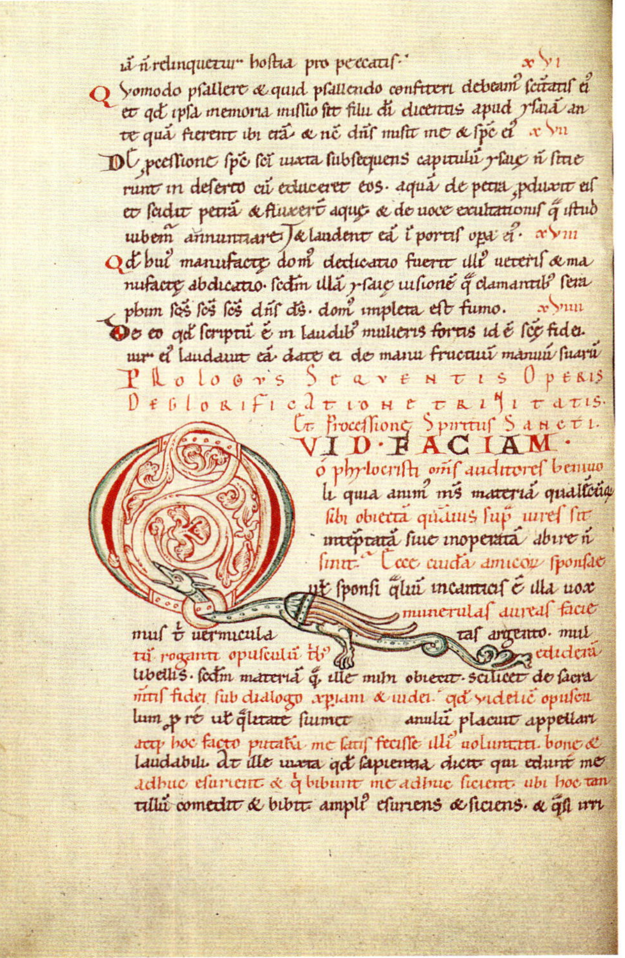

48 Dom Hs. 112, 10v/12r

48 Dom Hs. 112, 21v/33v

Und darauf sagt er in der Zusammenstellung der drei: "Die größte von ihnen aber ist die Liebe." Zu diesem Punkt nun möchte ich bemerken, daß es niemals wahren Glauben ohne Liebe und niemals wahre Liebe ohne Glauben gibt. Wie der eine und dreifaltige Gott Vater, Sohn und Heiliger Geist unteilbar ist, so ist auch die eine und dreigeteilte Tugend Glaube, Liebe und Hoffnung unteilbar, wie sie im Hinblick auf die Dreifaltigkeit in der Seele der Menschen hervorgebracht wird. Über den Apostel müssen wir nun folgendes wissen: An manchen Stellen verkündet er den Glauben in seinem eigentlichen Verständnis und an anderen Stellen redet er über den Glauben im Verständnis anderer, um die anzuklagen und zu maßregeln, die sich zuviel hinsichtlich des Glaubens anmaßen. Schließlich verkündet er den Glauben in seinem eigentlichen Verständnis so, daß er zugleich Glauben, Liebe und Hoffnung umfaßt. Denn diese sind in Wahrheit untrennbar. A.A.

Lüttich schreibt darüber: "Plötzlich verbrannte er im Fieberhauch und welkte dahin". Die Initialen zu Anfang des Briefs, Prologs sowie der neun Bücher legen eine Entstehung der Handschrift im 2. Viertel des 12. Jahrhunderts in Köln nahe. Wohl aufgrund der Arbeiten Ruperts dürfte auch im Deutzer Kloster ein Skriptorium tätig gewesen sein, in dem vermutlich der aus St. Emmeram in Regensburg stammende Clm 14055 der Bayerischen Staatsbibliothek in München entstand (Schnitzler II 1959, S. 27, Nr. 20); von ihm ist angenommen worden, daß es sich um das gegen 1124 geschriebene Dedikationsexemplar von 'De victoria verbi Dei' an Abt Kuno handelt. Die z. T. farbig gehöhten Rankeninitialen in beiden Codices dokumentieren eine verwandte Stilsituation.

INHALT: **1r** Leer; nachgetragener Titel *Liber domini Ruoberti abbatis* (12./13. Jh.). **1v-114v** Rupert von Deutz, De glorificatione Trinitatis et processione Spiritus Sancti (PL 169, 9-202). **1v** Brief Ruperts an Papst Honorius II. *A(nte faciem tuam).* **3r** Capitula. **10v** Prolog *Q(UID FACIAM)*: geflügelter Drache. **12r** Buch 1 *T(HESAURUS DEsiderabilis).* **21v** Buch 2 *Q(UI THESAUROS)*: Fisch. **33v** Buch 3 *B(ENEDICENTES Dominum).* **45r** Buch 4 *S(APIENTIS VIRI est).* **57r** Buch 5 *S(PES NOSTRA IMMO et corona).* **69r** Buch 6 *Q(UOTIENS DE GRATIA)*: Fisch. **81r** Buch 7 *G(AUDEAMUS QUOQUE).* **91v** Buch 8 *C(ANTICUM DOMINI).* **102v** Buch 9 *G(LORIFICATIONEM tuam).* **114v** Textende . . . *in portis opera eius. Explicit liber.*
PERGAMENT: 114 Blätter; 260 x 170 mm; Lagen 1-12^8, 13^6, 14^8, 15^4; Schriftspiegel 193 x 117 mm; Blindliniierung; einspaltig; 33 Zeilen. AUSSTATTUNG: Lateinischer Text in mittelbrauner romanischer Minuskel; rubriziert; Anfangsbuchstaben der Capitula von Buch 1 in blauen, roten und grünen Majuskeln; die ersten Zeilen des Prologs (10v) in brauner und roter Tinte alternierend, die ersten Zeilen von Buch 1 (12r) in brauner, blauer, roter und grüner Tinte wechselnd; mehrzeilige Anfangsbuchstaben in Rot, in der 2. Lage auch in Blau und Grün; große Rankeninitialen in roter Federzeichnung, bisweilen mit Grün, z. T. mit zoomorphen Motiven. EINBAND: Pergament mit Streicheisenlinien über Pappe (Mitte 18. Jh.). PROVENIENZ: Darmstadt 2111. LITERATUR: Hartzheim 1752, S. 61 f. – Jaffé/Wattenbach 1874, S. 45 – R. Haacke, in: DA 16 (1960), S. 415 – Plotzek 1973, S. 322 f. – Ornamenta 1985, II S. 230 Nr. E26 (A. von Euw) – Handschriftencensus 1993, S. 639, Nr. 1077. J.M.P.

49 Dom Hs. 183

Guilelmus Peraldus: Summa de vitiis et virtutibus

1. Hälfte 14. Jh.

Guillaume Peyraut (vor 1200-1271) war ein durch seine populäre Abhandlung über die Tugenden und Laster ('Summa de vitiis et virtutibus', um 1260) überaus bekannter französischer Dominikanermönch und Theologe. Er lebte in Lyon und wird von einer späteren Hand am Ende des Manuskriptes als Wilhelm von Burgund bezeichnet (171v). Die 'Summa' wurde ein Standard-Nachschlagewerk in den Bibliotheken der Dominikaner, die sich sowohl in Köln als auch in Lüttich niedergelassen hatten. Das Manuskript ist schwer zu lokalisieren, da es nur zurückhaltend mit filigranen Federinitialen ausgestattet wurde. Der Text wird mit einer zweifarbigen Lombarde (Initialmajuskel) in Rot und Blau eingeleitet (6r), die mit dichtem Fleuronnée gefüllt ist. Am Textblock entlang breiten sich Zierleisten in Rot und Blau aus. Die gesamte Abhandlung beginnt mit einer sehr viel prächtigeren Initiale dieses Typs (1r), deren blauer Buchstabenkörper zum Binnenraum hin mit einer Goldleiste eingefaßt ist, auf der sich in Weiß ausgespart ein kleiner Drache und ein Narr tummeln. Innerhalb der Initiale bildet dichtes rotes und violettes Federfiligran ein Schachbrett, auf dessen Einzelfeldern sich kleine Drachen schlängeln. Zierleisten mit roten und blauen Ornamentformen auf goldenen Stegen formen hier einen dreiseitigen Rahmen. Ähnliche Initialen schmücken die ca. 1330 für den Aachener Dom (Domschatz, Mss. 14-15 und 22-25) und 1320-1334 für die Stiftskirche Hl. Kreuz in Lüttich (Mss. 1-2, und Musée d'art religieux et d'art mosan) gefertigten Chorbücher (J. Oliver, in: BSADL 60 [1995], S. 47 ff.).

 49 Dom Hs. 183, 1r

Während die in den Fleuronnée-Initialen häufigen Drachen möglicherweise rein dekorativ gemeint sind, könnte man den ungewöhnlichen trompetespielenden Narren als dämonische weltliche Versuchung interpretieren, gegen die Peraldus in diesem Text schimpft. Er verurteilt öffentlich tanzende Frauen, indem er sie mit Heuschrecken vergleicht, die aus dem Schlund des Abgrundes aufsteigen, wie es in der Apokalypse des Johannes (9, 2-11) beschrieben wird: "Aus diesem Rauch kamen Heuschrecken, das sind Sängerinnen und Tänzerinnen, die nicht von Vernunft beherrscht sind, sondern wie unverständiges Vieh in Schwärmen einfallen ... die diabolische Horde der Liedersänger überwältigt allein mit ihrem Spott und Hohn die Guten und bringt jene zu Fall, die sich bereits auf den Flügeln der Tugend zu einem vollkommenen Leben aufgeschwungen hatten ..." (vgl. C. Page, The Owl and the Nightingale, Berkeley 1989, S. 126ff. und 196ff.).

INHALT: **1r-171v** Guilelmus Peraldus, Summa de vitiis et virtutibus (M.W. Bloomfield/ B.-G. Guyot, Incipits of latin works on the virtues and vices, 1100-1500 A.D., Cambridge [Mass.] 1979, 1628). **1r** Inhaltsübersicht *T(ractatus iste continet IX partes)*: Narr mit Trompete, Drachen. **6r** Einleitung *D(icturi de viciis)*. **7r** Über das Laster der Gefräßigkeit. **11v** Über das Laster der Genußsucht. **26r** Über das Laster des Geizes. **71v** Über das Laster des mürrischen Wesens (*accidia*). **90v** Über das Laster des Stolzes. **144r** Über das Laster des Neides. **146r** Über das Laster des Zorns. **154v** Über die Sünden der Sprache. **171v** Ende mit ... *Tacere vero numquam*; Notiz über den Autor (von anderer Hand des 14. Jhs.) *compilata et edita per fratrem Wilhelmum Burgundum ordinis fratrum predicatorum.*

PERGAMENT: 171 Blätter; 371 x 257 mm; Lagen $1\text{-}14^{12}$, 15^{2+1}; Wortreklamanten; Schriftspiegel 270 x 185 mm; Metallstiftliniierung; 2 Spalten von je 83 mm Breite und 18 mm Abstand; 49 Zeilen. AUSSTATTUNG: Lateinischer Text in schwarzer Textura, rubriziert; Paragraphenzeichen in Rot und Blau; zu Beginn des Textes mehrzeilige, sonst zweizeilige Lombarden in Rot und/ oder Blau mit Fleuronnée in Rot und Violett, zu Beginn mit Zierleiste; große figürliche Eingangsinitiale mit Randleisten in Gold, Rot und Blau sowie violettem und rotem Fleuronnée mit Drachenmotiven. EINBAND: Pergament mit Streicheisenlinien über Pappe (Mitte 18. Jh.). PROVENIENZ: Darmstadt 2145. LITERATUR: Hartzheim 1752, S. 154 – Jaffé/ Wattenbach 1874, S. 76 – Handschriftencensus 1993, S. 671, Nr. 1133 – zum Autor: DSAM 6, 1967, Sp. 1229ff. J. Ol.

Guilelmus Duranti: Rationale divinorum officiorum

50 Inc.d. 204 [Mainz], Johann Fust und Peter Schöffer, 6. Oktober 1459

Der in Puymisson/ Diözese Béziers geborene Guillaume Durand (Duranti/ Durandus; 1237-1296) war Lehrer des kanonischen Rechts, Bischof von Mende sowie päpstlicher Statthalter der Romagna und der Mark Ancona. Mit seinem 1286 abgeschlossenen 'Rationale' hatte er ein umfassendes Handbuch zu den liturgischen Gebräuchen und Symbolen der Kirche geschaffen und eine breite Handschriftenüberlieferung begründet.

Nun war 1454/ 55 in Mainz das erste mit Lettern gedruckte Buch der westlichen Welt, Johann Gutenbergs 42zeilige 'Biblia latina', erschienen; und bereits 1455 sah sich der Erfinder der "Schwarzen Kunst" von seinem Finanzier Johann Fust aus dem Geschäft gedrängt, welches Fust mit Peter Schöffer, Gutenbergs fähigstem Mitarbeiter, weiterführte. Die Duranti-Ausgabe von 1459 ist das dritte Erzeugnis der Fust-Schöffer'schen Offizin. Sie zeigt, wie dort der mit den Psalterien von 1457 und 1459 gewonnene technische Vorsprung so genutzt wurde, daß mit einem Schlage den Berufsschreibern (zu denen in Paris Peter Schöffer 1449 noch selbst gehört hatte) eine gefährliche, sehr bald vernichtende Konkurrenz entstand.

Für ihre neuen Verlagsvorhaben ergänzten Fust und Schöffer ihren Typenapparat, der bisher lediglich aus mehreren Garnituren gotischer Textura für Liturgica (und aus Brotschriften für Ablaßbriefe?) bestand, um zwei Werkschriften, die sich allein durch ihre Größe, nicht in der Schriftform unterscheiden. Im hier gezeigten Duranti ist nur das Kolophon mit der größeren Type 5:118G gesetzt, der Haupttext mit der kleineren 3:91G. Diese sog. Duranti-Type sparte nicht nur Raum (im Duranti zählt man 63 Zeilen pro Kolumne) und somit Papier; ihre Form kam auch bewußt italienischem Geschmack entgegen und machte die in Mainz gedruckten Bücher europaweit verkäuflich. Man bezeichnet diese Form als 'Gotico-Antiqua', da sie Merkmale mittelalterlicher und humanistischer Schreibart in sich vereint. Sie hat recht einfache Versalformen, ist ausgeglichen in ihren Proportionen und verzichtet auf die doppelte Schaftbrechung der Textura. Nur die Ligaturen (Verschmelzung benachbarter Rundbuchstaben) behält sie in beschränktem Umfang bei. Die genannten Eigenschaften machten sie zu einer auch im kleineren Grad gut leserlichen Schrift, die bald vielerorts nachgeahmt wurde, bis ihr in den achtziger Jahren die venezianische Rotunda den Rang ablief. Erst zehn Jahre nach dem Mainzer Erstdruck des Duranti folgten weitere Ausgaben – allein im 15. Jahrhundert mehr als vierzig (GW 9102-9144). Fust und Schöffer variierten die Edition mehrfach: mit zweifarbig, rot und blau gedruckten, aus dem Psalterbestand stammenden Initialen (in Untervarianten mit unterschiedlichen Auslassungen), aber auch ohne diese, das heißt mit Freiräumen für einen Illuminator.

Das hier gezeigte Exemplar gehört zu einer Gruppe von Werken, die Eberhard König im Anschluß an die Arbeit von Adolph Goldschmidt dem "Fust-Meister" zuordnete. Dieser Miniator kam aus Österreich, war in Oberaltaich an der Ausgestaltung einer großformatigen Bibel beteiligt (München, Bayer. Staatsbibl., Clm 9507a) und illuminierte offensichtlich während eines Aufenthaltes in Mainz ausschließlich Drucke der Offizin von Johannes Fust. Neben den beiden Bibeln in Burgos (Bibl. Universitaria y Provincial, B 42) und New York (Pierpont Morgan Libr., B 42) kennen wir insgesamt sieben Exemplare des Duranti, die von ihm ausgestattet wurden. Dabei sind die Übereinstimmungen teilweise so evident, daß an die Verwendung einer Schablone zu denken ist, die sich der technischen Ausführung des Druckvorgangs anschließt und damit die Kontinuität verschiedener Exemplare gewährleistet. Die Inkunabel gelangte möglicherweise zusammen mit den Dom Hss. 243 und 257 (Kat. Nrn. 104, 101) Anfang des 19. Jahrhunderts in die Dombibliothek. Als sog. Kettenbuch belegt sie einen Bibliothekstyp, in dem die Bücher zum Schutz vor Diebstahl am Pult angekettet waren.

Incipit racionale divinorum officiorum.

50 Inc.d. 204, 1r

68

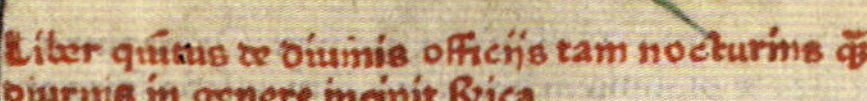

Liber quintus de diuinis officijs tam nocturnis q diurnis in genere incipit Rbrica

Legitur in exo. xxv. c. in fine. dns
dixisse ad moysen. oia fac scdz ex-
eplar qd tibi i mote mostratu e. q
circa coformari nos couenit illi celesti ihrlm. q dnm laudae iubetur.
r q sicut ait aplus ad galath. iiij.
desursu est r mater nra e. pstmi in
laudando deu. Juxta illud. Sup muros tuos ihrlm
ostitui custodes. q tota die r tota nocte no cessabut
laudae nome dni. Et in apoc. iiij. c. habet. q anima-
lia requiem no habebat dicetia. Scus. scus. scus. rc.
Verup tn militas eccia imitari plene nequit triu-
phatem. qr sicut legit in li. sapie. c. ix. Corp quod
corrupit aggrauat anima. nequim enim infirmitate nra ipediente in singulis. xij. diei horis iugiter
diuinis insistere laudibz. qm neco habz homo aliqn
necrijs corpis intedere. Juxta illud gen. ca. iij. In su-
dore vult tui vesceris pane tuo. r ideo facimus qd
possumus. certis diei naturalis horis deu laudando
Vn esdras ppheta populu israhelticu de babilonica
captiuitate reuersu. docuit deu laudae qter in nocte
r quater in die. vt vnuqdqz qtuor elemetoz. ex q-
bus homo costat p copetetes horas obsequiose offe-
rat creatoris viz. de nocte. in vespis. in copletorio. in
nocturnis. in diluculo scz in laudibz matutinis. De
die vero. in pa. in tcia. i sex. i non horis. Vespinu officiu igit qd est cuiuscuqz officij iniciu ad noctem p-
tine pbat. qd scdm isidoz libro ethimologiaz dr a
vespa stella. q surgit nocte oriente. Vez dd inqt.
Septies in die laude dixi tibi. Et rursus. media nocte surgeba ad cofitedum tibi rc. Que ordinez co-
ciliu agathen. approbat r sca eccia suat. qm nocturnu officiu media nocte canit. Reliq vero. septem
canonice hore de die dicut. vz laudes matutie. que
olim in aurora dicebant. licet hodie cu nocturnis
oiugant. pma. tercia. sexta. nona. vespe. copletoriu
q septe hore vocant canonice. qsi regulares. quia
regulariter a scis patribz obsuate sut. Na cano grce
regula dr latine. Misse aut oblaco pter tanti sacra-
menti excellentia. qd in ea cofícit. sup alias laudes
e. r e laus p se. nec sb numero ophedit aliaz. pter
qd r in hoc ope tractatu p se obtinet speciale. qzuis
nnulli asseruerut illam fore de officio tercie siue none
pro eo qr in hijs duabz horis solet regulariter celebrari
¶ Sane nocturnu officiu. tpus miserie quo gen
huanu a diabolo tenebat obsessuz repntat. Diurnu
vero nostre redepcois r libacois p xpm solem
iusticie facte. tpus sigficat. q claritate sue diuinitatis
tenebras nras illuiauit. r a suitute diaboli nos edu-
xit. Quia ergo tm bonu dono septiformis sps. s. gre
adepti sumus. merito septies laude deo catani. ¶ Se-
cudo qr dies naturalis repntat vniuscuiusqz etatem
no qm quilibz homo habz. sz qua si no peccassz hret.
Que naturalis dies septe habz varietates. Prima
est in infantia q p matutinas laudes repntat. Scda
puericia q pmaz. Tercia adolescentia q p terciam.
Quarta iuuetus q p sexta. Quinta senectus q p nonam. Sexta seniu. q p vespas. Septima decrepita
etas siue finis vite nostre. q p copletoriu designat.
In hijs ideo singulis etatibz creatore nrm sup indi-
cia iusticie sue laudae debem. De infantia beatus
nicolaus nob ostendit in exeplum. qui qrta r sexta
feria virtute abstinetie materna vbera no suggebat
n semel in die. de alijs qz etatibz satis liquet. ¶ Tercio qr scdz salomone. Septies in die cadit iustus. p ne-
gligetiam. ideo merito septies vt p oracois vigilatia
resurge. valeat diuinu debz subsidiu inuocae. Quarto
qr numerus septenarius vniuersitatis e. ¶ Ceterum
cu duodecim hore diei attribuat. in qbz omibz lau-
dandus esset dns. Quare in qtuor tm diei horis in
eccia psallit. Ideo cu in singulis horis vt pmissuz
est diuinis iugiter insiste laudibz neqam. qd in a-
lijs minus. fit in pma. in tercia. in sexta. in nona hois
supplet. In eaz namqz qualibz dicut tres psalmi.
r sic in qtuor horis numer psalmoz rndet numero
horaz. Et quilibz psalmus cotinet vsuu octonarios
octaua resurrectois sigficates. de quibz sb ti. de copletorio dicet. Per octonarios siqde in hijs horis
psallim. qr de resurrectois gla exultam. ¶ Rursus
in qlibz ipaz horaz dr ter sup psalmos. gla pri. rc.
ut qt diei hore nob p corpis sustetacoe ad laboran-
du cocesse sut. tociens in ipis horis gla patri dicat.
vt p hoc in dei suicio. omi hora nos ee mostremus.
Siquidem tres glificacoes q sut in hora pma indi-
cat nos ee in dei famulatu in pma scda r tercia hois
Et tres q sut in tercia. nos ptegut in qrta. qnta. et
sexta horis. Tres qz q sut in sexta nos muniut cotra
insidias diaboli i septia octau r non hois. Non vero
cu suis glificacoibz nos ptegit in decima vndecia
r duodecima horis. Possz etia no incopetent dici q
sb pma due hore cophendut. vz ipa pma r secuda
Sub tercia tres. s. ipa tercia. qrta r qnta. Sub sex
simlr tres scz ipa sex septia r octaua. Sub nona due
scz ipa nona r decima. Vespe vo repntat vndecima.
r copletoriu duodecima. Sed in pmissis sex diei horis vz in pma. tercia. sex. nona vespis. r copletorio.
ideo specialiter deu laudam r no in scda. qrta. qnta
septia. octaua decima. qr ille in aliqbz p alijs sut p-
uilegiate. put in pncipio tractat cuiuslibz eaz on-
det propt qd merito in illis diuinu celebrat officiu.
¶ Nempe in nocte xps e cophensus. mane illusus.
r hora pma getibz tradit. tercia flagellat et vere
crucifixus. Sex cruci affixus. Nona mortuus. Vndecima de cruce depositus. In vndecima sepult. Itez
in nocte spoliauit infernu. Mane surrexit. In pma
hora marie apparuit. Tercia de monumento redeu-
tibz obuiauit. Sexta iacobo. Nona petro. Vespa du-
obz euntibz in emaus. scpturas aperuit. r se manife-
stauit. In copletorio aplis. pax vob dixit. r cu eis
manducauit ¶ Has aut horaz laudes qliter exsolue
debeamus ondit. bnhard dices. Fratres mei immo-
lantes hostiam laudis. iugamus verbis sensu. sensui
affectum. affectui exultacoem. exultacoi matuita-
te. matuitati hulitate. r hulitati libtate. Preterea
diutine psalmodie. ideo a pma. tercia. sex r nona. r
no ab alijs nome sup serut. vt p eas dei suitiu aga
qm prfamilias comeorat in euagelio. exisse in illis
coduce oparios in vineam suam. que scam sigficat
eccliam. Sut etia qui dicut morem catandi terciam.
sextam r nonam fuisse a daniele suptu. q intellecto
q nabuchodonosor statua erexissz. qua omibz adora-
dam pcepat intrauit domu suam. r aptis fenestris
ter in die genua flectebat versus ihrlm. qd ierom
exponens dicit. hinc habz ecclastica traditio. q ter

50 Inc.d. 204, 68r

INHALT: Guillelmus Durandus, Rationale divinorum officiorum (CCM 140; G.H. Buijssen, Durandus' Rationale in spätmittelhochdeutscher Übersetzung, Assen 1966-1983). Vorsatzblatt mit handschriftlichem Register. **1r/v** Vorwort. **1v-13r** Buch 1. Von dem Kirchengebäude und seinen Teilen: Der Innenraum, der Altar, die Glocken, Gemälde etc.; Weihen, Salbungen, kirchliche Sakramente. **14v-20r** Buch 2. Von den kirchlichen Dienern, deren Weihen und Ämtern. **20r-27v** Buch 3. Von den liturgischen Gewändern. **27v-67r** Buch 4. Von der hl. Messe; fol. 67 ist mit Textverlust beschnitten, Text endet mit Kap. 59,9 *quas statim vespere decantantur. Et sic quod episcopus ...* **68r-81v** Buch 5. Von dem Stundengebet. **82r-140r** Buch 6. Das Kirchenjahr. **141r-155v** Buch 7. Heiligenfeste und Totenoffizien. **155v-160r** Buch 8. Kalender und Zeitrechnung; der gedruckte Text endet 159v mit *aureus esto secundus. Verumtamen formatio in illa fallit ...*; die folgende handschriftliche Ergänzung bietet nur einen unvollständigen restlichen Text.

PERGAMENT: 159 von 160 Blättern (Blatt 160 im Jahre 1650 von einem nicht identifizierten Pastor A.W. fragmentarisch ergänzt); 2^0; Lagen Vorsatzblatt, $1-3^{10}$, 4^8, $5-6^{10}$, 7^{6+1}, 8^2, 9^8, 10^6, 11^{10+1}, $12-15^{10}$, 16^8, 17^{10}, 18^{10-1}, 19^1; 2 Spalten; 63 Zeilen. AUSSTATTUNG: Lateinischer Text in schwarzer Gotico-Antiqua; Kapitelüberschriften, Kolophon und einige Rubrikenzeichen rot gedruckt; rote und blaue Lombarden; mit Fleuronné-Initialen und Ranken vom "Fust-Meister". EINBAND: Kalbleder auf Holz mit zehngliedriger Kette; nicht vor 1536 von Kölns bedeutendstem Buchbinder der Frühdruckzeit gebunden, dessen monogrammartige Marke I.V.B. bisher nicht aufgelöst werden konnte (Schunke 1969, 323ff., 368ff.); Blindprägung mit Rollenstempeln; Rechtfertigungsrolle: Crucifixus *SATISFACTIO* – Eherne Schlange *SIGNU[M] FIDEI* – Sündenfall *1536 PECCATUM* – Auferstehung *IUSTIFICATIO* (Haebler 1968, II 304, 5; Schunke 1969, 369, 8), Prophetenrolle: *EZECHIEL – HEREMIAS – ESAIAS – DANIEL* (Schunke 1969, 369, 11); Eckbeschläge mit der Inschrift *Ave Maria gratia plena* und Zentralbeschläge, Schutzbuckel. PROVENIENZ: Eberhard Elken (auch Alken) aus Meppen schenkt das Exemplar am 17. 2.1570 der Kirche St. Laurentius in Köln (H. Keussen [Bearb.], Die Matrikel der Universität Köln, Bd. I-VII, Düsseldorf 1928-1981, 1516a; 510,5). LITERATUR: GW 9101 (mit 7 Druckvarianten) – HR 6471 – BMC I, 20 (IC. 78) – de Ricci 1911, 65 (Census ohne Kenntnis des Kölner Exemplares) – Goff D 403 – IDDK 127 – E. Vaassen, Die Werkstatt der Mainzer Riesenbibel in Würzburg und ihr Umkreis, in: AGB 13 (1973), Sp. 1361f. – L. Hellinga, Proof-Reading in 1459: The Munich Copy of Guillelmus Duranti, Rationale, in: H. Limburg u. a. (Hgg.), Ars impressoria. Entstehung und Entwicklung des Buchdrucks, Festgabe für Severin Corsten, München u. a. 1986, S. 183ff. – E. König, Für Johannes Fust, in: H. Limburg (Hg.), Ars impressoria (op. cit.), S. 285ff. – W. Scheide, in: Vision of a Collector. The Lessing J. Rosenwald Collection in the Library of Congress, Washington 1991, Nr. 6 (ausführlich zu den Varianten) – E. König, Die Gutenberg-Bibel in Burgos und ihr Meister, in: Kommentarband zur Faksimile-Ausgabe der Burgos-Bibel, Valencia 1998. M.v.A./I.D.

LEBENSREGELN UND KIRCHENRECHT

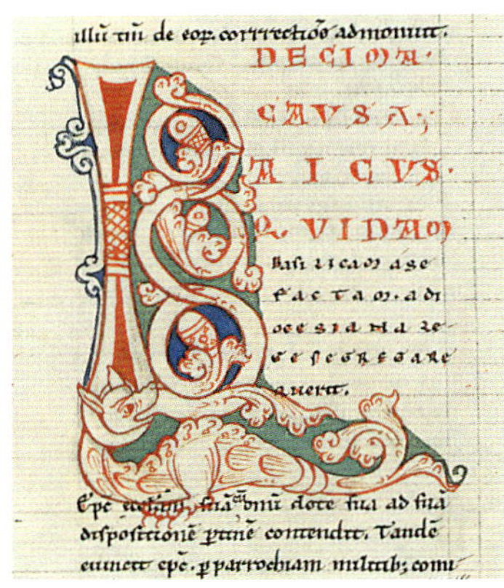

55 Dom Hs. 127, 138v

Kirchenrechtliche Sammelhandschrift

51 Dom Hs. 117

Frankreich (?), 1. Hälfte und Mitte 9. Jh., und Italien, 865

Kodikologisch besteht das Werk aus drei verschiedenen Teilen: 1. den Canones conciliorum (Konzilsbeschlüsse), die der Dionysio-Hadriana-Überlieferung angehören (I), 2. dem Poenitentiale (Bußbuch) und den daran angeschlossenen kirchenrechtlichen Stücken (II-III) sowie 3. der sog. Propagandaschrift Erzbischof Gunthars (850-863, gest. nach 871) von Köln (IV). Im Canones-Teil fehlen die Dekrete der Päpste, die in den Dom Hss. 115 und 213 (vgl. Kat. Nrn. 21, 18) enthalten sind. Initialen in Teil I wie das *F(idem)* (19r), das *Q(ui)* (19v) mit dem bärtigen Männerkopf, das rot und braun umpunktete *C(redimus)* (19v) mit der Flechtbandfüllung und das *P(eregrinos)* (22r) mit dem Hundskopfende weisen auf ein Skriptorium hin, das mit insularen Schreibgewohnheiten in Kontakt gekommen war. Ob dieses in Italien, Frankreich oder Deutschland lag, kann hier nicht entschieden werden; Mordek (1975, S. 244) nimmt Ostfrankreich als Ursprungsland an, nicht ohne diese Lokalisierung sofort wieder in Frage zu stellen. Für Teil II-III mit dem Poenitentiale Halitgars (817-831) schlug Bischoff (nach Kottje 1980, S. 28) ebenso "ostfranzösische?" Entstehung vor. Für Teil IV, der nach Fuhrmann (1958, S. 36) von mindestens zwei Händen geschrieben wurde, steht 865 als das Jahr der Niederschrift fest. Vielleicht wurde das an Erzbischof Hinkmar von Reims (845-882) als Brief entsandte Heft in Italien, wo sich Erzbischof Gunthar von Köln damals aufhielt, geschrieben. Jones (1971, S. 66f.) sah diesen Teil als in Köln geschrieben an. Die drei Teile haben einen inhaltlichen, nämlich kirchenrechtlichen Zusammenhang, in den auch die sog. Propagandaschrift Gunthars einmündet. Fuhrmann legte eindrücklich dar, daß das Heft die gekürzte Fassung einer von Gunthar 863 zusammengestellten Sammlung von Texten ist, die er 865 einschließlich des Begleitbriefes an Erzbischof Hinkmar von Reims sandte, damit dieser bei Papst Nikolaus I. (858-867) seine Rekonziliation erwirke. Zusammen mit Erzbischof Thietgaud von Trier (847-863/868) war Gunthar auf dem Laterankonzil von 863 vom Papst des Amtes enthoben und exkommuniziert worden. Die beiden Bischöfe hatten zuvor auf der Synode von Metz König Lothars Ehe mit Thietberga für aufgelöst erklärt. Sie gaben damit Lothar (855-869) das Recht, seine Konkubine Walrada, von der er Kinder hatte, zur Königin zu erheben. Gunthar sprach 865 auf der Synode von Pavia vor und bat um Behandlung seines Falles. Die Synode verfaßte zwecks Rekonziliation daraufhin ein Bittgesuch an den Papst. Doch wurde der Bann bis zum Tod Gunthars nicht gelöst. Der Bischof hielt trotz der Exkommunikation an seinem Amt fest. Diese Vorkommnisse spiegelt der Inhalt des Heftes. Es enthält eine Aufzeichnung von Verhandlungen der Synode von Pavia (93v-96r), den Synodalbrief an Papst Nikolaus I. (96r-97r) und schließlich den Brief Gunthars an Hinkmar (97r). Weshalb das Originalschreiben Gunthars (und nicht eine Kopie) nach Köln kam, ist unbekannt.

Das Heft ist eine Art praktischer Anhang zu den Canones conciliorum und zum Bußbuch des Halitgar von Cambrai, das dieser im Auftrag Erzbischof Ebos von Reims (816-835) verfaßte. Es darf als Produkt der unter Kaiser Ludwig dem Frommen (814-840) in der fränkischen Kirche betriebenen Reform betrachtet werden, die an der alten Bußbüchern Kritik übte und der Bußpraxis eine auf den Canones der Konzilien sowie den päpstlichen Dekreten gründende Basis verschaffen wollte. In diesem Sinne fanden die Canones, das Poenitentiale und Gunthars Rekonziliationsakte wahrscheinlich schon im 9. Jahrhundert in Dom Hs. 117 zusammen.

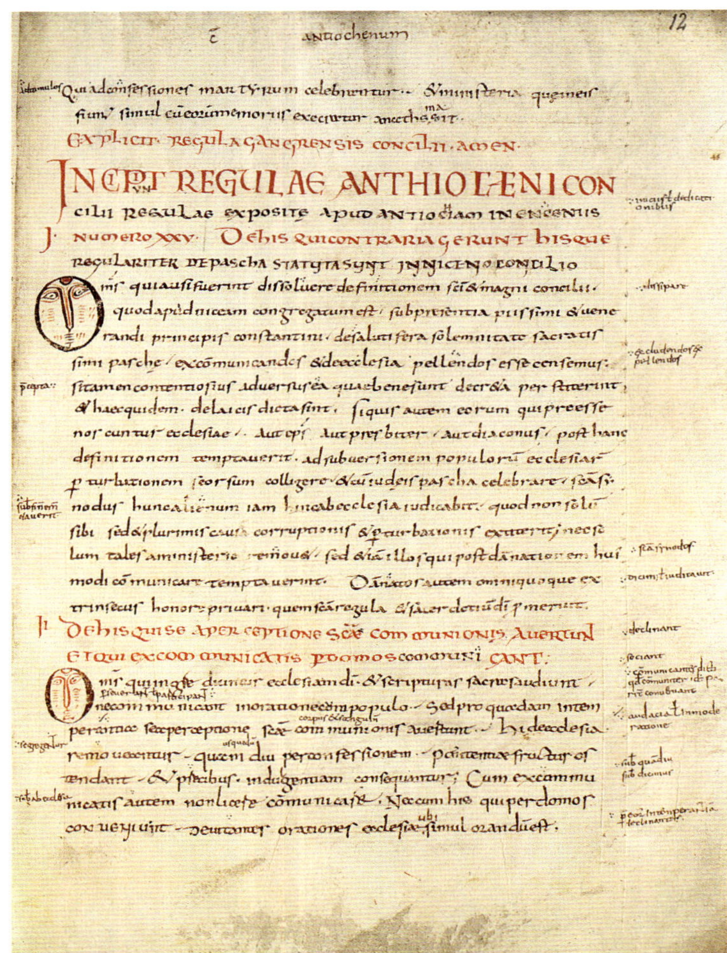

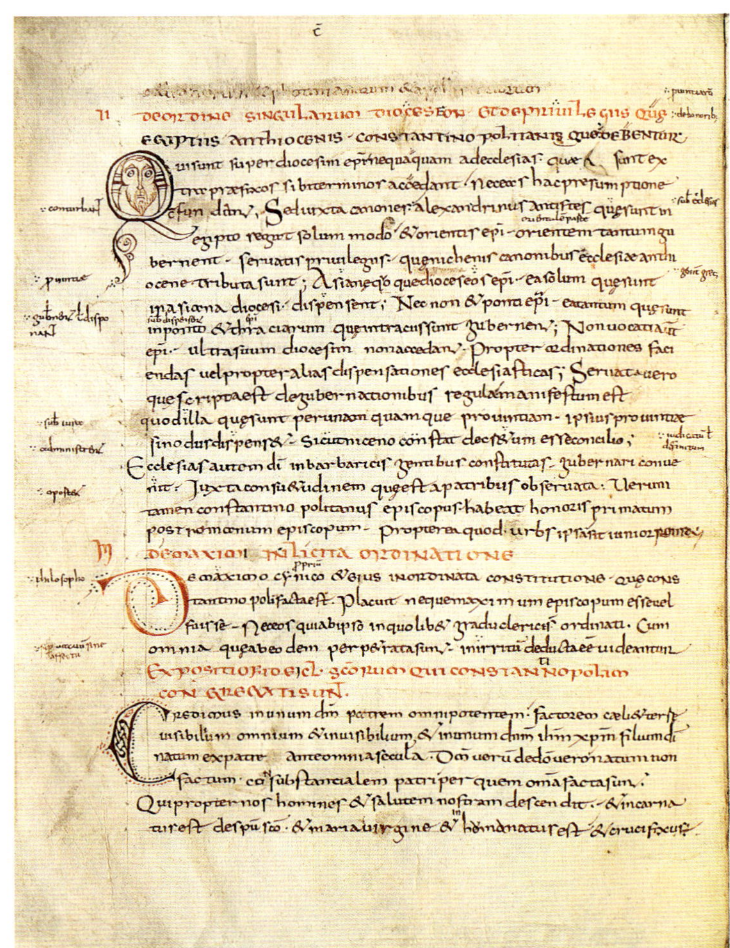

51 Dom Hs. 117, 12r/19v

INHALT: **I. 1r-60v** Collectio canonum Dionysio-Hadriana. Canones der Konzile und Synoden vom Apostelkonzil bis zum Konzil von Karthago (419). **1r** *INCIPIUNT ECCLESIASTICE REGULE SANCTORUM APOSTOLORUM ... INCIPIUNT CANONES APOSTOLORUM. DE ORDINATIONE EPISCOPI. Episcopus a duobus aut tribus episcopis ordinetur* (Turner I, 9-32; Strewe 4,14-10,23). **4r** Glaubensbekenntnis, metrische Vorrede und Canones des ökumenischen Konzils von Nikaia (325) (Maassen 46; Turner I, 104-143; Strewe 24,14-31,6). **6v** Canones des Konzils von Ankyra (317) (Maassen 71ff., 929ff.; Turner II, 54-115; Strewe 31,8-38,9). **8v** Canones des Konzils von Neokaisareia (zwischen 314 und 325) (Maassen 112, 446; Turner II, 116-141; Strewe 38,15-40,30). **9v** Canones des Konzils von Gangra (340/341) mit Vorrede (Maassen 82, 935ff.; Turner II, 170-211; Strewe 41,1-44,2). **12r** Canones des Konzils von Antiochia (341) (Maassen 112f., 446; Turner II, 221-311; Strewe 44,4-52,9). **15v** Canones des Konzils von Laodikeia (zwischen 343 und 381) (Maassen 113; Turner II, 341-389; Strewe 52,10-60,4). **19r** Canones des ökumenischen Konzils von Konstantinopel (381) (Maassen 114f., 446; Turner II, 405-431; Strewe 60,5-61,18). **19v** *I F(idem non violandam), Q(ui sunt)*: bärtiger Männerkopf, *C(redimus)*. **20r** Canones und *Constitutio et fides* des Konzils von Chalkedon (451) (Maassen 115, 446; Strewe 98,25-105,19). **21v** *P(ervenit)*. **22r** *P(eregrinos clericos)*: Hundskopfinitiale. **25r** Canones des Konzils von Sardika (343) (Maassen 446f.; Turner I, 490-530; Strewe 61,20-70,11). **29r** Vorrede, Glaubensbekenntnis und Canones (I-XXXIII) der ersten Sitzung des Konzils von Karthago (419) (Maassen 173ff., 447; Strewe 70,12-84,9). **35v** *INCIPIUNT CANONES CONCILIORUM diversorum Africanae provinciae Numidiae centum quinque. R(ecitata sunt)* (vgl. Maassen 447). **39v** *A(urelius)*. **57r** (CI) Brief des Konzils von Karthago (419) an Papst Bonifaz I. (418-422) *quoniam domino placuit* (Maassen 181f.; Turner I, 596-608; Strewe 85,10-88,25). **59r** (CII) Schreiben der Bischöfe Kyrillos von Alexandria (412-444) und Attikos von Konstantinopel (406-425) an das Konzil von Karthago (419) *Scripta venerationis* (Turner I, 609-613; Strewe 88,26-89,18). **59r** (CIII) Brief des Bischofs Attikos von Konstantinopel an das Konzil von Karthago *Scripta vestrae dilectionis* (Turner I, 611-613; Strewe 89,19-34). **59v** (CIIII) Das Glaubensbekenntnis des Konzils von Nikaia (325) (Strewe 90,1-90,16; mit Zusatz). **59v** (CV) Schreiben des Konzils von Karthago (421) an Papst Coelestin I. (422-432) *Optaremus* (Maassen 182f.; Turner I, 614-622; Strewe 96,6-98,22). **II. 61r-68v** Poenitentiale des Bischofs Halitgar von Cambrai (Buch III-V, Kap. 19) (PL 105, 677-692C). **61r** *INCIPIUNT CAPITULA DE ORDINE PAENITENTIUM* (I-XVI). **61v** *INCIPIT LIBER DE ORDINE PAENITENTIUM Ut paenitentiae tempora – admittit, qui presentis vitae.* Kap. 19 von Buch V bricht mit dem Ende der Lage 8 ab; die Capitulatio

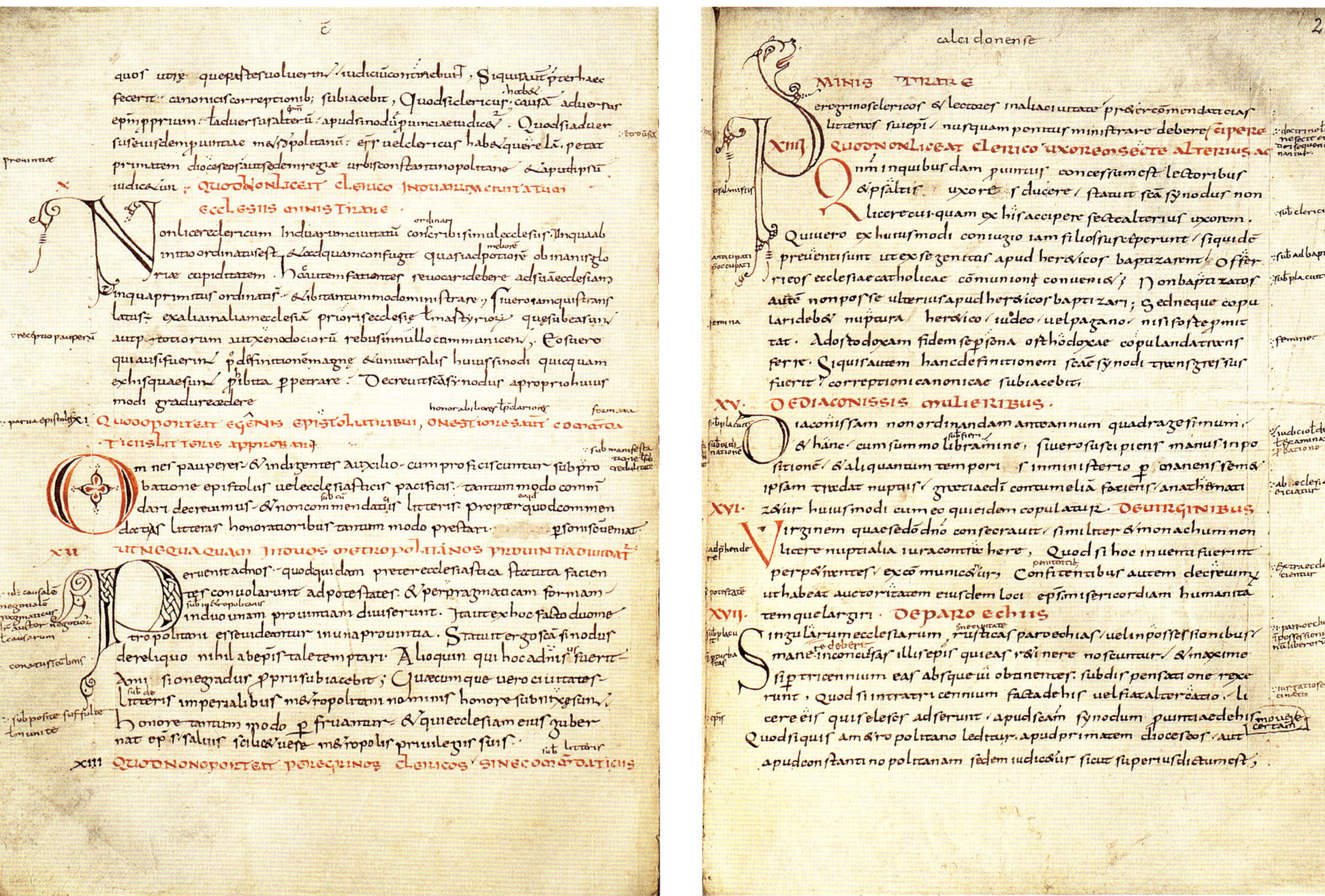

51 Dom Hs. 117, 21v/22r

enthält die Kap. 17-19 nicht (vgl. Kottje 1980, S. 28). **III. 69r - 92v** Verschiedenes. **69r** Auszug aus den 'Etymologiae' des Isidor von Sevilla *CANON. In qua lingua – ante absidam manus ei imponatur. Amen. Expliciunt interrogationes;* zeigt nach Mordek (1975, S. 145, Anm. 223) Verwandtschaft zu den gallischen Canonessammlungen wie Cod. Par. Sang. Lat. 12444 (Paris, Bibl. Nat.), deren Text sich an Isidor anlehnt; vgl. Kottje 1980, S. 28. **89v** Einleitungsstücke IVe und f zur Dionysio-Hadriana (vgl. Kottje 1980, S. 28) *Incipiunt humidia. Fratres karissimi, intellegimus quia per bonam voluntatem – regnat Deus per omnia saecula saeculorum.* **92r** *Nominatim scire cupio sex synodi principales – heresi anathematizando scripserunt cap. VIIII.* **92r** Unten: *habens quaterniones X et dim. minores. II.* **92v** Unten: *Iste tomus continet folia XCII et quaterniones minores duos* (beide Einträge in gleichzeitiger karolingischer Minuskel). **IV. 93r - 97v** "Propagandaschrift" Erzbischof Gunthars von Köln. **93r** Ursprünglich leer. *Synodus Ticinensis* etc. (wahrscheinlich von der Hand Hartzheims od. Schannats, der den Text Concilia II, 327-333 edierte). **93v** *Nuper circa septuagesimam sive sexagesimam – paternitatem vestram bene in Christo valere optamus.* Der Schluß besteht aus einem Brief Gunthars an Erzbischof Hinkmar von Reims (Mansi XV, 765-766; Fuhrmann 1958, 38-51). **97v** Karolingischer Zusatz über die von der Propagandaschrift herzustellenden Kopien und die Adressaten, an die sie zu senden sind (Jaffé/Wattenbach 1874, 47f.; Jones 1971, 66f.; Fuhrmann 1958, 51) *Istum quaternionem – qui speziales esse volunt fratres.*

PERGAMENT: 97 Blätter; 300 x 218 bzw. 204 x 160 (IV) mm; Lagen 1 - 5^{8} (mit Q = Quaternio und Zahlenreklamanten), 6 - 7^{8}, 8^{4}, 9 - 12^{8}, 13^{4+1} (94 Einzelblatt); Lage 13 war einst der Höhe nach dreifach als Brief gefaltet (vgl. Fuhrmann 1958, S. 13) und wurde möglicherweise schon im 9. Jh. in die Handschrift eingebunden. Schriftspiegel 225 x 158, 225 x 168 (ab fol. 77) bzw. 172 x 132 mm (ab fol. 93); Blindliniierung mit Versalienspalten (7 mm); ab fol. 77 einfache Randliniierung; einspaltig; 31 - 33 bzw. 27 (ab 93r) Zeilen. AUSSTATTUNG: Lateinischer Text in hellbrauner bis schwarzer Tinte in karolingischer Minuskel, rubriziert; Auszeichnungsschriften in Capitalis, Uncialis und Halbunziale; fol. 1 - 56 enthalten durchgehend Interlinear- und Randglossen in gleichzeitiger feiner karolingischer Minuskel; fol. 57 - 60 treten sie nur noch vereinzelt auf; Anfangsbuchstaben der Kapitel und Abschnitte in Form von Majuskeln mit Tinte oder Minium, oft unzial, teilweise umpunktet (19v), zoomorph (22r) oder mit Menschengesichtern (19v) verziert; einige Buchstabenkörper mit Flechtbandfüllung (19v, 21v). EINBAND: Pergament mit Streicheisenlinien über Pappe (Mitte 18. Jh). PROVENIENZ: Besitzvermerk *LIBER SANCTI Petri Coloniensis* auf 1r (16. Jh.); Darmstadt 2116. LITERATUR: J.F. Schannat/ J. Hartzheim u. a., Concilia Germaniae, Bd. I - XI, Köln 1759 -

1790, I S. 131ff., II S. 327ff. – Mansi XV, 1767, Sp. 764ff. – Knust 1843, S. 620 – Maassen 1870, S. 442 – Jaffé/Wattenbach 1874, S. 47f. – Decker 1895, S. 227, 246f., Nr. 79 – Chroust 1909, Liefg. VII, Taf. 4 – H. Fuhrmann, Eine im Original erhaltene Propagandaschrift des Erzbischofs Gunthar von Köln (865), in: ADipl 4 (1958), S. 1ff., S. 38ff., Abb. nach S. 16 – R. Kottje, Eine Salzburger Handschrift aus Köln, in: RhVjbll 28 (1963), S. 286f. – Ders., Einheit und Vielfalt des kirchlichen Lebens in der Karolingerzeit, in: ZKG 76 (1965), S. 337 Anm. 54, Nr. 20 – Jones 1971, S. 66f., Taf. XC – Mordek 1975, S. 145, 244 – F.W. Oediger, Die Regesten der Erzbischöfe von Köln, Bd. I, [Bonn 1954-1961] Düsseldorf 1978, S. 69f. – R. Kottje, Die Bußbücher Halitgars von Cambrai und des Hrabanus Maurus. Ihre Überlieferung und ihre Quellen, Berlin/New York 1980, S. 28f., Nr. 14, S. 58, 115, 134 – Schmitz 1985, S. 141 – Zechiel-Eckes 1992, S. 15, Anm. 28, S. 152ff., 210, 403f. – Handschriftencensus 1993, S. 641, Nr. 1082. A.v.E.

52 Dom Hs. 119

Burchard von Worms: Decretum

Worms, um 1020

Die wahrscheinlich zwischen 1008 und 1012 in Worms von Bischof Burchard (1000-1025) zusammengestellte kirchenrechtliche Sammlung enthält, wie die Textnachweise am Rand der einzelnen Stücke ergeben (vgl. Hoffmann/Pokorny 1991, S. 173ff.), die gesamte kirchenrechtliche Überlieferung, die von den alten Konzilien bis in die Gegenwart Burchards verfolgbar wird, einschließlich der insularen und kontinentalen Bußbücher. Inhalt und Gliederung des immensen Werkes zeichnen sich in den unten wiedergegebenen Tituli der Bücher deutlich ab. Die Kirche mit ihren Ämtern bildet den Ausgangspunkt (I-III), Taufe und Eucharistie (IV-V) vertreten die Sakramentenlehre der Kirche, Recht auf Leben und Eherecht (VI-VII), geistliche und weltliche Gesellschaftsordnung sowie Bekämpfung von Lastern (VIII-XVII) finden hier Normen und Regeln. Das Bußwesen ist besonders berücksichtigt (XVIII-XIX). Der 'Liber speculationum' (XX) dringt schließlich zur Seele des Menschen, zum freien Willen, zu Gott, den Engeln, dem Antichristen und dem Jüngsten Gericht vor.

Während Kerner (1983) noch die Ansicht vertrat, Dom Hs. 119 sei in den achtziger Jahren des 11. Jahrhunderts entstanden, konnte Hoffmann (1991, S. 20f.) überzeugend darlegen, daß viele der zwölf an der Handschrift beteiligten Schreiber im bischöflichen Skriptorium in Worms tätig gewesen sein müssen und auch an anderen Wormser Dekret-Handschriften mitgeschrieben haben (wie z. B. Rom, Bibl. Vaticana, Pal. lat. 585; Frankfurt, Stadt- und Universitätsbibl., Barth. 50; Bamberg, Staatsbibl., Can. 6). Dom Hs. 119 entstammt somit einem leistungsfähigen Skriptorium des Wormser Domstiftes wohl aus der Zeit um 1020.

Leider gingen der Anfang mit dem Prolog Burchards sowie der Schluß offenbar schon vor der Neubindung im 18. Jahrhundert verloren. Die Handschrift diente sehr wahrscheinlich als Vorlage für die 1548 bei Melchior von Neuss (Novesianus) gedruckte Erstausgabe des Dekrets (vgl. Kerner 1983; G. Fransen/T. Kölzer [Hgg.], Burchard von Worms, Decretum libri XX, [1548] Erg. ND Aalen 1992).

I Darüber, daß die menschlichen Seelen nicht von Anfang an unter den übrigen Geschöpfen geschaffen worden sind.
II Darüber, daß nicht, wie einige Leute behaupten, im Menschen zwei Seelen sind, sondern nur eine.
III Darüber, daß nur der Mensch eine Seele hat, die eine Substanz ist.
IIII Daß die Seelen der Tiere zusammen mit dem Körper sterben.
V Darüber, daß die menschliche Seele nicht zusammen mit dem Körper stirbt.
VI Darüber, daß der Mensch aus zwei Substanzen besteht.
VII Darüber, daß der Geist nicht, wie einige Leute versichern, ein drittes in der Substanz des Menschen ist.
VIII Darüber, daß Gott, wie er aus dem Nichts Gutes erschaffen konnte, so auch, weil er es wollte, im Geheimnis seiner Menschwerdung auch das verdorbene Gute wieder instandgesetzt hat.

INHALT: **1r-204v** Burchard von Worms, Decretum (Lib. II-XX) (PL 140, 638B-1004B, 1013D-1038D). Die am Anfang fehlenden neun Lagen enthielten die Vorrede Burchards mit der Widmung des Werkes an Propst Brunicho des Wormser Domkapitels, Buch I 'De primatu ecclesiae' sowie den größten Teil von Buch II 'De sacris ordinibus'. Jedem Buch ist eine Kapitelreihe vorangestellt. **1r-5v** *ut nullatenus aliquis praesumat – cum debito honore celebrentur.* **5v-36r** *Liber III De aeclesiis.* **36r-48v** *Liber IIII De baptismo.* **48v-55v** *Liber V De eucharistia.* **55v-64r** *Liber VI De homicidiis.* **64r-68v** *Liber VII De consanguinitate.* **68r** Ganzseitige Arbor

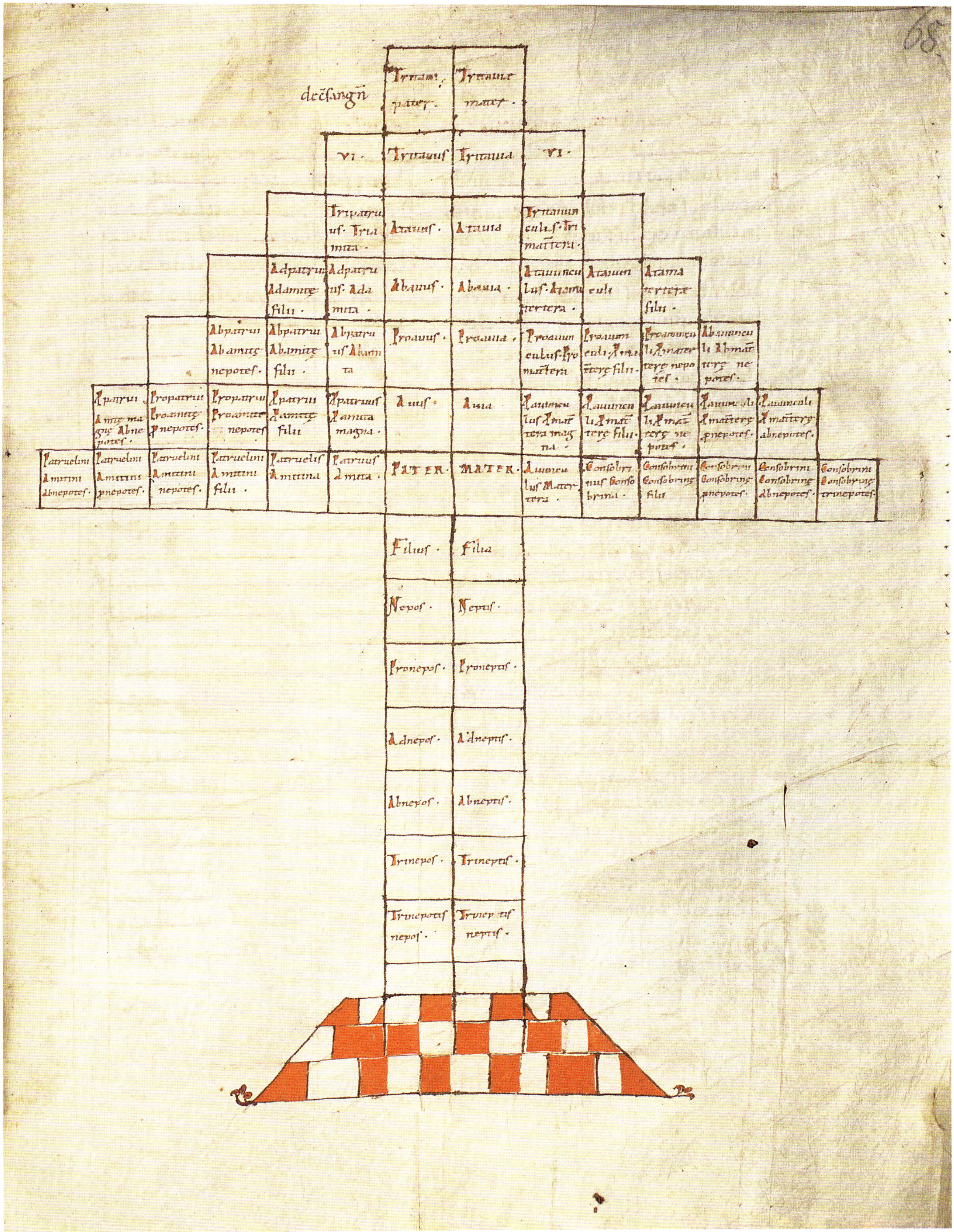

 52 Dom Hs. 119, 68r

IX Darüber, daß Gott drei Arten lebendigen Geistes geschaffen hat: einen, der nicht vom Fleisch bedeckt wird, einen zweiten, der vom Fleisch bedeckt wird und nicht zusammen mit dem Fleisch stirbt, und schließlich einen dritten, der vom Fleisch bedeckt wird und mit diesem zusammen stirbt.
X Darüber, daß der Mensch in seinem ursprünglichen Zustand mit freiem Willen beschenkt worden ist.
XI Darüber, daß alle Menschen im Sündenfall Adams ihr natürliches Vermögen verloren haben.
189r (Kapitelverzeichnis); A.A.

consanguinitatis (Stammbaum mit den sieben Graden der Blutsverwandtschaft). Die Figur bezieht sich auf Cap. XXVIII, in dessen Rubrik 67r steht *Haec capitula de septem gradibus consanguinitatis sanctus Isidorus diligenti inquisitione descripserat et in figura inferius depicta apertius ordinaverat.* **69r-81v** *Liber VIII De viris et feminis Deo dicatis.* **82r-90v** *Liber VIIII De virginibus et viduis non velatis.* **91r-103v** *Liber X De incantatoribus et auguribus.* **104r-114r** *Liber XI De excommunicandis.* **114r-118r** *Liber XII De periurio.* **118v-121r** *Liber XIII De ieiunio.* **121r-123v** *Liber XIIII De crapula et ebrietate.* **124r-132v** *Liber XV De laicis.* **133r-138v** *Liber XVI De accusatoribus.* Seitentitel fehlen. **139r-148r** *Liber XVII De fornicatione.* **148v-150r** Ohne Kapitelreihe. *Incipit liber octavus decimus de visitatione et poenitentia et reconciliacione infirmorum.* **150r-153v** *Liber XVIII De visitatione infirmorum.* **154r-188v** *Liber XVIIII De paenitentia.* **156r** Leer. **188v** Ende mit Lage XXXIII (24) in Cap. CII mit *III dies poenitentiat in pane et/.* Es fehlt die nachfolgende Lage XXXIIII mit Cap. CII-CLIX. **189r-204v** *Liber XX Qui speculationum liber vocatur.* Endet mit Cap. LVII unvollständig *Quando hanc et ipsi mortuorum* (spiritus a viventibus petunt, et signa indicant quibus per eam absoluti videantur). Es fehlen Cap. LVIII-CX. PERGAMENT: 204 Blätter; 350 x 280 mm. Lagen 1-8^8, 9^4, 10-24^8, 25-26^8; originale Zahlenreklamanten beginnend mit *X* (I-IX, XXXIIII und XXXVII fehlen); Schriftspiegel 242 x 179 mm; Blindliniierung mit Versalienspalten (9 mm) an den Außenseiten der Kolumnen; 2 Spalten von je 85 mm Breite und 9 mm Abstand; 21 Zeilen. AUSSTATTUNG: Lateinischer Text in hell- bis dunkelbrauner frühromanischer Minuskel, rubriziert; Seitentitel mit Angabe der Bücher und Kurztitel; in allen Büchern am Rand Textnachweise in zierlicher karolingischer Minuskel, gleichzeitig mit dem Text; Wormser Interlinearglossen (vgl. Hoffmann 1991, S. 65ff.); Titel in Capitalis Rustica mit Minium zu Beginn der Kapitelreihen und einzelnen Bücher; Anfänge der Kapitel mit Majuskeln in Minium. EINBAND: Leinen über Holz, mit Schuber; in neuerer Zeit restauriert. PROVENIENZ: Das auf 201r am unteren Rand nachgetragene *surgit* könnte nach Hoffmann (1991, S. 21) von einer Kölner Hand stammen und dafür sprechen, daß Dom Hs. 119 schon in der 1. Hälfte des 11. Jahrhunderts in der Kölner Dombibliothek war. Darmstadt 2118. LITERATUR: Hartzheim 1752, S. 73 – Knust 1843, S. 620 – Jaffé/Wattenbach 1874, S. 49 – O. Meyer, Überlieferung und Verbreitung des Dekrets des Bischofs Burchard von Worms, in: ZSRG. K 24 (1935), S. 149 – G. Fransen, Le Décret de Burchard de Worms. Valeur de l'édition. Essai de classement des manuscrits, in: ZSRG. K 63 (1977), S. 8, 13, 15 – M. Kerner, Burchard von Worms, in: LexMA 2, 1983, Sp. 948 – H. Hoffmann/R. Pokorny, Das Dekret des Bischofs Burchard von Worms. Textstufen. Frühe Verbreitung. Vorlagen. München 1991 (MGH Hilfsmittel 12), S. 20f., 63ff., 173ff. – Handschriftencensus 1993, S. 643, Nr. 1084. A.v.E.

Ambrosius: De officiis

53 Dom Hs. 37

Südwestdeutschland (?), 3. Viertel 12. Jh.

Mit den ‘Drei Büchern über die Pflichten’ verfaßte der hl. Ambrosius (um 339-397), einer der vier großen Kirchenväter und “Vater des lateinischen Kirchengesangs”, ein Kompendium christlicher Morallehre, das sich einerseits bewußt an Ciceros (106-43 v. Chr.) ‘De officiis’ anlehnt, andererseits jedoch durch eine Vielzahl von ‘exempla’ aus dem Alten Testament den Vorrang christlicher vor antik-philosophischer Ethik herausarbeitet (M. Testard, Saint Ambroise: Les devoirs, Bd. I, Paris 1984, S. 7ff.; K. Zelzer, in: Wiener Studien 107/108 [1994/95], Teil II, S. 481ff.). In der nach 386 entstandenen Schrift richtet sich Ambrosius als Bischof von Mailand in erster Linie an die Kleriker seiner Diözese. Wohl deshalb erscheint seit dem 9. Jahrhundert in einigen Handschriften die Titelfassung ‘De officiis ministrorum’: Von den Dienern im kirchlichen Amt erwartete man in besonderer Weise eine sittliche Lebensführung. Dom Hs. 37 hält dagegen in Incipit und Explicit am ursprünglichen Titel *De officiis* fest. Nicht unwichtig für die Überlieferung des Werks sind die in mittelalterlichen Florilegien (Blütenlesen) gerade aus dem Bereich der Kanonistik gesammelten Exzerpte. Solchen Quellen dürfte das ‘Decretum Gratiani’ seine zahlreichen Zitate aus Ambrosius' ‘De officiis’ (s. Dom Hss. 127 und 128, Kat. Nrn. 55, 56) entlehnt haben.

Vier große Knollenrankeninitialen stehen am Beginn der ‘Drei Bücher über die Pflichten’ sowie eines direkt angeschlossenen kurzen Textes von Alkuin (um 796-804) über die Genesis. Unschwer lassen sie sich mit der Initialornamentik der Hirsauer Reformklöster verbinden

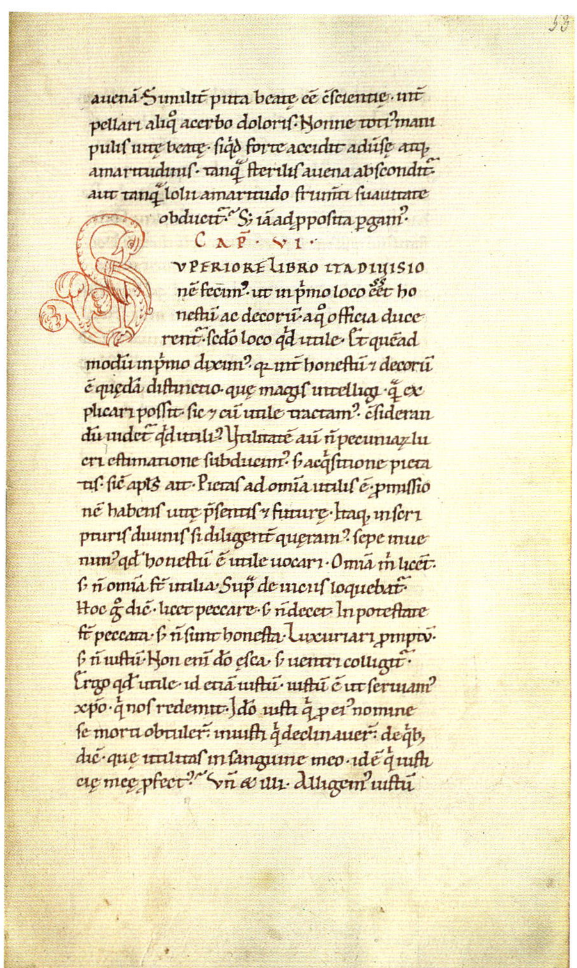
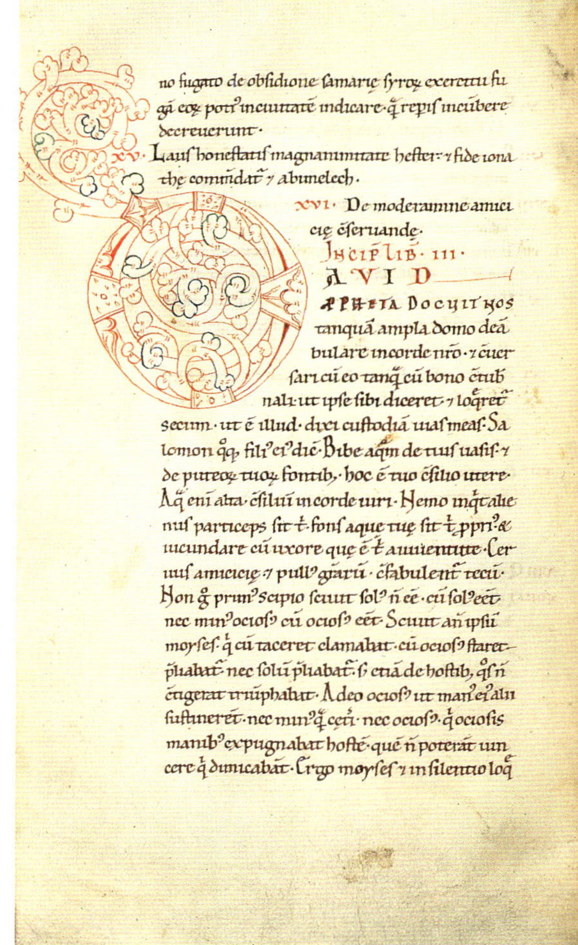

53 Dom Hs. 37, 53r/75v

Zunächst besteht dahingehend eine Ebenbildlichkeit, daß so, wie Gott existiert, lebt und Bewußtsein hat, auch die Seele des Menschen existiert, lebt und Bewußtsein hat. Auch gibt es in ihr eine Dreiheit, durch die sie gemäß dem Bild ihres Schöpfers ist, der vollkommenen und höchsten Dreiheit, die in Vater, Sohn und Heiligem Geist besteht. Wenn darin auch die Natur eines einzigen ist, so hat sie doch drei Fähigkeiten in sich vereint. Dies sind die Einsicht, der Wille und die Erinnerung.
100r (aus einer Predigt über die Gottebenbildlichkeit); A.A.

(vgl. Dom Hs. 25, Kat. Nr. 45). Die Federzeichnung entspricht farblich den Zwiefaltner Handschriften aus der Mitte des 12. Jahrhunderts. Neben die rein vegetabilen Initialen tritt ein zoomorphes Motiv: Mit seinem elegant nach hinten gebogenen Hals ersetzt ein kranichartiger Vogel bei Kapitel 6 des zweiten Buches den Anfangsbuchstaben 'S' (53r). Eine annähernd identische Erfindung bietet das Festepistolar aus Zwiefalten (Stuttgart, Württ. Landesbibl., Cod. brev. 121, 24r; K. Löffler, Romanische Zierbuchstaben und ihre Vorläufer, Stuttgart 1927, Taf. 42a). Leider wissen wir nichts Genaueres über den Weg der Handschrift in die Kölner Dombibliothek. Sollte sie schon bald nach ihrer Entstehung in die rheinische Metropole gelangt sein, so ergäbe sich hieraus ein konkreter Lösungsansatz für Fragen, die sich bei Dom Hs. 25 (Kat. Nr. 45) zur Vermittlung des "Hirsauer" Federzeichnungsstils an westliche Skriptorien gestellt hatten.

INHALT: **1r** Besitzvermerk Kölner Dom (15. Jh.) *Iste Liber est Ecclesie Maioris Coloniensis*; Federproben: u. a. *Premia iustorum pendent in fine laborum.* **1v - 99r** Ambrosius, De officiis (PL 16, 23 - 184; CPL 144); alle Bücher mit Capitula. **2v** 1. Buch *N(ON ARROGANS VIDERI).* **49r** 2. Buch *S(UPERIORI LIBRO DE OFFICiis).* **53r** Kap. 6 *S(UPERIORE LIBRO ITA DIVISIO).* **75v** 3. Buch *d(AVID PROPHETA DOCUIT).* **99r** Ende mit ... *plurimum instructionis conferat.* **99v - 102r** Alkuin, Dicta super Genesim 1,26 (PL 100, 565 - 568; Stegmüller 1104). **99v** *F(ACIAMUS HOMINEM ad imaginem et similitudinem nostram. Tanta itaque dignitas).* **102r** Ende mit ... *mirabiliusque in secundo reformavit;* Besitzvermerk Kölner Dom (frühes 16. Jh.) *Liber maioris ecclesie Coloniensis.* **102v** Federproben.
PERGAMENT: 102 Blätter; 277 x 158 mm; Lagen 1 - 12^{8}, 13^{6}; Schriftspiegel 203 bzw. 195 (ab fol. 17) x 96 mm; Liniierung mit Metallstift; einspaltig; 32 bzw. 29 (ab fol. 17) Zeilen. AUSSTATTUNG: Lateinischer Text in hell- bis dunkelbrauner spätromanischer Minuskel, rubriziert; Auszeichnungsschrift: Ziermajuskeln; mehrzeilige Initialen in Rot; mehrzeilige zoomorphe Initiale in roter Federzeichnung (53r); große Rankeninitialen in roter, blauer und

grüner Federzeichnung mit gespaltenem Buchstabenkörper und Klammern. EINBAND: Pergament mit Streicheisenlinien über Pappe (Mitte 18. Jh.). PROVENIENZ: Besitzvermerke des Kölner Doms aus dem 15. und dem frühen 16. Jh. (1r, 102r); Darmstadt 2033. LITERATUR: Hartzheim 1752, S. 24 – Jaffé/Wattenbach 1874, S. 12 – Handschriftencensus 1993, S. 594, Nr. 998 – Collegeville 1995, S. 63f. B.B.-N.

Isidor von Sevilla: De ecclesiasticis officiis

54 Dom Hs. 101

Ostfrankreich(?), 9.-10. Jh.

Isidor von Sevilla (um 560-636) schrieb das Werk 'Über die kirchlichen Pflichten und Ämter' auf Veranlassung seines Bruders Fulgentius, Bischof von Astigi (Ecija, 80 km östlich von Sevilla), zwischen 598 und 615 und teilte es sinngemäß in zwei Bücher. Das erste behandelt den Themenkreis um die Kirche, ihre Liturgie, Gebete und Hochfeste. Es erklärt die Psalmen, Hymnen, Antiphonen, Gebete, die Verfasser der biblischen Bücher, die Messliturgie und das Mönchsoffizium mit seinen Tages- und Nachtgebetsstunden, den Jahreskreis der kirchlichen Hochfeste von Weihnachten über Ostern zu Pfingsten und schließt mit den Festtagen, dem Essen von Fleisch und Fisch. Im zweiten Buch wendet sich Isidor den kirchlichen Ämtern zu. Er erklärt die Regeln der Kleriker, die Ordnung der Ämter (Subdiakon, Diakon, Priester, Lektor, Psalmist, Exorzist usw.), die Mönchsgemeinschaften, Stände der Frauen (Jungfrauen, Witwen, Verheiratete), das Glaubensbekenntnis sowie die Taufe und Firmung. Die Erklärungen zum Stoff holte sich Isidor aus der Bibel und den Schriften der Väter, um sie – ähnlich wie in seiner Enzyklopädie, den 'Etymologiae' – auf ihre vermeintlichen Anfänge zurückzuführen.

Das alte Gesetz ist wie eine Wurzel, das neue wie die Frucht aus dieser Wurzel; vom Gesetz her nämlich gelangt man zum Evangelium. Weil ja Christus, der hier offenbart wird, zuvor im Gesetz angekündigt wurde. Er selbst sprach ja in den Propheten, wie geschrieben ist: Der ich sprach, siehe ich bin zugegen: das Gesetz vorausschickend wie den Kindern den Lehrer, gab er nunmehr allen Erwachsenen das vollkommene Evangelium als Lebenslehre. Deshalb wurden jenen, die nach dem Gesetz lebten, die Güter der Erde versprochen; jenen aber, die unter der Gnade aus dem Glauben leben, wird das himmlische Reich zuteil. Das Evangelium wird auch die gute Botschaft genannt, und es ist in der Tat eine gute Botschaft, weil jene, die sie aufnehmen, Söhne Gottes genannt werden. Es sind aber die Bücher des Alten Testaments, welche die Großen der Kirche aus Liebe zur Gelehrsamkeit und zur Frömmigkeit gelesen, wieder aufgenommen und überliefert haben.
6r/v (Buch I,11); E.W.

Lawson (1989) ordnete die Handschrift im Stemma (Stammbaum) dem Hyparchetyp L (J) zu, in dem sich einige im 9. Jahrhundert in Frankreich entstandene Handschriften finden (Brüssel, Bibl. Royale, Ms. 9311-9319; Chartres, Bibl. Municipale, Ms. 31; Rom, Bibl. Vaticana, Reg. lat. 191). Ob Dom Hs. 101 eine in Frankreich geschriebene Kopie ist und wie sie entstehungsgeschichtlich und künstlerisch mit der Gruppe zusammenhängt, kann hier nicht geklärt werden.

INHALT: **1r/v** Federproben und Besitzvermerk. **1r** Zeichnung einer Pflanze, *propterea*. **1v** *LIBER SANCTI PETRI* (wohl 16. Jh.). **I. 2r/v** Prolog mit Widmung des Werkes Isidors an seinen Bruder Fulgentius und Capitulatio der 44 Kapitel des ersten Buches (CCL 103, 1-3). **2r** *DOMINO MEO ET DEI SERVO FULGENTIO EPISCOPO Hyesidorus episcopus; quaeris a me originem officiorum – testificatio adhibetur auctorum. Incipiunt capitula I De ecclesia vel vocabulo Christianorum – XLIIII De carnium vel piscium.* Cap. III De choris wurde vom Schreiber übersprungen, vom Korrektor aber ergänzt. 2r *D(OMINO).* **II. 2v-32r** De ecclesiasticis officiis. Liber I, Cap. I-XLIIII (CCL 103, 4-50) *Ea quae in officiis ecclesiasticis celebrantur – nec salvator nec apostoli prohiberunt.* **III. 32r-71r** De ecclesiasticis officiis. Liber II, mit Vorrede und Capitulatio von Cap. I-XXVI (CCL 103, 51-108). *INCIPIT LIBER SECUNDUS. Quoniam Origines causasque officiorum – Ut sermo noster paternis sententiis firmetur.* **71r** Leer, Federproben: *blitgarius, ADALVUINUS* (9./10. Jh.). An vielen Stellen der Handschrift finden sich zeitgenössische Korrekturen (14v, 33v, 49v), zudem Korrekturen eines Schreibers aus dem 12. Jh. (5v, 7v, 35v, 36v). Schon Lawson (1989, S. 28*) beobachtete, daß fol. 48-49 und 59-60 von zeitgenössischen Händen ergänzend geschrieben wurden. PERGAMENT: 71 Blätter; 311 x 217 mm; Lagen 1-5^{8}, 6^{8+2}, (48-49 Bifolium), 7^{8}, 8^{2} (59-60 Bifolium), 9^{8}, 10^{2+1}, (69 Einzelblatt); Schriftspiegel 237 x 148 mm; Blindliniierung mit Versalienspalten (7 mm); 2 Spalten von je 64 mm Breite und 20 mm Abstand; 24 Zeilen. AUSSTATTUNG: Lateinischer Text in dunkelbrauner bis schwarzer karolingischer Minuskel, rubriziert; Auszeichnungsschrift in Unziale; Titel mit Anfangsbuchstaben in Form von Majuskeln, kapital und unzial, schattiert in Minium und Gelb, gelb schattiert auch die Titelzeile der Kapitel; zu Beginn der Vorrede größere Initiale *D(omino)* (2r) in schwarzer Federzeichnung mit Bänderung in Minium und Gelb, lockere Bandverschlingungen an den Ecken und im Mittelbereich des Buchstabens. EINBAND: Pergament mit Streicheisenlinien über Pappe (Mitte 18. Jh.). PROVENIENZ: Ob die Handschrift im 12. Jahrhundert in Köln korrigiert wurde, ist fraglich. Darmstadt 2101. LITERATUR: Hartzheim 1752, S. 54 – Jaffé/Wattenbach 1874, S. 39 – C.M. Lawson, Sancti Isidori Hispalensis De Ecclesiasticis officiis, Turnhout 1989 (CCL 103), S. 28*, 138 – Handschriftencensus 1993, S. 632, Nr. 1065. A.v.E.

DOMINO
MEO
ET DI
SERUO
FULGENTIO
EPISCO
PO.

hysidorus ep(iscopu)s; queris
a me originē offitiorū
quorum magisterio in
ecclesiis erudimur.
Ut quibus sint inuen
tae auctoribus. breui
bus cognoscees indiciis;
Itaq; ut uoluisti libellū
de genere offitiorum
ordinatum misi ex scrip
tis uetustissimis aucto
rum ut locus obtulit
commentatum. In quo
pleraq; meo stilo elicui.
Nonnulla uero itae

ut apud ipsos erant admis
cui. quo facilius lectio
de singulis fidei auctoritate
tem teneret; si tamen (quae)
ex his displicuerint.
erroribus meis paratior
uenia erit. Quia non sunt
refferenda ad culpae
meae tytulum de quibus
testificatio adhibetur
auctorum

EXPLICIT PRAEFATIO
INCIPIUNT CAPITULA

I De ecclesia uel uocabu
lo xpianorum.
II De templis.
III De choris
IIII De canticis
V De psalmis
VI De hymnis.
VII De antefanis
VIII De responsoriis
VIIII De precibus
X De lectionibus
XI De libris testamentorū.

54 Dom Hs. 101, 2r

Decretum Gratiani

55 Dom Hs. 127

Köln, um 1170-1180

Das 'Decretum Gratiani', eine umfangreiche Rechtssammlung von annähernd 4000 'capitula', entstand im 2. Viertel des 12. Jahrhunderts aus dem Bedürfnis heraus, die damals unüberschaubare Menge kirchlicher Rechtsvorschriften zusammenzufassen (s. Dom Hss. 91, 115, 117, 119, 210, 212, 213) und deren Widersprüche zu erklären und zu harmonisieren: Dieses Ziel verdeutlicht der eigentliche Titel des Werks *Concordia discordantium canonum* (9r). Als Kompilator der bis etwa 1140 abgeschlossenen beiden ersten Teile gilt Gratian (gest. um 1150), über dessen Leben wenig Sicheres bekannt ist. Man nimmt an, daß er Mönch war und in Bologna, dem damaligen Zentrum der Rechtswissenschaft, als Magister gelehrt hat. Noch vor Mitte des Jahrhunderts wurden der Abschnitt über die Buße (De poenitentia) und der dritte Teil (De consecratione), beginnend mit der Kirchenkonsekration, hinzugefügt (vgl. P. Landau, in: TRE 14, 1985, S. 124ff.). Als erster Teil des 'Corpus Iuris Canonici' (s. auch Dom Hs. 130, Kat. Nr. 57) hatte die Sammlung bis ins Jahr 1918 Geltung.

Parallel zur wissenschaftlichen Auseinandersetzung mit den Quellen des Römischen Rechts, der Legistik, kam es – zunächst in Bologna, dann in Paris und an anderen Orten – zur Ausbildung einer von den übrigen theologischen Fächern emanzipierten Beschäftigung mit dem kirchlichen Recht. Die Kanonistik, die eng mit der Lehre in den Schulen der Juristen verbunden ist, findet – außer in eigenständigen Abhandlungen – vor allem in der Glossierung der verbindlichen Texte ihr Hauptbetätigungsfeld (s. Dom Hss. 128, 130, 135, Kat. Nrn. 56, 57, 59). Als Zeugnis einer von Paris abhängigen "Kölner Schule" bietet der erste Decretum-Codex der Dombibliothek eine erstaunlich große Anzahl sonst nirgends überlieferter Glossen. Diese sind ebenso wie Parallel- und Konträrstellen, Nota-Zeichen und gelegentliche Textverbesserungen sorgfältig auf die einzelnen Randspalten verteilt. Interlinear stehen meist Worterklärungen. Ab Distinctio 4 des ersten Teils begegnen zusätzlich sog. "rote Zeichen", graphische Symbole, die hier allerdings in der Tintenfarbe der Glossen eingetragen wurden. Mit diesen Verweisungszeichen markierten Kanonisten der zweiten Hälfte des 12. Jahrhunderts inhaltlich zusammenhängende Textpartien.

Für die künstlerische Ausstattung des neuen Textcorpus entwickelte sich schnell ein festes Schema, ohne daß man dabei auf ein Vorbild in älteren Rechtssammlungen hätte zurückgreifen können. Durch Initialen und/oder Miniaturen hervorgehoben werden jeweils der Beginn des ersten, die 36 Causae des zweiten und der Anfang des letzten Teils. Die im Ehe-, aber auch im Erbrecht wichtige Problematik der verwandtschaftlichen Beziehungen veranschaulichen meist zwei Tafeln bei Causa 35. Im Kölner Codex wurde lediglich eine 'Arbor consanguinitatis' am Schluß des Buches eingetragen. In Entsprechung zu den 'Etymologien' Isidors sind in der einfachen Tafel sieben Verwandtschaftsgrade ausgewiesen (vgl. H. Schadt, Die Darstellungen der Arbores Consanguinitatis und der Arbores Affinitatis, Tübingen 1982, S. 70ff. u. 372f.).

Die historisierte Initiale zum einleitenden *Humanum genus duobus regitur* steht als kleine Miniatur über dem die Kolumne in Ziermajuskeln füllenden Initium. Der Künstler bildete den Buchstaben aus einem gekrönten Herrscher und einem Erzbischof, die gemeinsam ein Szepter halten. Damit ist der im ersten Satz des Dekrets abstrakt formulierte Sachverhalt veranschaulicht, daß das Menschengeschlecht von 'ius naturale' (Naturrecht) und 'mores' (Gewohnheitsrecht) regiert

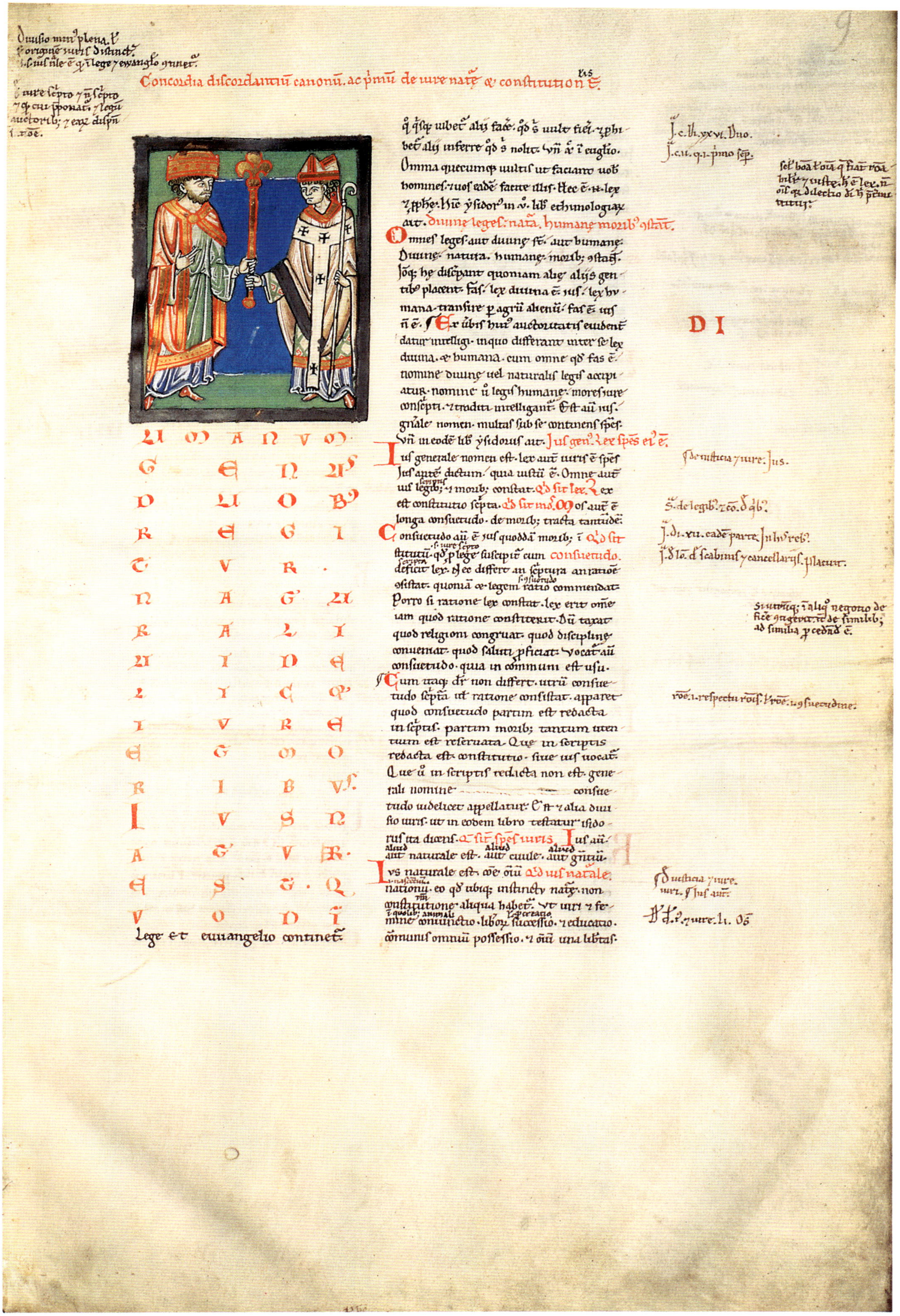

55 Dom Hs. 127, 9r

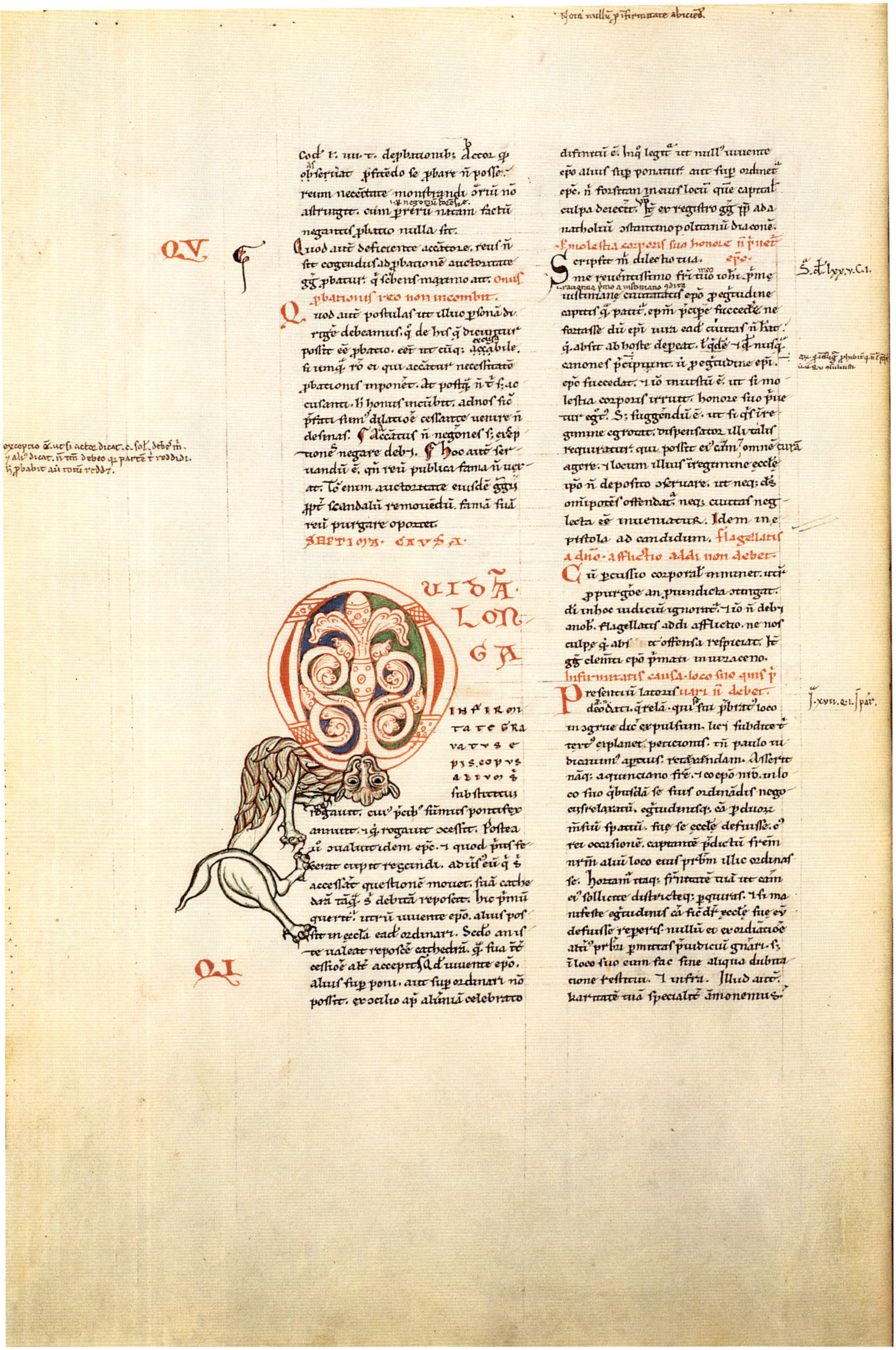

 55 Dom Hs. 127, 127v

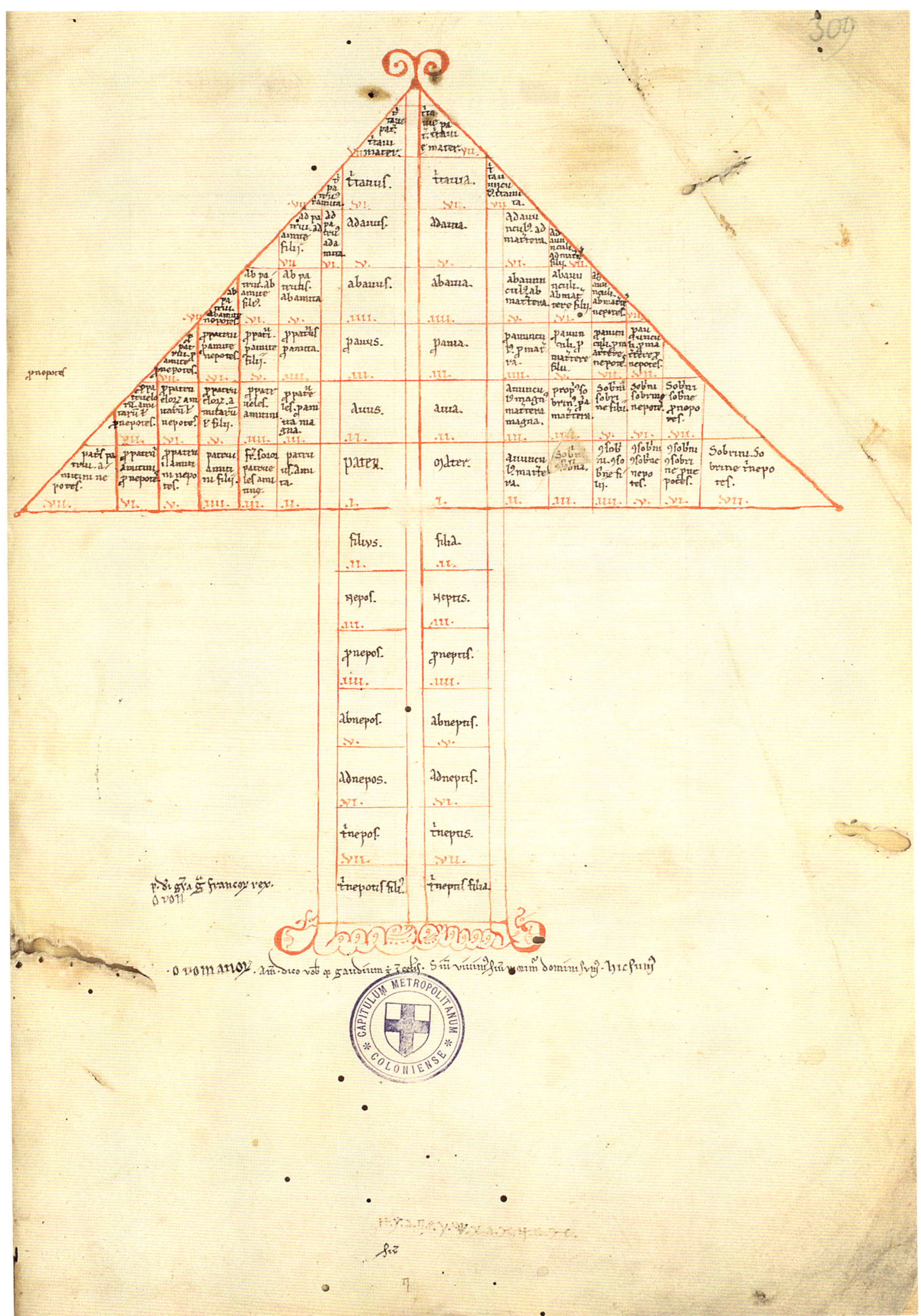

 55 Dom Hs. 127, 309r

sei. Meist erscheinen allerdings Papst und Kaiser in den Eingangsinitialen der Decretum-Codices als die höchsten Repräsentanten des göttlichen bzw. weltlichen Rechts – wie es die von den Glossatoren angeführte Stelle aus Distinctio 96 nahelegt. In Dom Hs. 127, die die Allegation, wenn auch mit einem Schreibfehler, am rechten Rand vermerkt, mögen König und Metropolit auf das Krönungsrecht des Kölner Erzbischofs hinweisen (Stangier 1995).

Im Gegensatz zu den italienischen Fassungen des Themas, wo der Papst links und der Kaiser rechts dargestellt sind, ist hier die Anordnung beider Figuren verändert. Damit gewinnt die Vermutung neue Nahrung, daß sich der Künstler an der Dedikationsminiatur einer älteren Beda-Handschrift aus dem Kloster Groß St. Martin in Köln orientiert haben könnte, die in der Tat formale Anknüpfungspunkte bietet (Plotzek 1973). Anregungen durch Motive kölnischer Federzeichnungsinitialen aus dem 2. Viertel des 12. Jahrhunderts verraten letztlich auch die mit äußerst beweglichen Drachen und Löwen phantasievoll gestalteten Anfangsbuchstaben zu einzelnen Causae. Die von der rechtsgeschichtlichen Forschung vorgeschlagene Datierung in die "Zeit um 1170 oder kurz danach" (Weigand 1991, S. 784) wird man allerdings aus kunsthistorischer Sicht in das 4. Viertel des 12. Jahrhunderts verschieben wollen. Bei der Suche nach dem Skriptorium, in dem die Handschrift entstanden ist, dürften Fragen nach dem konkreten Ort der "Kölner Schule", ihren rechtskundigen Mitgliedern und deren Beziehungen zu anderen kirchlichen Institutionen in der Domstadt aufschlußreich sein.

INHALT: **1r** Kurze schematisierte Distinktionen mit Angabe der Bezugsstelle. **1v** Leer. **2r** Besitzvermerk des Kölner Domes *Ista sunt decreta beati Petri in Colonia* (fr. 13. Jh.); Introductio *P(RIMA IN parte)*. **9r-308v** Decretum Gratiani (A. Friedberg [Hg.], Corpus Iuris Canonici I [Leipzig 1879], ND Graz 1959; Sigle A, vgl. Sp. XCV). **9r** Teil 1 *Concordia discordantium canonum, ac primum de iure naturae et constitutione* (!). Distinctiones. Dist. 1 *H(UMANUM GENUS)*: Gekrönter Herrscher und Erzbischof halten gemeinsam ein Lilienszepter; Marginalglosse 1 *Divisio minus plena*; Marginalglosse 2 *De iure scripto et non scripto*. **81r** Ende mit Dist. 101 ... *pecuniam fiunt, contineat*. **81r** Teil 2. Causae. Causa 1 *Q(UIDAM HABENS FILIUM)*. Die einzelnen causae werden jeweils von einer Rankeninitiale eingeleitet. Durch Initialschmuck hervorgehoben: **127v** Causa 7 *Q(UIDAM LONGA INFIRMITATE)*: Löwe. **138v** Causa 10 *L(AICUS QUIDAM BASILICAM)*: Drache. **163v** Causa 13 *d(IOCESIANI CUIUSDAM)*: Drache. **176r** Causa 16 *Q(UIDAM ARCHIPRESBITER* [korrigiert zu *abbas HABEBAT)*: Drache. **189v** Causa 17 *Q(UIDAM PRESBITER infirmitate)*: Drache. **234v** Causa 26 *S(acerdos)*: Drache. **290v** Ende mit Causa 36, quaest. 2, can. 11 ... *detrahere voluerit*; Teil 3. De consecratione. Dist. 1 *D(e ecclesiarum consecratione)*. **308v** Ende mit Dist. 5, can. 11 ... *viderit patrem facientem*; Nachtrag: Dist. 73. **309r** Arbor consanguinitatis. **309v** Leer.
PERGAMENT: 309 Blätter; 395 x 263 mm; Lagen 1^{8+1}, 2^{6+2}, 3-30^{8}, 31^{6}, 32-38^{8}, 39^{6+1}; Zahlen-, bisweilen Wortreklamanten; Schriftspiegel 247 x 136 bzw. (ab fol. 263) 255 x 140 mm; Liniierung mit Metallstift; 2 Spalten von je 62 mm Breite und 13 mm Abstand, bzw. (ab fol. 263) innen 69 mm Breite und 10 mm Abstand, mit Versalienspalten (5 mm), bis fol. 262 auch an der Außenseite der äußeren Marginalspalte, und Marginalspalten zu beiden Seiten des Textes (innen einfach von 22 und außen doppelt von 15 und 29 mm Breite); 50 bzw. 54 (fol. 246, zu Ende der 30. Lage) Zeilen. AUSSTATTUNG: Lateinischer Text in dunkelbrauner spätromanischer Minuskel, rubriziert; zeitgenössische Glossen von mehreren Händen; Auszeichnungsschrift und Initialen: Ziermajuskeln; mehrzeilige und große Rankeninitialen in roter Federzeichnung mit gespaltenem, rot gefülltem Buchstabenkörper und Klammern, teilweise Füllung des Binnen- und Außengrundes in Blau und Grün, bisweilen mit zoomorphen Motiven; große Eingangsinitiale mit goldenem, gespaltenem Buchstabenkörper mit silbernen Klammern, Ranken in Grün und Rot auf blauem Grund; mehrfarbige Miniatur zum Textbeginn in den Deckfarben Grün, Blau und Rot sowie mit Gold und Silber. EINBAND: Hirschleder über Holz, zusätzlicher überlappender Lederbezug; je fünf Messingbuckel auf Vorder- und Rückdeckel, von denen auf dem Rückdeckel der mittlere fehlt, sowie vier Überwurfschließen, die von Messingdornen gehalten werden; in neuerer Zeit restauriert. PROVENIENZ: Besitzvermerk Kölner Dom aus dem frühen 13. Jh. (2r); Darmstadt 2513. LITERATUR: Hartzheim 1752, S. 81 – Jaffé/Wattenbach 1874, S. 53 – S. Kuttner, Repertorium der Kanonistik (1140-1234), Vatikanstadt 1937, S. 4, 17 – Plotzek 1973, S. 317f. – Zeit der Staufer 1975, I S. 247, Nr. 345 (W. Irtenkauf) – A. Melnikas, The Corpus of the Miniatures in the Manuscripts of the Decretum Gratiani, Bd. I, Rom 1975 (Studia Gratiana 16), S. 37 – A. Stickler, Ursprung und gegenseitiges Verhältnis der

beiden Gewalten nach den Miniaturen des Gratianischen Dekrets, Rom 1976 (Studia Gratiana 20), S. 339ff., bes. 356 – R. Weigand, Frühe Glossen zu D 11 pr.-c. 6 des Dekrets Gratians, in: ZSRG.K 95 (1978), S. 73ff. – C. Nordenfalk, Besprechung Melnikas, in: ZKG 43 (1980), S 318ff. bes. 324 – R. Weigand, Paucapalea und die frühe Kanonistik, in: AKathKR 150 (1981), S. 137ff. – G. Dolezalek/R. Weigand, Das Geheimnis der roten Zeichen. Ein Beitrag zur Paläographie juristischer Handschriften des zwölften Jahrhunderts, in: ZSRG.K 100 (1983), S. 143ff. – Ornamenta 1985, I S. 417f., 421, Nr. C 4 (A. von Euw) – R. Weigand, Die Glossen zum Dekret Gratians. Studien zu den frühen Glossen und Glossenkompositionen, Teil I-IV, Rom 1991 (Studia Gratiana 25, 26), bes. S. 782ff. u. S. 1038 (Reg.) – Handschriftencensus 1993, S. 647f., Nr. 1092 – Heinrich der Löwe 1995, I S. 46, Nr. A 8 (T. Stangier). B.B.-N.

Decretum Gratiani

56 Dom Hs. 128

Köln (?), 4. Viertel 12. Jh.

Das 'Decretum Gratiani' bildet einerseits den Endpunkt der voraufgegangenen Bemühungen, die kirchlichen Rechtsbestimmungen zu sammeln. Es enthält vor allem Beschlüsse von Konzilien und Synoden, sog. Canones, sowie Auszüge aus Papstbriefen und patristischen Autoren (s. Dom Hs. 37, Kat. Nr. 53), die mit einführenden Sätzen und interpretierenden Erläuterungen, den 'dicta Gratiani', versehen sind. Behandelt werden sowohl allgemeine Rechtsfragen als auch, am Beispiel fiktiver Fälle, spezielle Probleme, etwa die Rechte und Pflichten der Kleriker und das Eherecht. Die Sammlung wurde – obwohl von päpstlicher Seite nie offiziell approbiert – andererseits Ausgangspunkt für die sich entwickelnde Kanonistik. Indem Paucapalea, ein Schüler Gratians (gest. um 1150), durch Gliederung der einzelnen Bücher und Zählung ihrer Kapitel ein System erarbeitete, das ein bequemes Zitieren erlaubte, legte er den Grundstein für die Dekretistik, die wissenschaftliche Beschäftigung mit dem Dekrettext.

Am Beginn stehen die sog. Allegationen, Verweise auf Rechtsquellen, die als autoritative Belege für eine Behauptung dienen bzw. deren gegensätzliche Aussagen auf ihre Relevanz zu prüfen sind. Sie bilden zusammen mit allgemeinen Rechtsgrundsätzen die erste Glossenkomposition. In weiteren Schritten werden vor allem Worterklärungen, Hinweise auf das römische Recht sowie Solutionsglossen zur Auflösung von Widersprüchen hinzugefügt. Diskursive, erklärende Glossen, Distinktionen und Quaestionen zeigen mit immer umfangreicheren Glossenapparaten eine verstärkte Auseinandersetzung mit einzelnen Problemen. Seit 1160 bezeichnen Namenssiglen den Autor einer Glosse. Diese Entwicklung endet mit der um 1216 von Johannes Teutonicus (gest. 1245) verfaßten 'Glossa ordinaria'; in der Bearbeitung durch Bartholomaeus Brixiensis (gest. 1258) wird sie Grundlage der frühen Drucke des 'Decretum Gratiani'.

Auch der zweite Decretum-Codex der Kölner Dombibliothek – wiederum mit einer beträchtlichen Anzahl nur hier überlieferter Glossen – darf möglicherweise der rheinischen Schule zugerechnet werden (s. Dom Hs. 127, Kat. Nr. 55). Der Haupttext ist sehr sorgfältig geschrieben, wobei die auffällig verzierten Oberlängen der rubrizierten Kapitelanfänge Urkundenschriften nachzuahmen scheinen. Dem Schreiber der Glossen genügten zuweilen die vorgezeichneten Marginalspalten nicht: Dann wich er auf den breiten unteren Rand aus, wo er längere Abschnitte auf eigens liniierten Zeilen oder schematisierte Übersichten eintrug. Gleich zu Anfang der Textes (10v) findet sich übrigens am unteren Rand eine Glosse, als deren Autor Paucapalea genannt wird. Auch ohne Miniaturen eignet dieser juristischen Texthandschrift dank der künstlerischen

Concordia discordantium canonum. ac primum de iure nature et constitutione.

VMANUM

genus duobus regitur, naturali videlicet iure et moribus. Ius naturae est quod in lege et evangelio continetur, quo quisque iubetur alii facere quod sibi vult fieri, et prohibetur alii inferre quod sibi nolit fieri. Unde Christus in evangelio: Omnia quecumque vultis ut faciant vobis homines, et vos eadem facite illis. Haec est enim lex et prophete. Hinc Ysidorus in V. libro ethimologiarum ait:

Divine leges natura, humane moribus constant.

Omnes leges aut divine sunt aut humane. Divine natura, humane moribus constant, ideoque hae discrepant, quoniam alie aliis gentibus placent. Fas lex divina est, ius lex humana. Transire per agrum alienum fas est, ius non est. Ex verbis huius auctoritatis evidenter datur intelligi in quo differant inter se lex divina et humana, cum omne quod fas est nomine divine vel naturalis legis accipiatur, nomine vero legis humane mores iure conscripti et traditi intelligantur. Est autem ius generale nomen multas sub se continens species. Unde in eodem libro Ysidorus ait: Ius genus est, lex species eius.

Ius generale nomen est, lex autem iuris est species. Ius autem dictum est quia iustum est. Omne autem ius legibus et moribus constat. Quid sit lex. Lex est constitutio scripta. Quid sit mos. Mos est longa consuetudo de moribus tracta. Quid sit consuetudo. Consuetudo autem est ius quoddam moribus institutum, quod pro lege suscipitur cum deficit lex. Nec differt an scriptura an ratione consistat, quoniam et legem ratio commendat. Porro si ratione lex constat, lex erit omne iam quod ratione constiterit, dumtaxat quod religioni congruat, quod disciplinae conveniat, quod saluti proficiat. Vocatur autem consuetudo quia in communi est usu.

Cum itaque dicitur non differt utrum consuetudo scriptura vel ratione consistat, apparet quod consuetudo partim est redacta in scriptis, partim moribus tantum utentium est reservata. Que in scriptis redacta est, constitutio sive ius vocatur. Que vero in scriptis redacta non est, generali nomine consuetudo videlicet appellatur. Est et alia divisio iuris, ut in eodem libro testatur Ysidorus ita dicens: Que sint species iuris. Ius aut naturale est aut civile aut gentium. Quid sit ius naturale.

Ius naturale est commune omnium nationum, eo quod ubique instinctu nature, non constitutione aliqua habetur, ut viri et femine coniunctio, liberorum successio et educatio, communis omnium possessio et omnium una libertas, acquisitio eorum que celo, terra marique capiuntur; item deposite rei vel commendate pecunie restitutio, violentie per vim repulsio. Nam hoc aut si quid huic simile est numquam iniustum, sed naturale equumque habetur. Quid sit ius civile.

Ius civile est quod quisque populus vel civitas sibi proprium divina humanaque causa constituit. Quid sit ius gentium.

Ius gentium est sedium occupatio, edificatio, munitio, bella, captivitates, servitutes, postliminia, federa pacis, indutie, legatorum non violandorum religio, connubia inter alienigenas prohibita. Hoc inde ius gentium appellatur, quia eo iure omnes fere gentes utuntur. Quid sit ius militare.

Ius militare est belli inferendi sollempnitates, federis faciendi nexus, signo dato egressio in hostem vel commissio. Item signo dato receptio. Item flagitii militaris disciplina, si locus deseratur. Item stipendiorum modus, dignitatum gradus, premiorum honor, veluti cum corona vel torques donantur. Item prede decisio, et pro personarum qualitatibus et laboribus iusta divisio ac principis portio. Quid sit ius publicum.

Ius publicum est in sacris et sacerdotibus et magistratibus. Quid sit ius quiritum.

Ius quiritum est proprie Romanorum, quod nulli tenent nisi Quirites, id est Romani. In quo agitur de legitimis hereditatibus, de curationibus, de tutelis, de usucapionibus; que iura apud nullum alium populum reperiuntur, sed propria sunt Romanorum et in eos solos constituta. Constat autem ius quiritum ex legibus et plebiscitis et senatusconsultis et constituti-

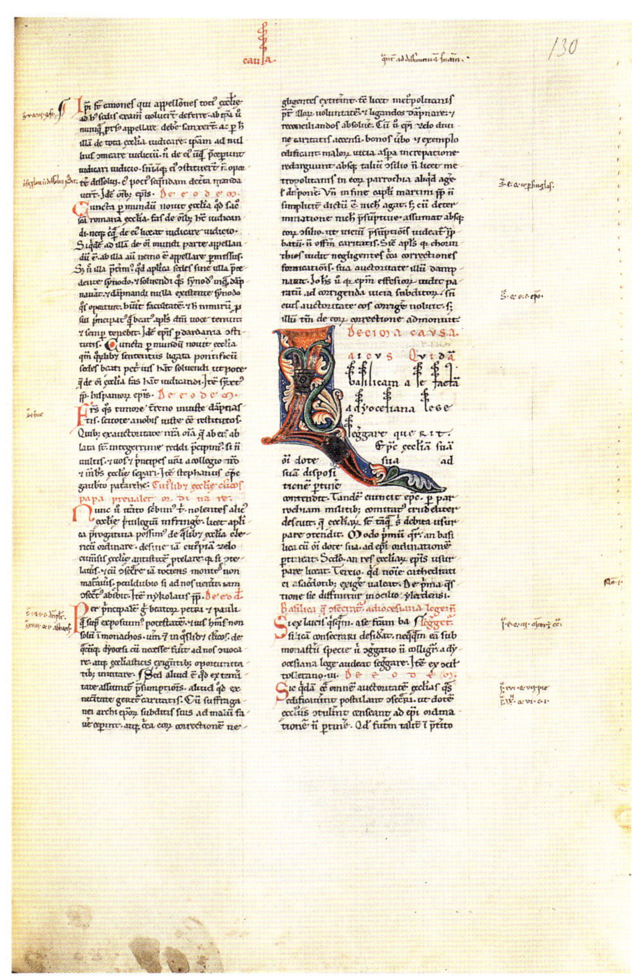

56 Dom Hs. 128, 77v/130r

Ausstattung aller Initialen mit Gold und Silber eine gewisse Kostbarkeit. Die Wirkung der Zierbuchstaben wird zusätzlich durch die intensive Farbigkeit der vegetabilen und zoomorphen Motive gesteigert, mit der sie sich auch von den häufig im Ton des Pergamentes ausgesparten Ranken rheinischer Initialornamentik abheben. Während in der Bildung der Palmetten und den kleinen Drachen durchaus Motive weiterleben, wie sie beispielsweise die 'Vitae sanctorum' aus dem Kölner Kloster Groß St. Martin zeigen (Düsseldorf, Universitätsbibl., Ms. C 10a; Ornamenta 1985, II S. 308, E 87 [G. Karpp]; G. Gattermann [Hg.], Kostbarkeiten aus der Universitätsbibliothek Düsseldorf, Ausst. Kat., Wiesbaden 1989, Nr. 9), dürfte die starke Farbigkeit auf andere, vermutlich westliche Vorlagen hindeuten. Man wird dabei an maasländische Handschriften denken, die ähnlich bunte Rankeninitialen etwa der Bibel aus Arnstein angeregt haben (London, British Libr., Harley 2799; J.J.G. Alexander, Initialen aus großen Handschriften, München 1978, Taf. 26). Vielleicht konnte sich der Miniator von Dom Hs. 128 sogar direkt an Decretum-Handschriften orientieren. Einige frühe Codices des neuen Rechtstextes sind mit Initialen im "Channel Style" ausgestattet (vgl. R. Schilling, in: JBAA, 3. F. 26 [1963], 27 ff.). Einzelheiten der räumlich differenziert gestalteten Palmettenranken der Kölner Handschrift könnten auf entsprechende Vorbilder nicht nur wegen deren leuchtender Farbigkeit zurückgehen.

INHALT: Vorderer Spiegel *Si decreta Romanorum pontificum non habetis de neglectu et incuria estis redarguendi/ Si habetis et non observatis de ignoracia* (!) *et temeritate culpandi estis* (Jaffé/Wattenbach 1874, 53). **1r** Leer (Eintrag Jaffés). **1v** Introductio *I(N PRIMA parte)*: Drache. **9r** Freiraum für eine große Initiale. *In trice-*

sima causa. **10v-300r** Decretum Gratiani (A. Friedberg [Hg.], Corpus Iuris Canonici I [Leipzig 1879], ND Graz 1959; Sigle B, vgl. Sp. XCV). **10v** Teil 1 *Concordia discordantium canonum, ac primum de iure naturae et constitutione* (!). Distinctiones. Dist. 1 *H(UMANUM genus)*; Marginalglosse *Iustitia est tacita conventio*. **77v** Ende mit Dist. 101 ... *pecuniam fiunt, contineat*; Teil 2. Causae. Causa 1 *Q(UIDAM HABENS FILIUM)*: Drache. Die einzelnen Causae werden jeweils von einer großen Rankeninitiale eingeleitet. **279r** Ende mit Causa 36, quaest. 2, can. 11 ... *detrahere voluerit*; Teil 3. De consecratione. Dist. 1 *De consecrationibus ecclesiae*. **300r** Ende mit Dist. 5, can. 11 ... *viderit patrem facientem*. **300v** Leer.

PERGAMENT: 300 Blätter; 397 x 267 mm; Lagen 1-37^8, 38^4 (Einzelblätter); Zahlenreklamanten; Schriftspiegel 245-266 x 142-150 mm; Blindliniierung und Liniierung mit Metallstift; 2 Spalten von je 65 mm Breite und 14 mm Abstand mit Versalienspalten (5 mm), auch an der Außenseite der äußeren Marginalspalte, und Marginalspalten zu beiden Seiten des Textes (innen einfach 20 mm, außen doppelt 20 und 17 mm, bzw. ab fol. 169 außen einfach 24 mm); 50 bzw. (ab fol. 169) 49 Zeilen. AUSSTATTUNG: Lateinischer Text in dunkelbrauner romanischer Minuskel, rubriziert; zeitgenössische Glossen von mehreren Händen; Auszeichnungsschrift und Initialen: Ziermajuskeln; mehrzeilige Initialen in Rot mit Bogendekor; große Rankeninitialen mit gespaltenem, goldenem Buchstabenkörper, z. T. mit silbernen Klammern oder Drachen, mit mehrfarbigem Rankenwerk sowie farbiger Füllung des Binnen- und Außengrundes in Blau, Rot, Beige und einem hellen Violett. EINBAND: Kalbleder über Holz; je fünf Messingbuckel auf Vorder- und Rückdeckel, seitliche Messingbeschläge und zwei Überwurfschließen aus Leder und Messing, die auf Dorne auf der Vorderseite gesteckt werden (in neuerer Zeit restauriert); vier Standfüßchen an den unteren Kanten erhalten. PROVENIENZ: Darmstadt 2521. LITERATUR: Hartzheim 1752, S. 81 – Jaffé/Wattenbach 1874, S. 53 – S. Kuttner, Repertorium der Kanonistik (1140-1234), Vatikanstadt 1937, S. 104 – Kdm Köln 1/III, 1938, S. 396, Nr. 12 (Lit.) – R. Weigand, Frühe Glossen zu D. 11 pr. - c.6 des Dekrets Gratians, in: ZSRG.K 95 (1978), S. 73ff. – Ders., Paucapalea und die frühe Kanonistik, in: AKathKR 150 (1981), S. 137ff. – Ders., Die Glossen zum Dekret Gratians. Studien zu den frühen Glossen und Glossenkompositionen, Teil I - IV, Rom 1991 (Studia Gratiana 25,26), bes. S. 785f. u. S. 1038 (Reg.) – Handschriftencensus 1993, S. 648, Nr. 1093. B.B.-N.

Gregor IX.: Decretales

57 Dom Hs. 130

Bologna (?), um 1300

Bei den 'Decretales' Papst Gregors IX. (1227-1241) handelt es sich – anders als beim 'Decretum Gratiani' (s. Dom Hss. 127 und 128, Kat. Nrn. 55, 56) – um eine offizielle Sammlung kirchlicher Rechtstexte, die ebenfalls Bestandteil des 'Corpus Iuris Canonici' wird. In fünf Büchern sind darin vor allem päpstliche Antwortschreiben an Einzelpersonen in Rechts- und Disziplinfragen sog. 'epistolae decretales', aber auch Konzilsdekrete systematisch nach Titeln geordnet. Auf Wunsch des Papstes durch Raymund von Peñafort (gest. 1275), seinen Pönitentiar, kompiliert und mit Blick auf die Brauchbarkeit in der gerichtlichen Praxis redigiert, wurde das Werk 1234 an die Universitäten Bologna und Paris gesandt und damit veröffentlicht. Enthalten sind auch einige Bestimmungen, die Gregor IX. eigens für die Aufnahme in die neue Sammlung erlassen hatte. In der Promulgationsbulle brachte der Papst seinen Wunsch zum Ausdruck, daß die Rechtsunsicherheit, die damals aufgrund verschiedener älterer, nebeneinander existierender Decretalesüberlieferungen bestand, nun ein Ende haben solle.

Da hier überwiegend Quellenmaterial zusammengefaßt ist, das nach dem Erscheinen des 'Decretum Gratiani' aus der päpstlichen Rechtsprechung hervorgegangen war, setzte sich als Titel des Werks die Bezeichnung 'Liber decretalium extra decretum vagantium' durch, in den Schulen bald – und so noch heute – einfach als 'Liber Extra' zitiert. Hatten schon die Kanonisten im späten 12. und dem 1. Viertel des 13. Jahrhunderts die seit Alexander III. (1159-1181) stark angewachsene Zahl von Papstbriefen in insgesamt fünf 'Compilationes antiquae' vereint und sogar im Unterricht erläutert und kommentiert, so erfuhren nun die 'Decretales' Gregors IX. eigene wissenschaftliche Bearbeitung. Gestützt auf Werke der Dekretalisten zu den älteren

57 Dom Hs. 130, 3r

Sammlungen verfaßte Bernardus de Botone (gest. 1266), Lehrer für kanonisches Recht in Bologna, zwischen 1234 und 1266 in mindestens vier Rezensionen einen Glossenapparat, der den Rang einer 'Glossa ordinaria' erlangte und in die frühen Drucke des 'Liber Extra' aufgenommen wurde (vgl. S. Kuttner, Studies in the History of Medieval Canon Law, 1990, Kap. XII-XIV; vgl. Inc.d. 205, Kat. Nr. 58).

Ähnlich, wie sich für die glossierten Bibelhandschriften mit der Zeit ein eigenes Layout herausgebildet hat, bemühten sich die Schreiber, auch bei den juristischen Werken Text und Kommentar in ein ausgewogenes Verhältnis zu bringen. Der von ihnen entwickelte Vier-Spalten-Typ ordnet den in größeren Buchstaben geschriebenen Haupttext in zwei Spalten auf der Mitte der Seite an. Diesen klammerartig umgreifend, finden die in kleinerem Schriftgrad ausgeführten Glossen auf den relativ breiten Rändern Platz. Obwohl eine solche Seitengestaltung – soll sie auch optisch befriedigen – eine sorgfältige Aufteilung von Text und Glossen verlangte, wurde sie nach dem Vorbild der Handschriften später von den frühen Drucken übernommen (G. Powitz, in: Codices manuscripti 5 [1979], S. 80ff.; vgl. Inc.d. 205, Kat. Nr. 58).

umdumbrum frimbum blacum fundum brimm rotuntubi . . . nitudinitatibus bornagangowagn. biassyrae. wadaldaridramb.
160 v (Nonsens-Verse zur Vervollständigung der Marginalkolumnen)

Eingeleitet wird der Text in Dom Hs. 130 durch eine Deckfarbeninitiale zur Promulgationsbulle Gregors IX. an die "Doktoren und Scholaren" der Universität Bologna, die dem 1. Buch vorangestellt ist. Wie schon die Schrift des Codex mit ihren gegenüber den nordalpinen Texturavarianten stärker gerundeten Formen weist auch der Zierbuchstabe auf eine Entstehung in Italien, vielleicht sogar in Bologna selbst. Die Buchmalerei in der Stadt mit der berühmten Rechtsschule stand in der 2. Hälfte des 13. Jahrhunderts einerseits unter byzantinischen Einflüssen, andererseits werden in den grotesken Motiven der Initialornamentik französische Anregungen wirksam. Bei der originellen Zierleiste mit der kleinen Zeigefigur läßt sich in den 'Decretales' der Kölner Dombibliothek das Zusammenspiel von Schreiber und Miniator gut beobachten. Begonnen wurde mit dem Haupttext, dann hat der Buchmaler Initiale und Leiste ausgeführt, noch bevor die Glossen geschrieben wurden, die dann partiell über das Ornament zu stehen kamen. Allerdings dürften im übrigen Text die Auszeichnungselemente wie Paragraphenzeichen und Fleuronnée-Buchstaben erst nachträglich eingefügt worden sein.

INHALT: **1r-338r** Decretales Papst Gregors IX. (Mansi XXIV, 81; A. Friedberg [Hg.], Corpus Iuris Canonici II [Leipzig 1879], ND Graz 1959, Sp. 1-928) mit den Glossen des Bernardus Parmensis de Botone (Glossen des Bernardus de Botone in allen Drucken der Inkunabelzeit [GW X, 105]). **1r** Papst Gregor X. (1271-1276). Constitutiones *G(regorius episcopus servus servorum Dei . . . Cum nuper in generali concilio)*; bricht ab mit . . . *mutabilis.* Auf dieser und den folgenden Seiten verschiedene Notizen, u. a. *buccadurus equs*, Rezept: *Ista est pulvis utilis stomacho* usw. **1v** Kanonistische Notizen (zeitgen.); u. a. auch eine Worterklärung für Gregorius: *est idem vigilans et custodiens gregem.* **2r** Inhaltsverzeichnis (nachgetragen). **2v** Kanonistische Notizen (zeitgenössisch). **3r** Gregor IX. Decretales. Promulgationsbulle *G(REGORIUS EPIscopus servus servorum Dei . . . Rex pacificus)*; Glosse *In huius libri principio*; 1. Buch, 1. Titulus. De summa Trinitate et fide catholica *Firmiter credimus.* **81r** 2. Buch, 1. Titulus. De Iudiciis *GREGORIUS NONUS. (EX CONCILIO Affricano. De Quod-vult-Deo).* **152r** 3. Buch, 1. Titulus *De vita et honestate clericorum. GREGORIUS NONUS. (Ex concilio Maguntino. Ut laici secus altare).* **160v** Zur Vervollständigung der Marginalkolumnen z. T. Nonsens-Verse, u. a.: . . . *umdumbrum frimbum blacum fundum brimm rotuntubi/. . . nitudinitatibus bornagangowagn. biassyrae. wadaldaridramb* und **162r** *Omnibus omnia non mea sompnia dicere possum* und **163r** *iac wet en frugha iwaeraeldet waere haenna lif tha wil iac aera.* (vgl. Annali Germania dicto XVII, 444). **233v** 4. Buch, 1. Titulus *De sponsalibus et matrimonio. GREGORIUS NONUS. (Ex concilio Triburiensi. De Francia quidam).* **262r** 5. Buch, 1. Titulus. *De accusationibus inquisitionibus et denuntiationibus. GREGORIUS NONUS. (Si legitimus non fuerit).* **338r** Ende mit . . . *quis homagium compellatur*; Kolophon *Qui scrixit scribat semper cum Domino vivat;* von einer anderen Hand hinzugefügt: *Qui mel in ore gerit*

II

De iudicijs

liber secundus

Gregorius nonus.

Ex concilio Affricano.

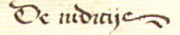

et me retropungere querit/Eius amiciciam nolo michi sociam; von einer weiteren Hand hinzugefügt: *Qui scripsit scripta sua dextera sit benedicta.* **338v** Aufzählung verschiedener Rechtsfälle aus dem geistlichen Recht (Simonie, Mißbrauch der "Schulgewalt") mit Verweis auf die entsprechende Quelle. **339v** Inhaltsverzeichnis (nachgetragen). **341v** Notizen zum Kaufrecht u. ä. aus dem 15. Jh. *Narratur in commento domini Ioanni Andreae.* **342r** Notiz mit der Jahreszahl 1358: *Caucio Iohannis de Colonia ac Hilgen de Colonia et Theoderici de . . . exposita in cista de Langehoum pro tribus marcis in die commemoracionis omnium animarum anno Domini M CCC LVIII et tradatur Iohanni predicto de Colonia vel eius procuratori*; weitere Notizen des 15. Jhs. über Rechtsangelegenheiten und Verkäufe, u. a. aus dem Jahr 1464. **342v** Lateinische Sinnsprüche.

PERGAMENT: 342 Blätter; 442 x 307 mm; Lagen 1^{2}, 2^{8}, $3\text{-}4^{10}$, $5\text{-}6^{8}$, 7^{8-1} (1. Blatt fehlt, Textverlust), $8\text{-}13^{10}$, 14^{8}, 15^{10}, 16^{8}, $17\text{-}34^{10}$, 35^{12}, 36^{10+1}; z. T. Wortreklamanten; Schriftspiegel 330 - 398 x 204 - 265 mm (gesamt); Metallstiftliniierung mit Versalienspalte am linken Glossenrand (5 mm); 2 Textspalten von je 62 mm Breite und 10 - 15 mm Abstand mit rahmenden Marginalspalten von 93 - 110 mm Breite und Spalten für Randnotizen von 98 - 143 mm Breite; 33 - 35 Textzeilen. AUSSTATTUNG: Lateinischer Text in hell- bis dunkelbrauner Littera Bononiensis, rubriziert; zwei- bis mehrzeilige Lombarden in den Glossen in Rot und Blau; zweizeilige Lombarden in Rot und Blau mit Fleuronnée in der Gegenfarbe; fleuronnéeverzierte Blöcke von Ziermajuskeln in Rot und Blau; große Eingangsinitiale mit Rankenfüllung in Minium, Ocker, Rosa, Grün und Blau auf blauem Grund; vegetabil-anthropomorphe Zierleiste in der gleichen Farbigkeit. EINBAND: Pergament mit Streicheisenlinien über Pappe (Mitte 18. Jh.). PROVENIENZ: Darmstadt 2127. LITERATUR: Hartzheim 1752, S. 82 – Jaffé/Wattenbach 1874, S. 54 – Handschriftencensus 1993, S. 649, Nr. 1095. B.B.-N.

Ich kann nicht allen alle meine Träume erzählen.
162r (Federprobe); K.W.

58 Inc.d. 205

Gregor IX.: Decretales

Mainz, Peter Schöffer, 23. November 1473, und Köln, zwischen 1480 und 1490

Die erste Druckausgabe der Dekrete Papst Gregors IX. (1227 - 1241), ein Supplement zu Gratians 'Decretum' (vgl. Dom Hss. 127, 128, 130; Kat. Nrn. 55 - 57), war 1468/ 71 bei Heinrich Eggestein in Straßburg erschienen (GW 11450). Die vorliegende Edition ist die zweite. Noch während ihres Druckes hatte sie Peter Schöffer (1420/ 30 - 1502/ 03) (vgl. Inc.d. 204, Kat. Nr. 50) gemeinsam mit seinem bereits am 13. August 1472 vollendeten Gratian in einer Bücheranzeige angekündigt. Der Gregorius erschien in einer Auflage von 400 Exemplaren (40 auf Pergament und 360 auf Papier) und enthält wie all seine Wiegendrucke die Glosse des 1266 verstorbenen Bernardus (Bottonus) Parmensis, der als Dekretalist auch eigenständig hervortrat. Am Schluß rühmen Gedichte eines Anonymus die Verdienste Peter Schöffers um die Erfindung der Druckerkunst und deren Vorzüge gegenüber Manuskripten. Der Text der Dekrete sowie die abschließenden Lobgedichte und das Kolophon sind mit Fust und Schöffers Gotico-Antiqua 5:118G gesetzt (vgl. dazu Inc.d. 204), der umgebende Kommentar mit der im Jahre 1468 eingeführten Type 6:92G.

Im hier gezeigten Exemplar wurden die Freiräume bei den Initien von fünf Kapiteln mit Miniaturen gefüllt, wovon drei erhalten sind. Zu Beginn (1r) sieht man den Autor bei der Übergabe seines Buches an eine Gruppe von Knienden. Neben ihm stehen zwei Kardinäle jeweils mit einem Buch. Auf Folio 158r, *de vita et honestate clericorum,* zelebriert ein Priester die Messe in Begleitung eines Diakons, eines Subdiakons und eines Ministranten mit Glocke und Stab. Hinter dem Altar ist vermutlich die Predella eines größeren Altaraufsatzes angedeutet. Die letzte Miniatur (222r) steht zum vierten Kapitel, das sich mit dem Eherecht beschäftigt: Sie zeigt ein Brautpaar vor einem Bischof, neben ihm einen Ministranten mit Buch und Stab, daneben eine weitere Assistenzfigur. Nur Folio 1 ist mit einer Rahmenbordüre aus gewundenen Ranken mit eingeschriebenen Akanthusblättern und einzelnen Blüten verziert, die beiden anderen Miniaturen – wie auch die zwei verlorenen (Folio 84 und 245) – begleitet lediglich feines Federwerk.

II

Ut laici statuimus suple · re nō debet ꝫ tm̄ clerici nccā · b Altare · laici eni ibi sta · rij ad diuiū officiū · ut sacerdos diaconus ⁊ subdiaconus · et est ꝫ racō ut liberi⁹ intēdant diuinis officijs · ut de cō · di · ij · sacerdotū · et sacrate etiā mulieres incēnsū iuxta altare portare nō debēt · xxiij · di · sacratas · et in · q · nō liceat · et de con · di · i · in sca · et ꝫ · ti · pxi · c · i · in fi ·
c Pars illa · i · chorus in quo morātur clerici ad cātandū que differt ab altari p cācellos ut patꝫ p exēplū in eccīa bonon · et locus intra cācellos appellatur sacrariū siue diaconicum vnde non sacrati homines ibi sacrata vasa cōtingē nō debēt · de cōse · di · i · in scā · Et appellatur sacrariū diaconiū eo q̄ dyaconus ministrat ibi altari · xxiij · di · nō opotꝫ · dicit̄ etiā p̄sbiteriū · de cōse · di · ij · sacerdotū ·
d Mos est · et estꝫ ar · p cōsuetudine ·
e Sancta scōꝝ · olī scā scōꝝ appellabatur i qua summus sacerdos intrabat ꝫ hodie laici ⁊ femine ad orandū ⁊ cōicandū tātum pñt intrare · ꝫ alias ibi stare nō debēt · alij exponūt sancta · i · maior ps eccīe siue corpus que ps dicit̄ eccīa a vulgaribꝫ ·

Clerici arma · Clerici arma portare nō debent · xxiij · q · ul · clerici · et · c · qui cūq; · sine iusta cā · in stam cām intelligo si p loca periculosa trāsitū faciāt quia tūc pñt portare arma ad terrorē latronū licꝫ peutē nō debeant · ar · xxiij · q · iij · maximianus · aliter poꝝtare non debēt et si tercio admoniti nō destiterit p dunt p̄uilegiū illi⁹ canonis · xvij · q · iiij · si qs suadē te · et ꝫ · de sen · ex · in audiē tia · et · c · origit · ij ·
g Vsurarij · ꝫ intellige de laicis qui sūt excōicati · dimissi restituāt vsuras ꝫ · de vsur · p̄terea · et clerici ab officio ⁊ b̄n̄ficio suspē di debēt ut ibi dr̄ · et rep el lendi sūt a dignitatibꝫ ꝫ · de exces · pla · inter dilcōs · et etiā deponi debēt si de hoc ꝯuincātur · xlvij · di · qm̄ multi · et nichi omnin⁹ excōicandi sūt si eas nō restituāt.

Ut quisq; plebem · i · p̄l'm q̄cūq; sit eccīa siue plebs siue capella ut · s · de fi · p̄sbi · ꝓposuit · tedicari nō debꝫ nisi vos ꝓ duobꝫ ad minus · ꝯstituatur · i · q · ij · placuit · et de con · di · i · nemo⁹ et de ꝫ dic ut ꝫ · de ꝯse · ec · vel al · c · cū sicut · in glo · ne ccīa ·
i Habeat · ar · q̄ eccīa
k Epl'am · sic acolitus debꝫ legē epl'am · ꝫ · d · xxxiiij · di · si subdyaconus · ꝫ ꝫ intellige in necītate in eccījs illis in quibꝫ nō sūt s̄bdiaconi alias intellige ꝫm illud · lxix · di · q̄m vidēm⁹ · nec diacon⁹ etiā epl'am legē debet q̄ vidētur ab ordine suo recedē · lxiiij · di · si q̄ clerici · ar · de cō · di · i · in fi · et · xcij · di · in scā · ꝫ pone q̄ ibi nō sit s̄bdiacon⁹ ꝫ p̄sbr dyaconus ⁊ acolitus quis dicit epl'am · acolitus · diacon⁹ dicat euāgeliū q̄ est eius officiū · ꝫ si acolitus dixit ꝓ h eciā diaconus dicat
l Scolas · to cēdo pueros psalteriū cātare · epl'am · vinc ·
m Ad fidē · i · simbolū · i · credo in deū p̄rē q̄ antiq̄tus añ baptismū didicerāt baptizādi · de ꝯse · di · iiij · ante viginti · et · x · q · i · placuit ·

Si quis · Istud cap'lm hēs · xxiij · di · si quis ex clericis · ⁊ c ·
o Relaxauerit · habitū semel susceptū non debꝫ quis dimittē · xx · q · iiij · p̄clinis · nisi ex iusta cā ꝫ · e · clerici · vñ cū quidam rep̄hēdētur a pp̄a quare habitū dimiserat clericalē ꝫ rñdit · Tutius ut petēm laici sub ymagine romā · fas fuit ut finem luxuriare comam ·
p Anathema fit · i · fiat · nō eni est excōicatus ipso iure · sic · xxx · dj · quasi p totum ·

De vita et honestate clericorum

Ex ꝯcilio maguntino.

Ut laici secus altāre qñ sacra misteria celebrātur stare vel sedere inter clericos nō p̄sumant · ꝫ pars illa que cācellis ab altari diuiditur tm̄ psallētibꝫ pateat clericis · ad orādum vero ⁊ cōicādum laicis et feminis sic mos est pateat sancta sanctoꝝ.

Ex ꝯci · pictauieñ.

Clerici arma portātes et vsurarij excōicentur.

Ex ꝯci · maticeñ.

Ut quisq; p̄sbr qui plebem regit clericū habeat qui secum cātet et epl'am et lectōez legat · et qui possit tenē scolas et admonē suos prochianos ut filios suos ad fidem discendam mittāt ad eccīam quos ipse cū omni castitate erudiat.

Clericus nutriat · nisi ex iusta cā sit dictū est in · p̄x · c · et ꝫ · e · clerici · i · mo detōso capite ⁊ patribꝫ auribꝫ incedē ubꝫ · xxiij · di · non liceat · ij ·

Clericus · sacro · si · xxxij · di · si quis eoꝝ ·
s Traditus · si eni traditus fuisset ita q̄ etiā monachatus tenuissꝫ nō possꝫ hr̄e vxorē quā postmodū accepissꝫ ita q̄ ipa traditio tenuerit ⁊ monachatus al's non p̄hibetur redire ad seculū ꝫ · de regular · et transe · ad reli · cū simus · et · xx · q · i · quē p genitoēs · ⁊ · xxxij · di · placuit · seriatim · si qs vero ·
t Tondeatur · ar · ēꝫ q̄ clericus ꝯiugatus debet portare coronā · ar · ad ꝫ · xx · q · ij · eos qui · et · c · p̄sduis · ꝫ ar · ꝫ · de cle · ꝯiu · iohānes · vbi de hoc ·

Gregorius.

Si quis ex clericis comā relaxauerit anathema sit.

Ex ꝯci · cartagineñ.

Clericus neq; comā neq; barbā nutriat. Ex ꝯci · tribur.

Clericus si tōsura dimissa uxorē accepit qui quidē sit sine gradu neq; monasterio a pentibꝫ traditus vxorem p̄mittatur habere ⁊ iterū tondeatur · nec in vita sua vxorem dimittē audeat. Alexan · iij · cantuar · arep̄o.

Clericis et ꝫ. Clerici qui comā nutriūt et barbā etiā inuiti a suis archiacōnis tōdeāt̄.

Idem in ꝯci · lateraň.

Monasteria sanctimonialium si quisq̄ clericus sine manifesta ⁊ racōnabili cā frequētari p̄sūpserit p epm̄ arceatur. et si nō desierit ab officō eccīastico reddatur immunis · si laici excōicationi subdātur et a cetu fideliū fiant penitus alieni.

Greg · ix.

Quoniam ut ait scriptura ⁊ ꝫ · statuimus ut facultatibꝫ eccīarum vraꝝ ꝓuētibꝫ et expensis diligēter inspectis certū in eis valeatis ponē numerū clericoꝝ · et statuē ut bona eoꝝ veniant in ꝯmune · in vna domo vescant̄

Clericis · cap'lm istud ponitur · xxiij · di · clerici · et ēps illius ꝫ · ne clerici vel mo · c · clericis ·
x Inuiti · ar · q̄ aliqs cogendus ē ad bonū et ad id p̄cipue qd̄ iam suscepit · sic · xlv · di · de iudeis · i · fi · et ꝫ · de bap · et eius effe · maiores · v'sus fine · alias nemo debꝫ cōpelli ad bonum ut ibi dr̄ · et · xxiij · q · v · ad fidē · Itē ar · q̄ b̄n̄ficia ꝯferūtur inuitis · xlv · di · et qui emēdat · et · xxiij · q · v · non vos · circa me · diū · et · q · iiij · displicꝫ · et · lxxiiij · di · placuit · et · c · ꝯsulu it ·

Monasteria · racōnabili · xviij · q · ij · p̄ncipaliter · et · c · diffinimus · et · lxxxi · di · clericus solus · nec sufficit cā racōnabilis nisi sit manifesta ut ꝫ videtur · et ar · xi · q · iij · non sūt · et · xij · q · i · nolo ·
a Frequētare · solā frequētiam reprobare videtur ꝫ frequētia vitet̄ ex duabꝫ vicibꝫ · xxv · q · ij · ita nos · ar · optimum · xxvi · di · vna tm̄ nec repetita · in fi · q̄ remissionē veniē criminis nisi semel ꝯmissa nō h̄eant · C · de epi · audi · l · iij · sic ꝫ ultra vnā vicem nō sine manifesta et racōnabili cā nullus illuc ire debet q̄ statim malū p̄sumitur ·
b Non desierit · ar · q̄ āmonicō semp p̄cedē debꝫ vindictā ut se corrigat quis añq̄ puniatur · xij · q · ij · indigne ·

Quoniam ut ait · et expēsis · Istud notabile est q̄ in facultatibꝫ extimandis habēda ē racō expēsaꝝ que sūt in hospitalitate ad quā tenētur eccīe · Itē in ep'alibꝫ iuribꝫ p̄soluendis ꝫ · de p̄ben · de monachis · et recipē nūcios ⁊ legatos aplīce sedis ꝫ · de censi · cū instātia · et ar · ad ꝫ · xij · q · ij · nobis · Illi eni fructus estimādi sūt qui supsūt deductis expēsis · C · de fruc · et lit' · expeñ · l · i · et ita tot sūt ponēdi in eccl'ijs quot ex fructibꝫ illis possint honeste sustētari ut ꝫ euidēter patet · et ꝫ · de institu · c · i · et · c · aūctate · et ꝫ · de ꝯces · p̄ben · ex pte · in fi · et · s · de ꝯsti · cū · m · ferrarieñ · et ꝫ · de v · sig · c · ul · et ꝫ excepcō de expensis ⁊ facultatibꝫ l'ma est cū facultates nō sufficiūt siue sit distictus canonicoꝝ numerus in ecclesia v̄ non ·
d Domo · sic · xxxij · di · p̄ter hec · et de cō · di · v · in omnibꝫ · et · xij · q · i · necaria · ar · ꝫ · xij · q · i · q̄ tua · et · xxxij · di · si quiv ero · so · qd̄ dr̄ ꝫ im cō cordan · si ḡtis q̄ ius cōe est ⁊ honestū ē ut ꝯuetur · ꝫ derogatur huic iuri p ꝯtrariā ꝯsuetudinē q̄ tū ad seculares quā pp̄a scit et tolerat · capitula ꝯtria loquūtur ꝫm āntiqua tpa de quibusdā clericis ꝯiugatis quibꝫ dabātur b̄n̄ficia ex ꝯsortiū alioꝝ potius de gr̄a q̄ de iure q̄ de nouo ꝯuerti fuerāt et loquitur in vtroq; cap'lo augustino epo an gloꝝ · et sic · xxxv · q · iij · quedā lex · et · c · quod scripsi · Si vis intelligē cap'lm istō de regularibꝫ planū est q̄ nō dr̄ ꝫ de quibꝫ loquatur · et hoc videtur ex eo quod dr̄ ꝫ · indulgemus ut si quisq̄ eoꝝ qui simul

Das Illuminieren und das Binden eines Buches war seinerzeit im allgemeinen Sache des Besitzers. Beim Exponat erfolgte zumindest Ersteres in Köln: Der Stil der Miniaturen sowie einzelne Elemente des Dekors verweisen auf eine Werkstatt in der Nachfolge Stefan Lochners (um 1400-1451), die bislang in den 80er Jahren in Köln nachweisbar ist. Sehr enge stilistische Parallelen ergeben sich zu einem der Forschung erst jüngst bekannt gewordenen, umfangreichen Zyklus mit 41 Miniaturen aus dem Leben Christi, der in ein Gebetbuch mit Kapiteln aus 'Die Nachfolge Christi' des Thomas von Kempen eingebunden ist und sich heute in der Russischen Nationalbibliothek befindet (Lat. O.v.I, 206; T. Woronowa/A. Sterligow, Westeuropäische illuminierte Handschriften vom 8. bis 16. Jahrhundert in der Russischen Nationalbibliothek, Sankt Petersburg, Sankt Petersburg/Bournemouth 1996, S. 242f.). Der Dekor dieser Handschrift entspricht in Ausführung und Anlage wiederum zwei Gebetbüchern für Kölner Gebrauch, die nach Ausweis der komputistischen Tafeln 1487 bzw. 1488 datiert sind (Privatbesitz: J. M. Plotzek, Andachtsbücher des Mittelalters aus Privatbesitz, Ausst. Kat. Köln 1987, Nr. 67; Kiel, Universitätsbibl., Hs. K.B. 69). Vermutlich stammt von unserem Buchmaler auch die ganzseitige Miniatur in Werner Rolevincks 'Vita et gesta Pauli apostoli' in der Berliner Staatsbibliothek Preußischer Kulturbesitz (Ms. theol. lat. fol. 713, fol. 1v), die der berühmte Autor laut Kolophon am 13. Februar 1483 in der Kölner Kartause St. Barbara vollendet hat.

INHALT: Auf dem Innenspiegel des Einbandes handgeschriebenes Inhaltsverzeichnis auf Pergament. **1r-304r** Gregor IX., Decretales (E. Friedberg, Corpus Iuris Canonici II, [Leipzig 1879] ND Graz 1959, 1ff.) mit den Glossen des Bernardus Parmensis (in allen Drucken der Inkunabelzeit; s. GW 10, 105). **1r** Zierseite. Vorrede *Incipit nova compilatio decretalium Gregorii IX. G(Regorius) ... Rex pacificus*; Kommentar *In huius libri principio*; Miniatur: Ein vor dem Papst kniender Kleriker erhält von dem Papst ein Buch oder er reicht es dem Papst. **2r** 1. Buch beginnend mit *De summa Trinitate et fide catholica ... F(Irmiter credimus)*. **84r** 2. Buch beginnend mit *de iudiciis. D(E quodvultdeo)*; Miniatur herausgeschnitten. **158r** 3. Buch beginnend mit *de vita et honestate clericorum. U(T laici)*; Miniatur: Priester bei der Elevation der Hostie. **222r** 4. Buch beginnend mit *De sponsalibus et matrimoniis ... D(E Francia)*; Miniatur: Brautpaar vor einem Bischof kniend. **245r** 5. Buch beginnend mit [De accusationibus, inquisitionibus et denunciationibus]; Miniatur und Textanfang herausgeschnitten. **304r** Kolophon (GW 11451) *Anno incarnationis Dnice. .M.ccc.lxxiii-ix. kl. decembris – aspiranti Deo Petrus Schoiffer de Gernßheim suis consignanado scutis feliciter consummavit;* Druckermarke. **304v** Lobgedichte auf den Drucker Peter Schöffer (GW 11451) *P(Ape quid hec nostris petit), T(Ranseat allophilus), S(Ed quid ages ego), I(Mmensi roboris), S(Cema tabernaculi), Estimo nec scriptas decretales.*

PAPIER: 304 Blätter; 2^{0}; Lagen $1\text{-}3^{10}$, 4^{6}, 5^{4+1}, $6\text{-}8^{10}$, $9\text{-}10^{6}$, $11\text{-}12^{10}$, 13^{8}, 14^{10+1}, $15\text{-}16^{10}$, 17^{8}, 18^{6+1}, $19\text{-}21^{10}$, 22^{6}, 23^{6+1}, $24\text{-}26^{10}$, 27^{8}, 28^{6}, $29\text{-}30^{10}$, 31^{8+1}, $32\text{-}33^{10}$, 34^{10+1}; handschriftliche Zahlen- und Buchstabenreklamanten des 15. Jhs. und modern; 2 Spalten von Kommentar umgeben; 62 bzw. 81 Zeilen. AUSSTATTUNG: Lateinischer Text in schwarzer Gotico-Antiqua 5:118G und 6:92G, rubriziert; Kolophon, Druckermarke und abschließendes Lobgedicht rot gedruckt; rote und blaue Lombarden; Fleuronnée-Initialen, zu Beginn der Bücher auch mit Gold, und 3 (ehemals 5) Miniaturen auf Folio 1r, 158r und 222r; zahlreiche Marginalien der Zeit. EINBAND: Mit Resten des originalen Kalblederbezuges über Holz; aus der Münsteraner (?) Werkstatt des Severinmeisters; Blindprägung; Einzelstempel: hl. Severin, hl. Augustin, Schrift: *ave Ma[ria]*, Schrift: *S. Severinus*, Blatt (Schunke I 1979, S. 133 Nr. 66, 130 Nr. 5, 291 Nr. 343, 292 Nr. 378, 25 Nr. 72; vgl. auch Schunke II 1996, S. 189ff.), Evangelist (Lukas), Einhorn, Muttergottes mit Kind (?), nicht nachgewiesen; 1970 restauriert. PROVENIENZ: Köln, St. Johann Baptist. LITERATUR: HC 7999 – GW 11451 (mit 2 Druckvarianten) – BMC I, 30 (IC. 184; mit Notiz zur Auflagenhöhe und mit Verweis auf Varianten zwischen Exemplaren auf Pergament und Papier) – Goff G 447 – IDDK 183 – Schunke I 1979, S. 25, 130, 133, 291f. – Zu Schöffers Bücheranzeige s. GW, Einblattdrucke 1298. M.v.A./I.D.

IIII

ↄſtitucõis q̄ añ publicacõnē nemo tenetur·s·de ↄſti·c·ij·exquo
enim ↄſtitucõ publice ꝓmulgata eſt et publicata quilibꝫ tenetur
ad eius obſuãtiã poſt duos menſes in aut·ut fac·non·ↄſti·circa
pñ·colla·v·xvi·di·quod dicitis·s·de poſtul·c·i·ſꝫ ante non·ar·xx
xij·q·iiij·dixit ſara·lxxxij·di·ꝓpoſuiſti·ſꝫ cũ iſta conſtitucõ ſit iam
diu publicata null9 ha
bet excuſacõnem·ſꝫ nun
quid epĩ poſſunt tales
abſoluere·credo ꝙ ſic q̄
cõditoꝛ huius ↄſtitucõ
nis non retinuit ſibi ab
ſolucõnē·ꝫ·de ſen·ex·nũ
p·ꝫ·de falſ·dura·et·s·de p̃
ben·de multa·in fi·

a Extēdi·ſ·p̃miſſas pe
nas de quib9 ſupius fcã
eſt mentio ſcꝫ ꝙ ſint ex
cõicati et in nulla cã pro
cimium p̃ſtantes audiã
tur·et ita videtur ꝙ iſti
ſpem ꝓmocõis amit
tunt niſi cũ eis p ſedem
apliicam fuerit diſpenſa
tum ſicut dꝛ·s·de mona
chis·q̄ hoc ꝓnomē hoc
oſtendit omnes penas
ſup̃dictas·ſꝫ h̃ non credo
ꝙ iſti ꝓpter hoc ſine diſ
penſacõne dñi p̃pe ꝓmo
ueri nõ poſſint·et ꝙ dic
hoc extendi r c·reſpicit
tm̃ quod dixit·s·excõi
cati·et ꝙ in nulla cã eoꝝ
p̃ocimũ admittatur q̄
ſi hoc voluiſſet ſꝫ dixiſſꝫ
de iſtis qđ dixit de illis·
ar·s·de trãſla·c·inter coꝛ
palia·s·de deci·ad audi
entiam·et pene non ſũt
ampliande ſiue odia ſed
potius reſtringēde·de pe·
di·i·pene·ff·de li·et poſt·
cum quid·ff·de hre·inſti·
·l·i·§·ulti·et illa clauſula
ñ forte ex miſicoꝛdia r c·
reſpicit tm̃ p̃cedētia r nõ
ſubſequētia·ar·s·de ap·
inquiſicõni·tutius eſt di
cere ꝙ incurrat omnes
penas p̃dictas cum lr̃a
hoc expſſe dicat dũ dicit
hoc extendi r c·et·s·dum
dicit·p̃dictis penis ob
noxij·b·

dci·turoñ·ut infra duoꝝ men
ſiũ ſpaciũ ñ ad clauſtrũ redi
erint ſicut excõicati ab oĩb9
euitentur et in nulla cauſa ſi
p̃ocimiũ p̃ſtare voluerint au
diãtur·reuerſi aũt ĩ choꝛo mē
ſa capitulo r ceteris ultimi fra
trũ exiſtãt·et niſi forte ex mi
ſericoꝛdia ſe·ap·totius ſpem
ꝓmotionis amittãt. Verũ
q̄ nõnulli ex talib9 ꝓpt quo
rundam opiones diuſas ex
cuſacõnes aliqu aſſumebãt·
Nos volētes ut decetero ipo
facto ſniam excõicacõis in
currãt diſtricte p̃cipi9 r mã
dam9·q̃·tã a dioceſanis r ca
pitulis ipoꝝ q̃ a ceteris epis
in quoꝝ dioceſib9 hmõi ſtu
dēt tales excõicati et p̃dictis
penis obnoxij p̃blice nũciēt·
Quia vero theologie ſtu
diũ cupimus ampliari ut di
latato ſui tētoꝛij loco funicu
los ſuos faciat lõgioꝛes ut
ſit fides catholica circũcincta
muro inexpugnbili bellatoꝛũ
quib9 reſiſtē valeat aſcēdēti
b9 ex aduſo·ad ardiaconos
decanos plebanos ꝓpoſitos
cantoꝛes r alios clericos pſo
natus hñtes·necnon p̃ſb̃ros
niſi ab hijs infra ſpaciũ p̃ſcp̃
tum deſtiterint h̃ extēdi volu
mus et appellacõne poſtpoſi
ta firmiter obſuari·

Expl̃ liber·iij·Incip̃·q̃tus·

De francia·lege·i·ↄſuetudĩe· b Legib9·i·ↄſuetudinib9·
c Francoꝝ·quã putabat eſſe de ſb̃a mr̃imonij·ar·xxx·
·q·v·aliter·ubi vidꝛ ꝙ mr̃imoniũ omiſſis ſolēnitatib9
nõ valeat·ſꝫ non ē verũ q̄ illa q̃ dicũtur in·c·aliter·poti9
ad ſolēnitates referũtur q̃ ad veritatē que tñ ſuande ſũt ſꝫ q̃uis
nõ ſuētur tenꝫ mr̃imõiũ
q̄ ſolus ↄſenſus fac mr̃i
moniũ·xxvij·q·ij·ſuffici
d Dimiſſaqꝫ·qđ at·
facē non debuit aũctate
ſua ut·xxxiij·q·ij·ſecla
res·et·xxxv·q·vi·multo
rum·etiã ſi impedimētũ
manifeſtũ ſb̃eſſet·ꝫ·de di
uoꝛc·poꝛro·
e Euangelice·qua dꝛ·
nullus dimittat vxoꝛem
ſuã excepta cã foꝛnicacõ
nis·xxxij·q·i·dixit dñs·
ꝫ·e·ex pte·
f Pnie·p eo ꝙ p̃mã di
miſit et ſcđam duxit·
g Cõiuge·ſcꝫ nomine
non re·
P Reterea·ſine ↄdicõ
ne·p h̃ vidꝛ ꝙ ſolui non
pñt q̄ que ſine ↄdicõe
ꝓmittũtur ſine ↄdicõne·
ſoluũtur·xxxij·q·ul·c·ul
et·xxij·q·iiij·inter cetera
i Inducēdi·et etiã cõ
pellēdi ſi iuraſſent·ꝫ·e·ex
lr̃is·ꝓpter piculũ iuramē
ti·ar·õ·ꝫ·e·requiſiuit·ſꝫ il
lud ſoluitur ibi·ſꝫ ↄtra vi
detur·ꝫ·e·c·in ſi·ubi dꝛ ꝙ
de pacia poſſit tolerari·
k Noluerint·i·abſolu
te reſtiterint·
l Deterius·ſ·adulterũ
cũ ſcđa vel ꝙ eã forte in
terficēt
m Odio·q̄ qđ quiſ nõ
diligit facile ↄtēnit·xx·
·q·iij·p̃ſens clericus·et
·xxxi·q·ij·§·i·b·
n Societatē·ff·p ſocõ
·l·verũ·§·ul·et·l·actõne·
·§·diximus·
o Fidei·ſiue p iuramētũ
etiã q̄ equipollent·s·de
fideiuſ·puenit·et·xxij·q·
·v·iuramenti·
p Tolerari·ſꝫ ideo dicit
q̄ exquo nõ ē ꝓceſſum
ad mr̃imoniũ ↄ̃ria volũ
tate accedēte pñt ſe inui
cem abſoluē ut vidꝛ·q̄

De ſponſalib9 r mr̃imonijs·
Ex ↄcilio triburieñ·

De francia q̃
dam nobilē
mulierē de
ſaxonia le
ge ſaxonum
duxit ĩ vxo
rem·verũ q̄ nõ hiſdē vtũtur
legib9 ſaxones r franci cauſa
tus eſt ꝙ eã nõ ſua idest non
francoꝝ lege deſpõſauēat di
miſſaqꝫ illa aliã ſup duxit·dif
finiuit ſup h̃ ſcã ſinodus ut il
le trãſgreſſoꝛ euãgelice legis
ſb̃iciatur pnie r a ſcđa ↄiuge
ſepetur r ad p̃oꝛē rediē coga
tur. Inno·iij·exoñ·epo
Preterea hij q̃ de mr̃imo
nio ↄtrahēdo pure r ſine omĩ
ↄdicõne fidē dederũt ↄmonē
di ſũt r modis oĩb9 inducēdi
ut p̃ſtitã fidē obſuēt·ſi aũt ſe
ad inuicē admittē noluerint
ne forte deterius inde ↄtĩgat
ut talē·ſ·ducat quam odio hꝫ
vidꝛ ꝙ ad inſtar eoꝝ q̃ ſocie
tatē in tpoſicõne fidei ↄtrahũt

58 Inc.d. 205, 222r

Goffredus de Trano: Summa super titulis decretalium

59 Dom Hs. 135

Nordfrankreich, 2. Hälfte 13. Jh.

Laut einem Merkvers behandeln die fünf Bücher der 'Decretales' Gregors IX. (s. Dom Hs. 130, Kat. Nr. 57) die großen Komplexe 'iudex, iudicium, clerus, connubia, crimen'. Dabei hatte Raymund von Peñafort (gest. 1275) die päpstlichen Schreiben und Entscheidungen über Richter, Urteil und Gericht, über klerikales wie laikales Recht und strafrechtliche Sachverhalte nicht in ihrem vollen Wortlaut aufgenommen; vielmehr wurden die Texte, jeweils reduziert auf die juristisch relevanten Bestimmungen, systematisch zu einzelnen Titeln zusammengefaßt. Das bedeutet zugleich, daß umfangreichere Decretales zu diversen Problemen nicht als Einheit erhalten sind.

Außer in zahlreichen Glossenapparaten – meist zusammen mit dem kommentierten Text überliefert – setzten sich die Dekretalisten auch in selbständigen Werken mit dem 'Liber Extra' auseinander. Autor einer beliebten und weit verbreiteten 'Summa super titulis decretalium' ist Goffredus de Trano (gest. 1245). Der aus Trani in Apulien stammende Jurist hatte zunächst in Neapel Zivilrecht gelehrt, bevor er als Kanonist nach Bologna ging. In der Vorrede zu seiner Titelsumme nennt er sich selbst Subdiakon und Kapellan des Papstes. Als 'auditor litterarum contradictarum' war er darüber hinaus im Dienst der Kurie mit richterlichen Funktionen betraut. Goffredus' wissenschaftliches Hauptaugenmerk galt den 'Decretales' Gregors IX. Nachdem er bereits einen Glossenapparat zum 'Liber Extra' verfaßt hatte, entstand wohl zwischen 1241 und 1243 die 'Summa'. In der Reihenfolge der Titel erörtert er in einer klar verständlichen Sprache eine Vielzahl von Fällen und bietet so ein Lehrbuch des kanonischen Rechts, das später auch gedruckt erschien.

Einziger Schmuck des Textes in Dom Hs. 135 – sieht man einmal von den einfachen Fleuronnée-Initialen ab – ist der von schmalen Goldleisten gerahmte Zierbuchstabe zur Vorrede. Raffiniert werden die beiden Drachenwesen dazu verwendet, die nur durch feine Deckweißlinien gegen das blaue Binnenfeld abgesetzte Initiale zu einem Majuskel-G zu vervollständigen. Farbigkeit und Ornamentik lassen auf eine Entstehung in Nordfrankreich schließen, wo in der zweiten Hälfte des 13. Jahrhunderts wandernde Künstler für steten Austausch mit den führenden Werkstätten in Paris sorgten.

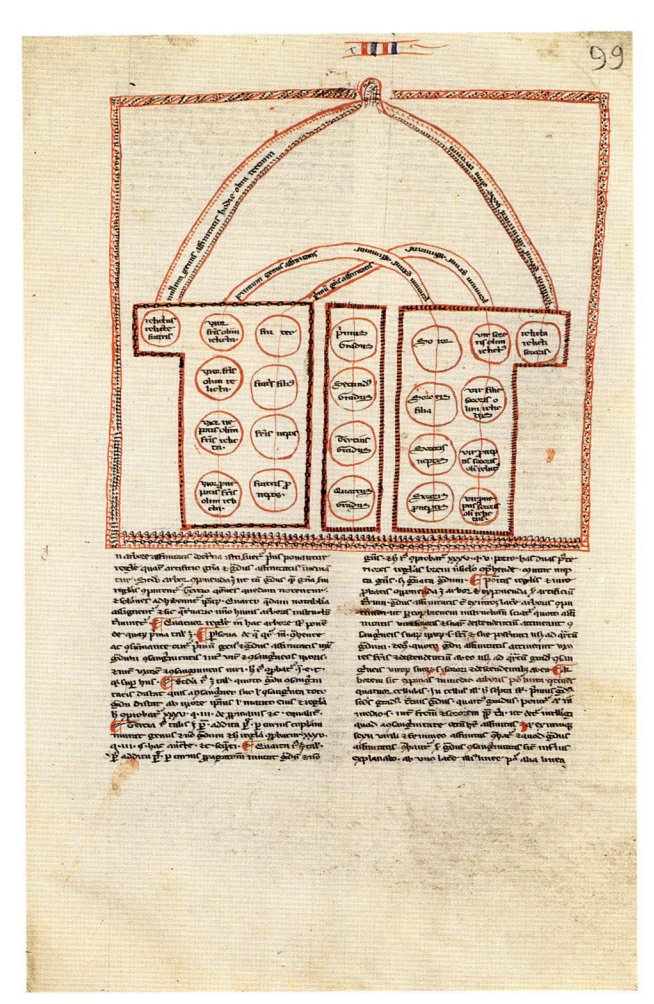

Anders als in einer stilistisch etwas fortgeschritteneren französischen Handschrift der 'Summa' des Goffredus in Frankfurt mit zwei ganzseitigen Arbores-Miniaturen (Stadtbibl., Ms. Praed. 90 [1547]; R. Schilling, Die illuminierten Handschriften und Einzelminiaturen ... in Frankfurter Besitz, Frankfurt 1929, Nr. 49) begnügte man sich im Kölner Codex mit einfachen Zeichnungen für die Verwandtschaftstafeln, die vermutlich der Schreiber selbst angefertigt hat. Im Vergleich zu älteren Beispielen (s. Dom Hs. 127, Kat. Nr. 55) fällt auf, daß sowohl für die Blutsverwandtschaft wie für die Schwägerschaft nicht mehr sieben, sondern nur noch vier Grade angegeben werden. Die entsprechende Bestimmung des 4. Laterankonzils von 1215 war auch in die 'Decretales' Gregors IX. übernommen worden. Trotz dieser Reduzierung galt die Materie weiterhin als so kompliziert, daß Goffredus nicht auf die optische Vergegenwärtigung durch die 'Arbores consanguinitatis et affinitatis' verzichten wollte. Er belegt vielmehr anhand von Beispielen den Vorrang des Sehens vor dem Hören und dringt darauf, daß die 'arbores depictae' als

 59 Dom Hs. 135, 2r

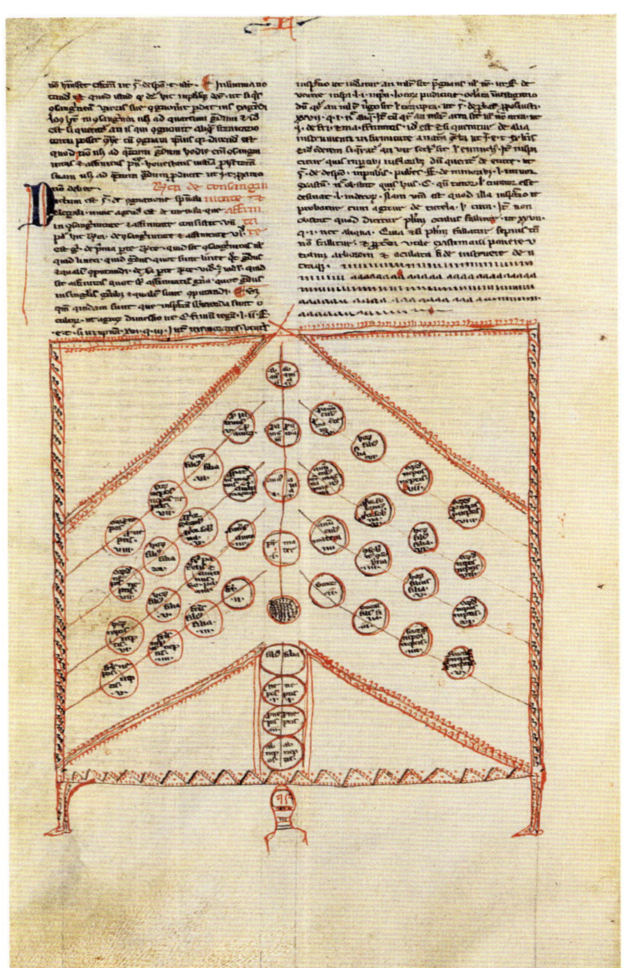

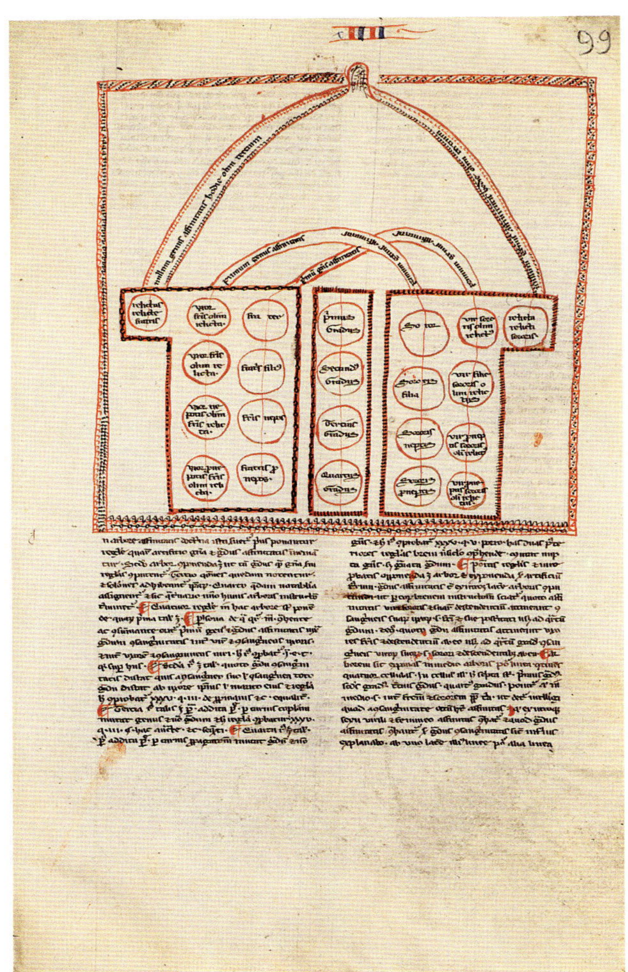

59 Dom Hs. 135, 97v/99r

anschauliche Hilfe zum Verständnis in den Text eingefügt werden (vgl. H. Schadt, Die Darstellungen der Arbores Consanguinitatis und der Arbores Affinitatis, Tübingen 1982, S. 195ff. u. 212f.).

INHALT: **1r** Titel *Summa Goffridi de Trano.* **1v** Leer. **2r - 134v** Goffredus de Trano, Summa super titulis decretalium (Basel 1487, Venedig 1491 und öfter) **2r** Vorrede *G(losarum diversitas)*; Buch 1, Titulus 1 *De summa trinitate et fide catholica. Post prohemium.* **40r** Buch 2, Titulus 1. De Iudiciis *Explicitis quibusdam iudiciorum.* **64v** Leer. **65r** Buch 3, Titulus 1. De vita et honestate clericorum *Finito tractatu Iudiciorum.* **89v - 90r** Inhaltsverzeichnis. **90v** Leer. **91r** Buch 4, Titulus 1. De sponsalibus et matrimoniis *Postquam de hiis.* **97v** Arbor consanguinitatis. **99r** Arbor affinitatis. **105r** Buch 5, Titulus 1. De accusationibus inquisitionibus et denunciationibus *Proxime tractavimus de accusatione matrimonii.* **134v** Ende mit . . . *et propterea malui repetere quam deesse. Explicit hec summa.*

PERGAMENT: 134 Blätter; 280 x 174 mm; Lagen 1^{6+1}, $2\text{-}7^{8}$, 8^{8+1}, 9^{6}, 10^{8}, 11^{12}, 12^{6}, 13^{8}, 14^{6}, $15\text{-}16^{8}$, $17\text{-}18^{4}$; z. T. Wortreklamanten; Schriftspiegel 195 x 124 mm; 2 Spalten von je 58 mm Breite mit 9 mm Abstand; Metallstiftliniierung mit dreifacher Liniierung zwischen den Kolumnen und ein- bis vierfacher Randliniierung zu beiden Seiten des Textes von unterschiedlicher Breite; 57-61 Zeilen. AUSSTATTUNG: Lateinischer Text in dunkelbrauner früher Textura, rubriziert; zwei- bis mehrzeilige Lombarden in Rot und Blau mit einfachem Fadendekor; mehrzeilige einfache Fleuronnée-Initialen zu Beginn der Bücher in Blau und Rot; Eingangsinitiale in Blau mit vegetabiler und zoomorpher Füllung des Binnenfeldes in hellem Violett, Minium, Ocker und Weiß auf blauem Binnen- sowie hellviolettem Außengrund, Rahmung in Gold; Verwandtschaftstafeln in roter und schwarzer Federzeichnung. EINBAND: Pergament mit Streicheisenlinien über Pappe (Mitte 18. Jh.). PROVENIENZ: Darmstadt 2130. LITERATUR: Hartzheim 1752, S. 83f. – Jaffé/Wattenbach 1874, S. 56 – Handschriftencensus 1993, S. 652, Nr. 1100. B.B.-N.

BÜCHER FÜR DEN UNTERRICHT

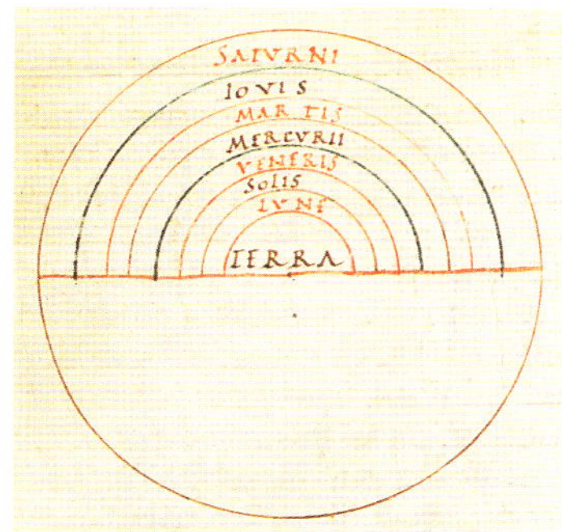

68 Dom Hs. 192, 45r

60 Dom Hs. 8

Psalterium quadruplex

Bamberg, Kloster Michelsberg, 2. Viertel 11. Jh.

Insgesamt dreimal nahm sich der Kirchenvater Hieronymus (347/348 - 419/420) der lateinischen Übersetzung der Bibel an. Er revidierte zuerst die altlateinische Textfassung (382 - 385), übertrug anschließend die griechische (386/387) und dann die hebräische Bibel (392) in die lateinische Sprache (von Euw 1985, S. 394). Die drei lateinischen Versionen des Psalters – Romanum, Gallicanum und Hebraicum – wurden im Auftrag Salomons III. (890 - 920), Bischof von Konstanz und Abt von St. Gallen, im sog. Psalterium quadruplex nebeneinandergestellt und um die griechische Fassung in lateinischer Transkription ergänzt. Wahrscheinlich diente dieser Psalter Studienzwecken, z. B. dem Erlernen der griechischen Sprache. Es fällt auf, daß zumindest in Dom Hs. 8 die Spalte mit dem griechischen Text jeweils von einer anderen Hand geschrieben wurde als der lateinische Text. Offensichtlich konnte die Kenntnis des Griechischen bei keinem der zahlreichen "lateinischen" Schreiber vorausgesetzt werden. In ottonischer Zeit scheint sich dieser Psalter einiger Beliebtheit erfreut zu haben, denn es sind eine Reihe von Exemplaren überliefert (Rom, Bibl. Vaticana, Pal. lat. 39; Essen, Münsterschatz, s.n.). Sie gehen alle auf eine Handschrift zurück, die sich heute in der Staatsbibliothek von Bamberg befindet (Ms. Bibl. 44). Aus ihrem 44 Hexameter umfassenden Widmungsgedicht sind der Auftraggeber Salomon III., die Bezeichnung 'quadruplex' und das Entstehungsjahr 909 bekannt. Einer nicht sehr alten Legende nach (Berschin 1991, S. 328f.) gelangte dieses Exemplar aus dem Nachlaß Kaiser Ottos II. (967 - 983) nach Bamberg, der – laut dem Zeugnis Ekkehards IV. (980/990 - nach 1056; MGH SS II, S. 147) – im Jahre 972 einige Handschriften in St. Gallen "entlieh", ohne sie wieder zurückzugeben. Laut Hoffmann (1995, S. 15) erreichte der Psalter Bamberg jedoch erst in späterer Zeit. Zuvor habe er sich, den Marginalglossen zufolge, seit der 2. Hälfte des 10. Jahrhunderts in einem nordwestdeutschen Skriptorium befunden. Die mehr als 100 Jahre späteren Abschriften halten sich erstaunlich exakt an die Vorlage. Dom Hs. 8 enthält neben dem Widmungsgedicht (9r) und einigen Papst Damasus I. (366 - 384) zugeschriebenen Versen (9v) die Briefe des hl. Hieronymus, in denen er die verschiedenen Bibel-Übersetzungen (1r - 8v) erläutert und die *Origo prophetiae David* (8r), die von der Auswahl der Psalmensänger durch David und vom Gesang beim Einzug in Jerusalem mit der Bundeslade berichtet (vgl. 1 Chr 25, 1 - 7; 15, 14 - 29). Von dem Widmungsgedicht fehlen durch den Verlust einer Seite die ersten sechs Verse. Der Anhang (159r - 164v) umfaßt zweisprachig das 'Vater unser', die Glaubensbekenntnisse, das Gotteslob und eine griechisch-lateinische Litanei. Letztere enthält die süddeutschen Heiligen der Vorlage (Kahsnitz 1979, S. 103) sowie eine Bitte für den zur Zeit Salomons herrschenden König Ludwig (900 - 911). Die Kölner und auch die eng verwandte Essener Handschrift wurden also ohne Rücksicht auf evtl. abweichende lokale Bedürfnisse kopiert. Sie gehen wohl direkt auf das Bamberger Urexemplar zurück, während das vatikanische Fragment sich offensichtlich an Dom Hs. 8 orientiert (Berschin 1991) – dem Widmungsgedicht fehlen die gleichen sechs Verse. Da dieses Fragment einem Psalter des späten 11. Jahrhunderts mit einer nachgetragenen kölnischen Litanei beigebunden ist, könnte man vermuten, daß sich Dom Hs. 8 schon zu dieser Zeit in Köln befand. Entstanden ist sie dort jedoch nicht. Hoffmann (1995) zufolge wurde sie im 2. Viertel des 11. Jahrhunderts im 1015 gegründeten Benediktinerkloster Michelsberg zu Bamberg geschrieben.

Also, lieber Leser, betrachte nun bitte mit Bedacht die vierfache Form des Psalters, die aus den verschiedenen Sprachen zusammengesetzt ist, und laß dich nicht weiter durch irgendein Beispiel verwirren, wenn du doch nun vor Augen die wahrheitsgemäßen Aussagen der Autoren wahrnimmst. Die erste Spalte, die auf dem Blatt geschrieben steht, bietet in getreuer Wiedergabe, was die Gallier singen, für die, wie ich gesagt habe, Hieronymus der zuverlässige Übersetzer ist. Was auch immer von dieser Ausgabe abweicht, sei gewiß, daß es auch vom hebräischen Text abweicht. Die zweite Spalte enthält die verbreitete Version, die auch weniger korrekt ist; diese singen die Römer und sie benutzen die Einwohner Italiens. Die dritte Spalte aber enthält die vom hebräischen Lehrer übersetzte Version und offenbart uns all dieses weit besser. Die letzte nämlich ist wirklich in griechischer Sprache geschrieben, die Version, welche wir, wie ich sagte, weniger schätzen, obwohl sie verbreitet ist.
9r (Dedikationsverse Abt Salomons III. von St. Gallen); A.A.

terrae
Ego dixi dii estis
& filii excelsi
omnes;
Uos aut̄ sicut homines
moriemini.
& sicut unus
de principibus
cadetis;
Surge ds̄ iudica terrā.
quoniam tu
hereditabis in
omnib; gentibus;

CANTICUM PSALMI ASAPH.

Ds̄ quis similis erit
tibi. ne taceas neq;
compescaris ds̄;
Qnm̄ ecce inimici tui
sonauerunt. & qui
oderunt te
extulerunt caput.
Sup populum tuum
malignauerunt
consilium. & cogita
uerunt aduersus
scōs tuos;
Dixerunt uenite
& disp̄damus eos
de gente. & non
memoretur nom̄
israhel ultra;
Qnō cogitauerunt
unanimit̄ simul.
aduersus testamtū
tuum disposuer̄.
tabernacula
idum eorum
& ismahelitę;

terrae;
Ego dixi dii estis
& filii excelsi
omnes;
Uos aut̄ sicut homines
moriemini.
& sicut unus
de principibus
cadetis;
Ex surge ds̄ iudica
terrā. qnō tu
hereditabis in
omnib; gentibus;

CANTICUM PSALMI IPSI ASAPH

Ds̄ quis similis erit
tibi ne taceas. neq;
compescaris ds̄;
Qnm̄ ecce inimici tui
sonauerunt. & qui
te oderunt
extulerunt caput;
In plebē tuam
astute cogitauerunt
consiliū. & cogitaue
runt aduersus
scōs tuos;
Dixerunt uenite
disp̄damus eos
ex gente. & n̄ memo
rabitur nomen
israhel amplius;
Qnm̄ cogitauerunt
consensu in unum.
aduersus te testamtum
disposuerunt;
Tabernacula
idum eorum
& ismahelitarū.

terrae;
Ego dixi dii estis
& filii excelsi
omnes uos;
Ergo quasi
adam moriemini.
& quasi unus
de principibus
cadetis;
Surge dnē iudica
terrā. qnō tu
hereditabis
omnes gentes;

CANTICUM PSALMI ASAPSH

Ds̄ ne taceas
ne sileas & non
quiescas ds̄;
Quia ecce inimici tui
tumultuati sunt.
& qui oderunt te
eleuauerunt caput;
Contra populū tuum
nequit̄ tractauerunt
& inierunt c̄silium.
aduersum
arcanum tuum;
Dixerunt uenite
& c̄teramus eos
de gente. & non sit
memoria nominis
israhel ultra;
Qnm̄ tractauerunt
pariter. contra te
foedus
pepigerunt;
Tabernacula
idumeae &
ismahelitarum.

[..]us gis.
Ego ipa thei este
ce y. hu ypsi stu
pantes.
Imis de os anthropi
apothniscete
ce os is
ton ar chon
ton piptete
Anasta. o this. crino tingin.
oti. sy
cata clironomisis. en
pasin. tis et nesin.

CANTICUM PSALMI ASAPH.

O this. omiothesete.
si. misi gisis. mide
cata praunis othis.
Oti. idu ie echthri su
ichisan cei
misuntes se
iran ce falin.
Epi ton laon su
catepan urgeusanto
gnomin. ce ebuleu
santo catato
agion su.
Ipan deute
ce exolothreusomē autus
ex ethnus ceu
mim nisthito. to onom
israhil eti.
Oti ebuleusanto
eo nomia. epito autu
cata su diathicin
diethento
ta sci nomata
ti idumeon
cei ismahelite.

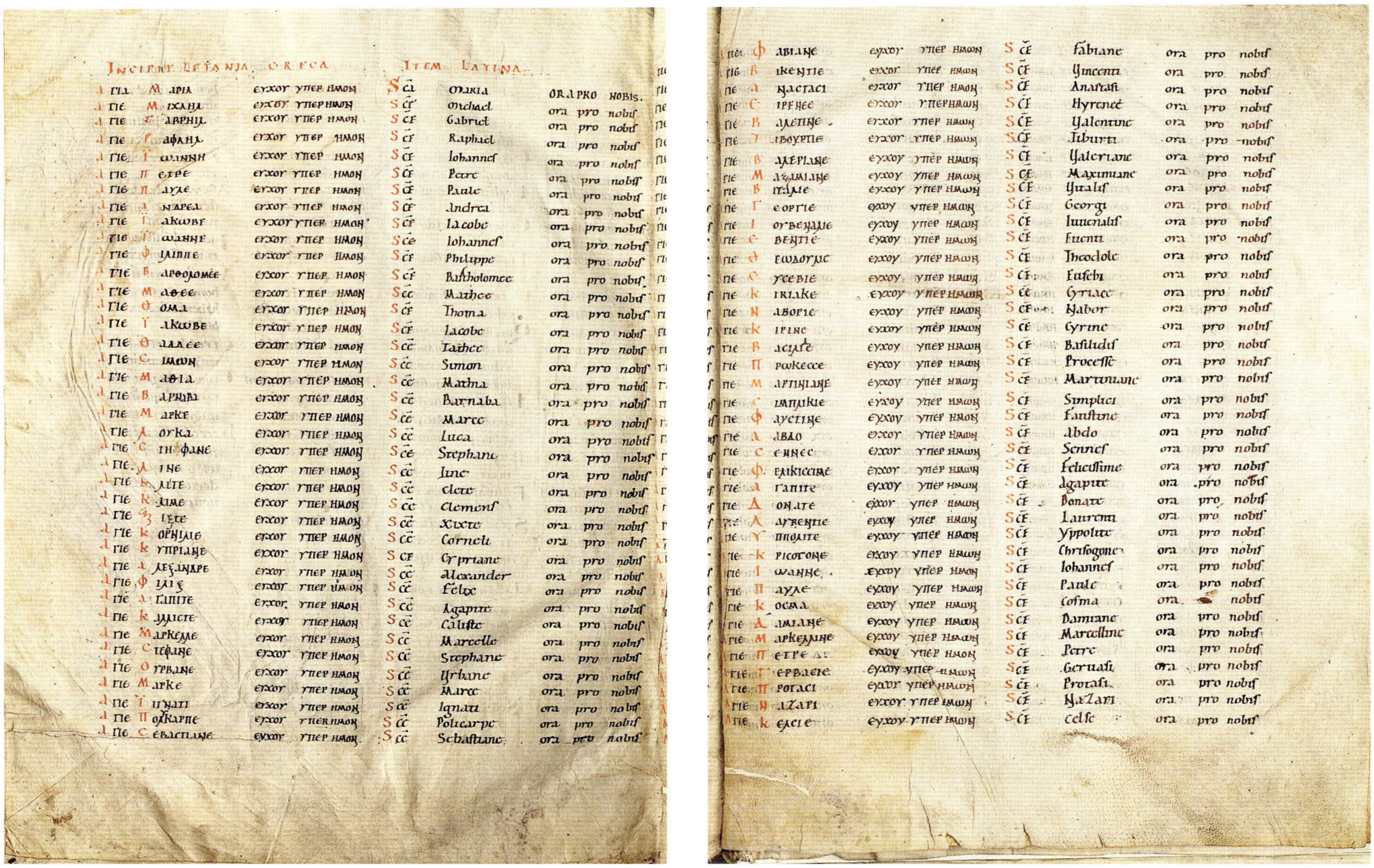

60 Dom Hs. 8, 160v/161r

INHALT: **1r-9v** Vorreden. **1r** Brief des Hieronymus an Sunnia und Fretela über die Fehler der griechischen Psalmenübersetzung *D(ilectis fratribus)* (Lambert I/1, 106; CSEL 55, 247-289; Stegmüller 451). **8r** Entstehungsgeschichte der Psalmen *ORIGO PROPHETIAE DAVID. d(avid filius Iesse)* (Stegmüller 414). **8r** Hieronymus, Brief an Paula und Eustochium *P(salterium Rome)* (Lambert I/1, 157; PL 29, 121-124; Stegmüller 430). **8v** Hieronymus, Brief an Sophronius *Scio quosdam – ut polliceris transtuleris* (unvollständig; Lambert I/1, 158; PL 28, 1183-1188; Stegmüller 443). 8v *S(cio)*. Die folgende Seite mit der Fortsetzung des Textes fehlt. **9r** Dedikationsverse Abt Salomons III. von St. Gallen (890-920) für den Psalter der Staatsbibliothek in Bamberg Bibl. 44 (909) *QUOS SIBI PONTIFICES LEGIT* (Anfang fehlt; MGH PP IV/1, 347). **9v** Pseudo-Damasus, Verse *VERSICULI HIERONIMI PRESBITERI. PSALLERE QUI DOCUIT*; *NUNC DAMASI MONITIS* (PL 13, 375; Stegmüller 419, 408; Schaller/Könsgen 12730, 10728); *AETERNI PATRIS* (Stegmüller 359; Schaller/Könsgen 426). **10r-147r** Psalterium quadruplex. Psalm 1-151. **10r** Ps 1 *B(eatus vir), B(eatus), b(eatus), M(acharios)*. Die Reihenfolge der Textvarianten ist auf 10r in späterer Schrift über den Kolumnen nachgetragen: *Gallicanum, Romanum, hebraicum, Grecum*. Ab und zu erscheinen originale, rubrizierte Seitentitel im weiteren Verlauf des Textes. Psalm 151 ohne griechische Textvariante. **147v-158v** Cantica quadruplex beginnend mit dem *CANTICUM AESAIAE PROPHETAE. Confitebor, Confitebor, Exomologiso.* **159r-164v** *Pater noster* etc., Litanei. **159r/v** *Pater noster, Credo, Te Deum* (lateinisch und griechisch; das griechische *Te Deum* unvollständig). **159v** *LAUS POST LECTIONEM SANCTI EVANGELII. Te decet.* **160r** Athanasianisches Glaubensbekenntnis (lateinisch) *Q(uicumque vult)*. **160v-164v** Griechische und lateinische Litanei (u. a. Fridolin, Emmeram, Othmar, Gallus). **164r** Bitte für König Ludwig.

PERGAMENT: 165 Blätter (Blatt 44 b nicht gezählt); 408 x 316 mm; Lagen 1^{8}, 2^{8-1+1}, $3-20^{8}$, 21^{2+3}; Schriftspiegel 303 x 244 mm (2 Kolumnen), 310 x 248 mm (4 Kolumnen); Blindliniierung mit Versalienspalten zu je beiden Seiten der Kolumnen (8 mm); im Psaltertext 4 Kolumnen von je 50 mm Breite und 16 mm Abstand, bei den Vorworten 2 Kolumnen von je 114 mm Breite und 16 mm Abstand; 40 Zeilen. AUSSTATTUNG: Lateinischer und griechischer Text in lateinischer Umschrift in hell- bis dunkelbrauner frühromanischer Minuskel, rubriziert; Auszeichnungsschrift: Capitalis Rustica mit unzialen Elementen; zu Beginn der Verse ein-, zu Beginn der Psalmen zwei- bis mehrzeilige Initialen in Minium. EINBAND: Pergament mit Streicheisenlinien über Pappe (Mitte 18. Jh.). PROVENIENZ: Möglicherweise schon im späten 11. Jh. in Köln (s. Text); Darmstadt 2009. LITERATUR: Hartzheim 1752, S. 7ff. – Jaffé/Wattenbach 1874, S. 3f., 101f. – A. Rahlfs, Septuaginta-Studien II: Der Text des Septuaginta-Psalters, Göttingen 1965, S. 8f. – R. Kahsnitz, Der Werdener Psalter in Berlin, Düsseldorf 1979, S. 101ff. – Ornamenta 1985, I S. 394, 434, Nr. C 13 (A. von Euw) – E. Mittler u. a. (Hgg.), Biblioteca Palatina, Bd. I - II, Ausst. Kat. Heidelberg 1986 (Heidelberger Bibliotheksschriften 24), S. 128f., Nr. C 6.5 (W. Berschin) – W. Berschin, Salomons III. Psalterium quadrupartitum in Köln und Heidelberg, in: Theophanu 1991, I S. 327ff. – Handschriftencensus 1993, S. 578f., Nr. 971 – M. Gibson, Glossed Psalters, in: R. Gameson (Hg.), The Early Medieval Bible. Its production, decoration and use, Cambridge 1994, S. 78 Anm. 2 – R. McKitterick, Ottonian Intellectual Culture in the Tenth Century, in: A. Davids (Hg.), The Empress Theophanu, Cambridge 1995, S. 175 – Collegeville 1995, S. 13ff. – H. Hoffmann, Bamberger Handschriften des 10. und 11. Jahrhunderts, Hannover 1995 (Schriften der MGH 39), S. 73, 180.

U.S.

Martianus Capella: De nuptiis Philologiae et Mercurii

61 Dom Hs. 193

10. Jh.

Mit dieser Handschrift liegt das im Mittelalter grundlegende Unterrichtswerk zu den Sieben Freien Künsten von Martianus Capella vor, das unter dem Titel 'Die Hochzeit Merkurs und der Philologie' seit der zweiten Hälfte des 9. Jahrhunderts durch zahlreiche Abschriften verbreitet wurde. Der Codex der Kölner Dombibliothek stammt aus dem 10. Jahrhundert und ist möglicherweise in einem Bücherverzeichnis des 11. Jahrhunderts bereits als 'Marcianum I integrum' erwähnt (Jeffré 1991). Das im Mittelalter überaus geschätzte und von bedeutenden Gelehrten (Johannes Scotus Eriugena [9. Jh.], Remigius von Auxerre [nach 841 - wohl 908]) kommentierte Lehrgedicht, über dessen Autor nur wenig bekannt ist, stammt aus dem 4. oder 5. Jahrhundert. Die ersten beiden der insgesamt neun Bücher wurden von Notker Labeo (gest. 1022) ins Althochdeutsche übersetzt. In diesen einleitenden Büchern wird die Hochzeit Merkurs mit der Philologie geschildert. In den folgenden sieben Büchern erscheinen die Sieben Freien Künste (Grammatik, Dialektik, Rhetorik, Geometrie, Arithmetik, Astrologie und Musik) als Brautjungfern und offenbaren nacheinander ihr Wissen.

INHALT: **1r** Federproben; Skizze zu den vier Elementen und ihren Qualitäten. **1v** Accessus (Einleitung) zu Martianus Capella *Iste Marcianus genere Cartaginensis fuit – et ratio per ostia sermonis desiderat propagari.* **1v - 200v** Martianus Capella, De nuptiis Philologiae et Mercurii (Buch I - IX) (A. Dick, Martianus Capella, Stuttgart 1969, 3 - 535). **1v - 13v** Buch I. **1v** *INCIPIT LIBER* (Rasur). *INCIPIT MARTIANUS* (Nachtrag). *Tu quem psallentem thalamis quem matre Camena – sub die non Martiarum Christo adiuvante. MARTIANI MINEI FELICIS CAPELLAE DE NUPTIIS PHILOLOGIAE LIBER PRIMUS EXPLICIT.* **13r** Skizze, die die vier Elemente (Feuer, Luft, Wasser, Erde) mit den ihnen zukommenden Qualitäten (trocken, warm, feucht, kalt) verbindet (1r ähnliche Skizze). **13v - 31v** Buch II. **13v** *INCIPIT EIUSDEM LIBER SECUNDUS. Sed purum astrificis caelum scandebat habenis – Faveantque musae et chelis latoia. MARTIANI ET MINEI FELICIS CAPELLAE DE NUPTIIS PHILOLOGIAE LIBER SECUNDUS EXPLICIT.* **32r - 59v** Buch III. **32r** *INCIPIT DE ARTE GRAMMATICA LIBER III. Rursum Camena parvo – conferendam clarius intromisit. XX.* **60r - 87r** Buch IV. **60r** *INCIPIT DE ARTE DIALECTICA LIBER QUARTUS. Haec quoque contortis stringens effamina nodis – compluresque eam divorum qui inter initia deriserant horruerunt. EXPLICIT DE ARTE DIALECTICA LIBER QUARTUS.* **61r** Diagramm zur Dialektik. **87r - 117v** Buch V. **87r** *Interea sonuere tubae raucusque per etram – nec livor ater te sequatur praecluem. MARTIANI MINEI FELICIS CAPELLAE DE ARTE RETHORICA LIBER QUINTUS EXPLICIT.* **117v - 147v** Buch VI. **117v** *INCIPIT DE GEOMETRICA LIBER SEXTUS FELICITER. Virgo armata decens rerum sapientia pallas – et benignissima comprobatur. MARTIANI MINEI FELICIS CAPELLAE AFRI CARTAGINENSIS DE GEOMETRICA EXPLICIT LIBER SEXTUS.* **144v - 147r** Skizzenhafte geometrische Figuren am Rand. **147v - 164v** Buch VII. **147v** *INCIPIT DE ARITHMETICA LIBER SEPTIMUS. Postquam conticuit prudens terrae – sic uit* (!) *ac reticens propiori adiuncta sorori.* **164v - 182r** Buch VIII. **164v** *INCIPIT. Quae dum geruntur et deorum sacer senatus – aut retrogradari facit. EXPLICIT DE ASTROLOGIA.* **182r - 200v** Buch IX. **182r** *INCIPIT DE MUSICA. Iam facibus lassos spectans – ignosce lectitans. MARTIANI MINEI FELICIS CAPELLAE AFRI CARTAGINENSIS DE ARMONIA LIBER NONUS EXPLICIT FELICITER.* **200v - 201r** *Prolamba nomenos ad qui situs – Ne te hyperboleon ultima excellentium.* **201v** *HI SUNT TROPI XV. HOC EST FORMAE CARMINUM QUI PERAGUNTUR IN CITHARA. XXVIII CORDARUM.* Es folgt eine gestufte Tabelle, in der die Tonarten vermerkt sind.

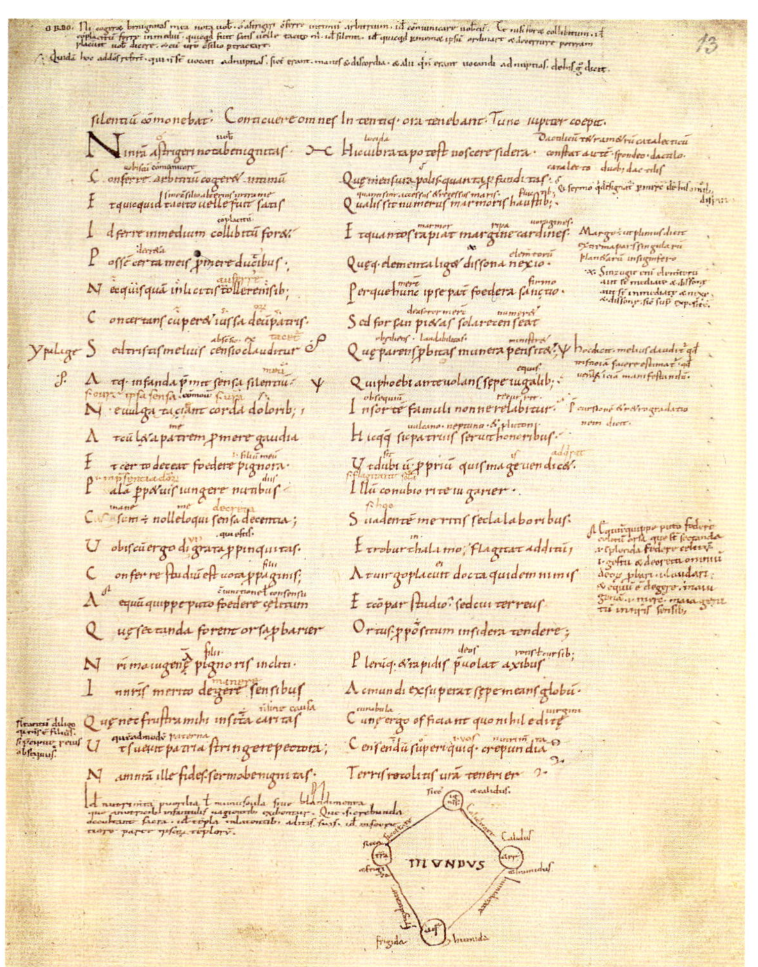

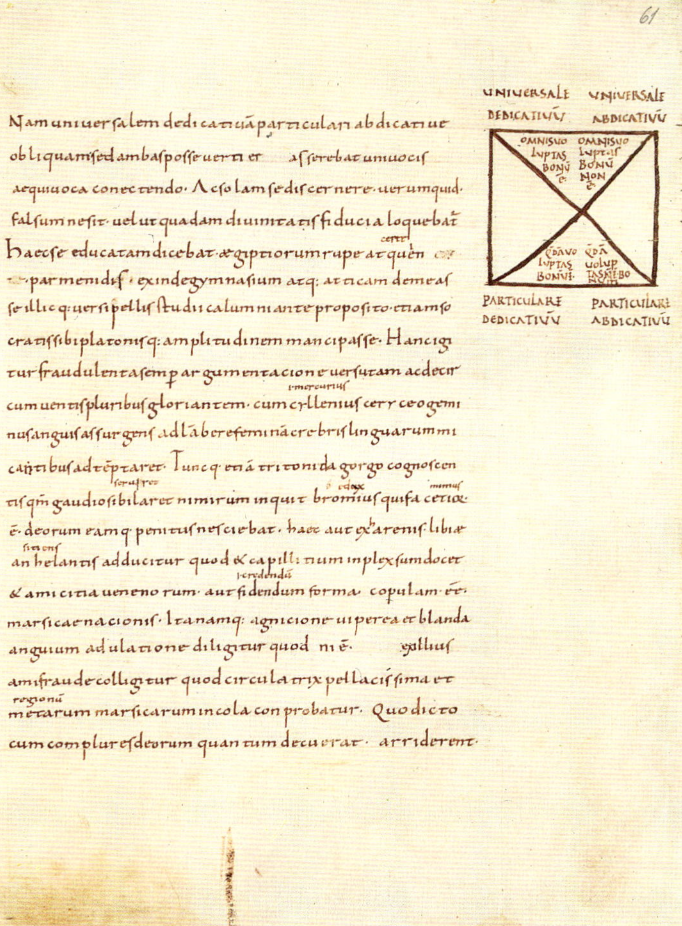

61 Dom Hs. 193, 13r/61r

PERGAMENT: 201 Blätter; 255 x 195 mm; Lagen 1^{8}, 2^{8+1} (fol. 17 nach der Lagenzählung eingebunden), 3^{6}, 4-7^{8}, 8^{4}, 9-13^{8}, 14^{6}, 15-19^{8}, 20^{6}, 21^{8}, 22^{4}, 23-26^{8}, 27^{6}; Zahlenreklamanten; Schriftspiegel 161-175 x 130 mm; Blindliniierung; einspaltig; 21-24 Zeilen. AUSSTATTUNG: Lateinischer Text in hell- bis mittelbrauner karolingischer Minuskel, nicht rubriziert; Auszeichnungsschrift: Capitalis Rustica; Initialen: Capitalis Quadrata und Uncialis; ein-, zwei- und dreizeilige Initialen in Tintenfarbe; Diagramme in Tintenfarbe in der Marginalspalte; in allen Büchern neben Marginalglossen (besonders umfangreich in Buch II) zahlreiche Interlinearglossen; außerdem Verbesserungen im Text und in den Glossen (Rasuren, Zusätze, geschrieben mit deutlich dunklerer Tinte); ab 34r Verweise auf den Textinhalt am Rand; ab 44v ist der Text bis zum Ende von Buch V durch Zwischenüberschriften übersichtlicher gegliedert. EINBAND: Pergament mit Streicheisenlinien über Pappe (Mitte 18. Jh.). PROVENIENZ: Darmstadt 2168. LITERATUR: Hartzheim 1752, S. 158 – Jaffé/Wattenbach 1874, S. 81 – C. Leonardi, I codici di Marciano Capella, in: Aevum 33 (1959), S. 60 – G. Cambier, Les manuscrits principaux di De nuptiis Philologiae et Mercurii de Martianus Capella, in: G. Cambier u. a. (Hgg.), Lettres latines du Moyen Age et de la Renaissance, Brüssel 1978 (Collection Latomus 158), S. 79 – Jeffré 1984, S. 20 – Jeffré 1991, S. 166 – Handschriftencensus 1993, S. 676f., Nr. 1143.

I.J.

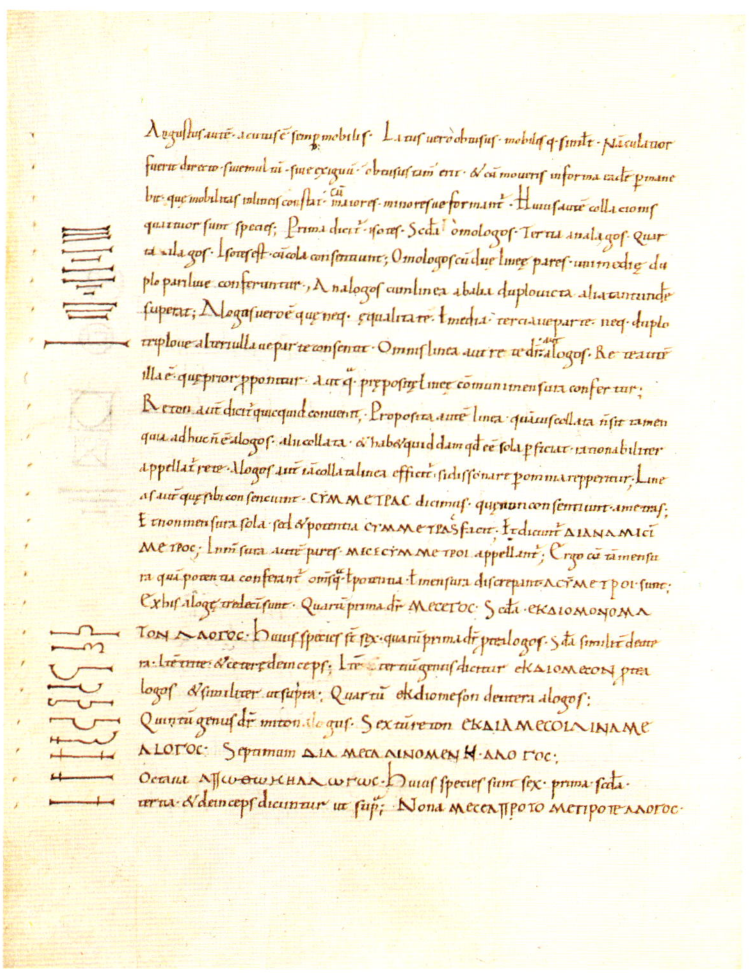

61 Dom Hs. 193, 146v/147r

Und alles tanzte um sie her, unter großem Tönen der Trommel und Klingeln der Kastagnetten, so sehr, daß der Gesang der Musen durch die Trommelwirbel übertönt wurde. Dann wurde während des Lärms eine Sänfte hereingetragen, mit Sternen besetzt, wozu sie beim Einzug in geheimnisvollem Ritus lautschallende Geräusche von sich gaben, so wie es Brauch war, wenn göttliche Bräute zur hochzeitlichen Gemeinschaft des himmlischen Ehebettes kamen. Vor der Philologie stand eine Frau mit strengem Gesicht, die in heiligem Licht und Aether erstrahlte und hervorstach in ihrer ehrwürdigen Eigenschaft als Priesterin. Als alle Anwesenden sie erblickten, erwiesen sie ihr Ehre in ihrer ruhmreichen Majestät als der Bewahrerin aller Götter und des Weltalls. Ihr Name war Athanasia (Unsterblichkeit). Und sie sagte: "Mädchen, der Vater der Götter hat verfügt, daß du in dieser königlichen Sänfte in den Himmelspalast getragen werden sollst. Keinem Erdgeborenen ist es erlaubt, sie zu berühren, und auch dir nicht, bevor du nicht diesen Becher hier ausgetrunken hast." Und indem sie das gesagt hatte, fühlte sie sanft mit der Rechten Herzschlag und Brust der Philologie. Sie entdeckte, daß der Körper von einer Art innerer Fülle bis zum Platzen gespannt war und sagte: "Niemals wirst du den Sitz der Unsterblichkeit erreichen, wenn du nicht das, was du in deiner vollen Brust trägst, würgend von dir gibst und herausbrichst." Darauf mühte sich die Philologie mit aller Kraft und Anstrengung und kotzte heraus, was sie in ihrer Brust gespürt hatte. Und da wird all das Erbrechen und würgende Kotzen in Mengen von Büchern aller Art verwandelt. Man konnte sehen, welche Bücher und wie viele Bände, wievieler Sprachen Werke aus dem Mund des Mädchens hervorkamen. Einige aus Papyrus, der mit Zedernöl glatt bearbeitet worden war, andere Bücher waren aus Leinenstoffen zusammengewoben, viele aus Schafspergament, wenige auch, die auf Lindenrinde geschrieben waren. Es gab auch einige Bücher, die mit einer geheimen Tinte beschrieben waren, deren Buchstaben für Bilder von Lebewesen gehalten wurden. Als Unsterblichkeit diese letztgenannten Bücher sah, befahl sie, sie auf hervorstehende Steine aufzuschreiben und in die Höhlen der Tempel der Ägypter zu stellen. Diese Steine nannte sie Stelen und befahl, daß sie die Stammbäume der Götter enthalten sollten. Aber während das Mädchen in Strömen all das hervorkotzte, sammelten die Frauen, die zum Teil die Künste, zum Teil die Lehrfächer genannt werden, alles ein, was aus dem Munde der Philologie hervorkam, und zwar jede das für ihren eigenen Gebrauch Nützliche und ihrer je eigenen Fähigkeit Entsprechende. Auch die Musen, besonders Urania und Calliope, rafften unzählige Bände in ihren Schößen zusammen

(aus der 'Hochzeit der Philologie mit Merkur' des Martianus Capella); A.A. nach J. Willis, Leipzig 1983

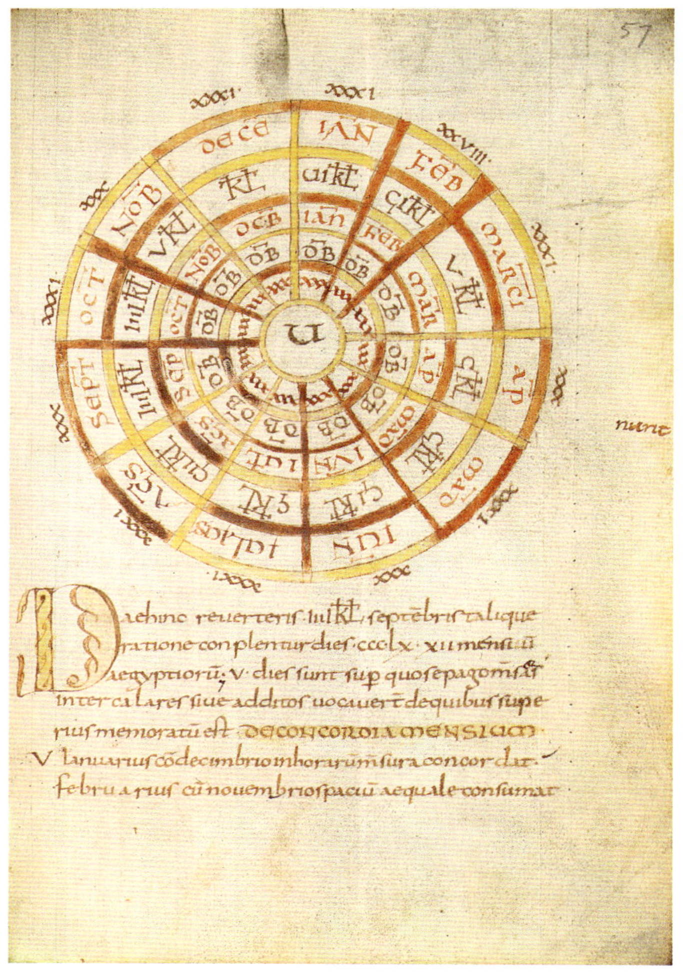

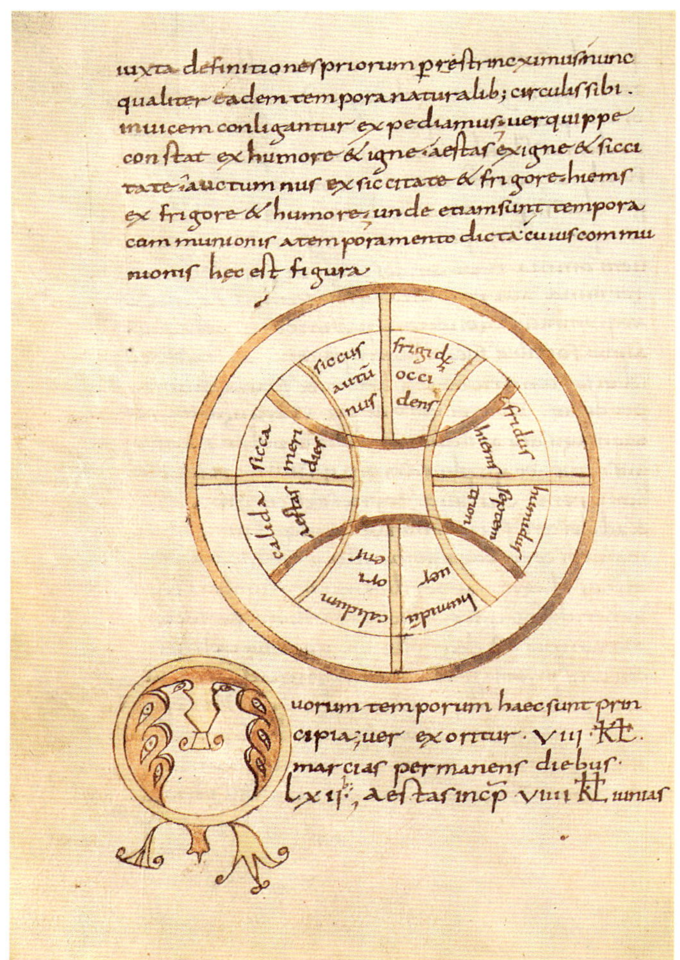

62 Dom Hs. 99, 57r/59v

Isidor von Sevilla: Kleinere Werke

62 Dom Hs. 99

Köln (?), 9. Jh.

In Dom Hs. 99 sind mehrere Werke eines der bedeutendsten Autoren an der Wende von der Spätantike zum frühen Mittelalter überliefert. Isidor wurde um 560 wahrscheinlich in Südspanien geboren und nach dem frühen Tod seiner Eltern von seinem Bruder Leander erzogen, dem er 599/600 als Bischof von Sevilla nachfolgte. Nach langer Amtszeit starb er im Jahre 636. Sein schriftstellerisches Schaffen umfaßt verschiedene Werkkomplexe, in denen er sich mit antikem Bildungsgut (Naturkunde und Grammatik), mit Exegese, mit Kirchenrecht und mit der Geschichtsschreibung auseinandersetzte. In der vorliegenden Handschrift werden zwei dieser Themenbereiche berührt: In seinen 'Prooemia' führt Isidor in die biblischen Bücher ein (2r - 16r); seine Abhandlung über das Leben und Sterben der Väter enthält Lebensgeschichten wichtiger Persönlichkeiten des Alten und Neuen Testamentes (16r - 36r), deren Namenserklärung er sich anschließend widmet (36v - 52v). Diesen exegetischen Schriften folgt mit 'De natura rerum' eine enzyklopädische Zusammenstellung des aus der Antike überlieferten naturkundlichen Wissens (53r - 82r; vgl. Dom Hs. 83[II], Kat. Nr. 24). Naturereignisse und Zeiteinteilung erläutert er mit Hilfe von Diagrammen: die Monate und Tage (57r), die Jahreszeiten und deren Klima (59v), die Klimazonen der Erde (61v; mit den Kriterien "bewohnbar" und "unbewohnbar"), die vier Elemente (62v; Feuer, Luft, Wasser, Erde), das Verhältnis von Mikrokosmos und Makrokosmos (63v; Elemente, Jahreszeiten, Temperamente), die Planetenbahnen (71v) und die Winde (78r). Als

Dieses Buch enthält die Werke der Alten. Den Vätern des Gesetzes läßt es neue Ehre zukommen./Das Geschriebene läßt widerhallen die Zeitläufe der hiesigen Welt, wenn sie vielfältig wiederkehren: das geschmückte Weltgefüge verzeichnet es./In raschem Lauf hält das Rad der Sonne das Licht des Mondes und leuchtend umfährt es die stern-

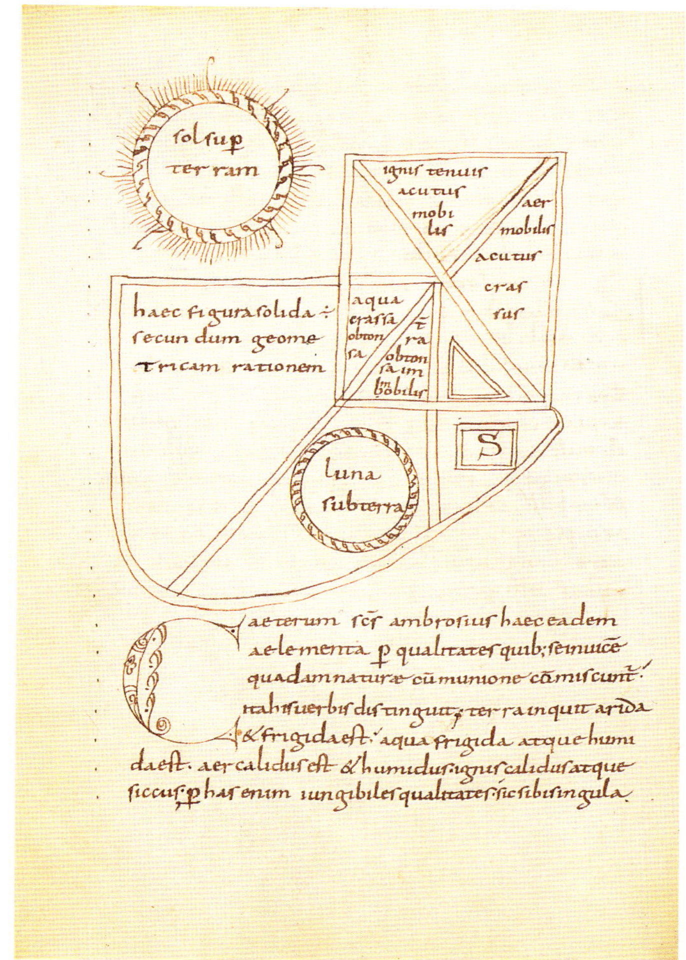

62 Dom Hs. 99, 61v/62v

tragende Bahn./Es zeigt, welches Scharnier die übrigen bindet, zugleich die tausend leuchtenden Sterne, die den Himmel tragen./ Die Böen wehen die Sprosse des Äolus über fallende Meere, eilend zerpflücken sie die früchtetragende Erde./Der dreifaltige Lauf glänzt in dreifacher Ordnung, vom Beginn dieser Welt an, die war und sein wird./Alles zugleich ordnet der Herr in ruhigem Frieden, was er mit eigenen Händen geschaffen hat,/daß endlos die Schöpfung bleiben solle in ewigem Lob, diesen Lobgesängen rechne auch deinen Egilbertus zu. 1v (Inhaltsbeschreibung); A.A.

Einleitung ist der Brief Isidors an den Westgotenkönig Sisebut (612 - 621) vorangestellt, dem die enzyklopädische Abhandlung zugeeignet ist. Den Abschluß der Werke Isidors bildet seine möglicherweise früheste Schrift mit dem Titel 'Differentiae' (83r - 104v), die in Dom Hs. 99 nur mit dem zweiten Teil – 'Die Unterschiede zwischen den Sachen' – vertreten ist, während der den Wörtern gewidmete erste Teil fehlt. Es handelt sich dabei um die Ansätze einer Enzyklopädie, in der die Erkenntnis auf die grammatikalischen Kategorien der Etymologie (Worterklärung), der Analogie (Wortentsprechung), der Glosse (Worterläuterung) und hier der Differenz gestützt ist (J. Fontaine, in: LexMA 5 [1990], Sp. 678). Er stellt z. B. der göttlichen Gnade den freien Willen gegenüber (Diff. II,32), wobei ersterer die notwendige Priorität zukomme, oder die 'vita activa' der 'vita contemplativa' (Diff. II,34,131), die sich im Vergleich mit dem aktiven Leben als überlegen erweise (J. Fontaine, in: DSAM 7/2 [1971], Sp. 2108). Der ganzen Handschrift ist als wohl ottonisches Einzelblatt (vgl. Jacobsen 1991) das Gedicht eines Schreibers Egilbertus vorgebunden, das sich auf 'De natura rerum' zu beziehen scheint und das heidnisch-antike Wissen in die göttliche Schöpfung einbindet (1v).

Stilistisch ist die Handschrift nicht exakt einzuordnen. Lediglich Isidors Naturgeschichte ist mit aufwendigeren Initialen ausgestattet, deren wellenartig sich entfaltende Ornamentik mit den ausgesparten Augen und deren stilisierte vegetabile Zierformen vielleicht in der Nachfolge Kölner Handschriften der Hildebald-Zeit denkbar sind (vgl. Dom Hs. 52, 143v; Dom Hs. 75, 66r, Kat. Nr. 4).

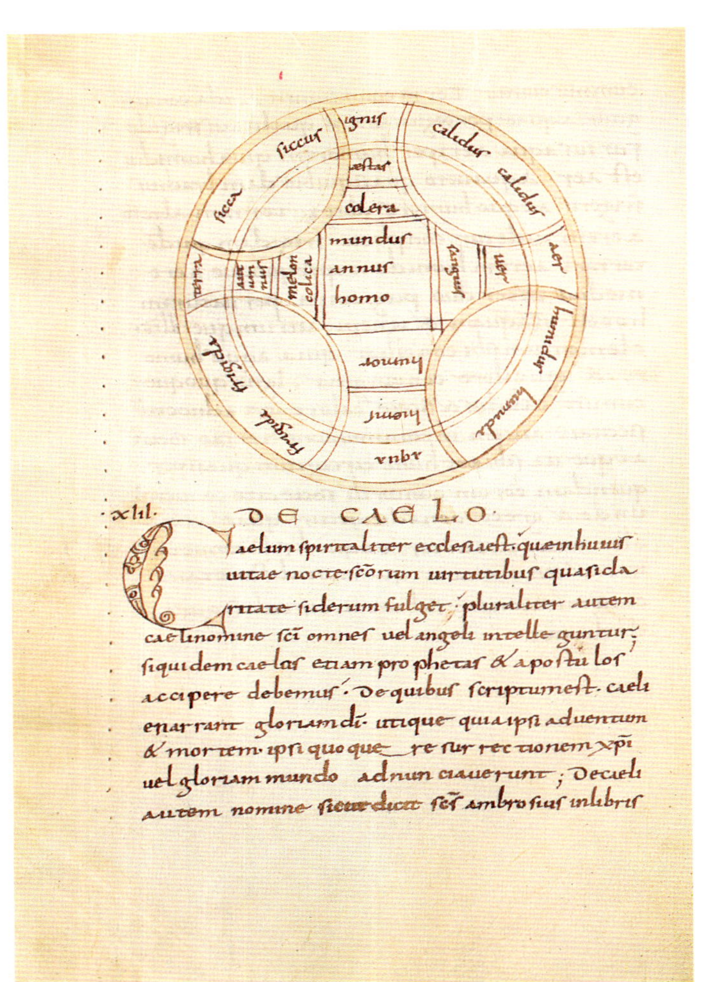

62 Dom Hs. 99, 63v/71v

INHALT: **1r** Federprobe *probatio pennae.* **1v** Vorrede eines Schreibers Egilbert (Jaffé/Wattenbach 1874, 37f.; MGH PP V/1-2, 376f.; Walther 3266; Schaller/Könsgen 2719) *Continet iste liber veterum monumenta priorum,/ Legis et ipse nove signat honore patres./Presentis mundi reboabit tempora scripta,/Cum varie redeunt, machina picta notat./Orbita solis habet lunarem concita lumen/Stelligerosque globos circuit illa micans./Caetera demonstrat qua sint compage conexa/Lucida mille simul sidera caelifera./Eolidos flatus per freta labentia spirant,/Discerpunt rapidi terrea fructifera./Trifarius splendet trino ordine cursus ab ortu/Mundi presentis qui fuit et fuerit./Cuncta simul dominus concordat pace quieta,/Quae propriis manibus fecit et ipse suis,/Ut maneant sine fine creata in laude perenni./His Egilbertum laudibus adde tuum.* **2r-16r** Isidor, Kommentar zum Alten und Neuen Testament. Vorrede (PL 83, 155C-180A). **2r** *IN NOMINE DOMINI SUMMI INCIPIT LIBER PR[OO]EMIORUM DE LIBRIS NOVI AC VETERIS TESTAMENTI PLENITUDINE QUAM IN CANONICA CATHOLICA RECIPIT ECLESIA IUXTA VETUSTAM TRADITIONEM. I(N PRINCIPIO VIDELICET).* **16r-36r** Isidor, Vom Leben und Sterben der Väter (De ortu et obitu patrum) (PL 83, 129B-156A). **16r** Prolog *I(NCIPIT VITA VEL OBITUS SANCTORUM).* **16v** Capitula. **17v** Altes Testament *INCIPIT VITA VEL OBITUS SANCTORUM QUI IN SCRIPTURARUM LAUDIBUS EFFERUNTUR. A(DAM).* **31r** Neues Testament *I(NCIPIT EORUM QUI SUNT IN NOVO TESTAMENTO. ZACHARIAS).* **36r/v** Anonymus, *In veteri testamento ignis semper in altari ardebat – cummunicare non desinat* (ohne Rubrik). **36v-52v** Isidor, Von den biblischen Namen (PL 83, 97B-130B). **36v** *DOMINO SANCTO AC REVERENTISSIMO FRATRI HOROSIO ESIDORUS. Quaedam notissima.* **53r-82r** Isidor, Naturgeschichte (De natura rerum) (PL 83, 963A-1016C; J. Fontaine, Isidore de Seville, Traité de la nature, Bordeaux 1960, 167-325). **53r** Brief Isidors an den Westgotenkönig Sisebut *D(UM ITER PRESENTIS).* **53v** Capitula. **54r** *INCIPIT LIBER TESTIMONIORUM Isidori. D(ae* [!] *diebus).* Initialen: 57r *D(aehinc revertis)*, 59v *Q(uorum temporum)*, 62v *C(aeterum sanctus Ambrosius)*, 63v *DE CAELO. C(aelum spiritaliter).* Diagramme (zur Erklärung der Diagramme s. Dom Hs. 83[II], Kat. Nr. 24): 57r Von den Monaten, 59v Von den Jahreszeiten, 61v Von den fünf Zonen der Welt, 62v Von den Bestandteilen der Welt, 63v Von den Bestandteilen der Welt, 68v Von den sieben Gestalten des Mondes, 71v Von der Ordnung und Stellung der sieben Wandelsterne, 78r Von den Namen der Winde. **82r** Ende mit dem Kapitel über den Ätna; das anschließende Diagramm eines dreigeteilten Globus mit den drei bekannten Erdteilen (*ASIA, EUROPA, AFRICA)* gehört zum Kapitel 'Über die Teile der Erde', das in dieser Handschrift fehlt, auch wenn es in den Capitula genannt wird. **82v** Leer. **83r-104v** Isidor, Über die Unterschiede. Buch 2. Über die Unterschiede zwischen den Sachen (PL 83, 69C-98A). **83r** *INCIPIUNT DIFFERENTIE AESIDORI EPISCOPI.*

I(NTER DEUM ET DOMINUM ITA QUIDEM [!] *Definierunt).* **104v - 106r** Anonymus, *INCIPIT DE SOLSTITIO. Solstitium est cum sol stat et aut dies minuitur – iuxta evangelium passio dominica caelebratur;* über die Sonnenwende, die Tag- und Nachtgleiche, das Jahr und die Wochentage. **106v** Federprobe: vier ineinander gemalte Kreise.
PERGAMENT: 106 Blätter; 241 x 172 mm; Lagen 1^1, $2-7^8$, 8^{2+1}, $9-11^8$, 12^{4+2}, $13-15^8$; Zahlenreklamanten (*I - III*); Schriftspiegel 173 x 120 mm; Blindliniierung mit Versalienspalte (7 mm); einspaltig; 26 Zeilen. AUSSTATTUNG: Lateinischer Text in hell- bis dunkelbrauner sowie schwarzer karolingischer Minuskel; Auszeichnungsschrift: Uncialis, gelegentlich Capitalis Quadrata; ein- bis dreizeilige Initialen in Tinte; mehrzeilige Initialen in Tinte, in Isidors 'De natura rerum' auch mehrfarbig in Minium, Beige und Gelb mit Zopf- und reduzierter vegetabiler Ornamentik; Diagramme in Tinte, Minium und Gelb. EINBAND: Pergament mit Streicheisenlinien über Pappe (Mitte 18. Jh.). PROVENIENZ: Darmstadt 2099. LITERATUR: Hartzheim 1752, S. 53 – Jaffé/Wattenbach 1874, S. 37f. – Jeffré 1984, S. 24 – P.C. Jacobsen, Lateinische Dichtung in Köln im 10. und 11. Jahrhundert, in: Theophanu 1991, I S. 179 – Jeffré 1991, S. 167 – Handschriftencensus 1993, S. 631, Nr. 1063 – Collegeville 1995, S. 187 ff.

U.S.

Priscian: Institutiones artis grammaticae

63 Dom Hs. 200

Westdeutschland, 9. Jh.

Im System der Sieben Freien Künste, in dem die spätantiken Autoren das Wissen des griechischen und römischen Altertums zusammenstellten und dem Mittelalter als Fundament der Bildung übermittelten, nahm die Grammatik unbestritten die erste und wichtigste Position ein. Neben dem Studium der Dialektik und der Rhetorik bildete die Beschäftigung mit der Sprache, ihren Teilen und ihrem Aufbau die Grundlage des Werdeganges jedes Gelehrten. Diese Hochschätzung der Sprachlehre finden wir erst im 20. Jahrhundert mit dem Aufschwung der sprachphilosophischen und linguistischen Disziplinen wieder. Zunächst mußte sich der Student des Mittelalters – anhand der 'Ars minor', des einführenden Werkes von Donat (ca. 310 - 380) – mit den Grundlagen der Grammatik und der Auslegung von Dichtertexten befassen, die schon im antiken Unterricht einen festen Bestandteil dieser Disziplin ausmachten. Dann vervollkommnete er seine Studien an der 'Ars maior' und dem umfangreichsten Lehrbuch der grammatischen Wissenschaft, den 'Institutiones grammaticae' des Priscian (Ende 5./Anf. 6. Jh.), von deren ungeheurer Wirkung die mehr als 800 erhaltenen Handschriften beredtes Zeugnis ablegen. Priscian verdichtete zu Beginn des 6. Jahrhunderts in Konstantinopel die lange Tradition griechischer und römischer Grammatiken zu einem Werk, das die Erkenntnisse der Antike in eigenständiger Weise zusammenstellte und als festen Bestandteil der abendländischen Kultur etablierte. Für jedes Kapitel, sei es über die Verbformen, die Verwendung der Pronomina oder die Bedeutung der Konjunktionen, sammelte der Verfasser derart viele Zitate von antiken Schriftstellern, daß die Lektüre des Werkes zugleich eine gute Kenntnis der römischen Literaturgeschichte vermittelte. Umfangreiche Zitatensammlungen wie die des Priscian sind heute oft wertvolle Überlieferungsträger von über die Jahrhunderte geretteten Fragmenten sonst verlorener Schriften.

Buch des Moritz Graf von Spiegelbergh. Mich soll der lesen, der in Übereinstimmung mit der alten Kunst sprechen will. Wer mir nicht folgt, will wohl ohne Gesetz reden.
1r (Besitzervermerk und Begleitvers); A.A.

Die Entstehungszeit des Codex 200 ist auf das 9. Jahrhundert einzugrenzen. Nach einigen eher verfehlten Versuchen der Spätdatierung (s. Hertz, in: GL II 1961, S. XX) setzte Jones (1971, S. 71) die Abfassung nach Köln in die Amtszeit des Erzbischofs Hermann I. (889/890 - 924). Bischoff (1989) sieht eine Verwandtschaft der Handschrift mit einer mosselländischen Gruppe von Codices, die wohl zu Beginn des 9. Jahrhunderts in Prüm entstanden ist. Sicher ist dagegen, daß eine Hand des 11. Jahrhunderts den vorhandenen Text um die Bücher 17 und 18 der 'Institutiones' erweitert hat. Das ansprechende Großformat der Handschrift, die absolut regelmäßige

63 Dom Hs. 200, 143r

144

parte id interrogatiue uel nominatiue sunt uel aduerbiales ostendunt quorum de constructione in sequentibus demonstrabitur. Ergo quia reliquae partes orationis ad nominis et uerbi constructionem referuntur ex quibus etiam nominationem habuerunt oportet de singulis tractare. id est de eo quod in loco sumitur vel assumitur. ut pronomen loco nominis sumitur ut ego feci. Assumitur uero ut uirgilius scripsit bucolica. ipse scripsit georgica. + de eo quod assumitur solum ut aduerbium uerbo uel coniunctio uerbo et nomini. et praeterea de participio quod loco uerborum sumitur et cum uerbis assumitur.

Sed quoniam apollonius de constructione id est περι συνταξεως scribens ab articulis qui nominibus adherent coepit. nos quoque ab eis quae loco articulorum sumi possunt apud nos incipiamus. Articulus secundam noticiam suppositorum demonstrat. Si enim dicamus primam noticiam ostendo. Si in secundam. Deficit autem praepositiuus articulus lingua latina. Nam pronomina hic quod grammatici in declinatione nominum loco praepositiui ut dictum est ponunt articuli. numquam in oratione sensum articuli habet. Unum solum pronomen compositum inuenitur apud nos. Τὸ idem quod secundam noticiam eiusdem personae significat. cuius interpretatio apud graecos cum praepositiuo articulo relatiuum pronomen hoc ὁ αυτος et apud illos quidem duae partes orationis sunt ὁ αυτος. ὁ quod est articulus praepositiuus et αυτος quod est pronomen relatiuum. apud nos uero una pars et simplex quae relatiua est. τος quis infinitum uel interrogatiuum potest subiunctiui loco articuli accipi. quomodo et graeci ὅστις frequentissime ponunt loco ὅς articuli subiunctiui nisi in diuidendo. nullus enim nec nos qui nec illi ὅστις referunt. sed illi articulis subiunctiuis utuntur nos uero pronominibus uel nominibus ut si nos dicimus hominum hi sunt boni illi mali. uel alii sunt boni alii mali. Et duorum aiacum alter telamonis alter oilei filius fuit. uel hic telamonis ille oilei filius fuit. Et sciendum quod in huiuscemodi constructione diuiduorum in praesumptione id est κατα προληψιν praeponitur plurale uerbum ad utrumque sequens licet nominatiuum anteferre ut aquilae deuolauerunt. haec ab oriente illa ab occidente. Sin ad ea quae diuidunt singularia uerba consequantur genetiuum oportebit praeponi pluralem diuidendum ut aquilarum altera deuolauit ab oriente altera ab occidente. Nec mirum hoc fieri cum uerbum siue praepositum siue consequens iure sibi exigat nominatiuum. Itaque si et quod diuidit et illa inquae diuidit uolumus per obliquos casus proferre necesse est participio uti quod loco uerbi accipitur obliquis adiungendum. et transitionem facere ut aquilarum uolantium altera ab oriente altera ab occidente similis est celeritas. uel per datiuum aquilis uolantibus huic oriens illi relinquitur occidens. Et accusatiuo aquilas uolantes hanc oriens illam misit occidens. Auctoritas tamen neutrum quo per genetiuo plurali nominatiuum praeponit quamuis adsequentes res uel diuisa singularia uerba reddantur ut homerus greca cum ars exigeret genetiuum dicere uel graeca pro nominatiuo est usus. Similiter si quis dicat duo fratres alter maior alter minor est uitium facit. Debet enim dicere duorum fratrum alter maior alter minor est. Et duorum oculorum alter dexter alter sinister. Liuius in xl. uel ferta religioni utrisque publici quando duo ordinarii consules eius anni alter morbo alter ferro periisset suffectum consulem negabant recte comitia habere posse.

Sed ut est etiam hoc ὁ articulus subiunctiuus et qui. quoniam apud illos ὁ loco etiam pronominis accipitur demonstratiui quod significat apud nos hic. ουτος; [illegible] quoque idem τοος nominant Μοριον id est infinitam particulam quando pro ὅστις accipitur. Quod proprie est apud nos qui.

63 Dom Hs. 200, 144r

Schrift der Bücher 1 bis 16 sowie die zahlreichen Gliederungshilfen und Hinweise auf den Inhalt, die durchgängig am Rand zu finden sind, zeichnen den Codex nicht nur als Gebrauchsexemplar aus, sondern veranschaulichen auch in schöner Weise die Verbindung von zweckmäßiger und ästhetischer Ausstattung eines mittelalterlichen Buches. Randbemerkungen verschiedener Hände sind Spuren intensiven Studiums, wenn auch die Häufigkeit und Ausführlichkeit der Glossierung nach dem vierten Buch abnimmt. Die großen, freigelassenen Blattränder wurden später zum Teil beschnitten, wohl um das ungenutzte Pergament anderweitig zu verwenden.

Die Lehre von der gesamten Beredsamkeit und jegliche Gattung der Wissenschaften, die im Lichte der Weisheit leuchtend von den Quellen der Griechen geschöpft worden ist, wird, wie ich feststelle, von den Lateinern mit Eifer betrieben und ich sehe, daß sie in allen freien Künsten deren Spuren gefolgt sind. Dabei ahmen sie nicht nur das nach, was von jenen richtig dargestellt worden ist, sondern werden durch die Liebe zu diesen gelehrten Menschen dazu verführt, auch Irrtümer zu übernehmen, deren besonders die ganz alte Kunst der Grammatik angeklagt wird. Die Vertreter dieser Disziplin sind, je jünger sie sind, desto scharfsinniger, und durch das Urteil sämtlicher Spitzen der gelehrten Welt wird bestätigt, daß sie sowohl einen glänzenden Verstand besaßen als auch in bezug auf die Sorgfalt Großes vermochten. (...) Die Sache ist zwar schwierig, aber nicht unvereinbar mit den Aufgaben meines Berufes, und so habe ich nun den Versuch unternommen, über die Worte der obengenannten, griechischen Gelehrten hinaus alle Regeln, die untereinander konsistent waren, in die Lateinische Sprache zu übertragen und zusätzlich so ziemlich alles zu sammeln, was an Nützlichem in den Kommentaren unserer lateinischen Grammatiker zu finden war. Denn das schien mir doch eine angemessene Vorgehensweise bei der Mischung, wenn aus den Werken der Steuermänner beider Sprachen die jeweils gelungeneren und eleganteren Elemente durch meine Arbeit zu einer Schrift zusammengeführt würden.
1r; A.A.

INHALT: **1r** Besitzervermerk *Liber Mauricii comitis de Spigellenberch (...)*; Begleitverse (etwas jüngere Hand als Haupttext) *Me legat antiquas vult qui proferre loquelas./Qui me non sequitur, vult sine lege loqui.* **1r-139v** Priscian, Institutiones artis grammaticae (Buch 1-16) (GL II/III). **1r-2v** Widmungsbrief mit Inhaltsangabe. Textbeginn rubriziert *Priscianus grammaticus.* **2v-11r** Buch 1 *DE VOCE* (Über den Laut). **2v-3r** Federzeichnungen. **11r-20v** Buch 2 *DE SYLLABA* (Über die Silbe). **20v** Zur Hälfte leer, Notizen. **21r-27v** Buch 3 *DE COMPARATIONE* (Über die Steigerung). **27v-33r** Buch 4 *DE DENOMINATIVO* (Über die von Nomina abgeleiteten Wörter). **33r-42v** Buch 5 *DE GENERIBUS* (Über die grammatischen Geschlechter). **28v** Am oberen Rand Zeichnung eines Greifvogels. **42r** Am unteren Rand quer Zeichnung einer sitzenden Gestalt mit Buch in der Hand. **42v-43r** Textzusatz (GL II, 191-93). **42v** Rubriziert *Prisciani grammatici Caesariensis liber V explicit de generibus de numero de figuris de casu. Incipit liber VI de nominativo et genetivo casu.* **43r** Zweites Incipit *Artis Prisciani Caesariensis viri aeloquentissimi grammatici liber V finit. Incipit VI feliciter scripsi ego Theodorus Dionisii u.d. memorialis sacri scrinii epistolarum et adiutor u.m. questoris s. palti urbis Rome Constantinopolio libro u.c. liber VI.* **43r-56r** Buch 6 *DE NOMINATIVO ET GENETIVO CASU* (Über den Nominativ und den Genetiv). **43r** In den Text (GL II, 195, Z.11) eingefügt (rubriziert) *REGULAE NOMINUM PRISCIANI GRAMMATICI INCIPIUNT DE NOMINATIVO ET GENITIVO CASU.* **56r-70v** Buch 7 *DE CETERIBUS CASIS* (Über die übrigen Fälle). **65v** Lange Randglosse von früher Hand (Gegenüberstellung der Lehrmeinung des Servius, dasselbe z.B. fol. 135v, 138r). **70v-87r** Buch 8 *DE VERBO.* **87r-97r** Buch 9 *DE GENERALI VERBI DECLINATIONE* (Über die allgemeine Beugung des Verbs). **97r-110v** Buch 10 *DE PRAETERITO PERFECTO* (Über das Praeteritum und das Perfekt [der dritten Konjugation]). **110v-115v** Buch 11 *DE PARTICIPIO.* **115v-120v** Buch 12 *DE PRONOMINE* (Über das Pronomen). **120v-125r** Buch 13 *DE CASIBUS* (Über die Fälle). **125r-132r** Buch 14 *DE PREPOSITIONE.* **132r-137v** Buch 15 *DE ADVERBIO.* **132v** Irrtümlich eingefügter Zwischentitel (rubr.) *DE ACCENTIBUS.* **135v** Zwischentitel *DE FIGURIS, DE SIGNIFICATU* (s. App. GL III, 80). **137v-139v** Buch 16 *DE CONIUNCTIONE* (Über das Verbindungswort). **139v** Skizzen. **140r** Zwei (Pseudo-) Prisciantexte (GL II, 575 und III, 58f.). **140v** Exzerpt aus Fulgentius, Expositio sermonum antiquorum (zur Ed. vgl. Jaffé/Wattenbach 1874, 88). Der Text endet mit einem *Explicit* in verschlüsselter Schrift (*fxplkckt fxcfrptxm ...*, s. Jaffé/Wattenbach ebd.). **141r-155v** Priscian, Buch 17 (Über die Syntax), Beginn ohne Titel. Ab **141r** sind die Rand- und Interlinearglossen sehr zahlreich. **141r** Zusatz zum Priscíantext (s. GL III, 107). Am Ende *EXPLICIT PRAEFATIO.* **155v-169v** Buch 18 (Über die Syntax), ohne Trennung vom vorigen Buch. **170r** Priscian, Widmungsbrief und Beginn von 'De figuris numerorum' (Text bis GL III, 407, Z.11); Notizen und Federproben verschiedener Hände. **170v** Gesangstext (?) mit Neumen: *R Cornelius centurio vir religiosus ac timens Deum vidit manifeste angelum Dei dicentem sibi, Corneli, mitte et accersi symonem qui cognominatur Petrus. Hic dicet tibi quid te opporteat facere. V cum orasset Cornelius nundum in Xristo renatus apparuit ei angelus dicens, Corneli.*
PERGAMENT: 171 Blätter; 413 x 327 mm; Lagen 1-2^{8}, 3^{4}, 4-16^{8}, 17^{4}, 18^{8}, 19^{4+1}, 20-21^{8} (beginnend mit fol. 141), 22^{6}, 23^{8}; Zahlenreklamanten; Schriftspiegel 275 x 188 bzw. 295 x 237 mm (ab fol. 141); Blindliinierung mit Versalienspalten (11 mm) und Marginalspalte (innen, 19 mm); ab fol. 141 Blindliniierung mit Versalienspalten (8 mm); einspaltig; 37 bzw. 34 (ab fol. 141) Zeilen. AUSSTATTUNG: Lateinischer Text in dunkelbrauner bis schwarzer karolingischer Minuskel, rubriziert, ab fol. 141 romanische Minuskel; Auszeichnungsschrift: Capitalis Rustica; Initialen: Mischtyp (Capitalis mit unzialen Elementen); meist zeitgenössische Glossen; ein- bis dreizeilige Initialen in Tinte, z.T. mit Umrandung in Minium oder roter Füllung des Binnengrundes, ab fol. 141 auch in Minium und Grün oder in Tinte mit rotem Binnengrund; große Initiale mit ornamentaler Gestaltung des Binnengrundes (1r); autonome Zeichnungen (28v, 42r). EINBAND: Leder mit Blindprägung über Holz; Streicheisenlinien: Rechteckrahmung mit rautiertem Binnenfeld; Kanten- und Eckbeschläge aus Messing mit Buckeln, letztere mit stilisierten Blumen (drei Eckbeschläge fehlen); zwei Überwurfschließen aus Leder und Messing, die von Dornen auf dem Vorderdeckel gehalten werden. PROVENIENZ: Aus dem Besitz von Domkapitular Moritz Graf von Spiegelbergh (1406/7-1483) (1r); Darmstadt 2190. LITERATUR: Hartzheim 1752, S. 160 – Jaffé/Wattenbach 1874, S. 87ff. – E. Steinmeyer/E. Sievers, Die althochdeutschen Glossen IV, Berlin 1898, S. 417 – GL II 1961, S. XX (Hertz) – Jones 1971, S. 71ff. – M. Passalaqua, I codici di Prisciano, Rom 1978, S. 113f. – Schmitz 1983, S. 117f. – Jeffré 1984, S. 23 – Bischoff 1989, S. 88 – Handschriftencensus 1993, S. 679f., Nr. 1149. A.A.

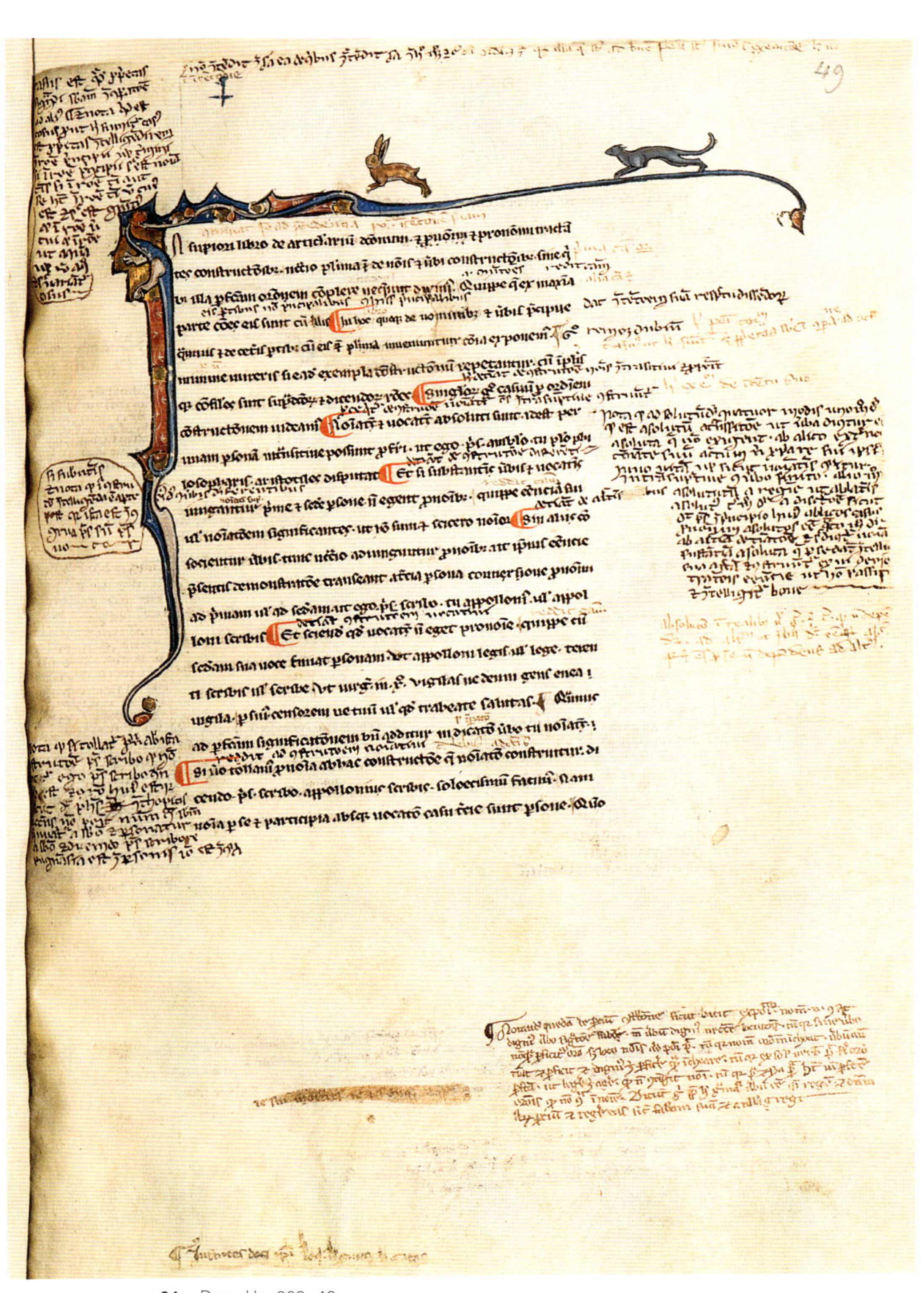

64 Dom Hs. 203, 49r

Priscian: Schriften zur Grammatik

64 Dom Hs. 203

Ende 13. Jh.

Die kleinformatige Handschrift, welche die letzten beiden Bücher der 'Einführung in die Grammatik' (1r-48v) des Priscian (Ende 5./Anf. 6. Jh.) und weitere grammatische Lehrtexte enthält, ist ganz auf den Studiengebrauch ausgerichtet. Ziemlich durchgängig ist im Text jeder Satzbeginn rot markiert; Neuanfänge treten durch reich geschmückte Zierinitialen mit Ausläufern und zoomorphen Motiven hervor. Auf einer Reihe von Blättern dienen gezeichnete zeigende Hände offenbar als Lesehinweise (z. B. 14r, 18v, 21r, 23v). Der Text nimmt nur einen kleinen Teil der Seiten ein, so daß viel Platz für Notizen und Bemerkungen bleibt, wenngleich dieser insgesamt nicht stark genutzt wurde. Nur wenige Folios verfügen über dichte Glossen, die nicht nur durch ihre zum Teil außergewöhnlich kleine Schrift kaum lesbar sind. Der Beginn des Textes aus Donats (ca. 310-380) Grammatik mit den Kapiteln über den falschen Sprachgebrauch ist z. B. ausführlich mit Randtexten versehen (81r/v, ebenso z. B. 49r/v, 50r). Das Zusammenstellen von Ausschnitten aus den Werken Priscians und Donats sowie der anonymen, bereits früh dem Priscian zugeschriebenen Abhandlung 'De accentibus' mit den Regeln für die Länge und Kürze von Silben, entspricht gängiger Praxis in der Handschriftenproduktion, wie sie schon bei den karolingischen Sammelcodices üblich war. Textteile und Exzerpte werden nach thematischen Gesichtspunkten in Handschriften vereint, oft ohne Angabe des Autors oder des Gesamtwerkes. Dem Interesse der Zeit folgend werden die übrigen Teile der benutzten Bücher nicht weiter abgeschrieben, so daß sie entweder gar nicht oder nur zufällig in wenigen Exemplaren bis heute erhalten sind. Bei so beliebten Schriften wie den grammatischen Werken dieser Autoren blieb die Überlieferung jedoch unbeschadet (s. z. B. Dom Hs. 200, Kat. Nr. 63).

INHALT: **1r-48v** Priscian, Institutiones artis grammaticae (GL III). **1r** Textbeginn ohne Titel. Buch 17 *Q(uoniam in ante expositis)*: Lehrszene mit Klerikern. **39r** Ritzzeichnung dreier Hasen. **49r-72r** Buch 18 *I(n superiori libro)*: Wiesel jagt einen Hasen, Drache. **72r** Ende mit Kap. 157 ... *gloriari student doctrine* (s. GL III, 278). Griechische Zitate sind großenteils ausgelassen, oft mit einem Zeichen markiert (z. B. 66v). **66v** Der Text bricht ab im Kap. 119 mit ... *partibus fecerit* (GL III, 263, Z. 17) und setzt auf **67r** wieder mit Kap. 127 ein (GL III, 267, Z. 8). **72v-80v** Pseudo-Priscian, Liber de accentibus (GL III, 519-528); keine Titelangabe. **72v** *L(ittera est nota)*. **81r-86v** Donatus, De barbarismo (Über den falschen Sprachgebrauch der Nichtrömer) (GL IV, 392-400). **81r** *B(arbarismus est)*. **86v** Text bricht mitten im Satz ab ... *ut iam post novo spar* ...

PERGAMENT: 85 Blätter; 236 x 172 mm; Lagen 1-6^{12}, 7^{12+1}; Schriftspiegel 113 x 77 mm; Metallstiftliniierung mit Versalienspalte (4 mm); einspaltiger Text mit zwei Marginalspalten am Außenrand von innen 20 mm und außen 31 mm, ebenfalls mit Versalienspalten; 23 Zeilen. AUSSTATTUNG: Lateinischer Text in dunkelbrauner Textura; Initialen: Ziermajuskeln; gestrichelte Textmajuskeln; Marginal- und Interlinearglossen des 13.-15. Jhs. mit Paragraphenzeichen in Blau und Rot; zweizeilige Textmajuskeln mit Fleuronnée; mehrzeilige Initiale in Blau und Minium mit Randleiste, Binnen- und Außengrund in Gold, hellem und dunklerem Violett (81r); große Initialen mit Randleisten, zoomorphen und stilisierten vegetabilen Motiven in Gold, Blau, Minium, hellem und dunklem Violett (49r, 72v); große historisierte Eingangsinitiale mit Randleiste, zoomorphen und stilisierten vegetabilen Motiven in der bekannten Farbigkeit (1r). EINBAND: Pergament mit Streicheisenlinien über Pappe (Mitte 18. Jh.). PROVENIENZ: Darmstadt 2173. LITERATUR: Hartzheim 1752, S. 161 – Jaffé/Wattenbach 1874, S. 90 – M. Passalacqua, I codici di Prisciano, Rom 1978, S. 114f. – Handschriftencensus 1993, S. 681, Nr. 1152. A.A.

64 Dom Hs. 203, 81r

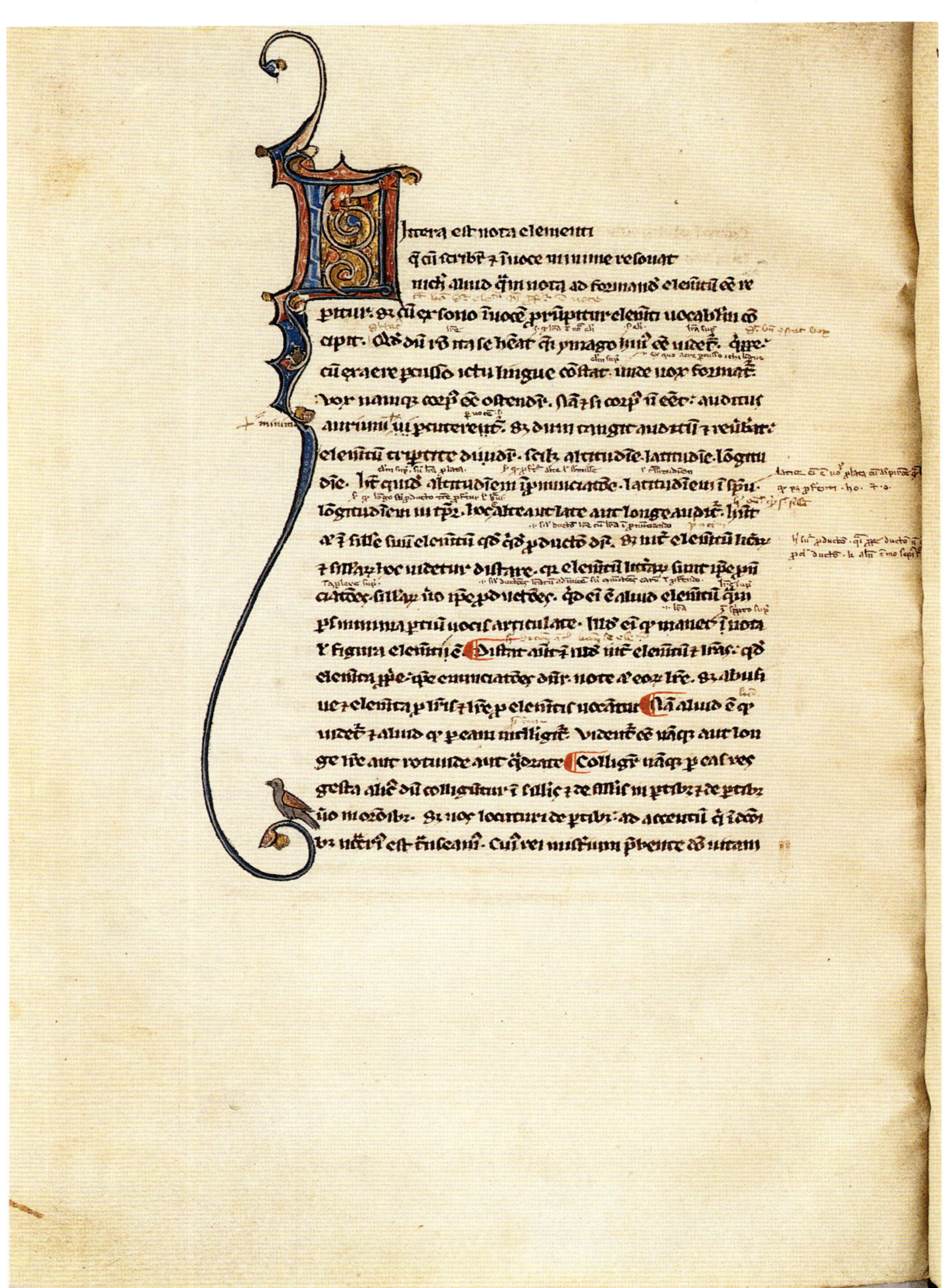

64 Dom Hs. 203, 72v

65 Dom Hs. 186

Boethius: Arithmetik; Cicero: Somnium Scipionis; Macrobius: Kommentar

2. Hälfte 9. Jh. und 11. Jh.

Die Handschrift, die neben der Arithmetik des Boethius (475/480 - 524) ein unter dem Titel 'Somnium Scipionis' bekanntes Exzerpt aus dem 6. Buch von 'De re publica' des römischen Staatsmannes Cicero (106 - 43 v. Chr.) sowie den Kommentar des Macrobius (um 430) dazu enthält, besteht aus zwei Teilen, die sich in Liniierung, Zeilenzahl und Schriftspiegel unterscheiden. Ab Folio 73 setzt eine neue Lagenzählung ein. Allerdings dürften die beiden Hauptteile (Boethius, Macrobius), die im 9. Jahrhundert geschrieben wurden, schon im 11. Jahrhundert einen Codex gebildet haben, denn der Cicero-Text scheint in dieser Zeit des verstärkten naturwissenschaftlich-philosophischen Interesses verbindend eingefügt worden zu sein. Die in zwei Bücher gegliederte Arithmetik des Boethius – eine Bearbeitung der Arithmetik des Nikomachos von Gerasa (um 100) – ist noch heute in drei Abschriften in der Kölner Dombibliothek erhalten (vgl. auch Dom Hss. 83 und 185, Kat. Nrn. 66, 67). Im Fächerkanon der Sieben Freien Künste bildete die Arithmetik die Grundlage der in Köln hochgeschätzten 'rechnenden Künste' (Quadrivium). Die Werke des römischen Staatsmannes, Redners und Philosophen Cicero wurden – soweit seit der Spätantike überliefert – im Mittelalter viel gelesen. Besonderer Beliebtheit erfreute sich der 'Traum Scipios', der politische Ethik, Unsterblichkeitsgedanken und antike Kosmologie miteinander verbindet. Dieser 'Traum Scipios' war in der Spätantike von dem römischen Staatsbeamten und Philologen Macrobius kommentiert worden, wobei dieser in zwei Büchern vor allem platonische Gedanken und Begriffe zur Astronomie, Geographie und Kosmologie darlegte. Eingehend erörtert er die Bedeutung der Zahlen beim Aufbau der Welt und beschreibt die Harmonie der Sphären.

Mit der Ordnung des Abstiegsweges, über den eine Seele vom Himmel in die Hölle des diesseitigen Lebens herabfällt, verhält es sich folgendermaßen. In ihrer umlaufenden Bewegung auf einer schiefen, gebogenen Bahn umgibt die Milchstraße das System der Tierkreiszeichen auf eine solche Art, daß sie es dort zerschneidet, wo sich die beiden tropischen Zeichen Steinbock und Krebs befinden. Die Naturwissenschaftler nannten diese beiden die Pforten der Sonne, weil in jedem von beiden, sobald der Sonnenstillstand eingetreten ist, der weitergehende Eintritt der Sonne verhindert wird und so ein Rückzug auf den Weg ihrer Umlaufzone stattfindet, deren Grenzen sie niemals verläßt. Durch diese Pforten hindurch, so glaubt man, wandern die Seelen vom Himmel zur Erde und wandern sie auch wieder zurück von der Erde zum Himmel. Deshalb wird die eine Tür der Menschen, die andere die der Götter genannt. Die der Menschen ist der Krebs, weil man durch ihn nach unten herabsteigt, die der Götter aber ist der Steinbock, weil durch ihn die Seelen zum Wohnsitz ihrer Unsterblichkeit und zur Schar der Götter zurückkehren. Dieses ist auch dasselbe, was Homer in göttlicher Klugheit in der Beschreibung der Höhle in Ithaca gemeint hat. Aus demselben Grund glaubt auch Pythagoras, daß von der Milchstraße an abwärts der Herrschaftsbereich des Pluto beginnt, denn die von dort gefallenen Seelen scheinen sich ja bereits von den Sphären der Götter entfernt zu haben.

87v - 88r (Aus dem Kommentar des Macrobius zu Ciceros 'Traum des Scipio'); A.A.

INHALT: **I. 1r - 69v** Boethius, Arithmetik (Buch I - II) (PL 63, 1079A - 1168B). **1r - 28v** Buch I mit Vorrede und Kapitelübersicht. **1r - 2r** *ANICII MANILII SEVERINI BOETII EX CONSULIBUS ORDINARIIS PATRICII LIBER PRIMUS. INCIPIT INSTITUTIONE ARITHMETICA ARTIS. D(OMINO SUO PATRICIO SIMMACHO Boetius. In dandis accipiendisque – censebitur auctor merito quam probator).* **2r - 2v** *PROEMIUM IN QUO DIVISIO MATHEMATICAE. De substantia numeri – demonstratio quemadmodum omnis inequalitas ab aequalitate processerit.* **2v - 28v** *Inter omnes priscae auctoritatis viros – ingredientium animos detinentes ab utilioribus moraremur.* In der Kapitelübersicht sind die Kapitel nicht numeriert. Der Text von Buch I, der 2v ohne Kapitelüberschrift und -nummer beginnt, ist unübersichtlich gegliedert. Oft fehlen die Kapitelüberschriften. Kapitelnummern, die man am Rand (z. B. 4v) oder im Text (z. B. 6r) findet, sind nicht durchgängig eingefügt. Gelegentlich wird die falsche Kapitelzahl genannt (11v: XXIII statt XIII). Manche Kapitelüberschriften sind am Rand von anderer Hand nachgetragen (12r). Im Gegensatz zu den schmucklos eingefügten Zahlenreihen sind die Zahlendiagramme ab 11r aufwendiger gestaltet. Diagramme u. a.: **11r** Zu den Zahlenreihen der Geraden und Ungeraden der Länge und Breite nach. **28v - 69v** Buch II mit Kapitelübersicht. **28v - 30r** *Quemadmodum ad aequalitatem omnis inaequalitas deducatur – De maxima et perfecta symphonia quae tribus distenditur intervallis.* **30r - 69v** *Superioris libri disputatione digestum est – eius autem discriptionis subter exemplar adiecimus.* Ähnlich unübersichtlich wie Buch I ist auch der Text des zweiten Buches gegliedert. Manche Diagramme sind, anders als in Buch I, mit Zierlinien versehen. Allerdings ist die Ausgestaltung der Diagramme nicht vollständig durchgeführt worden. Gelegentlich sind geometrische Figuren skizzenhaft am Rand nachgezeichnet (36v, 42r). Interlinear- und Marginalglossen finden sich in beiden Büchern der Arithmetik. Diagramme u. a.: **36v - 40r** Geometrische Figuren mit den ihnen inneliegenden Zahlenordnungen. **62v - 63r** Diatessaron (Quarte), Diapente (Quinte) und Diapason (Oktav). **70r** *Si vis scire in naturali numero – simul aggregata hoc est VX.* **70v - 71r** Zahlentabelle. **II. 71v - 74r** Cicero, Somnium Scipionis (De re publica, 6. Buch) (K. Ziegler, Cicero, Staatstheoretische Schriften, Berlin 1988[4] [Schriften und Quellen der alten Welt 31], S. 188 - 198). **71v** *SOMNIUM SCIPIONIS MARCI TULLII CICERONIS EXCERPTUM EX LIBRO SEXTO DE RE PUBLICA. Cum in Africam venissem – ille discessit ego somno solutus sum.* **73r** war ursprünglich für einen Boethius-Text vorgesehen, denn unter dem jetzigen Text schimmert noch gut erkennbar eine grüne Auszeichnungsschrift durch (*ANICII MANLII SEVERINI BOETII EX CONS. ORD.*). Eine außerdem erkennbare D-Initiale weist Ähnlichkeit mit der Eingangsinitiale (1r) auf. Vermutlich wurde der Cicero-Text erst später, d. h. nachdem der Macrobius-Kommentar bereits mit der

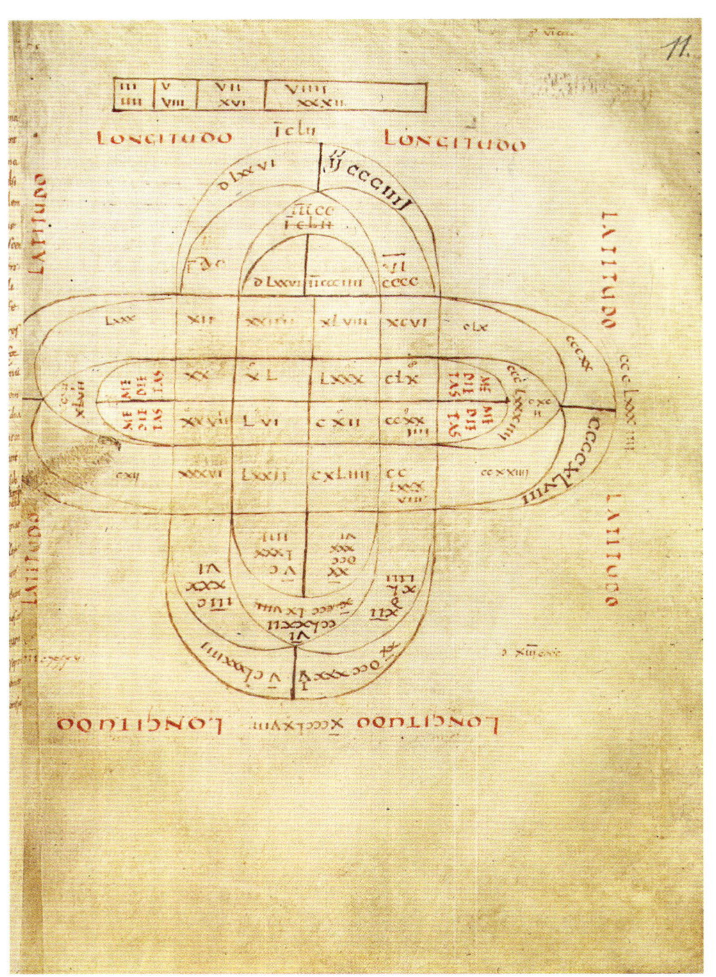

65 Dom Hs. 186, 11r/98v

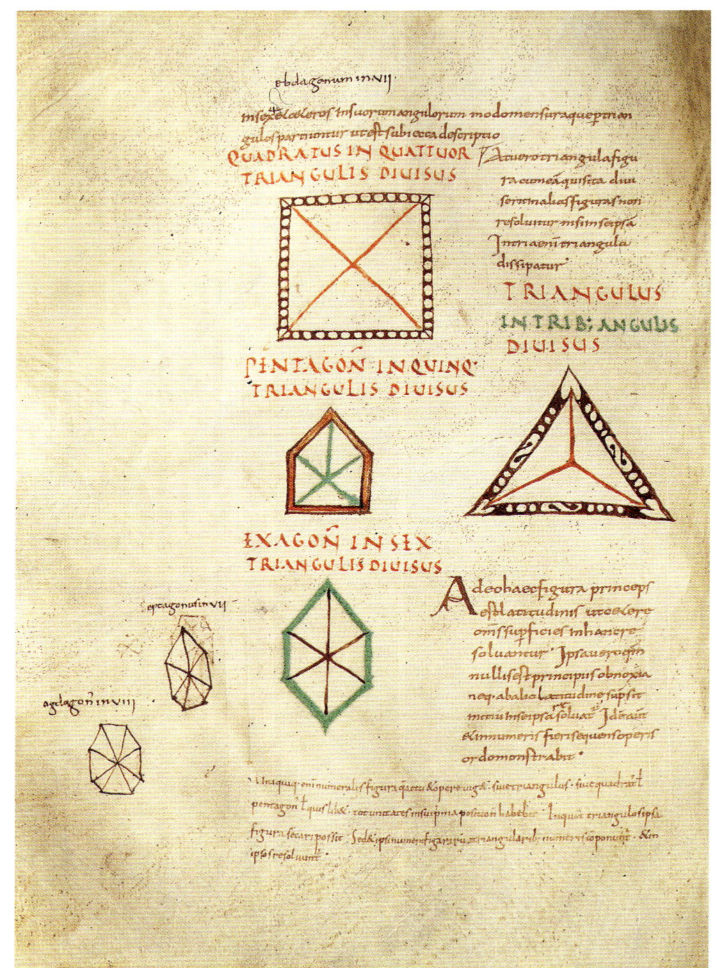

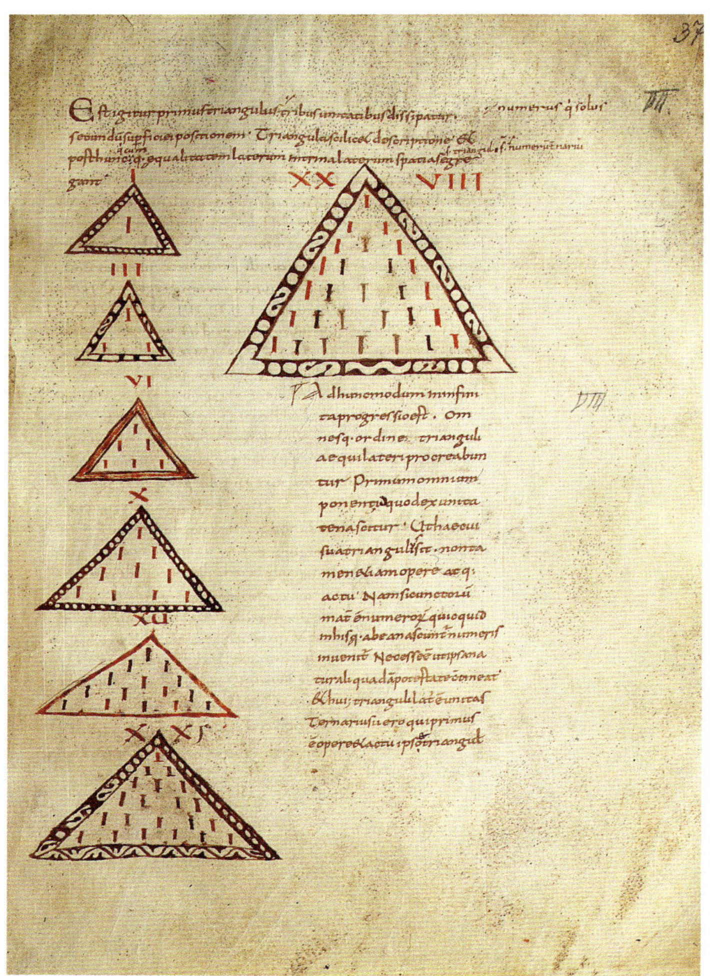

 65 Dom Hs. 186, 36v/37r

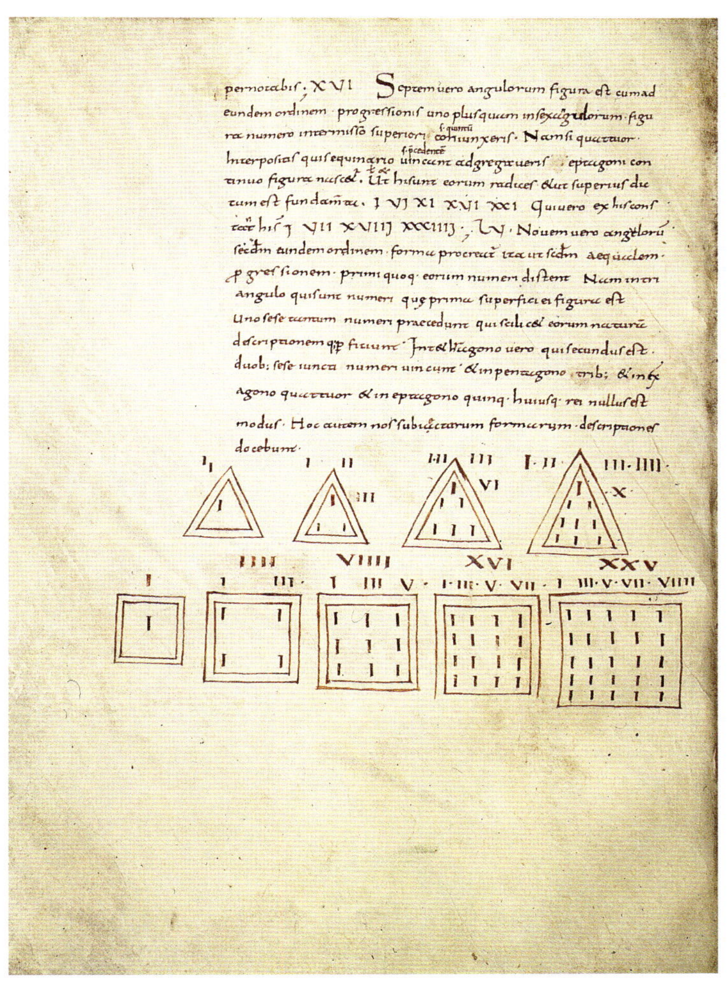

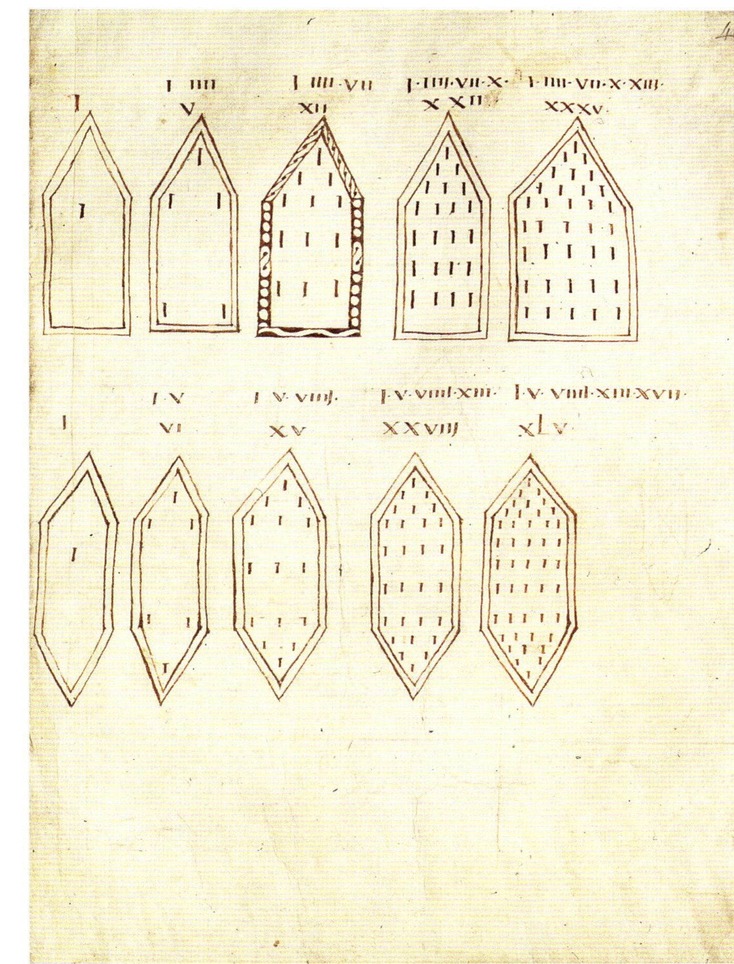

65 Dom Hs. 186, 39v/40r

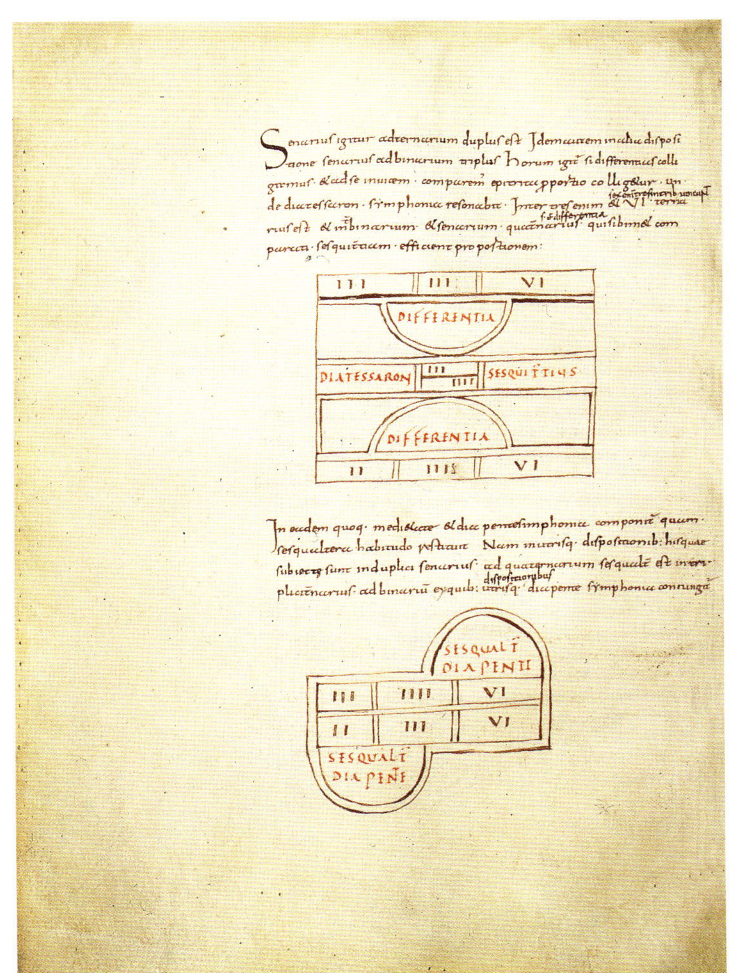

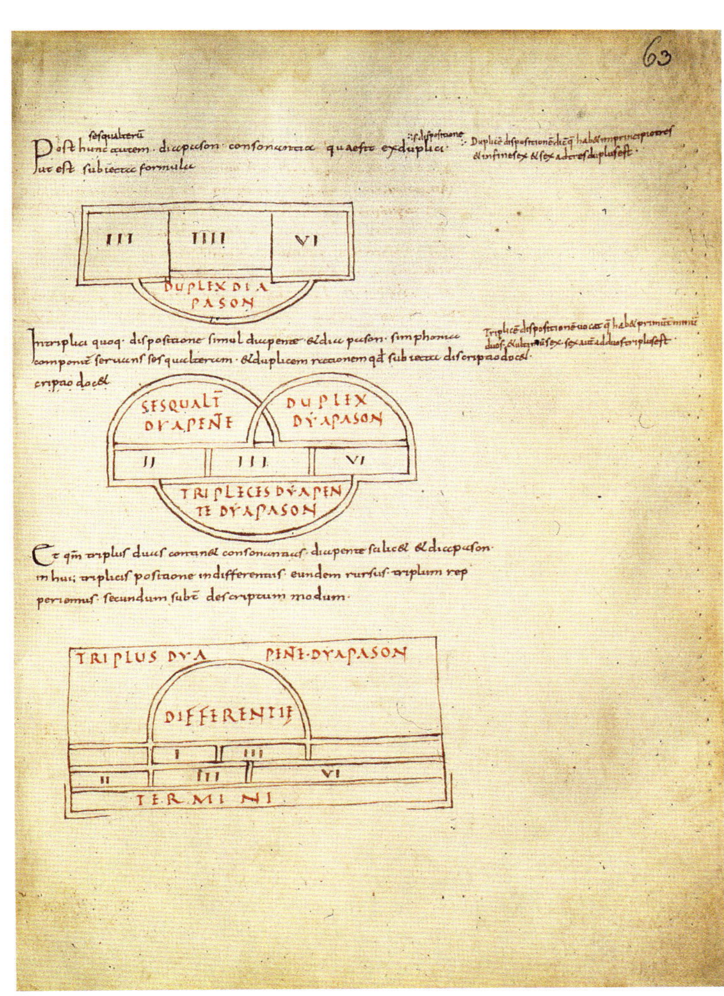

 65 Dom Hs. 186, 62v/63r

Boethius-Arithmetik verbunden war, hinzugefügt (11. Jh.). **74v** Skizze einer Erdkarte. **III. 75r - 119r** Macrobius, Kommentar zum Somnium Scipionis (Buch I - II) (J. Willis, Ambrosii Theodosii Macrobii Commentarii in Somnium Scipionis, Leipzig 1963, S. 1 - 93, 95 - 154). **75r - 101r** Buch I. **75r** *INTER PLATONIS ET CICERONIS LIBROS quos de re publica utrumque constituisse constat – ad secundi commentarii volumen disputationem sequentium reservemus.* **98v** Kreis-Diagramm: im Zentrum liegt der Erdkreis, umgeben von sieben Planetenbahnen, die außen durch den Kreis der Tierkreiszeichen begrenzt werden. **101v - 119r** Buch II. **101v** *Superiore comentario Eusthathi luce mihi dilectior fili – quo in universa phylosophyae continet integritas.* **101v** Kreis-Diagramm, vermutlich Erd- und Himmelskreis, ohne nähere Bezeichnung. **106v** Kreis-Diagramm: Zonenkarte der Erde, unvollständig, ohne Beschriftung. **108v** Kreis-Diagramm: Zonenkarte des Himmels und der Erde, ohne Beschriftung. Nur zu Beginn von Buch I finden sich wenige Interlinear- und Marginalglossen. **119r** folgen in unmittelbarem Anschluß an den Macrobius-Text von derselben Hand geschriebene Gedichte. **119r** *Primus Romanas ordinis – mensis tumque december stat.* **119r - 119v** *ITEM ALII. Dira patet iani Romanis – unde december te genialis hiems.* **119v** *TETRASTI CON AUTENTICU; DE SINGULIS MENSIBUS. Hic iani mensis – ludere verna licet.* **119v** Cicero, Aratea, Exzerpt. **119v** *ITEM DE DUODECIM SIGNIS. Primus adest aries – serpentes ludere pisces.* **120r - 120v** Liste gallischer Provinzen *Metropolis civitas Lugdonensium – IN PROVINCIIS XVI CIVITATES CXV* (Jaffé/ Wattenbach 1874, 133 - 137). **120r** Vermerk am oberen Rand: *scae. Coloni.*

PERGAMENT: 120 Blätter; 247 x 183 mm; Lagen 1^{8}, 2^{6+2}, 3 - 8^{8}, 9^{6}, 10^{2}, 11 - 16^{8}; Zahlenreklamanten; Schriftspiegel 159 x 105 mm und 182 x 127 mm (ab fol. 73); Blindliinierung; Versalienspalten (6 mm) (bis fol. 72); einspaltig; 30 und 35 (ab fol. 73) Zeilen. AUSSTATTUNG: Lateinischer Text in hell- bis dunkelbrauner karolingischer, im Cicerotext frühromanischer Minuskel, rubriziert in Rot und Grün (1r); Auszeichnungsschrift: Uncialis; zeitgleiche Marginal- und Interlinearglossen (verschiedene Hände); in den Tabellen z. T. Capitalis Rustica (fol. 40v); ein- bis mehrzeilige Initialen überwiegend in Tinte, ab fol. 73 bisweilen mit gespaltenem Buchstabenkörper und Klammern; große Eingangsinitiale mit vegetabiler und zoomorpher Ornamentik in Tinte, Rot, Grün und Gelb; ein- und mehrfarbige Diagramme in Tinte, Minium und Grün. EINBAND: Pergament mit Streicheisenlinien über Pappe (Mitte 18. Jh.). PROVENIENZ: Darmstadt 2161. LITERATUR: Hartzheim 1752, S. 156 – Jaffé/Wattenbach 1874, S. 77 f. – Jeffré 1984, S. 15 f. – Jeffré 1991, S. 166 – Handschriftencensus 1993, S. 672 f., Nr. 1136. I.J.

Boethius: Arithmetik; Cassiodor und Isidor: Orthographie; Servius: Metrik

66 Dom Hs. 83

Ende 9. oder Anfang 10. Jh.

Die Handschrift bietet in ihrer inhaltlichen Zusammenstellung von Arithmetik sowie Orthographie und Metrik den Stoff zweier Disziplinen der Sieben Freien Künste. Die Orthographie und Metrik (Versmaß) gehören zum Trivium (Grammatica-Rhetorica), die Arithmetik zum Quadrivium (Arithmetica-Musica). Wann die beiden nach Schriftgröße und Zeilen verschiedenen Teile zusammenkamen, ist ungewiß, doch lassen ihre Einrichtung und Schattierung von Anfangsbuchstaben mit Grün auf dasselbe Skriptorium als Entstehungsort schließen. Welches Skriptorium es war, kann hier nicht entschieden werden.

Boethius (475/ 480 - 524) verfaßte die zwei Bücher der 'Institutio arithmetica' (I) auf der Grundlage griechischer Vorbilder (Nikomachos von Gerasa, um 100), die letztlich auf die pythagoreische Zahlen- und Harmonielehre zurückgehen. In der römischen Literatur blieb dieses Werk ein Unikum (vgl. Dom Hs. 186, Kat. Nr. 65). Mit der Grammatik und Orthographie hatte sich Cassiodor (um 485 - um 580) schon in seinen 'Institutiones' befaßt, die er zwischen 551 und 562 für seine Mönche in Vivarium schrieb. Aus Sorge um die Erhaltung der Sprach- und Schriftkultur verfaßte er als 92jähriger Greis noch 'De orthographia' (II). Im Anschluß an Cassiodor bringt die Kölner Handschrift das Kapitel Orthographie aus Isidors 'Etymologiae' (III), deren erstes Buch dieses Kapitel enthält. Isidor von Sevilla (um 560 - 636) hatte seine Enzyklopädie für den Westgotenkönig Sisebut (612 - 621) geschrieben, doch war sie bei seinem Tod 636 noch unvollendet. Letzte Hand

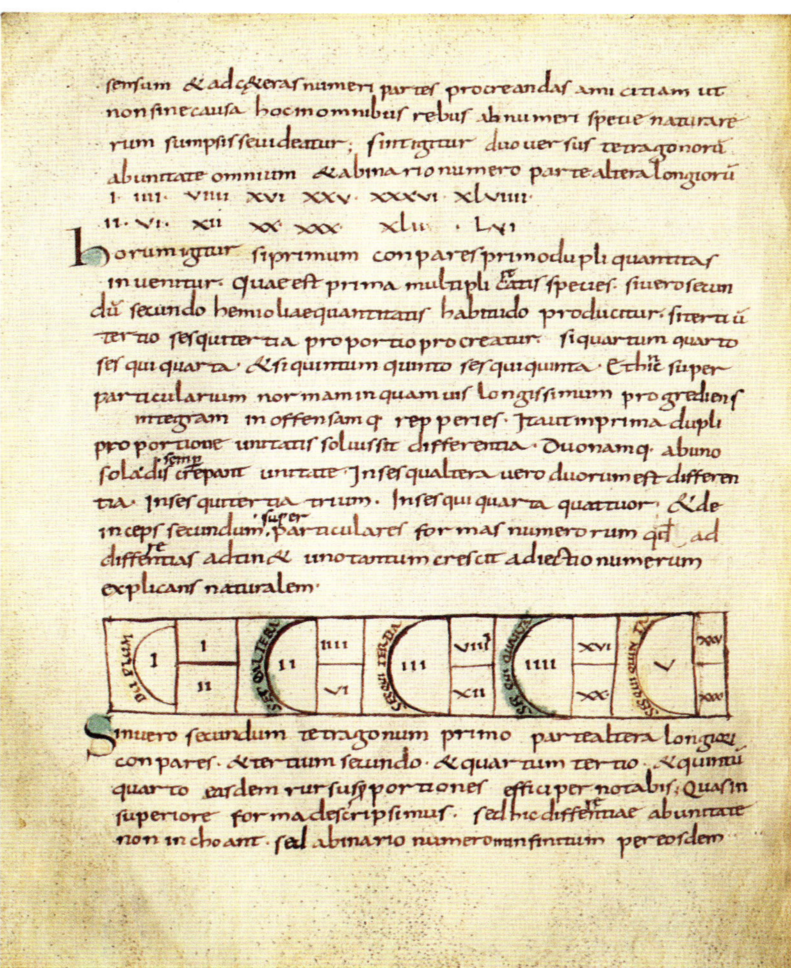

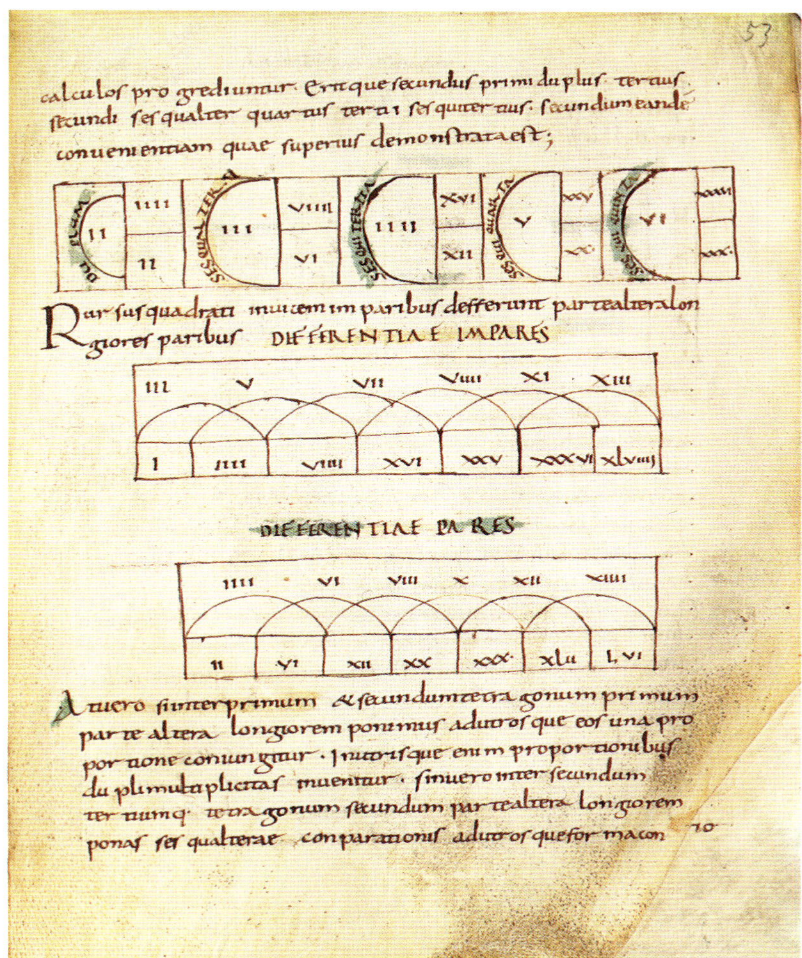

66 Dom Hs. 83, 52v/53r

daran legte Bischof Braulio von Zaragoza (nach 581 - um 651) an; er war auch Isidors Auftraggeber. Die Sammlung schließt mit 'De centum metris' des im 4. Jahrhundert n. Chr. in Rom tätigen Grammatikers Servius Maurus. Er behandelt in seinem Traktat die nach den griechischen Dichtern *de Anacreontio, de Pindarico, de Saffico* benannten Versmaße.

INHALT: **1r - 1v** Zahlen und Verse. **1r** Leer. **1v** Römische Zahlen von *I - XXX*; Zahlen in der Verdoppelung *II, IIII, VIII* etc.; *Ambo iam currunt citius quoque sed – Fit apud et princeps in membris ecce duorum.* **I. 2r - 74v** Boethius, Arithmetik (Buch I - II) (PL 63, 1079A - 1168B). **2r - 31r** Buch I mit Vorrede und Kapitelreihe von *I - XXXII.* **2r** *DOMINO SUO PATRICIO SYMMACHO BOETHIUS. In dandis accipiendisque – censebitur auctor merito quam probatur.* **3r** *CAPITULA LIBRI PRIMI. I Proemium in quo divisiones mathematicae – XXXII Omnis inaequalitas ab aequalitate processit.* **3v** *PROEMIUM IN QUO DIVISIO MATHEMATICAE, INTER OMNES PRISCAE AUCTORITATIS VIROS QUI, PYTHORA* (korr. *PYTHagORA*) *duce – ab utilioribus moraremur.* Buch I enthält mehrere Diagramme: **12r** Cap. XI. Zahlenreihen der Ungeraden *III, V, VII, VIIII, XI, XIII* und Geraden *IIII, VIII, XVI, XXXII, LXIIII, CXXVIII.* **12v** Zu den Zahlenreihen der Geraden und Ungeraden der Länge und Breite nach: Mittleres Quadrat mit sechzehn eingeschriebenen Quadraten sowie Zahlenreihen; nach allen vier Seiten die Quadrate überfangende Halbkreise mit Zahlen. **23r** Cap. XXVI. Quadrierte Rechentafel, von oben links angefangen horizontal und vertikal die Zahlenreihe von *I - X*; von oben nach unten Zahlen der Addition *II, IIII, VI* etc., *X, XX, XXX* etc. An den Ecken diagonal geschrieben *prima unitas tetragona, secunda unitas tetragona, tertia unitas tetragona, secunda unitas tetragona.* Links am Rand Punktreihen mit 4, 9, 16 und 4 Punkten. **29r - 31r** Cap. XXXII *DEMONSTRATIO QUEMADMODUM OMNIS INAEQUALITAS AB AEQUALITATE PROCESSERIT.* Neunzehn Diagramme mit Zahlenfolgen in Dreierreihen. **31r - 74v** Buch II mit Kapitelreihe von *I - LIIII.* **31r** *CAPITULA LIBRI SECUNDI. Quemadmodum ad aequalitatem omnis inaequalitas reducat – LIIII De maxima et perfecta symphonia quae tribus descendit intervallis.* **32v** *Superioris libri disputatione digestum – huius descriptionis subter exemplar adicimus.* Buch II enthält zu den meisten Kapiteln Diagramme. In ihnen werden von Cap. I - V Zahlenverhältnisse linear und mit Halbkreisen verbunden dargestellt. Cap. VI-XIX enthalten geometrische Figuren (Dreieck, Quadrat, Fünf- und Sechseck) mit den ihnen innelie-

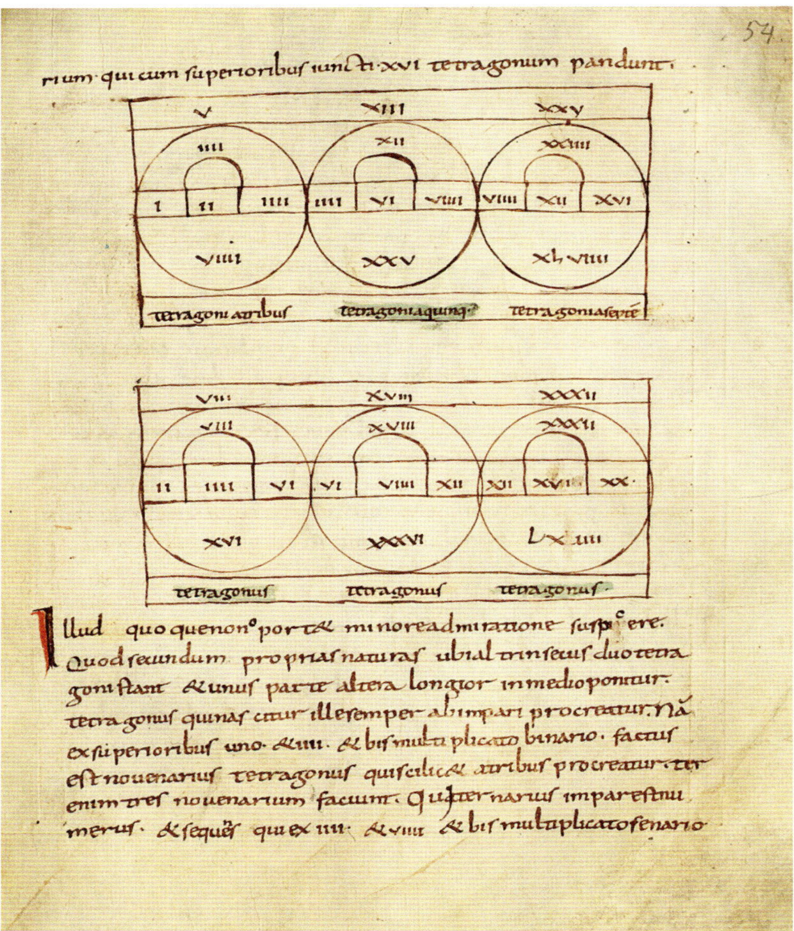

66 Dom Hs. 83, 53v/54r

genden Zahlenordnungen, Cap. XX - XXV stereometrische Figuren (Pyramide, Kubus) mit entsprechenden Zahlenordnungen. Im Folgenden enthalten einige Kapitel besonders interessante Diagramme, beispielsweise Cap. XXXIII mit verschiedenen Proportionsfiguren, Cap. XLIII von der arithmetrischen Mitte. Cap. LIIII behandelt schließlich *DE MAXIMA ET PERFECTA SYMPHONIA QUAE TRIBUS DESCENDITUR INTERVALLIS* – Von der größten und vollkommensten Symphonie (Übereinstimmung), die aus den drei Intervallen (Abständen) hervorgeht. Gemeint ist das Diatessaron (Quarte = VI:VIII = 3:4), die Diapente (Quinte = VI:VIIII = 2:3) und das Diapason (Oktave = VI:XII = 1:2), die im *CONSONANTIAE* betitelten Diagramm (74v) rechts unten dargestellt sind (alle Diagramme finden sich in PL 63). **II. 75r - 87r** Cassiodor, Über die Orthographie, mit drei Vorreden, einer Kapitelreihe mit den Namen der antiken Autoren, aus denen die XII folgenden Kapitel stammen (PL 63, 1239C-1270B; GL VII, 143 - 210). **75r** *PRAEFATIO CASSIODORI SENATORIS. Cum inter nos talia gererentur – septinaria conclusione distincta sunt. Item alia. Postquam commenta in psalterii – Hoc contempnet opus simodo livor abest.* **76r** *INCIPIUNT TITULI LIBRI ORTOGRAPHIAE INDICANTES EX QUIBUS AUCTORITATIBUS SCRIBENDI PERITIA DOMINO PRAESTANTE COLLECTA EST. I. Ex agneo cornuto – XII Et Prisciano moderno auctore decerptas.* **76r** Dritte Vorrede *Commemorati sunt auctores orthographiae – nihilominus est dicendus.* Cap. I *AGNEI CORNUTI DE ENUNTIATIONE VEL ORTHOGRAPHIA. Animadverti quosdam, Emili amice, eruditos – cum nequissimus poenali societate coniungi. Hunc Cassiodori senatoris de orthographia librum ex XII auctorum opusculis defloratum. Explicit amen. AMHN.* Nachsatz *Emporia locus merandi.* **III. 87v - 90v** Verschiedenes. Isidor, Über die Orthographie (Isidor, Etymologiarum Lib. I, xxvii: W.M. Lindsay, Isidori Hispalensis episcopi etymologiarum sive originum libri XX, Oxford [1911] 1971, I/27, 1 - 28); Servius Maurus, Über viele Versmaße (GL IV, 456 - 467). **87v** *INCIPIT ORTOGRAPHIA ESIDORI. Ortographia Graece, Latine recta scriptura Interpretatur – sic malittia et cetera similia.* **88r** *IN NOMINE DEI SUMMI INCIPIT ARS MAURI SERVII DE CENTUM METRIS. Clarissimo Albino Servus grammaticus salutem. Tibi hunc libellum praetextorium decus Albine devovi – scribendi pretium voluntatis exsolvat. Mauri grammatici Servii explanationum de centum metris libellus feliciter explicit. Amen Deo gratias.*

PERGAMENT: 90 Blätter; 225 x 190 mm; Lagen 1 - 8^{8}, 9^{10}, 10^{8}, 11^{3+4+1} (86 - 89 = 2 Doppelblätter); originale Zahlenreklamanten von *I - X*; Schriftspiegel 175 x 140 mm; Blindliniierung mit Versalienspalten (8 mm); Zirkelstiche an den äußeren, manchmal zusätzlich an den inneren Seitenlinien; einspaltig; 28 bzw. 35 (ab 75r) Zeilen. AUSSTATTUNG: Lateinischer Text in karolingischer Minuskel, rubriziert; Titel in Capitalis Rustica, ab 75r in Uncialis, mit

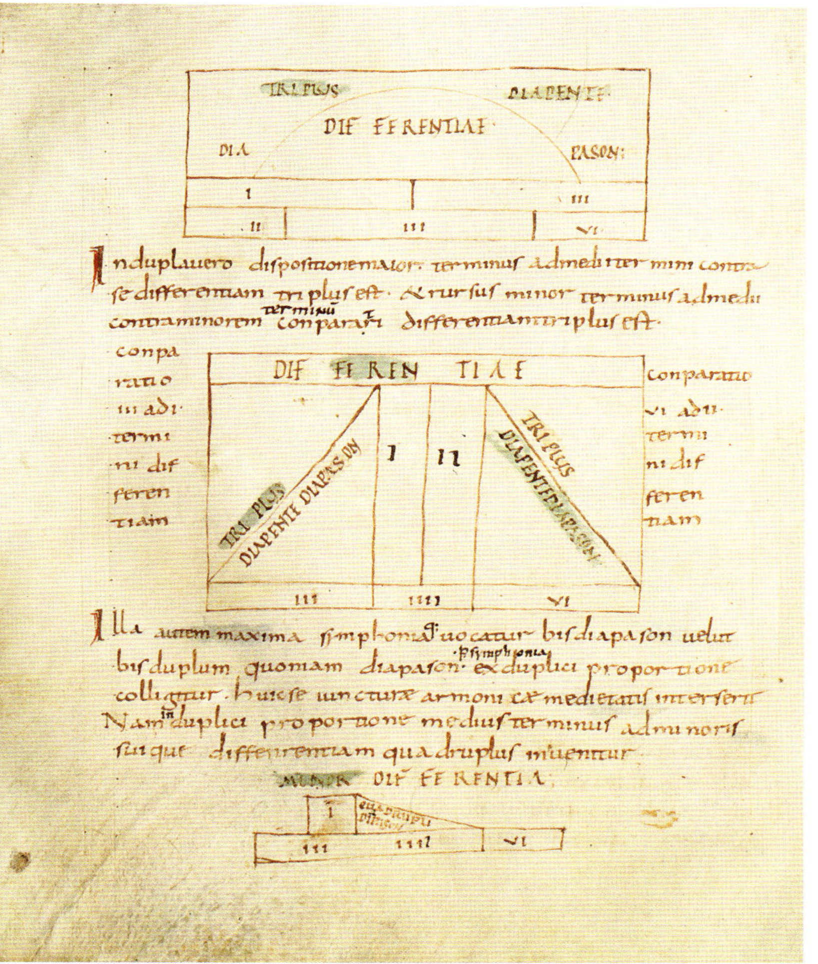

66 Dom Hs. 83, 67v/74v

Minium; Anfänge der Kapitel in kapitalen Majuskeln mit Tinte, gelb, grün und zuweilen mit Minium schattiert; Anfangsbuchstaben von Textabschnitten grün, Anfangszeile 3v gelb, grün und mit Minium schattiert; Diagramme in brauner Federzeichnung mit gelb und grün schattierten Beischriften. EINBAND: Pergament mit Streicheisenlinien über Pappe (Mitte 18. Jh.). PROVENIENZ: Die Handschrift enthält keine frühen Bibliotheksvermerke. Ob sie schon im 9. Jahrhundert in der Dombibliothek lag, ist ungewiß. Darmstadt 2183. LITERATUR: Hartzheim 1752, S. 46, 156 – Jaffé/Wattenbach 1874, S. 29 – Decker 1895, S. 250, Nr. 104 – Frenken 1923, S. 54 – Tusculum 1982, S. 722f. – Jeffré 1984, S. 11f. – Jeffré 1991, S. 166 – Handschriftencensus 1993, S. 620, Nr. 1045 – Collegeville 1995, S. 148ff.

A.v.E.

Boethius: Arithmetik

10. Jh

67 Dom Hs. 185

Die wohl im 10. Jahrhundert entstandene Handschrift 185 ist einer von insgesamt drei Codices der Kölner Dombibliothek, die die Arithmetik des Boethius überliefern (vgl. Dom Hss. 83 und 186, Kat. Nrn. 66, 65). Im Gegensatz zu den beiden anderen Handschriften liegt in diesem Exemplar eine besonders sorgfältig geschriebene sowie aufwendig ausgestattete und kommentierte Abschrift des ersten Quadriviumfachs vor, in der die Diagramme, die geometrischen und stereometrischen Figuren mit kräftigen Farben koloriert sind. Für seine in zwei Bücher gegliederte Arithmetik bearbeitete der römische Gelehrte und Staatsmann Boethius (475/480 - 524) ein Werk des Nikomachos von Gerasa (um 100 n. Chr.) und vermittelte damit dem Mittelalter die Zahlentheorie der Pythagoreer.

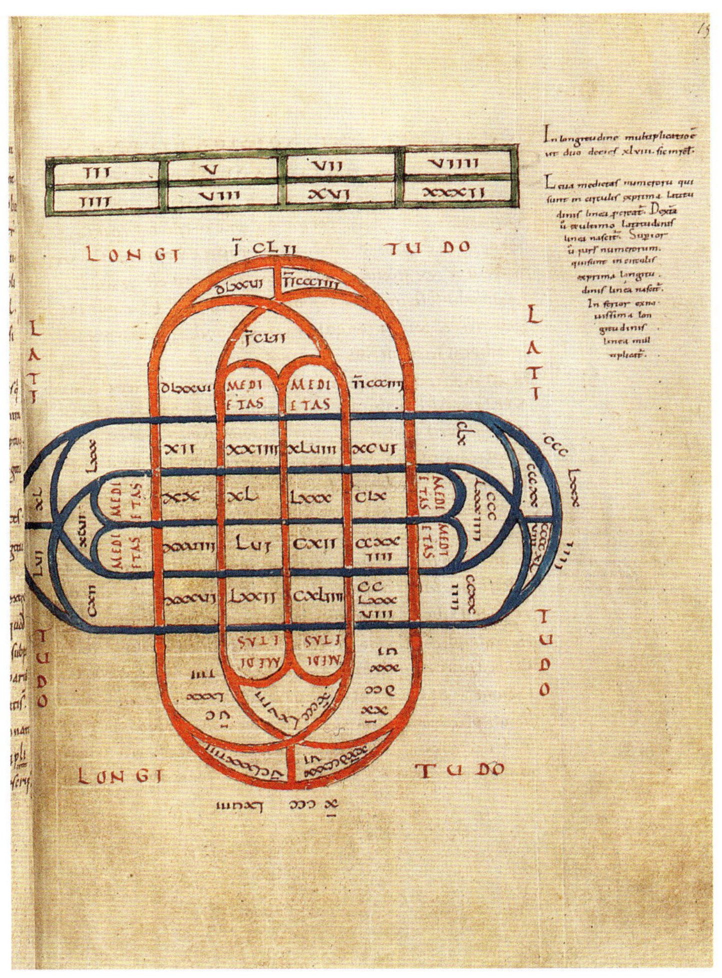

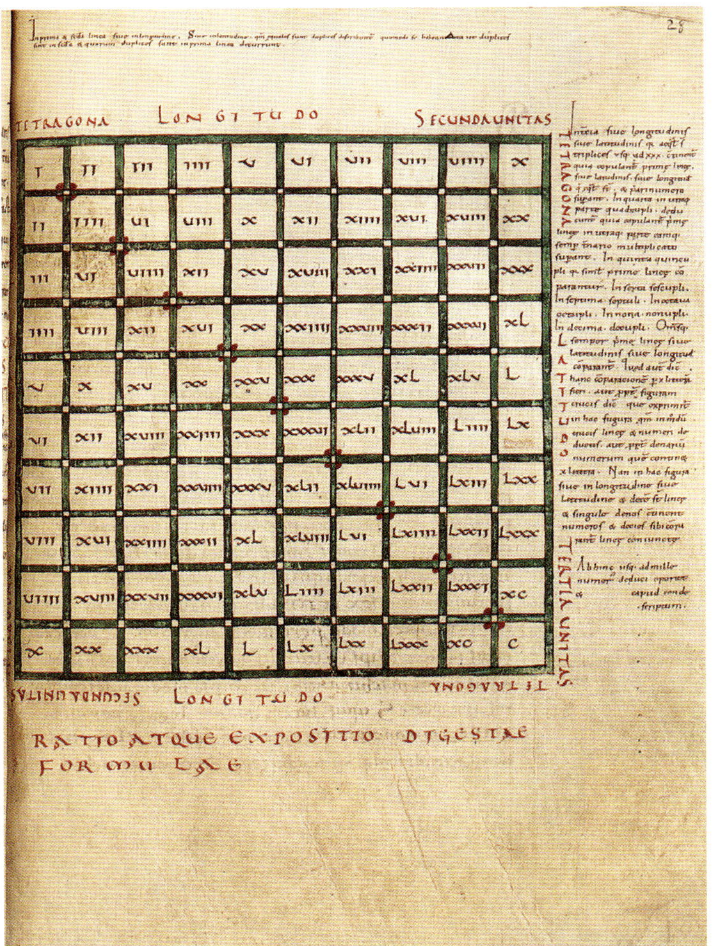

67 Dom Hs. 185, 15r/28r

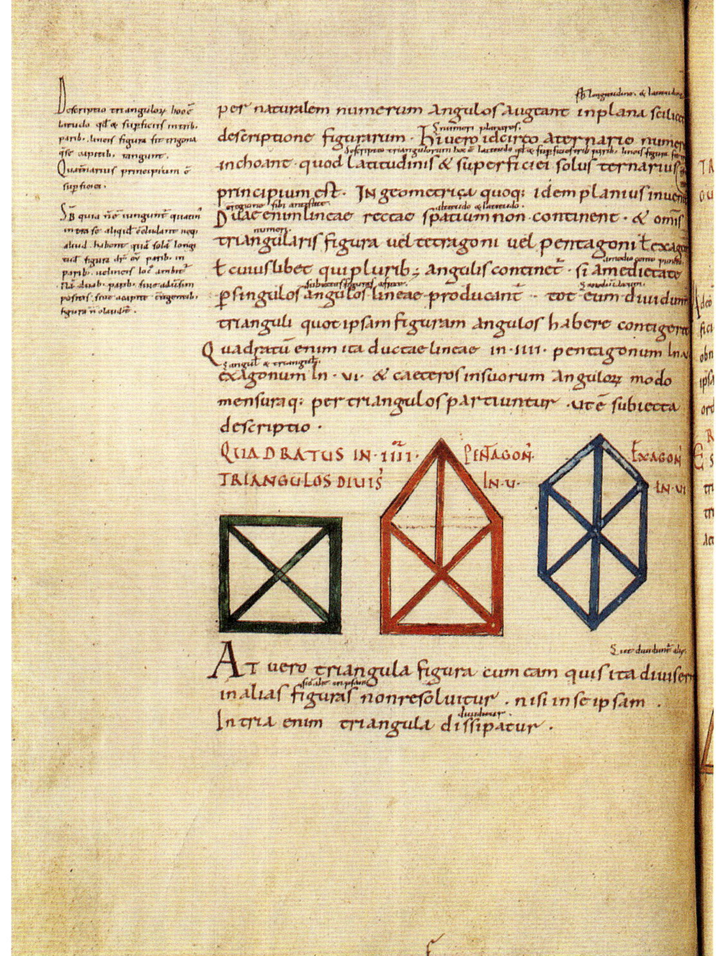

 67 Dom Hs. 185, 48v/49r

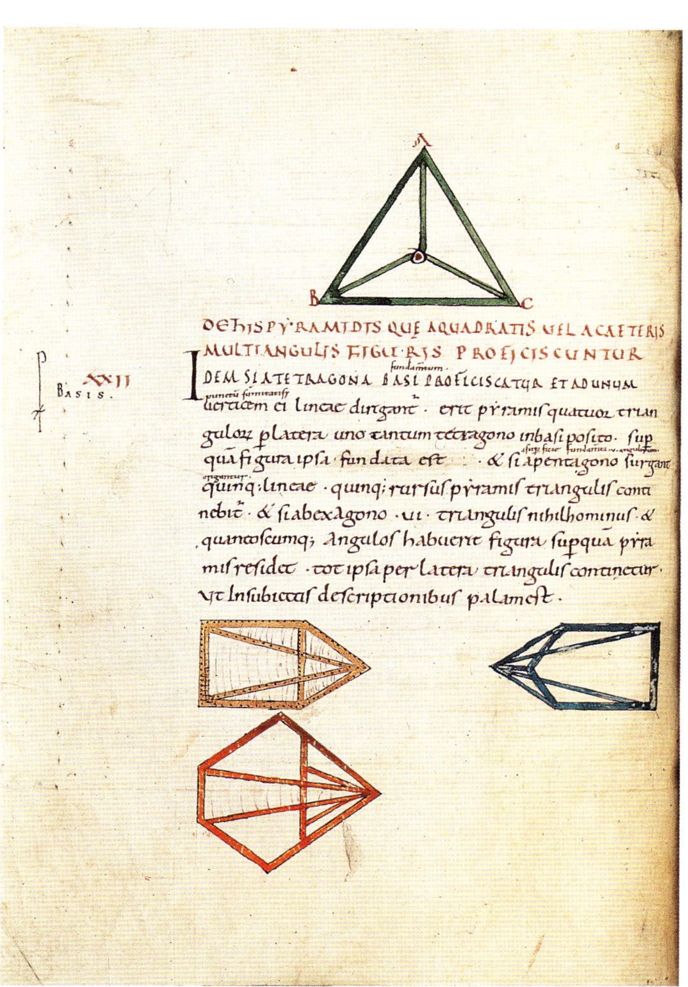

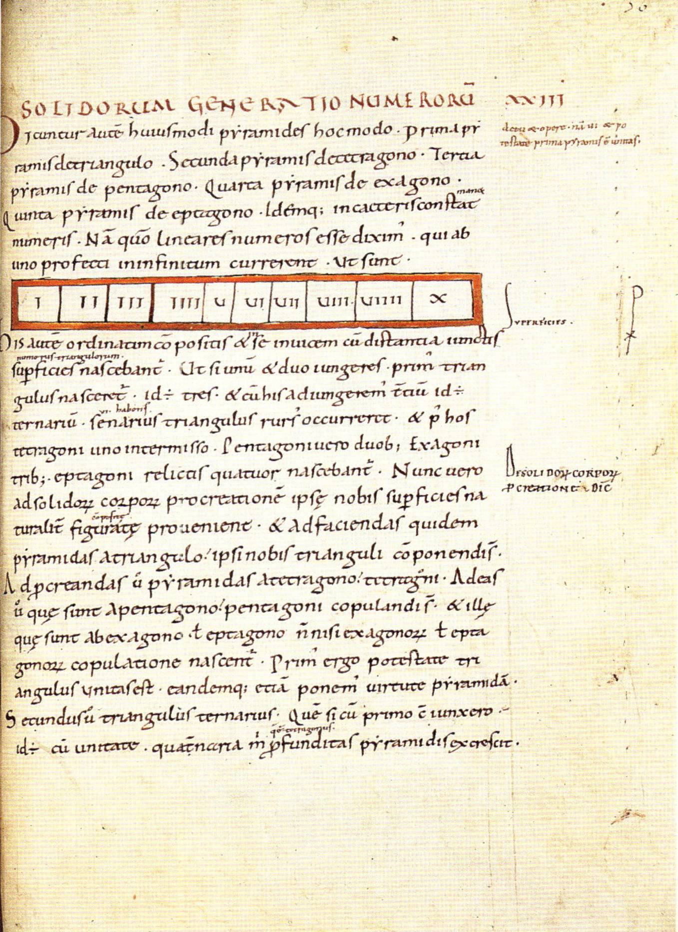

67 Dom Hs. 185, 55v/56r

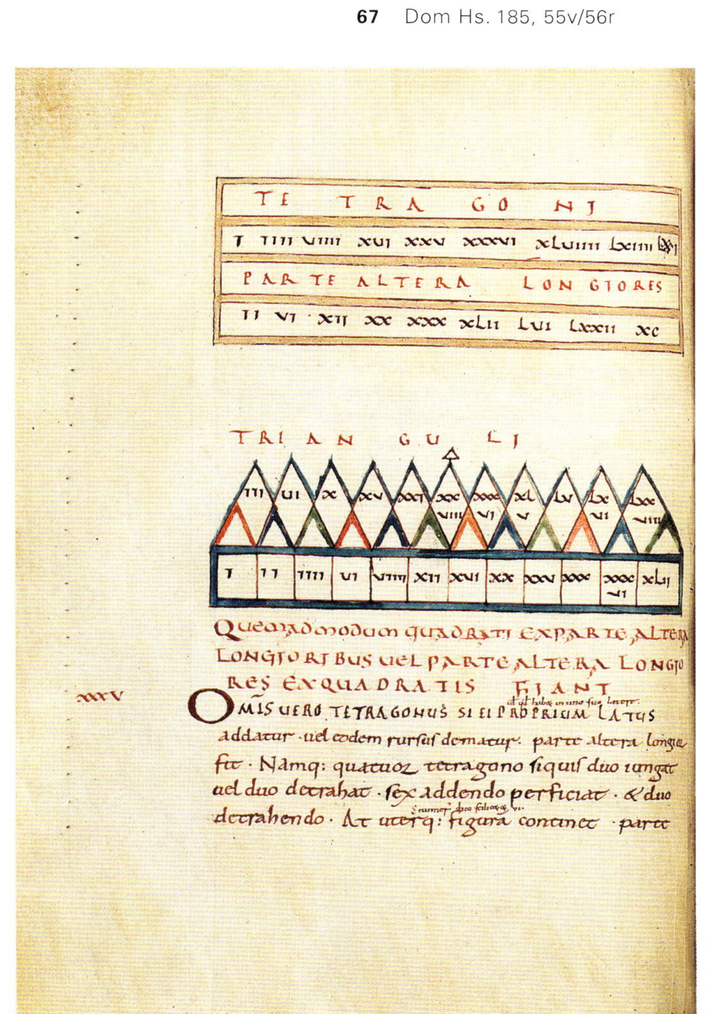

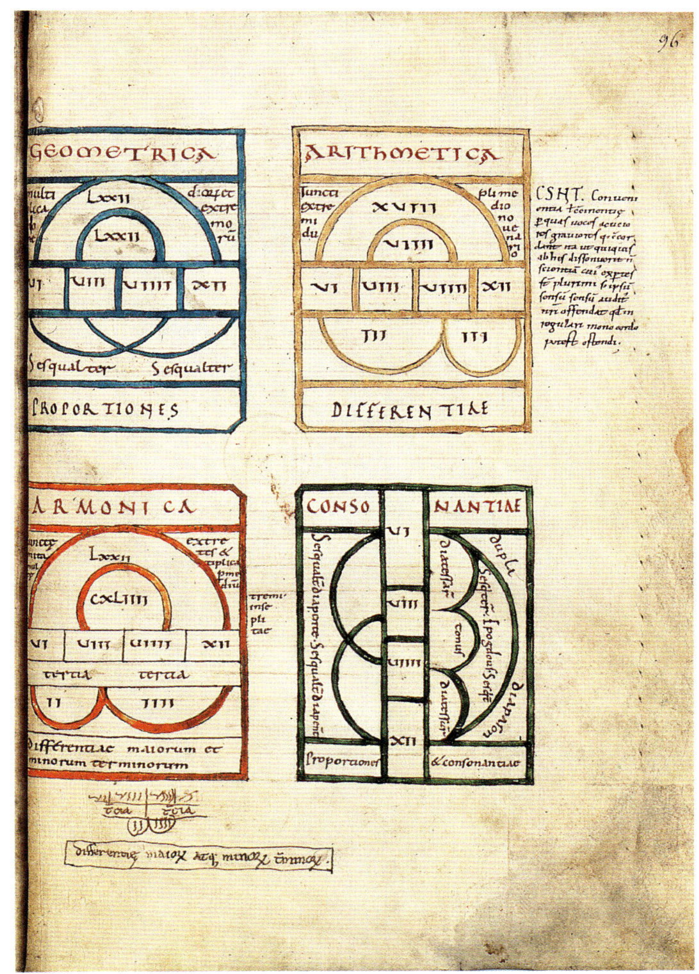

67 Dom Hs. 185, 70v/96r

INHALT: **1r** Federproben. **1v-96r** Boethius, Arithmetik (Buch I-II) (PL 63, 1079A-1168B). **1v-38r** Buch I mit Vorrede und Kapitelreihe von *I-XXXII*. **1v-3r** *INCIPIUNT DUO LIBRI DE ARITHMETICA ANITII MANILII SEVERINI BOETII VIRI CLARISSIMI ET INLUSTRIS EX CONSULARIBUS ORDINARIIS PATRITIIS DOMINO SUO PATRITIO SYMMACHO BOETHIUS. IN DANDIS ACCIPIENDISQUE MUNERIBUS ITA OFFICIA PRAECIPUE inter eos qui sese magnifaciunt – censebitur auctor merito quam probator.* **3r-3v** *INCIPIUNT CAPITULA LIBRI PRIMI. I Prohemium in quo divisiones mathematicae. – XXXII Demonstratio quemadmodum omnis inaequalitas ab aequalitate processerit.* **3v** *PROEMIUM IN QUO DIVISIONES MATHEMATICAE.* **4r-38r** *INTER OMNES PRISCAE AUCTORITATIS VIROS QUI PHYTAGORA DUCE PURIORE mentis ratione viguerunt – animos detinentes ab utilioribus moraremur. FINIT LIBER PRIMUS.* Ab **14r** (Cap. XI) sind Zahlenreihen und -diagramme durch verschiedenfarbige Einfassungen besonders anschaulich hervorgehoben. Diagramme u. a.: **15r** Zu den Zahlenreihen der Geraden und Ungeraden der Länge und Breite nach. **28r** Multiplikationstabelle. **38r-96r** Buch II mit Kapitelreihe von *I-LIIII*. **38r-39v** *INCIPIUNT CAPITULA LIBRI SECUNDI. I Quemadmodum ad aequalitatem omnis inaequalitas reducatur – LIIII De maxima et perfecta symphonia quae tribus distenditur intervallis. FINIUNT CAPITULA.* **39v-96r** *INCIPIT LIBER II. QUAEADMODUM AD AEQUALITATEM OMNIS INAEQUALITAS REDUCATUR. SUPERIORIS LIBRI DISPUTATIONE DIGEStum est – Huius descriptionis subter exemplar subiecimus.* Ab **40v** (Cap. I) sind Zahlenreihen und -diagramme wieder durch verschiedenfarbige Einfassungen besonders hervorgehoben. Ab **48v** (Cap. VI) werden geometrische und stereometrische Figuren in verschiedenen Farben dargestellt. **96r** Diagramm zu Diatessaron, Diapente und Diapason.

PERGAMENT: 96 Blätter; 261 x 192 mm; Lagen 1-12^8; Buchstabenreklamanten; Schriftspiegel 172 x 125 mm; Blindliinierung mit Versalienspalten (6 mm); einspaltig mit einer Marginalspalte (32 mm); 25 Textzeilen und 47 Marginalzeilen. AUSSTATTUNG: Lateinischer Text in mittel- bis dunkelbrauner karolingischer Minuskel, rubriziert; Auszeichnungsschrift: Capitalis Rustica, Uncialis; Initialen: Mischtyp, rubriziert; zahlreiche Interlinear- und Marginalglossen, z. T. gleichzeitig, z. T. nachgetragen; ein- bis mehrzeilige Initialen in Tinte, Minium und Blau; Diagramme in Grün, Blau, Minium, Beige und Gelb. EINBAND: Pergament mit Streicheisenlinien über Pappe (Mitte 18. Jh.). PROVENIENZ: Darmstadt 2176. LITERATUR: Hartzheim 1752, S. 156ff. – Jaffé/Wattenbach 1874, S. 76f., 157f. – Jeffré 1984, S. 14 – Jeffré 1991, S. 166 – Handschriftencensus 1993, S. 672, Nr. 1135. I.J.

Alle Autoritäten des Altertums, die nach dem Vorbild des Pythagoras die Kraft des reinen Denkens besaßen, stimmen offenbar darin überein, daß niemand in den Lehren der Philosophie zur höchsten Vollkommenheit gelangen kann, ohne den Adel solcher Erkenntnis auf deinem sozusagen vierfältigen Wege des Forschens (dem Quadrivium) erlangt zu haben, welcher dem, der über die rechte Einsicht verfügt, nicht verborgen bleiben kann. Denn die Weisheit (Philosophie) besteht darin, die Wahrheit zu erfassen betreffend jene Gegenstände, die ein (wahres) Sein und ein unveränderliches Wesen besitzen. Sein aber sprechen wir jenen Gegenständen zu, die weder durch Streckung größer noch durch Zusammenpressung kleiner werden, noch einem Wandel unterliegen, sondern aus eigener Kraft und allein mit Mitteln der eigenen Natur sich selbst bewahren. Dies aber sind die Qualitäten und die Quantitäten, die Formen, Größe und Kleinheit, Gleichheit, Zustände, Wirkungen, Dispositionen, Ort und Zeit und was immer auf diese oder jene Weise mit den Körpern vereint anzutreffen ist. All dies ist zwar von Natur unkörperlich und besteht vermöge eines unveränderlichen Wesens, wandelt sich jedoch durch die Teilhabe am Körperlichen und fällt so durch die Berührung mit dem Wandelbaren dem Wandel und der Unbeständigkeit anheim. Diesen Gegenständen also wird, wie gesagt, weil sie das Wesen und die Kraft des Unveränderlichen besitzen, wahres und eigentliches Sein zugesprochen. Von diesen Gegenständen also, d. h. jenen, die im strengen und eigentlichen Sinne Wesenheiten genannt werden, beansprucht die Philosophie ein Wissen zu besitzen. Wesenheiten aber gibt es von zweierlei Art. Die eine ist zusammenhängend und mit allen ihren Teilen verbunden und durch keinerlei Grenzen geteilt gleichwie ein Baum oder ein Stein oder alle jene Körper dieser Welt, die im eigentlichen Sinne 'Größen' genannt werden. Die Wesenheit der anderen Art ist ohne innere Verbindung und aus getrennten Teilen bestehend, gleichsam eine Ansammlung von Dingen, die am gleichen Ort angehäuft wurden, wie z. B. eine Herde, ein Volk, ein Chor, ein Haufen und was immer Teile hat, die durch eigene Oberflächen begrenzt und durch Zwischenräume voneinander getrennt sind. Man nennt sie 'Vielheiten'. Von den Vielheiten wiederum existieren die einen für sich allein wie die Drei oder die Vier oder die Quadratzahlen oder welche Zahlen auch immer, die, um zu existieren, keines anderen Gegenstandes bedürfen. Andere (Vielheiten) hingegen bestehen nicht für sich allein, sondern sie beziehen sich auf irgend etwas anderes, wie z. B. das Doppelte, die Hälfte, das Verhältnis 3:2 oder das Verhältnis 4:3 oder was immer von dieser Art, das ohne den Bezug auf etwas anderes nicht zu existieren vermag. Von den Größen indessen sind einige ortsfest und unbeweglich, andere hingegen führen ständig eine Kreisbewegung aus und kommen keinen Augenblick zur Ruhe. Von diesem Seienden also ist die Vielheit, die für sich selbst existiert, Gegenstand der Arithmetik in ihrer Gesamtheit; jene hingegen, die stets auf anderes bezogen ist, wird von den Musikern als Maß der Harmonien erkannt. Die Kenntnis unbeweglicher Größe aber fällt in das Gebiet der Geometrie, während die Astronomie das Wissen von den beweglichen Größen für sich in Anspruch nimmt. Wenn einem Forschenden diese vier Teilgebiete fremd bleiben, kann er die Wahrheit nicht finden, und ohne solche Betrachtung der Wahrheit gelangt niemand zu echter Weisheit (Philosophie). Denn die Weisheit ist die Erkenntnis und das vollständige Erfassen jener Gegenstände, die wahres Sein haben. Wenn also jemand diese Gegenstände verachtet und damit diese Wege zur Weisheit, dann versichere ich ihm, daß er nicht zur wahren Philosophie gelangt, da nun einmal die Philosophie Liebe zur Weisheit ist, welche jener bereits mißachtet hat, da er diese Gegenstände verschmähte.
4r/v (Boethius, aus der Vorrede zu 'Einteilung der mathematischen Wissenschaften'); T. Krischer 1990

Calcidius: Übersetzung und Kommentar zu Platons Dialog Timaios

68 Dom Hs. 192

1. Hälfte 11. Jh. (?)

Die Vorstellungen des griechischen Philosophen Platon (427-347 v. Chr.) über die Entstehung und Zusammenfügung des Universums wurde dem Mittelalter in zwei Werken nicht nur mit Worten, sondern auch mit Diagrammen (Zeichnungen in geometrischer Form) vermittelt. Das eine ist der Kommentar des Macrobius (um 430) zum berühmten 'Somnium Scipionis' (Traum des Scipio Africanus) im 6. Buch von 'De re publica' (Über den Staat) des Marcus Tullius Cicero (106-43 v. Chr.) (vgl. Dom Hs. 186, Kat. Nr. 65), das andere die teilweise Übersetzung und der Kommentar des Calcidius (tätig um 400) zum Dialog 'Timaeus' (griechisch Timaios), in dem Platon sein bedeutendes Weltbild beschrieb. Diese Welt, das Universum, hat nicht nur einen Leib, dessen Idealgestalt kugelförmig ist und in dem die Planeten um die im Zentrum angesetzte Erde kreisförmige Bahnen ziehen und so die Zeit verursachen, sondern auch eine Seele (7). Die Weltseele besteht aus Zahlen, gereiht über ein Lambda (griechischer Buchstabe L), von dessen Spitze 1 links nach unten die geraden Zahlen 2, 4, 8, rechts die ungeraden 3, 9, 27 angeordnet sind. Ihre gegenseitigen Verhältnisse bilden die Grundlage der Harmonie der Welt, die schließlich auch in den Harmonien der Musik (Quarte, Quinte, Oktav) ihren Ausdruck findet (9). Zwischen Platon und Calcidius liegen etwa 600 Jahre, in denen die griechischen Astronomen wie Eudoxos von Knidos (um 400-347 v. Chr.), Heraklides Ponticus (um 385-310 v. Chr.), Aristarchos von Samos (um 310-230 v. Chr.), Hipparchos von Nikaia (um 190-120 v. Chr.) und Claudius Ptolemaios (100/120-178 n. Chr.) große Beobachtungen anstellten und daraus ebenso bedeutende Theorien ableiteten. Die Römer haben sie studiert, Calcidius und Macrobius haben sie in ihre Kommentare integriert. Vor allem das ptolemaeische, geozentrische Weltbild lebte neben der biblischen Kosmologie der Genesis während des ganzen Mittelalters fort und überlagerte noch die Entdeckungen der neuzeitlichen Astronomen wie Nikolaus Kopernikus (1473-1543), Galileo Galilei (1564-1642) und Johannes Kepler (1571-1630).

In den Kommentaren des Calcidius und des Macrobius fallen stets zwei platonische Ideen ins Gewicht, einmal der Urgrund aller materiellen Zusammensetzung (1-6) und ihrer in Zahlenverhältnissen ausgedrückten Harmonie, nämlich die Weltseele (7-9), die der Demiurgos, der Schöpfergott, dem Universum einpflanzte. Dann aber faszinieren die mittelalterlichen Gelehrten die der Philosophie zugrunde liegenden Bewegungen am Himmel, Bewegungen der Planeten in kreisförmigen Bahnen, die Gegenbewegung des Fixsternhimmels und die Erde im Zentrum des Ganzen, von der aus der Betrachter alles sieht, und die sich nach Ptolemaios nicht bewegt. Die Beobachtungen sind in Form von Diagrammen festgehalten und spiegeln zugleich die inhaltliche Struktur des Calcidius-Kommentars. Sie finden sich nur in dessen erstem Teil mit den Kapiteln I-VI über die Entstehung der Welt (I-II), die Harmonie- und Zahlenlehre (III-IV) und den Himmel mit seinen festen und wandelnden Sternen (V-VI). Die außergewöhnlichen Beobachtungen und daraus entwickelten Theorien der antiken Astronomen faszinierten auch die mittelalterlichen Gelehrten besonders: etwa die Exzenter-Theorie, nach der die ungleichförmige Bewegung der Sonne oder Merkurs und vor allem der Venus so erklärt wird, daß das Zentrum des Kreises ihrer Umlaufbahn nicht im Zentrum der mittleren Erde liege, sondern außerhalb, und daß daher diese Planeten der Erde einmal näher, dann aber wieder entfernter erscheinen (14). Noch eindrücklicher ist die

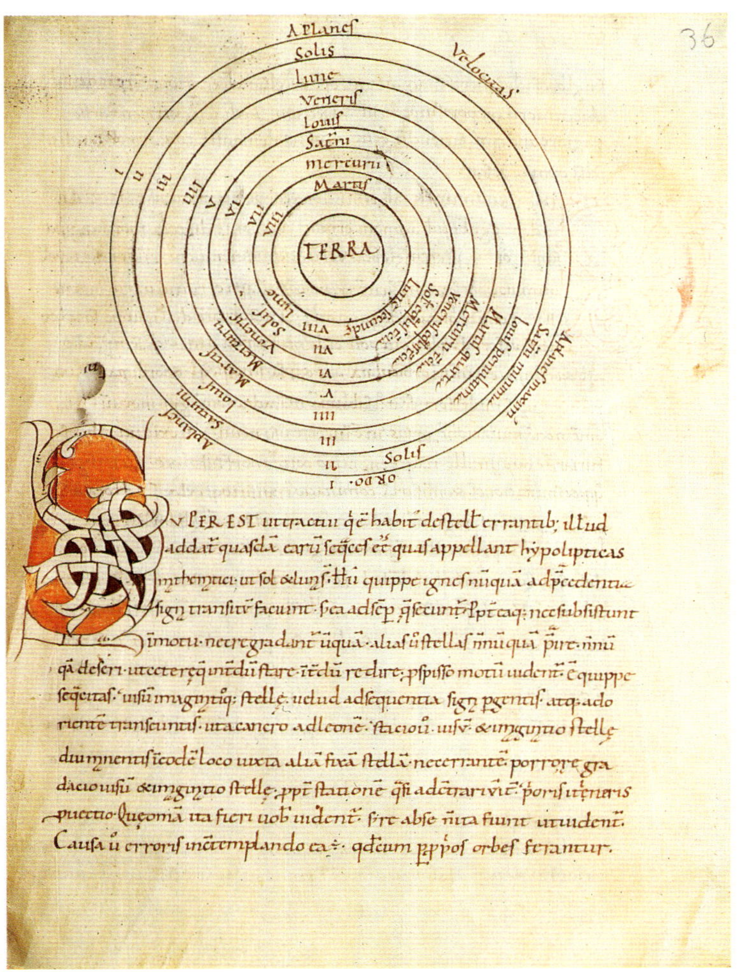

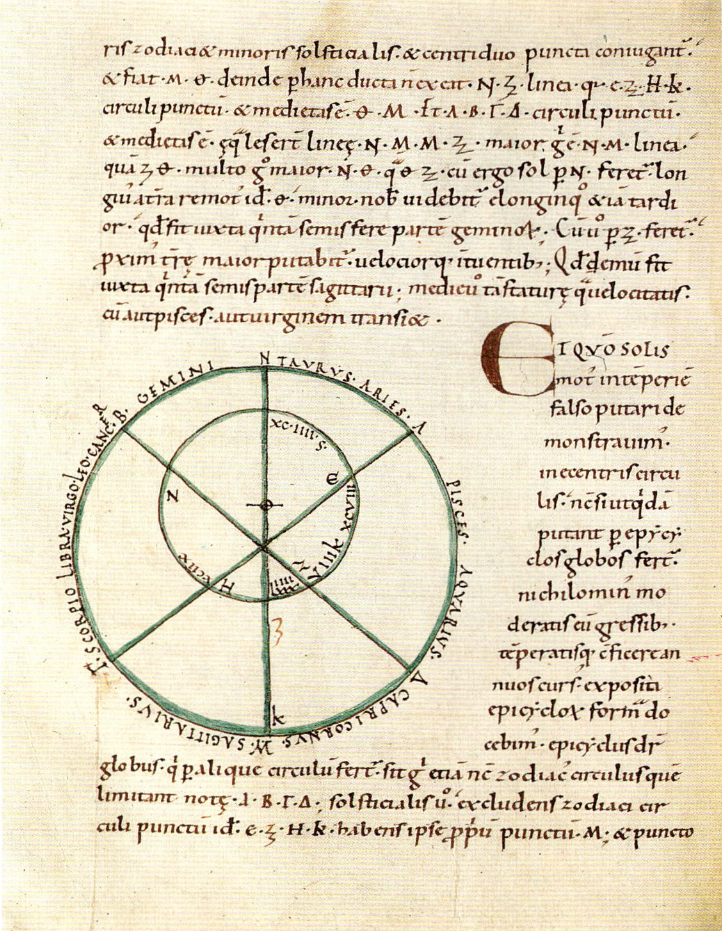

68 Dom Hs. 192, 36r/38v

Epizykeltheorie! Sie sagt aufgrund von Beobachtung, daß Venus und Merkur, die täglich auf- und untergehen, nicht um die Erde, sondern um die Sonne kreisen (Heraklides Ponticus – Martianus Capella) und daß die Sonne sie daher auf ihrer kreisförmigen Bahn um die Erde mittrage. Der Sonnenkreis wird Deferent genannt, die Auf-Kreise, auf denen der Planet einmal links von der Sonne (Venus = Morgenstern) und einmal rechts davon (Venus = Abendstern) zu sehen ist (22, 23), sind die Epizykel (15). Auch die Konstellationen von Erde, Mond und Sonne sind in diagrammatischen Zeichnungen erfaßt. Sie stellen Sonnen- und Mondfinsternisse dar (17-19). Manchmal ist die Vorstellungskraft des Lesers solcher Texte und Diagramme stark gefordert, beispielsweise beim Spalten der Materie einer Geraden von ihren Enden zur Mitte hin in die zwei Teile a und b, beim Biegen der vier Enden zum X (= griechischer Buchstabe Chi) und beim Vereinen der Enden des X zu zwei Kreisen, die sich gegenläufig drehen und damit die Kreise des Fixsternhimmels mit der Ekliptik (Tierkreis) und die planetarischen Bewegungen darstellen sollen (20). Kein Wunder also, daß der Zeichner des Diagramms auf Folio 15r (2) in die Quadrate schrieb: *Deus adiuva me* – Gott hilf mir!

In Dom Hs. 192 kamen sämtliche 24 in den Haupthandschriften überlieferten Diagramme zur Ausführung (Wir geben unten bei der Beschreibung jeweils die Seitenzahl der Abbildung in der Edition von Waszink in Klammern an). Wo sie entstand, kann hier nicht entschieden werden. Die Calcidius-Tradition ist leider nicht so gut nachweisbar wie die des Macrobius-Kommentars zu Ciceros 'Somnium Scipionis'. R. M. McKitterick (in: H. J. Westra [Hg.], From Athens to Chartres.

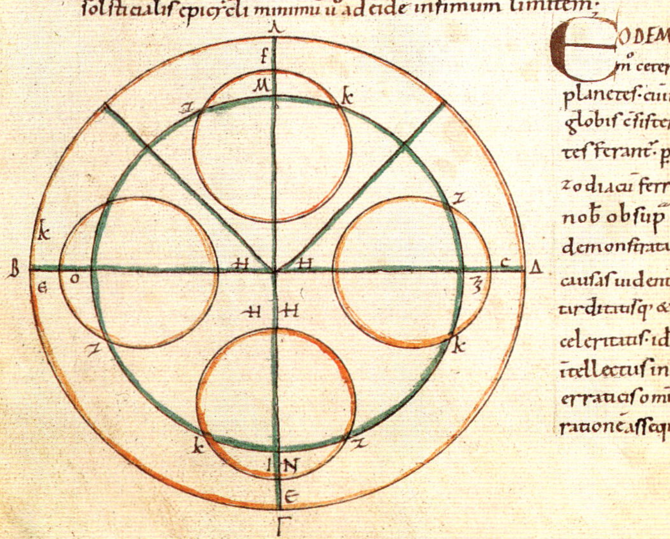

68 Dom Hs. 192, 39v/42r

Neoplatonism and Medieval Thought. Studies in Honour of Edouard Jeauneau, Leiden/New York/Köln 1992, S. 86ff., bes. 89) sieht die älteste Handschrift (Paris, Bibl. Nat., Lat. 2164) in Nordfrankreich schon um 800 entstanden und glaubt, Calcidius sei schon seit 780 im Aachener Gelehrtenkreis der Hofschule Karls des Großen (768 - 814) bekannt gewesen. M. Huglo (in: Scr 44 [1990], S. 3ff., bes. 11) tritt dagegen für eine Entstehung der Handschrift im 10./11. Jahrhundert in Fleury ein und erklärt sie zur Schwesterhandschrift (sosie = Doppelgängerin) des Macrobius Lat. 6365 in Paris. Die gegen Ende des 9. Jahrhunderts in Reims geschriebene Calcidius-Kopie (Valenciennes, Bibl. Municipale, Ms. 293), einst im Besitz des Gelehrten Hucbald von Saint-Amand (gest. 930), repräsentiert den Höhepunkt der Verbreitung des Calcidius in der Karolingerzeit, die sich im Zeitalter der Ottonen und Salier fortsetzt. Wir können sie alsdann über Wilhelm von Conches (um 1080 - um 1154), Francesco Petrarca (1304 - 1374) und den Florentiner Humanisten Marsilio Ficino (1433 - 1499) weiterverfolgen (vgl. von Euw 1991, S. 386).

Dom Hs. 192 stammt aus einem Skriptorium, in dem mehrere Hände an solchen Werken schrieben. Die von ihnen etwas willkürlich in Einsatz gebrachten Initialen sind im Stil ganz verschieden. Das *I(gitur)* (34r) und *S(uper)* (36r) haben Flechtbandknoten mit spitzer Bänderung, ein Phänomen, das wir beispielsweise aus Reichenauer Handschriften vor der Jahrtausendwende kennen. Die Initialen *E(st)* (36r) und *Q(uia)* (37v) sind einfache Rankeninitialen, wie sie in vielen Handschriften des 11. Jahrhunderts zu finden sind.

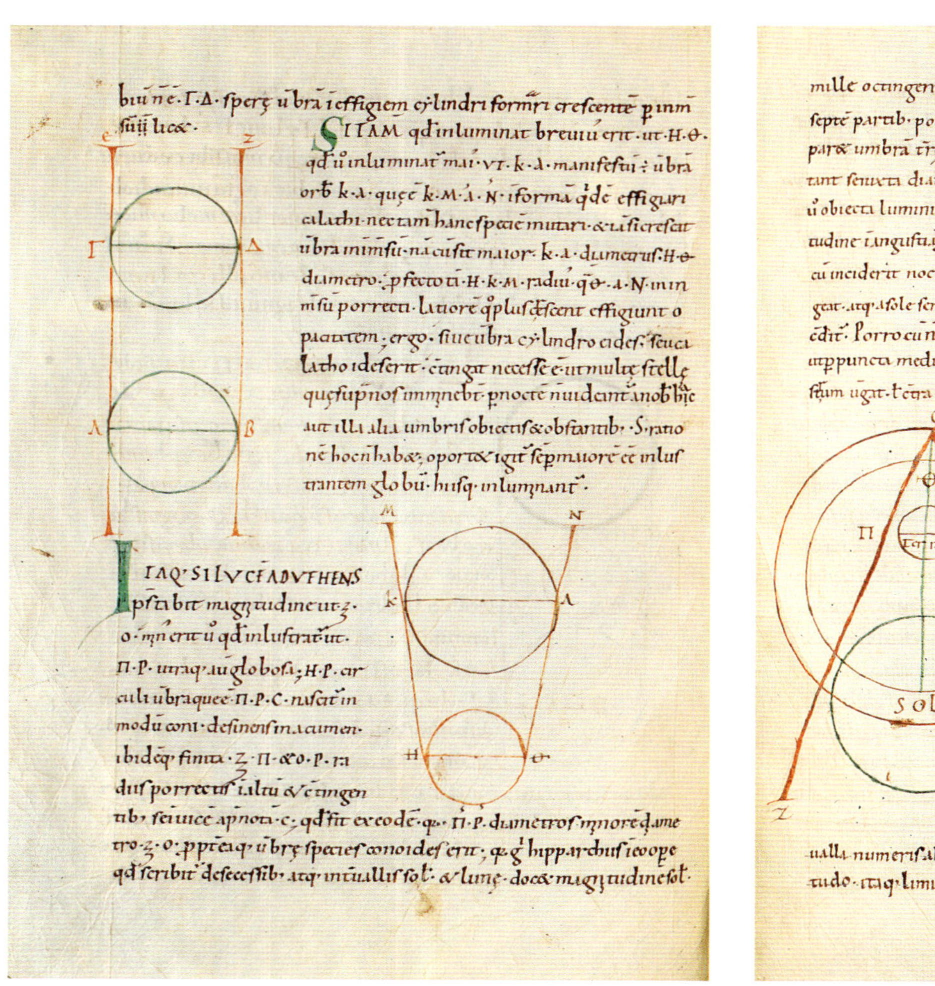

68 Dom Hs. 192, 42v/43r

INHALT: **1v** Rückgabevermerk an die Kölner Dombibliothek von 1540 des Hieronymus Unicornus (von 1529-1560 Kanoniker am Dom zu Köln und Subkustos des Kölner Domes) *Restitutus bybliothecae S. Petri maioris ecclesiae Coloniensis die 1 Octobris 1540 per Hieronymum Unicornum eiusdem ecclesiae subcustodem.* **2r** Titel *Calcidius super Platonem* (14./15. Jh.). **2v** Leer. **3r-123v** Calcidius lateinische Übersetzung (Auswahl) in zwei Teilen sowie Kommentar zu Platons Dialog, mit Brief und Widmung des Herausgebers (Waszink 1975, 5-346). **3r** Brief und Widmung an den bis heute unbekannt gebliebenen Osius *Socrates in exhortationibus – maiorem fiduciam.* **3v-13r** Plato, Timaeus. Teil I. *TIMEUS PLATONIS.* (Unus, duo, tres) *Quartum enumero – socia natura nanciscetur imaginem.* **13v-52v** Teil I des Kommentars zum Timaeus. Ohne Titel. *Timaeus Platonis et a veteribus – de mundi sensilis constructione tractavit.* Dieser Teil enthält sämtliche bei Waszink wiedergegebenen Diagramme, außer 162 (Lauf der Venus). Sie können gegliedert werden in die Themen: a) Entstehung der Welt als Abbild idealer Zahlenverhältnisse und geometrischer sowie stereometrischer Formen (De genitura mundi), b) Weltseele und Harmonie der Welt im Spiegel der Zahlenverhältnisse (De ortu animae), c) Der Himmel, seine Beschaffenheit und die Bewegung seiner Körper (Planeten und Fixsternhimmel). a) 1. **14v** Zahlenverhältnisse im Quadrat als Abbild der vier Elemente (Erde, Wasser, Feuer, Luft), mit denen der Gott (Demiurgos-Opifex) die Welt erschafft (62). 2. **15r** Drei aneinandergefügte Quadrate mit der außergewöhnlichen Inschrift des Zeichners und Schreibers *Deus adiuva me* (63). 3. **15v** Zusammenfügung der Dreiecke zum Quadrat (64). 4. **16v** Vier Würfel als räumliche Gebilde mit den ihnen innewohnenden Verhältnissen von Zahlen (66). 5. **17r** wie 4 (67). 6. **17v** Vier aneinander und aufeinander gefügte Würfel (als Parallelogramm) (69). b) 7. **21v** Lambda als Weltseele mit geraden und ungeraden Zahlenreihen als deren Kräfte (82). 8. **24v** Lambda mit fortschreitenden Zahlenreihen (90). 9. **27v** Lambda mit allen musikalischen Zahlenverhältnissen, die der Quarte und Quinte zugrunde liegen (98). 10. **32v** Die rundliche (globosa), gespannte Oberfläche des Meeres (109). 11. **34r** Der Himmelsglobus mit Polen und Klimazonen (114). 12. **36r** Das geozentrische Weltbild mit den Bahnen der Planeten und ihren Abständen (121). 13. **37v** Der Zodiakalkreis und die in ihm liegenden Solistitien und Äquinoktien als Beginn der Jahreszeiten (126). 14. **38v** Die exzentrische Kreisbahn der Sonne um die Erde als Mittelpunkt des großen Kreises (= Fixsternhimmel) (129). 15. **39v** Die Epizykeltheorie am Beispiel des Umlaufs der Sonne um die Erde (131). 16. **41r** Der Epizykel als Erklärung der Progressio und Retrogradatio der Planeten (Vor- und Rückschreiten) (136). 17. **42r** Der Mond schiebt sich zwischen Sonne und Erde und verursacht so

Schatten (Umbrae) auf der Erde (Sonnenfinsternisse) (140). 18. **42v** Zwei Diagramme zum Thema Sonnenfinsternis (142). 19. **43r** Erklärung der Mondfinsternis durch die Stellung der Erde zwischen Sonne und Mond (143). 20. **43v** Das Spalten der Materie (a/b), das Auseinanderbiegen der Enden zum X (= griechischer Buchstabe Chi), oben das Verbinden der Enden des X und Formen zweier Kreise innerhalb eines großen Kreises (Abbild des Himmels mit dem Tierkreis) (145). 21. **45r** Die Planeten in ihrem kreisförmigen Umlauf um die mittlere Erde (149). 22. **49r** Die Stellung der Venus zur Sonne als ihr Trabant (158). 23. **50r** Zweite Erklärung des Vor- und Rückschreitens der Venus als Trabant der Sonne (Morgenstern – Abendstern) (158). 24. **51r** Wiederholung des Diagramms von 50r (vgl. dagegen die Bewegung der Venus bei Waszink 162). Initialen: 34r *I(gitur)*, 36r *S(uper)*, *E(st)* und 37v *Q(uia)*. **52v - 63r** Platon, Timaeus. Teil II. Die Lehre vom Menschen, Lehre von Körper und Seele *LIBER SECUNDUS INCIPIT. Etiam fere cuncta provenerant – ex levi admonitione perspicuo* (Waszink 32 - 52). **63v - 123v** Teil II des Kommentars zum Timaeus *Mundi tocius perfectionem – ad affectionem institutionis ingenuae. CHALCIDIUS IN TIMAEO EPLICITUR FELICITER.* Dieser Teil enthält keine Diagramme, doch Glossen von verschiedenen, teilweise wohl zeitgenössischen Händen. Einer der Glossatoren hinterließ Diagramme: **88v** *Animae – vis, ratiobilis* (!) *– appetibilis, intellectus – opinio, iracundia – cupiditas.* **98v** (teilweise beschnitten) *Motus, locularis, iuxta qualitatem, iuxta quantitatem, iuxta essentiam* (alle mit abzweigenden Begriffen).

PERGAMENT: 123 Blätter; 240 x 185 mm; Lagen 1^{2+8} (2 Einzelblätter), 2^{8+1} (fol. 18 Einzelblatt), 3^{8}, 4^{10}, 5 - 7^{8}, 8^{4}, 9 - 13^{8}, 14^{8+1} (114 Einzelblatt), 15^{8+2-1} (letztes Blatt 124 herausgeschnitten); Zahlenreklamanten von *I - XIIII*; Schriftspiegel 188 x 135 bzw. 193 x 135 (ab 106r) mm; 27 Zeilen. AUSSTATTUNG: Lateinische Schrift und lateinische sowie griechische Buchstaben in den Diagrammen und im Kommentar in brauner bis schwarzer karolingischer Minuskel; Titel und Explicit in Uncialis oder Mischschrift (Capitalis-Uncialis); Kapitelanfänge manchmal in Minium, ebenso die Majuskeln zu Beginn von Kapiteln, manchmal grün schattiert; zu einigen größeren Textabschnitten Initialen in Federzeichnung mit Tinte, teilweise in Minium schattiert, und in Federzeichnung mit Minium; Rand- und Interlinearglossen von verschiedenen Händen, einige davon wohl zeitgenössisch, andere 12. Jh.(?). EINBAND: Pergament mit Streicheisenlinien über Pappe (Mitte 18. Jh.). PROVENIENZ: Nach dem Rückgabevermerk des Hieronymus Unicornus, Subkustos des Kölner Domes, war die Handschrift vor 1540 Eigentum der Kölner Dombibliothek, der sie möglicherweise seit dem 11. Jahrhundert angehörte (1v). Darmstadt 2167.

LITERATUR: Hartzheim 1752, S. 157 – Jaffé/Wattenbach 1874, S. 80f. – J. von Mueller, Quaestionum criticarum de Chalcidii in Timaeum Platonis commentario specimen III, in: Programm Universität Erlangen 1877, S. 3ff. – J.H. Waszink, Timaeus a Calcidio translatus commentarioque instructus (Plato Latinus, ed. R. Klibansky, 4) London/Leiden 1975, S. CXIII – Jeffré 1984, S. 20f. – Jeffré 1991, S. 167 – A. von Euw, Die Maiestas-Domini-Bilder der ottonischen Kölner Malerschule im Licht des platonischen Weltbildes. Codex 192 der Kölner Dombibliothek, in: Theophanu 1991, I S. 387ff., Abb. 6ff. 16 (mit teilweise falschen Folio-Angaben bei der Handschriftenbeschreibung) – Handschriftencensus 1993, S. 676, Nr. 1142.

A.v.E.

Kalendar, Osterzyklus mit Annalen und Werke des Beda Venerabilis

69 Dom Hs. 102

10. und 11. Jh.

Kalendar (I) und 'Cycli decemnovennales' (Osterzyklen) (III) mit an den Rand geschriebenen Annalen (IV) bilden kodikologisch und paläographisch eine Einheit, ausgezeichnet durch die schöne Schrift, die im Annalenteil kleinste Form annimmt. Titel und Überschriften in Minium und Grün beleben die Zahlen- und Wortkolumnen dieses Teils. Das Kalendar (I) fußt auf einer alemannischen, wahrscheinlich einer Reichenauer Vorlage (Benedikt, Genesius, Georg, Markus, Valens, Kilian, Reginswind, Papst Stephan, Pelagius, Verena, Felix und Regula, Gallus, Pirmin, Kolumban), die mit Heiligen und den Orten ihrer Verehrung aus dem Westfrankenreich (Paris-Dionysius, Tours-Martin) "erweitert" ist. Daß der Weihe des Kölner Petrusdomes am 27. September und dem Fest des hl. Kunibert am 12. November, ebenfalls von erster Hand, das Wort *Colonie* mitgegeben ist, läßt die Annahme zu, es sei für Köln geschrieben worden. Dennoch ist es mit den anderen bekannten Kölner oder für Köln adaptierten Kalendarien der Zeit um 1000 – wie etwa mit dem des Sakramentars von St. Gereon (Paris. Bibl. Nat., Lat. 817; Bloch/Schnitzler I 1967, S. 121ff., Abb. 81ff.) – oder dem der Dom Hs. 45 (Kat. Nr. 40) nicht vereinbar. Das gleiche gilt für die Annalen am Rand des 'Cyclus decemnovennalis' (IV), die in ihrem Grundbestand ebenso alemannischer Herkunft sind, was schon die alten Editoren (Jaffé/Wattenbach 1874) bemerkten (823 Visio Wettini des Walahfried Strabo [808/809-849]). Erste annalistische Einträge für Köln finden sich erst auf Folio 18v zum Jahr 953, dem Todesjahr Erzbischof Wichfrieds (924-953) und zum Amtsantritt seines Nachfolgers Bruno (953-965). Es folgen wieder von verschiedenen Händen die Nachträge für Poppo (= Folkmar, 965-969), Gero (969-976), Warin (976-985), Everger (985-999), Heribert (999-1021) und Pilgrim (1021-1036), dessen Todesdatum aussteht. Daraus kann man folgern, daß Kalendar und Cycli mit Annalen möglicherweise schon zu Brunos Zeiten nach Köln kamen. Auch die Daten der Reichsgeschichte können darauf hinweisen, brechen sie doch im Original mit dem Tod Liudolfs, Herzog von Schwaben und Sohn Ottos I. (936-973), im Jahr 957 ab. Die weiteren bis zum Jahr 1028 (Königswahl Heinrichs III.) geführten Einträge der Reichsgeschichte stammen ebenso von jüngeren Händen.

Gegen diese Einheit der Teile I-IV heben sich die nachfolgenden Texte ab. Sie sind von mehreren Händen in großer Schrift geschrieben und enthalten zum Teil nur noch fragmentarisch Werke des Beda Venerabilis (673/674-735). Anscheinend sollte Dom Hs. 102 eine ottonische Neuauflage der karolingischen, unter Erzbischof Hildebald (vor 787-818) im Jahr 795 geschriebenen Dom Hs. 103 sein (Kat. Nr. 23). Jedenfalls ist Teil IX in Dom Hs. 102 mit den unechten Akten der unter Papst Victor I. (189-um 199) abgehaltenen römischen Synode von Dom Hs. 103 kopiert, was bedeutet, daß die Handschrift in Köln fortgeschrieben wurde. Wann die Lücken entstanden, die Bedas 'De temporum ratione' (vgl. Dom Hs. 103) zum Fragment machten (V, VII), ist nicht bekannt. Einmalig schiebt sich jedoch zwischen den zeitrechnerischen (V) und den historiographischen (VII = Chronica maiora) Teil des Werkes der Beda zugeschriebene 'De tonitruis libellus' (Büchlein von den Gewittern). Nach Jones (1939, S. 46) bringt ihn Dom Hs. 102 als Unikum. Die alsdann mit Lage 8 einsetzenden 'Chronica maiora' Bedas (VII) sind wieder vollständig erhalten, in der Schrift jedoch etwas kleiner als die vorangegangenen (V-VI) und nachfolgenden Abschnitte (VIII-IX). Ähnlich wie Dom Hs. 103, aber nicht übereinstimmend, bringt auch Dom Hs. 102 Computusregeln.

Insgesamt gewinnt man den Eindruck, die Handschrift vereine zwei zeitlich und örtlich verschiedene Teile (I-IV; V-IX), wobei der ältere (I-IV) als Import der 2. Hälfte des 10., der jüngere als Produkt der Kölner Domschule des 11. Jahrhunderts betrachtet werden könnte.

INHALT: **I. 1r-6r** Kalendar. Januar verloren. **1r** Februar: 1. *Brigida*; 2. *Oblatio in Templum*; 5. *Agathe*; 15. *Faustini et Iovite mart.*; 22. *in Antiochia Cathedra sci. Petri*; 24. *Sci Mathie.* **1v** März: 12. *Nat. sci. Gregorii pp.*; 21. *Depositio sci. Benedicti abbatis*; 25. *Annunciacio sce. Marie*; 27. *Resurrectio Dni.* **2r** April: 4. *Natl. sci Ambrosii conf.*; 14. *Tiburtii et Valeriani et Maximi*; 20. *Genesii mart.*; 23. *Natl. sci Georgii mart.*; 25. *Natl. sci. Marci evangl.*; 28. *Rome Vitalis mart.* **2v** Mai: 1. *Nat. aplor. Philippi et Jacobi*; 3. *Alexandri, Eventii, Theoduli*; 5. *Ascensio Dni.*; 10. *Gordiani, Epimachi*; 12. *Nerei et Achillei et Panericii* (statt Pancratii); 19. *Pudenciane virg. et mart.*; 21. *Natl. sci. Valentis mart.*; 25. *Urbani pp.*; 31. *Petronelle virg.* **3r** Juni: 1. *Depositio sci. Nicomedis mart.*; 2. *Marcelli prb. et Petri exorciste*; 5. *Passio sci. Bonifacii archi. ep.*; 9. *Primi et Feliciani*; 12. *Rome Basilidis, Cirini, Naboris et Nazarii*; 15. *Viti, Modesti et Crescentie*; 18. *Marci et Marcelliani*; 19. *Protasii et Gervasii*; 24. *Natl. sci. Johannis baptiste*; 26. *Rome Johannis et Pauli frm.*; 28. *Natl. sci. Leonis pp.*; 29. *Natl. aplorum. Petri et Pauli.* **3v** Juli: 2. *Rome Processi et Martiniani*; 6. *Octava aplor.* (Petri et Pauli); 7. *Sci. Chiliani et sociorum eius*; 10. *VII frm* (Septem fratrum), *Felicis*; 10. *Sci. Philippi et ceterorum*; 15. *Reginswinde virg.*; 21. *Praxedis virg.*; 23. *Ravenna Apollinaris epi. et mart.*; 24. *Natl. Christine virg.*; 25. *Passio sci. Jacobi apli. fris. Johannis*; 29. *Felicis, Simplicii, Faustini et Beatricis*; 30. *Natl. scor. Abdon et Sennes.* **4r** August: 1. *Ad scum. Petrum ad vinculi*; 2. *Natl. Sci. Stephani mart.*

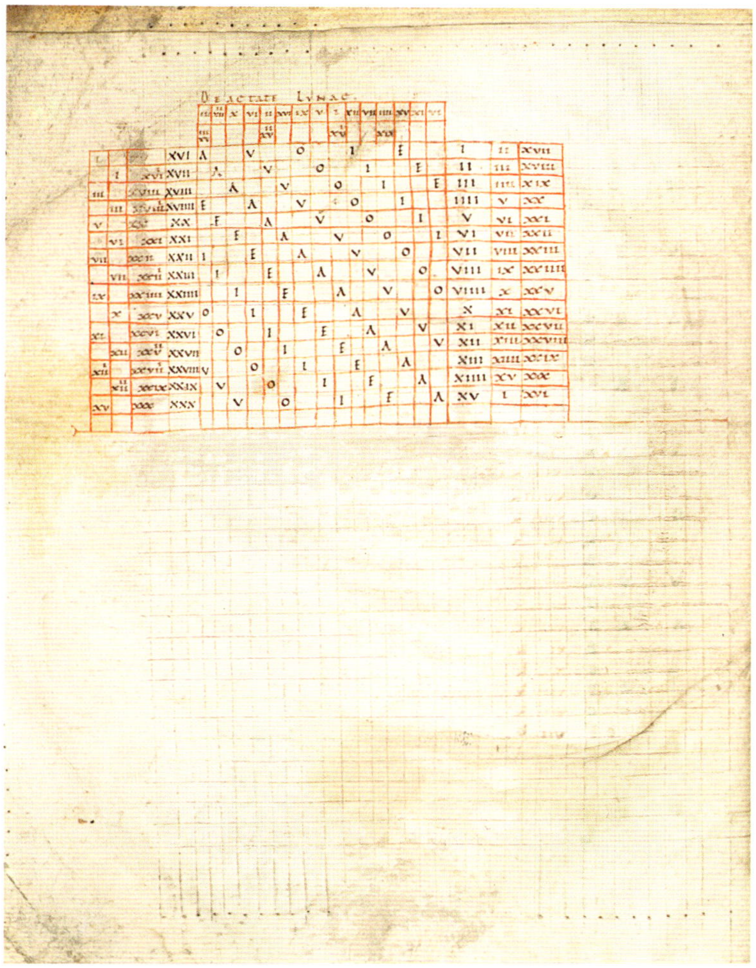

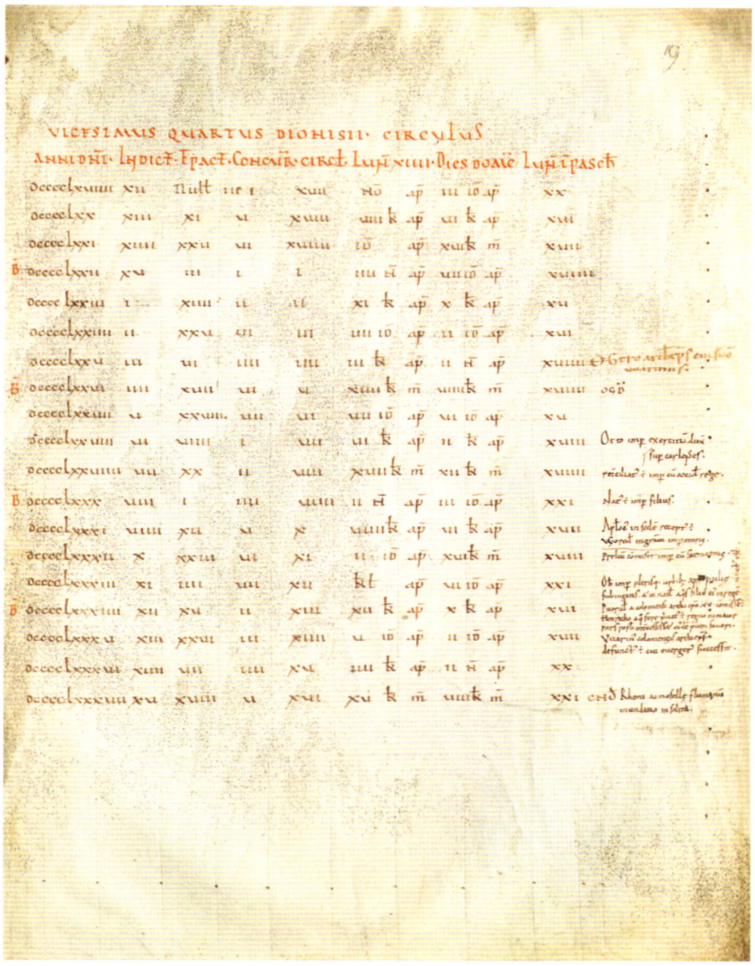

69 Dom Hs. 102, 6v/19r

(statt pp.); 6. *N. sci. Xysti epi., Felicissimi et Agapiti*; 7. *Natl. s. Afra*; 8. *Rome Cypriani*; 10. *Natl. sci. Laurencii mart.*; 11. *Rome Tiburtii*; 13. *Ypoliti mart.*; 14. *Eusebii prb.*; 15. *Assumptio sce. Marie*; 17. *Octava sci. Laurentii*; 18. *Agapiti mart.*; 22. *Natl. Timothei et Symphoriani*; 24. *Sci. Bartholomei apli.*; 28. *Natl. Ermetis et Augustini atque Pelagii mart.*; 29. *Decollatio sci. Johannis bapt. et Sauine* (Sabine) *virg.*; 20. *Felicis et Audacti* (Adaucti). **4v** September: 1. *Verene virg.*; 8. *Nativitas sce. Marie*; 9. *Natl. Gorgoni mart.*; 11. *Proti et Jacinte;* 11. *Alibi Felicis et Regule*; 14. *Corneli et Cypriani;* 14. *Exaltatio sce. crucis*; 15. *Rome Nicomedis mart.*; 16. *Rome Lucie, Eufemie et Geminiani*; 17. *Lantberti martyris*; 21. *Natl. sci. Mathei apli. et evangl.*; 22. *Natl. scoru. Mauricii, Exuperii et aliorum*; 27. *Natl. scoru. Cosme et Damiani*; 27. *Colonie Dedicatio eccle. sci. Petri apli.*; 29. *Dedicatio basilicae Michaelis archang.*; 30. *Hieronimi pbri.* **5r** Oktober: 1. *Depositio sci. Remedii* (Remigii); 7. *Marci epi.*; 9. *Parisius* (!) *Dionisii epi., Rustici pbr. et Eleutherii diac.;* 14. *Rome Calisti pp.*; 16. *Depositio Galli conf.*; 18. *Luce evang.*; 22. *Natl. sci. Severi mart.*; 25. *Crispini et Crispiniani*; 28. *Symonis et Jude aplor.* **5v** November: 1. *Festivitas omnium scorum*; 1. *Rome Cesarii*; 3. *Depositio Pirmini abb.*; 8. *Natl. IIII Coronatorum*; 9. *Natl. Theodori mart.*; 11. *Rome Menne;* 11. *Turonis Martini epi.*; 12. *Colonie sci. Cuniberti conf.*; 13. *Turonis Bricii conf.*; 22. *Rome Cecilie virg.*; 23. *Natl. s. Clementis et depos. sci. Columbani abb. et sce. Felicitatis*; 29. *Rome Saturnini mart.*; 30. *Andreae apli.* **6r** Dezember: 13. *Natl. sce. Lucie virg.*; 21. *Natl. Thome apli.*; 24. (!) *Nativitas Dni. Nri. IHV. XPI et Anastasie*; 25. *Passio sci. Stephani mart.*; 26. *Natl. sci. Johannis apli. et evangl.*; 27. *Natl. Innocentum*; 31. *S. Silvestri pp.* **II. 6v** Diagramm zur Errechnung des Mondalters *De aetate lunae*: quadriertes Diagramm, im Mittelfeld fünfzehn horizontale und fünfzehn vertikale Zeilen mit Quadraten, in denen diagonal von links nach rechts die Buchstaben *V, O, I, E, A, V, O, I, E,* (Lunarbuchstaben) stehen. In den seitlichen Feldern links vier Zahlenkolumnen mit Zahlen von *I-XXX*, rechts drei Zahlenkolumnen mit Zahlen von *I-XXIX*, darüber zwei Zahlenreihen von *I-XXIX* und die Überschrift 'Vom Mondalter' (Ähnliches Diagramm PL 90, 802 mit der Überschrift 'De regularibus terminis Paschae'; vgl. Dom Hss. 83^{II} und 103, Kat. Nrn. 24, 23). **7r** Leer. **III. 7v-20v** Tabellen des 19jährigen Osterzyklus nach Dionysius Exiguus und Beda Venerabilis, beginnend mit dem Jahr 532 n. Chr. und endend 1044. Der letzte, von Beda für die Jahre 1045-1063 errechnete Zyklus fehlt (PL 90, 859-878; vgl. Dom Hs. 103, Kat. Nr. 23). *Primus Dionisii circulus indictio III ordine primo.* Die Kolumnen enthalten folgendes: 1. *B* (Bissextiles anni = Schaltjahre), 2. *Anni Domini* (Jahreszahlen, gezählt ab 532 A.D.), 3. *Indictiones* (Zahl im Zyklus von 15 Regierungsjahren), 4. *Epactae* (lunares = Zahlen für das Mondalter), 5. *Concurrentes* (Sonnenepakten, Zahlen von

I-VII für die Wochentage), 6. *Circulus* (Zahlen der Jahre im 19jährigen Zyklus), 7. *XIIII luna* (Daten für den Vollmond im März bzw. April der Jahre im Zyklus), 8. *Dies dominica* (Daten für den Ostersonntag im Zyklus), 9. *Luna in pascha* (Zahlen für das Mondalter an Ostern), 10. *Ogd[oas], End[ecas]* (8jährig, 11jährig im Zyklus) (PL 90, 825-844; CCL 123C, 551-562). **IV. 13v-20v** Annalen von 776-1028, Annales Colonienses (Hartzheim 1752, 142-145; Jaffé/Wattenbach 1874, 127-131; MGH SS I, 97-99). Jaffé/Wattenbach folgend unterscheiden wir mehrere Hände und geben von ihnen einige typische Einträge wieder. Hand I: **13v-18v** *Conversio Saxonum* (776 Bekehrung der Sachsen durch Karl den Großen); *Liudolfus regis filius subiuncta sibi Italia, ibidem obiit* (957 Tod Liudolfs, Sohn Ottos I. [936-973], Herzog von Schwaben, in Italien). Hand II: **18v-20r** *Octo minor rex effectus est* (961 Erhebung Ottos II. [973-983] zum König); *Rex Romam peregens imperator factus est* (996 Kaiserkrönung Ottos III. [996-1002] in Rom); *Liudolphus Trevirensis archiepiscopus obiit* etc. (1008 Tod Erzbischof Liudolfs von Trier [993-1008]). Hand III: **18v-19r** *cui successit Poppo* (965 Amtsantritt Erzbischof Folkmars [= Poppo]); *obiit Poppo archiepiscopus, cui successit Gero* (967 Tod Folkmars, Amtsantritt Erzbischof Geros [sonst 969-976]); *Obiit Gero archiepiscopus, cui successit Vuarinus* (976 Tod Geros, Amtsantritt Erzbischof Warins [975-985]). Hand IV = Mehrere Hände (vier folgen als Beispiele): **19v-20v** *Obiit Vuicfredus archiepiscopus* (953 Tod Erzbischof Wichfreds [924-953]), *cui successit Bruno* (953 Amtsantritt Erzbischof Brunos [953-965]); *Brun archiepiscopus obiit* (965 Tod Erzbischof Brunos; nach Jaffé/Wattenbach 1874, S. 129, Hand 4; Schrift steht Hand I nahe); *Otto imperator Roma expulsus est* (1001 Otto III. [983-1002] vor Rom vertrieben); *Obiit Otto imperator, cui successit Henricus* (1002 Tod Ottos III., Nachfolge Heinrichs II. [1002-1024]); *Henricus Konradi filius ordinatur in regem* (1028 Königswahl Heinrichs III. [1039-1056], Sohn Konrads II. [1024-1039]). **V. 21r-48v** Beda Venerabilis, De temporum ratione (unvollständig, nach den Lagen 4 und 6 fehlen Lagen). **21v-28v** Kap 5. De die – Cap. De hebdomadibus septuaginta prophetis *et lux ab oriente medias inter undas – et hinc Macedones usque/* (CCL 123B, 287,88-307,43). **29r-44v** Kap. 13. De Kalendis, Nonis et Idibus – Kap. 28. De effectiva lunae potentia *Calabriae nomen datum est – etiam pleraque a fratre distincta* (CCL 123B, 326,12-364,7). **45r-48v** Kap. 64. Typica paschae interpretatio – Kap. 65. De circulo magno paschae *mysteria sacra redolet – evidentius agnoscant* (CCL 123B, 456,3-460,29). **VI. 49r-52v** Beda Venerabilis, De tonitruis libellus (Das Büchlein über die Gewitter) mit Vorrede und Brief an Herenfried. **49r** Vorrede *De natura rerum vel de computo. Annus solaris habet IIII tempora – habet ostentum et dimidium.* **49r-49v** Brief an Herenfried *Litteras dilectionis nostrae desideratas, venerande pater Herenfride, accepi – fideliter intercedatis.* **49v** Kapitelreihe von vier Kapiteln *De tonitru IIII climatum – De tonitru XXIIII horarum diei ac noctis* (Danach folgt in griechischer Schrift Incipit narratio etc.). *Ab orientali igitur plaga – ipsa tonitrua designant* (PL 90, 609B-614A; Jones 1939, 45ff., 46: "102 is, to my knowledge, the only extant manuscript of De tonitruis."; Thorndike/Kibre 830). **52v** Anhang *In prima diei iuxta prudentis – Si meridiano quoque tempore sexta vide – licet hora per ut sagacitas sublimium doctorum/.* **VII. 53r-94r** Beda Venerabilis, De temporum ratione Cap. LXVI-LXXI (Chronica maiora) *De sex saeculi huius mundi aetatibus – quoniam ipsi Deum videbunt* (CCL 123B, 463-544,91). **VIII. 94r-99v** Computusregeln mit kurzer Einleitung *Ergo noster libellus devolubili ac flucti vago temporum – mereamur accipere palmam.* **94r-97v** *Si nosse vis quotus sit annus secundum Graecos – solisticium hiemale faciunt* (PL 90,877D-882B; Jones 1939, 82f.; Thorndike/Kibre 1445). **IX. 97v-99r** Unechte Akten einer unter Papst Victor I. (189 – um 199) abgehaltenen Synode (Die sog. Akten des Konzils von Kaisareia) *Post resurrectionem vel ascensionem Domini – pascha nobis iussum est celebrare* (Mansi I, 713-716; Jaffé/Wattenbach 1874, 41; vgl. Krusch 1880, 303ff.; A. Strobel, Texte zur Geschichte des frühchristlichen Osterkalenders, Münster 1984, 80-83 Übersetzung). **99v** Osterregel (Schluß der Rezension B der sog. Akten des Konzils von Kaisareia) *Omnis paschalis luna – luna est die dominico paschae et cetera similiter.* **99v** Computus-Regel *Memento quod anno bissextili – ne paschalis lunae ratio vacillet. Secundum Roman[os] Jan. Febr.* etc. *Secundum Agyptios Marc., Apr.* etc. (Zu 97v-99r vgl. Dom Hs. 103, 192r-192v; Kat. Nr.23).

PERGAMENT: 99 Blätter; 290 x 220 mm; Lagen 1^{8-2}, 2^{4-2} (fol. 11 und 12 Einzelblätter), $3-4^{8}$ (danach Lücke), $5-6^{8}$ (danach Lücke), $7-12^{8}$, 13^{8-1}; ohne Lagensignaturen; Schriftspiegel 200 x 160 mm (1r-6v), 205 x 173 mm (7r-20v), 210 x 165 mm (21r-99v); Blindliniierung mit Versalienspalten (7 mm); 1r-20v Zirkelstiche oben und unten sowie am äußeren Rand; einspaltig; 33 bzw. 25 Zeilen. AUSSTATTUNG: Lateinischer Text in brauner karolingischer und frühromanischer Minuskel; im Kalendar und teilweise im Osterzyklus Auszeichnung einiger Zeilen und Kolumnen in Minium und Grün; 20r-52v Titel und Anfangsbuchstaben der Kapitel zumeist in Minium; zu Beginn des Beda-Textes 21r ff. einige zeitgenössische Glossen in kleiner karolingischer Minuskel. EINBAND: Pergament mit Streicheisenlinien über Pappe (18. Jh.). PROVENIENZ: Mit den ersten Blättern ging wahrscheinlich auch der Besitzeintrag der Kölner Dombibliothek verloren. Da der letzte Teil (IX) höchstwahrscheinlich eine Abschrift aus Dom Hs. 103 ist, dürfte das Buch seit dem 11. Jahrhundert in der Dombibliothek gewesen sein. Darmstadt 2102.

LITERATUR: Hartzheim 1752, S. 140ff. – Jaffé/Wattenbach 1874, S. 39f. – MGH SS I, 1876, S. 96 – C.W. Jones, Bedae Venerabilis opera, Pars VI, Opera didascalica 2, Turnhout 1980 (CCL 123B), S. 245 – Ornamenta 1985, I S. 391, 421ff., Nr. C 6 (A. von Euw) – Handschriftencensus 1993, S. 632f., Nr. 1066. A.v.E.

Prudentius: Carmina

70 Dom Hs. 81

Niederrhein, Ende 10. Jh. und Anfang 11. Jh.

Die Handschrift beinhaltet das gesamte Werk des christlichen Dichters Prudentius (geb. 349), der im Mittelalter zu den meistgelesenen Autoren zählte und dessen literarische Qualität von der Forschung erst in den letzten Jahrzehnten wieder zunehmend gewürdigt wurde. Prudentius hat in seinen Werken nicht nur – ähnlich Horaz – die verschiedensten Metra verwendet, sondern auch in vielfältigen literarischen Formen die Fülle christlichen Lebens angemessen darzustellen versucht. Die Tageslieder mit dem griechischen Titel 'Cathemerinon' behandeln den Tageszeiten und Festtagen entsprechende Themen, im 'Peristephanon' besingt der Dichter die ruhmreichen Märtyrer. Während die 'Tituli historiarum' jeweils in vier Hexametern Teile eines biblischen Bilderzyklus in einer römischen Basilika beschreiben, beziehen sich die Langgedichte 'Hamartigenia' auf Ursprung und Formen des Bösen; die 'Apotheosis' schließlich widerlegt die Häresien z. B. der Patripassianer und Sabellianer, aber auch der Juden. Das berühmteste Werk des Prudentius jedoch – besonders im Mittelalter zahlreich nachgeahmt – ist die 'Psychomachie': Hier begründete der Dichter die Gattung des allegorischen Epos in einer Schilderung vom Kampf der Tugenden gegen die Laster als lebendiges Schlachtgeschehen auf der Basis antiker epischer Bauformen und Vorbilder (Vergil, Ovid, Lucan u. v. a.).

Die Texte des Prudentius und große Teile der umfangreichen Randglossierung stammen im wesentlichen von einer Hand, zwei weitere Schreiber fügten in die Leerräume vor und nach der 'Psychomachie' Fülltexte ein. Aufgrund der umfassenden Untersuchung von Stettiner kann es als gesichert gelten, daß der Codex, wie wohl alle erhaltenen, bebilderten Prudentius-Handschriften, auf eine bereits illustrierte Ausgabe des 5. Jahrhunderts zurückgeht. Eine karolingische Abschrift steht an der Spitze einer schweizerisch-süddeutschen Familie, zu der als nächste Verwandte unseres Codex auch drei Brüsseler und eine Berner Handschrift gehören. Leitfäden bei der Verwandtschaftsbestimmung sind zum einen die von der üblichen Reihenfolge abweichende Anordnung der Werke, die mit dem wohl zwischen 863 und 880 in St. Gallen geschriebenen Cod. 264 der Berner Stadtbibliothek und dem Mitte des 11. Jahrhunderts entstandenen Cod. 9968-72 der Bibliothèque Royale in Brüssel übereinstimmt. Zum anderen verweisen die althochdeutschen Glossen neben den zahlreichen lateinischen Anmerkungen auf eine alemannische Vorlage des Kölner Codex.

Die Werke sind in zwei Kolumnen angelegt, mit Ausnahme der 'Psychomachie', die in Langzeilen mit Kommentarraum am Rand und Freiräumen für offenbar in der Vorlage enthaltene Bilder geschrieben ist. Neben einigen Vorzeichnungen (66v, 67r) findet sich die einzige ausgeführte Illustration auf Folio 65v, eine schlicht kolorierte Federzeichnung Abrahams und der drei Engel. Die Aufteilung dieser Freiräume innerhalb des Gedichts, ihr Umfang von 5-17 Textzeilen sowie die als Bildbeschreibungen gedachten Beischriften legen nahe, daß der Codex in einem niederrheinischen Kloster gegen Ende des 10. Jahrhunderts geschrieben wurde, nach einer zweiten Vorlage im frühen 11. Jahrhundert um das Bild auf Folio 65v ergänzt und später nach Köln verbracht worden ist (Stettiner 1895, S. 122). Die mit der Mikroverfilmung betrauten Bearbeiter der Kölner Handschriften aus Collegeville erkannten die Ähnlichkeit der Schrift mit der von Dom Hs. 200, die von Bischoff nach Prüm lokalisiert wurde (Collegeville 1995, S. 142).

Der Vogel, Bote des Tages, kündigt das nahe Licht an; uns ruft der Aufwecker der Seelen, Christus, zum Leben./Tragt weg, ruft er, die Betten, die betrüblichen, schläfrigen, die müßigen! Keusch, aufrecht und und klaren Geistes wacht: schon bin ich ganz nahe./Nach dem Aufgang der Sonne ist es zu spät, das Schlafgemach zu verschmähen, wenn du nicht einen Teil der Nacht nimmst, um ihn der Arbeitszeit hinzuzusetzen./Jene Stimme, mit der die Vögel ertönen, vom obersten First herab, kurz bevor das Licht hervorscheint: sie ist das Bild unseres Richters./Denen, die von der schrecklichen Finsternis bedeckt und von trägem Bettzeug eingehüllt sind, rät er, von der Ruhe zu lassen, denn jeden Augenblick kommt der Tag,/und so, wenn in blinkendem Wehen die Morgenröte den Himmel bestreut, bestärkt er alle in Mühsal geübten in der Hoffnung auf das Licht./Dieser Schlaf, für eine beschränkte Zeitspanne gegeben, ist ein Bild des ewigen Todes. Die Sünden, wie die schreckliche Nacht, zwingen uns, zu liegen und zu schnarchen./Aber die Stimme vom hohen Dach, Christi Stimme, des Lehrers, ermahnt uns vorher, daß das Licht schon nahe ist, damit die Seele nicht dem Schlaf dient,/damit nicht der Schlaf bis zum Ausgang eines sorglosen Lebens niederdrücke die Brust, die unter ihren Verbrechen vergraben ist und ihr eigenes Licht vergessen hat.
2r (Prudentius, Lied zum Hahnenschrei); A.A.

IAMBICUM. SENARIUM. RECIPIT IAMBUM LOCIS
OMNIB; TRIBRACHUM SIMILITER. P̄TER NOUISSI
MUM. SPONDEŪ. DACTILUM. ET ANAPESTŪ. LOCIS TAN
TŪ IMPARIB; PIRRICHIUM LOCO TANTŪ ULTIMO.
AURELIUS PRUDENS UIRTUTUM PROELIA
CLEMENS. CUM UITIIS CECINIT METRI
CA SCOLASTICUS ARTE

Aurelius prudēs uirtutū prelia clemēs
Cū uiciis cecinit metricā scholastica arte

70 Dom Hs. 81, 65v

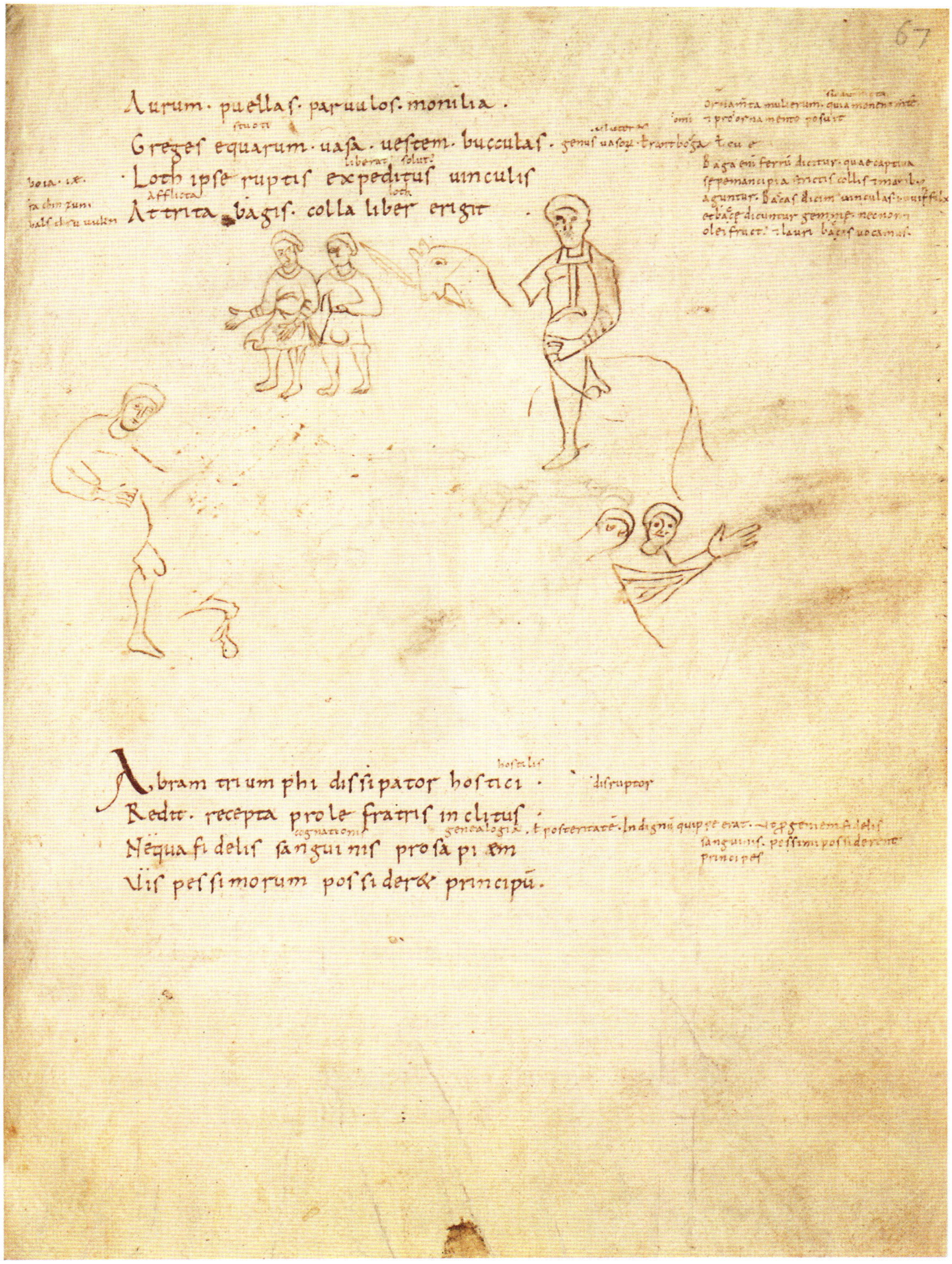

Aurum. puellas. paruulos. monilia.
Greges equarum. uasa. uestem. bucculas.
Loth ipse ruptis expeditus uinculis
Attrita bagis. colla liber erigit

Abram triumphi dissipator hostici.
Redit. recepta prole fratris inclitus.
Ne quasi delis sanguinis prosapiem
Vis pessimorum possideret principu.

70 Dom Hs. 81, 67r

70 Dom Hs. 81, 55r/66v

INHALT: **1r** Vermerk des Titels der Edition von J. Weitzius: *Aurelii Prudentii Clementis V.C. poemata omnia excepto ultimo quod Diptychon historiarum V. et N.T. distichis comprehensum inscribitur convenit cum impressis Joannes Weitzius Hannoviae 1613 cum…* **1v** Auf zur Ausbesserung der schadhaften Seite eingefügtem Papier moderne Handschrift, vertikale Zeilen, unleserlich. **1v** Gennadius, De viris illustribus, Kap. 13 (De Prudentio) (Richardson, zitiert in: CCL 126, XV). **1v-2r** Prudentius, Praefatio (CCL 126, 1f.) mit vorangestellter metrischer Erklärung *INCIPIT PRAEFATIO AURELII PRUDENTII. De tricolos tristrophos. nam primus dyconius dicitur. constans ex spondeo chor[i]ambo et pyrichio…* **2r-16r** Prudentius, Cathemerinon ("Tageslieder", CCL 126, 3-72). Allen Gedichten sind metrische Erklärungen vorangestellt. **2r** *YMNUS AD GALLI CANTUM* (Hymnus zum Hahnenschrei, cath. I). **3r** *IMNUS MATUTINUS* (cath. II). **4r** *YMNUS ANTE CIBUM* (Vor dem Essen, cath. III). **6r** *INCIPIT YMNUS POST CIBUM* (Nach dem Essen, cath. IV). Hier und im nächsten Gedicht stehen *Incipit* und metrische Erklärung ohne die sonst übliche Absetzung und Schriftänderung im fortlaufenden Text. **7r** *INCIPIT YMNUS AD INCENSUM LUCERNAE* (Zur Entzündung des Lichts, cath. V). **8v** *INCIPIT YMNUS ANTE SOMNUM* (Vor dem Schlafengehen, cath. VI). **9r** *INCIPIT YMNUS IEIUNIANTIUM* (Hymnus der Fastenden, cath. VII). **11r** *INCIPIT YMNUS POST IEIUNIUM* (Nach dem Fasten, cath. VIII). **12r** *INCIPIT YMNUS OMNI HORA* (Hymnus für jede Stunde, cath. IX). **13r** *INCIPIT YMNUS circa exequias defunctorum* (Zum Totengedenken, cath. X). **14r** *INCIPIT YMNUS VIII KAL. IAN.* (Zum 25. Dezember, cath. XI). **15r** *INCIPIT YMNUS DE EPIPHANIA* (cath. XII). **16r-35v** Prudentius, Peristephanon (Über die Gekrönten, Märtyrergedichte; CCL 126, 251-389). Allen Gedichten sind metrische Erklärungen vorangestellt. **16r** Perist. I. **17v** Perist. V. **20r** Perist. II. **22v** Perist. XI. **25r** Perist. XIII. **26r** Perist. XII. **26v** Perist. IV. **28r** Perist. XIV. **29r** Perist. III. **31r** Perist. VI. **32v** Perist. VII (bis Vers 65). Am unteren Seitenrand hat eine späte Hand in schwarzer Tinte die Vertauschung der Lagen 5 und 6 vermerkt und zitiert die ersten Verse von fol. 41. **33r** Perist. X (ab Vers 759). **36r** Prudentius, De opusculis suis (Epilogus, CCL 126, 401f.). Am Textende falsche Angabe *FINIT PERISTEFATON.* **36r-38r** Prudentius, Tituli historiarum, jeweils mit Überschriften und Majuskelinitialen (CCL 126, 390-400). **38r-54v** Prudentius, Apotheosis (CCL 126, 73-115). **38r-40v** Apoth. 1-309. **41r-48v** Perist. VII, 66ff., Perist. IX, Perist. VIII, Perist. X, 1-758. **49r-54v** Apoth. 310-1084. **54v-62v** Prudentius, Hamartigenia (CCL 126,116-48). **62v** Fülltexte: Ordines Christi (vgl. Dom Hs. 85). *Christus lector fuit quando aperuit librum Esaiae et legit…* und Liste von Städtenamen (nach Stettiner 1895, 121 wie Cod. 164 der Kantonalbibliothek Zürich) *Argentaria, Strazburg, Agrippina, …* **63r-64v** Exzerpte aus

Hrabanus Maurus, De institutione clericorum (vgl. Dom Hs. 110) über Priestergewänder und die Meßordnung (Kap. 15-24, 33; PL 107, 306B-309D, 322C-326A). **65r** Aufzählung von Lastern aus Eutrop, De octo vitiis (PL 80, 9D-10D, 12C-12D) und anonyme Aufzählung von vier Tugenden (nicht ediert?): *QUATTUOR VIRTUTES. I prudentia est in rebus quae discernuntur a bonis mala. II iustitia qua recte iudicando sua quaeque distribuit. III temperantia qua libido est cupiscentiae atque rerum frenatur. IV fortitudo qua adversa aequanimiter* (?) *tolerantur.* **65v-94r** Prudentius, Psychomachie (CCL 126, 149-181), anfangs noch mit ausführlichem Randkommentar; zwischen **93** und **94** fehlt ein Blatt mit Psych. 840-901; Bildbeischriften bis 88v. **65v** Miniatur: Abraham und die drei Engel (?). **66v-67r** Vorzeichnungen für Illustrationen. **79r/v** Vorritzungen zu den Illustrationen. **94r** Ausradierte Zeichnung eines Thronenden (?). **94v-95r** Kommentar zu Prud. psych. 830-867 und angeschlossen Exzerpt aus Walafrid Strabo, De rebus ecclesiasticis (Kap. 31; PL 114, 964C). **95v-96r** Fortsetzung der Exzerpte aus Hrabanus Maurus von fol. 64 (PL 107; 326A-B, 357D-358A); darunter (95v) und darüber (96r) Bruno von Würzburg, Commentarius in orationem dominicam (mit Abweichungen: PL 142, 557C-559B). **96v-112r** Prudentius, Contra Symmachum (CCL 126, 209-50). Zwischen **110** und **111** fehlt ein Blatt mit c. Symm. II,878-977. **112r** Fragment eines Kommentars *velitatio. levis contentio...* **112v** Antiphon mit Neumen *Pater Abraham* (s. Collegeville 1995, 146).

PERGAMENT: 112 Blätter; 250 x 184 mm; Lagen 1-11^{8}, 12$^{8-1}$, 13^{8}, 14$^{10-1}$; Schriftspiegel 197 x 120 mm (fol. 1-17, 24), 196 x 133 mm (fol. 18-23, 25-64, 96-112) und 201 x 101 mm (fol. 65-95); Blindliniierung mit Versalienspalten zu je beiden Seiten der Kolumnen, außen (8 mm) und zur Seitenmitte (4 mm) (fol. 1-17, 24) bzw. Versalienspalten von 6 mm (fol. 65-95); 2 Spalten von je 53 mm Breite und 14 mm Abstand sowie Marginalspalte am Außenrand von 30 mm (fol. 1-17, 24), 2 Spalten von je 64 mm Breite und 5 mm Abstand sowie Marginalspalte am Außenrand von 32 mm (fol. 18-23, 25-64, 96-112), bzw. einspaltig mit Marginalspalten innen (17 mm) und außen (40 mm) (fol. 65-95); 28-33 Zeilen. AUSSTATTUNG: Lateinischer Text in mittel- bis dunkelbrauner frühromanischer Minuskel, nicht rubriziert; Auszeichnungsschrift: Capitalis Rustica; Initialen: Capitalis Quadrata; zahlreiche Interlinear- und Marginalglossen (10./11. Jh.); ein- bis mehrzeilige kapitale Anfangsbuchstaben in Tinte, z. T. rot oder grün schattiert; Miniaturen, z. T. in Vorzeichnung, z. T. grün, beige und rot koloriert (65v). EINBAND: Kalbleder mit Blindprägung über Holz; Einzelstempel: Rosette, steigendes Einhorn, Lilie, Pelikan, Schwan; Streicheisenlinien: Rechteckrahmung mit Rautenfüllung; zwei Schließen aus Messing und Leder; um 1920-1930 neu gebunden. PROVENIENZ: Darmstadt 2082. LITERATUR: Hartzheim 1752, S. 44, 138 – E. Steinmeyer, Glossen zu Prudentius, in: ZDA 16 (1873), S. 94ff. – Jaffé/Wattenbach 1874, S. 27f., 112ff. – R. Stettiner, Die illustrierten Prudentiushandschriften (Diss. Strassburg), Berlin 1895 – B. Bischoff, Übersicht über die nichtdiplomatischen Geheimschriften des Mittelalters, in: MIÖG 62 (1954), S. 4, Nr. 11 – R. Bergmann, Mittelfränkische Glossen, Bonn 1966, S. 208ff., 70, 157ff., 311ff. – G. Wolf, Der Sprachstand der althochdeutschen Glossen des Codex 81 der Kölner Erzdiözesanbibliothek, Bonn 1970 (Rheinisches Archiv 71) – Jeffré 1984, S. 10f. – Jeffré 1991, S. 167 – Handschriftencensus 1993, S. 618f., Nr. 1043 – Collegeville 1995, S. 141ff.

A.A.

Egbert von Lüttich: Fecunda ratis

71 Dom Hs. 196

Lüttich (?), um 1050

Über einen Mann, der den Mond aus einem Weizenmehlbrot machte. 37v; A.A.

Dom Hs. 196 ist aller Wahrscheinlichkeit nach die einzige erhaltene Abschrift der faszinierenden Sammlung von Sprüchen, Lebensweisheiten, Fabeln, Anekdoten und Erzählungen, die nach einer Notiz im Randkommentar (2r) den Titel *Fecunda ratis* (Das vollbeladene Schiff) trägt. Die Handschrift wurde im 11. Jahrhundert von zwei Hauptschreibern gefertigt, denen eine ganze Reihe von Händen (nach Voigt 1889 weitere 10) zu Hilfe kam, um vergessene Verse nachzutragen, Korrekturen anzubringen, die abgeschabten Blätter 13 und 14 zu ergänzen und Kommentare und Glossen an den Rand zu schreiben. Nach dem Vergleich mit einem weiteren Exemplar haben die Korrektoren nicht nur Varianten, sondern auch eigene Lesarten in den Text eingefügt.

Der Verfasser des Werkes ist Egbert von Lüttich (geb. um 972), Lehrer an der Domschule zu Lüttich, wo er wohl nach langen Jahren des Unterrichtens um 1023 diese "Blütenlese" als Lektüre für die jüngeren Schüler verfertigte. Als formale Vorbilder wählte er sich die in den Schulen beliebte Sammlung der sog. 'Disticha Catonis' und die Fabeln des Avian (4./5. Jh.). Die Inhalte schöpfte der gelehrte Geistliche aus einer Fülle antiker Schriftsteller (z. B. Plautus, Vergil,

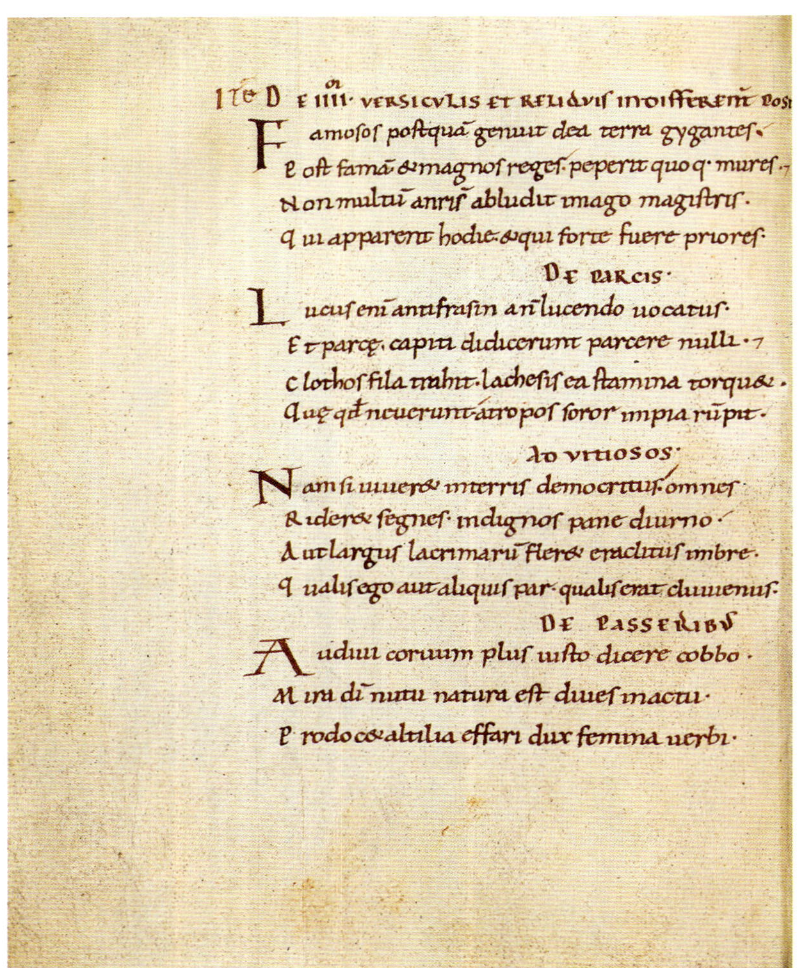

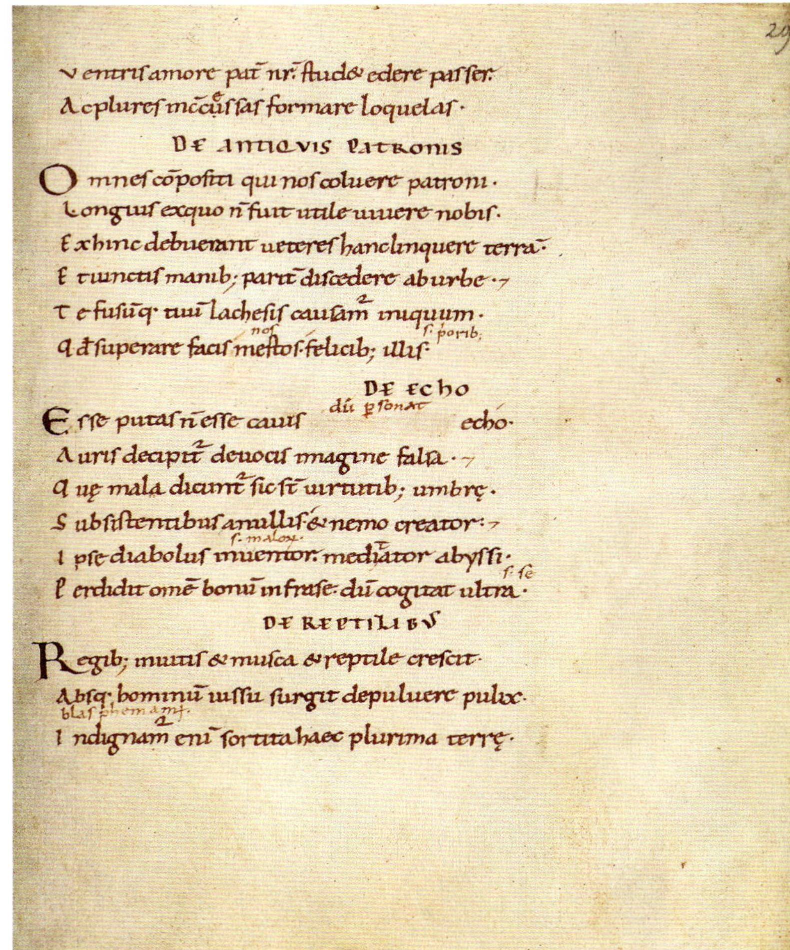

71 Dom Hs. 196, 28v/29r

Wie eine Frau ihren Mann beweinte, der ihr lästig gewesen war: Ein Mann, der seiner Frau eine Last war, gestand unwillig dem Tod sein Recht zu. Als wär sie gar traurig wegen des Todes ihres Mannes, vergoß die Ehefrau nach seinem Versterben zahlreiche Tränenströme. Denen die fragten, warum sie denn einen beweine, der ihr sogar mit der Peitsche zugesetzt habe, antwortete sie: Ich klage nicht darüber, daß dieser böswillige Geist aus dem Leben geschieden ist. Ich bin betrübt darüber, daß er so lange Zeit überlebt hat. Manchmal wird ein Grund zur Freude für einen Grund zum Schmerz ausgegeben. 36v; A.A.

Horaz, Ovid, Seneca), aus der Bibel und der christlichen Literatur (bes. Augustinus, Hieronymus und Gregor der Große). Besondere Bedeutung erhält das Werk aber durch die Aufnahme von Erzählgut aus der Volkssprache, die Egbert nach seinem Widmungsbrief als erster aufnahm und in lateinische Verse geformt seiner Sammlung hinzufügte.

Egbert hat sich der seit der Antike geläufigen Metapher vom Wagnis des Schriftstellerns als der Fahrt mit dem Schiff aufs hohe Meer bedient und sein Werk allegorisch als Schiff gestaltet, auf dem der Mensch sicher durch das Leben fahren kann. Der Umfang der Texteinheiten, die einem Thema gewidmet sind, wächst von Einzel- zu Doppelversen und schließlich zu Gruppen von drei, vier oder mehr Versen. Der erste Teil des "Bugs" besteht aus selbständigen Einzelversen, die ihr Thema jeweils so kurz und prägnant behandeln, daß Übersetzung und Verstehen nicht immer leicht fallen. Hier hilft oft der Randkommentar, der leider ohne ersichtliche Gründe plötzlich und unvermittelt abbricht. Verständlicher und anschaulicher sind die Doppelverse und die mehrere Hexameter umfassenden Erzählungen, z. B. die Fabeln von Wolf, Fuchs und Bär. Auf dem Bug sind in bunter, kurzweiliger Reihe Regeln aller Art gesammelt. Neben moralischen Aussagen stehen z. B. Weisheiten wie die, daß weder frühe Besucher noch morgendlicher Regen lange bleiben *Non multum metuas matutinum hospitem et ymbrem* (Vers 263, 8r). Die Warnung vor voreiligen Schlüssen *Linguam taurus habet, quamvis non multa loquatur* (Vers 375, 11r) – Auch wenn der Stier nicht viel spricht, so hat er doch eine Zunge – (ähnlich Vers 232) ist genauso zu finden wie die Feststellung, daß ein weiser Mensch auf einen Freund ebensowenig verzichten kann wie der Fisch auf das Wasser *Piscis aqua non sponte caret nec doctus amico* (12r). Gegen Falten und graue Haare kann kein Arzt helfen (Vers 1048-50, 27r), manche Ehemänner sind einfach viel zu jung (Vers 1158-61, 30r) und mancher Lehrer ist nicht nur faul, sondern fragt dumme Schüler auch nach Dingen, die er gar nicht gelehrt hat (Vers 1253ff., 33r). Im zweiten Buch, dem Heck, auf dem der Steuermann seinen Platz hat, überwiegen dann biblische und theologische Inhalte. Die Geschichten werden in einige Verse gefaßt und gedeutet, Auslegungen und Erzählungen der Kirchenväter eingefügt und moralisch-theologische Richtlinien für ein gottgemäßes Leben einprägsam zusammengestellt.

Darüber, daß einer ein behaartes Herz hatte: Von den Schuften früherer Zeiten war einer verschlagener als die anderen und unter seinem behaarten Herz spann er viele tückische Ränke. Als aber Zeugen die Eingeweide des Verstorbenen untersuchten, fanden sie Verbrechen und wunderten sich über ein borstiges Herz: nun, die Ränke, die er nach außen verübte, die trug er in sich. 29v; A.A.

INHALT: **1r-62v** Egbert von Lüttich, Fecunda ratis (Voigt 1889). **1r** Titel *Incipit libellus prorae distinctae. Secundus vocatur puppis aerata. Ad Adalboldum episcopum.* **1r/1v** Widmungsbrief an Bischof Adalbold von Utrecht *A(dalboldo) gratia Dei episcopo litterarum studiis admodum instituto.* **1v-47r** Buch I. *Prora* – Der Bug. **1v-16r** Monosticha **1v** *Nilus ut Egyptum perfundit flumine dextro/ sic tua percurrat peto lingua diserta libellum./ Lintris foeta iocis diversa aplustria portat,/ cuius prora nitet vario distincta colore.* **1v-11v** Ausführlicher Randkommentar, der nach Vers 401 abrupt endet (Voigt 1889). **16r-25v** Disticha. **16r** *Hic sensus in duobus invenitur versiculis.* **19v-21v** Kennzeichnung der Distichen mit Randzeichen. **26r-28r** Dreiergruppen von Versen jeweils mit Überschriften versehen. **26r** *Modo sensus in tribus versibus.* **28r-47r** Gruppen von vier und mehr Versen, jeweils mit Überschriften versehen. **28r** Unvollständige Überschrift *De quattuor versiculis.* **28v** *Item De quattuor versiculis et reliquis indifferenter positis.* **47r-63r** Buch II. *Puppis* – Das Heck. **47r** *Incipit secundus libellus puppis aeratae.* Einleitungsverse *Comminus aeratae succedunt postera puppis,/ cuius non dolabro est sed caesa crepido securi.* Ab **53r** zunehmend Überschriften am Rand, nicht mehr im Text. **63r** Weihnachtshymnus (34 Zeilen) *Dulce melos cum organos.* **63v** Gebet (16 Zeilen), überschrieben mit *Oratio pulcra.* Beginn *O lux mentium expelle a me stultitiae noctem et dona me sapientiae diem.*
PERGAMENT: 63 Blätter; 220 x 184 mm; Lagen 1^{8}, 2^{10}, $3-7^{8}$, 8^{4+1}; Schriftspiegel 152 x 94 mm; Blindliniierung mit Versalienspalten (8 mm); einspaltig; 20 Zeilen. AUSSTATTUNG: Lateinischer Text in dunkelbrauner bis schwarzer frühromanischer Minuskel, nicht rubriziert; zeitgenössische Glossierung meist in hellerem Braun; Initialen in Rustica und Capitalis Quadrata; Hymnus de nativitate Domine mit Neumen versehen (63r); ein-, zwei- und dreizeilige Anfangsbuchstaben und Initialen in Tinte. EINBAND: Pergament mit Streicheisenlinien über Pappe (Mitte 18. Jh.). PROVENIENZ: Darmstadt 2440. LITERATUR: Hartzheim 1752, S. 159 – Jaffé/ Wattenbach 1874, S. 82f. – E. Voigt, Egberts von Lüttich Fecunda ratis, Halle 1889 – J. Stiennon, Les écoles de Liège aux 11me et 12me siècles, Ausst. Kat. Lüttich 1967, S. 23f. – Rhein und Maas I 1972, S. 76 – VL, 1980, Sp. 361ff. – W. Maaz, Egbert von Lüttich, in: Enzyklopädie des Märchens. Handwörterbuch zur historischen und vergleichenden Erzählforschung, Bd. III, Berlin 1981, Sp. 1010ff. – Jeffré 1984, S. 25 – L'Ecole primaire en Belgique depuis le Moyen Age, Ausst. Kat. Brüssel 1986/87, S. 241, Nr. 373 – Handschriftencensus 1993, S. 677f., Nr. 1145. A.A.

Flavius Josephus: Antiquitates Iudaicae/Bellum Iudaicum

72 Dom Hss. 162 und 163

Köln (?), 3. Viertel 12. Jh.

Die Folianten sind offensichtlich als zweibändige Edition der beiden Hauptwerke des Flavius Josephus (37/38-100) angelegt und – wenn das einheitliche Schriftbild nicht trügt – von einem einzigen Kalligraphen geschrieben. Dom Hs. 162 enthält die Bücher 1-13 der 'Jüdischen Altertümer' (die Lagen 7-14 fehlen), Dom Hs. 163 schließt mit den restlichen Büchern 14-20 sowie den sieben Büchern des 'Jüdischen Kriegs' an.

Die kodikologische Einrichtung, vor allem der gleichmäßige Aufbau beider Handschriften in Lagen zu jeweils vier Doppelblättern (Quaternionen), die vom Schreiber auf dem letzten Blatt mit Reklamanten numeriert sind, um dem Buchbinder die richtige Reihenfolge an die Hand zu geben, setzt ein professionell arbeitendes Skriptorium voraus. Die Prologe zu beiden Texten sowie alle Bücher beginnen mit großen Rankeninitialen, bisweilen um Tiermotive bereichert, deren Farb-

Am See Gennesar entlang erstreckt sich das Land gleichen Namens, wunderbar in seiner Naturschönheit. Die Üppigkeit des Bodens erlaubt jede Art von Bepflanzung, und die Einwohner bauen tatsächlich auch alles an, zumal das wohltemperierte Klima den verschiedensten Gewächssorten entgegenkommt. Der Nußbaum, der mehr als alle anderen Pflanzen eine kühle Witterung braucht, gedeiht dort herrlich und in großer Menge. Neben ihm wächst die Palme, die der Hitze bedarf, ebenso der Feigenbaum und der Ölbaum, denen ein milderes Klima zuträglich ist. Man möchte fast glauben, die Natur trage dort einen Wettstreit aus, um mit aller Mühe sämtliche denkbaren Gegensätze an einem einzigen Platz zu konzentrieren; oder man könnte von einem edlen Wetteifer der Jahreszeiten sprechen, von denen jede es dieser Gegend in besonderem Maße recht machen will. Nicht nur die verschiedensten Obstsorten gedeihen dort, so verschieden, daß sie kaum vereint vorstellbar sind, sondern der Boden schafft auch alle Voraussetzungen für eine langdauernde Erntezeit und für reife Früchte. Weintrauben und Feigen, die königlichsten Früchte, kann man zehn Monate lang ohne Unterbrechung ernten, die anderen Früchte sogar während des ganzen Jahres. Denn nicht nur, daß die Witterung dort sehr milde ist, sondern die Fruchtbarkeit des Bodens wird noch dadurch erhöht, daß eine sehr wasserreiche Quelle für die Bewässerung sorgt; die Einwohner nennen sie Kapharnaum. Vielfach wurde diese Quelle für eine Wasserader des Nils angesehen, denn es kommt dort eine Fischgattung vor, die dem Rabenfisch im See von Alexandrien ähnelt. Das Land am Ufer des Sees gleichen Namens mißt in seiner Länge 30 und in seiner Breite 20 Stadien. Soviel über die natürliche Beschaffenheit der Gegend.

167v (aus Buch III,8); H. Endrös 1965

gründe in der Dom Hs. 162 auch in Gold ausgeführt sind. Dies wie weitere stilistische Unterschiede lassen zwei Initialmaler annehmen, die jeweils einen Band ausschmückten. Ob die wohl noch ins 3. Viertel des 12. Jahrhunderts zu datierenden Bände in Köln entstanden sind, kann ebensowenig mit Sicherheit erschlossen werden wie der Entstehungsort der etwas jüngeren Handschrift mit denselben Josephus-Texten W 276 im Stadtarchiv Köln mit einem spätmittelalterlichen Besitzvermerk des Prämonstratenserklosters Wedinghausen bei Arnsberg (J. Vennebusch, Die theologischen Handschriften des Stadtarchivs Köln IV, Köln/Wien 1986, S. 155f.). Innerhalb der Kölner Buchkunst romanischer Zeit scheint die Augustinus-Handschrift Cod. 5 in scrinio in Hamburg nächstverwandt, die aus dem Kölner Benediktinerkloster St. Pantaleon stammt (T. Brandis, Die Codices in scrinio der Staats- und Universitätsbibliothek Hamburg, Hamburg 1972, S. 33ff.). Nicht aufgrund der Farbigkeit, wohl aber des vegetabilen Formenrepertoires wegen wird man Dom Hs. 31 (Kat. Nr. 31) in einen Vergleich einbeziehen können.

Schon bei den Kirchenvätern sehr beliebt, gehörten die Schriften des Flavius Josephus noch über das Mittelalter hinaus zu den am meisten gelesenen Geschichtsbüchern der Antike; man wird ihre Präsenz in jeder mittelalterlichen Klosterbibliothek annehmen dürfen. Der aus jüdischem Priesteradel stammende Josephus, der in Folge des jüdischen Aufstands im Jahre 67 n. Chr. in römische Gefangenschaft geriet, hatte dem siegreichen Flavier Vespasian dessen künftige Kaiserwürde prophezeit, die sich zwei Jahre später erfüllte und zur Freilassung des Josephus führte; seitdem trug dieser den Beinamen Flavius. Die ursprünglich aramäisch geschriebene, in den Jahren 75/79 jedoch griechisch veröffentlichte Schrift zum Jüdischen Krieg schildert die Vorgeschichte und Geschichte dieses Krieges bis zur Eroberung Jerusalems im Jahre 70 n. Chr. durch Titus; die 93/94 ebenfalls griechisch erschienenen 'Jüdischen Altertümer' beginnen mit der Erschaffung der Welt und enden mit dem Ausbruch des Jüdischen Krieges. Unterschiedliche Autoren zitierend, schuf Josephus mit diesem Werk eine Paraphrase zu den alttestamentlichen Geschichtsbüchern, mit dem anderen überliefert er die wohl wichtigste Quelle für die jüdische Geschichte im Jahrhundert vor und nach Christus. Hieraus resultiert die Beliebtheit der Texte und ihre Verbreitung im Mittelalter. Die lateinische Übersetzung aus dem Griechischen wurde Rufinus von Aquileia (um 345-411/412), dem Freund des hl. Hieronymus, zugeschrieben und mit dieser Autorschaft von Johann Froben 1524 in Basel ediert. In den beiden Foliobänden der Dombibliothek finden sich zu Seiten aller Buchanfänge der 'Antiquitates Iudaicae' Angaben über die Jahresanzahl des im jeweils folgenden Text behandelten Zeitraums in rot und grün alternierender Schrift, zudem viele grün umrandete marginale Hinweise auf bestimmte Textstellen, womit der Schreiber oder ein wenig später tätiger Bearbeiter bisweilen auch mit Aufforderungen zur Beachtung (*Nota*) Zeitbezüge anmerkt, wenn es dort etwa heißt: *Nota pro nobilibus canonicis* – Merkenswert für die vornehmen Kanoniker.

INHALT (Dom Hs. 162): **1v-119r** Flavius Josephus, Antiquitates Iudaicae (Lib. I-IV, VIII-XIII) (B. Niese [Hg.], Flavii Josephi opera I-III, Berlin 1955[2]). **1v** Prolog *H(ISTORIAM conscribere)*. Vor allen Büchern Kapitelverzeichnisse. **3r** Buch 1 *IN (PRINCIPIO CREAVIT DEUS)*. **15v** Buch 2 *P(OST MORTEM VERO ISAAC)*. **28v** Buch 3 *I(GITUR INOPINABILITER)*. **41r** Buch 4 *H(EBREOS ITAQUE)*. **48v** Buch 4,5 bricht ab mit ... *quam Deus possi/*. **49r** Buch 8. Beginn mit 8,9/ *filium contradi dicens*. **53r** Buch 9 *I(OSAPHAT itaque)*. **65r** Buch 10 *C(UM EZECHIAS)*. **76v** Buch 11 *P(RIMO IMPERII ANNO)*. **89v** Buch 12 *A(LEXANDER REX Macedonii)*. **104v** Buch 13 *Q(UIBUS MODIS)*: geflügelter Drache. **119r** Ende mit 13,22 ... *invenit huius modi*. **119v** Leer.

tradmone conmneri· Et alii quidem neque sacrificantes· alii uero semiplena sacrificia relinquentes· alii autem neque introitum ingrediendi in templum facere ualentes discesserunt· obedire moyseos preceptis potius quam suam uoluntatem facere preponentes· et cum prohibente se de talibus non metuerent. solam tamen conscientiam formidantes· Sic legislatio que uidebatur dei· fecit illum nostrum meliorem sua natura putari· Sed etiam ante tempus modicum huius belli claudio romanis imperante· ismaele apud nos existente pontifice· cum fames nostram regionem talis optinuisset· ut quatuor dragmis uenderetur assarium· allata farina ad festiuitatem azimorum in choros septuaginta· qui medimni quidem singuli sunt unus et triginta· attici autem quadraginta et unus· nullus sacerdotum presumpsit comedere· cum scilicet terram tanta inopia detineret· quippe cum metuerent legem et iram quam etiam super iniquitates hominibus occultas solet inferre diuinitas· Igitur non oportet ammirari de his que tunc gesta sunt· quando etiam nunc littere a moyse derelicte tantam uirtutem habent· ut etiam inimici nostri fateantur quia is qui constituit rem publicam nostram per moysen eiusque uirtutem deus est· Sed de his quidem ut placuerit unicuique cor[illegible]siderет·

De fame facta sub claudio

Explicit liber tertius·

Incipiunt capitula quarti·

Bellum hebreorum absque notitia moyseos contra chananeos gestum atque deuic[illegible]tum· II·

Seditio chore et plebis contra moysen et fratrem eius de sacerdotio· [illegible] et triginta III

Ea que prouenerunt hebreis in heremo annis octo[illegible]

Quemadmodum seon et og amorreorum reges IIII· uicisset moyses· et exheos. V

Vita moyseos· et quemadmodum ex hominibus est ablatus.

Explicuit capitula libri quarti·

Incipit liber quartus Iosephi iudaice antiquitatis·

HEBREOS ITAQUE

Continet hic liber tempus annorum triginta octo.

uita deserti molesta atque difficilis cogebat etiam prohibente deo ad chananeos accedere· Non enim adquiescebant moysi sermonibus obedire· sed etiam preter illius uoluntatem superare se hostes existimantes· illum equidem accusabant· suspicionem habentes eo quod eorum negotiaretur inopiam· et ut semper eius uiderentur egere solatio· Proelia uero contra chananeos aggressi sunt· dicentes deum non propter moysen eis auxiliari· sed communiter genti sue ferre solatium· propter maiores eorum quamque uirtutem· quorum semper prudentiam habuisse uidebatur· et quoniam qui prius libertatem prebuisset· et tunc laborare uolentibus ferre solatia non tardaret· Dicebantque etiam solos posse se hostibus preualere· licet uellet moyses deum ab eis alienare· omnibusque hoc expedire ut ipsi sui rectores essent· et non ab egyptiorum iniuria digressi· moyseos tyrannidem denuo sustinerent· et secundum eius uiuerent uoluntatem· nec deciperentur quasi diuinitas ei soli utilia pro eius deuotione prediceret· tanquam

Hebrei se aggressuros chananeos etiam interdictu moysi ad hortati sunt.

72 Dom Hs. 162, 41r

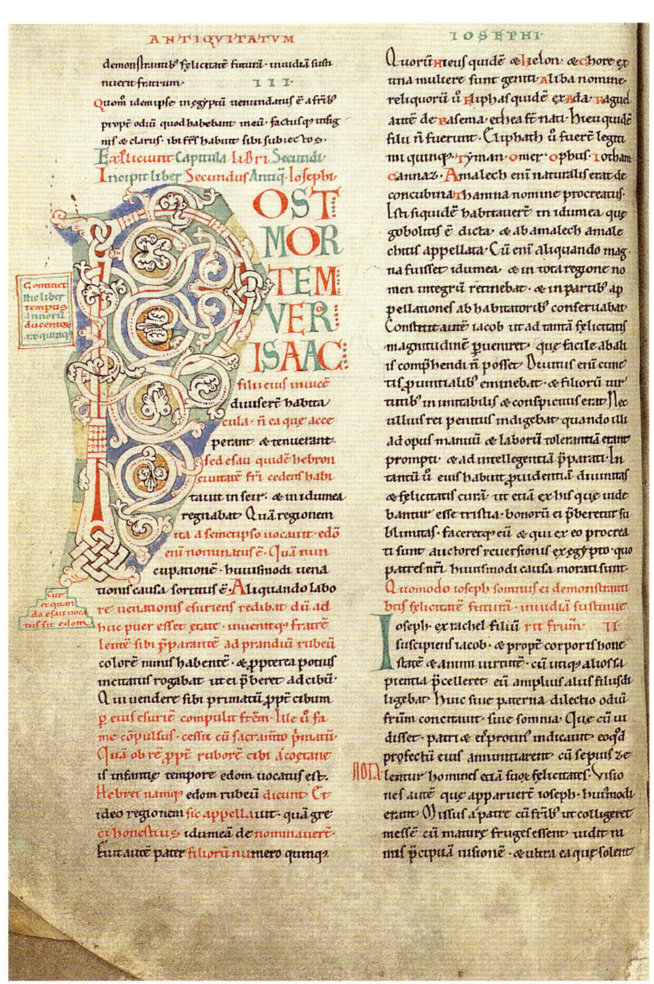

72 Dom Hs. 162, 15v/104v

INHALT (Dom Hs. 163): **1r - 100v** Flavius Iosephus, Antiquitates Iudaicae (Lib. XIV - XX) (B. Niese [Hg.], Flavii Josephi opera III - IV, Berlin 1955[2]). Vor allen Büchern Kapitelverzeichnisse. **1v** Buch 14 *A(LEXANDRAE reginae)*. **20v** Buch 15 *S(OSIUS ET HERODES)*. **35r** Buch 16 *I(N AMMINISTRATIONE)*. **46v** Buch 17 *A(NTIPATER postquam)*. **63r** Buch 18 *C(IRINUS autem)*. **79v** Buch 19 *G(AIUS AUTEM)*. **92r** Buch 20 *M(ORIENTE siquidem)*. **100v** Ende mit ... *aliud prohibemur*. **101r - 224r** Flavius Iosephus, Bellum Iudaicum (B. Niese [Hg.], Flavii Josephi opera VI, Berlin 1955[2]). **101r** Prolog *Q(UONIAM BELLUM QUOD cum populo Romano)*: geflügelter Drache. **102r** Buch 1 *C(UM POTENTES)*. **130v** Buch 2 *T(URBARUM autem)*. **154v** Buch 3 *N(ERONEM AUTEM)*. **168v** Buch 4 *Q(UICUMQUE AUTEM IUDEORUM IOTAPATIS)*. **176v** Buch 5 *A(NANO quidem)*: geflügelter Drache. **185v** Buch 6 *T(ITUS QUIDEM)*. **201v** Buch 7 *C(LADES QUIDEM)*. **224r** Ende mit ... *scripsi habuerim coniecturam*. **224v** Leer.

PERGAMENT (Dom Hs. 162): 119 Blätter; 370 x 245 mm; Lagen 1 - 14^{8} (nach Lage 6 folgt Lage 15, dazwischen Textverlust), 15^{6+1}; Zahlenreklamanten; Schriftspiegel 310 x 191 mm; Blindliniierung; 2 Spalten von je 85 mm Breite und 21 mm Abstand; 43 Zeilen. PERGAMENT (Dom Hs. 163): 224 Blätter; 368 x 250 mm; Lagen 1 - 28^{8}; Zahlenreklamanten; Schriftspiegel 304 x 194 mm; Blindliniierung; 2 Spalten von je 87 mm Breite und 20 mm Abstand; 37 Zeilen, ab der 5. Lage 42 Zeilen. AUSSTATTUNG: Lateinischer Text in dunkelbrauner romanischer Minuskel, rubriziert; Seitentitel sowie ein- und mehrzeilig ausgezeichnete Texte in Rot, Grün und Blau, in Dom Hs. 163 auch in Gelb; große Initialen in Rot mit rot, in Dom Hs. 162 auch schwarz gezeichneten, pergamentausgesparten Ranken sowie farbig gehöhten zoomorphen Motiven, in Dom Hs. 162 auf blauem, grünem, gelbem und goldenem Grund, in Dom Hs. 163 auf blauem und grünem Grund. EINBÄNDE: Pergament mit Streicheisenlinien über Pappe (Mitte 18. Jh.). PROVENIENZ: In Dom Hs. 163 Besitzvermerk des Kölner Domkapitels *Liber isto pertinet ad Capitulum Coloniensis* (224r; 15. Jh.); Darmstadt 2146, 2147. Literatur: Hartzheim 1752, S. 133f. – Jaffé/Wattenbach 1874, S. 64 – K. Lamprecht, Kunstgeschichtlich wichtige Handschriften des Mittel- und Niederrheins, in: JVAFR 74 (1882), Nr. 97 – Plotzek 1973, S. 330 – Handschriftencensus 1993, S. 661, Nr. 1116f. J.M.P.

101

INCIPIT PROLOGVS IN LIBRO BELLI IVDAICI

VONIAM BELLVM QVOD cũ populo romano gessere iudei omnium maximũ que nostra etas uidit queq; auditu pce pimus ciuitates cũ ciuitatib; gentes ue cõ misisse cũ gentib; quidã non quod rebus int- fuerunt. sed uana & incongrua narratiuũ sermone aurib; colligentes oratorũ more pscribũt. qui uero psto fuert aut romanor obsequio aut odio iudeor contra fidẽ rerũ falsa cõfirmant. scriptis autẽ eor partim accu satio partim laudatio continet. nusquã u exacta fides repertitur historie. iccirco statui que retro barbaris antea nisi patria lingua digesta greca nunc his qui romano imperio reguntur exponere Ioseph' mathadie fili' hebreus genere. sacerdos ex iherosolimis. qui & initio cũ romanis bello cõfligi. p eaq; gestis quia necessitas exegit interfui. Nã cum hic ut dixi mot' grauissim' exort' ẽ romanor quidẽ populũ domesticus morbus habebat. iudeor autẽ qui etate ualidi & ingenio turbulenti erant manu simul ac pecunia uigentes adeo tẽporib' insolent' abusi s̃ ut pro tumultus magnitudine hos possidendarũ spes. illos amittendarũ partium

orientis metus inuaderet. Qm̃ iudei q̃dẽ cunctos etiam qui trans eufraten essent gentiles suos secũ rebellaturos esse crediderant. romanos autẽ & finitimi galathe irritabant. nec manus celtica quiescebat. dissensionũq; plena erant omnia post neronẽ. & multos quidẽ reges tempus adhortabatur. lucri autẽ cupidine pars militaris mutationẽ psentiũ desiderabat. Itaq; indignũ esse duxi errantem in tantis rebus dissimulari ueritatem. & parthos quidẽ ac babylonios. arabũq; remotissimos. & ultra eufraten gentis nr̃e incolas. itemq; adiabenos mea diligentia uere cognoscere unde cepisset bellũ. quantisq; cladib' constitisset. quoue modo desisset. grecos u & romanorũ aliquos qui militiam secuti n̄ essent figmentis siue adulationib' captos ista nescire. atq; historiis audent ea inscribere. Qui propẽ hoc ut michi quidẽ uidetur. quod nichil sanũ referunt. etiã de proposito decidunt. Nam dũ romanos uolunt magnos ostendere. iudeor res extenuant & in humilitatẽ deiciunt. Non autem intelligo quonã pacto magni esse uideantur qui parua superauerint & neq; longi temporis eos pudet quo bellum tractũ ẽ. neq; multitudinis romanorũ quã in ea militia labor exercuit. neq; ducũ magnitudinis. quor profecto gl'a minuitur. si cũ multũ pro iherosolimis desudauerint rebus p eos gestis aliquid derogetur. Hec tam ego contentione romanas res extollentiũ gentiles meos amplificare decreui. sed facta quidẽ utrorũq; sine ullo mendacio prosequar. dicta u de factis reponã. dolori atq; affectioni mee in deflendis patrie cladib' indulgens. Nã quod domesticis dissensionib' ẽ euersa. & in templũ sacro sem

Nõ

72 Dom Hs. 163, 101r

Gazā ū quintę mansionis castra susce
pit · & postea in ascalonē · atq; hinc
iamniā · deinde ioppā · ex ioppaq; ce
saream ꝑuenit · decreto apud se alias
militū copias co-n-gre ga re.

Explicit liber QUINTUS.

Incipit liber sextus.

ITUS QUUDE

ad eū modū quē p̄dixmus emensa
ultra egyptū ad syriā usque solitudi
ne · cesareā uenerat. Ibi enī exercitum
decreuerat ordinare. Illo autē adhuc
apud alexandriā unacū patre impe
riū quod nup ei dš ꝑmiserat disponente.
contigit etiā seditionē quę apud ihe
rosolimā erat aucta trifariā diuidi
& alterā partē in alterā uerti. Quod
ut in malis optimū quis dixerit fac
tūq; iustitię. Nam zelotarū quidem
in populū dominatio · quę auctor fu
it excidii ciuitatis unde coeperit &
per quos creuerit · diligentē superius
declaratū ē. Hanc autē non errauerit
quispiā dicens seditionē in seditione
esse factā ac uelutí rabida fera externa
rū penuria in sua uiscera seuire solet.
sic eleazarus symonis filius qui & ab
initio zelotas á populo in templū sepa
rauerat uelut indignari simulans ob ea
quę in dies singulos iohannes auderet.
cum ne ipse quidē á cędib; quiesceret
re autē uera sese posteriori tyranno
subiectū esse minime ferens · sūmę rei
desiderio proprięq; potentię cupidita
te ab aliis defecit · ascitis etiā iuda chel
lię filio · & zenonis symone poten
tissimis · pręter quos etiā ezechias cho
bari filius non ignobilis. Horū singu
los zelotę non exigui sequebantur ·
occupatoq; interiore templi aditu sup
eius portas in sacris forib; arma posuiſ.
& abundare quidē se suis necessariis
confidebant. Sacrarū enī rerū copia
suppetebat · nichil impiū existiman
tibus. Paucitati ū suorū timentes · plerīq;
in locis suis ociosi manebant. Iohannes
autē quanto superior erat uirorū mul
titudine · tanto loco superabatur. Ho
stesq; habens á uertice · neq; sine me
tu conabatur incursus · & prę iracun
dia cessare non poterat. Plus autē ma
li ꝑferens quā eleazari partē affici
ens · tamen non remittebat. Crebri au
tem fiebant impetus · & missilium iac
tus · totūq; polluebatur cędib; templū.
Filius autē gyorę symon quē reb; de
speratis inuitatū ultro sibi tyrannum
spe auxilii populus introduxerat · &
superiorē ciuitatē retinens & inferio
ris plurimā partē · animosius iam io
hannē eiusq; socios adoriebatur · q̄si
qui desup impugnaretur. Subiectus
autē illorū manib; erat sicut & illi supe
riorū. Et iohannē eueniebat duplex
bellū ꝑferentē · ledi partē ac ledere.
Quantoq; uincebatur eo quod elea
zaro esset humilior · tanto plus habe
bat symone celsior constitutus · cū in
feriores aggressus etiā sola manu sine
labore prohiberet desup ū ex fano

trifaria ihe rosolimorū sediti o

72 Dom Hs. 163, 185v

LITURGISCHE HANDSCHRIFTEN

100 Diözesan Hs. 521, 45r

Ordo Romanus

73 Dom Hs. 138

Frankreich (?), 2.Viertel 9. Jh. (?)

Zeugen der liturgischen Austauschbeziehungen zwischen Rom und dem Frankenreich unter der Karolingerherrschaft sind die 'Ordines Romani', eine Sammlung römischer Pontifikalriten, die in bedeutenden Klöstern des Frankenreichs (z. B. St. Alban, Mainz) gesammelt und gemäß fränkischer Bräuche und Notwendigkeiten überarbeitet wurden. Sie enthalten zum einen rituelle Anweisungen für die liturgischen Amtshandlungen des Bischofs und seiner Kleriker im Laufe eines Kirchenjahres, so etwa die katechumenalen Riten der Fastenzeit bis zur Taufe in der Osternacht, zum andern zeitlich nicht gebundene liturgische Ordnungen etwa der Dedikation einer Kirche oder der Ordination von Klerikern. Da beim Gottesdienst aber neben dem Buch der liturgischen Ordnungen auch das Sakramentar mit den Gebets- und Weihetexten zur Hand sein muß, werden die 'Ordines Romani' nach und nach um solche Gebetstexte aus dem Sakramentar ergänzt, bis über viele Zwischenstufen ein neues liturgisches Buch entsteht: das 'Pontificale Romano-Germanicum', das seit dem 10. Jahrhundert die 'Ordines Romani' ablöst (vgl. Dom Hss. 139 und 140, Kat. Nr. 85). Mit einem solchen Pontifikale sind alle Gebetstexte und liturgischen Anweisungen aufeinander abgestimmt und in einem Band vereinigt. Dom Hs. 138 enthält die verbreitete Kollektion B (Andrieu 1931) der 'Ordines Romani'. Schilderte die Kollektion A noch die Riten und Gebräuche Roms, bezogen auf die stadtrömische Topographie, paßt Kollektion B nun die römischen Pontifikalriten den Bedingungen des Frankenreiches an und fügt eigenes liturgisches Gut ein. Ein Beispiel für solch fränkisches Liturgiegut sind die mit vielen dramatischen Elementen ausgestalteten Kirchweihriten, etwa die Umschreitung des zu weihenden Gotteshauses oder das Aufzeichnen des lateinischen und griechischen Alphabetes im Kircheninneren. Die Kölner Handschrift demonstriert deutlich den schrittweisen Übergang der 'Ordines Romani' zum Pontifikale, da die rituellen Anweisungen, die eigentlich die 'Ordines Romani' ausmachen, um ausformulierte Gebetstexte des Sakramentars erweitert werden (z. B. 26rff., 36rff.). Für die Datierung der Handschrift gibt es nur wenige Anhaltspunkte. Die Art der Schrift scheint laut Bernhard Bischoff auf das 2. Viertel des 9. Jahrhunderts hinzuweisen (Schneider 1996). Die Liturgiegeschichte hat sich vor allem mit dem Ordo auf Folio 40v-43r befaßt, der den Ablauf eines Provinzialkonzils festlegt, und kommt auf diesem Wege zu einem terminus post quem. Es handelt sich um die früheste überlieferte Fassung dieses Ordo, der in engem Zusammenhang mit der karolingischen Liturgiereform steht. Er setzt die Kenntnis des zwischen 784 und 791 von Papst Hadrian (772-795) an Karl den Großen (768-814) übersandten gregorianischen Sakramentars voraus, ohne den Anhang des Benedikt von Aniane (um 750-821) aus den Jahren 810-816 zu berücksichtigen (vgl. Dom Hs. 88, Kat. Nr. 82) (Klöckener 1980). Zahlreiche Mißverständnisse im Text machen jedoch deutlich, daß es sich nicht um die erste Abschrift des Ordo handelt. Die Fürbitten der *Laudes* (44r/v) erwähnen einen Kaiser und dessen königliche Söhne, die versuchsweise mit Karl dem Großen (800 zum Kaiser gekrönt) und dessen Söhnen Pippin und Ludwig identifiziert wurden, sowie das römische und fränkische Heer (Hartzheim 1752). Als einzige Heilige treten Maria, Petrus und Theodor auf. Für die der merowingischen Tradition verpflichtete Initialornamentik könnte ein französisches Skriptorium verantwortlich zeichnen (von Euw 1985). Ob die Ordines für den Gebrauch in der Kirche von Köln kopiert wurden, ist nicht mit Sicherheit zu belegen.

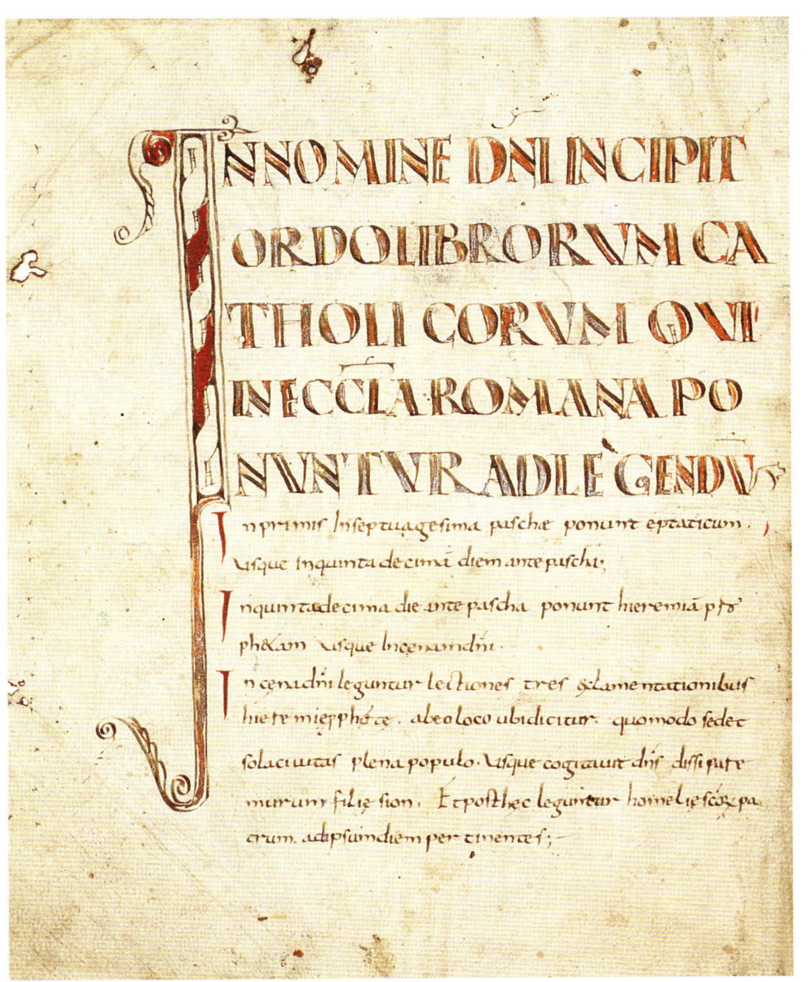

73 Dom Hs. 138, 1v/2r

INHALT: **1r** Nachmittelalterlicher Nachtrag *LIBER SANCTI PETRI COLONIENSIS;* Notiz des 18. Jhs. *Codex 138/Ordo Romanus/Hittorpiano brevior et antiquior/Liber Seculi VIII./quod paginâ ultimâ ex litania/demonstratur/differt ab Hittorpiano/in Serie officiorum vel ordinationum/in Substantia convenit.* **1v-44v** Ordo Romanus (Kollektion B) (s. Andrieu 1931, 101-108). **1v** Zierseite. Ordo 13 *I(N NOMINE DOMINI INCIPIT ORDO LIBRORUM CATHOLICORUM QUI IN ECCLESIA PONUNTUR AD LEGENDUM).* **5r** Ordo 1 *ORDO PROCESSIONIS AD ECCLESIAM SIVE AD MISSAM.* **18r** Ordo 3 *In diebus autem festis.* **19r** Ordo 11 *INCIPIT ORDO VEL DENUNTIATIO PRO SCRUTINIO AD ELECTOS QUI TERCIA EBDOMADA IN QUADRAGESIMA SECUNDA FERIA INITIATUR.* **26v** Messen des 3., 4. und 5. Sonntags der Fastenzeit aus dem gelasianischen Sakramentar. **27v** Ordo 28 *INCIPIT ORDO A DOMINICA MEDIANA USQUE IN OCTABAS PASCHAE DE OFFICIIS DIVINIS DIEBUS ET NOCTIBUS BREVITER DIGESTUS.* **32v** Bricht ab mit ... *ipse vero presbiter faciens.* Die anschließende Lage 5 fehlt. **33r** Orationen 3 und 4 zum Exorcismus salis ad spargendum in domo aus dem Gelasianum des 8. Jhs. (Anfang fehlt). ... *potestatem inimici – ab omnibus sit impugnationibus defensa. Per Dominum.* **33r** *DENUNTIATIO MENSIS PRIMI QUARTI SEPTIMI DECIMI.* **33r** *ITEM INVITATIO PLEBIS DE IEIUNIO MENSIS QUARTI SEPTIMI ET DECIMI* (aus dem Gelasianum). **33v** Ordo 37 *DE QUATTUOR TEMPORIBUS IEIUNII.* **34r** Ordo 40 *DE ORDINATIONE ROMANI PONTIFICIS.* **34r** Ordines zur Weihe des niederen und höheren Klerus. **35r** Vor die Weihe des Subdiakons sind die *CAPITULA SANCTI GREGORII PAPAE* eingeschoben (Gregor I., Epist. IX,218; Leo I., Auszug aus Epist. XII). **35v** Ordines zur Weihe des Bischofs und von Ordensleuten. **36v** Ordines zur Reliquiendeposition bei der Kirchweihe (Ordo 41, 42) *d(ILECTISSIMI FRATRES INTER CETERA VIRTUTUM)* mit anschließender Weihe von Patene und Kelch, *PRAEFATIO XRISMALIS*, Antiphonen für die Reliquienprozession. **40v** Ordo zur Durchführung eines Konzils (Klöckener 1980, 175ff.; Schneider 1996, 305ff.) *ORDO ROMANUS QUALITER CONCILIUM AGATUR.* **43r** *DENUNTIATIO SEU INVITATIO SANCTI PAPE GREGORII PRO SEPTIFORME LAETANIA.* **44r** Laudes *INCIPIUNT LAUDES FESTIS DIEBUS* (Hartzheim 1752, 103f.). **44v** Ende mit ... *et iubilatio per infinita saecula saeculorum amen.*

PERGAMENT: 44 Blätter; 237 x 194 mm; Lagen 1-5^{8}, 6^{4}; Zahlenreklamanten beginnend mit Lage *II* (-*VI*; V fehlt); Schriftspiegel 173 x 130 mm; Blindliniierung mit Versalienspalten (8 mm); einspaltig; 18-25 Zeilen. AUSSTATTUNG: Lateinischer Text in brauner karolingischer Minuskel, rubriziert; Auszeichnungsschrift: Capitalis Rustica, ab 23r Uncialis; Initialen: Rustica und Uncialis; Textmajuskeln in Minium; vereinzelt mehrzeilige Initialen zu Beginn der Ordines oder einzelner Gebete in Tinte oder Minium; mehrzeilige Initiale mit Miniumfüllung (36v); große

Eingangsinitiale, die in einer Leiste mit vegetabiler Endung ausläuft, mit Zopf-Füllung in Minium und Tinte. EINBAND: Pergament mit Streicheisenlinien über Pappe (Mitte 18. Jh.). PROVENIENZ: Nachmittelalterlicher Besitzvermerk des Kölner Domes (1r); Darmstadt 2132. LITERATUR: Hartzheim 1752, S. 100ff. – Jaffé/Wattenbach 1874, S. 57f. – Decker 1895, S. 230, Nr. 14 – Frenken 1923, S. 53 – Andrieu I 1931, S. 101ff., 472 – F. J. Peters, Beiträge zur Geschichte der römischen Meßliturgie. Untersuchungen über die gedruckten Missalien des Erzbistums Köln, Köln 1951 (Colonia Sacra. Studien und Forschungen zur Geschichte der Kirche im Erzbistum Köln 2), S. 17f. – E. Bourque, Étude sur les sacramentaires romains II: Le Sacramentaire d'Hadrien, Rom 1958, S. 358f. – C. Munier, L'ordo romanus qualiter concilium agatur d'après le Cod. Coloniensis 138, in: RThAM 29 (1962), S. 288ff. – C. Vogel, Introduction aux sources de l'histoire du culte chrétien au moyen age, Spoleto 1966 (Biblioteca degli Studi Medievali 1), S. 185 – M. Klöckener, Eine liturgische Ordnung für Provinzialkonzilien aus der Karolingerzeit, in: AHC 12 (1980), S. 109ff. – Ornamenta 1985, I S. 423, Nr. C7 (A. von Euw) – Vogel 1986, S. 150ff. – H. Schneider, Ordines de celebrando concilio. Studien zu Entstehung, Überlieferung und Quellen der abendländischen Synodenformulare von 633-1200, Regensburg 1988, S. 191 – Handschriftencensus 1993, S. 653f., Nr. 1102 – H. Schneider (Hg.), Die Konzilsordines des Früh- und Hochmittelalters, Hannover 1996 (MGH Ordines de celebrando concilio), passim – A. Odenthal, Die Palmsonntagsfeier in Köln im Mittelalter. Zu ihrer Genese anhand liturgischer Quellen des Domstiftes und des Gereonstiftes, in: KDB 62 (1997), S. 276f. A.O./U.S.

Evangeliar

74 Dom Hs. 14

Nordfrankreich (?), 3. Viertel 9. Jh.

Das Evangeliar Dom Hs. 14 zeichnet sich durch seine kostbare Ausstattung aus, die sich nicht auf die reichliche Verwendung von Gold und Silber beschränkt. Vielmehr treten zu den Kanontafeln, Evangelistenbildern und Initialzierseiten als ergänzender Bildschmuck das Autorenportrait (1v) des Bibelübersetzers Hieronymus (347/348-419/420) und eine heute zur Hälfte verlorene Darstellung der Kreuzigung Christi hinzu (15v). Die doppelseitige Anlage aller Bild- und Zierseiten provoziert zudem eine Verdoppelung üblicher Ausstattungsschemata. Dem hl. Hieronymus steht der Anfang seines Briefes an Papst Damasus (366-384) als Initialzierseite (2r) gegenüber, den Evangelisten der Titel ihrer Berichte, der den Beginn des jeweils folgenden Evangeliums feierlich ankündigt. Diesem Beginn ist wiederum eine Schriftzierseite als Gegenstück zur Zierinitiale angehängt. Das Matthäusevangelium wird zusätzlich durch zwei sich anschließende Seiten in goldener Unzialschrift hervorgehoben, die fast den ganzen Stammbaum Christi als Beleg seiner Menschwerdung enthalten.

Es waren mehrere, die Evangelien schrieben, was auch der Evangelist Lukas bezeugt, wenn er sagt: Weil viele schon es unternommen haben, eine Erzählung der Tatsachen zu verfassen, die unter uns vollendet worden sind ... einige ohne Geist und Gnade Gottes dachten dabei mehr an die Anordnung des Stoffs als an die historische Wahrheit.
Die Kirche aber, die nach dem Wort des Herrn auf dem Felsen gebaut ist, ergießt sich nach dem Bild der vier Paradiesesflüsse (in die vier Himmelsrichtungen über den Erdkreis), sie hat sowohl vier Ecken als auch vier Räder, auf denen sie wie die Bundeslade als Hüterin des göttlichen Gesetzes einherfährt.
Der erste von allen ist der Zöllner Matthäus mit dem Zunamen Levi, der das Evangelium in Judäa in hebräischer Sprache herausgab. Der zweite ist Markus, Schüler des Apostels Petrus und erster

Die Ausstattung des Evangeliars ist charakteristisch für die sog. franko-sächsische Schule, deren Zentrum sich zur Zeit Karls des Kahlen (840/843-877) wohl in Saint-Amand bildete, aber auch auf andere Skriptorien ausstrahlte. Typisch ist einerseits die Übernahme insularer Ziermotive, andererseits die Anlehnung an kontinentale Vorgaben vor allem aus der karolingischen Schule von Reims im allerdings selten auftretenden Figurativen. Während die sehr qualitätvolle Ornamentik und Schrift in einer Reihe von Handschriften in fast identischer Form überliefert sind (z. B. Paris, Bibl. Nat., Lat. 2 und Lat. 257; Köln, Schnütgenmuseum, G 531), werden in der Gestaltung der Figur erhebliche Diskrepanzen deutlich. So scheinen die Evangelisten in Dom Hs. 14 von einer wenig geübten Hand insularer Prägung gemalt worden zu sein, doch entsprechen die Figurentypen dem Repertoire von Reims. Typisch für die sog. franko-sächsische Schule und ihr verwandte Handschriften ist auch die Verbindung von Evangelist und Symboltondo, in dessen breitem Rahmen häufig die Verse des spätrömischen Dichters Sedulius (1. Hälfte 5. Jh.) in dieser oder abgewandelter Form eingeschrieben sind (z. B. New York, Pierpont Morgan Libr., M 862; Köln, Schnütgen-Museum, G 531). Möglicherweise geben diese Verse auch einen Hinweis auf

74 Dom Hs. 14, 1v/2r

Bischof von Alexandria. Er selbst hat den Erlöser nicht gesehen. Der dritte ist Lukas, ein Arzt, Syrer von Antiochia. Sein Ruhm gründet im Evangelium. Er selbst war Schüler des Apostels Paulus und verfaßte sein Werk im acnäischen Bithynien. Der letzte ist Johannes, Apostel und und Evangelist, ihn liebte Jesus am meisten, er ruhte bei Tisch an der Brust des Herrn und trank die Lehre aus dem reinsten Quell. Er hat als einziger vom Kreuz herab (die Worte Christi) zu hören verdient: siehe deine Mutter.
3v (aus der Vorrede zur Übersetzung der Evangelien durch Hieronymus); A.v.E. 1989

den Ursprung des Motivs: Zusammen mit den ganzfigurigen ungeflügelten Symboltieren – wie sie z. B. in den Mosaiken von San Vitale in Ravenna auftreten – könnten sie vielleicht auf einen frühchristlichen Archetypus zurückgehen (von Euw, Evangelien 1989).

Nicht zum üblichen Schmuck eines Evangelienbuches zählend und in der Faltengebung etwas abweichend sind das Bild des Hieronymus – der hier als Mönch, und nicht wie in den späteren ottonischen Kölner Evangeliaren als Priester auftritt – und die beiden Begleitpersonen der verlorenen Kreuzigung Christi. Möglicherweise sind hier also Bildquellen anderen Ursprungs als Vorlage herangezogen worden. Um das System der doppelseitig angelegten Zierseiten nicht zu gefährden, mußten das Kreuz Christi auf der einen, Maria und Johannes auf der anderen Seite plaziert werden. Als Vorlage für die in den üblichen symmetrischen Darstellungen nach links gewendete Johannesfigur wurde daher Longinus, der in der Bildquelle die rechte Seite Christi mit der Lanze durchbohrte, bemüht. Ihm ist auch der auf der rechten Schulter geschlossene Militärmantel (Chlamys) zu verdanken, den Johannes sonst niemals trägt (von Euw 1990).

Letztlich ist nicht genau zu bestimmen, wo die Handschrift entstanden ist. Laut brieflicher Mitteilung B. Bischoffs (1985) entstammt die Schrift nicht dem Skriptorium von Saint-Amand. Ob die qualitativen Mängel der Figuren auf eine Spätphase der Schule (von Euw, Evangelien 1989) oder eine Entstehung in der Peripherie, z. B. in Köln (Micheli 1939), schließen läßt, kann hier nicht entschieden werden.

74 Dom Hs. 14, 9v/10r

 74 Dom Hs. 14, 10v/11r

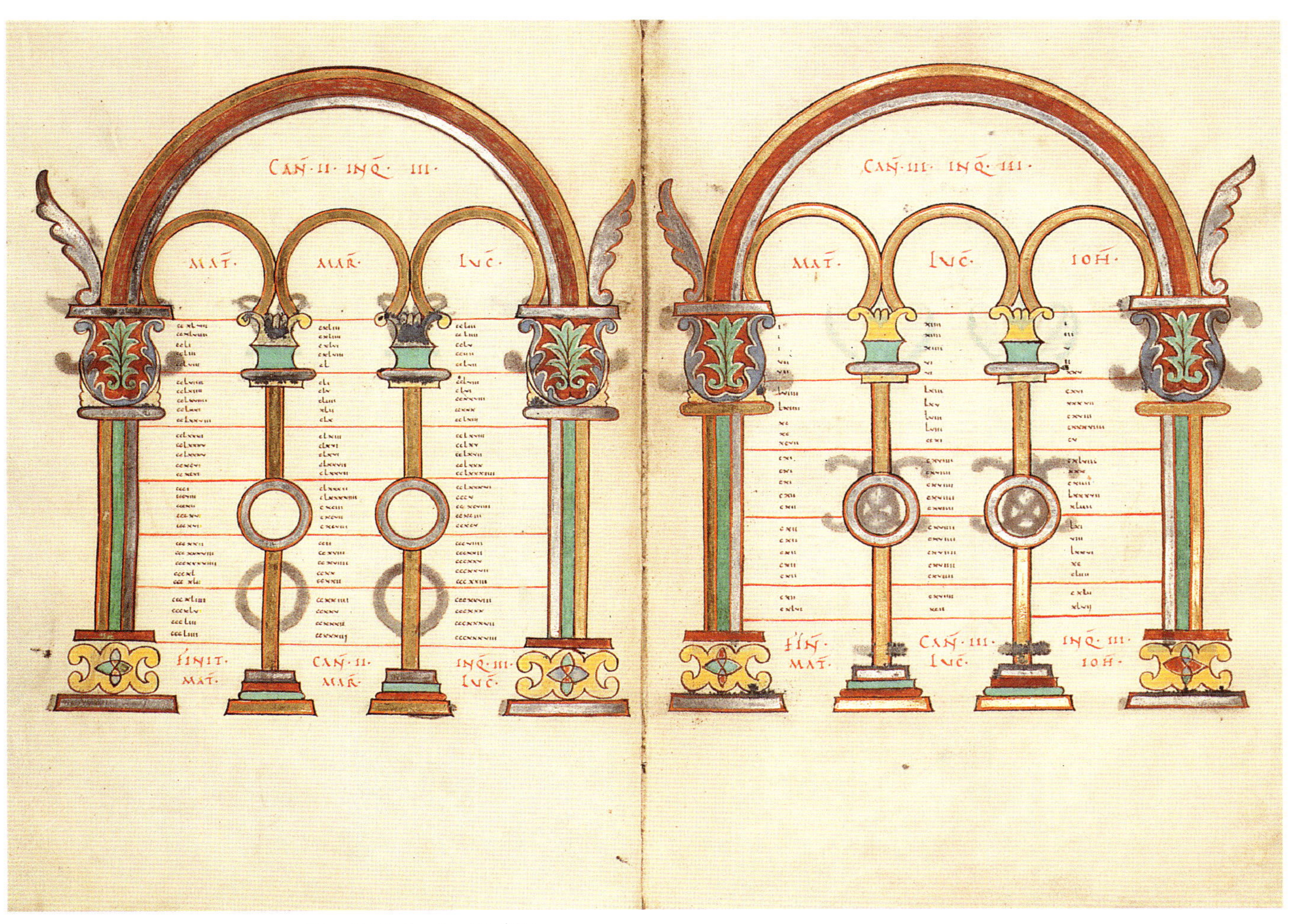

74 Dom Hs. 14, 11v/12r

 74 Dom Hs. 14, 12v/13r

74 Dom Hs. 14, 13v/14r

74 Dom Hs. 14, 14v/15r

74 Dom Hs. 14, 15v/16r

 74 Dom Hs. 14, 16v/17r

74 Dom Hs. 14, 100v/101r

74 Dom Hs. 14, 158v/159r

74 Dom Hs. 14, 67v/68r

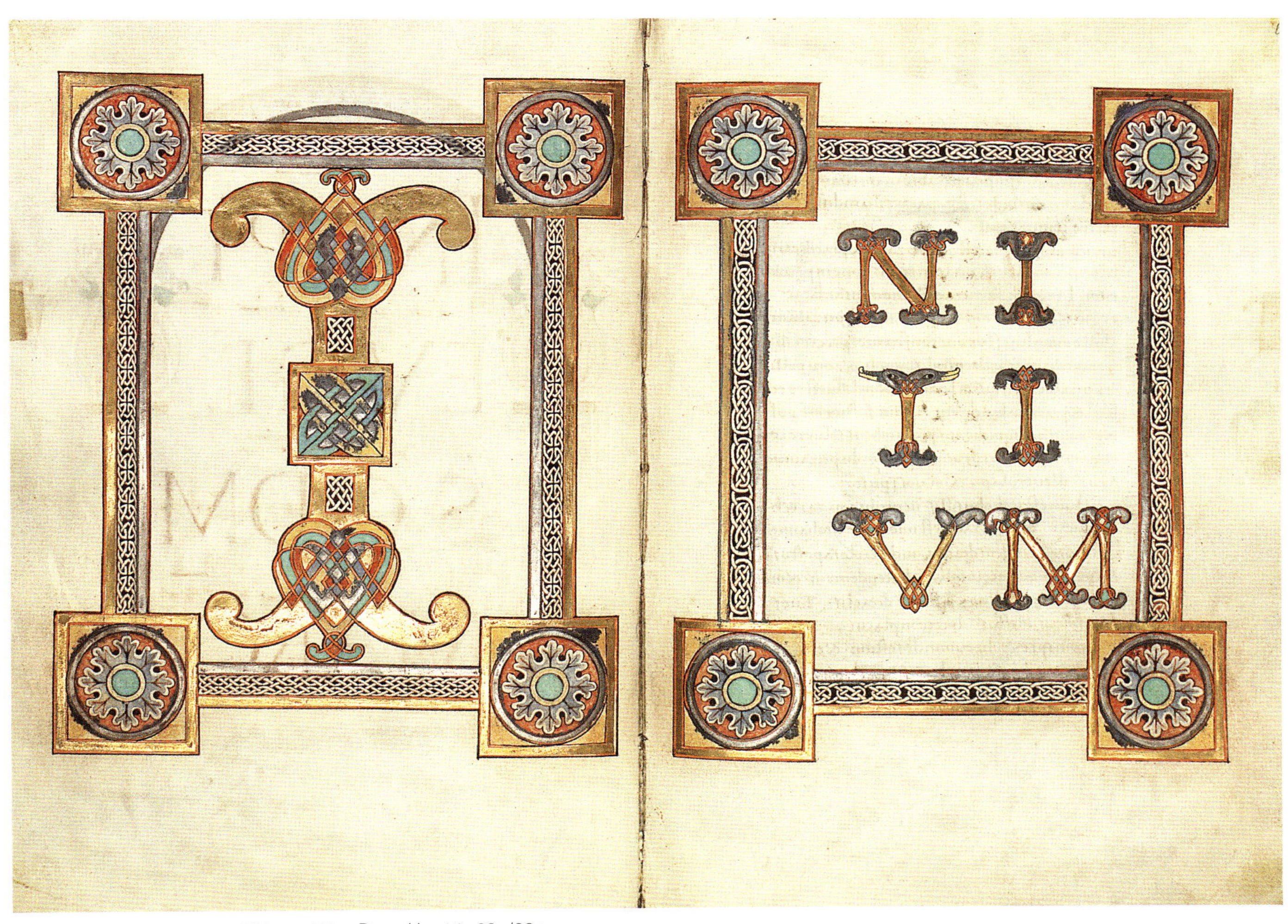

 74 Dom Hs. 14, 68v/69r

74 Dom Hs. 14, 104v/105r

Markus brüllt wie die gewaltige Stimme des Löwen in der Wüste.
67v; A.v.E. 1989

Lukas hält die Rechte der Priesterschaft und hat (deswegen) das Gesicht eines jungen Stieres.
104v; A.v.E. 1989

Wie der Adler fliegend strebt Johannes durch das Wort zu den Sternen.
160v; A.v.E. 1989

INHALT: **Ar - 1r** Leer. **1v - 8r** Vorreden (Stegmüller 595, 596, 581, 601, 590). **1v** Portrait des hl. Hieronymus. **2r** Initialzierseite *NO(vum opus)*. **3v** *P(lures fuisse)*. **4v** *A(mmonius quidem)*. **5v** *S(ciendum etiam)* und Vorrede zum Matthäusevangelium *M(attheus ex Iudaea)*. **6r - 8r** Capitula. **8v - 9r** Leer. **9v - 15r** Zwölf Kanontafeln (2I, 3II, III, IV, V, VI -VIII, IX-X^{Mt}, $X^{Mk,Lk}$, X^{Jo}). **15v** Trauernde Maria und Johannes. Die ursprünglich auf der Gegenseite dargestellte Kreuzigung fehlt. **16r - 65r** Evangelium nach Matthäus. Das Evangelistenbild fehlt. **16r** Titelzierseite *INCIPIT EVANGELIUM SECUNDUM MATTHAEUM*. **16v - 17r** Initial- und Schriftzierseite *LI(BER GENERATIONIS)*. **17v - 18r** Zierschriftseiten mit der Fortsetzung des Textes *Ihsu XPisti – Eliachim*. **65v** Leer. **66r - 99v** Evangelium nach Markus. **66r** Vorrede *MA(RCUS evangelista)* (Stegmüller 607). **66v - 67r** Capitula (mit Argumentum übertitelt). **67v** Evangelist Markus; in seinem Buch der Anfang seines Evangeliums; Umschrift des Symboltondos *MARCUS UT ALTA FREMIT VOX PER DESERTA LEONIS* (Sedulius, Carmen paschalis 1.356; Schaller/Könsgen 9293; MGH PP III, 263). **68r** Titelzierseite *INCIPIT EVANGELIUM SECUNDUM MARCUM*. **68v - 69r** Initial- und Schriftzierseite *INITIUM*. **100r** Leer. **100v - 158r** Evangelium nach Lukas. **100v** Vorrede *LU(CAS SYRUS)* (Stegmüller 620). **101r - 104r** Capitula. **104v** Evangelist Lukas; in seinem Buch der Beginn seines Evangelienberichtes *FUIT IN DIEBUS;* Umschrift des Symboltondos *IURA SACERDOTII LUCAS TENET ORA IUVENCI* (Sedulius, Carmen Paschalis 1.357; Schaller/Könsgen 8555; MGH PP III, 263). **105r** Titelzierseite *INCIPIT EVANGELIUM SECUNDUM LUCAM*. **105v - 106r** Initial- und Schriftzierseite *QUONIAM*. **158v - 200r** Evangelium nach Johannes. **158v** Vorrede *h(IC EST)* (Stegmüller 624). **159r - 160r** Capitula. **160v** Evangelistenbild; in seinem Buch der Beginn seines Evangeliums; Umschrift des Symboltondos *MORE VOLANS AQUILAE VERBO PETIT ASTRA IOHANNES* (Sedulius, Carmen Paschalis 1.358; Schaller/Könsgen 9781; MGH PP III, 264). **161r** Titelzierseite *INCIPIT EVANGELIUM SECUNDUM IOHANNEM*. **161v - 162r** Initial- und Schriftzierseite *IN (PRINCIPIO)*. **200v - 201v** Leer. **202r - 215r** Perikopenverzeichnis (Typus Delta). **213r** *ITEM LECTIONES EVANGELIORUM DE DIVERSIS CAUSIS*. **215v** Leer.

PERGAMENT: 215 Blätter; 302 x 217 mm; Lagen 1^{6+1}, 2^{6}, 3^{6-1}, 4 - 16^{8}, 17^{6}, 18^{8}, 19^{6}, 20^{8}, 21^{6}, 22^{4}, 23 - 24^{8}, 25^{6}, 26^{8}, 27 - 28^{6}, 29^{8}, 30^{6}; Schriftspiegel 188 x 111 mm bzw. 130 mm (Vorreden und Perikopenverzeichnis); Blindliniierung mit Versalienspalten (10 mm) und Marginalspalten (20 mm) zu beiden Seiten; einspaltig; 25, 28 (Vorreden, Mt-Prolog und Perikopenverzeichnis) bzw. 29 Zeilen (Lk-Prolog). AUSSTATTUNG: Lateinischer Text in dunkelbrauner karolingischer Minuskel, rubriziert, z. T. in Goldschrift; Auszeichnungsschrift, Initialen: Capitalis Rustica, Uncialis und Capitalis Quadrata (Rubriken und z. T. Explicits); Überschriften und Explicits z. T. in Gold- oder

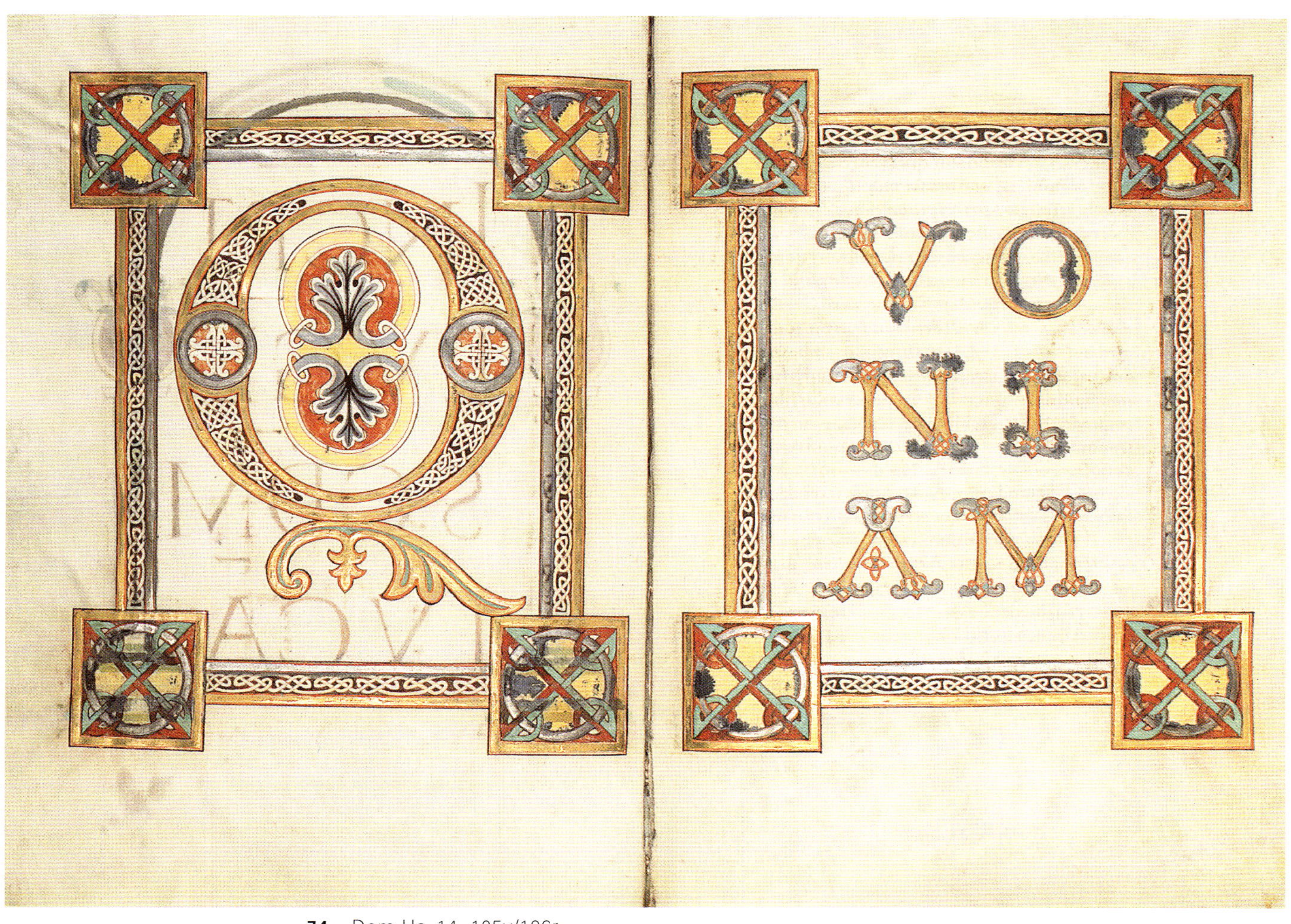

74 Dom Hs. 14, 105v/106r

Silberschrift; zweizeilige Goldinitialen zu Beginn der Capitula und der Textabschnitte; mehrzeilige Goldinitialen zu Beginn der allgemeinen Vorreden; große, mit Minium und Tinte konturierte Initialen in Gold und Silber mit zoomorphen und Flechtbandmotiven sowie Schattierung in Grün, Gelb und Blau zu Beginn der Vorreden für die Evangelien (außer Mt); Initialzierseiten und gegenüberliegende Schriftzierseiten mit in Gold- und Silberleisten eingefaßter Rahmung aus Flechtbandbordüren mit ornamentalen, vegetabilen und zoomorphen Eckmotiven; von Arkaden gerahmte Titelzierseiten und Kanontafeln mit vegetabilen, zoomorphen und antropomorphen Motiven; auf den Zierseiten Goldinitialen in der oben beschriebenen Art mit zusätzlich silberner und rotbrauner Schattierung sowie Füllung aus Flechtband und Zierschrift in goldener Capitalis oder mit Flechtwerk und Silber (Mk, Lk); nachfolgende Zierschriftseiten in goldener Uncialis (Mt); in der oben beschriebenen Art gerahmte Miniaturen in Deckfarben mit Gold und Silber. EINBAND: Pergament mit Streicheisenlinien über Pappe (Mitte 18. Jh.). PROVENIENZ: Darmstadt 2014. LITERATUR: Hartzheim 1752, S. 12ff., 122 – Jaffé/Wattenbach 1874, S. 6 – S. Beissel, in: ZChrK 11 (1898), Sp. 16 – Ehl 1922, S. 32ff. – A. Goldschmidt, Die deutsche Buchmalerei I, Florenz/München 1928, S. 48, Taf. 49 – A. Boeckler, Abendländische Miniaturen bis zum Anfang der romanischen Zeit, Berlin/Leipzig 1930, S. 51 – C. Nordenfalk, in: Acta Archaeologica 2 (1931), S. 235f. – Kdm Köln 1/III, 1938, S. 393, Nr. 5 (Lit.) – G.L. Micheli, L'enluminure du haut moyen âge et les influences irlandaises, Brüssel 1939, S. 136, 139f. – A. Boutemy, Quel fut le foyer du style franco-saxon?, in: Annales du Congrès archéologique et historique de Tournai, Tournai 1949, S. 12 – Ders., Le manuscrit 48 de Leyde et l'enluminure franco-saxonne, in: Actes de XVIIe Congrès internationale d' Histoire de l'Art, Den Haag 1955, S. 219 – Werdendes Abendland 1956, S. 177, Nr. 284 – Beissel 1967, S. 156f. – V.H. Elbern (Red.), Das erste Jahrtausend. Kultur und Kunst im werdenden Abendland an Rhein und Ruhr, Düsseldorf 1964, Tafelbd., S. 54f., Nr. 229/230 – Bloch/Schnitzler II 1970, S. 14, 145f. – W. Koehler, Buchmalerei des frühen Mittelalters. Fragmente und Entwürfe aus dem Nachlaß, hg. von E. Kitzinger/F. Mütherich, München 1972, S. 172f., 174f., 178f. – Schulten 1980, S. 10f., Nr. 2 – Ornamenta 1985, I S. 426, Nr. C 10 (A. von Euw) – E.P. van't Hull-Vermaas, in: NKJ 36 (1985), S. 2, 8, 10 – Fischer 1988-1991 – A. von Euw, Evangelien 1989, S. 47ff., Nr. 5 – von Euw, Pfäfers 1989, S. 162, 180f., 210, Abb. 134ff. – A. von Euw, Ein fehlendes Blatt im franko-sächsischen Evangeliar Cod. 14 der Kölner Dombibliothek, in: H. Krohm/C. Theuerkauff (Hgg.), Festschrift für Peter Bloch, Mainz 1990, S. 1ff. (Lit.) – Handschriftencensus 1993, S. 582f., Nr. 977 – Collegeville 1995, S. 24ff.

U.S.

74 Dom Hs. 14, 160v/161r

 74 Dom Hs. 14, 161v/162r

Evangeliar

75 Dom Hs. 56

Umkreis der Freisinger Malerschule, 3. Viertel 9. Jh.

Bis heute steht Dom Hs. 56 trotz eindeutiger Parallelen zu drei Evangeliaren der Freisinger Malerschule (München, Staatsbibl., Clm 17011, Clm 6215 und Baltimore, Walters Art Gall., W. 4) aus der Zeit Bischof Annos (854 - 875) seltsam isoliert unter den Handschriften des 9. Jahrhunderts. Deutlich zeichnen sich die Vorlagen ab, die das Kölner Evangeliar vor allem mit der spätesten der Freisinger Handschriften in Baltimore verbinden. Die in der Landschaft hockenden, in faltenreiche Gewänder fast eingewickelten Evangelisten entstammen derselben Tradition wie diejenigen der Handschriftengruppe des Wiener Krönungsevangeliars, die am Aachener Hof Karls des Großen (768 - 814) entstand, und vor allem wie diejenigen des Skriptoriums in Reims zur Zeit Erzbischof Ebos (816 - 835). Hier, in Reims, sind auch die von einem Giebel auf zwei z. T. durchfensterten Säulen gerahmten Kanontafeln beheimatet, die aber in Freising ohne Nachfolge blieben. Dagegen scheinen die hinter dem Rahmen auftretenden Evangelistensymbole in diesen westfränkischen karolingischen Schulen unbekannt zu sein. Sie basieren wahrscheinlich auf südostdeutscher Tradition, wie sie um 800 z. B. im Salzburger (?) Codex Millenarius (Stift Kremsmünster, Cim. 1) aufscheint und daran anschließend in Freising fortgesetzt wird (Wright 1964). Diese Weiterführung umfaßt nicht nur die Symbole, sondern auch die ausgefallene Auswahl der Vorworte, die allerdings in dem Kölner Codex nicht überliefert wird. Ohne direkte Parallele ist lediglich der etwas ungelenke Johannes aus Dom Hs. 56 (101v). In der Haltung seines Oberkörpers entspricht er einem frontal thronenden Evangelisten, der vielleicht auch dem Lukas des Evangeliars in Baltimore (126v) zugrunde gelegen hat. Der Hocker, auf dem Johannes sitzt, erinnert an die Edelsteinthrone der Ada-Handschriften vom Hof Karls des Großen. Sollten auch aus dieser Schule Vorlagen wirksam geworden sein? Hinter dieser verwirrenden Quellenlage werden weitere, möglicherweise schon durch karolingische Aneignung vermittelte Vorlagenschichten deutlich, die in die römische und griechische Spätantike zurückführen. Die Pose des Lukas (64v) und vielleicht auch die des Matthäus (10v) sowie das Mobiliar ihrer Schreibstuben verweisen auf ein (nicht erhaltenes) vorikonoklastisches Tetraevangeliar, das z. B. durch die Handschrift Stauronikita Ms. 43 (Berg Athos) überliefert ist (Mütherich 1974, 1987). Eine genauere Bestimmung von dessen Ursprung ermöglichen die Kanontafeln (3r - 7r). Die ungewöhnliche Neun-Zahl kommt der griechischen Redaktion nahe, die sieben oder zehn Tafeln umfaßt (gegenüber 12 oder 16 im Westen). Die Verteilung der die Konkordanzstellen enthaltenden Canones auf die einzelnen Tafeln entspricht derjenigen einer süddeutschen Handschrift aus dem 2. Viertel des 9. Jahrhunderts in München (Staatsbibl., Clm 6212), die laut Kolophon nach einer ravennatischen Vorlage des 6. Jahrhunderts kopiert wurde (Mütherich 1974, 1987). Vielleicht liegt hier auch der Ursprung für die sonst nicht nachweisbare Titelseite der Kanonfolge (2v). In die Anfänge der westlichen Evangeliartradition gehören dagegen die wenigen Glossen des Kölner Evangeliars, die womöglich noch auf die Übersetzung durch den Kirchenvater Hieronymus (347/348 - 419/20) zurückgehen und die in karolingischer Zeit mehrfach auftreten, unter anderem auch in Clm 17011 (Bischoff 1966). So zahlreich die Parallelen zu Freisinger Handschriften auch sein mögen, der Stil der Miniaturen ist dort wesentlich flüssiger als in Dom Hs. 56. Die Kanontafeln, der Initialstil und auch die Textredaktion folgen anderen Traditionen. Zumindest letztere scheint in Augsburg beheimatet zu sein (Mütherich 1997).

Daher waren diese vier Evangelien lange voraus prophezeit. Das Buch Ezechiel zeugt davon, in ihm ist die erste Vision so formuliert: Und in der Mitte war etwas, das Ähnlichkeit mit vier Tieren hatte. Und ihr Gesicht war das Gesicht eines Menschen und das Gesicht eines Löwen und das Gesicht eines jungen Stieres und das Gesicht eines Adlers.
Das erste Gesicht des Menschen bedeutet Matthäus, der gewissermaßen vom Menschen ausging, als er das Liber generationis Iesu Christi des Sohnes Davids, des Sohnes Abrahams, schrieb. Das zweite bedeutet Markus, in dem die Stimme des brüllenden Löwen in der Wüste gehört wird. Es ist die Stimme des Rufers in der Wüste (die sagt): bereitet den Weg des Herrn. Das dritte ist Vorbild des Evangelisten Lukas, der seinen Anfang mit dem Priester Zacharias machte (Opferpriester – Opferstier). Das vierte bedeutet

75 Dom Hs. 56, 2v/3r

Johannes, der mit den Flügeln eines Adlers in die Höhe strebend vom Wort Gottes redet. Auch die Apokalypse des Johannes führt nach der Erklärung der 24 Ältesten, die mit ihren Leiern und Fiolen das Lamm Gottes anbeten, die Blitze und Gewitter, die sieben Strahlen des Geistes, das gläserne Meer und die vier Wesen voll von Augen ein und sagt: das erste Tier ist ähnlich einem Löwen, das zweite einem jungen Stier, das dritte einem Menschen und das vierte ähnlich dem fliegenden Adler.
8r (aus der Vorrede zur Übersetzung der Evangelien durch Hieronymus); A.v.E. 1989

INHALT: **1r-9r** Vorreden und Kanontafeln. **1r** Hieronymus. Vorrede zu den Evangelien. Brief an Papst Damasus *INCIPIT PRAEFATIO SANCTI HIERONIMI. BEATO PAPAE DAMASO Hieronimus. Novum opus* (Stegmüller 595). **2r** *EXPLICIT EPISTOLA BEATI HIERONIMI.* **2v** Titelzierseite zur Kanonfolge *IN NOMINE DOMINI NOSTRI IHESU XPISTI INCIPIUNT CANONES.* **3r-7r** Neun Kanontafeln (I, I-II, 2II, III-IV, V, VI-IX, $X^{Mt, Mk, Lk}$, X^{Jo}). **6r** Eingeritzte Zeichnung u. a. eines Löwen und eines Adlers. **7v** Vorrede *SCIENDUM tamen* (Stegmüller 601). **8r** Vorrede *PLURES FUISSE* (Stegmüller 596). Sollte die im Collegeville-Katalog geäußerte Vermutung richtig sein, fehlt zwischen den beiden Vorreden heute ein Blatt. **9r-42v** Matthäusevangelium. **9r** Vorrede *MATTHEUS EX IUDEA* (Stegmüller 590/591). **9v** Capitula. **10r** Eingeritzte Zeichnung der Büste eines Evangelisten (?). **10v** Evangelist Matthäus; im auf dem Pult liegenden Buch des Evangelisten der Anfang seines Evangeliums. **11r** *LIBER GENERATIONIS.* Hervorgehoben sind: **11v** Bericht von der Geburt Christi *X(RISTI AUTEM GENERATIO),* **38v** Beginn des Passionsberichtes *ET FACTUM EST,* **42v** Osterbericht *VESPERE AUTEM ... ibi eum videbitis sicut dixit vobis.* Die folgende Seite mit der Fortsetzung des Textes (r) und dem Evangelistenbild zum Markusevangelium (v) fehlt. **43r-64r** Markusevangelium. **43r** Vorrede *MARCUS EVANGELISTA* (Stegmüller 607) und Capitula. **43v** *EXPLICIUNT CAPITULA.* **44r** *INCIPIT EVANGELIUM SECUNDUM MARCUM. INITIUM EVANGELII.* **58r** Eingeritzte Zeichnung von vegetabiler Ornamentik. **64r** *EXPLICIT EVANGELIUM SECUNDUM MARCUM.* **64v-101r** Lukasevangelium. **64v** Evangelist Lukas; im Buch der Titel zu seinem Evangelium *SEQUENTIA SANCTI EVANGELII SECUNDUM LUCAM.* **65r** Vorrede *INCIPIT PRAEFATIO SECUNDUM LUCAM. LUCAS SYRUS ANTIOCENsis* (Stegmüller 620). **65v** Capitula. **66v** *EXPLICIUNT CAPITULA SECUNDUM LUCAM. INCIPIT EVANGELIUM SECUNDUM LUCAM. Q(UONIAM QUIDEM).* **101r** *EXPLICIT EVANGELIUM SECUNDUM LUCAM.* **101v-127r** Johannesevangelium. **101v** Evangelist Johannes; in seinen Büchern der Titel zu seinem Evangelium *SEQUENTIA SANCTI EVANGELII SECUNDUM IOHANNEM* und der Beginn seines Evangeliums. **102r** Vorrede *HIC EST IOHANNES* (Stegmüller 624). **102v** Capitula. **103r** *IN PRINCIPIO.* **127r-138v** Capitulare evangeliorum. **137v** *LECTIONES EVVANGELIORUM DE DIVERSIS CAUSIS.* **139r/v** Leer.

PERGAMENT: 139 Blätter; 330 x 262 mm; Lagen 1^{2-1}, 2^{6} (möglicherweise ursprünglich mit dem 1. Blatt zusammen ein Quaternio, bei dem das letzte Blatt heute fehlt; s. Collegeville 1995), 3-6^{8}, 7^{8-1} (Blatt mit den letzten 12 Versen des Matthäusevangeliums und dem Markusportrait auf der Rückseite fehlt; s. Collegeville 1995), 8-18^{8}, 19^{6-1}; Schriftspiegel 225 x 175 mm; 2 Spalten von innen 75, außen 70 mm und 31 mm Abstand; Blindliniierung mit Versalienspalten (8 mm) und Marginalspalten zu beiden Seiten der Kolumnen (innen 17 und außen 20 mm); 30 Zeilen.

75 Dom Hs. 56, 3v/4r

AUSSTATTUNG: Lateinischer Text in brauner karolingischer Minuskel, rubriziert; Auszeichnungsschrift: Uncialis, Capitalis Rustica; Initialen: Capitalis Quadrata und Rustica; zu Beginn einzelner Abschnitte zweizeilige Anfangsbuchstaben in Tinte; zu Beginn der einzelnen Kapitel ein- bis dreizeilige Initialen und nachfolgende Zeile oder bis zu drei Zeilen in Quadrata und Uncialis in Minium; Incipits und Explicits in Quadrata, z. T. zeilenweise abwechselnd in Minium und Tinte; zu Beginn der Kanontafeln Titelzierseite mit Quadrata in Tinte und Minium unter Arkadenrahmung; Kanontafeln und Miniaturen in Deckfarben. EINBAND: Pergament mit Streicheisenlinien über Pappe (Mitte 18. Jh.). PROVENIENZ: Kurz nach seiner Entstehung gelangte das Evangeliar nach Köln, wo es für die Marginalglossen in der Hs. W 147 des Kölner Stadtarchivs als Vorlage verwendet wurde (Mütherich 1974). Laut Beissel (1967) ist sein Perikopenverzeichnis mit demjenigen in Dom Hs. 14 (Kat. Nr. 74) identisch, das dem von Klauser (1972) rekonstruierten römisch-fränkischen Typus Delta folgt. Dom Hs. 56 wurde aber kurz nach seiner Entstehung – möglicherweise in Köln – von den römisch-fränkischen Vorgaben abweichend korrigiert. Das in diesem Zusammenhang ebenfalls von Beissel genannte ottonische Kölner Evangeliar Diözesan Hs. 1 a (Kat. Nr. 78) folgt dieser korrigierten Fassung. Darmstadt 2051. LITERATUR: Hartzheim 1752, S. 30, 122 – Jaffé/Wattenbach 1874, S. 17 – Decker 1895, S. 238, Nr. 47 – Ehl 1922, S. 21 ff. – Frenken 1923, S. 53 – Schnitzler I 1957, S. 26, Nr. 20 – A. Boeckler, Deutsche Buchmalerei vorgotischer Zeit, Königstein/T. 1959, S. 77, Nr. 16 – D.H. Wright, The Codex Millenarius and its Modells, in: MüJb 3.F.15 (1964), S. 53 Anm. 25, S. 41 – B. Bischoff, Zur Rekonstruktion der ältesten Handschrift der Vulgata-Evangelien und der Vorlage ihrer Marginalien, in: Bischoff, Studien I 1966, S. 104 ff. – Bischoff 1966, S. 17 – Beissel 1967, S. 160 f. – Bloch/Schnitzler II 1970, S. 14 – F. Mütherich, The Gospel Book W 4 of the Walters Art Gallery and its Place in the Freising Scriptorium, in: Gatherings in honour of Dorothy E. Miner, Baltimore 1974, S. 115 ff. – Schulten 1978, S. 46, Nr. 91 – C. Nordenfalk, Der inspirierte Evangelist, in: WJKu 36 (1983), S. 187 – F. Mütherich, Die Kanontafeln des Evangeliars Codex 56 in Köln, in: Florilegium in honorem Carl Nordenfalk, Stockholm 1987, S. 159 ff. – Fischer 1988-1991 – von Euw, Evangelien 1989, S. 44 ff. – Handschriftencensus 1993, S. 603, Nr. 1016 – K. Bierbrauer, Die Freisinger Buchmalerei im 8. und 9. Jahrhundert, in: P. Steiner/H. Ramisch (Hgg.), Freising. 1250 Jahre Geistliche Stadt II: Beiträge zur Geschichte und Kunstgeschichte der altbayerischen Bischofsstadt, München/Dillingen a.d. Donau 1994, S. 44 – Collegeville 1995, S. 93 f. – F. Mütherich, Spuren eines byzantinischen Evangeliars, in: A. Amberger u. a. (Hgg.), Per assiduum studium scientiae adipisci margaritam. Festgabe für Ursula Nilgen, St. Ottilien 1997, S. 19 ff. U.S.

 75 Dom Hs. 56, 10v

 75 Dom Hs. 56, 64v

 75 Dom Hs. 56, 101v

Hillinus-Codex

76 Dom Hs. 12

Von einem Reichenauer Maler und einem Seeoner (?) Schreiber in Köln gefertigt, zwischen 1010 und 1020

Laut Schreibereintrag (2v) wurde das Evangeliar von den Brüdern Purchardus und Chuonradus für den ansonsten nicht nachweisbaren Kölner Domherrn Hillinus angefertigt, der im ungewöhnlich plazierten Dedikationsbild (16v) dem hl. Petrus das fertige Buch überreicht. Wenn auch nicht in Köln beheimatet, so weilten die beiden Brüder doch während der Arbeit an diesem Codex mit großer Wahrscheinlichkeit in der Stadt, wie es der schon genannte Eintrag zu Beginn des Evangeliars nahelegt. Das Lokalkolorit färbte vor allem auf das Dedikationsbild ab, dessen bekrönende Architektur den karolingischen Kölner Dom und dessen Fußboden die Deckplatte aus rotem und grünem Porphyr vom Grab Erzbischof Geros (969 - 976) vor dem Kreuzaltar des Domes darzustellen scheint. Eine solche, fast realistisch zu nennende Charakterisierung von Architektur ist in der ottonischen Zeit einmalig und wird daher nur mit Zurückhaltung zur Kenntnis genommen. Eine weitere Kölner Eigenart ist das Autorenportrait des Bibelübersetzers Hieronymus (347/348 - 419/420) zu Beginn der Handschrift. Während das Bildthema auf der Reichenau unbekannt ist, gehört es in Kölner Evangeliaren fast zur Standardausstattung.

Dem Eintrag zu Beginn der Handschrift entsprechend können zwei an der Herstellung beteiligte Kräfte nachgewiesen werden (Hoffmann 1986). Der Schreiber wurde in der heute nach Seeon lokalisierten Schreibschule ausgebildet (vgl. Dom Hs. 144; Kat. Nr. 79) und war laut Hoffmann auch an einem Evangeliar in Erlangen beteiligt (Universitätsbibl., Ms. 12). Verwandte Initialen mit lappigen Blättern, stumpfen Astenden und blütenartigen blauen Blättern finden sich z. B. auch in der Bamberger Benediktsregel (Staatsbibl., Ms. Lit. 143) derselben Schule. Die Miniaturen und Initialzierseiten dagegen sind eindeutig aus der Reichenauer Tradition hervorgegangen und unterschiedlichen Vorlagen verpflichtet. Motivisch eng verwandt ist das Evangeliar Ottos III. (München, Staatsbibl., Clm 4453), das nicht nur die Initialzierseiten vorbildet, sondern auch Einzelmotive wie den struppigen Vogel der Lukasinitiale (109r). Gleichzeitig scheint eine Handschrift des Trierer Gregormeisters ihre Spuren in der Ausstattung hinterlassen zu haben. Das Matthäusbild (22v) gleicht verblüffend demjenigen seines Evangeliars aus der Sainte-Chapelle (Paris, Bibl. Nat., Lat. 8851), das auch im Reichenauer Perikopenbuch Heinrichs II. (München, Staatsbibl., Clm 4452) vorbildhaft wirkte, also in der Schule bekannt war, während sich Hieronymus an dem Gregorbild (Trier, Stadtbibl., Hs. 171/1626) bzw. einem hypothetisch zu rekonstruierenden Hieronymusbild des Meisters orientiert (Schnitzler 1956). Auch einige der kleineren Initialen stehen in der Trier-Reichenauer Tradition (z. B. 17r; vgl. Berlin, Staatsbibl. PK, Ms. theol. lat. fol. 34).

Stilistisch schließt sich der Hillinus-Codex an die schweren, geradlinig konturierten Figuren aus dem Perikopenbuch Heinrichs II. (1002 - 1024) an, das dieser noch als König – also vor 1014 – dem von ihm 1007 neu gegründeten Bistum Bamberg geschenkt hatte. Gegenüber diesem Vorläufer sind die Gestalten des Kölner Evangeliars vereinfacht und auch verflacht. Sie nähern sich damit dem graphischeren Stil der vor 1020 entstandenen Bamberger Apokalypse (Staatsbibl., Ms. Bibl. 140), wenn die Stilentwicklung nicht umgekehrt verlief, wie Peter H. Klein vermutet (in: AaKbll 56/57).

INHALT: **1r-2r** Leer. **2v-3v** Schreibereintrag und Widmung (Jaffé/Wattenbach 1874, 5f.; Vöge 1891, 135). **2v** Schreibereintrag *PRECE ET CARITATE HILLINI COLONIENSIS DOMUS CUIUSDAM CANONICI./NOS DUO NON SOLUM SPIRITU SED ETIAM CARNE GERMANI PURCHARDUS ET CHUONRADUS INVITATI ET COACTI. PRESENTEM LIBRUM ACCEPIMUS SCRIBENDUM AD ALTARE SANCTI PETRI INFRA MUROS COLONIAE PRINCIPALITER CONSTRUCTUM FIDELI DEVOTIONE TRADENDUM./DATORIS QUIDEM PREMIUM QUIA NOMINUS CERTUM. NOSTRUM QUOQUE PRO QUALITATE MERITORUM SPERAMUS PROPICIUM. LECTOR AMANDE TUI SIMUL ET MISERERE NOSTRI.* **3r/v** Widmung des Codex durch Hillinus an den hl. Petrus *MULTIMODA DIVINARUM – INREMISSIVA.* 3r *M(ULTIMODA)* **4r** Leer. **4v-16r** Vorreden zur Übersetzung der Evangelien durch Hieronymus und Kanontafeln. **4v** Autorenportrait des hl. Hieronymus mit zwei Schreibern. **5r** *B(EATO PAPAE DAMASO HIERONYMUS. NOVUM OPUS FACERE ME COGIS)* (Stegmüller 595). Hieronymus schildert seine Bedenken der ihm gestellten Aufgabe gegenüber. **7r** *P(LURES FUISSE)* (Stegmüller 596). Erklärungen des Hieronymus zu der Vierzahl der Evangelien, zu den Evangelisten und deren Symbolen. **8v** *SCIENDUM ETIAM* (Stegmüller 601). Dem Hieronymus fälschlich zugeschriebene Erklärung zur Benutzung der Kanontafeln. **9r** *AMMONIUS QUIDEM* (Stegmüller 581). Bericht des Eusebius über die Einrichtung der Kanontafeln und deren Gebrauch. **9v** Bricht ab mit *Continuo scire pote.* **10r** Leer. **10v-16r** Zwölf Kanontafeln (2I, 3II, III, IV, V, VI-VIII, IX-X^{Mt}, $\text{X}^{\text{Mk, Lk}}$, X^{Jo}). **16v-202v** Evangelienberichte von Leben, Sterben und Auferstehung Jesu. **16v** Dedikationsbild. Hillinus überreicht den von ihm gestifteten Codex dem hl. Petrus. **17r-71v** Evangelium nach Matthäus. **17r** Vorrede *M(ATTEUS EX IUDEA)* (Stegmüller 590). **18r** Capitula beginnend mit *NATIVITAS XPISTI MAGI COMMUNE* (Anfang fehlt). **21v-22r** Leer. **22v** Evangelist Matthäus mit Inschrift *AFFIRMAT GENITUM MATHEUS VIRGINE XPISTUM* (Schaller/Könsgen 447; MGH PP V, 449) – Matthäus bezeugt den aus der Jungfrau geborenen Christus. **23r** Initialzierseite *L(IBER GENERATIonis).* Hervorgehoben werden: **24r** Mt 1,18 *XPISTI AUTEM GENERATIO*, **26v** Mt 4,1 *TUNC IHESUC DUCTUS EST IN desertum*, **64r** Mt 26,2 *S(CITIS QUIA POST BIDUUM PASCHA)*, **70v** Mt 28,1 *V(ESPERE AUTEM).* **72r-104r** Evangelium nach Markus. **72r** Vorwort *M(ARCUS EVANGELISTA)* (Stegmüller 607). **72v** Capitula. **73v** Bricht ab mit *PRINCIPES INTERROGANT IHESUM ET CONDEMPNANT EUM.* **74r** Initialzierseite *I(NITIUM EVANGELII).* Das Evangelistenbild fehlt. **104v** Leer. **105r-161r** Evangelium nach Lukas. **105r** Prolog *L(UCAS SYRUS)* (Stegmüller 620). **106r** Capitula *Z(ACHARIAS VISIO ANGELO).* **108v** Bricht ab mit *SABBATIS CURAT ... hominis qui ex.* **109r** Initialzierseite *Q(UONIAM QUIDEM)*: Vogel mit goldenem Gefieder. Das Evangelistenbild fehlt. **152r** Auf dem Seitensteg Zeichnung eines Stieres mit zurückgewandtem Kopf. **161v-202v** Evangelium nach Johannes. **161v** Vorrede *h(IC EST IOHANNES)* (Stegmüller 624). **162r** Capitula. **162v** Bricht ab mit *Ihesus super asinum sedit – grecis videre.* **163r** Initialzierseite *I(N PRINCIPIO ERAT VERBUM).* Das Evangelistenbild fehlt. **203r-210r** Capitulare evangeliorum beginnend mit der Weihnachtsvigil (Klauser 1972, 140-172, mit Abweichungen). **210v** Leer. Innenspiegel hinten: altes Pergament; aufgeklebt der Restaurierungsbericht von 1981.

PERGAMENT: 211 Blätter (fol. 122 doppelt vergeben); 366 x 260 mm; Lagen 1^{10} (1. Blatt = Spiegelblatt, ohne Zählung), 2^{10-2}, 3^{10}, $4\text{-}7^{8}$, $8\text{-}9^{6}$, 10^{2+2-1}, $11\text{-}13^{8}$, 14^{6}, 15^{10-1}, $16\text{-}21^{8}$, 22^{2+2-1}, 23^{8}, 24^{6+1}, $25\text{-}28^{8}$; Schriftspiegel 249 x 138, im Capitulare 149 mm; Blindliniierung und Liniierung mit Rötelstift mit Versalienspalten (10 mm) und beidseitigen Marginalspalten (21 mm), letztere im Capitulare nur auf der Innenseite; einspaltig; 25, im Capitulare 37 Zeilen. AUSSTATTUNG: Lateinischer Text in dunkelbrauner bis schwarzer frühromanischer Minuskel, rubriziert; Auszeichnungsschriften: Uncialis, Capitalis Rustica; Initialen: Uncialis; einzeilige Textmajuskeln und zu Beginn einzelner Verse ein- bis zweizeilige Initialen in Gold; zu Beginn der Prologe mehrzeilige Initialen mit goldenen Ranken, hellblauen Blättern oder zoomorphen Motiven (17r), mit gespaltenem, miniumgefülltem Buchstabenkörper und zweifarbiger Schattierung in Blau und Grün; anschließende Zeile(n) in goldener Capitalis; gerahmte Initialzierseiten auf Purpurgrund mit Knollenblattranken, vegetabiler, zoomorpher und Flechtbandornamentik in Deckfarben mit Gold; Miniaturen und Kanontafeln in Deckfarben, Silber und Gold. EINBAND: Der heutige Einband resultiert aus einer Restaurierung im Jahre 1981, bei der alle noch vorhandenen älteren Teile (14. Jh.?) wiederverwendet und alle rekonstruierbaren Teile ergänzt wurden (Restaurierungsbericht auf dem rückwärtigen Innenspiegel des Einbandes). Schweinsleder über Holz mit vegetabil ornamentierten Messing-Eckbeschlägen und -schnallen; Messingbeschläge an allen Kanten; auf der Vorderseite mittig ein wappenförmiges Messingschild mit Hirsch; rückwärtiger Mittelbeschlag verloren. PROVENIENZ: Die Handschrift wurde laut Schreibereintrag (2v) und Widmung (3r/v) für den Kölner Domkanoniker Hillinus geschrieben, der seine Widmungsinschrift in vorzüglichem Latein abfaßte (A. Arweiler). Darmstadt 1951. LITERATUR: Hartzheim 1752, S. 11f. – A. Essenwein, Eine Abbildung des alten Kölner Domes, in: Anzeiger für Kunde deutscher Vorzeit N.F. 19 (1872), Sp. 209ff. – W. Vöge, Eine deutsche Malerschule um die Wende des ersten Jahrtausends, Trier 1891 (Westdeutsche Zeitschrift für Geschichte und Kunst, Erg.-H. 7), S. 134ff. – S. Beissel, Das Evangelienbuch des Erzbischöflichen Priesterseminars zu Köln, in: ZChrK 11 (1898), Sp. 17 – Ders., in: ZChrK 13 (1900), Sp. 69, Nr. 4 – Ehl 1922, S. 159f. – A. Merton, Die Buchmalerei in St. Gallen vom neunten bis zum elften Jahrhundert, Leipzig 1923^{2}, S. 85 – Kdm Köln 1/III, 1938, S. 393f. Nr. 6 (Lit.), Abb. 318 – C. Nordenfalk, Die spätantiken Kanontafeln, Göteborg 1938, S. 199f. – H. Schnitzler, Hieronymus und Gregor in der ottonischen Kölner Buchmalerei, in: Kunstgeschichtliche Studien für Hans Kauffmann, Berlin 1956, S. 11ff. – Schnitzler I 1957, S. 26, Nr. 19, Taf. 57 – P. Bloch, Die beiden Reichenauer Evangeliare im Kölner Domschatz, in: KDB 16/17 (1959), S. 9ff. – Bloch/Schnitzler II 1970, S. 23,

Durch liebevolles Bitten des Kölner Domherrn Hillinus fühlten wir zwei, Purchardus und Chuonradus, nicht nur im Geiste, sondern auch dem Fleische nach geschwisterlich verwandt, uns eingeladen und dann gedrängt, das vorliegende Buch zu schreiben und es in gläubiger Verehrung auf den innerhalb der Mauern Kölns errichteten Hauptaltar des hl. Petrus niederzulegen. Weil wir wissen, daß der Lohn dem Stifter gewiß ist, haben auch wir wegen unserer guten Leistung Hoffnung auf die Gnade (des Herrn). Du, lieber Leser, habe zugleich Erbarmen mit uns.
2v (Schreibervermerk); A.v.E.

76 Dom Hs. 12, 4v/5r

passim – Klauser 1972, S. XLVII, Nr. 128 – F. Mütherich, Ausstattung und Schmuck der Handschrift, in: F. Dressler u. a., Das Evangeliar Ottos III. Clm 4453 der Bayerischen Staatsbibliothek München. Bglbd. der Faksimile-Ausgabe, Frankfurt 1978, passim – Schulten 1980, S. 22f., Nr. 38, Abb. S. 50ff. – Ornamenta 1985, I S. 152, Nr. B4 (A. von Euw) – Hoffmann 1986, S. 410, Abb. 223 – A. von Euw, Der Darmstädter Gero-Codex und die künstlerisch verwandten Prachthandschriften, in: Theophanu 1991, I S. 194f., Abb. 2 – G. Bauer, Abendländische Grundlagen und byzantinische Einflüsse in den Zentren der westlichen Buchmalerei, in: A. von Euw/ P. Schreiner (Hgg.), Kunst im Zeitalter der Kaiserin Theophanu, Köln 1993, S. 169f. – Handschriftencensus 1993, S. 580f., Nr. 975 – Schreibkunst 1994, S. 156f., Nr. 24, passim (A. Schütz) – F. Mütherich/ K. Dachs (Hgg.), Das Perikopenbuch Heinrichs II. Clm 4452 der Bayerischen Staatsbibliothek München, Bglbd. zur Faksimile-Ausgabe, Frankfurt/ Stuttgart 1994, passim – Collegeville 1995, S. 20ff. – I. Siede, Zur Rezeption ottonischer Buchmalerei in Italien im 11. und 12. Jahrhundert, St. Ottilien 1997 (Studien zur Geschichte des Benediktinerordens und seiner Zweige, Erg.-Bd. 39), passim. U.S.

76 Dom Hs. 12, 16v/17r

Durch die vielfältige Versicherung der Heiligen Schriften ist eingeschärft worden, wie man sich eifrig für die Erreichung der Tugenden mühen muß. Aber mehr als ausreichend ist dort auch festgeschrieben, daß es nicht Sache eines einzelnen Sterblichen ist, diese Tugenden sämtlich erlangen zu können. Mit einem Beispiel für diese Tatsache werden wir auch vom Apostel unterrichtet, der die Eigenschaften der Verdienste mit Hilfe des Bildes der Helligkeit von Gestirnen unterteilte. So bezeugte er, daß die Helligkeit der Sonne eine, die des Mondes aber eine andere sei, und fügte hinzu, daß auch ein Stern vom anderen in bezug auf die Helligkeit unterschieden sei. Da ich, Hillinus, der ich, obwohl ich unwürdig bin, dennoch das Amt des Priesters versehe, mich nun im Geiste mit diesen Überlegungen trage und einsehe, daß ich nicht zu den Gestirnen von größerer Helligkeit gelangen kann, also zu den hohen Tugenden, werde ich folglich zumindest versuchen, meinen Schritt zwischen den weniger leuchtenden Sternen zu finden, guten Willens und mit Gottes Hilfe. Ich weiß nämlich, daß, wie es derselbe Apostel lehrt, nicht alle Verrichtungen der Glieder gleich sind; ich weiß aber auch, daß, obwohl im Körper, das heißt in der Heiligen Kirche, die Hand vorrangigere Verrichtungen erfüllt als der Fuß, dieser dennoch nicht als überflüssiger Teil weggeworfen wird, sondern daß er vom Haupt Christus an seinem Ort für seinen Dienst für notwendig gehalten und genährt wird. Da also nun er, der wunderbar in den Heiligen verkündet wird, in ihnen auch geehrt werden will, möchte ich dieses Buch der Evangelien dir darbringen, Heiliger Petrus, nach Christus geneigtester der Herren. Dieses Buch brachte nicht eine überreiche Ausstattung an Gold, Silber und Edelsteinen zusammen, sondern der Liebe, welche ich für dich hege; sittliche Güte reicht es dar. Halte es für würdig in der Hinsicht, wie von Christus die beiden kleinen Münzen der Witwe gebilligt worden sind. Ich bekenne, sollte deine Heiligkeit davon überzeugt sein, daß ich zu wenig geeignet bin, Größeres darzubringen, vermagst du es doch, solch eine geringfügige Gabe anzunehmen, so daß ich durch die Schlüssel deiner Zunge gnädig erlöst werde und mich nicht die Strafe für die Sünden ereile.

Wenn aber irgend jemand seine verbrecherische Hand ausstreckt, um dieses Buch zu stehlen, dann gib ihm, heiliger Petrus, seine Strafe, soviel du mit Christus vermagst. Ihm soll, wenn du nicht mehr ihm zumessen willst, der Lohn des Ananias und der Saphira zukommen. Wie diese für ihre Verbrechen die rächende Strafe schlägt, so soll auch diesen für den unrechtmäßigen Raub fremden Eigentums die unerbittliche Strafe verfolgen und ergreifen.

3r/v (Widmungsvermerk des Hillinus); A.A.

76 Dom Hs. 12, 10v/11r

 76 Dom Hs. 12, 11v/12r

76 Dom Hs. 12, 12v/13r

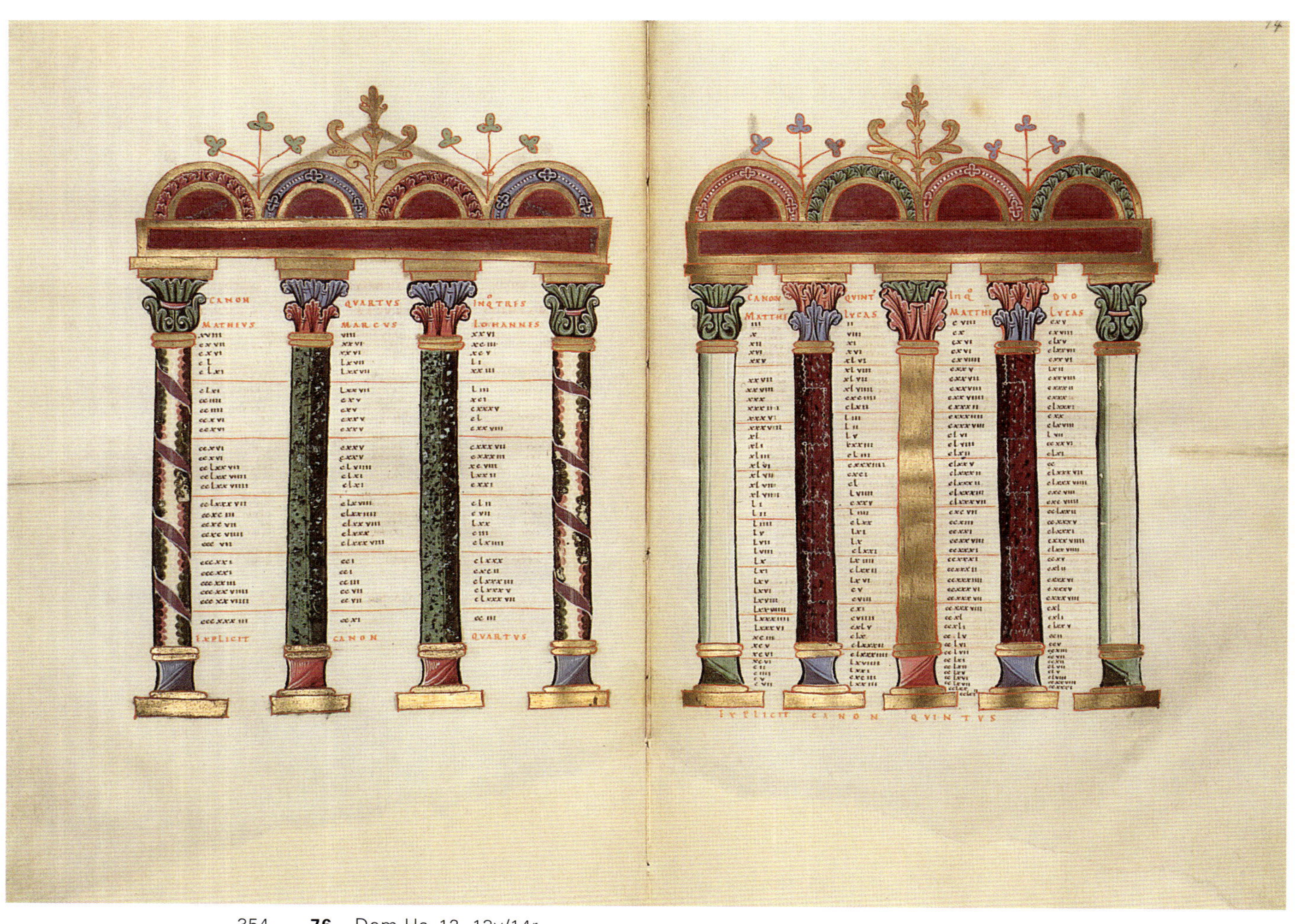

 76 Dom Hs. 12, 13v/14r

76 Dom Hs. 12, 14v/15r

 76 Dom Hs. 12, 15v/16r

76 Dom Hs. 12, 22v/23r

 76 Dom Hs. 12, 109r/163r

Limburger Evangeliar

77 Dom Hs. 218

Reichenau, Anfang 11. Jh.

Dem Anathema auf Folio 1r zufolge befand sich das Evangeliar im 12. Jahrhundert in einem Kloster Limburg, das wohl als die von Kaiser Konrad II. (1024-1039) 1025 gegründete Benediktinerabtei an der Haardt identifiziert werden muß. Zu einer solchen Stiftung gehörte auch die Ausstattung mit kostbaren Handschriften mit den Texten für die Feier der Liturgie. Konrads Vorgänger, der deutsche König und spätere Kaiser Heinrich II. (1002-1024) z. B. bedachte den Dom des von ihm errichteten Bistums Bamberg mit einer großen Zahl von kostbaren Codices, die er in der Schreib- und Malschule der Reichenau in Auftrag gegeben hatte. Ob Konrad an diese Tradition anknüpfen wollte, indem er seiner Klosterstiftung ein Reichenauer Evangeliar aus seinem Besitz übergab (Salier 1992), ist allerdings nicht zu belegen. Um eine Bestellung Konrads für diesen Anlaß kann es sich auf keinen Fall gehandelt haben, da die Handschrift stilistisch schon zu Beginn des Jahrhunderts entstanden sein muß.

Jetzt und in alle Zukunft soll den gläubigen Menschen bekannt sein: Dieses Buch des Hochheiligen Evangeliums wurde durch die Mühe und Sorgfalt eines Priesters und Mönchs dieses Konvents mit einem bescheidenen Einband (parvo scemate) ausgestattet und mit Reliquien des Märtyrers Laurentius, der Heiligen Pantaleon, Mercurius, des Papstes Leo und der Heiligen 11 (wohl zu einem späteren Zeitpunkt korrigiert zu 11000) Jungfrauen auf verehrungswürdige Weise ausgezeichnet. Denjenigen, die dieses Buch von der Kirche Limburg betrügerisch oder mit Gewalt zu entfernen versuchen, oder es als Bürgschaft weggeben wollen, denen bringt es den Unwillen der Heiligen und für sie wollen wir die Strafe Gottes verkünden und erbitten. Denn weil die Codices des Hochheiligen Evangeliums mit Gold und Edelsteinen geschmückt sind, werden sie des öfteren als Bürgschaften hinterlegt. Die Heiligen aber, die einst Fesseln und Kerker für Christus erlitten haben, ertragen es nicht, erneut in Truhen von Wucherern gefangen gehalten zu werden.
1r (Anathema); A.A.

Textredaktion, Stil, Ikonographie und Motivik des Limburger Evangeliars sind typisch für die Reichenau. So stimmt nicht nur die Textfassung der vier Evangelienberichte von Leben, Sterben und Auferstehung Jesu – einschließlich der ungewöhnlichen Plazierung des Vorwortes zum Matthäusevangelium und der Leseordnung des Capitulare evangeliorum – weitestgehend mit derjenigen im Evangeliar Ottos III. (996-1002) in München (Bayer. Staatsbibl., Clm 4453) überein, sondern auch die Art der Textillustration (Mütherich 1978). Einerseits war man um eine erstaunlich korrekte Zuordnung von Text und Bild bemüht, ohne die sich daraus ergebenden Probleme des "Lay-out" zufriedenstellend lösen zu können. Das ganzseitige Bild geht immer dem Bericht voraus, so daß der Text bisweilen auf der Mitte einer Seite abbricht und erst nach der Illustration auf der folgenden Seite mit der exakt dem Bild entsprechenden Textstelle fortgeführt wird. Andererseits legte man aber auch Wert auf die Einhaltung der historischen Chronologie der Bildfolge, die in unserer Handschrift mit der Geburt Christi beginnt und mit seiner Himmelfahrt abschließt. Da die Himmelfahrt lediglich von Markus und Lukas, nicht aber von Johannes berichtet wird, bleibt nicht nur das letzte Evangelium, sondern hier sogar das des Lukas ohne Illustrationen. Schon das der Reichenauer Ikonographie zugrunde liegende Evangelistar Erzbischof Egberts von Trier (977-993) (Trier, Stadtbibl., Hs. 24) hatte aus dem gleichen Grund die Bebilderung nach der Pfingstdarstellung einstellen müssen.

Sind auch die Ikonographie und viele Motive durch Vergleiche mit Handschriften der Liuthargruppe – benannt nach dem Schreiber des Aachener Evangeliars Ottos III. (Aachen, Domschatz) – in die Tradition dieser Untergruppe der Reichenauer Schule zweifelsfrei einzubinden, so erlaubt sich der Illustrator unseres Evangeliars doch einige Eigenheiten. Die Evangelistenbilder folgen nicht einem einheitlichen Zyklus, sondern verbinden den ruhig sitzend schreibenden (vgl. Dom Hs. 12; Kat. Nr. 76) mit dem in Ekstase inspirierten Autor, wie er z. B. auch in dem Münchner Evangeliar Clm 4453 auftritt. Matthäus hat sein Symbol gegen das Bild des thronend wiederkehrenden Christus (secundus adventus) getauscht, der die traditionell mit dem Evangelisten verbundene erste Ankunft Christi in der Geburt im Überzeitlichen wiederholt – Vergleichbares bietet das Matthäusbild des Reichenauer Evangeliars Clm 4454 (München, Bayer. Staatsbibl.). Bei den drei dem Evangelisten entgegentretenden Männern kann es sich eigentlich nur um Vertreter der Vorfahren

77 Dom Hs. 218, 12v/13r

Christi handeln, mit deren Aufzählung das Matthäusevangelium beginnt. Möglicherweise liegt dieser ungewöhnlichen Ikonographie das Lorscher Evangeliar (Bukarest, Bibl. Centrala) aus der Hofschule Karls des Großen (768-814) als zu variierende Anregung zugrunde, das in einer anderen Handschrift der Reichenau fast wörtlich kopiert wurde (Darmstadt, Hess. Landes- und Hochschulbibl., Hs. 1948). Der Schule motivisch fremd sind die Stadtarchitekturen als Rahmung bzw. Bekrönung eines Evangelistenbildes, die letztlich aus dem Motivschatz der spätkarolingischen Schule von Reims stammen (Rom, Bibel in S. Paolo fuori le mura, und Paris, Bibl. de l'Arsenal, Ms. 1171), und einzelne Figuren wie der das Handtuch reichende Johannes bei der Taufe oder der Petrus freundlich umarmende Engel der Himmelfahrt, die erst in einigen der Liuthargruppe verwandten Handschriften wieder auftreten (Brescia, Bibl. Queriniana, Mbr. F II 1; Rom, Bibl. Vaticana, Barb. lat. 711; Padua, Bibl. Capitolare, Evangelistar des Isidor). Virtuos bedient sich der Illuminator der fremden Vorlagen und des Motivschatzes der Schule und streut sie frei über den Bildgrund. Seine Initialornamentik und seine seltsam substanzlosen, in ungewöhnlich bewegte Gewänder gehüllten Figuren sind in der direkten Nachfolge der beiden Evangeliare Ottos III. denkbar, etwa gleichzeitig mit dem Bamberger Tropar (Staatsbibl., Lit. 5).

INHALT: **Av** Vermerk über die testamentarische Übereignung der Handschrift von Pfarrer Knott an die Bibliothek des Domkapitels. **1r** Eintrag des 12. Jhs. *Notum sit tam praesentis quam futuri temporis fidelibus hunc librum sacrosancti evangelii. Labore ac diligentia cuiusdam sacerdotis et monachi huius cenobii hoc parvo scemate decoratum. Et sanctorum Laurentii martyris, Pantaleonis, Mercurii, Leonis papae sanctarumque virginum XI*

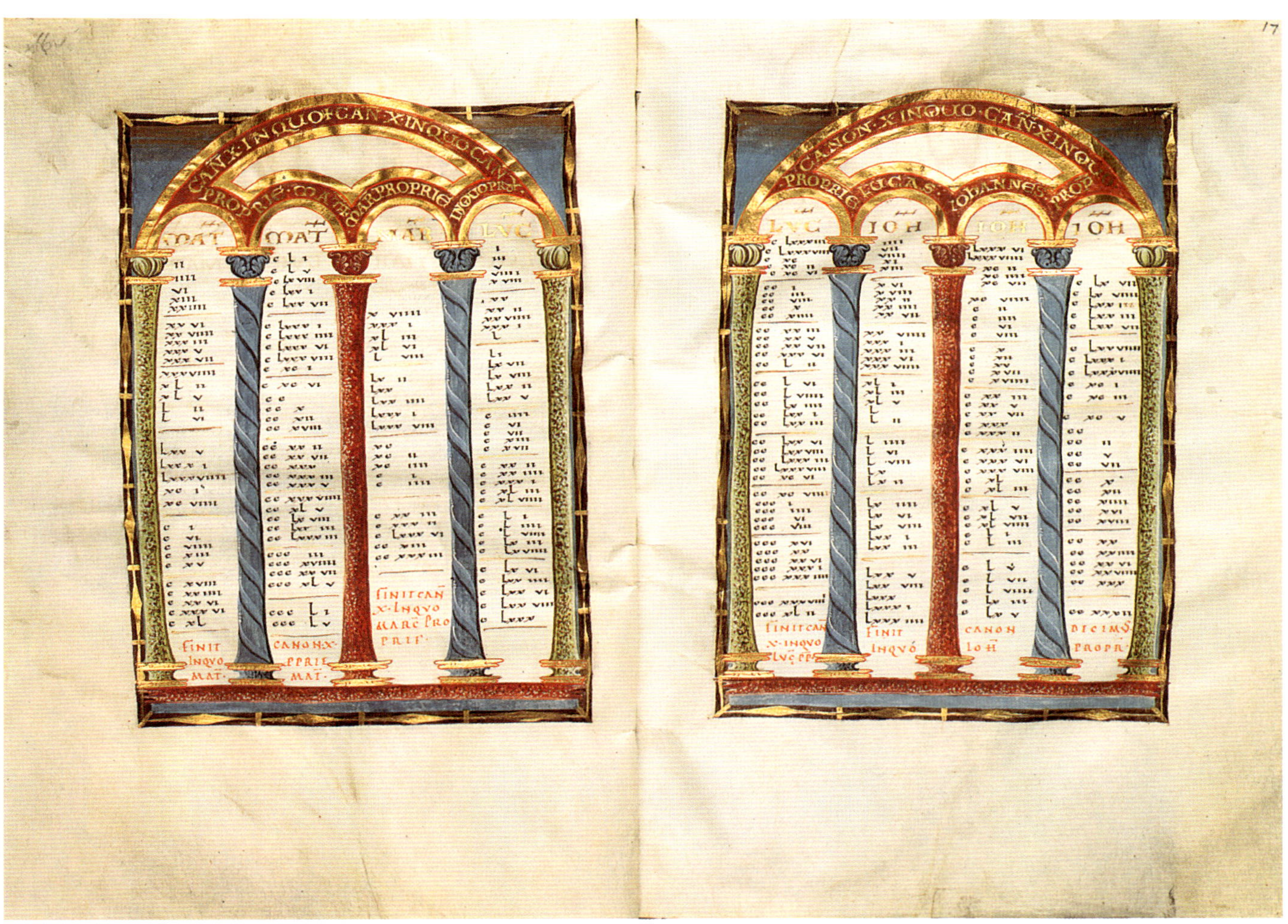

77 Dom Hs. 218, 16v/17r

[darüber ein M in deutlich hellerer Tinte] *reliquiis venerabiliter insignitum. Proinde omnibus hunc ipsum librum a praesenti Linburgensi ecclesia fraudulenter seu violenter abalienare nitentibus. Vel in vadimonio exponere volentibus. Sanctorum quibus oblatus est offensionem. Et divinam denuntiamus et optamus ultionem. Quia et si sacrosancti evangelii codices auro vel gemmis ornati interdum solent invadiari. Sancti tamen qui olim vincula et carceres pro XPisto sunt perpessi. In scriniis feneratorum rursus dedignantur captivari.* **1v** Leer. **2r - 11r** Prologe und Capitula zum Matthäusevangelium. **2r** Brief des Hieronymus an Papst Damasus I. *B(EATISSIMO PAPAE DAMASO)* (Stegmüller 595). **4r** Hieronymus *P(LURES FUISSE)* (Stegmüller 596). **6r** Brief des Eusebios an Carpinianus *E(usebius Carpiniano)* (Stegmüller 581). **7r** Pseudo-Hieronymus *S(ciendum etiam)* (Stegmüller 601). Zum Inhalt der Prologe vgl. Dom Hs. 12 (Kat. Nr. 76). **7v** Vorwort zum Matthäusevangelium *M(atheus ex Iudaea)* (Stegmüller 591). **8v** Capitula zu Matthäus. **11v - 17r** Zwölf Kanontafeln (2I, 3II, III, IV, V, VI -VII, VIII - IX, X[Mt, Mk, Lk], X[Lk, Jo]). **17v - 18r** Leer. **18v - 70v** Matthäusevangelium. **18v** Evangelist Matthäus mit thronendem Christus in einer Mandorla mit der Beischrift *IHCUS XPISTUC* und Vorfahren Christi. **19r** Initialzierseite *INCIPIT EVANGELIUM SECUNDUM MATHEUM. L(IBER GENERACIONIS).* Die folgenden Kapitelanfänge aller Evangelien werden jeweils mit einer Gold- oder Rankeninitiale eingeleitet. Miniaturen: **21r** Geburt Christi und Verkündigung an die Hirten. **22r** Anbetung der Könige. **24r** Taufe Christi. **31r** Heilung des Aussätzigen. **34r** Heilung der Blutflüssigen/ Heilung der Tochter des Jairus. **35r** Heilung des Blinden. **70v - 105r** Markusevangelium. **70v** Vorwort *M(ARCUS EVANGELISTA DEI)* (Stegmüller 607). **71v** Capitula. **73r** Leer. **73v** Evangelist Markus. **74r** Initialzierseite *INCIPIT EVANGELIUM SECUNDUM MARCUM. I(NITIUM EVANGELII).* Miniaturen: **103v** Die Frauen am leeren Grab Christi. **104v** Himmelfahrt Christi. **105v - 161r** Lukasevangelium. **105v** Vorwort *L(UCAS SYRUS ANTIOCENSIS)* (Stegmüller 620). **106v** Capitula. **108v** Evangelist Lukas. **109r** Initialzierseite *INCIPIT EVANGELIUM SECUNDUM LUCAM. Q(UONIAM QUIDEM).* **161v - 203v** Johannesevangelium. **161v** Vorwort *H(IC EST IOHANNES EVANGelista)* (Stegmüller 624). **162r** Capitula. **163v** Evangelist Johannes mit einem über dem Kopf gebogenen Schriftband, auf dem die Anfangsworte seines Evangeliums verzeichnet sind. **164r** Initialzierseite *INCIPIT EVANGELIUM SECUNDUM IOHANNEM. I(N PRINCIPIO).* **204r - 217r** Capitulare evangeliorum. **217v** Laut Jaffé/ Wattenbach (1874) ausradiertes Reliquienverzeichnis, das heute kaum noch lesbar ist. Auch die freundlicherweise von Doris Oltrogge (Fachhochschule Köln) angefertigten Reflektographie-Aufnahmen brachten kein Ergebnis. **218r** Leer. Rückseite auf Papier aufgeklebt.

77 Dom Hs. 218, 18v/19r

PERGAMENT: 217 (219) Blätter (originales Vor- und Nachsatzblatt aus Pergament nicht mitgezählt); 285 x 205 mm; Lagen 1^{10}, 2^{8}, 3^{2} (fol. 18/19), 4 - 27^{8}, 28^{8-1}; Schriftspiegel 185 x 110 mm; Blindliniierung mit Versalienspalten (9 mm) und beidseitigen Marginalspalten von außen 43 und innen 24 mm; einspaltig; 22 Zeilen. AUSSTATTUNG: Lateinischer Text in braun-schwarzer frühromanischer Minuskel, überwiegend in Gold rubriziert; Auszeichnungsschrift: Capitalis Rustica; Initialen: Uncialis, Capitalis Quadrata; in den Vorworten und im Capitulare evangeliorum ein- und zweizeilige Initialen in Minium; in den Capitula zweizeilige Initialen in Gold; Textmajuskeln in Gold; mehrzeilige Initialen aus Knollenblätterranken in Gold mit gespaltenem, mit Minium gefülltem Buchstabenkörper und Schattierung in Grün und Blau sowie anschließender Textzeile in Goldunziale; Initialzierseiten mit vegetabiler und ornamentaler Rahmung sowie großen, wie oben beschriebenen Rankeninitialen mit Flechtwerk in Deckfarben; das Q zu Beginn des Lukasevangeliums mit großer, muschelblättriger Blüte (109r); Kanontafeln und Miniaturen in Deckfarben mit Gold, letztere mit Goldgrund. EINBAND: Kalbleder mit Blindprägung über Holz; Einzelstempel: verschiedene Rosetten; Streicheisenlinien: Streifenrahmung mit Rautenfüllung, ausgespartes Mittelfeld mit Plattenstempel; auf dem unteren Streifen des Vorderdeckels geprägte Zahl *218* (Mitte 18. Jh.). PROVENIENZ: Im 12. Jh. wahrscheinlich im Besitz der Benediktinerabtei Limburg an der Haardt (1r); Pfarrer Johann Wilhelm Knott aus Heimerzheim (gest. 1872) vermachte die Handschrift der Bibliothek des Kölner Domes (Av). LITERATUR: Jaffé/Wattenbach 1874, S. 97f. – W. Vöge, Eine deutsche Malerschule um die Wende des ersten Jahrtausends, Trier 1891 (Westdeutsche Zeitschrift für Geschichte und Kunst, Ergh. VII), S. 145f. – S. Beissel, in: ZChrK 13 (1900), Sp. 68f. – Beissel 1967, passim – Kdm Köln 1/III, 1938, S. 394f., Nr. 8 (Lit.), Abb. 320f. – P. Bloch, Die beiden Reichenauer Evangeliare im Kölner Domschatz, in: KDB 16/17 (1959), S. 9ff. – Bloch/Schnitzler II 1970, passim – F. Mütherich, Ausstattung und Schmuck der Handschrift, in: F. Dressler u. a., Das Evangeliar Ottos III. Clm 4453 der Bayerischen Staatsbibliothek München, Bglbd. der Faksimile-Ausgabe, Frankfurt 1978, passim – Schulten 1980, S. 23ff., Nr. 39 – Ornamenta 1985, I S. 426, Nr. C11 (A. von Euw) – Hoffmann 1986, S. 329 – Salier 1992, S. 300, Vitrine 7 (S. von Roesgen/K. und M. Weidemann) – Handschriftencensus 1993, S. 690f., Nr. 1162 – F. Mütherich/K. Dachs (Hgg.), Das Perikopenbuch Heinrichs II. Clm 4452 der Bayerischen Staatsbibliothek München, Bglbd. zur Faksimile-Ausgabe, Frankfurt/Stuttgart 1994, passim – I. Siede, Zur Rezeption ottonischer Buchmalerei in Italien im 11. und 12. Jahrhundert, St. Ottilien 1997 (Studien und Mitteilungen zur Geschichte des Benediktinerordens und seiner Zweige, 39. Ergbd.), passim. U.S.

 77 Dom Hs. 218, 21r

 77 Dom Hs. 218, 22r

 77 Dom Hs. 218, 24r

 77 Dom Hs. 218, 31r

77 Dom Hs. 218, 34r/35r

 77 Dom Hs. 218, 73v/74r

 77 Dom Hs. 218, 103v

77 Dom Hs. 218, 104v

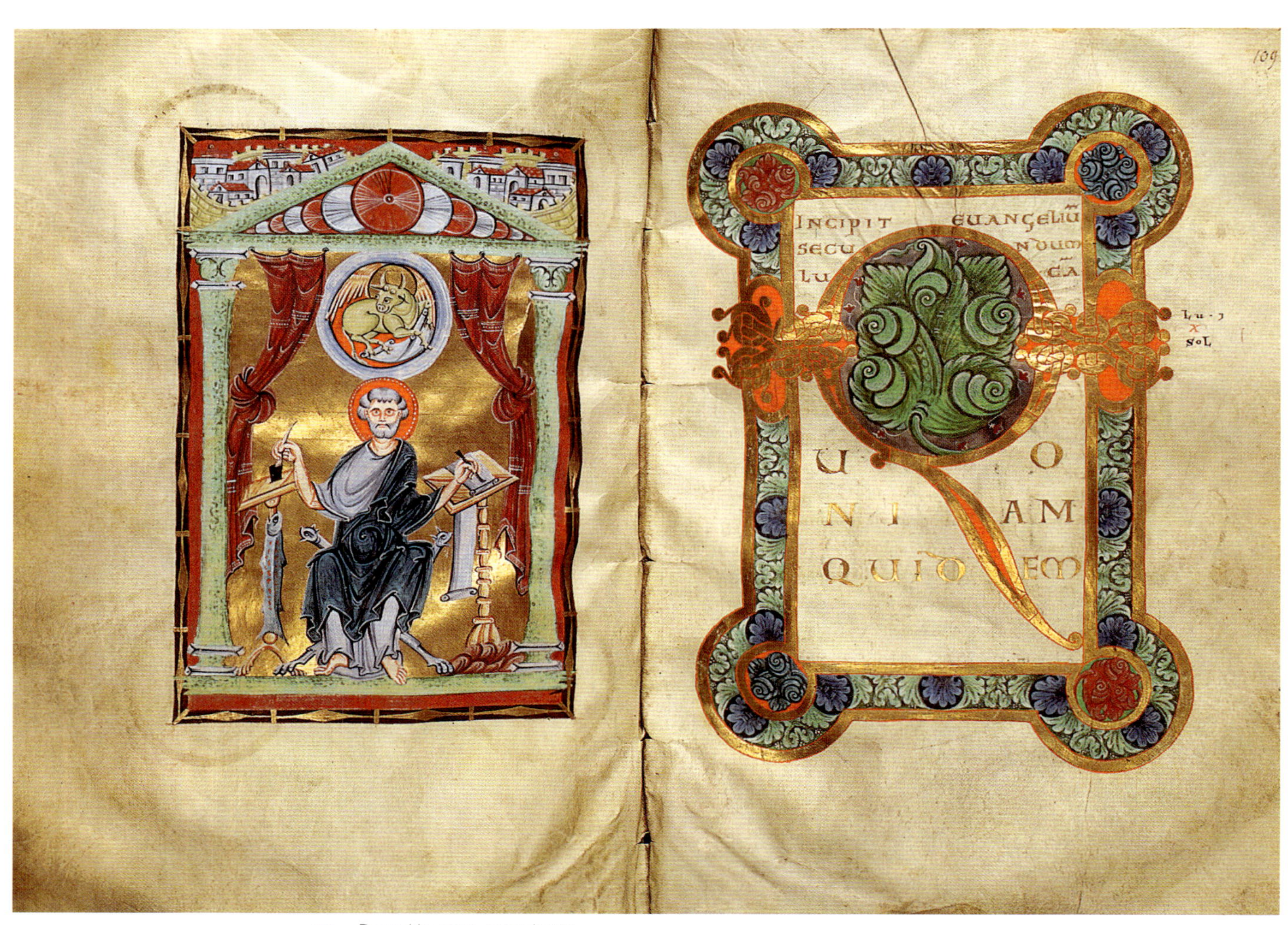

77 Dom Hs. 218, 108v/109r

 77 Dom Hs. 218, 163v/164r

Evangeliar aus St. Maria ad Gradus

78 Diözesan Hs. 1a

Köln, um 1030

Das Evangeliar befand sich noch 1752 im Besitz der im vergangenen Jahrhundert (ab 1816) abgerissenen Kölner Kirche St. Maria ad Gradus (Hartzheim 1752), die im Jahre 1057 von Erzbischof Anno II. (1056-1075) geweiht worden war. Ob es zur ursprünglichen, noch im Auftrag Annos angelegten Ausstattung gehörte, ist unsicher. Durch die Jahresringe des originalen Holzeinbandes ist die Handschrift auf jeden Fall nach 1011 und durch die stilistische Einbindung der Miniaturen genauer um 1030 zu datieren. Zusammen mit den Evangeliaren in New York (Pierpont Morgan Libr., M 651) und Bamberg (Staatsbibl., Ms. Bibl. 94) dokumentiert sie innerhalb der Kölner Buchmalerei eine Sonderform, die wegen ihres kostbaren Schmucks als 'Reiche Gruppe' bezeichnet wird und wohl im 2. Viertel des 11. Jahrhunderts entstand.

78 Diözesan Hs. 1a, 1r

Motivisch und ikonographisch ist die Handschrift den übrigen Evangeliaren der Kölner Schule eng verbunden. Diese Einheitlichkeit erklärt sich aus der fast normativen Wirkung eines in Köln als Vorlage genutzten Evangeliars, das dem Trierer Gregormeister (tätig gegen Ende des 10. Jhs.) zugeschrieben werden kann (Manchester, John Rylands Libr., Lat. 98). Typisch ist zudem die Ergänzung der kanonischen Vorreden um Hexameter aus Kölner Feder, die das jeweilige Evangelium erläutern, oder die Erweiterung des Bildprogramms um die den Evangelien vorangestellte Maiestas und um das Autorenportrait des Bibelübersetzers Hieronymus als Verfasser der Prologe. Als Quellen sind spätkarolingische Bildtypen zu erschließen, die vielleicht schon in einer ottonischen Umformung durch den Gregormeister vorgelegen haben mögen (Bloch/ Schnitzler I 1967). Um so erstaunlicher ist der stilistische Bruch, der sich um 1030 mit dem Übergang von der vorangegangenen 'Malerischen' zur 'Reichen Gruppe' vollzieht, und der mit dem Einfluß neuer Vorlagen einhergeht. Der sehr vom Malgestus geprägte Pinselstrich der früheren Miniaturen wird von konstruierter Großflächigkeit abgelöst. Ob der Stilwandel auf einen unter Erzbischof Pilgrim (1021-1036) verstärkten Einfluß Reichenauer Malerei zurückzuführen oder vielleicht eher den allgemeinen Stiltendenzen der Zeit verpflichtet ist, muß hier offen bleiben. Die im Hillinus-Codex (Dom Hs. 12, Kat. Nr. 76) dokumentierte Präsenz Seeoner und Reichenauer Tradition hat keine meßbaren Konsequenzen in der Kölner Malerei bewirkt – wenn man von der für die Schule ungewöhnlichen L-Initiale zum Lukasprolog unserer Handschrift (116r) absieht. Ikonographisch weichen vor allem die Evangelistenbilder der 'Reichen Gruppe' von denjenigen der älteren Kölner Handschriften ab. Die neuen Bildquellen liegen in Byzanz und spätkarolingischer Buchmalerei aus der Zeit Karls des Kahlen (840/ 843 - 877). Nur vage zu erschließende Parallelen reichen von Süddeutschland über Mainz bis nach Trier (Bloch/ Schnitzler I 1967) – sie streifen nicht die Reichenau – und lassen keine eindeutigen Abhängigkeiten erkennen. Mit dem abrupten Ende der 'Reichen Gruppe' verlieren auch die neuen Vorlagen an Einfluß.

Insgesamt bestimmen die delikate Farbigkeit und die kostbaren Materialien den Eindruck der Handschrift. Der Ausstattung stehen jedoch Schwächen in der Ausführung des Textes gegenüber, die Probleme in der Zusammenführung von Text und Bild deutlich machen. Der bis auf Folio 121v - 122r gute Erhaltungszustand, die Textauslassung auf Folio 179v und Mängel des 'Capitulare evangeliorum' (Beissel 1898) legen die Vermutung nahe, daß das Evangeliar nicht zum lesenden Gebrauch bestimmt war, sondern vielleicht als "Schwurbibel" Verwendung fand (Schönartz 1975).

 78 Diözesan Hs. 1a, 1v

 78 Diözesan Hs. 1a, 2r

78 Diözesan Hs. 1a, 2v/3r

INHALT: Innenspiegel: *Evangeliar/ca. 1025/vgl. Chronik I, 188.129/Bibliothek des Erzbischöflichen Priesterseminars/Cöln a. Rh;* Bibliotheksstempel der Diözesanbibliothek; Signaturen aus unterschiedlichen Zeiten *Hs. 1a/548/2702/94.* **1r** Eingangszierseite: gerahmtes Purpurfeld. **1v** Maiestas Domini mit Beischrift *IHCUS XPISTUC* umgeben von den mit Namen bezeichneten Evangelistensymbolen und vier Propheten *(HIEZECHIEL, DANIEL, ISAIAS, HIEREMIAS);* im Buch Christi die Inschrift *EGO SUM ALFA ET OMEGA PRIMUS* (Apk 22,13). **2r-7v** Zwölf Kanontafeln (2I, 3II, III, IV, V, VI-VIII, IX-X^{Mt}, X$^{Mk, Lk}$, X^{Jo}). **8r-15v** Vorreden. **8r** Autorenbild des Bibelübersetzers Hieronymus mit einem Schreiber und begleitenden, nicht ganz sauberen Hexametern *Hic pater insignis meritis Hieronimus almis. Scriptor et interpres divinae legis habetur* (Jacobsen 1991, 187) – Dieser ist der gütige Hieronymus, der Vater, durch seine Verdienste ausgezeichnet: als der Schreiber und Übersetzer des Göttlichen Gesetzes wird er angesehen. **8v** Initialzierseite. Titel zum Brief des Hieronymus an Papst Damasus I. *b(EATISSIMO PAPAE DAMASO HIERONIMUS).* **9r** Brief *N(OVUM OPUS)* (Stegmüller 595). **13r** Vorrede *P(LURES FUISSE)* (Stegmüller 596). **15v-79r** Matthäusevangelium. **15v** Vorrede *M(ATHEUS IN IUDEA)* (Stegmüller 590). Als Rubrik: *MATHEUS HIC HOMINEM GENERALITER IMPLET.* **16v** Capitula. **19v** Leer. **20r** Schriftzierseite *INTER APOSTOLICOS DOMINI/NUMERATUS AMICOS/HIC EST QUI PRIMUS SANCTO/QUE CARISMATE PLENUS/CLARA SALUTIFERI SCIP/SIT* (!) *MIRACULA XPISTI./IPSIUS ET SACRIS IUNXIT/PIA DOGMATA FACTIS/DIGNUS EVANGELISTA/DEI COGNOMINE LEVI/ MATHEUS OSTENDENS/VERUM HUNC HOMINEMQUE/DEUMQUE* (MGH PP V 449, Nr. 23 c II; Bloch/Schnitzler I 1967, 72; Jacobsen 1991, 187) – Gezählt unter die apostolischen Freunde des Herrn, ist dieser es, der als erster, voll des heiligen Charismas, die berühmten Wundertaten des heilbringenden Christus aufschrieb und zu den heiligen Taten dessen fromme Lehren hinzusetzte. Als würdiger Evangelist Gottes, mit dem Zunamen Levi, zeigte Matthäus ihn als wahren Menschen und wahren Gott. **20v-21r** Leer. **21v** Evangelist Matthäus. Auf den Schriftrollen aller Evangelisten ist der Beginn des jeweiligen Evangeliums verzeichnet. **22r** Titelzierseite *INCIPIT LIBER SANCTI EVANGELII SECUNDUM MATHEUM.* **22v-23r** Leer. **23v** Initialzierseite *L(IBER GENERATIONIS).* Im Rahmen vier Medaillons mit männlichen Büsten vor Goldgrund. **24r** Fortsetzung des Textes mit der Wiederholung von *generationis.* **79v** Leer. **80r-115v** Markusevangelium. **80r** Vorrede *M(ARCUS EVANGELISTA DEI)* (Stegmüller 607). **81r** Capitula. **83r/v** Leer. **84r** Schriftzierseite *doctor apostolicus hoc/pingitur ordine Marcus./Qui Petri natus fuit/In baptismate SanctuS/Atque evangelii quod di/dicit ore magistri/Veridicus scriptor/quod summus postea pastor/Praedicat In magnis A/lexandri moenibus urbis/In qua nunc meritis/martyr veneratur opimis* (MGH

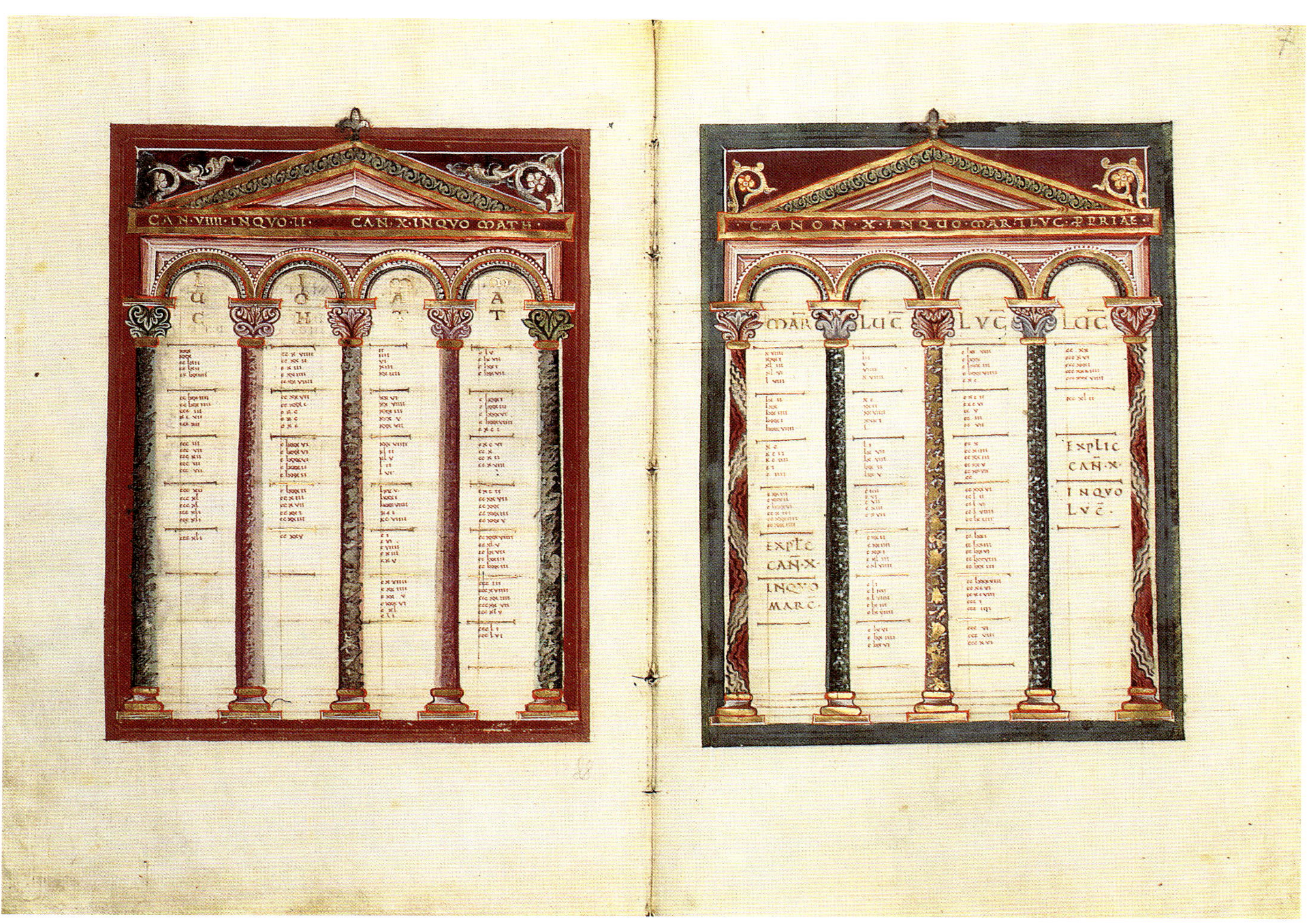

78 Diözesan Hs. 1a, 6v/7r

PP V 450, Nr. 23 c III; Bloch/Schnitzler I 1967, 73; Jacobsen 1991, 188) – In dieser Reihe wird Markus dargestellt, der apostolische Gelehrte, der als Heiliger geboren ist in der Taufe durch Petrus und ein wahrhaftiger Schreiber des Evangeliums war, das er aus dem Munde des Lehrers erfuhr, das er später als höchster Hirte in den großen Mauern der Stadt des Alexander verkündete, wo er nun mit verdienten Reichtümern als Märtyrer verehrt wird. **84v** Evangelist Markus. **85r** Titelzierseite *INCIPIT LIBER SANCTI EVANGELII SECUNDUM MARCUM.* **85v** Initialzierseite *IN(ITIUM).* Im Rahmen zwei Medaillons mit männlichen Büsten vor Goldgrund. **116r - 173v** Lukasevangelium. **116r** Vorrede *L(UCAS SYRUS ANTIOcensis)* (Stegmüller 620). **117r** Capitula *Z(acharias).* **121v** Schriftzierseite *AECLESIAE LAMPAS SA/CER HIC EST NOMINE LUCAS/ QUI VIR APOSTOLICUS DI/VINO FAMINE* (!) *PLENUS/ HOC EVANGELIUM DOMINO/ TRIBUENTE SACRATUM/ SCRIPSIT ET IN TOTUM/ SPARSIT LATISSIME MUNDUM/ IPSE SEQUENS SANCTUM PER/ PLURIMA VINCULA PAULUM/ BITHINIAQUE DOCENS MI/GRAVIT AD ARDUA CELEBS* (MGH PP V 450, Nr. 23 c IV; Bloch/Schnitzler I 1967, 73; Jacobsen 1991, 188) – Dieser ist die heilige Leuchte der Kirche, mit Namen Lukas, der als Apostel voll des göttlichen Hauches dieses heilige Evangelium schrieb, von Gott gewährt, und es weithin in die ganze Welt verbreitete. Er folgte dem heiligen Paulus durch viele Fesseln und wanderte lehrend und unverheiratet bis in die steilen Höhen Bithyniens. **122r** Evangelist Lukas. **122v** Initialzierseite mit dem Vorspann *Q(UONIAM QUIDEM).* **123r** Beginn des Evangelienberichtes *F(UIT IN DIEBUS).* **173v - 211v** Johannesevangelium. **173v** Capitula. **175v - 176v** Leer. **177r** Schriftzierseite *INTER PRECIPUOS PA/RADYSI QUATUOR AMNES/ HIC EST VERBIPOTENS CAE/LI SIMNISTA IOHANNES/ QUI SACRA DIVINI RE/SERANS MISTERIA VERBI/ PLANUS* (!) *HAEC SCRIPSIT/ PER MUNDI CLIMATA SPARSIT/ INTER MIRIFICOS ACTUS/ ETIAM AD CAELESTIA RAPTUS/ MONSTRA* (!) *VENTURAE/ QUALIS SIT GLORIA VITAE* (MGH PP V 450, Nr. 23 c V; Bloch/Schnitzler I 1967, 74; Jacobsen 1991, 188) – Unter den vorzüglichen vier Flüssen des Paradieses ist dieser hier Johannes, wortgewaltiger Vertrauter des Himmels, der die heiligen Geheimnisse des göttlichen Wortes eröffnete, diese klar vernehmbar aufschrieb, über die Zonen der Welt hin verbreitete. Unter wunderbaren Taten zum Himmel emporgerissen zeigt er, welches der Glanz des kommenden Lebens sein wird. **177v** Evangelistenbild. **178r** Titelzierseite *INCIPIT LIBER SANCTI EVANGELII SECUNDUM IOHANNEM.* **178v** Initialzierseite *IN.* Im Rahmen und in der Mitte der Buchstabenligatur das Lamm Gottes und die Evangelistensymbole. **179r** Schriftzierseite *principio erat verbum . . . Fuit homo missus a Deo.* **179v** Leer (Textauslassung). **180r** Text setzt wieder ein mit *Et de plenitudine* (Jo 1,16). **211v - 220r** Capitulare evangeliorum. **220v** Leer. Innenspiegel *Num 753b.*

78 Diözesan Hs. 1a, 7v/8r

PERGAMENT: 222 Blätter (fol. 11 nicht, 16, 214 und 215 doppelt vergeben); 317 x 225 mm und 308 x 225 mm (Lage 9); Lagen 1 - 2^{8}, 3^{10}, 4 - 8^{8}, 9^{6}, 10^{8}, 11^{8+2}, 12^{6}, 13 - 21^{8}, 22^{6+1}, 23^{4}, 24 - 28^{8}, 29^{4} (letztes Blatt = Spiegelblatt ohne Zählung); Zahlenreklamanten beginnend bei Lage 2 (*I - XV*, die restlichen Lagen ohne Zählung); Schriftspiegel 205 x 133 mm; Blindliniierung mit Versalienspalte innerhalb des Schriftspiegels am Außenrand (23 mm) (bis 96v) sowie Marginalspalten innen (28 mm) und außen (45 mm) bzw. zu beiden Seiten (27 mm) (ab 145r); einspaltig, im Capitulare zwei Spalten von je 70 mm Breite und 12 mm Abstand; 21, 26 (97r - 144v und 196r - 217v) und 30 (ab 218r) Zeilen. AUSSTATTUNG: Lateinischer Text in dunkelbrauner bis schwarzer frühromanischer Minuskel, gelegentliche Rubrizierung, z. T. in Gold; Auszeichnungsschrift: Capitalis Quadrata und Rustica, Uncialis; Initialen: Capitalis, Uncialis; zu Beginn einzelner Verse und Capitula einzeilige Anfangsbuchstaben in Tinte mit roter Schattierung oder ein- und zweizeilige Anfangsbuchstaben in Gold; zu Beginn der Vorreden mehrzeilige und große Initialen in Gold und Silber mit geometrischen Motiven, Flechtwerk und Ranken, zweifarbig Blau und Grün schattiert; z. T. abweichende Initialtypen: ebensolche mehrzeilige Initiale in Minium-Federzeichnung mit geometrischen Motiven (80r); Rankeninitiale in der oben beschriebenen Farbigkeit (15v); mehrzeilige Rankeninitiale in Gold mit grünen Klammern (116r); Schrift-, Titel- und Initialzierseiten mit goldener Schrift auf Purpurgrund und Goldinitialen in der beschriebenen Art, z. T. ergänzt um kleine Zweige in Deckweiß, mit mehrfarbigem Rahmen in Deckfarben, Gold und Silber mit vegetabilen und ornamentalen Motiven sowie mit gerahmten figurierten und ornamentierten Bildfeldern; Eingangszierseite in derselben Art ohne Schrift (1r); Kanontafeln und Miniaturen in Deckfarben mit Gold und Silber. EINBAND: Ziegenleder über Eichenholz mit einer Vertiefung (204 x 117 mm) für die Einfügung einer Elfenbeintafel auf der Rückseite (!) und zahlreichen Nagelspuren, die auf eine Metallverkleidung hinweisen; auf die Innenspiegel originale Pergamentblätter aufgeklebt; die Vertauschung von Vorder- und Rückseite könnte auf die Restaurierung des Einbandes zurückzuführen sein, der auch der neue Buchrücken und zwei Schließen aus Messing und Leder zuzurechnen sind; um 1030 (letzter Jahresring 1011); 1970 restauriert. PROVENIENZ: Laut Hartzheim (1752) befand sich das Evangeliar im 18. Jahrhundert in St. Maria ad Gradus, Köln. Zu einem unbekannten Zeitpunkt, möglicherweise nach Abriß der Kirche, gelangte die Handschrift in die Bibliothek des Erzbischöflichen Priesterseminars in Köln. LITERATUR: Hartzheim 1752, S. 13f., nota VIII – S. Beissel, Das Evangelienbuch des Erzbischöflichen Priesterseminars zu Köln, in: ZChrK 11 (1898), Sp. 1ff. – Ehl 1922, S. 158ff. – Werdendes Abendland 1956, S. 251, Nr. 449 – H. Schnitzler, Hieronymus und Gregor in der ottonischen

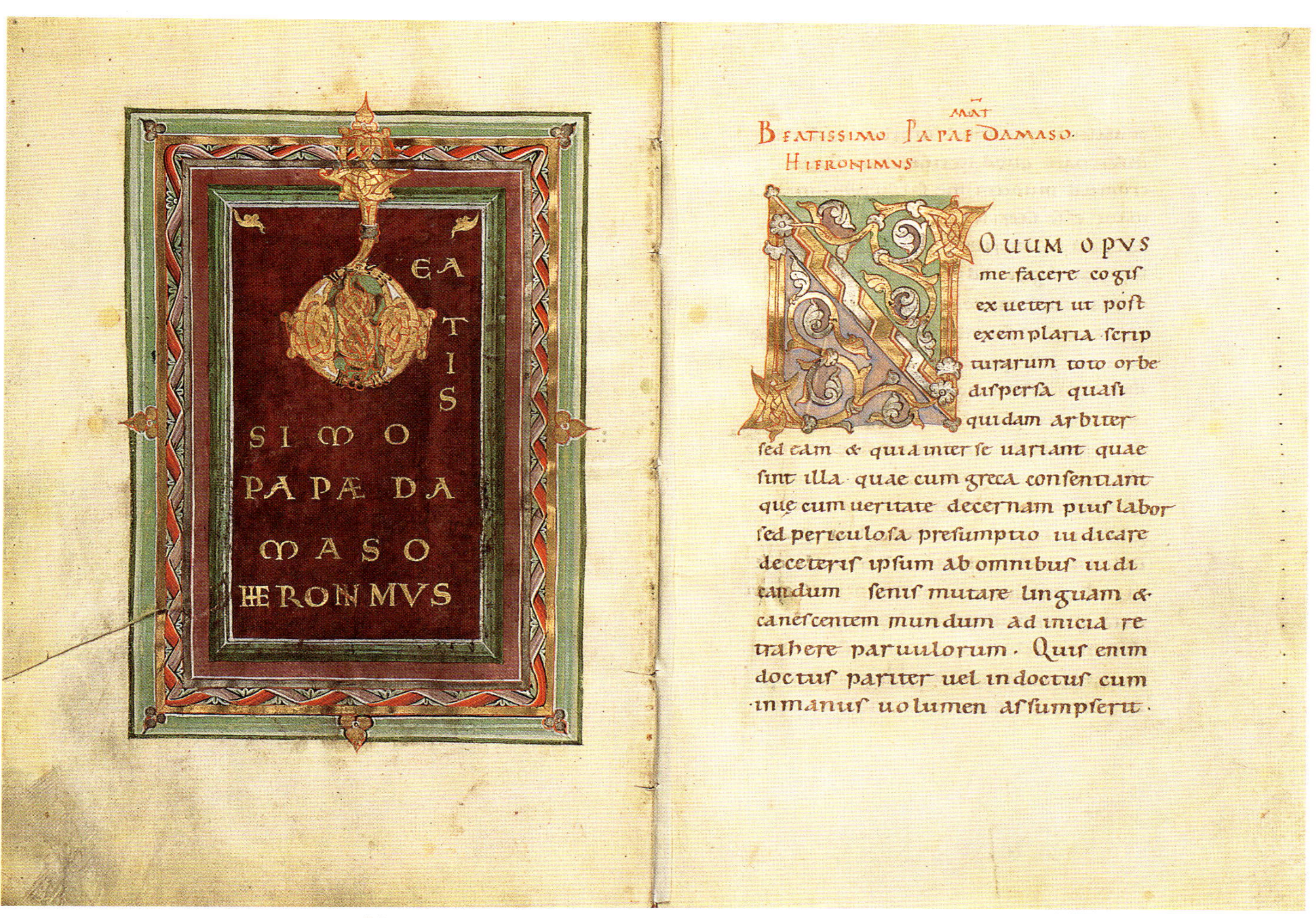

78 Diözesan Hs. 1a, 8v/9r

Kölner Buchmalerei, in: Kunstgeschichtliche Studien für Hans Kauffmann, Berlin 1956, S. 11f. – Schnitzler I 1957, S. 28, Nr. 26 – Beissel 1967, S. 160 – Bloch/Schnitzler I 1967, S. 69ff. (Lit.) und II 1970, passim – Rhein und Maas I 1972, S. 210, Nr. E18 (J.M. Plotzek) – Monumenta Annonis 1975, S. 164ff., Nr. D3 (J.M. Plotzek/W. Schönartz) – Ornamenta 1985, I S. 232f., Nr. B29 (R. Neu-Kock) – A. von Euw, Vor dem Jahr 1000, Ausst. Kat. Köln 1991, S. 46ff. – Ders., Die Maiestas-Domini-Bilder der ottonischen Kölner Malerschule im Licht des platonischen Weltbildes. Codex 192 der Kölner Dombibliothek, in: Theophanu 1991, I S. 379ff. – P. C. Jacobsen, Lateinische Dichtung in Köln im 10. und 11. Jahrhundert, in: Theophanu 1991, I S. 173ff. – Salier 1992, S. 467, Vitrine 17 (S. von Roesgen) – Handschriftencensus 1993, S. 710f., Nr. 1200 – H. Hoffmann, Bamberger Handschriften des 10. und 11. Jahrhunderts, Hannover 1995, S. 114, Bibl. 94 (Schriften der MGH 39). U.S.

78 Diözesan Hs. 1a, 21v/22r

78 Diözesan Hs. 1a, 23v/24r

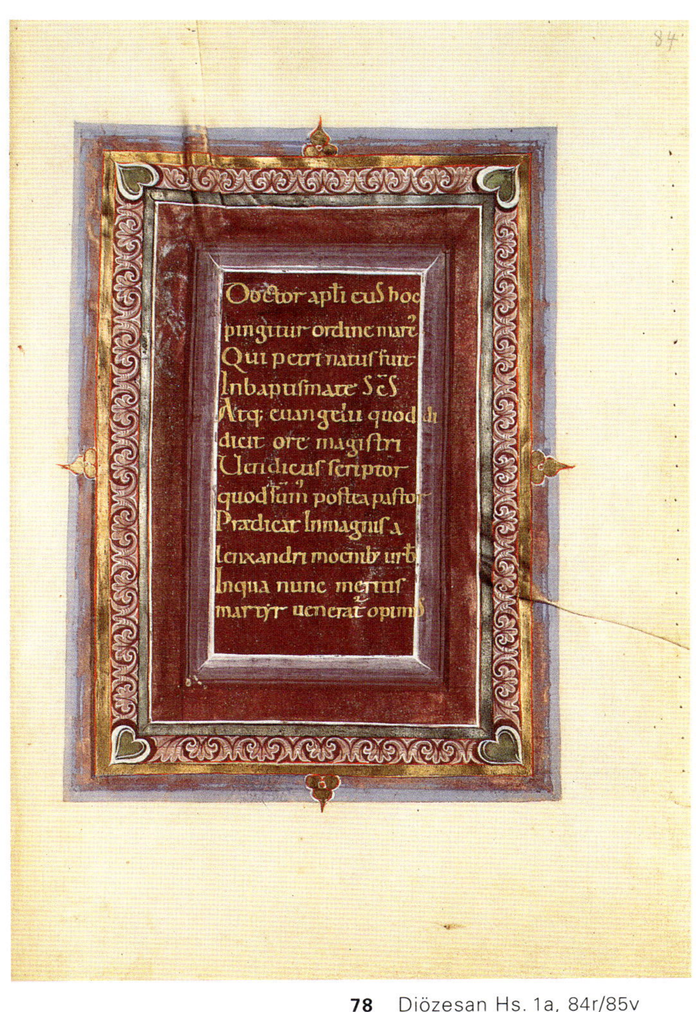

78 Diözesan Hs. 1a, 84r/85v

 78 Diözesan Hs. 1a, 84v/85r

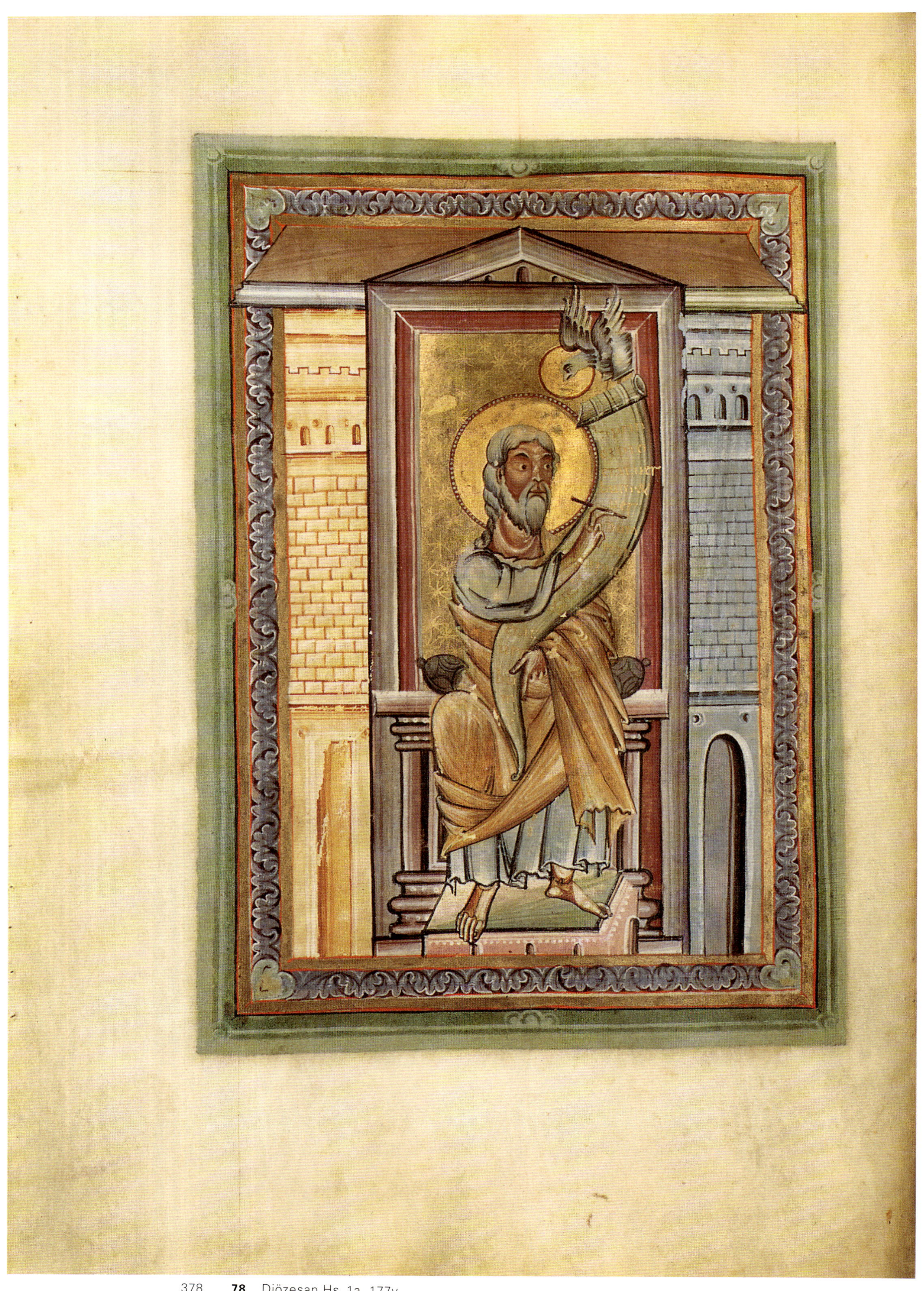

 78 Diözesan Hs. 1a, 177v

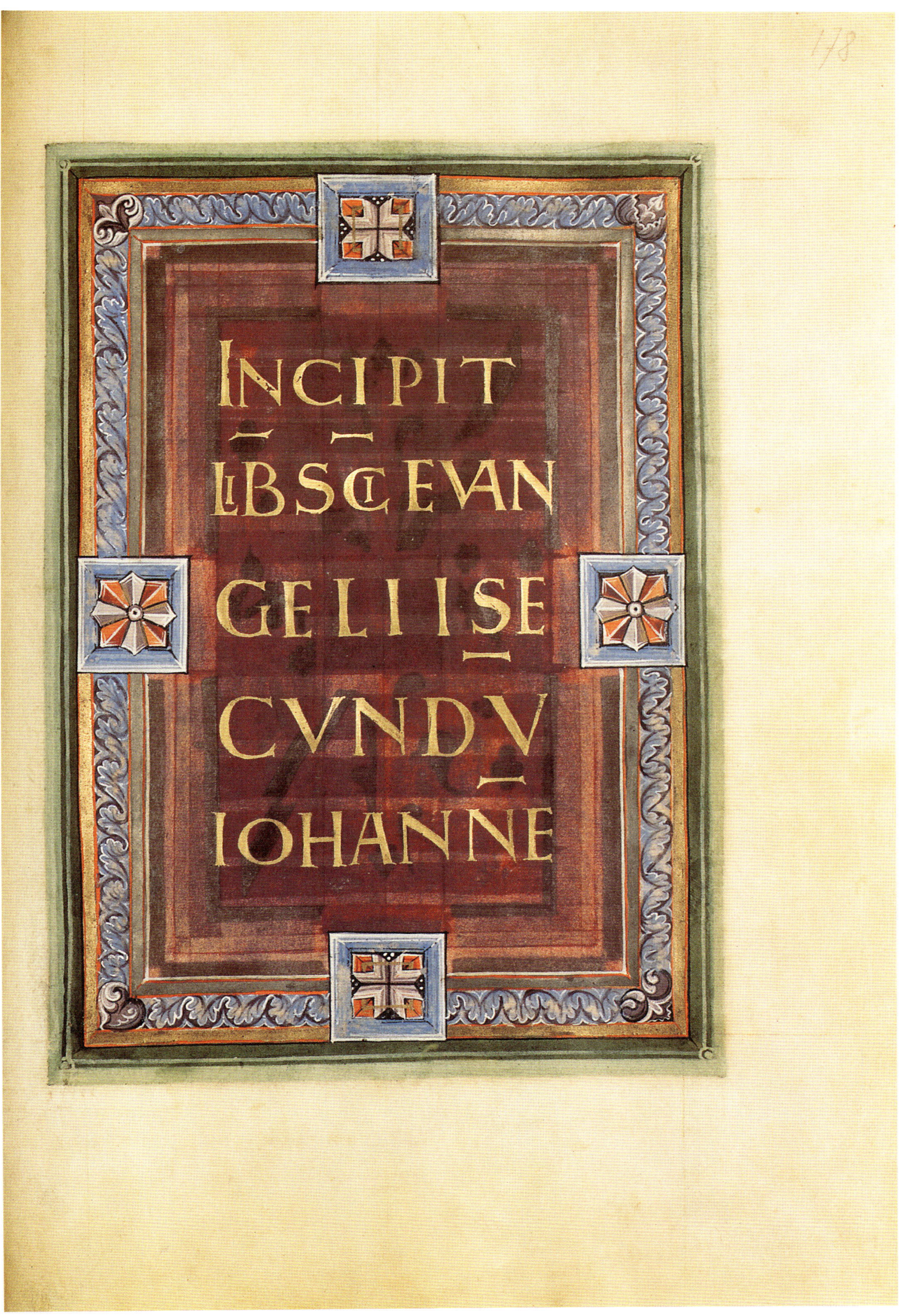
INCIPIT
LIB SCI EVAN
GELII SE
CUNDU
IOHANNE

 78 Diözesan Hs. 1a, 178r

 78 Diözesan Hs. 1a, 178v

179

principio erat uerbū.
et uerbū erat apud dm̄
et ds̄ erat uerbum·
Hoc erat inprincipio
apud dm̄·
Omnia ꝑ ipsū facta
sunt. et sine ipso
factum est nihil·
Quod factū est. inipso
uita erat· Et uita
erat lux hominum.
et lux intenebris
lucet et tenebre eā
non cō p̄henderunt·
Fuit homo missus a dō.

 78 Diözesan Hs. 1a, 179r

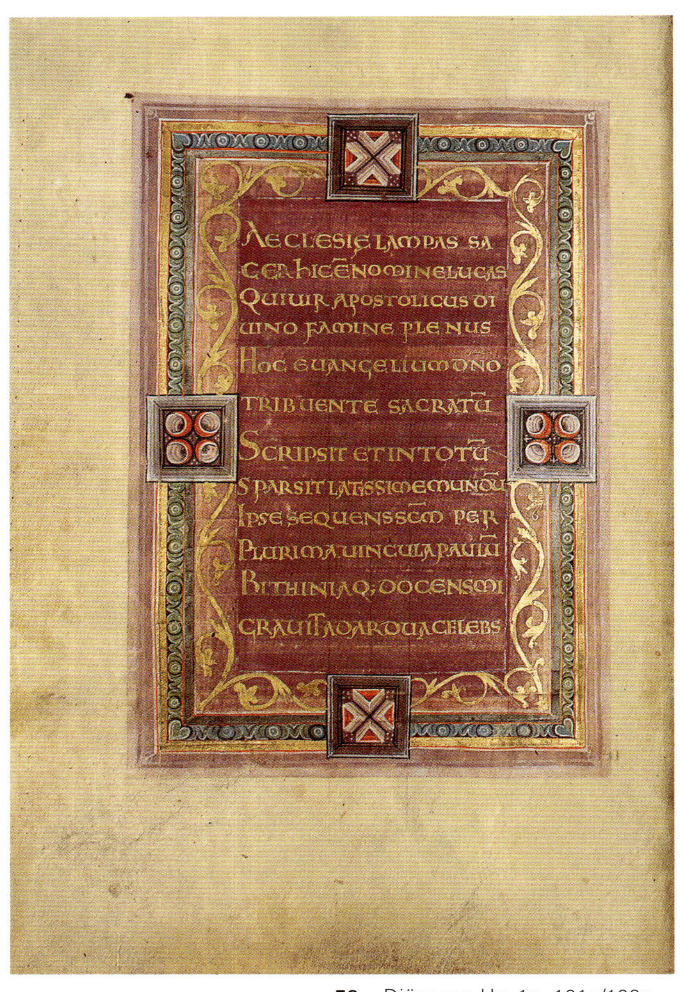
AECLESIE LAMPAS SA
CER HIC E NOMINE LUCAS
QUI UIR APOSTOLICUS DI
UINO FAMINE PLENUS
HOC EUANGELIUM DNO
TRIBUENTE SACRATU
SCRIPSIT ET IN TOTU
SPARSIT LATISSIME MUNDU
IPSE SEQUENS SCM PER
PLURIMA UINCULA PAULU
BITHINIAQ; DOCENS MI
GRAUIT AD ARDUA CELEBS

78 Diözesan Hs. 1a, 121v/122r

QUONIA QUIDE multi conati sunt ordinare narrationē rerū quæ in nobis cōpletæ sunt sicut tradiderū nobis qui ab initio ipsi uiderū et ministri fuerunt sermonis uisu ē et mihi assecuto a principio omia diligent exordine tibi scribere optime theophile ut cognoscas eorū uerborū de quib eruditus es ueritatem.

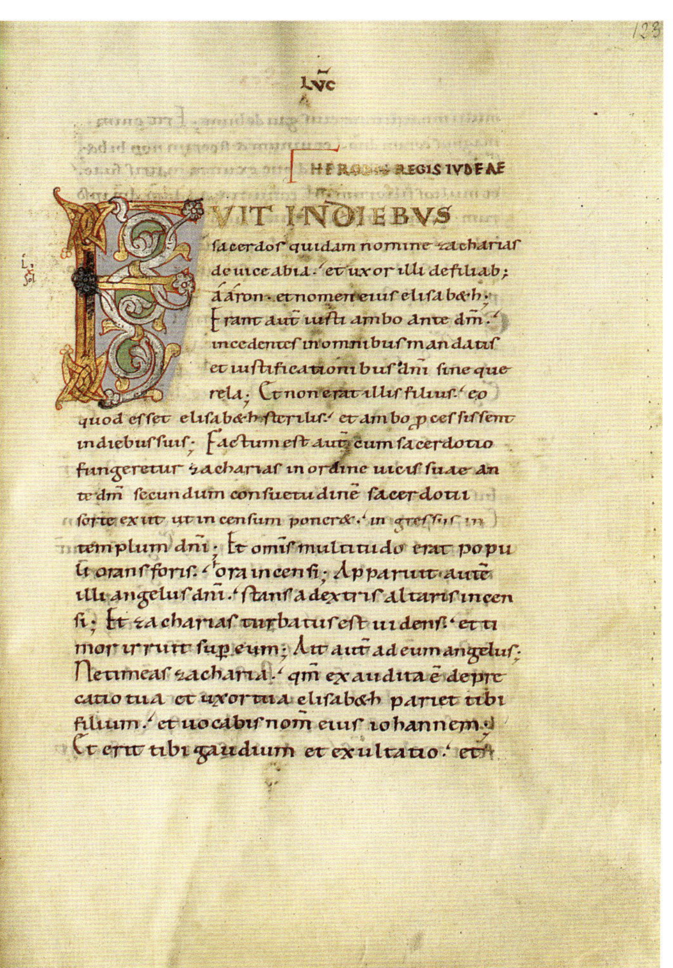
LUC
FUIT IN DIEBUS HERODIS REGIS IUDEAE sacerdos quidam nomine zacharias de uice abia. et uxor illi de filiab; aaron. et nomen eius elisabeth. Erant aut iusti ambo ante dm̄. incedentes in omnibus mandatis et iustificationibus dm̄ sine querela. Et non erat illis filius. eo quod esset elisabeth sterilis. et ambo p cessissent in diebus suis. Factum est aut cum sacerdotio fungeretur zacharias in ordine uicis suae ante dm̄ secundum consuetudinē sacerdotii sorte exiit ut incensum poneret. ingressus in templum dn̄i. Et omis multitudo erat populi orans foris. ora incensi. Apparuit autē illi angelus dn̄i. stans a dextris altaris incensi. Et zacharias turbatus est uidens. et timor irruit sup eum. Ait aut ad eum angelus. Ne timeas zacharia. qm̄ exaudita ē deprecatio tua. et uxor tua elisabeth pariet tibi filium. et uocabis nom eius iohannem. Et erit tibi gaudium et exultatio. et

 78 Diözesan Hs. 1a, 122v/123r

Evangelistar

79 Dom Hs. 144

Seeon (?), 1. Drittel 11. Jh.

Als Entstehungsort der Handschrift wurde jüngst das Inselkloster Seeon am Chiemsee ermittelt, dessen Existenz lediglich durch die Hervorhebung des Klosterpatrons Lantpert in einer Reihe von Codices nahegelegt wird. Hoffmann identifizierte den Hauptschreiber mit Hand A des ebenfalls aus Köln stammenden Seeoner (?) Evangeliars AE 681 des Landesmuseums in Darmstadt. Die Initialornamentik dieser Schule kommt mit ihren fleischigen, miniumgerahmten Goldranken, die den gespaltenen Buchstabenkörper durchstoßen, ihren lappigen Blättern und der bisweilen verwaschenen Farbigkeit der Hintergründe dem Evangelistar der Dombibliothek recht nahe. Ansonsten belegen die Handschriften der Schule allerdings viele Variationen von Ausstattung und Einrichtung, wohl weil die "Schulbildung" sich auf die Schrift beschränkte. Die Seeoner Miniaturen und Zierinitialen verraten alle unterschiedliche Stilrichtungen. So findet auch die Eingangsinitiale von Dom Hs. 144 mit ihren kletternden Figürchen und den seitlich austretenden Lanzettblättern hier keine eindeutige Heimat.

Als Jesus zu Bethania im Hause Simons des Aussätzigen war, trat ein Weib zu ihm mit einem Alabastergefäß voll köstlicher Salbe und goß es über sein Haupt aus, während er zu Tische lag. Als die Jünger das sahen, wurden sie unwillig und sagten: Wozu diese Verschwendung? Das hätte man teuer verkaufen und (den Erlös) den Armen geben können. Jesus merkte es und sprach zu ihnen: Warum kränkt ihr dieses Weib? Sie hat ein gutes Werk an mir getan. Denn Arme habt ihr allzeit bei euch, mich aber habt ihr nicht allzeit. Wenn sie diese Salbe über meinen Leib ausgoß, hat sie es im Hinblick auf mein Begräbnis getan. Wahrlich, Ich sage euch: Wo immer man in der ganzen Welt dies Evangelium verkünden wird, da wird man auch zu ihrem Andenken erzählen, was sie getan hat.
41v (Mt 26,6-13)

Die Handschrift enthält die Texte zu den Evangelienlesungen der Messe in der Abfolge des Kirchenjahres. Wie üblich bildet der Vorabend des Weihnachtsfestes den Anfang des 'Proprium de tempore', das die Herrenfeste, die Sonn- und Wochentage umfaßt. Die Osterzeit von Gründonnerstag bis zur Festoktav ist durch ihren Initialschmuck hervorgehoben. In diesen auf Grund der Beweglichkeit des Osterfestes auf keine genauen Daten zu fixierenden Kalender sind einige wenige Heiligenfeste eingefügt, denen sich in größerer Ausführlichkeit die Auflistung der Evangelienanfänge im 'Capitulare evangeliorum' am Ende der Handschrift widmet. Dem 'Proprium de tempore' folgen das 'Commune sanctorum' mit den Festen für verschiedene Gruppen von Heiligen, die Kirchweihe und verschiedene Votivmessen. Auffällig ist die Plazierung des Gedenktages für die hll. Nereus und Achilleus, der vor der Kirchweihe eingeschoben ist. Schon zuvor war er mit einer Perikope bedacht worden, die dem Commune entnommen war. Bei dieser zweiten Nennung dagegen ist die Lesung mit der des Capitulare identisch, in dessen Überschrift die besondere Feierlichkeit der Heiligenfeste hervorgehoben wird. Bloch und Schnitzler (I 1967) wagten die Vermutung, daß ein Zusammenhang mit dem Kirchweihfest, also mit dem Patrozinium der den Codex nutzenden Kirche angestrebt sein könnte. Als Ergänzung für die speziellen liturgischen Bedürfnisse des Nutzers versteht Hoffmann auch das angefügte Capitulare. Dieses entspricht in seiner jedes individuelle Brauchtum vermeidenden Allgemeingültigkeit jedoch der übrigen Handschrift und läßt so keinerlei Rückschlüsse auf den Bestimmungsort zu. Die Vermutung, Erzbischof Pilgrim von Köln (1021-1036) habe dieses Evangelistar aus dem von seiner Familie kurz zuvor gegründeten Inselkloster Seeon seiner Kathedrale geschenkt (Schreibkunst 1994), ist reizvoll, doch unbeweisbar.

INHALT: **1r-120v** Proprium de tempore (Bloch/Schnitzler I 1967, 88-92). **1r** Besitzvermerk des 15. Jhs. *Liber sancti Petri ecclesie Coloniensis continens evangelia;* Nummer *27;* Bibliotheksvermerk *Bibl. Eccl. Metrop. Colon. Jaffé 144;* Stempel des Domkapitels; Schriftzierseite zum Textbeginn des Evangelistars. Weihnachtsvigil *I(N ILLO TEMPORE CUM ESSET DESPONSATA)*: nackte Figürchen, die im Rankenwerk der Initiale klettern. Durch große Rankeninitialen und nachfolgende Capitalis-Zeile in Gold, Minium mit Goldschattierung oder in Tinte hervorgehoben sind: **2v** Weihnachten *I(N PRINCIPIO ERAT VERBUM)*, **41v** Palmsonntag *S(CITIS QUIA)*, **64r** Karsamstag *V(ESPERE AUTEM)*, **64v** Ostern *M(ARIA MAGDALENA)*, **77r** Christi Himmelfahrt *R(ECUMBENTIBUS)*, **78v** Pfingsten *S(I QUIS*

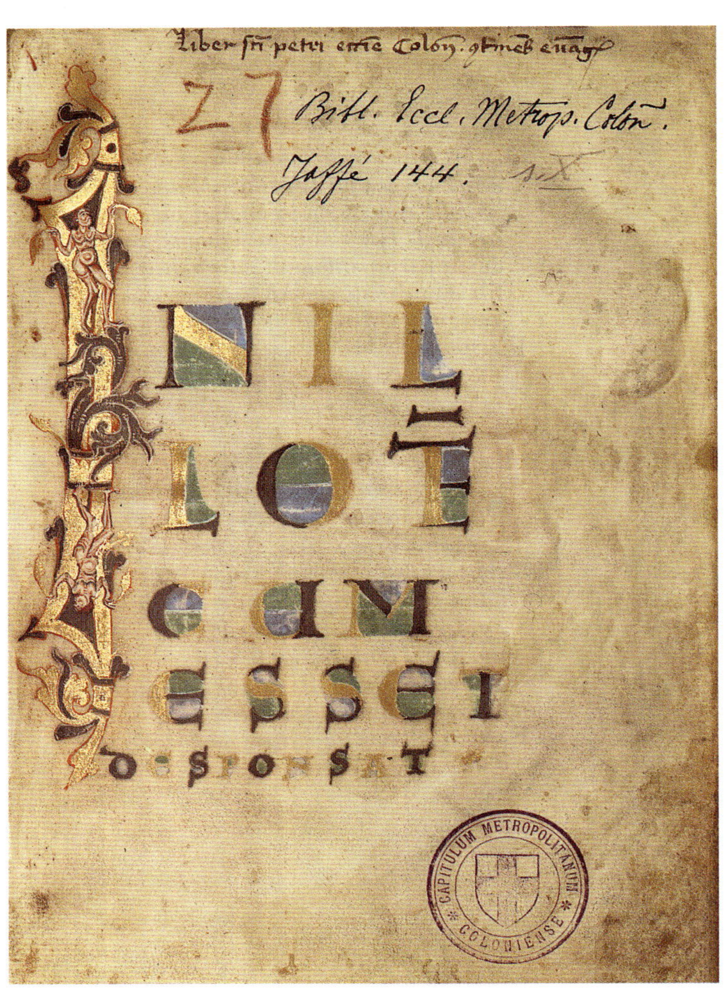

79 Dom Hs. 144, 1r/41v

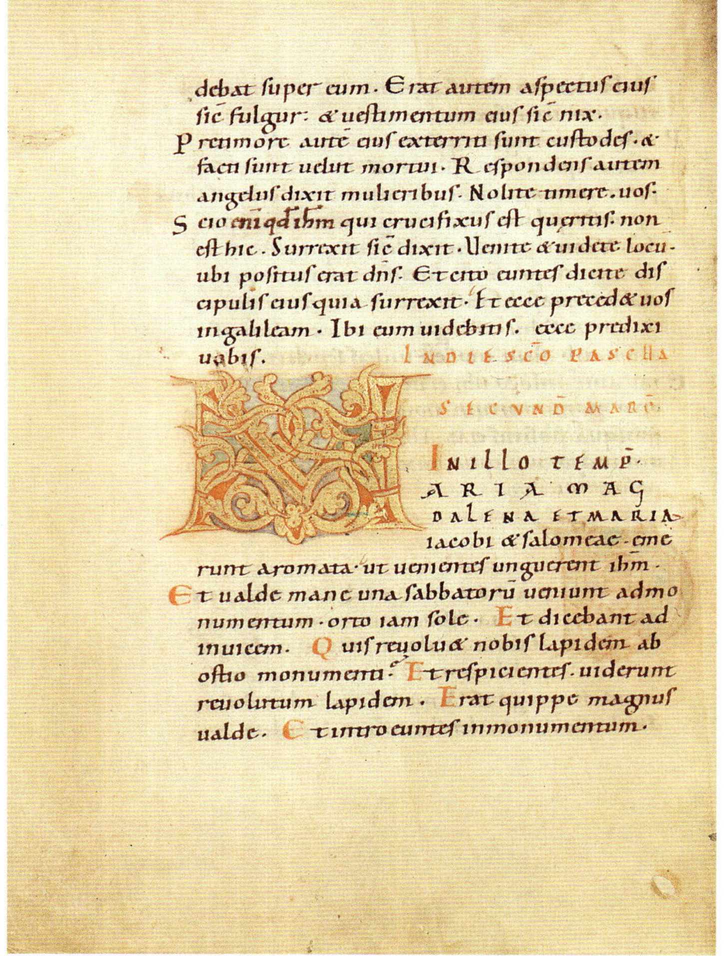

 79 Dom Hs. 144, 64v/77r

DILIGIT). **120v-129v** Commune sanctorum, Kirchweihe und Votivmessen (Bloch/Schnitzler I 1967, 92f.) beginnend mit *In vigilia apostolorum*. **125v** Fest der hll. Nereus und Achilleus. **126r** Kirchweihe mit anschließenden Votivmessen. **130r-131r** Capitulare evangeliorum. Verzeichnis zusätzlicher Lesungen zu den feierlichen Heiligenfesten (Bloch/Schnitzler I 1967, 93). **131v-133r** Nachgetragene Gebete (Bloch/Schnitzler I 1967, 88). **133v** Leer.
PERGAMENT: 133 Blätter; 198 x 148 mm; Lagen 1-5^{8}, 6^{8+1}, 7-14^{8}, 15^{10+1}, 16^{8+1}; Schriftspiegel 130 x 93 mm; Blindliniierung mit Versalienspalten (6 mm); einspaltig; 25 Zeilen. AUSSTATTUNG: Lateinischer Text in dunkelbrauner frühromanischer Minuskel, rubriziert; Auszeichnungsschriften: Uncialis, Capitalis Rustica; Initialen: Uncialis; zu Beginn der Perikopen zweizeilige Initialen in Minium, mit Gold schattiert oder zwei- bis mehrzeilige Initialen, z. T. Tierinitialen (Osterzeit), in Gold mit meist zweifarbiger Schattierung in Hellgrün und -blau; zu Beginn der hohen Feste große Rankeninitialen in Gold mit Füllung in Minium und Schattierung in Hellgrün, -blau und -violett; Schriftzierseite zu Beginn der Handschrift mit goldener, silberner und zweifarbig schattierter Schrift (Hellblau und -grün) sowie einer figurierten Rankeninitiale in Silber, Gold und Deckfarben. EINBAND: Wohl original; Eichenholz mit einer Vertiefung für die Einfügung einer heute verlorenen Elfenbeintafel auf der Vorder- (150 x 93 mm) und Resten eines textilen Bezuges auf der Rückseite; Nagelspuren für die Befestigung einer ebenfalls verlorenen Goldblechverkleidung; der Rücken wurde in jüngerer Zeit mit Pergament überzogen. PROVENIENZ: Darmstadt 2139.
LITERATUR: Hartzheim 1752, S. 124 – Jaffé/Wattenbach 1874, S. 61 – H. Köllner, Eine wiedergefundene Handschrift aus Muri, Berlin Ms. theol. lat. 4^{0} 199, in: F. Dettweiler u. a. (Hgg.), Studien zur Buchmalerei und Goldschmiedekunst des Mittelalters. Festschrift für Karl Hermann Usener, Marburg 1967, S. 324f., Anm. 210 – Bloch/Schnitzler I 1967, S. 87ff. und II 1970, S. 26f. – Hoffmann 1986, S. 410 – Handschriftencensus 1993, S. 657, Nr. 1108 – Schreibkunst 1994, S. 159f., Nr. 28 und passim. U.S.

Everger-Lektionar

80 Dom Hs. 143

Köln, zwischen 985 und 999

Das fälschlich als Lektionar bezeichnete Epistolar enthält die Lesungen der Messe, die dem Alten Testament, den Apostelbriefen, der Apostelgeschichte und der Apokalypse entnommen sind. Als Schreiber zahlreicher Briefe fällt vor allem dem Apostel Paulus die Autorschaft des Epistolars zu. Sein Autorenportrait wird daher häufig dieser Textsammlung vorangestellt. Auch in dieser Handschrift gilt ihm und dem Patronatsheiligen Petrus, für dessen Kirche der Codex hergestellt wurde – das Formular seines Festtages ist besonders hervorgehoben (104v) –, die Verehrung des Stifters, des Erzbischofs Everger von Köln (985-999). Auf dem zweiseitigen Devotionsbild (3v-4r) liegt er, in seine liturgische Amtstracht gekleidet, ausgestreckt auf einer blühenden Wiese. Seine Haltung unterscheidet sich von der Proskynese, dem liegenden Knien des byzantinischen Hofzeremoniells. Über die betend vorgestreckten Hände ist der Manipel gelegt. Auf derselben Wiese thronen ihm gegenüber die Apostelfürsten Petrus und Paulus in der Art einer frühchristlichen Disputatio, unterschieden lediglich durch ihre für sie typische Physiognomie und die Gestik. Während Paulus den Stifter zu segnen scheint, weist Petrus über den Bildrahmen hinaus auf Everger hin. Möglicherweise hat er soeben den Manipel überreicht (Schönartz 1985). Die Beischriften erläutern das Geschehen: Während auf der linken Seite der Erzbischof die Apostel um die Befreiung von seinen Sünden bittet, bezeugt in der Umschrift des rechten Bildes das Buch die Stiftung und den dargestellten Vorgang. Konkrete Aussage, die sich vielleicht auch aus der Gestik der handelnden Personen ergibt, und juristische Relevanz dieses ungewöhnlichen Devotionsbildes sind noch unerforscht.

Das Epistolar Evergers steht zusammen mit Dom Hs. 53 und vielleicht mit Dom Hs. 5 (Kat. Nr. 41) und dem Gundold-Evangeliar (Stuttgart, Württembergische Landesbibl., Bibl. 4^{0} 2) am Anfang der Kölner ottonischen Buchmalerei (Nordenfalk 1971). Trotz vieler Gemeinsamkeiten –

80 Dom Hs. 143, 3v

 80 Dom Hs. 143, 4r

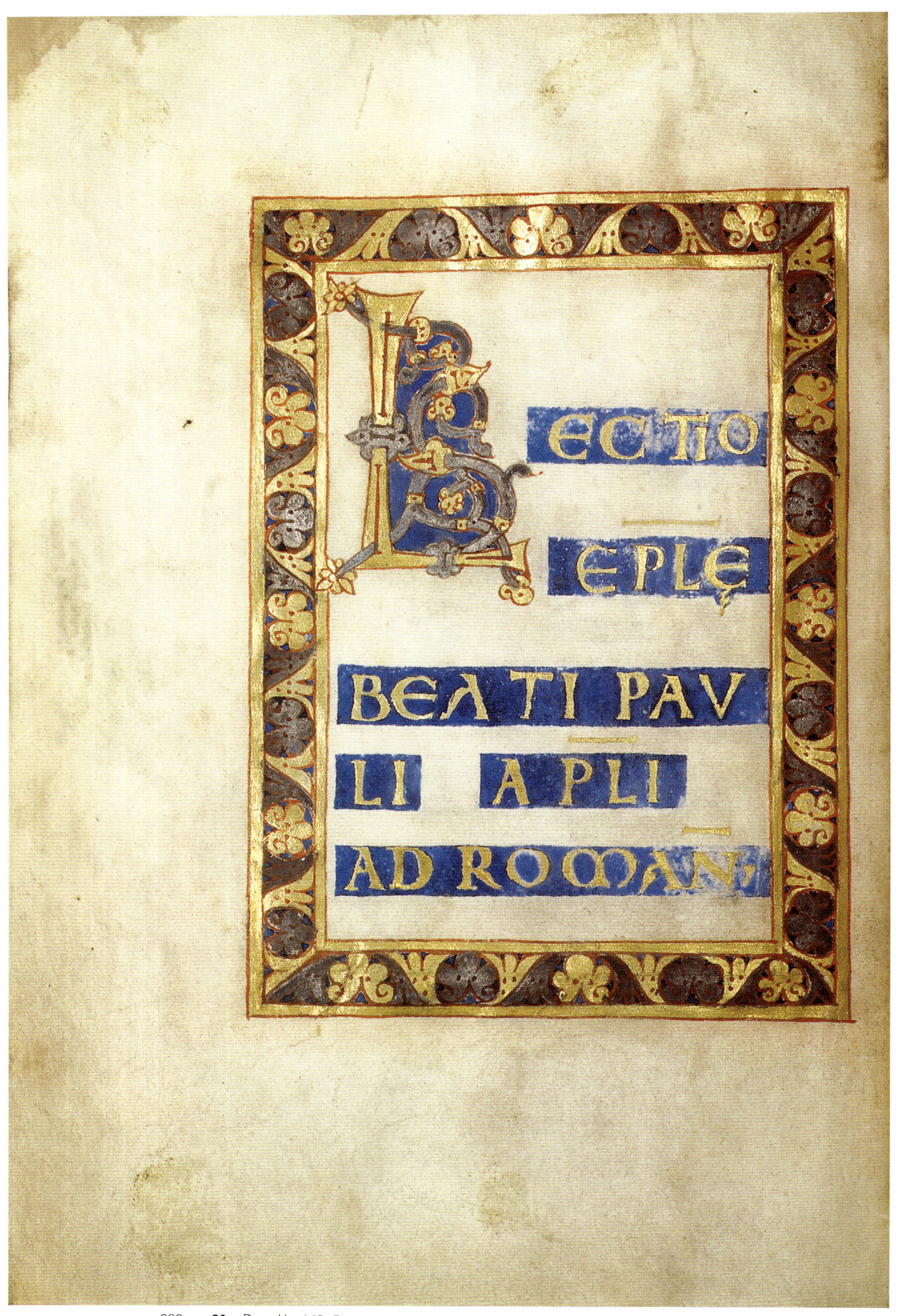

80 Dom Hs. 143, 5v

 80 Dom Hs. 143, 6r

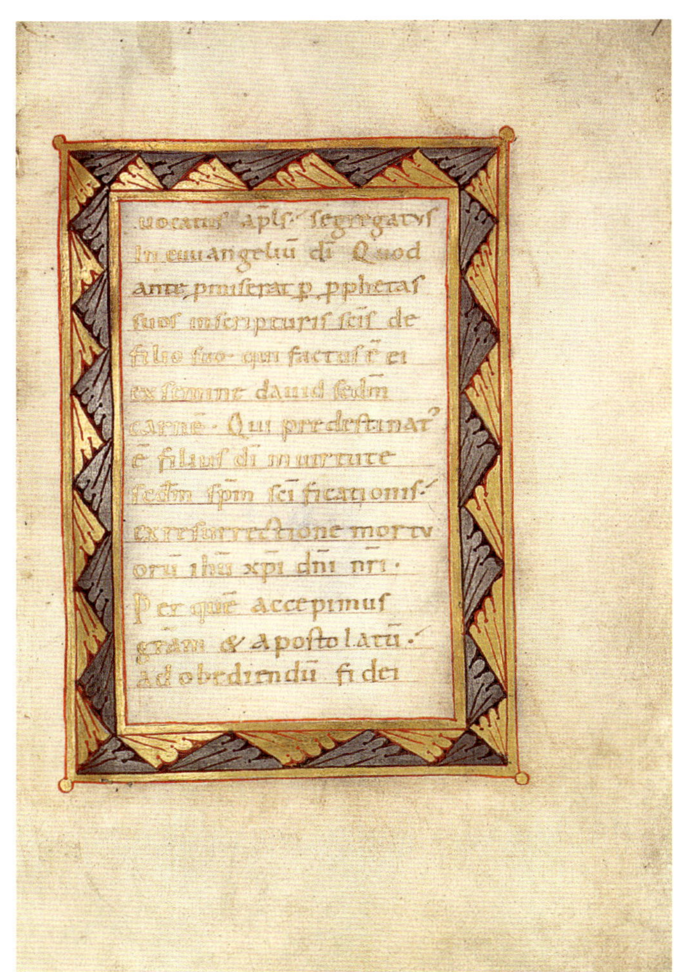

80 Dom Hs. 143, 6v/7r

Löse, gütiger Vater, mit Macht die Fesseln der Laster, löse du, Paulus, von Gott Erwählter, gleichermaßen die Vergehen, auf daß ich mit Christus als Geber die göttliche Vergebung erlangen möge. Evergerus, Erzbischof.
3v; A.A.
Der Bischof Evergerus, in dessen Namen ich geschrieben bin, ruft mit ergebenem Sinn diese hier, seine Schutzherrn zu sein.
4r; A.A.

z. B. der Vorliebe für Graecismen, die hier fehlerhaft auftreten – unterscheiden sich die Handschriften von ihr in Figuren-, Ornament- und Initialstil, so daß deren Ursprung nicht in dem vielleicht im Kloster St. Pantaleon beheimateten Skriptorium, sondern in der Domschule vermutet wird (Kottje 1991, von Euw 1991). Während die Initialen mit ihren geflochtenen Ranken auf Vorlagen aus Trier und von der frühen Reichenau verweisen, finden Ornamentmotive und Ikonographie ihre Quellen in der Hofschule Karls des Kahlen (840/843-877), wie z. B. in dem zweiseitigen, selbst in der landschaftlichen Gestaltung sehr ähnlichen Devotionsbild im Psalter des späteren Kaisers (München, Schatzkammer der Residenz). Dieses oder ein ähnliches wird auch zitiert im Mainzer Gebetbuch Ottos III. (996-1002) (München, Bayer. Staatsbibl., Clm 30111), so daß letztlich nicht zu entscheiden ist, ob die spätkarolingischen Vorläufer direkt oder über eine frühottonische Vermittlung aufgenommen wurden.

INHALT: **1r-2v** Vorsatzblätter aus Pergament. **1r** Leer (urspr. aufgeklebt). **1v** Alte Signatur *Codex 152*. **2r** Vermerk des 15. Jhs. von der gleichen Hand wie der Vermerk in Dom Hs. 144 (Kat. Nr. 79) *Liber sancti Petri ecclesiae maioris Coloniensis quem Evergerus archiepiscopus dedit. continens Epistolas Pauli [quantum] ad missas per annum.* **2v-3r** Leer. **3v-4r** Devotionsbild. **3v** Der Stifter Erzbischof Everger liegt vor den auf der gegenüberliegenden Seite dargestellten Apostelfürsten am Boden. Stifterinschrift in Hexametern *Nexus alme pater vitiorum/solve potenter./Paule Deo lectus pariter/tu solve reatus./Consequar ut veniam/Xpisto donante supernam. EVERGERUS ARCHIEPISCOPUS* (Bloch/Schnitzler I 1967, 13; Jacobsen 1991, 187). **4r** Thronende Apostelfürsten Petrus und Paulus mit griechischer Bezeichnung *ΑΓΙΟC ΠΗΘΡΟC ΑΓΙΟC ΠΑUΛUC* und im Rahmen umlaufenden Hexametern *PRESUL EVERGERUS CUIUS SUM NOMINE SCRIPTUS./HOS VOCAT ESSE SUOS DEVOTA MENTE PATRONOS.*

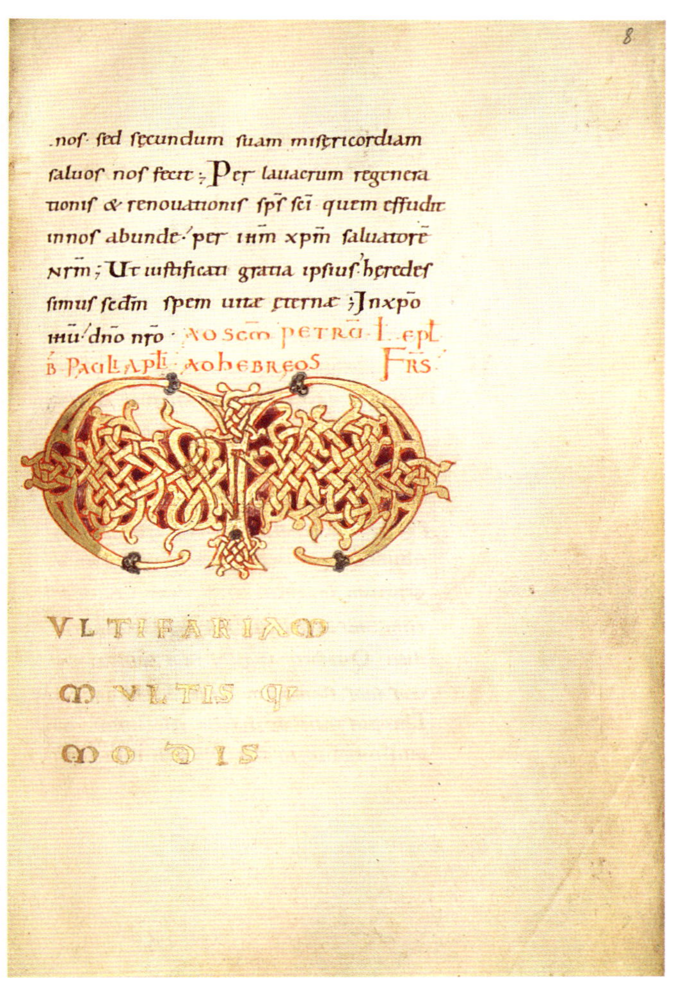

80 Dom Hs. 143, 8r/73v

(Bloch/Schnitzler I 1967, 13; Jacobsen 1991, 187; MGH PP V, 449, Nr. 23 a I/II). **4v-5r** Leer. **5v-157v** Epistolar (Bloch/Schnitzler I 1967, 17ff.). **5v** Titelzierseite zur Lesung der Weihnachtsvigil *L(ECTIO EPISTOLAE BEATI PAULI APOSTOLI AD ROMANOS)*. **6r** Initialzierseite. Lesung *F(RATRES)*. **6v** Initialzierseite mit der Fortsetzung des Textes *P(AULUS SERVUS XPISTI IHSU)*. **7r** Textzierseite. Fortsetzung *vocatus apostolus – ad obediendum fidei*. **8r** 3. Weihnachtsmesse *M(ULTIFARIAM MULTIS)*. **60v** Palmsonntag *h(oc sentite in vobis)*. **73v** Initialzierseite. Ostern *E(XPURGATE VETUS FERMENTUM)*. **74r** Ursprünglich scheint keine Initialzierseite vorgesehen gewesen zu sein. Der Text von 73r stand ursprünglich oben auf 74r und wurde ausradiert, als das Einzelblatt mit der Initialzierseite eingefügt und mit dem dann ausradierten Text versehen wurde. **85r** Christi Himmelfahrt *P(rimum quidem sermonem)*. **87r** Pfingstvigil. Freiraum für eine größere Initiale oder Rubrik, die dann nicht ausgeführt wurde. **88r** Initialzierseite. Pfingsten *d(UM COMPLERENTUR DIES PENTECOSTES)*. **104v** Fest des hl. Petrus *I(n diebus illis. Misit Herodes)*. **133v-134r** Allerheiligen mit Vigil. **143r** Commune sanctorum. **151r** Votivmessen, darunter **153r** *CONTRA IUDICES MALE AGENTES* und **154r** *CONTRA EPISCOPOS MALAE* (!) *AGENTES* und **156v** zum Abschluß zwei Lesungen *IN ORDINATIONE PRESBITERORUM*. **158r** Leer, bis auf eine Federprobe *Reginhr.* (Schreibername?). **158v** Leer.

PERGAMENT: 158 Blätter; 297 x 200 mm; Lagen 1^{2}, 2^{8+1}, 3-9^{8}, 10^{8+1}, 11^{8}, 12^{2+1}, 13^{6+2}, 14-20^{8}, 21^{6+1}; Schriftspiegel 184 x 112 mm; Blindliniierung mit Marginalspalte am Außenrand (50 mm); einspaltig; 20 Zeilen. AUSSTATTUNG: Lateinischer Text in dunkelbrauner frühromanischer Minuskel, rubriziert; Auszeichnungsschriften: Uncialis, Capitalis Rustica; Initialen: Uncialis; im Commune ein- und zweizeilige Anfangsbuchstaben in Minium; zu Beginn der Lesungen mehrzeilige Goldinitialen, zu Palmsonntag und Christi Himmelfahrt mit stilisierten Rankenenden, und große Goldinitialen aus geflochtenen Ranken mit violetter Schattierung, silbernen Klammern und Blüten (z. B. 8r); zu den hohen Festen gerahmte Initialzierseiten in Gold und Silber mit großen Goldinitialen aus geflochtenen Ranken mit Klammern und Blüten in Silber, z. T. mit blauer Schattierung und blau unterlegten Schriftzeilen und z. T. mit nachfolgenden gerahmten Schriftzierseiten in Gold und Silber; gerahmte Eingangsminiaturen in Deckfarben mit Gold und Silber. EINBAND: Pergament mit Streicheisenlinien über Pappe (Mitte 18. Jh.). PROVENIENZ: Im Auftrag von Erzbischof Everger für den Kölner Dom hergestellt (3v-4r); Darmstadt 2138. LITERATUR: Hartzheim 1752, S. 114ff., 145 – Jaffé/Wattenbach 1874, S. 60 – Ehl 1922, S. 48ff. – H. Ehl, Zwei Kölner Handschriften als Grundlage der ottonischen Kölner Malerschule, in: RKW 44 (1924), S. 1ff. – A. Boeckler,

Rez. zu Ehl 1922, in: JKW 2 (1924/25), S. 242ff. – J. Prochno, Das Schreiber- und Dedikationsbild in der deutschen Buchmalerei I: Bis zum Ende des 11. Jahrhunderts (800-1100), Leipzig/Berlin 1929, S. 58 – Kdm Köln 1/III, 1938, S. 391ff., Nr. 4 (Lit.), Abb. 317 – A. von Euw, Zu den Quellen der ottonischen Kölner Buchmalerei, in: V.H. Elbern (Red.), Das Erste Jahrtausend, Textbd. II, Düsseldorf 1964, S. 1045 – Bloch/Schnitzler I 1967, S. 13ff. (Lit.) und II 1970, S. 152ff. – C. Nordenfalk, Rez. zu Bloch/Schnitzler I 1967 und II 1970, in: Kunstchronik 24 (1971), S. 292ff. – Rhein und Maas I 1972, S. 209, Nr. E 15 (J.M. Plotzek) – Schulten 1980, S. 21f., Nr. 37 – Ornamenta 1985, I S. 151f., Nr. B 3 (A. von Euw) – Schönartz 1985, S. 37ff. – LexMA 4 (1989), Sp. 141 (H. Müller) – Vor dem Jahr 1000, 1991, S. 28f., Nr. 1 (A. von Euw) – A. von Euw, Die ottonische Kölner Malerschule. Synthese der künstlerischen Strömungen aus West und Ost, in: Theophanu 1991, I S. 251ff. – P.C. Jacobsen, Lateinische Dichtung in Köln im 10. und 11. Jahrhundert, in: Theophanu 1991, I S. 187 – R. Kottje, Schreibstätten und Bibliotheken in Köln Ende des 10. Jahrhunderts, in: Theophanu 1991, I S. 160ff. – Handschriftencensus I 1993, S. 656f., Nr. 1107 – Willibrord 1995, S. 116, Nr. 107.

U.S.

Pamelius-Sakramentar

81 Dom Hs. 137

Köln (?), 870-875, und Köln, 891-896

Ein Sakramentar ist das liturgische Rollenbuch des Priesters bei der Feier der Messe und anderen liturgischen Feiern im frühen Mittelalter. Eingebunden in einen kurzen Ordo Missae, enthält Dom Hs. 137 das zu dieser Zeit einzige Eucharistiegebet des römischen Ritus, den Canon Romanus (das heutige 1. Hochgebet), sowie daran anschließend die Meßformulare für die einzelnen Tage des Jahres. Die Geschichte des Sakramentars kennt drei Typen, die nach den Päpsten ihrer Entstehungszeit benannt sind: das leonianische (440-461), das gelasianische (492-496) und das gregorianische Sakramentar (590-604). Dom Hss. 88 (Kat. Nr. 82) und 137 sind Vertreter des sog. Gregorianum Hadrianum; sie richten sich also nach jenem Exemplar, das Papst Hadrian I. (772-795) Karl dem Großen (768-814) auf dessen Bitte zur Vereinheitlichung der Liturgie des Frankenreiches übersandte. Unter Karl wurde dieses Sakramentar mit Nachträgen versehen, die die aus Rom importierte Vorlage an die lokalen Bedürfnisse anpaßten. Die beiden Kölner Handschriften zeugen so zum einen vom Bemühen Kölns, die wichtigsten liturgischen Bücher römischer Prägung zu besitzen, um das liturgische Leben an Rom anbinden zu können. Schon die Bestandsliste der Dombibliothek von 833 nannte mehrere Sakramentare, neben den gregorianischen auch ein Gelasianum. Zum anderen zeigen sie die Adaption römischer Vorbilder an konkrete Bedingungen der fränkischen Kirche, wenn hier auch die beiden karolingischen Nachträge wohl Benedikts von Aniane (um 750-821) und Alkuins (um 730-804) nicht mehr in ihrer ursprünglichen Form vorliegen. Schon früh fanden beide Handschriften das Interesse der Historiker. Jakob Pamelius stützte sich 1571 in seiner Edition des Gregorianums unter anderem auf Dom Hs. 137, die darum als Pamelius-Sakramentar bezeichnet wird. Vergleiche des Ordo Missae zeigen hingegen, daß sich Pamelius noch mehr an dem anderen, hundert Jahre jüngeren Exemplar der Dombibliothek orientierte. Wegen der relativen Seltenheit von Sakramentaren, in denen der karolingische Anhang nicht in den gregorianischen Kern eingearbeitet ist (vgl. Amiet 1955), und zahlreicher Übereinstimmungen in der Auswahl der Formulare (vgl. Böhne 1990, Anm. 11) muß wohl von einer Abhängigkeit der jüngeren von der älteren Handschrift ausgegangen werden.

Die Datierung des älteren Codex wird durch die Form der Schrift und verschiedene Einträge in der Litanei nahegelegt. Der Kernbestand des Sakramentars (1v-181r) ist vielleicht noch in den 70er Jahren des 9. Jahrhunderts entstanden (Chroust 1911, Jones 1971). Die Initialen von Präfa-

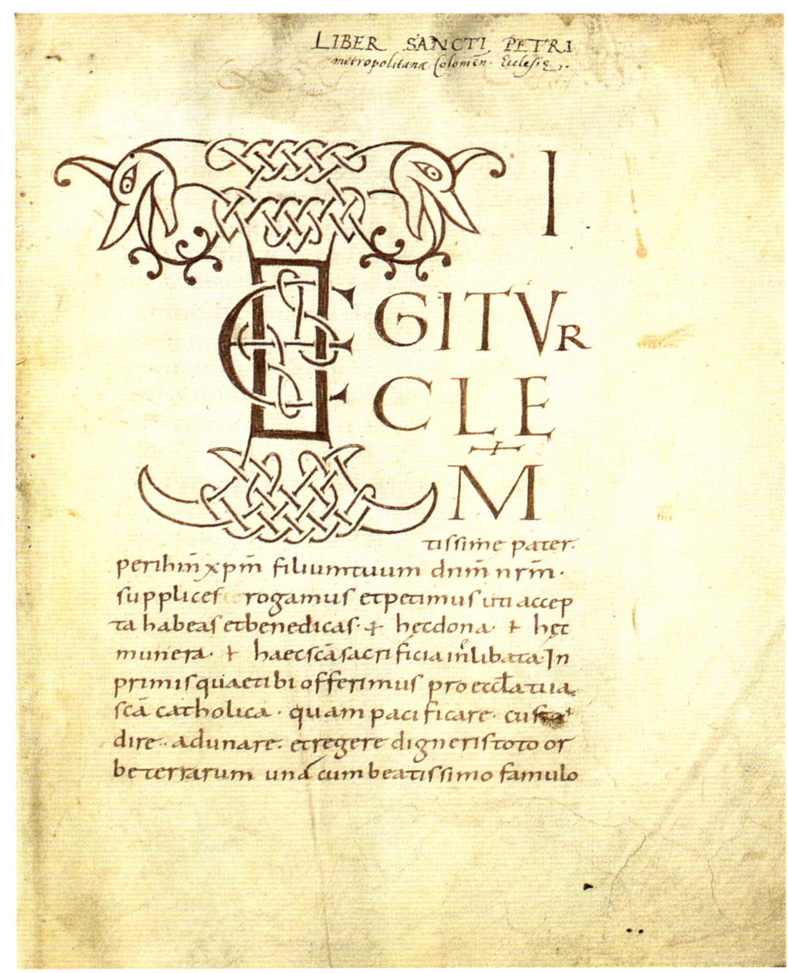

81 Dom Hs. 137, 1v/2r

Daß Du den Formosus, den Nachfolger des Apostels, und den gesamten kirchlichen Stand in der heiligen Religion bewahren mögest, darum bitten wir Dich. Daß Du den König Arnolfus in dauerhaftem Glück erhalten mögest, darum bitten wir Dich. Daß Du unseren Bischof Herimannus in der heiligen Religion erhalten mögest, darum bitten wir Dich. Erhöre uns. Daß Du das Volk und den Klerus des heiligen Petrus bewahren mögest, darum bitten wir Dich. 182r; A.A.

tion und Kanon stehen grundsätzlich in der Tradition der im nördlichen Frankreich und südlichen Belgien beheimateten franko-sächsischen Schule (vgl. Dom Hs. 14, Kat. Nr. 74), haben in ihrer sehr linearen Struktur aber keine direkten Parallelen. In der Einbeziehung vegetabiler Motive stellen sie eine Vorstufe zu Latinus 9433 (Paris, Bibl. Nat.) dar, der um 900 in Echternach entstand (vgl. Nordenfalk, in: Acta Archaeologica 1931). Die Litanei (181v - 182r) kann dagegen zeitlich genau eingegrenzt und mit Köln verbunden werden. Gebete für Papst Formosus (891-896), König Arnulf (896 zum Kaiser gekrönt) und Erzbischof Hermann I. von Köln (889/890 - 924) ermöglichen eine Datierung zwischen 891 und 896, während Bitten für Klerus und Volk von St. Peter den Kölner Dom als Ort des Gebrauchs festlegen (vgl. auch Dom Hs. 88). Ab Folio 138 sind neben den Totenmessen die Namen Lebender und Verstorbener nachgetragen, die z. T. im Umkreis Erzbischof Hermanns z. B. als Zeugen in Urkunden nachgewiesen werden können (Bergmann 1964). Wenn auch die Entstehung des eigentlichen Sakramentars in Köln nicht zu belegen ist, so ist doch die wenig spätere Verwendung an der dortigen Bischofskirche durch die Nachträge gesichert.

INHALT: **1r** Nachtrag. Lk 4, 38-40 *In illo tempore. Surgens Ihsus de sinagoga – curavit eos;* Nachtrag des 10. Jhs. Stillgebete des Priesters vor, während und nach der Messe *Deus qui non mortem – pro quibus illud obtuli, sit te miserante propitiabile* (zur Datierung vgl. Jones 1971; Edition: Odenthal 1995, 35f.). **1v - 92r** Gregorianisch-hadrianisches Sakramentar (mit Abweichnungen: Pamelius II 1970, 177-387; Deshusses III 1982, 47). **1v** Präfation *V(ERE DIGNUM).* **2r** Kanongebet *TE (IGITUR).* **17r** Ritzzeichnung von Kreuzen. **23r** Ritzzeichnung eines Vogels. **52r** Psalmen, Responsorien und Versikel zum Pfingstsamstag mit Neumen *Non vos relinquam* *orfanos* (auf dem Seitensteg nachgetragen). **77r** Wenige Votivmessen beginnend mit der Kirchweihe. **77v** Blind eingeritzte Zeichnung eines Vogels. **81r** Orationen für die Vergebung der Sünden, für jeden Tag, zu Matutin und Vesper, *AD AGAPE PAUPERUM* u. a. **84v** Ritzzeichnung eines Fabelwesens. **86v** Ritzzeichnung eines Vogels. **92r-153v** Anhang des Benedikt von Aniane (mit Abweichungen: Pamelius II 1970, 388-478; Deshusses III 1982, 47f.). **92r** Prolog *Hucusque*. **94r** Inhaltsverzeichnis der 146 (147) folgenden Sonntagsmessen (bis zum 24. Sonntag nach Pfingsten), Commune- und Votivmessen, Orationen und Benediktionen (Benedictiones episcopales fehlen). **96v** Gesang zur Weihe der Osterkerze mit Neumen *Exultet iam angelica*. Ab **138r** Totenmessen mit zeitgleich nachgetragenen Meßformularen auf den Seitenstegen und bis zum Schluß des Codex Namen von Verstorbenen und Lebenden (Jaffé/Wattenbach 1874, 138f.; Bergmann 1964, 171-173). **153v-178v** Messen des Alkuin (mit Abweichungen: Pamelius II 1970, 517-549; Deshusses 1972, 7ff.; Deshusses III 1982, 48). **153v** Verzeichnis der folgenden 18 Votivmessen. **154r** *MISSA DE SANCTA TRINITATE*. **174r** Benediktionen und Orationen beginnend mit *BENEDICTIO RAMORUM IN DIE PALMI*. **178v** Nachtrag: ... *et mortalitate hominum. Deus qui non mortem – largitate securum. Per Dominum* mit anschließenden Namen. **179r-183v** Nachträge. **179r** Bischöfliche Benediktionen beginnend mit *BENEDICTIONES DE ADVENTU DOMINI* (mit Abweichungen: Pamelius II 1970, 479-483; Deshusses II 1982, 48). **181v-182r** Litanei (Köln, 891-896) (Deshusses III 1982, 48). **182v-183v** Votivmessen (10. Jh.?) (vgl. Jones 1971). **182v** *MISSA VOTIVA PRO AMICO VIVENTE*. **183r** *MISSA COMMUNIS VIVORUM ET DEFUNCTORUM* (Deshusses III 1982, 48).

PERGAMENT: 183 Blätter; 305 x 244 mm; Lagen 1-22^{8}, 23^{4+3}; Zahlenreklamanten (*IIII-XIIII, XVIII-XXII*); Schriftspiegel 190 x 134 mm; Blindliniierung mit Versalienspalte (9 mm); einspaltig; 23 Zeilen. AUSSTATTUNG: Lateinischer Text in dunkel- bis mittelbrauner karolingischer Minuskel, rubriziert; Auszeichnungsschriften: Capitalis Rustica mit unzialen Elementen, Capitalis Quadrata; Initialen: Capitalis Quadrata; ein- bis mehrzeilige Initialen in Tinte und Minium zu Beginn der einzelnen Gebete; große Initialen mit Flechtwerk, zoomorphen und stilisierten vegetabilen Motiven in Tinte zum Kanongebet; im *V(ere)* Vorzeichnung zur ornamentalen Gestaltung des Buchstabenkörpers (1v). EINBAND: Pergament mit Streicheisenlinien über Pappe (Mitte 18. Jh.). PROVENIENZ: In der Litanei Bittgebete für Klerus und Volk von St. Peter, bei dem es sich wegen der Nennung Erzbischof Hermanns I. von Köln und einiger Namen von Personen aus seinem Umkreis seitlich der Totenmessen um den Kölner Dom handelt muß (182r und ab 138r); nachmittelalterlicher Besitzvermerk des Kölner Domes *LIBER SANCTI PETRI metropolitana Coloniensis Ecclesiae* (2r); Darmstadt 2131. LITERATUR: Hartzheim 1752, S. 86ff. – Jaffé/Wattenbach 1874, S. 56f. – Decker 1895, S. 225, 231f., Nr. 15 – Chroust 1911, 1. Abt., 2. Serie, 7. Liefg., Taf. 5a,b – DACL 3, 1914, Sp. 2188f. – G.L. Micheli, L'enluminure du haut moyen âge et les influences irlandaises, Brüssel 1939, S. 153 – R. Amiet, Les sacramentaires 88 et 137 du Chapitre de Cologne, in: Scr 9 (1955), S. 76ff. – E. Bourque, Etude sur les sacramentaires Romains II: Les textes remaniés 2: Le sacramentaire d'Hadrien. Le supplément d'Alcuin et les Grégoriens mixtes, Vatikanstadt 1958, S. 257, Nr. 196 – K. Gamber, Sakramentartypen. Versuch einer Gruppierung der Handschriften und Fragmente bis zur Jahrtausendwende, Beuron 1958 (Texte und Arbeiten 49/50), S. 144 – P. Bloch, Das Sakramentar Col. Metr. 88 in der Schatzkammer, in: KDB 21/22 (1963), S. 81ff. – R. Bergmann, Ein Kölner Namenverzeichnis aus der Zeit Erzbischofs Hermann I., in: RhVjbll 29 (1964), S. 168ff. – CLLA I/2, 1968, S. 137, Nr. 746 – J. Pamelius, Liturgica Latinorum, Bd. I-II, [Köln 1571] ND Westmead 1970 – Jones 1971, S. 69ff. – J. Deshusses, Le Sacramentaire Grégorien. Ses principales formes d'après les plus anciens manuscrits. Édition comparative I: Le sacramentaire, le supplément d'Aniane, Fribourg 1971 (Spicilegium Friburgense 16), S. 30, 37, 74; II: Textes complémentaires pour la messe, Fribourg 1979 (Spicilegium Friburgense 24), S. 21, 23, 25, 33; III: Textes complémentaires divers, Fribourg 1982 (Spicilegium Friburgense 28), S. 47f. – Ders., Les messes d'Alcuin, in: ALw 14 (1972), S. 7ff. – Schmitz 1985, S. 139 – W. Böhne, Erzbischof Egbert von Trier und die Fuldaer Schreib- und Malschule des 10. Jahrhunderts, in: AMRhKG 42 (1990), S. 99f., Anm. 11 – Handschriftencensus 1993, S. 652f., Nr. 1101 – A. Odenthal, Zwei Formulare des Apologientyps der Messe vor dem Jahre 1000. Zu Codex 88 und 137 der Kölner Dombibliothek, in: ALw 37 (1995), S. 25ff. A.O./U.S.

Sakramentar

82 Dom Hs. 88

Fulda, 3. Viertel 10. Jh., und Trier, 4. Viertel 10. Jh.

Dom Hs. 88 ist das jüngere der beiden gregorianischen Sakramentare der Dombibliothek. Mannigfaltige Gebrauchsspuren und Nachträge lassen ersehen, daß die Handschrift, im Gegensatz zu Dom Hs. 137 (Kat. Nr. 81), über Jahrhunderte in der Kölner Domkirche benutzt worden ist. Die Nachträge beziehen sich weitgehend auf den 'Ordo missae', also die Ordnung des Meßverlaufs, die sich um die Jahrtausendwende tiefgreifend änderte. Es wurden nun begleitende Stillgebete gallisch-fränkischer Herkunft eingefügt, die gemäß damaliger Frömmigkeit hauptsächlich apologetischen Charakter haben, also das Erbarmen Gottes für den sich selbst als unwürdig ansehenden Liturgen und seine Assistenz erflehen. Einige wenige dieser Gebete finden sich schon als Nachtrag in Dom Hs. 137 (1r). Dom Hs. 88 bietet zusätzlich zum kurzen 'Ordo missae' aus dem Grundbestand des Sakramentars (25r ff.) einen eigenständigen Meßverlauf (9r - 15r). Die apologetische Grundstruktur der Gebete weist diesen Meßordo als Apologientyp aus, ein Vorläufer des sich um das Jahr 1000 ausbildenden sog. Rheinischen Meßordo. Der Ordo aus Dom Hs. 88 beginnt mit einer Litanei, gefolgt von Bußgebeten vor der Messe, den Suscipe-Gebeten um Annahme des Opfers bei der Eucharistiefeier, schließlich den Gebeten um die Kommunionriten. Ein Redaktor wohl spätmittelalterlicher Zeit griff zudem in den 'Ordo missae' des Sakramentars ein und fügte eine eigene Pergamentseite hinzu, auf der er weitere inzwischen in den Meßverlauf hineingewachsene Gebete des Kommunionritus ergänzte (29r/v). Diese Gebete sind schon Zeugen für den Einfluß des Rheinischen Meßordo auf die Kölnische Liturgie, von dem erst Dom Hs. 149 (Kat. Nr. 93) zur Gänze geprägt ist.

Es ist in Wahrheit würdig und recht, billig und heilsam, Dir immer und überall dankzusagen, heiliger Herr, allmächtiger Vater, ewiger Gott. Durch das Fasten des Leibes unterdrückst Du die Sünde, erhebst Du den Geist, spendest Tugendkraft und Lohn: durch Christus, unsern Herrn. Durch Ihn loben die Engel Deine Majestät, die Herrschaften beten sie an, die Mächte verehren sie zitternd. Die Himmel und die himmlischen Kräfte und die seligen Seraphim feiern sie jubelnd im Chore. Mit ihnen laß, so flehen wir, auch uns einstimmen und voll Ehrfurcht bekennen: Heilig . . .
25v (Präfation für die Fastenzeit)

Der Initialschmuck von Dom Hs. 88 verweist auf die fuldische Malschule, die sich in ottonischer Zeit auf die Herstellung von Sakramentaren spezialisiert hatte. Besonders eng verwandt ist die Ornamentik im wahrscheinlich fuldischen Nachtrag des St. Galler Codex 1 im Mainzer Priesterseminar (Baron 1930, Bloch 1963, von Euw 1985). Trotz kleiner Eigenheiten wird die Schrift des Hauptschreibers, der für Kalendar (3r - 8v), Litanei (9r - 10v), Stillgebete (11r - 15r) und den gesamten gregorianischen Text einschließlich der beiden Anhänge (26v - 171v) verantwortlich war, ebenfalls der Schule von Fulda zugeordnet (Hoffmann 1986). Der Weg, auf dem das Sakramentar nach Köln gelangte, ist verschlungen. Kalendar und Litanei sind eindeutig für Köln geschaffen – neben den typischen Kölner Heiligen erscheint auch das Kirchweihfest für den Dom und eine Fürbitte für Klerus und Volk *Sancti Petri* –, doch ergänzte vielleicht schon der oben erwähnte Schreiber das Gebet *Communicantes* (27r) um die in Goldtinte hervorgehobenen Namen der hll. Bonifatius und Alban, Patrone des Mainzer Bistums und des dortigen Benediktinerklosters. Die nachgetragenen Meßformulare (2v, 15r - 24v) und Festtage im Kalendar wiederum entsprechen den Trierer Bedürfnissen – z. B. die Messen zu Vigil und Fest des hl. Maximin (17v) oder zu Ehren der hll. Trierer Bischöfe. Die Korrekturen des späteren Mittelalters (29r/v) – die u. a. auch die Namen der Mainzer Heiligen wieder tilgen – scheinen schließlich in Köln erfolgt zu sein (Odenthal 1995). Die Hervorhebung des hl. Andreas im Originaltext der Handschrift (90v) könnte auf Erzbischof Bruno (953 - 965) von Köln als Auftraggeber verweisen, der vielleicht das von ihm gegründete Chorherrenstift St. Andreas mit dem Sakramentar ausstatten wollte (Böhne 1990). Wahrscheinlich hat ihn der Codex niemals erreicht, denn die nachträgliche Reduktion der im Plural auftretenden Könige in der *Missa pro rege* (120v) zu einem einzelnen Kaiser spricht für eine Datierung der Trierer Beiträge schon zwischen 962 und 967 oder nach 973 (Hoffmann 1986). Möglicherweise stammen sie aus der Zeit Erzbischof Egberts (977 - 993), dessen Verehrung des hl. Andreas auch zur Ergänzung der Festoktav des Heiligen im Kalendar geführt haben könnte (Böhne 1990). Unklar bleibt weiterhin die Mainzer Beteiligung an Herstellung und Nutzung der Handschrift. Sollte der vormalige fuldische Abt Erzbischof Hatto II. (968 - 970) von Mainz dabei eine Rolle spielen (Böhne) und die Lokalisierung der Handschrift neu überdacht werden müssen?

PF· VERE
DIGNŪ· ET IUSTŪ
EST·AE QUUM ET
SALUTARE NOS TIBI SE̅
PER ET UBI QUE GRATIAS
AGERE DÑE SCE PATER·OM
NIPOTENS AE TERNE DS PER
xpm dnm nrm· Per quem maiestatem
tuam laudant angeli adorant domi
nationes tremunt potestates. caeli
cęlorumq; uirtutes. ac beata seraphin
socia exultatione concelebrant

82 Dom Hs. 88, 25v

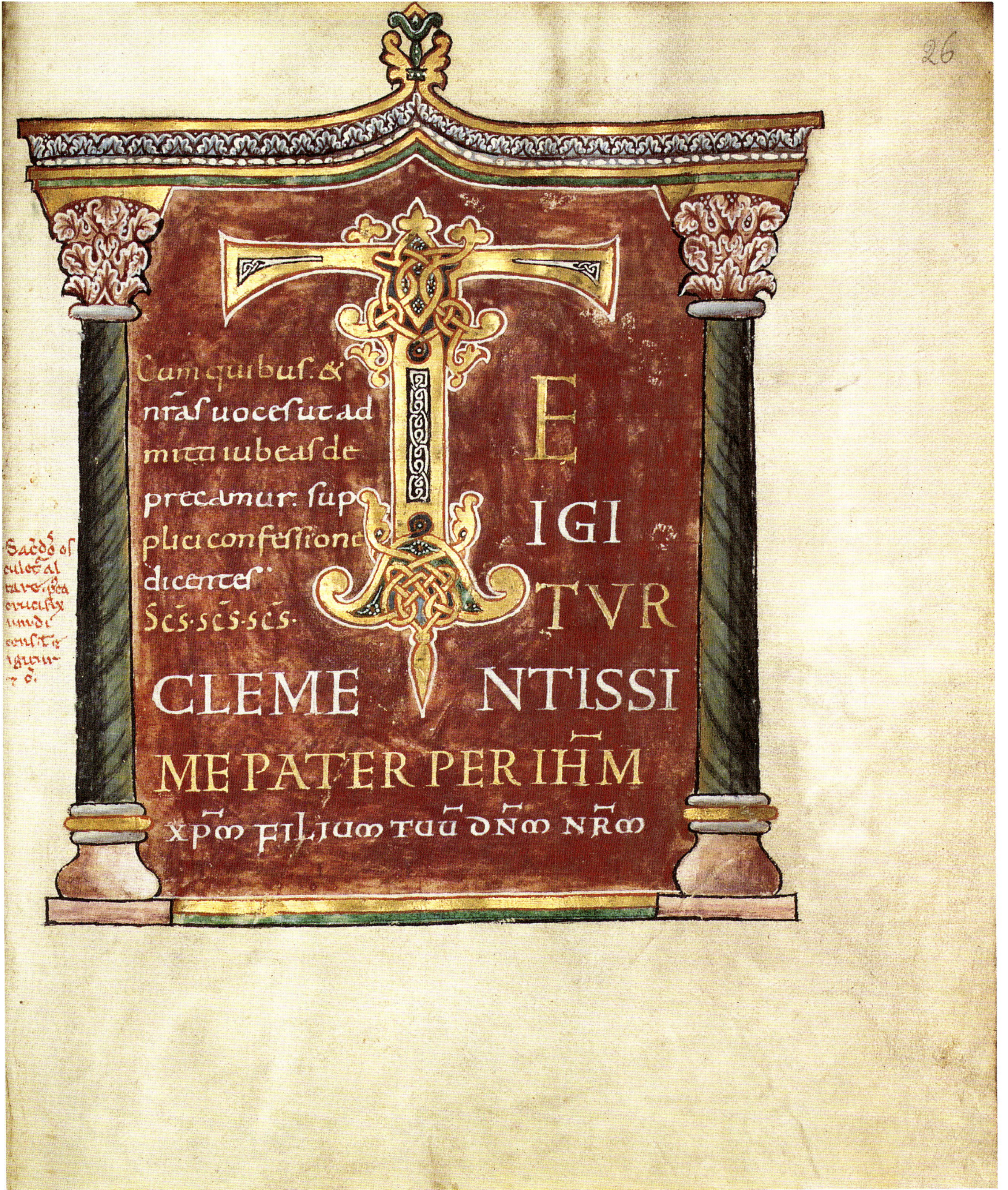
26

Cum quibus. &
nras uoces ut ad
mitti iubeas de
precamur: sup
plici confessione
dicentes:
Scs. scs. scs.

TE
IGI
TUR
CLEME NTISSI
ME PATER PER IHM
XPM FILIUM TUU DNM NRM

 82 Dom Hs. 88, 26r

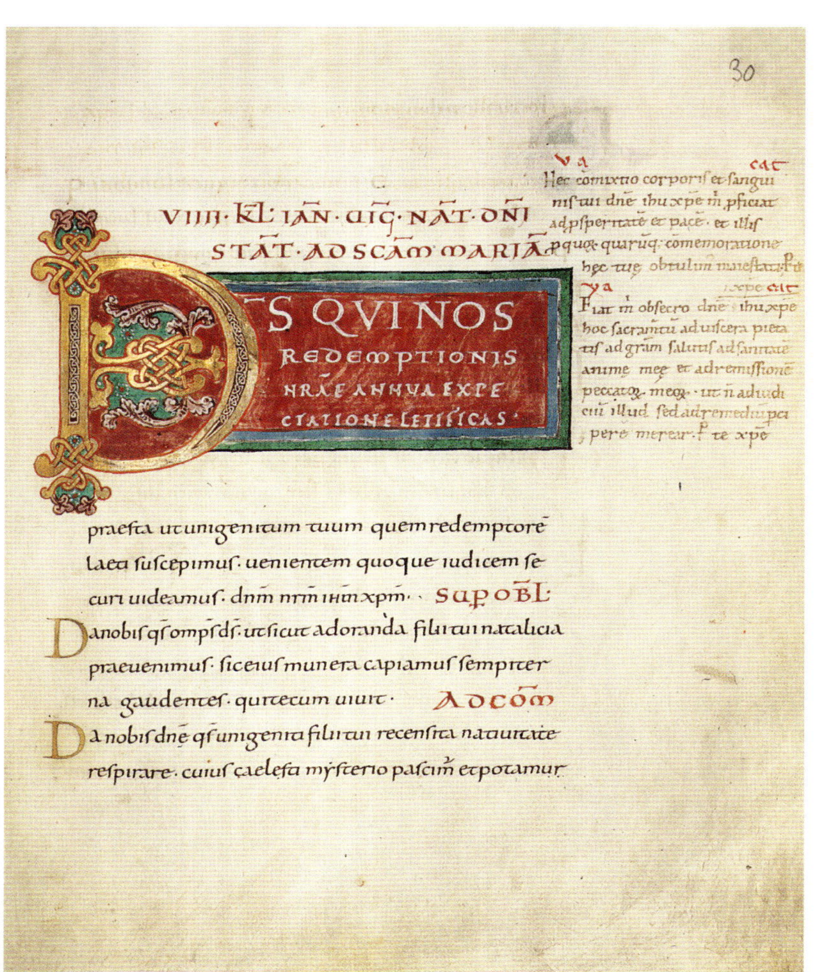

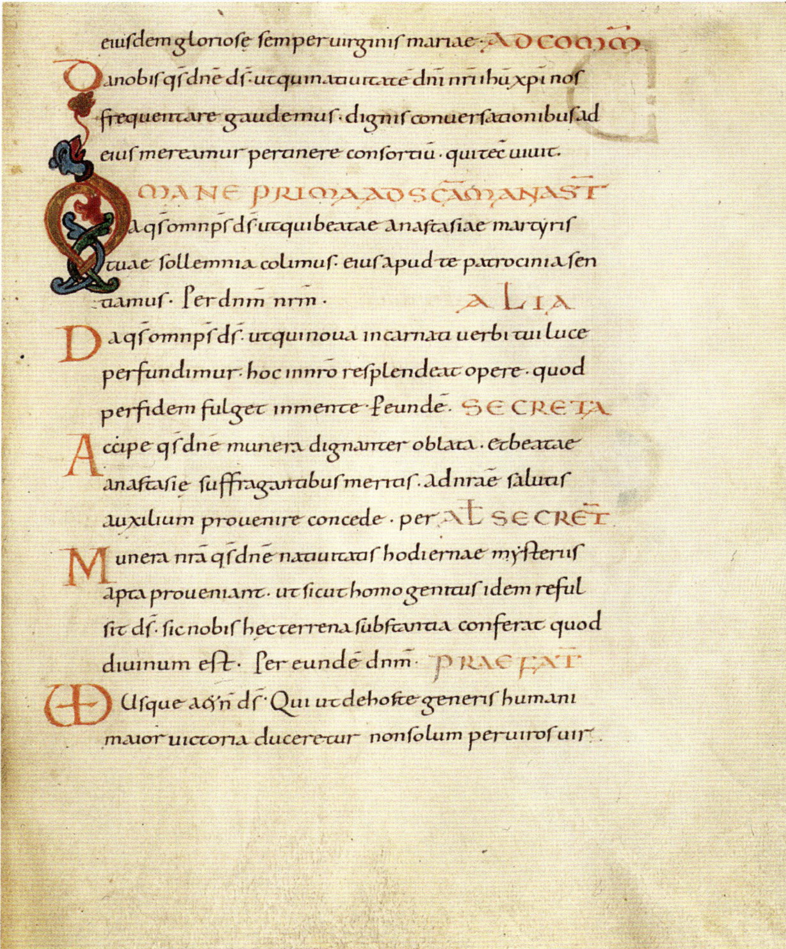

82 Dom Hs. 88, 30r/31r

INHALT: 2. Vorsatzblatt (Papier) mit einer Inhaltsangabe des 18. Jhs. **Av** Besitzvermerk des Kölner Doms *LIBER SANCTI PETRI* (15./16. Jh.); *Codex 88 nunc/Codex 106 olim/Sermo de veritate consecrationis/Eucharisticae* (18. Jh.). **1r-2v** Nachträge. **1r-2r** Pseudo-Augustinus, Predigt über die Eucharistie (vgl. Collegeville 1995) *Sermo sancti* [. . .] *utrum sub figura an sub veritate hoc misticum calicis fiat sacramentum. Veritas ait – desistere umbra, nisi radiante sole* (11. Jh.; vgl. Hoffmann 1986). **2v** Meßformulare für die heiligen Petronilla und Scholastika (Trier, letztes Viertel 10. Jh.; vgl. Hoffmann; s. Deshusses III 1982, 46). **3r-8v** Kölner Kalendar mit Trierer Nachträgen und analistischen Notizen (Jaffé/Wattenbach 1874 125; DACL 2189; Amiet 1955 78; Böhne 1990 102 ff.). **9r-15r** Zeitgenössischer Nachtrag zum Ordo Missae. **9r-10v** Kölner Litanei mit wenig späteren Trierer Nachträgen über radiertem Text (9v) und weiteren Nachträgen von anderer Hand (Odenthal 1995 29 ff.). **10v** Bitte für Klerus und Volk von St. Peter. **11r-15r** Stillgebete des Priesters vor, während und nach der Messe mit späteren Nachträgen von anderer Hand (Odenthal 33 ff.). **15r-24v** In Trier nachgetragene Meßgebete unterschiedlicher Hände, unter anderem Vigil und *Depositio Sancti Maximini* (17v) (vgl. Hoffmann; s. Amiet 79; Deshusses III, 47). **25r-104v** Gregorianisch-hadrianisches Sakramentar (mit Abweichungen: Pamelius II 1970, 178-297, 319-383; Deshusses III, 46). **25r** Titel und Beginn des Meßordo in abwechselnd grünen, roten und schwarzen Zeilen *IN XPISTI NOMINE INCIPIT LIBER SACRAMENTORUM DE CIRCULO ANNI A SANCTO GREGORIO PAPA ROMANO EDITUS. QUALITER MISSA ROMANA CELEBRATUR . . . DIGNUM ET IUSTUM EST.* **25v** Zierseite *PRAEFATIO. V(ERE DIGNUM).* **26r** Zierseite. Fortsetzung der Präfation und Kanongebet *T(E IGITUR CLEMENTISSIME PATER PER IHSUM).* Auf dieser und den folgenden Seiten (-28v) Text des Kanongebetes mit im späteren Mittelalter nachgetragenen Anweisungen zur Meßhandlung für den Priester. **27r** Im *Communicantes* Bonifatius und Albanus in Gold zwischen den Zeilen nachgetragen (zeitgen.) und im späteren Mittelalter zusammen mit Martin, Gregor, Augustinus, Hieronymus und Benedikt ausgestrichen. **29r/v** Im späteren Mittelalter nachgetragene Meßgebete vom Agnus Dei bis zum Schlußsegen (Odenthal 40 ff.). **30r** Zierfeld. Vigil zum Weihnachtsfest *D(EUS QUI NOS REDEMPTIONIS).* Zeitgenössische Marginalglosse mit Gebeten; nachfolgende Weihnachtsmessen und Feiertage bis Lichtmeß (2. Febr.) mit mehrzeiligen Zierinitialen. **63v** Zierfeld. Karsamstag *D(EUS QUI HANC SACRATISSIMAM)*; nachfolgende Messe für den Ostersonntag mit Zierinitiale. Zwischen **74** und **75** fehlt mindestens eine Lage, die das Formular für das Pfingstfest enthielt. **90v** Messe für den hl. Andreas hervorgehoben (schon im Kalendar mit Vigil und nachgetragener Oktav bedacht). **93v** Wenige Votivmessen beginnend mit der Kirchweihe. **96v** Ora-

82 Dom Hs. 88, 63v/64v

tionen für die Vergebung der Sünden, für jeden Tag, zu Matutin und Vesper. **105r - 156r** Anhang des Benedikt von Aniane (um 750 - 821) mit den Sonntagsmessen bis zum 24. Sonntag nach Pfingsten, dem Commune sanctorum und Votivmessen (mit Abweichungen: Pamelius II, 388 - 478, 384 - 386; Deshusses III, 46). **104v** *INCIPIT PRAEFATIO LIBRI SECUNDI A VENERABILI GRIMOLDO* (gest. 872; Abt von St. Gallen) *ABBATE EX OPUSCULIS SANCTORUM PATRUM EXCERPTI*. **105r** Prolog *Hucusque precedens*. **106v - 108r** Gesang zur Weihe der Osterkerze (mit Neumen) *Exultet iam angelica*. **146v** Exorzismusformeln, Benediktionen und Orationen. **156v - 172v** Messen des Alkuin (um 730 - 804), beginnend mit der Messe zu Ehren der Trinität (mit wenigen Abweichungen: Pamelius II, 518 - 544; mit Abweichungen: Deshusses 1972, 7 ff.; s. Deshusses III, 46). In den Editionen fehlen u. a. die vier letzten Formulare: *Missa pro concordia fratrum, Missa pro sterilitate terrae* (Hauptschreiber), *Missa communis, Missa pro uno homine* (wenig späterer Schreiber) (Deshusses III, 47). **172v - 179v** Zeitgenössische und spätere Nachträge. **172v - 174v** Evtl. in Trier nachgetragene Präfationen (Deshusses III, 47). **175r - 177r** Orationen u. a. zu den Gebetsstunden (Pamelius II, 545 - 548, 544 - 545; Deshusses III, 46). **177v - 178r** Officium iudicii aquae (Jaffé/Wattenbach 1874 125 f.; DACL 2189 f.; MGH Formulae 619 f.). **178v - 179v** Zu einem späteren Zeitpunkt in Trier nachgetragene Benediktionen (Deshusses III, 47).

PERGAMENT: 79 Blätter; 276 x 230 mm; Lagen 1^{10+1} (das 1. Blatt ist ein Vorsatzblatt im Lagenverbund; Blatt 2 = fol. 1), 2^{6}, 3^{8}, 4^{8+2}, 5 - 21^{8}, 22^{6+3}; Zahlenreklamanten beginnend mit *II* bei der 2. Lage (die 3. Lage ohne Zählung, die 4. und 5. als *II - III*, die 6. Lage in dunklerer Tinte als *V* gezählt, der Rest ohne Zählung); Schriftspiegel 185 x 128 bzw. 145 (ab 25r) mm; Blindliinierung mit Versalienspalte (10 mm); einspaltig; 20 bzw. 21 (ab 25r) Zeilen.

AUSSTATTUNG: Lateinischer Text in brauner frühromanischer Minuskel, rubriziert, z. T. in Grün; Auszeichnungsschrift: Uncialis, Capitalis Rustica; Initialen: Capitalis Quadrata mit unzialen Elementen; im Kanongebet Textmajuskeln in z. T. mit Minium schattiertem Gold; zu Beginn einzelner Formulare und Gebete ein- bis mehrzeilige Initialen in Minium oder Rot; zu Beginn einzelner Gebete im Kanon bzw. zu Beginn hervorgehobener Formulare ein- bis mehrzeilige Initialen in rot oder violett schattiertem Gold; für die Feste der Weihnachtszeit bis zum 2. Februar und den Ostersonntag mehrzeilige Initialen in rot umrandetem Gold mit Flechtband-, vegetabiler und zoomorpher Ornamentik sowie mit grüner, blauer und violetter Schattierung; z. T. architektonisch gerahmte Zierfelder und Zierseiten zu Beginn der Formulare für die Weihnachtsvigil, Karsamstag und das Kanongebet mit weißer Schrift auf violettem Grund und großer Initiale in rot umrandetem Gold sowie Flechtband- und vegetabiler

Ornamentik. EINBAND: Pergament mit Streicheisenlinien über Pappe (18. Jh.). PROVENIENZ: Für den Gebrauch in Köln ausgestattet, aber wohl noch während oder kurz nach der Entstehung für den Gebrauch in Trier umgerüstet (s. Katalogtext); Darmstadt 2089. LITERATUR: Hartzheim 1752, S. 49, 86, 126f., 140 – Jaffé/Wattenbach 1874, S. 33, 125f. – G. Zilliken, Der Kölner Festkalender. Seine Entwicklung und seine Verwendung zu Urkundendatierungen, in: BJ 119 (1910), S. 25ff. – DACL III/2, 1914, Sp. 2189f. – E. Baron, Mainzer Buchmalerei in karolingischer und frühottonischer Zeit, in: JKW 7 (1930), S. 124f. – Kdm Köln 1/III, 1938, S. 394, Nr. 7 (Lit.) – R. Amiet, Les sacramentaires 88 et 137 du chapitre de Cologne, in: Scr 9 (1955), S. 76ff. – E. Bourque, Étude sur les sacramentaires romains II: Les textes remanies 2: Le sacramentaire d'Hadrien, Vatikanstadt 1958, S. 271f., Nr. 217 – MGH Formulae [1886] ND 1963, S. 619f., 687ff. – P. Bloch, Das Sakramentar Col. Metr. 88 in der Schatzkammer, in: KDB 21/22 (1963), S. 81ff. – CLLA I/2, 1968, S. 353, Nr. 746, Anm. 1 – von den Brincken 1968, S. 150 – J. Pamelius, Liturgica Latinorum, Bd. I-II, [Köln 1571] ND Westmead 1970 – J. Deshusses, Les messes d'Alcuin, in: ALw 14 (1972), S. 7ff. – J. Deshusses, Le Sacramentaire Grégorien. Ses principales formes d'après les plus anciens manuscrits. Édition comparative I: Le sacramentaire, le supplément d'Aniane, Fribourg 1971 (Spicilegium Friburgense 16), S. 30, 36f., 74; II: Textes complémentaires pour la messe, Fribourg 1979 (Spicilegium Friburgense 24), S. 21, 25; III: Textes complémentaires divers, Fribourg 1982 (Spicilegium Friburgense 28), S. 46f. – Schulten 1980, S. 105, Nr. 40 – G. Bauer, Corvey oder Hildesheim. Zur ottonischen Buchmalerei in Norddeutschland, Diss. Hamburg 1977, S. XL, Nr. 57 – Ornamenta 1985, I S. 437, 442, Nr. C 18 (von Euw) – Hoffmann 1986, S. 156ff. – W. Böhne, Erzbischof Egbert von Trier und die Fuldaer Schreib- und Malschule des 10. Jahrhunderts, in: AMRhKG 42 (1990), S. 97ff. – H. Mayr-Harting, Ottonische Buchmalerei. Liturgische Kunst im Reich der Kaiser, Bischöfe und Äbte, Stuttgart 1991, S. 309ff. – A. Häussling, Rez. zu Böhne, in: ALw 33 (1991), S. 99 – Bernward 1993, II S. 317ff., Nr. V52 (U. Kuder) – Handschriftencensus 1993, S. 624f., Nr. 1051 – E. Palazzo, Les sacramentaires de Fulda. Étude sur l'iconographie et la liturgie ottonienne, Münster 1994, S. 224f. – A. Odenthal, Zwei Formulare des Apologientyps der Messe vor dem Jahre 1000. Zu Codex 88 und 137 der Kölner Dombibliothek, in: ALw 37 (1995), S. 25ff. – Collegeville 1995, S. 167ff. – H. Schneider (Hg.), Die Konzilsordines des Früh- und Hochmittelalters, Hannover 1996 (MGH Ordines de celebrando concilio), S. 435, Anm. 58. A.O./U.S.

Missale

83 Dom Hs. 157

Lüttich, 3. Viertel 12. Jh.

Die weithin Sakramentar genannte Handschrift wird in einem späteren Eintrag als *Ordo Missarum* bezeichnet. Sie enthält verschiedene Meßformulare, eingeteilt nach Herrenjahr (Proprium de tempore, 25r-97v) und Heiligenfeiern (Proprium de sanctis, 98r-149r). Vorangestellt ist der 'Ordo missae' mit dem 'Canon Romanus' (9r-24v). Im Vergleich zu Dom Hs. 88 (Kat. Nr. 82) fällt auf, daß der 'Ordo missae' nicht mehr die kurze Darstellung der Messe wie noch im Gregorianum ist. Auch findet sich hier kein zweiter 'Ordo missae' mit dem Apologientyp der Messe mehr, wie noch in Dom Hs. 88. Vielmehr bietet die Handschrift ein Formular des sogenannten Rheinischen Meßordo, der um das Jahr 1000 entstandenen Form der gleichbleibenden Teile der Messe, die alle Vorgängerformen aufnimmt und ablöst. Dieser Rheinische Meßordo ist in Dom Hs. 157 schon mit der allgemeinen Präfation und dem Eucharistiegebet, dem 'Canon Romanus', systematisiert und zu einer Einheit durchkomponiert worden. Das 'Proprium de sanctis' bietet für das 12. Jahrhundert typische Zusätze zum Kalender des Gregorianischen Sakramentars, so die Apostelfeste und die Feste der Bischöfe und Märtyrer des Frankenlandes (etwa Lambertus und Remigius). Zudem fallen einige benediktinische Feste auf: Fest und Translatio des hl. Benedikt, Fest der Scholastika. Aufgrund der Veränderungen im 'Ordo missae', der Erweiterungen des Kalendars und des späten Entstehungsdatums ist hier nicht mehr von einem Sakramentar im eigentlichen Sinne, sondern schon von einer Frühform des Missale zu sprechen. Der nächste Schritt in der Entwicklung vom Sakramentar zum Missale wird dann noch die Texte der Meßgesänge und der Schriftlesungen einfügen und so ein Plenarmissale schaffen. Die Vorstufe hierzu ist Dom Hs. 157.

83 Dom Hs. 157, 17v/18r

Gott, Du hast am heutigen Tage die Herzen der Gläubigen durch Erleuchtung des Hl. Geistes belehrt; gib uns durch denselben Geist wahre Weisheit und beständige Freude durch Seinen Trost. Durch unseren Herrn... in der Einheit eben dieses Hl. Geistes.
85r (Oration)

Festkalender und 'Proprium de sanctis' lassen eine Entstehung der Handschrift für die Kathedrale Saint-Lambert in Lüttich vermuten. Auch die Ausstattung weist ins Zentrum der maasländischen Buchkunst, wo das Sakramentar wohl kurz nach der Mitte des 12. Jahrhunderts geschrieben und illuminiert worden ist. Unter einigen im Kalendar verzeichneten Einträgen Verstorbener war bereits Jaffé der noch heute zum 4. September lesbare Nachtrag *obiit Heinricus* aufgefallen; dieser in einer Minuskel des 12. Jahrhunderts ausgeführte Vermerk ist ein sicherer Hinweis auf die Entstehung der Handschrift vor dem Tod des Lütticher Bischofs Heinrich II. von Looz im Jahre 1164.

Den künstlerischen Stil der Ausstattung charakterisiert zum einen die auf Blau, Grün und Rot reduzierte Farbdominanz und zum anderen die im Zeichnerischen und Malerischen sogleich assoziierte Verbindung mit der Goldschmiedekunst: Bei den Rankeninitialen sind es die Goldbänder, die wie Metallklammern gleichsam die Energie der ausbuchtenden oder sich spaltenden Buchstabenkörper zurückhalten; auf den beiden Miniaturen, dem Maiestasbild (17v) zur Präfation und dem Kreuzigungsbild (19r) zum Meßkanon, sind es die metallische Härte und Präzision der Figurenzeichnung, deren meist doppelte Strichführung an die Schärfe von Gravuren oder an Nielloarbeiten erinnert. Die Initialornamentik findet Vorläufer in der 1137 wohl im Kloster Stavelot geschriebenen Sammelhandschrift Ms. 104-105 der Bibliothèque Royale in Brüssel (von Euw 1973, S. 350) sowie in späteren Manuskripten (Lapière 1981); hingegen entwickelt sich der Figurenstil innerhalb der maasländischen Buchmalerei seit jener zweibändigen Bibel Ms. II 2524 in

83 Dom Hs. 157, 18v

Brüssel, die Frater Heinricus während der Jahre 1132-1135 im kurz zuvor gegründeten Prämonstratenserkloster Bonne-Espérance im Hennegau geschrieben hat, zu der in unserem Sakramentar erreichten linearen Stilisierung. Bemerkenswert ist, daß dieser Stil mit der Handschrift 861 der Hessischen Landes- und Hochschulbibliothek Darmstadt auch im Rheinland bekannt wurde. Dieses Sakramentar schrieb der aus dem nordöstlich von Brüssel liegenden Afflighem stammende Mönch Gabriel um die Mitte des 12. Jahrhunderts in der Benediktinerabtei Maria Laach, wo Gilbert, ein anderer Mönch aus Afflighem, damals Abt (1127-1152) war (von Euw 1973, S. 353ff.). Zudem sind verschiedene Verbindungen der Buchmalerei von Afflighem mit Lüttich belegt.

83 Dom Hs. 157, 19r

Stilistische Entsprechungen zur maasländischen Goldschmiedekunst finden sich auf der durchbrochen gearbeiteten und vergoldeten Kupferplatte eines Buchdeckels im Cluny-Museum in Paris (Inv. Nr. Cl. 1362; Kötzsche, in: Rhein und Maas I 1972, S. 258, Nr. G 20) aus dem 3. Viertel des 12. Jahrhunderts oder auch zum Kreuzreliquiar der Walters Art Gallery in Baltimore (Kötzsche, in: Rhein und Maas II 1973, S. 210 ff.) und andererseits zur rheinischen Goldschmiedekunst etwa mit der Niello-Kelchschale im Kölner Diözesanmuseum (Kötzsche 1975). So dokumentiert unser Sakramentar ein Stilphänomen, das unterschiedliche Kunstgattungen, aber auch Maasland und Rheinland miteinander verbindet.

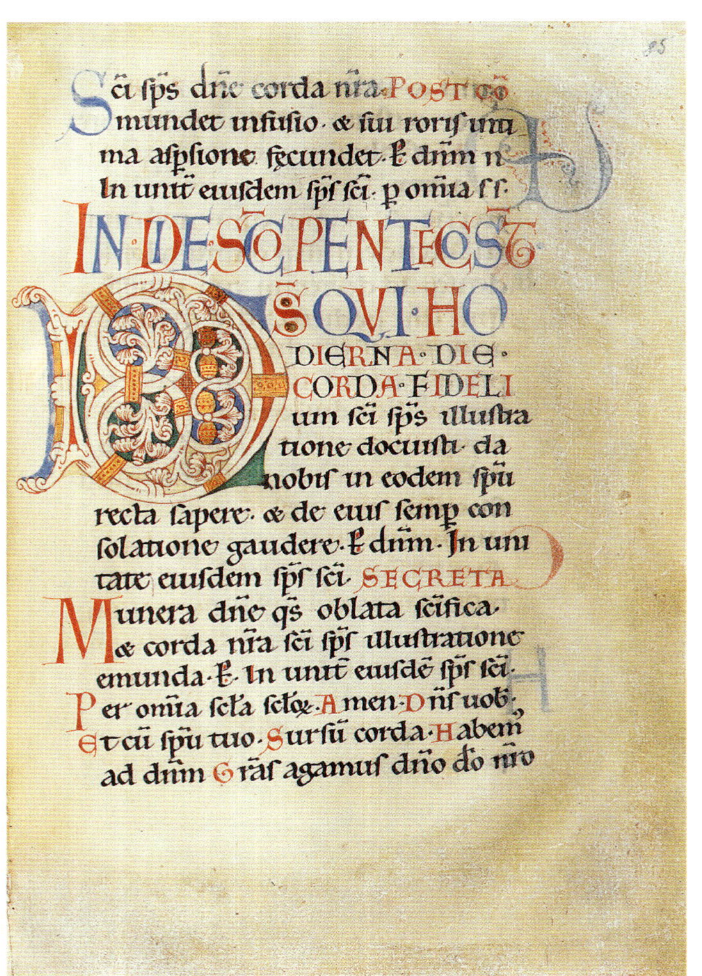

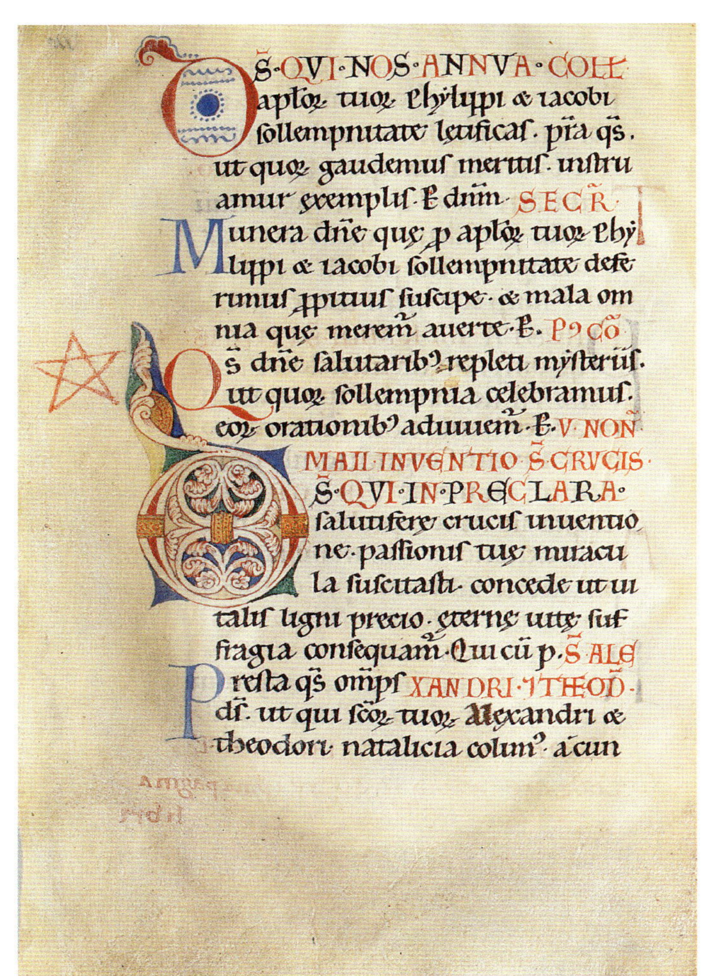

83 Dom Hs. 157, 85r/110v

INHALT: **1r** Ordo. **1v** Leer. **2r - 3r** Komputistische Texte und Tabellen. **3v - 9r** Kalendar (*10.2. Scholastica, 17.3. Gertrudis vr.* [rot], *21.3. Benedicti abb.* [rot], *28.4. Transl. sci. Lamberti. Vitalis mr.* [rot], *3.5. Servatii epi.* [rot], *30.5. Transl. sci. Huberti epi., 23.6. Aldedrudis vr., 11.7. Transl. sci. Benedicti, 17.7. Fredegaudi conf., 17.9. Lamberti epi.* [rot, verwischt], *21.10. Undecim milium v.m.* [rot, verwischt], *23.10. Severini epi.* [rot, verwischt], *3.11. Huberti epi. et conf.* [rot], *23.11. Trudonis conf.* [rot]). **9r - 24v** Ordo missae. **9v** Verschiedene Gebete zur Vorbereitung der Messe. **17v** Maiestas Christi. **18r** Präfation *VERE DIGNUM (ET IUSTUM EST).* **18v** Kanongebet *TE (IGITUR).* **19r** Kreuzigung Christi. **25r - 97v** Proprium de tempore. Mit Initialen hervorgehobene Feste: **25r** 1. Advent *E(XCITA DOMINE).* **27v** Weihnachtsvigil *D(EUS QUI NOS REDEMPTI).* **29v** Weihnachten *C(ONCEDE QUAESUMUS).* **32v** Epiphanie *D(EUS QUI HODIERNA).* **50v** Palmsonntag *O(MNIPOTENS SEMPITERNE).* **75r** Karsamstag *D(EUS QUI HANC).* **76v** Ostern *D(EUS QUI HODIERNA).* **82r** Christi Himmelfahrt *C(ONCEDE QUAESUMUS).* **85r** Pfingsten *D(EUS QUI HODIERNA).* **88v** Dreifaltigkeitsfest *O(MNIPOTENS SEMPITERNE).* **98r - 149r** Proprium de sanctis. Mit Initialen hervorgehobene Feste: **98r** Fest des hl. Silvester *D(A QUAESUMUS OMNIPOTENS).* **101r** Pauli Bekehrung *D(EUS QUI UNIVERSUM).* **102r** Lichtmeß *O(MNIPOTENS SEMPITERNE).* **110r** Fest der hl. Walburga am Tag der hll. Philippus und Jakobus. **110v** Kreuzauffindung *D(EUS QUI IN PRECLARA)*: Drudenfuß am äußeren Rand, vermutl. zur Bezeichnung einer Auslassung. **116v** Geburt Johannes des Täufers *C(ONCEDE QUAESUMUS OMNIPOTENS).* **118v** Fest Peter und Paul *D(EUS QUI HODIERNAM DIEM).* **127r** Fest des hl. Laurentius *D(A NOBIS).* **129r** Mariä Himmelfahrt *V(ENERANDA NOBIS).* **134r** Mariä Geburt *S(UPPLICATIONEM SERVORUM).* **137v** Fest des hl. Lambertus mit Vigil *I(NTERCESSIO QUAESUMUS DOMINE).* **143v** Allerheiligen *O(MNIPOTENS SEMPITERNE).* Darüber hinaus auf Lüttich weisende Feste: 113r Servatius, 133v Egidius abbas, 137r Vigil zu Lambertus. **149r - 154v** Commune sanctorum. **154v** Kirchweihe *D(EUS QUI NOBIS).* **156r** Votivmessen. **177r** Totenmessen. **186r** Benediktionen (Segnungen). **203v - 204v** Leer. **205r** Gebet *Summe sacerdos et vere pontifex qui te obtulisti.* **207v** Gebet *De corpore XPISTI* (Nachtrag 12. Jh.).

PERGAMENT: 208 Blätter (fol. 63 doppelt vergeben); 243 x 159 - 170 mm; Lagen 1^{2+8}, 2^{6}, 3 - 25^{8}, 26^{6+2} (hinter Blatt 5 der Lage wurde ein Doppelblatt eingefügt; fol. 190 a ist ein eingelegter Pergamentstreifen mit der Fortsetzung des Textes); Zahlenreklamanten; Schriftspiegel 166 x 103 bzw. 185 x 118 mm (201r - 203r); Blindliniierung mit zwei Versalienspalten (innen, je 7 mm); einspaltig; 22 Zeilen. AUSSTATTUNG: Lateinischer Text in spätromanischer Minuskel, rubriziert; einzeilige Anfangsbuchstaben in Rot; mehrzeilige Initialen in Rot und Blau, z. T. mit ornamentalen Füllungen; große mehrfarbige Initialen mit Goldbändern und pergamentausgesparten Blattranken in Rot auf blauem und grünem Grund; Miniaturen in Deckfarben mit Goldtinte. EINBAND: Pergament mit Streicheisenlinien über Pappe (Mitte 18. Jh.). PROVENIENZ: Besitzvermerk des Kölner Domes aus dem 18. Jh. (1v); Darmstadt 2206. LITERATUR: Hartzheim 1752, S. 128ff. – Jaffé/Wattenbach 1874, S. 63f. – K.H. Usener, Kreuzigungsdarstellungen in der mosanen Miniaturmalerei und Goldschmiedekunst, in: RBAHA 4 (1934), S. 201ff. – Schnitzler II 1959, S. 26 Nr. 18 (Lit.) – Rhein und Maas I 1972, S. 294 Nr. 21 (A. von Euw) – A. von Euw, Zur Buchmalerei im Maasgebiet von den Anfängen bis zum 12. Jahrhundert, in: Rhein und Maas II 1973, S. 351, 355 – D. Kötzsche, Die Kölner Niello-Kelchkuppa und ihr Umkreis, in: The Year 1200: a symposium, New York 1975, S. 141f. – R. Kahsnitz, Armillae aus dem Umkreis Friedrich Barbarossas, in: Anzeiger des Germanischen Nationalmuseums (1979), S. 7ff. – M.-R. Lapière, La Lettre ornée dans les manuscrits mosans d'origine bénédictine (XIe-XIIe siècles), Paris 1981 (Bibliothèque de la Faculté de Philosophie et Lettres de l'Université de Liège, Fasc. 229), S. 292ff. – Ornamenta 1985, I S. 442f., Nr. C19 (A. von Euw) – Handschriftencensus 1993, S. 661, Nr. 1115. A.O./J.M.P.

Pontificale Cameracense

84 Dom Hs. 141

Arras, Benediktinerkloster Saint-Vaast, Mitte 11. Jh.

Dom Hs. 141 bildet insofern eine Besonderheit, als sie, im Benediktinerkloster St. Vaast in Arras entstanden, liturgische Bräuche des Doppelbistums Arras-Cambrai enthält. Sie ist also nie in Köln benutzt worden, noch hat sie auf Kölner Traditionen Einfluß ausgeübt. Das wird deutlich, wenn man etwa die Palmsonntagsriten mit kölnischen Quellen vergleicht: Zum einen setzt Dom Hs. 141 eine Stationskirche außerhalb der Stadtmauern voraus – eine topographische Situation, die auf die Kölner Stationskirche dieses Tages, St. Gereon, nicht zutrifft. Zum anderen ist in Köln die Evangelienlesung vom Einzug Jesu in Jerusalem wie im 'Pontificale Romano-Germanicum' mit der Palmenweihe verbunden. Dom Hs. 141 hingegen behält sie einer eigenen 'statio' auf dem Prozessionsweg vor. Die Evangelienlesung zur Palmweihe ist ein ursprünglich in Italien beheimateter Brauch. Wenn Dom Hs. 141 sie zunächst bei einer 'statio' der Palmenprozession einfügt und noch nicht bei der Palmenweihe selbst, so aufgrund eines nur allmählich wirkenden Verschmelzungsprozesses römisch-italienischer und fränkischer Traditionen. Der Ordo zur Königskrönung (*Ordo ad consecrandum regem*, 153r ff.) wird ergänzt um einen *Ordo Romanus ad benedicendum imperatorem* (166r ff.). Er gibt sich als römisch aus, indem er den Besuch des Kaisers in der Peterskirche mit Gebet am Petrusgrab vorsieht, kann aber nicht mit einer speziellen Krönung in Verbindung gebracht werden. Beide Ordines sowie der *Ordo ad armandum ecclesiae defensorem vel alium militem* (171v ff.), die religiöse Zeremonie bei der Investitur des Soldaten als Verteidiger der Kirche, sind Zeugen mittelalterlichen Bemühens, das weltliche Herrschertum dem Schutz und der Vollmacht der Kirche zu unterstellen. Wie schon bei Dom Hs. 138 (Kat. Nr. 73) sind auch bei Dom Hs. 141 weitgehend Gebetstexte in die liturgischen Anweisungen eingefügt. Bereits Michel Andrieu hatte in diesem *Liber espiscopalis* (2v) genannten Pontifikale mit den 'Ordines' und 'Benedictiones', also den bischöflichen Weihungen und Segnungen, ortsspezifische Eigenheiten erkannt. Auf Folio 124v wird im Ordo zur Bischofsweihe der Kandidat unter der "hl. Mutterkirche von Reims" verpflichtet; im Ordo zur Weihe eines neuen Abtes wird auf Folio 134r/v der Name des hl. Benedikt mehrmals hervorgehoben; in der Litanei zur Kirchweihe (56v) werden der hl. Benedikt sowie der hl. Vedastus, der erste Bischof von Arras, kalligraphisch ausgezeichnet und der hl. Gangericus, erster Bischof in Cambrai nach der Verlegung des Bischofssitzes dorthin im Jahr 545, genannt. In Abhängigkeit vom Erzbistum Reims residierte der Bischof von Arras-

84 Dom Hs. 141, 77v

Cambrai bis 1093 in Cambrai. Kunsthistorische Überlegungen führten Sigrid Schulten zu einer überzeugenden Einordnung des Pontifikale in die Buchkunst des Benediktinerklosters St. Vaast in Arras um die Mitte des 11. Jahrhunderts. Damit ergänzen sich kunstwissenschaftliche und liturgiegeschichtliche Erkenntnisse zu dem Ergebnis, daß die Handschrift im Vedastus-Kloster zu Arras für den Bischof in Cambrai, also für Gerardus (1013-1048?) oder Lietbertus (1049/1059-1076?), geschaffen wurde. Die auf Folio 135r im Text zur Abts-Weihe vorhandene Rasur eines Wortes (*sanctae . . . ecclesiae*) konnte Michel Andrieu mit *Cameracensis* (= Cambrai) rekonstruieren; nach der Teilung des Doppelbistums Arras-Cambrai 1093 und der Verselbständigung beider Bischofs-

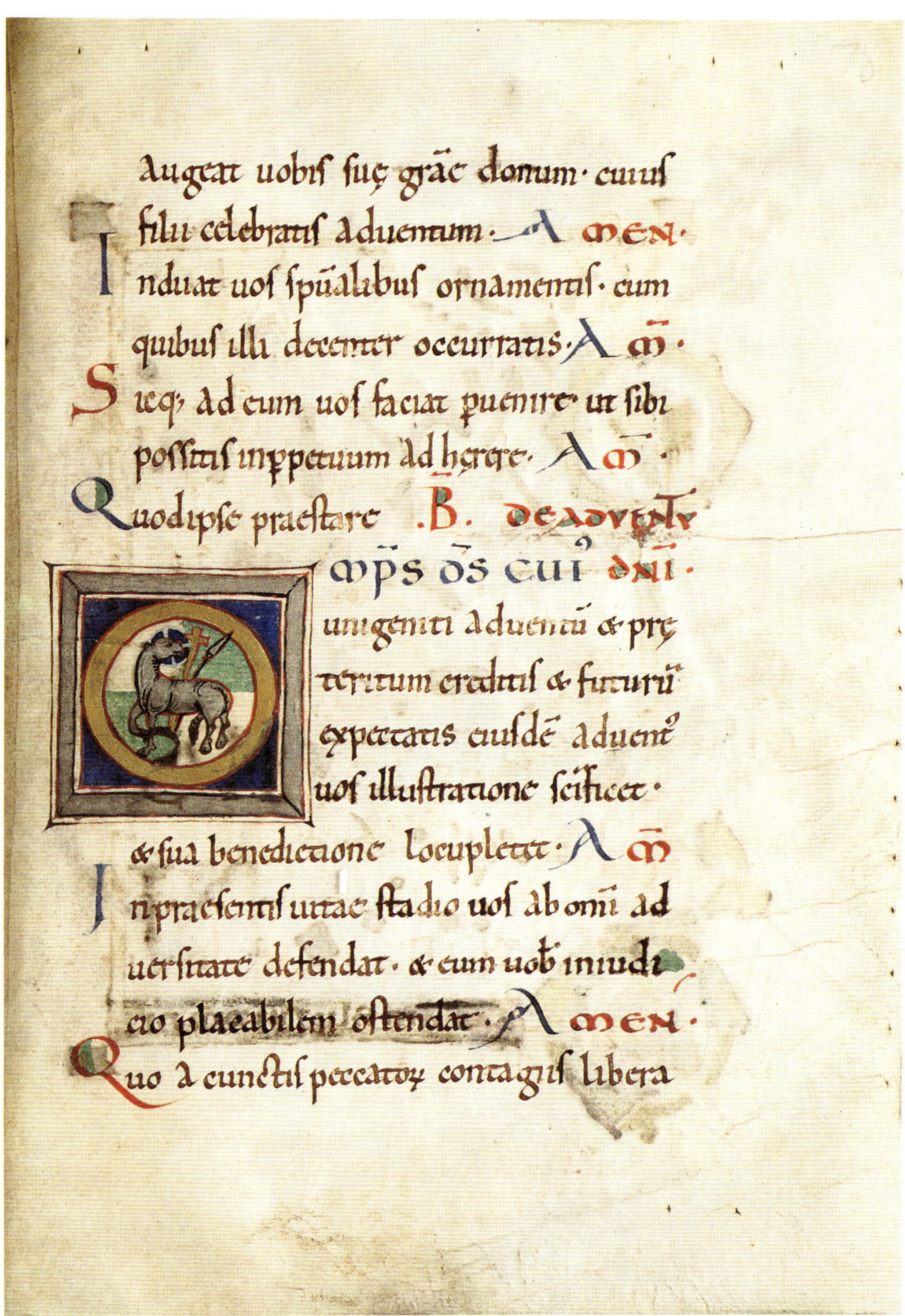

84 Dom Hs. 141, 78r

sitze entfiel ein solcher Hinweis für das in Arras gelegene Benediktinerkloster St. Vaast. Die künstlerische Ausstattung mit zwei großen Miniaturen und zahlreichen, teilweise mit Figuren und Szenen belebten Rankeninitialen wird dominiert von der Tradition der sogenannten franko-sächsischen Buchkunst mit ihren die Ecken betonenden Rahmenkonstruktionen von Bild- und Zierseiten, gefüllt mit Flechtband sowie üppigen Blüten- und Blattmotiven, und zum anderen vom Einfluß des feinnervig vibrierenden Zeichenstils der angelsächsischen Buchmalerei, der sich über St. Bertin in Saint-Omer auf dem Festland ausbreitete. Dieser zeigt sich in den dichten Faltenmustern der Gewanddraperien, aber auch in den wie vom Wind gebauschten Saumzipfeln, deren

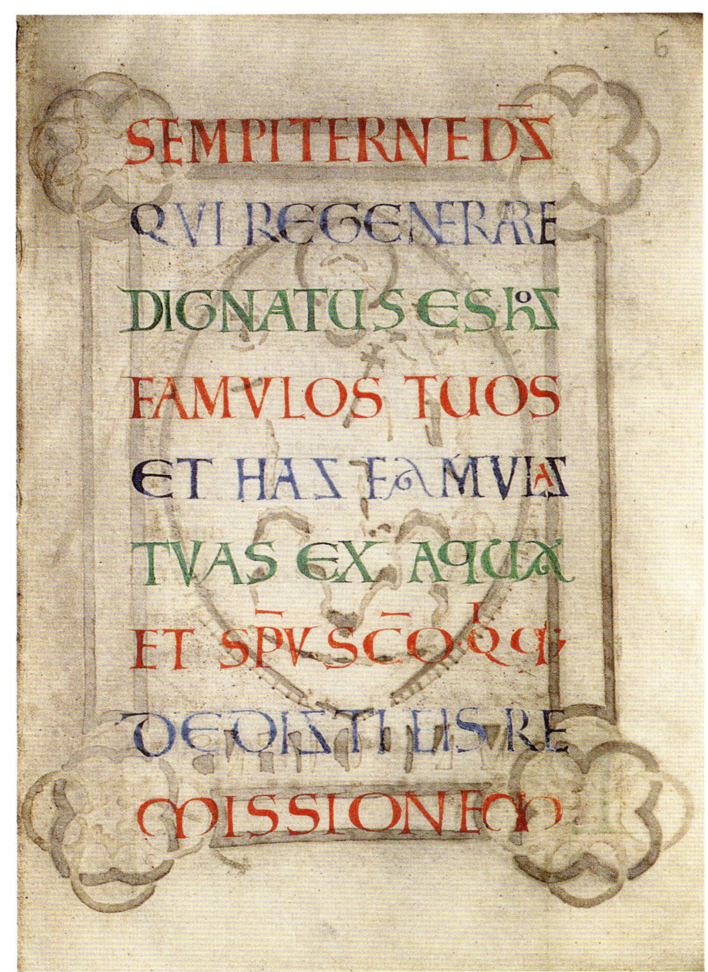

84 Dom Hs. 141, 5v/6r

Bewegtheit das dynamische Gestenspiel der Verkündigungsgruppe zur Segensformel für den ersten Adventssonntag (77v) entspricht. Als Titelbild zur ganzen Handschrift und zugleich als Illustration zum Ordo für die Firmung der Kinder erscheint auf Folio 5v in ikonographischer Anlehnung an die Maiestas Domini die über der Sphaira thronende Muttergottes mit dem als Herrscher gekleideten Jesusknaben. Dieser segnet mit der Rechten und trägt in der Linken das zukünftige Leidenssymbol als vergoldetes Siegeszeichen, während seine Mutter, vergleichbar den Herrscherbildern, den mit einem Goldkreuz bezeichneten Apfel emporhält. Die beide umfassende Mandorla ist zugleich Initiale zum Textbeginn *O(mnipotens)* und dokumentiert neben der ungewöhnlichen Betonung der Mutter Maria die kompositorische Fähigkeit einer gleichsam in das Wort einbezogenen Visualisierung von dessen heilsgeschichtlichem Inhalt. Unter den mit Initial-Illustrationen hervorgehobenen bischöflichen Segensformeln für das Kirchenjahr bestätigt die Halbfigur des hl. Martin zu seinem Fest (93v) die Entstehung der Handschrift im Norden Frankreichs.

INHALT: **1r** Leer. **1v-185r** Pontificale Cameracense (Andrieu I, 108-114). **1v-2r** Gebete beim Anlegen des Ringes und der Übergabe des Stabes anläßlich der Weihe eines Bischofs. **2v-4v** Schriftzierseiten. Inhaltsverzeichnis (Hartzheim 1752) *I(N NOMINE DOMINI INCIPIT LIBER EPISCOPALIS)*. **5r** Leer. **5v** Initialzierseite. Ordo für die Firmung der Kinder *O(MNIPOTENS)*: thronende Maria mit Kind. **6r** Schriftzierseite mit der Fortsetzung des Textes. **8r** Ordo zum Schneiden der Tonsur *M(ANDA)*. **9v** Ordo zur Weihe von Klerikern *O(remus)*. **11r** Ordo zur Weihe der verschiedenen Weihegrade. **11v** *P(ostulat)*. **22r** Predigten für diese Ordines. **22v** *d(EBETIS)*. **24v** Ordo zur Weihe der Kerzen an Lichtmeß *E(RUDI)*. **27r** Bußordo zu Beginn der Fastenzeit *d(EUS)*. **30r** Ordo für den Palmsonntag *O(MNIPOTENS)*: Christus mit Buch und Palmzweig. **32v** Gründonnerstag. **33r** *A(DESTO)*: auf der Sphaira thronender Christus mit *Liber vitae* zwischen zwei Engeln. **44r** Ordo zur Weihe von Chrisma und

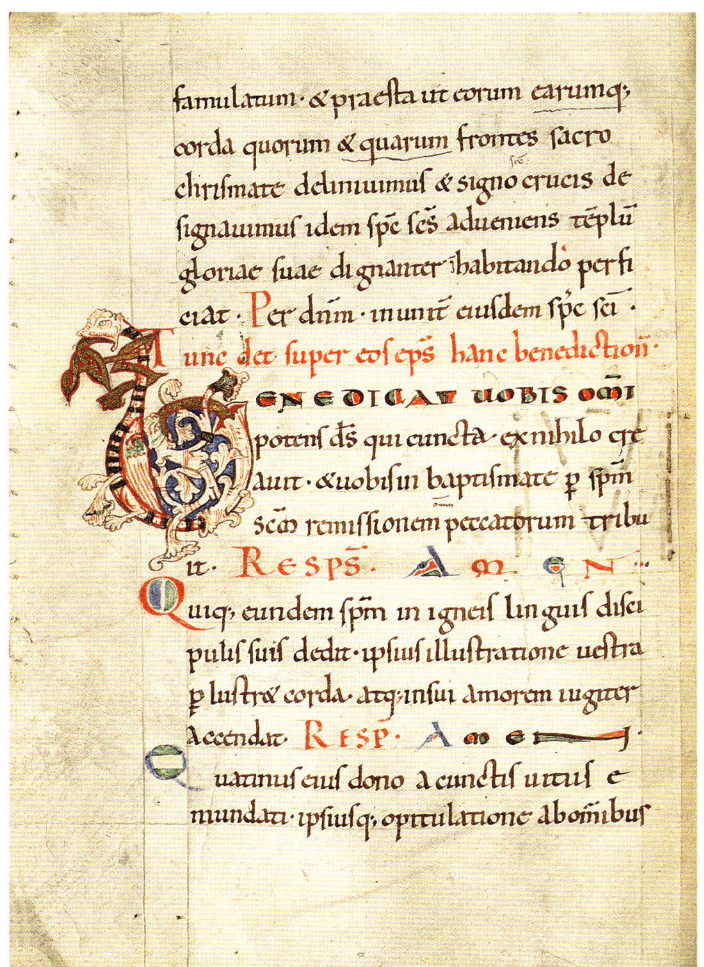

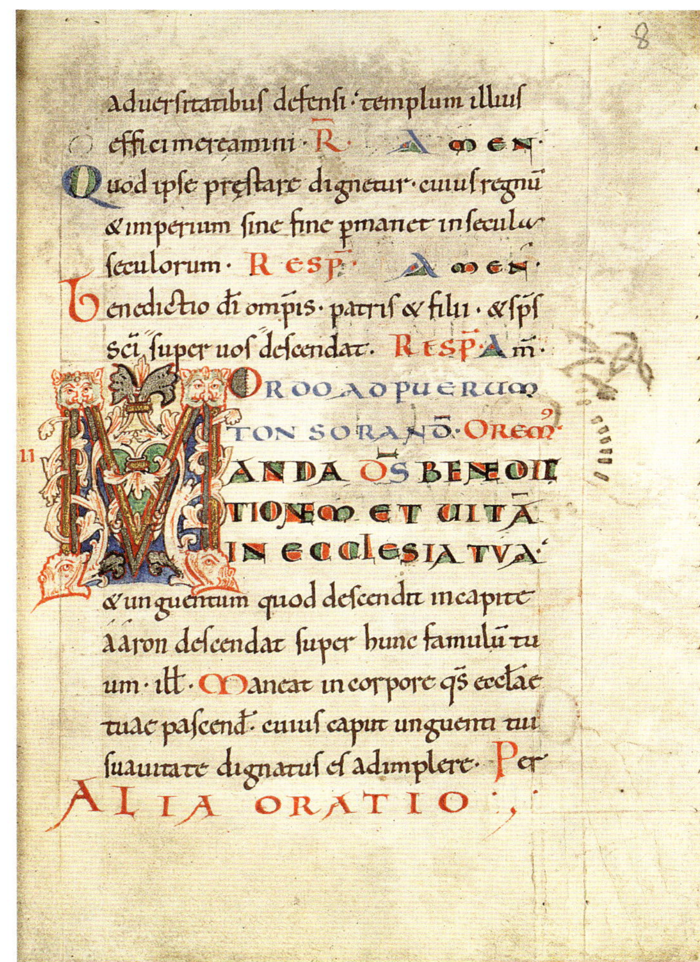

84 Dom Hs. 141, 7v/8r

Frage: Willst du Glauben und Unterwerfung unter die hl. Mutterkirche von Reims alle Tage deines Lebens bewahren? Antwort: Ich will.
124r (aus der rituellen Befragung des Kandidaten im Ordo für die Bischofsweihe); A.A.

Öl. **46v** *E(xpectante)*: thronender Bischof. **53v** *O(REMUS)*: Kleriker mit einer Pyxis unter der segnenden Hand Gottes. **53v** Ordo qualiter agendum sit in parasceve. **55r** Segnung des Feuers am Karsamstag. **55v** Ordo zur Segnung der Kirche. Litanei (Martin, Benedikt, Vedastus, Gaugericus). Es folgen die Segnungen von Salz, Wasser, Ambo etc. **61v - 62r** ABCDarium auf den äußeren Seitenstegen. Das griechische und lateinische Alphabet werden in die Ecken der Kirche eingeschrieben. **75v** Messe zur Kirchweihe *d(EUS)*: segnender Christus. **77r** Leer. **77v - 94r** Benediktionen für das Kirchenjahr beginnend mit dem 1. Advent *O(MNIPOTENS PATER)*. Zierseite mit halbseitiger Miniatur der Verkündigung an Maria. Es folgen weitere Benediktionen, die alle mit Rankeninitialen eingeleitet werden. Die Benediktionen der Weihnachtszeit sind durch Tier- oder Figureninitialen hervorgehoben: u. a. **78r** *O(MNIPOTENS)*: Lamm Gottes mit Lanze und Kreuz, **79r** Weihnachten *O(mnipotens)*: Christuskind in der Krippe vor Ochs und Esel, **80v** Fest des hl. Stephanus *d(eus)*: Stephanus mit Palme, Fest des Evangelisten Johannes *O(mnipotens)*: Halbfigur des Johannes, **81r** Tag der unschuldigen Kinder *O(MNIPOTENS)*: Herodes mit Schwert, **82v** Lichtmeß *O(mnipotens)*: Darbringung im Tempel, **93v** Fest des hl. Martin *D(eus)*: segnender Kleriker. **94r - 100v** Benediktionen zum Commune sanctorum. **101r** Benediktionen von liturgischer Gewandung und liturgischem Gerät mit Hervorhebung der Segnung des Kreuzes und des Reliquiengefäßes. **111r** Glockenweihe *E(XORCIZO TE CREATURA)*. **116v** Ordo zur Weihe des Friedhofs *DEUS (qui es totus)*. **118v** Ordo zur neuerlichen Weihe einer geschändeten Kirche. **119r** *O(MNIPOTENS)*. **122r** Ordo zur Segnung eines Tragaltars. **123r** Ordo zur Weihe eines Bischofs. **123v** *A(DESTO)*. **124v** *Privilegio etiam metropolis Remensium ecclesiae eiusque praesulis secundum sacros canones . . . Interrogatio: Vis fidem et subiectionem sanctae ecclesiae matri REMENSI omnes dies vitae tuae servare. Responsio: Volo.* **128v** *P(ROPITIARE DOMINE)* und *VERE D(IGNUM)*. **133r** Ordo zur Weihe des Papstes *I(n ordinatione)*. **134r** Ordo zur Segnung des Abtes *C(ONCEDE)*. **135r** In der 2. Frage der Interrogationes ist der Name der Diözese ausrasiert. **140r** Ordo zur Weihe von Mönchen. **141r** Ordo zur Weihe der Äbtissin *C(ONCEDE)*. **141v** Ordo zur Segnung der Jungfrau. **142v** *DEUS (AETERNORUM)*. **148r** Ordo zur Weihe einer Jungfrau, die im Laienstand bleibt *E(XAUDI)*. **150v** Ordo zur Segnung von Witwen. **151r** *V(ISIBILIUM)*. **153r** Ordo zur Weihe des Königs *O(MNIPOTENS)*. **166r** Ordo zur Weihe des Kaisers *D(EUS)*. **168v** Ordo zur Weihe der Königin *O(MNIPOTENS)*. **171v** Ordo zur Investitur der Soldaten als Verteidiger der Kirche *O(MNIPOTENS)*. **175r** Ordo zur Segnung der Braut *P(ROPITIARE)*. **177r** Ordo zur Segnung der Pilger *D(OMINE)*. **179r** Ordo zur Exkommunikation *n(OVERIT)*. **181r** *SEQUITUR ABSOLUTIO.*

84 Dom Hs. 141, 33r/46v

84 Dom Hs. 141, 53v/56v

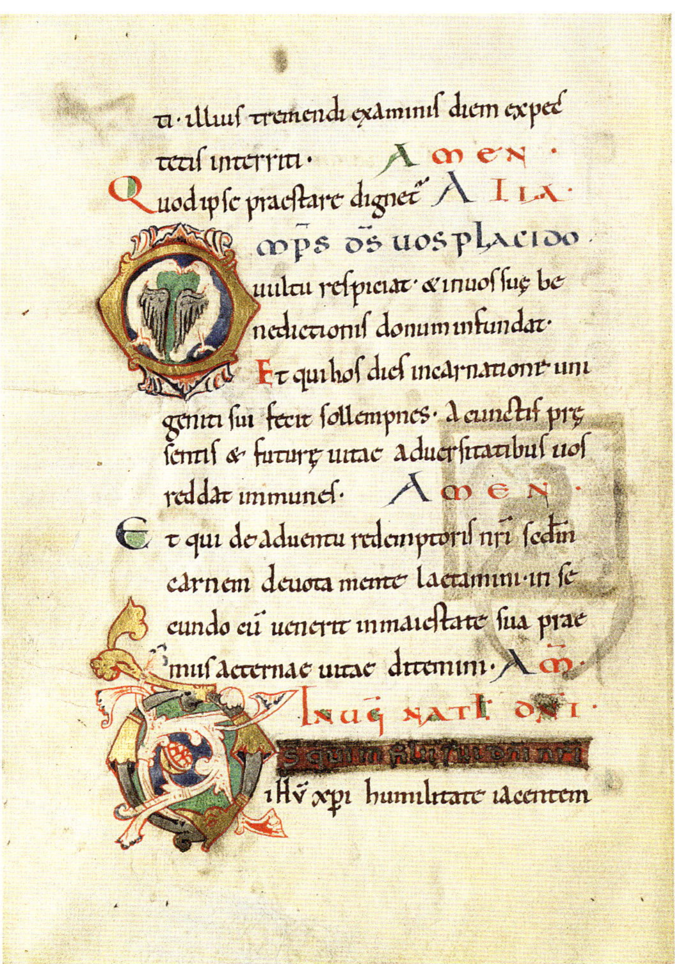

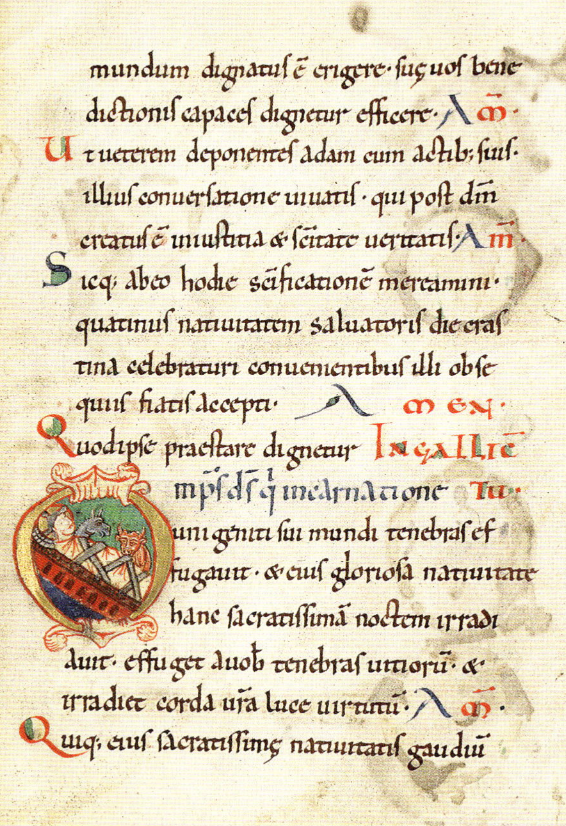

84 Dom Hs. 141, 78v/79r

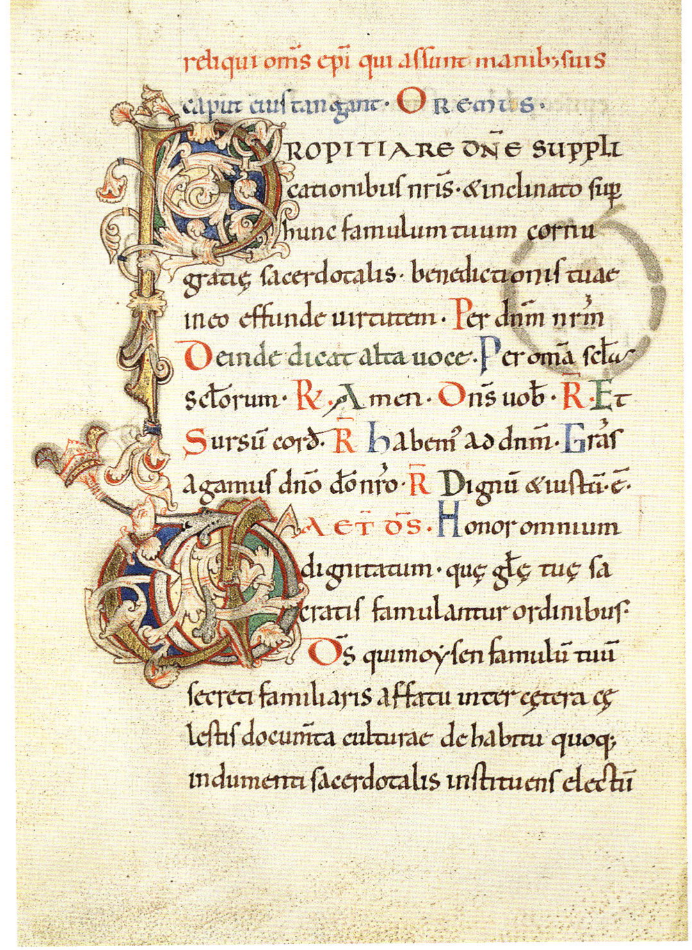

84 Dom Hs. 141, 80v/128v

183r Benedictio carnium, pomorum, fruges, panis novi, uvae vel fabae, vini novi. Der im Inhaltsverzeichnis noch angekündigte *Ordo qualiter agatur synodus* fehlt. **185v** Nachtrag des 12. Jhs.: *Benedictio crucis.* **188r** Nachtrag des 14. Jhs.: *Commune votum et communis oratio ....* **188v** Leer. **189r** Nachtrag (zeitgen.): *Benedic Domine Ihsu Xpiste haec caltiamenta . . . fidei exerceatur integritas.* Einzelne Benediktionen, Orationen und Präfationen.

PERGAMENT: 189 Blätter; 249 x 174 mm; Lagen 1^{6}, $2-4^{8}$, 5^{6}, $6-9^{8}$, 10^{8+1}, 11^{8-1}, $12-24^{8}$, 25^{1} (auf Papier aufgeklebt); Schriftspiegel 182 x 107 mm; Blindliniierung mit Versalienspalten (12 mm); einspaltig; 18 Zeilen. AUSSTATTUNG: Lateinischer Text in brauner frühromanischer Minuskel, rot, blau, gelb und grün rubriziert; ein- und zweizeilige Anfangsbuchstaben in Rot, Blau und Grün, teilweise mit grünen und blauen Schattierungen; zwei- und mehrzeilige Initialen in gleicher Farbigkeit und Schattierung sowie mit floralen, zoomorphen und anthropomorphen Motiven; große Initialen in Minium und mit Gold- und Silbertinte gefüllten Buchstabenkörpern sowie mit pergamentausgesparten Blattranken, Tieren und Figuren auf blauem, gelbem und grünem Grund; Miniatur- und Zierseite in gleicher Farbigkeit. EINBAND: Pergament mit Streicheisenlinien über Pappe (Mitte 18. Jh.). PROVENIENZ: Entstanden für den Bischof der Doppeldiözese Arras-Cambrai Gerardus oder Lietbertus; Besitzvermerk des Kölner Domes aus dem 15. Jh. *Liber sancti Petri ecclesiae Coloniensis* (1r); Darmstadt 2136. LITERATUR: Hartzheim 1752, S. 111 ff. – Jaffé/Wattenbach 1874, S. 59f. – Andrieu I 1931, S. 108ff. – Kdm Köln 1/III), 1938, S. 391 Nr. 3 (Lit.), Abb. 319 – S. Schulten, Die Buchmalerei des 11. Jahrhunderts im Kloster St. Vaast in Arras, in: MüJb 3. F. 7 (1956), S. 64ff., 77f., 86 (Lit.) – Bloch/Schnitzler II 1970, S. 22, 46 – Schulten 1980, S. 11f., Nr. 3 – Ornamenta 1985, I S. 393, 423ff., Nr. C8 (A. von Euw) – J. Flori, De nouveau sur l'adoubement des chevaliers (XIe-XIIIe siècles), in: Le Moyen Age 91 (1985), S. 201ff. – J. Flori, A propos de l'adoubement des chevaliers au XIième siècle: Le prétendu pontifical de Reims et l'ordo ad armandum de Cambrai, in: FMASt 19 (1985), S. 330ff. – Vogel 1986, S. 182 – Handschriftencensus 1993, S. 654f., Nr. 1105 – A. Odenthal, Die Palmsonntagsfeier in Köln im Mittelalter. Zu ihrer Genese anhand liturgischer Quellen des Domstiftes und des Gereonstiftes, in: KDB 62 (1997), S. 277ff.

A.O./J.M.P.

Pontifikale

85 Dom Hss. 139 und 140

Köln, Mitte 12. Jh.

Dom Hs. 139 und 140 bilden zwei Bände eines Pontifikale, das oft als 'Pontificale Coloniense' bezeichnet, im Codex selbst *Pontificale Ecclesie Coloniensis* genannt wird (auf dem 2. Vorsatzblatt aus Papier; 18. Jh.). Es handelt sich jedoch um ein für Köln geschriebenes Exemplar des überregional verbreiteten 'Pontificale Romano-Germanicum', also jenes liturgischen Buches für den bischöflichen Gottesdienst, das die 'Ordines Romani' (siehe Dom Hs. 138, Kat. Nr. 73) nach der Jahrtausendwende ablöst. Dom Hs. 139 enthält die von der liturgischen Zeit unabhängigen Pontifikalriten: Ordinationsriten, Benediktionen und einen Kirchweihordo. Dom Hs. 140, der 2. Teil des Pontifikale, beschreibt die bischöflichen Feiern im Laufe des Kirchenjahres. Kleinere Textauslassungen führen zu der Annahme, beide Codices seien die Abschrift einer verlorenen älteren Fassung des römisch-deutschen Pontifikale. Daß beide Codices zwar nicht für Köln verfaßt, aber für Köln geschrieben wurden, zeigt sich etwa, wenn in Dom Hs. 139 der neu zu weihende Bischof der Kölner Kirche seine Treue versprechen muß (6r).

Im Gegensatz zu prachtvoll aufgeführten Pontifikalhandlungen oder solchen Beispielen, die heilsgeschichtliche Themen des Kirchenjahres illustrieren, wie es das nordfranzösische Pontifikale Dom Hs. 141 (Kat. Nr. 84) aus der Mitte des 11. Jahrhunderts noch vor Augen führen kann, begnügt sich die vorliegende zweibändige Sammlung mit jeweils einer Initiale zu Beginn beider Handschriften sowie einer weiteren Initiale zur Hervorhebung des Ordo für die Königsweihe (Dom Hs. 139, 21r). Für ihre Entstehung in Köln wohl um die Mitte des 12. Jahrhunderts sprechen Farbigkeit und Entwicklungsstand der präzise vor blauem Grund abgesetzten Ranken, deren fleischige Blätter sich – in Fortführung der Stilstufe im sog. Friedrich-Lektionar (Dom Hs. 59, Kat. Nr. 30) – körperhaft und raumhaltig einrollen und an den Rändern kräuseln.

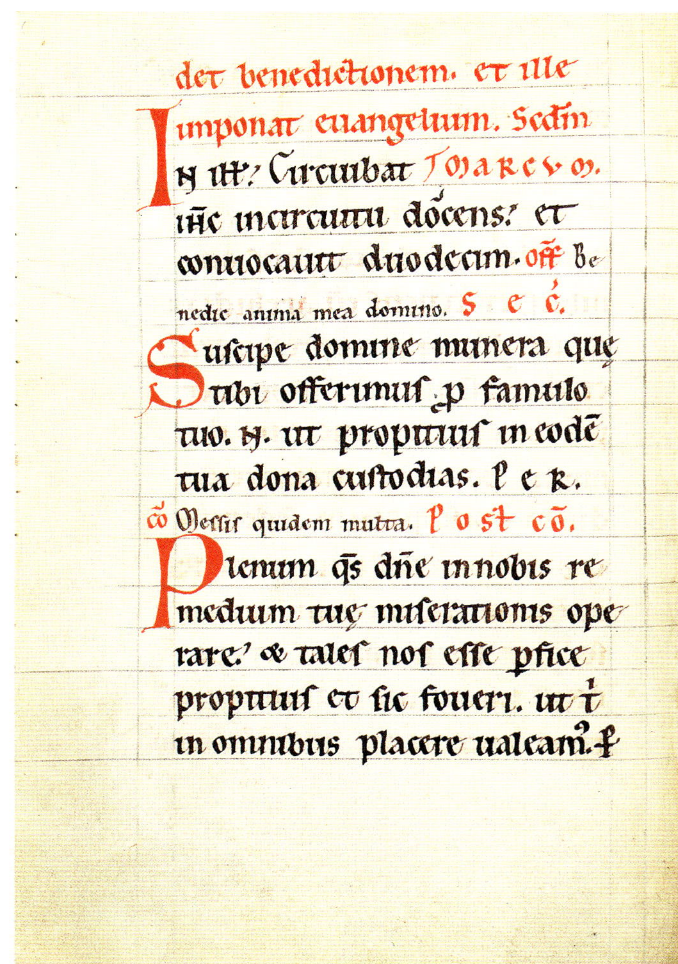

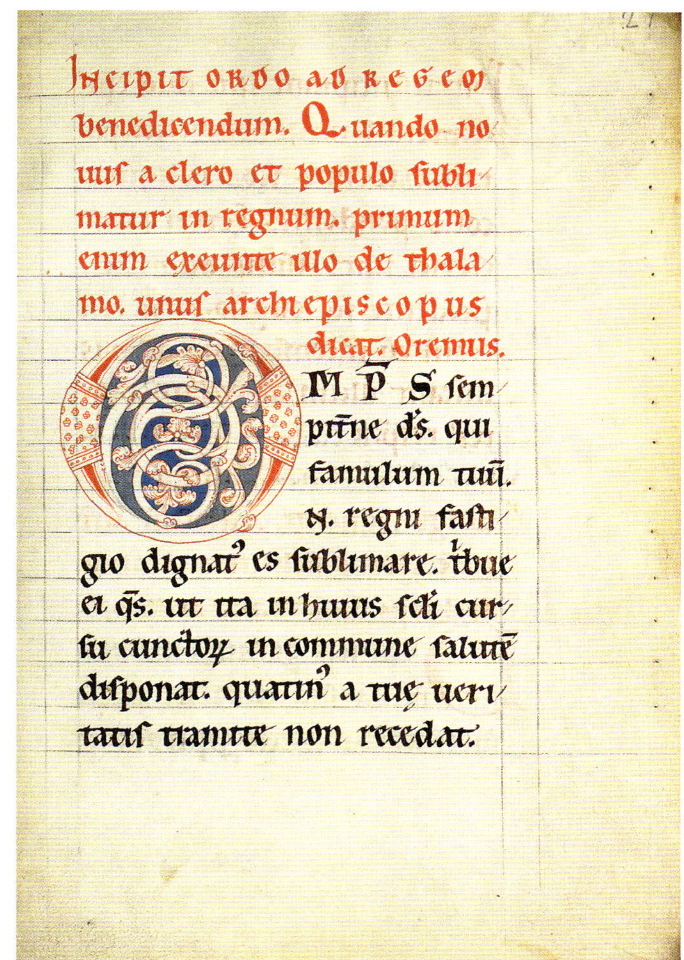

85 Dom Hs. 139, 20v/21r

Und dann soll der Bischof dieses Gebet sprechen: "Ruhmreicher Herr, unser Gott, sei gegenwärtig in deinen Heiligen und in diesem Tempel, der für dich erbaut worden ist. Damit du, der du alles in den Söhnen bewirkst, die du angenommen hast, selbst immer in deinem Erbe gepriesen wirst." Wenn dies alles ordnungsgemäß vollzogen worden ist, soll der Priester beginnen, von der linken Ecke der Kirche aus von Osten her über den Fußboden mit seinem Krummstab das gesamte griechische Alphabet zu schreiben, bis in die rechte, westliche Ecke. Und in gleicher Weise soll er wiederum beginnend vom rechten, östlichen Winkel das lateinische Alphabet schreiben bis hin zur linken, westlichen Ecke. 66v-67r; A.A.

INHALT (Dom Hs. 139): Auf dem 2. Papiervorsatzblatt nachgetragenenes Inhaltsverzeichnis (18. Jh.). **1r** Nachtrag: Segnung der Altartücher *Benedictio ad lintheamina altaris* (um 1200). **1v-131r** Pontifikale beginnend mit der Bischofsweihe *Ordinatio episcopi. O(REMUS dilectissimi fratres).* **4v** *Incipit examinatio in ordinatione episcopi secundum Gallos. ANTIQUA sanctorum patrum.* **6r** *Vis sancte Coloniensi ecclesie ...* **21r** Königsweihe *Ordo ad regem benedicendum. O(MNIPOTENS sempiterne Deus).* **39v** Weihe der verschiedenen kirchlichen Amtsträger (Ostiarius-Priester) *Ordo qualiter in Romana ecclesia sacri ordines fiunt.* **59r** Weihe einer Kirche *Ordo qualiter dedicatio ecclesiae fieri debeat.* **66v-67r** ABCDarium: das griechische und lateinische Alphabet werden in die Ecken der Kirche eingeschrieben. **93r** *Missa in dedicatione ecclesiae.* **98v** Weihe eines Friedhofs *Consecratio cimiterii.* **101r** Abtsweihe *Ordinatio abbatis.* **106v** Weihe einer Äbtissin *In ordinatione abbatissae.* **113v** *Ordinatio abbatissae canonicam regulam.* **117v** Jungfrauenweihe *Consecratio sacrae virginis.* **126v** Witwenweihe *Consecratio viduae.* **131r** Nachtrag: Weihe eines neuen Hauses (12. Jh.). **132v** Leer.
INHALT (Dom Hs. 140): **1r** Leer, bis auf Inhaltsbezeichnung des 18. Jhs. *Dom Hs. 139. Pontificale Coloniense* und Zahl *150* in Bleistift. **1v-138r** Pontifikale beginnend mit Lichtmeß und endend mit Benediktionen; mit Antiphonen und Präfationen. **1v** Weihe der Kerzen am 2. Februar *IN PURIFICATIONE SANCTE MARIAE. Benedictio super candelas ... E(RUDI).* **9r** Aschermittwoch *ORDO in quarta feria quod est in capite ieiunii. benedictio cineris.* **10v** Palmsonntag *Ordo in dominica indulgentiae, quae dies palmarum vocatur.* **23r** Ordo zur Durchführung eines dreitägigen Konzils *INCIPIT ordo qualiter agatur concilium.* **34r** Gründonnerstag = letzter Synodentag und Büßerrekonziliation *Ordo in quinta feria maioris ebdomadae, id est in caena Domini* (Schneider 1996, 454-468). **41r** Segnung des Feuers. **42v** Öffentliche Freisprechung von den Sünden. **58r** Segnung des Öles. **61r** *ORDO DE consecratione principalis chrismatis.* **72r** Karfreitag *ORDO IN PARASCEVE.* **77r** Vorbereitung zur Taufe und Taufordo *INCIPIT ordo ad catecuminum faciendum.* **93v** Segnung des Lammes bzw. Fleisches *Benedictio agni sive aliarum carnium.* **94v** Besuch der Kranken *Orationes ad visitandum infirmum ... EXAUDI NOS.* **112r** Totengedächtnis *Ordo in agenda mortuorum. O(mnipotentis).* **120v** Segnung des Kreuzes. **125v** Segnung eines Kreuzes aus Metall. **128v** Weihe eines Tragaltars. **129v** Ordo ad signum aecclesiae benedicendum. **138r** Ende mit der Rubrik *Tunc sub trina infusione aquae sanctae impone ei nomen si velis.* **138v** Leer.
PERGAMENT (Dom Hs. 139): 132 Blätter; 269 x 187 mm; Lagen 1-12^{8}, 13^{10}, 14-15^{8}, 16^{10}; Schriftspiegel 178 x 112 mm; Metallstiftliniierung mit Versalienspalten (9 mm); einspaltig; 16 Zeilen. PERGAMENT (Dom Hs. 140): 138 Blätter;

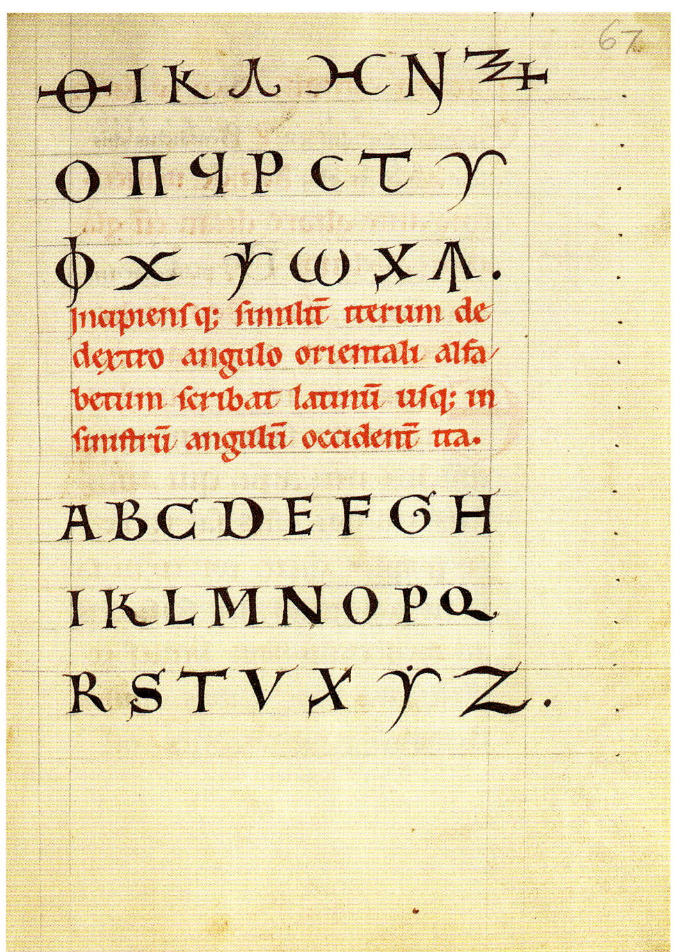
jncipiensq; simult iterum de dextro angulo orientali alfabetum scribat latinu usq; in sinistru angulu occident ita.
ABCDEFGH
IKLMNOPQ
RSTVXYZ.

85 Dom Hs. 139, 66v/67r

270 x 185 mm; Lagen 1-16[8], 17[10]; Schriftspiegel 187 x 107 mm; Metallstiftliniierung mit Versalienspalten (10 mm); einspaltig; 16 Zeilen. AUSSTATTUNG: Lateinischer Text in dunkelbrauner bis schwarzer romanischer Minuskel, rubriziert und z. T. neumiert; nachträgliche Ergänzungen und Korrekturen auf den Außenrändern, auch blind eingeritzt; einzeilige Anfangsbuchstaben in Minium oder Schwarz, zwei- bis dreizeilige Anfangsbuchstaben in Minium, z. T. mit ornamentalen oder vegetabilen Motiven im Binnenfeld; mehrzeilige und große Initialen mit pergamentausgesparten Blattranken in Minium auf blauem und blaugrauem Grund. EINBÄNDE: Pergament mit Streicheisenlinien über Pappe (Mitte 18. Jh.). PROVENIENZ: Für den Gebrauch in Köln geschrieben (Dom Hs. 139, 6r); in Dom Hs. 140 Besitzvermerk des Kölner Domes auf 1r *Liber sancti Petri ecclesiae Coloniensis* (14./15. Jh.); Darmstadt 2133, 2441. LITERATUR: Hartzheim 1752, S. 105 ff. – Jaffé/Wattenbach 1874, S. 58 f. – C. Vogel/R. Elze, Le Pontifical Romano-Germanique du dixième siècle, Bd. III, Vatikanstadt 1972 (Studi e Testi 269), S. 69 – Ornamenta 1985, I S. 393, 426, 434, Nr. C9 (A. von Euw) – Vogel 1986, S. 230 ff. – Handschriftencensus 1993, S. 654, Nr. 1103 – H. Schneider (Hg.), Die Konzilsordines des Früh- und Hochmittelalters, Hannover 1996 (MGH Ordines de celebrando concilio), S. 77, 453 ff. – A. Odenthal, Die Palmsonntagsfeier in Köln im Mittelalter. Zu ihrer Genese anhand liturgischer Quellen des Domstiftes und des Gereonstiftes, in: KDB 62 (1997), S. 280 ff. A.O./J.M.P.

Breviarum Franconicum

86 Dom Hs. 215

Lüttich (?), 3. Viertel 11. Jh., und Würzburg (?), 2. Viertel 12. Jh.

Das Brevier enthält mit der Zusammenstellung von Antiphonen und Hymnen sowie den Psalmen mit Cantica und Orationen eine Sammlung liturgischer Gesänge und Texte des Stundengebets in einer Benediktinerabtei. Das Schriftbild und die in Minium gezeichneten Initialen, von denen nur die erste (11r) zusätzlich in Deckfarben ausgeführt ist, weisen auf eine Entstehung wohl noch vor der Mitte des 12. Jahrhunderts. Die mit hellerer Tinte ausgeführte und wohl nachgetragene Neumierung hat die musikwissenschaftliche Forschung ins späte 12. Jahrhundert datiert und als ein wichtiges Zeugnis des Übergangs von der adiastematischen zur diastematischen Notation mit der graphischen Unterscheidung von Tonabständen nach Höhe und Tiefe erkannt. Die "in campo aperto", das heißt ohne Linien geschriebenen Neumen, die nicht die exakten Tonhöhen oder den Rhythmus, sondern den ungefähren Verlauf der Melodie wiedergeben, entsprechen offenbar alemannischer Tradition, wie sie in älteren Handschriften aus St. Gallen überliefert sind. Darüber hinaus enthält unser Codex (209v - 212r) ein nachgetragenes Tonar oder Tonale aus der 2. Hälfte des 13. Jahrhunderts mit einer Sammlung von Choralgesängen, die nicht nach ihrer Stellung im Kirchenjahr, sondern nach den acht Kirchentönen angeordnet sind, und deren Neumierung auf Linien der Metzer Tradition folgt.

Entsprechend einem Eintrag des 14. Jahrhunderts (206r), der sich auf Erzbischof Wilhelm von Gennep (1349 - 1362) bezieht, befand sich die Handschrift zu dieser Zeit bereits in Köln. Gleichzeitig mit diesem Eintrag wurde das Kalendar mit in Köln verehrten Heiligen bereichert. Als älteste Teile der Handschrift sind die drei Miniaturen anzusehen, die als Außenblätter einer Lage in den später entstandenen Text eingepaßt wurden. Peter Bloch hat ihre vorrangig in Rot und Grün leuchtende Farbigkeit, die in dichten Fältelungen gemusterten Gewänder wie auch die Architekturprospekte mit maasländischer Buchmalerei in Verbindung gebracht, wie sie beispielsweise auf dem Autorenbild im Kommentar zu den Paulusbriefen des Florus von Lyon, Ms. 9369 - 9370 der Bibliothèque Royale in Brüssel, überliefert ist (Rhein und Maas I 1972, S. 228, Nr. F21); dieser aus Saint-Laurent in Lüttich stammende Codex dürfte dort im 3. Viertel des 11. Jahrhunderts entstanden sein. Andererseits erkannte Bloch auch stilistische Zusammenhänge zu Handschriften wie dem Evangeliar theol. lat. fol. 18 der Staatsbibliothek Preußischer Kulturbesitz in Berlin, das – mit mosanen Einflüssen – im weiteren Umkreis der Fuldaer Buchmalerei in der 2. Hälfte des 11. Jahrhunderts entstanden sein wird. Die Nennung des hl. Burchard, des ersten Bischofs von Würzburg, und der dort ebenfalls verehrten Jungfrau Regiswindis im Kalendar sowie die mit einer Initiale hervorgehobenen Gesänge zum Fest des hl. Kilian (119r), des ebendort besonders verehrten Missionars, dessen Fest auch im Kalender aufgenommen ist, legen den Gebrauch unserer Handschrift in der Diözese Würzburg nahe. Ob sie dort bzw. im Umkreis der Fuldaer Buchmalerei auch geschrieben und unter Verwendung älterer Miniaturen des Abendmahls, einer nicht vollendeten Christusszene und des Ostergeschehens zu einem ungewöhnlich bebilderten Gesangbuch für das Stundengebet eines Benediktiners gestaltet worden ist, läßt sich unter anderem aufgrund der nur spärlich überlieferten Würzburger Buchmalerei dieser Zeit nicht entscheiden.

INHALT: **1r - 6r** Kalendar (Januar fehlt; im ursprünglichen Bestand: 8.7. *Kiliani Cholonani Thotnani m.*, 14.10. *Burchardi epi. et conf.*; wenig später nachgetragen: 15.7. *Regiswindis virg.*; im 14. Jh. nachgetragene Festrangbezeichnungen sowie zahlreiche Kölner Heiligenfeste). **6v - 9v** Komputistische Texte und Tabellen. **10r** Nachgetragene Benediktionen und Absolutionen (15. Jh.). **10v - 209r** Brevier mit weitgehend neumierten Texten. **11r** 1. Adventssonntag *A(SPICIENS A LONGE)*. **21r** Weihnachten *H(ODIE NOBIS CAELORUM)*. **82r** Textende zum Gründonnerstag. **82v** Miniatur: Letztes Abendmahl. **83r** Unvollendete Miniatur: Christus mit Schriftband vor einer Turmarchitektur stehend. **83v** Leer. **87v** Segnung des Bischofsringes (Nachtrag wohl 12. Jh.). **88r** Eintrag *Benedictus* mit Notation (15. Jh.) auf ansonsten leerer Seite. **88v** Unvollendete Miniatur: die Frauen am leeren Grab, Noli me tangere. **89r** Ostern *V(ESPERE AUTEM SABBATI)*. **89v** *A(NGELUS DOMINI DESCENDIT)*. **111r** Fest Johannes des Täufers *F(UIT HOMO MISSUS)*. **119r** Fest des hl. Kilian mit Vigil *B(EATUS KILIANUS)*. **125v** Mariä Himmelfahrt *V(idi speciosam)*. **135v** Fest des hl. Burchard. **190r** Leer. **199v** Fest der hl. Afra.

 86 Dom Hs. 215, 82v

 86 Dom Hs. 215, 83r

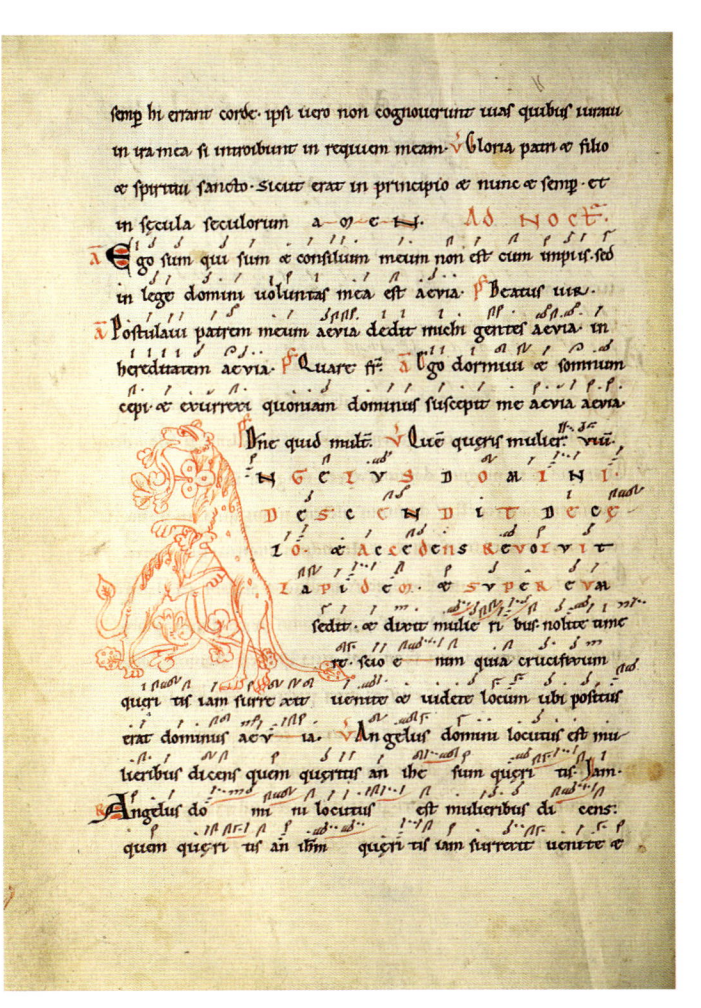

86 Dom Hs. 215, 11r/89v

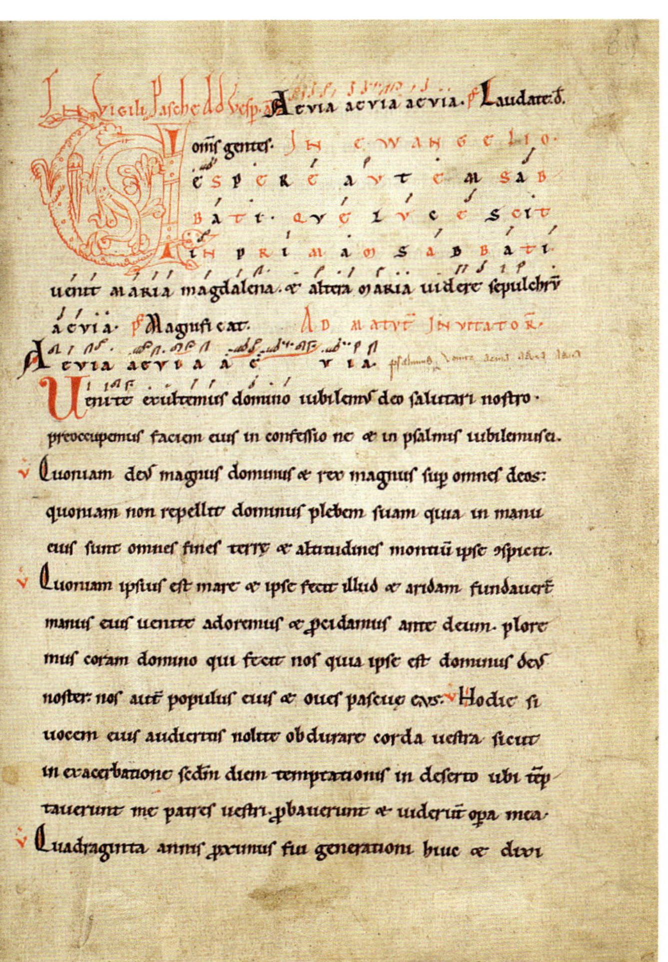

 86 Dom Hs. 215, 88v/89r

202v Totenoffizium. **209v-212r** Tonar (Nachtrag spätes 13. Jh.). **212v-216v** Hymnar. **216v** Fest des hl. Lambertus. **217r-272r** Psalter (Zehnteilung mit Hervorhebung von Psalm 1, 26, 38, 51, 52, 68, 80, 97, 101 und 109). **217r** *B(EATUS VIR).* **225r** *D(OMINUS illuminatio).* **230v** *D(IXI custodiam).* **235r** *Q(UID gloriaris).* **235v** *D(IXIT insipiens).* **240v** *S(ALVUM me fac).* **247r** *E(XULTATE Deo).* **252v** *C(ANTATE Domino).* **253v** *D(OMINE exaudi).* **259r** *D(IXIT DOMINUS).* **260r** *D(ILEXI quem exaudiet).* **272r-277r** Cantica. **277v-279v** Hymnen zur Vesper und Komplet. **277v** *O (LUX BEATA).*

PERGAMENT: 279 Blätter; 290 x 203 mm; Lagen 1^{8+1}, $2\text{-}10^{8}$, 11^{4+3}, $12\text{-}26^{8}$, 27^{1+6}, $28\text{-}35^{8}$; Schriftspiegel 205-220 x 143-150 mm; Blindliniierung; einspaltig; 21-26 Zeilen. AUSSTATTUNG: Lateinischer Text in dunkelbrauner bis schwarzer romanischer Minuskel von verschiedenen Schreibern, rubriziert; Neumen ohne Linien über den Textzeilen; ein- und mehrzeilige Anfangsbuchstaben in Minium bzw. in Schwarz mit Minium schattiert; große Initialen mit pergamentausgesparten Blattranken und zoomorphen Motiven in Minium; Initiale (11r) in grauvioletter Zeichnung mit pergamentausgesparten Blattranken mit Schattierungen in Rot auf grünem, grauviolettem und rotbraunem Grund; Miniaturen in Deckfarbenmalerei. EINBAND: Pergament mit Streicheisenlinien über Pappe (Mitte 18. Jh.). PROVENIENZ: Eintrag des 14. Jhs. *Wilhelmus Dei gratia sancte Coloniensis ecclesiae* (206r), wahrscheinlich Erzbischof Wilhelm von Gennep; Darmstadt 2192. LITERATUR: Jaffé/Wattenbach 1874, S. 96 – W. Gerstenberg, Eine Neumenhandschrift in der Dombibliothek zu Köln (Codex 215), in: H. Renck/ H. Schultz/ W. Gerstenberg (Hgg.), Festschrift für Theodor Kroyer zum 60. Geburtstag, Regensburg 1933, S. 8ff. – Kdm Köln 1/III, 1938, S. 396 Nr. 12 (Lit.) – P. Bloch, Unerkannte mosane Miniaturen in Cod. Metr. 215 des Kölner Domschatzes, in: KDB 18/19 (1960), S. 25ff. – Schulten 1980, S. 140, Nr. 158 – Handschriftencensus 1993, S. 688f., Nr. 1160. J.M.P.

Psalter

87 Dom Hs. 260

Diözese Lüttich, zwischen 1280 und 1290

Dieser für das Stundengebet eingerichtete Psalter mit Noten wurde für ein Prämonstratenser-Kloster im deutschen Teil der Diözese Lüttich angefertigt. Die Litanei nennt zahlreiche Heilige, die in Lüttich verehrt werden, während die Responsorien des Totenoffiziums eher an Kölner Gewohnheiten anknüpfen (K. Ottosen, The Responsories and Versicles of the Latin Office of the Dead, Aarhus 1993, S. 164f.). Die Hufnagelnoten und die farbigen Notenliniensysteme waren in Deutschland üblich, doch verwendete man sie auch in Lüttich. Schon früh kam die Handschrift in den Besitz eines Klosters der Kölner Diözese. Einige Seiten wurden ersetzt und Hymnen zu Ehren Kölner Heiliger eingefügt.

Die historisierte Initiale des ersten Psalms stellt den harfespielenden König David als Autor der Psalmen dar (1v). In der oberen Schlaufe der Initiale thront Maria mit dem Kind. Ihr zu Füßen kniet betend ein nimbierter Mönch in weißem Gewand, eine Schriftrolle mit den Worten *Hermani Ioseph salve* in den ausgestreckten Händen. Der selige Hermann Joseph – ein Prämonstratenser-Mönch – hatte in einer Vision die mystische Hochzeit mit der Jungfrau Maria erlebt und galt daher als zweiter Joseph. Er starb 1241 in dem Prämonstratenserinnenkloster Hoven und wurde in das nahegelegene Kloster Steinfeld in der Eifel überführt (Acta Sanctorum, Aprilis 1, S. 679ff.). Seine Verehrung ist lokal begrenzt und vermutlich auf die Prämonstratenser beschränkt, da er nie heiliggesprochen wurde. Eine ähnliche Miniatur befindet sich in einem in der Mitte des 13. Jahrhunderts für die Prämonstratenser-Abtei Notre-Dame zu Parc in der Nähe von Leuven angefertigten Graduale (London, British Libr., Add. Ms. 39678, fol. 1). Es trägt die Schreibersignatur des Bruders Simon von Leuven, der von 1257-1266 Prior von Parc war (In Beeld Geprezen 1989, Nr. 27, S. 112ff.). In der Initiale zum 1. Advent *A(d te levavi)*, mit der die Handschrift einsetzt, kniet wiederum ein weiß gekleideter Mönch vor der thronenden Maria mit Kind. Das Schriftband in

87 Dom Hs. 260, 1v/17v

seinen Händen ist heute leider unleserlich. Zum Zeichen für seine Aufnahme in das Königreich der Heiligen setzt das Christuskind dem Mönch eine Krone auf das Haupt.

Der Psalter ist – entsprechend der Einteilung nach Wochentagen – mit sieben historisierten Initialen illuminiert. Ihre Illustrationen setzen nach französischem Vorbild den Psalmentext wörtlich um und beziehen häufig die Darstellung König Davids ein. Die zwei singenden Kleriker zu Beginn von Psalm 97 *Cantate Domino canticum novum* (Singet dem Herrn ein neues Lied), die vor einem Lesepult mit einem offenen Chorbuch stehen, verdeutlichen den damaligen Gebrauch der Handschrift. Der Narr von Psalm 52, der in seinem Herzen die Existenz Gottes leugnet, reitet auf einem Hund. Kleinere Lombarden mit Fleuronnée, wie sie für das späte 13. Jahrhundert typisch sind, kennzeichnen die Psalmen 51 und 109. Mehr Eleganz zeigt dagegen die spätere Filigran-Initiale zur Totenvigil (167r): Sie führt Kreise in Kontrastfarben in das dichte Federfiligranwerk im Inneren der Initiale ein. Solche mehrfarbigen Ornamente waren im frühen 14. Jahrhundert üblich und finden sich ebenfalls in Dom Hs. 183 (Kat. Nr. 49).

*Singet dem Herrn ein neues Lied; denn er hat wunderbare Taten vollbracht.
Er hat mit seiner Rechten geholfen und mit seinem heiligen Arm.
Der Herr hat sein Heil bekannt gemacht und sein gerechtes Wirken enthüllt vor den Augen der Völker.
Er dachte an seine Huld und an seine Treue zum Hause Israel.
Alle Enden der Erde sahen das Heil unsres Gottes.*

Die Figuren aus Dom Hs. 260 mit ihren großen gebrochenen Falten und den leicht geschlitzten Augen sind für die französische gotische Malerei aus dem dritten Viertel des 13. Jahrhunderts charakteristisch. Ihr Stil gleicht dem des Codex McClean 43 aus Cambridge (Fitzwilliam Museum), dessen Miniator in den 1270er Jahren aus dem Artois nach Lüttich kam (Oliver II 1988, Taf. 72 und 102). Ähnliche Figuren und sich verjüngende Initialverlängerungen zieren auch eine Gruppe von Antiphonarfragmenten, die heute in Münster aufbewahrt wird (Westfälisches Landesmuseum,

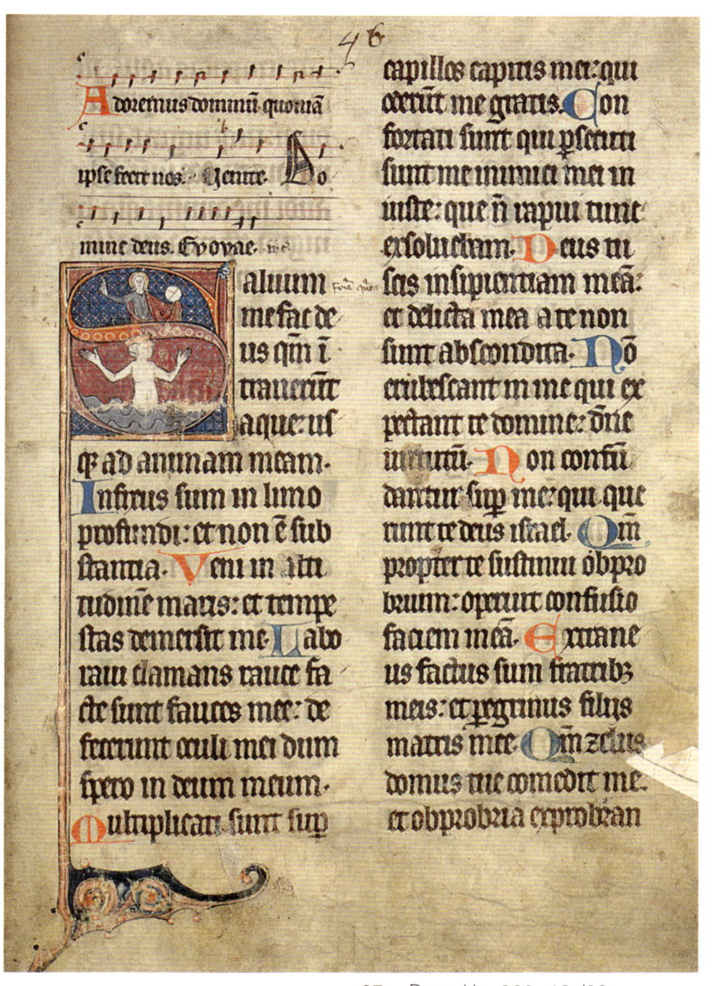

87 Dom Hs. 260, 46r/69r

Jauchzt vor dem Herrn, alle Länder der Erde, freut euch, jubelt und singt!
Spielt dem Herrn auf der Harfe, auf der Harfe zu lautem Gesang!
Zum Schall der Trompeten und Hörner jauchzt vor dem Herrn, dem König!
Es brause das Meer und alles, was es erfüllt, der Erdkreis und seine Bewohner.
In die Hände klatschen sollen die Ströme, die Berge sollen jubeln im Chor vor dem Herrn, wenn er kommt, um die Erde zu richten.
Er richtet den Erdkreis gerecht, die Nationen so, wie es recht ist.
69r (Ps 97)

Ms. EM 29. 1-27; J. Lammers, Buchmalerei aus Handschriften vom 12. bis zum 16. Jahrhundert, Münster 1982, Nr. 7, S. 24f.; Oliver 1987, S. 395f., Abb. 9; In Beeld Geprezen 1989, Nr. 35, S. 126ff.). Vergleichbare Initialausläufer lassen sich zudem in folgenden maasländischen Handschriften aus der Zeit um 1280 beobachten: einem Dominikaner-Graduale aus Hainault (Düsseldorf, Universitätsbibl., Ms. D. 10a) und einem Lütticher Psalter, der ebenfalls von einem Buchmaler aus Hainault illuminiert wurde (Rochester N.Y., Memorial Art Gall., Ms. 53.68).

Dieser maasländische Stil wurde in Köln vorbildhaft: Er prägt die Miniaturen in dem kleinen Psalter einer privaten Sammlung in Neuss und in späteren Handschriften, die für die Franziskaner in Köln hergestellt wurden (Darmstadt, Hess. Landes- und Hochschulbibl., Ms. 3116A und Baltimore, Walters Art Gall., Mss. 41 und 111; J.M. Plotzek, Andachtsbücher, Ausst. Kat. Köln 1987, Nr. 9; Oliver 1978). Alle diese Codices sind früher entstanden als das 1299 datierte Graduale des Johannes von Valkenburg in Köln (Diözesan Hs. 1b, Kat. Nr. 88), wo die Initialverlängerungen gerahmt sind und Drôlerien einschließen. Eine Datierung von Dom Hs. 260 in die 80er Jahre des 13. Jahrhunderts ist wahrscheinlich.

INHALT: **1v-116v** Liturgischer Psalter. **1v** Ps 1 *B(EATUS VIR)*: musizierender David/ Devotionsbild. **17v** Ps 26 *d(ominus illuminatio mea)*: David, auf seine Augen zeigend. **27v** Ps 38 *d(ixi custodiam)*: David, der auf seinen Mund zeigt. **36r** Ps 51 *Q(uid gloriaris)*. **36v** Ps 52 *D(ixit insipiens)*: Narr, auf einem Hund reitend. **43r** Ps 65 *I(ubilate Deo)*. **46r** Ps 68 *S(alvum me fac)*: David im Wasser und Gott im Firmament. **57v** Ps 80 *E(xultate Deo)*: David beim Zimbelspiel. **69r** Ps 97 *C(antate Domino)*: zwei singende Kleriker. **81r** Ps 109 *D(ixit Dominus)*. **113r/v** Papier. Ergänzung des verlorenen Textes. **116v-118v** Litanei (Lambertus, Cornelius, Foillan, Remaklus, Trudo, Gertrude).

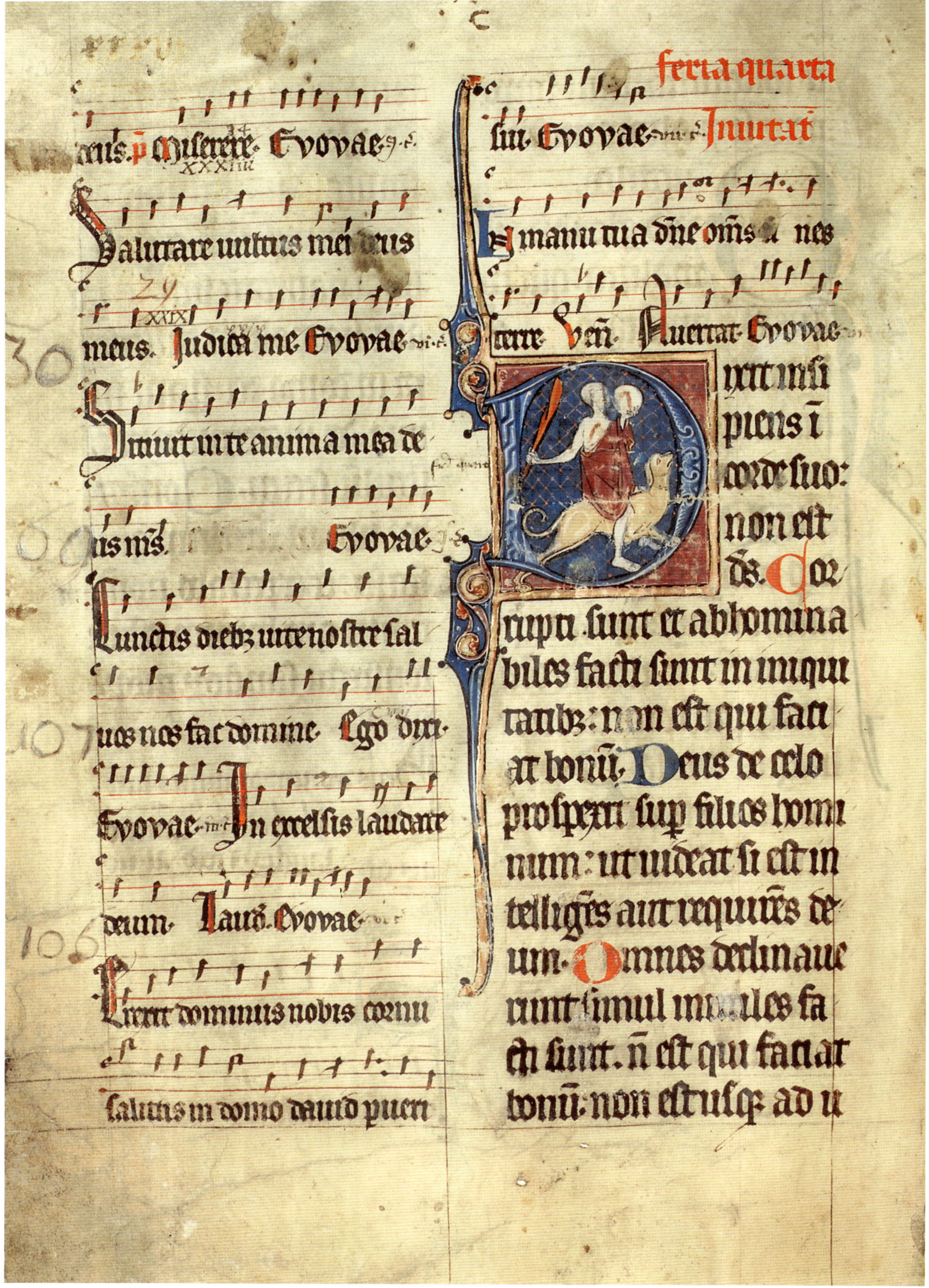

87 Dom Hs. 260, 36v

119r Späterer Nachtrag. **119v** Leer. **120r-135v** Gesänge zu den Stundengebeten an den Wochen- und Festtagen, beginnend mit dem Hymnus *O (lux beata Trinitas)*. **129v** Fest des hl. Georg. **133v** Fest des hl. Gereon. **136r-137v** Nachtrag, beinhaltend den Hymnus zum Fest des hl. Lambertus. **138r-166v** Antiphone und Responsorien zum Stundengebet, beginnend mit der Kirchweihe *G(loria tibi Trinitas)*. **167r-211r** Stundengebete zum Commune sanctorum, beginnend mit der Totenvigil *P(lacebo Domino)*. **211r-216v** Nachträge unterschiedlicher Zeiten. **216v-217r** Nachgetragenes Verzeichnis der Psalmenanfänge.

PERGAMENT: 217 Blätter (fol. 133 doppelt vergeben); 358 x 264 mm; Lagen 1^{6+1}, 2^{6+1}, $3-9^{8}$, 10^{10}, 11^{8}, 12^{6}, 13^{4-1+1}, 14^{8+1}, 15^{8-1+1}, 16^{4+2}, 17^{8}, 18^{8+1}, $19-21^{8}$, $22-23^{6}$, 24^{10}, 25^{6}, 26^{10}, 27^{6}, 28^{8+1}, 29^{2}, Nachsatzblatt aus Pergament; Schriftspiegel 294 x 198 mm; Liniierung mit Metallstift, z. T. mit Tinte nachgezogen; 2 Spalten von je 90 mm Breite und 20 mm Abstand; 22 Zeilen; Neumen auf vierlinigem Notensystem, eine jeweils wechselnde Notenlinie ist rot hervorgehoben. AUSSTATTUNG: Lateinischer Text in früher schwarzer Textura, rubriziert; einzeilige Lombarden in Rot und Blau; zweizeilige und mehrzeilige Fleuronnéeinitialen in Rot und Blau; große historisierte Initialen mit Blattranken und langgezogenen Ausläufern in Deckfarbenmalerei mit Gold; Restaurierung mit Papier und Textergänzungen an den beschädigten Rändern. EINBAND: Schweinsleder mit Blindprägung über Holz; Einzelstempel und zwei Rollenstempel: Kranzrolle und Rankenrolle; Streicheisenlinien: Rechteck mit Streifenrahmen; zwei Schließen mit ziselierten floralen Motiven und acht Eckbeschläge (um 1600). PROVENIENZ: Die Litanei nennt zahlreiche Heilige, die in Lüttich verehrt werden, während die Responsorien des Totenoffiziums eher an Kölner Gewohnheiten anknüpfen. LITERATUR: Heusgen 1933, S. 22f. – J. Oliver, Mosan Origins of Johannes von Valkenburg, in: WRJb 40 (1978), S. 31 Nr. 27, Abb. 14 – Dies., The French Gothic Style in Cologne: Manuscripts before Johannes von Valkenburg, in: E. Cockx-Indestege/ F. Hendrickx (Hgg.), Miscellanea Neerlandica. Opstellen voor Dr. Jan Deschamps, Leuven 1987, Bd. I, S. 394, Abb. 8 – Dies., Gothic Manuscript Illumination in the Diocese of Liège (c. 1250-c.1330), Leuven 1988, Bd. I, S. 159 – In Beeld Geprezen. Miniaturen uit Maaslandse Devotieboeken 1250-1350, Ausst. Kat. Saint Trond, Leuven 1989, S. 112ff. – Handschriftencensus 1993, S. 703, Nr. 1189.

J. Ol.

Graduale des Johannes von Valkenburg

88 Diözesan Hs. 1b

Köln, Minoritenkonvent, 1299

Auf der ganzseitigen Eingangsminiatur (1r) kniet innerhalb eines portalähnlich angelegten gotischen Architekturprospekts der Franziskaner-Minorit Johannes von Valkenburg, flankiert von den Heiligen Clara und Bonaventura; darüber thront Christus neben Maria und dem hl. Franziskus. Johannes weist auf eine Inschrift, die ihn als Schreiber der Gesangstexte und Noten sowie als Illuminator der Handschrift bezeichnet und 1299 als Jahr der Fertigstellung anführt *Ego frater Johannes de Valkenburg scripsi et notavi et illuminavi istud graduale et complevi anno Domini millesimo ducentesimo* LXXXX *nono*. Im selben Jahr, gleichfalls inschriftlich verbürgt, schuf er ein weiteres Graduale, das heute in der Bonner Universitäts- und Landesbibliothek (S 384) aufbewahrt wird. Der identische Text wird dort von Miniaturen begleitet, die an wenigen Stellen von den ikonographisch originelleren Kölner Illustrationen abweichen. Die Wahl des Miniaturenschmucks deutet auf eine Nutzung beider Handschriften in einem Franziskanerkloster hin. Das verdeutlichen in Diözesan Hs. 1 b die Darstellung des hl. Antonius von Padua in der Initiale zum Introitus *I(n medio ecclesie)* im 'Proprium de sanctis' (Folio 215v) und die Miniatur auf Folio 232v zum Fest des hl. Franziskus. Die Initiale zum Introitus *G(audeamus omnes)* zeigt die ikonographisch selten belegte wundersame Heilung eines Krüppels bei der Translozierung der Gebeine des Heiligen, angeregt wohl von der ersten, von Thomas von Celano (um 1190-1260) verfaßten Vita des hl. Franziskus.

Nach Maßgabe seines Namens stammt Frater Johannes aus dem unweit von Maastricht gelegenen Valkenburg (Fauquemont). Die Kölner Franziskanerprovinz umfaßte im 13. Jahrhundert eine bedeutende Zahl brabantischer Konvente, zu denen auch ein Kloster in Maastricht zählte. Seit den

 88 Diözesan Hs. 1b, 1v

Ad te leuaui a nimam
meam deus meus in te
confi do non e ru bescā
neq; irrideant me inimici mei etenim
uniuer si qui te expectant non confun
dentur. V. Uias tuas domine demon
stra michi et semitas tuas edoce me. V. Glo
ria patri et filio et spiritui scō.

 88 Diözesan Hs. 1b, 3r

grundlegenden Forschungen Graf Vitzthums betrachtete man die mit Johannes zu verbindenden Gradualien wiederholt als Beginn der hochgotischen Buchmalerei in Köln. In ihnen wird die stilistische Vorbildhaftigkeit maasländischer, aber auch über Zwischenstufen vermittelter Pariser Handschriften evident. Neuere Untersuchungen belegen, daß Frater Johannes jedoch keinesfalls Initiator dieser Rezeptionswelle war, sondern vielmehr eine bereits bestehende künstlerische Assimilierung dieser Vorbilder in Köln in den 1280er Jahren fortsetzte. Diese wird bereits im Falle zweier aus diesem Zeitraum stammender und für die Kölner Franziskaner geschaffener Psalter faßbar (Baltimore, Walters Art Gall., W. 41, W. 111).

Für die Ausschmückung der liturgischen Handschriften entwickelte Frater Johannes ein einheitliches und konsequent angewendetes Dekorationssystem. In Einzelmotiven erkennt man die vor allem durch maasländisch-Lütticher Buchmalerei vermittelte Kenntnis Pariser Vorbilder. Erwähnt sei die Vorliebe einer radialen Anordnung weit ausgreifender, stachelig-abstrakter Rankenarme ("Windmühlenflügel"), wie sie zuerst in der Pariser Buchmalerei in der sog. Sainte-Chapelle-Gruppe auftreten (R. Branner, Manuscript Painting in Paris during the Reign of Saint Louis, Berkeley u. a. 1977). Als weiteres charakteristisches Schmuckmotiv der beiden Gradualien sind jene kleinen Goldkugeln (engrêlé) zu nennen, die auf den Spitzen wellenförmig ausgeschnittener Rankenprofile sitzen und wohl aus der Heraldik abgeleitet sind. Unmittelbar prägend könnten für Frater Johannes hierbei der in der Diözese Lüttich geschaffene Reuschenberg-Psalter (Privatsammlung) und ein vermutlich von einem Lütticher Buchmaler illuminierter Psalter (Dom Hs. 260, Kat. Nr. 87) gewesen sein, die eine vergleichbare Vorliebe für 'engrêlé'-Besatz zeigen.

Zu dir erhebe ich meine Seele; mein Gott, auf dich vertraue ich. Drob werd ich nicht erröten, noch sollen meine Feinde mich verlachen. Denn all die vielen, die auf dich warten, werden nicht enttäuscht. Herr, zeige mir deine Wege und lehr mich deine Pfade. Ehre sei dem Vater und dem Sohne und dem Hl. Geiste; wie es war im Anfang, so auch jetzt und allezeit und in Ewigkeit. Amen.
3r (Introitus)

Die Figuren bzw. Szenen in den Initialen werden häufig von gestuften Wimpergen mit Dreistrahl- und Paßformen bekrönt. Die nach 1280 entstandenen Kirchenfenster der dominikanischen Hl. Kreuz-Kirche, heute in der Michaelskapelle sowie der neuen Sakristei des Kölner Domes, weisen hierin frappierende Ähnlichkeit zu den Miniaturen auf. Auf ihnen findet der – offensichtlich auch für die Miniaturen des Frater Johannes vorbildliche – Typus des Standfigurentabernakels Einzug in die Kölner Glasmalerei. Die mit Rayonnant-Maßwerk verzierten Wimperge der historisierten Initialen scheinen ferner architektonische Motive der unter Meister Arnold erfolgten Bauphasen des Kölner Domes zu verarbeiten. In dieser modischen Aktualisierung der Miniaturrahmungsmotive folgt Frater Johannes vergleichbaren Tendenzen der Pariser Buchmalerei des 13. Jahrhunderts, wo die bereits erwähnte Sainte-Chapelle-Gruppe in ihren Miniaturen unmittelbar auf architektonisch hochaktuelle Zierformen des Nordtransepts von Notre-Dame reagiert. Damit stellt die Miniaturmalerei des Johannes von Valkenburg eine einzigartige künstlerische Synthese zwischen französisch-maasländischen, in Köln selbst vorgefundenen und assimilierten Stileinflüssen dar.

INHALT: **1r** Doxologien (Anfang fehlt). **1v** Titelzierseite mit Dedikationsbild. **2r** Aspersionsantiphon *Asperges me Domine*. **3r** Proprium de tempore. 1. Advent *A(D te levavi)*: König David kniet vor Christus/Gottvater. **20r** Weihnachten *P(uer natus est)*: Geburt Christi. **27v** Epiphanie *E(cce advenit)*: Anbetung der Könige. **137v-143v** Litanei. **141/142** Eingebunden in die Litanei Nachtrag des 18. Jhs.: Gesang des Gloria *in tempore paschali in duplicibus* und *in semiduplicibus*. **144r** Ostern *R(esurrexi)*: Auferstehung Christi. **161r** Christi Himmelfahrt *V(iri Galilei)*: Himmelfahrt Christi. **165r** Pfingsten *S(piritus Domini)*: Herabkunft des Hl. Geistes. **198r** Proprium de sanctis. Vigil zum Fest des hl. Andreas *D(ominus secus mare)*: Berufung der hll. Petrus und Andreas. **199ar** Nachtrag von 1753: Alleluiavers zum Fest der Bekehrung ces hl. Paulus. **203r** Lichtmeß *S(uscepimus Deus)*: Darbringung im Tempel. **210v** Fest der Verkündigung an Maria *M(ultum tuum)*: Verkündigung.

144
esurrexi et adhuc tecũ
sum alle luia posui sti
super me manum tuam
alle luia mira bilis facta est
scientia tu a alleluia al le luia. Ps.
Domine probasti me et cognouisti
me tu cognouisti sessionem meam et re
surrectionem meam. V. Gloria pa. Gr.

88 Diözesan Hs. 1b, 144r

88 Diözesan Hs. 1b, 105r/161r

 88 Diözesan Hs. 1b, 165r/198r

88 Diözesan Hs. 1b, 203r/217v

 88 Diözesan Hs. 1b, 225v/227v

a ro matum in conspectu dei alle
luia. Co. Benedi
cite omnes angeli domini dominũ
hymnum dicite et superexaltate e
um in se cula. alle luia.
In natali
sci francis
ci introitus.
audeamus om
nes in domi no diem fe
stum celebrantes sub honore beati fran

 88 Diözesan Hs. 1b, 232v

88 Diözesan Hs. 1b, 230r/234r

88 Diözesan Hs. 1b, 236r/254r

88 Diözesan Hs. 1b, 290r/292r

215v Fest des hl. Antonius von Padua *I(n medio ecclesie)*: hl. Antonius. **217v** Fest Johannes' des Täufers *D(e ventre matris)*: hl. Johannes Bapt. (anderer Illuminator). **220v** Zierseite. Fest der hll. Petrus und Paulus *N(unc scio vere)*: die hll. Petrus und Paulus. **224r** Fest des hl. Laurentius *C(onfessio et pulchritudo)*: Marter des hl. Laurentius. **225v** Mariä Himmelfahrt *G(audeamus omnes)*: Marientod. **227v** Zierseite. Fest Mariä Geburt *S(alve sancta parens)*: Geburt Mariens. **230r** Fest des hl. Michael *B(enedicite Domine)*: Erzengel Michael tötet den Drachen. **232v** Fest des hl. Franziskus *G(audeamus omnes)*: Reliquienprozession. Auf dem unteren Seitensteg: Vogelpredigt. **234r** Allerheiligen *G(audeamus omnes)*: Marienkrönung. **236r** Commune sanctorum mit nachfolgenden Votivmessen *E(go autem)*: König David (?) vor einem Olivenbaum. **281a** Nachtrag des 18. Jhs.: *Tractus de virginibus et non virginibus.* **286a** Nachtrag des 18. Jhs.: Alleluiaverse zum Fest *De Communi non Virginum* und zum Fest des Erzengels Raphael. **290r** Kirchweihe *T(erribilis est locus)*: Altarweihe. **292r** Totenmesse *R(equiem eternam)*: Totenmesse für einen verstorbenen Mönch. **302v** Kyriale. **316v** Sequenzen *Victime paschali.* **320r** Ende mit der Sequenz *Ave preclara maris stella.* **320r-321r** Nachträge: Kyrie und Alleluiavers, Offertorium und Communio zum Fronleichnamsfest. **321v** Annähernd unlesbar gewordene Nachträge zu verschiedenen Offizien. **321ar/v** Nachtrag des 18. Jhs. *Fractum demum sacramento.*

PERGAMENT: 321 Blätter, einschließlich zweier mitgezählter Papierblätter des 18. Jhs., aber ohne die 4 beigebundenen und nicht gezählten Papierblätter des 18. Jhs.; 444 x 306 mm; Lagen 1^{10+1}, $2\text{-}4^{10}$, $5\text{-}6^{10-1}$, $7\text{-}10^{10}$, 11^{8}, $12\text{-}14^{10}$, 15^{10+2}, $16\text{-}19^{10}$, 20^{8}, $21\text{-}32^{10}$, 33^{4}; unregelmäßige Wortreklamanten; zeitgenössische Foliierung: auf fol. 117 setzt die zeitgenössische Zählung mit 112 aus und fährt auf fol. 145 mit 113 fort, ohne daß der Text unterbrochen würde, ab fol. 198 alphabetische Blattzählung, ab fol. 290 fehlt die zeitgenössische Blattzählung; Schriftspiegel 293 x 191 mm; Liniierung in Tinte mit Versalienspalten (3 mm); einspaltig (Litanei zweispaltig); 8 Zeilen unter Notenlinien. AUSSTATTUNG: Lateinischer Text in schwarzer Textura, rubriziert; Cadellen mit sehr feiner Federzeichnung und Drôlerien; Lombarden in Blau und/ oder Rot mit Maiglöckchenfleuronnée in der jeweils anderen oder beiden Farben und Zierausläufern; Zierseiten mit großen historisierten Initialen und Randleisten mit zoomorphen, vegetabilen und ornamentalen Motiven sowie Drôlerien in Minium, Blau, Grün, Violett, Grau, Beige, Braun, Weiß und Gold; Titelzierseite mit Dedikationsszene in Architekturrahmung in derselben Farbigkeit; 4-liniges Notensystem in Rot; verschiedene Nachträge des 18. Jhs. auf Randstegen und beigebundenen Papierblättern. EINBAND: Hirschleder über Holz; 1972 unter Verwendung gotischer Beschläge und Schließen restauriert.

Provenienz: Für einen Minoritenkonvent, wahrscheinlich den Kölner (vgl. Oliver 1978) geschrieben; Besitzvermerk der Kölner Minoritenkirche des 17./18. Jhs. (1r). Literatur: G. Graf Vitzthum, Die Pariser Miniaturmalerei, Leipzig, 1907, S. 198ff. – H. Knaus, Johann von Valkenburg und seine Nachfolger, in: AGB 3 (1961), Sp. 57ff. – G. Plotzek-Wederhake, Zur Buchmalerei, in: Vor Stefan Lochner 1974, S. 59ff., 126f., Nr. 69 – Dies., Zur Stellung der Bibel aus Groß St. Martin innerhalb der Kölner Buchmalerei um 1300, in: Vor Stefan Lochner, Ergebnisse, Köln 1977 (Bglh. zum WRJb 1), S. 64f. – J. Oliver, The Mosan Origins of Johannes von Valkenburg. In Memory of Robert Branner, in: WRJb 40 (1978), S. 23ff. – Dies., The French Gothic Style in Cologne: Manuscripts before Johannes von Valkenburg, in: Miscellanea Neerlandica 1 (1987), S. 381ff. – Handschriftencensus 1993, S. 711f., Nr. 1201. M.M.

Graduale

89 Diözesan Hs. 173

Köln, 1320-1330

Das Graduale beinhaltet die im Kirchenjahr gleichbleibenden und wechselnden Meßgesänge des Sommerhalbjahres und war offensichtlich für den Gebrauch in einem Dominikanerkonvent bestimmt. Aufgrund des beträchtlichen Umfangs und mit Rücksicht auf eine bessere liturgische Handhabung war eine jahreszeitliche Aufteilung der Gradualien in mehrere Bände üblich, so daß die ausgestellte Handschrift ursprünglich ein entsprechender Winterteil komplettiert haben muß. Die Bestimmung der Handschrift für ein Dominikanerkloster wird durch mehrere Indizien getragen. So beginnt im 'Proprium de tempore' (Herrenfeste und Sonntage) die Zählung der Sonntage nach Ostern nach der Oktav der jeweiligen Feste, was den spezifischen Gewohnheiten des Dominikanerordens entspricht. Im 'Proprium de sanctis' (Heiligenfeste) sind die Feste des hl. Dominikus durch Miniaturen eindeutig hervorgehoben. Auf Folio CXr birgt die Initiale zum Introitus *I(n medio ecclesie)* die Entrückung des Heiligen gemäß dem in der 'Legenda aurea' geschilderten Traumbild des Dominikanerbruders Ewalis aus Brescia. Die Ikonographie der Handschrift ermöglicht ferner den Rückschluß, daß sie für das Kölner Dominikanerkloster Hl. Kreuz hergestellt wurde. Im 'Proprium de sanctis' ziert die Initiale *N(os autem gloriari)* zum Patronatsfest auf Folio XCIIv die Darstellung der Auffindung des Kreuzes durch Kaiserin Helena, die in ihrer Rechten das grüne Kreuz in seiner Symbolik als Lebensbaum hält. Das 1220 gegründete und in der Stolkgasse gelegene Dominikanerkloster war dem Hl. Kreuz geweiht. Zu seinen Reliquienschätzen zählte ein Kreuzpartikel, welches der Überlieferung nach dem hier ab 1248 als Lehrer wirkenden Albertus Magnus (um 1200-1280) durch König Ludwig IX. von Frankreich (1226-1270) im Jahre 1256 geschenkt wurde.

Im Rahmen einer stilistischen Einordnung der Handschrift innerhalb der Kölner Buchmalerei wurde wiederholt auf Affinitäten zum Fragment B der Sammelmappe 3116 der Hessischen Landes- und Hochschulbibliothek in Darmstadt verwiesen. Der Figurenstil sowie ornamentale Füll- und Besatzmotive der historisierten Initialen sind tatsächlich stark verwandt. Lediglich die Ranken differieren dort leicht: Sie entfalten sich aus den horizontalen, geometrisch geformten Zierleisten in die Seitenstege hinein in vegetabilem Schwung. Im vorliegenden Graduale hingegen greifen nur kurze, mit Wein- und stilisierten Dreiblättern besetzte Ranken in die Kopf- und Fußstege der Seiten aus; sie entwickeln sich an den Enden der Zierleisten am linken Blattrand aus zwei- oder dreiteiligen Spiralrankenknoten mit gezackten Profilen. Die Einzel- und Doppelblätter der angeführten Sammelmappe wurden in die künstlerische Nachfolge des Franziskaners

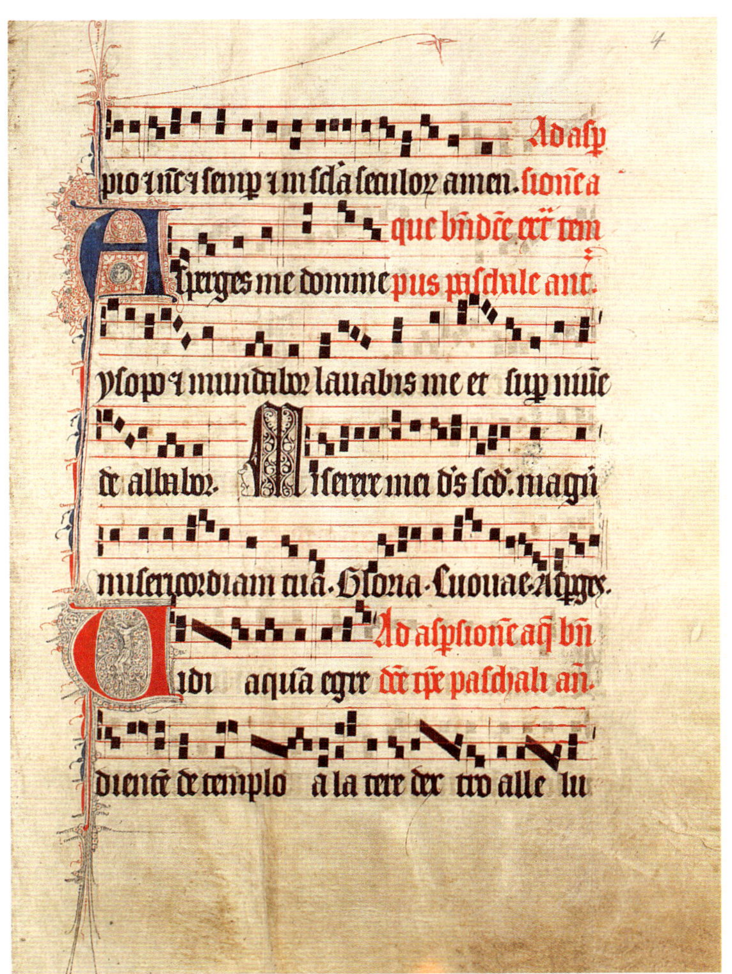

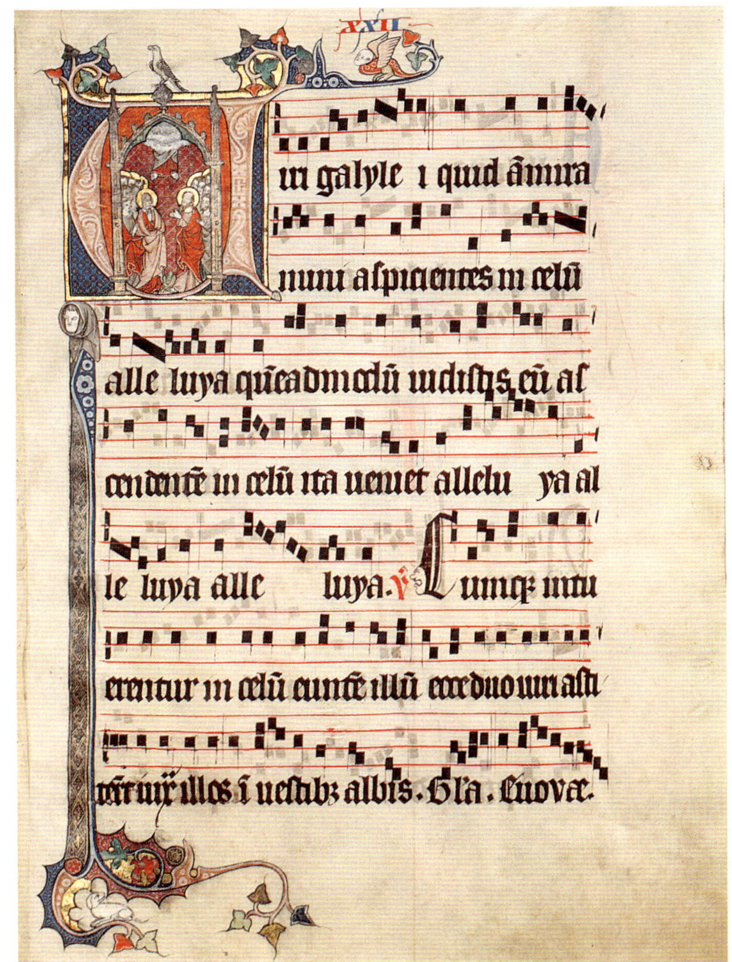

89 Diözesan Hs. 173, 4r/XXIIr

Johannes von Valkenburg gestellt (vgl. Diözesan Hs. 1b, Kat. Nr. 88). Überlieferte Schreibernamen lassen die Existenz einer im ersten Viertel des 14. Jahrhunderts tätigen franziskanischen Malerwerkstatt möglich erscheinen. Dieses Skriptorium könnte auch Handschriften für andere Konvente und Auftraggeber illuminiert haben. Dafür spricht der Umstand, daß gegenüber der im monastischen Milieu gebräuchlichen französischen Quadratnotation auch die von der Weltgeistlichkeit bevorzugten deutschen Hufnagelnoten in einer stilistisch diesem Atelier zuzuweisenden Handschrift vorkommen.

Eine fragile Überlängung und manieristische Übersteigerung des zarten, in den liturgischen Handschriften des Bruders Johannes hervortretenden Gestaltideals kennzeichnet den Figurenstil des ausgestellten Graduales. Diese Tendenzen treten besonders prägnant auf Folio LXXIIIIr in der Initiale *T(erribilis est locus)* mit Darstellung der Altarweihe und auf Folio XCIXr in der Heimsuchungsminiatur zum Fest Johannes' des Täufers hervor. Nahezu entkörperlichte Figuren mit additiver Reihung der Gewandfalten bestimmen hier das Bild. Ein eher puppenartig gedrungener Figurentypus, der zum Beispiel in der Initiale zum Introitus *S(piritus Domini)* mit Darstellung des Pfingstwunders faßbar wird (XXVIv), charakterisiert eine zweite an der Ausstattung beteiligte Hand.

Frühestens wurde die Handschrift im Jahre 1301 geschaffen, da das Graduale das Fest des hl. Ludwig aufweist, welches erst in diesem Jahr dem dominikanischen Heiligenkanon inkorporiert wurde. Nach Maßgabe der skizzierten manieristischen Tendenzen des Figurenstils scheint

89 Diözesan Hs. 173, LXXXIIIIr/LXXXVIv

die Handschrift jedoch in den 1320er Jahren entstanden zu sein. Exemplarisch wirft das Graduale die Problematik der künstlerischen Nachfolge des Johannes von Valkenburg in Köln auf. Hierbei ist jedoch letztlich nicht zu entscheiden, ob es sich um eine neue Vorbilder assimilierende Weiterentwicklung einer auf Bruder Johannes gründenden Stiltradition handelt, oder ob im vorliegenden Fall nicht ähnlich geartete, maasländische Stileindrücke verarbeitet wurden.

INHALT: Innenspiegel des Vorderdeckels: Inhaltsverzeichnis des Proprium de sanctis aus dem 17./18. Jh. Vorsatzblatt (Rückseite): Sanctus und Agnus Dei der Osterzeit (Nachtrag). **1r** Alleluiavers zu den Festen *In translatione 3 regum et in festo S. Gereonis* (Nachtrag). **1v** Leer. **2r** Gloria und Kyrie (Nachtrag, um 1500). **2v-LXXVIr** Proprium de tempore. **2v** Doxologien. **4r** Sonntägliche Aspersions-Antiphon außerhalb der Osterzeit *Asperges me Domine* und in der Osterzeit *Vidi aquam*. **4v-5r** Alleluiaverse. **5r** Liturgie des Karsamstags. **7r** Litanei. **15r = Ir** Ostern *R(Esurrexi)*: Auferstehung Christi; dieses und alle folgenden Feste durch Zierseiten hervorgehoben. **XXIIr** Christi Himmelfahrt *V(iri Galylei)*: Himmelfahrt Christi. **XXVIv** Pfingsten *S(piritus Domini)*: Herabkunft des Hl. Geistes. **XXXIIIIr** Trinitatis *B(Enedicta sit)*: Gnadenstuhl. **LXXXIIIIr** Kirchweihe *T(erribilis est locus)*: Weihe eines Altares. **LXXXVIv-CXXVIIr** Proprium de sanctis. **LXXXVIv** Mariä Verkündigung *R(orate celi)*: Verkündigung. **XCIIv** Fest der Auffindung des Kreuzes *N(os autem gloriari)*: Auffindung des Kreuzes Christi. **XCVIv** Fest der Translation des hl. Dominikus *I(n medio ecclesie)*: Beisetzung des Heiligen. **XCIXr** Fest Johannes' des Täufers *D(e ventre matris)*: Heimsuchung. **CIIIr** Fest der hll. Petrus und Paulus *N(unc scio vere)*: Befreiung Petri aus dem Kerker. **CVIv** Fest der hl. Maria Magdalena *G(audeamus omnes)*: Noli me tangere. **CXr** Fest des hl. Dominikus *I(n medio ecclesie)*: Dominikus auf der Himmelsleiter. **CXIIIv** Mariä Himmelfahrt *G(audeamus omnes)*: Marientod. **CXVIIr** Mariä Geburt *G(audeamus omnes)*: Geburt Mariens. **CXXIIv** Allerheiligen *G(Audeamus omnes)*: Heiligenversammlung. **CXXVIIv = 0v-45r** Commune sanctorum. **0v** Fest eines Apostels *M(Ichi autem)*: die hll. Petrus und Paulus. **41r** Marienfeste *Salve sancta parens*. **45v-57v** Kyriale. **58r-251v** Hymnen, z. T. mit den übrigen Meßgesängen verbunden, beginnend mit *Victime paschali*; Zählung bricht bei *64* ab und wird

an̄.
Euovæ. ad ōī. espere autē sabbati que
lucescit in prima sabbati uenit maria
magdalene et altera maria uidere sepl'
In die sc̄o
chrum all'a. ca. Magnus. evov̄. officiū.
esurrexi et adhuc
tecum sum allelu
ya posuisti sup me

89 Diözesan Hs. 173, Ir

XXXIIII
4
uos iterum alleluia et gaudebit cor
uest trum alleluia alle
luya.
De sancta trini
tate officium.
Benedicta sit san cta
trinitas atq; indi ui
sa u ni tas confite bi mur e i
quia fecit no bis cum miseri cor

89 Diözesan Hs. 173, XXXIIIIr

 89 Diözesan Hs. 173, XCIXr

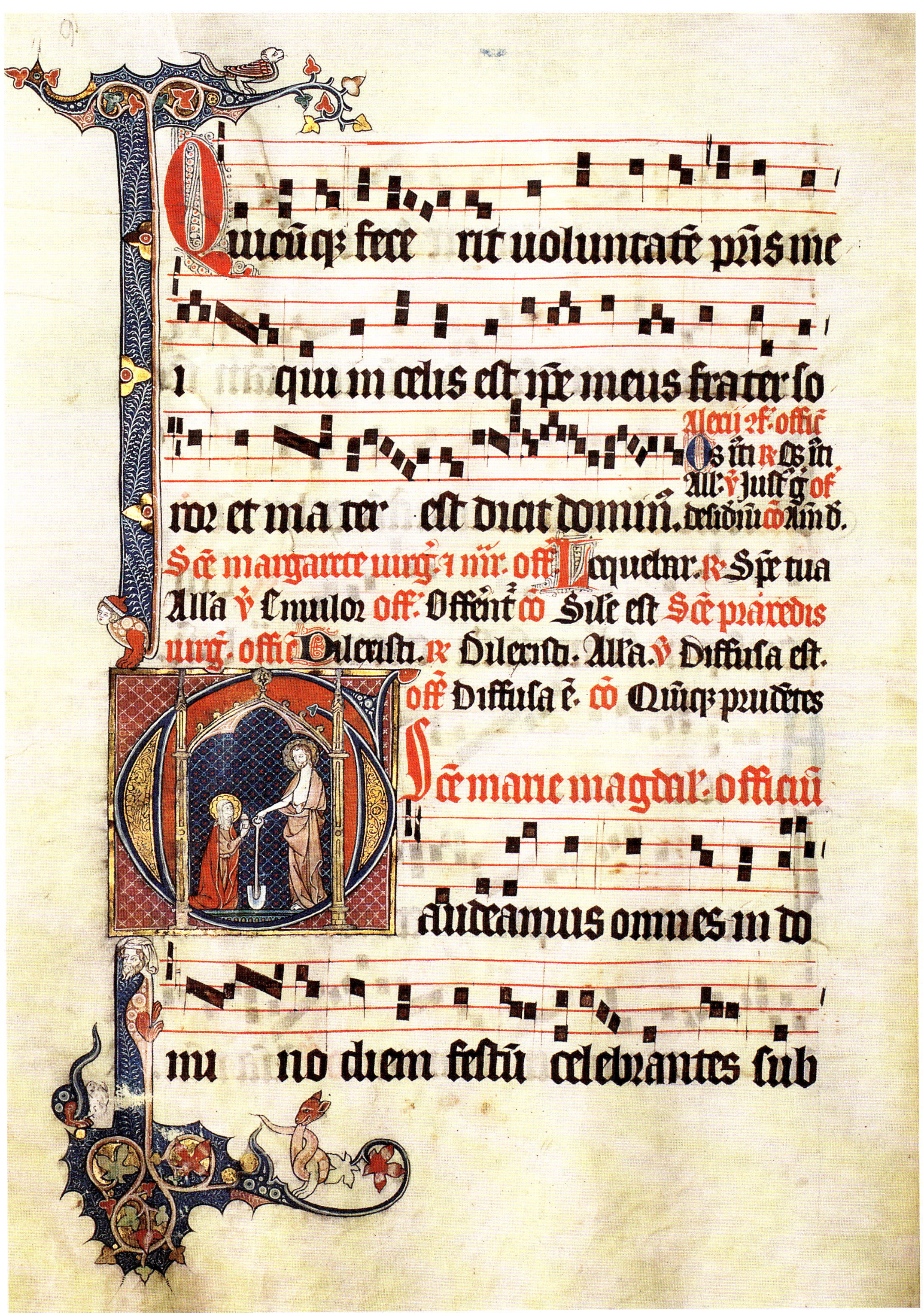

89 Diözesan Hs. 173, CVIv

89 Diözesan Hs. 173, CXr

 89 Diözesan Hs. 173, CXIIIIv

89 Diözesan Hs. 173, XCIIv/CXXIIv

 89 Diözesan Hs. 173, CXXVIIv/54v

durch eine nachmittelalterliche Bleistiftzählung abgelöst (*64* = 191). **251v** Bricht ab im Sanctus zum Fest der 11 000 Jungfrauen *gloria tua o. ...* und wird auf 261r fortgesetzt. **252r - 260v** Zeitgenössische Nachträge zum Proprium de tempore und Proprium de sanctis beginnend mit dem Offertorium zum 3. Sonntag nach der Osteroktav *Jubilate Deo.* **253v** Fest des hl. Dominikus *Desiderium anime.* **254r** Sequenz des Kanzlers der Pariser Universität Philippus zum Fest Johannes' des Täufers *Inter natos mulierum.* **258r** Fronleichnam. **259r** Offertorium zum letzten Samstag der österlichen Zeit, Kyrie und Gloria. **260r** Fest des Namens Jesu *In nomine Domini.* **260v** Ende mit der Communio *Domine Dominus – in universa terra.* **261r** Fortsetzung des Sanctus von fol. 251v. **261v** Leer. Rückwärtiger Innenspiegel: Inhaltsverzeichnis des Proprium de sanctis und Commune sanctorum aus dem 17./18. Jh.

PERGAMENT: 277 Blätter; 475 x 344 mm; Lagen 1^{10}, $2-8^{12}$, 9^{8}, 10^{10}, $11-16^{12}$, 17^{10}, 18^{14}, 19^{10+1}, $20-23^{12}$, 24^{8+1+1} (fol. 261 gehört zu 251 und war ursprünglich das rückwärtige Spiegelblatt); verschiedene Zählungen, die alle nicht zuverlässig sind: fol. 15 - 142 römische Zählung von *I-CXXVII*, dabei *XCVIII* doppelt vergeben; fol. 143 - 206 arabische Zählung *1 - 64*, ab fol. 207 läuft eine jüngere Zählung weiter bis zum Schluß, beginnend mit 191, vergißt aber zwischen 212 und 213 ein Blatt zu zählen; Schriftspiegel 346 x 235 mm; Blindliniierung und Liniierung mit Metallstift; einspaltig; 7 Zeilen unter 4-linigem Notensystem mit roten Notenlinien. AUSSTATTUNG: Lateinischer Text in schwarzer Textura, rubriziert; Quadratnotation; Cadellen mit ornamentaler Füllung und Masken; Lombarden in Rot und Blau mit zweifarbigem Fleuronnée, z. T. mit anthropomorpher oder zoomorpher Ornamentik und z. T. mit Ausbildung von Randzier in Rot und Blau; Zierseiten mit historisierten Initialen in Deckfarben (Blau, Rot, Weiß, Violett, Grau, Braun, Grün), Silber und Gold mit ein- bis dreiseitig ausgebildeter Randleiste mit zoomorphen, vegetabilen und anthropomorphen Motiven. EINBAND: Schweinsleder mit Blindprägung über Holz; Streicheisenlinien; zwei Rollenstempel: Kranzrolle und Blütenrolle; drei Einzelstempel: ovaler Stempel mit den Buchstaben *IHS*, Blütenzweig, Ornament mit Blüte; Messingbeschläge an den Ecken (einer fehlt auf dem Rückdeckel), zum Teil mit Buckeln; zwei Schließen aus Messing und Leder (Ende 16. Jh.). PROVENIENZ: Wohl für das Dominikanerkloster Hl. Kreuz in Köln angefertigt (s. XCIIv). LITERATUR: E. Galley, Noch einige Bemerkungen zur Kölner Buchmalerei der Gotik, in: AGB 3 (1961), Sp. 581 ff. – Vor Stefan Lochner 1974, Kat. Nr. 70, S. 129 (G. Plotzek-Wederhake) – G. Plotzek-Wederhake, Zur Stellung der Bibel aus Groß St. Martin innerhalb der Kölner Buchmalerei um 1300, in: Vor Stefan Lochner, Ergebnisse, Köln 1977 (Bglh. zum WRJb 1), S. 66 f. – B.F. Jeßberger, Ein dominikanisches Graduale aus dem Anfang des 14. Jahrhunderts. Cod. 173 der Diözesanbibliothek Köln, Berlin 1986 (Beiträge zur Rheinischen Musikgeschichte 139) – Handschriftencensus 1993, S. 759 f., Nr. 1288. M.M.

Graduale

90 Diözesan Hs. 150 Köln, St. Klara, gegen 1360

Die Handschrift wurde mit an Sicherheit grenzender Wahrscheinlichkeit für das Kölner Dominikanerinnenkloster St. Gertrud am Neumarkt in Köln geschaffen, das in den 1280er Jahren in diesen Orden inkorporiert worden war. Stützen kann sich diese Aussage zum einen auf die im Anschluß an das Formular für die Kirchweihe eingefügte Sequenz für die heilige Gertrud (155v - 156v). An dieser Stelle findet sich traditionell eine Würdigung des betreffenden Kirchenpatrons. Im 'Proprium de sanctis' (Heiligenfeste) ist zum anderen auf Folio 169v das Fest der heiligen Gertrud mit vollem Meßformular und Bildinitiale ausgestattet. Diese zeigt die Heilige mit Äbtissinnenstab und Buch sowie einem pelzverbrämten Fürstenhut, der attributiv auf ihre vornehme Abkunft verweist.

Maßgeblich für die Datierung der Handschrift ist der auf Folio 199v im 'Commune sanctorum' (Feste für bestimmte Gruppen von Heiligen) dargestellte betende Mönch, den eine Beischrift als *Iohannes de Bacheym cantor* ausweist. Dieser urkundlich im Kölner Benediktinerkloster St. Pantaleon nachzuweisende Mönch führte ab 1343 den Titel eines Kantors und verstarb vor 1385. Ältere Forschungshypothesen sahen in Johannes de Bachem den Schreiber und Illuminator der Handschrift, doch ist er nach Maßgabe neuerer Untersuchungen eher als Stifter des Graduales zu identifizieren. In betender Haltung vor der L-Initiale zum Fest eines Märtyrers mit der Darstellung des hl. Pantaleon empfiehlt sich Bruder Johannes dem Patron seines Klosters, wobei seine Funktion als 'cantor' ihn in besonderer Weise für die Stiftung einer für den liturgischen Gesang verwendeten Handschrift prädestiniert haben mag. Vermutlich ließ der Benediktinermönch den von ihm gestifteten Codex im Kölner Klarissenkloster schreiben und illuminieren. Die Nonnen von St. Klara fertigten wiederholt illuminierte Handschriften für Auftraggeber außerhalb ihres Konvents. Nichts weist darauf hin, daß das Graduale im Dominikanerinnenkloster St. Gertrud selbst illuminiert worden wäre. Ein Skriptorium läßt sich zudem in diesem Kloster urkundlich erst Mitte des 15. Jahrhunderts belegen. Diözesan Hs. 150 steht in enger Stilverwandtschaft zu den Einzelblättern mehrerer Gradualien im Kölner Wallraf-Richartz-Museum (Graphische Sammlung; s. Benecke 1995, Kat. Nrn. 17-35, 37-45), an deren Ausstattung laut Eintrag auf einem dieser Blätter die Franziskanerin Loppa von Spiegel (de Speculo) beteiligt war. Diese Nonne des Kölner Klosters St. Klara war auch für ein 1350 datiertes Antiphonar in Stockholm verantwortlich (Kungliga Bibl., A 172). Als Werkstattkennzeichen der Kölner Klarissen sind kleine adorierende Gestalten auf dem linken Blattrand anzuführen, wie sie auch die ausgestellte Handschrift wiederholt zeigt. Eine weitere Gemeinsamkeit sind vegetabile Rankenausläufer, aus denen vielfach Figuren herauszuwachsen scheinen: in der Regel weltliche Musiker, die in der marginalen Bildzone als humoristische Kontrafaktur zur sakralen Musik fungieren. Das Skriptorium der Kölner Klarissen kennzeichnet weiterhin ein klar zu umreißendes Repertoire an Drôleriemotiven, die sich in mehreren Handschriften nachweisen lassen, beispielsweise die auch in dieser Handschrift mehrmalige Darstellung einer Glucke oder eines Hahns mit Küken und einem Käfig (16r, 178r, 189r) in der "bas de page"-Zone.

Auferstanden bin ich und bin nun immer bei dir, alleluja. Du legtest deine Hand auf mich, alleluja. Gar wunderbar ist deine Weisheit, alleluja, alleluja. Herr, du prüfest mich und du durchschaust mich, du kennst mein Ruhen und mein Auferstehen.
97r (Introitus)

Gegenüber den mit Loppa von Spiegel zu verbindenden Handschriften belegt das ausgestellte Graduale eine Reduktion und tendenzielle Erstarrung vegetabiler Zierformen. Vermutlich haben eine oder mehrere in der künstlerischen Nachfolge Loppas arbeitende Nonnen das ausgestellte Graduale illuminiert. Alle skizzierten stilistischen Charakteristika machen eine Datierung der Handschrift in die späten 1350er Jahre plausibel.

INHALT: Das Vordere Spiegelblatt ist ein Pergamentblatt mit späterem Nachtrag von Introitusantiphon, -vers und Communio aus der Votivmesse 'De passione Domini'. **1r-156v** Proprium de tempore. **1r** 1. Advent *A(d te levavi)*: Gegenüber einer Frau in grauem Habit kniet König David betend vor einem Altar, über dem Christus erscheint und seine Seele in Form eines nackten Kindes in Empfang nimmt; über der Initiale sowie auf allen weiteren Zierseiten betende Dominikanerinnen, z. T. auch Frauen im grauen Habit oder männliche weltliche Beter; dieses und alle folgenden Feste werden mit einer Zierseite eingeleitet. **16r** Weihnachten *P(uer natus est)*: Geburt Christi. **19r** Epiphanie *E(cce advenit)*: Anbetung der Könige. **97r** Ostern *R(esurrexi)*: Auferstehung Christi. **115v** Christi Himmelfahrt *V(iri Galylei)*: Himmelfahrt Christi. **119v** Pfingsten *S(piritus Domini)*: Herabkunft des Heiligen Geistes. **126v** Trinitatis *B(enedicta sit)*: Gnadenstuhl. **153r** Kirchweihe *T(erribilis est locus)*: Zusammen mit zwei weiteren Klerikern steht ein heiliger Priester bei der Wandlung vor dem Altar, während ein Engel vom Himmel herabstößt. **155v-156v** Sequenz für die hl. Gertrud *Colletetur hodie* (vgl. Stoll, S. 36) mit nachfolgenden Offertorium und Communio für die Messe der Heiligen. **p. 313-358** folgt als Nachtrag unterschiedlicher Zeiten auf fol. 156. **p. 313** Gesang des *Gloria in excelsis*. **p. 314-331** Kyriale von Advent bis Ostern. Darin: **p. 322** *Diß ist das alleluja von transfiguration. Da pacem Domine* (Nachtrag des 17. Jhs. auf ausradierter Seite). **p. 323** Ausradiert. **p. 332** Sequenz für die hl. Gertrud *Letabundus Girtrudi*. **p. 334** Aspersionsantiphone. **p. 335** Sequenz für die hl. Lanze *Hodierne festum lucis*. **p. 337-346** Meßformulare für die Feste des Vinzenz Ferrer, der hl. Anna (unvollständig), der Heimsuchung, der hl. Lanze, für die Totenmesse u. a. bis zum Fest Mariä Tempelgang. **p. 356** Offizium zum Fest der Verklärung Christi und zum Fest des hl. Hyacinthus (16./17. Jh.). **157r-195r** Proprium de sanctis. **157r** Vigil zum Fest des hl. Andreas *D(ominus secus)*: Berufung der hll. Petrus und Andreas. **158r** Fest des hl. Thomas *M(itte manum)*: ungläubiger Thomas. **159v** Fest des hl. Johannes Ev. *I(n medio ecclesie)*: verschiedene Darstellungen des hl. Johannes in der Initiale und in den Rahmenleisten. **162v** Fest der hl. Agnes *M(e expectaverunt)*: hl. Agnes. **165v** Lichtmeß *S(uscepimus Deus)*:

Ad te leuaui a nimã me
am: deus meus in te confi
do non eru bescam neque
irri deant me inimi ci mei etenim uni
uer si qui te expectant non confun
dentur. V. Vias tuas dñe demonstra mi
chi et semitas tuas edoce me. Gloria.
euouae. R. Uniuer si qui te expec
tant nõ confundentur domine

90 Diözesan Hs. 150, 1r

90 Diözesan Hs. 150, 16r/19r

Darbringung im Tempel. **169v** Fest der hl. Gertrud *G(audeamus omnes)*: hl. Gertrud. **170v** Fest der Verkündigung *A(ve Maria)*: Verkündigung an Maria. **177v** Vigil zum Fest des hl. Johannes Bapt. *N(e timeas Zacharia)*: Engel erscheint dem Zacharias. **178r** Fest des hl. Johannes Bapt. *D(e ventre matris)*: Geburt Johannes' des Täufers und erstes Bad des Kindes. **181r** Fest der hll. Petrus und Paulus *N(unc scio vere)*: Befreiung des hl. Petrus aus dem Kerker. **183r** Fest der hl. Maria Magdalena *G(audeamus omnes)*: hl. Maria Magdalena. **184r** Fest des hl. Dominikus *A(lleluja)*: hl. Dominikus. **187r** Mariä Himmelfahrt *G(audeamus omnes)*: Marientod. **189r** Fest der Geburt Mariens *G(audeamus omnes)*: Geburt Mariens. **190v** Fest des hl. Michael *B(enedicite Domino)*: hl. Michael im Kampf mit dem Drachen; im Rahmen musizierende Engel. **192v** Fest der 11 000 Jungfrauen *G(audeamus omnes)*: die hl. Ursula birgt die Gefährtinnen unter ihrem Mantel. **193v** Allerheiligen *G(audeamus omnes)*: Heiligenversammlung. **194v** Fest der hl. Katharina *A(lleluja)*: hl. Katharina. **195r - 241r** Commune sanctorum und Votivmessen. **195r** Fest eines Apostels *M(ichi autem)*: Bekehrung des Paulus. **199v** Fest eines Märtyrers *L(etabitur)*: hl. Pantaleon; im Rahmen verschiedene Szenen seiner Legende und ein betender Mönch mit der Beischrift *IOhannes de Bacheyn cantor.* **241v** Kyriale. **245v - 285v** Sequentiar. **245v** *Letabundus exultet.* **285v** Bricht ab mit der Sequenz *Ave mundi spes – Ne nos pro nostro vicio inflebili iudicio subiciat ....* **286r - 293r** Nachträge. **286r/v** Doxologien. **287r/v** Am Schluß der Handschrift. **288r - 291r** Hymnen *Stella maris* und *Salve sancta Christi parens.* **291r** Rest des Karfreitagsoffiziums (Anfang im Proprium de tempore). **287v** (nach 293) Ende mit ... *superavit in eternum;* Nachtrag des 17. Jhs.: Alleluiavers *Post partum virgo.* Rückwärtiges Spiegelblatt: Nachträge des 15. Jhs.

PERGAMENT: 307 Blätter; 457 x 314 mm; Lagen 1^{12+1}, $2-7^{12}$, 8^{10+2}, $9-13^{12}$, $14^{12+2+2+1}$, 15^{6}, $16-21^{12}$, 22^{10+1}, $23-25^{12}$, 26^{8}; Wortreklamanten (unregelmäßig); römische Foliierung *I - CCXL* (unvollständig), von moderner Bleistiftzählung weitergeführt, arabische Paginierung *1 - 579* (unvollständig; p. 357, 558, 559 doppelt vergeben, nach 523 zwei Seiten ohne Zählung); Schriftspiegel 346 x 214 mm; Blindliniierung und Metallstiftliniierung mit Versalienspalte (6 mm); einspaltig; 9 Zeilen unter 4-linigem Notensystem mit rot gezogenen Notenlinien und Quadratnotation. AUSSTATTUNG: Lateinischer Text in schwarzer Textura, rubriziert; Cadellen mit ornamentaler Füllung und von kleinen Figürchen begleitet; zwei- und dreizeilige Lombarden in Rot oder Blau mit rotem und/ oder violettem Fleuronnée bzw. vegetabiler oder zoomorpher Füllung, z. T. mit Randleisten in Rot und Blau; in den Nachträgen zwei- und mehrzeilige zweifarbige Lombarden in Rot und Blau mit rotem und violettem Fleuronnée,

90 Diözesan Hs. 150, 115v/153r

z. T. mit Rancleiste in Rot und Blau; Zierseiten mit historisierten Initialen in Deckfarben und Gold mit stilisierter vegetabiler Rahmung und Drôlerien. EINBAND: Schweinsleder mit Blindprägung über Holz; zwei Rollenstempel des Meisters B.K.: *MATER DEI/ 1546 JUDIDT/ JUSTICI[A]/ EVAA*; Kranzrolle mit Engelsköpfen (Schunke 1969, S. 385, Nr. 3 und S. 386, Nr. 4; Haebler 1968, II S. 325, Nr. 3); Messingbeschläge (zum Teil mit Buckeln) in der Mitte und an den Ecken, von denen auf dem Rückdeckel einer fehlt; zwei Überwurfschließen aus Leder und Messing, die von Messingdornen auf dem Vorderdeckel gehalten wurden, fragmentiert erhalten (1546). PROVENIENZ: Wahrscheinlich von dem Kantor Johannes de Bachem von St. Pantaleon in Köln wohl für das Dominikanerinnenkloster St. Gertrud am Neumarkt zu Köln gestiftet (vgl. 155v-156v, 199v). LITERATUR: Kdm Köln II/1, 1911, S. 175 – P. Heusgen, Ein Kölner Buchmaler des 14. Jahrhunderts, in: JbKGV (1930), S. 189ff. – A. Stange, Zur Chronologie der Kölner Tafelbilder vor dem Klarenaltar, in: WRJb 1 (1930), S. 63 – E. Galley, Miniaturen aus dem Kölner Klarissenkloster. Ein Kapitel rheinischer Buchmalerei, in: Festschrift für Rudolf Juchhoff zum 65. Geburtstag, Köln 1959, S. 26 – G. Plotzek-Wederhake, Zur Buchmalerei, in: Vor Stefan Lochner 1974, S. 63, 136, Kat. Nr. 80 – B. Jeßberger, Ein dominikanisches Graduale aus dem 14. Jahrhundert. Der Codex 173 der Diözesanbibliothek in Köln, Köln 1986 (Beiträge zur rheinischen Musikgeschichte 139), S. 12 – J. Prieur, Das Kölner Dominikanerinnenkloster St. Gertrud am Neumarkt, Köln 1983 (Kölner Schriften zur Geschichte und Kultur), S. 469ff. – A. Stoll, Der Codex 150 der Diözesanbibliothek zu Köln. Monographischer Versuch zu einem Spätwerk der Kölner Buchmalerei des 14. Jahrhunderts, Mag.Arb. Köln 1989 (Ms.) – Handschriftencensus 1993, S. 754f., Nr. 1280 – S. Benecke, Randgestaltung und Religiosität. Die Handschriften aus dem Kölner Kloster St. Klara, Ammersbek 1995. M.M.

 90 Diözesan Hs. 150, 97r

90 Diözesan Hs. 150, 158r/159v

 90 Diözesan Hs. 150, 162v/170v

 90 Diözesan Hs. 150, 169v

90 Diözesan Hs. 150, 177v/181r

 90 Diözesan Hs. 150, 183r/184r

 90 Diözesan Hs. 150, 193v

90 Diözesan Hs. 150, 187r/192v

 90 Diözesan Hs. 150, 194v/199v

vis faciem terre aevia aevia evovae
T. viij. Benedic anima .ij. Ver
bo domini celi firmati sunt
R. i.
Dum complerentur di
es pentecostes e rant
omnes pa riter in eodem lo co
a e via et subito factus est so nus
de celo aevi a Tanquam spiritus ve
hemētis et rēple uit totam do
mum aevia ae via
Repleti sunt omnes spiritu sancto
et ce perunt lo qui aevia

 91 Dom Hs. 263, 4v

Zwei Antiphonare

91/92 Dom Hs. 263 und Diözesan Hs. 149

Köln, um 1310

In der Dombibliothek befinden sich zwei Antiphonare für das Chorgebet, die bisher unter zwei unterschiedlichen Provenienzen erfaßt waren (Dom Hs. 263: Dom; Diözesan Hs. 149: St. Maria ad Gradus). Stilistische Ähnlichkeiten bemerkte schon Paul Heusgen (1933, S. 24). Beim detaillierten Vergleich zeigt sich, daß beide Handschriften nicht nur in demselben Skriptorium gefertigt wurden, sondern darüber hinaus in Inhalt, Bildprogramm und Ergänzungen weitgehend übereinstimmen. Beide Antiphonare umfassen nur den Sommerteil des Kirchenjahres von Pfingsten bis zum 25. Sonntag nach Pfingsten. Sie müssen im Wechsel mit zwei heute nicht mehr nachweisbaren oder noch nicht identifizierten Winter-Bänden im Dom für den Offiziumsgesang gedient haben: In beiden Handschriften ist das Formular für die Kirchweihe innerhalb der Heiligenfeste am Weihetag des Kölner Domes zwischen den Festen des hl. Mauritius und des Erzengels Michael plaziert (Dom Hs. 263, 168v; Diözesan Hs. 149, 155r).

Die Hochfeste des Kirchenjahres (Pfingsten, Trinitatis, Fest der hll. Petrus und Paulus, Mariä Himmelfahrt) sind mit historisierten Initialen hervorgehoben, die auf den Anlaß des Festes verweisen, während Jakobs Traum von der Himmelsleiter das Fest der Domweihe markiert. In Diözesan Hs. 149 wurde zudem die erste Nocturn des Allerheiligenfestes durch eine historisierte Initiale mit dem lehrenden Christus hervorgehoben (vgl. Holladay 1997, S. 8). Die Illustration zum Kirchweihfest ist ungewöhnlich, man würde hier normalerweise die Darstellung einer Altarweihe erwarten. Vielleicht war dem Initiator des Bildprogramms jedoch eines der Gradualien des aus Valkenburg bei Maastricht stammenden Buchmalers Johannes von Valkenburg bekannt (Bonn, Universitäts- und Landesbibl., S 384), in dem der Introitus zur Kirchweihe *Terribilis est locus iste* (Gen 28,17: Wie ehrfurchtgebietend ist dieser Ort!) in eben dieses Bild umgesetzt ist (vgl. Oliver 1978, S. 25). Anders als in den Gradualien war in den Antiphonaren der unmittelbare Textbezug nicht gegeben. Statt dessen eröffnen die Initialen mit Jakobs Traum nun den Anfang des Responsoriums *In dedicatione templi*. Von den illuminierten Initialen gehen am linken Spaltenrand Zierstäbe mit stark stilisierten Ranken aus, die auf dem Fußsteg von jeweils einem kleinen zweibeinigen Drachen mit Hasen-, Katzen- oder Hundekopf bevölkert werden. Einmal ist ein spielender Hund dargestellt (Diözesan Hs. 149, 14v). In Diözesan Hs. 149 sitzen zudem Vögel auf den oberen Ranken. Es fehlen die für Johannes von Valkenburg typischen kleinen Goldkugeln auf den Spitzen der wellenförmig geschnittenen Rankenprofile, weshalb die Schmuckmotive in Dom Hs. 263 und Diözesan Hs. 149 nur entfernt an dessen anspruchsvollen Buchschmuck in den Gradualien aus dem Jahr 1299 erinnern (siehe Diözesan Hs. 1b, Kat. Nr. 88).

Beide Handschriften enthalten im 'Proprium de sanctis' übereinstimmende Ergänzungen aus dem späteren 14. Jahrhundert. Ein besonders markanter Hinweis auf die gemeinsame Überarbeitung in einem Skriptorium ist die jeweils von der gleichen Hand ausgeführte Federzeichnungsinitiale zum Fest des hl. Severin (Dom Hs. 263, 362r; Diözesan Hs. 149, 340r). Eine zweite Ergänzung erfolgte in beiden Codices im letzten Viertel des 15. Jahrhunderts. Zu Dom Hs. 263 bemerkte Heusgen (1933), daß dort die "Initialen mit schlichter Ornamentik nach Weidenbach-Malweise" ausgeführt seien. Aufgrund der Stilanalogien zu den Federzeichnungsinitialen in dem 'Officium defunctorum' Dom Hs. 272 (vgl. Heusgen 1933, S. 27), das 1478 von Edmund Huydenroyd, Regularkanoniker im Kölner Augustiner-Chorherrenkloster Herrenleichnam, zum Gebrauch der Kölner Domkanoniker geschrieben worden ist, können die Ergänzungen in Dom Hs. 263 und Diözesan Hs. 149 jedoch dem Skriptorium dieses Kölner Klosters zugeschrieben werden. Diözesan Hs. 149 besitzt noch einen Anhang (364r - 373v) von 1533, dessen Stil tatsächlich auf das Skriptorium der Kölner Fraterherren verweist (siehe Dom Hs. 274, Kat. Nr. 102).

In beiden Handschriften wurde das Fronleichnamsfest erst im letzten Viertel des 15. Jahrhunderts nachgetragen (Dom Hs. 263, 292r ff.; Diözesan Hs. 149, 272r ff.). Die Verbreitung dieses in Vergessenheit geratenen Feiertages bewirkten die 1317 veröffentlichen 'Clementinen' (kirchenrechtlichen Bestimmungen) von Papst Johannes XXII. (1316 - 1334). Für den Dom wurde das Fronleichnamsfest 1318 von Gottfried und Hadwig Hardevust gestiftet (Kroos 1979/80). Die erhebliche Zeitdifferenz zwischen Stiftung und Nachtrag wird allgemein mit der Verwendung von kleinen Heftchen erklärt, die den liturgischen Text des neuen Festes enthielten und in bereits vorhandene liturgische Bücher eingelegt wurden (vgl. Rubin 1996, S. 33f.). Eine Datierung vor 1317/18 resultiert auch aus dem der französisch-flandrischen Buchmalerei verpflichteten Stil der Initialminiaturen. Er ist in den näheren Umkreis des sogenannten Bibelmeisters einzuordnen, der zu Beginn des 14. Jahrhunderts (um 1310) die Bibel aus Groß St. Martin (Düsseldorf, Staatsarchiv, Ms. A 5) illuminierte. Der von Gisela Plotzek-Wederhake (1977, S. 69ff.) zusammengestellten Gruppe (Dom Hs. 263; Köln, Archiv des Erzbistums Köln, PfA St. Margareta Brühl, 2 B 36; Darmstadt, Hess. Landes- und Hochschulbibl., Hs. 3116) ist Diözesan Hs. 149 als ein weiteres Werk aus dem gleichen Skriptorium hinzuzufügen (vgl. Kirschbaum 1977, S. 80; Holladay 1997, S. 8). Im Vergleich der unterschiedlichen Geburtsszenen nimmt die historisierte Initiale in diesem Codex eine Mittelstellung zwischen den fast identischen Szenen in Dom Hs. 263, dem Brühler Antiphonar und der motivisch abweichenden Geburt Mariens des Darmstädter Antiphonar-Fragments ein.

Aus den späteren Einträgen auf jeweils dem ersten Blatt der Handschriften lassen sich weitere Rückschlüsse auf den Nutzungsort und den jahrhundertelangen Gebrauch der beiden Antiphonare ziehen. Dom Hs. 263 enthält den kaum mehr lesbaren Eintrag *Hic liber pertinet ad pulpitum [. . .] dum in latere p[rae?] posit[i?]* (Ar) – Dieses Buch gehört zum Pult . . . auf der Seite des Propstes. Auf dem vorderen Spiegelblatt von Diözesan Hs. 149 ist vermerkt *Hic liber iacebit in latere decani* – Dieses Buch soll auf der Seite des Dekans liegen. Im 16. und 17. Jahrhundert verewigten sich zahlreiche 'Scholares' auf den Vorsatzblättern in Diözesan Hs. 149. Zwar ist aus den Einträgen nicht ersichtlich, daß es sich um 'Scholares' des Domes handelte, jedoch ist ein *Goswinus Sartor* (= Schneider) gemeinsam mit anderen nicht nur mehrfach (1562, 1563, 1564) aufgeführt, sondern findet sich auch als *Gossuinus Sartoris Coloniensis 1564* in einem etwa 1330 entstandenen weiteren Antiphonar für den Dom (Diözesan Hs. 178). Dort ist auf Folio Ir auch *Joannes Achen/Summi Templi Scholaris* verzeichnet. Der in Diözesan Hs. 149 in braun notierte Name *auffm Werth Kerpensis* befindet sich auch im vorderen Innenspiegel der Dom Hs. 221, hier mit dem Zusatz *Choralis Ecclesie Metropol.* (siehe Dom Hss. 221 - 225, Kat. Nr. 97). Der letzte Eintrag aus dem Jahr 1823 stammt vom dem Kantor *I. A. Fasbender.*

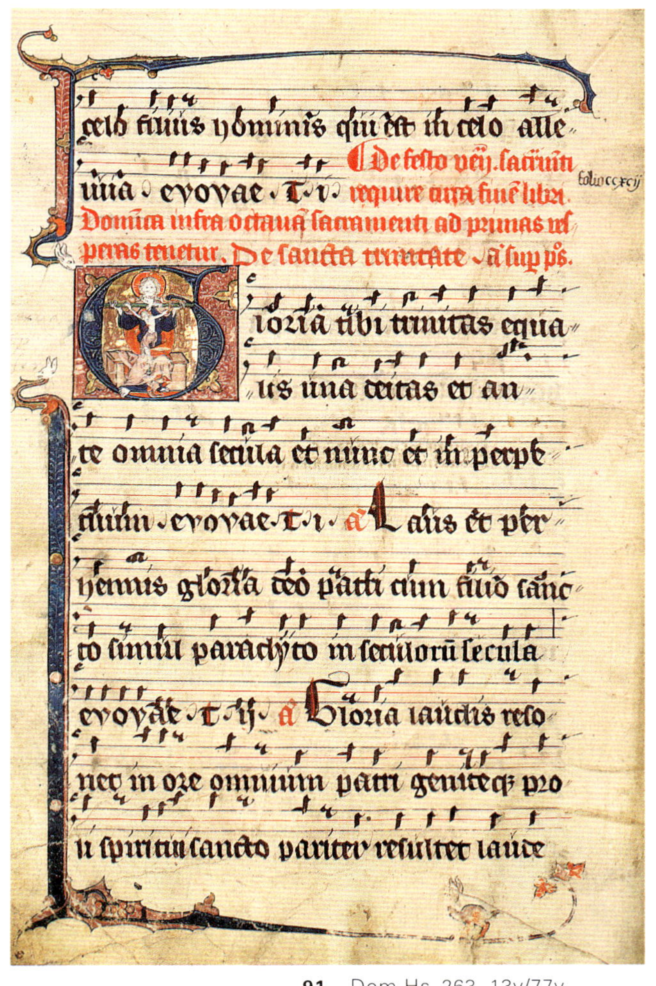

91 Dom Hs. 263, 13v/77v

91 Dom Hs. 263, 148r/304r

dificauit moyses altare domino
deo. euouae. T. vi. Magnus dominus
Domine dilexi decorem
R. i.
edificatio ne templi de canta
bat populus laudem. et in ore eo
rum dul cis re-so-nabat so
nus. Fundata est domus domini
supra uerticem montium et uenient
ad eam omnes gen tes. Et mo.
R. 2.
Fundata est domus domini super
uer- ticem monti um et exalta
ta est super omnes colles. et uenient

 91 Dom Hs. 263, 168v

INHALT (Dom Hs. 263): **Ar** Zwischenzeitlich als Innenspiegel auf den Einbanddeckel geklebt, dadurch ist ein unter den Leimresten kaum mehr lesbarer Besitzeintrag in schwarzer Tinte spiegelverkehrt auf den Holzdeckel übertragen worden *Hic liber pertinet ad pulpitum [. . .] dum in latere p[rae?]posit[i?].* **Av** Nachtrag *Gaude Maria virgo – Dum virgo.* **1r-2v** Antiphon des nächtlichen Stundengebetes vor Pfingsten *Xpistus resurgens ex mortuis*; nachfolgend Antiphonen und Responsorien der Pfingstwoche endend mit Responsorium und Versikel zum Fest der Aposteltrennung. **3r-67b** Proprium de tempore (Pfingstvigil – 25. Sonntag nach Pfingsten). **3r** Hymnus zur Non der Pfingstvigil *Veni creator.* **4v** Zierseite. Pfingsten *D(um complerentur)*: Herabkunft des Hl. Geistes. **13v** Zierseite. Sonntag der Fronleichnamsoktav *De sancta Trinitate. G(loria tibi Trinitas)*: Gnadenstuhl. **22r** Sonntage nach Pfingsten beginnend mit dem 3. Sonntag nach Pfingsten *D(eus omnium exauditor est).* **67v** Ende mit dem 24. Sonntag nach Pfingsten. Der 25. Sonntag folgt ab fol. 375r. **67b** Nachtrag (Papier): Gesänge zum 25. Sonntag nach Pfingsten. **68r-231r** Proprium de sanctis (Marcellinus und Petrus – Kunibert). **68r** Fest der hll. Marcellinus und Petrus. **77v** Zierseite. Fest der hll. Petrus und Paulus *Q(uem dicunt homines)*: Petrus und Paulus. **127r** Zierseite. Mariä Himmelfahrt *V(idi speciosam)*: Marientod. **148r** Zierseite. Fest der Geburt Mariens *h(odie nata est)*: Geburt Mariens. **159v** Zierseite. Fest des hl. Lambertus. **168v** Kirchweihe des Kölner Domes *I(n dedicatione templi)*: Jakobs Traum von der Himmelsleiter. **182r** Fest des hl. Remigius. **195b** Nachtrag (Papier): Gesänge für die Feste der hll. Ewalde, des hl. Gereon und seiner Gefährten sowie der Thebäischen Legion. **196r** Fest des hl. Gereon. **205r** Fest der 11 000 Jungfrauen. **210v** Fest des hl. Severin. **219v** Nachtrag der marianischen Antiphon zum Allerheiligenfest *Gaude Maria virgo.* **231r** Fest des hl. Kunibert. **261r-291c** Commune sanctorum beginnend mit dem Commune apostolorum. **266b** Nachtrag (Papier) zu den vorangegangenen und den folgenden Gesängen. **281b** Nachtrag (Papier) zu *De confessoribus.* **291b-c** Nachträge (Papier) zu *De virginibus* und *De mulieribus.* **292r-349v** Ergänzung aus dem letzten Viertel des 15. Jhs. **292r** Fronleichnam *S(acerdos in eternum).* **298r** Fest der Heimsuchung Mariä *E(xurgens autem Maria).* **304r** Translatio der Hll. Drei Könige *M(agorum presencia Agrippina).* **307r** Fest der hl. Anna. **312r** Fest der Verklärung Christi *S(unt de hic stantibus).* **324r** Fest Mariä Tempelgang *F(ons ortorum).* **330v** Nachträge zum Fest der Hll. Drei Könige *M(agorum presencia)* mit zahlreichen liturgischen Ergänzungen. **334b** Nachtrag (Papier) zum Fest *B.M.V. ad nives.* **339v** Suffragia für die Feste zwischen der Pfingstoktav und Advent mit nachfolgenden Doxologien. **348r** Fest der Kreuzerhöhung; in der D-Initiale Figur mit Hausmarke und den Buchstaben *L G R* auf einem Wappenschild, nebenstehend die Initialen *F.N.H.* **350r-374v** Ergänzung des späteren 14. Jhs. **350r** Fest der hl. Maria Aegyptiaca. **351r** Fest der hl. Helena. **361r** Nachtrag *O lampas ardens.* **361v** Leer. **362r** Fest des hl. Severin. **369r** Fest der hl. Elisabeth *Letare Germania.* **375r-386v** Bestandteil des ursprünglichen Buchblocks. **375r** Ende des Proprium de tempore mit dem 25. Sonntag nach Pfingsten. **375v-386v** Hymnen *O (lux beata Trinitas) – In Ihesu corona virginum.* **387r-396v** Ergänzungen aus dem letzten Viertel des 15. Jhs. **387r** Fest der hl. Birgitta. **396r** Endend mit Schlußgebet . . . *de sanctis Marco, Sergio et ceterae in locis suis addende sunt.* **396v** Leer (ursprünglich als rückwärtiger Innenspiegel aufgeklebt).

INHALT (Diözesan Hs. 149): Spiegelblatt: 4/5 einer Doppelseite mit der Epistel des 1. Sonntags sowie Epistel, Graduale und Offertorium des 9. Sonntags und Evangelium und Secreta des 8. Sonntags nach Pfingsten in einer Textura des 14. Jhs.; Namenseinträge: *Jasparus Greinert 1561; scholares anno 1562/Reinerus Pellionis/Gossvinus Sartoris/Wilhelm Bipliapola/Jasparus Groinert; Scholares anno Domini 1563/Gossvinus Sartoris/Wilhelmus Biliapola/Jasparus Groinert, Henricus Duosbergensis; Johannes Sartor; Scholares anno 1564/Gosvinus Sartoris, Jasparus Groinert/Henricus Duosbergensis/Matteus Hocherenus; Johannes Willen alias compartoris; Jacobus Schonenberg/Dictus Darnum*; Nutzungsort zweimal eingetragen: *Hic liber iacebit in latere decani./Scholares.* **Ar** Namenseinträge: *Hi fuerunt Scholares Anno Domini 1657: Jacobus Schoenberg/Adamus Weil, Jacobus Mors* (?) *Coloniensis; Hermannus Kerus Anno Domini 77-82; Anno Domini 1623 tertio iunii: Theodorus Fux/Theodorus zur Heiden/Joannes Woringer/Henricus Cerbt* (Hausmarke). **Av** Weitere Namenseinträge: *Quatuor scholares Ao 1579: Hieronimus Dornbachinus/Henricus Lionarius/Hermanus Ausormius/Egidius Efordt alias Freyaldenhaffer; I. A. Fasbender Cantor 1823.* **Br/v** Leer. **1r-2v** Nachträge des frühen 16. Jhs. (gleichzeitig mit der Foliierung) beginnend mit der Antiphon des nächtlichen Stundengebetes vor Pfingsten. *Xpristus resurgens – Spiritus sancti Q. . . .* **3r-67v** Proprium de tempore (Pfingstvigil – 25. Sonntag nach Pfingsten). **4v** Zierseite. Pfingsten *D(um complerentur)*: Herabkunft des Hl. Geistes. **14v** Zierseite. Trinitatis *G(Loria tibi Trinitas)*: Gnadenstuhl. **23r** Sonntage bis zum Advent beginnend mit dem 3. Sonntag nach Pfingsten *D(eus omnium exauditor est).* **68r-239v** Proprium de sanctis (Marcellinus und Petrus – Andreas). **68r** Fest der hll. Marcellinus und Petrus *Apparuit angelus.* **76v** Zierseite. Fest der hll. Petrus und Paulus *Q(uem dicunt homines)*: Petrus und Paulus. **99v** Fest der hl. Maria Magdalena *D(um redemptoris).* **119v** Zierseite. Mariä Himmelfahrt *E(cce tu pulchra es)*: Marientod. **138r** Zierseite. Fest der Geburt Mariens *E(cce tu pulchra es)*: Geburt Mariens. **148r** Fest des hl. Lambertus. **155r** Kirchweihe des Kölner Domes *Gloria tibi Trinitas.* **156r** Zierseite. *I(N dedicatione templi)*: Jakobs Traum von der Himmelsleiter. **167r** Fest des hl. Remigius. **178a** Nachtrag (Papier): *SS. Ewaldorum* und *SS. Maurorum.* **179v** Fest des hl. Gereon. **187v** Fest der 11 000 Jungfrauen. **192v** Fest des hl. Severin. **201r** Zierseite. 1. Nocturn des Allerheiligenfestes *S(umme Trinitati)*: lehrender Christus. **239v** Commune sanctorum beginnend mit dem Commune apostolorum *Ecce ego mitto vos.* **265** Nachtrag

102
T. viij. ps. Benedic anima mea. y.
Verbo domini celi firmati sunt.
R. i.
Dum complerentur di es
pentecostes e rant
omnes pa riter in eodē
lo co alle luia et su bito factus est so
nus de celo ae via. Tamquam spirit'
vehemētis et réple uit totam do
mum alleluia alle lu
ia. Repleti sunt omnes spiritu sanc
to et ce perunt lo qui. Alleluja.
R. 2.
Repleti sũt om nes spiritu sancto et

 92 Diözesan Hs. 149, 4v

(Papier) *Commune Confessores non Pont.* **269a** Nachtrag (Papier): Antiphon – *Commune SS. mulierum.* **272r-328v** Ergänzung aus dem letzten Viertel des 15. Jhs. **272r** Fronleichnam *S(Acerdos in eternum).* **278r** Fest der Heimsuchung Mariä *E(xurgens autem Maria).* **284r** Translatio der Hll. Drei Könige *M(Agorum presencia Agrippina).* **287r** Fest der hl. Anna. [Gaudete Syon]. **287a** Nachtrag (Papier) *In i. nocturno Responsorium.* **292r** Fest der Verklärung Christi *S(Unt de hic stantibus).* **292v** Fest des hl. Bernhard *R(eplevit sanctum suum).* **304r** Fest Mariä Tempelgang *F(Ons ortorum).* **311r** Fest der Hll. Drei Könige *M(agorum presencia).* **308v** In bl. Lombarde eingeritzt *A° 1625 Hen. Erp.* **314a** Nachtrag (Papier) *Beate Marie ad Nives.* **315r** *In Sabbato de Beate Marie Virgine. E(cce tu pulchra es), S(icut lilium inter spines).* **319v** Suffragia für die Feste zwischen Pfingstoktav und Advent *O (crux gloriosa).* **322v** Fest der Auffindung des hl. Stephanus. **325r** Fest der Kreuzerhöhung. **328v** Leer. **329r-348r** Ergänzung des späteren 14. Jhs. **329r** Fest der hl. Maria Aegyptiaca. **335r** Fest der hl. Helena. **340r** Fest des hl. Severin. **347r** Nachtrag des 17./18. Jhs. (Papier) zum *Officium Sancta Maria ad nives.* **347v** Leer. **348r** Fest der hl. Elisabeth *Letare Germania.* **353r** Fortsetzung des ursprünglichen Buchblocks. Hymnen, beginnend *O (lux beata Trinitas)* bis *Ihesu corona virginum.* **362v** Ergänzungen zum Proprium de sanctis. Hymnus *Salve Maria gemma pudicicie* zum Fest der Himmelfahrt Mariens und Responsorium zum Fest der Geburt Mariens. **364r-373v** Ergänzung von 1533 (373r Cadelle mit Schriftband *AN 1533*). **364r** Fest des hl. Kilian und seiner Gefährten. **372r** In Lombarde eingeritzt *Henricus Erpp* (s. 308v). **373v** Endend ... *possidebitis animas vestras alleluia. ... SEculorum amen.* Rückwärtiger Innenspiegel: Versikel zu den Wochentagen und Anfänge von Hymnen zum Fest der hll. Stephanus und Johannes aus dem späten 13. oder frühen 14. Jh. Namenseinträge: *Jacobus Schonenbergi SS, Hermannus Koris/77, 78* und *Hic liber iacebit in latere decani.* PERGAMENT (Dom Hs. 263): 396 Blätter; 435 x 310 mm; Lagen 1^{2+1}, $2-6^{12}$, 7^{6}, $8-9^{4}$, $10-20^{12}$, 21^{12-1+3}, $22-26^{12}$, 27^{10}, 28^{8-2}, $29-34^{8}$, 35^{2}, $36-37^{6}$, 38^{6+1}, $39-40^{6}$, 41^{4+2} ?, 42^{10}; römische Foliierung aus der 2. Hälfte des 15. Jhs. (fol. 12 doppelt, fol. 295-296 nicht vergeben); Schriftspiegel 350 x 215 mm; Blindliniierung und Liniierung in Tinte; einspaltig, 375v-386v zweispaltig (Hymnen); 12 Textzeilen, darüber Hufnagelnoten auf Vierlinienschema (C-Linie gelb, F-Linie rot); ursprünglicher Buchblock: fol. 1-291, 350-355, 375-386; Ergänzungen aus dem letzten Viertel des 15. Jhs.: fol. 292-349 und 387-396; weitere Ergänzungen: fol. 356-374; zahlreiche liturgische Notizen des 17. Jhs. PERGAMENT (Diözesan Hs. 149): 378 Blätter; 443 x 317 mm; Lagen $1-3^{4}$, $4-7^{12}$, 8^{8+1}, $9-10^{10}$, 11^{6}, $12-13^{4}$, 14^{4+1}, 15^{12}, 16^{12+2}, 17^{12}, 18^{12+1}, $19-23^{12}$, 24^{2}, 25^{8}, 26^{4+1}, 27^{2}, $28-29^{12}$, 30^{12+1}, $31-36^{8}$, 37^{8+1}, 38^{6}, 39^{4+1}, 40^{8}, 41^{6+1}, 42^{12}, 43^{10}; Foliierung aus dem frühen 16. Jh. (fol. 346, 348, 359, 361 doppelt, fol. 347 nicht vergeben); Schriftspiegel 347 x 211 mm; Blindliniierung und Liniierung in Tinte; einspaltig, 352r-364v zweispaltig (Hymnen); 12 Textzeilen, darüber Hufnagelnoten auf Vierlinienschema (C-Linie gelb, F-Linie rot); Nachträge (Textweiser) auf Seitenstegen und eingebundenen Papierblättern. AUSSTATTUNG: Lateinischer Text in schwarzer und brauner Rotunda, rubriziert; Cadellen mit rotem Mittelstrich, in Diözesan Hs. 149 mit Fischmotiven in den Ergänzungen des späteren 14. Jhs.; rote und blaue Lombarden mit Federzeichnung; zweizeilige Initialen mit rot-blau gespaltenem Körper, darin pergamentsichtig ausgesparte Ornamente, mit roter und blauer Federzeichnung; historisierte Initialen in Deckfarben (Minium, Blau, Hellviolett, Grau, Weiß) mit Gold und mit Randleisten am oberen, unteren und äußeren Rand des Textspiegels, auf den unteren Randleisten Drôlerien (hüpfende Drachen); in den Ergänzungen des letzten Viertels des 15. Jhs.: Cadellen mit rotem Mittelstrich und vegetabiler Federzeichnung, in Dom Hs. 263 ab fol. 348 auch mit Masken und ab fol. 362 auch einzeilig; mehrzeilige Initialen mit blauem Körper, darin pergamentsichtige ornamentale Aussparungen, und roter Federzeichnung (Maiglöckchen-Fleuronnée, dreilappige Blätter, Schnabelflügelblatt, in Diözesan Hs. 149 auch gewelltes Akanthusblatt) teils vor grünem Grund mit Fleuronnée-Stäben. EINBÄNDE: Schweinsleder mit Blindprägung über Holz; Dom Hs. 263 mit zwei Rollenstempeln: Kranzrolle und Ornamentrolle; Streicheisenlinien: Rechteck mit Streifenrahmen; Messingbeschläge an den beiden äußeren Ecken (einer fehlt auf der Rückseite) und Lederschnallen (verloren) mit Messingschließen, von denen eine fehlt; aus derselben Werkstatt wie Cod. 274 (um 1600); Diözesan Hs. 149 mit Streicheisenlinien: Streifenrahmung mit Eckplatten; Medaillonrolle: zwei Männerköpfe und ein Frauenkopf; Schließen aus Messing und Leder, nur noch fragmentiert erhalten; die übrigen Beschläge an den Ecken und in der Mitte fehlen (um 1600). PROVENIENZ: Köln, Domstift. LITERATUR: Handschriftlicher Katalog der Diözesanbibliothek Köln von Paul Heusgen, 1916, Nr. 149 – Heusgen 1933, S. 24 – Kdm Köln 2/III, 1937, S. 28 – J. Kirschbaum, in: G. Borcher (Hg.), Beiträge zur rheinischen Kunstgeschichte und Denkmalpflege II. Albert Verbeek zum 65. Geburtstag, Düsseldorf 1974 (Die Kunstdenkmäler des Rheinlandes 20), S. 107ff. – G. Plotzek-Wederhake, in: Vor Stefan Lochner 1974, S. 59ff., 130 – Dies., in: G. Bott (Hg.), Vor Stefan Lochner. Die Kölner Maler von 1300-1430, Ergebnisse der Ausstellung und des Kolloquiums, Köln 1977 (Begleithefte zum WRJb 1), S. 62ff. – J. Kirschbaum, in: Ebda., S. 76ff. – J. Oliver, in: WRJb 40 (1978), S. 23ff. – R. Kroos, in: KDB 44/45 (1979/80), S. 61 – Handschriftencensus 1993, S. 704f. und 754, Nr. 1192 und 1279 – Himmel Hölle Fegefeuer 1994, S. 370, Nr. 154 (G. Christen/M. Baltensperger) – M. Rubin, in: C. Meier u. a. (Hgg.), Der Codex im Gebrauch. Akten des Internationalen Kolloquiums vom 11.-13. Juni 1992, München 1996 (Münstersche Mittelalter-Schriften 70), S. 31ff. – J.A. Holladay, in: Georges-Bloch-Jahrbuch des Kunstgeschichtlichen Seminars der Universität Zürich 4 (1997), S. 5ff. J.C.G.

92 Diözesan Hs. 149, 14v/138r

 92 Diözesan Hs. 149, 201r/353r

92 Diözesan Hs. 149, 156r

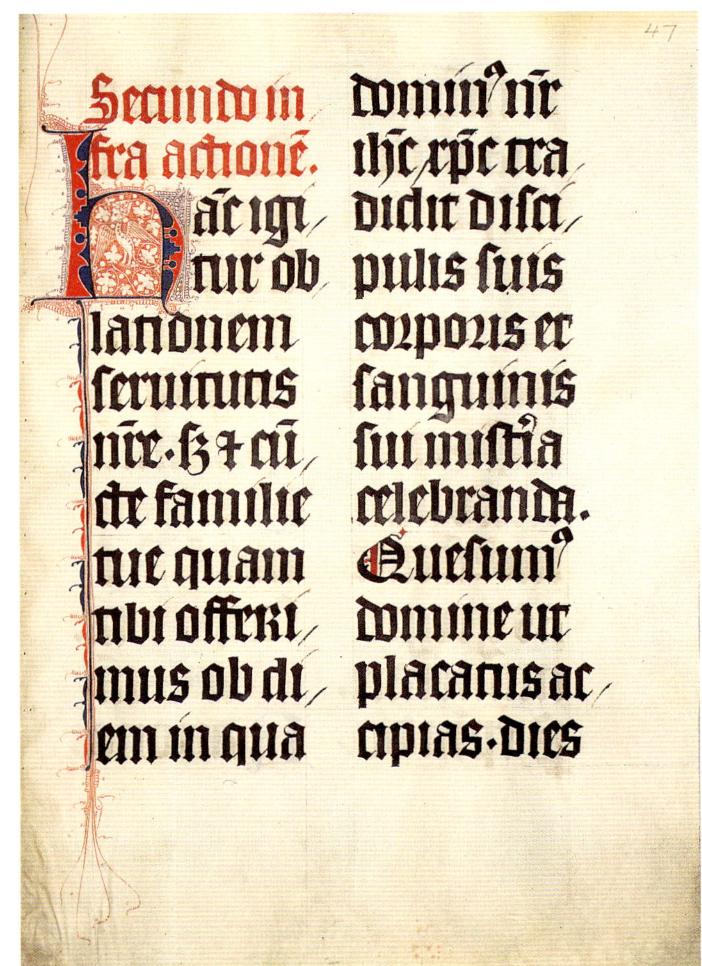

93 Dom Hs. 149, 9r/47r

Rennenberg-Codex

93 Dom Hs. 149

Köln, St. Klara, um 1350 oder vor 1357

Der 'Ordo missae' des Kölner Domdechanten Konrad von Rennenberg (gest. 1357) enthält die gleichbleibenden Teile der Messe, also den Meßordo, zusammen mit den Präfationen des Kirchenjahres. Die Handschrift war für die festtägliche Meßliturgie unter Leitung des Domdechanten bestimmt. Für die ihm assistierenden Kleriker standen andere liturgische "Rollenbücher" zur Verfügung: ein Sakramentar für die (wechselnden) Praesidialgebete (Tages-, Gaben- und Schlußgebet), ein Lektionar für die Lesungen, ein Evangeliar bzw. Perikopenbuch für den Vortrag des Evangeliums. Dom Hs. 149 ist einer der frühesten Zeugen der sich langsam ausbildenden Kölner Eigentradition, während die ältere Meßliturgie Kölns hauptsächlich römische Bräuche in fränkischer Überarbeitung widerspiegelt (Dom Hss. 88, 137, Kat. Nrn. 82, 81), die im Rennenberg-Codex nur noch wenige Spuren hinterlassen haben, so die Bereitung des Kelches vor dem Wortteil der Messe. Der Text- und Ritusbestand des Meßordo ist nunmehr ganz vom sogenannten Rheinischen Meßordo geprägt, einer um das Jahr 1000 einsetzenden Verschmelzung römischer und gallisch-fränkischer Traditionen.

Als erste für einen Auftraggeber außerhalb des Konvents angefertigte Handschrift entstand Dom Hs. 149 Anfang der fünfziger Jahre des 14. Jahrhunderts im Skriptorium des Kölner Klarissenklosters St. Klara, in dem zu diesem Zeitpunkt noch die 1315 ins Kloster eingetretene Loppa von Spiegel (de Speculo) eine führende Rolle einnahm. Unmittelbar nach diesem Codex schuf dieselbe Illuminatorin die Kanonbilder in einem zweibändigen Missale unbekannter Provenienz in Brüssel (Bibl. Royale, Ms. 209, 212; s. Benecke 1995, S. 176ff.). Trotz ihrer auch in diesen Miniaturen erkennbaren Eigenheiten steht die Buchmalerei der Klarissen in der Nachfolge des Johannes von Valkenburg (Diözesan Hs. 1b, Kat. Nr. 88). Der Rennenberg-Codex wurde in der Hauptproduktionsphase des Skriptoriums angefertigt, die gleichzeitig eine letzte Blüte der Kölner Buchmalerei im 14. Jahrhundert darstellt.

Neben zahlreichen Fleuronnée-Initialen beschränkt sich der Schmuck von Dom Hs. 149 auf das Kreuzigungsbild zu Beginn des Meßkanons (51v) und die historisierte Initiale *T(e igitur)* des eucharistischen Hochgebetes (52r), in der ein vor einem Altar mit Kelch und Patene stehender Priester die Hostie in die Höhe hebt. Hinter ihm kniet ein Altardiener mit Kerze. Von der Initiale gehen am linken Spaltenrand Zierleisten aus, die – mit Drôlerien bevölkert – in Blattranken auf Kopf- und Fußsteg auslaufen. Auf der unteren kniet ein Engel und hält dem Zelebranten ein Steckkreuz zum Kuß regelrecht entgegen. Die beiden Bilder verdeutlichen den Zusammenhang von historischem Geschehen, theologischer Ausdeutung und Nachvollzug durch Worte und Gesten in der Liturgie. Das Kanonbild zeigt den toten Gekreuzigten, dessen Seitenwunde als Quelle der Sakramente gilt. Das Wasser der Taufe und das Blut des Altarsakramentes entspringen aus der rechten Seite Christi, die seine göttliche Natur verkörpert und aus der der Hl. Geist hervorgeht. Die linke und eigentliche Herzseite steht für seine menschliche Natur (vgl. R. Suntrup, in: C. Meier/U. Ruberg [Hgg.], Text und Bild. Festschrift F. Ohly, Wiesbaden 1980, S. 317). Während die Architekturbekrönung der Kreuzigungsszene an zeitgleiche Altarschreine oder auch an Altarfresken im Kölner Dom (z. B. Johanniskapelle, um 1330) erinnert und das Geschehen somit aus der Vergangenheit in den Kirchenraum der Gegenwart versetzt wird, verweisen andererseits die das Kreuzigungsbild rahmenden Medaillons mit den vier Evangelistensymbolen auf die schriftliche Überlieferung der Passionsgeschichte im Neuen Testament.

Konrad von Rennenberg (vgl. W. Kisky, Die Domkapitel der geistlichen Kurfürsten, Weimar 1906, S. 71, Nr. 219), der Auftraggeber und wahrscheinlich erste Benutzer des 'Ordo missae', vermachte diesen der Kölner Domkirche zum ewigen Gedächtnis seiner Seele. Nach seinem Tod am 10. März 1357 wurde dies auf dem ersten Blatt vermerkt (1r). Ein Testament mit näheren Angaben ist nicht erhalten. Die Tatsache, daß der Codex im Jahr 1583 von den Erben zweier Mitglieder des Domkapitels einem Vikar der Kölner Domkirche, Goswin Gymmenich, übergeben wurde, legt nahe, daß es sich bei Rennenbergs Vermächtnis um eine Memorienstiftung gehandelt haben könnte (vgl. B. Klosterberg, Zur Ehre Gottes und zum Wohl der Familie, Köln 1995, S. 188ff.). Möglicherweise erhielt der Vikar die Handschrift zur Erfüllung der Pflichten, die mit einer solchen Memorienstiftung verbunden waren.

 93 Dom Hs. 149, 51v

Hic inclinat
se sacerdos
ualde humili
ter ante al
tare dicens.

Te igitur cle
mentissime
pater per ihe
sum christum
filium tu
um dominum
nostrum suppli
ces rogamus
et petimus
hic erigat se
et faciat tres
cruces super
siue super
utrumque. uti
accepta ha

 93 Dom Hs. 149, 52r

INHALT: **1r** Besitzvermerk des 14. Jhs. *Anno Domini Millesimo Trecentesimo Quinquagesimo septimo X. Kalend. Marcii obiit dominus Conradus de Rennenberg, Decanus Ecclesie Coloniensis qui legavit hunc canonem Ecclesie sue predicte pro memoria eterna cuius anima per Dei misericordiam requiescat in pace*; Besitzvermerk des 16. Jhs. *Hunc librum ego Goswinus Gymmenich Vicarius Metropol. Ecclesiae Coloniensis obtinui heredes D. Georgii a Zonß olim Cantoris dictae ecclesiae et Sacellarii R^{di} D. Gerlaci Comitis ab Isenburgh Scholastici eiusdem ecclesiae. Anno Domini 1583*; Gebet (nachgetragen) *dulcissime Domine Ihesu Xpiste filii Dei*. **1v** Leer. **2r** Ordo für die Gebete und Handlungen des Priesters in der Messe beginnend mit der Vorbereitung des Priesters zur Messe *Adiutorium nostrum in nomine Domini*. **8v** Gebete zur Einkleidung *E(xue me Domine veterem hominem cum actibus suis. Et indue me novum hominem)*. **9r** *L(argire sensibus nostris omnipotens pater)*. **20v - 45v** Gesungene Präfationen beginnend mit der Präfation zum Weihnachtsfest *P(er omnia secula seculorum)*. **45v - 51r** Gebete *infra actionem* beginnend mit dem Weihnachtsfest (*Communicantes*). **51v** Kanonbild: Kreuzigung Christi. **52r** Kanongebet *T(E igitur)*: Elevation der Hostie bei der Wandlung. **61v - 63r** Gesang des *Pater noster*. **69v** Gebete des Priesters beim Auskleiden. **72v - 74v** Nachgetragene Gebete *[D](omine sacerdos et vere pontifex)*.

PERGAMENT: 74 Blätter; 403 x 285 mm; Lagen 1^{12+1}, 2 - 5^{12}, 6^{12+1}; Wortreklamanten; Schriftspiegel 295 x 196 mm; Metallstiftliniierung, bisweilen mit Versalienspalte (4 mm); 2 Spalten von 88 mm Breite und 20 mm Abstand; 22 (2r - 7v), 12 (8r - 20v, 52r - 61r, 64r - 69v), 8 (20v - 45v, darüber Notation auf Vier-Linien-System mit gelber C- und roter F-Linie), 6 (61v - 63v, mit Notation) und 20 (69v - 72v) Textzeilen. AUSSTATTUNG: Lateinischer Text in schwarzer Textura, rubriziert; einzeilige rote und blaue Lombarden; über 200 zweizeilige Lombarden mit rotem oder blauem Körper und violetter oder roter Federzeichnung; 80 Initialen mit rot-blau gespaltenem Körper, rot-violetter Federzeichnung und Zierausläufern am linken Spaltenrand (Maiglöckchen-Fleuronnée, dreiblättrige Efeublätter, Drôlerien: Fabelwesen – 47r mit Mitra – und Fratzen); 52r Textzierseite mit vegetabilen Randleisten mit zoomorphen und anthropomorphen Motiven und einer historisierten Initiale in Deckfarben (Blau, Grün, Braun, Weiß und Rot) mit Gold; 51v ganzseitiges Kanonbild in Gold, Silber (?) und Deckfarben (Blau, Grün, Rot, Braun, Weiß und Schwarz). EINBAND: Pergament mit Streicheisenlinien über Pappe (Mitte 18. Jh.). PROVENIENZ: Der Domdechant Konrad von Rennenberg vermachte die Handschrift nach seinem Tod im Jahre 1357 der Kölner Domkirche (1r). 1583 erhielt Gosvenius Gymnich, Vikar der Kölner Domkirche, den Codex von den Erben des Kantors Georg von Zons und des hochwürdigen Herrn Sacellarius und Scholaster Gerlach Graf von Isenburg (1r). Darmstadt 2135. LITERATUR: Hartzheim 1752, S. 127 – Jaffé/Wattenbach 1874, S. 61 f. – K. Lamprecht, Kunstgeschichtlich wichtige Handschriften des Mittel- und Niederrheins, in: JVAFR 74 (1882), S. 141 – C. Aldenhoven, Geschichte der Kölner Malerschule, Lübeck 1902 (PGRGK 13), S. 36, Taf. 4 – Katalog der kunsthistorischen Ausstellung in Düsseldorf 1904, Nr. 551 – G. Graf Vitzthum, Die rheinische Malerei zu Anfang des 14. Jahrhunderts, Leipzig 1907, S. 22 – Jahrtausendausstellung der Rheinlande in Köln, Ausst. Kat. Köln 1925, S. 186, 206, Vitrine 91, Nr. 1 – P. Clemen, Die gotische Monumentalmalerei der Rheinlande, Düsseldorf 1930, S. 57, 208, Fig. 82 – A. Stange, Zur Chronologie der Kölner Tafelbilder vor dem Klarenaltar, in: WRJb 1 (1930), Abb. 77 – A. Stange, Deutsche Malerei der Gotik, Berlin 1934, Bd. I, S. 32, Abb. 21 – Kdm Köln 1/III, 1938, S. 397, Nr. 14 (Lit.), Abb. 323 – H. Schnitzler (Bearb.), Gotische Kunst, Kat. Köln 1948, Nr. 186 – F.J. Peters, Der Oblationritus in den vorkonziliaren Missalien der Erzdiözese Köln, in: Theodor Steinbüchel u. a. (Hgg.), Aus Theologie und Philosophie. Festschrift für Fritz Tillmann, Düsseldorf 1950, S. 398 ff. – E. Galley, Eine Kölner Buchmalerwerkstatt aus der ersten Hälfte des 14. Jahrhunderts, in: DJ 46 (1954), S. 134 – A. Boeckler, Deutsche Buchmalerei der Gotik, Königstein i.T. 1959, S. 15 – E. Galley, Miniaturen aus dem Kölner Klarissenkloster. Ein Kapitel rheinischer Buchmalerei, in: Festschrift für Rudolf Juchhoff zum 65. Geburtstag, Köln 1959, S. 22 ff. – E. Lind, Die Freiherren von Rennenberg, Köln 1968 (Veröffentlichungen der westdeutschen Gesellschaft für Familienkunde, N.F. 2), S. 9 f. – L. Eizenhöfer/ H. Knaus, Die liturgischen Handschriften der Hessischen Landes- und Hochschulbibliothek, Wiesbaden 1968 (Die Handschriften der Hessischen Landes- und Hochschulbibliothek 2), Nr. 37 f. – Rhein und Maas I 1972, S. 395 (J.M. Plotzek) – Vor Stefan Lochner 1974, S. 134 – Schulten 1980, S. 105 f., Nr. 41 – E. Vavra, Buchbesitz – Buchproduktion. Überlegungen zur Geschichte des Buchwesens innerhalb der franziskanischen Orden, in: Achthundert Jahre Franz von Assisi. Franziskanische Kunst und Kultur des Mittelalters, Ausst. Kat. Krems-Stein, Horn 1982, S. 632 – R. Mattick, Choralbuchfragmente aus dem Kölner Kloster St. Klara, in: WRJb 45 (1984), S. 291 ff. – Handschriftencensus 1993, S. 658, Nr. 1109 – A. Odenthal, Der Meßordo des Domdechanten Konrad von Rennenberg. Zum Einfluß des "Rheinischen Meßordo" auf die Kölnische Meßliturgie, in: KDB 59 (1994), S. 121 ff. – S. Benecke, Randgestaltung und Religiosität. Die Handschriften aus dem Kölner Kloster St. Klara, Ammersbek 1995, S. 30 f., 171 ff. – J. A. Holladay, Some Arguments for a Wider View of Cologne Book Painting in the Early Fourteenth Century, in: Georges-Bloch-Jahrbuch des Kunstgeschichtlichen Seminars der Universität Zürich 4 (1997), S. 10.

A.O./J.C.G.

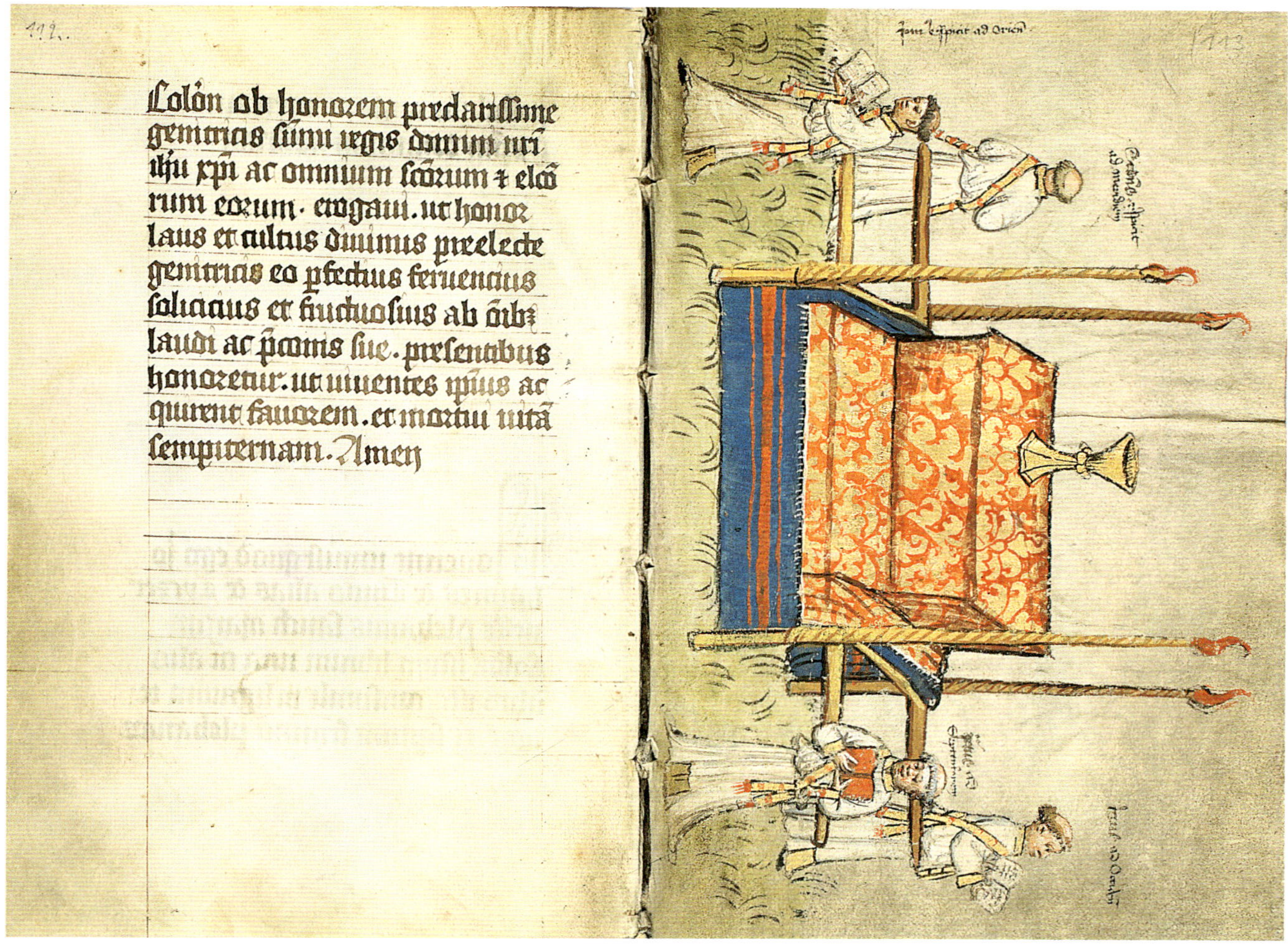

94 Dom Hs. 244, p. 112/113

Totenoffizium

94 Dom Hs. 244

Umkreis Köln, Anfang 15. Jh.

Der schmale Band enthält die liturgischen Texte des 'Officium defunctorum' und weist als Buchschmuck im Text lediglich einige blau-rote Zierinitialen auf. Das letzte Blatt (58r) zeigt im Querformat die Darstellung eines Priesterbegräbnisses. Die Schrift des Textes und die Malweise der Miniatur sprechen für eine Entstehung des Codex zu Beginn des 15. Jahrhunderts im Kölner Umkreis. Der Sarg des Toten ist auf einem Katafalk aufgebahrt und vollständig mit einer kostbar gemusterten Brokatdecke umhüllt. Auf dem Sarg steht links ein großer Kelch als äußeres Zeichen dafür, daß es sich bei der verstorbenen Person um einen Geistlichen handelt. An den vier Ecken des Katafalks brennen lange, gedrehte Kerzen; zwei unter dem Sarg durchgeschobene Tragestangen ragen links und rechts heraus. Vier Diakone sind seitlich neben dem Katafalk postiert. In ihren Händen halten sie aufgeschlagene Bücher. Sie schauen nach Norden, Süden, Westen und Osten. Mit Hilfe der Rubriken des Totenoffiziums kann die Darstellung gedeutet werden (89r, 93r, 96v, 100v): Die Diakone verlesen während der Feier die Anfänge der vier Evangelien; nach Osten wird das Matthäusevangelium gesprochen, nach Süden das des Markus, nach Norden der Lukasbericht und nach Westen die Worte des Johannesevangeliums. Darstellungen von Totenoffizien sind außerhalb der Stundenbücher selten. Das spärliche Vergleichsmaterial, etwa das zeitgleiche Totenbuch der Johanniterkommende Burgsteinfurt in westfälischem Privatbesitz, zeigt in einer der beiden Miniaturen zwar ebenfalls ein Totengedenken, doch ohne Diakone. Laut

Kolophon (p. 112-113) wurde die Handschrift von dem Kölner Domherrn Johannes von Deutz (gest. 1411) zur Ehre Mariens gestiftet, der einige Votivmessen am Anfang des Codex gewidmet sind (7rff.). Empfänger war die Bruderschaft Kölner Pfarrer, denen Dom Hs. 244 für das Totengedenken im Offizium dienen konnte. Die Miniatur – zwar beigebunden, doch möglicherweise dem Original zugehörig – zeigt, wie sich Johannes von Deutz seine Totenfeier vorstellte.

INHALT: **1r** Kyriale beginnend mit *De Domina nostra.* **6r** *Gloria in excelsis* (nachgetragen). **7r** Gesänge zu verschiedenen Votivmessen zu Ehren Mariens, beginnend mit dem 4. Advent. Introitus *R(orate celi).* **p. 1-111** Totenoffizium. **p. 1** Antiphon *Placebo Domino;* Psalm 141 *D(ilexi quoniam).* **p. 89** Beginn der Evangelienlesungen mit dem Anfang des Matthäusevangeliums. **p. 110** Nachtrag auf dem unteren Seitensteg (Ps 137). **p. 111** Kolophon *Noverint universi. quod ego Johannes de Tuicio alias de Tyczervelde plebanus sancti Martini Coloniensis istum librum una cum alio libro isto consimili in ligatura tenore et scriptura fraternitati plebanorum Coloniensium ob honorem preclarissime genitricis summi regis Domini nostri Jesu Christi ac omnium sanctorum et electorum erogavi, ut honor laus et cultus divinus preelecte genetricis eo perfectius ferventius sollicicius et fructuosis ab omnibus laudis ac predicationis sue presentibus honoretur, ut viventes ipsius acquirent favorem et mortui vitam sempiternam. Amen.* – Es möge der Allgemeinheit bekannt sein, daß ich, Johannes von Deutz alias von Deutzerfeld, Pfarrer von St. Martin in Köln dieses Buch – zusammen mit einem anderen Buch, das in Bindung, Inhalt und Schrift gleichgestaltet ist – der Bruderschaft der Kölner Pfarrer zur Ehre der alles überstrahlenden Gebärerin unseres höchsten Herrn und Königs Jesu Christi und aller Heiligen und Erwählten gespendet habe, damit die Ehre, das Lob und die gottesdienstliche Verehrung der erwählten Gebärerin um so vollkommener, eifriger, sorgfältiger und fruchtbringender von allen Anwesenden in Lob und Verkündigung vollzogen werden und so die Lebenden ihr Wohlwollen und die Toten das ewige Leben erhalten mögen. Amen. **p. 113** Ganzseitige Miniatur eines Priesterbegräbnisses. **p. 114** Leer.
PERGAMENT: 79 Blätter; 213 x 141 mm; Lagen 1^{4+1}, 2^{14}, 3^{10}, 4^{14}, 5^{10}, 6^{12+1}, 7^{8+4}, 8^{2} (2. Blatt als rückwärtiges Spiegelblatt angeklebt); paginiert ab dem 23. Blatt beginnend mit p. 1; Schriftspiegel 145 x 87-95 mm; Liniierung mit Tinte; einspaltig; 19, unter Noten 6 Zeilen. AUSSTATTUNG: Lateinischer Text in dunkelbrauner bis schwarzer Textura, rubriziert; 4-liniges Notensystem (eine Linie z. T. in Rot hervorgehoben); Auszeichnungsschrift: Textura; Initialen und Textmajuskeln: Cadellen und Lombarden; Randglossen des 15. und 17. Jhs.; ein-, zwei- und mehrzeilige Textmajuskeln und Initialen in Rot und Blau; im Notentext zwei- und mehrzeilige zweifarbige Cadellen in Minium und Tinte; mehrzeilige zweifarbige Initialen in Rot und Blau mit Fleuronnée und vegetabilen Motiven in Rot und Violett in Binnen- und Außengrund; ganzseitige Miniatur in Deckfarben und Gold (p. 113). EINBAND: Schweinsleder über Holz; ehemals mit je fünf Beschlägen auf Vorder- und Rückdeckel sowie zwei Überwurfschließen, von denen eine fragmentiert erhalten ist (um 1500); vorderer Innenspiegel: aufgeklebtes Pergament mit dem Gesang des *Kyrie;* auf dem oberen Seitensteg *Deus in adiutorium meum intende;* rückwärtiger Innenspiegel: Nachtrag aus dem Officium B. Mariae in sabbato *Concede nos famulos tuos.* PROVENIENZ: Von Johannes von Tyczervelde, Pfarrer von St. Martin in Köln, der Bruderschaft der Kölner Pfarrer gestiftet (p. 111-112).
LITERATUR: Heusgen 1933, S. 13f. – Handschriftencensus 1993, S. 699, Nr. 1180 – T. Vollmer, Agenda Coloniensis. Geschichte und sakramentale Feiern der gedruckten Kölner Ritualien, Regensburg 1994 (Studien zur Pastoralliturgie 10), S. 57.
I.D./H.-W.S.

Missale

95 Dom Hs. 151

Köln, nach 1475

Dom Hs. 151 enthält wie ein Missale Gebete, Lesungen und Gesänge für die Meßfeier, allerdings als Auswahl aus den Meßformularen für das ganze Kirchenjahr. Sie erlaubt, trotz fehlender inschriftlicher Angaben zu Datierung oder Provenienz, die ursprüngliche Nutzung dieses Teilmissales zu rekonstruieren. Auffällig ist, daß neben den Hochfesten alle wichtigen Marienfeste aufgenommen sind. Heilige werden namentlich nicht genannt bis auf die hll. Dominikus, Petrus Martyr, Thomas von Aquin und Vinzenz (62v), die Ordensheiligen der Dominikaner, deren Hl. Kreuz-Kloster in Köln 1220/21 gegründet und 1804 niedergelegt wurde. Auf das Totenoffizium

(55r) folgt ein Gebet für eine nicht näher bezeichnete Gemeinschaft, die Maria als Fürbitterin anruft. Dabei könnte es sich um die am Kölner Dominikanerkloster beheimatete Rosenkranzbruderschaft handeln, die 1475 anläßlich der mit Rosenkranzgebeten erfolgreich abgewendeten Bedrohung der Stadt Köln durch Karl den Kühnen aus der Marienbruderschaft hervorgegangen war. 1478 äußerten neunzehn Kardinäle den Wunsch, daß der Marienaltar, an dem diese politisch bedeutsame Bruderschaft gestiftet worden war, "besucht und mit Leuchten, Büchern, Kelchen und anderen liturgischen Geräten ausgestattet und der Gottesdienst vermehrt werde" (Militzer 1997, S. 524); daraufhin erfolgten mehrere testamentarische Vermächtnisse zugunsten der Bruderschaft. Somit könnte Dom Hs. 151 für die Nutzung in der Dominikanerkirche Hl. Kreuz anläßlich der Gründung der Rosenkranzbruderschaft angefertigt worden sein. Die Konzentration auf Hoch- und Marienfeste ließe sich auf den umfangreichen Ablaß zurückführen, welcher der Bruderschaft an Marienfesten verliehen wurde.

Der einzige figürliche und für ein Missale auch charakteristische Buchschmuck in Dom Hs. 151 ist das ganzseitige Kreuzigungsbild (10v) gegenüber dem Gebet *Te igitur* – der Bitte um gnädige Annahme der Gaben vor der Wandlung von Brot und Wein. Die zur Rechten des Gekreuzigten stehende Maria trägt hier über ihrem roten Gewand nicht den häufiger dargestellten blauen, sondern einen weißen Mantel – möglicherweise ein Hinweis darauf, daß die Marienverehrung durch die neu etablierte Rosenkranzverehrung zunehmend in die Liturgie eingebunden wurde: Weiß war die liturgische Farbe der Marienfeste (Beissel 1972, 315ff., 540ff.). Der anonyme Illuminator dieses Kanonbildes fertigte ein weiteres in einem Missale für St. Kolumba (Diözesan Hs. 269), eine mehrfigurige Kreuzigung auf einem Einzelblatt (Darmstadt, Hess. Landesmuseum, AE 340) und die Bekehrung des Apostels Paulus in einem 1483 abgeschlossenen Werk des Kölner Kartäusers Werner Rolevinck (1425-1502) über Leben und Taten des Apostels (Berlin, Staatsbibl. PK, Ms. theol. lat. fol. 713, fol. Iv; vgl. Marks 1974; Becker/Brandis 1985, S. 262f.). Zudem malte er nicht nur auf Pergament, sondern auch auf Leinwand (Köln, Wallraf-Richartz-Museum, WRM 3606, WRM 101, vgl. Zehnder 1988; ders. 1990, S. 151f.; ehem. WRM 99). Sowohl im Fall der Rolevinck-Handschrift als auch der Dom Hs. 151 wäre es möglich, daß die ganzseitigen Miniaturen von einer Werkstatt erworben wurden, die kleinformatige Bilder auf Pergament und auch auf Leinwand anfertigte. Bei Dom Hs. 151 sprechen abweichende Blattgröße und Befestigung – das dickere Pergamentblatt mit dem Kanonbild ist etwa 1 cm niedriger als der restliche Buchblock und an einen Pergamentsteg angeklebt – dafür, daß Buchblock und Miniatur unabhängig voneinander entstanden sind. Das Kanonbild in Dom Hs. 257 (Kat. Nr. 101) von 1473 ist diesem sehr ähnlich, stammt aber von einer anderen Hand. Die Federzeichnungsranken um das Kreuzigungsbild von Dom Hs. 257 stimmen jedoch wieder mit denen in Diözesan Hs. 269 so weitgehend überein, daß eine zeitlich nahe Entstehung beider Blätter in einer Werkstatt höchstwahrscheinlich ist. Diese muß aufgrund der beiden datierten Handschriften mindestens von 1473 bis 1483 aktiv gewesen sein. Entsprechend ist sie der Lochner-Nachfolge zuzuordnen, verwendet aber insbesondere bei den Kölner Werken bereits länger tradierte Bildformen.

 95 Dom Hs. 151, 10v

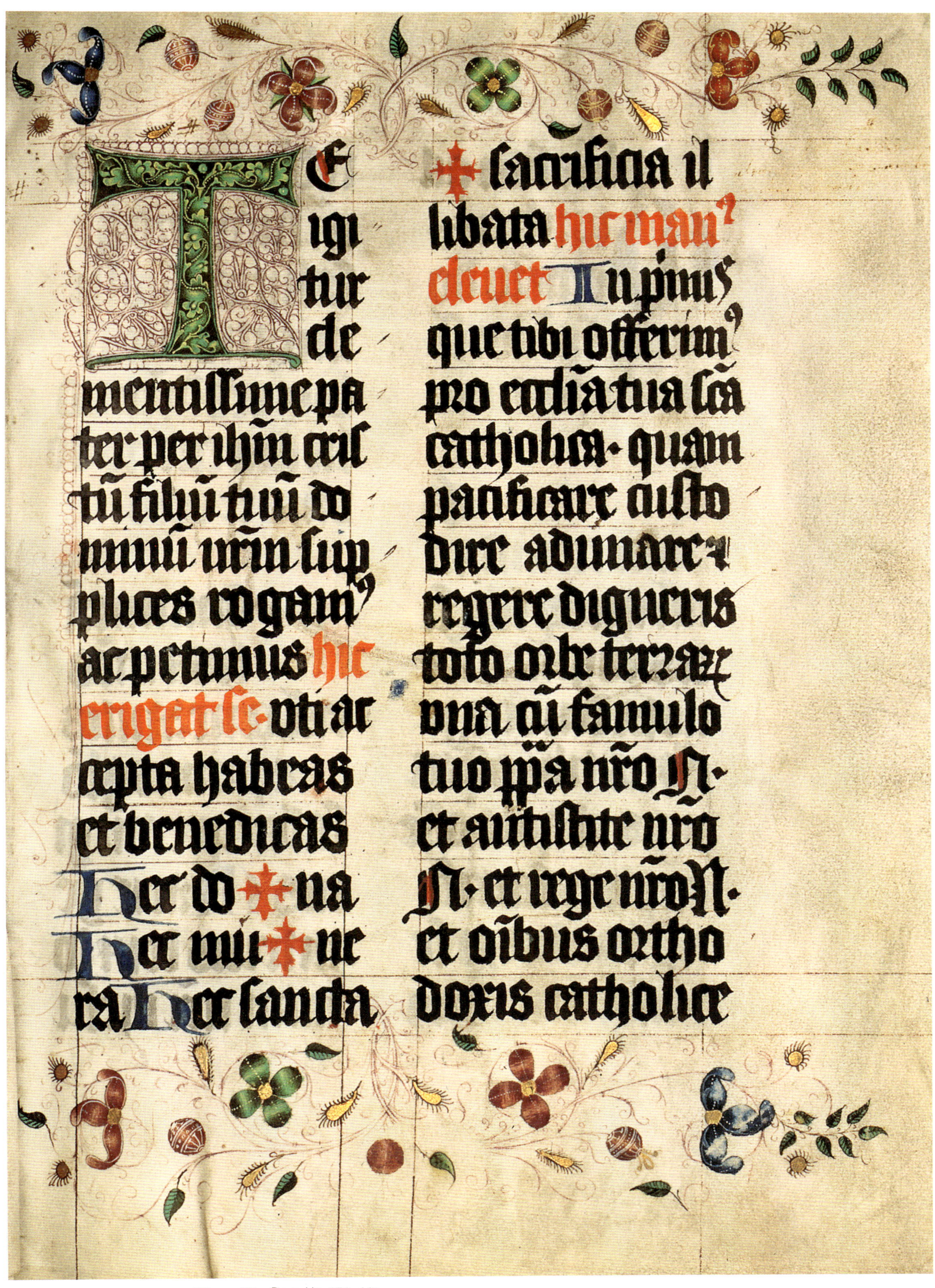
Te
igi
tur
cle
mentissime pa
ter per ihm cris
tū filiū tuū do
minū nrm̄ sup
plices rogam⁹
ac petimus hic
erigat se. uti ac
cepta habeas
et benedicas
Hec do+na
Hec mu+ne
ra Hec sancta
+ sacrificia il
libata hic man⁹
elevet In pmis
que tibi offerim⁹
pro ecclia tua sca
catholica. quam
pacificare custo
dire adunare et
regere digneris
toto orbe terrarū
una cū famulo
tuo ppa nro N.
et antistite nro
N. et rege nro N.
et oībus ortho
doxis catholice

95 Dom Hs. 151, 11r

INHALT: **1r** Gebetsformeln, Schuldbekenntnis (Nachtrag des 18. Jhs.). **1v** Leer. **2r** Ordo für die Vorbereitung des Priesters zur Messe. **6r** Präfationen beginnend mit dem Weihnachtsfest *P(er omnia secula seculorum).* **9v** Nachtrag des späten 16. Jhs. in brauner Textura, rubriziert *In commemoratione Trium Regum. Deus qui es regum*; auf dem unteren Seitensteg rundes, blau gerahmtes Kußbild mit vergoldetem Kreuz und vegetabilem Ornament in violetter Federzeichnung. **10r** Leer. **10v** Kanonbild: Kreuzigung Christi. **11r-17v** Meßkanon. **11r** Hochgebet *T(E igitur).* **18r-22r** *Infra actionem.* **22v** *Credo, Gloria.* **23r** Weihnachten *P(uer natus est).* **26r** Ostern *R(esurrexi).* **27r** Christi Himmelfahrt *V(iri Galilei).* **28r** Pfingsten *S(piritus Domini).* **33r** Mariä Himmelfahrt *G(audeamus omnes).* **34r** Mariä Geburt. **36r** Allerheiligen. **38r** Vigil zum Fest eines Apostels. **39r** *De apostolis Introitus.* **40r** Fest eines Märtyrers. **41r** Fest mehrerer Märtyrer. **42v** Fest eines Bekenners. **44r** Fest einer Jungfrau. **45v** Montag, von den Engeln. **46v** Dienstag, von der Barmherzigkeit. **47v** Mitwoch, von der Not. **48v** Messe für die Sünden; Donnerstag, vom Hl. Geist. **50r** *In commemoratione Petri, Introitus; De sancta cruce, officium.* **51r** *De domina nostra, officium.* **52r** *De annunciacione beate Marie.* **53v** *Infra circumcisione et purificatione de domina.* **55r** Totenoffizium *Pro congregatione; Pro patre et matre.* **55v** *Generalis.* **57v** *Pro amico.* **58v** *Alia generalia.* **59v** *Pro sacerdote.* **61r** Kirchweihe *T(erribilis est locus).* **62v** *De sancto Dominico, Petro, Thome et Vincencio.* **63v** *De lancea Domini.* **65r** *De nomine Jesu.* **66v** *Collecte generales de sanctis; Alia collecta de omnibus sanctis.* **67r** *Pro rege; pro episcopo.* **69r-78r** Sequenzen. Weihnachten *N(atus ante secula)* (enger geschrieben; von einer anderen Hand?) bis zur Sequenz für die Kölner Stadtpatrone *Gaude felix Agrippina.* **78v-82v** Bis auf einige Federproben leer.

Gaude felix Agrippina,/ Sanctaque Colonia,/ Sanctitatis tuae bina/ Gerens testimonia.// Postquam fidem suscepisti,/ Civitas praenobilis,/ Recidiva non fuisti,/ Sed in Fide stabilis.// Te tinxerunt et sanxerunt/ Ursulae martyrium./ Et castarum sociarum/ Undenarum millia.// Gereonis cum bis nonis/ Trecentena concio,/ Et Maurorum trecentorum/ Sexaginta passio:// Severinus, Cunibertus,/ Evergislus inclyti:/ Agilolphus, Heribertus,/ Patres urbis praediti,// Felix, Adauctus, Albinus,/ Maurinus, Eliphius,/ Hippolytus et Paulinus,/ Ewaldi et Gregorius.// Felix, Nabor, hii cum tribus/ Magis urbs sanctissima,/ Te tuentur tribus quibus/ Polles famosissima.// Ut vobiscum resurgamus/ In die iudicii./ Gloriose supplicamus,/ Patroni propitii.
78r

PERGAMENT: 82 Blätter; 311 x 227 mm; Lagen 1^{2-1}, 2^{8}, 3^{2-1}, $4-12^{8}$; rote Foliierung (*I-XLIIII* = fol. 23-66); Schriftspiegel 214 x 144 mm; Liniierung mit Tinte und Metallstift; 2 Spalten von je 63 bzw. 60-67 (Kanongebet) mm Breite und 18 mm Abstand; 23, bisweilen 25 und im Meßkanon 16 Zeilen. AUSSTATTUNG: Lateinischer Text in schwarzer Rotunda, rubriziert; Marginalglossen: Bastarda; Cadellen mit rotem Mittelstrich, rote oder blaue Lombarden; Fleuronnée-Initialen mit blauem und/ oder rotem oder goldenem gespaltenen Körper und violetter Federzeichnung mit Fleuronnéestab (6r, 23r, 26r, 27r, 28r, 33r, 61r); Zierseite (11r) mit Ornamentinitiale: grüner Körper, weiße Binnenzeichnung in Form eines Blattfrieses mit gedrehten Blattenden, violettem Maiglöckchenfleuronnée sowie Rankenbordüren an Kopf- und Fußsteg aus je zwei in der Mitte übereinanderliegenden violetten Federzeichnungsranken, daran stachelbesetzte Goldpollen in Tropfenform, grüne Lanzettblätter, rote "Christbaum"-Kugeln mit weißer Binnenzeichnung sowie rote, grüne und blaue drei- oder vierblättrige Blüten mit weißer Binnenzeichnung und teils umgebogenen Blattenden; ganzseitige Miniatur: Kanonbild (10v). EINBAND: Pergament mit Streicheisenlinien über Pappe (Mitte18. Jh.). PROVENIENZ: Köln, Dominikanerkloster Hl. Kreuz; danach Dom? (Nachtrag 9v *Commemoratio Trium Regum,* spätes 16. Jh.?); spätestens 1752 in der Dombibliothek (Hartzheim); Darmstadt 2142. LITERATUR: Hartzheim 1752, S. 127 – Jaffé/ Wattenbach 1874, S. 62 – K. Lamprecht, Kunstgeschichtlich wichtige Handschriften des Mittel- und Niederrheins, in: JVAFR 74 (1882), S. 144, Nr. 194 – R. Kautzsch, Die Holzschnitte der Kölner Bibel, Straßburg 1896, S. 37 – Jahrtausendausstellung der Rheinlande in Köln, Ausst. Kat. Köln 1925, S. 208, Nr. 2, Vitrine 98 – F. Winkler, Stadtkölnische Buchmaler-Werkstätten im 15. Jahrhundert, in: WRJb 3/4 (1926/ 27), S. 125f., Abb. 2 – Kdm Köln 2/ III, 1937, S. 160ff. – H. Jerchel, Die niederrheinische Buchmalerei der Spätgotik (1380-1470), in: WRJb 10 (1938), S. 68, Nr. 31, S. 90 – A. Stange, Deutsche Malerei der Gotik, Bd. III, Berlin 1938, S. 109 und Bd. V, 1952, S. 9, 12 – Herbst des Mittelalters 1970, S. 78, Nr. 98 – H. Meurer, Miniaturen aus dem Kreis Stefan Lochners, in: WRJb 33 (1971), S. 304 – S. Beissel, Geschichte der Verehrung Mariens im Mittelalter. Ein Beitrag zur Religionswissenschaft und Kunstgeschichte, [Freiburg i.Br. 1909] Darmstadt 1972 – Kirschbaum 1972, S. 93 – R.B. Marks, The Medieval Manuscript Library of the Charterhouse of St. Barbara in Cologne, Salzburg 1974 (Analecta Cartusiana 21-22) – P.J. Becker/ T. Brandis, Die theologischen lateinischen Handschriften in Folio der Staatsbibliothek Preußischer Kulturbesitz Berlin, Teil 2: Ms. theol. lat. fol. 598-737, Wiesbaden 1985 – F.G. Zehnder, Andachtsbild mit zwölf Szenen aus dem Leben Christi, Köln 1988 – F.G. Zehnder, Katalog der Altkölner Malerei, Köln 1990 (Kataloge des Wallraf-Richartz-Museums 11), S. 151ff. – Handschriftencensus 1993, S. 659, Nr. 1111 – J.-B. Broicher, Hl. Kreuz, in: Colonia Romanica 10 (1995), S. 261ff. – J.C. Gummlich, Das Euskirchener Missale Cod. I, in: Werke aus der Kölner Malerschule. Zur Kunstgeschichte um 1500 im Euskirchener Land, Euskirchen 1997 (Jahresschrift des Vereins der Geschichts- und Heimatfreunde des Kreises Euskirchen 11), S. 153 – K. Militzer, Quellen zur Geschichte der Kölner Laienbruderschaft vom 12. Jahrhundert bis 1562/ 63, Düsseldorf 1997 (Publikationen der Gesellschaft für Rheinische Geschichtskunde 71), S. 507ff. – Beuckers 1998, S. 319ff. – J.C. Gummlich, Die Kreuzigungsdarstellung in der spätgotischen Kölner Buchmalerei, Diss. Bonn (in Vorbereitung).

J.C.G.

Graduale

96 Diözesan Hs. 519

Köln, Groß St. Martin, um 1500

Das Graduale wurde laut Kolophon (Schlußnotiz; p. 96) im Jahr 1500 von dem Mönch Heinrich von Zonsbeck in der Benediktinerabtei Groß St. Martin zur Zeit und vermutlich auch im Auftrag des amtierenden Abtes Heinrich von Lippe (1499-1505) für den Gebrauch im Hochchor der eigenen Klosterkirche geschrieben. Dort wurde es, erkennbar an der umfangreichen Anpassung an den römischen Ritus durch Isaac Elaudt im Jahr 1655, längere Zeit genutzt. Die Bestimmung dieses Graduales für ein Benediktinerkloster wird auch durch die Auswahl der Alleluia-Verse bestätigt, die mit denen der Bursfelder Kongregation übereinstimmen. Den Wappen der Stadt Köln und von Jülich-Geldern auf dem Fußsteg der ersten Seite entnahm Korteweg, daß ein Mitglied aus dem Geschlecht Jülich-Geldern diese Buchproduktion finanziert habe (Broekhuijsen/Korteweg 1989).

Zur besseren Lesbarkeit sind die Textanfänge mit drei verschiedenen Arten von Initialen versehen: einfache rote oder blaue Lombarden (Initialmajuskeln) für 'Graduale', 'Offertorium' und 'Communio', schwarze Cadellen (Großbuchstaben) für die Lesungstexte, rote oder blaue Fleuronnée-Initialen mit Ausläufern am Kolumnenrand für die 'Introitus'-Texte. Heinrich von Zonsbeck fertigte vielleicht auch die Federzeichnung der verzierten Lombarden und Cadellen an, die denen eines im Jahr 1501 von ihm geschriebenen Missales (Diözesan Hs. 520) sehr ähnlich sind. Von diesen Schreiber- oder Rubrikator-Initialen unterscheiden sich die ornamentierten oder historisierten Initialen, welche die 'Introitus'-Gesänge der wichtigen Feste einleiten (Weihnachten, Epiphanie, Ostern usw.). Ikonographie und Auswahl entsprechen dem üblichen Buchschmuck eines Graduales. Die Himmelfahrt Mariens ist jedoch nicht zum entsprechenden Marienfest im 'Proprium de sanctis' dargestellt, sondern zum 'Introitus' der Jungfrauen im 'Commune sanctorum' (213r). Außergewöhnlich ist die Initialminiatur mit Maria und dem Jesuskind, das mit einem Rosenkranz spielt, zu Beginn des 'Commune' für die Marienfeste (256v). Sie ist auf die sich seit der zweiten Hälfte des 15. Jahrhunderts ausbreitende Rosenkranzverehrung zurückzuführen (vgl. Dom Hs. 151, Kat. Nr. 95). Ebenso untypisch für ein Graduale ist die Initialminiatur mit einem segnenden Jesuskind, das eine Weltkugel in der Hand hält, während dieses Motiv in der zeitgenössischen Druckgraphik beispielsweise für Neujahrswünsche sehr beliebt war (263v).

Diözesan Hs. 519 wurde von zwei stilistisch voneinander unabhängigen Illuminatoren verziert. Fünf der historisierten (131r, 133v, 139v, 140v, 213r) und vier der Ornamentinitialen (38v, 141v, 165v, 175r) schuf einer der "Schwarze-Augen-Meister" aus der sog. Marciana-Gruppe (vgl. auch Diözesan Hs. 117). Der aus unterschiedlichen Formen von Streublumenrahmen bestehende Randschmuck läßt auf Gent-Brügger Einfluß schließen. Der Stil dieses Meisters war Vorbild für den Illuminator der Kreuzherren-Handschriften Dom Hss. 221-224 (Kat. Nr. 97), der aber in Ikonographie und Bildkomposition Kölner Traditionen und die Tafelmalerei vom Anfang des 16. Jahrhunderts rezipiert. Die übrigen sechs historisierten und sechs Astwerk- und Ornamentinitialen werden dem aus Utrecht stammenden Benediktinermönch aus Groß St. Martin, Johannes Ruysch, zugeschrieben. Über dessen Leben berichtet der Mönch Hubert Holthuisen: 1492 legte Ruysch sein Gelübde in Groß St. Martin ab. Viele Jahre später malte er in Rom für den Papst in dessen Palast. Er gab in Rom eine Weltkarte heraus, ging von Rom aus nach Portugal, wo er dem König als Astronom und Führer einer Flotte diente. Gegen Lebensende kehrte er nach Groß St. Martin zurück. Er nahm wegen seiner Körperschwäche nicht mehr am Klosterleben teil, sondern lebte in einem Kämmerchen südlich der Bibliothek, wo er 1533 starb (vgl. J.H. Kessel, Antiquitates monasterii s. Martini maioris Coloniensis, Köln 1862, S. 187ff.). Wenn Diözesan Hs. 519 wirklich das in Holthuisens Chronik genannte Graduale ist – die Identifizierung erfolgte erst zu Beginn des 20. Jahrhunderts –, kann Ruysch als der Autor der großformatigen *R(esurrexi)*-Initiale mit der Auferstehung Christi angesehen werden. Stilistisch lassen sich seiner Hand auch einige der Initialminiaturen (1r, 17v, 20v, 263v [= p. 1]) sowie Astwerk- und Ornamentinitialen (110v, 179v, 189v, 206v, 208r, 220r) zuweisen.

Problematischer ist die Zuschreibung der Miniatur von Maria mit Kind und Rosenkranz (256v). Die Gesichter haben eine gewisse Ähnlichkeit mit den Darstellungen weiblicher Figuren in Dom Hs. 229 (Kat. Nr. 99) und Diözesan Hs. 521 (Kat. Nr. 100), die sich deutlich von Ruyschs Figurentypen unterscheiden. Trotz seiner Utrechter Herkunft ist Ruyschs schwer faßbarer Stil eher kölnisch. Er könnte die Buchmalerei in einem anderen Kölner Kloster erlernt haben, genauso wie Holthuisen, der zum Erlernen der 'Bastardica'-Schrift nach St. Pantaleon geschickt worden war und später in Gladbach unterrichtete. Das Zusammentreffen von nordniederländischen und eher kölnischen Stilelementen in einem in Groß St. Martin geschriebenen Codex lassen auf jeden Fall vermuten, daß zum Entstehungszeitpunkt der Handschrift dort noch kein eigener Illuminationsstil etabliert war. Die vielleicht zeitlich begrenzte Tätigkeit des "Schwarze-Augen-Meisters" in Köln könnte eine Bedarfslücke gefüllt haben.

INHALT: **1r- 165r** Proprium de tempore (1. Advent – 23. Sonntag nach Pfingsten). **1r** 1. Advent *A(D te levavi)*: betender König David mit Harfe, im Initialkörper Erbsenranke mit Blüten und Schoten. Auf dem unteren Blattsteg Wappen der Stadt Köln und von Jülich-Geldern zwischen bunter, blütenverzierter Akanthusranke. **17v** Weihnachten *P(Uer natus est)*: Geburt Christi und Verkündigung an die Hirten. **20v** Epiphanie *E(Cce advenit)*: Anbetung der Könige und Küstenlandschaft. **38v** 1. Sonntag der Fastenzeit *I(nvocavit me)*: Astwerkinitiale, Teilbordüre. **110v** Ostervigil *A(lleluia)*: Nelken, Erbsenranke mit Blüte und Schote, zwei Insekten. **112v** Ostern *R(Esurrexi)*: Auferstehung Christi, Teilbordüre. **131r** Christi Himmelfahrt *V(iri Galilei)*: Himmelfahrt Christi, Teilbordüre. **133v** Pfingsten *S(piritus Domini)*: Herabkunft des Hl. Geistes, Teilbordüre. **139r** Trinitatis *B(Enedicta sit)*: Gnadenstuhl, Teilbordüre. **140v** Fronleichnam *C(ibavit eos)*: letztes Abendmahl, Teilbordüre. **141v** 1. Sonntag nach Pfingsten *D(Omine in tua misericordia)*: Rose mit Vogel, Teilbordüre. **165v - 170v** Kyriale. **165v** *K(yrie eleyson)*: Astwerkinitiale mit Erdbeeren, Erdbeerblüten, Teilbordüre. **171 - 174** entfernt. **175r - 221v** Commune sanctorum. **175r** *E(Go autem)*: Astwerkinitiale auf Goldgrund mit Erbsenblüten und -schoten sowie Randbordüre. **177r/v** Teilweise ausradiert und neu geschrieben. **179v** Fest mehrerer Märtyrer *I(Ntret in conspectu tuo)*: Ornamentinitiale. **190 - 199** entfernt (Textverlust; Text setzt wieder ein auf 200r mit Se*cundum nomen tuum*). **199v** Fest eines Märtyrers *I(ustus ut palma)*: Astwerkinitiale. **206v** Fest mehrerer Bekenner *O(s iusti meditabitur)*: Erbsenblüten und -schoten, Nelken. **208r** *Alius. S(tatuit ei Dominus)*: Erbsenblüten und -schoten, Stiefmütterchen. **213r** Fest mehrerer Jungfrauen *G(audeamus omnes)*: Himmelfahrt Mariens, Teilbordüre. **220r** Kirchweihe *T(Erribilis est locus)*: Erdbeeren, Nelken in Blumentopf und Insekt. **221v - 256r** Proprium de sanctis (Andreas – Clemens). **256v - 258v** Commune festorum B.M.V. (dem Commune sanctorum zugehörig, 1655 zum vollständigen Text des römischen Commune sanctorum ergänzt) *S(Alve sancta parens)*: Maria mit Kind und Rosenkranz. **258v - 261v** Totenmessen. **261v - 262r** Fortsetzung und Ergänzung des Proprium de sanctis; bricht ab im Fest der hl. Scholastika mit liturgischen Anweisungen neuerer Zeit; besonders ausgeführt das Offertorium *In cella consistens beatus vir Benedictus – caeli secreta penetrare*. **262r/v** Liturgisches Register zum Commune sanctorum (*De S. Cruce – Pro Infirmis)*. **263v-p. 30** Proprium de sanctis secundum usum Romanum (Andreas – Alexander; Neufassung von 1655 anstelle des komplett ausradierten ursprünglichen Textes; auf die Veränderungen wird in zahlreichen Randglossen unter Angabe der Seite, auf der der "fehlende" Text im Nachtrag steht, hingewiesen) beginnend mit Verzeichnis des Commune sanctorum nach römischem Brauch; ehemals Beginn des Sequentiars, von dem nur noch die Initiale *G(rates nunc omnes)* erhalten ist: Christuskind unter Erbsenblüten und zwischen Nelken. **p. 21 - 29** Votivmessen nach römischem Brauch. **p. 29 - 96** Sequenzen; p. 30 - 90 und p. 93 - 96 ursprünglich, die restlichen Seiten ausradiert und erneuert, beginnend mit der über ausradiertem

te leuaui a ni
mā meam deus
meus in te cōfi
do non eru bescā neqȝ irri deant
me inimici mei ete nī vniuer si qui
te expectāt non confundent. Vias
tuas dn̄e notas fac michi et semitas
tuas edoce me. Vniuer si
qui te expectant nō confundentur

 96 Diözesan Hs. 519, 1r

96 Diözesan Hs. 519, 112v/131r

Text nachgetragenen Ostersequenz *Victime paschali*; darin eingeschoben **p. 90-93** Votivmessen über ausradiertem Text (*Pro fidelibus defunctis – Pro Pestilentia)*. **p. 96** Zwei Kolophone (s.u.). **p. 97-99** Späterer Nachtrag: Messe am Tag des hl. Eliphius. Anfang fehlt: ... *suam alleluia. Benedicamus.* Es folgt der Hymnus *Felix Eliphi celestis.* Bricht ab mit: ... *cum quibus letus* ...

PERGAMENT: 298 Blätter; 531 x 375 mm; Lagen 1 - 21^{8}, 22^{4}, 23 - 37^{8}, 38^{6}; Schriftspiegel 413 x 263 mm; zeitgenössische Foliierung (*1 - 262*) und daran anschließend bei der Überarbeitung eingetragene Paginierung (*1 - 98*) ab der ersten Verso-Seite; Tintenliniierung mit Versalienspalten (18 mm); 9 Textzeilen, darüber Hufnagelnotation auf Vierlinienschema (schwarze Linien). AUSSTATTUNG: Lateinischer Text in schwarzer Textura, rubriziert; Cadellen mit rotem Mittelstrich und vegetabilen Ornamenten, Profilköpfen mit geöffnetem Mund (= Sänger) oder Schriftbändern (teils beschrieben: 30r *ihesus, maria, jos,* 143v *altissimus e.. patiens ed..*) in schwarzbrauner Federzeichnung, koloriert in verschiedenen Grüntönen, Orange, Braun; zweizeilige rote oder blaue Lombarden teils mit vegetabiler Ornamentik und Randausläufern in blauer oder roter Federzeichnung (grün und gelb koloriert; in Lombarde p. 73 zum Fest des hl. Martin *Ora pro nobis beate*); zehn Astwerk- oder Ornamentinitialen in Gold auf farbigem Feld oder farbig auf goldenem Feld mit stilisierten Blättern oder Blumen, Früchten und Insekten (38v, 110v, 141v, 165v, 175r, 179v, 189v, 206v, 208r, 220r); elf historisierte Initialen aus Astwerk- oder ornamentalem Körper auf farbigem oder goldenem Feld und je einer Szene im Initialinnenraum (1r, 17v, 20v, 112v, 131r, 133v, 139r, 140v, 213r, 256v, 263v); neun der verzierten Initialen sind mit unterschiedlichen Arten von Randbordüren (teils mit Fabelwesen, menschlichen Figuren oder Vögeln) kombiniert, die nur einen Teil des Blattrandes in unmittelbarer Umgebung der Initiale einnehmen (38v, 112v, 131r, 133v, 139r, 140v, 141v, 165v, 213r). EINBAND: Schweinsleder über Holz mit Blindprägung; vegetabile Rollenstempel, Streicheisenliniierung und ein Plattenstempel; Messingbeschläge: beidseitig ursprünglich vier Eckbeschläge mit eingestanzten fünfblättrigen Blüten, von denen vorne und hinten je einer fehlt; ursprünglich vorne und hinten Mittelbeschläge, auf der Rückseite verloren; Messingleisten vor dem Buchrücken sowie Messingschließen (18. Jh.?); ein Lederstreifen als Lesezeichen erhalten; Schnitt marmoriert (16. Jh.). PROVENIENZ: Bibliothek der Benediktinerabtei Groß St. Martin in Köln. Laut zweier Kolophone auf p. 96 von Heinrich von Zonsbeck unter Abt Heinrich von Lippe in der Benediktinerabtei Groß St. Martin im Jahr 1500 geschrieben und dort 1655 im Auftrag von Abt Jakob Schorn von Isaac Elaudt durch umfangreiche Überarbeitung dem römischen Brauch angepaßt: *Ad laudem et gloriam Dei omnipotentis necnon gloriosissime*

96 Diözesan Hs. 519, 133v/139r

virginis Marie, sanctorumque patronorum nostrorum Eliphii Martini Wolfgangi atque Benedicti et omnium sanctorum scriptum est hoc graduale per me fratrem Henricum Colonie sacerdotem ac monachum professum huiusque sacri cenobii sancti Martini maioris in Colonia sub venerabili abbate domino Henrico de Lippia. Anno Dominice incarnationis MCCCCC. In anno jubileo; später darüber in Schwarz notiert *Ad maiorem Dei omnipotentis gloriam, ex mandato reverendi domini Jacobi Schorn abbatis, hunc librum correxit ad normam Missalis Romani anno 1655. F. Isaac Elaudt Coloniensis, anno eius conversionis 25. huius Monasterii Sancti Martini maioris professus*; nach Auflösung der Abtei in die Bibliothek des Erzbischöflichen Priesterseminars, Köln, überführt, dann unter Bu 93 im Erzbischöflichen Diözesanmuseum ausgestellt. LITERATUR: J. Hartzheim, Bibliotheca Coloniensis, Köln 1747, S. 131, 198 – J.H. Kessel, Antiquitates monasterii s. Martini maioris Coloniensis, Köln 1862, S. 188f. – E. Firmenich-Richartz, Kölnische Künstler in alter und neuer Zeit. Johann Jacob Merlos neu bearbeitete und erweiterte Nachrichten von dem Leben und den Werken kölnischer Künstler, Düsseldorf 1895 (Publikationen der Gesellschaft für Rheinische Geschichtskunde 9), Sp. 110 – Miszelle, 2. Zu Pastor, Geschichte der Päpste 3. Band, in: Der Katholik 85 (1905), S. 79f. – S. Beissel, Handschriften der Kölner Fraterherren. Die kunsthistorische Ausstellung in Düsseldorf 1904, in: ZChrK 6 (1905), S. 190 Anm. 9 – Kdm Köln 2/I, 1911, S. 176 – Löffler 1923, S. 78 Nr. 3 – F.H.A. van den Oudendijk Pieterse, Dürers Rosenkranzfest en de ikonografie der Duitse rozenkransgroepen van de XVe en het begin van de XVIe eeuw, Amsterdam 1939 (Diss.), S. 195 – P. Opladen, Groß St. Martin. Geschichte einer stadtkölnischen Abtei, Düsseldorf 1954 (Studien zur Kölner Kirchengeschichte 2), S. 180 Nr. 6 – Kirschbaum 1972, S. 301ff. – Schulten 1978, S. 76ff. (Nr. 185) – S. Krämer, Mittelalterliche Bibliothekskataloge Deutschlands und der Schweiz, Ergbd. 1: Handschriftenerbe des deutschen Mittelalters II, München 1989, S. 446 – K.H. Broekhuijsen/A.S. Korteweg, Twee boekverluchters uit de Noordelijke Nederlanden in Duitsland. Een Zwarte-ogen-meester, Johannes Ruysch en het Graduale von de abdij Gross St. Martin te Keulen uit het jaar 1500, in: J.B. Bedaux (Hg.), Annus Quadriga Mundi. Opstellen over middeleeuwse Kunst opgedragen aan Prof. Dr. Anna C. Exmeijer, Utrecht 1989 (Clavis kunsthistorische Monografieen 8), S. 49ff. – Handschriftencensus 1993, S. 774f., Nr. 1315.

J.C.G.

96 Diözesan Hs. 519, 140v

96 Diözesan Hs. 519, 213r/256v

Antiphonare aus der Stiftung des Brictius Eberauer

97 Dom Hss. 221-225

Köln, Kloster der Kreuzherren, um 1520

Die fünf Offiziums-Antiphonare aus der Stiftung des Brictius Eberauer sind laut Eintrag in Dom Hs. 224 um 1520 im Skriptorium der Kölner Kreuzherren angefertigt worden, deren Gemeinschaft ihren Sitz von 1307 bis zur Auflösung des Klosters im Jahr 1802 in der Streitzeuggasse hatte. Die Handschriften enthalten die vom Sängerchor (Schola cantorum) vorzutragenden Antiphonen (Rahmen- und Kehrverse) und Responsorien (Wechselgesänge) des Stundengebetes (Offizium). Eine große Schrift ermöglicht bessere Lesbarkeit für mehrere Sänger, so daß die Gesänge eines gesamten Kirchenjahres auf zwei Bände verteilt werden mußten. Drei Exemplare gleichen Inhalts wurden im Winterhalbjahr (pars hiemalis) vom ersten Advent bis einschließlich Ostern benutzt; von den entsprechenden Halb-Bänden des Sommerhalbjahrs (pars aestivalis) von Pfingsten bis zum 26. Sonntag nach Pfingsten sind nur noch zwei erhalten.

Für das Antiphonar hat sich grundsätzlich kein eigenes ikonographisches Programm herausgebildet. Trotz unterschiedlich reicher Ausstattung der Eberauer-Handschriften wurde zumindest der Beginn jedes der Antiphonare mit einer Zierseite und derjenige des 'Proprium de sanctis' (Heiligenfeste) mit einer historisierten Initiale (außer bei Dom Hs. 225) hervorgehoben. Wie groß der Spielraum bei der Umsetzung von Text in ein Bild ist, wird beim Vergleich der Miniaturen am Beginn des 'Proprium de tempore' (Herrenfeste und Sonntage) in den drei Bänden für das Winterhalbjahr deutlich. Der Anfang des Responsoriumstextes *Ecce dies veniunt* (Jr 23, 5) suggeriert mehrere Bildthemen: Gerechtigkeit, das Kommen des Heilands und die Herkunft Christi aus dem Geschlecht Davids werden im Text angesprochen, das Weltgericht (Dom Hs. 221), die Verkündigung der Geburt Christi (Dom Hs. 222) und der zu Gott betende David (Dom Hs. 223) sind im Bild dargestellt. Grundsätzlich stimmen die Handschriften in der strukturellen Gliederung durch den Buchschmuck überein, auch wenn Dom Hs. 222 die meisten historisierten Initialen unter den Winterbänden aufweist und Dom Hs. 223 die Ast- oder Goldschmiedewerkinitialen durch aufwendigere Federzeichnungs-Initialen ersetzt.

Im Buchschmuck der fünf Codices sind zwei unterschiedliche Formensprachen zu erkennen. Vier der fünf Handschriften (Dom Hs. 221-224) stehen stilistisch der Kölner Tafelmalerei nahe, insbesondere dem Meister der Ursulalegende, und ähneln dem Stil des sog. Kölner Schwarze-Augen-Meisters (vgl. Diözesan Hs. 519, Kat. Nr. 96). Die schlanken Gestalten sind zeitgenössisch-modisch gekleidet. Ihre in feiner Binnenzeichnung gestalteten Gesichtszüge wirken durch ihre runden Wangen und hohe Stirn puppenhaft. Die Figuren bewegen sich in detailliert geschilderten Landschaften oder Architekturen, die durch einen tiefliegenden Horizont und Luftperspektive eine tiefenräumliche Wirkung erhalten. Demgegenüber greift die Buchmalerei in Dom Hs. 225 die Formensprache der Miniaturen der Brüder vom gemeinsamen Leben auf, die der holländischen Buchmalerei in ihrem gedrungenen Figurentyp und der schematischeren Raumdarstellung verwandt ist. Die Ähnlichkeit mit den Handschriften aus dem Skriptorium der Brüder vom gemeinsamen Leben aus den Jahren 1512 und 1514 (Kempen, St. Mariae Geburt, Lektionar H 2, Evangelistar H 3; Berlin, Staatsbibl. PK, Psalter Ms. theol. lat. fol. 231) läßt vermuten, daß Dom Hs. 225 von einem Illuminator angefertigt wurde, der zunächst bei dieser Laiengemeinschaft arbeitete und anschließend in das der gleichen Frömmigkeitsbewegung (Devotio moderna) angehörende Kloster der Kreuzherren eintrat, wo er seine Tätigkeit als Buchmaler fortsetzte (Kirschbaum 1972, S. 267ff., 279ff.).

Der Stifter der Handschriften, Brictius Eberauer, besaß als Priesterkanoniker und Inhaber von einem der acht Kapitularplätze eine einflußreiche Position im Kölner Domkapitel (H. H. Roth, in: E. Kuphal [Hg.], Der Dom zu Köln, Köln 1930, S. 289). Nur das Kollegium der Kapitularkanoniker, bestehend aus siebzehn Edelherren und acht Priesterkanonikern, hatte bei der Wahl des Domdechanten das aktive Wahlrecht und war so gegenüber den übrigen Domkanonikern privilegiert. Eberauer erhielt die 'admissio' als Kapitularkanoniker, die Zulassung zum Besitz von Kanonikat und Pfründe, am 17. April 1510, nachdem er sich vor Gericht gegen Valentin Engelhart von Geltersheim durchgesetzt hatte. Seine 'presentatio', die persönliche Vorstellung vor dem Domkapitel, fand am 17. Oktober 1510 statt, und die Zulassung zum 'locus capitularis' mit Besitzergreifung und Vereidigung erfolgte schließlich am 5. November 1511 – nach der vorgeschriebenen Wartezeit (Exspektanz) von einem Jahr und einem Monat. Bis spätestens zu diesem Zeitpunkt mußte Eberauer sowohl den verlangten Nachweis über seine eheliche Abstammung geführt als auch seine vollgültige Promotion als Doktor oder Lizentiat der Theologie oder der Rechte bewiesen haben. An der Kölner Universität war er nicht immatrikuliert, doch wird er in drei Urkunden von 1518 als 'Doctor decretorum' bezeichnet (E. Kuphal, in: Mitteilungen aus dem Stadtarchiv Köln 44 [1929], S. 75). Eberauer starb am 5. Dezember 1518 möglicherweise an der Pest, obwohl er spätestens Ende Oktober aus Köln geflüchtet war und sich deshalb bei der Domdechantenwahl

 97 Dom Hs. 221, 1r

am 5. November 1518 hatte vertreten lassen (F. Gescher, in: JbKGV 11 [1929]). Dom Hs. 224 wurde erst zwei Jahre nach seinem Tod fertiggestellt.

Allen fünf Handschriften ist ein identischer Vermerk über die Stiftung vorangestellt (s.u.). Eberauer ließ beide Seiten des Chores mit Büchern und Buchpulten zum Gebrauch durch die Vikare ausstatten: Hiermit sind wohl die Antiphonare gemeint. Weiter veranlaßte er die Weihe des Altars des Hl. Kreuzes und der hl. Anna, für den er auch ein unbenanntes Buch – möglicherweise ein Missale –, einen Kelch, Paramente, Kerzen sowie nicht näher deklarierte *ceteris ornamentis* stiftete und eine täglich zu lesende ewige Messe einrichtete. Dem gleichen Altar galt die Stiftung des Degenhard Witte von Coesfeld im Jahre 1525 (Dom Frühdruck 217, Kat. Nr. 98). Schließlich verfügte Eberauer einige Bereicherungen des täglichen Stundengebets bzw. der sonntäglichen Liturgie.

Für den Kölner Domchor, dessen 104 Sitze umfassendes Chorgestühl mit den 72 Kapitelmitgliedern und den am Chordienst ebenfalls teilnehmenden zahlreichen Vikaren und Kaplänen voll besetzt gewesen sein mochte, waren drei Antiphonare wohl kaum ausreichend. Bei der spätbarocken Umgestaltung des Hochchors um 1770 wurden je drei Lesepulte pro Seite aufgestellt (Kdm Köln 1/III, 1938, S. 157; R. Kroos, in: KDB 44/45 [1979/80], S. 83). Die Anzahl der älteren Pulte ist nicht überliefert. Bei sechs Pulten hätten je sechzehn bis achtzehn Sänger Einblick in ein Buch gehabt. Vorausgesetzt, daß dies der spätmittelalterlichen Situation entspräche, müßten ursprünglich sechs vollständige Antiphonare vorhanden gewesen sein (siehe Dom Hs. 263 und Diözesan Hs. 149, Kat. Nrn. 91, 92).

STIFTUNGSVERMERK: *Venerabilis quondam et egregius vir dominus Brictius Eberauer huius ecclesie presbiter canonicus ut summam erga Deum pietatem et precipuum in ecclesiam Coloniensem amorem ostenderet, non indignis muneribus et beneficiis hoc templum decoravit. Primo utrumque latus chori libris et pulpitis exornavit idque ad usum vicariorum. Secundo altare sancte Crucis et dive Anne consecrari curavit. Donavit calice* (!), *locupletavit sacratis vestibus, libro, candelis, ceterisque ornamentis. Atque in eo perpetuam missam singulis diebus hora octava per vicarios vicissim instituit celebrandam. Tercio effecit, ut singulis diebus expleto iam completorio decantetur antiphona de domina tempori consentanea. Quodque ex ea, quisques e chori consortio interfuerit, duos hall promereatur. Quarto ordinavit ut venerabili sacramento, quod dominicis diebus in summum altare exponi solet bine faces preferantur precedantque pueruli qui inter exeundum concinant. Ecce panis angelorum. Reverentes vero modulentur O bone Ihesu* [nur in Dom Hs. 224 *miserere*]. *Quinto memoriam obitus sui pie fideliterque fundavit atque tandem egit tum per se tum per suos executores, ut isthec universa et singula legitime bonaque fide peragantur et satisfiat per presentiarium presidem et curatorem. Huius itaque domini Brictii dono presens liber repositus est.* (Heusgen 1933, S. 3.) – Der verstorbene, ehrwürdige und hervorragende Mann, Herr Brictius Eberauer, Priesterkanoniker dieser Kirche, hat, um höchste Frömmigkeit gegen Gott und die besondere Liebe zur Kölner Kirche zu zeigen, diese Kirche mit nicht unwürdigen Geschenken und Benefizien [Pfründen] geschmückt. Erstens hat er beide Seiten des Chores mit Büchern und Buchpulten zum Gebrauch durch die Vikare versehen. Zweitens hat er den Altar des heiligen Kreuzes und der heiligen Anna weihen lassen. Er hat (einen) Kelch(e) gegeben, [diesen Altar] um Paramente, ein Buch, Kerzen und den übrigen Schmuck bereichert. Und er hat auch eine ewige Messe an diesem eingerichtet, die jeden Tag zur achten Stunde von dem nächsten Vikar zu feiern ist. Drittens hat er dafür gesorgt, daß an den einzelnen schon abgelaufenen Tagen in der Komplet die zeitlich passende Marien-Antiphon gesungen werde. Und daß daraus jeder, der an der Chorgemeinschaft teilgenommen haben wird, zwei Heller verdienen möge. Viertens verfügt er, daß dem ehrwürdigen Sakrament, das jeden Sonntag auf dem Hochaltar ausgestellt zu werden pflegt, ein Paar Fackeln vorangetragen werden mögen, und daß von Knaben, die während des Hinausgehens *Ecce panis angelorum* singen, in wahrer Ehrfurcht *O bone Ihesu (miserere)* vorgetragen werden möge. Fünftens hat er das Gedächtnis seines Todes fromm und treu begründet und zuletzt sowohl für sich als auch für seine Testamentsvollstrecker/Treuhänder angestrebt, daß diese allgemeinen und einzelnen Dinge durch den gegenwärtigen Bischof und Seelsorger betrieben und zur Genüge erfüllt werden. Das vorliegende Buch ist somit als Gabe dieses Herrn Brictius hinterlegt (vgl. Schönartz 1985).

Andree apostoli.
as frater symonis
Ambulans ihesus iuxta mare gali
lee vidit petrū et andream fratrem e
ius et ait illis venite post me faciam
licitis retibus et

97 Dom Hs. 221, 229r

97 Dom Hs. 222, 2r/205r

INHALT (Dom Hs. 221): Antiphonarium officii (pars hiemalis). **Ar** Inhaltsverzeichnis *registrum de tempore, registrum de sanctis*. **Av-Br** Leer. **Bv** Stiftungsvermerk. **1r-200v** Proprium de tempore (1. Advent – Vigil vor Ostern). **1r** Vigil des 1. Advent *E(cce dies veniunt)*: Weltgericht, Spiegelrahmung. **162r** Ostersamstag *V(espere autem sabbati)*: Astwerkinitiale. Hinter **176v** Papierblatt ohne Zählung mit Inhaltsverzeichnis für die Antiphonen vom 1. bis 5. Sonntag nach Ostern eingefügt (18. Jh.). **199v** Verschiedene Nachträge (16. und 17. Jh.). **200r** Doxologie. **200v** Nachtrag: Ergänzung für die österliche Zeit *Ego vos elegie*. **201** herausgeschnitten und knapp halbseitiges Papierblatt mit Antiphon zum Magnificat eingeklebt *Isti sunt viri sancti*. **202r-228r** Commune sanctorum. **202r** Fest eines Apostels *E(cce ego mitto vos)*: Astwerkinitiale. **218r** Papierstreifen mit Antwortvers bei der Vesper für Kirchenlehrer aufgeklebt (18. Jh.). Auf **223v**, hinter **225** und **226** eingeklebte Papierstreifen mit Ergänzungen (18. Jh.). **228v** Leer. **229r-316v** Proprium de sanctis (Andreas – Philippus und Jacobus). **229r** Fest des hl. Andreas *U(nus ex duobus)*: Andreas rettet einen Bischof. Hinter **289**, **316** und **327** Papierstreifen mit Ergänzungen eingeklebt (18. Jh.). **317v-336v** Fest der Kreuzauffindung, *Suffragia*. **336v** Nachträgliche Melodienotation ohne Text. **337r** Leer. **337v** Antiphonen-Anfänge mit Seitenangabe (Bleistift).

INHALT (Dom Hs. 222): Antiphonarium officii (pars hiemalis). Innenspiegel des Einbandes (Av): Stiftungsvermerk. **1r-204v** Proprium de tempore (1. Advent – Vigil vor Pfingsten). **1r** Vigil des 1. Advent *E(Cce dies veniunt)*: Verkündigung, Spiegelrahmung. **2r** 1. Advent *A(spiciens a longe)*: Astwerkinitiale mit Blütenschmuck. **29r** Vigil des Weihnachtsfestes *I(udea et Iherusalem)*: Astwerkinitiale mit Blütenschmuck und Schmetterling. **50v** Vesper zum Fest des hl. Johannes *I(ste est Iohannes)*: Lombarde mit blauer Federzeichnung (Narr spielt einem Rebhuhn auf dem Dudelsack vor). **165r** Ostersamstag *V(espere autem sabbati)*: Auferstehung Christi. **205r-233v** Commune sanctorum. **205r** Fest eines Apostels *E(cce ego mitto vos)*: hl. Petrus. **234r-315v** Proprium de sanctis (Andreas – Philippus und Jacobus). **234r** Fest des hl. Andreas *U(nus ex duobus)*: Berufung von Petrus und Andreas. **284r** Lichtmeß *S(enex puerum)*: Darstellung im Tempel. **311r-313v** Ergänzung des Commune sanctorum für die österliche Zeit. **316r-337v** Fest der Kreuzauffindung, *Suffragia cotidiana* (von Pfingstoktav bis Advent), *Suffragia s. crucis*. **319v** Fest der Lanze und der Nägel *I(n splendore)*: Lombarde mit blauer Federzeichnung (Mensch mit Wolfskopf unterhält sich mit einem Vogel).

Ece dies ve ni
unt dicit domin⁹
et suscita
bo dauid ger
men iustum et reg na bit rex et sapiens
erit et faci et iudicium et ius
ti ciam in ter ra. Et hoc est no
men quod vo cabūt e um domi nus
ius v. tus nos ter. In diebus illis
saluabitur iu da et israhel habitabit
Ymnus Creator alme siderū. v. Rora
confiden ter. Et hoc est. te celi desuper. Et

 97 Dom Hs. 222, 1r

97 Dom Hs. 222, 234r/319v

INHALT (Dom Hs. 223): Antiphonarium officiis (pars hiemalis). Innenspiegel des Einbandes: Stiftungsvermerk. **1r-179r** Proprium de tempore (1. Advent – Himmelfahrt Christi). **1r** Vigil des 1. Advent *E(cce dies veniunt)*: König David, Spiegelrahmung. **1v** 1. Advent *A(spiciens a longe)*. **25av** Vigil des Weihnachtsfestes *I(udea et Iherusalem)*. **144v** Leer. **145r** Ostersamstag *V(Espere autem sabbati)*. **145v** Responsorium der Osternacht *A(Ngelus Domini)*. **172r** Christi Himmelfahrt *P(Ost passionem suam)*. **179r** Leer. **179v** *Gloria*. **180r** Leer. **180v** Späterer Nachtrag zu den Festen der Apostel in der Osterzeit. **181r-208v** Commune sanctorum. **181r** Fest eines Apostels *E(Cce ego mitto vos)*: Christus erscheint den Aposteln (Aussendung). **206v-208r** Spätere Nachträge: *De virgine, Tempore paschalis, pro confessore p. ad mgs a., pro doctore, pro confessore non pontif., pro conf. tempore pasch.* **208v** Leer. **209r-279r** Proprium de sanctis (Andreas – Philippus und Jacobus); **209r** Fest des hl. Andreas *U(Nus ex duobus)*: hl. Andreas. **227r** Mariä Empfängnis *G(Aude mater ecclesia)*. Zwischen **227** und **228** drei Papierblätter mit einem Nachtrag zum Fest Mariä Empfängnis eingeklebt. **249v** Lichtmeß *S(Enex puerum)*. **275r** Commune sanctorum, *De sanctis infra pascha et penthecostes*. **279v-294v** Fest der Kreuzauffindung, Commemorationen. **295r** *Suffragia*. **297v** Nachtrag: Hymnen (hl. Stephanus, hl. Johannes, unschuldige Kinder). **298r** Inhaltsverzeichnis. **298v** Leer. Auf dem hinteren Spiegelblatt Federproben.

INHALT (Dom Hs. 224): Antiphonarium officii (pars aestivalis). **Ar/v** Inhaltsverzeichnis. **Av-Dr** *Suffragia communia in semiduplex – in officio*. **Dv** Stiftungsvermerk. **1r-61r** Proprium de tempore (Vigil vor Pfingsten – 26. Sonntag nach Pfingsten). **1r** Pfingstvigil *V(eni sancte Spiritus)*: Pfingstdarstellung, Spiegelrahmung. **9r** Fronleichnam *S(acerdos in eternum)*: Zwei Engel halten eine Monstranz. **14v** Trinitatis *G(loria tibi Trinitas)*: Gnadenstuhl. **21v** Sonntag nach Trinitatis *D(eus omnium)*: segnender Christus als Salvator Mundi. **32r** September *Ex libro Iob. S(i bona suscepimus)*: Astwerkinitiale mit Blütenschmuck und Vogel. **43v** Oktober *A(daperiat Dominus)*: Astwerkinitiale mit Blütenschmuck. **48v** November *V(idi Dominum sedentem)*: Astwerkinitiale mit Blütenschmuck. **62r/v** Barocker Nachtrag. **63r-98r** Commune sanctorum. **63r** Fest eines Apostels *E(cce ego mitto vos)*: Astwerkinitiale mit Perlen und Edelsteinen. **89r** *In commemoratione trium regum. M(agorum presencia Agrippina)*: Astwerkinitiale. **98v-102v** *Suffragia consueta, Suffragia s. crucis*. **103r-315r** Proprium de sanctis (Marcellinus und Petrus – Andreas). **103v** Fest Johannes' des Täufers *P(ro eo quod non cecidisti)*: Enthauptung Johannes' des Täufers. **110v** Fest Peter und Paul *Q(uem dicunt homines)*: Petrus und Paulus. **124r** Fest der Heimsuchung Mariens *E(x urgens autem Maria)*: Astwerkinitiale mit Blütenschmuck. **140v** Über-

Sabbato sco pasche
Clxv.
Alleluya alleluya alleluya. ps. Lauda
Super mgt
te do. om. antiphona.
Vespere autem sabba
ti que lucescit in pri
ma sabbati venit maria magdalena
et altera maria videre sepulchru alleluya
Euouae.
Alleluya al leluya al le
luya. ps. Veni te. an.
Ego sum qui
sum et consiliu meu no est cu impijs

97 Dom Hs. 222, 165r

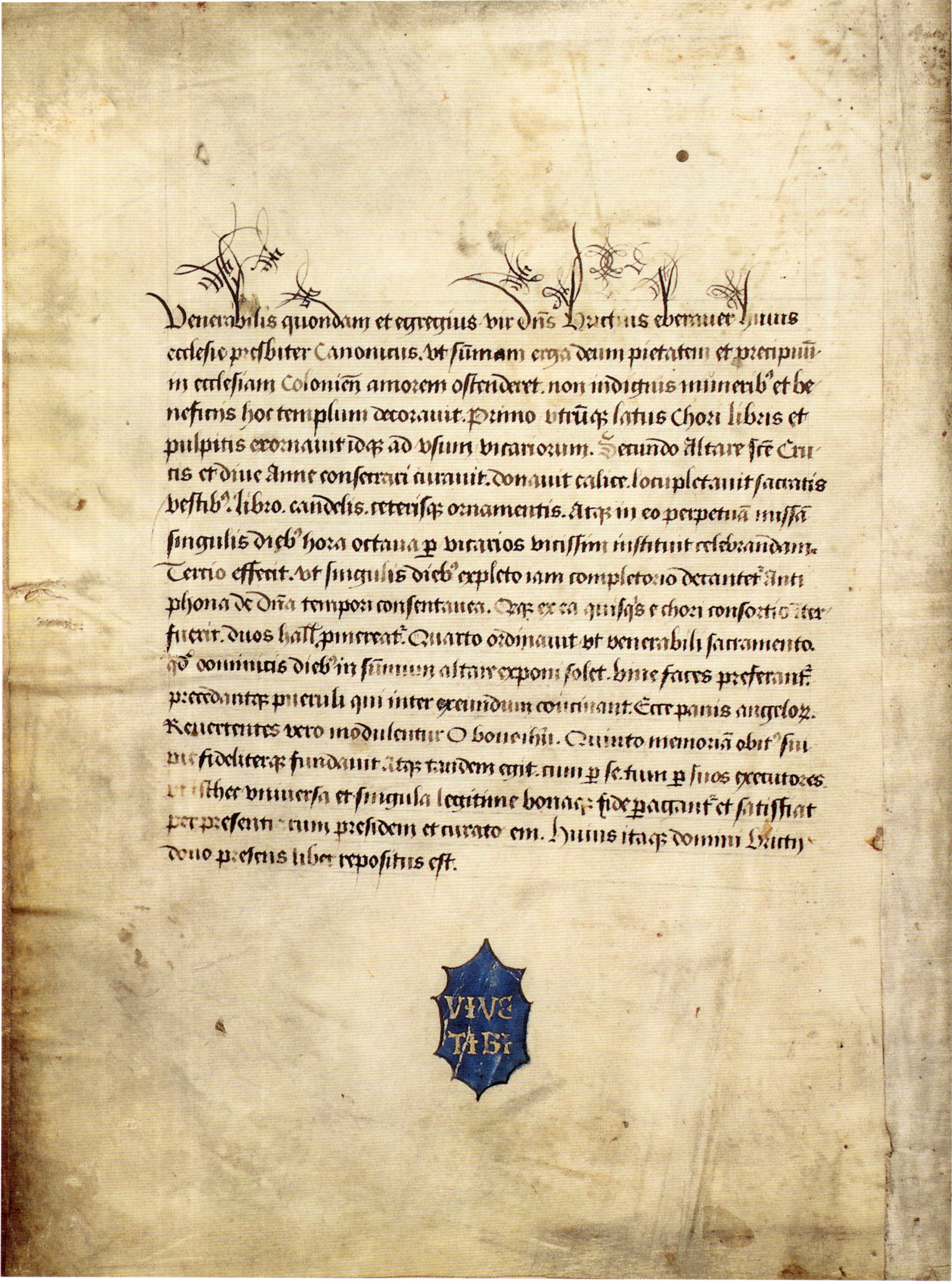

Venerabilis quondam et egregius vir dñs [illegible] ebernauer huius
ecclesie presbiter Canonicus. Vt summam erga deum pietatem et precipuu-
m in ecclesiam Colonien amorem ostenderet. non indignis muneribus et beneficiis hoc templum decorauit. Primo vtrumque latus Chori libris et
pulpitis exornauit idque ad vsum vicariorum. Secundo Altare sce Crucis et diue Anne consecrari curauit. donauit calice. locupletauit sacratis
vestibus. libro. candelis. ceterisque ornamentis. Atque in eo perpetuam missam
singulis diebus hora octaua per vicarios vicissim instituit celebrandam.
Tercio effecit. vt singulis diebus expleto iam completorio decantetur Antiphona de dña tempori consentanea. Deque ex ea quisquis e chori consortio interfuerit. duos hall. percipiat. Quarto ordinauit vt venerabili sacramento
quod dominicis diebus in summum altare exponi solet. bine faces preferantur.
precedantque pueruli qui inter eundum concinant. Ecce panis angelorum.
Reuertentes vero modulentur O bone ihesu. Quinto memoriam obitus sui
vir fideliterque fundauit. Atque tandem egit. cum per se. tum per suos executores
vt isthec vniuersa et singula legitime bonaque fide pagantur et satisfiat
per present[illegible] cum presidem et curato em. Huius itaque domini [illegible]
dono presens liber repositus est.

97 Dom Hs. 223, Av

Dnica pma i adue.
Hoc R. cantat per hebdom.
Ecce dies ve niunt di
cit dominus et sus
cita bo david
germen iustu et reg
nabit rex et sapiens erit et faciet iudicium
um et iusticiam in ter ra. Et hoc
est nomen qd vo cabunt e u domi nus
ius tus nos ter. V. In diebz illis salu
abitur iuda et israhel habitabit confiden
ter. Et hoc.
Ecce nomē
domini ve nit de longin quo et claritas e

 97 Dom Hs. 223, 1r

97 Dom Hs. 223, 145v/209r

tragung der Gebeine der Hll. Drei Könige *M(agorum presencia Agrippina)*: Anbetung der Könige. **174r** Mariä Himmelfahrt *E(cce tu pulchra es)*: Mondsichelmadonna. **203r** Mariä Geburt *S(tirps Yesse virgam)*: Maria mit Kind. **221r** Kirchweihe *Q(uam metuendus est)*: Jakobs Traum von der Himmelsleiter. **221v** Kirchweihe *I(n dedicatio Deo)*: Astwerkinitiale mit Blütenschmuck und Kreuzesfahne. **263v** Allerheiligen *G(loria tibi Trinitas)*: Goldschmiedewerk-Initiale mit Blütenschmuck. **265r** Responsorium zu Allerheiligen *S(umme Domine)*: perlenbesetzte Goldschmiedewerk-Initiale mit Edelstein. **290r** Mariä Tempelgang *F(ons ortorum)*: Astwerkinitiale mit Blütenschmuck. **315v** Leer. **316r - 324v** Nachtrag von 1535 (unfoliiert): Fest des hl. Kilian und seiner Schwester. **316r** (modern mit Bleistift foliiert *326*) *A(NNO)*: Federzeichnungs-Initiale der Fraterherren mit rot-blauem Körper und roter Federzeichnung vor grünem Grund, leicht gelb koloriert.

INHALT (Dom Hs. 225): Antiphonarium officii (pars aestivalis). **Ar/v** Inhaltsverzeichnis. **Br** Leer. **Bv** Stiftungsvermerk. **1r – 59v** Proprium de tempore (Vigil vor Pfingsten – 25. Sonntag nach Pfingsten). **1r** Pfingstvigil *V(ENI sancte Spiritus)*: Herabkunft des Hl. Geistes, Spiegelrahmung. **2v** Pfingsten *D(um complerentur)*: Astwerkinitiale mit Blütenschmuck. **8v** Fronleichnam *S(ACERDOS in eternum)*: Zwei Engel mit Kerzen vor Altar mit Monstranz. **14v** Sonntag innerhalb der Oktav von Fronleichnam *G(loria tibi Trinitas)*: Christus als Salvator Mundi. Zwischen **58** und **59** ein eingebundenes Papierblatt mit den Formularen für den 25. und 26. Sonntag nach Pfingsten (16. Jh.?). **61r – 98r** Commune sanctorum. **61r** Fest eines Apostels *E(CCE ego mitto vos)*: Astwerkinitiale vor Goldgrund. **98v** Späterer Nachtrag, ansonsten leer: *Quae est ista quae progreditur*. **100r – 304v** Proprium de sanctis (Marcellinus und Petrus – Andreas). **100r** Fest der hll. Marcellinus und Petrus *A(pparuit angelus Domini)*: Astwerkinitiale vor beigem, goldgepunktetem Grund. **107v** Fest Peter und Paul *Q(UEM dicunt homines)*: Petrus und Paulus. **135r** Übertragung der Gebeine der Hll. drei Könige *M(AGORUM presencia Agrippina)*: Anbetung der Könige. **168r** Mariä Himmelfahrt *E(CCE tu pulchra es)*: Mondsichelmadonna und rotgrundige Spiegelrahmung mit Blüten, gefaßten Edelsteinen und Perlen. **195v** Mariä Geburt *S(TIRPS Yesse virgam)*: Astwerkinitiale vor rot-grün geteiltem Grund. **212r** Kirchweihfest *O (quam metuendus est)*: Trinität über einem Kirchengebäude. **258r** Allerheiligen *G(loria tibi Trinitas)*: perlenbesetzte Goldschmiedewerkinitiale mit Vogelkopf. **281v** Mariä Tempelgang *F(ONS ortorum)*: Astwerkinitiale vor blauem, goldgepunktetem Grund. **304r - 306r** *Suffragia;* spätere Nachträge von unterschiedlichen Händen. **306v** Leer bis auf Notensystem. Dahinter eingelegtes Doppelblatt (Papier): *Antiphonae cantandae diebus dominicis ad horas minores*. Auf dem rückwärtigen Spiegelblatt auf einem

Ecce ego mitto vos sicut o
ues in medio luporũ esto
te ergo prudentes sicut serpẽ
tes et simplices sicut columbe. Euouae.
Beati eritis cum vos oderint ho
mines et cum separauerint vos et exprobraue
rint et eiecerint nomen vestrũ tamq̃ malum
ꝑpter filium hominis gaudete et exultate ecce
enim merces vestra multa est in celis. Euoũ.
Constitues eos principes
Regem apostolorũ do
minũ. Venite adore mus.

97 Dom Hs. 223, 181r

97 Dom Hs. 224, 9r/103v

aufgeklebten Papierstück: *Mercurii 16. August 1780/Hiesigem hohen Dom-Chor wird hiermit/unverhalten, daß Künftig hin die propria/in choro auslaßen und sich nach dem Bre/vier richten solen. Scriptum Köln, wie oben./H.G. Joppius.*; außerdem ein in Bleistift gezeichneter Porträtkopf, ein Namenskürzel und die Jahreszahl 1851 in Bleistift.

PERGAMENT (Dom Hs. 221): 332 Blätter; 481 x 341 mm; Lagen 1-7^{8}, 8^{6}, 9-12^{8}, 13^{6}, 14-25^{8}, 26$^{6-1}$, 27-30^{8}, 31^{6+1}, 32-42^{8}, 43$^{6-2}$ (letzte Seite zugleich Innenspiegel des Hinterdeckels, foliiert); zeitgenössische rote Foliierung (fol. 140, 226, 251, 254, 297 doppelt vergeben, nach 229 mit 240 weitergezählt); Schriftspiegel 382 x 250 mm; Versalienspalten (6 mm); einspaltig; 11 Textzeilen, darüber Hufnagelnoten in Vierlinienschema mit musikalischem Kustos und Bezeichnung der C-Linie; spätere Ergänzungen auf eingebundenen Papierblättern. PERGAMENT (Dom Hs. 222): 332 Blätter; 486 x 357 mm; Lagen 1-25^{8} (Blatt 1 = Spiegelblatt, unfoliiert), 26^{4}, 27-29^{8}, 30^{6}, 31-42^{8}, 43^{4-1+1} (letztes Blatt = Spiegelblatt, foliiert); zeitgenössische rote Foliierung (fol. 42, 274-276 nicht vergeben, zwischen 211 und 212 ein Blatt ohne Zählung, Blatt 336 fehlt); Schriftspiegel 382 x 237 mm; Versalienspalten (6 mm); 11 Textzeilen, darüber Hufnagelnoten in Vierlinienschema mit musikalischem Kustos und Bezeichnung der C-Linie; spätere Ergänzungen auf eingebundenen Papierblättern. PERGAMENT (Dom Hs. 223): 298 Blätter; 474 x 345 mm; Lagen 1^{1+8}, 2-5^{8}, 6^{6+1}, 7-22^{8}, 23^{6}, 24-25^{8}, 26^{6}, 27$^{6-1}$ (Textverlust?), 28-37^{8}, 38^{8+1}; zeitgenössische rote Foliierung (Zählung beginnt auf fol. 2; fol. 3, 25, 143 doppelt vergeben; 65, 101, 207 nicht vergeben); Schriftspiegel 380 x 237 mm; Versalienspalten (6 mm); 11 Textzeilen, darüber Hufnagelnoten in Vierlinienschema mit musikalischem Kustos und Bezeichnung der C-Linie; spätere Ergänzungen auf eingebundenen oder eingelegten Papierblättern. PERGAMENT (Dom Hs. 224): 328 Blätter; 515 x 374 mm; Lagen 1^{4} (vorgeheftet), 2-8^{8}, 9^{6}, 10-34^{8}, 35^{6+1}, 36-40^{8}, 41^{6}, 42^{8+1}; zeitgenössische rote Foliierung der Lagen 2-41 mit I – CCCXV, danach Fortsetzung in Bleistift mit *326*; Schriftspiegel 395 x 232 mm; Versalienspalten (5 mm); einspaltig; 11 Textzeilen, darüber Hufnagelnoten auf Vierlinienschema mit musikalischem Kustos und Bezeichnung der C-Linie; spätere Ergänzungen auf eingeklebten Papierblättern. PERGAMENT (Dom Hs. 225): 306 Blätter; 517 x 360 mm; Lagen 1^{8+1}, 2-6^{8}, 7-8^{6}, 9-12^{8}, 13^{6}, 14-38^{8}, 39^{6+1}; zeitgenössische rote Foliierung (fol. 60 und 99 nicht vergeben); Schriftspiegel 395 x 235 mm; Versalienspalten (6 mm); einspaltig; 11 Textzeilen, darüber Hufnagelnoten in Vierlinienschema mit musikalischem Kustos und Bezeichnung der C-Linie; spätere Ergänzungen auf eingebundenen oder eingelegten Papierblättern. AUSSTATTUNG: Lateinischer Text in schwarzer gotischer Textura, rubriziert; Cadellen mit farbiger

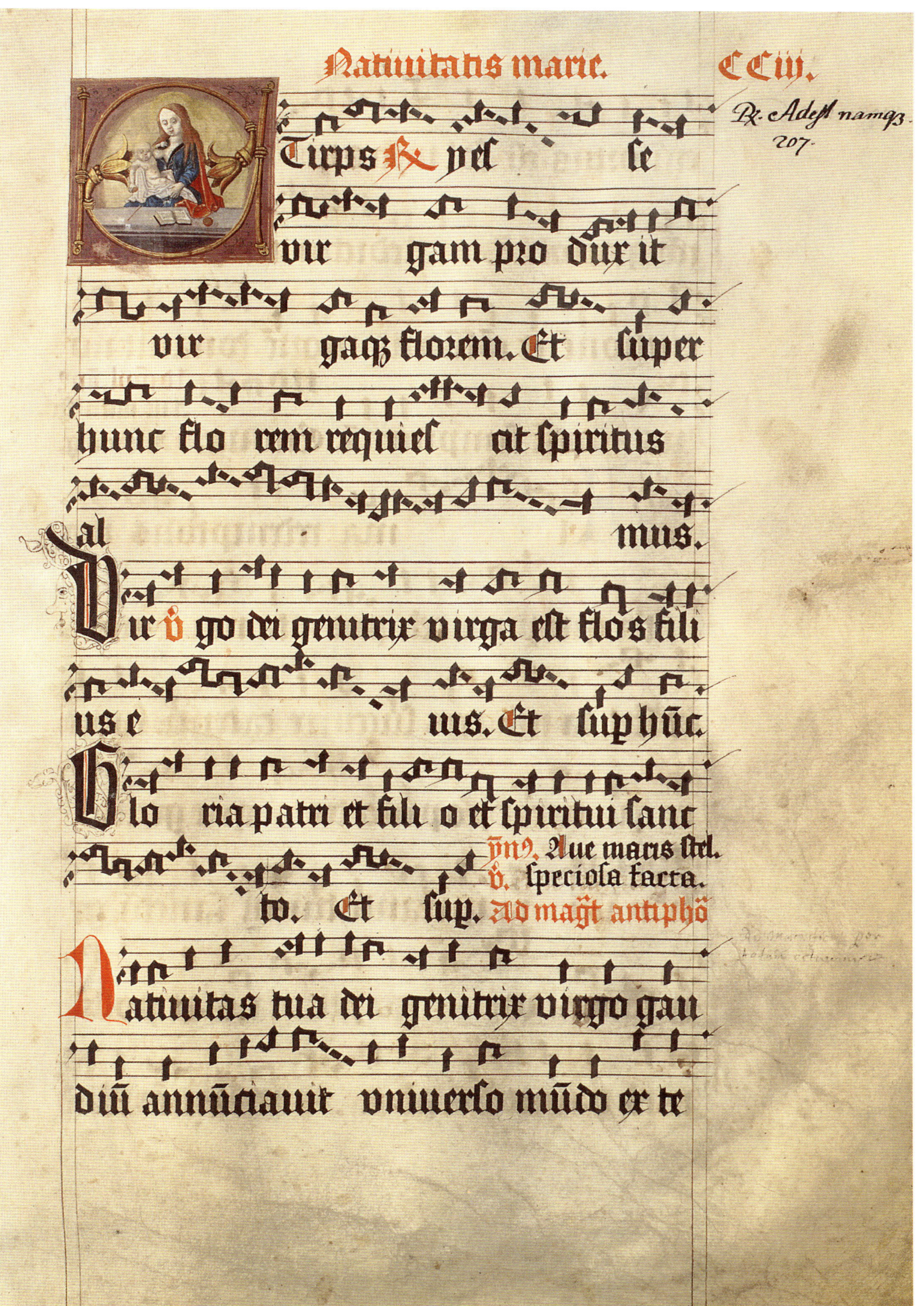
Natiuitatis marie.
CCiij.
Stirps Jesse virgam produxit virgaque florem. Et super hunc florem requiescit spiritus almus.
Virgo dei genitrix virga est flos filius eius. Et sup hũc.
Gloria patri et filio et spiritui sancto. Et sup.
Ad magñ antiphõ
Natiuitas tua dei genitrix virgo gaudiũ annũciauit vniuerso mũdo ex te

97 Dom Hs. 224, 174r/221r

oder schwarzer (Dom Hss. 223 - 225), z. T. kolorierter (Dom Hs. 222) Federzeichnung (Fratzen, Tiere, Affen, Menschen, Profilköpfe, zoomorphe und vegetabile Motive, Schriftbänder, Fabelwesen sowie vermutlich Signaturen der verschiedenen Schreiber: 19r *Ioane Wesalie*, 42v *Arnold Wesalie*, 82v *S.E.A.E.O.*, 95v *Iohannes Wesalie*, 166r *Theodorus poelw*?, 265v *Doesborch* [Dom Hs. 224]); Lombarden in Minium und Blau, vereinzelt mit ornamentaler oder figürlicher Federzeichnung, in Dom Hs. 221 mit Textbezug (229v Andreas beim Psalm zum Fest des Heiligen, 253r Nikolaus, 257v Heimsuchung, 278v Paulus); kolorierte Initialen in Federzeichnung mit Randausläufern (Dom Hs. 223); Astwerkinitialen mit Blütenschmuck und in Dom Hss. 221, 224 auch mit Edelsteinen; historisierte Deckfarbeninitialen auf farbigem rechteckigem Feld; auf 1r jeweils Spiegelrahmung – in Dom Hs. 222 gefeldert – mit Streublumen, Vögeln, Schmetterlingen, Früchten, Tieren (z. B. Affen), Fabeltieren, musizierenden Menschen (Dom Hs. 224) und lorbeerbekränztem Medaillon mit dem Wahlspruch des Stifters *VIVE TIBI* – Lebe für Dich; in Dom Hs. 224 unfoliierter Nachtrag nach dem letzten foliierten Blatt (315) in Fraterherren-Rotunda mit Fraterherren-Initiale, der durch die Jahreszahl *AN(no) 1535* auf einem Schriftband in einer Cadelle auf 316v datiert ist. EINBÄNDE: Schweinsleder mit Streicheisenlinien und Blindprägung über Holz; durchbrochene Eck- und Mittelbeschläge mit Blattmotiven, Auflageknöpfe, Metallbänder und Schließen aus Messing (bei Dom Hs. 221 sind die Beschläge abweichend, wohl später erneuert); Dom Hss. 224 und 225 mit je einem von den anderen abweichenden Beschlag, identisch mit den Beschlägen der Fraterherren-Handschrift Dom Hs. 274 (Kat. Nr. 102) von 1531, weshalb Kirschbaum (1972, S. 218) annimmt, daß der Einband gleichzeitig mit dem Nachtrag – d. h. im Jahr 1535 – von den Fraterherren restauriert wurde; Dom Hss. 221 und 223 mit identischen Rollenstempeln: Kranzrolle, Medaillonrollen mit vier Männerköpfen, sowie mit zwei Männerköpfen und einem Frauenkopf; Dom Hs. 222 mit drei Rollenstempeln: Kranz, Blüten, Blütenmauresken; Dom Hs. 224 mit zwei Rollenstempeln: Kranz und Wellenranke; Dom Hs. 225 mit drei Rollenstempeln: 1. *FIDES EST SU – FORTIT/UDO 70 – CARIT/AS BEN* (Haebler 1968, II S. 45, 1570,2), 2. Kranzrolle, 3. Antikenrolle mit drei oder vier beschrifteten Köpfen (nur *VIRGIL* lesbar); jüngerer Rückenbezug mit eigener Kranzrolle; alle Einbände um 1600. PROVENIENZ (Dom Hss. 221 - 225): Gestiftet von Brictius Eberauer laut Stiftervermerk in allen fünf Handschriften; Zuschreibung und Datierung der gesamten Gruppe können aufgrund einer Notiz auf einem eingebundenen Pergamentstreifen in Dom Hs. 224 (zwischen fol. 321 und 322) erschlossen werden: *Hic liber est scriptus per fratres Cruciferos domus Colonien/sis. Anno virginei partus millesimo quingentesimo vigesimo* – Geschrieben im Jahr 1520 im Haus der Kölner Kreuzherren;

In vigilia penthecostes.
Cum complerentur. Cum reliq. de Laudib. fol. 3.
Veni sancte spiritus reple tuorum corda fidelium et tui amoris in eis ignem accende qui per diversitatem linguarum cunctarum gentes in unitate fidei congregasti alleluia alleluia. Euouae.
Non vos relinquam orphanos alleluia vado et venio ad vos alleluia et gaudebit cor vestrum alleluia. Euouae.
Christus resurgens ex mortuis iam non

97 Dom Hs. 225, 1r

97 Dom Hs. 225, 8v/14v

 97 Dom Hs. 225, 168r/212r

spätere Einträge: auf dem vorderen Innenspiegel des Einbandes von Dom Hs. 221 *Ad latus Concentorie Cantus* (?) ... [durchgestrichen] *Demmer Anno 1774 Coralis senior, Nicolaus Holman Choralis ecclesie metropolitano, auffm Werth Kerpensis Choralis Ecclesie Metropoliense.* 337v *Nicolaus Holman Anno 1748 Im 14 februarius.* 338r *Johannes Andreas Demmer Anno 1768, Franciscus Demmer Anno 1771, Joseph Deldoque Anno 1772, Adam L ..., Nicolaus Winandi Coloniensis Choralis Accessit Anno 1585* (?), *Renerus Glabach anno Domini, Theodor Arnoldus Mathias ... choralis fuit Anno ... usque choralis fuit ... Renerus Glabach anno Domini ..., Ioanne Bernardus ...* [ausradiert]; auf dem ersten Vorsatzblatt von Dom Hs. 223 *Jodocus Helmer factus est Scholaris Anno 1662 25. in ... / Ubius;* auf dem zweiten Vorsatzblatt von Dom Hs. 224 *Nicolaus Holman anno 1748 hujus metropolitano Electoralis ecclesia Choralis* und Einträge von 1823 im Hinterspiegel; im Vorderspiegel von Dom Hs. 225 *Johannes Faßt Coloniensis Choralis Summi Templi Anno 1699, Nicolaus Winandi, Rejnerus Hornenburch.*

LITERATUR: Katalog der kunsthistorischen Ausstellung in Düsseldorf 1904, Nr. 585f. – S. Beissel, Handschriften der Kölner Fraterherren. Die kunsthistorische Ausstellung in Düsseldorf 1904, in: ZChrK 6 (1905), S. 183f. – Heusgen 1933, S. 3ff., Nr. 224 – Kirschbaum 1972, S. 216ff., 234ff., 267ff. – Handschriftencensus 1993, S. 691ff., Nr. 1165ff. (dort fälschlich dem Fraterhaus zugeschrieben) – Himmel Hölle Fegefeuer 1994, S. 345, Kat. Nr. 134 – E. Hemfort, Illuminierte Kreuzherrenhandschriften aus Düsseldorf. Beobachtungen zur Stilkonvention monastischer Buchausstattung im ausgehenden 15. Jahrhundert am Niederrhein, in: Westfalen 73 (1995), S. 204.

J. C. G.

Missale Coloniense

98 Dom Frühdruck 217

Paris, Wolfgang Hopyl, und Köln, Kloster der Kreuzherren, 1520

Das Missale Coloniense repräsentiert als gedrucktes Buch mit einer der Buchmalerei verwandten Kolorierung eine neue Herstellungstechnik auf dem zu Beginn des 16. Jahrhunderts reichen Kölner Buchmarkt. Es wurde 1520 in Paris von Wolfgang Hopyl (gest. 1522) im Auftrag des Kölner Verlegers Franz Birckmann (gest. 1530) gedruckt und gehört zur dritten der insgesamt vier Auflagen. Die handschriftliche, dem gedruckten Buchblock vorgebundene öffentliche Verlautbarung (1r-4r) weist das Missale als Bestandteil der umfangreichen Stiftung (2050 Rheinische Goldgulden) des Degenhard Witte von Coesfeld an den Kölner Dom aus, zu der auch sechs liturgische Gewänder und ein silberner, vergoldeter Kelch gehörten. Zusammen mit dem Missale dienten sie zur Ausstattung von Messen, die wöchentlich fünfmal von drei Priestern zur sechsten, siebten und achten Stunde am Annenaltar – der Grablege des Stifters vor dem Chor des Domes (D'Hame, Historische Beschreibung der berühmten Hohen Erz-Domkirche zu Cöln am Rhein, Köln 1821, S. 274f.) – gelesen werden sollten (vgl. Kroos 1979/80, S. 131). Den gleichen Altar bewidmete zuvor schon Brictius Eberauer (siehe Dom Hss. 221-225, Kat. Nr. 97).

Das im Missale in die untere Spiegelrahmung der Titelblätter (35r, 315r) eingetragene silbergrundige Wappen ist höchstwahrscheinlich das bisher noch nicht identifzierte Wappen des Stifters. Wie Brictius Eberauer war Degenhard Witte von Coesfeld als Priesterkanoniker und Inhaber eines der acht Kapitularplätze in einer einflußreichen Position im Kölner Domkapitel (F. Gescher, Die Kapitularkanoniker des Kölner Domes im Jahre 1518, Köln 1929, S. 106ff.; H.H. Roth, Das Kölnische Domkapitel von 1501 bis zu seinem Erlöschen 1803, Köln 1930, S. 288). 1484 wurde er an der Kölner Universität immatrikuliert und 1504 dort als 'doctor decretorum' anerkannt (Keussen II 1919, S. 157, 384,4). Am 5. Juli 1505 erhielt er die Erlaubnis zum Besitz von Kanonikat und Pfründe im Domkapitel, am 11. Februar 1506 billigte man seine Ahnenproben ('probationes nobilitatis') und am 26. September 1506 wurde er schließlich zum 'locus capitularis' zugelassen. Ab 1507 diente er nacheinander drei Kölner Erzbischöfen (Hermann IV. von Hessen [1480-1508], Philipp II. von Daun-Oberstein [1508-15], Hermann V. von Wied [1515-47]) als kurkölnischer Kanzler. Die notariell beurkundete Memorienstiftung legte er am 26. November 1525 fest, ein halbes Jahr vor seinem Tod am 9. Mai 1526. Eine weitere Abschrift der Stiftungsurkunde befindet sich im Memorienbuch des Kölner Domes (Dom Hs. 256, fol. 554ff.).

Das Missale enthält die Gebete, Lesungen und Gesänge für die Meßfeiern des Kirchenjahres. Verglichen mit Büchern von Kölner Druckern ist der Buchschmuck von Frühdruck 217 sehr umfangreich. Neben dem üblichen Kreuzigungsbild zu Beginn des Kanongebetes *Te igitur* (187v/188r) beinhaltet er eine Fülle unterschiedlich großer Holzschnitte sowie kleiner gedruckter Initialen. Die formale Strukturierung durch den Buchschmuck visualisiert die inhaltliche Gliederung und illustriert den Anlaß der Meßfeiern mit Szenen aus dem Leben Christi, seiner Mutter und Jünger sowie allegorischen Darstellungen. Im Titelblatt (5r) sind die Heiligen dargestellt, deren Reliquien zu den kostbarsten Schätzen der Stadt Köln zählten: die Hll. Drei Könige, die hl. Ursula und die Makkabäer (siehe Dom Hs. 271, Kat. Nr. 107). Ihre Wiedergabe folgt motivisch Kölner Tradition. Ob dieser Titelblatt-Holzschnitt dem Kölner Xylographen und Maler Anton Woensam von Worms (vor 1500 - vor 1541) zugeschrieben werden darf oder einem Formschneider in der Pariser Werkstatt des Wolfgang Hopyl, der Zugriff auf kölnische Vorlagen hatte, kann nicht eindeutig beantwortet werden. Eine Zuschreibung an Anton Woensam von Worms erscheint insofern problematisch, als der Beginn seines Schaffens bisher um 1517/18 angesetzt wird und eine Zusammenarbeit mit dem Verleger Birckmann nicht vor 1526 belegbar ist. Das erstmals in der 1514 datierten Auflage erscheinende Frontispiz würde seine Tätigkeit früher einsetzen lassen.

Bis auf das kölnische Titelblatt haben alle übrigen Holz- und Metallschnitte, die Hopyl als Buchschmuck für die Kölner Missalien nutzte, weit über ein Vierteljahrhundert hinaus zahlreichen Druckern in Paris zur Illustration ihrer Druckwerke gedient. Frühdruck 217 hebt sich von den ca. fünfzig erhaltenen Exemplaren der Kölner Hopyl-Missalien durch die sorgfältige, der gleichzeitigen Buchmalerei verpflichtete Kolorierung der Titelblätter, der ersten Seite des 'Proprium de tempore' (35r) und des Kanonbildes (187v) ab. Die Kolorierung wurde höchstwahrscheinlich erst im Auftrag des Stifters Degenhard Witte von Coesfeld angefertigt, denn aus dieser Zeit stammen die Wappen. Das Kanonbild erinnert dabei an den Illuminator zweier Antiphonarien aus der Stiftung des Brictius Eberauer (Dom Hs. 221, 229r; Dom Hs. 222, 1r; Kat. Nr. 97) und legt eine Zuschreibung an das gleiche Skriptorium – das der Kölner Kreuzherren – nahe.

INHALT: **1r - 4r** Öffentliche Verlautbarung über die Stiftung des Degenhard Witte von Coesfeld an den Kölner Dom. **5r** Titelblatt mit ganzseitigem Holzschnitt *Missale Diocesis Coloniensis: de no/vo recogitum: ad auctum quoque et in alium ordinem redactum. Venditur Colonie in pingui gallina. 1520.* **5v** Index. **6r/v** *Accidentia misse.* **7r/v** *Distincta enumeratio virtutum ac vitiorum.* **8r - 9r** Vorbereitung des Priesters auf die Messe. **9v - 23r** Kölner Meßordo. **23v - 24r** Tafel der beweglichen Feste. **24v - 26v** Benediktionen. **27r - 32v** Kalendarium. **33r - 34v** Alphabetisches Verzeichnis der Feste. **35r - 169v** Proprium de tempore (1. Advent - 25. Sonntag nach Pfingsten). **35r** 1. Advent *A(d te levavi)*: Verkündigung, darüber zwei übermalte Holzschnitte: Tugenden Mariens, gegeißelter Christus inmitten der Arma, Spiegelrahmung. **45v** Weihnachten: Christi Geburt. **50r** Beschneidungsfest: Darbringung im Tempel. **51v** Epiphanie: Anbetung der Könige. **94v** Palmsonntag: Judaskuß, Gebet in Gethsemane. **98v** 3. Tag nach Palmsonntag: Ecce homo. **101v** 4. Tag nach Palmsonntag: Kreuztragung Christi. **105v** Karfreitag: Kreuzigung. **120r** Ostersonntag: Auferstehung Christi. **131v** Christi Himmelfahrt: Himmelfahrt Christi. **135v** Pfingstsonntag: Aussendung des hl. Geistes. **141v** Oktav nach Pfingsten (*De sancta Trinitate*): Oben Trinität in Engelsgloriole mit Heiligen, unten Verbildlichung der Inschrift *Te Deum laudamus . . . te Christum precamus orbis terra . . .* mit anbetenden Geistlichen und weltlichen Herrschern. **142r** Fronleichnam: Letztes Abendmahl. **170r/v** Schlußformeln *Ite missa est, Benedicamus Domino.* **171r** *Hymnus ange-*

Missale Diocesis Coloniensis: de novo recognitum: adauctum quoq: et in alium ordinem redactum.
PER MUTAT BREVIS
HORA SUMMIS:
IMA
Venditur Colonie in pingui gallina.
1520.
FORTUNA OPES AUFERRE NON ANIMUM POTEST

 98 Dom Frühdruck 217, 5r

licus, Simbolum apostolorum. **171v** Vorbereitung zur Messe. **172r - 183v** Präfationen. **183v - 192v** Meßkanon. **187v** Kanonbild mit dreifiguriger Kreuzigung. **188r** Kanongebet *T(e igitur)*: Kreuzigung. **193r - 206v** Commune sanctorum. **193r** Christus mit Aposteln vor einer Schar Heiliger, Märtyrer, einem Papst vor Bischöfen und Märtyrerinnen. **207r - 282v** Proprium de sanctis (Andreas – Katharina). **207r** Marter des hl. Andreas (gleiche Spiegelrahmung wie 35r u. a., aber nicht koloriert). **210v** Mariä Empfängnis: = 35r, nicht koloriert. **220r** Lichtmeß: = 50r. **226v** Mariä Verkündigung: Verkündigung an Maria. **239r** Mariä Heimsuchung: Heimsuchung. **255v** Mariä Himmelfahrt: Tod Mariens. **261v** Mariä Geburt: Wurzel Jesse. **263r** Kreuzerhöhung: vielfigurige Kreuzigung Christi. **277r** Allerheiligen: = 193r. **283r - 309r** Votivmessen. **283r** Kirchweihfest = 141v. **284v** 1. Wochentag (hl. Dreieinigkeit): = 141v. **285v** 2. Wochentag (hl. Geist): Pfingsten. **286v** 3. Wochentag (ewige Weisheit): = 35r. **287v** 4. Wochentag (Barmherzigkeit): = 135v. **289v** 5. Wochentag (Sakrament): = 142r. **289v** Passion des Herrn: = 101v. **290v** 6. Wochentag (Hl. Kreuz): = 263r. **291r** Fünf Wunden Christi: = 35r. **292r** Für Maria (Adventssamstage oder nach Belieben): Verkündigung (2. Version). **293r** Für Maria (zwischen Geburt und Reinigung/ Lichtmeß): = 45v. **293v** Für Maria (Lichtmeß und an Ostern): = 35r. **294v** Für Maria (zwischen Ostern und Pfingstoktav): Christus erscheint seiner Mutter. **295v** Für Maria (unter dem Kreuz): Die Sieben Schmerzen Mariens. **309v - 313v** Totenmesse. **309v** Marientod (koloriert, mit Gold gehöht, kolorierte Initiale). **310v** Totenmesse: Drei Lebende und drei Tote. **314r/v** Leer (= eingeklebtes Papierblatt). **315r** Titelblatt (= 5r). **315v** Titelblatt: zwei Adler halten zwei mit Ketten verbundene Kreismedaillons, zwischen denen sich ein kleines Wappenschild befindet, hinter ihnen Bäume; der linke Baum trägt Früchte; darunter 2 Büchermarken Birckmanns mit dem Motto *IMA PERMUTAT BREVIS HORA SUMMIS*, dazwischen *Non rudis occuro/ sed li/ma tersus adunguem./ Nuper qui fueram/ sordi/bus atque lacer.* **316r - 317v** Bestätigung des *Instrumentum publicum* über die Stiftung des Degenhard Witte von Coesfeld seitens des Dechanten und Kapitels des Kölner Doms.

PERGAMENT: 316 Blätter (+ Papierblatt); 328 x 231 mm; Lagen 1^4, $2-3^8$ (a,b), 4^6 (c), $5-24^8$ (+, a - t), 25^6 (u), $26-38^8$ (A - N), $39-40^6$ (O,P), $41^{6+1 \text{ (Papier)}}$ (Q), 42^2; gedruckte Lagenbezeichnung; zeitgenössische rote und schwarze Foliierung; Schriftspiegel 241 x 160 mm; 2 Spalten; 67 (5v - 23r), 42 (123v - 183v und 192v - 312v) und 21 (123v - 192v) Zeilen. AUSSTATTUNG: Lateinischer Text in französischer (Pariser) Textura; rot und schwarz gedruckt; rote Lombarden; zahlreiche Holzschnitt-Initialen mit sich wiederholendem, vegetabilem Schmuck oder/ und szenischen Motiven (u. a. Rankenkletterern), insbesondere im Proprium de sanctis mit Darstellungen von Heiligen (229v, 263r, 290v); Kanongebet (187r - 192v) mit übermalten Holzschnittinitialen ausgezeichnet; 112 kleine Holzschnitte (zumeist 5 x 4,7 cm) mit sich wiederholenden Szenen aus dem Wirken Johannes' des Täufers, dem Leben, Wirken (auch Gleichnisse) und der Passion Christi – einschließlich Wurzel Jesse (261v) und dreifiguriger Kreuzigung (126v); 41 viertelseitige Holzschnitte (ca. 102 x 73 mm) zeichnen Meßformulare aus (siehe Inhalt), zu Beginn des Proprium de tempore und des Proprium de sanctis mit Spiegelrahmungen zu Zierseiten kombiniert; vier ganzseitige Holzschnitte, davon drei koloriert (5r = 315r, 187v, 315v [unkoloriert]). EINBAND: Kalbleder über Holz; Meister B.K., 1546; zwei Rollenstempel: auferstandener Christus/ *IUSTIFICACIO*, Kruzifix mit zwei anbetenden Laien (Frau und Mann) und der Aufrichtung der ehernen Schlange im Hintergrund/ *SATIFACIO*, Opferung Isaaks sowie Adam und Eva/ *PECCATUM*, Justitia mit Schwert und Waage/ *IUSTICIA*, Eva mit Totenkopf/ *EVAA*, Maria mit Kind/ *MATERDEI*, Judith mit dem Kopf des Holofernes/ *IUDIDT* (Schunke 1969, S. 385, 3, S. 386, 4; Haebler 1968, II S. 325, 3); ursprünglich zwei Metallschließen, davon nur noch von der oberen die Halterungen an den Deckeln vorhanden, sonst nur Befestigungsspuren; im Hinterspiegel auf dem Kopf eingeklebt: Makulaturblatt mit zweispaltig geschriebenem Text des 13./ 14. Jhs. PROVENIENZ: Von Wolfgang Hopyl in Paris 1520 im Auftrag des Kölner Verlegers und Buchhändlers Franz Birckmann (seine Hausmarke auf 5r, 315r, 315v) gedruckt: *Missale/ ad usum diocesis Colo/niensis a variis mendis/ ad limam redactum:/ Atque impensis Franc/cisci Byrckman in alma/ Parisiorum Academia/ a Vuolffgango Hopylio/ impressum* (315v); laut handschriftlichem *Instrumentum publicum* (1r - 4r) vom 26. November 1525 von Degenhard Witte von Coesfeld zu seinem Gedächtnis für den Annenaltar – seiner Grablege – vor dem Chor des Domes gestiftet; Darmstadt W 5594/3. LITERATUR: Handschriftlicher Katalog der frühen gedruckten Bücher in der Hessischen Landes- und Hochschulbibliothek Darmstadt von Andreas Schleiermacher, 1817 ff. – Jaffé/ Wattenbach 1874, S. 97 – H. Stein, L'atelier typographique de Wolfgang Hopyl à Paris, Fontainebleau 1891, S. 28 Nr. 61 – H. Keussen, Die Matrikel der Universität Köln, II 1919, S. 157 f. – E. Kuphal, Das Urkundenarchiv der Stadt Köln seit dem Jahr 1397, VIII. 1506 - 1540, in: Mitteilungen aus dem Stadtarchiv Köln 44 (1929), S. 25 – F.J. Peters, Beiträge zur Geschichte der kölnischen Meßliturgie, Köln 1951 (Colonia Sacra 2), S. 25 ff. – S. Beissel, Geschichte der Verehrung Mariens im Mittelalter. Ein Beitrag zur Religionswissenschaft und Kunstgeschichte, [Freiburg 1909] ND Darmstadt 1972, S. 341 ff., 347 ff. – R. Kroos, Liturgische Quellen zum Kölner Domchor, in: KDB 44/ 45 (1979/ 80), S. 131, Anm. 1207 – H. Beckers, Bruchstücke einer deutschen Missaleübersetzung des 15. Jahrhunderts vom Niederrhein. Edition und Kommentierung der Fragmente Aschaffenburg, Stiftsbibliothek, U 106 (Fragment 9), in: ALw 27 (1985), S. 102, Nachtrag zu Anm. 17 – W.H.I. Weale/ H. Bohatta, Bibliographica liturgica. Catalogus Missalium ritus latini ab anno 1474 impressorum, [1928] ND Stuttgart 1990, S. 52, Nr. 294 – J.C. Gummlich, Die Kreuzigungsdarstellung in der spätgotischen Kölner Buchmalerei, Diss. Bonn (in Vorbereitung). J.C.G.

¶ Dominica prima aduentus domini: ad missam. Introitus.

Ad te leuaui animã meam/ deus meus in te cõfido nõ erubescã neqꝫ irrideãt me inimici mei: etenĩ vniuersi qui te expectant nõ cõfundent. Ps. Vias tuas domine demonstra mihi: ꝛ semitas tuas edoce me. Gloria pri ꝛ filio et spiritui sancto. Sicut erat in pricipio ꝛ nunc ꝛ semp: ꝛ in secula seculorum amen. Ad te leuaui. Kyrieleson. ter. Christeleyson. ter. Kyrieleson. ter. ¶ Nota q non dicitur Gloria in excelsis deo: p totũ aduentũ: nisi in festis duplicib9. Deinde versus populum dicit Dñs vobiscum. Oremus. Collecta. Excita q̃s dñe potentiã tuã ꝛ veni: vt ab imminẽtibus peccatorum nostrorũ periculis/ te mereamur protegente eripi: te liberante saluari. Qui viuis. Scda de dña. Collecta. Deus qui de btẽ marie virginis vtero verbũ tuum angelo annunciante carnẽ suscipere voluisti: presta supplicibus tuis: vt q̃ vere eã dei genitricẽ credim9: ei9 apud te itercessionib9 adiuuemur. ¶ Tertia de oib9 sctis. Collecta. Conscĩetias nr̃as/ q̃s dñe visitãdo purifica: vt veniẽs fili9 tuus dñs noster iesus christus cũ oĩbus sanctis suis/ paratã sibi in nobis inueniat mãsionem. Qui tecũ. ¶ He due pdicte collecte scz de dña ꝛ de oib9 sctis cũ suis secretis et cõplendis seruãtur p totũ aduẽtũ qñ de tpe seruat vsqꝫ ad vigiliã natiuita. dñi inclusiue.

a.j.

98 Dom Frühdruck 217, 35r

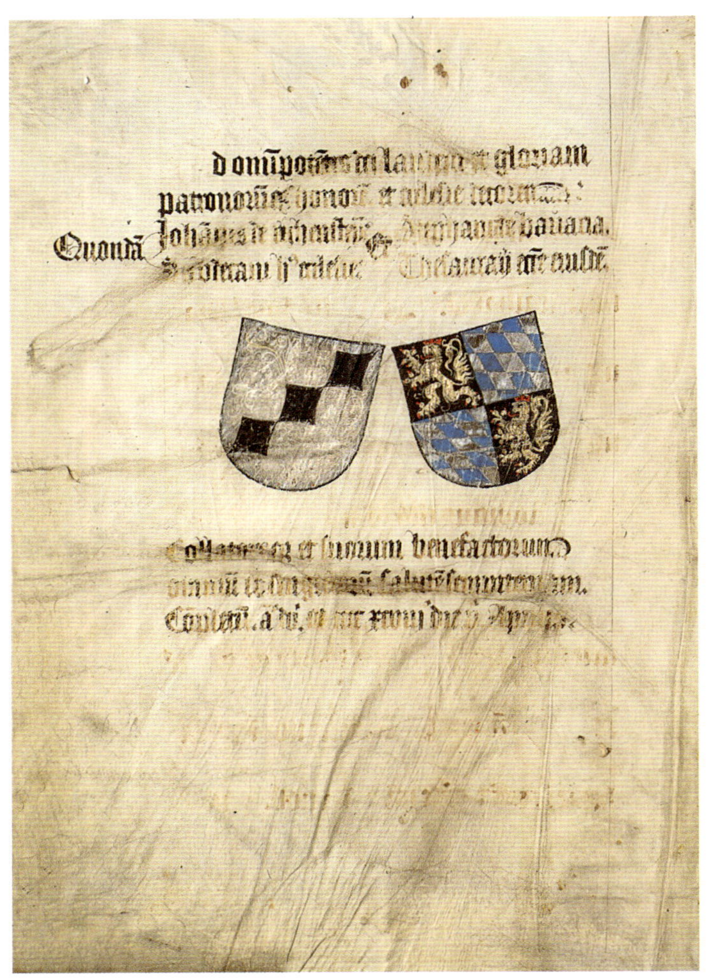

99 Dom Hs. 229, Av/13r

Graduale

99 Dom Hs. 229

Köln, 1498

Die laut Eintrag 1498 fertiggestellte Dom Hs. 229 kam als Stiftung zweier Mitglieder des Domkapitels in den Besitz des Kölner Domstifts (vgl. Dom Frühdruck 217, Kat. Nr. 98; Dom Hss. 221-225, Kat. Nr. 97). Beide Stifter gehörten zu den Edelkanonikern unter den Kölner Domherren, wenngleich zu zwei unterschiedlichen Generationen. Stephan I. von Bayern (geb. 1421) wurde am 9. September 1439 zur Präbende des verstorbenen Otto von Lippe nominiert (Ahnenprobe: März 1441; vgl. Kisky 1906). Er studierte in Heidelberg und Köln (H. Keussen, Die Matrikel der Universität Köln, Bd. III, Bonn 1931, 208,22), wurde Mainzer Domherr und ist ab Februar 1452 in Urkunden als Thesaurar des Kölner Doms erwähnt. Dieses Amt übernahm am 13. September 1481 Berthold von Henneberg; demnach hatte Stephan von Bayern entweder resigniert oder er war verstorben.

Johann II. von Reichenstein, Sohn Wilhelms und der Katharina Gräfin von Sayn-Wittgenstein (vgl. Kisky 1906), wurde am 28. Juli 1456 noch minderjährig von Subdekan Johann I. von Reichenstein zur Präbende des Eberhard von Catzenelnbogen nominiert (Ahnenprobe: 25. Mai 1459). Er war Domherr in Trier und Lüttich, studierte in Köln (Keussen 1931, 308,35) und übernahm 1490 das Amt des Scholasters sowie 1493 das des Subdekans am Kölner Dom. Am 20. November 1508 ernannte ihn Erzbischof Philipp von Köln zum Generalvikar (F.E. Frhr. von Mering, Die hohen Würdenträger der Erzdiözese Köln, Köln 1846, S. 60f.). Johann von Reichenstein starb 1511 und wurde

December.
I.
d te leuaui animã
meam deus meus
in te confido nõ e-
rubescam neqꝫ irrideant me inimici mei etenim vniuersi qui te expectant non confundentur. p. Vias tuas
domine demonstra michi et semitas
tuas edoce me. Gloria p. Seculorũ amẽ.
T. vm. gl. Vniuer- si qui te expectant non confundentur

99 Dom Hs. 229, 1r

 99 Dom Hs. 229, 15v

im Chorumgang des Domes bestattet (J.W.C.A. Frhr. von Hüpsch, Epigrammatographie, Köln 1801, 2. Teil S. 33, Nr. 76; D'Hame, Historische Beschreibung der berühmten Hohen Erz-Domkirche zu Cöln am Rhein, Köln 1821, S. 266).

Der knappe Eintrag über die Stiftung zu Beginn des Graduales besagt, dieses solle zu Lob und Ehre Gottes und zur Zierde der Kirche dienen, außerdem dereinst Johann von Reichenstein und Stephan von Bayern sowie ihren Kollatoren und Wohltätern zum ewigen Heil gereichen. Rahmen, Umfang oder Zeitpunkt der Stiftung sind nicht erwähnt. Der wohl 1481 verstorbene Stephan von Bayern hat die Fertigstellung der Handschrift am 1. April 1498 nicht mehr erlebt. Vermutlich verfügte er gegen Ende seines Lebens zusammen mit Johann von Reichenstein diese Stiftung, deren Umsetzung dann Johanns Aufgabe gewesen sein dürfte. Auffällig ist die Zeitdifferenz von 15 bis 20 Jahren zwischen Stiftung und Fertigstellung der Handschrift.

Der Buchschmuck von Dom Hs. 229 besteht aus historisierten Initialen, Ornamentinitialen und zahlreichen Lombarden (Initialmajuskeln). Nach Fertigstellung des Textes legte der Schreiber oder ein Rubrikator – sofern hier nicht beide identisch waren – die einfachere Federzeichnung an den Lombarden an, um die einzelnen Seiten zu gliedern und Textanfänge zu markieren. Erst zum Schluß schuf der Illuminator die historisierten und ornamentierten Initialen sowie die Randverzierungen, mit denen die Proprien und die Hochfeste Weihnachten, Ostern und Pfingsten hervorgehoben sind.

Das zweigeteilte Binnenfeld der A-Initiale auf der Eingangsseite des Graduales und die Zierseite zum Osterfest dienten dem Buchmaler zu typologischen Gegenüberstellungen von Ereignissen aus Altem und Neuem Testament. Der Huldigung des Christuskindes durch dargebrachte Geschenke wird als Präfiguration die Huldigung König Davids durch die Königin von Saba vorangestellt. Zur Initialminiatur mit der Auferstehung Christi sind in der Rankenbordüre auf dem Fußsteg des Blattes Samson mit den Toren von Gaza sowie der vom Wal ausgespiene Jonas kombiniert. Derartige Gegenüberstellungen haben die Fraterherren später zu narrativen Illustrationsprogrammen ausgebaut (vgl. Dom Hs. 274, Kat. Nr. 102).

Im Bestand der Erzbischöflichen Diözesan- und Dombibliothek befindet sich mit Diözesan Hs. 521 (Kat. Nr. 100) ein Antiphonar aus demselben Skriptorium und mit Dom Hs. 228 ein zweites Graduale, das nur geringfügig von Dom Hs. 229 abweicht, seines Bildschmucks aber zum Teil beraubt wurde. Nicht nur die Einbände, sondern auch Format und Schriftbild beider stimmen überein. Auch sind jeweils die gleichen Textstellen durch Initialen und vegetabile Bordüren mit identischen Szenen (Samson, Jonas) ausgezeichnet. Die einzige formale Abweichung besteht im Verhältnis von historisierten und vegetabilen Initialen. Dom Hs. 228 weist als Auszeichnung des Festes der hll. Petrus und Paulus (188r) eine historisierte Initiale mit der Darstellung des stehenden Petrus auf, während das gleiche Fest in Dom Hs. 229 nur mit einer vegetabilen Initiale ausgestattet ist. Stilistisch weichen die Initialminiaturen leicht voneinander ab, was vermutlich auf die Beteiligung zweier Illuminatoren der gleichen Werkstatt zurückzuführen ist. Für die Existenz einer größeren Werkstatt mit Haupt- und Nebenhänden spricht auch die in Dom Hs. 229 qualitativ etwas schwächere Initiale mit der Berufung von Petrus und Andreas (181r).

Esurrexi et ad-
huc tecum sum al-
le lu_ya posuis-
_ti su_per me manũ tu_am al le-
lu_ya mira_ bilis fac_ta
est sci_encia tu_a alle_luya al-
le_lu_ya ps. Domine probasti me
et cognouisti me tu cognouisti sessionem meam et resurrectionem meam.
Gloria p. Euouae. Gr. Hec di-

99 Dom Hs. 229, 124v

INHALT: **Ar** Leer. **Av** Stiftungsvermerk. **Br** Aspersionsantiphon *Ad aspersionem aquae. Asperges me Domine.* **Bv** Leer. **1r-180v** Proprium de tempore (1. Advent – 25. Sonntag nach Pfingsten). **1r** 1. Adventssonntag *A(d te levavi animam meam)*: Königin von Saba beschenkt König David, Könige bringen dem Christuskind ihre Geschenke. Zierseite mit dreiseitiger Spiegelrahmung. **13r** Heiligabend *D(ominus dixit)*. **15v** Weihnachten *P(Uer natus est nobis)*: Geburt Christi. Zierseite mit zweiseitiger Spiegelrahmung. **23r** Epiphanie *E(Cce advenit)*. **124v** Ostersonntag *R(Esurrexi)*: Auferstehung Christi. Zierseite mit dreiseitiger Spiegelrahmung, darin unten Samson mit den Stadttoren von Gaza und Jonas, vom Walfisch ausgespien. **143r** Christi Himmelfahrt *V(Iri Galylei)*. **148r** Pfingstsonntag *S(piritus Domini)*: Herabkunft des Hl. Geistes. **157v** 1. Sonntag nach der Pfingstoktav *D(Omine in tua misericordia)*. **181r-210r** Proprium de sanctis (Andreas – Katharina). **181r** Fest des hl. Andreas *D(Ominus secus mare Galylee)*: Berufung der hll. Petrus und Andreas. Zierseite mit dreiseitiger Spiegelrahmung. **186v** Lichtmeß *S(Uscepimus Deus)*. **196r** Fest der hll. Petrus und Paulus *N(Unc scio vere)*. **210v-248v** Commune sanctorum. **211v** Zum Fest eines Apostels *M(Ichi autem)*. **249r-250r** Kirchweihfest *T(Erriblis est locus iste)*. **250v-257r** Votivmessen. **257v** Leer. **258r-272r** Kyriale. **258r-261v** Vier zwischengeheftete Blätter (18. Jh.): *Kyrie de apostolis, Commune Mulierum, Missa de Angelis*. **261r, 272v-273r** Leer. **274r-354v** Sequenzen. **274r** *G(Rates nunc omnes)*. **352v-354v** Nachtrag (16. Jh.): Ostersequenz.
PERGAMENT: 357 Blätter; 574 x 412 mm; Lagen 1^{2-1+1}, 2-33^{8}, 34^{8+4}, 35^{4+2}, 36-45^{8}, 46^{2-1}; zeitgenössische rote Foliierung von *1-257* (fol. 123 zweifach vergeben), dann 2 Blätter foliierter Nachtrag *258-259*, anschließend moderne Bleistiftfoliierung 260-354; Schriftspiegel 420 x 262 mm; Liniierung in Tinte; einspaltig; 10 Zeilen, darüber jeweils Hufnagelnoten auf Vierlinienschema (C-Linie gelb, F-Linie rot). AUSSTATTUNG: Lateinischer Text in schwarzer Textura, rubriziert; Initialen: schwarze und rote Cadellen sowie Lombarden in Minium und Blau mit Federzeichnung (Masken, Maiglöckchen-Fleuronnée, Perlstäbe); neun Initialen mit Akanthusranken, Blütenschmuck und Randausläufern (23r, 142r, 157v, 186v, 196r, 211v, 249r, 274r); fünf historisierte Initialen mit zwei- bis dreiseitiger Spiegelrahmung (1r, 15v, 124v, 148r, 181r); Stifterwappen auf Vorsatzblatt (verso). EINBAND: Schweinsleder über Holz mit beidseitigen Eck- und Mittelbeschlägen aus Messing; ursprünglich zwei Messingschließen (die untere verloren). PROVENIENZ: Köln, Domstift. Laut Vermerk auf Av wurde das am 1. April 1498 fertiggestellte Graduale von den Kölner Domkapitularen Johann von Reichenstein und Stephan von Bayern (Subdekan) dem Dom zum Lob Gottes und zur Zierde der Kirche gestiftet *Ad omnipotentis Dei laudem et gloriam/patronorumque honorem et ecclesie decorem./Quondam Johannis de Richensteyn Et Stephani de Bavaria/Subdecani huius ecclesie. Thesaurarii ecclesie eiusdem./Collatoresque et suorum benefactorum/omnium et singulorum salutem sempiternam./Completum anno Domini mcccc xcviij die prima Aprilis*; darunter die Wappen der Stifter: links v. Reichenstein, rechts v. Bayern; Namensnennungen auf Blatträndern und im Hinterspiegel: *Joh. Wilhelm Terbruggen* (325v), *Christian Eckermann 1842* (326r), *Terbruggen Wilhelm 1842* (329r), *Eduard Schütte, 19 Jahre, ein Protestant aus Bremen Aug. 26, 1828; Carl Leeberg*. Dom Hss. 228 und 229 wurden möglicherweise gemeinsam über einen längeren Zeitraum von Mitgliedern des Domkapitels für die Meßgesänge verwendet. Dies beweisen die bis ins beginnende 19. Jahrhundert reichenden Namenseinträge in den Vorder- und Hinterspiegeln beider Gradualien und die übereinstimmenden Nachträge der von gleicher Hand geschriebenen Ostersequenz *Laudes Salvatori*.
LITERATUR: W. Kisky, Die Domkapitel der geistlichen Kurfürsten in ihrer persönlichen Zusammensetzung im vierzehnten und fünfzehnten Jahrhundert, Weimar 1906 (Quellen und Studien zur Verfassungsgeschichte des Deutschen Reiches in Mittelalter und Neuzeit I/3), S. 39f., 70, Nr. 211 – Heusgen 1933, S. 6f., Nr. 229 – Herbst des Mittelalters 1970, S. 82f. – Kirschbaum 1972, S. 282ff., 313, 316ff. – Handschriftencensus 1993, S. 695f., Nr. 1173.
J.C.G.

Antiphonar

100 Diözesan Hs. 521

Köln, um 1508

Laut Bibliotheksvermerk vom Anfang des 20. Jahrhunderts auf dem ersten Pergamentblatt stammt Diözesan Hs. 521 aus der Pfarrbibliothek von Groß St. Martin in Köln. Das Antiphonar enthält keine mittelalterlichen Hinweise auf Herstellungs- oder Nutzungsort, was in Blattverlusten zu Beginn und am Schluß des Buchblockes begründet sein könnte. Die Handschrift wurde vermutlich bis kurz vor der Säkularisation noch genutzt, worauf Nachträge aus dem 17. und 18. Jahrhundert hinweisen, von denen die späteren vermutlich mit *Ludimagister* (Schulmeister) Leonard Schmitz in Verbindung zu bringen sind, der auf dem Einband genannt wird.

Diözesan Hs. 521 beinhaltet nur den Winterteil (Pars hiemalis) eines Antiphonars vom ersten Advent bis zur Vigil vor Ostern. Deshalb ist zu vermuten, daß ursprünglich ein das Antiphonar zum

v Tamq̃ sponsus Do.
Hodi e nobis Responsor
celorū rex de vir
gine nas ci dig
natus est ut hominē pditum ad
reg na ce lesti a re vo caret
gaudet exer citus angelo rum.
Quia salus eterna humano
generi ap paru it. vsus
Gloria in excelsis de o et in

100 Diözesan Hs. 521, 45r

Ecce ego mitto vos sicut
oues in medio lupo
rū estote ergo prudentes
sicut serpentes et simplices sicut columbe.
Responsorium
fuerūt v. Cum
Euouae. v. In ōnē terrā an
Beati eritis cū
vos oderint homines et cum separauerint
vos et exprobrauerint et eiecerint nomen
vestrū tamquā malū propter filium hominis
gaudete et exultate ecce enim merces vestra

100 Diözesan Hs. 521, 1*v

100 Diözesan Hs. 521, 48*v/99*r

vollen Kirchenjahr vervollständigender Sommerband zu der Handschrift gehörte. Gemeinsam dienten sie wahrscheinlich in der Benediktinerabtei als liturgische Bücher zum Vortragen vor allem der Antiphone (Rahmen- oder Kehrverse) und Responsorien (Wechselgesänge) des Stundengebets (Offizium), die vom Sängerchor bzw. von Solisten und Sängerchor im Wechsel intoniert wurden. Aufgeteilt in bewegliche Feste, Heiligenfeste und Feste für bestimmte Gruppen von Heiligen (Proprium de tempore, Proprium de sanctis, Commune sanctorum) richten sie sich nach dem Ablauf des Kirchenjahres.

Mit vierzehn der sechzehn erhaltenen historisierten Initialen sind Heiligenfeste im 'Proprium de sanctis' jeweils durch die Darstellung des zu feiernden Heiligen hervorgehoben. In der Auszeichnung der die Heiligen verehrenden Offiziumstexte unterscheidet sich Diözesan Hs. 521 grundsätzlich von den etwas später (um 1520) von den Kreuzherren für das Domstift hergestellten Antiphonarien Dom Hss. 221-225 (Kat. Nr. 97), in denen das 'Proprium de tempore' reicher geschmückt ist. Die Darstellung des hl. Martin von Tours, der einem verkrüppelten Bettler ein Almosen gibt (22*v), zum allgemeinen, nicht auf einen bestimmten Heiligen festgelegten Fest eines Bekenners, kann als Bezug zum Patrozinium von Groß St. Martin aufgefaßt werden (Lemeunier 1994). Die zwei Schwertkämpfer der E-Initiale des *E(cce)* am Beginn des 'Commune sanctorum' (1*v) konnten dagegen noch nicht inhaltlich entschlüsselt werden. Möglicherweise stehen sie im Zusammenhang mit der Antiphon, die zu furchtlosem Bekenntnis auffordert (Mt 10,16 mit Bezug zu 10,34). Auffallendes Kennzeichen der Miniaturen ist die prunkvolle Kleidung der weib-

100 Diözesan Hs. 521, 113*r/119*v

lichen Heiligen und das Motiv des Goldbrokatvorhangs als Hintergrundfolie. In der Kölner Tafelmalerei treten diese Elemente beispielsweise schon in Werken des Meisters der Verherrlichung Mariae (1460-1480/90), aber auch bei den um 1480 bis 1510/15 tätigen Malern auf. Der Illuminator schließt sich in diesem Punkt an einen Zeitstil an, der die Zugehörigkeit der Heiligen zum himmlischen Hofstaat durch deren an der zeitgenössischen Kleidermode orientierte Phantasiekleidung und unter Verwendung des eher höfischen als bürgerlichen Kreisen zuzuordnenden Goldbrokats betonte (M. Madou, in: Hans Memling. Essays, Ausst. Kat. Brügge 1994).

Der reiche Buchschmuck von Diözesan Hs. 521 bezieht sich auch auf die Benutzer dieses Antiphonars, die Sänger: Federzeichnungen an den kleineren Initialen zeigen zahlreiche karikierte Männerköpfe im Profil mit deutlich geöffneten Mündern. Die in zwei Fällen hinzugefügten Buchstaben *la la la* (7r, 189v) veranschaulichen, daß damit Sänger gemeint sind. Die Ornamentik des Fleuronnées (z. B. 36r, 133r, 147r) und die Phantasieblumen der Initialen auf Folio 95v oder 1*v verraten eine Verwandtschaft mit den Dom Hss. 228 und 229 (Kat. Nr. 99). Die Initiale auf Folio 8*v ist als einzige im Binnenfeld mit Streublumen vor einem Goldstaubgrund verziert, die in der Buchmalerei der Kölner Fraterherren seit dem Essener Missale von 1506 häufig auftreten (Domschatzkammer, Hs. 14). Sie machen die Beziehungen zwischen unserem Skriptorium und dem der Fraterherren deutlich, von dem sich Diözesan Hs. 521 und die Dom Hss. 228/229 in ihrem formalen Aufbau, in dem der Tradition der Kölner Tafelmalerei seit Lochner folgenden Stil und im ikonographischen Repertoire allerdings unterscheiden. Kirschbaum (1972) zog ihre Entstehung in dem aus schriftlichen Quellen bekannten Skriptorium der Benediktinerabtei Groß St. Martin in Betracht. Belege hierfür lassen sich nicht erbringen, vielmehr bestehen prinzipielle Abweichungen von den gesichert um 1500 in Groß St. Martin geschriebenen Handschriften (Diözesan Hs. 519, Kat. Nr. 96; Diözesan Hs. 520). Durch zwei inschriftlich datierte Codices ist ein zehnjähriger Mindestzeitraum von 1498 (Dom Hs. 229) bis 1508 (Darmstadt, Hess. Landes- und Hochschulbibl., Hs. 352) vorgegeben, in dem unser Skriptorium aktiv gewesen sein müßte.

INHALT: **1r** Leer. **1v** Bibliotheksvermerk; einzeiliger Nachtrag des wegen Blattverlusts fehlenden Textanfangs zur folgenden Seite *Ad nunc Dimittis. Bethlehem non es minima in principibus Juda.* **2r - 219v** Proprium de tempore (1. Advent – Vigil vor Ostern: Kyrie zu den Laudes des Karsamstages). **2r** Anfang fehlt ... *Iuda ex te enim ... Aspiciens a longe.* **42v** Weihnachtsvigil *I(udea et Iherusalem)*: Ornamentinitiale mit goldenem Körper vor gevierteltem rot-blauem Feld mit goldener und weißer Federzeichnung (Vermiculé) in Form von zur Mitte hin orientierten Blüten. **45r** Weihnachten. Responsorium der 1. Nocturn *h(odie nobis celorum rex)*: Geburt Christi. **95v** Epiphanie. Responsorium der 1. Nocturn *h(odie in Iordane)*: Ornamentinitiale vor Goldgrundfeld mit blauem Körper, darauf weiße Blattrankenzeichnung, im Binnenfeld eine Phantasieblume. **1*r (= 220r)** Nachtrag des 17. Jhs. (ersetzt den verlorenen Textanfang). Responsorium zur 1. Vesper des 1. Sonntags im Advent *Ecce dies veniunt.* **1*v - 40*v** Commune sanctorum. **1*v** Fest mehrerer Apostel. Antiphon zur 1.Vesper *E(cce ego mitto)*: Zwei Kämpfende und Phantasieblume. **8*v** Fest eines Märtyrers. Antiphon der 1. Vesper *B(eatus vir qui inventus est sine macula)*: Streublumen vor Goldstaubgrund (Akelei, weiße Rose, Erdbeerranke mit Früchten und Blüte, rosa Distel, zwei buntgefiederte Vögel). **15*v** Fest mehrerer Märtyrer. Antiphon der 1. Vesper *S(ancti perfidem).* Zwischen 20 und 21 kleineres Papierblatt eingelegt (= 20a): *Circumdederunt me.* **22*v** Fest eines Bekenners. Antiphon zur 1. Vesper *A(mavit eum Dominus)*: Hl. Martin gibt Bettler Almosen. Zwischen 30 und 31 kleineres Papierblatt eingelegt (= 31a): *Dilexisti iusti.* **31*r** Fest einer Jungfrau. Antiphon zur 1. Vesper *V(Eni electa mea).* **37*v** *Suffragia.* Auf den inneren Seitenstegen von 38v zwei kleinere Papierblätter aufgeklebt: 1. *de sancto Laurentio*, 2. *O Lampas ardens.* **40*v** Ende mit *Regis tharsis et insulae munera offerent regi Domino.* **40*a-f** Nachtrag von 1713 auf einem später zwischengehefteten Ternio: Officium vom hl. Namen Jesu *C(onfitebor tibi Domine).* **40*f** Endend mit ... *dicitur venia alleluia. SEculorum amen.* Schreibersignatur *L.S. 1713* (möglicherweise Leonard Schmitz, der seinen Namen in die untere Schließe einritzte). Danach sechs Papierblätter in kleinerem Format aus dem 18. Jh. *Festum Sancti Josephi sponsi B.M.V.* **41*r - 134*v** Proprium de sanctis (Andreas – Gregor). **41*r** Antiphon der 1. Vesper zum Fest des hl. Andreas *U(nus ex duobus)*: hl. Andreas. **48*v** Fest der hl. Barbara *B(arbara virgo)*: hl. Barbara, Fleuronnéeausläufer auf dem Seitensteg. **60*r** Fest des hl. Nikolaus *O (pastor eterne)*: hl. Nikolaus. **66*v** Mariä Empfängnis *G(aude mater ecclesia)*: Begegnung von Anna und Joachim an der Goldenen Pforte. **74*v** Fest der hl. Lucia *I(n tua paciencia)*: hl. Lucia. **77*r** Fest des hl. Thomas *O (Thoma)*: hl. Thomas. **77*v** Fest der hll. Fabian und Sebastian *S(anctum est verum lumen)*: hl. Fabian, Initialkörper läuft in einen Drachenkopf aus. **84*v** Fest der hl. Agnes *S(tans a dextris eius)*: hl. Agnes. **91*v** Fest der Bekehrung des hl. Paulus *O (gloriosum lumen)*: hl. Paulus. **99*r** Lichtmeß *V(idete miraculum)*: Darbringung im Tempel. **106*r** Fest der hl. Agathe *D(omine rex omnipotens)*: hl. Agathe. **113*r** Fest der Cathedra Petri *Q(uem dicunt homines)*: thronender hl. Petrus, längerer Ablauf am Initialkörper. **119*v** Fest des hl. Gregor *G(regorius ut creditur)*: Gregorsmesse. **126*v** Fest der Verkündigung *O(dor tuus)*: Verkündigung an Maria. **134*v - 144*r** Hymnen (Vesper im Advent – Hymne *Te lucis ante terminum ... in perpetuum regnat cum sancto spirituo. Amen.*). **134*v** Vesper im Advent *C(onditor alme syderum)*: Phantasieblume. **144*r/v** Nachträge aus dem 17./18. Jh. *Domine ne in ira tua arguas ... deprecare pro nobis filium Dei. Evovae.* **145*r** Nachtrag aus der 2. Hälfte des 17. Jhs. *Peccatis nostris indignationem tuam ... et iuste Domine Deus noster.* **145*v** Leer.

PERGAMENT: 363+6 Blätter; 524 x 364 mm; Lagen 1^{6+2-1}, 2^{8}, 3^{8+1}, 4^{6}, 5^{8+1} (letztes Blatt der 3. und erstes Blatt der 5. Lage gehörten ursprünglich wahrscheinlich zur 4. Lage), 6 - 19^{8}, 20^{10}, 21 - 22^{6}, 23 - 32^{8}, 33^{8} + $33a^{6}$, 34 - 44^{8}, 45^{6}, 46^{8} (letztes Blatt auf Papier aufgeklebt); ursprünglich unfoliiert, spätere Foliierung in arabischen Ziffern (2 - 219, daran anschließend 1 - 145); Schriftspiegel 392 x 229 mm; Metallstiftliniierung mit Versalienspalten (6 mm); einspaltig; 9 Textzeilen, darüber jeweils Hufnagelnoten auf Fünflinienschema (C-Linie gelb, F-Linie rot); liturgische Ergänzungen späterer Zeiten. AUSSTATTUNG: Lateinischer Text in schwarzer Textura, rubriziert; Rubriken verziert in Form sich überkreuzender Striche und Bögen auf 87v, 88v, 95r, 144v, 145v, 184r, 219v, 2*r, 8*r, 39*r, 40*v, 105*v, 106*v, 119*v, 134*v; Cadellen mit rotem Mittelstrich und schwarzer Federzeichnung (vegetabile Ornamente, Männerköpfe im Profil); rote oder blaue Lombarden (174r, 206r rot und blau) mit violetter oder roter Federzeichnung (vegetabile Ornamente, Männerköpfe im Profil); sechs Ornamentinitialen (41v, 95v; 8*v, 15*v, 31*r, 134*v); siebzehn historisierte Initialen (45r; 1*v, 22*v, 41*r, 48*v, 60*r, 66*v, 74*v, 77*r, 77*v, 84*v, 91*v,

99*r, 106*r, 119*v, 126*v). Einige der historisierten Initialen lassen den Rückschluß zu, daß zum Herstellungsprozeß auch Unterzeichungen gehörten: In der Darstellung des hl. Nikolaus (60*r) ist das Gesicht nicht vollständig ausgeführt. Dadurch ist an dieser Stelle eine braune Unterzeichnung sichtbar geblieben (Pentiment im weißblauen Himmel = erhobene Hand?). An der Begegnung von Anna und Joachim an der Goldenen Pforte (66*v) ist aufgrund einer Oberflächenbeschädigung ähnliches erkennbar. EINBAND: Schweinsleder über Holz mit Streicheisenliniierung und Blindprägung: drei Einzelstempel, ein Plattenstempel, drei Blüten- oder Rankenrollen; beidseitig Messingbeschläge mit Auflagebuckeln an den Ecken und in der Mitte, zwei Messingschließen; Eckbeschläge zeigen gekrönte Adler – bis auf einen Beschlag der Rückseite (aufsteigender, ehemals gekrönter Löwe), die Mittelbeschläge drei geflügelte Drachen; Schließen vegetabil graviert, die untere trägt eine später eingeritzte Signatur: *Leonardus Schmitz Ludimagister 1727*; Lesezeichen mit vier Lederbändern; Schnitt rot eingefärbt. PROVENIENZ: Aus der Bibliothek der Benediktinerabtei Groß St. Martin in Köln laut Bibliotheksvermerk auf 1v *Antiphonar. Ende des 15. Jh. (1460-70). Deponiert aus der Pfarrbibliothek Gross-St. Martin in Cöln in der Bibliothek des Erzbisch. Priesterseminars Cöln a. Rh. Vgl. Chronik I,131.* Bibliothek und Archiv der Benediktinerabtei Groß St. Martin waren nach der Säkularisation im Jahr 1802 und der Umwandlung in die Pfarrkirche der Gemeinde von St. Brigida weiterhin in den Emporenräumen am Ostende der Seitenschiffe aufbewahrt worden (vgl. Opladen 1954, S. 88ff.; Beuckers 1998, S. 204ff.). 1908 kam ein Teil der Codices in die Diözesanbibliothek. LITERATUR: F. Bock, Das heilige Köln, Leipzig 1858, S. 14ff., Nr. 67, Taf. XVII, Abb. 67 – H. Otte, Handbuch der kirchlichen Kunstarchäologie des deutschen Mittelalters, Leipzig 1868[4], I S. 180 – Kdm Köln 2/I, 1911, S. 176, 387 – Löffler 1923, S. 78 – P. Opladen, Groß St. Martin. Geschichte einer stadtkölnischen Abtei, Düsseldorf 1954, S. 180, Nr. 7- Kirschbaum 1972, S. 290ff. – Handschriftencensus 1993, S. 775f., Nr. 1317 – A. Lemeunier, Nr. 50 Antiphonaire (pars hiemalis), in: Martin de Tours 1994, S. 161 – J.C. Gummlich, Liturgische Handschriften für den Dom. Domkanoniker als Stifter, in: Ergebnisbd. des Kolloquiums zur Kölnischen Liturgie 1998 (in Vorbereitung).

J.C.G.

Missale

101 Dom Hs. 257

Köln, Fraterhaus St. Michael am Weidenbach, 1473

Für Dom Hs. 257 sind durch einen Eintrag zu Beginn des Buches Besitzer, Funktion und Kaufdatum gesichert (1r). Das Missale wurde 1473 von der Maria-Magdalena-Bruderschaft an der Pfarrkirche St. Laurenz erworben (vgl. Dom Hs. 243, Kat. Nr. 104; dort auch Erläuterungen zur Bruderschaft). Zusammen mit einem Kelch und anderem, früher erworbenem Altarschmuck war es zur alleinigen Nutzung durch den Offizianten der Bruderschaft an deren Altar bestimmt, der sich wahrscheinlich auf einer der Emporen in der Pfarrkirche St. Laurenz befand.

Als Missale enthält Dom Hs. 257 Gebete, Lesungen und Gesänge für die Meßfeiern der Bruderschaft während des gesamten Kirchenjahres. Es beinhaltet den gleichbleibenden Meßkanon mit dem eucharistischen Hochgebet und die wechselnden Meßformulare für die beweglichen Feste des Kirchenjahres (Proprium de tempore) und die Heiligenfeste (Proprium de sanctis, Commune sanctorum). Dazwischen stehen Messen für bestimmte Anliegen wie Fürbitte und Totengedenken oder das Kirchweihfest.

Die einzige figürliche Darstellung in Dom Hs. 257 ist das Kanonbild mit Maria und Johannes zu Seiten des gekreuzigten Christus (139v). Es illustriert den Meßkanon, desse Initiale *T(e igitur)* durch ihre Kreuzform auch formal an das historische Geschehen der Kreuzigung Christi erinnert. Das Blatt ist auf einen separaten Blattsteg geklebt. Daraus ist zu schließen, daß Buchblock und Kanonbild nicht zusammen entstanden sind. Die einzelne Miniatur war zwar beim Heften der Lagen bereits eingeplant, stand aber vermutlich noch nicht zur Verfügung. Andernfalls hätte sie mit am Ende der Lage überstehendem Steg eingeheftet werden können. Dom Hs. 257 entspricht hinsichtlich der separat angefertigten, eingeklebten Miniatur somit Dom Hs. 151 (Kat. Nr. 95).

Die farbig und golden gerahmte Kreuzigung ist zusätzlich an drei Seiten von einer Ranke umgeben, die mit der des Kanonbildes in Diözesan Hs. 269 nahezu identisch ist, also wohl aus

101 Dom Hs. 257, 11r/140r

derselben Werkstatt stammt (vgl. Dom Hs. 151). Im Vergleich zu dem einzigen von Stefan Lochner (um 1400 - 1451) bekannten Kanonbild (Missale, um 1451; Hamburg, Antiquariat Günther) fällt neben der ähnlichen Handhaltung Mariens, die ein faltenreiches Drapieren des Mantels vor dem Unterleib erlaubt, vor allem eine Orientierung an der Lochnerschen Farbigkeit für die Gewänder auf. Ebenso ist – unberührt von Neuerungen in der Raum- und Gegenstandsdarstellung der gleichzeitigen Kölner Tafelmalerei – an dem flachen Kastenraum mit einfarbigem Grund oder Goldgrund festgehalten. Der gleichen Tradition blieb auch der Maler der Kanonbilder in Diözesan Hs. 269 und Dom Hs. 151 verhaftet.

Dom Hs. 257 weist eine größere Anzahl von Initialen mit Ornamenten in Federzeichnung auf. Nur bei den Initialen zu Beginn des Missale und zu den kirchlichen Hauptfesten, d.h. zum Weihnachtsfest sowie zu Ostern und Pfingsten, wurde auf den Initialkörper Blattgold aufgelegt und eine anspruchsvollere vegetabile Ornamentik eingesetzt, die auf das Kölner Skriptorium der Fraterherren verweist. Im Initialstil, aber auch in den rot unterstrichenen ausführlichen Angaben zum Ablauf der Meßfeiern, steht das Missale dem von den Fraterherren etwas später geschriebenen Euskirchener Missale Cod. I (St. Martin, Pfarrarchiv) so nahe, daß es im gleichen Skriptorium entstanden sein muß (vgl. Gummlich 1997, S. 123 ff.). Nicolaus Verkenesser und seine Frau Greitgin Rodenkirchen hatten 1467, kurz vor dem Erwerb von Dom Hs. 257, ein vermutlich auch im Fraterhaus angefertigtes Lektionar (Dom Hs. 235) für St. Laurenz gestiftet, das in Schrift und Initialverzierung Dom Hs. 257 sehr ähnelt.

INHALT: **1r** Dedikationsnotiz *Notum sit quod fraternitas sancte Marie Magdalene in ecclesia parochiali sancti Laurencii comparavit hoc missale. Anno Domini millesimo quadringentesimo septuagesimo tercio. In vigilia sancti Thome apostoli. Quod cum calice et certis ornamentis prius per eam comparatis dedit et assignavit in usum Divini cultus solum per officiantem dicte fraternitatis celebrandi.* **1v-3r** Leer. **3v** Rubrik für *Exorcismus salis.* **4r** *Exorcismus salis.* **5r-10v** Kalendarium (Köln) **11r-214v** Proprium de tempore (1. Advent – Karsamstag). **11r** 1. Advent *A(d te levavi animam meam).* **20v** Weihnachtsvigil *D(eus dixit ad me).* **22r** Frühmesse *L(ux fulgebit).* **23r** Weihnachten *P(uer natus est).* **27v** Weihnachtsoktav *D(eus qui nobis nati salvatoris).* **29r** Epiphanie *E(cce advenit).* **116r** Zur Weihe des Taufwassers in der Osternacht: perspektivische Darstellung eines Kelches mit einem roten Kreuz im Inneren. **119v** Responsorium zum Karsamstag *Sedit angelus ad sepulchrum.* **120r-121v** *Ordinarium missae* (*Gloria, Credo).* **122r/v** Leer. **123r-135v** Präfationen *P(er omnia secula seculorum).* **136r** *In nativitate Domini in sancte nocte et in die tantum infra actionem. C(ommunicantes).* **138r** Präfation *De domina nostra dominicaliter.* **139r** Leer. **139v** Kanonbild: Kreuzigung Christi. **140r-147v** Meßkanon. **140r** Hochgebet *T(E igitur).* **145v** Fußsteg: rotes Kreuz mit vier pergamentsichtigen "Löchern" (symbolisieren Nagelwunden Christi) in einem Kreis. **148r** Fortsetzung des Proprium de tempore mit Ostersonntag *R(Esurrexi).* **163r** Christi Himmelfahrt *V(iri Galilei).* **168r** Pfingsten *S(piritus Domini).* **175v** Trinitatis *B(enedicta sit sancta Trinitas).* **176r** Fronleichnam *C(ibavit eos).* **215r/v** Nachtrag auf ursprünglich leerem Blatt. Brautmesse *Deus Israel coniugat vos*; in der D-Initiale: *Iohannes Aqu. anno 1574.* **216r-236r** Commune sanctorum mit anschließenden Votivmessen. **216r** *In vigilia apostoli. E(go autem).* Die meisten der folgenden Messen werden mit zwei- oder dreizeiligen Fleuronnée-Lombarden eingeleitet: **236r** Kirchenweihe *T(erribilis est locus).* Ab **240r** Marginalglossen des frühen 16. Jhs. **240v** Marienmesse *S(alve sancta parens).* **253r** Totenmesse *R(equiem eternam).* **259r/v** Leer. **260r-334r** Proprium de sanctis (Andreas – Katharina). **260r** Vigil zum Fest des hl. Andreas *D(ominus secus mare Galylee).* **292r** Heimsuchung Mariens *G(audeamus omnes).* **309r** Mariä Himmelfahrt *G(audeamus omnes).* **315r** Mariä Geburt *G(audeamus omnes).* **334v** Leer. **336r-339v** *Benedictio palmarum.* **340r-359v** Sequenzen. **340r** *G(Rates nunc omnes).* **359v** Nachtrag (16. Jh.?) der Sequenz der Kölner Stadtpatrone *G(aude felix Agrippina).* **360r/v** Leer.

Es sei (hiermit) kenntlich gemacht, daß die Bruderschaft der hl. Maria Magdalena an der Pfarrkirche St. Laurentius dieses Missale gekauft hat. Im Jahr des Herrn 1473, am Vortag (des Festes) des hl. Apostels Thomas. Dieses hat sie mit einem Kelch und einigem durch sie früher erworbenen (Altar-) Schmuck gegeben und allein für den durch den zelebrierenden Priester der genannten Bruderschaft zu feiernden Gottesdienst bestimmt.
1r (Dedikationsnotiz); J.C.G.

PERGAMENT: 360 Blätter (fol. 275 doppelt, 335 nicht vergeben); 396 x 275 mm; Lagen 1^{2}, $2\text{-}18^{8}$, 19^{8+1}, $20\text{-}27^{8}$, 28^{4}, $29\text{-}33^{8}$, 34^{4}, $35\text{-}46^{8}$, 47^{2+3}; ursprüngliche Paginierung im Proprium de tempore schwarz *I-CIX* (= fol. 11-119) und *CX-CLXVIJ* (= fol. 148-215), und rot im Proprium de sanctis *I-CXXIIII* (= fol. 216-339); Schriftspiegel 260 bzw. 270 (Kanongebet) x 170 mm; Liniierung mit Tinte und Metallstift; 2 Spalten von je 77 mm Breite und 16 bzw. 18 (Kanongebet) mm Abstand; 31, 15 (unter Noten) und 18 (Kanongebet) Zeilen; Hufnagelnoten auf Vierlinien-Notensystem; Marginalglossen (16. Jh.); ausführliche Angaben über den Ablauf der Meßfeiern unter Angabe zahlreicher Gesten etc. des zelebrierenden Priesters. AUSSTATTUNG: Lateinischer Text in schwarzer Rotunda bzw. Textura im Kanon, rubriziert; Cadellen; rote und blaue Lombarden; 28 3-4 zeilige Lombarden mit blauem/ rotem Körper und violetter und roter Federzeichnung (Maiglöckchenfleuronnée); elf Fleuronnée-Initialen mit blauem, rotem oder blau-rot gespaltenem Körper sowie violetter und roter Federzeichnung teils vor grünem Grund (Maiglöckchen, einfache und gefüllte Schnabel- und Schnabelflügelblätter, dreilappige Blätter) auf 22r, 140r, 175v, 176r, 240v, 260r, 292r, 309r, 315r, 329r, 340r; vier 3-6 zeilige Fleuronnée-Initialen mit blau-goldenem oder rot-blau-goldenem gespaltenen Körper sowie violetter und roter Federzeichnung vor grünem Grund mit Ausläufern am Kolumnenrand auf 11r, 23r, 148r, 168r; blau-goldener Zierstab mit Federzeichnung auf 11r; Kanonbild in Deckfarben und Gold. EINBAND: Kalbleder mit Blindprägung über Holz; Streicheisenlinien: Streifenrahmen, rautiertes Mittelfeld; Einzelstempel: Lilie, Rosette, Kleeblatt (?), Muttergottes (?); Blattweiser aus geflochtenen Lederbändern; drei Lesezeichen aus Lederbändern; zwei Messingschließen, fragmentiert erhalten (16. Jh.); darüber ein überlappender Wildlederbezug. PROVENIENZ: Köln, St. Laurenz; Meßbuch für den Offizianten der Bruderschaft St. Maria Magdalena an St. Laurenz, 1473 von der Bruderschaft erworben; höchstwahrscheinlich nach Auflösung der Pfarre St. Laurenz (7. Juli 1803) infolge des kaiserlichen Dekrets vom 30. Mai 1806 (Übertragung des Kirchenschatzes von St. Laurenz in die Dompfarre) in die Dombibliothek gekommen (vgl. Dom Hs. 258); Besitzvermerk der Dombibliothek (1r). LITERATUR: Jahrtausendausstellung der Rheinlande in Köln, Ausst. Kat. Köln 1925, S. 208, Nr. 1186, Vitrine 97, Nr. 1 – F. Winkler, Stadtkölnische Buchmaler-Werkstätten im 15. Jahrhundert, in: WRJb 3/4 (1926/27), S. 126 – Heusgen 1933, S. 20f. – Kdm Köln 2/III, 1937, S. 64 – H. Jerchel, Die niederrheinische Buchmalerei der Spätgotik (1380-1470), in: WRJb 10 (1938), S. 69, Nr. 36, S. 90 – A. Stange, Deutsche Malerei der Gotik, Bd. V, Berlin 1952, S. 125 – Herbst des Mittelalters 1970, S. 78, Kat. Nr. 100 – Beschreibung in der Dokumentationsakte von Pater Dr. Herbert Douteil CSSp, Köln-Nippes, 20.6.1972 (Ms.) – Kirschbaum 1972, S. 93 – H. Beckers, Bruchstücke einer deutschen Missaleübersetzung des 15. Jahrhunderts vom Niederrhein. Edition und Kommentierung der Fragmente Aschaffenburg, Stiftsbibliothek, U 106 (Fragm. 9), in: ALw 1 (1985), S. 102, Nachtrag zu Anm. 17 – Handschriftencensus 1993, S. 701f., Nr. 1186 – J.C. Gummlich, Das Euskirchener Missale Cod. I, in: Werke aus der Kölner Malerschule. Zur Kunstgeschichte um 1500 im Euskirchener Land (Jahresschrift des Vereins der Geschichts- und Heimatfreunde des Kreises Euskirchen 11), Euskirchen 1997, S. 153 – J.C. Gummlich, Die Kreuzigungsdarstellung in der spätgotischen Kölner Buchmalerei, Diss. Bonn (in Vorbereitung).

J.C.G.

 101 Dom Hs. 257, 139v

Graduale

102 Dom Hs. 274

Köln, Fraterhaus St. Michael am Weidenbach, 1531

Bei diesem in Schreibkunst und Buchschmuck sehr qualitätvollen Graduale handelt es sich um das einzige erhaltene Chorbuch der dreißiger Jahre des 16. Jahrhunderts aus dem Skriptorium der Kölner Fraterherren, das mit reichen naturalistischen und figürlichen Illuminationen ausgestattet wurde. Das Fraterhaus St. Michael, eine der 'devotio moderna' zuzuordnende Gemeinschaft von Geistlichen und Laien (Brüder vom gemeinsamen Leben), befand sich von 1417 bis 1793 in der Straße am Weidenbach bei St. Pantaleon. Wesentlicher Bestandteil ihrer Lebensform war das Schreiben von Büchern, deren Verkauf und Restaurierung ihnen bis in die achtziger Jahre des 16. Jahrhunderts als Lebensunterhalt diente. Die Herkunft der Dom Hs. 274 aus diesem Skriptorium und das Herstellungsjahr 1531 sind durch Inschriften in den Spruchbändern mehrerer Initialen gesichert. Aufgrund dreier Signaturen, die sich anhand des Nekrologes (Gedächtnisbuch) der Fraterherren auflösen lassen, können die Schreiber als Jacob von Emmerich (gest. 1563), Wolterus Arnem (gest. 1555) und Johannes Cramp (gest. 1558) identifiziert werden (vgl. Löffler 1919, S. 38f.). Der Name *David*, der in zwei Initialen vermerkt ist, benennt den königlichen Autor der biblischen Psalmen, denen viele Antiphonen entnommen sind (33r, Psalm 122; 2*r, Psalm 139,18).

Das Graduale enthält die gesamten wechselnden Meßgesänge des Kirchenjahres und der Heiligenfeste (Introitusantiphon, Graduale, Alleluia, [Sequenz], Offertorium, Communioantiphon) sowie die textlich gleichbleibenden, aber in der Melodie variierten Gesänge des 'Ordinarium missae' (= Kyriale: Kyrie, Gloria, Sanctus, Agnus Dei, Credo) und die zwischen 'Alleluia' und Evangelienlesung gesungenen Sequenzdichtungen (Sequentiar). Die Bedeutung der Dom Hs. 274 liegt in der anspruchsvollen Formensprache ihres Buchschmucks, der traditionelle gotische und Renaissance-Elemente verbindet. Besonders auffällig unterscheiden sich die zwei Sorten der Spiegelrahmungen: traditioneller Streublumenrahmen und plastisch herausgearbeitete, metallisch wirkende Grotesken – Tiere, Faunen, Hermen, Masken – zwischen Akanthusranken treten nebeneinander auf. Variantenreich sind auch die Initialen der Zierseiten. Einige historisierte Initialen wirken wie kleine Tafelbilder, in welche die aus Grotesken und Akanthusranken gebildeten Initialkörper in unterschiedlicher Art und Weise eingebunden sind (1r, 12v, 81r, 97r), während bei anderen der Initialkörper das Bildfeld begrenzt (18r, 55*r). Vor allem bei der Darstellung der Verkündigung entsteht hierdurch der Eindruck eines Schlüsselloch-Blicks in einen privaten Innenraum. In die Spiegelrahmung oder die Grotesk-Initialen eingefügte Motive erläutern die den Textanfang begleitende historische Szene: Kniender König David und der Knabe mit dem Haupt Goliaths (1r), Geburt Christi und Kreuzigung (12v), Auferstehung Christi und Samson mit dem Löwen und den Stadttoren von Gaza (81r) sowie die Verkündigung an Maria und die ihre Jungfräulichkeit symbolisierenden Lilien (55*r) ergänzen sich gegenseitig zu einem komplexen theologischen Programm, in dem das historische Geschehen dargestellt und andeutungsweise ausgelegt wird. Diese narrative Komplexität der Zierseiten geht über die meisten Illuminationsprogramme der Kölner Buchmalerei hinaus. Sie läßt auf die bewußte Umsetzung theologischer Ideen schließen, wie sie mehrfach in Kölner Fraterherren-Handschriften zu beobachten ist. Der Illuminator nutzte souverän Vorlagen unterschiedlichster Herkunft und Gattungen (Hugo van der Goes, Jan Joest van Kalkar, Albrecht Dürer, Lucas Cranach, Bartholomäus Bruyn, Jakobus Binck;

102 Dom Hs. 274, 1r/18r

vgl. z. B. F. W. H. Hollstein, German Engravings, Amsterdam 1954ff., IV, S. 85, Nr. 192, VI, S. 16, Nr. 6), die er im Detail für seine historisierten Initialen übernahm, mit Kölner Bildtypen vermischte, wobei er einer flächigen Raumauffassung verhaftet blieb. Da die qualitätvolle Malweise sich nicht auf den Buchschmuck späterer Fraterherren-Handschriften ausgewirkt hat, wäre es möglich, daß Dom Hs. 274 von einem auswärtigen Illuminator verziert wurde (Kirschbaum, Handschrift 1972).

INHALT: **1r-122r** Proprium de tempore (1. Advent – 25. Sonntag nach Pfingsten). **1r** Zierseite. 1. Adventssonntag *A(d te levavi animam meam)*: König David kniend im Gebet. **12v** Zierseite. Weihnachten *P(Uer natus est nobis)*: Christi Geburt. **18r** Zierseite. Epiphanie *E(Cce advenit dominator)*: Anbetung der Könige. **81r** Zierseite. Ostersonntag *R(Esurrexi)*: Auferstehung Christi. **93v** Christi Himmelfahrt *V(iri Galilei)*: Blumenschmuckinitiale (Nelke). **97r** Zierseite. Pfingsten *S(Piritus Domini replevit)*: Pfingstwunder. **102r** Fest der Dreieinigkeit *B(Enedicta sit sancta Trinitas)*: Blumenschmuckinitiale (Veilchen). **122v** Introitus des Festes der hll. Philippus und Jakobus. **1*r-38*v** Commune sanctorum. **1*r** *E(Go autem sicut oliva)*: Blumenschmuckinitiale (Erdbeeren, Vergißmeinnicht). **34*r** Marienfeste des Kirchenjahres *S(Alve sancta parens)*: Blumenschmuckinitiale (Erdbeerblüten, Kornblume, Mohnblume, Johannisbeerrispe, Schmetterlinge). **39*r-65*r** Proprium de sanctis (Andreas – Katharina). **49*v** Fest der hll. Petrus und Paulus *N(Unc scio vere)*: hl. Petrus. **55*r** Zierseite. Mariä Himmelfahrt *G(Audeamus omnes)*: Verkündigung an Maria. **58*r** Kirchweihfest *T(Erribilis est locus iste)*: Blumenschmuckinitiale (Stiefmütterchen, Vogel, Johannisbeeren, Erdbeeren, Erdbeerblüten). **65*v-1**r** Leer. **2**r** *Feriis sextis*. **3**r-11**v** Kyriale. **3**r** *K(Yrie eleison)*: Blumenschmuckinitiale (Lichtnelke, Erdbeeren, Erdbeerblüten, Vogel). **12**r/v** Leer. **13**r-83**v** Sequenzen. **13**r** *G(rates nunc omnes)*: Blumenschmuckinitiale (Nelke, Schmetterling, Lichtnelken). **84**r/v** Leer. **85**r-93**v** Späterer Nachtrag: Antiphon des Stundengebets und Meßgesänge zu den Festen der Sieben Schmerzen Mariens und des Namens Jesu *Stabat mater*.

PERGAMENT: 279 Blätter; 550 x 367 mm; Lagen 1-14^{8}, 15^{8+1}, 16-18^{8}, 19^{6}, 20-23^{8}, 24^{4+1}, 25^{8}, 26^{4}, 27-34^{8}, 35-36^{6}, 37^{4} (letztes Blatt als Spiegel in den rückwärtigen Deckel geklebt); zeitgenössische Foliierung des Proprium de tempore in Schwarz *1-122* (Ziffer 113 ausgelassen) und des Commune sanctorum sowie Proprium de sanctis in Rot *1-64*

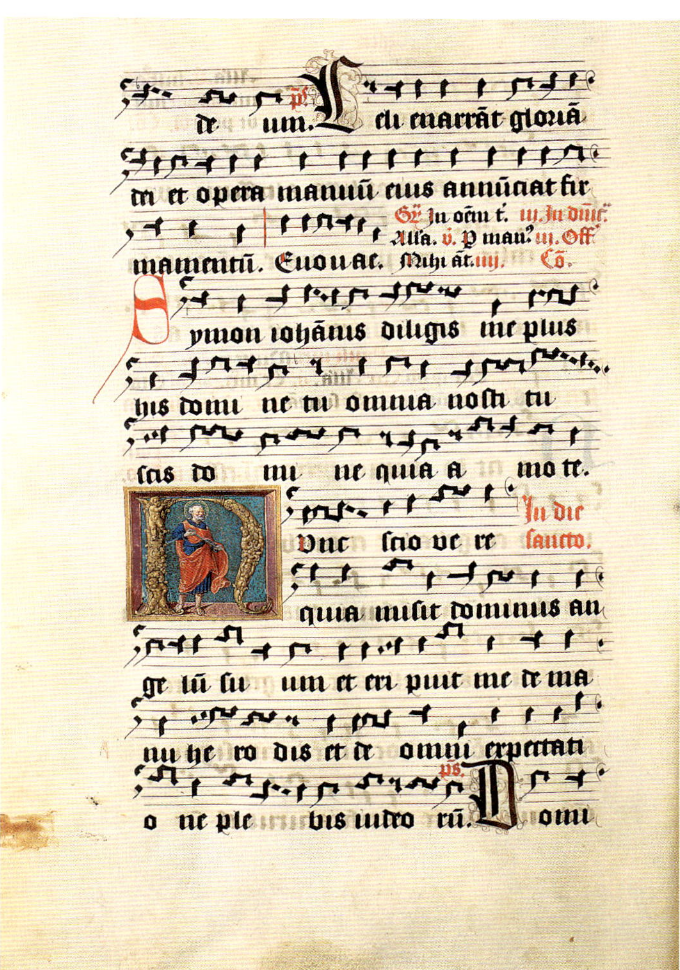

102 Dom Hs. 274, 49*v/97r

(hier: *); danach 94 unfoliierte Blätter (hier: **); Schriftspiegel 385 x 220 mm; Versalienspalten (8 mm); einspaltig; 11 Textzeilen, darüber jeweils Hufnagelnoten auf Fünflinienschema. AUSSTATTUNG: Lateinischer Text in schwarzer Fraterherrenrotunda, Nachtrag des *Stabat mater* in Textura, rubriziert; Cadellen, verziert mit Ornamenten und Schriftbändern in brauner Federzeichnung; Lombarden in Minium und Blau, vereinzelt mit für die Fraterherren typischer ornamentaler Federzeichnung im Initialinnenraum und als Randausläufer (Klammermotiv, selten auch koloriert, z. B. 101r, 2*r); sieben rechteckig gerahmte Initialminiaturen (1r, 12v, 18r, 81r, 97r, 49*v, 55*r), davon sechs mit zwei Sorten von Spiegelrahmungen (Streublumenrahmen mit Tieren oder goldgehöhte Grotesken: Putten, Tierköpfe, Faune, Hermen und Nymphen wachsen aus Akanthusranken) zu Zierseiten kombiniert (1r, 12v, 18r, 81r, 97r, 55*r); sieben Blumenschmuckinitialen (93v, 102r, 1*r, 34*r, 58*r, 3**r, 13**r). EINBAND: Hellbraunes, glattes Leder mit Blindprägung über Holz; Rollenstempel: Kranz- und Ornamentrolle; Einzelstempel in den Ecken (um 1600); aus derselben Werkstatt wie Dom Hs. 263 (Kat. Nr. 91); Messingbeschläge: beidseitig je vier durchbrochene Eckbeschläge mit Auflageknöpfen sowie mittig ein rautenförmiger Mittelbeschlag mit Auflageknopf; die Eckbeschläge mit aufsteigendem gekröntem Löwen, graviert; identische Beschläge sind an Dom Hss. 224 und 225 angebracht (Kat. Nr. 97). PROVENIENZ: Köln, Domstift. Die Handschrift enthält weder Widmungsinschrift noch Besitzvermerk. Laut Kirschbaum weist die reich ausgestattete Zierseite mit der Anbetung der Hll. Drei Könige im Proprium de tempore (Vigil des Erscheinungsfestes) auf eine Bestimmung für den Kölner Dom hin. Inschriften auf Spruchbändern in Cadellen geben Datierung (1r, 6v, 49r, 86r, 98v, 52*r: *Anno 1531* und *MAI 15 CA*) und Herstellung im Skriptorium der Kölner Fraterherren an (37r, 38r, 94r, 24*v: *S. in Wide[nbach]*, oder nur *Widenbach*). Aus abgekürzten Schreibersignaturen lassen sich durch Vergleich mit dem Nekrolog (Gedächtnisbuch) der Fraterherren drei Schreiber erschließen (alle drei zusammen 22*r *IA.EM/WOL /IOH*): Jacob von Emmerich (11v, 17v, 43v, 51v, 71v, 88v: *IA. EM, IACOB EM., IACOBUS EMBRI.*), Wolterus Arnem (73r, 82v, 104v: *WOLE AR, WOLT AR, VO AR*) und Johannes Cramp (31*v, 36*r, 64*v: *IO CRA, IO CRAM, IO CR*). LITERATUR: Katalog der kunsthistorischen Ausstellung in Düsseldorf 1904, Nr. 599 – S. Beissel, Handschriften der Kölner Fraterherren, in: ZChrK 6 (1905), Sp. 184 – K. Löffler, Das Fraterhaus Weidenbach in Köln, in: AHVN 102 (1919), S. 177ff. – Ders., Das Gedächtnisbuch des Kölner Fraterhauses Weidenbach, in: AHVN 103 (1919), S. 38f. – Heusgen 1933, S. 28, Nr. 274 – Kdm Köln 1/III, 1938, S. 385, Nr. 17 – Kirschbaum 1972, S. 113ff., 164ff., 178f. – J. Kirschbaum, Die Handschrift Dombibliothek 274 in der Kölner Domschatzkammer, in: KDB 35 (1972), S. 113ff. – Schulten 1980, S. 135ff. – Handschriftencensus 1993, S. 708f., Nr. 1198 – Beuckers 1998, S. 348f. J.C.G.

102 Dom Hs. 274, 12v

esurrexi et adhuc
tecum sum alle luy
a posuisti super me
manū tuam alleluy a mira bilis facta
est sciencia tu a alleluya alle luya. p.
Domine probasti me et cognovisti me.
tu cognovisti sessionē meā et resurrectionē
meā. E u o u a e. Hec dies
quā fecit dominus exulte
mus et lete mur in e a.
v. Confitemini do mi no

 102 Dom Hs. 274, 81r

102 Dom Hs. 274, 55*r

FRÖMMIGKEIT DES SPÄTMITTELALTERS

107 Dom Hs. 271, 83r

Liber ordinarius von St. Gereon

103 Dom Hs. 241

Köln, 12. und 13. Jh.

Anhand eines Festkalenderschemas sind in diesem Totenbuch die Namen der Verstorbenen verzeichnet, deren liturgisches Gedenken der Klerus von St. Gereon übernommen hatte. Jeder Eintrag beginnt mit einer Kürzung (ähnlich einer gestrichelten Null) für *Obiit* (Es starb . . .) und nennt so den Todestag der Person, für die gebetet werden sollte. Von der lateinischen Bezeichnung (memoria) für 'Gedenken, Erinnerung' ist sowohl der Begriff für diese Form des liturgischen Totengedenkens (Memorie), als auch für das gesamte Buch, nämlich 'Memorienbuch' (neben Totenbuch) abgeleitet. Die meisten Kirchen, aber auch Hospitäler, Bruderschaften (s. Dom Hs. 243 und Diözesan Hs. 364, Kat. Nrn. 104, 105), städtische Ratsgremien oder Universitäten des Mittelalters haben ein Totenbuch angelegt und geführt. Die ältesten Exemplare entstammen der Karolingerzeit. Erst im 19. Jahrhundert kam es allmählich zur Ablösung durch das Stiftungsverzeichnis moderner Prägung.

Unter den Totenbüchern der zahlreichen Kirchen Kölns nimmt das von St. Gereon einen besonderen Rang ein: Wir haben hier eine der ältesten vollständig erhaltenen Handschriften vor uns, die mit ihren Namen bis in das 8. Jahrhundert zurückgreift. In den älteren Einträgen finden sich nur Name und Stand des Verstorbenen, die jüngeren verzeichnen zusätzlich das Stiftungsgut zur unmittelbaren Finanzierung der Memorie, da materielle Gabe und spirituelle Gegengabe in Form des Gebetes einander immer enger bedingten. Diese Entwicklung mündete in die für das Spätmittelalter typische berechnende, quantifizierende Frömmigkeit, bei der Seelenheil geradezu nach Tarifen zu erwerben war. Wir erkennen hier einen immensen "appétit du divin" (L. Fébvre), ebenso eine umfassende und individuelle Seelenheilvor- und -fürsorge. Die Form des liturgischen Totengedenkens fördert die Gemeinschaft, umfaßt sie doch Lebende und Tote gleichermaßen. Es entsteht eine Verbindung derer, die das Gedächtnis ausüben, mit denen, derer gedacht wird. Dabei sind die Namensaufzeichnung und -nennung der Toten konstitutiv für die Memorie; der Tote wird als anwesend und gegenwärtig gedacht, die "Gegenwart der Toten" (O.G. Oexle) aktualisiert. Doch das Wort und das Ausüben von 'memoria' hat nach mittelalterlicher Vorstellung eine noch weiter gefaßte, vielschichtige Bedeutung: Durch Gedenken und Erinnerung sollen Tod und Vergessen überwunden werden.

Ein Durchblättern der gesamten Handschrift verdeutlicht sehr schnell ihren Platz in der Liturgie des Stiftes; der Memorienkalender ist in die liturgischen Texte des 'Liber ordinarius' eingebettet. Oft genug lag das Totenbuch sogar im Kirchenraum zur Einsicht aus. Überdies offenbart sich hier die heute kaum noch vorstellbare bunte Vielfalt des liturgischen Geschehens an St. Gereon, wie sie ähnlich auch am Dom und den anderen neun Stiftskirchen Kölns bestand. Andererseits hat das Totenbuch auch für die Wirtschaftsverwaltung des Stiftes einige Bedeutung – darauf weisen etwa die Notizen des Codex zu den Einkünften von St. Gereon hin: Stiftungen und Schenkungen für das liturgische Totengedenken hatten nicht nur den reichhaltigen Grundbesitz des Stiftes im gesamten Rheinland ermöglicht, sondern auch den Bau der prächtigen Kirche mitfinanziert. Vor allem aber liest sich das Memorienbuch mit der Nennung bedeutender Persönlichkeiten wie ein "Who's Who" vergangener Zeiten: Kaiser und Könige (Heinrich II.; Gisela, Ehefrau von Konrad II.; Richeza, Königin von Polen; Magnus der Gute Olafsson), Kölner Erzbischöfe,

In diesem Behälter, der "Krone der Heiligen Helena" genannt wird, sind folgende Reliquien enthalten: Vom Kreuz und vom Grab des Herrn. Von der Säule, an der unser Herr festgebunden und gegeißelt wurde. Vom Gewand und Blut Johannes des Täufers. Vom Grab desselben. Von der Asche des Apostels Andreas. Von den Überresten des Petrus und Paulus von (?) des Märtyrers Sebastian. Des Märtyrers Pantaleon. Des Märtyrers Quintinus. Des Märtyrers Victor. Des Bekenners Martin. Des Bekenners Maximianus. Des Bischofs Precopius. Des Confessors Lumbertus. Des Confessors Muonuolfus. Des Propheten Elileus. Von den Reliquien der seligen Helena , nämlich von den Knochen, vom einbalsamierten Fleisch, vom Tuch, in dem sie einbalsamiert wurde.
Im Jahre 1135 (. . .) ist eine Trennung der Reliquien vom Körper der heiligen Helena vorgenom-

men worden, der allerchristlichsten Königin, der Mutter des Kaisers Konstantin, der Finderin des Kreuzes unseres Herrn; auf das Betreiben und die Fürsprache des Erzdiakones Gerardus Veronensis. Durch sein Wohlwollen und die seiner Brüder in Verona ist ein Teil derselben Reliquien uns überbracht worden und in den Behälter gelegt worden, welchen wir die Krone der heiligen Helena nennen. Dies geschah genau am Feste derselben, der gotteswürdigen Mutter. Im Jahre der Fleischwerdung des Herrn 1164, an den neunten Kalenden des August, sind vom ehrwürdigen Erzbischof Renaldus die Körper der Heiligen Drei Könige Balthasar, Melchior und Kaspar sowie die Körper der heiligen Märtyrer Felix und Nabor nach Köln gebracht worden.
65v; A.A.

andere Bischöfe und rheinische Adelige sind hier neben den Stiftsherren und Pröpsten von St. Gereon verzeichnet. Hinter jedem Eintrag darf eine wie auch immer geartete Beziehung zwischen den Memorienstiftern und dem Stift St. Gereon vermutet werden. Das Memorienbuch wird so zu einem außerordentlichen Zeugnis für das intensive Beziehungsgeflecht des Stiftes zu seiner Umwelt, was viele der Namensnennungen mehr oder weniger stark belegen: Heute würden wir das als "Klüngel" bezeichnen.

Nur knappe Beispiele solcher Verflechtungen können hier aufgezeigt werden: Dem Kölner Erzbischof Sigewin (1078/79-1089), im Memorienbuch zum 31. Mai eingetragen, verdankte St. Gereon die Dekanie im Gilgau, die dem Stift eine wichtige Position im Bergheimer Raum verschaffte. Daß das mächtige rheinische Pfalzgrafengeschlecht der Ezzonen im 10. und 11. Jahrhundert St. Gereon sehr zugetan war, können wir mit Hilfe der urkundlichen Überlieferung nur punktuell nachweisen. Die Nennung von fünf Mitgliedern der Familie aus drei Generationen im Memorienbuch zeigt hier jedoch sehr enge Verbindungen. Auch für ein anderes rheinisches Dynastengeschlecht, die Grafen von Jülich, offenbaren sich für die frühe Zeit der Familie Verflechtungen mit dem Stift – bei aller Lückenhaftigkeit der Überlieferung: Im 11. und 12. Jahrhundert fungierten die Jülicher Grafen als Vögte von St. Gereon und erschienen als Zeugen in seinen Urkunden; sie schenkten dem Stift Güter und ließen ihr Totengedenken in St. Gereon feiern.

INHALT: **I. 1r-14v** Memorienbuch des Stiftes St. Gereon in Köln, 1131-1137, mit Nachträgen bis ca. 1260 (Heusgen 1931, 4-24). **1r** Titel *In hoc martyrologio notati sunt obitus defunctorum fidelium, distincte tamen cum quadam nota eorum, qui de suis facultatibus memoralia beneficia per se suisque* [!] *ecclesie beati Gereonis tradiderunt ad consolationem fratrum Deo ibidem servientium. ...*; Gebetsverbrüderung zwischen St. Gereon und St. Pantaleon *Fratres de sancto Pantaleone dominis et fratribus de sancto Gereone ...*; Abschrift einer Urkunde 1248 Januar (*1247 mense Ianuarii*): Schenkung einer Rente durch Wedekind, Chorbischof von St. Gereon, zur feierlichen Gestaltung genannter Festtage (P. Joerres, Urkunden-Buch des Stiftes St. Gereon zu Köln, Bonn 1893, 131). **1v-13r** Erstes Kalendarium mit den Namenseinträgen Verstorbener (Heusgen 1931, 5-18). **13r-14v** Zweites Kalendarium mit Wiederholung einiger Namen des ersten Kalendariums und zusätzlicher Angabe des Stiftungsgutes (Heusgen 1931, 18-24). **15r** Abschrift einer Urkunde (13. Jh.): Vereinbarung zwischen dem Stift St. Gereon und dem Villicus von Marsdorf über den Besitz des Marsdorfer Hofes sowie der Mühle in Deckstein. **15v-25v** Hymnen zu je 23 Zeilen, meist neumiert (sp. 12./fr. 13. Jh.), beginnend mit dem Hymnus zu Ehren der Trinität *O (lux beata Trinitas)* und endend mit dem Hymnus zur Komplet *Te lucis ante terminum* (Hymnus *Summe Deus precor* [15v] in: G.M. Drevers u. a. (Hgg.), Analecta Hymnica Medii Aevi XII, ND Frankfurt a.M. 1961, 13). **26r-31r** Stundengebet für Lebende und Verstorbene (2. Hälfte 13. Jh.), beginnend mit dem Psalm *Domine exaudi.* **31v** Verzeichnis von Geldrenten zum Unterhalt von Kerzen an fünf Altären, mit Rentenschuldnern aus der Kölner Oberschicht (Ende 13. Jh.) *Isti sunt census ad quinque altaria.* **II. 32r-63v** Mehrere Merkmale, v.a. aber der Hinweis 32r *Excisum ex antiquo collectario ecclesie nostre sancti Gereonis* deuten darauf hin, daß dieser Teil der Handschrift erst im 16. Jahrhundert mit dem Memorienbuch in einer Bindung vereinigt wurde. **32r-44r** Stundengebet für die im Liber vitae verzeichneten Verstorbenen. Anfang fehlt. *defunctis, quorum nomina in libro vitae scripta tenentur ...*; beginnend mit dem Psalm *Deus auribus.* **44v-47v** Allerheiligenlitanei (kölnisch). **47v-51r** Orationen. **51r-56v** Benediktionsformeln, beginnend mit *E(xorcizo te creatura).* **57r-60r** Neun Lesungen (Väterlesungen), mit Responsorien *Quando celebramus dies fratrum defunctorum.* **60v-61r** Fürbitten gegen Feinde der Kirche *In spiritu humilitatis.* **61v-63r** Benediktionsformeln zur Segnung von Pilgertasche, -stab sowie der Pilger selbst *Salvos fac servos et ancillas tuas.* **63v-76v** Nachträge des 12.-16. Jhs. **63v** Gebetsformular bei der Aufnahme von Kanonikern *Miserere mei Deus*; Vermerk über die Chorkleidung der Kanoniker zu den einzelnen Festtagen. **64r** Gebete *Ego dixi Domine miserere.* **64v-65v** Orationen zu einzelnen Festtagen *Gaudeat Domine plebs fidelis.* **65v** Verzeichnis der Reliquien in der *capsella, que vocatur corona sancte Helene*; Notizen zu Reliquientranslationen der hl. Helena, 1135, sowie der Hll. Drei Könige nach Köln, 1164. **66r** Orationen und Psalmen gegen die Verfolger der Kirche; Bericht über die Erschlagung des Grafen Wilhelm IV. von Jülich 1277 (Kelleter, in: Korrespondenzblatt der Westdeutschen Zs. 13 [1894], 219, Nr. 138). **66v-68r** Verzeichnis der Verse und Responsorien des Stundengebetes nach dem Jahreskreis. **68v** Statuten des Stiftes St. Gereon von 1361 (15. Jh.). **69r** Abschrift einer Urkunde 1277: Dekan Theoderich erhält den Stiftshof Lachum bei Worringen zu

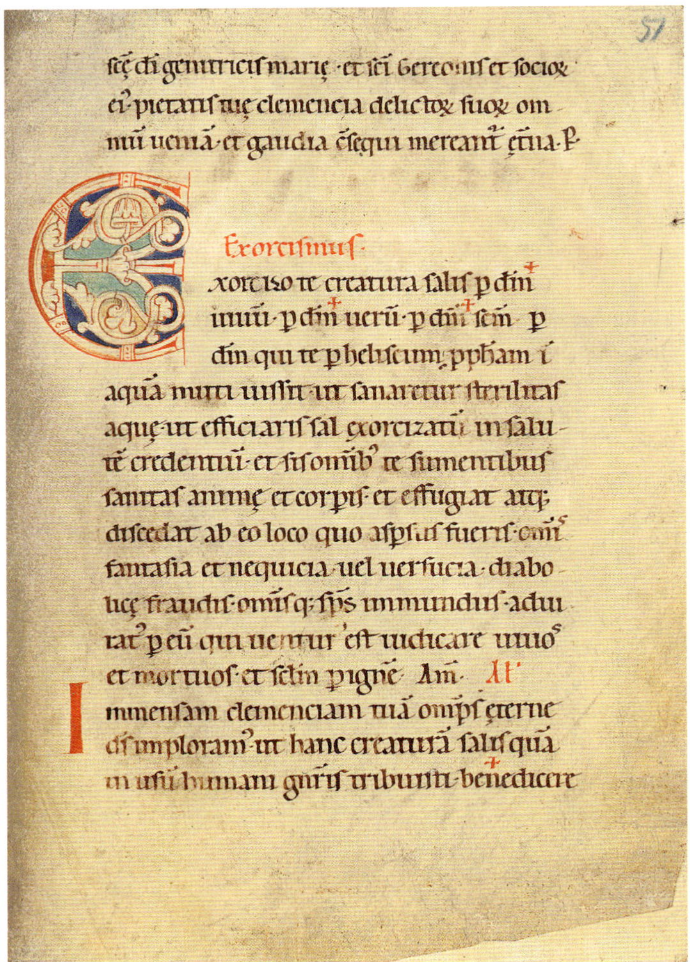

103 Dom Hs. 241, 15v/51r

Halbbau (L. Ennen, Quellen zur Geschichte der Stadt Köln III, Köln 1867, 136); Bittgebet um Schutz der Heiligen, deren Reliquien in St. Gereon aufbewahrt werden. **69v** Notiz über das Einkommen an Schweinen 1433 Oktober 1 (Heusgen 1933, 11); Abschrift einer Urkunde 1288 November 18: Walram von Jülich, Propst von Aachen, ordnet Restitution von Besitz und Einkünften von St. Gereon zu *Virschene, Odenchoven und Greniswilre* (Viersen, Oeckhoven, Gereonsweiler?) an (Heusgen 1933, 11); **70r** Vermerk über die Verteilung von Wein aus Niederbachem an achtzehn genannte Kanoniker von St. Gereon (1. Hälfte 14. Jh.). **70v** *Conclusiones in disciplinas observande* von 1333 Juli 6 (Anf. 15. Jh.). **71r** Abschrift einer Urkunde von 1244 Mai: Erzbischof Konrad von Hochstaden gewährt den Kanonikern von St. Gereon ein zweites Gnadenjahr (15. Jh.) (Joerres, op. cit., 117); Notiz über Einkünfte des Stiftes (um 1350); Schuldbekenntnis und Absolutionsformel. **71v** Fragment eines Responsoriums mit Neumen. **72r/v** Leer. **73r - 74v** Abschrift von Statuten des Stiftes 1519 August 2 (Heusgen 1933, 12). **75r - 77v** Abschrift von Statuten des Stiftes 1545 Oktober 12 (Heusgen 1933, 12).

PERGAMENT: 76 Blätter; 266 x 194 mm; Lagen 1-2^{8}, 3^{4+4}, 4^{1+1+1}, 5^{4}, 6-7^{8}, 8^{8+1}, 9$^{8-1}$, 10^{2}, 11$^{4-1}$, 12$^{6-3}$, 13^{4-2+1}, 14^{1+1}; Buchstabenreklamanten (G wurde bei der Zählung vergessen, doch ist der Text vollständig); Schriftspiegel wechselnd; Blindliniierung; ein- und zweispaltig; unterschiedliche Zeilenzahl. AUSSTATTUNG: Lateinischer Text meist in dunkelbrauner spätromanischer Minuskel, rubriziert; Auszeichnungsschrift: Minuskel und Capitalis Rustica; Initialen: Ziermajuskeln; zweizeilige Initialen in Minium; zu Beginn des Hymnars und der Benediktionen mehrzeilige Rankeninitiale in Minium, 15v auch Schwarz, mit gespaltenem Buchstabenkörper, Klammern und mehrfarbigem Binnengrund in Blau, Grün, Gelb. EINBAND: Schweinsleder mit Blindprägung über Holz; Streicheisenlinien: Rechteck mit Streifenrahmen (17. Jh.). PROVENIENZ: Die Handschrift gelangte wohl erst gegen Ende des 19. Jhs. in den Besitz der Kölner Dombibliothek (Heusgen 1931, S. 1). LITERATUR: P. Heusgen, Das älteste Memorienbuch des Kölner Gereonstiftes, in: JKGV 13 (1931), S. 1 ff. – Heusgen 1933, S. 9 ff. – J.C. Nattermann, Die goldenen Heiligen. Geschichte des Stiftes St. Gereon zu Köln, Köln 1960 (Veröffentlichungen des KGV 22), S. 87 f. – von den Brincken 1968, S. 157 ff. – T.R. Kraus, Jülich, Aachen und das Reich. Studien zur Entstehung der Landesherrschaft der Grafen von Jülich bis zum Jahre 1328, Aachen 1987 (Veröffentlichungen des Stadtarchivs Aachen 5), S. 20 ff. – Handschriftencensus 1993, S. 697 f., Nr. 1177 – E. Wisplinghoff (Bearb.), Rheinisches Urkundenbuch. Ältere Urkunden bis 1100, Bd. II, Düsseldorf 1994 (PGRGK 57), S. 220 ff.

J.Oe.

Statuten der Maria-Magdalena-Bruderschaft an St. Laurenz

104 Dom Hs. 243

Köln, 1444-1676

Die Bruderschaft zu Ehren der heiligen Maria Magdalena ist wohl tatsächlich 1444, wie in den Statuten behauptet wird, gestiftet worden. Jedenfalls besteht kein Anlaß für einen vernünftigen Zweifel an der Jahresangabe. Die Bruderschaft setzte sich aus vornehmen Mitgliedern zusammen. In den überlieferten Listen sind viele Ratsherren und vor allem Goldschmiede zu ermitteln. Letztere zählten im spätmittelalterlichen Köln zu den wohlhabenden Handwerkern. Im übrigen hatten viele von ihnen ihren Wohnsitz und ihre Werkstatt im Kirchspiel von St. Laurenz, woran auch heute noch die Straße 'Unter Goldschmied' in diesem ehemaligen Pfarrsprengel erinnert. Infolge der Lage ihrer Wohn- und Werkstätten hatten sie enge Verbindungen zu ihrer Pfarrkirche geknüpft. So erklären sich auch die zahlreichen Eintritte von Goldschmieden in die Maria-Magdalena-Bruderschaft an St. Laurenz.

Der Hauptzweck der Bruderschaft bestand traditionell im Totengedächtnis, wofür die im Bruderschaftsbuch eingetragenen Namen in den Gottesdiensten der Gemeinschaft vorgelesen wurden. Die Mitglieder kamen wenigstens jedes Vierteljahr zum Totengedächtnis in der Pfarrkirche an ihrem Altar auf der Empore zusammen, der mit der für die Messe nötigen Ausstattung – Handschriften und Geräte (vgl. Dom Hs. 257, Kat. Nr. 101) – von ihnen finanziert wurde. Im Todesfall wachten sie an der Bahre ihrer verstorbenen Mitbrüder und Mitschwestern und geleiteten den Sarg zur Kirche, nahmen an den Exequien und der Grablege teil. Einmal im Jahr feierten sie ihr Bruderschaftsmahl und wählten dabei ihre Meister für ein Jahr. Diese Meister hatten die laufenden Geschäfte zu führen, vor allem die Gottesdienste und das Totengedächtnis mit der festgelegten Anzahl von Kerzen wie auch das Bruderschaftsmahl zu organisieren.

Die Handschrift ist ein Beispiel für eine im Spätmittelalter gegründete Bruderschaft, deren Meister Statuten anlegen und revidieren ließen und vor allem die Namen der Brüder und Schwestern festhielten, um ihrer zu gedenken, wenn sie gestorben waren. Die Handschrift wurde noch bis in das 17. Jahrhundert benutzt und geriet wahrscheinlich mit dem Erlöschen der Bruderschaft in den Besitz der Pfarrkirche – das heißt im Laufe des 17. oder spätestens des 18. Jahrhunderts, denn am Ende der reichsstädtischen Zeit (1794) bestand sie nicht mehr.

Das folgende sollen die zwei Brüder während des Dienstes zum Mahl reichen: Zunächst soll man einen guten gekochten Schinken und ein gutes Stück gepökeltes Rindfleisch mit einer Ochsenzunge vom besten vorbereiten und auf der Anrichte aufbauen, dazu genug an gutem Brot und Wein vor und nach dem Mahl. Als ersten Gang soll man je zwei Brüdern ein gutes gekochtes Huhn, mit Rosinen und rechten Gewürzen zubereitet, auf die Tafel stellen. Als zweiten Gang soll man je zwei Brüdern eine gute gebratene Ente reichen und jedem einzeln seinen Reisbrei, wohl bestreut mit Gewürzen (parenturen), vorbereitet für 40 Brüder. Als dritten Gang soll man Käse und Früchte der Jahreszeit auf die Tafel setzen und herumreichen. Die Tafel soll mit zinnenem Geschirr gedeckt werden. Ferner sollen die zwei Brüder, die den Dienst verrichten, der Lijsabeth (einer Tante des Godert von Goch, eines Förderers der Bruderschaft) zeit ihres Lebens am Tag des Bruderschaftsmahls eine Schüssel mit reichlichen Speisen und eine Flasche Wein in ihr Haus bringen lassen. Die beiden dienenden Brüder sollen auch den Pastor und dessen Kaplan zusammen mit dem Kaplan der Bruderschaft zum Mahle laden.
6v-7r (aus den Bestimmungen zum Bruderschaftsmahl der Maria-Magdalena-Bruderschaft an St. Laurenz von 1444); K.M.

INHALT: Einband *Laurenz VII M N° 2^{ca}* (17. Jh.); *243* (modern). **Ar** Bruchstück eines Inhaltsverzeichnisses *Dat man unsen broder presencie, we vurß. steit, net mynren in sal* und *Uch is verdragen, dat de eirste broder dan weder oven andiene* (15. Jh.). **Av** Besitzvermerk *Liber Ecclesie S. Laurentij Colon./ Confraternitas B.M. Magdalenae* (17. Jh.). **1r-16v** Statuten von 1444 (K. Militzer, Quellen zur Geschichte der Kölner Laienbruderschaft vom 12. Jahrhundert bis 1562/63, Bd. II, Düsseldorf 1997 [Publikationen der Gesellschaft für Rheinische Geschichtskunde 71], S. 862-881, außer den Eintritten 1651-1676). **1r** *in Gotz namen amen* – **16v** *aff tzo staen na lude unsser breve.* **17r-22r** Zusätze zu den Statuten von 1477. **22r-24r** Zusätze zu den Statuten von 1531. **24v-25r** Mitgliederliste von 1521. **25r-27v** Leer. **28r-30v** Mitgliederliste von 1477 mit Nachträgen. **31r-32v** Mitgliederliste von 1504 mit Nachträgen. **33r-34v** Leer. **35r-36v** Mitgliederliste von ca. 1460 mit Nachträgen. **37r-39av** Leer. **40r/v** Eintritte 1651-1676. **41r/v** Mitgliederliste von ca. 1460.
PERGAMENT: Vorsatzblatt (Pergament, alt) + 40 Blätter (+ eingelegtem Doppelblatt); 175 x 128 mm; Lagen 1^{10}, 2^{6}, 3^{10}, 4^{14}, 5^{2} (eingelegt); Schriftspiegel 103 x 85 mm; Liniierung in Tinte; einspaltig; 15, 14-16 (ab fol. 17) und 18 (ab fol. 22v) Zeilen. AUSSTATTUNG: Ripuarischer Text in schwarzer Textura, rubriziert; Auszeichnungsschrift: Textura; Textmajuskeln: rot gestrichelt; Initialen; Nachträge: Kursivschrift des 15. und 16. Jhs. EINBAND: Schweinsleder mit Blindpressung über Holz; Streicheisenlinien: Mittelfeld durch Diagonalbänder geteilt; ehemals mit einer Überwurfschließe versehen (15. Jh.). PROVENIENZ: Maria-Magdalena-Bruderschaft an St. Laurenz in Köln (1v und Einband). LITERATUR: Heusgen 1933, S. 13 – Handschriftencensus 1993, S. 698, Nr. 1179. K.M.

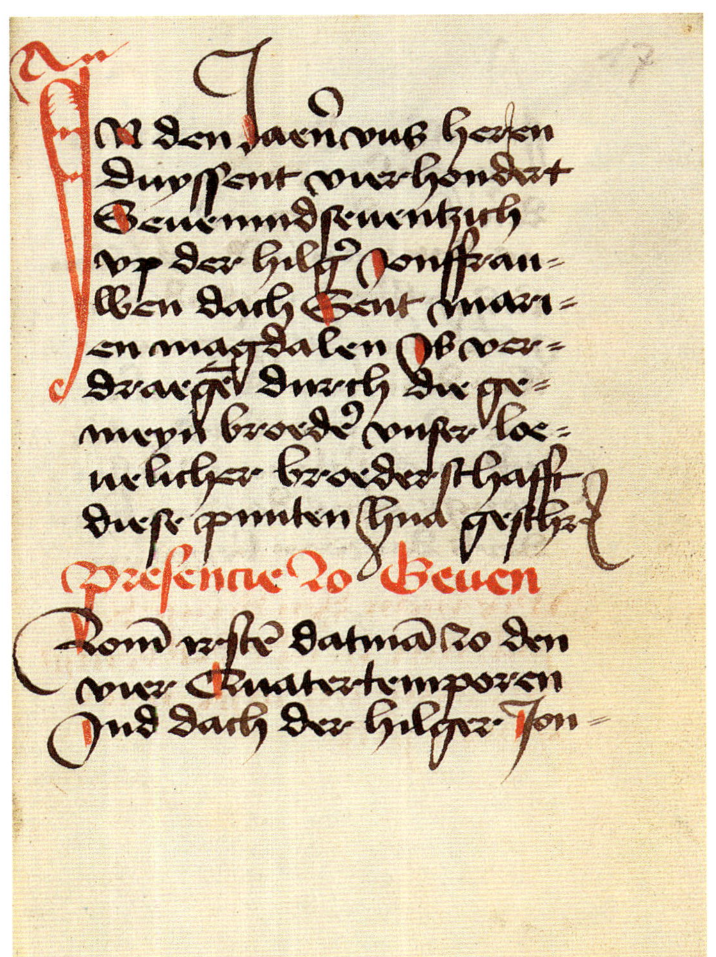

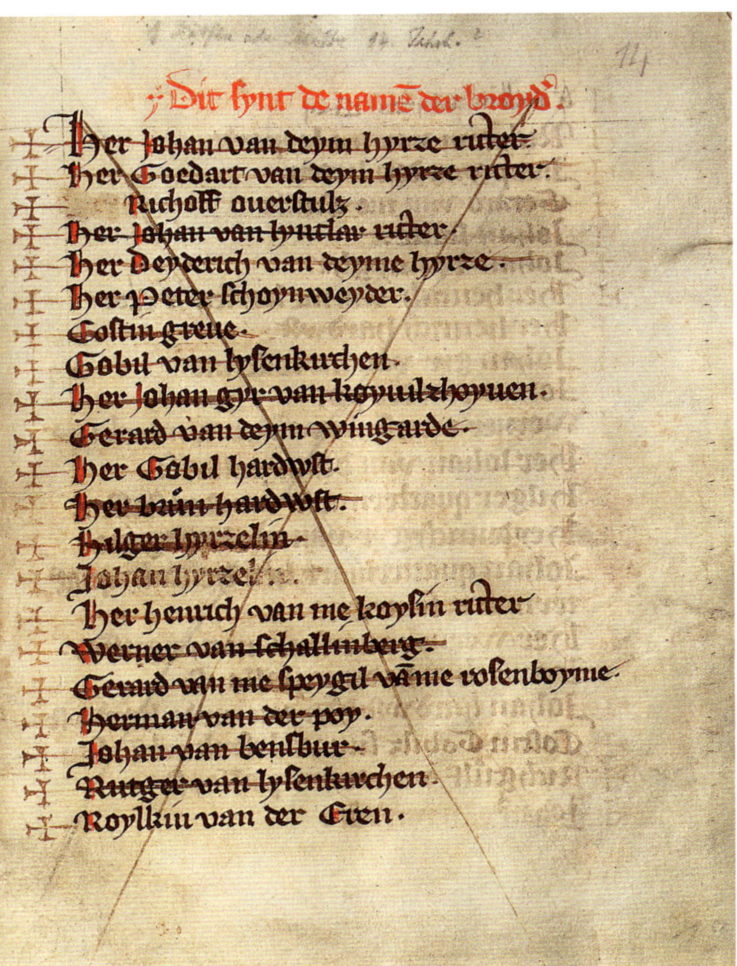

104/105 Dom Hs. 243, 17r / Diözesan Hs. 364, 14r

Statuten der Bruderschaft von St. Ursula

105 Diözesan Hs. 364

Köln, ca. 1360 - 1453

Die Ursulabruderschaft ("Patrizierbruderschaft") wurde wahrscheinlich bald nach dem großen Pestzug, der auch Köln 1349 - 1350 heimgesucht hatte, gegründet. In ihr hatten sich Angehörige der sog. Geschlechter, der führenden patrizischen Familien Kölns, zusammengeschlossen. Die Brüder bildeten also eine exklusive Genossenschaft, in die sie nur Standesgenossen aufnahmen. Um die Exklusivität noch zu erhöhen, haben die Stifter die Mitgliederzahl auf vierzig beschränkt. Der Hauptzweck dieser wie auch aller übrigen Bruderschaften war das Totengedächtnis, die Memorie. Ihr dienten die Namenslisten, die in das Bruderschaftsbuch eingetragen worden waren. Zur Totenmemorie fanden sich die Brüder einmal im Jahr in einem Gottesdienst zusammen, in dem der toten und lebenden Mitglieder namentlich gedacht wurde. An dem Tag trugen die Brüder Kerzen in die Kirche und steckten sie auf einen Kerzenbalken. Anschließend richteten die geschäftsführenden Meister ein Mahl aus, an dem alle Genossen teilzunehmen hatten. Am selben Tag legten die Meister Rechenschaft ab und traten zurück; die Brüder wählten danach neue Meister.

Die vorliegende Handschrift wurde wohl um oder kurz vor 1360 angelegt und ist damit eines der ersten in Köln überlieferten Bruderschaftsbücher. Seine Entstehungsgeschichte ist kompliziert: Wahrscheinlich bildeten zunächst die Blätter 1 bis 4 und 14 bis 15 eine Lage, in die die Statuten und die älteste Mitgliederliste eingeschrieben wurden. Da der Platz für Nachträge in der

Namensliste bald nicht mehr ausreichte, fügten die Meister noch im 14. Jahrhundert ein Blatt (16) an, in das die Liste von 1393 eingetragen wurde. Schließlich schob man im 15. Jahrhundert die Blätter 5 bis 13 ein, auf die die Meister Zusätze zu den Statuten und weitere Namenslisten mit Nachträgen schreiben ließen. Das Buch blieb während des gesamten 15. Jahrhunderts in Benutzung und wurde erst später durch ein anderes ersetzt. Die Bruderschaft hat bis wenigstens zur Zeit des Gelenius im 17. Jahrhundert existiert, dann verliert sich ihre Spur. Die patrizische Bruderschaft wurde wahrscheinlich schon vor dem Ende der reichsstädtischen Zeit 1794 aufgelöst.

INHALT: **Ar** Leer. **Av** Bibliotheksstempel. **1r-Br** Statuten der Bruderschaft von St. Ursula in Köln, um 1360 (K. Militzer, Quellen zur Geschichte der Kölner Laienbruderschaft vom 12. Jahrhundert bis 1562/63, Bd. II, Düsseldorf 1997 [Publikationen der Gesellschaft für Rheinische Geschichtskunde 71], S. 1314-1332; J. Solbacher/ V. Hopmann, Die Legende der hl. Ursula. Die Geschichte der Ursula-Verehrung, Köln 1964, S. 69 [1r]; P. Heusgen, Ursula-Bruderschaften in Köln, in: JbKGV 20 [1938], S. 167-170 [1r-4v]; A. Schnyder, Die Ursulabruderschaften des Spätmittelalters, Bern und Stuttgart 1986 [Sprache und Dichtung NF 34], S. 499-502 [1r-4v]). **1r** *In Goydis namen amen. Dit synt dey gesetz* – **4v** *sware overlensche gulden of me.* **4v-6r** Zusätze des 15. Jhs., zum Teil durch Schimmel und Tintenfraß unlesbar geworden. **6v-9r** Mitgliederverzeichnisse unterschiedlicher Zeiten: 6v 1407. 7r/v 1429. 8r/v 1447. 9r 1453. **9v-11r** Leer. **11v-12v** Namensliste von 1417. **13r** Leer. **13v** Beschluß von 1406, laut welchem dem Schreiber am Kölner Schöffengericht *Johannes van Eylsich* sieben Gulden Bruderschaftsgeld des *Gerart vanme Lewen* ausgezahlt wurden. Der Schreiber setzte *Everhart van Coyvelczhoyven* zu Bürgen. **14r-15v** Ältestes Mitgliederverzeichnis um 1360 mit Nachträgen (15r/v). **16r-Br** Mitgliederverzeichnis von 1393 mit Nachträgen (16v-17r). **Br** Besitzvermerk *Vill 557.* **Bv** *Sent Ursula* (14. Jh.?).

PERGAMENT: 16 Blätter; 225 x 180 mm; Lagen 1^{6+1+9}; Schriftspiegel 160 x 107 mm bzw. 175 x 136 mm (fol. 7-11); Liniierung mit Tinte oder Metallstift; 2 Spalten von je 60 mm Breite und 16 mm Abstand (fol. 7-11), sonst einspaltig; 21 Zeilen (im Listenteil auch weniger). AUSSTATTUNG: Ripuarischer Text mit niederdeutschen Einsprengseln in brauner Textura (fol. 1-4, 14-15), wenig rubriziert; Buchminuskel (fol. 5-6); braune Textura, Buchminuskel und Kursive (fol. 7-9, 11-12); z. T. gestrichelte Textmajuskeln; zweizeilige rote Eingangsinitiale; Marginalglossen. EINBAND: Leinen über Pappe (aus jüngster Zeit); darunter der ursprüngliche Pergamenteinband der Handschrift (fol. A und B). PROVENIENZ: Aus dem Besitz des Kölner Domkapitulars Franz Michael Vill, Pfarrer an St. Ursula (gest. 1863) (Br). LITERATUR: G. Wegener, Geschichte des Stifts St. Ursula in Köln, Köln 1971 (Veröffentlichungen des Kölnischen Geschichtsvereins 31), S. 132 – Handschriftencensus 1993, S. 770, Nr. 1306 – K. Militzer, Ursulabruderschaften in Köln, in: JbKGV 66 (1995), S. 42. K.M.

Was die elf Kerzen wiegen sollen: Zum ersten haben wir beschlossen und bestimmt, unserem Herrgott, seiner lieben Mutter Maria, der heiligen Jungfrau St. Ursula und deren Gesellschaft, den elftausend Jungfrauen, zu Lob und zu Ehren elf Kerzen zu unterhalten, die auf dem Balken im Chor vor dem Hochaltar in der Kirche von St. Ursula und ihrer Gesellschaft in Köln stehen sollen. Alle Kerzen zusammen haben immer 135 Pfund Wachs Kölner Gewichts (ca. 63 kg) zu wiegen. Die Brüder, die in dem jeweiligen Jahr dienen, sollen die Kerzen so zeitig ziehen lassen, daß sie alle am Tag vor der elftausend Jungfrauen Tag (Oktober 20) auf dem Balken stehen. Von den Wachskerzen haben zehn je zwölf Pfund (ca. 5,6 kg) und eine 15 Pfund (ca. 7 kg) zu wiegen. Sie sollen, wie es zeitgemäß und gebräuchlich ist, während des gesamten Jahres brennen.
1r/v (aus den Bestimmungen über das Gewicht der Kerzen in der Ursulabruderschaft aus der Zeit um 1360); K.M.

Johannes von Hildesheim: Historia trium regum

106 Dom Hs. 169

15. Jh.

In Dom Hs. 169 wurden drei unterschiedliche Texte zusammengefaßt, die keinerlei inhaltliche Verbindung zueinander haben. Zwei Drittel des Codex (1r-61r) beansprucht die Geschichte der Heiligen Drei Könige, die wahrscheinlich von dem nach seinem Geburtsort benannten Karmeliter Johannes von Hildesheim (1310/20-1375) verfaßt worden ist. Der Autor studierte am Generalstudium seines Ordens in der päpstlichen Residenzstadt Avignon und in Paris. Er war in Kassel und Straßburg tätig und starb als Prior seines Heimatklosters Marienau bei Hameln. Die 'Historia trium regum' schrieb er im Auftrag des Kölner Domherrn Florentius von Wevelinghoven (1364 zum Bischof von Münster ernannt) – vermutlich zum 200-Jahr-Gedächtnis an die Übertragung der Dreikönigsreliquien, die 1164 Erzbischof Rainald von Dassel (1159-1167) von Mailand nach Köln überführt hatte. Schon früh war die kurze biblische Erzählung von der Huldigung des Christuskindes durch die weisen Männer (Mt 2,1-2) durch Legenden ergänzt worden, die Johannes in seiner Dreikönigsgeschichte um geographische und historische Angaben aus z. T. phantastischen Pilger- und Reiseberichten erweiterte. Die 'Historia trium regum' wurde in mehrere Sprachen übersetzt, für die Pilger zu Kurzfassungen gerafft und in ihrer deutschen Ausgabe im Jahre 1476 von Anton

Als Helena zum Kreuz gefunden, durcheilte sie die fernen Reiche, die Könige zu finden, zu vereinen. So zierten dann durch lange Zeiten/ die Pilgerkönige des Kaisers Konstantinus Stadt./ Dann aber geschah es, / daß sie weitergetragen und anvertraut wurden/ der Stadt des Ambrosius./ Dreimal gefunden – dreimal weitergeführt. / Jetzt verehrt Köln sie als heiligen Besitz,/ der ihr gegeben ward auf Gottes Geheiß./ Das Morgenland gab sie dem Abendland./ Die Könige, dreimal gefunden,/ nun geben sie Köln eine heilige Würde./ Hier werden sie ruhen, bis sie dereinst/ am Jüngsten Tag auf göttlichem Wege/ zum Ziele gelangen./ Ihr Bürger Kölns:/ Behütet um des Höchsten willen/ die Heil'gen Könige/ als Wahrer göttlichen Gebotes!
60v - 61r; E. Christern 1960

Freue dich, glückliches Köln! Durch göttliche Gnade und Vorsehung wurdest du gewürdigt, die letzte Ruhestatt der edlen Könige, der ersten Gläubigen und Reinen der Heiden, mit deinen Mauern zu umschließen. Ihrer kannst du dich mehr rühmen als aller deiner Schätze! Überall in der Welt wirst du ihretwegen von den Menschen hochgeachtet und verehrt! Häufiger als alle andern Städte der Welt wird von Völkern und Königen, von Fürsten und Edlen dein Name genannt! Je mehr du aber um der Verdienste deiner Heiligen willen in der ganzen Welt geliebt wirst, um so höher sollst du Gott und seine Diener ehren und achten, um so inniger lobe und preise Gott und seine Heiligen, damit du Gnade findest am Tage des Gerichts!
60v - 61r; E. Christern 1960

Sorg in Augsburg, in lateinischer Fassung 1477 von Johann Guldenschaff in Köln erstmals gedruckt. Trotz ihrer großen Verbreitung geriet die Erzählung des Johannes von Hildesheim in Vergessenheit, bis Johann Wolfgang von Goethe sie im Herbst 1819 wiederentdeckte und Gustav Schwab zu einer deutschen Übersetzung animierte. Seinem Freund Sulpiz Boisserée schrieb er: "... Geschichte, Überlieferung, Mögliches, Unwahrscheinliches, Fabelhaftes mit Natürlichem, Wahrscheinlichem, Wirklichem bis zur individuellen Schilderung zusammengeschmolzen entwaffnet wie ein Märchen alle Kritik. ... Drei ernste Könige mit Gefolg und Schätzen nach Belieben, herrliche Mutter und Kind mit ärmlicher Umgebung, fromme tüchtige Ritter, eilftausend hübsche Mädchen – das ist doch ein Element, worin der Künstler sich ergehen und fromm mit den Fröhlichen sein kann." (zitiert nach E. Christern, in: KDB 14/15 [1958], S. 162; F.J. Worstbrock/ S.C. Harris, in: VL 4, Sp. 638ff.).

Der zweite, von derselben Hand geschriebene Text (62r - 66r), stammt von einem der bedeutendsten Gelehrten seiner Zeit, dem in Hessen geborenen und 1397 in Wien verstorbenen Heinrich von Langenstein. Er studierte und lehrte an der Universität von Paris, bevor ihn 1384 Herzog Albrecht III. von Österreich an die Universität von Wien berief, wo er sich an der Studienreform beteiligte und 1393/94 als Rektor wirkte (T. Hollmann/G. Kreuzer, in: VL 3, Sp. 763f.). Den in Dom Hs. 169 überlieferten Brief schrieb er wohl während seines Aufenthaltes im Zisterzienserkloster Eberbach/Rheingau im Jahre 1383 an Eberhard von Ypelborn (gest. 1414/1419). Dieser war soeben zum Domdekan in Mainz ernannt worden, weshalb Heinrich ihn daran erinnerte, daß "ein Prälat sich seiner Verantwortung bewußt sein solle und nicht durch Ungerechtigkeit und Stolz Ärgernis erregen dürfe." (Heilig 1932).

Der letzte Text in Dom Hs. 169 wurde wohl von einem anderen Schreiber angefügt (72r - 88r). Sein Autor ist der spanische Dominikaner Alfonsus Bonihominis, der 1344 zum Bischof von Marokko ernannt wurde und vermutlich 1353 starb. Er tat sich als Übersetzer christlich-arabischer Werke hervor. Sehr verbreitet war der kurz vor 1339 wahrscheinlich auf der Grundlage eines arabischen Traktates von Samau'ul Ben Judah Ibn Abbas von ihm selbst verfaßte Brief des zum Christentum konvertierten Rabbis Samuel an Rabbi Isaak. In der Art mittelalterlicher jüdischer Literatur beginnt er mit der Frage nach dem Grund für die Verdammung des jüdischen Volkes, die der Rabbi autoritativ mit dem Hinweis auf die Erfüllung der messianischen Prophetien durch Christus und die Ablösung des Alten durch den Neuen Bund beantwortet (E. Schütz, in: VL 1, Sp. 236; K.H. Keller, in: VL 7, Sp. 85).

Die Handschrift ist zwar sehr sorgfältig geschrieben, doch nur einfach ausgestattet, wurde also weniger zur Repräsentation, als vielmehr zur – vielleicht sogar privaten – Lektüre angefertigt. Die Kursivschrift verweist auf das 15. Jahrhundert, ohne daß eine exaktere räumliche oder zeitliche Einordnung möglich wäre.

INHALT: **Ar** Inhaltsvermerk (16. Jh.?). **Av** Leer. **1r - 61r** Johannes von Hildesheim. Geschichte der Hll. Drei Könige (Historia trium regum) (E. Köpke, De gestis ac trina beatissimorum trium regum translatione, Brandenburg 1878 [Mitteilungen aus den Handschriften der Ritter-Akademie zu Brandenburg a.H. 1]; deutsche Übersetzung: G. Schwab, Die Legende von den Heiligen Drei Königen von Johannes von Hildesheim, Stuttgart 1822; Johannes von Hildesheim, Die Legende von den Heiligen Drei Königen, übersetzt von E. Christern, Köln 1960). **1r** Capitula mit kurzen Inhaltsangaben. **4r** Historia *C(um venerandissimorum trium magorum).* **61r** Ende mit ... *secura in reddenda racione. Amen.* **61v** Leer. **62r - 66r** Heinrich von Langenstein, Brief 'de contemptu mundi' an Eber-

Cum venerandissimorum trium magorum · immo Capitulum primum
verius trium regum gloriosissimorum universus
mundus ab ortu solis usque ad occasum lau
1 dibus et meritis iam sit plenus · Sed
ortus solis cum radiis sit et ipsorum trium
regum gloria meritis profulget · Nam in
ipso solis ortu videlicet in oriente verum
deum et hominem cum muneribus veris et misticis iidem
tres reges ubi in carne nascentem quesierunt et adoraverunt
et primicias gencium ~~ex~~ et ex gentibus primicie virginis
ipsum ortum solis per fidem gencium primitus dedicaverunt.
In quo tamen ortu solis eius occasus quasi aurora valde
rutilans claram auream sequentem presignans iam resul
get · Nam ipsum occasum solis prefati tres reges eorum
reliquiis venerandis et signis carne soluti multipliciter
ornaverunt · et in ipso solis occasu primicias suas et
fidem gencium virtutibus et signis applicaverunt · Sed quia
in solis ortu que in humanis egerunt adhuc quam plurima in
diversis libris et locis · de ipsorum meritis actibus et gestis
sunt scripta que in occasu solis adhuc forsan fuerunt et
sunt incognita · secundum visum auditum et relatum in honore
dei ac marie virginis eius matris gloriose ac ipsorum
trium regum beatorum aliqua vero iussu sunt conscripta et ex
diversis libris in unum redacta

· Capitulum secundum ·

Materia vero istorum trium regum beatorum ex prophe
2 cia balaam sacerdotis madian prophete gentilis ex
gencium traxit qui inter plura alia prophetando dixit
Orietur stella ex iacob et consurget homo de israel et

533 **106** Diözesan Hs. 169, 4r

hard von Ypelborn (s. Heilig 1932, 140). **62r** *A(micorum sincerissimo);* am Rand biographische Notizen zu Autor und Empfänger (16. Jh.). **66r** Ende mit ... *ad rei publice civilis fortunam suis legibus prudenter determinans.* **66v-71v** Leer. **72r-88r** Alfonsus Bonihominis, Brief aus dem Jahr 1330 an *Hugo magister ordinis praedicatorum* mit der Übersetzung des Briefes von Rabbi Samuel an Rabbi Isaak über die Ankunft des Messias (PL 149, 335A-368A; M.A. van den Oudenrijn, in: Analecta Ord. Praed. 14 [1920], 85-93, 163-168). **72r** *Reverendissimo in Xpisto;* am Rand biographische Notizen über den Autor (16. Jh.). **88r** Ende mit ... *ut corruptus homo penitus ignorans* und anschließender Datierung. Das untere Drittel des Blattes, das wohl noch einen Nachtrag mit ausgestalteter Initiale enthielt, ist herausgeschnitten. **88v-91v** Leer.
PAPIER UND PERGAMENT: 92 Blätter; 293 x 208 mm; Lagen 1^{12+1}, $2\text{-}4^{12}$, 5^{12+1}, 6^{10}, 7^{12}, 8^{6+2}; Wortreklamanten; Schriftspiegel 210 x 140 mm, 215 x 145 mm (ab fol. 62), 200 x 138 mm (ab fol. 72); Blindliniierung und Liniierung mit Tinte; einspaltig, bzw. 2 Spalten von je 60 mm Breite und 19 mm Abstand (ab fol. 72); 32 bzw. 41 (ab fol. 72) Zeilen. AUSSTATTUNG: Lateinischer Text in grünlich-brauner sorgfältiger Kursivschrift, rubriziert; Initialen: zwei- und mehrzeilige Lombarden in Rot; gestrichelte Textmajuskeln; große Initiale mit durch Aussparung ornamentiertem Buchstabenkörper in Rot (4r). EINBAND: Leinen über Holz, mit Schuber; in neuerer Zeit restauriert. PROVENIENZ: Darmstadt 2152. LITERATUR: Hartzheim 1752, S. 146 ff., 154 – Jaffé/Wattenbach 1874, S. 70 f. – K.J. Heilig, Kritische Studien zum Schrifttum der beiden Heinriche von Hessen, in: RQ 40 (1932), S. 140 mit Anm. 87 – E. Christern, Johannes von Hildesheim, Florentius von Wevelinghoven und die Legende von den Heiligen Drei Königen, in: JbKGV 34/35 (1959/60), S. 50 – Handschriftencensus 1993, S. 666, Nr. 1123. U.S.

Makkabäer-Handschrift des Helias Mertz

107 Dom Hs. 271

Köln, um 1525

Mit der Bibliothek des Erzbischofs Ferdinand August Graf von Spiegel (1824-35) kam eine 1525 angefertigte Handschrift aus dem 1803 aufgelösten Kölner Benediktinerinnenkloster zu den Hl. Makkabäern in die Dombibliothek. Sie enthält Texte zum Lobpreis der sieben Makkabäischen Brüder und ihrer Mutter Salomone sowie zu Geschichte und Bedeutung ihrer Gebeine. Diese schon als jüdische Heilige verehrten Märtyrer hatten sich in der Zeit der jüdischen Freiheitskämpfe der Anweisung von König Antiochus IV. Epiphanes (gest. 164 v. Chr.) widersetzt, entgegen dem jüdischen Gesetz Schweinefleisch zu essen. Daraufhin wurden sie verstümmelt und in heißem Öl gesotten. Der Kult dieser seit dem 5. Jahrhundert verehrten christlichen Heiligen kann seit mindestens 1134 am Ort des späteren Makkabäer-Klosters in Köln nachgewiesen werden. Laut Heiligenlegende erhielt Rainald von Dassel (1159-1167) ihre Gebeine im Jahre 1164 zusammen mit denen der Hll. Drei Könige von Kaiser Barbarossa und ließ sie 1169 nach Köln bringen (vgl. von Euw 1963).

Diese vorgestellten Dokumente sind bis heute, da dieser Band geschrieben wird, noch unverfälscht vorhanden. Dies bezeuge ich, da ich sie gesehen und abgeschrieben habe mit der Wahrheit als Zeugen. Im Jahr des Heils 1525. 7v; J.C.G.

In der Entstehungszeit der Handschrift waren der ambitionierte Wiederaufbau und die kostbare Neuausstattung des 1462 durch Brand zerstörten Makkabäerklosters nahezu abgeschlossen, wodurch die Makkabäer im Kreis der bedeutenden Kölner Heiligen etabliert werden sollten. Initiator war der 1491 in sein Amt als Rektor und Beichtvater des Klosters eingesetzte, humanistisch gebildete Helias aus Mertz bei Düren (*Helias Marcaeus de Luna*). Die auf seine Kosten hergestellte Kompilation jener Dokumente, die die Authentizität des Kultes belegten, sollte laut Mertz´ Testament an Feiertagen im kultischen Zentrum der Kirche, auf dem Hochaltar mit dem Makkabäerschrein, präsentiert werden (Hirner 1970; Grams-Thieme 1990, S. 101 ff.). Indem Mertz in einer Zeit des bereits dominierenden Buchdrucks die Form des handgeschriebenen Pergamentcodex wählte, spielte er bewußt auf den physischen und spirituellen Charakter verehrungswürdiger Bücher an, vor allem auf Evangeliare, die ähnlich im Kirchenraum ausgestellt wurden. Darin unterschied sich Dom Hs. 271 grundlegend von den bereits 1507 und 1517 gedruckten

DE PASSIONE SEPTĒ FRATR MACABÆOR, ET MATRIS EORUM. SECUNDO LIBRO MACABÆORUM, CAPITE · VII ·

CONTIGIT AUTEM SEptem fratres, una cū matre sua apprehēsos, compelli à rege, edere contrà fas carnes porcinas, flagris ac taureis cruciatos. Vnus autē ex illis, qui erat primus, sic ait. Quid quæris, & qd vis discere à nobis? Parati sumus mori magis, q̄ patrias, & Dei leges prævaricari. Iratus itaq; rex, iussit sartagines, et ollas æneas succendi. quibus statim succensis, iussit ei q̄ prior fuerat locutus, amputari linguas, et cute capitis abstracta, summas q̄ manus & pedes ei præscidi, cæteris eius fratribus & matre inspicientibus. Et cum iam p omnia inutilis factus esset, iussit ignem admoueri, & adhuc spirantem torreri in sartagine. In qua cum diu cruciaretur, cæteri una cū matre inuicem se hortabantur mori fortiter, dicentes. Dominus Ds aspiciet veritatem, et consolabitur in nobis. quemadmodū in protestatione cantici declarauit

Primus

107 Dom Hs. 271, 3v/4r

deutschsprachigen Versionen der Makkabäerlegende, die auf eine möglichst breite Öffentlichkeit gezielt hatten. Eine verstärkte Popularisierung der Heiligen gelang Mertz offensichtlich spätestens 1514 mit deren Darstellung auf den Titelblättern des 1514, 1520 und 1525 bei Wolfgang Hopyl (gest. 1522) in Paris gedruckten 'Missale Coloniense' (vgl. Dom Frühdruck 217, Kat. Nr. 98). Zudem existiert von Dom Hs. 271 eine Papierabschrift des 16. Jahrhunderts, die heute in Paris aufbewahrt wird (Bibl. Nat., Lat. 10161; vgl. Rautenberg 1996, S. 231 ff.; dies., in Vorbereitung).

Die Makkabäer-Handschrift enthält keine Hinweise auf Schreiber, Illuminator oder Lokalisierung. Eine Entstehung in einem klösterlichen Skriptorium ist aufgrund der Schrift (humanistische Minuskel) eher unwahrscheinlich. Der anonyme Schreiber tritt nur einmal auf Folio 7v in Erscheinung, wo er bezeugt, die für diesen Band verwendeten Dokumente persönlich in unverfälschtem Zustand gesehen und "im Jahr des Heils 1525" abgeschrieben zu haben. Mehrfach sind dagegen das redende Wappen des Helias Mertz (*de Luna*) mit der Mondsichel und Wappenschilder mit seinen Initialen eingefügt (39v, 119r, 144v). Hinzu kommt das Wappen von dem Werdener Abt Johannes von Groningen, dem Kommissar des Makkabäerklosters (2r). Beide zusammen stifteten auch die Tafeln eines zumeist Bartholomäus Bruyn d. Ä. zugeschriebenen Bilderzyklus für das Makkabäerkloster (Schmid 1994, S. 122 f., 197 ff., Abb. 39 - 45).

Die Miniatur mit dem Verhör der sieben Brüder und ihrer Mutter durch König Antiochus eröffnet das 2. Buch der Makkabäer, welches deren Martyrien schildert (3v). Die dem Bildschema der Schutzmantelheiligen folgende Darstellung von Salomone mit ihren Söhnen ist zwischen zwei

107 Dom Hs. 271, 7v/8r

Texte eingeschaltet (7v). Salomone mit ihren sieben skalpierten und verstümmelten Söhnen im Kessel schließt das 4. Makkabäerbuch ab (39v). Ähnlich textgliedernde Funktion erfüllen Zierfelder und Initialen. Alle drei Miniaturen gehören vermutlich zu den von Mertz motivierten Bildschöpfungen, von denen heute noch Teile des um 1512/15 datierten Bilderzyklus, die Holzschnittfolge der 1517 gedruckten Makkabäerlegende und die weitgehend darauf zurückgreifende Relieffolge des Makkabäerschreins (um 1520-27) zeugen. Das markanteste Bild mit den Makkabäern im Kessel erscheint hier wie im Titelblatt der Hopyl-Missalien in einer unblutigeren Variante, bei der die Brüder die Hände betend gefaltet haben, doch wurden durch eine Übermalung evtl. des 16. Jahrhunderts die Hände in Armstümpfe verändert. Zwei gleichzeitig entstandene Tüchleinbilder zeigen dagegen von vornherein die Märtyrer mit den abgeschlagenen Händen (Köln, Diözesanmuseum, Inv. Nr. M 26; Köln, Schnütgenmuseum, Inv. Nr. M 222; vgl. Schulte 1995, S. 150ff.).

Stilistisch steht den Miniaturen das möglicherweise zu einer Bursa gehörende Tüchlein im Kölner Schnütgenmuseum (M 222) sehr nahe. Der noch an die Gent-Brügger Buchmalerei erinnernde Streublumenschmuck des Rahmens fand unter anderem in Kölner Miniaturen seit Anfang des 16. Jahrhunderts häufig Verwendung. Ebenso war die Rezeption zeitgenössischer Tafelmalerei und Druckgraphik in Kölner Skriptorien verbreitet, so daß sich der Buchschmuck sehr gut in Kölner Traditionen einordnen läßt, ohne daß jedoch eine Zuschreibung an eine bestimmte Werkstatt möglich wäre.

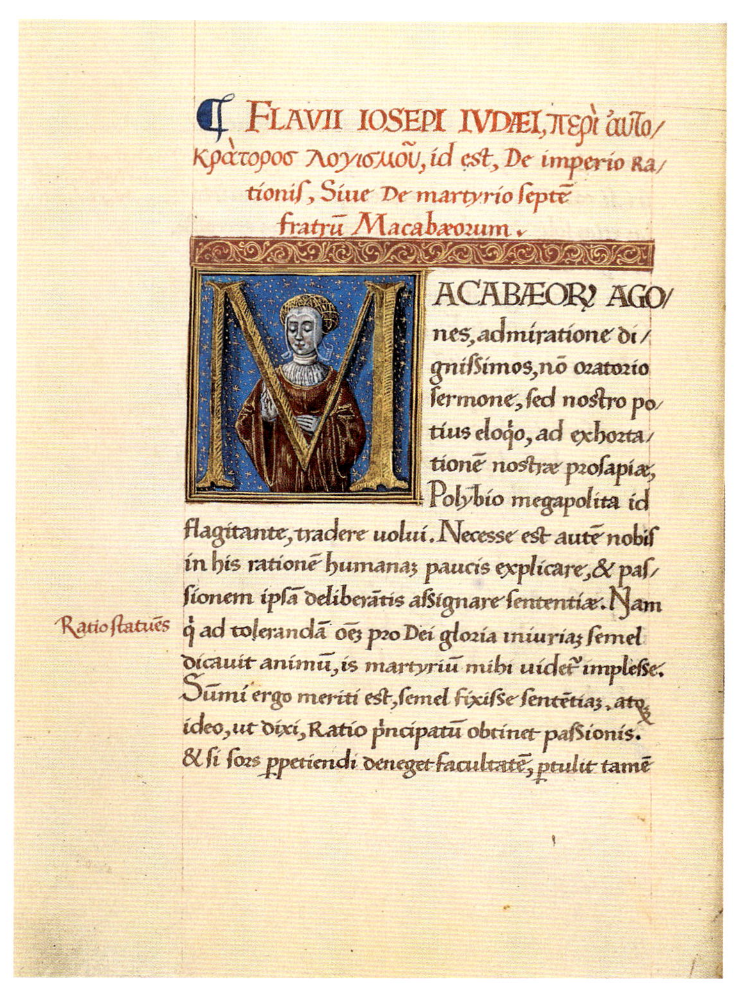

107 Dom Hs. 271, 13v/39r

INHALT: Vorderes Spiegelblatt: Inhaltsvermerk und Siegelstempel des Kölner Domkapitels. **1r/v** Leer. **2r-145v** Sammelhandschrift (Handschriftencensus 1993, 706ff.) **2r** Eingangszierseite. Johannes von Groningen, Brief an Helias Mertz, in dem er den Empfänger in dem Vorhaben bestärkt, das vorliegende Buch zu erstellen. *I(OHANNES DE GRONINGA DEI PAtientia Abbas Monasterii Divi Ludgeri Werthensis)*; in der Rahmenbordüre Wappen der Reichsabtei Werden. **3v** Bibeltext über die Passion der Makkabäerbrüder und ihrer Mutter (2 Makk 7,1-42). Eingangsminiatur: Die sieben Brüder und ihre Mutter vor König Antiochus. **4r** *C(ONTIGIT AUTEM SEptem fratres)*. **7r/v** Abschrift einer Urkunde vom Oktober 1232, in der Erzbischof Heinrich von Müllenark (1225-1238) die Weihe der Klosterkirche SS. Macchabaeorum durch Erzbischof Johannes von Mytilene am 25. September 1228 bestätigt (R. Knipping, Die Regesten der Erzbischöfe von Köln im Mittelalter, Bd. III, Bonn 1913 [Publikationen der Gesellschaft für Rheinische Geschichtskunde 21], 761); Zierleiste. **7v** Schreibervermerk *Hae praemissae tabellae, adhuc, quum hoc volumen scriberetur, incorruptae extabant. Quod qui vidi, et haec scripsi, teste veritate, testor. ANNO SALUTis MDXXV.* **7v** Miniatur: Die sieben Makkabäerbrüder unter dem Schutzmantel ihrer Mutter. **8r-9r** Erasmus von Rotterdam (1466/69-1536): Brief an Helias Mertz, in dem Erasmus berichtet, die ab 13v folgende Geschichte des Flavius Josephus bei einem sehr frommen Mann gefunden und eine paraphrasierende Übersetzung mit dem Titel 'Von der Vernunft als Kaiserin' angefertigt zu haben. Den Schluß des Briefes bildet eine Lobrede auf Köln und seine Heiligen. *U(NIUS DIECULAE OPELLAM)* (vgl. P. S. Allen, Opus Epistolarum D. Erasmi Roterdami, Bd. I-XII, Oxford 1906-1958, Ep. 842). **9r-13r** Magdalius Iacobus Gaudensis, Brief an Helias Mertz (5. Juni 1517), in dem der Verfasser eine Typologie der Makkabäergeschichte erstellt und damit ihre kirchliche Verehrung rechtfertigt. *M(irarer, Helia charissime).* **13v-39r** Flavius Josephus, De imperio rationis sive De martyrio septem fratrum Macabaeorum (in Erasmus' Übersetzung, Stegmüller 102,2). *M(ACABAEORUM AGOnes)*: weibliche, modisch gekleidete Halbfigur; endend ... *aeternum legenda consecravi*; abschließende Miniatur: Marter der Makkabäer und ihrer Mutter, zwei Schilde mit Wappen und Initialen des Helias Mertz. **39v-74r** Chronologisch geordnete Auszüge aus Kirchenlehrertexten über die Makkabäer. **39v-48r** Johannes Chrysostomus, Homilie *Q(UAM SPECIOSA ET gratia)*: zwei modisch gekleidete Männerköpfe hinter einer Brüstung; endend ... *et nunc et semper et in secula seculorum. Amen*: Zierfeld mit Distel. **48v-55v** Ambrosius, De S. Iacob et vita beata (Buch 2, Kap. 10-12). *N(EC TE ELEAZARE PRAEter ... atroci peremptus est morte)*: Streublumenfeld. **56r** Hieronymus, Auszug aus Brief 7 'Non debet charta dividere' an Chromatius u. a. *O TECTA FELICIA;* ders., aus

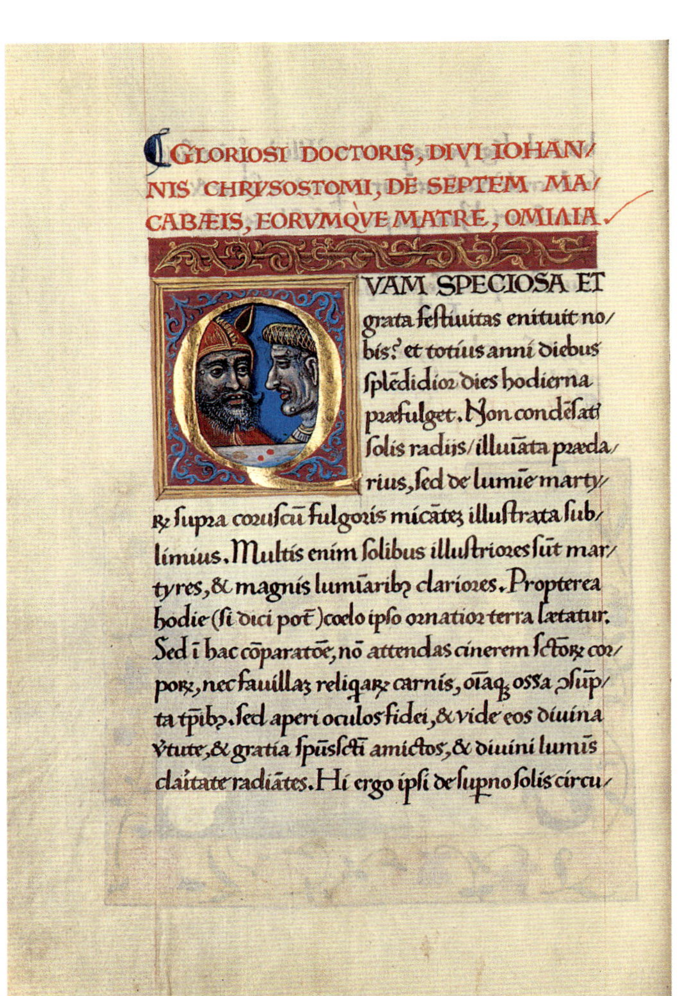

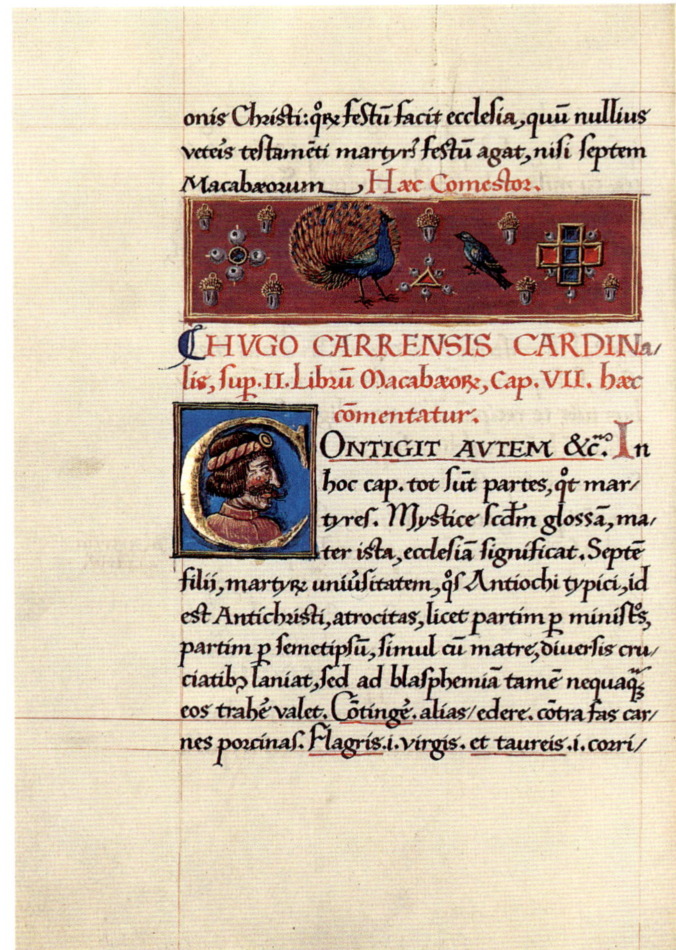

107 Dom Hs. 271, 39v/70v

'De honorandi parentibus' *Parentum meritis subiugans.* **56v** Prolog zu den biblischen Makkabäer-Büchern *MACABAEORUM LIBRI DUO* und *Macabaei septem fratres* (Stegmüller 550). **56v - 57r** Korrektur zum Prolog, der feststellt, daß die Makkabäerreliquien sich nicht mehr in Antiochia befinden, sondern durch Rainald von Dassel nach Köln gebracht worden seien; Zierleiste. **57r - 58r** Hrabanus Maurus, Kommentar zu den Makkabäer-Büchern (Buch 2, Kap. 7) *C(ONTIGIT AUTEM . . . capiens regnum possidebit perpetuum)*: Streublumenfeld. **58v - 61r** Thascius Caecilius Cyprian, Brief an Fortunatus 'De exhortatione martyrii' (aus Kap. 11) *Q(UID VERO IN MACABAEIs . . . ipsa quoque sequeretur)*: Zierfeld mit goldgehöhter Ranke. **61v - 63r** Papst Leo I., Predigt *De septem fratribus Macabaeis* (CPL 1657a) *G(RATIAS DILECTISSImi)*: goldgefaßte Perlen und Edelsteine; endend . . . *corporis unitatem. Auxiliante Domino nostro IESU Christo . . . in secula seculorum. Amen.* **63v** Zierfeld mit Vogel und Blumen. **63v - 68v** Bernhard von Clairvaux, Epistola 98 *Q(UOD PER FRATREM)*: Erdbeere; endend . . . *causa commendat et vita*: Zierleiste. **68v - 69r** Bernhard von Clairvaux, Epistola 313 *Q(Ueris itaque)*: Blume; endend . . . *et segregat a veteribus*: Zierfeld mit Blumen und Erdbeeren. **69v - 70v** Petrus Comestor, Historica scholastica (II,1) *C(ONTIGIT AUTEM SEPtem fratres)*: Rosenzweig; endend . . . *nisi septem Macabaeorum*: Zierfeld mit Pfau, Vogel und goldgefaßten Edelsteinen. **70v - 72r** Hugo de S. Caro, *Super II. Librum Macabaeorum* (Kap. 7). *C(ONTIGIT AUTEM)*: bärtiger Männerkopf im Profil; endend . . . *fine mundi consummabitur*: Zierfeld mit goldgefaßten Edelsteinen und Perlen. **72r/v** Johannes Beleth, Summa de ecclesiasticis officiis (Auszug) *D(E FESTIVITATE SANCTORUM MACABAEORUM)*: Perlen; endend . . . *propter significans*: Streublumenfeld. **72v - 73r** Antonius Florentinus, Summa historialis (Auszug) *I(NTER HAEC PONITUR)*; endend . . . *pro legis observatione*: Zierfeld mit Blumen. **73r - 74r** Prudentius, *De Sanctis Macabaeis martyribus. N(ARRAVI et illud nobile)*: Erdbeeren; endend . . . *tot triumphis inclyta*: Zierfeld mit Pfau, goldgefaßten Perlen und Edelsteinen. **74r - 75v** Erasmus von Rotterdam, Libellus in comparatione virginis et martyris (1514 in Köln verfaßt) *S(ED HAEC EO REPEto)*: goldene Erdbeeren; endend . . . *includitur fulvo auro*: Zierfeld mit Ranken sowie goldgefaßten Perlen und Edelsteinen. **75r - 78r** Jacobus Magdalius Gaudensis, *In laudem Divi Solomones hecatostichon. S(INT LICET ORA MIHI CENtum)*: Goldgefaßte Perlen in Form von Eicheln; endend . . . *ductus amore tui.* **78v** Leer. **79r - 119r** Titelzierseite. Johannes Cincinnius (Kruyshaer): *Macchabaeorum Martyrum agones.* **79v - 81v** Einleitender Brief an Äbtissin und Nonnen des Makkabäerklosters (31. März 1520) *H(AUD FACILE DIXERIM).* **81v - 82v** Quellenverzeichnis (Namen der Heiligen, Väter und Autoren, die in ihren Schriften das Martyrium der Makkabäer behandeln): zwei Zierfelder, oben gold-rot diagonal gestreift

107 Dom Hs. 271, 83r/144v

mit Streublumen auf goldenen Streifen und goldgefaßten Edelsteinen und Perlen auf den roten Streifen, unten Streublumen und Vogel. **83r-84r** Vorwort *G(LORIOSISSIMORUM septem fratrum)*: Engel. **84r-118v** Makkabäerlegende in siebzehn Kapiteln *Ante salutiferum – peragendum transtulit*: Zierleiste mit goldgehöhter Ranke. **118v-119r** Epilog, in dem Cincinnius dieser Text den Benediktinerinnen widmet *H(Abetis ecce, virgines optimae)*: Pfau; rotes Zierfeld mit goldgehöhter Ranke. **119r-121v** Zierseite. Johannes Cincinnius, Brief an Helias Mertz vom 31. März 1520 (Begleitschreiben zu einigen dem Empfänger zugesandten Werken). Er erwähnt darin unter anderem einen Reliquienschrein (*arca seu capsa*), den Mertz für die Makkabäergebeine plant, und ermutigt ihn in diesem Vorhaben. *N(ON TE PRAETERIT)*: Rotes Zierfeld mit goldenen Sternen und dem Wappen des Helias Mertz mit Helm und Mond als Helmzier, vom Wappen spiegelsymmetrisch ausgehend Akanthusranken. **122r-144v** Ortwinus Gratius Daventriensis, Brief an die Benediktinerinnen des Kölner Makkabäerklosters, in dem er ihnen die Klostergründungsgeschichte anhand der ihm von Mertz zur Verfügung gestellten Dokumente darlegt (1524). *S(EPTEM FRATRUM MACAbaeorum – sed mutuiter amate)*: Zierfeld mit an einem Baum hängenden Wappen- und Monogrammschildern des Helias Mertz. **145r/v** Abschrift der Urkunde des Erzbischofs Philipp von Heinsberg (1167-1191) zugunsten des Klosters SS. Maccabaeorum in Köln (April 1178): dem Kloster wird eine Kapelle auf dem *ager Ursulanum* übertragen (Knipping, op. cit. II, 1101). **145v** Abschrift der Urkunde des Erzbischofs Johannes von Mytilene über die Konsekration dieser Klosterkirche (25. September 1228). **146r/v** Leer.

PERGAMENT: 146 Blätter (ohne die beiden Spiegelblätter); 281 x 201 mm; Lagen 1^{8} (1. Blatt = Spiegelblatt), 2^{2+2}, $3\text{-}12^{6}$, $13\text{-}14^{6+1}$, $15\text{-}16^{6}$, 17^{6+1}, $18\text{-}19^{6}$, 20^{4+1}, $21\text{-}24^{6}$, 25^{2} (letztes Blatt = Spiegelblatt); z. T. Buchstabenreklamanten (1. oder 3. Blatt der Lage: *a.e.f.g.h.l.*); Schriftspiegel 193 x 127 mm; Liniierung mit dunkelroter Tinte; einspaltig; 20 Zeilen. AUSSTATTUNG: Lateinischer Text in schwarzer humanistischer Minuskel, rubriziert; Textmajuskeln: Mischtyp zwischen Lombarde und Capitalis, gestrichelte Capitalis; gerahmte Blattgoldinitialen: Capitalis Quadrata; einzeilige Textmajuskeln in Rot und Blau; einzeilige Textmajuskeln bzw. Paragraphenzeichen in Gold mit rotem oder blauem Fleuronnée; zwei- und mehrzeilige Goldinitialen auf farbigem gerahmten Grund (Blau, Grün, Violett) mit Vermiculé in Weiß, Silber oder Gold, z. T. mit Früchten, Blüten oder Edelsteinen; große historisierte Goldinitialen auf gerahmtem farbigen Grund; farbige Zierleisten und -felder mit vergoldeter Ornamentierung, Blumen, Tieren, Früchten, Edelsteinen und Wappen; drei Miniaturen mit goldgrundigen Streublumenrahmen (3v, 7v, 39r); Eingangszierseite mit dreiseitig umlaufender Bordüre mit Vögeln, Blumen und einem

Wappen auf goldenem und rotem Grund. EINBAND: Kalbleder mit Blindprägung über Holz; zwei Rollenstempel: 1. Kandelaberrolle mit Engelskopf, darunter Marke I.B. (Werkstatt des Meisters I.V.B.); 2. Blütenspirale mit Blüten von 3-6 Blättern (vgl. Schunke 1969, S. 369, Nr. 2 und S. 370, Nr. 18); Rahmung aus dreifacher breiter Streicheisenliniierung; ehem. Eck- und Mittelbeschläge sowie Schließen (1. Hälfte 16. Jh.); laut Rechnungsbuch des Makkabäerklosters (Historisches Archiv der Stadt Köln: GA 160, fol. 41) ließ der Nachfolger des Helias Mertz einen Samtbezug mit Silberbeschlägen anfertigen (verloren). PROVENIENZ: In Auftrag gegeben von dem Rektor des Kölner Benediktinerinnenklosters SS. Maccabaeorum Helias Mertz; später im Besitz des Erzbischofs von Köln Ferdinand August von Spiegel; alte Signatur: M.S. XVI. LITERATUR: Heusgen 1933, S. 26f. – Kdm Köln 1/III, 1937, S. 385, Nr. 16 – Kdm Köln 2/III, 1938, S. 253 – A. von Euw, Die Makkabäerbrüder. Spätjüdische Märtyrer der christlichen Heiligenverehrung, in: Monumenta Judaica. 2000 Jahre Geschichte und Kultur der Juden am Rhein, Bd. I, Köln 1 1963, S. 782ff. – Herbst des Mittelalters 1970, S. 80, Nr. 109, S. 118, Nr. 243 (J.M. Fritz) – R. Hirner, Der Makkabäerschrein in St. Andreas zu Köln, Diss. Bonn 1970, S. 27ff. – Schulten 1980, S. 127, Nr. 108 – Schönartz 1985, S. 45f. – M. Grams-Thieme, Der Makkabäerschrein, in: Colonia Romanica 5 (1990), S. 106 – Handschriftencensus 1993, S. 706ff., Nr. 1197 – W. Schmid, Stifter und Auftraggeber im spätmittelalterlichen Köln, Köln 1994 (Veröffentlichungen des Kölnischen Stadtmuseums 11), S. 123, 202 – I. Schulte, Kölner Tüchleinmalerei: Technologische, quellengeschichtliche und kunsthistorische Studien zu Kölner Tüchleinbildern der Zeit um 1450 bis um 1500, Diss. Bonn 1995, S. 150ff. – U. Rautenberg, Überlieferung und Druck. Heiligenlegenden aus frühen Kölner Offizien, Tübingen 1996 (Frühe Neuzeit 30), S. 231ff. – U. Rautenberg, Stifterwille und Gebrauchskontext. Zur Gleichzeitigkeit von Handschrift und Druck im ersten Viertel des 16. Jahrhunderts in Köln, in: K. Grubmüller (Hg.), Die Gleichzeitigkeit von Handschrift und Buchdruck im 15. und 16. Jahrhundert, Wolfenbüttel (in Vorbereitung).

J.C.G.

Ein andermal geschah es, daß man sieben Brüder mit ihrer Mutter festnahm. Der König wollte sie zwingen, entgegen dem göttlichen Gesetz Schweinefleisch zu essen, und ließ sie darum mit Geißeln und Riemen peitschen. Einer von ihnen ergriff für die andern das Wort und sagte: Was willst du uns fragen und von uns wissen? Eher sterben wir, als daß wir die Gesetze unserer Väter übertreten. Da wurde der König zornig und befahl, Pfannen und Kessel heiß zu machen. Kaum waren sie heiß geworden, ließ er ihrem Sprecher die Zunge abschneiden, ihm nach Skythenart die Kopfhaut abziehen und Nase, Ohren, Hände und Füße stückweise abhacken. Dabei mußten die anderen Brüder und die Mutter zuschauen. Den gräßlich Verstümmelten, der noch atmete, ließ er ans Feuer bringen und in der Pfanne braten. Während sich der Dunst aus der Pfanne nach allen Seiten verbreitete, sprachen sie und ihre Mutter einander Mut zu, in edler Haltung zu sterben. Sie sagten: Gott der Herr schaut auf uns, und gewiß hat er Erbarmen mit uns. Denn so hat es Mose klar gesagt in dem Lied, in dem er öffentlich das Volk anklagte: Und er wird mit seinen Dienern Erbarmen haben.
Als der erste der Brüder auf diese Weise gestorben war, führten sie den zweiten zur Folterung. Nach ihm folterten sie den dritten … Als er tot war, quälten und mißhandelten sie den vierten genauso … Anschließend nahmen sie sich den fünften vor und mißhandelten ihn … Nach ihm holten sie den sechsten … Nun war nur noch der Jüngste übrig. Auf ihn redete der König nicht nur mit guten Worten ein, sondern versprach ihm unter vielen Eiden, ihn reich und sehr glücklich zu machen, wenn er von der Lebensart seiner Väter abfalle; auch wolle er ihn zu seinem Freund machen und ihn mit hohen Staatsämtern betrauen. Als der Junge nicht darauf einging, rief der König die Mutter und redete ihr zu, sie solle dem Knaben doch raten, sich zu retten. Erst nach langem Zureden willigte sie ein, ihren Sohn zu überreden. Sie beugte sich zu ihm nieder, und den grausamen Tyrannen verspottend, sagte sie in ihrer Muttersprache: Mein Sohn, hab Mitleid mit mir! Neun Monate habe ich dich in meinem Leib getragen, ich habe dich drei Jahre gestillt, dich ernährt, erzogen und für dich gesorgt, bis du nun so groß geworden bist. Ich bitte dich, mein Kind, schau dir den Himmel und die Erde an; sieh alles, was es da gibt, und erkenne: Gott hat das aus dem Nichts erschaffen, und so entstehen auch die Menschen. Hab keine Anst vor diesem Henker, sei deiner Brüder würdig, und nimm den Tod an! Dann werde ich dich zur Zeit der Gnade mit deinen Brüdern wiederbekommen. Kaum hatte sie aufgehört, da sagte der Junge: Auf wen wartet ihr? Dem Befehl des Königs gehorche ich nicht; ich höre auf den Befehl des Gesetzes, das unseren Vätern durch Mose gegeben wurde. Du aber, der sich alle diese Bosheiten gegen die Hebräer ausgedacht hat, du wirst Gottes Händen nicht entkommen. … Unsere Brüder sind nach kurzem Leiden mit der göttlichen Zusicherung ewigen Lebens gestorben; du jedoch wirst beim Gericht Gottes die gerechte Strafe für deinen Übermut zahlen. … Da wurde der König zornig und verfuhr mit ihm noch schlimmer als mit den anderen – so sehr hatte ihn der Hohn verletzt. Auch der Jüngste starb also mit reinem Herzen und vollendetem Gottvertrauen. Zuletzt starb nach ihren Söhnen die Mutter.
3r (2 Makk 7,1-42)

107 Dom Hs. 271, 118v

Literaturverzeichnis

AaKbll
Aachener Kunstblätter, Aachen 1906 ff.

AdG
Archiv der Gesellschaft für ältere deutsche Geschichtskunde zur Beförderung einer Gesamtausgabe der Quellenschriften deutscher Geschichten des Mittelalters, Frankfurt a. M. 1819-1822, Hannover 1823-1873/74

Adipl
Archiv für Diplomatik, Schriftgeschichte, Siegel- und Wappenkunde, Münster/Köln 1955 ff.

AGB
Archiv für Geschichte des Buchwesens, Frankfurt a. M. 1958 ff.

AHC
Annuarium Historiae Conciliorum, Amsterdam u.a. 1969 ff.

AHVN
Annalen des Historischen Vereins für den Niederrhein, Köln 1855 ff.

AKathKR
Archiv für katholisches Kirchenrecht, Mainz 1857 ff.

Alw
Archiv für Liturgiewissenschaft, Maria Laach 1950 ff.

AMRhKG
Archiv für mittelrheinische Kirchengeschichte, Speyer u.a. 1949 ff.

Andrieu
M. Andrieu, Les Ordines Romani du haut moyen âge I: Les manuscrits, Louvain 1931 (Spicilegium sacrum Lovaniense 11)

Beissel 1967
S. Beissel, Entstehung der Perikopen des Römischen Messbuches. Zur Geschichte der Evangelienbücher in der 1. Hälfte des Mittelalters, [Freiburg/Br. 1907] Rom 1967

Bernward 1993
M. Brandt/ A. Eggebrecht (Hgg.), Bernward von Hildesheim und das Zeitalter der Ottonen, Ausst. Kat. Hildesheim 1993

Beuckers 1998
K.G. Beuckers, Köln: Die Kirchen in gotischer Zeit. Zur spätmittelalterlichen Sakralbautätigkeit an den Kloster-, Stifts- und Pfarrkirchen in Köln, Köln 1998 (Stadtspuren 24)

BGL
P. Wirth/ W. Gessel (Hgg.), Bibliothek der griechischen Literatur, Stuttgart 1971 ff.

BHL
Bibliotheca hagiographica latina antiquae et mediae aetatis, hg. von den Socii Bollandiani, Bd. I-II, Brüssel 1898-1901, Suppl. 1911

Bischoff 1966
B. Bischoff, Die Kölner Nonnenhandschriften und das Skriptorium von Chelles, in: Bischoff, Studien I 1966 [1957], S. 16 ff.

Bischoff 1989
B. Bischoff, Die Abtei Lorsch im Spiegel ihrer Handschriften, Lorsch [1977] 1989[2]

Bischoff I 1974/II 1980
B. Bischoff, Die südostdeutschen Schreibschulen und Bibliotheken in der Karolingerzeit, Bd. I/II, Wiesbaden [1940] 1974[3]/1980

Bischoff, Hofbibliothek 1981
B. Bischoff, Die Hofbibliothek Karls des Großen, in: Bischoff, Studien III 1981 [1964], S. 149 ff.

Bischoff, Panorama 1981
B. Bischoff, Panorama der Handschriftenüberlieferung aus der Zeit Karls des Großen, in: Bischoff, Studien III 1981 [1965], S. 5 ff.

Bischoff, Studien I 1966/II 1967/III 1981
B. Bischoff, Mittelalterliche Studien. Ausgewählte Aufsätze zur Schriftkunde und Literaturgeschichte, Bd. I-III, Stuttgart 1966-1981

BJ
Bonner Jahrbücher des Rheinischen Landesmuseums in Bonn und des Vereins von Altertumsfreunden im Rheinlande, Bonn 1842 ff.

Bloch/ Schnitzler I 1967/II 1970
P. Bloch/ H. Schnitzler, Die ottonische Kölner Malerschule, Bd. I/II, Düsseldorf 1967/1970

BMC
Catalogue of books printed in the XVth century, now in the British Museum, Bd. I-X, London 1908-1971, ND Bd. I-VIII, 1963

Brack 1973
R. Brack, Die Bibliothek des Kölner Erzbischofs Ferdinand August Graf Spiegel (1764-1835). Hausarbeit zur Prüfung für den höheren Dienst an wissenschaftlichen Bibliotheken, Bibliothekar-Lehrinstitut des Landes NRW, Köln 1973 (Ms.)

von den Brincken 1968
A.-D. von den Brincken, Die Totenbücher der stadtkölnischen Stifte, Klöster und Pfarreien, in: JbKGV 42 (1968), S. 137 ff.

De Bruyne
D. De Bruyne, Préfaces de la Bible latine, Namur 1920

BSADL
Bulletin de la société d'art et d'histoire du diocèse de Liège, Lüttich 1881 ff.

CCL
Corpus Christianorum. Series Latina, Turnhout 1953 ff.

CCM
Corpus Christianorum continuatio mediaevalis, Turnhout 1966 ff.

Chroust
A. Chroust, Monumenta palaeographica. Denkmäler der Schreibkunst des Mittelalters. Schrifttafeln in lateinischer und deutscher Sprache, Ser. 1/ 2/ 3 Leipzig 1897 ff./ 1909 ff./ 1927 ff.

CLA
E.A. Lowe (Hg.), Codices latini antiquiores, Bd. I-XI, [Oxford 1934-1966, Bd. XII Osnabrück 1982] ND Osnabrück 1982-1988

CLLA
K. Gamber, Codices Liturgici Latini Antiquiores, Fribourg 1968 (Spicilegii Friburgensis Subsidia I, 1)

Collegeville 1995
Catalogue of the Manuscripts at the Library of the Diocese and Cathedral of Cologne, Collegeville 1995 (Ms.)

CPG
M. Geerard (Hg.), Clavis Patrum Graecorum, Turnhout 1974

CPL
E. Dekkers u.a. (Hgg.), Clavis Patrum Latinorum, [Steenbrugis 1951] Brügge 1961 (Sacris erudiri 3)

CPPM
I. Machielsen (Hg.), Clavis Patristica Pseudepigraphorum Medii Aevi, Bd. I/II: Opera homiletica, Turnhout 1990

CR
Colonia Romanica. Jahrbuch des Fördervereins Romanische Kirchen e.V., Köln 1986 ff.

CSEL
Corpus scriptorum ecclesiasticorum Latinorum Academiae Vindobonensis, Wien 1866 ff.

DA
Deutsches Archiv für Geschichte des Mittelalters, Weimar 1937-1944/Deutsches Archiv für Erforschung des Mittelalters, Köln u. a. 1951 ff.

DACL
F. Cabrol/ H. Leclercq (Hgg.), Dictionnaire d'archéologie chrétienne et de liturgie, Bd. 1-15, Paris 1907-1953

Decker 1895
A. Decker, Die Hildebold'sche Manuskriptensammlung des Kölner Domes, in: Festschrift der 43. Versammlung deutscher Philologen und Schulmänner, Bonn 1895, S. 217 ff.

DJ
Düsseldorfer Jahrbuch, Düsseldorf 1913/ 14 ff.

Drobner 1994
H.R. Drobner, Lehrbuch der Patrologie, Freiburg i. Br. u. a. 1994

DSAM
M. Viller (Hg.), Dictionnaire de spiritualité ascétique et mystique. Doctrine et histoire, Paris 1932 ff.

Dümmler 1876
E. Dümmler (Hg.), Cölner Bücherkatalog, in: ZDA 19, N.F. 7 (1876), S. 466 f.

Ehl 1922
H. Ehl, Die ottonische Kölner Buchmalerei, Bonn/Leipzig 1922

EHR
English Historical Review, London 1886 ff.

von Euw, Evangelien 1989
A. von Euw, Das Buch der vier Evangelien. Kölns karolingische Evangelienbücher, Köln 1989 (Kölner Museumsbulletin, Sonderheft 1989, 1)

von Euw, Pfäfers 1989
A. von Euw, Liber Viventium Fabariensis. Das karolingische Memorialbuch von Pfäfers in seiner liturgie- und kunstgeschichtlichen Bedeutung, Bern/ Stuttgart 1989 (Studia Fabariensia 1)

Finsterwalder 1929
P.W. Finsterwalder, Die Canones Theodori Cantuariensis und ihre Überlieferungsformen, Weimar 1929 (Untersuchungen zu den Bußbüchern des 7., 8. und 9. Jahrhunderts 1)

Fischer 1988-1991
B. Fischer, Die lateinischen Evangelien bis zum 10. Jahrhundert, Bd. I-IV, Freiburg 1988-1991 (Vetus Latina 13, 15, 17, 18)

FMASt
Frühmittelalterliche Studien. Jahrbuch des Instituts für Frühmittelalterforschung der Universität Münster, Berlin 1967 ff.

Förster 1916
H.P. Förster, Die Abkürzungen in den Kölner Handschriften der Karolingerzeit, Tübingen 1916

Frenken 1868
J.W. Frenken, Das Schicksal der im Jahre 1794 über den Rhein geflüchteten Wertgegenstände des Cölner Domes, insbesondere die Zurückführung der Manuscripten-Bibliothek, Köln/Neuss 1868

Frenken 1923
G. Frenken, Zu dem Kataloge der Dombibliothek von 833, in: Löffler 1923, S. 53 f.

Frenken 1930
G. Frenken, Die Kölner Domschule im Mittelalter, in: Der Dom zu Köln, Köln 1930 (Veröffentlichungen des Kölnischen Geschichtsvereins 5), S. 237 ff.

GIF
Giornale italiano di filologia, Neapel 1948 ff.

GL
H. Keil (Hg.), Grammatici latini, Bd. Iff., Hildesheim [1880] 1961

Glorieux I 1933/ II 1934
P. Glorieux, Répertoire des maîtres en théologie de Paris au XIIIe siècle, Bd. I/II, Paris 1933/ 1934 (Études de philosophie médiévale 17/ 18)

Goff
F.R. Goff, Incunabula in American Libraries. A Third Census of fifteenth century books recorded in North American collections, New York [1964] 1973, Suppl. 1972

GW
Gesamtkatalog der Wiegendrucke, Leipzig/ Stuttgart 1925 ff.

GW, Einblattdrucke
Einblattdrucke des XV. Jahrhunderts. Ein bibliographisches Verzeichnis, Halle 1914 (Sammlung bibliothekswissenschaftlicher Arbeiten 35/36)

Haas 1866
J. B. Haas, Die Kölner Dombibliothek, in: KDB (1866), Nr. 259 und 260

Haebler 1968
K. Haebler, Rollen- und Plattenstempel des XVI. Jahrhunderts. Bd. I/ II [Leipzig 1928-1929] ND Wiesbaden 1968 (Sammlung bibliothekswissenschaftlicher Arbeiten 41/ 42)

Handbuch des Erzbistums Köln, 23. August 1933, S. 61

Handschriftencensus 1993
G. Gattermann (Hg.), Handschriftencensus Rheinland, Bd. II, Wiesbaden 1993

Hartzheim 1752
J. Hartzheim, Catalogus historicus criticus codicum mss. bibliothecae ecclesiae metropolitanae Coloniensis, Köln 1752

HC
W.A. Copinger, Supplement to Hain's Repertorium bibliographicum, Bd. I/II, London 1895-1902

Heinrich der Löwe 1995
J. Luckhardt/F. Niehoff (Hgg.), Heinrich der Löwe und seine Zeit. Herrschaft und Repräsentation der Welfen 1125-1235, Bd. I-IV, Ausst. Kat. Braunschweig, München 1995

Herbst des Mittelalters 1970
Herbst des Mittelalters. Spätgotik in Köln und am Niederrhein, Ausst. Kat. Köln 1970

Hesbert
R.-J. Hesbert, Antiphonale missarum sextuplex, [Brüssel 1935] ND Freiburg 1967

Heusgen 1933
P. Heusgen, Der Gesamtkatalog der Handschriften der Kölner Dombibliothek, in: JbKGV 15 (1933), S. 1 ff.

Heusgen, Dombibliothek 1933
P. Heusgen, Die Kölner Dombibliothek: Christi Reich auf Erden, München 1933, S. 383

Heusgen 1937
P. Heusgen, Die Erzdiözesan- und Dombibliothek in Köln, in: Beiheft zum Bücherwurm 22 (1937), Heft 9, S. 7

Himmel Hölle Fegefeuer 1994
P. Jezler (Bearb.), Himmel Hölle Fegefeuer. Das Jenseits im Mittelalter, Ausst. Kat. Zürich/Köln, Zürich 1994

Hoffmann 1986
H. Hoffmann, Buchkunst und Königtum im ottonischen und frühsalischen Reich, Bd. I-II, Stuttgart 1986 (Schriften der MGH 30)

Hollstein, German Engravings
F.W.H. Hollstein, Hollstein's German engravings, etchings and woodcuts: ca. 1400-1700, Amsterdam u. a. (o.J.)

HR
D. Reichling, Appendices ad Haini-Copingeri Repertorium bibliographicum, Bd. I-VI, München 1905-1914

IDDK
R.F. Lenz (Bearb.)/ J.A. Cervelló-Margalef (Hg.), Inkunabelkatalog der Erzbischöflichen Diözesan- und Dombibliothek Köln, Köln 1997

Jaffé/ Wattenbach 1874
Ph. Jaffé/W. Wattenbach, Ecclesiae metropolitanae Coloniensis codices manuscripti, Berlin 1874

Jaffé/ Wattenbach 1885
Ph. Jaffé/ W. Wattenbach (Hgg.), Regesta pontificum Romanorum: ab condita ecclesia ad annum post Christum MCXCVIII, Bd. I [Berlin 1851] Leipzig 18852, Bd. II 1888

JBAA
Journal of the British Archaeological Association, London, 3. Ser. 1937 ff.

JbKGV
Jahrbuch des Kölnischen Geschichtsvereins, Köln 1912 ff.

Jeffré 1984
I. Jeffré, Die Kölner Dombibliothek und Domschule im 11. Jahrhundert, Bonn 1984 (Ms.)

Jeffré 1991
I. Jeffré, Handschriftliche Zeugnisse zur Geschichte der Kölner Domschule im 10. und 11. Jahrhundert, in: Theophanu 1991 I, S. 165 ff.

JKW
Jahrbuch für Kunstwissenschaft, Leipzig 1923-1930

Jones 1929
L. Webber-Jones, Cologne MS. 106: A Book of Hildebald, in: Speculum. A Journal of Medieval Studies 4 (1929), S. 52 ff.

Jones 1939
C.H.W. Jones, Bedea Pseudepigrapha. Scientific Writings Falsely Attributed to Bede, Ithaca u. a. 1939

Jones 1971
L. Webber-Jones, The Script of Cologne from Hildebald to Hermann [Cambridge (Mass.) 1932] ND New York 1971 (The Medieval Academy of America 10)

JTS
Journal of Theological Studies, London 1899 ff., N.S. 1950 ff.

JVAFR
Jahrbücher des Vereins von Altertumsfreunden im Rheinland, Bonn 1842-1894

Karl der Große 1965
Karl der Große. Werk und Wirkung, Ausst. Kat. Aachen 1965

KDB
Kölner Domblatt. Jahrbuch des Zentral-Dombau-Vereins, Köln 1842 ff.

Kdm Köln 1/III, 1938
P. Clemen (Hg.), Der Dom zu Köln, Düsseldorf [1937] 1938[2] (Die Kunstdenkmäler der Rheinprovinz 1/III)

Kdm Köln 2/I, 1911
P. Clemen (Hg.), Die kirchlichen Denkmäler der Stadt Köln, Düsseldorf 1911 (Die Kunstdenkmäler der Rheinprovinz 2/I)

Kdm Köln 2/III, 1937
P. Clemen (Hg.), Die ehemaligen Kirchen, Klöster, Hospitäler und Schulbauten der Stadt Köln, Düsseldorf 1937 (Die Kunstdenkmäler der Rheinprovinz 2/III)

Kirschbaum 1972
J. Kirschbaum, Liturgische Handschriften aus dem Kölner Fraterhaus St. Michael am Weidenbach und ihre Stellung in der Kölner Buchmalerei des 16. Jahrhunderts, Bonn 1972

Klauser 1972
T. Klauser, Das römische Capitulare Evangeliorum. Texte und Untersuchungen zu seiner ältesten Geschichte, Bd. I: Typen, Münster 1972[2] (Liturgiewissenschaftliche Quellen und Forschungen 28)

Knaus 1961/ 62
H. Knaus, Handschriften aus dem Kölner Dom in Darmstadt, in: KDB 20 (1961/62), S. 127 ff.

Knaus 1976
H. Knaus, Handschriften aus dem Kölner Dom in Darmstadt. 2. Folge: Der Origenescodex Hs 701, in: KDB 41 (1976), S. 225 ff.

Knust 1843
H.F. Knust, Handschriften der Großherzoglichen Bibliothek Darmstadt, in: AdG 8 (1843), S. 617 ff.

Kottje 1980
R. Kottje, Die Bußbücher Halitgars von Cambrai und des Hrabanus Maurus. Ihre Überlieferung und ihre Quellen Berlin/New York 1980 (Beiträge zur Geschichte und Quellenkunde des Mittelalters 8)

Kottje 1991
R. Kottje, Schreibstätten und Bibliotheken in Köln Ende des 10. Jahrhunderts, in: Theophanu 1991, I, S. 153 ff.

Kyriß
E. Kyriß, Verzierte gotische Einbände im alten deutschen Sprachgebiet, Textbd., Tafelbde. I-III, Stuttgart 1951-1958

Lambert
B. Lambert, Bibliotheca Hieronymiana Manuscripta, Bd. I-IV, Steenbrugge 1969-1972

Lehmann 1908
P. Lehmann, Erzbischof Hildebald und die Dombibliothek von Köln, in: ZBW 25 (1908), S. 153 ff. (Wiederabdruck in: P. Lehmann, Erforschung des Mittelalters, Bd. II, Stuttgart 1959, S. 139 ff.)

Lehmann 1994
C.-M. Lehmann, Das Schicksal der Kölner Dombibliothek (1794-1867), in: Zuflucht 1994, S. 153 ff.

LexMA
Lexikon des Mittelalters, München/Zürich 1977 ff.

Lindsay 1911
W.M. Lindsay, Isidori Hispalensis episcopi etymologiarum sive originum libri XX, Oxford [1911] 1971

Löffler 1923
K. Löffler, Kölnische Bibliotheksgeschichte im Umriss, Köln 1923

Lowe s. CLA

Maassen 1870
F. Maassen, Geschichte der Quellen und der Literatur des canonischen Rechts im Abendlande bis zum Ausgang des Mittelalters, Bd. I, Graz u. a., 1870

Making of England 1991
L. Webster/J. Backhouse (Hgg.), The Making of England. Anglo-Saxon art and culture AD 600-900, Ausst. Kat. London 1991

Mansi
J.D. Mansi, Sacrorum conciliorum nova et amplissima collectio, Bd. I-XIII, Florenz 1759-1767, Bd. XIV-XXXIB, Venedig 1769-1798

Martin de Tours 1994
J.-P. Delville (Bearb.), Martin de Tours. Du légionnaire au saint, Ausst. Kat. Lüttich 1994

Mayr-Harting, 1992
H. Mayr-Harting, Ruotger. The Life of Bruno and Cologne Cathedral Library, in: L. Smith/B. Ward (Hgg.), Intellectual Life in the Middle Ages. Essays presented to Margaret Gibson, London/Rio Grande (Ohio) 1992

MGH
Monumenta Germaniae Historica inde ab a.C. 500 usque ad a. 1500, Hannover u. a. 1826 ff.

MGH AA
MGH Scriptores. Auctores antiquissimi, Bd. I-XV

MGH Epp. Greg.
MGH Epistolae. Gregorii papae registrum epistolarum, Bd. I-II

MGH Epp. Karol.
MGH Epistolae Karolini aevi, Bd. I ff

MGH PP
MGH Antiquitates. Poetae latini medii aevi, Bd. I-VI

MGH SS
MGH Scriptores, Bd. I-XXXII

MIÖG
Mitteilungen des Instituts für österreichische Geschichtsforschung, Innsbruck 56 ff. (1948 ff.)

MNAW.L
Mededelingen der Koninklijke Nederlandse akademie van wetenschappen. Afdeling letterkunde, Amsterdam, 1855 ff., N.S. 1938 ff.

Monumenta Annonis 1975
A. Legner (Hg.), Monumenta Annonis. Köln und Siegburg. Weltbild und Kunst im Hohen Mittelalter, Ausst. Kat. Köln 1975

Mordek 1975
H. Mordek, Kirchenrecht und Reform im Frankenreich: die Collectio Vetus Gallica, die älteste systematische Kanonessammlung des fränkischen Gallien. Studien und Edition Berlin/ New York 1975 (Beiträge zur Geschichte und Quellenkunde des Mittelalters 1)

MüJb
Münchner Jahrbuch der bildenden Kunst, München 1906 ff., N.F. 1924 ff., 3. F. 1950 ff.

NA
Neues Archiv der Gesellschaft für ältere deutsche Geschichtskunde, Hannover 1876-1935

NKJ
Nederlands kunsthistorisch jaarboek, 's-Gravenhage 1947 ff.

NRHDF
Nouvelle revue historique de droit français et étranger, Paris 1877-1921

Ornamenta 1985
A. Legner (Hg.), Ornamenta Ecclesiae. Kunst und Künstler der Romanik, Bd. I-III, Ausst. Kat. Köln 1985

PG
J.P. Migne (Hg.), Patrologia Graeca, Bd. 1-161, Paris 1857-1866

Pape 1835
F.F. Pape, Catalogus realis Bibliothecae Archiepiscopalis Coloniensis a Ferdinando Augusto Comite de Spiegel in Desenberg & Canstein, Archiepiscopo Coloniensi, fundata, Köln 1835 (= Dom Hs. 324)

PGRGK
Publikationen der Gesellschaft für rheinische Geschichtskunde, Bonn 1884 ff.

PL
J.P. Migne (Hg.), Patrologia Latina, Bd. 1-221, Paris [1844-1864], 1866-18992

Plotzek 1973
J.M. Plotzek, Zur rheinischen Buchmalerei im 12. Jahrhundert, in: Rhein und Maas II 1973, S. 305 ff.

RBAHA
Revue belge d'archéologie et d'histoire de l'art, Antwerpen 1931 ff.

RechAug
Recherches Augustiniennes, Paris 1958 ff.

RevBén
Revue Bénedictine, Abbaye de Maredsous 1884 ff.

RevCelt
Revue Celtique, Paris 1870 ff.

Rhein und Maas I 1972/II 1973
Rhein und Maas. Kunst und Kultur 800-1400, Bd. I/II, Ausst.Kat. Köln 1972/1973

RhVjBll
Rheinische Vierteljahresblätter. Mitteilungen des Instituts für geschichtliche Landeskunde der Rheinlande an der Universität Bonn, Bonn 1931-1942, 1948 ff.

de Ricci 1911
S. de Ricci, Catalogue raisonné des premières impressions de Mayence (1445-1467), Mainz 1911 (Veröffentlichungen der Gutenberg-Gesellschaft 8-9)

RKW
Repertorium für Kunstwissenschaft, Berlin u. a. 1876-1931

RQ
Römische Quartalsschrift für christliche Altertumskunde und für Kirchengeschichte, Freiburg i. Br., 1887-1942, 1953 ff.

RThAM
Recherches de théologie ancienne et médiévale, Louvain 1929-1940, 1946 ff.

Salier 1992
Das Reich der Salier 1024-1125, Ausst. Kat. Speyer, Sigmaringen 1992

SC
H. de Lubac/J. Daniélou (Hgg.), Sources chrétiennes, Paris 1913 ff.

Schaller/ Könsgen
D. Schaller/ E. Könsgen (Bearb.), Initia carminum Latinorum saeculo undecimo antiquiorum. Bibliographisches Repertorium für die lateinische Dichtung der Antike und des frühen Mittelalters, Göttingen 1977

Schanz/ Hosius 1959
M. Schanz/C. Hosius, Geschichte der römischen Literatur bis zum Gesetzgebungswerk des Kaisers Justinian, Bd. I-IV, [München 1890-1920] ND 1959-1980 (Handbuch der Altertumswissenschaft 8)

Schmitz 1983
W. Schmitz, Zur Erklärung der tironischen Noten in Handschriften der Kölner Dombibliothek, in: NA 11 ([1886] ND 1983), S. 110 ff.

Schmitz 1985
W. Schmitz, Die mittelalterliche Bibliotheksgeschichte Kölns, in: Ornamenta 1985, II S. 137 ff.

Schneider 1988
N. Schneider, Die Diözesanbibliothek – ein unvergleichlicher Schatz, in: Köln (1988), H. 4, S. 14 ff.

Schneider 1993
N. Schneider, Erzbischöfliche Diözesan- und Dom-Bibliothek, in: Handbuch der historischen Buchbestände in Deutschland, Bd. IV: Nordrhein-Westfalen. K-Z, Hildesheim u. a. 1993, S. 100 ff.

Schnitzler I 1957/II 1959
H. Schnitzler, Rheinische Schatzkammer, Bd. I/II, Düsseldorf 1957/1959

Schönartz 1973
W. Schönartz, Zur Geschichte und Benutzbarkeit der Handschriftensammlung des Kölner Doms, in: Bulletin of Medieval Canon Law N. S. 3 (1973), S. 144 ff.

Schönartz 1985
W. Schönartz (Hg.), Die Erzbischöfliche Diözesan- und Dom-Bibliothek zu Köln. Festschrift zur Einweihung des Neubaus der Bibliothek am 10. November 1983, Köln 1985

Schreibkunst 1994
J. Kirchmeier u.a. (Hgg.), Schreibkunst. Mittelalterliche Buchmalerei aus dem Kloster Seeon, Ausst. Kat. Kloster Seeon, Regensburg 1994 (Veröffentlichungen zur Bayerischen Geschichte und Kultur 28/94)

Schulten 1978
W. Schulten, Kostbarkeiten in Köln, Köln 1978

Schulten 1980
W. Schulten, Der Kölner Domschatz, Köln 1980

Schunke 1969
I. Schunke (Hg.), Beiträge zum Rollen- und Platteneinband im 16. Jahrhundert. Konrad Haebler zum 80. Geburtstag am 29. Oktober 1937 gewidmet, [Leipzig 1937] ND Wiesbaden 1969 (Sammlung bibliothekswissenschaftlicher Arbeiten 46)

Schunke I 1979
I. Schunke, Die Schwenke-Sammlung gotischer Stempel- und Einbanddurchreibungen nach Motiven geordnet und nach Werkstätten bestimmt und beschrieben, Bd. I: Einzelstempel, Berlin 1979 (Beiträge zur Inkunabelkunde 3, 7)

Schunke II 1996
I. Schunke/ K. Rabenau (Fortführung), Die Schwenke-Sammlung gotischer Stempel- und Einbanddurchreibungen nach Motiven geordnet und nach Werkstätten bestimmt und beschrieben, Bd. II: Werkstätten, Berlin 1996 (Beiträge zur Inkunabelkunde 3,10)

Scr
Scriptorium, Revue internationale des études relatives aux manuscrits, Antwerpen u.a.1946/47 ff.

SFGG
Spanische Forschungen der Görresgesellschaft, Münster o. J.

SMGB
Studien und Mitteilungen zur Geschichte des Benediktinerordens und seiner Zweige, St. Ottilien 1911-1967, München 1968 ff.

Stegmüller
F. Stegmüller, Repertorium biblicum medii aevi, Bd. I-XI, Madrid 1940(50)-1980

Strewe
A. Strewe (Hg.), Die Canonessammlung des Dionysius Exiguus in der ersten Redaktion, Berlin/ Leipzig 1931 (Arbeiten zur Kirchengeschichte 16)

Theil 1989
Geschichtliche Entwicklung der Diözesanbibliothek bis 1958, Mag. Köln 1989 (Ms.)

Theil 1995
Die geschichtliche Entwicklung der Diözesanbibliothek Köln bis 1958, in: Bibliothek und Wissenschaft 28 (1995), S. 116 ff.

Theophanu 1991
A. von Euw/ P. Schreiner (Hgg.), Kaiserin Theophanu. Begegnung des Ostens und des Westens um die Wende des ersten Jahrtausends, Bd. I/II, Köln 1991

Thiel 1868
A. Thiel (Hg.), Epistolae Romanorum pontificum genuinae et quae ad eos scriptae sunt a S. Hilario usque ad Pelagium II., Bd. I, Braunsberg 1868

Thorndike/ Kibre
L. Thorndike/ P. Kibre, A Catalogue of Incipits of Mediaeval Scientific Writings in Latin, London 1963 (Mediaeval Academy of America 29)

TRE
G. Krause/ G. Müller (Hgg.), Theologische Realenzyklopädie, Berlin 1974 ff.

Turner
C. H. Turner (Hg.), Ecclesiae Occidentalis Monumenta Iuris Antiquissima, Bd. I-III, Oxford 1899-1939

Tusculum 1982
Tusculum-Lexikon griechischer und lateinischer Autoren des Altertums und des Mittelalters, München 1982[3]

VD 16
Verzeichnis der im deutschen Sprachbereich erschienenen Drucke des XVI. Jahrhunderts, hg. von der Bayer. Staatsbibliothek München in Verbindung mit der Herzog August Bibliothek in Wolfenbüttel, Bd. I/1-22, Bd. II/1 ff., Stuttgart 1983 ff.

VL
K. Ruh/ G. Keil u.a. (Hgg.), Die deutsche Literatur des Mittelalters. Verfasserlexikon, Berlin/ New York 1978 ff.

Vogel 1986
C. Vogel, Medieval Liturgy: An Introduction to the Sources, überarbeitet und übersetzt von W.G. Storey/ N.K. Rasmussen, Washington 1986

Vor Stefan Lochner 1974
G. Bott (Hg.), Vor Stefan Lochner. Die Kölner Maler von 1300-1430, Köln 1974.

Walther
H. Walther (Bearb.), Initia carminum ac versuum medii aevi posterioris latinorum. Alphabetisches Verzeichnis der Versanfänge mittellateinischer Dichtungen, Göttingen 1959; Ergänzungen und Berichtigungen, Göttingen 1969 (Carmina medii aevi posterioris latina 1)

Walther, Proverbia I-VIII
H. Walther, Proverbia sententiaeque latinitatis medii aevi. Lateinische Sprichwörter und Sentenzen des Mittelalters in alphabetischer Anordnung, Bd. I-VIII, Göttingen 1963-1983 (Carmina medii aevi posterioris latina 2)

Wasserschleben 1885
F.W.H. Wasserschleben (Hg.), Die irische Kanonensammlung, [Leipzig 1885[2]], ND Aalen 1966

Wasserschleben 1958
F.W.H. Wasserschleben, Die Bußordnungen der abendländischen Kirche, [Halle 1851] ND Graz 1958

Werdendes Abendland 1956
Werdendes Abendland an Rhein und Ruhr, Ausst. Kat. Essen 1956

Willibrord 1995
M. van Vlierden (Hg.), Willibrord en het begin van Nederland, Ausst. Kat. Utrecht 1995

WJKu
Wiener Jahrbuch für Kunstgeschichte, Wien 1921/22 (1923) ff.

WRJb
Wallraf-Richartz-Jahrbuch. Westdeutsches Jahrbuch für Kunstgeschichte, Köln 1924 ff.

Wurm
H. Wurm (Hg.), Decretales selectae ex antiquissimis Romanorum Pontificum epistulis decretalibus praemissa introductione et diquisitione critice editae, in: Apollinaris 12 (1939), S. 40 ff.

ZBW
Zentralblatt für Bibliothekswesen, Leipzig 1884-1944; 1947

ZChrK
A. Schnütgen (Hg.)/ F. Witte (Fortführung), Zeitschrift für christliche Kunst, Düsseldorf 1888-1921

ZDA
Zeitschrift für deutsches Altertum und deutsche Literatur, Wiesbaden u. a. 1841 ff.

ZDVKW
Zeitschrift des deutschen Vereins für Kunstwissenschaft, Berlin 1934-1943

Zechiel-Eckes 1992
K. Zechiel-Eckes, Die Concordia canonum des Cresconius. Studien und Edition, Frankfurt a.M./ u. a. 1992 (Freiburger Beiträge zur mittelalterlichen Geschichte 5)

Zimmermann 1916
E.H. Zimmermann, Die vorkarolingischen Miniaturen, Berlin 1916

ZK
Zeitschrift für Kunstgeschichte, Berlin/ München 1932 ff.

ZKG
Zeitschrift für Kirchengeschichte, Gotha/ Stuttgart 1876 ff.

ZRGKA/ ZSRG.K
Zeitschrift für Rechtsgeschichte. Kanonistische Abteilung, Weimar 1861-1878/ Zeitschrift der Savigny-Stiftung für Rechtsgeschichte. Kanonistische Abteilung, Weimar 1911-1944, 1947 ff.

Zuflucht 1994
M. Gosmann (Hg.), Zuflucht zwischen Zeiten. Kölner Domschätze ins Arnsberg, Ausst. Kat. Arnsberg 1994

Fett gesetzte Zahlen verweisen auf Katalognummern, normal gesetzte Zahlen auf Seiten. Bei den *kursiv* gesetzten Titeln handelt es sich um Textzitate.

Text- und Personenregister

Abaelard **47**, 42
Achen, Joannes **92**
Adalbert I., Erzbischof von Mainz 16
Adalbold, Bischof von Utrecht **71**, 31, 40
Adalung, Abt von Lorsch **28**
Adhortationes sanctorum patrum, s. Ermahnungen der Mönchsväter
Ad te manum meam **10**
Ad te surgo hominem **10**
Aeterni patris **60**
Agapit I., Papst **17**
Albertus Magnus **47**
Albertus subdecanus **25**
Albrecht III., Herzog von Österreich **106**
Alexander III., Papst **57**
Alexander von Hales **47**
Alfonsus Bonihominis, Bischof von Marokko **106**
Schreiben an Hugo magister **106**
Schreiben des Rabbi Samuel an Rabbi Isaak **106**
Alkuin von York, Abt von Tours **3, 23, 25, 39, 40, 53, 81**, 16, 19, 21, 24, 25, 41, 42
Schreiben an Oduin **21**
Schreiben an Gisela und Rotrud **39**
Dicta super genesim **53**
Kommentar zum Johannesevangelium **39**
Offiziumstexte für die Wochentage **40**
Altes Testament **1**
Alvoldus 31
Amalar, Erzbischof von Metz 30, 42
Ambrosiaster **32**, 27
Kommentar zu den Paulusbriefen **32**
Ambrosius, Bischof von Mailand **26, 31, 32, 39, 53, 107**, 23, 41
Schreiben über die Osterfestberechnung **24**
De lapsu Susannae, s. De lapsu Susannae
De officiis **53**
De S. Iacob et vita beata (Ausz.) **107**
Hexaemeron **31**
Ambrosius Autpertus, Predigt zum Marienfest (Mariä Lichtmeß) **10**
Amplonius Ratinck de Berka 30
Anakreon **66**
Anastasius II., Papst
Schreiben Exordium pontificatus **21**
Schreiben an die Bischöfe Galliens (498) **17**
Anathemata
Anathema **77**
Anathemata des Konzils von Karthago **17**
Andreas de Werdena, Kanoniker an St. Kunibert **38**, 41
Angilram, Bischof von Metz **17**
Annalen **24, 69**
Anno, Bischof von Freising **75**
Anno II., Erzbischof von Köln **29, 44, 78**
Anselm von Laon **42**
Antiarianische Formel *Nos patrem et filium* **18**
Antiochus IV. **107**
Antiphonarien **91, 92, 97, 100**
Antonius, Mönchsvater **15**
Antonius Florentinus
Summa historialis (Ausz.) **107**
Apuleius 31
Apophthegmata patrum, s. Ermahnungen der Mönchsväter
Aquila, s. Arn, Erzbischof von Salzburg
Aratos von Soloi **24**
Phainomena **24**
Aristarchos von Samos **68**
Aristoteles 31, 32, 33
Arius, Presbyter von Alexandria **6, 7**
Schreiben an Eusebios von Nikomedeia **6, 7**
Armentarius, Bischof **17**
Arn, Erzbischof von Salzburg **4, 10**, 19
Arnulf, ostfränkischer König **81**
Asbald (Hasbald), Bruder Erzbischof Hadebalds 26
Ascanius, Bischof **21**
Asteriscus apponitur **40**
Astronomie **23, 24**
Athanasios, Über das Osterfest, s. Über das Osterfest 24
Attikos, Bischof von Konstantinopel **18**
Schreiben an Bonifatius I., s. auch Kyrillos von Alexandria **18**
Augustinus **3, 4, 10, 13, 14, 16, 22, 23, 27, 30, 38, 39, 71**, 19, 24, 30, 31, 41
De civitate Dei **4**
De virtute psalmorum, s. De virtute psalmorum
Grundbegriffe der Rhetorik und Dialektik **22**
Kleinere Werke **16**
Kommentar zur Genesis (De genesi ad litteram) **27**
Predigt zum Paulusbrief an Timotheus, s. *Modo cum divina*
Predigten **13**
Psalmenkommentar (Enarrationes in Psalmos) **3**
Schreiben an Coelestin I. (421) **18**
Von der Übereinstimmung der Evangelisten (De consensu evangelistarum) **27**
Augustinus, Erzbischof von Canterbury **20**
Aurelius, Bischof von Karthago **18, 24**
Aurispa, Giovanni 51
Ausormius, Hermanus **92**
Avianus, Fabeldichter **71**
Avienus, Dichter **24**
Bacon, Roger **26**
Balderich, Bischof von Utrecht 29
Baldericus, Bischof 26
Baldrih 26
Bartholomäus Brixiensis **56**
Basileios, Autor der Ostkirche 24
Baturich, Bischof von Regensburg 27
Beda Venerabilis **23, 24, 33, 36, 38, 39, 69**, 24, 30, 41, 61
Schreiben an Herenfried **69**
De tonitruis libellus **69**
Homilien zum Fest Allerheiligen, s. Homilien zum Fest Allerheiligen
Kommentar zu den Büchern Esra und Nehemia **38**
Naturlehre, historiographische und zeitrechnerische Werke **23, 24, 69**
Versus perfectarum Sententiarum, s. Monosticha (Proverbia)
Beleth, Johannes, Summa de ecclesiasticis officiis (Ausz.) **107**
Benedict Biscop, Abt von Jarrow und Wearmouth **38**
Benedikt VIII., Papst 15
Benedikt von Aniane **73, 81**, 21
Benedikt von Nursia **15**
Bernardus de Botone, Bischof von Parma **57, 58**, 44
Glossen zu den Decretales Papst Gregors IX. **57, 58**
Bernardus, Joanne **97**
Bernhard von Clairvaux **47**
Briefe 98 und 313 **107**
Berno, Abt von Reichenau 40
Berthold von Henneberg **99**
Bibelmeister, sog. **91, 92**
Bibel **25, 26**
Binck, Jakobus **102**
Bipliapola, Wilhelm **92**
Birckmann, Franz, Verleger **98**, 49
Björnstahl, Jakob Jonas 53
Boccaccio, Giovanni 45
Boethius **65, 66, 67**, 31-34, 36, 40
Arithmetik **65, 66, 67**
Boisserée, Sulpiz **106**
Bolsvinge, Gerhard, Verleger 51
Bonaventura **47**
Bonifatius I., Papst **18, 21, 51**
Decretales **18, 21**

Bonifatius IV., Papst
Schreiben an Aurelius und Valentinus **24**
Bonifatius, Pseudo-, Predigt zum Weihnachtsfest **13**
Bonus **24**
Braulio, Bischof von Zaragoza **66**
Breviarium Franconicum **86**
Bronchorst, Johannes, Kölner Humanist **23**
Brun I., Erzbischof von Köln **69, 82**, 29
Brunhilde, burgundische Königin **11, 20**
Brunicho, Propst des Wormser Domkapitels **52**
Bruno, Bischof von Würzburg
Commentarius in orationem dominicam **70**
Bruyn, Bartholomäus, d. Ä. **102, 107**
Buchbinder
Meister B. K., Köln **90, 98**
Meister I. V. B., Köln **50, 107**
Meister des Peter Rinck, Köln **18**
Severinmeister, Münster (?) **58**
Unbekannter Meister **18, 97**
Burchard I., Bischof von Würzburg **86**
Burchard, Bischof von Worms **52**, 44
Decretum **52**
Caerellius, Q. **22**
Caesar, Gaius Julius **24**
Caesar Germanicus **24**
Caesarius, Bischof von Arles **10, 13, 17**, 41
Predigten **10, 13**
De monachis **17**
Caesarius, Pseudo-, Predigten **10**
Calbulus, Grammatiker 62
Calcidius **68**, 33
Übersetzung und Kommentar zu Platons 'Timaios' **68**
Cantica quadruplex **60**
Carpinianus **77**
Carrio, Ludovicus 52
Glossen **22**
Cassander, Georg 52
Cassiodor **12, 38, 40, 41, 66**, 15, 24, 31, 33
Praefatio in psalterium **40**
Über die Orthographie **66**
Cato
Monosticha (Proverbia), s. Monosticha (Proverbia)
Censorinus **22**, 31, 52
De die natali **22**
Fragmentum Censorini **22**
Ceolfried, Abt von Jarrow und Wearmouth **38**
Cerbt, Henricus **92**
Cervicornus, Eucharius 49
Chromatius **107**
Cicero **4, 22, 53, 65, 68**, 24, 32-34, 39, 41, 42
Aratea (Ausz.) **65**
Somnium Scipionis **65**, 34
Cincinnius, Johannes, s. Kruyshaer, Johannes
Clemens von Alexandria
Legende Johannes des Evangelisten **37**
Cochläus, Johannes, Verleger 51
Coelestin I., Papst **17, 18, 21, 51**
Collectio canonum **19**
Collectio canonum codicis Andegavensis **20**
Collectio canonum Dionysio-Hadriana **21, 51**
Collectio canonum Hibernensis **19**
Collectio canonum Sanblasiana **18**
Collectio canonum Vetus Gallica **20**
Computus **23, 24, 83, 86**
Constantius, Bischof **17**
Cornelius centurio vir religiosus **63**
Crabbe, Peter, Verleger 51
Cranach, Lukas **102**, 48
Cummean, Bischof von Clonfert **20**
Cummean, Pseudo-, s. Excarpsus Cummeani
Cyprian, Thascius Caecilius (Cyprian von Karthago)
Schreiben an Fortunatus (Ausz.) **107**
Cyprian von Toulon
Schreiben an Maximus von Genf **17**
Cyr grece manus **24**
Cyrus, Perserkönig **38**
Damasus I., Papst **2, 18, 29, 30, 32, 40, 60, 74, 75, 77, 78**
Schreiben an Paulinus von Nola **17**
Schreiben an Hieronymus (Epist. 5) **40**
(Pseudo-) Verse **40, 60**
Dante Alighieri 33
Darnum, Dictus **92**
De cereo paschali **30**
De honorandi parentibus **30**
De lapsu Susannae **30**
De virtute psalmorum **40**
Decretales
Siricius bis Coelestin I. **17**
Siricius bis Leo I. **18**
Siricius bis Gregor II. **21**
Decretum Gratiani **55, 56**
Deldoque, Joseph **97**
Demmer, Franciscus **97**
Demmer, Johannes Andreas **97**
Dialektik, s. Lehrtexte zur Grammatik, Rhetorik und Dialektik
Dietrich, Bischof von Metz 29
Dionysius Areopagita, Bischof von Athen **37**
Dionysius Areopagita, Pseudo- **37**, 41
Briefe **37**
De caelesti hierarchia **37**
De ecclesiastica hierarchia **37**
De divinis nominibus **37**
De mystica theologia **37**
Dionysius Exiguus **17, 18, 21, 23, 24**
Schreiben an Bonifatius und Bonus **24**
Schreiben an Petronius **24**
Prologe zu den Canonessammlungen **17, 18**
Tabellen des Osterzyklus **69**
Dira patet iani Romanis **65**
Discipulus Umbrensium **19, 20**
Doesborch **97**
Donatus, röm. Grammatiker **63, 64**, 25, 26, 28, 31
De barbarismo **64**
Dornbachinus, Hieronimus **92**
Dürer, Albrecht **102**, 48
Dulce melos cum organos (Weihnachtshymnus) **71**
Duodarich, Priester **24**
Duosbergensis, Henricus **92**
Duranti, Guilelmus (Wilhelm Durandus) **50**, 47
Rationale divinorum officiorum **50**
Eberauer, Brictius **97**, 48, 49
Eberhard von Catzenelnbogen **99**
Eberhard Elken (Alken) **50**
Eberhard von Ypelborn **106**
Ebo, Erzbischof von Reims **51, 75**
Ebrachar, Bischof von Lüttich 29
Eckermann, Christian **99**
Efordt, Egidius, alias Freyaldenhoffer **92**
Egbert, Erzbischof von Trier **77, 82**
Egbert von Lüttich (Egbertus Leodiensis) **71**, 40
Fecunda ratis **71**
Eggestein, Heinrich **58**
Egilbert, Schreiber
Vorrede zu den Werken des Isidor von Sevilla **62**, 34
Einhard, Biograph Karls d. Gr. 21
Ekkehard IV. **60**
Elaudt, Isaac **96**
Elias, Abbas, s. Helias Scottus
Engelhart, Valentin, von Geltersheim **97**
Engilhelm 26
Engilolfus 26
Epiphanius von Constantia bzw. Salamis **30**
Erasmus von Rotterdam **9, 32**, 49
Schreiben an Helias Mertz **107**
Libellus in comparatione virginis et martyris **107**
Ermahnungen der Mönchsväter (Apophthegmata patrum) **15**
Ermbaldus 26, 27
Erpp, Henricus **92**
Etherius, Bischof von Lyon **20**
Eucherius Lugdunensis, Predigt 3 **10**
Eucherius Lugdunensis, Pseudo-, Predigt **10**
Eudoxos von Knidos **68**
Eugenius von Toledo, Carmen 6 **20**
Euklid 36
Eusebios von Kaisareia **6, 13, 24, 37, 77**
Historia ecclesiastica (Ausz.) **37**
Predigten **13**
Eusebios von Nikomedeia **6**
Eusebius Gallicanus, Predigt über Ps 116,5 **13**
Eustochium, Julia, Dame aus dem Gefolge des Hieronymus **28, 40, 60**
Eutrop, De octo vitiis (Aufzählung von Lastern) **70**
Eutyches, Patriarch von Konstantinopel **17, 18**
Evangeliar **2, 7, 74, 78**
Evangelistar **79**
Everger, Erzbischof von Köln **7, 40, 41, 69, 80**, 29, 35
Everhart van Coyvelczhoyven **105**
Evezo, Schulmeister von St. Kunibert, Köln 31
Ewaldis aus Brescia **89**
Excarpsus Cummeani **20**
Exhortatio ut eucharistia cottidie celebretur **99**
Exodus mit Glossen **43**
Exuperius von Toulouse **17, 18**
Fabiola **30**
Fasbender, I. A. **92**
Faßt, Johannes **97**
Faustinus, Pseudo-, Predigt zum Fest der Epiphanie **13**
Faustinus Luciferianus 49
Faustus Rhegiensis, Predigt 7 **10**
Felix III., Regeln des römischen Konzils vom 13. 3. 487 **21**
Ficino, Marsilio, Philosoph **68**
Flavianus, Bischof von Konstantinopel
Schreiben an Leo I.
Nulla res diaboli **17**
Flavius Josephus **38, 72, 107**, 42
Antiquitates Iudaici **72**
Bellum Iudaicum **72**
De imperio rationis sive De martyrio septem fratrum Macabaeorum **107**
Florentinus von Wevelinghoven, Bischof von Münster **106**
Florus Diaconus von Lyon 42
Folcar 26
Folkmar, Erzbischof von Köln **69**, 29
Formosus, Papst **81**
Fortunatianus, Gaius Chirius, Grammatiker **22**, 31, 51
Die Kunst der Rhetorik **22**
Fortunatus **107**
Franco von Lüttich 40

Franziscus de Retza 48
Fredegard **8**
Fretela **60**
Fridugisus, Abt in Tours **25, 39**
Friedrich I. Barbarossa **107**
Friedrich I. von Schwarzenburg, Erzbischof von Köln **30, 48**, 15, 16, 40, 41
Friedrich III. von Saarwerden, Erzbischof von Köln 30, 45
Friedrich V., Herzog von Schwaben 16
Froben, Johann **72**
Froumund von Tegernsee 34
Fulbert, Bischof von Chartres 36
Fulgentius, Bischof von Astigi **54**
Fulgentius, Bischof von Ruspe 25
  Expositio sermonum antiquorum (Ausz.) **63**
Fulgentius Ferrandus 22, 25
Fust, Johann **50, 58**, 47
Fux, Theodorus **92**
Gabriel, Mönch aus Afflighem **83**
Galilei, Galileo **68**
Gallische Provinzen (Liste) **65**
Gangericus, Bischof von Cambrai **84**
Garampi, Guiseppe 52
Gaudensis, s. Magdalius, Iacobus
Gelenius, Ägidius **105**, 22, 52
Gelenius, Johannes 52
Gedichte **40, 58, 60, 78**
Gelasius I., Decretum generale **21**
Gennadius von Marseille **17, 70**
  Definitio ecclesiasticis ordinis dogmatum **17**
  De viris illustribus (Ausz.) **70**
Gerardus, Bischof von Cambrai **84**
Gerbert von Aurillac, s. Silvester II.
Gerhard, Bischof von Toul 29
Gerlach, Graf von Isenburg **93**
Gero, Erzbischof von Köln **69, 76**, 29
Gilbert, Abt von Afflighem **83**
Gilbert von Auxerre **42**
Gilbert von Poitiers **46**
Gisela, Schwester Karls d. Gr. **3, 39**, 19
  Schreiben der Gisela und Rotrud an Alkuin **39**
Gisela, dt. Kaiserin **103**
Gladbach, Renerus **97**
Glossen, interlinear
  Exodus *quae scripta sunt in celo* **43**
  Lukasevangelium *Non nos sed in nobis* **42**
  Paulusbriefe *Regis et sacerdotis* **44, 45**
Glossen, marginal
  Decretum Gratiani *Divisio minus plena* **55**
  Decretum Gratiani *De iure scripto et non scripto* **55**
  Decretum Gratiani *Iustitia est tacita conventio* **56**
  Exodus *In Pentateuco excellit* **43**
  Lukasevangelium *Lucas de omnibus quae fecit* **42**
  Paulusbriefe *Pro altercatione scribit Romanes* **44, 45**
  Psalter *Tria hominum generalia* **40**
Goethe, Johann Wolfgang von **106**
Goffredus de Trano **59**, 44
  Summa super titulis decretalium **59**
Goswin Gymmenich, Vikar der Kölner Domkirche **93**
Goswin von Straelen, Stifter 47
Gottfried Hardevust **91/ 92**
Gradualien **88, 89, 90, 96, 99, 102**
Graevius, Johann Georg, Philosoph 52
Grammatik, s. Lehrtexte zur Grammatik, Rhetorik und Dialektik
Gratian **47, 55, 56, 58**, 43, 57
  Decretum Gratiani, s. Decretum Gratiani
Gratius, Ortwinus (Daventriensis)
  Schreiben an die Benediktinerinnen des Kölner Makkabäerklosters **107**
Gregor der Große, Papst **5, 8, 11, 13, 17, 18, 20, 26, 33, 34, 35, 36, 38, 39, 71**, 24, 27, 31, 39, 41, 42
  Briefe **11, 20, 34, 35, 73**, 41
  Moralia in Iob **10** (Zitate), **33**
  Predigten **13**
Gregor II., Papst **21**
  Cum sumus dominicae plebis **21**
Gregor VII., Papst **30**
Gregor IX., Papst **57, 58, 59**, 44
  Decretales **57, 58, 59**
Gregor, Bischof von Tours **36**
Gregor von Nazianz **13, 29**, 26
Gregor von San Grisogono 44
Gregormeister, Trier **76, 78**
Greinert, Jasparus **92**
Groote, Geert 47
Guede, Johannes von Essen, Regularkanoniker in Corpus Christi, Köln 47
Guilelmus Peraldus, Summa de vitiis et virtutibus **49**
Guldenschaff, Johann **106**
Gundolf 26
Gunthar, Erzbischof von Köln **4, 51**, 27, 28
  Schreiben an Erzbischof Hinkmar von Reims **51**
  Propagandaschrift (sog.) **51**, 28
Gurdelmecher, Johannes **26**, 45
Gutenberg, Johannes **50**
Gymnicus, J. **14**
Hadebald, Erzbischof von Köln **24, 34**, 26, 27
Hadrian I., Papst **21, 73, 81**, 21
Haimo von Auxerre 31, 42
Halitgar, Bischof von Cambrai **51**, 27
  Poenitentiale **51**
Hardevust, Hadwig **91/ 92**
Hartfrid, Propst von St. Severin **24**
Hartker 26
Hatto II., Erzbischof von Mainz **82**
Haymericus de Campo 51
Heiden, Theodorus zur **92**
Heinrich I., König des ostfrk.-dt. Reiches 29
Heinrich II., Kaiser **69, 76, 77, 103**
Heinrich III., Kaiser **69**
Heinrich IV., Kaiser **30**
Heinrich V., Kaiser **30**, 16
Heinrich II., Bischof von Looz **83**
Heinrich II., Bischof von Lüttich **83, 103**
Heinrich von Geldern, Bischof-Elekt von Lüttich 48
Heinrich von Langenstein
  Schreiben De contemptu mundi **106**
Heinrich von Lippe **96**, 47
Heinrich I. von Müllenark, Erzbischof von Köln **107**
Heinsius, Nikolaus, Philosoph 52
Helias Scottus, Abt von St. Pantaleon und Groß St. Martin, Köln 30, 34
Helmbald, Bruder des Erzbischofs Hadebald 26
Helmer, Jodocus **97**
Helvidius **30**
Heraklides Ponticus **68**
Herbert von Bosham **46**
Herenfried **69**
Heribert, Erzbischof von Köln **69**, 29, 34
Hermann I., Erzbischof von Köln **25, 63, 81**, 29, 57
Hermann II., Erzbischof von Köln 40
Hermann IV. von Hessen, Erzbischof von Köln **98**, 45
Hermann V. von Wied, Erzbischof von Köln **98**
Hermann, Graf von Neuenahr 49
Hesychius, Bischof von Salona **17, 18**
Hic citharista **40**
Hieronymus **1, 2, 5, 6, 7, 8, 10, 14, 24, 25, 26, 28, 29, 30, 31, 38, 40, 60, 71, 72, 74, 75, 76, 77, 78, 107**, 15, 16, 19, 23, 25, 26, 29, 31, 35, 36, 41
  Ad te surgo hominem, s. *Ad te surgo hominem*
  Adversus Jovinianum **30**
  Briefe **3, 10, 24, 30, 31, 40, 60, 107**
  Contra Rufinum **30**
  Contra Vigilantium **30**
  De cereo paschali, s. De cereo paschali
  De honorandi parentibus, s. De honorandi parentibus
  De perpetua virginitate Beatae Mariae adversus Helvidium **30**
  Kommentare zu den Büchern der Kleinen Propheten **6, 7, 10** (Zitate)
  Kommentare zu den Paulusbriefen **28**
  Kommentar zum Buch des Propheten Isaias **29**
  Kommentar zum Buch des Propheten Ezechiel **5**
  Predigten **13**
  Vorrede zum Chronikon **24**
Hilarius, Papst **21, 24**
  Schreiben an Victorius **24**
  Regeln der römischen Synode vom 19. 11. 465 **21**
Hilarius, Bischof von Poitiers 28
Hildebald **1, 2, 3, 4, 5, 6, 7, 8, 10, 11, 12, 13, 14, 16, 17, 18, 19, 21, 23, 24, 34, 66, 69**, 16-20, 22, 24-27, 39, 54, 57
Hildiswint 26
Hildoardus **5**
Hilduin, Abt von St. Denis **15, 37**, 27
Hilgen de Colonia **57**
Hillesheim, Franz Karl Joseph von, Kölner Domherr 52
Hillinus, Kölner Domherr **30, 76, 78**, 17, 30
Hiltfred, Schreiber **2**
Himerius, Bischof von Tarragona **17, 18**
Hinkmar, Erzbischof von Reims **51**
Hipparchos von Nikaia **68**
Hitda von Meschede, Äbtissin 34
Hitto, Bischof von Freising **4**
Hittorp, Melchior, Kanoniker an St. Maria ad Gradus, Köln 51
Hoc citharista puer **40**
Hocherenus, Matteus **92**
Holman, Nicolaus **97**
Holthuisen, Hubert **96**
Homilien
  Homiliar **14**
  Homilie (?) über die Selbsterkenntnis des Menschen **10**
  Homilien zum Fest Allerheiligen **33**
Honorius I., weström. Kaiser **17, 18**
  Constitutio *Saluberrima* **17**
  Reskript an Bonifaz I. **18**
Honorius II., Papst **48**
Hopyl, Wolfgang, Drucker **98, 107**, 49
Horaz **70, 71**, 31
Hormisda, Papst **18, 20, 21**
  Schreiben an Kaiser Justinus I. **21**
  Schreiben *Ecce manifestissime* (apokr.) **20**
Hornenburch, Rejnerus **97**
Horoskop **24**

Hrabanus Maurus **107**, 30, 62
De institutione clericorum (Ausz.) **70**
Hymnus zur Geburt Christi **10**
Kommentar zu den Makkabäer-Büchern (Ausz.) **107**
Hucbald von Saint-Amand **68**
Hugo de S. Caro (Hugo von Saint-Cher) **26, 107**
Super II. Librum Macabaeorum (Ausz.) **107**
Hugo van der Goes **102**, 48
Hugo von St. Viktor **47**
Hwaedberth, Abt von Jarrow **23**
Huydenroyd, Edmund, Regularkanoniker in Köln **91/ 92**, 47
Innozenz I., Papst **17, 18**
Schreiben an Bischof Exuperius von Toulouse (405) **17, 18**
Schreiben an Bischof Victricius von Rouen (404) **17, 18**
Schreiben an das Konzil von Toledo (404) **17**
Schreiben an Rufus und die makedonischen Bischöfe (414) **17, 18**
Decretales **21**
Iohannis de Colonia **57**
Isaak, Rabbi **106**
Isidor von Sevilla **8, 13, 14, 23, 24, 33, 40, 54, 62, 66**, 24, 26, 32-34
Schreiben an Bischof Massona von Merida **20**
Chronicon **24**
De ecclesiasticis officiis **54**
De natura rerum **24**
Etymologiae (Ausz.) **23, 24, 51**
Kleinere Werke **62**
Predigten **13**
Prooemium de psalterio **40**
Quaestiones in Vetus testamentum **8**
Über die Orthographie **66**
Iuvencus C. Vettius Aquienus 25
Jan Joest von Kalkar **102**
Johann I. von Reichenstein **99**
Johann II. von Reichenstein **99**, 46
Johannes II. Papst, Schreiben an Caesarius von Arles (534) **17**
Johannes VIII., Papst **36**
Johannes XXII., Papst **91, 92**
Johannes de Bachem (Bacheym), Mönch und Kantor in St. Pantaleon, Köln **90**, 46
Johannes Chrysostomus **9, 12, 107**, 20, 24
Homilie *Quam speciosa et gratia* (Ausz.) **107**
Opus imperfectum in Matthaeum, s. Opus imperfectum in Matthaeum
Predigten zum Hebräerbrief **12**
Johannes Diaconus **36**
Carmen ad Johannem VIII. papam **36**
Vita Gregors des Großen **36**
Johannes Kassian **15**
Johannes Scotus Eriugena **37, 61**
Dedikationsverse an Karl den Kahlen und Brief **37**
Johannes Teutonicus **56**
Johannes von Deutz (Johannes von Tyczervelde), Kölner Domherr **94**, 46
Johannes von Eylsich (Elsig) **105**, 42
Johannes von Groningen, Abt von Werden **107**, 49
Schreiben an Helias Mertz **107**
Johannes von Hildesheim, Geschichte der Hll. Drei Könige (Historia trium regum) **106**
Johannes, Erzbischof von Mytilene
Abschrift einer Urkunde (25. September 1228) **107**
Johannes von Valkenburg **87, 88, 89, 91, 92, 93**, 45
Joppius, H. G. **97**
Jovinianus **18, 30, 31**
Julian von Toledo, westgotischer Gelehrter 61
Julianus von Kos, Bischof **17**
Julius I., Papst **18**
Justinian I., oström. Kaiser **23**
Justinus I., oström. Kaiser
Schreiben an Papst Hormisda **21**
Juvenal 29, 34
Kalendar **23, 24, 40, 69, 82, 83, 86, 101, 103**
Kirchenrechtliche Sammelhandschrift **17, 20, 51**
Karl der Große **1, 2, 3, 4, 12, 17, 20, 21, 23, 24, 25, 39, 68, 69, 73, 75, 77, 81**, 16, 19, 21, 22, 24, 28, 41
Karl der Kahle **37, 74, 78, 80**
Karl der Kühne **95**
Kepler, Johannes **68**
Kerus (Koris), Hermannus **92**
Knott, Johann Wilhelm, Pfarrer von Heimerzheim **77**, 41
Kolophon **29, 58**
Kolumban, Pseudo- **24**
Konrad II., dt. Kaiser **69, 77**
Konrad von Hochstaden, Erzbischof von Köln **103**, 45
Konrad von Rennenberg, Domdechant in Köln **93**, 45, 57
Konstantin I., Kaiser **6**
Konzilien
Apostelkonzil **17, 18, 21, 51**
sog. Akten des Konzils von Kaisareia (Ende 2. Jh.) **23, 69**
Sinuessa (angebl. 303) **18**
Ankyra (317) **17, 18, 21, 51**
Nikaia (325) **17, 18, 21, 51**
Neokaisarea (314-325) **17, 18, 21, 51**
Gangra (340/ 341) **17, 18, 21, 51**
Antiochia (341) **18, 21, 51**
Sardika (343) **18, 21, 51**
Schreiben (343) an Julius I. **18**
Laodikeia (343-381) **21, 51**
Rom (378) **18**
Konstantinopel (381) **17, 18, 21, 51**
Karthago (419) **18, 21, 51**
Schreiben an Bonifaz I. **18, 21, 51**
Schreiben an Coelestin I. **18, 21, 51**
Konstantinopel (449), Schreiben gegen die Monophysiten, v.a. gegen Eutyches **17**
Chalkedon (451) **17, 18, 21, 51**
Schreiben gegen Eutyches **17, 18**
Rom (501) **21**
Rom (502) **17**
Konzilien, gallische
1. Konzil von Arles (314) **17**
Schreiben an Silvester I. **17**
1. Konzil von Valence (374) **17**
Schreiben Klerus und Volk von Fréjus **17**
Nîmes (394) **17**
Turin (401) (unvollständig) **17**
Riez (439) **17**
Orange (441) **17**
Vaison (442) **17**
2. Konzil von Arles (442-506) **17**
Agde (506) **17**
Orléans (511) **17**
Epaon (517) **17**
Lyon (518-523) **17**
4. Konzil von Arles (524) **17**
Carpentras (527) **17**
2. Konzil von Orange (529) **17**
2. Konzil von Vaison (529) **17**
Marseille (533) **17**
3. Konzil von Orléans (538) **17**
4. Konzil von Orléans (541) **17**
5. Konzil von Orléans (549) **17**
Konzilsbestimmungen (Ausz.) **47**
Kopernikus, Nikolaus **68**
Kruyshaer, Johannes (Johannes Cincinnius) **107**, 49
Schreiben an Äbtissin und Nonnen des Makkabäerklosters **107**
Schreiben an Helias Mertz **107**
Macchabaeorum Martyrum agones **107**
Kuno, Abt des Klosters St. Michael in Siegburg und Bischof von Regensburg **48**
Kyrillos von Alexandria
Schreiben an Aurelius und Schreiben an das Konzil von Karthago **21, 51**
Valentinus, s. Bonifatius IV.
Prolog zur Osterfestberechnung **24**
Laid, Maria Theresia von 52
Lambert, Abt von Mondsee **13**, 20
Langolfus 26
Langton, Stephen, Erzbischof von Canterbury **26**
Leander, Erzbischof von Sevilla **33, 62**
Leeberg, Carl **99**
Lehrtexte zur Grammatik, Rhetorik und Dialektik **22**
Leo I., oström. Kaiser **17**
Leo der Große, Papst **17, 18, 20, 21, 24, 73, 107**
Decretales und Briefe **17, 18, 20, 21, 24, 73**
Predigt *De septem fratribus Macabaeis* **107**
Leo II. (Hispanus), Papst
Schreiben an Sesuldus **24**
Leo III., Papst **12**, 22, 28
Leodegar, Bischof von Autun **20**
Lewen, Gerart von me **105**
Liber Anatholi de ratione Paschali **24**
Liber de accentibus **64**
Liberius, Papst, Gesta **18**
Liber ordinarius **103**
Lietbertus, Bischof von Cambrai **84**
Lionarius, Henricus **92**
Litanei **40, 60, 82, 87, 89, 103**
Liudolf, Herzog von Schwaben **69**
Liutbert, Neffe Erzbischof Hadebalds 26
Lochner, Stefan **58, 95, 100, 101**, 46
Loppa von Spiegel (de Speculo), Illuminatorin und Schreiberin **90, 93**, 46
Lothar I., Kaiser 27
Lothar II., fränk. König **51**, 28
Lothar III., Herzog von Süpplingenburg und von Sachsen 16
Lukan **70**, 31, 34
Ludwig der Fromme, Kaiser **37, 51, 73**, 27
Ludwig der Deutsche, ostfränk. König 27
Ludwig III., dt. König **60**
Ludwig IX., franz. König **89**
Lyell, Thomas, Rektor der Kölner Universität 47
Macrobius Plotinus Eudoxius **24, 65, 68**, 33, 34
Auszüge aus dem I. Buch der 'Saturnalia' **24**
Kommentar zum 'Somnium Scipionis' **5**, 34

Magdalius, Iacobus Gaudensis
Schreiben an Helias Mertz **107**
In laudem Divi Solomones hecatostichon **107**
Magna discretione opus est **43**
Magnus der Gute Olafsson **103**
Makkabäerlegende **107**
Manegold von Lautenbach 42
Marianus Scotus **29**
Martialis, Epigrammata (Liber X 79) **38**
Martianus Capella **61, 68**, 31, 40
De nuptiis Philologiae et Mercurii **61**, 31
Martinus, Abt **10**
Martinus von Bracara, Über das Osterfest, s. Über das Osterfest
Massona, Bischof von Merida **20**
Mathias, Theodor Arnoldus **97**
Mathilde, Gattin König Heinrichs I. 29
Maximus, Predigt zur Osteroktav **13**
Maximus von Genf **17**
Meister Arnold, Kölner Dombaumeister **88**
Meister der Ursula-Legende **97**
Meister der Verherrlichung Mariä **100**
Melchior von Neuss (Novesianus) **52**
Mertz, Helias (Helias de Luna, Elias Marcaeus) **107**, 49
Meton, Astronom **24**
Michael II., byzant. Kaiser **37**
Missale **83, 95, 101**
Missale Coloniense **98**
Modius, Franziscus, Verleger 52
Modo cum divina **10**
Monosticha (Proverbia) **38**
Mors, Jacobus **92**
Mutianus **12**, 24
Naturlehre **23, 24**
Nempe diapsalma est **40**
Nicolò Niccoli 51
Nikolaus, hl., Antiphon und Responsorium mit Neumen zum Festtag **37**
Nikolaus I., Papst **51**, 28
Nikolaus von Kues 51
Nikomachos von Gerasa **65, 66, 67**
Norbert von Xanten **30**
Notker Labeo **61**
Nunc Damasi monitis **40, 60**
O lux mentium expelle (Gebet) **71**
Obolus superne **40**
Oceanus **30**
Oduin **21**
Opus imperfectum in Matthaeum **9**
Ordines Christi **70**
Ordo Romanus **73**
Origenes **6, 8, 26, 29, 30**, 41
Homilien zum Lukasevangelium Nr. 38 u. 39 **6**
Orosius **24**
Osius **68**
Osman 26
Othil **24**
Otto der Große, Kaiser **69**, 29
Otto II., Kaiser **60, 69**
Otto III., Kaiser **40, 69, 76, 77, 80**
Otto von Freising 42
Otto von Lippe **99**
Otto von Passau 48
Ovid **70, 71**, 24
Pamelius, Jakob, Herausgeber **81**, 29, 51
Pammachius **30**
Papstnamen (Liste) **17**
Paschasinus von Lilybaeum Schreiben an Leo d. Gr. **24**
Paschasius, Schreiben an den Abt Martinus **10**
Paterius, Aus den Schriften Gregors d. Gr. zum Alten Testament (Liber testimoniorum . . .) **36**
Pater noster **60**
Patripassianer **70**
Paucapalea **56**
Paula, Dame aus dem Gefolge des Hieronymus **28, 40, 60**
Paulinus, Priester **25**
Paulinus von Nola **17**
Paulus Diaconus **36, 38**
Paulus, hl., Briefe mit Glossen **44, 45**
Pelagius II., Papst **33**
Pelagius, Diakon **15**
Perfectus homo est **10**
Persius 29, 34
Petrarca, Francesco **68**
Petronius, Bischof **24**
Petrus Abaelardus, s. Abaelard
Petrus Cantor **26**
Petrus Comestor **107**, 43
Historica scholastica (Ausz.) **107**
Petrus Lombardus **42, 46, 47**, 42
Liber sententiarum **47**
Psalmenkommentar **46**
Petrus von Poitiers **26**
Philipp I. von Heinsberg, Erzbischof von Köln, Abschrift einer Urkunde (April 1178) **107**
Philipp II. von Daun, Erzbischof von Köln **98, 99**
Pilgrim, Erzbischof von Köln **69, 78, 79**, 15, 30, 40
Pindaros, Dichter **66**
Pippin I. **16**
Pippin, Sohn Karls d. Gr. **73**
Platon **4, 68**, 33
Timaios **68**
Plautus **71**
Poelw (?), Theodorus **97**
Poggio Bracciolini, Humanist 51
Polychronius, Bischof von Jerusalem **18**
Pompeius 26
Pontifikale **84, 85**
Poppo, Erzbischof von Köln, s. Folkmar
Porphyrios 31
Predigtsammlung Erzbischof Hildebalds **13**
Predigt über die Eucharistie **82**
Primus Romanas ordines **65**
Priscian **63, 64**, 28, 31, 32, 34-36, 45, 58
Institutiones artis grammaticae **63**
Liber de accentibus, s. Liber de accentibus
Schriften zur Grammatik **64**
Prosper Tiro aus Aquitanien, Dichter 25
Proverbia, s. Monosticha
Proterios, Bischof von Alexandria Schreiben an Leo d. Gr. **24**
Prudentius Clemens, Aurelius **70, 107**, 33, 38, 40
Carmina **70**
De sanctis Macabaeis martyribus **107**
Psallere qui docuit **40, 60**
Psalter **87**
Psalter mit Glossen **40**
Psalterium quadruplex **60**
Psalterum inquirendum **40**
Ptolemaios, Claudius **68**
Pulcheria, Kaiserin **17**
Quaestiones in Exodum **43**
Radbod, Bischof von Lüttich 28
Radolf 26
Radulf von Laon **42**
Radulf, Scholaster in Lüttich 36
Ragimbold, Scholaster in der Domschule 36
Rainald von Dassel, Erzbischof von Köln **106, 107**
Rather von Verona 29
Ratleih 26
Ravennius **17**
Raymund von Peñafort **57, 59**, 44
Reginhardus 31
Reiner von Lüttich **48**
Reinerus Pellionis **92**
Remigius, Bischof **17**
Remigius von Auxerre **61**
Rhetorik, s. Lehrtexte zur Grammatik, Rhetorik und Dialektik
Richbod, Abt von Lorsch **28**
Richeza, Königin von Polen **103**
Rodenkirchen, Greitgin, Stifterin **101**, 47
Roderique, Anton Kaspar Jacqmotte de 52
Roderique, Ignaz, Herzoglich Lothringischer Rat 52
Roger van der Weyden 48
Rolevinck, Werner **58, 95**
Rosweyde, Herbert, Verleger **15**
Rotrud, Tochter Karls d. Gr. **39**, 19
Schreiben der Gisela und Rotrud an Alkuin **39**
Rufinus von Aquileia **13, 17, 30, 72**
Apologia Rufini ad Anastasium **30**
Canones (verkürzte Fassung) des ökumenischen Konzils von Nikaia I. (325) **17**
Praefatio Rufini in Periarchon **30**
Predigten **13**
Rufus, Bischof von Makedonien **17, 18**
Rupert von Deutz **26, 30, 48**, 40, 41, 51
Schreiben an Honorius II. **48**
De glorificatione Trinitatis et processione Spiritus Sancti **48**
Ruprecht von der Pfalz 45
Ruotger von Köln, Mönch von St. Pantaleon 29
Rusticus, Bischof von Narbonne **17, 18, 20**
Ruthgeri **25**
Ruysch, Johannes, Illuminator **96**, 47
Sabellianer **70**
Sakramentar **81, 82**
Sallust 41
Salomon III., Bischof von Konstanz und Abt von St. Gallen, Dedikationsverse **60**
Samuel, Rabbi, s. Alfonsus Bonihominis
Sappho, Dichterin **66**
Sartor, Goswinus **92**
Sartor, Johannes **92**
Sayn-Wittgenstein, Katharina, Gräfin von **99**
Sayn-Wittgenstein, Wilhelm, Graf von **99**
Schmitz, Leonard **100**
Schöffer, Peter, Drucker **50, 58**, 47
Schonenberg, Jacobus **92**
Schorn, Jakob, Abt **96**
Schreiber(innen)
Adruhic **3**
Agleberta **3**
Agnes **3**
Altildis **3**
Arnem, Wolterus **102**, 48
Ayllet van Lych 48
Burchardus de Hoya 45
Chuonradus **76**, 30
Cramp, Johannes **102**, 48
Egilbertus **62**, 34
Emmerich, Jakob von **102**, 48
Eusebia **3**
Girbalda **3**
Gisledrudis **3**
Gislildis **3**
Gunthel (?) **11**
Heinricus **83**
Hiltfred **2**
Liuthar **18**
Loppa von Spiegel, s. Loppa

Purchardus **76**, 30
Reginhr. (?) **80**
Sigibertus **17, 18**, 53, 54
Vera **3**
Wanizo 31
Wesalie, Arnold **97**
Wesalie, Iohannes **97**
Zonsbeck, Heinrich von **96,** 47
Schütte, Eduard **99**
Schwab, Gustav **106**
Schwarze-Augen-Meister **96, 97,** 47
Sedulius, Dichter **74,** 25, 60
Sedulius Scottus, Gelehrter und Schriftsteller 28
Seneca **71**
Septimus, Bischof von Altinum **18**
Servius Maurus, Grammatiker **63, 66,** 31, 33
Über viele Versmaße **66**
Sesuldus 24
Sigebert von Gembloux 29, 44
Sigibertus **17, 18**
Sigewin, Erzbischof von Köln **103**
Silverius **17**
Silvester I., Papst **17, 18**, 36
Constitut **18**
Silvester II., Papst 36
Simon von Leuven, Prior von Parc **87**
Simplicius, Papst
Dekretale *Si quis esset intuitus* (483) **21**
Siricius, Papst **17, 18, 21**
Schreiben an Himerius von Tarragona (385) *Directa* **21, 18**
Schreiben an Himerius von Tarragona (385) *De his vero non incongruae (Inter ceteris*, 2. Teil) **17**
Schreiben an die Kirche von Mailand gegen Jovinian (390) *Optarem semper* **18**
Sisebut, westgot. König **24, 62, 66**
Schreiben an Isidor **24, 66**
Sixtus III., Papst
Gesta **18**
Gesta des Urteils über Bischof Polychronius von Jerusalem **18**
Smaragd von Saint-Mihiel **41,** 25, 31
Psalmenkommentar **41**
Solstitium est cum sol stat **62**
Sophronius **60**
Sorg, Anton **106**
Spiegel, Ferdinand August Graf von, Erzbischof von Köln **107**, 49, 52
Spiegelbergh, Moritz Graf von, Kanoniker am Dom und Propst von Emmerich **26, 63,** 45, 47
Städtenamen (Liste) **70**
Statuten
der Bruderschaft von St. Ursula **105**
der Maria-Magdalena-Bruderschaft an St. Laurenz **104**
des Stiftes St. Gereon **103**
Stephan I. von Bayern **99**, 46
Stiftungsvermerke **76, 80, 94, 97, 98, 99, 101**
Sulpicius Severus, Vita des hl. Martin **13** (Auszüge), **33**
Sunnia **60**
Susanna, s. De Lapsu Susannae
Symbolum Athanasianum **40** (mit Kommentar), **60**
Symbolum Gregorianum **35**
Symbolum Nicaenum **17, 40** (mit Kommentar), **51**
Symmachus, Papst **17, 18, 21**
Schreiben an alle Bischöfe Galliens (513) **17**
Schreiben an Caesarius von Arles (514) **17**
Schreiben das römische Konzil vom 1.3.499 **21**
Symmachus Quintus Fabius Memmius 34
Symon de Outdorp 41
Synode
sog. 2. Synode des hl. Patricius **20**
Te Deum **60**
Terbruggen, Johann Wilhelm **99**
Tertullian 25
Theodor von Canterbury **19, 20**
Poenitentiale **20**
Theoderich, Ostgotenkönig
Constitutio *Pervenit nos* **17**
Theoderich, Dekan **103**
Theodor'sche Satzungen **19**
Theodor-Überlieferung der Canones Hibernenses **19**
Thietberga, Gattin König Lothars **51**
Thietgaud, Erzbischof von Trier **51**
Thomas von Aquin **47, 95**
Thomas von Celano **88**
Thomas de Hibernia 43, 50
Thomas von Kempen **58**, 48
Thomas Becket, Erzbischof von Canterbury **46**
Timotheus, Bischof von Ephesus **37**
Tiro, M. Tullius 39
Totenoffizium **94**
Tugenden, anonyme Aufzählung **70**
Über das Feiern des Osterfestes **24**
Über das Osterfest **24**
Uffenbach, Zacharias Konrad von 52
Unicornus (Einhorn), Hieronymus, Kölner Generalvikar **68**
Valentinian III., weström. Kaiser, Novellen (16, 17) **17**
Valentinus **24**
Varro, Marcus Terentius **4**
Velitatio. levis contentio . . . (Fragment eines Kommentars) **70**
Venantius Fortunatus, Bischof von Poitiers 34, 62
Venerius **17**
Vergil **70, 71**, 24, 25, 31, 41
Verkenesser, Nicolaus, Stifter **101**, 47
Vespasian, röm. Kaiser **72**
Victor I., Papst **23, 69**
Victorinianus, Gaius Marius **22**, 31
Explanatio in rhetoricam M. Tullii Ciceronis **22**
Victorius, Schreiben an Hilarius **24**
Victricius, Bischof von Rouen **17, 18**
Vill, Franz Michael **105**
Villicus von Marsdorf **103**
Villicus, Adam (vulgo Meyer), Abt von Groß St. Martin 47
Vita Silvestri (Ausz.) **13**
Vitruv 39
Vivian, Graf, Laienabt von St. Martin in Tours 15
Vorreden zu den biblischen Büchern **1, 2, 25, 26, 40, 44, 45, 60, 74, 75, 76, 77, 78**
Wadolf 26
Walahfried Strabo **13, 69, 70**
De rebus ecclesiasticis (Ausz.) **70**
Predigt (Maria als Stella maris) **13**
Walrada, Konkubine König Lothars **51**
Walram von Jülich, Propst von Aachen **103**
Wandalbert von Prüm **29**
Warin, Erzbischof von Köln **69**
Wedekind, Kölner Chorbischof **103**
Weil, Adamus **92**
Weitzius, Joannes **70**
Wendelstein, Johannes (Johannes Cochlaeus), Drucker **21**
Wenilo, Bischof von Laon 22
Werinbald, Gattin des 26, 27
Werinhere **8**
Werth (Kerpensis), auffm **92, 97**
Wicbertus, Abt **27**
Wichfried, Erzbischof von Köln **69**
Wichfried, Bischof von Verdun 29
Wictheda **23**
Wilhem von Burgund **49**
Wilhem von Conches **68**
Wilhelm von Düren, Rektor der Kapelle St. Margarethen, Köln 43, 50
Wilhem von Gennep, Erzbischof von Köln **86**, 40, 45
Wilhem IV. von Jülich **103**
Willen, Johannes (alias Compartoris) **92**
Willibert, Erzbischof von Lüttich 28
Willibrord **18**
Winandi, Nicolaus **97**
Witte von Coesfeld, Degenhard **97, 98**, 49
Woensam, Anton von **98**
Wolbodo, Bischof von Lüttich **40**
Wouters, Cornelius (Gualtherus) 52
Woringer, Joannes **92**
Zacharias, Papst **21**
Zamboni, Johann Jakob 52
Zons, Georg von **93**
Zosimus, Papst **17, 18, 21**
Schreiben an die Bischöfe Galliens (417) **17**
Schreiben an Hesychius von Salona (418) **17, 18**
Schreiben an Remigius **17**
Dekretale *Exigit dilectio* **21**

Vergleichsobjekte

Fett gesetzte Zahlen verweisen auf Katalognummern, normal gesetzte Zahlen auf Seiten und *kursiv* gesetzte Seitenzahlen auf Abbildungen im einführenden Text.

Aachen, Domarchiv
Hss. 14-15 **49**
Hss. 22-25 **49**

Aachen, Domschatzkammer
Liuthar-Evangeliar **77**

Berg Athos, Stauronikita
Ms. 43 **75**

Baltimore, Walters Art Gallery
W. 4 **75**
Ms. 41 **87, 88**
Ms. 111 **87, 88**
Kreuzreliquiar **83**

Bamberg, Staatsbibliothek
Bibl. 44 **60**
Bibl. 94 **78**
Bibl. 140 **76**
Can. 6 **52**
Lit. 5 **77**
Lit. 143 **76**

Berlin, Staatsbibliothek Preußischer Kulturbesitz
Ms. lat. fol. 755 **41**
Ms. theol. lat. fol. 8 **26**
Ms. theol. lat. fol. 18 **86**
Ms. theol. lat. fol. 34 **76**
Ms. theol. lat. fol. 231 **97**
Ms. theol. lat. fol. 273 **27**
Ms. theol. lat. fol. 713 **58, 95**
Ms. theol. lat. fol. 901 **38**
Phillipps 1657 **3**

Berlin, Kunstgewerbemuseum Preußischer Kulturbesitz
Eilbertus-Tragaltar **30**

Bern, Burgerbibliothek
Cod. 165 **39**

Bern, Stadtbibliothek
Cod. 264 **70**

Bernkastel-Cues, Bibliothek des Cusanus-Stiftes
Hs. 8 **45**

Bonn, Universitäts- und Landesbibliothek
S 384 **88, 91/ 92**

Brescia, Biblioteca Queriniana
Mbr. F II 1 **77**

Brüssel, Bibliothèque Royale
Mss. 104-105 **83**
Ms. 209 **93**
Ms. 212 **93**
Ms. 5253 39
Mss. 9188-9189 **41, 40**
Mss. 9311-9319 **54**
Mss. 9369-9370 **86**
Mss. 9850-9852 **15**
Mss. 9968-9972 **70**
Ms. II 2524 **83**

Bukarest, Biblioteca Centrala
Codex aus Lorsch **77**

Burgos, Biblioteca Universitaria y Provincial
B 42 **50**

Cambrai, Bibliothèque Municipale
Ms. 386 23
Ms. 350 **4**

Cambridge, Fitzwilliam Museum
Ms. McClean 43 **87**

Chartres, Bibliotèque Municipale
Ms. 31 **54**

Darmstadt, Hessisches Landesmuseum
AE 340 **95**
AE 681 **79**

Darmstadt, Hessische Landes- und Hochschulbibliothek
Hs 352 **100**
Hs 701 50
Hs 861 **83**
Hs 1640 34
Hs 1948 **77**, 29
Hs 3116 **91/92**
Hs 3116A **87**
Fragment B der Sammelmappe 3116 **89**

Den Haag, Rijksmuseum Meermanno-Westreenianum
Ms. 10 B. 4 **19**

Dijon, Archives de la Côte-d'Or
no. 494 **25**

Dublin, Trinity College
A. 4.5 (57) **18**
A. I. 6 (58) **18**

Dublin, Slg. Chester Beatty
Cod. 8 **25**

Düsseldorf, Universitätsbibliothek
Hs. A 1 **29, 44**
Hs. A 5 **91/ 92**
Hs. B 51 **31**
Hs. C 10a **44, 56**
Hs. D 10a **87**
Ms. perg. 1 **26**

Épinal, Bibliothèque Municipale
Ms. 149 **8**

Erfurt, Biblioteca Amploniana, wissenschaftliche Allgemeinbibliothek
Cod. CA 2° 64 30, *31*

Erlangen, Universitätsbibliothek
Ms. 12 **76**
Ms. perg. 1 **26**

Essen, Münsterarchiv und Münsterschatzkammer
Hs. 14 **100**
Hs. s.n. **60**

Euskirchen, Pfarrarchiv St. Martin
Cod. I **101**

Florenz, Biblioteca Medicea Laurenziana
Amiatinus 1 15

Frankfurt, Stadt- und Universitätsbibliothek
Barth. 50 **52**
Praed. 90 (1547) **59**

Hamburg, Staats- und Universitätsbibliothek
Cod. 1b in scrin. **38**
Cod. 5 in scrin. **31, 38, 72**
Cod. 6 in scrin. **38**

Hamburg, Antiquariat Dr. Jörn Günther
Missale, um 1451 **101**

Inkunabeln
GW 9102-9144 **50**
GW 11451 **58**
GW 10, 105 **58**

Karlsruhe, Badische Landesbibliothek
Aug. perg. 16 **40**
Aug. perg. 37 **40**

Kempen, St. Mariä Geburt
H 2 **97**
H 3 **97**

Kiel, Universitätsbibliothek
Hs. K.B. 69 **58**

Klosterneuburg, Stiftsbibliothek
Cod. 31-32 **29**

Köln, Erzbischöfliche Dom- und Diözesanbibliothek
Diözesan Hs. 1a **75**
Diözesan Hs. 1b **87, 89, 91/ 92, 93**, 45
Diözesan Hs. 117 **96**
Diözesan Hs. 149 **97**, 45
Diözesan Hs. 150 45
Diözesan Hs. 173 45
Diözesan Hs. 178 **91/ 92**
Diözesan Hs. 269 **95, 101**, 46
Diözesan Hs. 364 **103**, 46
Diözesan Hs. 519 **97, 100**, 47
Diözesan Hs. 520 **96, 100**, 47
Diözesan Hs. 521 **96, 99**, 46
Dom Frühdruck 217 **97, 99, 107**, 49
Dom Hs. 1 **1**, 23, 29, 57
Dom Hs. 2 45, 57, *57*
Dom Hs. 4 **46**, 42
Dom Hs. 5 **80**
Dom Hs. 8 35, *35*
Dom Hs. 11 **31**, 41
Dom Hs. 12 **5, 30, 77, 78**, 15, 17, 30
Dom Hs. 14 **75, 81**
Dom Hs. 20 25
Dom Hs. 22 **46**, 42
Dom Hs. 25 **46, 53**, 42
Dom Hs. 26 **46**, 42, *43*
Dom Hs. 28 41
Dom Hs. 29 28
Dom Hs. 30 41, 42, *43*
Dom Hs. 31 **38, 72**, 41
Dom Hs. 33 49
Dom Hs. 35 **4, 14**, 19
Dom Hs. 36 64
Dom Hs. 37 **56**
Dom Hs. 39 **32**, 27
Dom Hs. 40 24, 60, 61, *60, 61*
Dom Hs. 41 **5, 6, 23, 34,** 17, 20, 24

Dom Hs. 43 39
Dom Hs. 45 **69**
Dom Hs. 46 24, 36, *37*
Dom Hs. 47 41
Dom Hs. 48 **29**, 41
Dom Hs. 51
54, 55, 93, 17, 24, 64
Dom Hs. 52 **62, 7**, 24
Dom Hs. 53
7, 40, 41, 29, 35, *30, 35*
Dom Hs. 54
7, 34, 17, 18, 24, *18*
Dom Hs. 55 **34,** 17, 24
Dom Hs. 57 26, 36, *37*
Dom Hs. 58 58, *59*
Dom Hs. 59
31, 85, 15, 16, 4[illegible], 64, *14*
Dom Hs. 60 57, 63, *63*
Dom Hs. 61 41
Dom Hs. 62 **42, 47**
Dom Hs. 63
17, 18, 24, 31, *18, 19*
Dom Hs. 64 22
Dom Hs. 65 19, 24, 31
Dom Hs. 67 17, 18, 24, 31
Dom Hs. 69 24
Dom Hs. 71 41
Dom Hs. 72 41
Dom Hs. 74 **11**, 17, 24
Dom Hs. 75
62, 19, 24, 39, 58, *20, 39, 58*
Dom Hs. 76 **6**
Dom Hs. 77 41
Dom Hs. 78 62
Dom Hs. 81 33, 38, 40, *38*
Dom Hs. 82 **36**
Dom Hs. 83 **65, 67**, 33
Dom Hs. 83[II]
21, 23, 34, 62, 17, 20, 25
Dom Hs. 84 **38**, 42
Dom Hs. 88
73, 81, 83, 93, 39, 51
Dom Hs. 89 24
Dom Hs. 91 **55**
Dom Hs. 92
34, 35, 17, 24, 27, 39
Dom Hs. 93 27, 39, *27*
Dom Hs. 95 41
Dom Hs. 97 **36**
Dom Hs. 98 **33,** 17, 24
Dom Hs. 99 **33**, 34, 58, *60*
Dom Hs. 101 58, *58*
Dom Hs. 103
24, 34, 69, 17, 20 25, 64, *19*
Dom Hs. 104 **38**, 25
Dom Hs. 105 25, 61
Dom Hs. 106
20, 25, 32, 63, *32, 33, 63*
Dom Hs. 107 19, 36, 60
Dom Hs. 108 **39**
Dom Hs. 110 62, *63*
Dom Hs. 111 42
Dom Hs. 112 41
Dom Hs. 113 29
Dom Hs. 114 44
Dom Hs. 115
18, 24, 51, 55, 17, 20, 25, 44
Dom Hs. 116 44
Dom Hs. 117
18, 55, 25, 27, 36, 44, *28*
Dom Hs. 118 44
Dom Hs. 119 **55**, 44
Dom Hs. 120 44
Dom Hs. 121 44
Dom Hs. 122 44
Dom Hs. 123 **73**, 44
Dom Hs. 124 44
Dom Hs. 126 44
Dom Hs. 127
53, 56, 57, 58, 59, 44, 57, *55*
Dom Hs. 128
53, 55, 57, 58, 44
Dom Hs. 130 **55, 58, 59**, 44
Dom Hs. 131 44
Dom Hs. 132 44
Dom Hs. 133 44
Dom Hs. 134 44
Dom Hs. 135 **55**, 44
Dom Hs. 137
82, 93, 21, 29, 39, 51, 57, *29*
Dom Hs. 138 **84, 85**
Dom Hs. 139 61, *61*
Dom Hss. 139/140 **73**, 42
Dom Hs. 141 **85**, 40
Dom Hs. 143
40, 41, 29, 34, *30*
Dom Hs. 144 **76, 80**, 30
Dom Hs. 149 **82**, 45, 57
Dom Hs. 151 **96, 101**, 46
Dom Hss. 162/163 **38**, 42
Dom Hs. 165 17, 57, *56*
Dom Hs. 166
31, 36, 51, 52, *37*
Dom Hs. 171 17, 20, *19*
Dom Hs. 172 19
Dom Hs. 173 41
Dom Hs. 179 42
Dom Hs. 180 42
Dom Hs. 181 **42**, 42
Dom Hs. 182 43, 50
Dom Hs. 183 **87**
Dom Hs. 185 **65**, 33, 36
Dom Hs. 186 **66, 67, 68**, 33
Dom Hs. 187 33
Dom Hs. 188 33
Dom Hs. 189 36
Dom Hs. 190 33
Dom Hs. 191 32, 33, 36
Dom Hs. 192 33, 40
Dom Hs. 193 31, 36, 58
Dom Hs. 194 31
Dom Hs. 196 40
Dom Hs. 197 42
Dom Hs. 198 32
Dom Hs. 199 34
Dom Hs. 200
64, 67, 70, 32, 36, 44, 58, *59*
Dom Hs. 201 32, 35
Dom Hs. 202 32, 36
Dom Hs. 204 32
Dom Hs. 210 **18, 55,** 17, 44
Dom Hs. 212 **2, 20, 55, 18,** 16, 44, 52, 54, *17, 54*
Dom Hs. 213 **2, 17, 51, 55,** 17, 21, 39, 44, 52, 53, *38, 53, 54*
Dom Hs. 215 40
Dom Hs. 216 48
Dom Hs. 218 **2**, 41, 57, *57*
Dom Hss. 221-225
96, 98, 99, 100, 48
Dom Hs. 224 **102**
Dom Hs. 225 **102**, 49
Dom Hs. 228 **99, 100**
Dom Hs. 229 **96, 100**, 46
Dom Hs. 235 **101**, 47
Dom Hs. 238 48
Dom Hs. 241 41
Dom Hs. 243 **101, 103**, 47
Dom Hs. 244 46
Dom Hs. 247 47
Dom Hs. 256 **98**
Dom Hs. 257 **95**, 46, 47
Dom Hs. 258 **101**, 47
Dom Hs. 260 **88**
Dom Hs. 263
91/ 92, 97, 102, 45
Dom Hs. 269 42
Dom Hs. 271 **98**, 49
Dom Hs. 272 **91/ 92**, 47
Dom Hs. 274
91/ 92, 99, 48, *48, 49*
Dom Hs. 415 **38**
Inc.d. 204 **58**, 47
Köln, Historisches Archiv des Erzbistums
Pfarrarchiv St. Margareta, Brühl 2 B 36 **91/ 92**
Köln, Historisches Archiv der Stadt Köln
W 276 **72**
W 147 **75**
Köln, Dom
Johanniskapelle, Altarfresken **93**
Michaelskapelle und Sakristei, Fenster **88**
Köln, St. Andreas
Makkabäer-Schrein **107**
Köln, St. Heribert
Heribert-Schrein **30**
Köln, Erzbischöfliches Diözesanmuseum
Niello-Kelchschale, G 2 **83**
Tüchleinbild, M 26 **107**
Köln, Schnütgen-Museum
Evangeliar, G 531 **74**
Evangeliar von St. Maria Lyskirchen **30**
Tüchleinbild, M 222 **107**
Köln, Wallraf-Richartz-Museum
Graphische Sammlung, Einzelblätter aus Gradualien **90**
Grablegung Christi, WRM 101 **95**
Andachtsbild mit zwölf Szenen aus dem Leben Christi, WRM 3606 **95**
Kremsmünster, Stiftsbibliothek
Cim. 1 **75**
Leiden, Bibliotheek der Rijksuniversiteit
Voss. lat. Q.79 **24**
London, British Library
Add. 39678 **87**
Cotton Nero D IV **18**
Harley 2664 34
Harley 2682 34
Harley 2685 34, 40
Harley 2688 34
Harley 2799 **56**
Los Angeles, Getty Museum
Ms. Ludwig I 13 47
Lüttich, Musée d'art religieux et d'art mosan
Mss. 1-2 **49**
Maaseick, Katharinenkirche
Evangeliar **2**
Madrid, Biblioteca Nacional
Cod. 3307 **24**
Mainz, Bibliothek des Bischöflichen Priesterseminars
Hs. 1 **82**
Manchester, John Rylands Library
Lat. 98 **78**
München, Bayerische Staatsbibliothek
Clm 4452 **76**
Clm 4453 **76, 77**
Clm 4454 **77**
Clm 6212 **75**
Clm 6215 **75**
Clm 6225 **1**
Clm 6234 **19**
Clm 6267 **4**
Clm 9507a **50**
Clm 14055 **47, 48**
Clm 17011 **75**
Clm 30111 **80**
Clm 15909 **26**
München, Schatzkammer der Residenz
Psalter **80**
Münster, Westfälisches Landesmuseum
Ms. EM 29. 1-27 **87**
New York, Pierpont Morgan Library
B 42 **50**
M 638 **26**
M 651 **78**
M 862 **74**
Padua, Biblioteca Capitolare della Cattedrale
Evangelistar des Isidor **77**
Paris, Bibliothèque Nationale
Ms. gr. 437 **37**
Ms. lat. 1 **30**, 15
Ms. lat. 2 **74**
Ms. lat. 254 **42**
Ms. lat. 257 **74**
Ms. lat. 267 **25**
Ms. lat. 817 **69**

Ms. lat. 1603 **20**
Ms. lat. 2164 **68**
Ms. lat. 6365 **68**
Ms. lat. 8847 **2**
Ms. lat. 8851 **76**
Ms. lat. 9433 **81**
Ms. lat. 10161 **107**
Ms. lat. 10318 62
Ms. lat. 11565 **46**
Ms. lat. 16260 **26**
Ms. nouv. acq. lat. 1614 **24**
Ms. sang. lat. 12444 **51**

Paris, Bibliothèque de l'Arsenal
Ms. 1171 **77**

Paris, Musée de Cluny
Vergoldete Kupferplatte eines Buchdeckels, Cl. 1362 **83**

Perugia, Biblioteca Capitolare
Ms. 2 **1**

Privatbesitz
Reuschenberg-Psalter **88**
Totenbuch der Johanniterkommende Burgsteinfurt **94**
Zwei Gebetbücher von 1487 bzw. 1488 **58**

Ravenna, San Vitale
Mosaiken **74**

Rochester N.Y., Memorial Art Gallery
Ms. 53.68 **87**

Rom, Biblioteca Apostolica Vaticana
Barb. lat. 570 **2**
Barb. lat. 711 **77**
Pal. lat. 39 **60**
Pal. lat. 175 **28**
Pal. lat. 493 **17**
Pal. lat. 585 **52**
Pal. lat. 1588 **22**
Reg. lat. 191 **54**
Reg. lat. 316 **17**
Reg. lat. 317 **17**
Reg. lat. 711 **38**
Reg. lat. 1997 **17**

Rom, San Paolo fuori le mura
Bibel **77**, 15

St. Gallen, Stiftsbibliothek
Cod. 23 **40**
Cod. 433 **40**
Cod. 567 **36**
Cod. 902, 250 **24**

St. Paul im Lavanttal, Stiftsbibliothek
Cod. 7/1 **18**

St. Petersburg, Öffentliche Bibliothek
Cod. F.v. I.7 **11**
Cod. Lat. O.v. I.206 **58**

Stockholm, Kungliga Biblioteket
A 135 **2**
A 172 **90**

Stuttgart, Württembergische Landesbibliothek
Cod. Bibl. 40 2 **80**, 34
Cod. Brev. 121 **53**

Trier, Stadtbibliothek
Hs. 2/ 1675, 1676 **45**
Hs. 171/ 1626 **76**
Hs. 24 **77**
Hs. 31 23

Trier, Bibliothek des Priesterseminars
Hs. 106 **40**

Trier, Domschatz
Cod. 134/ 61 **2**

Valenciennes, Bibliothèque Municipale
Ms. 170 **4**
Ms. 293 **68**

Vercelli, Biblioteca Capitolare
Cod. CCII **24**

Weimar, Thüringische Landesbibliothek
Hs. Q 576 47

Wien, Österreichische Nationalbibliothek
Cod. 114 34
Cod. 131 29, 34
Cod. 449 28
Cod. 751 28
Cod. 1014 **13**, 20
Cod. 1060 **4**

Wiesbaden, Hessische Landesbibliothek
Cod. 34 **29**

Wolfenbüttel, Herzog August Bibliothek
Cod. Helmst. 254 29

Ikonographisches Register

Fett gesetzte Zahlen verweisen auf Katalognummern.

Abendmahl **86**, **96**, **98**
Abraham **26**, **70**
Adam und Eva **26**
Agathe **100**
Agnes **90**, **100**
Agnus Dei **78**, **84**, **96**
Altarweihe **88**, **89**, **90**
Amos **26**
Anbetung der Könige **77**, **88**, **90**, **96**, **97**, **98**, **99**, **102**
Anbetung des Lammes **78**
Andreas **97**, **98**, **100**
  Berufung von Petrus und Andreas **88**, **90**, **97**, **99**
Antonius von Padua **88**
Apostelversammlung **98**
Arbor affinitatis **59**
Arbor consanguinitatis **52**, **55**, **59**
Auferstehung Christi **88**, **89**, **90**, **96**, **97**, **98**, **99**, **102**
Ausgießung des heiligen Geistes (s. Pfingstwunder)
Autonome Zeichnung
  Drache mit Baum **27**
  Figürliche Darstellung **17**, **25**, **28**, **35**, **63**, **70**, **76**, **97**
  Gegenständliche Darstellung **101**
  Vegetabile Darstellung **54**
  Vegetabile/ zoomorphe Darstellung **27**
Autorenbild (s. auch David; Evangelisten, Hieronymus und Propheten) **2**, **26**, **58**, **74**, **75**, **76**, **77**, **78**, **80**
Barbara **100**
Bartholomäus **90**, **98**
Beschneidung Christi **98**
Bischof **26**, **27**, **84**, **97**
  Erzbischof und Herrscher **55**
  Bischöfe und Papst **98**
Bonaventura **88**
Bordüren **96**, **97**, **98**, **99**, **101**, **102**, **107**
Brautpaar **58**
Büchermarken Franz Birckmanns **98**
Bundeslade **26**
Bündniserneuerung zu Sichem **26**
Christkind im Wickengarten **96**
Christus
  lehrend **86**, **92**
  mit Buch und Palmzweig **84**
  segnend **84**
  thronend **30**, **84**, **88**
Christus erscheint seiner Mutter **98**
Daniel **26**, **30**
Darbringung im Tempel **88**, **90**, **96**, **97**, **98**, **100**
David **26**, **87**, **88**, **90**, **97**, **102**
  Brustbild **30**
  David läßt den Amalektiter töten **26**
  mit Abischag **26**
  mit der Königin von Saba **99**
  mit Goliath **26**, **102**
  mit Harfe **26**, **87**, **96**, **97**
  mit Zimbel **87**
  Salbung und Krönung **26**
Dedikationsbild **58**, **76**, **88**
Devotionsbild **80**, **87**
Diagramme **22**, **23**, **24**, **37**, **61**, **62**, **65**, **66**, **67**, **68**, **76**, **83**, **86**
Dominikus **90**
  Beisetzung des Dominikus **89**
  Dominikus auf der Himmelsleiter **89**
Dorothea **90**
Drei Lebende und drei Tote **98**
Dreifaltigkeit (s. Trinität)
Drôlerien
  anthropomorphe Motive **46**, **89**, **90**, **93**, **96**,**97**, **98**, **100**, **102**
  Drachen **26**, **46**, **49**, **64**, **88**, **89**, **90**, **91**, **92**, **93**, **96**, **98**
  Fabel- und Mischwesen **26**, **46**, **88**, **89**, **90**, **91**, **92**, **93**, **96**, **97**
  Jagdszenen **46**, **64**, **88**, **90**, **92**, **96**, **102**
  Musiker und Tänzer **49**, **88**, **90**, **97**
  Narren **90**, **97**, **100**
  Tiere **88**, **89**, **90**, **92**, **97**, **102**
  Vögel **46**, **64**, **87**, **88**, **89**, **90**, **92**, **93**, **96**, **97**, **102**, **107**
Druckermarke **58**
Ecclesiastes **26**
Eingangszierseite **78**, **96**, **107**
Elevation der Hostie bei der Wandlung **58**, **93**, **98**,
Eli **26**
Elias Entrückung/ Himmelfahrt **26**
Engel (s. auch Drôlerien, Frauen am Grab, Himmelfahrt Christi, Himmelfahrt Mariens, Marientod, Michael, Taufe Christi, Verkündigung an Maria, Verkündigung an die Hirten) **26**, **70**, **84**, **90**, **97**
Eva und Adam **26**
Evangelisten **2**, **26**, **74**, **75**, **76**, **77**, **78**, **98**
Evangelistensymbole **2**, **26**, **74**, **75**, **76**, **77**, **78**, **83**, **93**, **102**
Everger **80**
Ezechiel **26**, **30**
Fabian **100**
Franziskus **88**
  Vogelpredigt **88**
Frauen am Grab **77**, **86**, **96**, **97**, **98**, **102**
Friedrich I. von Schwarzenburg, Erzbischof von Köln **30**
Geburt Christi **77**, **88**, **90**, **96**, **98**, **99**, **100**, **102**
Geburt Mariens **88**, **89**, **90**, **91**, **92**
Georg **46**
Gertrud **90**
Gnadenstuhl (s. Trinität)
Gottvater **26**
Gregorsmesse **100**
Habakuk **26**
Hanna **26**
Hausmarke Franz Birckmanns **98**
Heilige Drei Könige (s. Anbetung der Könige)
Heiligenversammlung **89**, **90**
Heimsuchung Mariens **89**, **98**
Herodes **84**
Herrscher **55**, **98**
Hieronymus **26**, **74**, **76**, **78**
Hillinus **76**
Himmelfahrt Christi **77**, **88**, **89**, **90**, **96**, **98**
Himmelfahrt Mariens **96**
Himmelssphären **24**
Hirte **26**
Holofernes **26**, **98**
Hortus conclusus **26**
Initialzierseite **18**, **25**, **41**, **73**, **74**, **76**, **77**, **78**, **80**, **84**, **97**
Isaias **26**, **30**
Jacobus **30**, **98**
Jakob
  Traum von der Himmelsleiter **91**, **92**, **97**
Jeremias **26**, **30**
Joachim **100**
Job **26**
Joel **26**
Johannes Baptista **30**, **88**, **98**
  Enthauptung **97**
  Geburt und erstes Bad des Kindes **90**
Johannes de Bachem **90**
Johannes Evangelista **30**, **84**
  Haarrasur **90**
  Halbfigur **84**
  mit dem Giftbecher des Aristodemus **90**
  trauernd, mit Maria **74**
Johannes von Valkenburg **88**
Jonas **26**, **99**
Josef (s. auch Anbetung der Könige, Geburt Christi) **98**
Josua **26**
Judas **30**
  Judaskuß **98**
Judith und Holofernes **26**, **98**
Kanonbild **83**, **93**, **95**, **98**, **101**
Kanontafeln **2**, **25**, **74**, **75**, **76**, **77**, **78**
Kardinaltugenden **30**
Katharina **90**, **98**
Klara **88**
Kleriker
  Empfang (?) eines Buches **58**
  Lehrszene **64**
  mit Pyxis **84**
  segnend **84**
  singend **87**
  vor Madonna mit Kind **87**
Kreuz **21**, **101**
Kreuzauffindung **89**
Kreuzigung **83**, **89**, **93**, **95**, **98**, **101**, **102**
Kreuztragung **98**
Kußbild **95**, **101**

Lagenzählung, motivisch **33**
Lamm Gottes (s. Agnus Dei)
Laurentius **88, 98**
Leben Christi **98**
Lilien **102**
Lucia **100**
Lukas als Arzt **26**
Maiestas Domini **78, 83**
Makkabäer **26, 102**
Malachias **30**
Maria Magdalena **90, 98**
Maria **100**
mit Kind **26, 84, 87, 96, 97, 98**
trauernd, mit Johannes **74**
Tugenden **98**
Maria-Ekklesia als Sponsa Christi **26**
Marienkrönung **88**
Marientod **88, 89, 90, 91, 92, 98**
Martin **98, 100**
Märtyrer **98**
Matthäus **30**
Michäas **26**
Michael **26, 88, 90, 98**
Mondsichelmadonna **97**
Monogrammschild des Helias Mertz **107**
Moses **26, 30**
Nahum **26**
Narr, auf einem Hund reitend **87**
Nathan **26**
Nebukadnezzar **26**
Nikolaus **98, 100**
Noli me tangere **86, 89, 98, 102,**
Ölberg **98**
Oseas **26**
Pantaleon **90, 97**
Papst beim Empfang oder der Überreichung eines Buches **58**
Passion Christi **98**
Patriarch (Abraham?) **26**
Paulus **26, 30, 80, 88, 89, 91, 92, 97, 98, 100**
Bekehrung **26, 90, 98**
Pelikan oder Storch, der Kind füttert **46**
Petrus (s. auch Szenen mit Christus) **30, 80, 88, 89, 90, 91, 92, 97, 98, 99, 100, 102**
Befreiung aus dem Kerker **89, 90**
Berufung von Petrus und Andreas **88, 90, 97, 99**
im Gefängnis **89, 98**
mit Stifter **76**
Pfingstwunder **88, 89, 90, 91, 92, 96, 97, 98, 99, 102**
Planeten **24**
Priesterbegräbnis **94**
Propheten (s. auch unter den einzelnen Namen) **30, 78**
Proskynese **80**
Putten **98**
Reiter und Fußvolk **70**
Reliquienprozession **88**
Ritzzeichnung **24, 64, 70, 75, 81**
Rosenkranz **96**
Salomo **26**
Salomone **107**
Salvator Mundi **97, 98**
Samson **26, 99, 102**
Samuel **26**
Saul **26**
Schlußvignette **98**
Schmerzensmann **98**
Schmerzensmutter **98**
Schöpfungsgeschichte **26**
Schreiberdarstellung **26, 74, 75, 76, 77, 78**
Schriftzierseite **1, 25, 30, 74, 78, 79, 84**
Schutzmantel-Ursula **90, 98**
Sponsa Christi (s. auch Maria Ecclesia) **26**
Stephanus **84, 98**
Sternbilder **24**
Stifterbild (s. auch Dedikations- und Devotionsbild) **27, 30, 76, 80, 88, 90**
Streublumen **96, 97, 100, 102, 107**
Taufbrunnen? **101**
Taufe Christi **77, 98**
Teufel, fanfareblasend **63**
Tiere, autonome Darstellung **17, 35, 63, 64, 75, 76, 81**
Titelbild **30, 84, 98**
Titelseite **4, 5, 21,28, 39,**
Titelzierseite **25, 30, 33, 74, 75, 78, 80, 88, 107**
Tobit **26**
Totenmesse **88**
Trinität **89, 90, 91, 92, 96, 97, 98**
Typologie **30, 96, 99, 102**
Ungläubiger Thomas **90, 98, 100**
Ursula (s. Schutzmantel-Ursula)
Verklärung Christi **98**
Verkündigung an die Hirten **77, 96, 102**
Verkündigung an Maria **84, 88, 89, 90, 97, 98, 100, 102**
Vorfahren Christi **77**
Wappen
Brictius Eberauer **97**
Jülich-Geldern **96**
Helias Mertz **107**
Johann von Reichenstein **99**
Reichsabtei Werden **107**
Stadt Köln **96, 98**
Stephan von Bayern **99**
Degenhard Witte von Coesfeld **98**
Weltgericht **97, 98**
Wicbertus (Abt) **27**
Wirken Christi **98**
Wunder Christi
Heilung des Aussätzigen **77**
Heilung der Blinden **77**
Heilung der Blutflüssigen und der Tochter des Jairus **77**
Wurzel Jesse **51, 98**
Zacharias und Engel **90**
Zadok **26**
Zierseite **18, 58, 74, 78, 80, 82, 84, 88, 89, 92, 95, 96, 97, 98, 99, 102, 107**

Konkordanz

Diözesan Hs. 1a **78**
Diözesan Hs. 1b **88**
Diözesan Hs. 149 **92**
Diözesan Hs. 150 **90**
Diözesan Hs. 173 **89**
Diözesan Hs. 364 **105**
Diözesan Hs. 519 **96**
Diözesan Hs. 521 **100**
Dom Frühdruck 217 **98**
Dom Hs. 1 **25**
Dom Hs. 2 **26**
Dom Hs. 4 **43**
Dom Hs. 5 **41**
Dom Hs. 8 **60**
Dom Hs. 11 **38**
Dom Hs. 12 **76**
Dom Hs. 13 **2**
Dom Hs. 14 **74**
Dom Hs. 22 **42**
Dom Hs. 25 **45**
Dom Hs. 26 **44**
Dom Hs. 30 **37**
Dom Hs. 31 **31**
Dom Hs. 34 **32**
Dom Hs. 35 **10**
Dom Hs. 37 **53**
Dom Hs. 40 **9**
Dom Hs. 41 **12**
Dom Hs. 43 **1**
Dom Hs. 45 **40**
Dom Hs. 47 **29**
Dom Hs. 51 **5**
Dom Hs. 54 **6**
Dom Hs. 55 **7**
Dom Hs. 56 **75**
Dom Hs. 58 **28**
Dom Hs. 59 **30**
Dom Hs. 61 **27**
Dom Hs. 62 **46**
Dom Hss. 63, 65, 67 **3**
Dom Hs. 75 **4**
Dom Hs. 76 **16**
Dom Hs. 81 **70**
Dom Hs. 83 **66**
Dom Hs. 83^{II} **24**
Dom Hs. 84 **33**
Dom Hs. 88 **82**
Dom Hs. 91 **20**
Dom Hs. 92 **11**
Dom Hs. 93 **34**
Dom Hs. 95 **35**
Dom Hs. 96 **36**
Dom Hs. 98 **8**
Dom Hs. 99 **62**
Dom Hs. 101 **54**
Dom Hs. 102 **69**
Dom Hs. 103 **23**
Dom Hs. 107 **39**
Dom Hs. 112 **48**
Dom Hs. 115 **21**
Dom Hs. 117 **51**
Dom Hs. 119 **52**
Dom Hs. 127 **55**
Dom Hs. 128 **56**
Dom Hs. 130 **57**
Dom Hs. 135 **59**
Dom Hs. 137 **81**
Dom Hs. 138 **73**
Dom Hss. 139/140 **85**
Dom Hs. 141 **84**
Dom Hs. 143 **80**
Dom Hs. 144 **79**
Dom Hs. 149 **93**
Dom Hs. 151 **95**
Dom Hs. 157 **83**
Dom Hss. 162, 163 **72**
Dom Hs. 165 **15**
Dom Hs. 166 **22**
Dom Hs. 169 **106**
Dom Hs. 171 **13**
Dom Hs. 172 **14**
Dom Hs. 181 **47**
Dom Hs. 183 **49**
Dom Hs. 185 **67**
Dom Hs. 186 **65**
Dom Hs. 192 **68**
Dom Hs. 193 **61**
Dom Hs. 196 **71**
Dom Hs. 200 **63**
Dom Hs. 203 **64**
Dom Hs. 210 **19**
Dom Hs. 212 **17**
Dom Hs. 213 **18**
Dom Hs. 215 **86**
Dom Hs. 218 **77**
Dom Hss. 221-225 **97**
Dom Hs. 229 **99**
Dom Hs. 241 **103**
Dom Hs. 243 **104**
Dom Hs. 244 **94**
Dom Hs. 257 **101**
Dom Hs. 260 **87**
Dom Hs. 263 **91**
Dom Hs. 271 **107**
Dom Hs. 274 **102**
Inc. d. 204 **50**
Inc. d. 205 **58**

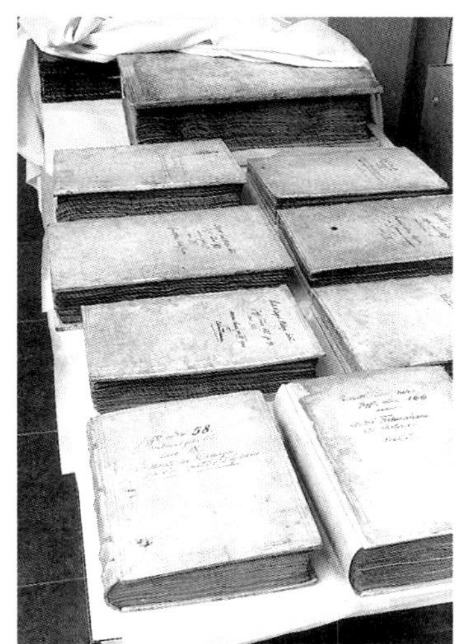

Diözesanmuseum Köln, 20.7.1998

Das Paradies ist ein Land in den östlichen Regionen gelegen . . .

(Schreibernotiz mit unleserlicher Fortsetzung in Dom Hs. 36, 1r)

Katalogbuch zur Ausstellung
Glaube und Wissen im Mittelalter
Die Kölner Dombibliothek
Erzbischöfliches Diözesanmuseum Köln
7. August bis 15. November 1998

HERAUSGEBER
Erzbischöfliches Diözesanmuseum Köln:
Joachim M. Plotzek
Katharina Winnekes
Stefan Kraus
Ulrike Surmann
in Zusammenarbeit mit der Erzbischöflichen Diözesan- und Dombibliothek:
Juan Antonio Cervelló-Margalef

AUSSTELLUNG UND KATALOG
Joachim M. Plotzek
Ulrike Surmann

REDAKTION UND LEKTORAT
Ulrike Surmann mit
Claudia Hermes
Rudolf Ferdinand Lenz
Katharina Winnekes

VERLAGSLEKTORAT
Ulrike Bauer-Eberhardt

ÜBERSETZUNGEN
Alexander Arweiler
Claudia Hermes
Rudolf Ferdinand Lenz
Bernhard Rösch
Elke Wenzel
und Autoren

RESTAURATORISCHE BETREUUNG
Bernhard Matthäi (Diözesanmuseum)
Bernd Schäfers (Diözesanbibliothek)

SEKRETARIAT
Irmgard Weigmann
Barbara Wontorra

BILDVORLAGEN
Barbara Lutterbeck

GESTALTUNG
Stefan Kraus

LITHOGRAPHIE
Neue Schwitter AG, Basel

SATZ
Max Vornehm GmbH, München

DRUCK UND BINDUNG
Passavia, Passau

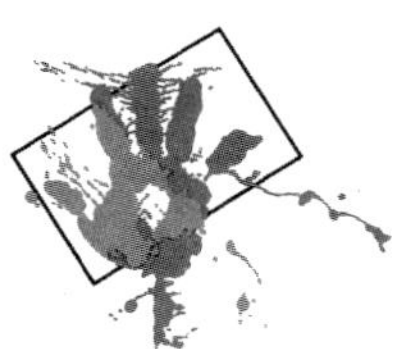

ISBN 3-7774-7910-1